AF889359

All in One

हिंदी 'ब'

CBSE कक्षा 10

सभी खंडों की अध्ययन सामग्री | अभ्यास प्रश्न | बोर्ड व प्रतिदर्श प्रश्न-पत्र

Recommended by Teachers
Trusted by Toppers

All in One

हिंदी 'ब'

CBSE कक्षा 10

सभी खंडों की अध्ययन सामग्री | अभ्यास प्रश्न | बोर्ड व प्रतिदर्श प्रश्न-पत्र

लेखकगण
ऋतिका खरबंदा
प्रमोद मौर्य

arihant
SUCCESS AND NOTHING LESS

arihant
SUCCESS AND NOTHING LESS

अरिहन्त प्रकाशन

(स्कूल डिवीज़न सीरीज़)

रजि. कार्यालय

'रामछाया' 4577/15, अग्रवाल रोड, दरिया गंज, नई दिल्ली-110002
फोन: 011-47630600, 43518550; फैक्स: 011-23280316

मुख्य कार्यालय

कालिन्दी, टी०पी० नगर, मेरठ (यूपी)-250002 फोन: 0121-7156203, 7156204

शाखा कार्यालय

आगरा, अहमदाबाद, बरेली, बंगलुरु, चेन्नई, दिल्ली, गुवाहाटी, हैदराबाद, जयपुर, झाँसी, कोलकाता, लखनऊ, नागपुर तथा पुणे

PO No : TXT-XX-XXXXXXX-X-XX

Published by Arihant Publications (India) Ltd.

'अरिहन्त' की पुस्तकों के बारे में अधिक जानकारी के लिए हमारी वेबसाइट www.arihantbooks.com पर लॉग इन करें या info@arihantbooks.com पर सम्पर्क करें।

Follow us on

मूल्य ₹ 450.00

प्रोडक्शन टीम

पब्लिशिंग मैनेजर	कवर डिज़ाइनर	इनर डिज़ाइनर
महेन्द्र सिंह रावत, केशव मोहन	सलमान	अंकित प्रजापति
प्रोजेक्ट हैड	पेज लेआउट	प्रूफ रीडर
मोहित महरोल	रवि सागर, दिवाकर गौड़	दीपक, शिवानी

Index *cum* Study Planner

पूरक पाठ्यपुस्तक

One Book- Endless Features
to Help you Succeed

पाठ का सार

पाठ्यपुस्तक के प्रत्येक अध्याय में NCERT Theory का सरल शब्दों में Coverage किया गया है, जिससे छात्र संपूर्ण अध्याय के CRUX को कम-से-कम समय में समझ सकें व याद कर सकें।

बड़े भाई साहब प्रेमचंद
अध्याय 1

पाठ की रूपरेखा प्रस्तुत पाठ में एक बड़े भाई साहब है और एक उनका छोटा भाई है, जो उनसे पाँच साल छोटा है। परिवार में बड़ा भाई होने के कारण उनसे बड़ी-बड़ी आदर्शात्मक अपेक्षाएँ की जाती हैं, वह स्वयं भी वही कार्य करते, जो उनके छोटे भाई के लिए आदर्श बन सके। इसलिए वह हर समय पढ़ाई करते रहते हैं और छोटे भाई पर कड़ी निगरानी रखते हैं।

वे समय-समय पर अपने छोटे भाई को पढ़ाई के प्रति गंभीर रूप से सचेत भी करते रहते हैं। इस आदर्श रूप को बनाने के लिए वह अपना बचपन भी खो बैठते हैं। इस पाठ में सार्थक पढ़ाई करने तथा

पाठ का सार

बड़े भाई साहब का व्यक्तित्व

कहानी में लेखक ने अपने बड़े भाई साहब को चौदह वर्ष का बताया है। आयु में पाँच वर्ष का अंतर होने पर भी वे लेखक से कक्षा में केवल तीन दरजे (कक्षा) आगे हैं, क्योंकि वह शिक्षा पाने में किसी प्रकार की जल्दबाजी नहीं करना चाहते। वह तालीम रूपी भवन की बुनियाद खूब मज़बूत डालना चाहते थे, जिस पर आलीशान महल बन सके। वे एक साल का काम दो साल में करते थे। कभी-कभी तीन साल भी लग जाते थे। उनका विश्वास था कि बुनियाद ही पुख्ता न हो, तो मकान पायेदार नहीं बन सकता।

अभ्यास प्रश्न

पाठ्यपुस्तक के प्रत्येक अध्याय की NCERT प्रश्नोत्तर के पश्चात् 'अभ्यास प्रश्न' दिया गया है। इस खण्ड में दिए गए प्रश्न पूर्णतः CBSE के नवीनतम पाठ्यक्रम व नवीनतम सैंपल पेपर पर आधारित हैं। परीक्षा अभ्यास देने का मुख्य उद्देश्य यह है कि छात्र अपने द्वारा अध्याय में पढ़ी हुई पाठ्य सामग्री से संबंधित प्रश्नोत्तर का अध्ययन यहाँ कर सकते हैं।

NCERT के फोल्डर

पाठ्यपुस्तक के प्रत्येक अध्याय में NCERT पाठ्यपुस्तक के अभ्यास प्रश्नों का उत्तर सरल भाषा में दिया गया है तथा उतना ही उत्तर दिया गया है जितना कि प्रश्न में अनिवार्य रूप से पूछा गया है। NCERT प्रश्नोत्तर को यहाँ देने का मुख्य उद्देश्य यह है कि छात्र NCERT का पूर्ण अभ्यास एक ही पुस्तक में कर सकें।

अभ्यास प्रश्न
बहुविकल्पीय व वर्णनात्मक प्रश्नों सहित

गद्यांश पर आधारित बहुविकल्पीय प्रश्न

निम्नलिखित गद्यांशों को ध्यानपूर्वक पढ़कर पूछे गए प्रश्नों के सही विकल्प चुनिए

1. वह स्वभाव से ही बड़े अध्ययनशील थे। हरदम किताब खोले बैठे रहते और शायद दिमाग को आराम देने के लिए कभी कॉपी पर, किताब के हाशियों पर चिड़ियों, कुत्तों, बिल्लियों की तस्वीरें बनाया करते थे। कभी-कभी एक ही नाम या शब्द या वाक्य दस-बीस बार लिख डालते। कभी ऐसी शब्द-रचना करते जिसमें न कोई अर्थ होता न सामंजस्य। मसलन एक बार मैंने उनकी कॉपी पर यह इबारत देखी-स्पेशल, अमीना, भाइयों-भाइयों, दरअसल, भाई-भाई। राधेश्याम, श्रीयुत राधेश्याम, एक घंटे तक-इसके बाद एक आदमी का चेहरा बना हुआ था। मैंने बहुत चेष्टा की कि इस पहेली का कोई अर्थ निकालूँ, लेकिन असफल रहा और उनसे पूछने का साहस न हुआ। वह नौवीं जमात में थे, मैं पाँचवीं में। उनकी रचनाओं को समझना मेरे लिए छोटा मुँह बड़ी बात थी।

NCERT फोल्डर
पाठ्यपुस्तक (स्पर्श भाग-2) के प्रश्नोत्तर

मौखिक

निम्नलिखित प्रश्नों के उत्तर एक-दो पंक्तियों में दीजिए

प्र.1 कथानायक की रुचि किन कार्यों में थी?

उत्तर कथा नायक की रुचि खेलने-कूदने, ऊधम मचाने, घूमने-फिरने, गप्पे मारने, चाहरदीवारी पर चढ़कर नीचे कूदने, फाटक पर सवार होकर उसे मोटर कार बनाने तथा पतंगबाजी आदि में थी।

प्र.2 बड़े भाई साहब छोटे भाई से हर समय पहला सवाल क्या पूछते थे?

उत्तर बड़े भाई साहब छोटे भाई से हर समय पहला सवाल पूछते थे—'कहाँ थे'?

प्र.3 दूसरी बार पास होने पर छोटे भाई के व्यवहार में क्या परिवर्तन आया?

उत्तर दूसरी बार पास होने पर छोटे भाई की स्वच्छंदता और मनमानी बढ़ गई। उसने पढ़ना-लिखना छोड़कर मटरगश्ती, खेलना-कूदना, घूमना-फिरना व पतंगबाज़ी करना शुरू कर दिया। उसे लगने लगा कि

उत्तर एक दिन जब गुल्ली-डंडा खेलने के बाद छोटा भाई बड़े भाई साहब के सामने पहुँचा, तो वह बहुत क्रोधित हुए और उन्होंने छोटे भाई को डाँटते हुए उसे घमंडी बताया, उन्होंने उसकी सफलता को तुक्का बताते हुए आने वाली कक्षा की पढ़ाई का भय दिखाया।

प्र.3 बड़े भाई साहब को अपने मन की इच्छाएँ क्यों दबानी पड़ती थीं? CBSE 2019, 10

उत्तर बड़े भाई साहब, बड़े भाई होने के नाते अपने छोटे भाई को अच्छे मार्ग पर चलने के लिए प्रेरित करना चाहते थे। यदि वह स्वयं गलत मार्ग पर चलते तो वह छोटे भाई को सही रास्ते पर नहीं ला सकते थे। अपने नैतिक कर्तव्य का बोध होने के कारण उन्हें अपने मन की इच्छाएँ दबानी पड़ती थीं।

प्र.4 बड़े भाई साहब छोटे भाई को क्या सलाह देते थे और क्यों? CBSE 2016,10

उत्तर बड़े भाई साहब छोटे भाई को सलाह देते थे कि उसे दिन-रात पढ़ना चाहिए और खेलकूद से दूर रहना चाहिए, क्योंकि इससे समय व्यर्थ में नष्ट होता है। यदि मेहनत नहीं करोगे तो उसी दरजे में पड़े रहोगे। ऐसा वह अपने छोटे भाई को सही रास्ते पर लाने के लिए करते थे।

One Book- Endless Features
to Help you Succeed

स्व-मूल्यांकन

अध्याय के इस चरण में छात्र अध्याय से सम्बन्धित अपने ज्ञान का मूल्यांकन कर सकते हैं। इस चरण में दिए गए सभी प्रश्न पूर्णतः CBSE के नवीनतम् पाठ्यक्रम व नवीनतम् CBSE सैंपल पेपर पर आधारित हैं।

स्व-मूल्यांकन

गद्यांश पर आधारित बहुविकल्पीय प्रश्न

निम्नलिखित गद्यांश को ध्यानपूर्वक पढ़कर पूछे गए प्रश्नों के सही विकल्प चुनिए

1. स्कूल का समय निकट था नहीं, ईश्वर जाने यह उपदेश-माला कब समाप्त होती। भोजन आज मुझे निःस्वाद-सा लग रहा था। जब पास होने पर यह तिरस्कार हो रहा है, तो फेल हो जाने पर तो शायद प्राण ही ले लिए जाएँ। भाई साहब ने अपने दरजे की पढ़ाई का जो भयंकर चित्र खींचा था, उसने मुझे भयभीत कर दिया। स्कूल छोड़कर घर नहीं भागा, यही ताज्जुब है, लेकिन इतने तिरस्कार पर भी पुस्तकों में अरुचि ज्यों-की-त्यों बनी रही। खेल-कूद का कोई अवसर हाथ से न जाने देता। पढ़ता भी, मगर बहुत कम। बस, इतना कि रोज टास्क पूरा हो जाए और दरजे में जलील न होना पड़े। अपने ऊपर जो विश्वास पैदा हुआ था, वह फिर लुप्त हो गया और फिर चोरों का-सा जीवन कटने लगा।

(क) प्रस्तुत गद्यांश में उपदेश-माला किसके संदर्भ में कहा गया है?
(i) अध्यापक के उपदेशों के संदर्भ में
(ii) कक्षा में दिए उपदेशों के संदर्भ में
(iii) बड़े भाई साहब के उपदेशों के संदर्भ में
(iv) उपर्युक्त सभी

विषयवस्तु का ज्ञान, बाध अभिव्यक्ति पर आधारित प्रश्न

निम्नलिखित प्रश्नों के उत्तर दीजिए

(i) बड़े भाई साहब ने पुस्तकीय ज्ञान की अपेक्षा किस बात को अधिक महत्त्वपूर्ण माना है?
(ii) "वे स्वभाव से बड़े अध्ययनशील थे" पंक्ति में निहित व्यंग्य पर प्रकाश डालिए। दक्षता आधारित प्रश्न
(iii) "आपने अपना खून जलाकर कौन-सा तीर मार लिया।" प्रस्तुत पंक्ति किस संदर्भ में व क्यों कही गई है? दक्षता आधारित प्रश्न
(iv) अंग्रेज़ी भाषा के बारे में बड़े भाई के क्या विचार थे?
(v) बड़े भाई साहब को ऐसा क्यों लगने लगा था कि अब उन्हें लेखक को डाँटने का अधिकार नहीं रहा?
(vi) प्रस्तुत पाठ में लेखक ने बड़े भाई के चरित्र के माध्यम से शिक्षा संबंधी अपने विचारों को किस प्रकार सामने रखा है? दक्षता आधारित प्रश्न

प्रतिदर्श प्रश्न पत्र (Model Paper)

पुस्तक के अंत में CBSE के नवीनतम पाठ्यक्रम व नवीनतम् सैंपल पेपर पर आधारित 5 प्रतिदर्श प्रश्न-पत्र दिए गए हैं। सभी प्रतिदर्श प्रश्न-पत्रों को परीक्षा पैटर्न व समय सीमा को ध्यान में रखकर तैयार किया गया है। इन प्रतिदर्श प्रश्न-पत्रों की प्रैक्टिस कर छात्र परीक्षा की सटीक तैयारी कर सकते हैं।

प्रतिदर्श प्रश्न-पत्र 1 (व्याख्या सहित)

CBSE कक्षा 10 की बोर्ड परीक्षा के लिए नमूना प्रश्न-पत्र

हिंदी 'ब'

समय : 3 घंटे पूर्णांक : 80

1. इस प्रश्न-पत्र में चार खंड दिए गए हैं–'क', 'ख', 'ग' और 'घ'।
2. खंड 'क' में बहुविकल्पीय, अतिलघु व लघु उत्तरीय प्रश्न दिए गए हैं।
3. खंड 'ख' में अतिलघु/लघु उत्तरीय प्रश्न दिए गए हैं।
4. खंड 'ग' में बहुविकल्पीय व वर्णनात्मक प्रश्न दिए गए हैं।

खंड (क) : अपठित बोध (14 अंक)

1. निम्नलिखित गद्यांश को ध्यानपूर्वक पढ़कर उस पर आधारित प्रश्नों के उत्तर दीजिए।

कभी-कभी सहज से तेज गति में परिवर्तित होते क्रोध को समय रहते नियंत्रित नहीं किया गया तो उसके परिणाम अत्यंत घातक और पश्चाताप् के भाव जगाने वाले हो सकते हैं। कैलिफोर्निया स्टेट यूनिवर्सिटी के मनोविश्लेषक टॉम जी. स्टीवेन्स ने अपनी किताब 'ओवरकम एंगर एंड एग्रेसन' में स्पष्ट किया है कि क्रोध-नियंत्रण का एक प्रमुख तरीका यह है कि स्थिति को अपने नहीं, दूसरे के नजारिए से देखें। दूसरों को उन स्थितियों पर प्रकाश डालने के लिए प्रेरित करें, क्षमा करना सीखें, बीते को बिसारने की आदत विकसित करें और किसी को चोट पहुँचाने के बजाय प्रशंसा से उसका मूल्यांकन करें। याद रखें क्रोध-नियंत्रण से आप स्वयं को शक्तिशाली बनाते हैं। इससे आपकी खुशहाली और स्मृतियों का विस्तार होता है। यूनिवर्सिटी ऑफ सिनसिनाटी के वैज्ञानिकों ने अपनी किताब 50 साइंस ऑफ मेंटल इलनेस में इन कमजोरियों पर प्रकाश डालते हुए गुस्से को काबू में रखने के कारगर सूत्र दिए हैं। क्रोध-नियंत्रण से हम अपना ही नहीं, दूसरों के उजड़ते संसार को फिर से आबाद कर सकते हैं, क्योंकि शांत मन सृजन में समर्थ होता है। हमारे

(ख) मनोविश्लेषक स्टीवेंस के अनुसार, क्रोध पर काबू पाने का सर्वोपयुक्त उपाय है (1)
(i) परिस्थितियों पर दूसरों के नियंत्रण को स्वीकार करना।
(ii) परिस्थितियों पर पूरी तरह नियंत्रण स्थापित करना।
(iii) परिस्थितियों को अपने नजरिए से और अच्छे से समझना।
(iv) परिस्थितियों को दूसरे के नजरिए से जानने का प्रयास करना।

(ग) कथन (A) क्रोध नवसृजन का सहायक है।
कारण (R) क्रोध अवस्था में क्षमाशीलता न्यून हो जाती है। (1)
(i) कथन (A) तथा कारण (R) दोनों गलत है
(ii) कथन (A) सही है, लेकिन कारण (R) गलत है
(iii) कथन (A) सही है तथा कारण (R) उसकी सही व्याख्या करता है
(iv) कथन (A) सही है, लेकिन कारण (R) उसकी सही व्याख्या नहीं करता है

(घ) क्रोध का परिणाम कब अत्यंत घातक बन जाता है? (2)

(ङ) क्रोध आने पर हमें क्या करना चाहिए? (2)

नवीनतम पाठ्यक्रम

कक्षा 10वीं हिंदी–'ब' परीक्षा हेतु पाठ्यक्रम विनिर्देशन

- भारांक – 80 (वार्षिक परीक्षा) + 20 (आंतरिक परीक्षा)

निर्धारित समय – 3 घंटे **वार्षिक बोर्ड परीक्षा हेतु भार विभाजन** **भारांक – 80**

		विषयवस्तु	उप भार	कुल भार
		खंड – क (बहुविकल्पीय प्रश्न)		
1		अपठित गद्यांश पर बोध, चिंतन, विश्लेषण, सराहना आदि पर बहुविकल्पीय, अतिलघूत्तरात्मक व लघूत्तरात्मक प्रश्न		
	(अ)	दो अपठित गद्यांश (लगभग 200 शब्दों के) एक अंकीय तीन बहुविकल्पीय प्रश्न (1 × 3 = 3) पूछे जाएँगे। अतिलघूत्तरात्मक व लघूत्तरात्मक प्रश्न (2 × 2 = 4) पूछे जाएँगे।	7+7	14
		खंड–ख (व्यावहारिक व्याकरण)		
2		व्याकरण के लिए निर्धारित विषयवस्तु का बोध, भाषिक बिंदु/संरचना आदि पर अतिलघूत्तरात्मक/लघूत्तरात्मक प्रश्न (1 अंक × 16 प्रश्न) (कुल 20 प्रश्न पूछे जाएँगे, जिनमें से केवल 16 प्रश्नों के उत्तर देने होंगे।)		
	1	पदबंध (5 में से 4 प्रश्न)	4	16
	2	रचना के आधार पर वाक्य रूपांतरण (5 में से 4 प्रश्न)	4	
	3	समास (5 में से 4 प्रश्न)	4	
	4	मुहावरे (5 में से 4 प्रश्न)	4	
		खंड–ग (पाठ्यपुस्तक एवं पूरक पाठ्यपुस्तक)		
3	(अ)	**गद्य खंड (पाठ्यपुस्तक)**	11	28
		स्पर्श (भाग–2) से निर्धारित पाठों में से गद्यांश के आधार पर विषयवस्तु का ज्ञान, बोध, अभिव्यक्ति आदि पर एक अंकीय पाँच बहुविकल्पीय प्रश्न पूछे जाएँगे। (1 × 5)	5	
		स्पर्श (भाग–2) से निर्धारित पाठों में से विषयवस्तु का ज्ञान, बोध, अभिव्यक्ति आदि पर तीन प्रश्न पूछे जाएँगे। (विकल्प सहित 25-30 शब्द–सीमा वाले 4 में से 3 प्रश्न करने होंगे) (2 × 3)	6	
	(ब)	**काव्य खंड (पाठ्यपुस्तक)**	11	
		स्पर्श (भाग–2) से निर्धारित कविताओं में से काव्यांश के आधार पर एक अंकीय पाँच बहुविकल्पीय प्रश्न पूछे जाएँगे। (1 × 5)	5	
		स्पर्श (भाग–2) से निर्धारित कविताओं के आधार पर विद्यार्थियों का काव्यबोध परखने हेतु तीन प्रश्न पूछे जाएँगे। (विकल्प सहित 25-30 शब्द–सीमा वाले 4 में से 3 प्रश्न करने होंगे) (2×3)	6	
	(स)	**पूरक पाठ्यपुस्तक**	6	
		संचयन (भाग–2) से निर्धारित पाठों पर आधारित दो प्रश्न पूछे जाएँगे। (3×2) (विकल्प सहित 50-60 शब्द–सीमा वाले 3 में से 2 प्रश्न करने होंगे)	6	

खंड-घ (रचनात्मक लेखन)

	(i)	विभिन्न विषयों और संदर्भों पर विद्यार्थियों के तर्कसंगत विचार प्रकट करने की क्षमता को परखने के लिए संकेत बिंदुओं पर आधारित समसामयिक एवं व्यावहारिक जीवन से जुड़े हुए किन्हीं तीन विषयों में से किसी एक विषय पर लगभग 120 शब्दों में अनुच्छेद लेखन। (5 अंक ×1 प्रश्न) (विकल्प सहित)	5	
	(ii)	अभिव्यक्ति की क्षमता पर केंद्रित औपचारिक विषयों में से किसी एक विषय पर लगभग 100 शब्दों में पत्र। (5 अंक ×1 प्रश्न) (विकल्प सहित)	5	
	(iii)	व्यावहारिक जीवन से संबंधित विषयों पर आधारित लगभग 60 शब्दों में सूचना लेखन। (4 अंक ×1 प्रश्न) (विकल्प सहित)	4	22
	(iv)	विषय से संबंधित लगभग 40 शब्दों के अंतर्गत विज्ञापन लेखन। (3 अंक ×1 प्रश्न) (विकल्प सहित)	3	
	(v)	दिए गए विषय/शीर्षक आदि के आधार पर रचनात्मक सोच के साथ लगभग 100 शब्दों में लघुकथा लेखन। (5 अंक ×1 प्रश्न) अथवा विविध विषयों पर आधारित लगभग 80 शब्दों में ई-मेल लेखन	5	
		कुल		**80**
6		**आंतरिक मूल्यांकन** (अ) सामयिक आकलन (ब) बहुविध आकलन (स) पोर्टफोलियों (द) श्रवण एवं वाचन	 5 5 5 5	**20**
		कुल		**100**

निर्धारित पुस्तकें

1. **स्पर्श, भाग-2,** एन.सी.ई.आर.टी., नई दिल्ली द्वारा प्रकाशित नवीनतम संस्करण
2. **संचयन, भाग -2,** एन.सी.ई.आर.टी., नई दिल्ली द्वारा प्रकाशित नवीनतम संस्करण

नोट : **निम्नलिखित पाठों से प्रश्न नहीं पूछे जाएँगे।**

पाठ्य पुस्तक स्पर्श, भाग-2

बिहारी-दोहे (पूरा पाठ)

महादेवी वर्मा- मधुर-मधुर मेरे दीपक जल (पूरा पाठ)

अंतोन चेखव - गिरगिट (पूरा पाठ)

पूरक पुस्तक संचयन, भाग-2

पुस्तक में कोई परिवर्तन नहीं। कोई भी पाठ नहीं हटाया गया है।

कक्षा दसवीं हेतु प्रश्न पत्र का विस्तृत प्रारूप जानने के लिए कृपया बोर्ड द्वारा जारी आदर्श प्रश्न पत्र देखें।

All in One

संपूर्ण अध्ययन। संपूर्ण अभ्यास। संपूर्ण मूल्यांकन

खंड 'क' : अपठित बोध

अध्याय 1

अपठित गद्यांश

अपठित गद्यांश का अर्थ

गद्य का ऐसा अंश जिसका पहले अध्ययन नहीं किया गया हो, वह **अपठित गद्यांश** कहलाता है। प्रायः अपठित गद्यांश का उद्देश्य किसी विषय को समझना, भाषा और शैली के बीच के संबंधों को खोजना तथा विद्यार्थियों की अवबोध क्षमता को परखना होता है।

अपठित गद्यांश के अंतर्गत विद्यार्थियों को गद्यांश के भावार्थ (मूल भाव) को समझकर उसका सावधानीपूर्वक, गंभीरता व गहनता से अध्ययन करना अत्यंत आवश्यक है।

अपठित गद्यांश को हल करने के चरणबद्ध तरीके

अपठित गद्यांश को हल करने के चरणबद्ध तरीके निम्नलिखित हैं

- सर्वप्रथम दिए गए अपठित गद्यांश को दो-तीन बार ध्यानपूर्वक पढ़कर उसके मूल भाव को आत्मसात् (समझना) करना चाहिए।
- गद्यांश में दी गई महत्त्वपूर्ण सूचनाओं को रेखांकित करते रहना चाहिए। इससे विषयवस्तु व पठन कौशल वाले प्रश्नों को हल करने में आसानी होती है।
- भाषिक संरचना एवं व्याकरण संबंधी प्रश्नों के लिए गद्यांश में दिए गए कठिन शब्दों, मुहावरों आदि को रेखांकित करना चाहिए।
- शीर्षक संबंधी प्रश्न पर विशेष ध्यान देना चाहिए तथा पूरे गद्यांश को पढ़ने व समझने के पश्चात ही उचित शीर्षक का चयन करना चाहिए।
- गद्यांश में कथनों अथवा कथन/कारण पर आधारित बहुविकल्पीय प्रश्न को हल करने के लिए कथनों के मुख्य उद्देश्य या उनके केंद्र बिंदु को समझें, उसके पश्चात ही सही कथन अथवा कथनों को चयनित करें।
- अंत में एक बार सभी प्रश्नों के उत्तरों को पुनः ध्यानपूर्वक पढ़कर जाँच लेना चाहिए।

साधित उदाहरण

निम्नलिखित गद्यांशों को पढ़कर उन पर आधारित प्रश्नों के उत्तर दीजिए

सैंपल गद्यांश 1

मशीनों के आगमन से अनेक परिवर्तन आए। हमारी पीढ़ी ने मशीनों को इंसानों से कंप्यूटर के हवाले होते देखा है। परिवर्तन ही संसार का नियम है। आग के आविष्कार द्वारा मनुष्य का जीवन बदला और पहिये के आविष्कार से मानव सभ्यताओं ने जन्म लिया और अब वर्तमान में चैट जीपीटी और बॉर्ड जैसी कृत्रिम बुद्धिमत्ता/आर्टिफिशल इंटेलिजेंस या एआई आधारित प्लेटफार्म आया है, जिसने दुनिया में हाहाकार मचा दिया। यह समझना महत्त्वपूर्ण है कि कृत्रिम बुद्धिमत्ता और मानव बुद्धि के बीच सबसे बड़ा अंतर मानवता का है। ए.आई. भविष्य में जो भी करने वाला है, वह आज के इंसान की सोच को ही प्रतिबिंबित करेगा।

चैट जीपीटी एक कृत्रिम बुद्धिमत्ता (एआई) चैटबॉट है। इसका पूरा नाम चैट जेनरेटिव प्री-ट्रेंड ट्रांसफॉर्मर है। यह चैटबॉट अपने डेटाबेस में अरबों पाठ, वार्तालाप और लेख संग्रहीत करता है और एक एल्गोरिदम के माध्यम से उनका विश्लेषण करता है। एल्गोरिदम, जिसे ट्रांसफॉर्मर नेटवर्क कहा जाता है, मानव मस्तिष्क के काम करने के तरीके की नकल करने का प्रयास करता है।

जब आप चैट जीपीटी से कोई प्रश्न पूछते हैं, तो यह चैटबॉट अपने डेटाबेस से प्रासंगिक जानकारी ढूँढता है और इसे आपकी भाषा में लिखित या मौखिक रूप में प्रस्तुत करता है। चैट जीपीटी और इस जैसे दूसरे ए.आई. प्लेटफॉर्म की खासियत यह है कि आपके हर सवाल का जवाब ये सेकंड्स में दे सकते हैं। यद्यपि यह विभिन्न भाषाओं में उपलब्ध है, किंतु यह अंग्रेजी में ज्यादा सटीक है। इसका प्रयोग गूगल सर्च, भाषा-अनुवाद, कविताएँ, कहानियाँ, कोड या गाने लिखना, रेसिपी बनाना, नौकरी ढूँढना, अन्य समस्याओं का समाधान ढूंढना आदि विभिन्न उद्देश्यों के लिए कर सकते हैं। यह मैत्रीपूर्ण और विनम्रता से आपको दिलचस्प और मनोरंजक जानकारी देता है।

ऐसी आशंकाएँ हैं कि चैट जीपीटी आने से कई नौकरियों पर संकट के बादल घिर गए हैं तथा स्कूल, कॉलेज, एग्जाम, पर्चे, कोचिंग, अस्पताल, लैब और तकनीक से जुड़े हर तबके पर इसका असर पड़ने वाला है। दुनियाभर में लगभग तीस करोड़ लोगों की नौकरी इससे प्रभावित हो सकती है, जोकि भविष्य के लिए एक अच्छा संकेत नहीं हैं।

I. **कथन** (A) **कृत्रिम बुद्धिमत्ता के कारण दुनिया में बेरोजगारी बढ़ेगी, ऐसी आशंकाएँ हैं।** दक्षता आधारित प्रश्न

कारण (R) **क्योंकि चैट जीपीटी एक कृत्रिम बुद्धिमत्ता (एआई) चैटबॉट है,जो हर सवाल का जवाब सेकंड्स में दे सकता है।**

उपर्युक्त कथन और कारण के आधार पर सही विकल्प चुनिए

(क) कथन (A) और कारण (R) दोनों सही हैं।

(ख) कथन (A) और कारण (R) दोनों गलत हैं।

(ग) कथन (A) सही है और कारण (R) उसकी सही व्याख्या है।

(घ) कथन (A) गलत है, किंतु कारण (R) उसकी सही व्याख्या है।

उत्तर (ग) **कथन (A) सही है और कारण (R) उसकी सही व्याख्या है।** कृत्रिम बुद्धिमत्ता के कारण दुनिया में बेरोजगारी बढ़ेगी, ऐसी आशंकाएँ हैं, क्योंकि चैट जीपीटी एक कृत्रिम बुद्धिमत्ता (एआई) चैटबॉट है,जो हर सवाल का जवाब सेकंड्स में दे सकता है।

II. **"हमारी पीढ़ी ने मशीनों को इंसानों से कंप्यूटर के हवाले होते देखा है।" कथन को पढ़कर सही विकल्प का चयन कीजिए** दक्षता आधारित प्रश्न

(i) **पहले मशीनों को इंसानों के द्वारा चलाया जाता था।**

(ii) **अब कंप्यूटर के द्वारा ही मशीन को चलाया जा रहा है।**

(iii) **वर्तमान में मनुष्य संपूर्ण रूप से कंप्यूटर पर निर्भर हो गया है।**

कूट

(क) कथन (i) और (ii) सही हैं।

(ख) कथन (i), (ii) और (iii) सही हैं।

(ग) कथन (i) और (iii) सही हैं।

(घ) कथन (ii) और (iii) सही हैं।

उत्तर (क) **कथन (i) और (ii) सही हैं।** पहले मशीनों को इंसानों के द्वारा चलाया जाता था, परंतु अब टेक्नोलॉजी ने इतना विकास कर लिया है कि अब इंसान घर बैठे ही कंप्यूटर के द्वारा मशीन को चला रहा है।

III. **कृत्रिम बुद्धिमत्ता के कारण प्रभावित होने वाला तत्त्व नहीं है**

(क) मानवीय संवेदनाएँ (ख) रोजगार

(ग) स्कूल, कॉलेज (घ) चैट जीपीटी

उत्तर (घ) **चैट जीपीटी** कृत्रिम बुद्धिमत्ता के कारण प्रभावित होने वाला तत्त्व चैट जीपीटी नहीं है, क्योंकि चैट जीपीटी एक कृत्रिम बुद्धिमत्ता (एआई) चैटबॉट है। जिसका पूरा नाम चैट जेनरेटिव प्री-ट्रेंड ट्रांसफॉर्मर है।

IV. **गद्यांश के अनुसार, चैट जीपीटी क्या है?**

उत्तर गद्यांश के अनुसार, चैट जीपीटी एक कृत्रिम बुद्धिमत्ता (एआई) चैटबॉट है। इसका पूरा नाम चैट जेनेरेटिव प्री-ट्रेंड ट्रांसफॉर्मर है।

V. **कृत्रिम बुद्धिमत्ता (एआई) की विशेषता क्या है?**

उत्तर कृत्रिम बुद्धिमत्ता (एआई) की विशेषता यह है कि आपके कोई भी प्रश्न पूछने पर यह प्रत्येक सवाल का जवाब सेकंड्स में दे देता है। आप इसका उपयोग विभिन्न उद्देश्यों के लिए कर सकते हैं; जैसे—गूगल सर्च, भाषा-अनुवाद, कविताएँ, कहानियाँ, कोड या गाने लिखना, रेसिपी बनाना, नौकरी ढूँढना, अन्य समस्याओं का समाधान ढूँढना इत्यादि।

सैंपल गद्यांश 2

हमारा भारत देश जो कि अनेकता में एकता के लिए जाना जाता है। यह सांस्कृतिक रूप से एक समृद्ध देश है, जिस देश को आगे ले जाने में महिलाओं का भी योगदान हमेशा एक महत्त्वपूर्ण शक्ति रहा है। पिछले कुछ वर्षों में महिलाओं ने सामाजिक कुरीतियों और बाधाओं को तोड़कर विभिन्न क्षेत्रों में उत्कृष्टता प्राप्त की है, परंतु उनकी उपलब्धियों पर कभी ध्यान नहीं दिया गया या उन्हें प्रोत्साहित नहीं किया। इसी को स्वीकार करते हुए भारत सरकार ने महिलाओं के योगदान को जानने और उन्हें सम्मान देने हेतु नारी शक्ति वंदन अधिनियम बनाया, जिसका उद्देश्य समाज में नारी शक्ति को सशक्त बनाना है।

इस अधिनियम को महिला सशक्तीकरण तथा मान्यता अधिनियम भी कहा जाता है। जिसे संपूर्ण देश में महिलाओं की असाधारण उपलब्धियों का जश्न मनाने तथा उनको मान्यता देने हेतु पारित किया गया। यह अधिनियम सांस्कृतिक, राजनीतिक, सामाजिक और अन्य विभिन्न क्षेत्रों में उनके उत्कृष्ट योगदान के लिए मान्यता के प्रतीक के रूप में कार्य करता है। संक्षेप में कहा जाए तो इस अधिनियम का लक्ष्य समाज में महिलाओं के कार्य को प्रोत्साहित करना, महिलाओं के प्रति रूढ़िवादिता की भावना को समाप्त करना, महिलाओं का मनोबल बढ़ाना, लैंगिक समानता की भावना को प्रोत्साहित करना है।

I. **गद्यांश में उल्लेखित 'महिला सशक्तीकरण' से क्या आशय है?**

(क) महिलाओं को शारीरिक और मानसिक रूप से सशक्त बनाना।

(ख) महिलाओं को आर्थिक तथा सामाजिक रूप से सशक्त बनाना।

(ग) (क) और (ख) दोनों

(घ) महिलाओं के लिए जश्न मनाना।

उत्तर (ग) **(क) और (ख) दोनों।** गद्यांश के अनुसार, महिलाओं को शारीरिक, मानसिक, आर्थिक तथा सामाजिक रूप से सशक्त बनाना ही महिला सशक्तीकरण है।

II. **कथन** (A) **भारत सरकार द्वारा शक्ति वंदन अधिनियम बनाया गया।**

कारण (R) **इसका उद्देश्य समाज में नारी शक्ति को सशक्त बनाना है।** दक्षता आधारित प्रश्न

उपर्युक्त कथन और कारण के आधार पर सही विकल्प चुनिए

(क) कथन (A) और कारण (R) दोनों सही हैं।
(ख) कथन (A) और कारण (R) दोनों गलत हैं।
(ग) कथन (A) सही है तथा कारण (R) उसकी सही व्याख्या है।
(घ) कथन (A) गलत है, किंतु कारण (R) उसकी सही व्याख्या नहीं है।

उत्तर (ग) **कथन (A) सही है तथा कारण (R) उसकी सही व्याख्या है।** भारत सरकार द्वारा शक्ति वंदन अधिनियम बनाया गया। इसका उद्देश्य समाज में नारी शक्ति को शारीरिक, मानसिक, आर्थिक तथा सामाजिक रूप से सशक्त बनाना है।

III. संपूर्ण देश में महिलाओं की असाधारण उपलब्धियों का जश्न मनाने तथा उनको मान्यता देने हेतु ·············· पारित किया गया।

(क) सूचना का अधिकार अधिनियम
(ख) महिला वंदन अधिनियम
(ग) लैंगिक समता अधिनियम
(घ) शिक्षा का अधिकार अधिनियम

उत्तर (ख) **महिला वंदन अधिनियम** संपूर्ण देश में महिलाओं की असाधारण उपलब्धियों का जश्न मनाने तथा उनको मान्यता देने हेतु महिला वंदन अधिनियम पारित किया गया।

IV. (क) हमारा भारत देश, 'अनेकता में एकता' के लिए क्यों जाना जाता है?
(ख) भारत देश सांस्कृतिक रूप से कैसा देश है?

उत्तर (क) हमारा भारत देश अपनी अखंडता, धर्मनिरपेक्षता तथा भावात्मक एकता के कारण अनेकता में एकता के लिए जाना जाता है।
(ख) भारत देश सांस्कृतिक रूप से एक समृद्ध देश है।

V. गद्यांश के अनुसार, 'रूढ़िवादिता' क्या है?

उत्तर 'रूढ़िवादिता' एक सामाजिक मानदंड है। रूढ़िवादिता, लोकप्रिय रीति-रिवाजों की तरह अनौपचारिक सामाजिक मानदंड है। नारी शक्ति वंदन अधिनियम का लक्ष्य महिलाओं के प्रति रूढ़िवादिता की भावना को समाप्त करना और लैंगिक समानता की भावना को प्रोत्साहित करना है।

अभ्यास प्रश्न

बहुविकल्पीय व वर्णनात्मक प्रश्नों सहित

गद्यांश 1

आदमी की पहचान उसकी भाषा से होती है और भाषा संस्कार से बनती है। जिसके जैसे संस्कार होंगे, वैसी उसकी भाषा होगी। जब कोई आदमी भाषा बोलता है, तो साथ में उसके संस्कार भी बोलते हैं। यही कारण है कि भाषा शिक्षक का दायित्व बहुत गुरुतर और चुनौतीपूर्ण है। परंपरागत रूप में शिक्षक की भूमिका इन तीन कौशलों—बोलना, पढ़ना और लिखना तक सीमित कर दी गई है। केवल यांत्रिक कौशल किसी जीती-जागती भाषा का उदाहरण नहीं हो सकते हैं।

सोचना और महसूस करना दो ऐसे कारक हैं, जिनमें भाषा सही आकार पाती है। इनके बिना भाषा, भाषा नहीं है, इनके बिना भाषा संस्कार नहीं बन सकती, इनके बिना भाषा युगों-युगों का लंबा सफर तय नहीं कर सकती, इनके बिना कोई भाषा किसी देश या समाज की धड़कन नहीं बन सकती। केवल संप्रेषण ही भाषा नहीं है। दर्द और मुस्कान के बिना कोई भाषा जीवंत नहीं हो सकती।

भाषा हमारे समाज के निर्माण, विकास, अस्मिता, सामाजिक व सांस्कृतिक पहचान का भी महत्त्वपूर्ण साधन है। भाषा के बिना मनुष्य पूर्ण नहीं है। भाषा में ही हमारे भाव, राज्य, संस्कार, प्रांतीयता झलकती है। इस झलक का संबंध व्यक्ति की मानवीय संवेदना और मानसिकता से भी होता है। जिस व्यक्ति के जीवन का उद्देश्य और मानसिकता जिस स्तर की होगी, उसकी भाषा के शब्द और मुख्यार्थ भी उसी स्तर के होंगे। साहित्यकार ऐसी भाषा को आधार बनाते हैं, जो उनके पाठकों एवं श्रोताओं की संवेदना के साथ एकाकार करने में समर्थ हों।

CBSE SQP 2023 Modified

प्रश्न

I. निम्नलिखित कथन (A) तथा कारण (R) को ध्यानपूर्वक पढ़कर दिए गए विकल्पों में से कोई एक सही विकल्प चुनकर लिखिए

कथन (A) **जब कोई आदमी बोलता है, तो साथ में उसके संस्कार भी बोलते हैं।**

कारण (R) **भाषा शिक्षक का दायित्व बहुत चुनौतीपूर्ण होता है, क्योंकि उसे कौशलों का विकास करना होता है।**

दक्षता आधारित प्रश्न

(क) कथन (A) तथा कारण (R) दोनों गलत हैं।
(ख) कथन (A) गलत है, किंतु कारण (R) सही है।
(ग) कथन (A) सही है, किंतु कारण (R) उसकी गलत व्याख्या करता है।
(घ) कथन (A) तथा कारण (R) दोनों सही हैं तथा कारण (R) कथन (A) की सही व्याख्या करता है।

II. 'दर्द और मुस्कान के बिना भाषा जीवंत नहीं हो सकती।' लेखक द्वारा ऐसा कथन दर्शाता है

(क) यथार्थ की समझ
(ख) सामाजिक समरसता
(ग) साहित्य-प्रेम
(घ) भाषा कौशल

III. भाषा तब सही आकार पाती है, जब

(क) मनुष्य निरंतर उसका अभ्यास करता रहता है।
(ख) भाषा को सरकारी समर्थन भी प्राप्त होता है।
(ग) भाषा सामाजिक संस्थाओं से प्रोत्साहन प्राप्त करती है।
(घ) भाषायी कौशलों के साथ मनुष्य सोचता और महसूस भी करता है।

IV. गद्यांश के अनुसार भाषा क्या है और भाषा किससे बनती है?

V. गद्यांश के अनुसार, साहित्यकार किसका परिचायक होता है?

गद्यांश 2

साहित्य को समाज का प्रतिबिंब माना गया है अर्थात् समाज का पूर्णरूप साहित्य में प्रतिबिंबित होता रहता है। अनादि काल से साहित्य अपने इसी धर्म का पूर्ण निर्वाह करता चला आ रहा है। वह समाज के विभिन्न रूपों का चित्रण कर एक ओर तो हमारे सामने समाज का यथार्थ चित्र प्रस्तुत करता है और दूसरी ओर अपनी प्रखर मेधा और स्वस्थ कल्पना द्वारा समाज के विभिन्न पहलुओं का विवेचन करता हुआ यह भी बताता है कि मानव समाज की सुख-समृद्धि, सुरक्षा और विकास के लिए कौन-सा मार्ग उपादेय है? एक आलोचक के शब्दों में—"कवि वास्तव में, समाज की व्यवस्था, वातावरण, धर्म-कर्म, रीति-नीति तथा सामाजिक शिष्टाचार या लोक व्यवहार से ही अपने काव्य के उपकरण चुनता है और उनका प्रतिपादन अपने आदर्शों के अनुरूप करता है।"

साहित्यकार उसी समाज का प्रतिनिधित्व करता है, जिसमें वह जन्म लेता है। वह अपनी समस्याओं का सुलझाव, अपने आदर्श की स्थापना अपने समाज के आदर्शों के अनुरूप ही करता है। जिस सामाजिक वातावरण में उसका जन्म होता है, उसी में उसका शारीरिक, बौद्धिक और मानसिक विकास भी होता है। अत: यह कहना सर्वथा असंभव और अविवेकपूर्ण है कि साहित्यकार समाज से पूर्णत: निरपेक्ष या तटस्थ रहकर साहित्य सृजन करता है। वाल्मीकि, तुलसी, सूर, भारतेंदु, प्रेमचंद आदि का साहित्य इस बात का सर्वाधिक सशक्त प्रमाण है कि साहित्यकार समाज से घनिष्ठ रूप से संबंध रखता हुआ ही साहित्य सृजन करता है। समाज की अवहेलना करने वाला साहित्य क्षणजीवी होता है। **CBSE SQP 2023 Modified**

प्रश्न

I. साहित्य समाज का प्रतिबिंब है, क्योंकि यह

(क) समाज की वास्तविकता का द्योतक है।

(ख) समाज में लोक व्यवहार का समर्थक है।

(ग) व्यक्ति की समस्याओं का निदान करता है।

(घ) साहित्य को दिशा प्रदान करता है।

II. साहित्य की क्षणभंगुरता का कारण होगा

(क) सामाजिक अवज्ञा (ख) सामाजिक समस्या

(ग) सामाजिक सद्भाव (घ) सामाजिक समरसता

III. निम्नलिखित कथन (A) तथा कारण (R) को ध्यानपूर्वक पढ़कर दिए गए विकल्पों में से कोई एक सही विकल्प चुनकर लिखिए

कथन (A) कवि अपने काव्य के उपकरणों का प्रतिपादन अपने आदर्शों के अनुरूप करता है।

कारण (R) कवि हृदय अत्यधिक संवेदनशील होता है एवं सदैव देशहित चाहता है। **दक्षता आधारित प्रश्न**

(क) कथन (A) तथा कारण (R) दोनों गलत हैं।

(ख) कथन (A) गलत है, किंतु कारण (R) सही है।

(ग) कथन (A) सही है, किंतु कारण (R) उसकी गलत व्याख्या करता है।

(घ) कथन (A) तथा कारण (R) दोनों सही हैं तथा कारण (R) कथन (A) की सही व्याख्या करता है।

IV. (क) प्रस्तुत गद्यांश में किसके बीच पारस्परिक संबंध बताया गया है?

(ख) समाज का पूर्ण रूप किसमें प्रतिबिंबत होता रहता है?

V. गद्यांश के अनुसार साहित्य की क्षणभंगुरता का कारण क्या होगा?

गद्यांश 3

इसरो ने चंद्रयान-3 अभियान को सफल बनाने के लिए जिस दक्षता का परिचय दिया, वह पूरी दुनिया के लिए एक मिसाल है। इस अभियान की बारीकियों में जाकर उसे सफल बनाने का जैसा काम किया, वैसा अन्य क्षेत्रों में भी इसलिए किया जाना चाहिए, क्योंकि कई बार निर्माण कार्यों की गुणवत्ता या फिर उनकी डिजाइन दोयम दर्जे की रहती है।

चंद्रयान-3 की सफलता के पीछे चंद्रयान-2 की असफलता से लिए गए सबक भी हैं। 2019 में जब चंद्रयान-2 अपना अभियान पूरा नहीं कर पाया था, तब देशवासियों को निराशा हुई थी। कुछ देशों के लोगों ने तो इसरो का मज़ाक उड़ाते हुए यहाँ तक कहा था कि भारत एक गरीब देश है और उसे पहले अपनी बुनियादी समस्याओं को दूर करना चाहिए। यह भी कहा गया था कि आखिर भारत चाँद पर जाने का सपना ही क्यों देख रहा है? इसरो ने इन सभी आलोचकों के मुँह बंद कर दिए। इन आलोचकों को इस पर ध्यान देना चाहिए कि भारत एक ओर जहाँ गरीबी से पार पाने की हर संभव कोशिश कर रहा है, वहीं विज्ञान एवं तकनीकी क्षेत्र में भी अपने कदम तेजी से बढ़ा रहा है। वास्तव में यही वह उपाय है, जिससे वह आत्मनिर्भर बन सकता है। सरकार ने वर्तमान कालखंड को अमृतकाल का नाम दिया है और यह संकल्प लिया है कि 2047 तक भारत को विकसित देश बनाना है।

CBSE SQP (Additional Set) 2023 Modified

प्रश्न

I. 'चंद्रयान-3 की सफलता के पीछे चंद्रयान-2 की असफलता से लिए गए सबक भी हैं'। **दक्षता आधारित प्रश्न**

कथन पढ़कर सही विकल्प का चयन कीजिए

(i) असफलता से हम सीख लेते हैं।

(ii) असफलता हमें सोचने पर विवश करती है।

(iii) सफल होने के लिए असफलता आवश्यक है।

(iv) सफल होने के लिए गुणवत्ता आवश्यक नहीं है।

कूट

(क) कथन (i) सही है।

(ख) कथन (i) और (ii) सही हैं।

(ख) कथन (ii) और (iii) सही हैं।

(घ) कथन (iii) और (iv) सही हैं।

II. 'बुनियादी सुविधाओं' से क्या आशय है?

(क) बिजली, पानी, सड़कें

(ख) स्कूल, कॉलेज, अस्पताल

(ग) भोजन, कपड़ा, मकान

(घ) शिक्षा, स्वास्थ्य, रोजगार

III. निम्नलिखित कथन (A) तथा कारण (R) को ध्यानपूर्वक पढ़कर दिए गए विकल्प में से कोई एक सही विकल्प चुनकर लिखिए

कथन (A) आत्मनिर्भर बनने के लिए अंतरिक्ष के क्षेत्र में कदम बढ़ाना आवश्यक है।

कारण (R) भारत को 2047 तक विकसित राष्ट्र बनाना है।

दक्षता आधारित प्रश्न

(क) कथन (A) गलत है, किंतु कारण (R) सही है।

(ख) कथन (A) और कारण (R) दोनों गलत हैं।

(ग) कथन (A) सही है और कारण (R) कथन (A) की सही व्याख्या है।

(घ) कथन (A) सही है, किंतु कारण (R) कथन (A) की सही व्याख्या नहीं है।

IV. प्रस्तुत गद्यांश के अनुसार, चंद्रयान-3 की सफलता में सबसे महत्त्वपूर्ण भूमिका किसकी है?

V. गद्यांश के अनुसार, भारत सरकार का क्या संकल्प है?

गद्यांश 4

राष्ट्रीय पाठ्यक्रम फ्रेमवर्क 2023 में प्रस्तावित बदलाव स्कूली शिक्षा के स्वरूप और उसके द्वारा विद्यार्थियों के शैक्षिक विकास की दृष्टि से बहुत महत्त्वपूर्ण रचनात्मक, सुविचारित और सकारात्मक है। इसमें पहला सबसे महत्त्वपूर्ण बदलाव सीखने के कौशलों पर बल देना है।

नए फ्रेमवर्क में इस बात पर बल है कि विद्यार्थी के न केवल ज्ञान में बढ़ोतरी हो बल्कि वह नया ज्ञान अर्जित करने के कौशल, ज्ञान को जीवन में लागू करने और सॉफ्ट स्किल्स व पेशेवर कौशल अर्जित करके समाज के लिए अधिक उपयोगी नागरिक बन सके।

पाठ्यक्रम में विभिन्न मूल्यों पर भी बल दिया गया है। इनमें लोकतान्त्रिक मूल्यों का सम्मान, पर्यावरण की रक्षा, गरिमा, विविधता की सराहना, जीवदया, समानता आदि शामिल हैं। दूसरा महत्त्वपूर्ण बदलाव विद्यार्थियों को विषय चुनने में छूट देना है। विद्यार्थियों को सीखने की आजादी देने व उन्हें करियर में फँसे रहने की बजाय, अपनी रुचियों को आगे बढ़ाने की सुविधा दी गई है।

तीसरा महत्त्वपूर्ण बदलाव सीखने में भाषाओं और उनमें भी भारतीय भाषाओं पर बल देना है। इस प्रस्ताव में भारतीय भाषाओं पर बल देने से एक तो विद्यार्थियों को अपनी भाषाएँ सीखने का अवसर मिलेगा, साथ ही भारत की अन्य भाषाओं को सीखने से उन्हें भारत से गहन परिचय प्राप्त करने में मदद मिलेगी। **CBSE SQP (Additional Set) 2023 Modified**

प्रश्न

I. सीखने के कौशलों पर बल दिया जाना क्यों आवश्यक है?

(क) विदेशों से प्रतिस्पर्धा के लिए

(ख) कौशल परिवर्तन के लिए

(ग) सामाजिक लाभ के लिए

(घ) व्यक्ति के संपूर्ण विकास के लिए

II. अपनी रुचि के अनुसार विषय चयन करने को महत्त्वपूर्ण बदलाव क्यों माना गया है?

(क) विद्यालयी शिक्षा का उपयोग होगा

(ख) विद्यार्थी रुचिपूर्ण तरीके से सीख सकेंगे

(ग) बच्चों में मानसिक तनाव बढ़ रहा है

(घ) परंपरागत रूप को बदलने के लिए

III. निम्नलिखित कथन (A) तथा कारण (R) को ध्यानपूर्वक पढ़कर दिए गए विकल्पों में से कोई एक सही विकल्प चुनकर लिखिए

कथन (A) **सभी को भारतीय भाषाएँ सीखनी चाहिए।**

कारण (R) **इससे विभिन्न संस्कृतियों का ज्ञान हो सकेगा।**

दक्षता आधारित प्रश्न

(क) कथन (A) गलत है, किंतु कारण (R) सही है।

(ख) कथन (A) और कारण (R) दोनों गलत हैं।

(ग) कथन (A) सही है और कारण (R) कथन (A) की सही व्याख्या है।

(घ) कथन (A) सही है, किंतु कारण (R) कथन (A) की सही व्याख्या नहीं है।

IV. राष्ट्रीय पाठ्यक्रम फ्रेमवर्क 2023 कैसी शिक्षा पर बल देता है

V. 'लोकतांत्रिक मूल्यों' से क्या अभिप्राय है?

गद्यांश 5

शरीर का खाद्य भोजनीय पदार्थ है और मस्तिष्क का खाद्य, साहित्य। यदि हम अपने मस्तिष्क को निष्क्रिय और कालांतर में निर्जीव-सा नहीं करना चाहते तो साहित्य का सतत सेवन करना चाहिए और उसमें नवीनता लाने के लिए उसका उत्पादन भी करना चाहिए; पर याद रखिए बुरे साहित्य से मस्तिष्क भी पीड़ित होकर रोगी हो जाता है। मस्तिष्क का बलवान और शक्ति संपन्न होना अच्छे साहित्य पर ही निर्भर करता है। अतएव यह बात स्पष्ट है कि मस्तिष्क के पर्याप्त विकास का एकमात्र साधन अच्छा साहित्य है। यदि हमें सभ्यता की दौड़ में अन्य जातियों की बराबरी करनी है तो सत्साहित्य का उत्पादन और प्राचीन साहित्य की रक्षा करनी चाहिए और यदि हम अपनी वर्तमान दयनीय दशा में रहना चाहते हैं तो साहित्य सम्मेलन के दिखावे को बंद कर देना चाहिए।

आँख उठाकर जरा दूसरे देशों और जातियों की ओर तो देखिए! साहित्य ने वहाँ के समाज की दशा ही बदल दी है; शासन प्रबंध में बड़े-बड़े उथल-पुथल कर डाले हैं। हमें अपनी ही भाषा और उसी के साहित्य को प्रधानता देनी चाहिए, क्योंकि अपने देश और जाति का कल्याण अपनी भाषा के साहित्य की उन्नति से ही हो सकता है। ज्ञान, विज्ञान, धर्म और राजनीति की भाषा सदैव लोकभाषा ही होनी चाहिए। अतएव अपनी भाषा के साहित्य का विकास करना हमारा परम धर्म है।

CBSE SQP (Additional Set) 2023 Modified

प्रश्न

I. उपर्युक्त गद्यांश में शारीरिक और मानसिक स्वास्थ्य के लिए पौष्टिक भोजन और .... साहित्य की बात कही गई है।

(क) अच्छे

(ख) नवीन

(ग) जातिप्रधान

(घ) भाषाप्रधान

II. (i) साहित्य सम्मेलनों में सदैव दिखावे वाली बातें होती हैं।

(ii) प्राचीन और वर्तमान का सत्साहित्य ही भविष्य का निर्णायक है।

(iii) साहित्य के विकास का कार्य मात्र एक भाषा पर ही निर्भर होता है।

उपर्युक्त गद्यांश के आधार पर साहित्यकार के मूल विचारों वाला विकल्प चुनिए

(क) केवल (i) (ख) केवल (ii)

(ग) (i) और (iii) दोनों (घ) (ii) और (iii) दोनों

III. गद्यांश में साहित्यकार द्वारा अन्य देशों का उल्लेख क्यों किया गया है?

(क) अपने समाज को ललकारने के लिए

(ख) पाठकों में ईर्ष्या की भावना उत्पन्न करने के लिए

(ग) अपनी शासन व्यवस्था को चुनौती देने के लिए

(घ) स्वदेशी साहित्य का महत्त्व स्थापित करने के लिए

IV. भविष्य में स्वयं को सजीव बनाए रखने के लिए साहित्य में क्या होना चाहिए?

V. श्रेष्ठ साहित्य का विकास कब संभव होगा? स्पष्ट कीजिए।

गद्यांश 6

भारतीय वैज्ञानिक परंपरा विश्व की सबसे पुरानी परंपराओं में से एक है। भारतीय विज्ञान में प्राचीन समय में विज्ञान के क्षेत्र में सुश्रुत व चरक, नागार्जुन आर्यभट्ट, ब्रह्मगुप्त और आर्यभट्ट द्वितीय आदि की खोजों का बहुत महत्त्वपूर्ण योगदान है।

वर्तमान में विज्ञान ने बहुत प्रगति कर ली है। पूरे संसार में वैज्ञानिक नित्य-नई खोज और आविष्कार कर रहे हैं। यह वैज्ञानिकों की ही देन है कि आज हम घर बैठे टेलीविजन पर चाँद को देख पा रहे हैं।

हाल ही में, भारतीय अंतरिक्ष अनुसंधान संगठन (इसरो) ने चंद्रमा के दक्षिणी ध्रुव पर चंद्रयान-3 को सफलतापूर्वक उतारा। एक सप्ताह बाद ही भारत ने सूर्य का अध्ययन करने के लिए एक और मिशन शुरू किया जिसकी सफलता पूर्वक लैंडिंग ने दुनिया में उन सभी देशों की आँखें खोल दी हैं, जिन्हें अभी भी इसरो की दक्षता पर संदेह था। इस मिशन का नाम आदित्य L1 है, जो अपने लक्ष्य पर पहुँचकर सूर्य का अध्ययन कर रहा है।

आदित्य L1 भारत का पहला सौर मिशन है। आदित्य L1 पृथ्वी से 1.5 मिलियन किलोमीटर दूर सन-अर्थ लैग्रेंजियन प्वॉइंट 1 (L1) पर स्थित है, जहाँ से यह सूर्य के वायुमंडलीय और चुंबकीय क्षेत्र का अध्ययन करेगा। यह पृथ्वी के निकटतम तारे की निगरानी करेगा और सूर्य के वायुमंडल के तापमान, घनत्व और रसायन विज्ञान आदि को समझने में मदद करेगा। आदित्य L1 में सूर्य के विभिन्न पहलुओं का अध्ययन करने के लिए सात वैज्ञानिक उपकरण हैं।

आदित्य L1 मिशन भारत के अंतरिक्ष अनुसंधान कार्यक्रम हेतु एक महत्त्वपूर्ण उपलब्धि है। यह उपलब्धि वैज्ञानिकों के समर्पण और परिश्रम को दर्शाती है। एक बार फिर से इसरो ने पूरी दुनिया में अपना लोहा मनवाकर भारत को गौरवान्वित किया है।

प्रश्न

I. 'आदित्य L1' की सफलता का श्रेय मुख्य रूप से किसे जाता है?

(क) सरकार को (ख) देशवासियों को

(ग) इसरो को (घ) युवा पीढ़ी को

II. **कथन** (A) पूरे संसार में वैज्ञानिक नित्य-नई खोज और आविष्कार कर रहे हैं।

कारण (R) देश को विकसित करने तथा जनकल्याण के लिए सभी देश के वैज्ञानिक सदैव अग्रसर रहते हैं।

उपर्युक्त कथन और कारण के आधार पर सही विकल्प चुनिए **दक्षता आधारित प्रश्न**

(क) कथन (A) और कारण (R) दोनों सही हैं।

(ख) कथन (A) और कारण (R) दोनों गलत हैं।

(ग) कथन (A) सही है और कारण (R) उसकी सही व्याख्या है।

(घ) कथन (A) गलत है, किंतु कारण (R) उसकी गलत व्याख्या है।

III. आदित्य L1 पृथ्वी से .... किलोमीटर दूर सन-अर्थ लैग्रेंजियन प्वॉइंट 1 (L1) पर स्थित है।

(क) 1.5 मिलियन (ख) 11.5 मिलियन

(ग) 2.5 मिलियन (घ) 10.5 मिलियन

IV. इसरो ने चंद्रमा के किस ध्रुव पर चंद्रयान-3 को सफलतापूर्वक उतारा?

V. आदित्य L1 का उद्देश्य क्या है?

गद्यांश 7

"जब गाँधीजी जीवित थे, हम अपनी गुत्थियों को सुलझाने के लिए प्राय: उनके पास पहुँचा करते थे, परंतु आज वह स्थूल रूप से हमारे बीच विद्यमान नहीं हैं। हमको अब पथ-निर्देश के लिए जीवन के प्रत्येक क्षेत्र में उनके सिखाए सुंदर उसूलों का आश्रय लेना होगा।" उपर्युक्त शब्द 30 अप्रैल, 1948 को गाँधीजी के सिद्धांतों का स्मरण करते हुए श्री गोविंदवल्लभ पंत ने रेडियो में प्रसारित एक भाषण के दौरान कहे थे। पंत जी ने कहा सत्य और अहिंसा गाँधीजी के जीवन का मूल मंत्र था। उन्होंने मूलत: इन्हीं दो उसूलों पर भारत की स्वतंत्रता के महल को खड़ा करने में खून-पसीना एक किया और जो सफलता उन्हें प्राप्त हुई वह अपूर्व है। गाँधीजी का यह विश्वास था कि कोई भी सरकार तब तक लोकप्रिय नहीं हो सकती, जब तक कि आधारित: इन दो सिद्धांतों का पालन न करे। सत्य और अहिंसा भारत की संस्कृति की आधारशिलाएँ हैं। हमारे पूर्वजों में से महावीर व बुद्ध प्रभृति बहुत-से महापुरुषों ने अपनी शिक्षाओं में इन सिद्धांतों को सर्वोपरि स्थान दिया है। इन्हीं सिद्धांतों को व्यापक रूप देने और एक वृहद् मानव समुदाय के कष्ट निवारण के लिए उनको प्रयोग करने का श्रेय महात्माजी को ही है, परंतु उनकी अहिंसा कायर की लाचारी का अंतिम अस्त्र नहीं थी। उनकी अहिंसा उन बलवानों की अहिंसा है, जो किसी सदुद्देश्य के लिए करने या मरने में विश्वास रखते हैं।

पश्चिम देशों ने गत दो महायुद्धों से कोई पाठ ग्रहण नहीं किया, जबकि इनमें विश्व को न केवल सामान की क्षति, बल्कि करोड़ों जान का नुकसान भी उठाना पड़ा है। ये राष्ट्र अब भी एक-दूसरे के विरुद्ध घृणा और संदेह का बीजारोपण कर रहे हैं। अभी समय है कि विश्व बापू की शिक्षाओं से शांति, भाईचारे और सांप्रदायिक ऐक्य का पाठ ग्रहण करे। **CBSE 2024 Modified**

प्रश्न

I. "जीवन के प्रत्येक क्षेत्र में पथ-निर्देश के लिए गाँधीजी के द्वारा सिखाए उसूलों का आश्रय लेना होगा।" पंत जी द्वारा ऐसा क्यों कहा गया?

(क) गाँधीजी विश्व प्रसिद्ध व्यक्ति थे।

(ख) गाँधीजी आज हमारे बीच जीवित नहीं हैं।

(ग) गाँधीजी की शिक्षाओं से ही विश्व में शांति संभव है।

(घ) गाँधीजी ने देश को स्वतंत्रता प्राप्ति के लिए मार्ग प्रशस्त किया।

II. सत्य और अहिंसा के सिद्धांतों को व्यापक और व्यावहारिक रूप दिया

(क) बुद्ध ने (ख) गाँधी ने (ग) महावीर ने (घ) पंत ने

III. गद्यांश के संदर्भ में निम्नलिखित कथनों में से कौन-सा/से कथन सही है/हैं, सही उत्तर के लिए उचित विकल्प चुनकर लिखिए?

(i) सत्य और अहिंसा के मार्ग पर चलकर ही सरकार लोकप्रियता प्राप्त कर सकती है।

(ii) युद्ध जन-धन की क्षति का कारक है।

(iii) अहिंसा कायर की विवशता का अस्त्र है।

कूट

(क) केवल कथन (i) सही है।

(ख) कथन (i) और (ii) सही हैं।

(ग) कथन (ii) और (iii) सही हैं।

(घ) कथन (i), (ii) और (iii) सही हैं।

IV. पंत जी के अनुसार, गाँधीजी के जीवन का मूल मंत्र क्या था तथा ये किसकी आधारशिलाएँ हैं?

V. गद्यांश के अनुसार, गाँधीजी का क्या विश्वास था?

गद्यांश 8

शोर से होने वाली बहरेपन की बीमारी एक गंभीर स्वास्थ्यगत समस्या है। तेज आवाज हमारी श्रवण कोशिकाओं पर बहुत दबाव डालती है, जिससे वे स्थायी रूप से चोटिल हो सकती हैं। यदि सुनने की क्षमता एकबार चली गई तो उसे पुन: पाना नामुमकिन है। विश्व स्वास्थ्य संगठन की 'वर्ल्ड हियरिंग रिपोर्ट' के मुताबिक विश्व की 1.5 अरब आबादी बहरेपन के साथ जी रही है। ध्वनि प्रदूषण दरअसल अवांछित विद्युत चुम्बकीय संकेत है, जो इंसान को कई रूपों में नुकसान पहुचाते हैं। इसीलिए शोर-प्रेरित बहरेपन पर फौरन ध्यान देने की जरूरत है। वैश्विक अध्ययन बताते हैं कि निर्माण कार्य, औद्योगिक कामकाज, जहाज बनाने या मरम्मत करने संबंधी काम, अग्निशमन, नागरिक उडड्यन आदि सेवाओं में लगे श्रमिकों में शोर-प्रेरित बहरेपन का खतरा अधिक होता है। आकलन है कि 15 फीसदी नौजवान संगीत कार्यक्रम खेल-आयोजनों और दैनिक कामकाज में होने वाले शोर से बहरेपन का शिकार होते हैं। शोर-प्रेरित बहरेपन की समस्या विकासशील देशों में ज्यादा है, जहाँ तीव्र औद्योगीकरण अनौपचारिक क्षेत्र के विस्तार और सुरक्षात्मक व शोर-नियंत्रणरोधी उपायों की कमी से लोग चौतरफा शोर-शराबे में दिन बिताने को अभिशप्त हैं। हमें यह समझना ही होगा कि श्रवण शक्ति का ह्रास न सिर्फ इंसान को प्रभावित करता है, बल्कि समाज पर भी नकारात्मक असर डालता है। **CBSE SQP 2022 Modified**

प्रश्न

I. गद्यांश के संदर्भ में अनुपयुक्त कथन है

(क) विकासशील देशों में अनौपचारिक क्षेत्र विस्तार की समस्या नहीं है।

(ख) विकासशील देशों में शोर-नियंत्रणरोधी उपायों पर अधिक बल नहीं दिया जाता है।

(ग) कुछ सेवाओं से जुड़े लोग अन्य की तुलना में बहरेपन के अधिक शिकार हैं।

(घ) कुछ खास सेवाओं से जुड़े युवा भी आज बहरेपन का शिकार हो रहे हैं।

II. विकासशील देशों के लोगों के जीवन को अभिशप्त क्यों कहा गया है?

(क) उनका जीवन अनेक सामाजिक संकटों से घिरा है

(ख) उनका जीवन अनेक आर्थिक संकटों से घिरा है

(ग) वे खराब सेहत वाली विवश जिंदगी बसर करते हैं

(घ) वे शोर-शराबे वाली जिंदगी जीने को विवश हैं

III. निम्नलिखित कथन (A) तथा कारण (R) को ध्यानपूर्वक पढ़कर दिए गए विकल्पों में से कोई एक सही विकल्प चुनकर लिखिए

कथन (A) वर्तमान में श्रवण शक्ति का ह्रास एक सार्वजनिक समस्या बन गई है।

कारण (R) आर्थिक विकास की अनियमित होड़ इस समस्या के कुछ कारणों में से एक है। **दक्षता आधारित प्रश्न**

(क) कथन (A) तथा कारण (R) दोनों गलत हैं।

(ख) कथन (A) सही है, किंतु कारण (R) गलत है।

(ग) कथन (A) सही है तथा कारण (R) कथन (A) की सही व्याख्या करता है।

(घ) कथन (A) सही है, किंतु कारण (R) कथन (A)की गलत व्याख्या करता है।

IV. गद्यांश के अनुसार, शोर से होने वाली गंभीर स्वास्थ्यगत समस्या क्या है?

V. "तीव्र आवाज से हमारे शरीर पर बुरा प्रभाव पड़ता है।" स्पष्ट कीजिए।

गद्यांश 9

'एक भारत श्रेष्ठ भारत' अभियान देश के विभिन्न राज्यों में सांस्कृतिक एकता को बढ़ावा देता है। भारत एक अनोखा राष्ट्र है, जिसका निर्माण विविध भाषा, संस्कृति, धर्म के तानों-बानों, अहिंसा और न्याय के सिद्धांतों पर आधारित स्वाधीनता संग्राम तथा सांस्कृतिक विकास के समृद्ध इतिहास द्वारा एकता के सूत्र में बाँधकर हुआ है। हम इतिहास की बात करें या वर्तमान की भारतवर्ष में कला एवं संस्कृति का अनूठा प्रदर्शन हर समय एवं हर स्थान पर हुआ है। नृत्य, संगीत, चित्रकला, मूर्तिकला, वास्तुकला इत्यादि से समृद्ध भारत की पहचान पूरे विश्व में है। भारतीय वास्तुकला एवं मूर्तिकला की परंपरा अत्यंत प्राचीन है। इस कला की कहानी लगभग पाँच हजार वर्ष पूर्व सिंधु घाटी की सभ्यता से आरंभ होती है। इसके दो प्रमुख नगरों; मोहनजोदड़ो और हड़प्पा में अच्छी सड़कें, दो मंजिले मकान, स्नानघर पक्की ईंटों के प्रयोग के सबूत मिले हैं। गुजरात के लोथल नामक स्थान की खुदाई से पता चलता है कि वहाँ नावों से सामान उतारने के लिए 216×37 मीटर लंबी-चौड़ी तथा 15 फीट गहरी गोदी बनी हुई थी।

ये लोग मिट्टी, पत्थर, धातु, हड्डी, काँच आदि की मूर्तियाँ एवं खिलौने बनाने में कुशल थे। धातु से बनी एक मूर्ति में एक नारी को कमर पर हाथ रखे नृत्य मुद्रा में दर्शाया गया है। दूसरी मूर्ति पशुपतिनाथ शिव की तथा तीसरी मूर्ति दाढ़ी वाले व्यक्ति की है। ये तीनों मूर्तियाँ कला के सर्वश्रेष्ठ नमूने हैं।

मूर्ति का श्रेष्ठ होना मूर्तिकार के कौशल पर निर्भर करता है। मूर्ति की प्रत्येक भाव-भंगिमा को दर्शाने में मूर्तिकार जी-जान लगा देता है। भारत के प्रत्येक कोने में इस प्रकार की विभिन्न कलाएँ हमारी संस्कृति में प्रतिबिंबित होती हैं। इस अतुलनीय निधि का बचाव और प्रचार-प्रसार ही 'एक भारत श्रेष्ठ भारत' की परिकल्पना है। **CBSE SQP 2022 Modified**

प्रश्न

I. सिंधु घाटी की सभ्यता प्रतीक है

(क) मूर्तिकार के कौशल का
(ख) एक भारत श्रेष्ठ भारत का
(ग) प्राचीन सुव्यवस्थित सभ्यता का
(घ) स्वाधीनता संग्राम के नायकों का

II. गद्यांश में मूर्तियों का सविस्तार वर्णन दर्शाता है

(क) सूक्ष्म अवलोकन एवं कला-प्रेम
(ख) प्राचीन मूर्तियों की भाव-भंगिमा
(ग) स्थूल अवलोकन एवं कला-प्रेम
(घ) सांस्कृतिक एकता एवं सौहार्द

III. निम्नलिखित कथन (A) तथा कारण (R) को ध्यानपूर्वक पढ़कर दिए गए विकल्पों में से कोई एक सही विकल्प चुनकर लिखिए।

कथन (A) भारतवर्ष में कला एवं संस्कृति का अनूठा प्रदर्शन हर समय हुआ है।

कारण (R) भारतीय वास्तुकला एवं मूर्तिकला की परंपरा अत्यंत प्राचीन है। **दक्षता आधारित प्रश्न**

(क) कथन (A) तथा कारण (R) दोनों गलत हैं।
(ख) कथन (A) गलत है, किंतु कारण (R) सही है।
(ग) कथन (A) सही है, किंतु कारण (R) उसकी गलत व्याख्या करता है।
(घ) कथन (A) और कारण (R) दोनों सही हैं तथा कारण (R) कथन (A) की सही व्याख्या करता है।

IV. गद्यांश के अनुसार किसे 'अनोखा राष्ट्र' कहा गया और क्यों ?

V. प्रस्तुत गद्यांश हमें क्या शिक्षा देता है?

गद्यांश 10

परिश्रम यानी मेहनत अपना जवाब आप ही है। उसका अन्य कोई जवाब न है, न हो सकता है अर्थात् जिस काम के लिए परिश्रम करना आवश्यक हो, हम चाहें कि वह अन्य किसी उपाय से पूरा हो जाए, ऐसा हो पाना कतई संभव नहीं। वह तो लगातार और मन लगाकर परिश्रम करने से ही होगा। इसी कारण कहा जाता है कि 'उद्योगिनं पुरुषसिंहमुपैति लक्ष्मी' अर्थात् उद्योग या परिश्रम करने वाले पुरुष सिंहों का ही लक्ष्मी वरण करती है। सभी प्रकार की धन-संपत्तियाँ और सफलताएँ लगातार परिश्रम से ही प्राप्त होती हैं। परिश्रम ही सफलता की कुंजी है, यह परीक्षण की कसौटी पर कसा गया सत्य है। निरंतर प्रगति और विकास की मंजिलें तय करते हुए हमारा संसार आज जिस स्तर और स्थिति तक पहुँच पाया है, वह सब हाथ पर हाथ रखकर बैठे रहने से नहीं हुआ। कई प्रकार के विचार बनाने, अनुसंधान करने, उनके अनुसार लगातार योजनाएँ बनाकर तथा कई तरह के अभावों और कठिनाइयों को सहते हुए निरंतर परिश्रम करते रहने से ही संभव हो पाया है। आज जो लोग सफलता के शिखर पर बैठकर दूसरों पर शासन कर रहे हैं, आदेश दे रहे हैं, ऐसी शक्ति और सत्ता प्राप्त करने के लिए पता नहीं किन-किन रास्तों से चलकर, किस-किस तरह के कष्ट और परिश्रमपूर्ण जीवन जीने के बाद उन्हें इस स्थिति में पहुँच पाने में सफलता मिल पाई है। हाथ-पैर हिलाने पर ही कुछ पाया जा सकता है, उदास या निराश होकर बैठ जाने से नहीं। निरंतर परिश्रम व्यक्ति को चुस्त-दुरुस्त रखकर सजग तो बनाता ही है, निराशाओं से दूर रख आशा-उत्साह भरा जीवन जीना भी सिखाया करता है।

CBSE SQP 2022 Modified

प्रश्न

I. 'हाथ-पैर हिलाने पर ही कुछ पाया जा सकता है।' पंक्ति के माध्यम से लेखक ………… करने की प्रेरणा दे रहे हैं।

(क) तैराकी (ख) परिश्रम
(ग) परीक्षण (घ) हस्तशिल्प

II. निम्नलिखित कथनों पर विचार कीजिए **दक्षता आधारित प्रश्न**

1. परिश्रम व्यक्ति को सकारात्मक बनाता है।
2. आज संसार पतन की ओर बढ़ रहा है।
3. पुरुषार्थ के बल पर ही व्यक्ति धनार्जन करता है।

उपर्युक्त कथनों में से कौन-सा/से कथन सही है/हैं?

(क) केवल 1 (ख) केवल 2
(ग) 1 और 3 दोनों (घ) 2 और 3 दोनों

III. निम्नलिखित में से किस कथन को गद्यांश की सीख के आधार पर कहा जा सकता है?

(क) अल्पज्ञान खतरनाक होता है
(ख) गया समय वापस नहीं आता है
(ग) मेहनत से कल्पना साकार होती है
(घ) आवश्यकता आविष्कार की जननी है

IV. परिश्रम से क्या प्राप्त होता है?

V. 'उद्योगिनं पुरुषसिंहमुपैति लक्ष्मी' का आशय स्पष्ट कीजिए।

गद्यांश 11

कभी-कभी सहज से तेज गति में परिवर्तित होते क्रोध को समय रहते नियंत्रित नहीं किया गया तो उसके परिणाम अत्यंत घातक और पश्चाताप के भाव जगाने वाले हो सकते हैं। कैलिफोर्निया स्टेट यूनिवर्सिटी के मनोविश्लेषक टॉम जी. स्टीवेन्स ने अपनी किताब 'ओवरकम एंगर एंड एग्रेसन' में स्पष्ट किया है कि क्रोध-नियंत्रण का एक प्रमुख तरीका यह है कि स्थिति को अपने नहीं, दूसरे के नजरिए से देखें। दूसरों को उन स्थितियों पर प्रकाश डालने के लिए प्रेरित करें, क्षमा करना सीखें, बीते को बिसारने की आदत विकसित करें और किसी को चोट पहुँचाने के बजाय प्रशंसा से उसका मूल्यांकन करें। याद रखें क्रोध-नियंत्रण से आप स्वयं को शक्तिशाली बनाते हैं।

इससे आपकी खुशहाली और स्मृतियों का विस्तार होता है। यूनिवर्सिटी ऑफ सिनसिनाटी के वैज्ञानिकों ने अपनी किताब '50 साइंस ऑफ मेंटल इलनेस' में इन कमजोरियों पर प्रकाश डालते हुए गुस्से को काबू में रखने के कारगर सूत्र दिए हैं। क्रोध-नियंत्रण से हम अपना ही नहीं, दूसरों के उजड़ते संसार को फिर से आबाद कर सकते हैं, क्योंकि शांत मन सृजन में समर्थ होता है। हमारे सृजनात्मक होने से ही मानवता का हित हो सकता है, तो जब भी क्रोध आए, इन उपायों को आजमाएँ जीवन में बिखरी हुई चीजों को सँवारने की ओर कदम खुद बढ़ चलेंगे।

CBSE 2023 Modified

प्रश्न

I. क्रोध-नियंत्रण से होने वाले लाभों के संबंध में अनुपयुक्त कथन है

(क) इससे व्यक्ति स्वयं को शक्तिशाली बनाता है

(ख) इससे व्यक्ति के जीवन में खुशहाली आती है

(ग) इससे व्यक्ति की विस्मृतियों का विस्तार होता है

(घ) इससे व्यक्ति की रचनात्मकता में वृद्धि होती है

II. मनोविश्लेषक स्टीवेंस के अनुसार, क्रोध पर काबू पाने का सर्वोपयुक्त उपाय है

(क) परिस्थितियों पर दूसरों के नियंत्रण को स्वीकार करना

(ख) परिस्थितियों पर पूरी तरह नियंत्रण स्थापित करना

(ग) परिस्थितियों को अपने नजरिए से और अच्छे से समझना

(घ) परिस्थितियों को दूसरे के नजरिए से जानने का प्रयास करना

III. निम्नलिखित कथन (A) तथा कारण (R) को ध्यानपूर्वक पढ़कर दिए गए विकल्पों में से कोई एक सही विकल्प चुनकर लिखिए

कथन (A) **क्रोध नवसृजन का सहायक है।**

कारण (R) **क्रोध अवस्था में क्षमाशीलता न्यून हो जाती है।**

दक्षता आधारित प्रश्न

(क) कथन (A) तथा कारण (R) दोनों गलत हैं।

(ख) कथन (A) सही है, किंतु कारण (R) गलत है।

(ग) कथन (A) सही है तथा कारण (R) उसकी सही व्याख्या करता है।

(घ) कथन (A) सही है, किंतु कारण (R) उसकी सही व्याख्या नहीं करता है।

IV. (क) क्रोध का परिणाम कब अत्यंत घातक बन जाता है?

(ख) क्रोध अंततः व्यक्ति के पश्चाताप का कारण कब बन जाता है?

V. क्रोध आने पर हमें क्या करना चाहिए?

गद्यांश 12

गरमियों के दिन 'छुट्टी और यात्रा' पर जाने के दिन होते हैं। 'छुट्टी पर जाने' का यह अनुराग काफी आधुनिक है, क्योंकि लोग 'कर्मोन्मत्त' बन गए हैं और वे जो कुछ भी करते हैं या नहीं करते हैं, वह उनके लिए तनाव पैदा करता है। पहले 'छुट्टी' शब्द मूल रूप से धार्मिक दिनों के लिए इस्तेमाल होता था; आजकल इसका मतलब सामान्य दिनों के विपरीत आराम या विश्राम का कोई विशेष दिन है, लेकिन असली सवाल है कि छुट्टी पर जाने से पहले क्या आपका मन और शरीर नई जगह का आनंद लेने की स्थिति में है? यात्रा की सारी तैयारी बाहरी होती है, लोग विश्राम की भाषा पूरी तरह भूल चुके हैं।

जब आप कुछ नहीं करते, तो यह मत सोचना कि समय बर्बाद हो रहा है। कुछ न करने के दौरान आपकी ऊर्जा खुद को स्वस्थ करती है। सतत् काम करते रहने का जुनून ही आपको छुट्टी का आनंद नहीं लेने देता। आप जहाँ हैं, वहाँ मौजूद रहना सीखें, इसका अर्थ है- अभी और यहीं होना। बाहरी दुनिया के बिना जीवित रहना सीखें। इसका स्पष्ट मतलब है, अपने साथ रहना शुरू करें, खुद को जानना सीखें। छुट्टी का मतलब यह कदापि नहीं कि आप सिर्फ कामकाज से दूरी बनाएँ, बल्कि अपने मन, उसके दबावों और उलझनों से भी दूरी बनाइए। **CBSE 2024 Modified**

प्रश्न

I. 'छुट्टी पर जाने का यह अनुराग काफी आधुनिक है'- पंक्ति का आशय है

(क) प्राचीन समय में लोग छुट्टियों का आनंद घर पर ही लेते थे।

(ख) छुट्टियों में घर से बाहर जाने का प्रचलन वर्तमान समय की देन है।

(ग) वर्तमान समय में छुट्टियों के प्रति प्रेम बढ़ा है।

(घ) कार्यस्थलों/शिक्षा केंद्रों में छुट्टी पर जाने का प्रचलन बढ़ा है।

II. गद्यांश के अनुसार कुछ न करने से भी समय बर्बाद नहीं होता, क्यों?

(क) शरीर की ऊर्जा नष्ट नहीं होती।

(ख) शरीर की ऊर्जा खुद को स्वस्थ करती है।

(ग) हम आत्मावलोकन करते हैं।

(घ) तन और मन को विश्राम मिलता है।

III. 'जहाँ हैं, वहाँ मौजूद रहना' का अभिप्राय है

(क) निर्धारित स्थल पर उपस्थित रहना।

(ख) बिना हिले-डुले एक स्थान पर बने रहना।

(ग) एक ही स्थान पर लंबे समय तक बने रहना।

(घ) शारीरिक उपस्थिति के साथ मानसिक उपस्थिति का होना।

IV. 'कर्मोन्मत्त' शब्द से क्या अभिप्राय है?

V. यात्रा पर निकलने से पहले क्या आवश्यक है?

गद्यांश 13

साहित्य की शाश्वतता का प्रश्न एक महत्त्वपूर्ण प्रश्न है। क्या साहित्य शाश्वत होता है? यदि हाँ, तो किस मायने में? क्या कोई साहित्य अपने रचनाकाल के सौ वर्ष बीत जाने पर भी उतना ही प्रासंगिक रहता है, जितना वह अपनी रचना के समय था? अपने समय या युग का निर्माता साहित्यकार क्या सौ वर्ष बाद की परिस्थितियों का भी युग-निर्माता हो सकता है। समय बदलता रहता है, परिस्थितियाँ और भावबोध बदलते हैं, साहित्य बदलता है और इसी के समानांतर पाठक की मानसिकता और अभिरुचि भी बदलती है।

अत: कोई भी कविता अपने सामयिक परिवेश के बदल जाने पर ठीक वही उत्तेजना पैदा नहीं कर सकती, जो उसने अपने रचनाकाल के दौरान की होगी। कहने का तात्पर्य यह है कि एक विशेष प्रकार के साहित्य के श्रेष्ठ अस्तित्व मात्र से वह साहित्य हर युग के लिए उतना ही विशेष आकर्षण रखे, यह आवश्यक नहीं है। यही कारण है कि वर्तमान युग में इंगला, पिंगला, सुषुम्ना, अनहद नाद आदि पारिभाषिक शब्दावली मन में विशेष भावोत्तेजन नहीं करती।

साहित्य की श्रेष्ठता मात्र ही उसके नित्य आकर्षण का आधार नहीं है। उसकी श्रेष्ठता का युगयुगीन आधार है, वे जीवन मूल्य तथा उनकी अत्यंत कलात्मक अभिव्यक्तियाँ, जो मनुष्य की स्वतंत्रता तथा उच्चतर मानव-विकास के लिए पथ-प्रदर्शक का काम करती हैं।

पुराने साहित्य का केवल वही श्री-सौंदर्य हमारे लिए ग्राह्य होगा, जो नवीन जीवन-मूल्यों के विकास में सक्रिय सहयोग दे अथवा स्थिति रक्षा में सहायक हो। कुछ लोग साहित्य की सामाजिक प्रतिबद्धता को अस्वीकार करते हैं। वे मानते हैं कि साहित्यकार निरपेक्ष होता है और उस पर कोई भी दबाव आरोपित नहीं होना चाहिए, किंतु वे भूल जाते हैं कि साहित्य के निर्माण की मूल प्रेरणा मानव-जीवन में ही विद्यमान रहती है।

जीवन के लिए ही उसकी सृष्टि होती है। तुलसीदास जब स्वांत: सुखाय काव्य-रचना करते हैं, तब अभिप्राय यह नहीं रहता कि मानव-समाज के लिए इस रचना का कोई उपयोग नहीं है, बल्कि उनके अंत:करण में संपूर्ण संसार की सुख भावना एवं हित कामना सन्निहित रहती है। जो साहित्यकार अपने संपूर्ण व्यक्तित्व को व्यापक लोक जीवन में सन्निविष्ट कर देता है, उसी के हाथों स्थायी एवं प्रेरणाप्रद साहित्य का सृजन हो सकता है। **CBSE Term I 2021 Modified**

प्रश्न

I. साहित्य की श्रेष्ठता का निर्धारण सुनिश्चित करता है कि वह

(क) व्यक्ति को बहुमुखी प्रतिभा का धनी बनाता है

(ख) लोक व्यवहार की पराकाष्ठा पर प्रतिक्रिया देता है

(ग) सांस्कृतिक व ऐतिहासिक विरासत को बाधित करता है

(घ) पथ-प्रशस्त कर मूल्यों का समावेशन करके कला भाव जगाता है

II. 'कोई साहित्य अपने रचनाकाल के सौ वर्ष बीत जाने पर भी उतना ही प्रासंगिक रहता है।' कथन के आधार पर उचित तर्क है

(क) साहित्य की श्रेष्ठता मात्र ही उसके नित्य आकर्षण का आधार नहीं है

(ख) संपूर्ण साहित्य का स्थायी व स्पष्ट आधार नहीं है

(ग) लोक कल्याणकारी, स्थायी एवं प्रेरणाप्रद साहित्य होने की दशा में

(घ) पारिभाषिक शब्दावली द्वारा स्पष्टीकरण करने की दशा में

III. निम्नलिखित कथन (A) तथा कारण (R) को ध्यानपूर्वक पढ़कर दिए गए विकल्पों में से कोई एक सही विकल्प चुनकर लिखिए

कथन (A) अपने समय के प्रसिद्ध साहित्यकार सौ वर्ष बाद की परिस्थितियों के भी युग-निर्माता नहीं रह सकते हैं।

कारण (R) समय, परिस्थितियाँ, भावबोध और साहित्य में बदलाव आने के साथ ही पाठकों की अभिरुचि और मानसिकता में बदलाव आता जाता है। **दक्षता आधारित प्रश्न**

(क) कथन (A) तथा कारण (R) दोनों गलत हैं।

(ख) कथन (A) गलत है, किंतु कारण (R) सही है।

(ग) कथन (A) सही है, किंतु कारण (R) कथन (A) की गलत व्याख्या करता है।

(घ) कथन (A) तथा कारण (R) दोनों सही हैं तथा कारण (R) कथन (A) की सही व्याख्या करता है।

IV. गद्यांश के अनुसार, किस पर दबाव आरोपित नहीं किया जा सकता है?

V. नवीन जीवन-मूल्यों के विकास में सक्रिय सहयोग से क्या आशय है? स्पष्ट कीजिए।

गद्यांश 14

अपनी सभ्यता का जब मैं अवलोकन करता हूँ, तब लोगों को काम के संबंध की उनकी विचारधारा के अनुसार उन्हें विभाजित करने लगता हूँ। एक वर्ग में वे लोग आते हैं, जो काम को उस घृणित आवश्यकता के रूप में देखते हैं, जिसकी उनके लिए उपयोगिता केवल धन अर्जित करना है। वे अनुभव करते हैं कि जब दिनभर का श्रम समाप्त हो जाता है, तब वे जीना सचमुच शुरू करते हैं और अपने आप में होते हैं।

जब वे काम में लगे होते हैं, तब उनका मन भटकता रहता है। काम को वे उतना महत्त्व देने का कभी विचार नहीं करते, क्योंकि केवल आमदनी के लिए ही उन्हें काम की आवश्यकता है। दूसरे वर्ग के लोग अपने काम को आनंद और आत्मपरितोष पाने के एक सुयोग के रूप में देखते हैं। वे धन इसलिए कमाना चाहते हैं, ताकि अपने काम से अधिक एकनिष्ठता के साथ समर्पित हो सकें। जिस काम में वे संलग्न होते हैं, उसकी पूजा करते हैं।

पहले वर्ग में केवल वे लोग ही नहीं आते हैं, जो बहुत कठिन और अरुचिकर काम करते हैं। उसमें बहुत-से संपन्न लोग भी सम्मिलित हैं, जो वास्तव में कोई काम नहीं करते हैं। ये सभी धन को ऐसा कुछ समझते हैं, जो उन्हें काम करने के अभिशाप से बचाता है। इसके सिवाय कि उनका भाग्य अच्छा रहा है, वे अन्यथा उन कारखानों के मजदूरों की तरह ही हैं, जो अपने दैनिक काम को जीवन का सबसे बड़ा अभिशाप समझते हैं। उनके लिए काम कोई घृणित वस्तु है और धन वांछनीय, क्योंकि काम से छुटकारा पाने के साधन का प्रतिनिधित्व यही धन करता है।

यदि काम को वे टाल सकें और फिर भी धन प्राप्त हो जाए, तो खुशी से यही करेंगे। जो लोग काम में अनुरक्त हैं तथा उसके प्रति समर्पित हैं, ऐसे कलाकार, विद्वान् और वैज्ञानिक दूसरे वर्ग में सम्मिलित हैं। वस्तुओं को बनाने और खोजने में वे हमेशा दिलचस्पी रखते हैं। इसके अंतर्गत परंपरागत कारीगर भी आते हैं, जो किसी वस्तु को रूप देने में गर्व और आनंद का वास्तविक अनुभव करते हैं। अपनी मशीनों को ममत्वभरी सावधानी से चलाने और उनका रख-रखाव करने वाले कुशल मिस्त्री और इंजीनियर इसी वर्ग से संबंधित हैं। **CBSE 2020 Modified**

प्रश्न

I. **पहले वर्ग के लोग काम को किस रूप में देखते हैं?**

(क) कर्त्तव्य भावना के रूप में

(ख) धन प्राप्ति के साधन के रूप में

(ग) आनंद प्राप्ति के साधन के रूप में

(घ) समाज सेवा के रूप में

II. **"जो लोग काम में अनुरक्त हैं तथा उसके प्रति समर्पित हैं ऐसे कलाकार, विद्वान और वैज्ञानिक दूसरे वर्ग में सम्मिलित हैं।" कथन के अनुसार सही विकल्प का चयन कीजिए**

दक्षता आधारित प्रश्न

(i) दूसरे वर्ग के लोग काम में अनुरक्त रहते हैं।

(ii) कलाकार विद्वान और वैज्ञानिक अपने काम के प्रति सदैव समर्पित रहते हैं।

(iii) दूसरे वर्ग के लोग कार्य के प्रति विरक्त रहते हैं।

कूट

(क) कथन (i) सही है। (ख) कथन (i) व (ii) सही हैं।

(ग) कथन (ii) व (iii) सही हैं। (घ) कथन (i) व (iii) सही हैं।

III. **निम्नलिखित कथन (A) तथा कारण (R) को ध्यानपूर्वक पढ़कर दिए गए विकल्पों में से कोई एक सही विकल्प चुनकर लिखिए**

कथन (A) परंपरागत वस्तुएँ बनाने वाले कारीगरों को पहले वर्ग के लोगों में रखना चाहिए।

कारण (R) परंपरागत कारीगर अपने काम में अरुचि रखते हैं, अपने काम की उपयोगिता धन अर्जित करने में समझते हैं और जब उनका श्रम समाप्त होता है तब वे सच्चे अर्थ में जीते हैं।

दक्षता आधारित प्रश्न

(क) कथन (A) तथा कारण (R) दोनों गलत हैं।

(ख) कथन (A) गलत है, किंतु कारण (R) सही है।

(ग) कथन (A) सही है, किंतु कारण (R) कथन (A) की गलत व्याख्या करता है।

(घ) कथन (A) तथा कारण (R) दोनों सहीं हैं तथा कारण (R) कथन (A) की सही व्याख्या करता है।

IV. **दूसरे वर्ग के लोग कार्य को क्या मानते हैं और वे धन क्यों कमाना चाहते हैं?**

V. **गद्यांश के अनुसार, काम करना किनके लिए घृणित है?**

गद्यांश 15

वर्तमान युग कंप्यूटर का युग है। यदि भारतवर्ष पर नज़र दौड़ाकर देखें तो हम पाएँगे कि जीवन के लगभग सभी क्षेत्रों में कम्प्यूटर का प्रवेश हो गया है। बैंक, रेलवे-स्टेशन, हवाई-अड्डे, डाकखाने, बड़े-बड़े उद्योग-कारखाने, व्यवसाय हिसाब-किताब तथा रुपये गिनने तक की मशीनें कंप्यूटरीकृत हो गई हैं।

आज भी कंप्यूटर का प्रारंभिक प्रयोग है तथा आने वाला समय इसके विस्तृत फैलाव का संकेत दे रहा है। प्रश्न उठता है कि कंप्यूटर आज की जरूरत है? इसका उत्तर है—कंप्यूटर जीवन की मूलभूत अनिवार्य वस्तु तो नहीं है, किंतु इसके बिना आज की दुनिया अपूर्ण प्रतीत होती है। सांसारिक गतिविधियों, परिवहन और संचार उपकरणों आदि का इतना विस्तार हो गया है कि उन्हें सुचारु रूप से चलाना अत्यंत कठिन होता जा रहा है। पहले मनुष्य जीवन-भर में यदि सौ लोगों के संपर्क में आता था, तो आज वह दो-हजार लोगों के संपर्क में आता है। पहले वह दिन में पाँच-दस लोगों से मिलता था, तो आज पचास-सौ लोगों से मिलता है। पहले वह दिन में काम करता था, तो आज रातें भी व्यस्त रहती हैं। आज व्यक्ति के संपर्क बढ़ रहे हैं, व्यापार बढ़ रहे हैं, गतिविधियाँ बढ़ रही हैं, आकांक्षाएँ बढ़ रही हैं तथा साधन भी बढ़ रहे हैं।

इस अनियंत्रित गति को सुव्यवस्थित करने की समस्या आज की प्रमुख समस्या है। कहते हैं आवश्यकता आविष्कार की जननी है। इस आवश्यकता ने अपने अनुसार निदान ढूँढ लिया है।

कंप्यूटर एक ऐसी स्वचालित प्रणाली है जो कैसी भी अव्यवस्था को व्यवस्था में बदल सकती है। हड़बड़ी में होने वाली मानवीय भूलों के लिए कंप्यूटर रामबाण औषधि है। क्रिकेट के मैदान में अंपायर की निर्णायक भूमिका हो या लाखों-करोड़ों की लंबी-लंबी गणनाएँ, कंप्यूटर पलक झपकते ही आपकी समस्या हल कर सकता है। पहले इन कार्यों को करने वाले कर्मचारी हड़बड़ाकर काम करते थे, एक भूल से घबराकर और अधिक गड़बड़ी करते थे। परिणामस्वरूप काम कम, तनाव अधिक होता था। अब कंप्यूटर की सहायता से काफी सुविधा हो गई है।

CBSE SQP 2020 Modified

प्रश्न

I. **गद्यांश के अनुसार, कंप्यूटर के महत्त्व के विषय में कौन-सा विकल्प सही है?**

(क) कंप्यूटर काम के तनाव को समाप्त करने का उपाय है

(ख) कंप्यूटर कई मानवीय भूलों को निर्णायक रूप से सुधार देता है

(ग) कंप्यूटर के आने से सारी हड़बड़ाहट दूर हो गई है

(घ) मानव की सारी समस्याओं का हल कंप्यूटर द्वारा ही संभव है

II. **गद्यांश के अनुसार, ... आवश्यकता ने कंप्यूटर में अपना निदान ढूँढ लिया है।**

(क) अनियंत्रित कर्मचारियों को अनुशासित करने की

(ख) अनियंत्रित गति को सुव्यवस्था देने की

(ग) अधिक-से-अधिक लोगों से जुड़कर जन-जागरण लाने की

(घ) अधिक-से-अधिक कार्य कभी भी व कहीं भी करने की

III. **निम्नलिखित कथनों पर विचार कीजिए** **दक्षता आधारित प्रश्न**

1. हमारे जीवन के हर क्षेत्र में कंप्यूटर की सहायता से काम किया जाने लगा है।
2. कंप्यूटर हमारे जीवन की मूलभूत अनिवार्य वस्तु बन गया है।
3. परिवहन के साधनों, संचार के उपकरणों, सांसारिक गतिविधियाँ इतनी बढ़ गई हैं कि इन्हें सुचारु रूप से चलाने के लिए कंप्यूटर का प्रयोग आवश्यक हो गया है।

उपर्युक्त कथनों में से कौन-सा/से कथन सही हैं/है?

(क) केवल 1 (ख) केवल 2

(ग) 1 और 3 (घ) 2 और 3

IV. **गद्यांश के अनुसार, वर्तमान युग किसका है और क्यों है?**

V. **कंप्यूटर के प्रयोग से पहले अधिक तनाव क्यों होता था?**

गद्यांश 16

पाठक आमतौर पर रूढ़िवादी होते हैं, वे सामान्यत: साहित्य में अपनी मर्यादाओं की स्वीकृति या एक स्वप्न-जगत में पलायन चाहते हैं। साहित्य एक झटके में उन्हें अपने आस-पास के उस जीवन के प्रति सचेत करता है, जिससे उन्होंने आँखें मूँद रखी थीं। शुतुरमुर्ग अफ्रीका के रेगिस्तानों में नहीं मिलते, वे हर जगह बहुतायत में उपलब्ध हैं। प्रौद्योगिकी के इस दौर का नतीजा जीवन के हर गोशे में नकद फसल के लिए बढ़ता हुआ पागलपन है और हमारे राजनीतिज्ञ, सत्ता के दलाल, व्यापारी, नौकरशाह-सभी लोगों को इस भगदड़ में नहीं पहुँचने, जैसा दूसरे करते हैं वैसा करने, चूहादौड़ में शामिल होने और कुछ-न-कुछ हासिल कर लेने को जिए जा रहे हैं।

हम थककर साँस लेना और अपने चारों ओर निहारना, हवा के पेड़ में से गुज़रते वक़्त पत्तियों की मनोहर लय-गतियों को और फूलों के जादुई रंगों को, फूली सरसों के चमकदार पीलेपन को, मैदानों की घनी हरीतिमा को मर्मर ध्वनि के सौंदर्य, हिमाच्छादित शिखरों की भव्यता, समुद्र तट पर पछाड़ खाकर बिखरती हुई लहरों के घोष को देखना-सुनना भूल गए हैं।

कुछ लोग सोचते हैं कि पश्चिम का आधुनिकतावाद और भारत तथा अधिकांश तीसरी दुनिया के नव-औपनिवेशिक चिंतन के साथ अपनी जड़ों से अलगाव, व्यक्तिवादी अजनबियत में हमारा अनिवार्य बे-लगाम धँसाव, अचेतन के बिंब, बौद्धिकता से विद्रोह, यह घोषणा कि दिमाग अपनी रस्सी के अंतिम सिरे पर है, यथार्थवाद का विध्वंस, काम का ऐन्द्रिक सुख मात्र रह जाना और मानवीय भावनाओं का व्यावसायीकरण तथा निम्नस्तरीय-करण इस अंधी घाटी में आ फँसने की वजह है। लेकिन वे भूल जाते हैं कि आधुनिकीकरण इतिहास की एक सच्चाई है, जो नई समस्याओं को जन्म देने और विज्ञान को अधिक जटिल बनाने के बावजूद, एक तरह से, मानव जाति की नियति है।

मेरा सुझाव है कि विवेकहीन आधुनिकता के बावजूद आधुनिकता की दिशा में धैर्यपूर्वक सुयोजित प्रयास होने चाहिए। एक आलोचक किसी नाली में भी झाँक सकता है, पर वह नाली-निरीक्षक नहीं होता। लेखक का कार्य दुनिया को बदलना नहीं, समझना है, साहित्य क्रांति नहीं करता; वह मनुष्यों का दिमाग बदलता है और उन्हें क्रांति की आवश्यकता के प्रति जागरूक बनाता है। **CBSE SQP 2020 Modified**

प्रश्न

I. आधुनिकता की दिशा में सुयोजित प्रयास क्यों होने चाहिए?

(क) इससे जीवन सुगम हो जाएगा तथा मानव प्रकृति का आनंद ले सकेगा
(ख) इससे नई समस्याओं को जन्म लेने से पहले ही रोका जा सकेगा
(ग) आधुनिक होने की प्रक्रिया सदा से मानव सभ्यता का अंग रही है
(घ) इससे विज्ञान सरल होकर अधिक मानव कल्याणी हो सकेगा

II. 'नक़द फ़सल के लिए बढ़ता हुआ पागलपन' से क्या तात्पर्य है?

(क) लोग तुरंत व अधिक-से-अधिक लाभ कमाना चाहते हैं
(ख) लोग प्रकृति को समय नहीं देना चाहते हैं
(ग) लोग थके हुए हैं पर विश्राम नहीं करना चाहते
(घ) लोग भौतिकवादी तथा अमीर लोगों की नकल करना चाहते हैं

III. लेखक के अनुसार साहित्य क्या कार्य करने के लिए प्रेरित करता है?

(क) लोगों को यथार्थ से अवगत कराकर बदलाव लाने के लिए
(ख) लोगों को जीवन की समस्याओं को भुलाकर आगे बढ़ते जाने के लिए
(ग) लोगों को यथार्थवाद का विध्वंस करने के लिए
(घ) लोगों को भावनाओं व ऐन्द्रिक सुख से ऊपर उठकर कार्य करने के लिए

IV. गद्यांश में लेखक ने 'शुतुरमुर्ग' की संज्ञा किसे दी है और ऐसे लोग कैसे होते हैं?

V. "साहित्य हमें आस-पास के उस जीवन के प्रति सचेत करता है, जिसे हम अनदेखा करते हैं।" समझाइए।

गद्यांश 17

एडुसैट, भारतीय अंतरिक्ष अनुसंधान संगठन (इसरो) द्वारा सितंबर, 2004 में प्रक्षेपित ऐसा पहला उपग्रह है, जिसका उद्देश्य शिक्षा क्षेत्र की उपग्रह संबंधी आवश्यकताओं को पूरा करना है। एडुसैट का मुख्य उद्देश्य दूरस्थ शिक्षा में क्रांतिकारी परिवर्तन लाना है। आधुनिक शिक्षा प्रणाली में कंप्यूटर एवं सूचना प्रौद्योगिकी का प्रयोग बढ़ा है। छात्र अब व्यावसायिक शिक्षा की ओर उन्मुख हो रहे हैं। शिक्षा के विकास में विज्ञान और प्रौद्योगिकी ने महत्त्वपूर्ण भूमिका निभाई है। रेडियो, टेलीविजन, कंप्यूटर आदि का प्रयोग मानव ने शिक्षा के प्रसार के लिए किया। ऐसे में एडुसैट की स्थापना शिक्षा में विज्ञान के प्रयोग की अगली एवं आधुनिक कड़ी है। इसके द्वारा दूरस्थ क्षेत्रों के लोगों तक शिक्षा उपलब्ध करवाने में सहायता मिल रही है। सूचना प्रौद्योगिकी के इस युग में ई-लर्निंग का प्रचलन बढ़ता जा रहा है। एडुसैट के माध्यम से एक शिक्षक देश के दूरस्थ क्षेत्रों के हजारों विद्यार्थियों को पढ़ाने में सक्षम हो सकता है। एडुसैट के माध्यम से कक्षाओं को जोड़कर शिक्षण को और भी प्रभावशाली बनाया जा सकता है। शिक्षा के गुणात्मक सुधार के लिए शुरू एडुसैट के माध्यम से शिक्षकों को भी समय-समय पर प्रशिक्षण दिया जा सकता है।

प्रश्न

I. शिक्षा के गुणात्मक सुधार के लिए कार्य किए जा सकते हैं, कथन पढ़कर सही विकल्प का चयन कीजिए **दक्षता आधारित प्रश्न**

1. शिक्षकों को समय-समय पर प्रशिक्षण दिया जाना चाहिए।
2. विद्यार्थियों की समय-समय पर परीक्षा ली जानी चाहिए।
3. शिक्षा का प्रसार किया जाना चाहिए।
4. उपर्युक्त सभी

कूट

(क) 1 और 2 सही हैं
(ख) 3 और 2 सही हैं
(ग) केवल 1 सही है
(घ) इनमें से कोई नहीं

II. गद्यांश के आधार पर बताइए कि एडुसैट के द्वारा ········ का प्रचलन बढ़ता जा रहा है।

(क) ई-लर्निंग (ख) कंप्यूटर
(ग) दूरस्थ शिक्षा (घ) उपर्युक्त सभी

III. निम्नलिखित कथन (A) तथा कारण (R) को ध्यानपूर्वक पढ़कर दिए गए विकल्पों में से कोई एक सही विकल्प चुनकर लिखिए

कथन (A) एक शिक्षक देश के दूरस्थ क्षेत्रों के हजारों विद्यार्थियों को पढ़ाने में सक्षम हो सकता है।

कारण (R) एडुसैट के माध्यम से शिक्षकों को भी समय-समय पर प्रशिक्षण दिया जा सकता है। **दक्षता आधारित प्रश्न**

कूट

(क) कथन (A) गलत है, किंतु कारण (R) सही है।

(ख) कथन (A) तथा कारण (R) दोनों गलत हैं।

(ग) कथन (A) सही है और कारण (R) कथन (A) की सही व्याख्या है।

(घ) कथन (A) सही है, किंतु कारण (R) कथन (A) की सही व्याख्या नहीं है।

IV. गद्यांश के अनुसार एडुसैट का क्या लाभ है?

V. एडुसैट क्या है?

गद्यांश 18

संसार के विकसित देश; जैसे—जापान, अमेरिका, रूस तथा जर्मनी आदि निश्चय ही कठोर परिश्रम द्वारा समृद्धशाली बने हैं। जिस राष्ट्र के लोग दृढ़ संकल्प तथा परिश्रमपूर्वक कर्म में लीन हैं, उनकी उन्नति तथा प्रगति अवश्यंभावी है। परिश्रमी व्यक्ति विश्वासपूर्वक मार्ग की बाधाओं को हटाता हुआ निरंतर अपने लक्ष्य की ओर अग्रसर रहता है। जो परिश्रम से जी चुराता है, वह सदा दीन-हीन ही बना रहता है। संसार में जितने भी महापुरुष हुए हैं, उनकी महानता के पीछे कठिन परिश्रम ही रहा है। चाहे न्यूटन और रमन जैसे वैज्ञानिक हों या शेक्सपियर और टैगोर जैसे कवि हों, रॉकफेलर और बिरला जैसे व्यापारी हों या लिंकन और गाँधी जैसे जन-नेता, सभी ने अपने-अपने क्षेत्र में कठोर संघर्ष तथा अथक परिश्रम किया है।

उन्हीं लोगों का जीवन सफल होता है एवं वे ही लोग अमर हो पाते हैं, जो जीवन को परिश्रम की आग में तपाकर इसे सोने की भाँति चमकदार बना लेते हैं। परिश्रमी व्यक्ति सदैव अपने लक्ष्य की ओर अग्रसर होता है। परिश्रमी व्यक्ति को धन और यश दोनों ही मिलते हैं तथा मरणोपरांत भी वह अपने कार्यों के लिए आदरपूर्वक याद किया जाता है।

प्रश्न

I. गद्यांश के अनुसार निम्नलिखित में से कौन वैज्ञानिक थे?

(क) न्यूटन और रमन

(ख) शेक्सपीयर और टैगोर

(ग) रॉमफेलर और बिरला

(घ) अब्राहम लिंकन और महात्मा गाँधी

II. गद्यांश के आधार पर बताइए कि कठोर परिश्रम से किसमें सफलता मिलती है?

(क) महान और समृद्धशाली बनने में

(ख) सामाजिक स्तर गिराने में

(ग) व्यावसायिक संबंध बढ़ाने में

(घ) उपर्युक्त सभी

III. निम्नलिखित कथन (A) तथा कारण (R) को ध्यानपूर्वक पढ़कर दिए गए विकल्पों में से कोई एक सही विकल्प चुनकर लिखिए

कथन (A) मरणोपरांत भी कुछ लोग अपने कार्यों के लिए आदरपूर्वक याद किए जाते हैं।

कारण (R) परिश्रमी व्यक्ति को धन और यश दोनों प्राप्त होते हैं। **दक्षता आधारित प्रश्न**

कूट

(क) कथन (A) गलत है, किंतु कारण (R) सही है।

(ख) कथन (A) तथा कारण (R) दोनों गलत हैं।

(ग) कथन (A) सही है और कारण (R) कथन (A) की सही व्याख्या है।

(घ) कथन (A) सही है, किंतु कारण (R) कथन (A) की सही व्याख्या नहीं है।

IV. संसार के किसी भी देश के विकसित होने में क्या निहित है।

V. 'जो परिश्रम से जी चुराता है, वह सदा दीन-हीन बना रहता है' पंक्ति का आशय समझाइए।

गद्यांश 19

मनुष्य ने अपने स्वार्थ के लिए प्रकृति का दोहन कर प्राकृतिक संतुलन ही नहीं, बल्कि स्त्रियों के साथ अन्याय कर, स्त्री-पुरुष के लिंगानुपात को घटाने का अमानवीय कार्य भी किया है। लिंगानुपात में आई भारी गिरावट का मुख्य कारण कन्या भ्रूण हत्या है। गर्भस्थ शिशु के लिंग परीक्षण के पश्चात् कन्या भ्रूण होने की स्थिति में उसे माँ के गर्भ में ही मार दिया जाता है। विदेशी आक्रमणों और समाज में पर्दा-प्रथा, सती-प्रथा जैसी कुप्रथाओं के कारण महिलाओं को शिक्षा से वंचित किया जाने लगा तथा धार्मिक और सामाजिक रूप से पुरुषों को अधिक महत्त्व दिया जाने लगा एवं महिलाओं को घर तक सीमित कर दिया गया है, जिससे संतान के रूप में नर शिशु की कामना करने की गलत परंपरा समाज में विकसित हो गई। इसका अन्य महत्त्वपूर्ण कारण दहेज प्रथा भी है।

किसी भी देश की प्रगति तब तक संभव नहीं है, जब तक वहाँ की महिलाओं को प्रगति के पर्याप्त अवसर न मिलें। जिस देश में महिलाओं का अभाव हो, उसके विकास की कल्पना कैसे की जा सकती है? कन्या भ्रूण हत्या को समाप्त करने में महिलाओं की भूमिका सर्वाधिक महत्त्वपूर्ण हो सकती है। अतः इसके लिए महिला शिक्षा पर विशेष ध्यान देना होगा।

प्रश्न

I. संतान के रूप में नर शिशु की कामना करने की गलत परंपरा के कारणों में निहित है/हैं **दक्षता आधारित प्रश्न**

(क) महिलाओं को घर तक सीमित रखना।

(ख) दहेज प्रथा का प्रचलन होना।

(ग) विदेशी आक्रमणों का होना।

(घ) 'क' और 'ख' दोनों

II. देश की प्रगति का संबंध किससे बताया गया है?

(क) मनुष्य की स्वार्थ पूर्ति से

(ख) कन्या भ्रूण हत्या से

(ग) महिलाओं को प्रगति के प्राप्त अवसर से

(घ) महिलाओं को दहेज के लिए प्रताड़ित करने से

III. निम्नलिखित कथन (A) तथा कारण (R) को ध्यानपूर्वक पढ़कर दिए गए विकल्पों में से कोई एक सही विकल्प चुनकर लिखिए
कथन (A) **समाज में महिलाओं की दयनीय स्थिति हो गई।**
कारण (R) **महिलाओं को मानवीय अधिकारों से वंचित कर दिया गया।**

दक्षता आधारित प्रश्न

कूट

(क) कथन (A) गलत है, किंतु कारण (R) सही है।
(ख) कथन (A) और कारण (R) दोनों ही गलत हैं।
(ग) कथन (A) सही है और कारण (R) कथन (A) की सही व्याख्या है।
(घ) कथन (A) सही है, किंतु कारण (R) कथन (A) की सही व्याख्या नहीं है।

IV. भारतीय समाज में लिंगानुपात में हुए परिवर्तन का प्रमुख कारण क्या है?

V. गद्यांश के अनुसार, विदेशी आक्रमणों से महिलाओं की स्थिति पर क्या प्रभाव पड़ा?

गद्यांश 20

हम एक ऐसे युग में जी रहे हैं, जहाँ एक तरफ भौतिक समृद्धि अपनी ऊँचाई पर है तो दूसरी तरफ चारित्रिक पतन की गहराई है। आधुनिकीकरण में उलझा मानव सफलता की नित नई परिभाषाएँ खोजता रहता है और अपनी अंतहीन इच्छाओं के रेगिस्तान में भटकता रहता है। ऐसे समय में सच्ची सफलता और सुख-शांति की प्यास से व्याकुल व्यक्ति अनेक मानसिक रोगों का शिकार बनता जा रहा है। हममें से कितने लोगों को इस बात का ज्ञान है कि जीवन में सफलता प्राप्त करना और सफल जीवन जीना, यह दोनों दो अलग-अलग बातें हैं। यह जरूरी नहीं कि जिसने अपने जीवन में साधारण कामनाओं को हासिल कर लिया हो, वह पूर्णत: संतुष्ट और प्रसन्न भी हो। अत: हमें गंभीरतापूर्वक इस बात को समझना चाहिए कि इच्छित फल को प्राप्त कर लेना ही सफलता नहीं है। जब तक हम अपने जीवन में नैतिक व आध्यात्मिक मूल्यों का सिंचन नहीं करेंगे, तब तक यथार्थ सफलता पाना हमारे लिए मुश्किल ही नहीं, अपितु असंभव कार्य हो जाएगा, क्योंकि बिना मूल्यों के प्राप्त सफलता केवल क्षणभंगुर सुख के समान रहती है। यदि आप असफलता से निराश हो चुके हैं और ऐसा सोच रहे हैं कि सब कुछ यहीं खत्म हो गया तो आपको सफल व्यक्तियों के बारे में पढ़ना चाहिए। निराश और उत्साहहीन करने वाले हर विचार हमें पीछे की ओर धकेलते हैं। निराश हो जाना अथवा हिम्मत हारकर उत्साहहीन होकर बैठ जाना स्वयं के प्रति एक अपराध है। हमें अपने आप में स्फूर्ति तथा मन में उत्साह भरते हुए स्वयं पर विश्वास करना चाहिए। कुछ निराशावादी लोगों का कहना है कि हम सफल नहीं हो सकते, क्योंकि हमारी तकदीर या परिस्थितियाँ ही ऐसी हैं, परंतु यदि हम अपना ध्येय निश्चित करके उसे अपने मन में बिठा लें तो फिर सफलता स्वयं हमारी ओर चलकर आएगी। सफल होना हर मनुष्य का जन्मसिद्ध अधिकार है, परंतु यदि हम अपनी विफलताओं के बारे में ही सोचते रहेंगे, तो सफलता को कभी हासिल नहीं कर पाएँगे। अत: विफलताओं की चिंता न करें, क्योकि वे तो हमारे जीवन का सौंदर्य हैं और संघर्ष जीवन का काव्य है। कई बार प्रथम आघात में पत्थर नहीं टूट पाता, उसे तोड़ने के लिए कई आघात करने पड़ते हैं, इसलिए सदैव अपने लक्ष्य को सामने रख आगे बढ़ने की जरूरत है। कहा भी गया है कि जीवन में सकारात्मक कोशिश करने वालों की कभी हार नहीं होती।

प्रश्न

I. हम कैसे युग में जी रहे हैं?

(क) जहाँ भौतिक सुख-सुविधाओं में वृद्धि होने के साथ-साथ चरित्र का पतन भी होता जा रहा है
(ख) जहाँ हर प्रकार की सुख-सुविधाएँ हैं, तो साथ ही बहुत-सी समस्याएँ भी हैं
(ग) जहाँ मनुष्य प्रतिदिन सफलता के नए-नए प्रतिमान गढ़ता जा रहा है
(घ) जहाँ मनुष्य केवल और केवल पतनोन्मुख होता जा रहा है

II. गद्यांश के अनुसार वास्तविक सफलता क्या है?

(क) हर प्रकार की भौतिक व आध्यात्मिक सुख-सुविधाओं को प्राप्त करना
(ख) जीवन में नैतिक व आध्यात्मिक मूल्यों को सिंचित करना
(ग) जीवन में सभी प्रकार की साधारण कामनाओं को हासिल करना
(घ) अपने लक्ष्य को प्राप्त करके उस पर अमल करना

III. निम्नलिखित कथन (A) तथा कारण (R) को ध्यानपूर्वक पढ़कर दिए गए विकल्पों में से कोई एक सही विकल्प चुनकर लिखिए
कथन (A) **मनुष्य मानसिक रोगों का शिकार होता जा रहा है।**
कारण (R) **मनुष्य अपने कार्य से असंतुष्ट रहता है।**

दक्षता आधारित प्रश्न

कूट

(क) कथन (A) गलत है, किंतु कारण (R) सही है।
(ख) कथन (A) तथा कारण (R) दोनों गलत हैं।
(ग) कथन (A) सही है और कारण (R) कथन (A) की सही व्याख्या करता है।
(घ) कथन (A) सही है, किंतु कारण (R) कथन (A) की सही व्याख्या नहीं करता है।

IV. (क) गद्यांश के अनुसार, विफलताओं की चिंता क्यों नहीं करनी चाहिए?
(ख) हमें सफलता प्राप्त करने के लिए क्या करना चाहिए?

V. जीवन में क्या आवश्यक नहीं है?

उत्तरमाला (अभ्यास प्रश्न)

गद्यांश 1

I. (ग) **कथन (A) सही है, किंतु कारण (R) उसकी गलत व्याख्या करता है।** गद्यांश के अनुसार जब कोई आदमी बोलता है, तो साथ में उसके संस्कार भी बोलते हैं। दूसरी ओर एक भाषा शिक्षक की जिम्मेदारी बहुत चुनौतीपूर्ण होती है, क्योंकि उसे भाषा कौशल के ज्ञान के अतिरिक्त सोचने और महसूस करने की क्षमता का भी विकास करना होता है,जिससे बालक एक आदर्श नागरिक बने।

II. (क) **यथार्थ की समझ।** गद्यांश के अनुसार, भाषा का अर्थ केवल आदान-प्रदान करना नहीं होता है। भाषा का अर्थ है—विचारों के साथ संवेदनाओं को भी महसूस करना। किसी भाषा को बिना महसूस किए बोलना संप्रेषण मात्र ही है। व्यक्ति अपने सुख-दु:ख भाषा के माध्यम से ही व्यक्त करता है।

III. (घ) **भाषायी कौशलों के साथ मनुष्य सोचता और महसूस भी करता है।** गद्यांश के अनुसार, भाषा का अर्थ है विचारों के साथ संवेदनाओं का अनुभव करना। किसी भाषा को बिना महसूस किए बोलना मात्र संचार है।

IV. गद्यांश के अनुसार, अपने मनोभाव को व्यक्त करने का साधन भाषा है और भाषा संस्कार से बनती है।

V. गद्यांश के अनुसार, साहित्यकार जन सामान्य की अस्मिता का परिचायक होता है। साहित्यकार ऐसी भाषा को आधार बनाते हैं, जो उनके पाठकों और श्रोताओं की संवेदनाओं के साथ जुड़ने में सक्षम हो।

गद्यांश 2

I. (क) **समाज की वास्तविकता का द्योतक है।** गद्यांश के अनुसार साहित्य समाज का प्रतिबिंब है, क्योंकि यह समाज के विभिन्न रूपों का चित्रण कर समाज का यथार्थवादी चित्र प्रस्तुत करता है और अपनी प्रखर बुद्धि एवं स्वस्थ कल्पना द्वारा समाज के विभिन्न पहलुओं का विश्लेषण भी करता है।

II. (क) **सामाजिक अवज्ञा।** गद्यांश के अनुसार साहित्यकार समाज से घनिष्ठ संबंध रखते हुए साहित्य का सृजन करता है। समाज की उपेक्षा करने वाला साहित्य क्षणभंगुर होता है।

III. (ग) **कथन (A) सही है, किंतु कारण (R) उसकी गलत व्याख्या करता है।** गद्यांश के अनुसार कवि अपने काव्य के उपकरणों का प्रतिपादन अपने आदर्शों के अनुरूप करता है। कवि समाज की व्यवस्था, वातावरण, धर्म-कर्म, रीति-नीति तथा सामाजिक शिष्टाचार या लोक व्यवहार से ही अपने काव्य के उपकरण चुनता है। कवि हृदय में देशहित की भावना मुख्य होती है।

IV. (क) प्रस्तुत गद्यांश में समाज एवं साहित्य के बीच पारस्परिक संबंध बताया गया है।

(ख) समाज का पूर्ण रूप साहित्य में प्रतिबिंबत होता रहता है।

V. गद्यांश के अनुसार, साहित्य की क्षणभंगुरता का कारण सामाजिक अवज्ञा होगी। साहित्यकार समाज से घनिष्ठ संबंध रखते हुए साहित्य का सृजन करता है। समाज की उपेक्षा करने वाला साहित्य क्षणभंगुर होता है। जब समाज में साहित्य के महत्त्व और गरिमा को नकार दिया जाता है और साहित्य लिखने और पढ़ने के महत्व को नजर अंदाज कर दिया जाता है, तो ऐसी स्थिति में साहित्य क्षणभंगुर होता है।

गद्यांश 3

I. (ख) **कथन (i) और (ii) सही हैं।** गद्यांश के अनुसार असफलता से हम सीख लेते हैं अर्थात् यदि हम अपनी असफलता से उबर जाए, तो हमें निराशा ही मिलेगी, परंतु यदि हम सोच-समझकर असफलता के कारण का पता लगाएँ और की गई गलतियों को दोबारा न करें, तो एक दिन सफलता अवश्य मिलेगी।

II. (ग) **भोजन, कपड़ा, मकान।** गद्यांश के अनुसार 'बुनियादी सुविधाओं' में बुनियाद शब्द का अर्थ आधार है। अत: बुनियादी सुविधाओं से तात्पर्य उन सुविधाओं या साधनों से है, जो मनुष्य-जीवन का आधार हैं।

III. (ग) **कथन (A) सही है और कारण (R) कथन (A) की सही व्याख्या है।** आत्मनिर्भर बनने के लिए अंतरिक्ष के क्षेत्र में कदम बढ़ाना आवश्यक है। भारत को 2047 तक विकसित राष्ट्र बनाना है। गद्यांश के अनुसार भारत सरकार का संकल्प है कि 2047 तक भारत को विकसित देश बनाना है। जिसके लिए विज्ञान एवं तकनीकी क्षेत्र ही एकमात्र ऐसा माध्यम है, जिससे भारत आत्मनिर्भर और विकसित बन सकता है।

IV. प्रस्तुत गद्यांश के अनुसार चन्द्रयान-3 की सफलता में सबसे महत्त्वपूर्ण भूमिका वैज्ञानिकों की है।

V. गद्यांश के अनुसार, भारत सरकार का संकल्प है कि 2047 तक भारत को विकसित देश बनाना है, जिसके लिए विज्ञान एवं तकनीकी क्षेत्र ही एकमात्र ऐसा माध्यम है, जिससे भारत आत्मनिर्भर और विकसित बन सकता है। यह संकल्प भारत सरकार के विकास के लिए महत्त्वपूर्ण है।

गद्यांश 4

I. (घ) **व्यक्ति के संपूर्ण विकास के लिए।** गद्यांश के अनुसार राष्ट्रीय पाठ्यक्रम फ्रेमवर्क 2023 का उद्देश्य केवल विद्यार्थी के ज्ञान में बढ़ोतरी करना ही नहीं, अपितु बालक में सीखने के कौशलों पर बल देना है। जिससे बालक अपनी सोच, रचनात्मकता और समस्या-समाधान कौशल का विकास करके, उसे जीवन में ढालकर एक अच्छा नागरिक बन सके।

II. (ख) **विद्यार्थी रुचिपूर्ण तरीके से सीख सकेंगे।** गद्यांश के अनुसार, अपनी रुचि के अनुसार विषय का चयन करने से छात्र रुचिपूर्वक विषय को पढ़ेंगे और रुचिपूर्वक पढ़ा गया विषय मस्तिष्क में स्थायी हो जाता है।

III. (ग) **कथन (A) सही है और कारण (R) कथन (A) की सही व्याख्या है।** गद्यांश के अनुसार, सभी को भारतीय भाषाएँ सीखनी चाहिए। इससे विभिन्न संस्कृतियों का ज्ञान हो सकेगा, अर्थात् अन्य भारतीय भाषाएँ सीखने से भारतीय संस्कृति के बारे में गहनता से जान पाएँगे।

IV. राष्ट्रीय पाठ्यक्रम फ्रेमवर्क 2023 बाल-केंद्रित - शिक्षा के दृष्टिकोण पर बल देता है।

V. गद्यांश के अनुसार, 'लोकतांत्रिक मूल्यों' से अभिप्राय लोकतंत्र के महत्त्व को बताना है। यहाँ लोकतांत्रिक मूल्य' का अर्थ है—राज्य और नागरिकों की कार्रवाई के वे सिद्धांत जो सरकार की एक राजनीतिक प्रणाली के रूप में समाज और लोकतंत्र को बनाए रखते हैं।

गद्यांश 5

I. (क) **अच्छे।** गद्यांश के अनुसार, शारीरिक और मानसिक स्वास्थ्य के लिए पौष्टिक भोजन और अच्छे साहित्य की बात कही गई है, क्योंकि बुरे साहित्य से मस्तिष्क पर बुरा प्रभाव पड़ता है।

II. (घ) **(ii) और (iii) दोनों।** गद्यांश के अनुसार, प्राचीन और वर्तमान सत्साहित्य से ही भविष्य की दशा में सुधार होगा। सत्साहित्य से समाज में बदलाव संभव है तथा साहित्य की उन्नति या अवनति साहित्य की भाषा पर ही निर्भर करती है। यदि साहित्य की भाषा अच्छी होगी तो वह उन्नति की ओर लेकर जाएगी और यदि भाषा बुरी होगी तो वह अवनति की ओर ले जाएगी तथा साहित्य सम्मेलनों में साहित्य तथा साहित्यकारों को प्रोत्साहित किया जाता है।

III. (घ) **स्वदेशी साहित्य का महत्त्व स्थापित करने के लिए।** गद्यांश में साहित्यकार का उद्देश्य यह बताना है कि जैसे दूसरे देश साहित्य में अपनी भाषा को सम्मान और प्राथमिकता देते हैं, वैसे ही हमें भी अपनी भाषा और उसके साहित्य को प्राथमिकता देनी चाहिए, क्योंकि अपनी भाषा के साहित्य की उन्नति से ही हमारा, हमारे देश का, हमारी जाति का हित और कल्याण हो सकता है।

IV. भविष्य में स्वयं को सजीव बनाए रखने के लिए साहित्य में नवीनता होनी चाहिए।

V. गद्यांश के अनुसार, जब लोगों के द्वारा प्रत्येक क्षेत्र में अपनी स्वदेशीय भाषा में साहित्य का निर्माण होता रहेगा, तभी श्रेष्ठ साहित्य का विकास संभव हो सकेगा। जब लोग अपनी मूल भाषा में साहित्य रचते हैं, तो उनके विचार और भावनाएँ साहित्य में सटीक रूप से प्रतिबिंबित होते हैं। इससे भाषा समृद्ध होती है और उसे समृद्ध साहित्य की भूमिका मिलती है।

गद्यांश 6

I. (ग) **इसरो को।** 'आदित्य L1' की सफलता का श्रेय इसरो को जाता है। इसरो के वैज्ञानिकों के कठोर परिश्रम के द्वारा यह संभव हुआ है।

II. (ग) **कथन (A) सही है और कारण (R) उसकी सही व्याख्या है।** संसार में वैज्ञानिक नित-नई खोज और आविष्कार कर रहे है। वैज्ञानिक अपने देशहित और जनकल्याण के बारे में सोचकर ही खोज और आविष्कार करते हैं तथा नई उपलब्धियों को प्राप्त करके देश का गौरव बढ़ाते हैं।

III. (क) **1.5 मिलियन।** गद्यांश के अनुसार, आदित्य L1 पृथ्वी से 1.5 मिलियन किलोमीटर दूर सन-अर्थ लैग्रेंजियन प्वॉइंट 1 (L1) पर स्थित है।

IV. 'इसरो' भारतीय अंतरिक्ष अनुसंधान संगठन है, जो भारत की अंतरिक्ष एजेंसी है। तथा इसरो ने चंद्रमा के दक्षिणी ध्रुव पर चंद्रयान-3 को सफलतापूर्वक उतारा।

V. आदित्य L-1 भारत का पहला सौर मिशन है, जिसका उद्देश्य सूर्य के वायुमंडलीय और चुंबकीय क्षेत्र, तापमान, घनत्व, रसायन विज्ञान तथा सूर्य के अन्य विभिन्न पहलुओं का अध्ययन करना है।

गद्यांश 7

I. (घ) **गाँधीजी ने देश को स्वतंत्रता प्राप्ति के लिए मार्ग प्रशस्त किया** गाँधीजी सत्य अहिंसा रूपी शस्त्रों के माध्यम से ही भारतीय आंदोलनों में स्वतंत्रता, समानता व बंधुत्व की विचारधारा को सर्वोपरि समझते थे तथा वे मानते थे कि यही वह मार्ग है, जिस पर चलकर सफलता हासिल की जा सकती है।

II. (ख) **गाँधी ने** सत्य और अहिंसा के सिद्धांतों को व्यापक व व्यावहारिक रूप सही मायने में गाँधीजी द्वारा प्रदान किया गया।

III. (ख) **कथन (i) और (ii) सही हैं** सत्य और अहिंसा के मार्ग पर चलकर ही किसी भी देश की सरकार लोकप्रियता प्राप्त कर सकती है तथा देश में शांति की स्थिति कायम कर सकती है। युद्धों से केवल जन-धन की ही क्षति होती है तथा युद्ध विध्वंसक व जनक्षति के कारक होते हैं।

IV. पंत जी के अनुसार, गाँधीजी के जीवन का मूल मन्त्र सत्य एवं अहिंसा था। ये भारत की संस्कृति की आधारशिलाएँ हैं।

V. गद्यांश के अनुसार, गाँधीजी का यह विश्वास था कि कोई भी सरकार तब तक लोकप्रिय नहीं हो सकती, जब तक कि सत्य और अहिंसा इन दो सिद्धांतों का पालन न करें।

गद्यांश 8

I. (क) **विकासशील देशों में अनौपचारिक क्षेत्र विस्तार की समस्या नहीं है** 'गद्यांश' के संदर्भ में यह कथन गलत है, क्योंकि विकासशील देशों में यह समस्या है।

II. (घ) **वे शोर-शराबे वाली जिंदगी जीने को विवश हैं,** इसलिए विकासशील देश के लोगों के जीवन को अभिशप्त कहा गया है। गद्यांश के अनुसार इन देशों में तीव्र औद्योगीकरण और शोर नियंत्रणरोधी उपायों की कमी बनी रहती है।

III. (ग) **कथन (A) सही है तथा करण (R) कथन (A) की सही व्याख्या करता है।** गद्यांश के अनुसार, विकासशील देशों में आर्थिक विकास अनियमित होने से तीव्र औद्योगीकरण होता है, जिससे ध्वनि प्रदूषण एवं वायु प्रदूषण बढ़ता है। इससे श्रवण शक्ति का ह्रास होता है।

IV. गद्यांश के अनुसार, शोर से होने वाली गंभीर स्वास्थ्यगत समस्या बहरापन है।

V. गद्यांश के अनुसार, तेज आवाज हमारी श्रवण कोशिकाओं पर बहुत दबाव अधिक डालती हैं, जिससे कोशिकाएँ स्थायी रूप से चोटिल हो सकती हैं।

गद्यांश 9

I. (ग) **प्राचीन सुव्यवस्थित सभ्यता का** सिंधु घाटी की सभ्यता प्राचीन सुव्यवस्थित सभ्यता का प्रतीक है। इसके प्रमुख दो नगरों—मोहनजोदड़ो एवं हड़प्पा में अच्छी सड़कें, दो मंजिले मकान, स्नान-घर, पक्की ईंटों के प्रयोग के सबूत मिलते हैं, जो सुव्यवस्था को दर्शाते हैं।

II. (क) **सूक्ष्म अवलोकन एवं कला-प्रेम** गद्यांश में मूर्तियों का सविस्तार वर्णन मूर्तियों का सूक्ष्म अवलोकन एवं कला-प्रेम दर्शाता है। भारतीय मूर्तिकार मिट्टी, पत्थर, धातु, हड्डी, काँच आदि की मूर्तियाँ बनाने में कुशल थे।

III. (घ) **कथन (A) और कारण (R) दोनों सही हैं तथा कारण (R) कथन (A) की सही व्याख्या करता है** भारतवर्ष में कला एवं संस्कृति का अनूठा प्रदर्शन हर समय हुआ है। भारतीय वास्तुकला एवं मूर्तिकला की परंपरा अत्यंत प्राचीन है। नृत्य, संगीत, चित्रकला, मूर्तिकला, वास्तुकला इत्यादि से समृद्ध भारत की पहचान पूरे विश्व में है।

IV. गद्यांश के अनुसार, भारत को 'अनोखा राष्ट्र' कहा गया, क्योंकि यह देश विभिन्नता में एकता वाला देश है।

V. प्रस्तुत गद्यांश हमें यह शिक्षा देता है कि भारतीय सभ्यता व संस्कृति का संरक्षण आवश्यक है। हमारी ऐतिहासिक विरासत अत्यंत समृद्ध भारत को दर्शाती है।

गद्यांश 10

I. (ख) **परिश्रम** 'हाथ-पैर हिलाने पर ही कुछ पाया जा सकता है।' पंक्ति के माध्यम से लेखक परिश्रम करने की प्रेरणा दे रहे हैं। बिना परिश्रम किए कुछ भी प्राप्त नहीं हो सकता, परिश्रम से ही सफलता प्राप्त होती है।

II. (ग) **1 और 3** परिश्रम व्यक्ति को सकारात्मक बनाता है तथा निरंतर प्रगति और विकास के पथ पर बढ़ने के लिए प्रेरणा देता है। ऐसा व्यक्ति अपने पुरुषार्थ के बल पर धनार्जन करता है।

III. (ग) **मेहनत से कल्पना साकार होती है** प्रस्तुत गद्यांश परिश्रम व मेहनत की महत्ता को प्रकट करता है कि निरंतर प्रयास व संकटों का सामना करने वाला व्यक्ति ही अपने सपने साकार कर सकता है। अत: मेहनत से कल्पना साकार होती है।

IV. परिश्रम से ही सफलता प्राप्त होती है। बिना परिश्रम किए कुछ भी प्राप्त नहीं हो सकता है।

V. 'उद्योगिनं पुरुषसिंहमुपैति लक्ष्मी' का आशय है कि उद्योग या परिश्रम करने वाले पुरुष सिंह का ही लक्ष्मी वरण करती है। गद्यांश के अनुसार, सभी प्रकार की धन-संपत्तियाँ और सफलताएँ लगातार परिश्रम से ही प्राप्त होती हैं। परिश्रम ही सफलता की कुंजी है।

गद्यांश 11

I. (ग) **इससे व्यक्ति की विस्मृतियों का विस्तार होता है।** गद्यांश के अनुसार, क्रोध पर नियंत्रण रखने से व्यक्ति शक्तिशाली बनता है। उसकी खुशहाली और स्मृतियों में वृद्धि होती है।

II. (घ) **परिस्थितियों को दूसरे के नजरिए से जानने का प्रयास करना** गद्यांश के अनुसार, मनोविश्लेषक स्टीवेंस इसे क्रोध को नियंत्रित करने का सर्वोत्तम उपाय मानते हैं कि स्थिति को अपने नजरिए से नहीं बल्कि दूसरे के नजरिए से भी देखना चाहिए।

III. (क) **कथन (A) तथा कारण (R) दोनों गलत हैं,** क्योंकि गद्यांश के अनुसार शांत मन नवसृजन में समर्थ होता है।

IV. (क) यदि समय रहते क्रोध को नियंत्रित नहीं किया गया, तो क्रोध का परिणाम अत्यंत घातक बन जाता है।

(ख) सहज भाव से किया गया क्रोध अंतत व्यक्ति के पश्चाताप का कारण बन जाता है।

V. क्रोध आने पर संयमित रहने का प्रयास करना चाहिए। क्रोध एक शक्तिशाली भावना है, लेकिन यह अधिकतर समस्याओं का कारण बनता है। इसलिए हमें अपने क्रोध पर काबू रखने की कोशिश करनी चाहिए।

गद्यांश 12

I. (ख) **छुट्टियों में घर से बाहर जाने का प्रचलन वर्तमान समय की देन है** प्रस्तुत पंक्ति का आशय है कि छुट्टियों में घर से बाहर जाने का प्रचलन आजकल अत्यधिक है, क्योंकि व्यक्ति अपनी भागदौड़ भरी जिंदगी से कुछ समय आराम करके व्यतीत करना चाहता है, जिससे वह स्वयं को तनावरहित रख सके।

II. (ख) **शरीर की ऊर्जा खुद को स्वस्थ करती है** कुछ न करने से भी मनुष्य शरीर की ऊर्जा को बचाकर स्वयं को स्वस्थ रखने में महत्त्वपूर्ण भूमिका निभाता है।

III. (घ) **शारीरिक उपस्थिति के साथ मानसिक उपस्थिति का होना** 'जहाँ हैं, वहाँ मौजूद रहना' से अभिप्राय व्यक्ति की शारीरिक उपस्थिति के साथ-साथ मानसिक उपस्थिति का भी होना है।

IV. 'कर्मोन्मत्त' शब्द से अभिप्राय ऐसे व्यक्तियों से है, जो कार्य करने के आदी होते हैं।

V. यात्रा पर निकलने से पहले मनुष्य को अपने तन और मन को आनंद लेने के लिए तैयार करना चाहिए, ताकि मनुष्य अपनी ऊर्जा को स्वस्थ रख सके। तनाव व थकान की मानसिकता यात्रा के आनंद को कम कर सकती है। यात्रा के अनुभव को संवेदनशील और आनंददायक बनाने के लिए ध्यान और क्षमता को स्थिर और संतुलित स्थिति में रहना महत्त्वपूर्ण है।

गद्यांश 13

I. (घ) **पथ-प्रशस्त कर मूल्यों का समावेशन करके कला भाव जगाता है** गद्यांश के अनुसार, साहित्य की श्रेष्ठता मात्र उसका आकर्षण नहीं है, बल्कि उसमें जीवन-मूल्यों का निहित होना तथा व्यक्ति के विकास के लिए पथ-प्रदर्शक बन उसमें कलात्मक अभिव्यक्तियों को जाग्रत करना है।

II. (ग) **लोक कल्याणकारी, स्थायी एवं प्रेरणाप्रद साहित्य होने की दशा में** यदि किसी साहित्य में स्थायी रूप से समाज के लिए कल्याणकारी तथा प्रेरणा देने के गुणों का स्थायी समावेश होता है, तो वह अपने रचनाकाल के सौ वर्ष पश्चात् भी प्रासंगिक बना रहता है अर्थात् वह आज भी उतना ही महत्त्वपूर्ण साहित्य माना जाता है, जितना सौ वर्ष पहले था।

III. (घ) **कथन (A) और कारण (R) दोनों सही हैं तथा कारण (R) कथन (A) की सही व्याख्या करता है।** अपने समय में जिन साहित्याकारों को युग का निर्माता कहा जाता है, उनकी एक दो सदी बीत जाने पर जो परिस्थितियाँ होती हैं, उन्हें युग-निर्माता नहीं कहा जा सकता है, क्योंकि उस समय तक समाज और देश की परिस्थितियों में बहुत बदलाव आ जाता है। इसके अतिरिक्त पाठकों की सोच, मानसिकता और उनकी पसंद-नापसंद में बदलाव आ जाता है। वे साहित्यकारों से नई अपेक्षाएँ रखने लगते हैं।

IV. गद्यांश के अनुसार, साहित्यकार निरपेक्ष होता है तथा उस पर कोई दबाव आरोपित नहीं किया जा सकता है।

V. नवीन जीवन-मूल्यों के विकास में सक्रिय सहयोग से आशय नवाचार व मूल्यों को आत्मसात् कर आगे बढ़ने से है। गद्यांश के अनुसार, पुराने साहित्य का वह भाग ही ग्रहण करने योग्य होता है, जो नवीन जीवन-मूल्यों के विकास में सक्रिय सहयोग करता है अर्थात् जिनसे मनुष्य नए आचार-विचारों व मूल्यों को सीखकर सफलता की ओर कदम बढ़ा सके।

गद्यांश 14

I. (ख) **धन प्राप्ति के साधन के रूप में** पहले वर्ग के लोग काम को केवल धन प्राप्ति के साधन के रूप में देखते हैं। वे काम कम तथा धन को अधिक महत्त्व देते हैं।

II. (ख) **कथन (i) व (ii) सही हैं।** गद्यांश के अनुसार कलाकार, विद्वान और वैज्ञानिक जो कार्य के प्रति समर्पित रहते हैं, दूसरे वर्ग में आते हैं।

III. (क) **कथन (A) तथा कारण (R) दोनों गलत हैं** परंपरागत वस्तुएँ बनाने वाले कारीगरों को दूसरे वर्ग के लोगों में रखना चाहिए, क्योंकि ये कारीगर वस्तुओं को बनाने में रुचि लेते हैं। उसे नया रूप देने में गर्व और आनंद महसूस करते हैं, क्योंकि उन्होंने लगन और मेहनत से काम किया है।

IV. दूसरे वर्ग के लोग कार्य को पूजा मानते हैं और वे धन इसलिए कमाना चाहते हैं, जिससे वे अपने काम से अधिक एकनिष्ठता के साथ समर्पित हो सकें।

V. गद्यांश के अनुसार, काम करना उनके लिए घृणित है, जो काम की तुलना में धन को प्राथमिकता देते हैं। ऐसे लोग काम को काम न समझकर उसे बोझ समझते हैं अर्थात् उन्हें काम करने में आनन्द नहीं आता और वे इसे केवल धन कमाने का एक साधन मानते हैं।

गद्यांश 15

I. (ख) **कंप्यूटर कई मानवीय भूलों को निर्णायक रूप से सुधार देता है** गद्यांश में स्पष्ट किया गया है कि हड़बड़ी में होने वाली मानवीय भूलों के लिए यह कंप्यूटर रामबाण औषधि है। अत: कंप्यूटर के महत्त्व के विषय में यह कथन सही है कि कंप्यूटर कई मानवीय भूलों को निर्णायक रूप से सुधार देता है।

II. (ख) **अनियंत्रित गति को सुव्यवस्था देने की** गद्यांश के अनुसार, अनियंत्रित गति को सुव्यवस्था देने की आवश्यकता ने कंप्यूटर में अपना निदान ढूँढ लिया है।

III. (ग) **1 और 3** वर्तमान समय में बैंक, रेलवे स्टेशन, हवाई अड्डे, कारखाने, चिकित्सा आदि के अतिरिक्त अनेक कार्य करने में कंप्यूटर की मदद लेकर काम को आसान बना लिया है। आज भी रोटी, कपड़ा और मकान मनुष्य की सबसे पहली और अनिवार्य आवश्यकता है, क्योंकि इनके बिना जीवन संभव नहीं है। इसके अतिरिक्त आज मनुष्य की आवश्यकताएँ पूरी करने के लिए उपलब्ध साधनों का इतना अधिक विस्तार हुआ है कि इनके सुचारु संचालन हेतु कंप्यूटर का प्रयोग आवश्यक है।

IV. गद्यांश के अनुसार, वर्तमान युग कंप्यूटर का युग है, क्योंकि आज कंप्यूटर के बिना जीवन की कल्पना असंभव-सी है।

V. कंप्यूटर के प्रयोग से पहले अधिक तनाव इसलिए होता था, क्योंकि पहले इन पर काम करने वाले कर्मचारी हड़बड़ाकर काम करते थे, एक भूल से घबराकर और अधिक गड़बड़ी करते थे। इसके परिणामस्वरूप काम कम और तनाव अधिक होता था।

गद्यांश 16

I. (ग) **आधुनिक होने की प्रक्रिया सदा से मानव सभ्यता का अंग रही है** गद्यांश के अनुसार, आधुनिकता की दिशा में सुयोजित प्रयास इसलिए होने चाहिए, क्योंकि आधुनिकता होने की प्रक्रिया सदा से ही मानव सभ्यता का अंग रही है।

II. (क) **लोग तुरंत व अधिक-से-अधिक लाभ कमाना चाहते हैं** 'नकद फसल के लिए बढ़ता हुआ पागलपन' से तात्पर्य यह है कि लोग तुरंत व अधिक-से-अधिक लाभ कमाना चाहते हैं।

III. (क) **लोगों को यथार्थ से अवगत कराकर बदलाव लाने के लिए** लेखक के अनुसार, साहित्य लोगों को यथार्थ से अवगत कराकर बदलाव लाने के लिए कार्य करने हेतु प्रेरित करता है ताकि मनुष्य जागरूक बन सके।

IV. गद्यांश में लेखक ने 'शुतुरमुर्ग' की संज्ञा उन पाठकों को दी है, जो सपनों की दुनिया में रहना चाहते हैं तथा ऐसे लोग रूढ़िवादी होते हैं।

V. साहित्य में जीवन के विभिन्न पहलुओं के अतिरिक्त प्रकृति के अंग व सौंदर्य का मनोहारी चित्रण होता है जिसे पढ़कर मनुष्य स्वयं को प्रकृति के निकट महसूस करता है और आनंदित होता है। अत: साहित्य हमें दिन-प्रतिदिन की भागदौड़ से दूर ले जाकर हमें आस-पास से जोड़ता है, जिसे हम अनदेखा करते हैं।

गद्यांश 17

I. (ग) **केवल 1 सही है** एडुसैट के माध्यम से शिक्षा में गुणात्मक सुधार किया जा सकता है, जिसके अंतर्गत शिक्षकों को समय-समय पर प्रशिक्षण दिया जाना सम्मिलित है।

II. (क) **ई-लर्निंग** एडुसैट के द्वारा सूचना प्रौद्योगिकी के इस युग में ई-लर्निंग का प्रचलन बढ़ता जा रहा है। इसके माध्यम से एक शिक्षक देश के दूर स्थित क्षेत्रों के हजारों विद्यार्थियों को पढ़ा सकता है।

III. (ग) **कथन (A) सही है और कारण (R) कथन (A) की सही व्याख्या है।** एडुसैट के माध्यम से यदि एक शिक्षक को समय-समय पर प्रशिक्षण दिया जाए, तो वह देश के दूरस्थ क्षेत्रों के हजारों विद्यार्थियों को पढ़ाने में सक्षम हो सकता है।

IV. एडुसैट के माध्यम से दूरस्थ क्षेत्रों के लोगों तक शिक्षा उपलब्ध कराई जाएगी।

V. एडुसैट एक वेब प्लेटफ़ॉर्म है, जो विद्यार्थियों को ऑनलाइन शिक्षा और अध्ययन उपलब्ध कराता है। इसके माध्यम से शिक्षक विभिन्न विषयों में विद्यार्थियों को पढ़ा सकते हैं, और विद्यार्थी अपने अध्ययन को स्वतंत्रता से पूरा कर सकते हैं।

गद्यांश 18

I. (क) **न्यूटन और रमन** गद्यांश के अनुसार न्यूटन और रमन वैज्ञानिक थे। उन्होंने अपने-अपने क्षेत्रों में कठोर संघर्ष तथा अत्यधिक मेहनत की है।

II. (क) **महान और समृद्धशाली बनने में** कठिन परिश्रम से महान और समृद्धशाली बनने में सफलता मिलती है, क्योंकि परिश्रमी व्यक्ति ही जीवन में उन्नति करते हैं।

III. (ग) **कथन (A) सही है और कारण (R) कथन (A) की सही व्याख्या है।** क्योंकि कठिन परिश्रम के द्वारा ही मनुष्य का जीवन सफल हो जाता है तथा मरने के बाद कारण (R) अपने कार्यों के लिए वह आदरपूर्वक याद किया जाता है।

IV. संसार के किसी भी देश के विकसित होने में वहाँ के नागरिकों का कठोर परिश्रम करना निहित है।

V. प्रस्तुत पंक्ति का आशय है कि परिश्रम न करने वाला कभी सफल नहीं होता और गरीबी भरा जीवन व्यतीत करता है। इसके विपरीत जो व्यक्ति परिश्रम करता है, वह अपने जीवन में सफलता प्राप्त करता है और अधिक समृद्ध और सुखमय जीवन जीता है।

गद्यांश 19

I. (घ) **'क' और 'ख' दोनों** गद्यांश के अनुसार, समाज में संतान के रूप में नर शिशु की कामना करने की गलत परंपरा के कारणों में निहित हैं—महिलाओं को घर तक सीमित रखना तथा दहेज प्रथा का प्रचलन होना।

II. (ग) **महिलाओं को प्रगति के प्राप्त अवसर से** देश की प्रगति का संबंध महिलाओं को प्रगति के प्राप्त अवसर से है अर्थात् जिस देश में महिलाओं को सम्मान, अधिकार व उन्नति के अवसर मिलते हैं, वही देश प्रगति के पथ पर अग्रसर होता है।

III. (ग) **कथन (A) सही है और कारण (R) कथन (A) की सही व्याख्या है।** समाज में महिलाओं की दयनीय स्थिति हो गई, क्योंकि उन्हें उनके मानवीय अधिकारों से वंचित कर दिया गया। इस प्रकार, अपने अधिकारों से वंचित हो जाने के कारण समाज में उनका स्तर गिरता गया।

IV. भारतीय समाज में लिंगानुपात में हुए परिवर्तन का प्रमुख कारण कन्या भ्रूण हत्या है।

V. गद्यांश के अनुसार, विदेशी आक्रमणों से महिलाओं को शिक्षा से वंचित किया जाने लगा तथा उन्हें घर तक सीमित कर दिया गया। धार्मिक और सामाजिक रूप से पुरुषों को अधिक महत्त्व दिया जाने लगा।

गद्यांश 20

I. (क) **जहाँ भौतिक सुख-सुविधाओं में वृद्धि होने के साथ-साथ चरित्र का पतन भी होता जा रहा है** गद्यांश के अनुसार, हम एक ऐसे युग में जी रहे हैं, जहाँ एक ओर भौतिक समृद्धि अपनी ऊँचाई पर है, तो दूसरी ओर चारित्रिक पतन की गहराई है। जहाँ भोग-विलास की वस्तुओं में वृद्धि हुई है, साथ ही लोगों के चरित्र का भी पतन हुआ है।

II. (ख) **जीवन में नैतिक व आध्यात्मिक मूल्यों को सिंचित करना** गद्यांश के अनुसार, मनुष्य जब तक अपने जीवन में नैतिक व आध्यात्मिक मूल्यों का सिंचन नहीं करेगा, तब तक उसे वास्तविक सफलता मिलना असंभव है, क्योंकि बिना मूल्यों के प्राप्त सफलता केवल क्षणभंगुर सुख के समान होती है।

III. (ग) **कथन (A) सही है और कारण (R) कथन (A) की सही व्याख्या करता है।** मनुष्य असंतुष्ट होने के कारण मानसिक रोगों का शिकार होता जा रहा है।

IV. (क) गद्यांश के अनुसार, हमें विफलताओं की चिंता नहीं करनी चाहिए, क्योंकि वे भी हमारे जीवन का सौंदर्य होती हैं।

(ख) हमें सफलता प्राप्त करने के लिए विफलता से सबक लेकर जब तक सफलता न मिल जाए तब तक लगातार प्रयास और कठोर परिश्रम करना चाहिए।

V. गद्यांश के अनुसार, जीवन में यह आवश्यक नहीं है कि जिसने अपने जीवन में साधारण इच्छाओं को प्राप्त कर लिया हो, वह पूर्णतः संतुष्ट और प्रसन्न भी हो। कहने का तात्पर्य यह है कि इच्छाओं की कोई सीमा नहीं होती। इनकी जितनी पूर्ति होती है, ये और बढ़ जाती हैं।

स्व-मूल्यांकन

गद्यांश 1

एक ज़माना था जब मोहल्लेदारी पारिवारिक आत्मीयता से भरी होती थी। सब मिल-जुलकर रहते थे। हारी-बीमारी, खुशी-गम सब में लोग एक-दूसरे के साथ थे। किसी का किसी से कुछ छिपा नहीं था। आज के लोगों को शायद लगे कि लोगों की अपनी 'प्राइवेसी' क्या रही होगी, लेकिन इस 'प्राइवेसी' के नाम पर ही तो हम एक-दूसरे से कटते रहे और कटते-कटते ऐसे अलग हुए कि अकेले पड़ गए। पहले अलग चूल्हे-चौके हुए, फिर अलग मकान लेकर लोग रहने लगे, निजी स्वतंत्रता की अपनी नई परिभाषा देकर यह एकाकीपन हमने स्वयं अपनाया है। मोहल्ले में आपस में चाहे कितनी चखचख हो, यह थोड़े ही संभव था कि बाहर का कोई आकर किसी को कड़वी बात कह जाए। पूरा मोहल्ला टिड्डी-दल की तरह उमड़ पड़ता था। देखते-देखते ज़माना हवा हो गया। मोहल्लेदारी टूटने लगी, आबादी बढ़ी, महँगाई बढ़ी, पर सबसे ज़्यादा जो चीज़ दुर्लभ हो गई वह था आपसी लगाव, अपनापन। लोगों की आँखों का शील मर गया।

देखते-देखते कैसा रंग बदला है! लोग अपने-आप में सिमट कर पैसे के पीछे भागे जा रहे हैं। सारे नाते-रिश्तों को उन्होंने ताक पर रख दिया है, तब फिर पड़ोसी से उन्हें क्या लेना-देना है। यह नीरस महानगरीय सभ्यता महानगरों से चलकर कस्बों और देहातों तक को अपनी चपेट में ले चुकी है। मकानों में रहने वाले एक-दूसरे को नहीं जानते। इन जगहों में आदमी का अस्तित्व समाप्त हो गया है। यदि आपको फ्लैट नंबर मालूम नहीं है, तो उसी बिल्डिंग में जाकर भी वांछित व्यक्ति को नहीं ढूँढ पाएँगे। ऐसी जगहों में किसी प्रकार के संबंधों की अपेक्षा ही कहाँ की जा सकती है?

प्रश्न

I. एक जमाना था जब मोहल्लेदारी पारिवारिक आत्मीयता से भरी होती थी।
कथन पढ़कर सही विकल्प का चयन कीजिए

(i) आपस में मिल-जुलकर रहना
(ii) सुख-दुःख में साथ देना
(iii) अपनी बात किसी से गुप्त न रखना
(iv) आस-पड़ोस का हस्तक्षेप पसंद न करना

कूट

(क) कथन (i) सही है
(ख) कथन (i) व (ii) सही हैं
(ग) कथन (i), (ii) व (iii) सही हैं
(घ) कथन (iii) व (iv) सही हैं

II. आज के व्यक्ति को 'प्राइवेसी' के नाम पर प्राप्त हुआ है
(क) अलगाव और अकेलापन
(ख) अपने में ही सीमित होने का आनंद
(ग) संयुक्त परिवार की समस्याओं से मुक्ति
(घ) मोहल्ले के झंझटों से छुटकारा

III. 'ताक पर रखना' का अर्थ है
(क) उपेक्षा करना (ख) आशा रखना
(ग) छोड़ देना (घ) निंदा करना

IV. 'प्राइवेसी' क्या है और प्राइवेसी के नाम पर आज हम क्या कर रहे हैं?

V. प्रस्तुत गद्यांश का उचित शीर्षक क्या होगा?

गद्यांश 2

नेहरू के संबंध में लोगों के मानस-पटल पर जो चित्र अंकित हैं, उनमें नेहरू ऐसे व्यक्ति के रूप में विद्यमान हैं जो वैभव में पले, जिन्हें सदा मोटर और हवाई-जहाज़ की सुविधाएँ प्राप्त रहीं, जिनको नेतृत्व पैदायशी हक के रूप में मिल गया, जिन्होंने कभी धन का अभाव जाना ही नहीं। नेहरू के ये चित्र

ध्यान में आते ही नहीं कि पिता की मोटर और बग्घी है, किंतु नेहरू धूप में गाँव-गाँव पैदल घूम रहे हैं, थकान के बाद चाय पीने को मन करता है तो जेब में इतने पैसे नहीं कि पाँच-सात साथी चाय पी सकें।

विदेशों में प्रचार के लिए डाक-व्यय मुश्किल से ही जुट पाता है। घर में कर्ज़ बढ़ गया है–चुकाने के लिए माता और पत्नी के ज़ेवर, चाँदी के बरतन और कीमती क्रॉकरी कलकत्ते के बाज़ार में चुपके-चुपके ले जाई गई हैं। माता-पिता की मृत्यु हो गई है और क्षय से पीड़ित पत्नी विदेश में पड़ी है। देश में दमन-चक्र चल रहा था, स्वयं जेल में बंद चिंता से छटपटा रहे थे। किंतु कर्मयोगी नेहरू ने जेल की नौ वर्ष की इस यातना-भरी अवधि में ही विश्व-साहित्य की अमर कृतियाँ रचीं।

मानसिक वेदनाओं का लंबा इतिहास! आज़ादी मिली, तो देश के टुकड़े हो गए; आदमी जानवर बन गया, लाखों इंसानों के लंबे काफ़िले कुटुंबियों की बेकफ़न लाशों को छोड़कर राजधानी आ गए। अहिंसा, सत्य, प्रेम, त्याग–सारा दर्शन और आदर्श ध्वस्त हो गए और गाँधी की हत्या कर दी गई है।

भारत गणतंत्र की डगर पर डगमग कदमों से चलना सीख ही रहा था कि चीन ने भारत के गले में मित्रता की एक बाँह डाले-डाले, दूसरे हाथ से कमर में छुरा भोंक दिया। इन परिस्थितियों में भी उस कर्मयोगी ने साहस का परित्याग नहीं किया।

प्रश्न

I. कथन (A) और कारण (R) को पढ़कर उपयुक्त विकल्प चुनिए
कथन (A) भारत गणतंत्र की डगर पर डगमग कदमों से चलना सीख रहा था।
कारण (R) चीन ने भारत के गले में मित्रता की एक बाँह डाले-डाले, दूसरे हाथ से कमर में छुरा भोंक दिया।
(क) कथन (A) गलत है, किंतु कारण (R) सही है।
(ख) कथन (A) और कारण (R) दोनों ही गलत हैं।
(ग) कथन (A) सही है और कारण (R), कथन (A) की सही व्याख्या है।
(घ) कथन (A) सही है, किंतु कारण (R), कथन (A) की सही व्याख्या नहीं है।

II. "विदेशों में प्रचार के लिए पत्र-व्यवहार करना पड़ता है, किंतु जितना डाक-व्यय चाहिए पूरा नहीं पड़ता" वाक्य का प्रकार है
(क) सरल (ख) संयुक्त (ग) मिश्र (घ) साधारण

III. प्रस्तुत गद्यांश का उचित शीर्षक है
(क) अशिक्षित समाज में शिक्षा का प्रचार करते नेहरू
(ख) देशभक्ति की भावना से ओत-प्रोत नेहरू
(ग) देश की आज़ादी में नेहरू का योगदान
(घ) उपर्युक्त सभी

IV. नेहरू के बारे में देशवासियों की क्या धारणा थी और वास्तव में वे कैसे थे?

V. विभिन्न समस्याओं से जूझते हुए भी नेहरू जी का अमूल्य योगदान किस क्षेत्र में था? स्पष्ट कीजिए।

गद्यांश 3

किसी भी जीव के शरीर और मानस के सबसे ऊपर मस्तिष्क है। इस मस्तिष्क का स्वभाव कैसे तय होता है? बुद्धि में होने वाले विचार से। इसका मतलब यह है कि किसी भी व्यक्ति के वंशानुगत स्वभाव को उसकी बुद्धि, उसका विवेक बदल सकता है। इसका मतलब यह है कि हमारे बर्ताव, हमारे कर्म पर हमारा वश है, चाहे दुनिया भर पर न भी हो। हम अपने स्वभाव को बदल सकते हैं, अपनी बुद्धि में बारीक बदलाव लाकर। इसके लिए हमें मस्तिष्क की रूप-रेखा पर एक नज़र दौड़ानी होगी। हमारे मस्तिष्क के दो विभिन्न अंश हैं: चेतन और अवचेतन। दोनों ही अलग-अलग प्रयोजनों के लिए ज़िम्मेदार हैं और दोनों के सीखने के तरीके भी अलग-अलग हैं। मस्तिष्क का चेतन भाग हमें विशिष्ट बनाता है, वही हमारी विशिष्टता है। इसकी वजह से एक व्यक्ति किसी दूसरे व्यक्ति से अलग होता है। हमारा कुछ अलग-सा स्वभाव, हमारी कुछ अनोखी सृजनात्मक शक्ति-ये सब मस्तिष्क के इसी हिस्से से संचालित होती हैं, तय होती हैं।

हर व्यक्ति की चेतन रचनात्मकता ही उसकी मनोकामना, उसकी इच्छा और महत्वाकांक्षा तय करती है। इसके विपरीत मस्तिष्क का अवचेतन हिस्सा एक ताकतवर प्रतिश्रुति यंत्र जैसा ही है। यह अब तक के रिकॉर्ड किए हुए अनुभव दोहराता रहता है। इसमें रचनात्मकता नहीं होती। यह उन स्वचालित क्रियाओं और उस सहज स्वभाव को नियंत्रित करता है, जो दुहरा-दुहरा कर, हमारी आदत का एक हिस्सा बन चुका है। यह ज़रूरी नहीं है कि अवचेतन दिमाग की आदतें और प्रतिक्रियाएँ हमारी मनोकामनाओं या हमारी पहचान पर आधारित हों। दिमाग का यह हिस्सा अपने जन्म के थोड़े पहले, माँ के पेट में ही सीखना शुरू कर देता है जैसे जीवन के 'चक्रव्यूह' में उतरने से पहले ही 'अभिमन्यु' पाठ सीखने लगा हो। यहाँ से लेकर सात साल की उमर तक वे सारे कर्म और आचरण हमारे दिमाग का यह अवचेतन हिस्सा सीख लेता है जो भावी जीवन के लिए मूल आधार हैं।

प्रश्न

I. किसी व्यक्ति को दूसरे से भिन्न और विशिष्ट स्वभाव का बनाता है
(क) चेतन मस्तिष्क (ख) अवचेतन मस्तिष्क
(ग) हमारे कर्मों का फल (घ) हँसमुख व्यवहार

II. अभिमन्यु की चर्चा से लेखक प्रतिपादित करना चाहता है कि
(क) चेतन मस्तिष्क जन्म से पहले ही काम करना शुरू कर देता है
(ख) अवचेतन मस्तिष्क जन्म से पहले ही काम करना शुरू कर देता है
(ग) अवचेतन मस्तिष्क चक्रव्यूह जैसा होता है
(घ) हमारा आचरण हमारे भविष्य का निर्माता है

III. सृजनात्मक और रचनात्मक कार्यों की जिम्मेदारी है
(क) मानव स्वभाव की (ख) चेतन मस्तिष्क की
(ग) अवचेतन मन की (घ) वंशानुगत स्वभाव की

IV. (क) गद्यांश के अनुसार, मस्तिष्क का स्वभाव कैसे तय होता है?
(ख) हमारे मस्तिष्क के कितने अंश हैं?

V. हम अपने स्वभाव को कैसे परिवर्तित कर सकते हैं?

गद्यांश 4

सवेरे हम अपनी मंज़िल काठमांडू की ओर बढ़े। पहाड़ी खेतों में मक्के और अरहर की फसलें लहरा रही थीं। छोटे-छोटे गाँव और परकोटे वाले घर बहुत सुंदर लग रहे थे। शाम होते-होते हम काठमांडू पहुँच गए। आज काठमांडू पर लिखते हुए अँगुलियाँ काँप रहीं हैं। वैसे ही जैसे पच्चीस अप्रैल को काठमांडू की धरती काँप उठी थी। न्यूज़ चैनल जब धरहरा स्तंभ को भरभराकर गिरते दिखा रहे थे, मेरा मन बैठा जा रहा था। क्या हुआ होगा धरहरा के इर्दगिर्द फेरी लगाकर सामान बेचने वालों का और उस बाँसुरी वादक का जिसके सुरों ने मन मोह लिया था? और वे पर्यटक जो धरहरा के सौंदर्य में बिंधे उसका सौंदर्य निहारते। सब कुछ जानते हुए भी मन यही कह रहा है कि सब ठीक हो।

रात को हम बाज़ार गए। बाज़ार इलेक्ट्रॉनिक सामानों से अटा पड़ा था और दुकानों की मालकिनें मुस्तैदी से सामान बेच रही थीं। हमारे हिमालयी क्षेत्रों की तरह यहाँ भी अर्थव्यवस्था का आधार औरतें हैं। क्योंकि पहाड़ों पर पर्याप्त ज़मीन नहीं होती और रोज़गार के साधन भी बहुत नहीं होते, सो घर के पुरुष नीचे मैदानी इलाकों में कमाने जाते हैं और घर परिवार की सारी

ज़िम्मेदारी महिलाएँ उठाती हैं। यहाँ गाँव की महिलाएँ खेती और शहर की महिलाएँ व्यवसाय सँभालती हैं। मैंने देखा वे बड़ी कुशलता से व्यावसायिक दाँव-पेंच अपना रही थीं। हम पोखरा होते हुए लौट रहे थे।

रास्ते भर हिमाच्छादित चोटियाँ आँख मिचौली खेलती रहीं। राह में अनेक छोटे-बड़े नगर-गाँव और कस्बे आते रहे। नेपाली औरतें घरों में काम करती नज़र आ रही थीं। मक्का कटकर घर आ चुकी थी। उसके गुच्छे घर के बाहर खूँटियों के सहारे लटके नज़र आ रहे थे। अब हम काली नदी के साथ-साथ चल रहे थे।

प्रश्न

I. काठमांडू पर लिखने के लिए लेखक की अँगुलियाँ क्यों काँप रही थीं?
 (क) नेपाल में आया भूकंप याद आ गया
 (ख) आतंकवादी हमले की आशंका थी
 (ग) लेखक के हाथ में चोट थी
 (घ) धरहरा स्तंभ अब कभी नहीं देख पाएगा

II. फेरीवाले और बाँसुरी वादक के लिए लेखक क्यों दुःखी है?
 (क) भूकंप में वे नहीं बचे होंगे
 (ख) उनका काम-धंधा ठप्प हो गया होगा
 (ग) उनकी मुलाकात को कुछ समय ही हुआ था
 (घ) उनसे अच्छी दोस्ती हो गई थी

III. नेपाल में अर्थव्यवस्था का आधार औरतें हैं।
 कथन पढ़कर सही विकल्प का चयन कीजिए
 (i) पुरुष रोजगार के लिए बाहर जाकर काम करते हैं।
 (ii) महिलाएँ ज्यादा जिम्मेदार होती हैं।
 (iii) महिलाएँ पुरुषों पर कम विश्वास करती हैं।
 (iv) महिलाएँ मोल-भाव अच्छी तरह करती हैं।

 कूट
 (क) कथन (i) सही है (ख) कथन (i) व (ii) सही हैं
 (ग) कथन (ii) व (iii) सही हैं (घ) कथन (iii) व (iv) सही हैं

IV. (क) उपर्युक्त गद्यांश में कहाँ का वर्णन है?
 (ख) लेखक दुःखी और हताश क्यों था?

V. उपर्युक्त गद्यांश का उपर्युक्त शीर्षक क्या होगा? कारण बताइए।

गद्यांश 5

इक इतालवी कहावत है, "ईश्वर करे कि आपके दुःख उतने ही अल्पायु रहें, जितने कि आपके नव वर्ष के संकल्प होते हैं।" हर कोई स्वस्थ रहना चाहता है, सफल होना चाहता है, लेकिन क्या हर कोई इसकी पात्रता रखता है? आपको जीवन में वह नहीं मिलता, जो आप चाहते हैं; बल्कि वह मिलता है, जिसके आप योग्य होते हैं या जिसके पात्र होते हैं। अपनी इच्छा को पात्रता में कैसे बदल सकते हैं? इच्छा के साथ जब 'निरंतर निर्देशित स्व-प्रेरित प्रयास' जुड़ जाता है, तब वह पात्रता बन जाती है। थॉमस एडीसन ने कहा है, "प्रतिभावान होने में 1 प्रतिशत प्रेरणा और 99 प्रतिशत प्रयास होता है।" मेरे एक मित्र ने एक बार टिप्पणी की थी, "यदि मैं उतना समझदार नहीं हूँ, जितने कि अन्य लोग हैं तो मैं इसमें कुछ नहीं कर सकता। यह तो ईश्वर की गलती है। मैं यदि भावनात्मक रूप से उतना दृढ़ नहीं हूँ, तो भी मैं क्या कर सकता हूँ? यह तो मेरे लालन-पालन में हुई गलती है, लेकिन यदि मैं अन्य लोगों से ज्यादा प्रयास नहीं करता हूँ तो इसमें कोई बहाना नहीं चलेगा, क्योंकि यह तो मेरी ही गलती है।"

नव वर्ष में लिए गए संकल्प कभी फरवरी का मुँह भी नहीं देख पाते। सफलता के रहस्यों में एक रहस्य है कि हम 'सेल्फ स्टार्टर' बनें, न कि 'किक स्टार्टर।' केवल स्व-प्रेरणा ही उस प्रेरणा को बनाए रखती है। पीटर ड्रकर का कहना है, "इससे अधिक निरर्थक कुछ और नहीं है कि उस कार्य को बड़ी कुशलतापूर्वक किया जाए, जिसे किया ही नहीं जाना चाहिए था।"

प्रश्न

I. किसके अभाव में नए साल के संकल्प अल्पायु रह जाते हैं?
 (क) पारिवारिक सहयोग के
 (ख) आर्थिक संपन्नता के
 (ग) सामाजिक रुतबे के
 (घ) दृढ़ इच्छाशक्ति के

II. **कथन** (क) हमें अपने लक्ष्य की प्राप्ति हेतु अनवरत प्रयासरत रहना चाहिए।
 कथन (ख) कई बार उचित समय की प्रतीक्षा हेतु स्वयं को निष्क्रिय भी करना पड़ता है।
 उपर्युक्त कथनों के आधार पर सही विकल्प का चयन कीजिए

 दक्षता आधारित प्रश्न

 (क) कथन (क) और (ख) दोनों सही हैं।
 (ख) कथन (क) सही है, कथन (ख) गलत है।
 (ग) कथन (क) गलत है, कथन (ख) सही हैं।
 (घ) कथन (क) और कथन (ख) दोनों गलत हैं।

III. उपर्युक्त गद्यांश का मुख्य संदेश क्या है?
 (क) कुशलतापूर्वक और सच्ची निष्ठा से कार्य करें
 (ख) भाग्यवाद छोड़ें और कर्मवाद अपनाएँ
 (ग) आत्मविश्वासी और ईमानदार बनें
 (घ) समझदार और भावुक बनें

IV. स्व-प्रेरणा क्या है?

V. व्यक्ति की पात्रता किस प्रकार उसकी सफलता में मदद कर सकती है?

Allinone

संपूर्ण अध्ययन | संपूर्ण अभ्यास | संपूर्ण मूल्यांकन

खंड 'ख' : व्यावहारिक व्याकरण

अध्याय

1

पदबंध

पदबंध शब्द दो शब्दों के संयोजन से बना है— पद + बंध। अत: पदबंध को जानने से पहले 'पद' शब्द को जानना आवश्यक है। स्वतंत्र और सार्थक ध्वनि समूह को **शब्द** कहते हैं; जैसे— कपड़ा। जब शब्द का प्रयोग किसी वाक्य में होता है, तो तब वह वहाँ **पद** बन जाता है; जैसे— कपड़ा बहुत सुंदर है। यहाँ कपड़ा अब वाक्य में शब्द न रहकर पद बन गया है।

1.1 पदबंध का अर्थ एवं परिभाषा

जब दो या दो से अधिक (शब्द) पद नियत क्रम और निश्चित अर्थ में किसी पद (संज्ञा, विशेषण, क्रिया-विशेषण आदि) का कार्य करते हैं, तो उन्हें **पदबंध** कहते हैं।

दूसरे शब्दों में, कई पदों के योग से बने वाक्यांशों को, जो एक ही पद का काम करते हैं, पदबंध कहते हैं।

'डॉ. हरदेव बाहरी' ने पदबंध की परिभाषा इस प्रकार दी है—
''वाक्य के उस भाग को, जिसमें एक से अधिक पद परस्पर संबद्ध होकर अर्थ तो देते हैं, किंतु पूरा अर्थ नहीं देते, पदबंध या वाक्यांश कहते हैं'' जैसे—यह लड़की **अत्यंत सुशील और परिश्रमी** है।

इस वाक्य में 'अत्यंत सुशील और परिश्रमी' चार पद हैं, किंतु वे मिलकर एक ही पद अर्थात् विशेषण का काम कर रहे हैं।

'नदी **बहती चली जा रही है**' इस वाक्य में 'बहती चली जा रही है' पाँच पद हैं, किंतु वे मिलकर एक ही पद अर्थात् क्रिया का काम कर रहे हैं।

इस प्रकार, रचना की दृष्टि से पदबंध में तीन बातें आवश्यक हैं

- एक तो यह कि इसमें एक से अधिक पद होते हैं।
- दूसरी, ये पद इस तरह से संबद्ध होते हैं कि उनसे एक इकाई बन जाती है।
- तीसरी, पदबंध किसी वाक्य का अंश होता है।

पदबंध के भेद/प्रकार

पदबंध के पाँच भेद/प्रकार होते हैं

1. **संज्ञा पदबंध** वह पदबंध, जो वाक्य में संज्ञा का कार्य करे, संज्ञा पदबंध कहलाता है।

   दूसरे शब्दों में, पदबंध का अंतिम अथवा शीर्ष शब्द यदि संज्ञा हो और अन्य सभी पद उस पर आश्रित हों, तो वह **संज्ञा पदबंध** कहलाता है; जैसे—

   - तताँरा की तलवार एक विलक्षण रहस्य थी। *(तताँरा-वामीरो कथा)*
   - हरे रंग की पुस्तक मेज पर रखी है।

   उपर्युक्त वाक्यों में रेखांकित पद संज्ञा पदबंध हैं।

2. **सर्वनाम पदबंध** जो पदबंध वाक्य में सर्वनाम पदों का काम करते हैं, वे **सर्वनाम पदबंध** कहलाते हैं; जैसे—

   - वजीर अली अपने अधिकार के लिए लड़ रहा था। *(कारतूस)*
   - विरोध करने वाले छात्रों में कोई नहीं बोला।
   - उसकी कल्पना में वह एक अद्‌भुत साहसी युवक था। *(तताँरा-वामीरो कथा)*
   - जो लड़की हँस रही है वह रतन की बहन है।

   उपर्युक्त वाक्यों में रेखांकित अंश सर्वनाम पदबंध हैं।

3. **विशेषण पदबंध** जब किसी वाक्य में पदबंध संज्ञा अथवा सर्वनाम की विशेषता बताता हुआ विशेषण का कार्य करे, **विशेषण पदबंध** कहलाता है।

   दूसरे शब्दों में, पदबंध का शीर्ष अथवा अंतिम शब्द यदि विशेषण हो और अन्य सभी पद उसी पर आश्रित हों, तो वह विशेषण पदबंध कहलाता है।

जैसे—

- 'कमरे में आते ही भाई साहब का वह रौद्र रूप देखकर प्राण सूख जाते।' (*बड़े भाई साहब*)
- सुशीला सुंदरता के साथ-साथ पेंटिंग, डांस तथा खाना बनाने में निपुण है।
- तेज चलने वाली गाड़ी हमेशा की तरह जल्दी पहुँची है।

उपर्युक्त वाक्यों में रेखांकित पद विशेषण पदबंध हैं।

4. **क्रिया पदबंध** वह पदबंध, जो अनेक क्रिया-पदों से मिलकर बना हो, **क्रिया पदबंध** कहलाता है।

क्रिया पदबंध में मुख्य क्रिया पहले आती है। उसके बाद अन्य क्रियाएँ मिलकर एक समग्र इकाई बनाती हैं; जैसे—

- मुझे छत से चाँद दिखाई दे रहा है।
- बढ़ती हुई आबादियों ने समंदर को पीछे सरकाना शुरू कर दिया। (*अब कहाँ दूसरे के दु:ख से दु:खी होने वाले।*)

उपर्युक्त वाक्यों में रेखांकित पद क्रिया पदबंध हैं।

5. **क्रिया-विशेषण पदबंध** किसी भी वाक्य में क्रिया-विशेषण का कार्य करने वाले पदबंध, **क्रिया-विशेषण पदबंध** कहलाते हैं; जैसे—

- हरिहर काका धीरे-धीरे चलते हुए आँगन तक पहुँचे (*हरिहर काका*)
- मैं इस माह के अंत तक आ जाऊँगा।
- पक्षी पिंजरे के अंदर बैठा है।

उपर्युक्त वाक्यों में रेखांकित पद क्रिया-विशेषण पदबंध हैं।

पदबंध में ध्यान रखने योग्य बातें

- पदबंध वाक्य के एक अंश के रूप में होता है न कि एक पूरा वाक्य होता है।
- पदबंध में एक से अधिक पद का समावेश होता है, इसी कारण यह पदबंध कहलाता है।
- ये पद आपस में इस तरह जुड़े होते हैं कि एक व्याकरणिक इकाई का रूप ले लेते हैं।
- हर पदबंध में एक मुख्य पद होता है और शेष पद उस पर आश्रित होते हैं; जैसे– 'आसमान में रंग-बिरंगे सुंदर पंखों वाले पक्षी उड़ रहे हैं।' यहाँ 'पक्षी' मुख्य पद है और 'रंग-बिरंगे सुंदर' आश्रित पद है।
- पदबंध का निर्धारण मुख्य पद के आधार पर होता है। यदि पदबंध का अंतिम पद संज्ञा पद है, तो पूरा पद संज्ञा पदबंध कहलाता है। यह स्थिति अन्य भेदों पर भी लागू होती है फिर चाहे वह सर्वनाम, क्रिया, विशेषण या क्रिया-विशेषण कोई भी हो; जैसे– ''आजकल बाजार में स्वादिष्ट तरबूज आए हुए हैं।'' यहाँ 'तरबूज' मुख्य पद है और 'बाजार में स्वादिष्ट' आश्रित पद हैं। लेकिन संपूर्ण पद संज्ञा की ओर संकेत कर रहा है, क्योंकि तरबूज एक संज्ञा शब्द है।

अभ्यास प्रश्न

बहुविकल्पीय व वर्णनात्मक प्रश्नों सहित

बहुविकल्पीय प्रश्न

निम्नलिखित प्रश्नों को पढ़कर सही विकल्पों का चुनाव कीजिए।

1. रोगी दूध पी रहा था–वाक्य में रेखांकित पदबंध है

(क) संज्ञा पदबंध (ख) सर्वनाम पदबंध
(ग) क्रिया पदबंध (घ) विशेषण पदबंध

2. 'तोतों को उनकी दहकती-भूरी आँखों से भय न लगता था।' वाक्य में रेखांकित पदबंध है CBSE 2023

(क) विशेषण पदबंध (ख) क्रिया-विशेषण पदबंध
(ग) संज्ञा पदबंध (घ) सर्वनाम पदबंध

3. वह लड़का अच्छा लिखता है–रेखांकित में पद है

(क) क्रिया पद (ख) संज्ञा पद
(ग) सर्वनाम पद (घ) क्रिया-विशेषण पद

4. किताब के हाशियों पर चिड़ियों, कुत्तों, बिल्लियों की तसवीरें बनाया करते थे। रेखांकित पदबंध का भेद होगा CBSE 2024

(क) संज्ञा पदबंध (ख) सर्वनाम पदबंध
(ग) विशेषण पदबंध (घ) क्रिया पदबंध

5. 'कमरे में आते ही भाई साहब का वह रौद्र रूप देखकर प्राण सूख जाते।'-रेखांकित पदबंध है CBSE Term I 2021

(क) सर्वनाम पदबंध (ख) विशेषण पदबंध
(ग) संज्ञा पदबंध (घ) क्रिया-विशेषण पदबंध

6. तीन बजे से ही मैदान में हजारों आदमियों की भीड़ जमा होने लगी। रेखांकित पदबंध का भेद है

(क) संज्ञा पदबंध (ख) सर्वनाम पदबंध
(ग) विशेषण पदबंध (घ) क्रिया पदबंध

7. 'तताँरा की तलवार एक विलक्षण रहस्य थी।' इस वाक्य में से संज्ञा पदबंध छाँटिए। CBSE SQP Term I 2021

(क) तलवार एक (ख) तताँरा की तलवार
(ग) रहस्य थी (घ) विलक्षण रहस्य

8. 'वामीरो फटती हुई धरती के किनारे चीखती हुई दौड़ रही थी।' रेखांकित पदबंध का भेद है CBSE SQP 2022

(क) संज्ञा पदबंध (ख) सर्वनाम पदबंध
(ग) क्रिया पदबंध (घ) विशेषण पदबंध

9. 'मोनुमेंट के नीचे ठीक चार बजकर चौबीस मिनट पर झंडा फहराया जाएगा।' इस वाक्य में रेखांकित पदबंध का भेद है CBSE 2023

(क) संज्ञा पदबंध (ख) सर्वनाम पदबंध
(ग) विशेषण पदबंध (घ) क्रिया-विशेषण पदबंध

10. लाल रंग की पुस्तक मेज पर रखी है। रेखांकित में पद है

(क) सर्वनाम पद (ख) क्रिया पद
(ग) विशेषण पद (घ) संज्ञा पद

11. 'उसने तताँरा को तरह-तरह से अपमानित किया।'-इस वाक्य में रेखांकित पदबंध का प्रकार है CBSE Term I 2021

(क) विशेषण पदबंध (ख) क्रिया-विशेषण पदबंध
(ग) सर्वनाम पदबंध (घ) क्रिया पदबंध

12. मंजू मैदान में खेल रही है। रेखांकित में पदबंध है

(क) क्रिया-विशेषण पदबंध (ख) संज्ञा पदबंध
(ग) विशेषण पदबंध (घ) क्रिया पदबंध

13. क्रिया पदबंध का उदाहरण छाँटिए CBSE SQP 2022

(क) बिल्ली ने उचककर दो में से एक अंडा तोड़ दिया।
(ख) यह काम तो हमेशा आदर्शवादी लोगों ने ही किया है।
(ग) दोनों कबूतर रातभर खामोश और उदास बैठे रहते हैं।
(घ) शैलेंद्र तो फिल्म-निर्माता बनने के लिए सर्वथा अयोग्य थे।

14. निम्नलिखित वाक्यों में रेखांकित वाक्याशों के आधार पर सर्वनाम पदबंध पहचानिए।

I. दसवीं कक्षा में पढ़ने वाले सभी छात्र अच्छे अंकों से उत्तीर्ण हो गए हैं।
II. छात्रों के दिन-रात का वह परिश्रम सफल हो गया।
III. छात्रों को पढ़ाने वाले वे आज गौरवांवित हो रहे हैं।

(क) केवल I सही है। (ख) केवल II सही है।
(ग) II और III सही हैं। (घ) I और III सही हैं।

15. कथन (A) लेखक की कलम से निकले शब्दों की तेज़ धार का समाज पर प्रभाव पड़ता है।
कारण (R) कथन (क) में रेखांकित वाक्यांश विशेषण का कार्य करने के कारण विशेषण पदबंध है। CBSE SQP (Additional Set) 2023

उपर्युक्त कथन और कारण के आधार पर सही निष्कर्ष चुनिए।

(क) कथन (A) सही है और कारण (R) उसकी सही व्याख्या कर रहा है।
(ख) कथन (A) सही है, किंतु कारण (R) उसकी गलत व्याख्या कर रहा है।
(ग) कथन (A) गलत है और कारण (R) सही है।
(घ) कथन (A) और कारण (R) दोनों गलत हैं।

16. कॉलम 1 कॉलम 2 के साथ सही मिलान कीजिए और सही विकल्प चुनकर लिखिए दक्षता आधारित प्रश्न

	सूची 1		सूची 2
A.	बंगले के पीछे लगा पेड़ गिर गया।	1.	संज्ञा पदबंध
B.	मेरे बचपन का साथी रमेश डॉक्टर है।	2.	विशेषण पदबंध
C.	कुछ लोग सोते-सोते चलते हैं।	3.	क्रिया-विशेषण पदबंध

कूट

	A	B	C		A	B	C
(क)	2	1	3	(ख)	1	3	2
(ग)	3	1	2	(घ)	1	2	3

17. कॉलम 1 कॉलम 2 के साथ सही मिलान कीजिए और उसकी विकल्प चुनकर लिखिए CBSE SQP (Additional Set) 2023

	सूची 1		सूची 2
A.	इसलिए सोना ही हमेशा आगे आता रहता था।	1.	क्रिया-विशेषण पदबंध
B.	वहाँ तीन से अधिक आदमियों को प्रवेश नहीं दिया जाता था।	2.	संज्ञा पदबंध
C.	वकील ने शिकायत की परवाह नहीं की उल्टा उसे भला-बुरा सुना दिया।	3.	क्रिया पदबंध
D.	बाइबिल और दूसरे पावन ग्रंथों में नूह नाम के एक पैगंबर का ज़िक्र मिलता है।	4.	विशेषण पदबंध

कूट

	A	B	C	D		A	B	C	D
(क)	1	3	4	2	(ख)	2	1	4	3
(ग)	3	4	1	2	(घ)	1	4	3	2

18. 1. दशरथ पुत्र राम ने रावण को मार गिया था।
2. अब पवन पुत्र हनुमान का प्रवेश हो गया है।
3. सुरेश धीरे-धीरे चल रहा है।

उपर्युक्त वाक्यों में रेखांकित वाक्यांशो के आधार पर संज्ञा पदबंध पहचानिए

(क) केवल (1) सही है। (ख) केवल (2) सही है।
(ग) केवल (3) सही है। (घ) केवल (1) और (2) सही हैं।

19. कथन (A) आत्मविश्वास से भरा हुआ वजीर अली कर्नल के खेमे में पहुँचा।
कारण (R) कथन (A) में रेखांकित वाक्यांश क्रिया का कार्य करने के कारण क्रिया पदबंध है।

उपर्युक्त कथन और कारण के आधार पर सही निष्कर्ष चुनिए दक्षता आधारित प्रश्न

(क) कथन (A) सही है और कारण (R) उसकी सही व्याख्या करता है।
(ख) कथन (A) सही है, किंतु कारण (R) उसकी गलत व्याख्या करता है।
(ग) कथन (A) गलत है, किंतु कारण (R) सही है।
(घ) कथन (A) और कारण (R) दोनों गलत हैं।

20. कथन (A) धीरे चलने वाली गाड़ी स्टेशन पर जल्दी पहुँच गई।
कारण (R) कथन (A) में रेखांकित वाक्यांश विशेषण का कार्य करने के कारण विशेषण पदबंध है। **दक्षता आधारित प्रश्न**
उपर्युक्त कथन और कारण के आधार पर सही निष्कर्ष चुनिए
(क) कथन (A) सही है और कारण (R) कथन (A) की सही व्याख्या करता है।
(ख) कथन (A) सही है, किंतु कारण (R) कथन (A) की गलत व्याख्या करता है।
(ग) कथन (A) गलत है, किंतु कारण (R) सही है।
(घ) कथन (A) और कारण (R) दोनों गलत हैं।

अतिलघु/लघु उत्तरीय प्रश्न

1. पदबंध किसे कहते हैं? उदाहरण सहित स्पष्ट कीजिए।
2. पदबंध का अर्थ बताते हुए उसके भेदों पर प्रकाश डालिए।
3. संज्ञा पदबंध की परिभाषा देते हुए इसके कोई दो उदाहरण लिखिए।
4. क्रिया पदबंध व क्रिया विशेषण पदबंध में अंतर स्पष्ट कीजिए।
5. सर्वनाम पदबंध किसे कहते हैं? उदाहरण सहित बताइए।
6. विशेषण पदबंध का अर्थ उदाहरण देकर स्पष्ट कीजिए।
7. 'मेरा बड़ा बेटा लंदन जा रहा है।' रेखांकित पदबंध का नाम बताते हुए स्पष्ट कीजिए।
8. निम्नलिखित वाक्यों में रेखांकित पदबंध का नाम बताइए
(क) अंजली धीरे-धीरे चलते हुए वहाँ जा पहुँची।
(ख) जो लड़की कल गा रही थी, वह प्यारी है।
(ग) महँगी खरीदी हुई साड़ी फट गई है।
(घ) जंग में मरने वाले सैनिक आदरणीय होते हैं।
(ङ) मोहन का बड़ा भाई संजय कल आया था।
9. नीम की घनी छाँव में व्यक्ति आनंद का अनुभव करता है। वाक्य में विशेषण पद बताइए। **दक्षता आधारित प्रश्न**
10. 'निर्भीक और साहसी वजीर अली अपने अधिकार के लिए लड़ रहा था।' इस वाक्य में विशेषण पदबंध कौन-सा है?
11. किसी तरह आँचरहित एक ठंडा और उबाऊ दिन गुजरने लगा। इस वाक्य में विशेषण पदबंध बताइए। **CBSE 2024 Modified**
12. 'फैलते हुए प्रदूषण ने पंछियों को बस्तियों से भगाना शुरू कर दिया।'-रेखांकित पदबंध का भेद बताइए।
13. विरोध करने वाले व्यक्तियों में कोई नहीं बोला। रेखांकित में कौन-सा पदबंध है? **दक्षता आधारित प्रश्न**
14. वे सिनेमा की चकाचौंध के बीच रहते हुए भी यश और धन-लिप्सा से कोसों दूर ही रहे। इस वाक्य में क्रिया पदबंध क्या है?
15. 'बढ़ती हुई आबादियों ने समंदर को पीछे सरकाना शुरू कर दिया है।' रेखांकित पदबंध का प्रकार बताइए।
16. एक गेंदबाज़ ने कहा, ''भारतीय टीम के सभी दस विकेट हासिल करना चाहता हूँ।'' **CBSE SQP 2023 Modified**
उपर्युक्त वाक्य में रेखांकित पदबंध का भेद पहचानिए।
17. वर्तमान समय में मनोरंजन के नए-नए साधनों का आविष्कार होने लगा है। उपर्युक्त वाक्य में क्रिया पदबंध के लिए किस वाक्यांश को रेखांकित किया जाना चाहिए?
18. भौतिक जीवन से निराश मीरा ने घर-परिवार त्याग दिया। वाक्य में रेखांकित पदबंध क्या है?

व्याख्या सहित उत्तर

बहुविकल्पीय प्रश्न

1. (ग) क्रिया पदबंध
2. (क) विशेषण पदबंध
3. (ग) सर्वनाम पद
4. (क) संज्ञा पदबंध
5. (ख) विशेषण पदबंध
6. (ग) विशेषण पदबंध
7. (ख) तताँरा की तलवार
8. (ग) क्रिया पदबंध
9. (घ) क्रिया-विशेषण पदबंध
10. (घ) संज्ञा पद
11. (ख) क्रिया-विशेषण पदबंध
12. (घ) क्रिया पदबंध
13. (ग) दोनों कबूतर रातभर खामोश और उदास बैठे रहते हैं।
14. (ख) केवल II सही है
15. (क) कथन (A) सही है और कारण (R) उसकी सही व्याख्या कर रहा है।
16. (क) 2 1 3
17. (ग) 3 4 1 2
18. (घ) केवल 1 और 2 सही है।
19. (क) कथन (A) सही है तथा कारण (R) उसकी सही व्याख्या करता है।
20. (क) कथन (A) सही है तथा कारण (R) उसकी सही व्याख्या करता है।

अतिलघु/लघु उत्तरीय प्रश्न

1. कई पदों के योग से बने वाक्यांशों को, जो एक पद का काम करता है, उसे पदबंध कहते हैं। **डॉ. हरदेव बाहरी** के अनुसार, वाक्य के उस भाग को, जिसमें एक से अधिक पद परस्पर संबद्ध होकर अर्थ तो देते हैं, किंतु पूरा अर्थ नहीं देते, पदबंध या वाक्यांश कहलाते हैं;

जैसे— "सबसे तेज दौड़ने वाला छात्र जीत गया।" इस वाक्य के 'सबसे तेज दौड़ने वाला छात्र' में पाँच पद मिलकर एक ही पद अर्थात् संज्ञा का कार्य कर रहे हैं। अत: यह संज्ञा पदबंध का उदाहरण है।

2. पदबंध का अर्थ है कि दो या अधिक पदों का निश्चित क्रम और अर्थ में किसी पद का कार्य करना।
पदबंध को मुख्यत: पाँच भेदों में बाँटा गया है
(i) संज्ञा पदबंध (ii) सर्वनाम पदबंध
(iii) क्रिया पदबंध (iv) विशेषण पदबंध
(v) क्रिया-विशेषण पदबंध

3. वह पदबंध, जो वाक्य में संज्ञा का कार्य करे, संज्ञा पदबंध कहलाता है। दूसरे शब्दों में, पदबंध का अंतिम अथवा शीर्ष शब्द यदि संज्ञा हो और अन्य सभी पद उस पर आश्रित हों, तो वह संज्ञा पदबंध कहलाता है; उदाहरण के लिए—
(i) दशरथ के पुत्र राम ने रावण को मारा।
(ii) सामने के मकान में रहने वाला लड़का आज चला गया।

4. क्रिया पदबंध व क्रिया विशेषण पदबंध में अंतर इस प्रकार है

क्रिया पदबंध	**क्रिया विशेषण पदबंध**
वह पदबंध, जो अनेक क्रिया पदों से मिलकर बना हो, क्रिया पदबंध कहलाता है। क्रिया पदबंध में मुख्य क्रिया पहले आती है। उसके बाद अन्य क्रियाएँ मिलकर एक समग्र इकाई बनाती है।	वाक्य में, जो पदबंध क्रियाविशेषण पद के स्थान पर आकर वही कार्य करता है, जो अकेला क्रियाविशेषण पद करता है, तो उस पदबंध को क्रियाविशेषण पदबंध कहते हैं।
उदाहरण मुझे शोर सुनाई दे रहा है।	**उदाहरण** सुरेश धीरे-धीरे चल रहा है।
उपर्युक्त वाक्य में पदबंध सुनाई दे रहा है, वाली क्रिया का बोध करा रहा है।	उपर्युक्त वाक्य में पदबंध 'धीरे धीरे चल रहा क्रिया की विशेषता बता रहा है।

5. जो पदबंध वाक्य में सर्वनाम पदों का काम करते हैं, वे सर्वनाम पदबंध कहलाते हैं; जैसे—
"शेर की तरह दहाड़ने वाले तुम काँप क्यों रहे हो?"
उपर्युक्त वाक्य में 'तुम काँप क्यों रहे हो' सर्वनाम पदबंध है, क्योंकि इसमें 'तुम' सर्वनाम शब्द का प्रयोग हुआ है।

6. वह पदबंध, जो संज्ञा अथवा सर्वनाम की विशेषता बताता हुआ विशेषण का कार्य करे, विशेषण पदबंध कहलाता है। दूसरे शब्दों में, पदबंध का शीर्ष अथवा अंतिम शब्द यदि विशेषण हो और अन्य सभी पद उसी पर आश्रित हों, तो वह विशेषण पदबंध कहलाता है; जैसे— "वह बहुत सुंदर चित्र बनाता है।"
उपर्युक्त वाक्य में 'बहुत सुंदर' विशेषण पदबंध है।

7. 'मेरा बड़ा बेटा लंदन जा रहा है' वाक्य में रेखांकित पद 'मेरा बड़ा बेटा' संज्ञा पदबंध है, क्योंकि यहाँ शीर्ष शब्द मेरा बड़ा बेटा संज्ञा है और अन्य सभी पद अर्थात् 'लंदन जा रहा है', उस पर आश्रित हैं।

8. (क) **क्रिया-विशेषण पदबंध** 'यहाँ धीरे-धीरे चलते हुए' पद क्रिया-विशेषण है, जो चलने क्रिया की विशेषता बता रहा है।
(ख) **सर्वनाम पदबंध** यहाँ 'वह प्यारी है' पद सर्वनाम पदबंध है, क्योंकि वह शब्द सर्वनाम है।
(ग) **विशेषण पदबंध** यहाँ 'महँगी खरीदी हुई साड़ी' विशेषण पदबंध है, जो 'साड़ी' संज्ञा शब्द की विशेषता 'महँगी खरीदी हुई' बता रहा है।
(घ) **संज्ञा पदबंध** यहाँ 'जंग में मरने वाले सैनिक' संज्ञा पदबंध है, जो वाक्य के शीर्ष में प्रयुक्त हुआ है और अन्य सभी पद यानी 'आदरणीय होते हैं' उस पर आश्रित हैं।
(ङ) **संज्ञा पदबंध** यहाँ 'मोहन का बड़ा भाई संजय' संज्ञा पदबंध है, जो वाक्य के शीर्ष में प्रयोग हुआ है और सभी पद अर्थात् 'कल आया था' उस पर आश्रित हैं।

9. नीम की घनी छाँव में व्यक्ति आनंद का अनुभव करता है। वाक्य में विशेषण पद है—नीम की घनी छाँव में।

10. 'निर्भीक और साहसी वजीर अली अपने अधिकार के लिए लड़ रहा था।' इस वाक्य में विशेषण पदबंध है—निर्भीक और साहसी।

11. किसी तरह आँचरहित एक ठंडा और उबाऊ दिन गुजरने लगा। इस वाक्य में विशेषण पदबंध है—आँचरहित एक ठंडा और उबाऊ।

12. 'फैलते हुए प्रदूषण ने पंछियों को बस्तियों से भगाना शुरू कर दिया।'—रेखांकित पदबंध विशेषण पदबंध है।

13. विरोध करने वाले व्यक्तियों में कोई नहीं बोला। रेखांकित में सर्वनाम पदबंध है।

14. वे सिनेमा की चकाचौंध के बीच रहते हुए भी यश और धन-लिप्सा से कोसों दूर ही रहे। इस वाक्य में क्रिया पदबंध 'दूर ही रहे' है।

15. 'बढ़ती हुई आबादियों ने समंदर को पीछे सरकाना शुरू कर दिया है।' रेखांकित पदबंध क्रिया पदबंध है।

16. एक गेंदबाज़ ने कहा, "भारतीय टीम के सभी दस विकेट हासिल करना चाहता हूँ।" वाक्य में रेखांकित पदबंध क्रिया-विशेषण पदबंध है।

17. वर्तमान समय में मनोरंजन के नए-नए साधनों का आविष्कार होने लगा है। वाक्य में क्रिया पदबंध के लिए 'होने लगा है' वाक्यांश को रेखांकित किया जाना चाहिए।

18. भौतिक जीवन से निराश मीरा ने घर-परिवार त्याग दिया। वाक्य में रेखांकित पदबंध संज्ञा पदबंध है।

स्व-मूल्यांकन

बहुविकल्पीय प्रश्न

1. अनिरुद्ध बहुत जल्दी-जल्दी खाना खा रहा है। रेखांकित पद है
(क) संज्ञा पदबंध (ख) क्रिया-विशेषण पदबंध
(ग) सर्वनाम पदबंध (घ) विशेषण पदबंध

2. काला कुत्ता मर गया-रेखांकित में पद है
(क) संज्ञा पदबंध (ख) सर्वनाम पदबंध
(ग) विशेषण पदबंध (घ) क्रिया पदबंध

3. 'चाय में कुछ पड़ा है'-वाक्य में सर्वनाम पदबंध है
(क) चाय (ख) कुछ
(ग) में (घ) पड़ा है

4. मोहित कल दिल्ली जाएगा-रेखांकित में पदबंध है
(क) विशेषण पदबंध (ख) क्रिया पदबंध
(ग) सर्वनाम पदबंध (घ) संज्ञा पदबंध

5. **कथन** (A) उस घर के कोने में बैठा हुआ आदमी जासूस है।
कारण (R) कथन (A) में रेखांकित वाक्यांश विशेषण का कार्य करने के कारण विशेषण पदबंध है।
उपर्युक्त कथन और कारण के कारण के आधार पर सही निष्कर्ष चुनिए
(क) कथन (A) सही है और कारण (R) उसकी सही व्याख्या नही कर रहा है।
(ख) कथन (A) सही है तथा कारण (R) भी सही है।
(ग) कथन (A) सही नही है और कारण (R) सही है।
(घ) कथन (A) और कारण (R) दोनों गलत हैं।

अतिलघु/लघु उत्तरीय प्रश्न

7. निम्नलिखित वाक्यों में रेखांकित पदबंध के नाम लिखिए।
(क) सामने की दुकान पर चाय पीने वाला लड़का अपने घर चला गया।
(ख) मित्र-मंडली के साथ राम घर पर बैठा है।
(ग) दूसरों के साथ मीठा बोलने वाले सुखी रहते हैं।
(घ) नीली कमीज वाला बालक खेल रहा है।

8. सर्वनाम पदबंध के किन्हीं दो उदाहरणों को कारण सहित स्पष्ट लिखिए।

9. क्रिया पदबंध के उदाहरणों का वर्णन कीजिए।

10. पदबंध के भेदों के नाम लिखिए।

11. विशेषण पदबंध के किन्हीं दो उदाहरणों का वर्णन कीजिए।

12. क्रिया-विशेषण पदबंध के दो उदाहरणों का वर्णन कीजिए।

13. निम्नलिखित वाक्यों में रेखांकित पदबंध के नाम बताइए।
(क) मुझे सुनाई पड़ रहा है।
(ख) दादाजी प्रायः टहलने जाया करते हैं।
(ग) बहुत अधिक बोलने वाली मेरी सहेली कल चली जाएगी।
(घ) पुत्र के पास होने की खबर सुनकर पिता खुश हुआ।

14. निम्नलिखित वाक्यों में रेखांकित पदबंध के नाम लिखिए।
(क) सदा हँसते रहने वाले तुम आज सुस्त क्यों हो?
(ख) लकड़ी से बनी यह अलमारी बहुत सुंदर है।
(ग) काजल पढ़ते-पढ़ते सो गई।
(घ) मैं तो तेज भागते-भागते बहुत थक गया था।

15. निम्नलिखित वाक्यों में रेखांकित पदबंध के नाम बताइए।
(क) सरिता सप्ताह के अंत तक आ जाएगी।
(ख) कमरे में इधर से उधर तक सामान बिखरा पड़ा है।
(ग) पिताजी अब तक दफ्तर से आ गए होंगे।
(घ) बाहर से आए छात्रों में कुछ मांसाहारी हैं।

16. निम्नलिखित वाक्यों में रेखांकित पदबंध के नाम बताते हुए उसकी व्याख्या कीजिए।
(क) विद्यालय के बच्चे इस समय राष्ट्रगान गा रहे हैं।
(ख) अभय नीचे वाले कमरे में होगा।
(ग) मीरा धीरे-धीरे सुबकते हुए कहने लगी।
(घ) मैं ढाई हजार साल पुराने कुशीनगर को खोज रहा हूँ।

17. निम्नलिखित वाक्यों में रेखांकित पदबंध के नाम बताइए।
(क) नियमित रूप से अध्ययन करने वाले छात्र अच्छे अंक लाते हैं।
(ख) नदी कल-कल करती हुई बह रही थी।
(ग) चार ताकतवर मजदूर इस भारी चीज को उठा पाए।
(घ) बिजली-सी फुर्ती दिखाकर आपने बालक को डूबने से बचा लिया।

रचना के आधार पर वाक्य रूपांतरण

अध्याय 2

भाषा मनुष्य के भावों-विचारों को अभिव्यक्त करने का माध्यम है। भाषा की रचना वर्णों, शब्दों और वाक्यों से होती है। दूसरे शब्दों में, वर्णों से शब्द, शब्दों से वाक्य और वाक्यों से भाषा का निर्माण हुआ है।

2.1 वाक्य की परिभाषा

शब्दों का वह व्यवस्थित रूप, जिसमें एक पूर्ण अर्थ की प्रतीति होती है, **वाक्य** कहलाता है।

मनुष्य अपने भावों एवं विचारों को प्रकट करने के लिए वाक्य का प्रयोग करता है। यदि शब्द भाषा की लघुतम इकाई है, तो वाक्य उसका विकसित रूप है। वाक्य वह सार्थक ध्वनि है, जिसके माध्यम से लेखक या वक्ता बोलकर या लिखकर अपने भावों एवं विचारों को श्रोता या पाठक के सामने प्रकट करता है। वाक्य रचना एक क्रम एवं व्याकरण संबंधी नियमों द्वारा अनुशासित की जाती है।

वाक्य के घटक

कर्ता और क्रिया वाक्य के मूल घटक होते हैं, क्योंकि उनकी अनुपस्थिति में वाक्य संभव नहीं है।

कर्ता और क्रिया के आधार पर वाक्य के दो घटक होते हैं

1. उद्देश्य

वाक्य में जिसके विषय में कुछ कहा जाता है, उसे उद्देश्य कहते हैं; जैसे—

- सरोज जाती है।

उपर्युक्त वाक्य में 'सरोज' के विषय में बताया गया है। अत: इस वाक्य में 'सरोज' उद्देश्य है।

उद्देश्य का विस्तार

उद्देश्य के अर्थ में विशेषता प्रकट करने के लिए जो शब्द या वाक्यांश कर्ता के साथ जोड़े जाते हैं, उन्हें 'उद्देश्य का विस्तारक' कहा जाता है।

उद्देश्य का विस्तार निम्न प्रकार से होता है

(i) संज्ञा से

(ii) सर्वनाम से

(iii) विशेषण से

(iv) वाक्यांश से

उदाहरण

- मेहनती व्यक्ति सदा सफल होता है।

यहाँ पर 'मेहनती' विशेषण, उद्देश्य 'व्यक्ति' का विस्तारक है।

2. विधेय

वाक्य में उद्देश्य के विषय में जो कुछ कहा जाता है, वह विधेय कहलाता है; जैसे—

- मनोज दौड़ता है।

उपर्युक्त वाक्य में 'दौड़ता है' विधेय है, क्योंकि यहाँ 'दौड़ता है' पद उद्देश्य के विषय में कहा गया है।

विधेय का विस्तार

वे शब्द जो विधेय के अर्थ में विशेषता बताने का कार्य करते हैं, 'विधेय के विस्तारक' कहलाते हैं।

विधेय (क्रिया) का विस्तार निम्न प्रकार से होता है

(i) कारक द्वारा
(ii) क्रियाविशेषण द्वारा
(iii) पूरक द्वारा
(iv) पूर्वकालिक क्रिया द्वारा

उदाहरण

- मेरी छोटी बहन कजरी स्वादिष्ट भोजन बनाती है।

यहाँ पर 'बनाती है' विधेय का 'स्वादिष्ट भोजन' विस्तारक है।

वाक्य के भेद

रचना की दृष्टि से वाक्य के तीन भेद होते हैं

1. सरल वाक्य

जिन वाक्यों में एक उद्देश्य तथा एक ही विधेय होता है, **सरल वाक्य** कहलाते हैं। इन वाक्यों में एक मुख्य क्रिया होती है। यह आवश्यक नहीं कि सरल वाक्य लंबे हों वह छोटे भी हो सकते हैं; जैसे—

- रमेश प्रतिदिन घर का कार्य करने के पश्चात् भी समय से स्कूल पहुँचता है।
- तताँरा को देखते ही वह फूटकर रोने लगी। (ततांरा-वामीरो कथा)
- लोग टोलियाँ बनाकर मैदान में घूमने लगे। (डायरी का एक पन्ना)।

उपर्युक्त वाक्य सरल वाक्य हैं, क्योंकि इन वाक्यों में केवल एक ही मुख्य क्रिया है।

2. संयुक्त वाक्य

संयुक्त वाक्यों में दो या दो से अधिक उपवाक्य होते हैं। वे सभी उपवाक्य स्वतंत्र होते हैं तथा समान स्तर के अर्थात् किसी पर आश्रित नहीं होते हैं। ये उपवाक्य विभिन्न समानाधिकरण योजक (और, एवं, तथा, या, अथवा, इसलिए, अतः, फिर भी, तो, नहीं तो, किंतु, परंतु, लेकिन आदि) शब्दों की सहायता से जुड़े रहते हैं; जैसे—

- ये वज़ीर अली आदमी है या भूत।
- मुझे बुखार था, इसलिए मैं विद्यालय नहीं जा सका।
- संसार की रचना कैसे भी हुई हो, लेकिन धरती किसी एक की नहीं है।
  (अब कहाँ दूसरे के दुःख से दुःखी होने वाले।)

ये सभी वाक्य विभिन्न समानाधिकरण योजकों (रेखाकित भाग) के द्वारा जुड़े हुए हैं।

3. मिश्र वाक्य

वे वाक्य जिनमें एक प्रधान (मुख्य) उपवाक्य हो तथा एक या एक से अधिक उपवाक्य उस पर आश्रित हो, **मिश्र वाक्य** कहलाते हैं अर्थात् इन वाक्यों की रचना एक से अधिक सरल वाक्यों से होती है। इसमें प्रयुक्त उपवाक्य परस्पर व्यधिकरण योजकों (जैसे—यदि, कि, तो, जो, अगर, इसलिए आदि) शब्दों से जुड़े होते हैं; जैसे—

- मैं भी वही भोजन खाऊँगा, जो मेरे पिता ने खाया है।
  (प्रधान उपवाक्य) (आश्रित उपवाक्य)
- गाय ही ऐसा पशु है, जो हिंदुओं के लिए आदरणीय है।
  (प्रधान उपवाक्य) (आश्रित उपवाक्य)
- हम जब अकेले पड़ते हैं, तब अपने आपसे लगातार बड़बड़ाते रहते हैं।
  (प्रधान उपवाक्य) (आश्रित उपवाक्य)

नीचे दी गई तालिका के आधार पर वाक्य-भेद एवं उसकी पहचान को सहजतानुसार समझा जा सकता है

वाक्य के भेद	पहचान	उदाहरण
सरल वाक्य	एक उद्देश्य + एक विधेय = सरल वाक्य	सूर्योदय होने पर कुहासा जाता रहा। (सूर्योदय — उद्देश्य; होने पर कुहासा जाता रहा — विधेय; सरल वाक्य)
मिश्र वाक्य	प्रधान उपवाक्य + आश्रित उपवाक्य = मिश्र वाक्य **मिलाने वाले शब्द** (कि, जो वह, जितना ...उतना,) (जैसे ...वैसे..., जब... तब ...,) (जहाँ... वहाँ... अगर, यदि आदि)	जैसे ही सूर्योदय हुआ वैसे ही कुहासा जाता रहा। (प्रधान उपवाक्य; आश्रित उपवाक्य) जैसे - - - वैसे (प्रधान उपवाक्य और आश्रित उपवाक्य को मिलाने वाले शब्द)
संयुक्त वाक्य	सरल वाक्य + सरल वाक्य = संयुक्त वाक्य **जोड़ने वाले शब्द** (और, एवं, तथा, या, अथवा, इसलिए, फिर, भी, किंतु, परंतु, लेकिन, पर, अतः, तो, नहीं तो आदि।)	सूर्योदय हुआ और कुहासा जाता रहा। (सरल वाक्य योजक शब्द सरल वाक्य)

उपवाक्य

कई बार एक वाक्य में अनेक उपवाक्य होते हैं, जिसमें एक प्रधान तथा शेष गौण या आश्रित होते हैं। प्रधान (मुख्य) उपवाक्य वह है, जिसकी क्रिया मुख्य होती है। आश्रित उपवाक्यों का आरंभ प्रायः 'कि', 'जो', 'जिसे', 'यदि', 'क्योंकि' आदि शब्दों से होता है; जैसे—

- मधु स्वस्थ हो गई, क्योंकि उसने दवाई समय पर ली।
- गांधीजी ने कहा कि हमें सदा सत्य बोलना चाहिए।
- जो जितना बड़ा होता है उसे उतना ही गुस्सा कम आता है।

आश्रित उपवाक्यों के भेद

मिश्र वाक्य में प्रयुक्त होने वाले आश्रित उपवाक्य तीन प्रकार के होते हैं

1. संज्ञा उपवाक्य

जो आश्रित उपवाक्य संज्ञा की तरह व्यवहार में आता हो, उसे संज्ञा उपवाक्य कहते हैं। यह कर्म या पूरक का काम करता है, जैसा संज्ञा करती है। संज्ञा उपवाक्य की पहचान यह है कि इस उपवाक्य के पूर्व 'कि' होता है; जैसे—

- माताजी ने कहा कि आज खीर बनाएँगी।
- युधिष्ठिर ने कहा कि हम युद्ध नहीं चाहते।
- नितिन जानता है कि पास होना कठिन है।

2. विशेषण उपवाक्य

विशेषण की तरह व्यवहार में आने वाला अर्थात् किसी संज्ञा या सर्वनाम शब्द की विशेषता बताने वाला वाक्यांश आश्रित उपवाक्य विशेषण उपवाक्य कहलाता है। मुख्य उपवाक्य के कौन, किसे, किन्हें आदि

प्रश्न का जो उत्तर होता है, वह विशेषण उपवाक्य होता है। विशेषण उपवाक्य वाक्य के आरंभ या मध्य में कहीं भी आ सकता है; जैसे—

- उस लड़की को अंदर बुलाओ, जो बरामदे में बैठी है।
- यह वही लड़की है, जिसने कल शोर मचाया था।
- जो मेहनत करता है, उसे सफलता अवश्य मिलती है।

3. क्रियाविशेषण उपवाक्य

मुख्य उपवाक्य की क्रिया के संबंध में सूचना देने वाला अर्थात् क्रियाविशेषण की तरह व्यवहार में आने वाला उपवाक्य क्रियाविशेषण उपवाक्य कहलाता है; जैसे—

- जब मैं भारत में रहता था, तब रोज़ सुबह उठता था। *(समय)*
- जहाँ वह रहती थी, वहाँ अब पशु रहते हैं। *(स्थान)*
- जैसे वह बोलता है, वैसे कोई नहीं बोलता। *(रीति)*

क्रियाविशेषण उपवाक्य पाँच प्रकार के होते हैं

(i) कालवाची उपवाक्य (काल को दर्शाने वाले क्रियाविशेषण)

- जब मुन्नी रो रही थी, तब मैं सो रही थी।
- ज्यों ही मैं विद्यालय के द्वार पर पहुँचा, त्यों ही द्वार बंद हो गया।
- जब मैं मंदिर पहुँचा, तब आरती हो रही थी।

(ii) स्थानवाची उपवाक्य (स्थान को दर्शाने वाले क्रियाविशेषण)

- जहाँ तुम रोज़ जाते हो, वहीं मेरा घर है।
- जिधर तुम जा रहे हो, उधर मेरे चाचा रहते हैं।
- जहाँ वह पढ़ती है, वहाँ एक स्टेडियम भी है।

(iii) रीतिवाची उपवाक्य (रीति को दर्शाने वाले क्रियाविशेषण)

- सचिन उसी तरह खेलता है, जैसा उसे कप्तान खेलने को कहते हैं।
- मैंने वैसा ही बोला, जैसा माताजी ने बताया था।
- जैसा मैं चाहता हूँ, वैसा ही होता है।

(iv) परिमाणवाची उपवाक्य (परिमाण को दर्शाने वाले क्रियाविशेषण)

- जैसे-जैसे गर्मी बढ़ती है, वैसे-वैसे बिजली की कटौती बढ़ती जाती है।
- जितना तुम दौड़ोगे, उतना ही तुम्हारा शरीर स्वस्थ रहेगा।
- उसने जितना परिश्रम किया, उसे उतना ही अच्छा परिणाम मिला।

(v) कार्य-कारणवाची उपवाक्य (कार्य-कारण संबंध को दर्शाने वाले क्रियाविशेषण)

- वह पढ़ेगी ज़रूर, क्योंकि उसे अच्छे अंक लाने हैं।
- यदि रमेश ने मेहनत की होती, तो अवश्य प्रथम आता।
- यदि मैंने सही लिखा होता, तो अवश्य पास हो जाती।

वाक्य रूपांतरण

वाक्यों के एक स्वरूप को दूसरे स्वरूप में परिवर्तित करने को वाक्य परिवर्तन अथवा वाक्य रूपांतरण कहते हैं। वाक्य रूपांतरण करते समय यह ध्यान रखना चाहिए कि वाक्य रचना बदलनी चाहिए, किंतु उसका अर्थ नहीं बदलना चाहिए। उदाहरण के लिए—कवि, लेखक, कलाकार, राजनेता, डॉक्टर, वैज्ञानिक आदि सभी अपनी योग्यता, रुचि तथा सामर्थ्य के अनुसार भाषा का प्रयोग करते हैं।

नोट नवीनतम पाठ्यक्रम के अनुसार केवल रचना के आधार पर वाक्य रूपांतरण ही पूछा जाएगा।

वाक्य परिवर्तन करते समय ध्यान रखने योग्य बातें

वाक्य परिवर्तन करते समय निम्नलिखित बातें ध्यान रखनी चाहिए

- केवल वाक्य रचना बदलनी चाहिए, अर्थ नहीं।
- सरल वाक्यों को मिश्र या संयुक्त वाक्य बनाते समय कुछ शब्द या संबंधबोधक अव्यय अथवा योजक शब्द आदि जोड़ना; जैसे-क्योंकि, कि, और, इसलिए, तब आदि।
- संयुक्त/मिश्र वाक्यों को सरल वाक्यों में बदलते समय योजक शब्दों या संबंधबोधक अव्ययों का लोप करना।

(अ) सरल वाक्य से संयुक्त वाक्य बनाना

सरल वाक्य	संयुक्त वाक्य
मैं मंदिर जाकर भजन भी सुनूँगा।	मैं मंदिर भी जाऊँगा और भजन भी सुनूँगा।
पिताजी ने मुझे पढ़ाकर सेना में भर्ती कराया।	पिताजी ने मुझे पढ़ाया और सेना में भर्ती कराया।
मेहनत न करने के कारण वह रह गया।	उसने मेहनत नहीं की, इसलिए वह रह गया।
दो सौ आदमियों का जुलूस लालबाज़ार जाकर गिरफ़्तार हो गया।	दो सौ आदमियों का जुलूस लालबाज़ार गया और वहाँ जाकर गिरफ़्तार हो गया।
वामीरो कुछ सचेत होने पर घर की तरफ़ दौड़ी।	वामीरो कुछ सचेत हुई और घर की तरफ़ दौड़ी।

(ब) सरल वाक्य से मिश्र वाक्य बनाना

सरल वाक्य	मिश्र वाक्य
साहसी व्यक्ति संकट में घबराते नहीं हैं।	जो व्यक्ति साहसी होते हैं, वे संकट में घबराते नहीं हैं।
सच्चा व्यक्ति सफल होता है।	जो व्यक्ति सच्चा होता है, वह सफल होता है।
वह जूते खरीदने के लिए बाज़ार गया।	उसे जूते खरीदने थे, इसलिए वह बाज़ार गया।
जीवन में पहली बार मैं इस तरह विचलित हुआ हूँ।	जीवन में पहली बार ऐसा हुआ कि मैं इस तरह विचलित हो गया।
रीति के अनुसार दोनों को एक ही गाँव का होना आवश्यक था।	रीति के अनुसार यह आवश्यक था कि दोनों एक ही गाँव के हों।

(स) मिश्र वाक्य से संयुक्त वाक्य बनाना

मिश्र वाक्य	संयुक्त वाक्य
ज्यों ही परीक्षक ने प्रश्न-पत्र बाँटे, त्यों ही परीक्षार्थी उत्तर लिखने लगे।	परीक्षक ने प्रश्न-पत्र बाँटे और परीक्षार्थी उत्तर लिखने लगे।
चौराहा उस स्थान को कहते हैं, जहाँ चार रास्ते आकर मिलते हैं।	यहाँ चार रास्ते आकर मिलते हैं, इसलिए इसे चौराहा कहते हैं।
यदि आप दवाई लेना चाहते हैं, तो लाइन में लग जाएँ।	आप दवाई लेना चाहते हैं, इसलिए लाइन में लग जाएँ।
पिताजी नहीं उठे, क्योंकि उनकी तबीयत खराब है।	पिताजी की तबीयत खराब है, इसलिए वह नहीं उठे।
जो बच्चा मेहनत करता है, वह अवश्य सफल होता है।	बच्चा मेहनत करता है और अवश्य सफल होता है।

(द) संयुक्त वाक्य से मिश्र वाक्य बनाना

संयुक्त वाक्य	मिश्र वाक्य
आप झूठ बोलते हैं, इसलिए आप झूठे हैं।	यदि आप झूठ बोलते हैं, तो आप झूठे हैं।
पंकज ने पेन माँगा और वह उसे मिल गया।	पंकज ने जो पेन माँगा था, वह उसे मिल गया।
माताजी ने गीत गाया और दादी झूमने लगी।	जब माताजी ने गीत गाया, तब दादी झूमने लगी।
मैंने अभ्यास किया और दौड़ में प्रथम आया।	जब मैंने अभ्यास किया, तब दौड़ में प्रथम आया।
मेरी पुस्तक में एक कविता है और उसके कवि नीरज हैं।	मेरी पुस्तक में एक कविता है, जिसके कवि नीरज हैं।

अभ्यास प्रश्न

बहुविकल्पीय व वर्णनात्मक प्रश्नों सहित

बहुविकल्पीय प्रश्न

निम्नलिखित प्रश्नों को पढ़कर सही विकल्पों का चुनाव कीजिए।

1. 'जब उसका हाथ उठता ही रहा तो एक दिन मास्टर साहब ने उसे टोक दिया'। CBSE 2023
रचना के आधार पर उपयुक्त वाक्य का भेद बताइए।

(क) सरल वाक्य (ख) संयुक्त वाक्य
(ग) मिश्र वाक्य (घ) विधानवाचक वाक्य

2. वामीरो कुछ सचेत हुई और घर की तरफ़ दौड़ी। इस संयुक्त वाक्य को परिवर्तित करने पर सरल वाक्य होगा CBSE SQP Term I 2021

(क) जैसे ही वामीरो सचेत हुई वैसे ही वह घर की तरफ दौड़ी।
(ख) वामीरो कुछ सचेत हुई और वह घर की तरफ दौड़ी।
(ग) वामीरो कुछ सचेत होने पर घर की तरफ़ दौड़ी।
(घ) सचेत वामीरो हुई तथा घर की तरफ दौड़ी।

3. निम्नलिखित में से उपयुक्त सरल वाक्य छाँटकर लिखिए CBSE 2024

(क) गायन इतना प्रभावी था कि वह अपनी सुध-बुध खोने लगा।
(ख) लहरों के एक प्रबल वेग ने उसकी तंद्रा भंग की।
(ग) लोग मुसीबत में उसे स्मरण करते और वह वहाँ पहुँच जाता।
(घ) जो सभ्यता जितनी पुरानी होती है उसके किस्से ज्यादा सुनने को मिलते हैं।

4. 'निकोबारियों का विश्वास है कि प्राचीन काल में ये दोनों द्वीप एक ही थे।' रचना के आधार पर वाक्य भेद है CBSE 2024

(क) सरल वाक्य (ख) संयुक्त वाक्य
(ग) मिश्र वाक्य (घ) साधारण वाक्य

5. चार बजकर चौबीस मिनट पर सुभाष बाबू जुलुस लेकर आए। इस वाक्य का मिश्र वाक्य में रूपांतरित वाक्य कौन-सा है? CBSE 2023

(क) चार बजकर चौबीस मिनट हुए और सुभाष बाबू जुलुस लेकर आए
(ख) चार बजकर चौबीस मिनट होते ही सुभाष बाबू जुलुस लेकर आए
(ग) जब चार बजकर चौबीस मिनट हुए तब सुभाष बाबू जुलुस लेकर आए
(घ) चार बजकर चौबीस मिनट हो गए थे, इसलिए सुभाष बाबू जुलुस लेकर आ

6. निम्नलिखित में से उपयुक्त सरल वाक्य छाँटिए CBSE SQP 2023

(क) जो कहोगे उसका परिणाम तो भुगतना ही पड़ेगा।
(ख) नूह ने जब उनकी बात सुनी तो दुखी हो मुद्दत तक रोते रहे।
(ग) दूसरे गाँव के युवक के साथ संबंध परंपरा के विरुद्ध था।
(घ) मैं उनकी लताड़ सुनता और आँसू बहाने लगता।

7. 'संसार की रचना भले ही कैसे ही हुई हो लेकिन धरती किसी एक की नहीं है।' रचना के आधार पर वाक्य-भेद है CBSE SQP (Additional Set) 2023

(क) संयुक्त वाक्य (ख) मिश्र वाक्य
(ग) सरल वाक्य (घ) सरल एवं संयुक्त वाक्य

8. जैसे-जैसे उम्र बढ़ती है, वैसे-वैसे समझ भी बढ़ती है–वाक्य रचना की दृष्टि से है दक्षता आधारित प्रश्न

(क) मिश्र वाक्य (ख) संयुक्त वाक्य
(ग) सरल वाक्य (घ) निषेधात्मक वाक्य

9. 'जब उसने तताँरा को देखा तो वह फूटकर रोने लगी।' इस वाक्य का सरल वाक्य होगा CBSE SQP 2022-23

(क) तताँरा को देखते ही वह फूटकर रोने लगी।
(ख) तताँरा को देखकर वामीरो फूटकर रोने लगी।
(ग) वामीरो ने तताँरा को देखा और फूटकर रोने लगी।
(ग) जैसे ही वामीरो ने तताँरा को देखा वह फूटकर रोने लगी।

10. निम्नलिखित वाक्यों में मिश्र वाक्य है दक्षता आधारित प्रश्न

(क) मेरे और भाई साहब के बीच अब केवल एक दरजे का अंतर और रह गया
(ख) आखिर आदमी को कुछ तो अपनी पोजीशन का ख्याल रखना चाहिए

(ग) जब से माता जी ने प्रबंध अपने हाथ में ले लिया है, तब से घर में लक्ष्मी आ गई है
(घ) मेरे रहते तुम बेराह न चलने पाओगे

11. 'उसने अपने आप को कभी पागल नहीं कहा' प्रस्तुत वाक्य का मिश्र वाक्य होगा दक्षता आधारित प्रश्न

(क) उसने अपने आप को कभी नहीं कहा कि वह पागल है।
(ख) पागल नहीं कहा उसने कभी अपने आप को।
(ग) कभी पागल नहीं कहा, क्योंकि उसने अपने आप को।
(घ) उसने कभी नहीं कहा कि मैं पागल हूँ।

12. 'नूह ने उसकी बात सुनी और दु:खी हो मुद्दत तक रोते रहे।' इस वाक्य का सरल वाक्य के रूप में रूपांतरित वाक्य है– दक्षता आधारित प्रश्न

(क) जब नूह ने उसकी बात सुनी तब वे दु:खी हो गए और मुद्दत तक रोते रहे
(ख) नूह उसकी बात सुनकर दु:खी हो मुद्दत तक रोते रहे
(ग) नूह ने दु:खी होकर उसकी बात सुनी और मुद्दत तक रोते रहे
(घ) चूँकि नूह ने उसकी बात सुनी इसलिए वे दु:खी हो मुद्दत तक रोते रहे

13. निम्नलिखित कथनों में सही कथन है CBSE 2023

(क) संयुक्त वाक्य में एक प्रधान उपवाक्य के साथ आश्रित उपवाक्य होते हैं
(ख) संयुक्त वाक्यों में उसके प्रत्येक वाक्य का अपना स्वतंत्र अस्तित्व होता है
(ग) मिश्र वाक्य में उसके प्रत्येक वाक्य का अपना स्वतंत्र अस्तित्व होता है
(घ) सरल वाक्यों में उसके प्रत्येक वाक्य का अपना स्वतंत्र अस्तित्व होता है

14. उन्हें दुनिया का हमसे ज्यादा तजुरबा है और रहेगा।' रचना के आधार पर वाक्य भेद है CBSE SQP (Additional Set) 2023

(क) मिश्र वाक्य (ख) सरल वाक्य
(ग) संयुक्त वाक्य (घ) संयुक्त एवं सरल वाक्य

15. 'हम जब अकेले पड़ते हैं, तब अपने आपसे लगातार बड़बड़ाते रहते हैं।' रचना के आधार पर वाक्य भेद है CBSE SQP 2022-23

(क) सरल वाक्य (ख) संयुक्त वाक्य
(ग) मिश्रित वाक्य (घ) सामान्य वाक्य

16. 'वामीरो और तताँरा को समझाने-बुझाने के कई प्रयास हुए, किंतु दोनों अडिग रहे'-रचना के आधार पर वाक्य भेद है CBSE 2024

(क) सरल वाक्य (ख) संयुक्त वाक्य
(ग) मिश्र वाक्य (घ) साधारण वाक्य

17. शायद राधा आए–का मिश्र वाक्य होगा

(क) हो सकता है कि राधा आए (ख) राधा जरूर आएगी
(ग) राधा का आना तय है (घ) यद्यपि राधा आएगी

18. 'आपके अच्छे कार्यक्रमों को सभी पसंद करते हैं।' दिए गए वाक्य का मिश्रित वाक्य होगा CBSE SQP 2022

(क) आपके अच्छे कार्यक्रम सभी के पसंदीदा होते हैं।
(ख) जब कार्यक्रम होते ही अच्छे हैं, सभी पसंद करते ही हैं।
(ग) आपके कार्यक्रम इतने अच्छे होते हैं कि सभी पसंद करते हैं।
(घ) आपके कार्यक्रम इतने अच्छे हैं, इसलिए सभी को पसंद आते हैं।

19. निम्नलिखित वाक्यों में सरल वाक्य का उदाहरण नहीं है CBSE 2023

(क) तुमने तो अभी केवल एक दशक पार किया है
(ख) बटेर केवल एक ही बार हाथ लग सकती है
(ग) घंटे दो घंटे बाद निराशा के बादल
(घ) जैसा तजुरबा उन्हें है उसकी बराबरी नहीं हो सकती

20. 'तताँरा की तलवार लोगों के लिए विलक्षण रहस्य थी।' इस वाक्य का मिश्र वाक्य होगा CBSE 2024

(क) तताँरा के पास एक तलवार थी और वह लोगों के लिए विलक्षण रहस्य थी।
(ख) तताँरा की तलवार विलक्षण थी इसलिए वह लोगों के लिए रहस्य थी।
(ग) तताँरा के पास जो तलवार थी वह लोगों के लिए विलक्षण रहस्य थी।
(घ) तताँरा की विलक्षण तलवार लोगों के लिए एक रहस्य थी।

21. निम्नलिखित वाक्यों में संयुक्त वाक्य है CBSE Term I 2021

(क) संसार की रचना कैसे भी हुई हो, लेकिन धरती किसी एक की नहीं है
(ख) सहसा नारियल के झुरमुटों में उसे एक आकृति कुछ साफ हुई
(ग) बार-बार तताँरा का याचना भरा चेहरा उसकी आँखों में तैर जाता था
(घ) मेरे जीवन में यह पहली बार है कि मैं इस तरह से विचलित हुआ हूँ

22. निम्नलिखित में संयुक्त वाक्य है दक्षता आधारित प्रश्न

(क) जब वह वाचनालय जाएगा तब समाचार-पत्र पढ़ने लगेगा
(ख) वह वाचनालय जाने लगा, इसलिए समाचार-पत्र पढ़ने लगा
(ग) वह वाचनालय गया और समाचार-पत्र पढ़ने लगा
(घ) समाचार-पत्र पढ़ने के लिए वह वाचनालय जाने लगा

23. 'जब से कानून भंग का काम शुरू हुआ है, तब से आज तक इतनी बड़ी सभा ऐसे मैदान में नहीं की गई थी।' रचना के आधार पर वाक्य भेद है CBSE SQP 2023

(क) सरल वाक्य (ख) संयुक्त वाक्य
(ग) मिश्रित वाक्य (घ) सामान्य वाक्य

24. निम्नलिखित में से उपयुक्त सरल वाक्य छाँटिए CBSE SQP (Additional Set) 2023

(क) वर्सोवा में जहाँ आज मेरा घर है, पहले यहाँ दूर तक जंगल था।
(ख) शुद्ध सोना अलग है और गिन्नी का सोना अलग।
(ग) वैसे भी दिमाग की रफ़्तार हमेशा तेज़ ही रहती है।
(घ) अब वह भी मजे करता है और हम भी।

25. निम्नलिखित वाक्यों में सरल वाक्य है दक्षता आधारित प्रश्न

1. तताँरा को देखते ही वह फूटकर रोने लगी।
2. तताँरा को वामीरो ने देखा तो वह फूटकर रोने लगी।

3. वामीरो ने तताँरा को देखा और फूटकर रोने लगी।
4. जैसे ही वामीरो ने तताँरा को देखा वह फूटकर रोने लगी।

कूट

(क) केवल 1 सही है (ख) 2 और 3 सही हैं
(ग) 3 और 4 सही हैं (घ) 2, 3 और 4 सही हैं

26. स्तंभ-1 और स्तंभ-2 को सुमेलित कीजिए और सही विकल्प चुनकर लिखिए CBSE 2024

स्तंभ-1	स्तंभ-2
A. तताँरा को देखते ही वह फूटकर रोने लगी।	1. संयुक्त वाक्य
B. उसने तताँरा को देखा और फूटकर रोने लगी।	2. मिश्र वाक्य
C. उसने जैसे ही तताँरा को देखा वैसे ही वह फूटकर रोने लगी।	3. सरल वाक्य

कूट

	A	B	C		A	B	C
(क)	3	1	2	(ख)	2	3	1
(ग)	1	3	2	(घ)	3	2	1

27. निम्नलिखित वाक्यों के भेद पहचानकर उचित विकल्प चुनिए। CBSE SQP (Additional Set) 2023

1. लोककथाएँ एक व्यक्ति से दूसरे व्यक्ति, एक देश से दूसरे देश जाती रहती हैं।
2. लोककथाओं के बारे में यह कहना मुश्किल है कि ये कितनी पुरानी हैं।
3. जो कथाएँ एक स्थान से दूसरे स्थान पर जाती हैं, उनका रंग-रूप बदल जाता है।

(क) 1. सरल, 2. मिश्र, 3. सरल
(ख) 1. संयुक्त, 2. मिश्र, 3. सरल
(ग) 1. सरल, 2. मिश्र, 3. मिश्र
(घ) 1. मिश्र, 2. संयुक्त, 3. सरल

28. कथन (A) मोनुमैंट के नीचे झंडा फहराया जाएगा और स्वतंत्रता की प्रतिज्ञा पढ़ी जाएगी।

कारण (R) यह संयुक्त वाक्य का उदाहरण है, क्योंकि यहाँ दो स्वतंत्र वाक्य 'और' योजक द्वारा जुड़े हैं।

उपर्युक्त कथन और कारण को ध्यानपूर्वक पढ़िए। उसके आधार पर उचित विकल्प का चयन कीजिए। दक्षता आधारित प्रश्न

(क) कथन (A) और कारण (R) दोनों गलत हैं।
(ख) कथन (A) सही है और कारण (R) उसकी परिभाषा है।
(ग) कथन (A) सही है और कारण (R) उसकी सही व्याख्या है।
(घ) कथन (A) सही है और कारण (R) उसकी गलत व्याख्या है।

29. निम्नलिखित वाक्यों के भेद पहचानकर उचित विकल्प चुनिए

(1) मैं इतना थक गया था कि चल भी नहीं पा रहा था।
(2) थकावट से मैं चल भी नहीं पा रहा था।
(3) मैं इतना चला भी नहीं और थक गया।

(क) (1) सरल, (2) मिश्र, (3) संयुक्त
(ख) (1) सरल, (2) संयुक्त, (3) मिश्र
(ग) (1) मिश्र (2) सरल, (3) संयुक्त
(घ) (1) मिश्र (2) सयुंक्त (3) सरल

30. कॉलम 1 कॉलम 2 के साथ सुमेलित कीजिए और सही विकल्प चुनकर लिखिए CBSE SQP 2023

कॉलम 1	कॉलम 2
1. भाई साहब और मैं कनकौआ लूटने के लिए दौड़ रहे थे।	(i) संयुक्त वाक्य
2. क्योंकि मुझे और भाईसाहब को कनकौआ लूटना था, इसीलिए हम दौड़ रहे थे।	(ii) सरल वाक्य
3. मुझे कनकौआ लूटना था और भाई साहब मेरे साथ दौड़ रहे थे।	(iii) मिश्र वाक्य

विकल्प

(क) 1-(iii), 2-(i), 3-(ii) (ख) 1-(ii), 2-(iii), 3-(i)
(ग) 1-(i), 2-(ii), 3-(iii) (घ) 1-(ii), 2-(i), 3-(iii)

31. (क) तुम मुझे सारी बातों का अर्थ बता दो।

(ख) मैं तुम्हारा सारा कर्ज़ा माफ़ कर दूँगा।

उपर्युक्त वाक्यों को जोड़कर लिखे जाने वाले मिश्र वाक्य को पहचानिए CBSE SQP (Additional Set) 2023

(क) मुझे सारी बातों के अर्थ बताने पर मैं तुम्हारा कर्ज़ा माफ़ कर दूँगा।
(ख) मुझे सारी बातों का अर्थ पता चलते ही मैं तुम्हारा सारा कर्ज़ा माफ़ कर दूँगा।
(ग) मैं तुम्हारा सारा कर्ज़ा माफ़ कर दूँगा और तुम मुझे सारी बातों का अर्थ बता दोगी।
(घ) यदि तुम मुझे सारी बातों का अर्थ बताओगी, तो मैं तुम्हारा सारा कर्ज़ा माफ़ कर दूँगा।

32. निम्नलिखित में से संयुक्त वाक्य पहचानिए CBSE SQP (Additional Set) 2023

1. सूर्योदय के बाद चारों तरफ़ उजाला हो गया।
2. सुंदर व स्पष्ट लिखों अथवा टीचर से डाँट खाओ।
3. मुझे घर का खाना पसंद है, परंतु कभी-कभी बाहर खाना भी अच्छा लगता है।

(क) केवल 1 (ख) केवल 2
(ग) 1 और 2 (घ) 2 और 3

33. (1) अध्यापक कक्षा में आए।

(2) सब छात्र खड़े हो गए।

उपर्युक्त वाक्यों को जोड़कर लिखे जाने वाले संयुक्त वाक्य को पहचानिए दक्षता आधारित प्रश्न

(क) अध्यापक कक्षा में आते ही छात्र खड़े हो गए।
(ख) अध्यापक के आते ही सब छात्र खड़े हो गए।
(ग) अध्यापक कक्षा में आए और सब छात्र खड़े हो गए।
(घ) जैसे ही अध्यापक कक्षा में आए, सब छात्र खड़े हो गए।

34. **उपर्युक्त कथन और कारण को ध्यानपूर्वक पढ़िए। उसके आधार पर उचित विकल्प का चयन कीजिए**

कथन (A) जैसे ही मैं स्टेशन पहुँचा, वैसे ही रेलगाड़ी चल पड़ी। यह सरल वाक्य का उदाहरण है।

कारण (R) क्योंकि इसमें एक उद्देश्य और एक विधेय है। **CBSE SQP (Additional Set) 2023**

(क) कथन (A) और कारण (R) दोनों गलत हैं।
(ख) कथन (A) सही है और कारण (R) उसकी परिभाषा है।
(ग) कथन (A) सही है और कारण (R) उसकी सही व्याख्या है।
(घ) कथन (A) सही है और कारण (R) उसकी गलत व्याख्या है।

अतिलघु/लघु उत्तरीय प्रश्न

1. **वाक्य किसे कहते हैं? स्पष्ट कीजिए।**

2. **कर्ता व क्रिया के आधार पर वाक्य के कितने घटक हैं? उनके नाम लिखिए।**

3. **रचना के आधार पर वाक्य के कितने भेद होते हैं?** **CBSE 2010**

4. **सरल वाक्य किसे कहते हैं? उदाहरण भी दीजिए।**

5. **संयुक्त वाक्य और मिश्रित वाक्य में क्या अंतर है?**

6. **उपवाक्य क्या होते हैं? इसके प्रकारों को स्पष्ट कीजिए।**

7. **क्रियाविशेषण उपवाक्य के कितने भेद हैं? उनके नाम लिखिए।**

8. **निम्नलिखित वाक्यों को मिश्र वाक्यों में बदलिए।**

(i) कई सालों से बड़े-बड़े बिल्डर समंदर को पीछे धकेल कर उसकी ज़मीन हथिया रहे थे। **CBSE 2020**
(ii) तुम बस रुकने के स्थान पर चले जाओ।
(iii) अविनाश के झंडा फहराते समय उन्हें गिरफ्तार कर लिया गया। **CBSE 2020**
(iv) अध्यापक अपने शिष्यों को अच्छा बनाना चाहता है।
(v) पकड़े गए आदमियों की संख्या का पता नहीं चला।
(vi) लड़कों का एक झुंड पतंग के पीछे-पीछे दौड़ा चला आ रहा था। **CBSE 2020**
(vii) ग्वालियर में हमारा एक मकान था, उस मकान के दालान में दो रोशनदान थे। **CBSE 2019**
(viii) प्रैक्टिकल आइडियलिस्टों के जीवन से आदर्श धीरे-धीरे पीछे हटने लगते हैं।

9. **निम्नलिखित वाक्यों को संयुक्त वाक्यों में बदलिए।**

(i) कई बार मुझे डाँटने का अवसर मिलने पर भी बड़े भाई साहब चुप रहे। **CBSE 2020**
(ii) कहा जाना चाहिए कि यह सभा एक ओपन चैलेंज थी।
(iii) मोनुमैंट के नीचे झंडा फहराने के बाद स्वतंत्रता की प्रतिज्ञा पढ़ी जाएगी। **CBSE 2020**
(iv) शेर को देखकर सब बच्चे डरकर भाग गए।
(v) भाई साहब ने उछलकर पतंग की डोर पकड़ ली।
(vi) वे हरदम किताबें खोलकर अध्ययन करते रहते थे। **CBSE 2019**
(vii) तताँरा ने विवश होकर आग्रह किया।
(viii) तताँरा की व्याकुल आँखें वामीरो को ढूँढने में व्यस्त थीं। **CBSE 2018**

10. **निम्नलिखित वाक्यों को पहचानकर उनके सामने संयुक्त अथवा मिश्र वाक्य लिखिए।**

(i) मैंने नीलिमा से कहा कि वह मेरे साथ चले।
(ii) वे बीमार हैं, इसलिए बोलने में असमर्थ हैं।
(iii) जब वर्षा होती है, तब मोर नाचने लगते हैं।
(iv) वह नाराज़ थी, इसलिए उसने मुझसे बात नहीं की।
(v) उस युवती को बुलाओ जिसने जींस पहनी है।

11. **निम्नलिखित प्रश्नों का निर्देशानुसार उत्तर दीजिए।**

(क) निम्नलिखित मिश्र वाक्यों को सरल वाक्यों में परिवर्तित कीजिए।
(i) मैं इतना थक गया था कि चल भी नहीं पा रहा था। **CBSE 2020**
(ii) आप जो कुछ कह रहे हैं वह बिलकुल सच है।
(iii) ऐसी सभा पहले नहीं की गई थी, जिसमें खुला चैलेंज दिया गया हो। **CBSE 2020**

(ख) निम्नलिखित संयुक्त वाक्यों को सरल वाक्यों में परिवर्तित कीजिए।
(i) वह बीमार था, इसलिए परीक्षा में सफल न हो सका।
(ii) आपने जो कहा, मैंने सुन लिया। **CBSE 2020**
(iii) उसने न केवल गरीब को अपमानित किया, बल्कि उसको लूटा भी।

12. **रचना के आधार पर निम्नलिखित वाक्यों का भेद बताइए।**

(i) जो परिश्रम करते हैं, वे विद्यार्थी सदा सफल होते हैं।
(ii) सूर्य निकला और प्रकाश हो गया।
(iii) जो छात्र प्रथम आया है, वह वास्तव में प्रतिभावान है।
(iv) जब असफल हो गए, तो शोक करना व्यर्थ है।
(v) मैं बाज़ार गया और सामान खरीदा।

13. **निम्नलिखित वाक्यों को निर्देशानुसार बदलिए।**

(i) जैसे ही वह स्टेशन पहुँचा, त्यों ही गाड़ी चल दी। *(सरल वाक्य में)* **CBSE 2016**
(ii) चूहे ने मोटा कालीन काट डाला। *(मिश्र वाक्य में)*
(iii) अपराध सिद्ध होने पर उसे सज़ा हुई। *(संयुक्त वाक्य में)* **CBSE 2015**
(iv) इस संसार में दिखाई देने वाली सभी चीज़े नाशवान हैं। *(मिश्र वाक्य में)*
(v) पिताजी की इच्छा के कारण मुझे छात्रावास में जाना पड़ा।*(संयुक्त वाक्य में)* **CBSE 2015**
(vi) वह लड़का गाँव जाकर बीमार हो गया। *(मिश्र वाक्य में)* **CBSE 2015**
(vii) वह रोज व्यायाम करता है, इसलिए स्वस्थ रहता है। *(सरल वाक्य में)* **CBSE 2017**

(viii) परिश्रमी व्यक्ति कभी खाली नहीं बैठता। *(मिश्र वाक्य में)*

(ix) आज्ञाकारी श्याम माता-पिता की सेवा करता है। *(संयुक्त वाक्य में)* **CBSE 2017**

(x) कर्म करने वाले को फल की इच्छा नहीं करनी चाहिए। *(मिश्र वाक्य में)*

(xi) जो विद्वान और सत्यवादी है उनका सर्वत्र सम्मान होता है। *(सरल वाक्य में)* **CBSE 2017**

(xii) आकाश में बादल होते ही घनघोर वर्षा होने लगी। *(संयुक्त वाक्य में)* **CBSE 2017**

(xiii) वह बगल के कमरे से कुछ बरतन ले आया। तौलिए से बरतन साफ किए। *(संयुक्त वाक्य में)*

(xiv) लिखकर अभ्यास करने से कुछ भूल नहीं सकते। *(मिश्र वाक्य में)* **CBSE 2017**

(xv) सीमा पर लड़ने वाले सैनिक ऐसे हैं कि जान हथेली पर लिए रहते हैं। *(सरल वाक्य में)* **CBSE 2017**

14. रचना के आधार पर निम्नलिखित वाक्यों का भेद बताइए।

(i) आप अंदर आइए और बैठ जाइए।

(ii) वह दो दिन हमारे घर रहा और सबका प्रिय हो गया। **CBSE 2015**

(iii) यद्यपि वह बहुत मेहनती है फिर भी सफल नहीं हो सका।

(iv) अध्यापिका ने पाठ पढ़ाने के बाद प्रश्न पूछे। **CBSE 2015**

(v) जैसा उसका स्वभाव है, वैसा ही आचरण है।

(vi) शिक्षक कक्षा से निकले। छात्रों ने खेलना शुरू कर दिया।

15. निम्नलिखित वाक्यों को सरल वाक्यों में बदलिए।

(i) पैसा साध्य नहीं है, साधन है।

(ii) उसमें गुण थे, इसलिए उसका सब जगह आदर सत्कार होता था।

(iii) वह पंगु है, इसलिए घोड़े पर नहीं चढ़ सकता।

(iv) यदि पानी न बरसा, तो सूखा पड़ जाएगा।

(v) उसने कहा कि मैं निर्दोष हूँ।

(vi) वह धनी है पर लोग ऐसा नहीं समझते।

(vii) यह निश्चित नहीं है कि वह कब आएगा।

(viii) उसने खाना खाया और सो गया।

(ix) इतना कहा पर श्याम नहीं आया।

(x) जो परिश्रम करते हैं उनकी पराजय नहीं होती।

(xi) मैं सफल हुआ और कक्षा में प्रथम स्थान पर आया। **CBSE 2019**

(xii) वह छह मंजिली इमारत की छत थी, जिस पर एक पर्णकुटी बनी थी। **CBSE 2019**

(xiii) आप जो कुछ कह रहे हैं वह बिलकुल सच है। **CBSE 2019**

(xiv) जापान में चाय पीने की एक विधि है, जिसे 'चा-नो-यू' कहते हैं। **CBSE 2018**

16. निम्नलिखित वाक्यों को पहचानकर उनके सामने संयुक्त अथवा मिश्र वाक्य लिखिए।

(i) जिस मुनष्य में दया नहीं, वह जानवर के समान है।

(ii) बात करने में सब एक-से-एक बढ़कर हैं, लेकिन सही बात कोई नहीं बताता। **CBSE 2013**

(iii) मैं कल विद्यालय इसलिए नहीं आ सका, क्योंकि मैं बीमार था।

(iv) कैसे कह सकते हो कि वह अवश्य आएगा? **CBSE 2016**

(v) सालाना इम्तिहान हुआ और भाई साहब फेल हो गए।

(vi) जब रविवार आएगा, तब हम पढ़ेंगे। **CBSE 2016**

व्याख्या सहित उत्तर

बहुविकल्पीय प्रश्न

1. (ग) मिश्र वाक्य

2. (ग) वामीरो कुछ सचेत होने पर घर की तरफ दौड़ी।

3. (ख) लहरों के एक प्रबल वेग ने उसकी तंद्रा भंग की।

4. (ग) मिश्र वाक्य

5. (ग) जब चार बजकर चौबीस मिनट हुए, तब सुभाष बाबू जुलूस लेकर आए।

6. (ग) दूसरे गाँव के युवक के साथ संबंध परंपरा के विरुद्ध था।

7. (क) संयुक्त वाक्य

8. (क) मिश्र वाक्य

9. (क) तताँरा को देखते ही वह फूटकर रोने लगी।

10. (ग) जब से माता जी ने प्रबंध अपने हाथ में ले लिया है, तब से घर में लक्ष्मी आ गई है

11. (घ) उसने कभी नहीं कहा कि मैं पागल हूँ

12. (ख) नूह उसकी बात सुनकर दु:खी हो मुद्दत तक रोते रहे

13. (ख) संयुक्त वाक्यों में उसके प्रत्येक वाक्य का अपना स्वतंत्र अस्तित्व होता है।

14. (ग) संयुक्त वाक्य

15. (ग) मिश्रित वाक्य

16. (ख) संयुक्त वाक्य

17. (ख) राधा ज़रूर आएगी

18. (ग) आपके कार्यक्रम इतने अच्छे होते हैं कि सभी पसंद करते हैं।

19. (घ) जैसा तजुरबा उन्हें है उसकी बराबरी नहीं हो सकती है।

20. (ग) तताँरा के पास जो तलवार थी वह लोगों के लिए विलक्षण रहस्य थी।

21. (क) संसार की रचना कैसे भी हुई हो, लेकिन धरती किसी एक की नहीं है

22. (ग) वह वाचनालय गया और समाचार-पत्र पढ़ने लगा

23. (ग) मिश्रित वाक्य

24. (ग) वैसे भी दिमाग की रफ्तार हमेशा तेज ही रहती है।

25. (क) केवल 1 सही है

26. (क) 3 1 2

27. (ग) 1. सरल, 2. मिश्र, 3. मिश्र

28. (ग) कथन (A) सही है और कारण (R) उसकी सही व्याख्या है।

29. (ग) (1) मिश्र (2) सरल (3) संयुक्त

30. (ख) 1-(ii), 2-(iii), 3-(i)

31. (घ) यदि तुम मुझे सारी बातों का अर्थ बताओगी, तो मैं तुम्हारा सारा कर्जा माफ कर दूँगा।

32. (घ) 2 और 3

33. (ग) अध्यापक कक्षा में आए और सब छात्र खड़े हो गए।

34. (क) कथन (A) और कारण (R) दोनों गलत हैं।

अतिलघु/लघु उत्तरीय प्रश्न

1. शब्दों का वह व्यवस्थित रूप, जिसमें एक पूर्ण अर्थ की प्रतीति होती है, वाक्य कहलाता है।

2. कर्ता व क्रिया के आधार पर वाक्य के दो घटक हैं
   (i) उद्देश्य (ii) विधेय

3. रचना के आधार पर वाक्य के तीन भेद होते हैं
   (i) सरल वाक्य (ii) संयुक्त वाक्य (iii) मिश्र वाक्य

4. जिन वाक्यों में एक उद्देश्य तथा एक ही विधेय होता है, वह सरल वाक्य कहलाते हैं; *जैसे*—सुभाष स्कूल जाता है।, दादी माँ चिड़ियों को दाना खिला रही थीं।

5. सयुंक्त वाक्या और मिश्रित वाक्य में अंतर इस प्रकार है

संयुक्त वाक्य	मिश्रित वाक्य
संयुक्त वाक्यों में दो या दो से अधिक उपवाक्य होते हैं वे सभी उपवाक्य स्वतंत्र होते हैं तथा समान स्तर के अर्थात् किसी पर आश्रित नहीं होते हैं। ये उपवाक्य विभिन्न समानाधिकरण योजक शब्दों की सहायता से जुड़े होते हैं; जैसे- और, एवं, तथा, या, अथवा, इसलिए, अत:, फिर भी, तो, नहीं तो, किंतु, परंतु, लेकिन आदि। **उदाहरण** • मगरमच्छ ने बंदर को भोजन पर बुलाया, परंतु वह उसकी चाल को समझ न सका। • बहुत तेज़ बारिश हो रही थी इसलिए मैं विद्यालय नहीं गया।	वे वाक्य, जिनमें एक प्रधान (मुख्य) उपवाक्य हो तथा एक या एक से अधिक उपवाक्य उस पर आश्रित हों, मिश्र वाक्य कहलाते हैं अर्थात् इन वाक्यों की रचना एक से अधिक सरल वाक्यों से होती है। इसमें प्रयुक्त उपवाक्य परस्पर व्याधिकरण योजक शब्दों से जुड़े होते हैं; जैसे-यदि, कि, तो, जो, अगर, इसलिए आदि। **उदाहरण** • मैं निश्चित रूप से कह सकता हूँ कि आज वह नहीं आएगा। • मुझे लगता है कि आज वह अवश्य आएगा।

6. कई बार एक वाक्य में अनेक उपवाक्य होते हैं, जिसमें एक प्रधान तथा शेष गौण या आश्रित होते हैं। प्रधान (मुख्य) उपवाक्य वह है, जिसकी क्रिया मुख्य होती है। आश्रित उपवाक्यों का आरंभ प्राय: कि, जो, जिसे, यदि, क्योंकि आदि शब्दों से होता है; जैसे—वह वामीरो थी, जो भयवश सामने आने में झिझक रही थी।
   इसके तीन प्रकार होते हैं
   (i) संज्ञा उपवाक्य (ii) विशेषण उपवाक्य
   (iii) क्रियाविशेषण उपवाक्य

7. क्रियाविशेषण उपवाक्य पाँच भेद होते हैं
   (i) कालवाची उपवाक्य (ii) स्थानवाची उपवाक्य
   (iii) रीतिवाची उपवाक्य (iv) परिमाणवाची उपवाक्य
   (v) कार्य-कारणवाची उपवाक्य

8. (i) कई सालों से बड़े-बड़े बिल्डर ने समंदर को पीछे धकेला, क्योंकि वे उसकी ज़मीन को हथियाना चाहते थे।
   (ii) तुम उस स्थान पर चले जाओ, जहाँ बस रुकती है।
   (iii) जब अविनाश ने झंडा फहराया तब उन्हें गिरफ्तार कर लिया गया।
   (iv) अध्यापक चाहता है कि उसके शिष्य अच्छे बनें।
   (v) जो आदमी पकड़े गए, उनकी संख्या का पता नहीं चला।
   (vi) लड़कों का जो झुंड था वह पतंग के पीछे-पीछे दौड़ा चला आ रहा था।
   (vii) ग्वालियर में जहाँ हमारा मकान था, वहाँ उस मकान के दालान में दो रोशनदान थे।
   (viii) जो प्रैक्टिकल आइडियलिस्ट होते हैं, उनके जीवन से आदर्श धीरे-धीरे पीछे हटने लगते हैं।

9. (i) कई बार मुझे डाँटने का अवसर मिला, किंतु बड़े भाई साहब चुप रहे।
   (ii) यह एक सभा थी और एक ओपन चैलेंज था।
   (iii) मोनुमैंट के नीचे झंडा फहराया जाएगा और स्वतंत्रता की प्रतिज्ञा पढ़ी जाएगी।
   (iv) शेर दिखाई दिया, इसलिए सब बच्चे डरकर भाग गए।
   (v) भाई साहब उछले और पतंग की डोर पकड़ ली।
   (vi) वे हरदम किताबें खोलते हैं और अध्ययन करते रहते हैं।
   (vii) तताँरा विवश हुआ और आग्रह करने लगा।
   (viii) तताँरा व्याकुल था, इसलिए उसकी आँखें वामीरो को ढूँढ़ने में व्यस्त थी।

10. (i) मिश्र वाक्य (ii) संयुक्त वाक्य
    (iii) मिश्र वाक्य (iv) संयुक्त वाक्य
    (v) मिश्र वाक्य

11. (क) (i) अत्यधिक थकान के कारण मैं चल नहीं पा रहा था।
    (ii) आपका कहना बिल्कुल सच है।
    (iii) खुला चैलेंज देकर ऐसी सभा पहले कभी नहीं की गई थी।
    (ख) (i) बीमार होने के कारण वह परीक्षा में सफल न हो सका।
    (ii) आपका कहा मैंने सुन लिया।
    (iii) उसने गरीब को अपमानित करने के अतिरिक्त उसे लूटा भी।

12. (i) मिश्र वाक्य (ii) संयुक्त वाक्य
    (iii) मिश्र वाक्य (iv) मिश्र वाक्य
    (v) संयुक्त वाक्य

13. (i) उसके स्टेशन पहुँचते ही गाड़ी चल दी।
    (ii) एक मोटा कालीन था जिसे चूहे ने काट डाला।
    (iii) उसका अपराध सिद्ध हुआ और उसे सज़ा मिल गई।
    (iv) जो चीज़ें इस संसार में दिखाई देती हैं, वह सभी नाशवान हैं।
    (v) पिताजी की इच्छा थी, इसलिए मुझे छात्रावास जाना पड़ा।
    (vi) जैसे ही वह लड़का गाँव गया, वैसे ही वह बीमार हो गया।
    अथवा जो लड़का गाँव गया था, वह बीमार हो गया।

(vii) रोज़ व्यायाम करने से वह स्वस्थ रहता है।
(viii) जो व्यक्ति परिश्रमी होता है, वह कभी खाली नहीं बैठता।
(ix) श्याम आज्ञाकारी है और माता-पिता की सेवा करता है।
(x) जो कर्म करने वाले हैं, उन्हें फल की इच्छा नहीं करनी चाहिए।
(xi) विद्वान और सत्यवादी का सर्वत्र सम्मान होता है।
(xii) घनघोर वर्षा होने लगी, क्योंकि आकाश में बादल छाए हैं।
(xiii) वह बगल के कमरे से कुछ बरतन ले आया और बरतन तौलिए से साफ़ किए।
(xiv) जो लिखकर अभ्यास करते हैं, वह कुछ भूल नहीं सकते।
(xv) सीमा पर लड़ने वाले सैनिक, जान हथेली पर लिए रहते हैं।

14. (i) संयुक्त वाक्य (ii) संयुक्त वाक्य
(iii) मिश्र वाक्य (iv) सरल वाक्य
(v) मिश्र वाक्य (vi) सरल वाक्य

15. (i) पैसा साध्य न होकर साधन है।
(ii) अपने गुणों के कारण उसका सब जगह आदर सत्कार होता था।
(iii) पंगु होने के कारण वह घोड़े पर नहीं चढ़ सकता।
(iv) पानी न बरसने पर सूखा पड़ जाएगा।
(v) उसने स्वयं को निर्दोष बताया।
(vi) लोग उसे धनी नहीं समझते।
(vii) उसके आने का समय निश्चित नहीं है।
(viii) वह खाना खाकर सो गया।
(ix) इतना कहने पर भी श्याम नहीं आया।
(x) परिश्रम करने वालों की पराजय नहीं होती।
(xi) मैं सफल होकर कक्षा में प्रथम स्थान पर आया।
(xii) छह मंजिली इमारत की छत पर एक पर्णकुटी बनी थी।
(xiii) आपका कहा बिल्कुल सच है।
(xiv) जापान में चाय पीने की विधि को 'चा-नो-यू' कहते हैं।

16. (i) मिश्र वाक्य (ii) संयुक्त वाक्य
(iii) संयुक्त वाक्य (iv) मिश्र वाक्य
(v) संयुक्त वाक्य (vi) मिश्र वाक्य

स्व-मूल्यांकन

बहुविकल्पीय प्रश्न

1. निम्नलिखित में मिश्र वाक्य है
(क) वह बाजार गई और साड़ी खरीदी
(ख) वह साड़ी खरीदेगी, इसलिए बाजार गई
(ग) उसे साड़ी खरीदनी थी, इसलिए वह बाजार गई
(घ) जब वह बाजार गई तब उसने साड़ी खरीद ली

2 निम्नलिखित में सरल वाक्य है
(क) जब डॉक्टर पहुँचा, तब तक रोगी मर चुका था
(ख) डॉक्टर पहुँचा, क्योंकि रोगी मर चुका था
(ग) रोगी के मरते ही डॉक्टर पहुँचा
(घ) रोगी मर रहा था, इसलिए डॉक्टर पहुँचा

3 अध्यापक के बाहर जाते ही छात्र शोर मचाने लगे, का संयुक्त वाक्य बनेगा
(क) जैसे ही अध्यापक बाहर गए वैसे ही छात्र शोर मचाने लगे
(ख) छात्र शोर मचा रहे थे, क्योंकि अध्यापक बाहर चले गए
(ग) अध्यापक बाहर गए और छात्र शोर मचाने लगे
(घ) यदि अध्यापक बाहर गए तो छात्र शोर मचाने लगेंगे

4. उससे मिलना है, परंतु प्रतीक्षा करनी पड़ेगी, का मिश्र वाक्य बनेगा
(क) उससे मिलने के लिए प्रतीक्षा करनी पड़ेगी
(ख) यदि उससे मिलना है, तो प्रतीक्षा करनी पड़ेगी
(ग) जब उससे मिलें, प्रतीक्षा करनी पड़ी
(घ) उससे मिलें परंतु प्रतीक्षा करनी पड़ी

5. **कथन** (A) 'जो केले तुम लाए थे वह बहुत ही मीठे हैं।
कारण (R) इस वाक्य में मीठा होना केले के विशेषता है; अतः विशेषण उपवाक्य है।
उपर्युक्त कथन (A) और कारण (R) के आधार पर सही विकल्प का चयन कीजिए
(क) कथन (A) और कारण (R) दोनों गलत हैं।
(ख) कथन (A) गलत है और कारण (R) सही है।
(ग) कथन (A) सही है और कारण (R) उसकी सही व्याख्या है।
(घ) कथन (A) सही है और कारण (R) उसकी गलत व्याख्या है।

6. निम्नलिखित वाक्यों के भेद पहचानकर उचित विकल्प चुनिए
1. वह चोर के साथ-साथ शराबी भी है।
2. आप चाय लेंगे या कॉफ़ी लेंगे?
3. जब आप सोते हैं, उस समय मैं कंप्यूटर पर काम करता हूँ।

(क) (1) संयुक्त , (2) सरल, (3) मिश्र
(ख) (1) सरल, (2) संयुक्त, (3) मिश्र
(ग) (1) मिश्र, (2) संयुक्त, (3) सरल
(घ) (1) मिश्र, (2) सयुंक्त, (3) सरल

अतिलघु/लघु उत्तरीय प्रश्न

7. वाक्य के तत्त्वों पर प्रकाश डालिए।

8. संयुक्त वाक्य किसे कहते हैं? इसके प्रकारों को उदाहरण सहित समझाइए।

9. उद्देश्य व विधेय के विस्तार को स्पष्ट कीजिए।

10. चार वाक्य बनाइए और उनमें से उद्देश्य और विधेय के अंश को अलग-अलग रेखांकित कीजिए।

11. संज्ञा उपवाक्य को उदाहरण सहित स्पष्ट कीजिए।

12. रचना की दृष्टि से निम्नलिखित वाक्यों का भेद बताइए।

(i) देवेंद्र कुछ सचेत हुआ और घर की तरफ़ दौड़ा।

(ii) उस जोकर को देखो, जो शरारत कर रहा है।

(iii) जहाँ कभी बंजर था, वहाँ अब सुंदर उपवन है।

13. निम्नलिखित वाक्यों को सरल वाक्यों में परिवर्तित कीजिए।

(i) वर्षा हुई। ठंडी-ठंडी हवा बहने लगी।

(ii) वह दो दिन गाँव में रहा और सबका प्रिय हो गया।

(iii) यदि भारत पाकिस्तान के सामने कमज़ोरी न दिखाए, तो कश्मीर-समस्या हल हो सकती है।

(iv) वह घायल था फिर भी खेलता रहा।

14. निम्नलिखित वाक्यों को संयुक्त वाक्यों में परिवर्तित कीजिए।

(i) दिनभर वर्षा होती रही। वह नहीं आया।

(ii) जब मैंने बालक को रोते हुए देखा, तो उससे रोने का कारण पूछा।

(iii) बच्चा मोटरसाइकिल से टकराने पर गिर गया।

(iv) बच्चा दौड़ कर मेरे पास आया।

15. निम्नलिखित वाक्यों को मिश्र वाक्यों में परिवर्तित कीजिए।

(i) तुम मन लगाकर पढ़ो। तुम अवश्य पास हो जाओगे।

(ii) रविवार के दिन हम पढ़ेंगे।

(iii) सत्याग्रह-आंदोलन के दौरान उन्हें कारावास की सज़ा भोगनी पड़ी।

(iv) शेर दिखाई दिया और सब डर गए।

16. निम्नलिखित वाक्यों के निर्देशानुसार उत्तर दीजिए।

(i) राजसिंह का पुत्र रमेश एक अच्छा नेता बनेगा। *(मिश्र वाक्य में बदलिए)*

(ii) सुबह होते ही सभी लोग काम पर निकल पड़ते हैं। *(संयुक्त वाक्य में बदलिए)*

(iii) संकल्प ने समझाया कि संयम में ही सुख है। *(सरल वाक्य में बदलिए)*

17. निम्नलिखित वाक्यों को पहचानकर उनके सामने संयुक्त अथवा मिश्र वाक्य लिखिए।

(i) गाड़ी इतने धीरे चल रही थी, जैसे बैलगाड़ी हो।

(ii) पिताजी ने मुझसे कहा कि वे बहुत बीमार हैं।

(iii) भाई साहब बाज़ार गए और बच्चों के लिए रसगुल्ले लाए।

(iv) मैंने वहीं मकान खरीदा है, जहाँ आप रहते हैं।

18. निम्नलिखित प्रश्नों के निर्देशानुसार उत्तर दीजिए।

(क) निम्नलिखित मिश्र वाक्य को संयुक्त वाक्य में परिवर्तित कीजिए।

(i) जब सुबह हुई, तो भौंरे गुनगुनाने लगे।

(ii) जब रावण मारा गया, तब विभीषण को गद्दी मिली।

(ख) निम्नलिखित सरल वाक्यों को मिश्र वाक्य में परिवर्तित कीजिए।

(i) विद्वान व्यावहारिक होते हैं।

(ii) अच्छा आचार-विचार रखने वाले सफल होते हैं।

अध्याय 3

समास

3.1 समास की परिभाषा

समास शब्द का शाब्दिक अर्थ है—संग्रह, सम्मिलन, संक्षेप, मिश्रण आदि।

व्याकरणिक दृष्टि से दो-या-दो से अधिक पदों के मेल से जो नया सार्थक शब्द बनता है, उसे **समस्तपद** कहते हैं तथा शब्दों के मेल से नए शब्द बनाने की प्रक्रिया को **समास** कहते हैं; जैसे—गंगाजल, रामावतार, पत्रोत्तर आदि।

वास्तव में, कम-से-कम शब्दों में अधिक अर्थ प्रकट करना ही समास का मुख्य प्रयोजन है; जैसे—

परीक्षा का अर्थी	= परीक्षार्थी
लोक में प्रिय	= लोकप्रिय
शुभ है जो आगमन	= शुभागमन
कमल के समान नयन	= कमलनयन
चक्र है पाणि में जिसके	= चक्रपाणि (विष्णु)
माता और पिता	= माता-पिता

समास में दो पद होते हैं—पूर्व पद और उत्तर पद। कभी पूर्व पद, कभी उत्तर पद और कभी दोनों पद प्रधान होते हैं। कभी-कभी दोनों ही पद अप्रधान हो जाते हैं और उनका एक विशिष्ट अर्थ महत्त्वपूर्ण हो जाता है।

समास विग्रह

समस्तपदों को अलग करने की विधि को समास विग्रह कहते हैं; जैसे—

पत्रोत्तर	— पत्र का उत्तर	गंगाजल	— गंगा का जल
पथभ्रष्ट	— पथ से भ्रष्ट	देशभक्ति	— देश के लिए भक्ति

संधि और समास में अंतर

- समास में दो पदों का योग होता है, जबकि संधि में दो वर्णों का योग होता है।
- समास प्रथम तथा संधि उसके पश्चात् होती है।
- जब शब्द या पद समस्तपद बनते हैं, तो उनमें विभक्ति चिह्न या अन्य पद लुप्त हो जाते हैं; जैसे–कृष्णावतार में 'कृष्ण का अवतार' का 'का' लुप्त है।
- इसके विपरीत संधि में स्वरों या वर्णों का लोप होता है या रूप में परिवर्तन होता है; जैसे–देवेंद्र = देव + इंद्र, इसमें 'अ + इ' से 'ए' बना है।
- समास में पूरे शब्द या वर्ण का, जबकि संधि में एक मात्रा या व्यंजन का लोप होता है।
- समस्तपद बनाते समय यदि संधि के नियम के अनुसार संधि हो सकती है, तो वहाँ संधि कर दी जाती है।

समास के भेद

समास के मुख्यतः छः भेद हैं

1. तत्पुरुष समास
2. कर्मधारय समास
3. द्विगु समास
4. बहुव्रीहि समास
5. द्वंद्व समास
6. अव्ययीभाव समास

1. तत्पुरुष समास

तत्पुरुष समास में उत्तर पद प्रधान होता है तथा पूर्व पद गौण होता है। इस समास में समस्तपदों का लिंग और वचन अंतिम पद के अनुसार ही होता है। तत्पुरुष समास में बहुधा दोनों पद संज्ञा या पहला पद संज्ञा और दूसरा विशेषण होता है।

इस समास में समस्तपद करते समय कारक-विभक्ति या एकाधिक शब्दों का लोप होता है, इसलिए लुप्त (गायब हुई) विभक्ति के कारक के अनुसार, इस समास के निम्नलिखित भेद किए जाते हैं

(i) कर्म तत्पुरुष

कर्म तत्पुरुष के अंतर्गत समस्तपद में कर्म कारक की विभक्ति **को** का लोप होता है; जैसे—

समस्तपद	विग्रह
आतिथ्यर्पण	अतिथि को अर्पण
गृहागत	गृह को आया हुआ
यशप्राप्त	यश को प्राप्त
मरणासन्न	मरण को पहुँचा हुआ
परलोकगमन	परलोक को गमन
ग्रामगत	ग्राम को गया हुआ
स्वर्गगत	स्वर्ग को गया हुआ
कष्टभोगी	कष्ट को भोगने वाला
गिरहकट	गिरह को काटने वाला

(ii) करण तत्पुरुष

करण तत्पुरुष के अंतर्गत समस्तपद में करण कारक की विभक्ति **से**, **के द्वारा** का लोप होता है एवं पूर्वपद का उत्तरपद से संबंध स्थापित किया जाता है;

जैसे—

समस्तपद	विग्रह
गुणयुक्त	गुणों से युक्त
जन्मांध	जन्म से अंधा
भुखमरा	भूख से मरा हुआ
रोगपीड़ित	रोग से पीड़ित
रेखांकित	रेखा से अंकित
तुलसीकृत	तुलसी द्वारा कृत
मनगढ़ंत	मन से गढ़ा हुआ
बिहारीरचित	बिहारी द्वारा रचित

(iii) संप्रदान तत्पुरुष

संप्रदान तत्पुरुष के अंतर्गत समस्तपद में संप्रदान कारक की विभक्ति **के लिए** का लोप होता है; जैसे—

समस्तपद	विग्रह
रसोईघर	रसोई के लिए घर
युद्धक्षेत्र	युद्ध के लिए क्षेत्र
देवबलि	देव के लिए बलि
हथकड़ी	हाथ के लिए कड़ी
हवनसामग्री	हवन के लिए सामग्री
देशभक्ति	देश के लिए भक्ति
गुरुदक्षिणा	गुरु के लिए दक्षिणा
पुण्यदान	पुण्य के लिए दान

(iv) अपादान तत्पुरुष

अपादान तत्पुरुष के अंतर्गत समस्तपद में अपादान कारक की विभक्ति **से** का लोप होता है एवं पूर्वपद का उत्तरपद से संबंध स्थापित नहीं किया जाता है; जैसे—

समस्त पद	विग्रह
ऋणमुक्त	ऋण से मुक्त
रोगमुक्त	रोग से मुक्त
धर्मभ्रष्ट	धर्म से भ्रष्ट
श्रापमुक्त	श्राप से मुक्त
शक्तिहीन	शक्ति से हीन
लक्ष्यभ्रष्ट	लक्ष्य से भ्रष्ट
धर्मविमुख	धर्म से विमुख
भयभीत	भय से भीत
कामचोर	काम से जी चुराने वाला

(v) संबंध तत्पुरुष

संबंध तत्पुरुष के अंतर्गत समस्तपद में संबंध कारक की विभक्ति **का, के, की** का लोप होता है; जैसे—

समस्तपद	विग्रह
भारतरत्न	भारत का रत्न
अछूतोद्धार	अछूतों का उद्धार
गंगातट	गंगा का तट
जलधारा	जल की धारा
लखपति	लाखों का पति
कला-मर्मज्ञ	कला का मर्मज्ञ
राष्ट्रपति	राष्ट्र का पति
सेनानायक	सेना का नायक
विद्याभंडार	विद्या का भंडार
जीवनसाथी	जीवन का साथी
देशोद्धार	देश का उद्धार
आज्ञानुसार	आज्ञा के अनुसार
घुड़दौड़	घोड़ों की दौड़
द्वीपसमूह	द्वीपों का समूह

(vi) अधिकरण तत्पुरुष

अधिकरण तत्पुरुष के अंतर्गत समस्तपद में अधिकरण कारक की विभक्ति **में, पर** का लोप होता है; जैसे—

समस्तपद	विग्रह
कलाप्रवीण	कला में प्रवीण
गृहप्रवेश	गृह में प्रवेश
कुलश्रेष्ठ	कुल में श्रेष्ठ
आनंदमग्न	आनंद में मग्न
आपबीती	आप पर बीती
सिरदर्द	सिर में दर्द
व्यवहारकुशल	व्यवहार में कुशल
धर्मवीर	धर्म में वीर
घुड़सवार	घोड़े पर सवार
ध्यानमग्न	ध्यान में मग्न
लोकप्रिय	लोक में प्रिय

(vii) नञ् तत्पुरुष

जिस समस्तपद में पहला पद **नकारात्मक** होता है, उसे नञ् तत्पुरुष कहते हैं; जैसे—

समस्तपद	विग्रह	समस्तपद	विग्रह
अनिच्छा	न इच्छा	अयोग्य	न योग्य
अनदेखी	न देखी	अनंत	न अंत
अनुचित	न उचित	अज्ञान	न ज्ञान
अस्थिर	न स्थिर	असंभव	न संभव
असत्य	न सत्य	अधर्म	न धर्म

2. कर्मधारय समास

कर्मधारय समास में पहला पद विशेषण तथा दूसरा पद विशेष्य होता है। पूर्व पद तथा उत्तर पद में उपमेय-उपमान संबंध भी हो सकता है; जैसे—

(i) विशेषण-विशेष्य कर्मधारय

समस्तपद	विग्रह
नीलकंठ	नीला है जो कंठ
नीलगाय	नीली है जो गाय
नीलकमल	नीला है जो कमल
नीलांबर	नीला है जो अंबर
लालबाज़ार	लाल है जो बाज़ार

परमानंद	परम है जो आनंद
अंधकूप	अंधा है जो कूप
महाजन	महान है जो जन
मुख्याध्यापक	मुख्य है जो अध्यापक

(ii) उपमेय-उपमान कर्मधारय

समस्तपद	**विग्रह**
देहलता	देह रूपी लता
नरसिंह	सिंह रूपी नर
घनश्याम	घन के समान श्याम
वचनामृत	वचन रूपी अमृत
चंद्रमुख	चंद्र के समान मुख
स्त्रीरत्न	स्त्री रूपी रत्न
चरणकमल	कमल के समान चरण
प्राणप्रिय	प्राणों के समान प्रिय

3. द्विगु समास

जिस सामासिक शब्द (समस्तपद) का पहला पद संख्यावाची विशेषण हो, उसे **द्विगु समास** कहते हैं; जैसे—

समस्तपद	**विग्रह**
शताब्दी	शत (सौ) वर्षों का समूह
चौराहा	चार राहों का समूह
त्रिफला	तीन फलों का समूह
तिरंगा	तीन रंगों का समाहार
चारपाई	चार पैरों का समाहार
पंचामृत	पंच (पाँच) अमृतों का समूह
पंजाब	पाँच आबों का समूह
नवरत्न	नव रत्नों का समाहार
सप्ताह	सात दिनों का समाहार
चारदीवार	चार दीवारों का समाहार

4. बहुव्रीहि समास

जिस समस्तपद में कोई भी पद प्रधान नहीं होता, दोनों पद मिलकर किसी तीसरे पद की ओर संकेत करते हैं, उसमें **बहुव्रीहि समास** होता है; जैसे—

समस्तपद	**विग्रह**	
चतुर्मुख	चार हैं मुख जिसके	(ब्रह्मा जी)
चतुरानन	चार आनन है जिसके	(ब्रह्मा जी)
त्रिलोचन	तीन आँखें हैं जिसकी	(शिव जी)
कुसुमायुध	कुसुम है आयुध जिसका	(कामदेव)
घनश्याम	घन के समान श्याम है जो	(श्रीकृष्ण)
परशुधर	परशु धारण करता है जो	(परशुराम)
चक्रपाणि	चक्र है पाणि (हाथ) में जिसके	(श्रीकृष्ण)
दशानन	दस हैं आनन (मुख) जिसके	(रावण)
निशाचर	निशा में विचरण करने वाला	(राक्षस)
लंबोदर	लंबा है उदर जिसका	(गणेश जी)
वीणापाणि	वीणा है पाणि में जिसके	(सरस्वती जी)

कर्मधारय और बहुव्रीहि समास में अंतर

कर्मधारय समास में दूसरा पद प्रधान (विशेष्य) होता है तथा पहला पद विशेष्य के विशेषण का कार्य करता है। बहुव्रीहि समास में दोनों पद मिलकर किसी तीसरे पद की ओर संकेत करते हैं; जैसे–

लंबोदर	लंबे पेट वाला	(कर्मधारय)
	लंबा पेट (उदर) जिसका (गणेश)	(बहुव्रीहि)
पीतांबर	पीत है जो अंबर	(कर्मधारय)
	पीत है अंबर जिसका (कृष्ण)	(बहुव्रीहि)

द्विगु और बहुव्रीहि समास में अंतर

द्विगु समास में पहला पद दूसरे पद (विशेष्य) की विशेषता संख्या में बताता है, किंतु जहाँ संख्यावाची पहला पद और दूसरा पद मिलकर किसी तीसरे पद की ओर संकेत करते हैं, वहाँ बहुव्रीहि समास होता है; *जैसे*–

अष्टाध्यायी	आठ अध्यायों का समूह	(द्विगु)
	आठ अध्याय हैं जिसमें (एक ग्रंथ का नाम)	(बहुव्रीहि)

5. द्वंद्व समास

जिस समास में दोनों पद प्रधान हों और जिसमें पदों को मिलाने वाले समुच्चयबोधक शब्दों (और, तथा, या, अथवा, एवं) का लोप हो गया हो, उसे **द्वंद्व समास** कहते हैं; जैसे—

समस्तपद	**विग्रह**
गंगा-यमुना	गंगा और यमुना
भूख-प्यास	भूख और प्यास
हानि-लाभ	हानि और लाभ
स्वर्ग-नरक	स्वर्ग और नरक
अथवा	स्वर्ग या नरक
ऊँच-नीच	ऊँच और नीच
अपना-पराया	अपना और पराया
माँ-बाप	माँ और बाप
रात-दिन	रात और दिन
गुल्ली-डंडा	गुल्ली और डंडा
हम-तुम	हम और तुम
सुख-दुःख	सुख और दुःख
घर-बाहर	घर और बाहर
लाभ-हानि	लाभ और हानि

6. अव्ययीभाव समास

जिस समास में पूर्व पद प्रधान हो और वह अव्यय हो तथा उसके योग से समस्तपद भी अव्यय बन जाए, उसे **अव्ययीभाव समास** कहते हैं; जैसे—

समस्तपद	**विग्रह**
यथाविधि	विधि के अनुसार
बेकाम	बिना काम के
यथासंभव	जितना संभव हो सके
दिनोंदिन	दिन ही दिन में
यथोचित	जो उचित हो
कानों-कान	कान ही कान में
आजन्म	जन्म से लेकर
आमरण	मरण तक

अभ्यास प्रश्न

बहुविकल्पीय व वर्णनात्मक प्रश्नों सहित

बहुविकल्पीय प्रश्न

1. 'फलानुसार' शब्द किस समास का उदाहरण है? CBSE 2023

(क) द्वंद्व समास (ख) तत्पुरुष समास
(ग) बहुव्रीही समास (घ) अव्ययीभाव समास

2. 'सभाभवन' शब्द में कौन-सा समास है?

(क) कर्मधारय समास (ख) तत्पुरुष समास
(ग) द्विगु समास (घ) द्वंद्व समास

3. 'आजन्म' का समस्तपद विग्रह होगा

(क) जन्म से लेकर (ख) जन्म से रहित
(ग) बिना जन्म के (घ) जीवन भर

4. तत्पुरुष समास का उदाहरण है CBSE Term I 2021

(क) थोड़ा-बहुत (ख) आगे-पीछे
(ग) परिंदे-चरिंदे (घ) शब्द रचना

5. 'आत्मकथा' समस्तपद कौन-से समास का उदाहरण है? CBSE 2024

(क) अव्ययीभाव समास (ख) द्विगु समास
(ग) तत्पुरुष समास (घ) कर्मधारय समास

6. 'आँखों के सामने' विग्रह के लिए समस्तपद पहचानिए CBSE SQP (Additional Set) 2023

(क) नयनपट (ख) नयाचार (ग) उन्मुख (घ) प्रत्यक्ष

7. 'तिरंगा' का समास विग्रह एवं भेद होगा CBSE SQP 2023

(क) तीन में रंगा—तत्पुरुष समास
(ख) तीन रंग—द्विगु समास
(ग) तीन रंगों के समान—कर्मधारय समास
(घ) तीन रंगों वाला अर्थात् भारत का राष्ट्र ध्वज—बहुव्रीहि समास

8. कॉलम 1 कॉलम 2 के साथ सुमेलित कीजिए और सही विकल्प चुनकर लिखिए CBSE SQP (Additional Set) 2023

कॉलम 1		कॉलम 2	
1.	अस्थिजल	(i)	तत्पुरुष समास
2.	दृग-सुमन	(ii)	कर्मधारय समास
3.	सुबह-शाम	(iii)	द्वंद्व समास
4.	बेघर	(iv)	अव्ययीभाव समास

(क) 1-(iii), 2-(iv), 3-(ii), 4-(i)
(ख) 1-(i), 2-(iv), 3-(ii), 4-(iii)
(ग) 1-(iii), 2-(iv), 3-(i), 4-(ii)
(घ) 1-(i), 2-(iii), 3-(iv), 4-(ii)

9. कथन (A) तिरंगा, विषधर, मेघनाद में बहुव्रीहि समास है।
कारण (R) इन समस्तपदों में दोनों पद गौण होते हैं।
उपरोक्त कथन और कारण को ध्यानपर्वूक पढ़िए। उसके आधार पर उचित विकल्प का चयन कीजिए दक्षता आधारित प्रश्न

(क) कथन (A) गलत है, किंतु कारण (R) सही है।
(ख) कथन (A) और कारण (R) दोनों गलत हैं।
(ग) कथन (A) सही है और कारण (R) कथन (A) की गलत व्याख्या है।
(घ) कथन (A) सही है और कारण (R) कथन (A) की सही व्याख्या है।

10. निम्नलिखित समस्तपदों के समास पहचानकर उचित विकल्प चुनिए दक्षता आधारित प्रश्न

समस्तपद		समास	
1.	चवन्नी	(i)	कर्मधारय
2.	चतुरानन	(ii)	तत्पुरुष
3.	असत्य	(iii)	बहुव्रीहि
4.	नीलकमल	(iv)	द्विगु समास

(क) 1-(iv), 2-(iii), 3-(ii), 4-(i)
(ख) 1-(i), 2-(ii), 3-(iii), 4-(iv)
(ग) 1-(ii), 2-(iii), 3-(i), 4-(iv)
(घ) 1-(iii), 2-(i), 3-(iv), 4-(ii)

11. 'मनोरोग' समस्तपद का विग्रह होगा CBSE 2024

(क) मन का रोग (ख) मन पर रोग
(ग) मन में रोगा (घ) मन के समान रोगी

12. 'चंद्रखिलौना' समस्तपद का विग्रह होगा CBSE SQP 2022

(क) चंद्र का खिलौना (ख) चंद्र और खिलौना
(ग) चंद्र रूपी खिलौना (घ) चंद्र के लिए खिलौना

13. 'गुरुदक्षिणा' शब्द के सही समास विग्रह का चयन कीजिए CBSE SQP Term I 2021

(क) गुरु से दक्षिणा—तत्पुरुष समास
(ख) गुरु का दक्षिणा—तत्पुरुष समास
(ग) गुरु की दक्षिणा—तत्पुरुष समास
(घ) गुरु के लिए दक्षिणा—तत्पुरुष समास

14. 'स्वर्णकिरण' समस्तपद का सही समास विग्रह है CBSE 2023

(क) स्वर्ण और किरण (ख) स्वर्ण या किरण
(ग) सोने की किरण (घ) स्वर्ण सम किरण

15. 'महावीर' शब्द/समस्तपद कौन-से समास का उदाहरण है? CBSE SQP 2022

(क) द्विगु समास
(ख) कर्मधारय समास
(ग) तत्पुरुष समास
(घ) अव्ययीभाव समास

16. 'परमेश्वर' समस्तपद का विग्रह होगा दक्षता आधारित प्रश्न

(क) परम और ईश्वर (ख) परम है जो ईश्वर
(ग) ईश्वर में परम (घ) परम के लिए ईश्वर

17. किस समास में पूर्व पद प्रधान होता है? CBSE 2023

(क) अव्ययीभाव समास (ख) तत्पुरुष समास
(ग) द्वंद्व समास (घ) कर्मधारय समास

18. 'आँचरहित' शब्द के लिए सही समास विग्रह है CBSE Term I 2021

(क) आँच से रहित (ख) आँच और रहित
(ग) आँच में रहित (घ) रहित आँच के

19. निम्नलिखित समस्तपदों में से अव्ययीभाव समास पहचानकर उचित विकल्प चुनिए दक्षता आधारित प्रश्न

1. पुरुषोत्तम 2. सतसई
3. जीवन भर 4. प्रतिदिन

(क) (1) और (2) दोनों (ख) (2) और (3) दोनों
(ग) (3) और (4) दोनों (घ) (4) और (1) दोनों

20. निम्नलिखित समस्तपदों के समास पहचानकर उचित विकल्प चुनिए CBSE SQP (Additional Set) 2023

	समस्तपद		समास
1.	महाराजा	(i)	बहुव्रीहि
2.	पंचतंत्र	(ii)	द्वंद्व
3.	वेद-पुराण	(iii)	द्विगु
4.	गजानन	(iv)	कर्मधारय

(क) 1-(i), 2-(ii), 3-(iv), 4-(iii)
(ख) 1-(ii), 2-(iv), 3-(i), 4-(iii)
(ग) 1-(iii), 2-(iv), 3-(i), 4-(ii)
(घ) 1-(iv), 2-(iii), 3-(ii), 4-(i)

21. 'मार्गव्यय' शब्द/समस्तपद कौन-से समास का उदाहरण है? CBSE SQP 2023

(क) द्विगु समास
(ख) कर्मधारय समास
(ग) तत्पुरुष समास
(घ) अव्ययीभाव समास

22. 'उच्चाकांक्षा' समस्तपद कौन-से समास का उदाहरण है? CBSE SQP (Additional Set) 2023

(क) तत्पुरुष समास
(ख) द्विगु समास
(ग) कर्मधारय समास
(घ) द्वंद्व समास

23. समस्तपद के सही विग्रह वाला विकल्प चुनिए CBSE SQP (Additional Set) 2023

(क) निडर—डर के साथ
(ख) गली-गली—गली और गली
(ग) सद्धर्म—अच्छा है धर्म जिसका
(घ) सत्याग्रह—सत्य के लिए आग्रह

24. कथन (A) शताब्दी, सप्ताह, दशावतार में द्विगु समास है।
कारण (R) इन समस्तपदों से पूर्व पद संख्यावाचक विशेषण है। CBSE SQP (Additional Set) 2023

उपर्युक्त कथन और कारण को ध्यानपूर्वक पढ़िए। उसके आधार पर उचित विकल्प का चयन कीजिए

(क) कथन (A) गलत है, किंतु कारण (R) सही है।
(ख) कथन (A) और कारण (R) दोनों गलत हैं।
(ग) कथन (A) सही है और कारण (R) कथन (A) की गलत व्याख्या है।
(घ) कथन (A) सही है और कारण (R) कथन (A) की सही व्याख्या है।

25. 'दीनबंधु' समस्तपद का विग्रह है CBSE SQP (Additional Set) 2023

(क) दीन है जो बंधु
(ख) दीन का बंधु है जो
(ग) दीन का बंधु
(घ) दीन के लिए बंधु

26. 'बाकायदा' शब्द के लिए सही समास विग्रह का चयन कीजिए CBSE SQP Term I 2021

(क) कायदे के अनुसार—अव्ययीभाव समास
(ख) कायदे के बिना—अव्ययीभाव समास
(ग) कायदे ही कायदे—अव्ययीभाव समास
(घ) कायदे के द्वारा कृत—तत्पुरुष समास

27. कथन (A) हरघड़ी, प्रत्येक, आमरण में अव्ययीभाव समास है।
कारण (R) इन समस्तपदों में पहला पद कोई अव्यय होता है।
उपर्युक्त कथन और कारण को ध्यानपूर्वक पढ़िए। उसके आधार पर उचित विकल्प का चयन कीजिए दक्षता आधारित प्रश्न

(क) कथन (A) गलत है, किंतु कारण (R) सही है।
(ख) कथन (A) और कारण (R) दोनों गलत हैं।
(ग) कथन (A) सही है और कारण (R) कथन (A) की गलत व्याख्या है।
(घ) कथन (A) सही है और कारण (R) कथन (A) की सही व्याख्या है।

28. 'शब्दहीन' शब्द के लिए सही समास विग्रह और भेद का चयन कीजिए CBSE Term I 2021

(क) शब्द है जो हीन—कर्मधारय
(ख) हीन है जो शब्द—तत्पुरुष
(ग) शब्द से हीन—कर्मधारय
(घ) शब्द से हीन—तत्पुरुष

29. 'त्रिफला' समस्तपद कौन-से समास का उदाहरण है? **CBSE 2024**

(क) अव्ययीभाव समास (ख) द्विगु समास
(ग) कर्मधारय समास (घ) बहुव्रीहि समास

30. निम्नलिखित युग्मों पर विचार कीजिए

	समस्तपद	समास
A.	कुलश्रेष्ठ	1. कर्मधारय
B.	नीलांबर	2. अव्ययीभाव
C.	शताब्दी	3. तत्पुरुष
D.	यथासंभव	4. द्विगु

कूट

	A	B	C	D		A	B	C	D
(क)	3	1	2	4	(ख)	4	2	3	1
(ग)	3	1	4	2	(घ)	2	4	1	3

31. निम्नलिखित समस्तपदों में से तत्पुरुष समास पहचानकर उचित विकल्प चुनिए **CBSE SQP (Additional Set) 2023**

1. यथासमय 2. गगनचुंबी
3. धर्मशाला 4. दोपहर

(क) (1) और (2) दोनों
(ख) (2) और (3) दोनों
(ग) (3) और (4) दोनों
(घ) (4) और (1) दोनों

32. निम्नलिखित युग्मों पर विचार कीजिए **CBSE SQP 2023**

	समस्तपद	समास
1.	पराधीन	तत्पुरुष समास
2.	महात्मा	अव्ययीभाव समास
3.	नीलकंठ	बहुव्रीहि समास
4.	सज्जन	द्विगु समास

उपर्युक्त युग्मों में से कौन-से सही सुमेलित हैं

(क) 1 और 2 दोनों
(ख) 1 और 3 दोनों
(ग) 2 और 4 दोनों
(घ) 3 और 4 दोनों

33. निम्नलिखित युग्मों पर विचार कीजिए **CBSE 2024**

	समस्तपद	समास
1.	चक्रपाणि	कर्मधारय समास
2.	रोगमुक्त	तत्पुरुष समास
3.	यथानियम	अव्ययीभाव समास
4.	रात-दिन	द्विगु समास

उपर्युक्त युग्मों में से कौन-से सही सुमेलित हैं?

(क) 1 और 2 (ख) 3 और 4
(ग) 2 और 3 (घ) 1 और 4

अतिलघु/लघु उत्तरीय प्रश्न

1. समास का शाब्दिक अर्थ बताइए।

2. समास विग्रह किसे कहते हैं? उदाहरण देकर समझाइए।

3. समास के कितने भेद हैं? प्रत्येक का नाम लिखिए।

4. द्विगु और बहुव्रीहि समास में अंतर स्पष्ट कीजिए।

5. अव्ययीभाव समास को स्पष्ट कीजिए।

6. निम्नलिखित समस्तपदों का विग्रह कीजिए तथा समास का नाम भी लिखिए।

(i) देवमूर्ति
(ii) हस्तलिखित
(iii) क्रीड़ाक्षेत्र
(iv) कुल-परंपरा
(v) अष्टसिद्धि **CBSE 2020**
(vi) यथाशक्ति
(vii) पत्र-व्यवहार **CBSE 2020, 18**
(viii) ईश्वरदत्त
(ix) प्रसंगानुसार
(x) पदच्युत
(xi) महाजन **CBSE 2019**
(xii) जलप्रदूषण **CBSE 2017**
(xiii) चंद्रमुखी
(xiv) पुष्पमाला **CBSE 2017**
(xv) चक्रधर
(xvi) दिन-रात **CBSE 2018, 17**
(xvii) सप्तर्षि
(xviii) शरणागत **CBSE 2020**

7. निम्नलिखित विग्रहों के समस्तपद बनाइए तथा समास का नाम भी लिखिए

(i) कार्य में रत **CBSE 2015**
(ii) मही को धारण करने वाला
(iii) चंद्रमा की कला
(iv) नीला है जो गगन
(v) देश से निकला (निष्कासन) **CBSE 2019, 16**
(vi) लगाम के बिना **CBSE 2016**
(vii) गृह को आया हुआ
(viii) लंबा है उदर जिसका
(ix) दान के लिए पात्र
(x) भय से आकुल
(xi) तीन हैं लोचन जिसके अर्थात् शिव **CBSE 2020**
(xii) मृग जैसे लोचन
(xiii) अमृत की धारा
(xiv) क्रोध रूपी अग्नि

(xv) तताँरा और वामीरो CBSE 2020

(xvi) महान है जो नायक

(xvii) मन से गढ़ी हुई CBSE 2016

(xviii) अश्रु लाने वाली गैस

(xix) शक्ति के अनुसार

(xx) अकाल से पीड़ित CBSE 2018, 14

(xxi) कुल में श्रेष्ठ

(xxii) ईश्वर की इच्छा

(xxiii) गुरु की भक्ति

(xxiv) तप के लिए वन CBSE 2019, 13

(xxv) फल के अनुसार CBSE 2013

(xxvi) कनक के समान लता CBSE 2013

(xxvii) आस और पास CBSE 2017

(xxviii) मुख है जो चंद्र के समान

(xxix) तीन राहों का समूह

(xxx) पानी की चक्की CBSE 2017

8. निम्नलिखित समास विग्रहों के समास का नाम लिखिए

(i) सेना का नायक (ii) धर्म से विमुख

(iii) पर्ण से बनी कुटी (iv) कष्ट को भोगने वाला

(v) महान है जो विद्यालय (vi) कष्ट से साध्य

(vii) स्त्री रूपी रत्न (viii) मरण को पहुँचा हुआ

(ix) प्राणों के समान प्रिय (x) गुणों से युक्त

9. निम्नलिखित विग्रहों के लिए समस्तपद बनाइए CBSE 2018, 12

(i) पढ़ने के लिए सामग्री (ii) कर रूपी कमल

(iii) अंधा है जो कूप (iv) आठ भुजाओं वाली

(v) सत् है जो धर्म (vi) हवन के लिए सामग्री

(vii) कुसुम के समान कोमल (viii) लाल है जो टोपी

(ix) वचन रूपी अमृत (x) पानी से चलने वाली चक्की

10. निम्नलिखित प्रश्नों के उत्तर दीजिए

(i) कर्मधारय समास का एक उदाहरण दीजिए। CBSE 2016

(ii) 'नीली है जो गाय' समास का कौन-सा भेद है?

(iii) 'शक्तिविहीन' में कौन-सा समास है? CBSE 2019

(iv) 'जन्मांध' में निहित समास का भेद बताइए। CBSE 2012

11. निम्नलिखित समस्तपदों का विग्रह कर समास का नाम लिखिए

(i) नवरात्रि CBSE 2016

(ii) चिंतामग्न

(iii) वनवास CBSE 2019

(iv) एकदंत CBSE 2015

(v) रेखांकित

(vi) यथाविवेक

(vii) चतुर्भुज CBSE 2014

(viii) उद्योगपति CBSE 2014

(ix) हवन सामग्री

(x) नीलमणि

(xi) मरणासन्न CBSE 2016

(xii) कलानिधि

(xiii) स्वर्गगत

(xiv) नरसिंह CBSE 2018

(xv) राजकुमार CBSE 2012

(xvi) स्वर्णपदक

(xvii) ग्रंथ रत्न CBSE 2016

(xviii) काठगोदाम CBSE 2018

12. अव्ययीभाव समास में किस पद की प्रधानता होती है? CBSE 2019

13. किस समास में अंतिम पद प्रधान होता है?

14. बहुव्रीहि समास का उदाहरण लिखिए। CBSE 2015

15. निम्नलिखित समास विग्रहों से सामासिक पद बनाइए

(i) धर्म और अधर्म (ii) कुल के निकट

(iii) कपियों में है ईश जो (iv) मृगों का इंद्र

(v) क्षत्रियों में अधम (vi) चार हैं आनन जिसके

(vii) भाल पर चंद्रमा है जिसके (viii) दिन-प्रतिदिन

(ix) चंद्रमा के समान बदन

व्याख्या सहित उत्तर

बहुविकल्पीय प्रश्न

1. (ख) तत्पुरुष समास
2. (ख) तत्पुरुष समास
3. (क) जन्म से लेकर
4. (घ) शब्द रचना
5. (घ) कर्मधारय समास
6. (घ) प्रत्यक्ष
7. (घ) तीन रंगों वाला अर्थात् भारत का राष्ट्र ध्वज—बहुव्रीहि समास
8. (क) 1-(iii), 2-(iv), 3-(ii), 4-(i)
9. (घ) कथन (A) सही है और कारण (R) कथन (A) की सही व्याख्या है।
10. (क) 1-(iv), 2-(iii), 3-(ii), 4-(i)
11. (क) मन का रोग
12. (ग) चंद्र रूपी खिलौना
13. (घ) गुरु के लिए दक्षिणा—तत्पुरुष समास
14. (ग) सोने की किरण
15. (ख) कर्मधारय समास
16. (ख) परम है जो ईश्वर
17. (क) अव्ययीभाव समास
18. (क) आँच से रहित
19. (ग) (3) और (4) दोनों
20. (घ) 1-(iv), 2-(iii), 3-(ii), 4-(i)
21. (ग) तत्पुरुष समास
22. (ग) कर्मधारय समास
23. (घ) सत्याग्रह—सत्य के लिए आग्रह
24. (घ) कथन (A) सही है और कारण (R) कथन (A) की सही व्याख्या है।
25. (ख) दीन का बंधु है जो
26. (क) कायदे के अनुसार—अव्ययीभाव समास
27. (घ) कथन (A) सही है और कारण (R) कथन (A) की सही व्याख्या है।
28. (घ) शब्द से हीन—तत्पुरुष
29. (ख) द्विगु समास
30. (ग) 3 1 4 2
31. (ख) (2) और (3) दोनों
32. (ख) 1 और 3 दोनों
33. (ग) 2 और 3

अतिलघु/लघु उत्तरीय प्रश्न

1. समास का शाब्दिक अर्थ है—संग्रह, सम्मिलन, संक्षेप, मिश्रण आदि।
2. समस्तपदों को अलग करने की विधि को समास विग्रह कहते हैं; जैसे—कृष्णावतार—कृष्ण का अवतार।
3. समास के छः भेद हैं

   (i) तत्पुरुष समास (ii) कर्मधारय समास
   (iii) द्विगु समास (iv) बहुव्रीहि समास
   (v) द्वंद्व समास (vi) अव्ययीभाव समास

4. **द्विगु समास** में पहला पद दूसरे पद (विशेष्य) की विशेषता संख्या में बताता है, किंतु जहाँ संख्यावाची पहला पद और दूसरा पद मिलकर किसी तीसरे पद की ओर संकेत करते हैं, वहाँ **बहुव्रीहि समास** होता है; जैसे—

   चतुर्भुज—चार भुजाओं का समूह (द्विगु)

   चार भुजाएँ हैं जिसकी अर्थात् विष्णु (बहुव्रीहि)

5. जिस समास में पूर्व पद प्रधान हो और वह अव्यय हो तथा उसके योग से समस्तपद भी अव्यय बन जाए, उसे **अव्ययीभाव समास** कहते हैं।

6.

समस्तपद का विग्रह	**समास का नाम**
(i) देव की मूर्ति	संबंध तत्पुरुष
(ii) हस्त से लिखित	करण तत्पुरुष
(iii) क्रीड़ा के लिए क्षेत्र	संप्रदान तत्पुरुष
(iv) कुल की परंपरा	तत्पुरुष समास
(v) आठ सिद्धियों का समाहार	द्विगु समास
(vi) शक्ति के अनुसार	अव्ययीभाव समास
(vii) पत्र से व्यवहार	तत्पुरुष समास
(viii) ईश्वर द्वारा दत्त	करण तत्पुरुष
(ix) प्रसंग के अनुसार	संबंध तत्पुरुष
(x) पद से च्युत	अपादान तत्पुरुष
(xi) महान् है जो जन/व्यक्ति	कर्मधारय समास
(xii) जल में प्रदूषण	अधिकरण तत्पुरुष समास
(xiii) चंद्र के समान मुख वाला	कर्मधारय समास
(xiv) पुष्प की माला	तत्पुरुष समास
(xv) चक्र धारण करने वाला अर्थात् विष्णु	बहुव्रीहि समास
(xvi) दिन और रात	द्वंद्व समास
(xvii) सात ऋषियों का समाहार	द्विगु समास
(xviii) शरण में आगत	तत्पुरुष समास

7.

समस्तपद का विग्रह	**समास का नाम**
(i) कार्यरत	अधिकरण तत्पुरुष
(ii) महीप	अपादान तत्पुरुष
(iii) चंद्रकला	संबंध तत्पुरुष
(iv) नीलगगन	कर्मधारय समास
(v) देश निकाला	अपादान तत्पुरुष
(vi) बेलगाम	संबंध तत्पुरुष

(vii) गृहागत	कर्म तत्पुरुष
(viii) लंबोदर	बहुव्रीहि समास
(ix) दानपात्र	संप्रदान तत्पुरुष
(x) भयाकुल	करण तत्पुरुष
(xi) त्रिलोचन	बहुव्रीहि समास
(xii) मृगलोचन	कर्मधारय समास
(xiii) अमृतधारा	संबंध तत्पुरुष
(xiv) क्रोधाग्नि	कर्मधारय समास
(xv) तताँरा-वामीरो	द्वंद्व समास
(xvi) महानायक	बहुव्रीहि समास
(xvii) मनगढ़ंत	करण तत्पुरुष
(xviii) अश्रुगैस	संप्रदान तत्पुरुष
(xix) यथाशक्ति	अव्ययीभाव समास
(xx) अकालपीड़ित	अपादान तत्पुरुष
(xxi) कुलश्रेष्ठ	अधिकरण तत्पुरुष
(xxii) ईश्वरेच्छा	तत्पुरुष समास
(xxiii) गुरुभक्ति	संबंध तत्पुरुष
(xxiv) तपोवन	संप्रदान तत्पुरुष
(xxv) फलानुसार	संबंध तत्पुरुष
(xxvi) कनकलता	कर्मधारय समास
(xxvii) आस-पास	द्वंद्व समास
(xxviii) चंद्रमुख	कर्मधारय समास
(xxix) तिराहा	द्विगु समास
(xxx) पनचक्की	तत्पुरुष समास

8. (i) संबंध तत्पुरुष (ii) अपादान तत्पुरुष
(iii) कर्मधारय समास (iv) कर्म तत्पुरुष
(v) कर्मधारय समास (vi) करण तत्पुरुष
(vii) कर्मधारय समास (viii) कर्म तत्पुरुष
(ix) कर्मधारय समास (x) करण तत्पुरुष

9. (i) पाठ्य-सामग्री (ii) करकमल
(iii) अंधकूप (iv) अष्टभुजी
(v) सद्धर्म (vi) हवन-सामग्री
(vii) कुसुम कोमल (viii) लालटोपी
(ix) वचनामृत (x) पनचक्की

10. (i) मृगनयन (ii) कर्मधारय समास
(iii) अपादान तत्पुरुष समास (iv) करण तत्पुरुष समास

11.

समस्तपद का विग्रह	**समास का नाम**
(i) नौ रातों का समाहार	द्विगु समास
(ii) चिंता में मग्न	अधिकरण तत्पुरुष
(iii) वन में वास	अधिकरण तत्पुरुष
(iv) एक दाँत है जिसका	बहुव्रीहि समास
(v) रेखा पर अंकित	अधिकरण तत्पुरुष
(vi) विवेक के अनुसार	अव्ययीभाव तत्पुरुष
(vii) चार भुजाएँ हैं जिसकी *(गणेश)*	बहुव्रीहि समास
(viii) उद्योग का पति	संबंध तत्पुरुष
(ix) हवन के लिए सामग्री	संप्रदान तत्पुरुष
(x) नीली है जो मणि	कर्मधारय समास
(xi) मृत्यु के निकट	संबंध तत्पुरुष
(xii) कला की निधि	संबंध तत्पुरुष
(xiii) स्वर्ग को गया हुआ	कर्म तत्पुरुष
(xiv) सिंह रूपी नर	कर्मधारय समास
(xv) राजा का कुमार	संबंध तत्पुरुष
(xvi) स्वर्ण का पदक	संबंध तत्पुरुष
(xvii) ग्रंथों में रत्न	अधिकरण तत्पुरुष
(xviii) काठ का गोदाम	संबंध तत्पुरुष

12. अव्ययीभाव समास में पूर्वपद की प्रधानता होती है।

13. तत्पुरुष समास में अंतिम (उत्तर) पद की प्रधानता होती है।

14. गजानन—गज के समान आनन (मुख) है जिसका अर्थात् गणेश।

15. (i) धर्माधर्म (ii) उपकुल (iii) कपीश
(iv) मृगेंद्र (v) क्षत्रियाधम (vi) चतुरानन
(vii) चंद्रभाल (viii) दिनानुदिन (ix) चंद्रबदन

स्व-मूल्यांकन

बहुविकल्पीय प्रश्न

1. 'प्रधान है जो अध्यापक' का समस्तपद है
(क) प्रधानाध्यापक (ख) प्रधानध्यापक
(ग) प्रधानाध्यपक (घ) प्रधानाधयापक

2. तत्पुरुष समास में प्रधान पद किसे माना जाता है?
(क) पूर्वपद को
(ख) उत्तरपद को
(ग) दोनों पदों को
(घ) इनमें से कोई नहीं

3. 'अल्पबुद्धि' शब्द में कौन-सा समास है?
(क) बहुव्रीहि समास
(ख) तत्पुरुष समास
(ग) द्वंद्व समास
(घ) अव्ययीभाव समास

4. 'तुलसीकृत' का सही समास व समास विग्रह क्या होगा?
(क) तुलसी द्वारा रचित – तत्पुरुष समास
(ख) तुलसी के लिए रचित – तत्पुरुष समास
(ग) तुलसी की रचित – तत्पुरुष समास
(घ) तुलसी में रचित – तत्पुरुष समास

5. 'तीन फलों का समाहार' का समस्तपद क्या होगा?
(क) त्रीफला (ख) त्रिफला
(ग) तिरफला (घ) त्ररिफला

अतिलघु/लघु उत्तरीय प्रश्न

6. समास किसे कहते हैं? उदाहरण सहित स्पष्ट कीजिए।

7. समास और संधि में अंतर स्पष्ट कीजिए।

8. समास संबंधी आवश्यक तथ्यों पर प्रकाश डालिए।

9. कर्मधारय और बहुव्रीहि समास में अंतर स्पष्ट कीजिए।

10. तत्पुरुष समास किसे कहते हैं? विभक्ति के आधार पर इसके कितने भेद हैं?

11. द्वंद्व समास को स्पष्ट कीजिए।

12. निम्नलिखित समस्तपदों का विग्रह कीजिए
(i) त्रिनेत्र (ii) लोकसभा
(iii) प्राणप्रिय (iv) स्नान-घर
(v) दुरात्मा (vi) महोत्सव

13. निम्नलिखित समास विग्रहों के समास का नाम लिखिए
(i) पथ से भ्रष्ट (ii) खराब है जो यश
(iii) बसों का अड्डा (iv) सचिव के लिए आलय
(v) क्षमा का दान (vi) ग्रंथ को रखने वाला
(vii) गृह में प्रवेश (viii) कनक का घट
(ix) बिना संदेह के (x) संसद का सदस्य

14. निम्नलिखित समस्तपदों का विग्रह कीजिए तथा समास का नाम भी लिखिए
(i) आशातीत (ii) काली मिर्च
(iii) परलोकगमन (iv) चुनाव आयोग
(v) डाकघर (vi) महाजन
(vii) रेलगाड़ी (viii) बलहीन
(ix) मदमस्त (x) ग्रामसेवक

15. निम्नलिखित समास विग्रहों से सामासिक पद बनाइए
(i) जितना संभव हो (ii) काठ को खोदने वाला
(iii) श्रम से जीने वाला (iv) नरों में उत्तम
(v) लोहे के समान पुरुष (vi) धर्म या अधर्म
(vii) पाँच पात्रों का समाहार (viii) दान में वीर
(ix) जल से रिक्त (x) मन के अनुसार

16. निम्नलिखित प्रश्नों के उत्तर दीजिए
(i) अधिकरण तत्पुरुष समास का एक उदाहरण दीजिए।
(ii) 'मन के अनुसार' समास का कौन-सा भेद है?
(iii) 'चिड़ीमार' में कौन-सा समास है?
(iv) 'मुँहचोर' में निहित समास का भेद बताइए।
(v) 'शोकाकुल' में निहित समास का भेद बताइए।

अध्याय 4

मुहावरे

4.1 मुहावरे का अर्थ

जब कोई शब्द-समूह या वाक्यांश सामान्य अर्थ न देकर विशेष अर्थ देने लगता है, तो उसे **मुहावरा** कहते हैं।

मुहावरा अरबी भाषा का शब्द है, जिसका अर्थ है—**अभ्यास**। मुहावरे में शाब्दिक अर्थ महत्त्वपूर्ण नहीं होता, बल्कि कोई दूसरा अर्थ अर्थात् लाक्षणिक या व्यंग्यार्थ मुख्य होता है; जैसे—वह 'काठ का उल्लू' है। इसका अर्थ यह नहीं है कि वह लकड़ी का उल्लू है, बल्कि इससे यह अर्थ व्यंजित होता है कि जो उल्लू काठ का है, वह हमारे किस काम का। इस प्रकार, हम इसका अर्थ 'महामूर्ख' से लेते हैं। भाषा को स्पष्ट तथा प्रभावशाली बनाने के लिए मुहावरों का प्रयोग किया जाता है।

मुहावरे और लोकोक्ति में अंतर

- मुहावरा एक वाक्यांश होता है, जबकि लोकोक्ति अपने आप में पूरा वाक्य होता है। लोकोक्ति का अर्थ है—लोगों द्वारा प्रयोग किया जाने वाला वह कथन, जो परंपरागत तरीके से प्रचलित रहता है।
- लोकोक्ति का किसी घटना अथवा प्रसंग से संबंध होता है, लेकिन मुहावरे के बारे में ऐसा कहना सही नहीं है। लोकोक्ति का प्रयोग लोगों द्वारा अपने विचार संबंधी समर्थन, विरोध, शिक्षा या चेतावनी के लिए किया जाता है।
- मुहावरे में काल, वचन एवं पुरुष के अनुरूप परिवर्तन हो जाता है, जबकि लोकोक्ति में किसी प्रकार का परिवर्तन नहीं होता है।

मुहावरों के प्रयोग हेतु आवश्यक तथ्य

- मुहावरा पूरा वाक्य न होकर वाक्यांश होता है।
- मुहावरों का प्रयोग स्वतंत्र रूप से नहीं होता वरन् इनका वाक्य के बीच में प्रयोग किया जाता है।
- मुहावरों का अर्थ साधारण न होकर प्रतीक रूप में होता है।
- पूर्ण इकाई होने के कारण लोकोक्ति में किसी प्रकार का परिवर्तन नहीं होता। लोकोक्ति विशेष अर्थ को प्रकट करती है, जबकि मुहावरे में वाक्य के अनुसार परिवर्तन होता है।

प्रचलित मुहावरों का अर्थ सहित वाक्यों में प्रयोग

अ, आ

- **अक्ल पर पत्थर पड़ना** *(बुद्धि से काम न लेना)* आज उसका बुरा समय था, तभी तो उसकी *अक्ल पर पत्थर पड़ गए*।
- **अपने मुँह मियाँ मिट्ठू बनना** *(अपनी प्रशंसा आप करना)* श्याम के पास होने पर अपने गुण बताकर वह *अपने मुँह मियाँ मिट्ठू बन* रहा है।
- **अपना-सा मुँह लेकर रह जाना** *(लज्जित हो जाना)* शीला की बड़ी-बड़ी बातों पर किसी ने विश्वास नहीं किया, तो वह *अपना-सा मुँह लेकर* रह गई।
- **अपने पैरों पर खड़ा होना** *(स्वावलंबी होना)* गाँधीजी ने देशवासियों को *अपने पैरों पर खड़े होकर* ही स्वावलंबी बनने की शिक्षा दी।
- **अपने पाँव पर कुल्हाड़ी मारना** *(जान-बूझकर संकट मोल लेना)* कॉलेज की नौकरी छोड़कर तुमने *अपने पाँव पर कुल्हाड़ी मार ली* है। **CBSE 2012**
- **अपना उल्लू सीधा करना** *(अपना मतलब निकालना)* रोशन इतना निर्लज्ज है कि अपने पिताजी की मृत्यु के समय भी *अपना उल्लू सीधा करने* में लगा रहा।
- **अंधे की लकड़ी/अंधे की लाठी** *(एकमात्र सहारा)* रामकुमार के एकमात्र बेटे की मृत्यु हो गई, वही तो अपने माता-पिता की *अंधे की लकड़ी* था।
- **अमल करना** *(ध्यान देना)* अगर तुमने अध्यापिका की बात अमल की होती, तो आज परीक्षा का परिणाम इतना बुरा नहीं होता। (बड़े भाई साहब)
- **अंधों में काना राजा** *(मूर्खों के बीच अल्पज्ञ व्यक्ति)* रवि 100 मी की दौड़ में प्रथम आ गया, क्योंकि वहाँ तो दौड़ने वाले दो-तीन छात्र ही थे। वह तो *अंधों में काना राजा* बन गया।
- **आकाश-पाताल एक करना** *(कोई प्रयत्न बाकी न रखना)* राजेश अपनी बेटी को बचा नहीं पाया, यद्यपि उसने उसे बचाने के लिए *आकाश-पाताल एक कर दिया* था। **CBSE 2020**

- **आँखों में धूल झोंकना** *(धोखा देना)* परीक्षा कक्ष में विनीत ने अपने अध्यापक की *आँखों में धूल झोंकने* की बहुत कोशिश की, लेकिन वह सफल नहीं हो पाया। *(कारतूस)* **CBSE 2018, 12**
- **आँखों के आगे अँधेरा छा जाना** *(बहुत निराश हो जाना/संसार सूना-सा प्रतीत होना)* परीक्षा में अनुत्तीर्ण हो जाने पर राम की *आँखों के आगे अँधेरा छा* गया।
- **आँखें चुरा लेना** *(अनदेखा कर देना)* रीता को सीधा मत समझो, वह बहुत कपटी है, संकट आने पर वह अपने सगे-संबंधियों से भी *आँखें चुरा लेती* है। **CBSE 2015, 13**
- **आँखों पर परदा पड़ना** *(धोखा खाना/जानकारी न होना)* पुत्र-मोह के कारण उसकी *आँखों पर परदा पड़ा* हुआ है, तभी तो वह सच्चाई को जानना नहीं चाहता।
- **आँच न आने देना** *(हानि न होने देना)* कारगिल के युद्ध में वीर सैनिकों ने अपनी जान दे दी, किंतु देश पर *आँच न आने दी*।
- **आग-बबूला होना** *(बहुत क्रोध करना)* यार इतनी-सी बात पर *आग-बबूला* क्यों हो रहे हो? मैंने गलती मान ली, अब माफ़ कर दो। (तताँरा वामीरो कथा) **CBSE 2020, 2014, 13, 10**
- **आग में घी डालना** *(क्रोध को और भड़काना)* एक तो सुरेखा सुबह से भूखी थी ऊपर से उसकी बहन ने उसके हिस्से का भोजन भिखारी को देकर *आग में घी* डाल दिया।
- **आटे-दाल का भाव मालूम होना** *(कठिनाई में पड़ना)* मैंने कभी-भी पैसे का मूल्य नहीं समझा, लेकिन जब मैं दिल्ली गया, तो मुझे अकेले रहने पर *आटे-दाल का भाव* मालूम हुआ। **CBSE 2016**
- **आपे से बाहर होना** *(क्रोध में सुध-बुध खोना)* जैसे ही रमेश को यह पता चला कि सुरेश ने उसके छोटे भाई का हाथ तोड़ दिया है, वह *आपे से बाहर* हो गया। *(साखी)*
- **आसमान सिर पर उठाना** *(बहुत शोर मचाना/अत्यधिक ज़िद करना)* ये छोटे-छोटे बच्चे थोड़ी ही देर में *आसमान सिर पर उठा* लेते हैं। *(टोपी शुक्ला)*
- **आस्तीन का साँप** *(नुकसान पहुँचाने वाला)* मैंने राम को अपना मित्र समझा, लेकिन वह तो *आस्तीन का साँप* निकला।

इ, ई, उ, ऊ, ए, ऐ, ओ, औ, अं

- **इज़्ज़त बिगाड़ना** *(किसी की मर्यादा भंग करना)* कुछ असामाजिक लोगों ने राजेश की *इज़्ज़त बिगाड़* दी।
- **इतराना** *(नकली दिखावा करना)* जब से राहुल आर्मी में गया है, तब से उसकी बहन इतराने लगी है।
- **इति-श्री करना** *(समाप्त करना)* आज संस्कृत के शिक्षक ने पाठ्यपुस्तक के अंतिम अध्याय की *इति-श्री की* है।
- **इशारे पर नाचना** *(गुलाम बनकर रह जाना)* विनोद हमेशा अपनी पत्नी के *इशारों पर नाचता* है।
- **इम्तिहान सिर पर खड़ा होना** *(परीक्षा निकट आना)* *इम्तिहान सिर पर खड़े हैं,* अब मैं फिल्म देखने नहीं जा सकती। (टोपी शुक्ला)।
- **ईंट का जवाब पत्थर से देना** *(दुष्टता का उत्तर दुष्टता से ही देना)* पाकिस्तान ने कारगिल में घुसपैठ की, बदले में भारतीय सैनिकों ने *ईंट का जवाब पत्थर से* दिया।
- **ईद का चाँद होना** *(दर्शन दुर्लभ होना)* तुम कई महीनों से नज़र नहीं आते, लगता है *ईद का चाँद हो गए* हो। **CBSE 2013**
- **उँगली उठाना** *(आरोप लगाना, लांछन लगाना)* हमारे संस्कृत के अध्यापक इतने ईमानदार हैं कि उनके चरित्र पर कोई *उँगली नहीं उठा* सकता।
- **उड़ती चिड़िया के पर गिनना** *(देखते ही मन की बात समझ जाना)* मैं तो देखते ही समझ गया था कि वह स्त्री चालबाज़ है, मैं तो *उड़ती चिड़िया के पर* गिन लेता हूँ।
- **उँगली पर नचाना** *(वश में रखना)* गोपिकाएँ श्रीकृष्ण को *उँगली पर नचाती* थीं।
- **उलटी गंगा बहाना** *(अत्यधिक कठिन काम करना)* दुर्वासा ऋषि के क्रोध को शांत कर पाना *उलटी गंगा बहाने* के समान था।
- **उल्लू सीधा करना** *(स्वार्थ सिद्ध करना)* आजकल राजनेता सामान्य जनता को बहलाकर अपना *उल्लू सीधा* करते हैं।
- **ऊँट के मुँह में जीरा** *(अपर्याप्त या अत्यल्प वस्तु)* इतने विशाल हाथी के लिए दो दर्जन केले *ऊँट के मुँह में जीरे* के समान हैं।
- **एक ही राग अलापना** *(एक ही बात बार-बार कहना)* बच्चे अगर ज़िद पर आ जाएँ, तो एक ही राग अलापते रहते हैं और किसी की सुनते तक नहीं। *(तताँरा वामीरो कथा)*
- **एक आँख से देखना** *(समान भाव से देखना)* माता-पिता अपने सभी बच्चों को *एक आँख से देखते हैं*।
- **एड़ी-चोटी का ज़ोर लगाना** *(अत्यधिक प्रयास करना या परिश्रम करना)* पुलिस जब *एड़ी-चोटी का ज़ोर* लगाती है, तो शातिर-से-शातिर अपराधी भी बच नहीं पाते।
- **एक थाली के चट्टे-बट्टे होना** *(सभी का एक-सा होना)* आज के राजनीतिक दलों पर विश्वास करना ही बेकार है, सभी एक *थाली के चट्टे-बट्टे* हैं।
- **एक और एक ग्यारह होना** *(संगठन में शक्ति होना)* बालकों ने मिलकर बदमाश को गिरा दिया, सच ही है कि *एक और एक ग्यारह होते* हैं।
- **एक टाँग पर खड़ा होना** *(पूरी लगन से काम करना)* उसने अपने बीमार पति की सेवा *एक टाँग पर खड़े* होकर की। *(टोपी शुक्ला)*
- **ऐब निकालना** *(दोष निकालना)* श्यामल हमेशा अपने मित्रों में *ऐब निकालता* रहता है।
- **ऐसी-तैसी करना** *(इज़्ज़त नष्ट करना या बुरी तरह अपमानित करना)* मोहन के कुकृत्य ने उसके परिवार की इज़्ज़त की *ऐसी-तैसी कर दी*।
- **ओले पड़ना** *(विपत्ति आना)* पिछले एक वर्ष से वाजिद के सिर पर *ओले ही पड़ रहे हैं*।
- **ओखली में सिर देना** *(जान-बूझकर मुसीबत मोल लेना)* उस पेड़ पर मधुमक्खियों के छत्ते की जानकारी होते हुए भी मैंने उस पेड़ पर पत्थर मारकर *ओखली में सिर* दे दिया है।
- **औंधे मुँह गिरना** *(पराजित होना)* विरोधी ने ऐसा दाँव मारा कि भोला पहलवान *औंधे मुँह गिर* गया।

क

- **कब्र में पैर लटकना** *(मृत्यु के समीप होना)* देखो तो सही रामसजीवन ने इस उम्र में एक नया विवाह कर लिया, जबकि उसके *कब्र में पैर लटक* रहे हैं।
- **जले पर नमक छिड़कना** *(दु:खी को और अधिक दु:खी करना)* एक तो वह पुलिस से पिटा और ऊपर से तुम्हारे पिताजी ने उसे खरी-खोटी सुनाकर *जले पर नमक छिड़क* दिया।
- **कड़वे घूँट पीना** *(कष्टदायक बात सहन कर जाना)* मैंने उससे कुछ पैसा उधार ले रखा था, इसलिए उसकी बातों को *कड़वे घूँट* की तरह पी गया।
- **किस्सा खत्म होना** *(किसी कार्य/बात की समाप्ति)* स्वपनिल और राघवेंद्र की कट्टर दुश्मनी थी। एक दिन मोहन की अचानक मृत्यु हो गई और दोनों के बीच दुश्मनी का किस्सा ही खत्म हो गया।
- **काला अक्षर भैंस बराबर** *(अनपढ़ होना)* मैं इसे नहीं समझ सकता, मेरे लिए तो यह *काला अक्षर भैंस बराबर* है।
- **कान पर जूँ न रेंगना** *(कोई असर न होना)* रविंद्र की छोटी बहन बहुत ढीठ है। कुछ भी कहो, उसके *कान पर जूँ तक नहीं रेंगती।*
- **कान का कच्चा होना** *(बिना सोचे-समझे विश्वास करने वाला)* हमारे देश की अवनति का कारण अधिकतर नेताओं का *कान का कच्चा होना है।*
- **काम तमाम करना** *(मार देना)* अभिमन्यु ने मरते-मरते भी न जाने कितनों का *काम तमाम कर* दिया। *(कारतूस)* **CBSE 2020, 19**
- **कालिख पोतना** *(बदनाम कर देना)* किशोर ने अपने बुरे कामों से कैलाश नाथ जैसे सज्जन व्यक्ति के चेहरे पर कालिख पोत दी है।

ख, ग, घ

- **खरी-खोटी सुनाना** *(बुरा-भला कहना)* जब मैंने उसे अपने पेड़ से अमरूद तोड़ते हुए पकड़ लिया, तो खूब *खरी-खोटी सुनाई।*
- **खिचड़ी पकाना** *(गुप्त रूप से योजनाएँ बनाना)* ज़रूर कोई गड़बड़ वाली बात है, राम और श्याम आजकल बहुत देर तक *खिचड़ी पकाते रहते* हैं।
- **खून का प्यासा** *(भयंकर शत्रु)* जैसे ही रावण ने शूर्पणखा की कटी हुई नाक देखी वह राम, लक्ष्मण और सीता के *खून का प्यासा* हो गया।
- **खून-पसीना एक कर देना** *(बहुत मेहनत करना)* अपने इकलौते बेटे को जज बनाने के लिए रामनरेश ने *खून-पसीना एक कर* दिया।
- **खून का घूँट पीकर रह जाना** *(गुस्सा सहन कर लेना)* श्याम की बेइज़्ज़ती तो बहुत हुई, लेकिन अपने साथियों की संख्या कम होने के कारण वह *खून का घूँट पीकर* रह गया।
- **खुशी का ठिकाना न रहना** *(बहुत खुश होना)* बंसी बाबू को जब यह खबर मिली की उसका बेटा विदेश जा रहा है, तो उनकी खुशी का ठिकाना न था। (तताँरा वामीरो कथा)
- **गड़े मुर्दे उखाड़ना** *(बीती हुई बातों को व्यर्थ में दोहराना)* जो होना था सो हो गया, अब क्यों *गड़े मुर्दे उखाड़* रहे हो।
- **गिरगिट की तरह रंग बदलना** *(जल्दी-जल्दी विचार बदलना/बात-बात पर पाला बदलना)* मुझे रमेश की बात का विश्वास नहीं है, वह हरदम *गिरगिट की तरह रंग बदलता* रहता है।
- **गुड़ गोबर कर देना** *(बना बनाया काम बिगाड़ देना)* मैंने बड़ी मुश्किल से गीता को समझाया था, लेकिन तुमने आकर सब *गुड़ गोबर कर* दिया।
- **गीदड़ धमकी** *(व्यर्थ की धमकी)* तुम किसे डरा रहे हो? मैं तुम्हारी *गीदड़ धमकियों* से डरकर भागने वाला नहीं हूँ।
- **गिद्ध दृष्टि** *(कुदृष्टि)* सारे रिश्तेदार तुम्हारी ज़मीन पर *गिद्ध दृष्टि* गड़ाए बैठे हैं, इनसे सावधान रहना। *(हरिहर काका)*
- **घी के दिये जलाना** *(खुशियाँ मनाना)* चौदह वर्ष का वनवास पूरा करने के बाद जब राम अयोध्या वापस आए, तो अयोध्यावासियों ने *घी के दिये* जलाए।
- **घर जलाना** *(अपना सर्वस्व न्योछावर कर देना)* हम तो अपना *घर जलाकर* तमाशा देखने वालों में से हैं, तुम हमारा क्या मुकाबला करोगे? *(साखी)*
- **घुटने टेकना** *(अपनी हार मान लेना)* भारतीय सैनिक युद्ध में वीरगति प्राप्त करते हैं, वे कभी *घुटने नहीं टेकते।*
- **घुल-मिल जाना** *(एक हो जाना)* यह सिर्फ़ कहने की बात है कि होली के अवसर पर लोग आपसी रंजिश भूलकर आपस में *घुल-मिल जाते* हैं।
- **घोटकर पी जाना** *(एक-एक अक्षर याद कर लेना)* परीक्षा के दिनों में कनिका पुस्तक को *घोटकर पी* जाती है।
- **घोड़े पर चढ़े आना** *(उतावला होना)* थोड़ा धैर्य रखो भाई! यहाँ हर काम विधि-विधान से ही होगा, *घोड़े पर चढ़े आने* से काम जल्दी करा लोगे क्या?

च, छ, ज, झ

- **चकमा देना** *(धोखा देना)* मैं कहता था कि वह बहुत बदमाश है, किंतु तुमने उस पर विश्वास किया। देखा न हमें *चकमा देकर* पाँच सौ रुपये ले गया।
- **चक्कर खाना** *(भ्रमित होना)* गणित के सवाल इतने टेढ़े-मेढ़े थे कि मेरा तो सिर चक्कर खा गया। (तीसरी कसम के शिल्पकार शैलेंद्र)
- **चार चाँद लगाना** *(शोभा बढ़ाना)* माली की बेटी के विवाह में आकर जिलाधीश महोदय ने विवाह में *चार चाँद लगा* दिए।
- **चेहरे पर हवाइयाँ उड़ना** *(घबरा जाना)* राम नकल कर रहा था, अचानक अध्यापक को अपने पीछे खड़ा देखकर उसके *चेहरे पर हवाइयाँ उड़ने* लगीं।
- **छक्के छूट जाना** *(बुरी तरह से हारना)* कारगिल में भारतीय सेना ने इतनी वीरता से युद्ध किया कि पाक सैनिकों के *छक्के* छूट गए।
- **छठी का दूध याद आना** *(दुर्गति होना)* एक तरफ़ से पुलिस और दूसरी तरफ़ से गाँव वालों से पिटते-पिटते उस अकेले चोर को *छठी का दूध* याद आ गया।
- **छाती पर साँप लोटना** *(ईर्ष्या से जल जाना)* कमलेश का विवाह अच्छे परिवार में होने पर उसके रिश्तेदारों की छाती पर साँप लोटने लगे हैं।
- **छोटा मुँह बड़ी बात** *(सीमा से अधिक बढ़कर बोलना)* जो लोग मोदीजी की विदेश-नीति का विरोध करते हैं, वे *छोटा मुँह बड़ी बात* करते हैं।
- **छुट्टी करना** *(काम से हटा देना)* अपने रिश्तेदार को नौकरी पर लगाने के लिए बॉस ने मेरी छुट्टी कर दी।

- **जमीन पर पैर न पड़ना** *(घमंड होना)* जब से रीना का प्रशासकीय सेवा में चयन हुआ है, उसके घरवालों के जमीन पर पैर नहीं पड़ रहे हैं। *(बड़े भाई साहब)* **CBSE 2010**
- **जले पर नमक छिड़कना** *(दु:ख पर और दु:ख देना)* विमला तो पहले ही शोक-संतप्त है, ऊपर से पड़ोसी ताने मारकर उसके जले पर नमक छिड़क रहे हैं। *(बड़े भाई साहब)* **CBSE 2010**
- **जान हथेली पर रखना** *(प्राणों की परवाह न करना)* सीमा पर तैनात सैनिक हमेशा अपनी *जान हथेली पर रखकर* अपना कर्त्तव्य निर्वहन करते हैं।
- **झख मारना** *(समय नष्ट करना या विवश होना)* अपने समय का अधिकतम उपयोग करो, झख मारने से क्या हासिल होने वाला है।
- **झंडा गाड़ना** *(पूर्णरूपेण अपना अधिकार जमाना)* सचिन तेंदुलकर ने विश्व क्रिकेट में अपना *झंडा गाड़* दिया है।
- **झाड़ू फेरना** *(नष्ट या बर्बाद कर देना)* वार्षिक परीक्षा के दौरान दुर्घटनाग्रस्त हो जाने से रोहित की सारी मेहनत पर *झाड़ू* फिर गई।

ट, ठ, ड, ढ

- **टका-सा जवाब देना** *(साफ़ इनकार कर देना)* मैंने मुसीबत में अपने मित्र से मदद माँगी, किंतु उसने मुझे *टका-सा जवाब* दे दिया।
- **टाँग अड़ाना** *(व्यर्थ में दखल देना)* जब प्रवीण को बात का पता ही नहीं था, तो उसने बेकार में ही अपनी *टाँग क्यों अड़ाई ?* **CBSE 2014**
- **टेढ़ी उँगुली से घी निकालना** *(बलपूर्वक काम निकालना)* रोहन मेरा पैसा काफ़ी समय से नहीं दे रहा है, लगता है *टेढ़ी उँगुली से घी निकालना* पड़ेगा।
- **ठंडा पड़ना** *(शांत होना)* इस मामले को ठंडा पड़ने दो तब उन लोगों से बात करेंगे। *(डायरी का एक पन्ना)*
- **ठोकरें खाना** *(मुसीबतें सहना)* जीवनलाल ने अपने पुत्र को अच्छी शिक्षा देने के लिए न जाने कहाँ-कहाँ की *ठोकरें खाईं*।
- **डींग हाँकना** *(अपनी बड़ाई करना)* सही व्यक्ति वह है, जो कार्य करके दिखाता है, केवल *डींग नहीं हाँकता*।
- **डेरा डालना** *(निवास करना)* साधु ने मंदिर में जाकर अपना डेरा डाल दिया। *(अब कहाँ दूसरे के दु:ख से दु:खी होने वाले)*
- **ढाक के तीन पात** *(सदा एक-सी दशा में रहना)* उसकी सोच ही ऐसी है कि वह हमेशा *ढाक के तीन पात* बना रहता है।
- **ढिंढोरा पीटना** *(प्रचार करना)* अपनी सफलता के राज़ का कभी *ढिंढोरा नहीं पीटना* चाहिए।
- **ढेर करना** *(मारकर गिरा देना)* यदि कोई शत्रु भिड़ जाए, तो उसे *ढेर कर देना* चाहिए।
- **ढाढ़स बाँधना** *(हिम्मत बँधाना)* कमज़ोर बच्चों का ढाढ़स बँधाते रहोगी तो वे भी मेहनत करने लगेंगे। *(सपनों के-से दिन)*

त, थ, द, ध, न

- **तितर-बितर हो जाना** *(बिखरकर भाग जाना)* रसोई गैस सिलेंडर की लाइन में 'साँप-साँप' का शोर मचते ही लाइन में लगे सभी लोग एक ही क्षण में *तितर-बितर* हो गए।
- **तिल का ताड़ बनाना** *(छोटी-सी बात को बढ़ा देना)* सरला की बेटी ने संजना के बेटे को थप्पड़ मार दिया। इस पर दोनों में झगड़ा होने लगा और कुछ ही देर में *तिल का ताड़ बन गया*।
- **तराज़ू पर तौलना** *(सही-गलत का फैसला करना)* जब भी बोलो तराज़ू पर तौलकर बोलो, जिससे कभी कोई उँगली न उठा सके। *(तीसरी कसम के शिल्पकार शैलेंद्र)*
- **थूककर चाटना** *(अपने कहे हुए से फिरना)* उसने कहा था कि मैं कभी यहाँ नहीं आऊँगा, आज यहाँ आकर उसने *थूककर चाट लिया*।
- **दाँत खट्टे करना** *(हराना)* भारतीय सैनिकों ने युद्ध के मैदान में पाकिस्तानी सेना के *दाँत खट्टे कर* दिए।
- **दाल न गलना** *(सफल न होना)* रजनी बहुत चालाक बनती थी। उसे नहीं पता मैं उस जैसी कई लड़कियों को रोज़ पढ़ाती हूँ। उसकी मेरे आगे *दाल नहीं गलने* वाली।
- **दिन दूनी रात चौगुनी उन्नति करना** *(निरंतर उन्नति करना)* अपनी मेहनत और लगन के बल पर जे.सी.बोस ने दिन *दूनी रात चौगुनी उन्नति* की।
- **दाँतों तले उँगली दबाना** *(हैरान होना)* ताजमहल की सुंदरता को देखकर अच्छे-अच्छे *दाँतों तले उँगली दबा* लेते हैं।
- **दूध का दूध पानी का पानी** *(पक्षपात रहित न्याय करना)* यह न्यायाधीश उस गरीब को न्याय अवश्य देगा, यह *दूध का दूध पानी का पानी* कर देगा।
- **दीवार खड़ी करना** *(दूरियाँ पैदा करना)* कुछ लोग अपने निजी स्वार्थ के लिए हिंदू और मुसलमानों के बीच दीवार खड़ी कर देते हैं। *(अब कहाँ दूसरे के दु:ख से दु:खी होने वाले)*
- **धज्जियाँ उड़ाना** *(बुरी तरह परास्त करना)* कनिका ने अपनी वाक्पटुता से विरोधियों की *धज्जियाँ उड़ाकर* रख दीं।
- **धाक जमाना** *(प्रभुता स्थापित करना)* शांति का नोबेल पुरस्कार पाने के बाद बराक ओबामा की पूरे विश्व में *धाक जम गई*।
- **धूल फाँकना** *(मारा-मारा फिरना)* उसकी शराब की लत ने उसे *धूल फाँकने के लिए* विवश कर दिया है।
- **नाक कटना** *(बेइज़्ज़ती होना)* भारतीय सेना में कुछ ऐसे व्यक्ति भी हैं, जो अपने कार्यों से देश *की नाक कटा* देते हैं।
- **नाकों चने चबवाना** *(खूब तंग करना)* कारगिल युद्ध में चोटियों पर तैनात भारतीय वीरों ने संख्या में कम होते हुए भी पाकिस्तानियों को *नाकों चने चबवा दिए*। **CBSE 2020**
- **नौ-दो ग्यारह होना** *(भाग जाना)* चोर ने जैसे—ही उस घर में भारी-भरकम कुत्ते को आते देखा, तो वह जल्दी से *नौ-दो ग्यारह हो गया*। **CBSE 2020, 14**
- **नज़र रखना** *(निगरानी करना)* प्रधानमंत्री जब यहाँ आकर भाषण देते हैं, तो पुलिस हर व्यक्ति पर नज़र रखती है। *(कारतूस)*

प, फ, ब, भ, म

- **पत्थर की लकीर होना** *(अटल होना)* राजा दशरथ के वचन *पत्थर की लकीर* थे।
- **पाँचों उँगलियाँ घी में होना** *(लाभ-ही-लाभ होना)* श्याम ने ज़मीन बहुत सस्ती खरीदी थी, आज उसके भाव एकदम से ऊँचे हो गए। अब तो श्याम की *पाँचों उँगलियाँ घी* में हैं।
- **फूटी आँख न सुहाना** *(तनिक भी न सुहाना)* सुनीता की सौतेली माँ को सुनीता *फूटी आँख नहीं सुहाती*। वह हमेशा उस पर अत्याचार करती रहती है।

- **फूला न समाना** *(बहुत खुश होना)* राधिका के इंजीनियरिंग में प्रथम आने का समाचार सुनकर उसके परिवारजन फूले नहीं समा रहे थे।
- **फरार होना** *(धोखा देकर भाग जाना)* कल रात जेल से चार कैदी फरार हो गए। *(हरिहर काका)*
- **बहती गंगा में हाथ धोना** *(अवसर का लाभ उठाना)* मुफ्त के बिस्कुट बँटते देखकर उसने भी *बहती गंगा में हाथ धोने* की सोची।
- **बाल भी बाँका न होना** *(कुछ भी न बिगड़ना)* वह सौ फुट गहरी खाई में गिरा, लेकिन उसका *बाल भी बाँका नहीं* हुआ।
- **बाल-बाल बचना** *(बहुत मुश्किल से बचना)* कल वायुसेना का एक हेलीकॉप्टर दुर्घटनाग्रस्त हो गया। उसमें सवार पायलट *बाल-बाल बचा*।
- **बाहु बढ़ाना** *(मदद के लिए आगे आना)* धनवानों को अपनी *बाहु बढ़ाकर* गरीबों की मदद करनी चाहिए। *(मनुष्यता)*
- **भांडा फोड़ना** *(भेद खोल देना)* जब एक चोर को पुलिस ने पकड़ा, तो मार के डर से उसने अपने सभी साथियों का *भांडा फोड़ दिया*।
- **भीगी बिल्ली बन जाना** *(भयभीत हो जाना)* अपराधी व्यक्ति पुलिस को देखते ही *भीगी बिल्ली बन* जाता है।
- **मक्खी मारना** *(व्यर्थ में समय नष्ट करना)* परीक्षा सिर पर होने पर भी सोहन *मक्खी मार रहा है*।
- **माथा ठनकना** *(अनिष्ट की आशंका होना)* घर पहुँचते ही मुख्य दरवाज़े को देखकर उसका *माथा ठनक* गया।
- **मिट्टी पलीद होना** *(दुर्दशा होना)* अपने कर्मों के कारण ही रावण की *मिट्टी पलीद* हुई थी।
- **मुट्ठीभर** *(बहुत कम)* हमारे मुट्ठीभर सैनिकों ने अपनी हारी हुई चौकी पर पुन: कब्ज़ा कर लिया। *(कारतूस)*
- **मुट्ठी गर्म करना** *(रिश्वत देना)* आजकल कोई भी काम करवाने के लिए सरकारी कर्मचारियों की *मुट्ठी गर्म करनी* पड़ती है। **CBSE 2012**

र, ल, व, श, श्र, स, ह, त्र, ज्ञ,

- **रंग में भंग पड़ना** *(खुशी में अवरोध आना)* हम लोग मज़े से कक्षा में शोर मचा रहे थे कि अचानक हमारी अध्यापिका ने कमरे में प्रवेश किया, उन्हें देखकर हमारे *रंग में भंग पड़ गया*।
- **राई का पहाड़ बनाना** *(छोटी-सी बात को बढ़ा-चढ़ाकर बताना)* तुम इतनी छोटी-सी बात का *राई का पहाड़* क्यों बना रहे हो? **CBSE 2014**
- **रफ़ूचक्कर होना** *(गायब होना)* पिताजी को आते देखकर हम सब मैदान से *रफ़ूचक्कर हो गए*।
- **रंग दिखाना** *(असलियत सामने लाना)* पहले तो मीठी-मीठी बातें करती थी, पर अब रंग दिखाने लगी है। मैं उस पर कैसे यकीन करूँ? *(डायरी का एक पन्ना)*
- **लकीर का फकीर होना** *(पुरानी मान्यताओं, रीति-रिवाज़ों का अंधानुकरण करना)* कुछ क्षेत्रों में विज्ञान की प्रगति भी कुछ नहीं कर सकी है। इस कारण वहाँ के निवासियों का *लकीर का फकीर होना* है।
- **लट्टू होना** *(मुग्ध हो जाना)* विदेशी पर्यटक ताजमहल की सुंदरता को देखकर *लट्टू हो जाते हैं*।
- **लुटिया डुबोना** *(काम को बुरी तरह बिगाड़ना)* चमचागिरी करने वालों ने कांग्रेस पार्टी की *लुटिया ही डुबो दी है*।
- **विपत्ति ढकेलना** *(संकट को दूर करना)* सच्चे वीर वही होते हैं, जो विपत्तियों को ढकेलकर आगे बढ़ते रहते हैं। *(मनुष्यता)*
- **विष उगलना** *(अत्यंत कटु वचन कहना)* कुछ दिनों से पाकिस्तानी राजनीतिज्ञ भारत के विरुद्ध *विष उगलने* में लगे हुए हैं।
- **शहद की छुरी होना** *(ऊपर से मधुर और भीतर से कटु होना)* देवकीनंदन देखने में भोला लगता है, किंतु वह *शहद की छुरी* है।
- **सिर न झुकने देना** *(अपमान न होने देना)* भले ही मेरी जान चली जाए, पर गलत काम करके देश का सिर नहीं झुकने दूँगा। *(कर चले हम फ़िदा)*
- **सूली पर चढ़ना** *(मृत्यु या कठिनता की परवाह न करना)* भारतीय क्रांतिकारी हँसते-हँसते *सूली पर चढ़* जाते थे।
- **श्री गणेश करना** *(शुभारंभ करना)* मोदी सरकार द्वारा पड़ोसी देशों से संबंध सुधारने का *श्री गणेश करना* एक शुभ संकेत है।
- **सड़कों की धूल चाटना** *(व्यर्थ में ही भटकना)* कई बार भाग्य खराब होने पर प्रतिभावान व्यक्ति को भी *सड़कों की धूल चाटनी* पड़ती है।
- **सिर-आँखों पर बिठाना** *(बहुत आदर करना)* ईमानदार व्यक्ति को *सिर-आँखों पर बिठाया* जाता है।
- **सिर पर कफ़न बाँधना** *(अपने प्राणों की परवाह न करना)* हमारे देश के सैनिक रणभूमि में अपने सिर पर *कफ़न बाँधकर उतरते* हैं। *(कर चले हम फ़िदा)* **CBSE 2014**
- **सिर पर चढ़ाना** *(अधिक छूट देना)* जब बच्चा बिगड़ रहा हो, तो उसे *सिर पर चढ़ाना ठीक नहीं* है।
- **सोने पे सुहागा होना** *(अच्छी वस्तु का और अच्छा होना)* मेरी बेटी पढ़ने में होशियार थी। जब से उसने लंबी कूद में स्वर्ण पदक प्राप्त किया, तब से *सोने पे सुहागा* हो गया।
- **हक्का-बक्का रह जाना** *(आश्चर्यचकित रह जाना)* इतनी छोटी उम्र में किए गए अपराध की बात सुनकर मैं *हक्का-बक्का रह गया* **CBSE 2012**
- **हवा से बातें करना** *(बहुत तेज़ दौड़ना)* हीरो होंडा मोटरसाइकिल जब चलती है, तब ऐसा लगता है जैसे *हवा से बातें कर रही है*। **CBSE 2012**
- **हाथ-पाँव मारना** *(प्रयास करना)* मधुर ने इस नौकरी को पाने के लिए बहुत *हाथ-पाँव मारे* थे।
- **हाथ धोकर पीछे पड़ना** *(पीछा न छोड़ना)* पुलिस इस बदमाश को पकड़े बिना मानने वाली नहीं है, वह *हाथ धोकर उसके पीछे* पड़ी है।
- **हुक्का-पानी बंद करना** *(जाति से बाहर कर देना)* जब राधेश्याम के लड़के ने गाँव के एक युवक की हत्या कर दी, तो गाँव के लोगों ने उसका *हुक्का-पानी बंद* कर दिया।
- **हाय-हाय करना** *(अपनी परेशानी बयाँ करना)* ज्यादा हाय-हाय करने से कोई मदद नहीं करता, चुपचाप काम करते रहो। *(सपनों के से दिन)*
- **त्राहि-त्राहि करना** *(रक्षा के लिए पुकारना)* कंस के घोर अत्याचारों से सारी पृथ्वी *त्राहि-त्राहि करने* लगी थी।
- **ज्ञान छाँटना** *(अपने ज्ञान का दिखावा या प्रदर्शन करना)* उस पंडित को कुछ आता नहीं, लेकिन तिलक लगाकर वह अपना *ज्ञान छाँटता* रहता है।

पाठ्यपुस्तक (स्पर्श भाग-2) में प्रयुक्त मुहावरे

- **आपा खोना** *(अत्यधिक क्रोध में आना)* बस कंडक्टर की गाली सुनकर छात्र *अपना आपा खो बैठा* और उसने कंडक्टर का कॉलर पकड़ लिया।
- **अँधियारा मिटना** *(अज्ञानता दूर हो जाना)* राजेश ने जैसे ही ज्ञानी महात्मा की बातें सुनीं, उसका सारा *अँधियारा मिट* गया।
- **घर जलाना** *(सब कुछ बलिदान कर देना)* देश को स्वतंत्रता दिलाने के लिए बहुत से आंदोलनकारियों ने अपने *घर जलाने में* भी संकोच नहीं किया।
- **अंधे के हाथ बटेर लगना** *(अयोग्य व्यक्ति को मूल्यवान वस्तु प्राप्त हो जाना)* कमाल की बात है! रजनी ने बीए तृतीय श्रेणी में उत्तीर्ण की है और उसे शानदार नौकरी मिल गई। यह तो *अंधे के हाथ बटेर लगने* जैसी बात हुई। **CBSE 2012**
- **आड़े हाथों लेना** *(खरी-खोटी सुनाना)* आज शीला को विद्यालय में बहुत देर हो गई थी, इसलिए घर पहुँचते ही उसकी माताजी ने उसे *आड़े हाथों लिया*। **CBSE 2020, 12**
- **उड़ जाना** *(गायब हो जाना)* आज सुबह से ही मैं अपने पर्स को तलाश कर रहा हूँ, न जाने कहाँ *उड़ गया* है।
- **खून जलाना** *(कठिन परिश्रम करना)* रीता ने अपने भाई का भविष्य बनाने के लिए अपना *खून जलाने* में भी परहेज नहीं किया।
- **गाढ़ी कमाई** *(मेहनत से की गई कमाई)* मुझे इस बात का बहुत दुःख है कि मेरे मित्र के पुत्र ने अपने पिता की *गाढ़ी कमाई* को शराब और जुए में गँवा दिया।
- **गिरह बाँधना** *(मन में बैठा लेना)* मैंने छोटे भाई से कहा कि इस बात को *गिरह बाँध* लो कि ईमानदारी का कोई विकल्प नहीं है।
- **घुड़कियाँ खाना** *(डाँट-डपट सहना)* तुम्हारे कर्म ही ऐसे हैं, जो दिन-रात माताजी से *घुड़कियाँ खाते* रहते हो।
- **चक्कर खाना** *(परेशान हो जाना)* आज का प्रश्न-पत्र इतना कठिन और लंबा था कि अच्छे-अच्छे पढ़ाकू भी *चक्कर खा गए*।
- **चुल्लू भर पानी देने वाला** *(कठिनाई भरे समय में मदद करने वाला)* तुमने इतना बुरा काम किया है कि तुम्हें अंतिम समय में कोई *चुल्लू भर पानी देने* वाला भी नहीं होगा।
- **ज़हर लगना** *(बुरा लगना)* रमेश को मेरी अच्छी बातें भी *ज़हर लगती* हैं।
- **जी ललचाना** *(लालच आ जाना)* गरम-गरम जलेबियाँ देखकर मेरा *जी ललचा गया*।
- **जी तोड़ मेहनत करना** *(बहुत मेहनत करना)* प्रिया इस बार कक्षा में प्रथम आने के प्रति गंभीर है। इसलिए वह *जी तोड़ मेहनत कर* रही है।
- **जिगर के टुकड़े-टुकड़े होना** *(दिल को भारी दुःख पहुँचना)* जब से अंकित को अपने फेल होने का पता चला है, उसके *जिगर के टुकड़े-टुकड़े हो गए* हैं।
- **तलवार खींचना** *(लड़ने को तैयार हो जाना)* मोहन से बहस मत करना, वह बात-बात पर *तलवार खींच* लेता है।
- **तीर मारना** *(बड़ा काम करना)* तुम तो ऐसे इतरा रहे हो जैसे पचास प्रतिशत अंक लाकर तुमने कोई *तीर मार* लिया हो।
- **दाँतों पसीना आना** *(बहुत परेशानी उठाना)* यह मकान इतनी दूर था कि मुझे इस मकान को ढूँढने में *दाँतों पसीना आ* गया। **CBSE 2020**
- **दिमाग होना** *(घमंड होना)* तुमने इस बार यह छोटी-सी कविता क्या सुना दी कि तुम्हारा तो *दिमाग हो* गया है।
- **टूट पड़ना** *(झपट पड़ना)* रानी लक्ष्मीबाई अपने शत्रुओं पर तलवार लेकर *टूट पड़ी*।
- **पहाड़ होना** *(बड़ी मुसीबत होना)* रात में जब आमिर का पर्स खो गया, तो सुबह तक इंतजार करने में उसे एक क्षण काटना भी *पहाड़ हो गया*।
- **पास न फटकना** *(नज़दीक आना)* जब मैं बीमार होकर अस्पताल में भर्ती हुआ था, उस समय कोई भी मित्र मेरे *पास नहीं फटकता* था कि कहीं उन्हें मेरी मदद न करनी पड़ जाए।
- **प्राण निकलना** *(भयभीत होना)* रात के बारह बजे घर से बीस किमी पहले उस अनजान सड़क पर मेरे स्कूटर का पेट्रोल खत्म हो गया, तो स्कूटर को पैदल खींचते-खींचते मुझे ऐसा लगा जैसे *मेरे प्राण निकलने* वाले हैं।
- **पन्ने रँगना** *(बेकार में लिखना)* मुझे संगीता का निबंध देखकर ऐसा लगा जैसे उसने यूँ ही *पन्ने रंगने* की कोशिश की है।
- **पापड़ बेलना** *(काम करना)* तुम्हें क्या लगता है कि मैं आज ऐसे ही मजे कर रहा हूँ? यहाँ तक आने के लिए मुझे बहुत *पापड़ बेलने पड़े* हैं।
- **पैसे-पैसे को मुहताज होना** *(बहुत गरीब हो जाना, भयंकर आर्थिक परेशानी होना)* गिरिराज को व्यापार में नुकसान क्या हुआ, वह *पैसे-पैसे को मुहताज* हो गया है।
- **बे-सिर-पैर की बातें** *(व्यर्थ की बातें)* कक्षा में जाकर पढ़ाई करो, यहाँ *बे-सिर-पैर की बातें* करने से कोई लाभ नहीं है।
- **बे-राह चलना** *(गलत मार्ग पर चलना)* कुछ दिनों से मुझे ऐसा लग रहा है कि शालिनी *बे-राह चलने* लगी है।
- **मुठभेड़ होना** *(आमना-सामना हो जाना)* कल रात तहसील रोड पर पुलिस और बदमाशों के बीच भयंकर *मुठभेड़ हुई*।
- **राह लेना** *(चले जाना)* यदि तुम्हें मुझसे कोई आवश्यक काम नहीं है, तो अपनी *राह लो*।
- **लगती बात** *(चुभती बात)* मुझे लगता है कि रजिया की बड़ी बहन रजिया से इसलिए नाराज़ है, क्योंकि रजिया ने उसे *लगती बात* कह दी थी।
- **लोहे के चने चबाना** *(बहुत संघर्ष करना)* इस बार दो माह तक बीमार होने के कारण उत्तीर्ण होने में मुझे *लोहे के चने चबाने पड़े*। **CBSE 2012**
- **शब्द चाटना** *(अच्छी तरह से पढ़ना)* दीपाली इस बार अपनी सफलता के लिए इसलिए निश्चिंत दिखाई दे रही है, क्योंकि उसने पुस्तकों का एक-एक *शब्द चाट लिया* है।
- **सिर फिरना** *(घमंडी हो जाना)* मुझे लगता है कि यशपाल को मिली इस सफलता से उसका *सिर फिर गया* है।
- **सिर पर तलवार लटकना** *(खतरा बने रहना)* बॉर्डर पर फौजियों के सिर पर *हमेशा नंगी तलवार लटकी रहती* है। **CBSE 2020**
- **हाथ लगना** *(मिल जाना, प्राप्त होना)* मुझे यह पुस्तक बहुत मेहनत करने के बाद *हाथ लगी* है।

- **हाथ डालना** *(काम आरंभ करना)* पिताजी कह रहे थे कि शुरू में उन्होंने जिस भी काम में *हाथ डाला*, उसी में नुकसान हुआ।
- **हाथों में लेना** *(काम की ज़िम्मेदारी स्वीकार करना)* मुझे अपने कर्त्तव्य का ज्ञान है, इसलिए मैंने इस काम को अपने *हाथों में लेने* का निश्चय किया है।
- **हाथ-पाँव फूल जाना** *(घबरा जाना)* जैसे ही गिरहकट ने स्वयं को दोनों ओर से पुलिस से घिरा हुआ देखा, उसके *हाथ-पाँव फूल गए*। **CBSE 2020**
- **हँसी-खेल होना** *(छोटी-मोटी बात होना)* ये डॉक्टरी की पढ़ाई है, कोई *हँसी-खेल* नहीं है।
- **हिम्मत टूटना** *(साहस समाप्त हो जाना)* आज मेरे मित्र ने ईमानदारी को व्यर्थ की बात कहा, तो मेरी ईमानदारी की *हिम्मत टूट गई*।
- **हेकड़ी जताना** *(अकड़ दिखाना, घमंड दिखाना)* आजकल के युवकों को पता नहीं क्या हो गया है, पहले तो एक युवक ने मेरी मोटर-साइकिल को टक्कर मारी और ऊपर से मुझे ही *हेकड़ी दिखाने लगा*। **CBSE 2010**
- **ठंडा पड़ना** *(कम हो जाना, ढीला पड़ जाना)* जैसे ही नेताजी का शहर का दौरा समाप्त हुआ, सड़कों पर होने वाला सरकारी काम *ठंडा पड़ गया*।
- **रंग दिखाना** (असर दिखाना) जब से डीजल की कीमतें बढ़ी हैं, बस वालों ने भी *रंग दिखाना* शुरू कर दिया है।
- **आँखों में तैरना** *(याद आना, मन में प्रकट होने लगना)* कभी-कभी विभा को ऐसा लगता है कि जैसे उसके अपने बचपन के दिन *आँखों में तैरने* लगे हैं।
- **खुशी का ठिकाना न रहना** *(अत्यंत प्रसन्न होना)* जब मैंने अपनी पहली कमाई से यह साइकिल खरीदी थी, तो मेरी *खुशी का ठिकाना* न रहा।
- **बाट जोहना** *(इंतजार करना)* मीराबाई पूरी उम्र श्रीकृष्ण की *बाट जोहती* रही।
- **राह न सूझना** *(उपाय न मिलना)* मुसीबत की इस घड़ी में माधुरी को कोई *राह नहीं सूझ* रही।
- **आवाज़ उठाना** *(विद्रोह करना)* अंग्रेज़ों के विरुद्ध भारतीयों ने *आवाज़ उठाई*।
- **सुध-बुध खोना** *(अपने होश में न रहना, अपने वश में न रहना)* जैसे ही मीताली को अपने पुत्र की मृत्यु का दुःखद समाचार मिला, उसकी *सुध-बुध खो गई*। **CBSE 2019**
- **सुराग न मिलना** *(पता न चलना)* तीन दिन हो गए हैं, लेकिन मेरे कुत्ते का *सुराग ही नहीं मिल पा* रहा है।
- **तराजू पर तौलना** *(सही-गलत का निर्णय करना)* एक प्रसिद्ध महात्मा ने कहा था कि कोई बात कहने से पहले उसे सौ बार *तराजू पर तौल* लेना चाहिए।
- **सातवें आसमान पर होना** *(ऊँचाई पर होना)* जब से रंजीत के पुत्र की एयरफोर्स में नियुक्ति हुई है, उसका दिमाग *सातवें आसमान पर* है।
- **हावी होना** *(प्रभावी होना, सामने वाले को अपने प्रभाव में ले आना)* किशोर से सावधान रहना, ज़रा भी कमज़ोर हुए तो वह तुम पर *हावी हो* जाएगा।
- **चेहरा मुरझाना** *(उदास होना)* राकेश की माँ ने उसे खिलौना नहीं दिलाया तो उसका *चेहरा मुरझा* गया।
- **चक्कर खा जाना** *(उलझ जाना)* राधा की चतुराई देखकर पिताजी भी *चक्कर खा* गए।
- **दो से चार बनाना** *(हेरा-फेरी करना)* 'तीसरी कसम' फिल्म की संवेदना किसी *दो से चार बनाने* वाले की समझ से परे है।
- **आँखों से बोलना** *(इशारे में बोलना)* राजकपूर को *आँखों से बोलने* वाला अभिनेता माना जाता है।

पूरक पुस्तक (संचयन भाग-2) में प्रयुक्त मुहावरे

- **आँख भर आना** *(आँसू आ जाना)* मुझे यह फ़िल्म इतनी अच्छी लगी कि देखने के दौरान ही कई बार मेरी *आँखें भर आईं*।
- **खून खौलना** *(गुस्से में आ जाना)* कारगिल युद्ध में अनेक जवानों के शहीद होने का समाचार मिलते ही हर भारतवासी का *खून खौलने* लगा।
- **गिद्ध दृष्टि** *(बुरी नज़रें)* आजकल समय इतना खराब हो गया है कि छोटे बच्चों को बुरे लोगों की *गिद्ध दृष्टि* से हर समय बचाना पड़ता है।
- **तू-तू , मैं-मैं होना** *(झगड़ा होना)* आज सुबह मेरी अपनी बहन से *तू-तू , मैं-मैं* हो गई।
- **तूती बोलना** *(बहुत प्रभाव होना)* बांग्लादेश निर्माण के बाद इंदिरा गाँधी की विश्वभर में *तूती बोलने* लगी।
- **दिल पसीजना** *(मन में दया का भाव आ जाना)* उस बूढ़े भिखारी को इतनी सर्दी में केवल एक फटी चादर ओढ़े देखकर *मेरा दिल पसीज गया*।
- **दूध की मक्खी** *(बेकार की वस्तु)* मैंने लंबे समय तक उस व्यापारी की सेवा की और आज मेरा हाथ टूट जाने पर वह मुझे *दूध की मक्खी* समझने लगा है।
- **धमाचौकड़ी मचाना** *(उछल-कूद करना, शैतानी करना)* जैसे ही छुट्टी का घंटा बजा, छात्रों की *धमाचौकड़ी मचनी* शुरू हो गई।
- **फरार होना** *(भाग जाना)* चोर इतना चालाक था कि उसने सिपाही की लापरवाही का फायदा उठाया और *फरार हो गया*।
- **फूटी आँख न सुहाना** *(तनिक भी न सुहाना (अच्छा लगना)* नीता की सौतेली माँ को नीता *फूटी आँख नहीं सुहाती*। वह हमेशा उस पर अत्याचार करती रहती है।
- **रँगे हाथ पकड़ना** *(गलती करते हुए पकड़े जाना)* आज सुबह कक्षा में विनीत, विनय के बैग से उसकी किताब चुराते हुए *रँगे हाथ पकड़ा गया*।
- **आँख बचाना** *(नजरें बचाना, चुपचाप निकल जाना)* मैं मीटिंग में से *आँख बचाकर* निकलना चाहता था, पर बॉस ने देख लिया और अपने पास बिठा लिया।
- **खाल खींचना** *(दंड देना)* थानेदार ने गली के गुंडों को धमकाते हुए कहा कि जल्दी से चोर को हवाले कर दे वरना यह उनकी *खाल खींच* लेना।
- **चमड़ी उधेड़ना** *(कठिन सजा देना)* पुलिस ने मार-मारकर चोर की *चमड़ी उधेड़* दी।
- **ढाढ़स बँधाना** *(हिम्मत बँधाना)* कमजोर बच्चों का *ढाढ़स बँधाते* रहोगी, तो वे भी मेहनत करने लगेंगे।

- **तरस खाना** *(दया करना)* ठंड में काँपते हुए उस भिखारी पर *तरस खाकर* मैंने अपना कंबल उसी को दे दिया।
- **दिन गिनना** *(बेसब्री से इंतजार करना)* मैं अपने ट्रांसफर के *दिन गिन* रहा हूँ, देखते हैं, कब तक होता है।
- **हाय-हाय करना** *(अपनी परेशानी बयाँ करना)* ज्यादा *हाय-हाय करने* से कोई मदद नहीं करता, चुपचाप काम करते रहो।
- **आसमान सिर पर उठाना** *(बहुत उत्पात करना)* जीवन की माँ थोड़ी देर के लिए बाज़ार क्या गई, जतिन ने रो-रोकर *आसमान सिर पर उठा* लिया।
- **एक टाँग पर खड़े होना** *(पूरी लगन से काम करना)* उसने अपने बीमार पिता की सेवा *एक टाँग पर खड़े* होकर की है।
- **जाड़ा खाना** (ठंड लगकर बीमार पड़ जाना) सर्दियों में पूरे कपड़े पहनो। *जाड़ा खा गया,* तो कुछ भी नहीं कर पाओगे।
- **दिल टूटना** *(निराश होना)* जब मेरे दोस्त ने भी मुसीबत के समय मेरी मदद नहीं की, तो मेरा *दिल टूट* गया।
- **दिल फड़कना** *(बहुत खुश होना)* लॉटरी निकलने का समाचार मिलते ही मेरा *दिल फड़कने* लगा।
- **मुँह लगाना** *(बहुत स्वतंत्रता देना)* ऐसे घटिया लोगों को मैं *मुँह नहीं लगाता।*

अभ्यास प्रश्न

बहुविकल्पीय व वर्णनात्मक प्रश्नों सहित

बहुविकल्पीय प्रश्न

1. मुहावरे और अर्थ के उचित मेल वाले विकल्प का चयन कीजिए CBSE SQP 2023

(क) तूती बोलना–मुसीबत में फँसना
(ख) दूध की मक्खी–अनुपयोगी
(ग) लोहा मानना–कठिन काम करना
(घ) टूट पड़ना–काम शुरू करना

2. सोहन (राकेश से) असफलता ही सफलता की जननी है, इसलिए जी छोटा मत कीजिए
वाक्य में रेखांकित मुहावरे का अर्थ पहचानिए CBSE SQP (Additional Set) 2023

(क) अनुभवी होना (ख) अपना दुखड़ा रोना
(ग) चिड़चिड़ा नहीं होना (घ) हतोत्साहित नहीं होना।

3. 'चक्कर खाना' मुहावरे का उपयुक्त अर्थ है CBSE 2023

(क) बेहोश होना (ख) गोल घूमना
(ग) भ्रमित होना (घ) भ्रमण करना

4. बहुत से लोगों की दूसरे के काम में ······· बुरी आदत होती है। रिक्त स्थान की पूर्ति सही मुहावरे से कीजिए दक्षता आधारित प्रश्न

(क) डींग मारना (ख) तीन तेरह करना
(ग) टाँग अड़ाना (घ) ढोंग रचाना

5. 'निराशा के बादल छँटना' मुहावरे का सही अर्थ है CBSE Term I 2021

(क) कुछ अच्छा होना
(ख) परेशान होना
(ग) उदासी दूर होना
(घ) दु:खी हो जाना

6. 'किसी को धोखा देना' अर्थ के लिए उपयुक्त मुहावरा है CBSE SQP (Additional Set) 2023

(क) आँखों से बोलना (ख) आड़े हाथों लेना
(ग) काम तमाम कर देना (घ) आँखों में धूल झोंकना

7. अमर : पता नही सुरेश कब तक अपने भाई की ·········· रहेगा।
कमल: हाँ, क्यों नहीं वह कोई नौकरी तलाश करता।
रिक्त स्थान के लिए सबसे उचित मुहावरा चुनकर वाक्य पूरा कीजिए दक्षता आधारित प्रश्न

(क) छक्के छुड़ाना (ख) छाती पर मूँग दलना
(ग) चूना लगाना (घ) घोड़े बेचकर सोना

8. 'बुरी तरह पीड़ा पहुँचाना' अर्थ के लिए उपयुक्त मुहावरा है CBSE 2024

(क) हेकड़ी जताना (ख) छुट्टी करना
(ग) हाथ तोड़ना (घ) खाल खींचना

9. मुहावरे और अर्थ के उचित मेल वाले विकल्प का चयन कीजिए दक्षता आधारित प्रश्न

(क) गिरह बाँधना—मार डालना
(ख) तलवार खींचना—सब कुछ नष्ट करना
(ग) पन्ने रँगना—व्यर्थ में लिखना
(घ) कदम उठाना—सामना करना

10. ''मास्टर जी को धोखा देना आसान नहीं वे तो ·········· लेते हैं।'' वाक्य में रिक्त स्थान की पूर्ति उचित मुहावरे द्वारा कीजिए CBSE 2024

(क) आग-बबूला होना
(ख) उड़ती चिड़िया के पर गिनना
(ग) जमीन-आसमान एक करना
(घ) तिल का ताड़ बनाना

11. 'परेशानी देखकर घबरा जाना' अर्थ के लिए उपयुक्त मुहावरा है **CBSE SQP 2023**

(क) हाथ-पाँव फूल जाना (ख) प्राण ले लेना
(ग) सिर फिरना (घ) ठंडा पड़ना

12. 'व्यंग्य करना' वाक्यांश के लिए उपयुक्त मुहावरा है **CBSE Term I 2021**

(क) सूक्ति बाण चलाना (ख) आड़े हाथों लेना
(ग) दाँतों पसीना आना (घ) बहुत फज़ीहत करना

13. दुष्ट व्यक्ति को चाहे जितना समझाओ, उसके ....। उपयुक्त मुहावरे से रिक्त स्थान की पूर्ति कीजिए

(क) छाँह न छूने देना (ख) मक्खी नाक पर न बैठने देना
(ग) कान पर जूँ न रेंगना (घ) बाल बाँका न होना

14. 'अयोग्य को कोई महत्त्वपूर्ण वस्तु मिलना' के लिए उपयुक्त मुहावरा है **CBSE SQP 2022**

(क) दाँतों तले उँगली दबाना
(ख) अंधे के हाथ बटेर लगना
(ग) अंधे की लाठी बनना
(घ) मोह-माया के बंधन में पड़ना

15. 'अंधे के हाथ बटेर लगना' का अर्थ है **CBSE SQP Term I 2021**

(क) अच्छा भाग्य
(ख) अच्छी वस्तु प्राप्त होना
(ग) भाग्यवश अच्छी वस्तु प्राप्त होना
(घ) अंधे व्यक्ति को बटेर प्राप्त होना

16. मुहावरे और उसके अर्थ की सही जोड़ी वाला विकल्प पहचानिए **दक्षता आधारित प्रश्न**

1. गूँगे का गुड़ – गूँगे के साथ बहरा होना
2. अंगारे सिर पर धरना – प्रभुत्व स्थापित करना
3. अंबर के तारे गिनना – नींद नहीं आना
4. काया पलट देना – बड़ा परिवर्तन होना

(क) 1, 2 और 3 सही हैं (ख) 1, 2 और 4 सही हैं
(ग) 1 और 2 दोनों सही हैं (घ) 3 और 4 सही हैं

17. अभिषेक: बेटी के विवाह में लड़के वालों से क्या अनबन हो गई थी?
प्रांजल : कुछ भी कार्य ठीक से नहीं हो सका और सारी इच्छाएँ .... गई।
रिक्त स्थान के लिए सबसे उचित मुहावरा चुनकर वाक्य पूरा कीजिए **दक्षता आधारित प्रश्न**

(क) बेसिर पैर की बातें करना
(ख) भगवान को प्यारा हो जाना
(ग) मन-की-मन में रह जाना
(घ) मन मसोसकर रह जाना

18. ''महँगाई इतनी है कि <u>बहुत परिश्रम करने</u> के बाद भी घर का गुजारा नहीं चलता वाक्य में रेखांकित अंश के लिए कौन-सा मुहावरा प्रयुक्त करना उचित रहेगा? **CBSE 2024**

(क) खाक छानना (ख) सिर पर कफन बाँधना
(ग) नक्शा बनाना (घ) दिन-रात एक करना

19. 'बहुत खुश होना' अर्थ के लिए उपयुक्त मुहावरा है **CBSE 2023**

(क) हाथ-पाँव फूल जाना
(ख) फूलकर कुप्पा हो जाना
(ग) सातवें आसमान पर होना
(घ) फूटी आँख न सुहाना

20. ईश्वर को पाने के लिए .... ही पड़ता है। रिक्त स्थान की पूर्ति के लिए उपयुक्त मुहावरे का चयन कीजिए **CBSE Term I 2021**

(क) बेराह चलना (ख) आपा खोना
(ग) मुँह की खाना (घ) लोहा मानना

21. अध्यापक द्वारा प्रश्न पूछे जाने पर छात्र .... लगे। रिक्त स्थान की पूर्ति सटीक मुहावरे से कीजिए। **दक्षता आधारित प्रश्न**

(क) दूज का चाँद होना (ख) बगले झाँकना
(ग) भेड़िया धसान होना (घ) प्राणों की बाजी लगाना

22. मुहावरे और अर्थ के उचित मेल वाले विकल्प का चयन कर लिखिए। **CBSE 2024**

(क) तू-तू, मैं-मैं — लड़ाई-झगड़ा
(ख) तारे गिनना — समय का हिसाब लगाना
(ग) दाँतों तले उँगली दबाना — बूते से बाहर होना
(घ) बाल-बाल बचना — गंजे होने से बचना

23. सैनिकों, शत्रु का सामना करने के लिए .... लो। रिक्त स्थान की पूर्ति के लिए उपयुक्त विकल्प का चयन कीजिए **CBSE SQP (Additional Set) 2023**

(क) हथियार उठा (ख) सामान बाँध
(ग) सर पर कफ़न बाँध (घ) आवाज़ उठा

24. मुहावरे और अर्थ के उचित मेल वाले विकल्प का चयन कीजिए **CBSE SQP (Additional Set) 2023**

(क) आवाज़ उठाना — विरोध करना
(ख) खून जलाना — थक जाना
(ग) चेहरा मुरझाना — दु:खी होना
(घ) जान बख्श देना — जाने देना

25. 'अपना-सा मुँह लेकर रह जाना' मुहावरे के लिए सही परिस्थिति पहचानिए **CBSE SQP (Additional Set) 2023**

(क) सोनिया द्वारा मनीषा से पुस्तक माँगना
(ख) मित्रों के सामने माँ के द्वारा पुत्र को डाँटा जाना
(ग) शहर की ऊँची इमारतों का अचानक ढह जाना
(घ) पुत्र द्वारा पिता को समाज में सम्मान दिलाया जाना

26. बड़े भाई साहब ऐसी-ऐसी लगती बातें कहते कि मेरी .... जाती **CBSE 2023**
रिक्त स्थान की पूर्ति के लिए उपयुक्त विकल्प चुनकर लिखिए

(क) तूती बोलना (ख) खून खोलना
(ग) हिम्मत टूटना (घ) दिल पसीजना

27. **हर्ष: कारगिल युद्ध का क्या परिणाम हुआ था?**
रोहित: भारतीय सेना के सामने जल्द ही दुश्मन की सेना ने .... थे।
रिक्त स्थान के लिए सबसे उचित मुहावरा चुनकर वाक्य पुरा कीजिए **CBSE SQP (Additional Set) 2023**
(क) हाथ फैला दिए
(ख) छक्के छुड़ा दिए
(ग) अँगूठे दिखा दिए
(घ) हथियार डाल दिए

28. **मुहावरे और उनके अर्थ के सही मिलान वाला विकल्प चुनिए**
दक्षता आधारित प्रश्न, CBSE SQP (Additional Set) 2023

मुहावरे	अर्थ
1. ढिंढोरा पीटना	(i) डींग हाँकना
2. ग़ज़ब ढाना	(ii) चालाकी में आगे होना
3. कान काटना	(iii) घोषणा करना
4. गाल बजाना	(iv) कमाल करना

(क) 1-(iii), 2-(ii), 3-(i), 4-(iv)
(ख) 1-(i), 2-(iii), 3-(ii), 4-(iv)
(ग) 1-(iii), 2-(iv), 3-(ii), 4-(i)
(घ) 1-(iv), 3-(ii), 3-(iii), 4-(i)

29. **'कक्षा में प्रथम स्थान पाने के लिए उसने .... दिया।' रिक्त स्थान की पूर्ति निम्नलिखित में से उपयुक्त मुहावरे से कीजिए** **CBSE 2023**
(क) नाको चने चबाना (ख) अपना रंग दिखाना
(ग) ओखली में सिर देना (घ) रात-दिन एक करना

30. **'काम तमाम करना' मुहावरे का सही अर्थ है** **CBSE 2024**
(क) अंत करना (ख) कार्य समाप्त करना
(ग) आराम करना (घ) लक्ष्य तक पहुँचाना

31. **सेठ दीनदयाल अपने क्षेत्र के जाने-माने व्यापारी हैं।......... के द्वारा ही उनकी गिनती चुने हुए धनवानों में होती है।**
रिक्त स्थान की पूर्ति के लिए उपयुक्त विकल्प का चयन कीजिए **CBSE SQP 2023**
(क) सातवें आसमान पर होने
(ख) नतमस्तक होने
(ग) हवा में उड़ने
(घ) दो से चार बनाने के गणित

32. **रेखांकित अंश के लिए कौन-सा मुहावरा प्रयुक्त करना उचित रहेगा?**
वह व्यापार करने के योग्य नहीं है, क्योंकि उसे अधिक मुनाफा कमाना नहीं आता। **CBSE SQP (Additional Set) 2023**
(क) पाँच से दस बनाना (ख) दो से चार बनाना
(ग) तीन से छह बनाना (घ) एक से दो बनाना

33. **निम्नलिखित युग्मों पर विचार कीजिए** **CBSE 2023**
1. **सहज रहना - जागरूक होना**
2. **रंग दिखाना - प्रभाव दिखाना**
3. **दिमाग होना - बुद्धिमान होना**
4. **खून जलाना - तिरस्कार करना**

उपर्युक्त युग्मों में से कौन-सा युग्म सही सुमेलित है?
(क) 1 और 2 दोनों (ख) 3 और 4 दोनों
(ग) 1 और 3 दोनों (घ) 2 और 4 दोनों

34. **अभी तो बहुत मज़े कर रहे हो, जब वार्षिक परीक्षाएँ आएँगी तो .... जाएगा।** **CBSE SQP (Additional Set) 2023**
(क) दाँतों पसीना आ
(ख) आटे-दाल का भाव मालूम हो
(ग) दिमाग चक्कर खाने लग
(घ) आँधी रोग हो

35. **निम्नलिखित युग्मों पर विचार कीजिए** **CBSE 2024**

स्तंभ-1	स्तंभ-2
1. लाज रखना	सम्मान की रक्षा करना
2. आपा खोना	अहंकार समाप्त होना/नियंत्रण खोना
3. छक्के छुड़ाना	मैदान मारना
4. मुँह बंद होना	अंत समय नजदीक होना

उपर्युक्त युग्मों में से कौन-से सही सुमेलित हैं?
(क) 1 और 2 (ख) 2 और 3
(ग) 1 और 3 (घ) 2 और 4

अतिलघु/लघु उत्तरीय प्रश्न

1. **'मुहावरा' का अरबी भाषा में क्या अर्थ है?**
2. **मुहावरों का प्रयोग भाषा में क्यों किया जाता है?**
3. **मुहावरे और लोकोक्ति में अंतर स्पष्ट कीजिए।**
4. **निम्नलिखित मुहावरों का अपने वाक्यों में इस प्रकार प्रयोग कीजिए कि उनका अर्थ स्पष्ट हो जाए**
(i) बाएँ हाथ का खेल होना **CBSE 2020, 15**
(ii) नमक मिर्च मिलाना
(iii) लाल-पीला होना **CBSE 2014**
(iv) तूती बोलना
(v) खुशी का ठिकाना न रहना
(vi) अपना राग अलापना
(vii) दिल मसोस कर रह जाना **CBSE 2018**
(viii) पलकों पर बिठाना **CBSE 2013**
(ix) छाती पर मूँग दलना
(x) एक लाठी से हाँकना **CBSE 2016**

(xi) एकटक निहारना

(xii) सपनों के महल बनाना **CBSE 2020**

(xiii) बाट जोहना

(xiv) प्राणांतक परिश्रम करना **CBSE 2020**

(xv) प्राण सूखना

(xvi) बूते से बाहर होना

(xvii) बेराह चलना

(xviii) हाथ फैलाना **CBSE 2020**

5. निम्नलिखित वाक्यों को उचित मुहावरों से पूरा कीजिए

(i) सच्चे शूरवीर देश की रक्षा में प्राणों की .... हैं। **CBSE 2015**

(ii) गरीब माँ-बाप अपना .... कर बच्चों को पढ़ाते हैं और वे उनकी चिंता नहीं करते। **CBSE 2016**

(iii) यह जानकर कि कुत्ता जनरल के भाई का है, ओचुमेलॉव ने .... लिया। **CBSE 2019, 15**

(iv) माँ अपने बच्चे को मुसीबत में देखकर .... देती है। **CBSE 2014**

(v) सफलता पाने के लिए बहुत .... पड़ते हैं। **CBSE 2012**

(vi) बुद्धिमान व्यापारी .... की कला में निपुण होते हैं। **CBSE 2018**

(vii) सुनामी के प्रकोप के बाद आम व्यक्ति के जीवन को .... में सालों लग गए। **CBSE 2012**

(viii) उसके विरुद्ध तुम मेरे .... हो। **CBSE 2016**

(ix) जब से रंजीत का पुत्र एयरफोर्स में नियुक्त हुआ है, उसका दिमाग .... पर है।

(x) रोशन इतना निर्लज्ज है कि अपने पिताजी की मृत्यु के समय भी अपना .... लगा रहा।

(xi) रोहन मेरा पैसा काफ़ी समय से नहीं दे रहा है, लगता है .... पड़ेगा।

(xii) एक तो वह पुलिस से पिटा और ऊपर से तुम्हारे पिताजी ने उसे खरी-खोटी सुनाकर उसके .... दिया।

6. सर्वाधिक उपयुक्त मुहावरे से निम्नलिखित वाक्यों के रिक्त स्थानों की पूर्ति कीजिए **CBSE 2010**

(i) प्रधानाचार्य ने विद्यालय में अनुशासनहीनता के कारण सभी विद्यार्थियों को .... ।

(ii) वीर संतानों ने .... देश की रक्षा की।

(iii) प्रतियोगी परीक्षाएँ कोई मज़ाक नहीं हैं। प्रश्न हल करने में .... आ जाता है।

(iv) जैसे ही मीरा को पता चला कि उसे बोर्ड की परीक्षा में प्रथम स्थान प्राप्त हुआ है, तो उसकी .... ।

(v) श्रीकृष्ण के प्रेम में राधा अपनी .... खो बैठी।

(vi) रविवार को प्रदर्शनी देखने के लिए लोगों की भारी भीड़ .... ।

(vii) अन्याय के विरुद्ध .... हमारा कर्त्तव्य है।

(viii) लॉटरी निकल आने पर पूरे गाँव में रामू की .... लगी।

(ix) राजेश को चकमा देना सरल काम नहीं है, उसने तो .... पी रखा है।

(x) पुलिस ने रिश्वत लेकर मामले को .... दिया।

7. निम्नलिखित मुहावरों का अर्थ बताइए

(i) चेहरा मुरझाना **CBSE 2016**

(ii) गिरह बाँधना **CBSE 2016**

(iii) घड़ों पानी पड़ना **CBSE 2012**

(iv) इल्म होना **CBSE 2018, 12**

(v) कानों-कान खबर न होना **CBSE 2018**

(vi) मत्थे मढ़ना **CBSE 2012**

(vii) बाट जोहना **CBSE 2010**

(viii) प्राण सूख जाना

(ix) दुआ माँगना

(x) सुराग न मिलना **CBSE 2010**

(xi) आँखें फोड़ना **CBSE 2010**

8. निम्नलिखित वाक्यों के अर्थ लिखकर उनका वाक्यों में प्रयोग कीजिए

(i) मिट्टी के मोल बिकना **CBSE 2015**

(ii) सजग रहना

(iii) मौत सिर पर होना

(iv) चेहरा मुरझा जाना **CBSE 2020, 16**

(v) जान बख्श देना **CBSE 2020**

9. निम्नलिखित वाक्यों के रिक्त स्थानों की पूर्ति उचित मुहावरों द्वारा कीजिए

(i) वज़ीर अली कर्नल की .... भाग गया।

(ii) राजकपूर की अभिनय क्षमता के कारण उन्हें देश में ही नहीं, विदेशों में भी .... गया।

(iii) व्यर्थ .... से कुछ नहीं होगा, सच्चाई जानो।

(iv) चुनाव में दोनों दलों ने खूब प्रचार किया है, देखना है कि .... बैठता है।

(v) ईश्वर न करे, आज मैं बीमार पड़ जाऊँ, तो तुम्हारे ऊपर .... टूट जाएँगे।

(vi) दूसरों पर .... के बदले अपना काम ज़ल्दी पूरा करो।

(vii) वह मेरा धन नहीं दे रहा है, लगता है ....। **CBSE 2015**

(viii) विशेषज्ञ विद्वान को समझाना ऐसा ही है जैसे ....। **CBSE 2019**

(ix) गणित का गृहकार्य करना मुझे ·········· प्रतीत होता है।

(x) मनुष्य को विपरीत परिस्थितियों में हमेशा ·········· चाहिए। **CBSE 2019**

(xi) मुझे ·········· मत समझना, मैं तुम्हारी हर चाल समझता हूँ।

(xii) तुम तो हर छोटी-बड़ी बात पर ·········· लेते हो। **CBSE 2019**

(xiii) भारतीय सैनिकों ने दुश्मन की सेना के ·········· दिए। **CBSE 2019**

10. निम्नलिखित मुहावरों का अर्थ बताइए

(i) आग-बबूला होना **CBSE 2013**

(ii) आटे-दाल का भाव मालूम होना

(iii) ज़मीन पर पाँव नहीं पड़ना

(iv) हेकड़ी जताना **CBSE 2016**

11. निम्नलिखित मुहावरों को उनके उचित अर्थ से मिलाइए **दक्षता आधारित प्रश्न**

मुहावरे	अर्थ
(i) उँगली पर नचाना	(a) धोखा देना
(ii) ओले पड़ना	(b) वश में रखना
(iii) चकमा देना	(c) विपत्ति आना
(iv) दाँत खट्टे करना	(d) हराना
(v) नींद हराम होना	(e) भय के कारण विनम्र हो जाना
(vi) पेट में बल पड़ना	(f) चिंता के कारण सो न पाना
(vii) पगड़ी उछालना	(g) भेद खोलना
(viii) भीगी बिल्ली बनना	(h) चापलूसी करना
(ix) भंडा फोड़ना	(i) इतना हँसना कि पेट दुखने लगे
(x) मक्खन लगाना	(j) अपमान करना

व्याख्या सहित उत्तर

बहुविकल्पीय प्रश्न

1. (ख) दूध की मक्खी—अनुपयोगी

2. (घ) हतोत्साहित नहीं होना

3. (ग) भ्रमित होना

4. (ग) टाँग अड़ाना

5. (ग) उदासी दूर होना

6. (घ) आँखों में धूल झोंकना

7. (ख) छाती पर मूँग दलना

8. (घ) खाल खींचना

9. (ग) पन्ने रँगना—व्यर्थ में लिखना

10. (ख) उड़ती चिड़िया के पर गिनना

11. (क) हाथ-पाँव फूल जाना

12. (क) सूक्ति बाण चलाना

13. (ग) कान पर जूँ न रेंगना

14. (ख) अंधे के हाथ बटेर लगना

15. (ग) भाग्यवश अच्छी वस्तु प्राप्त होना

16. (घ) 3 और 4 सही हैं

17. (ग) मन-की-मन में रह जाना

18. (घ) दिन-रात एक करना

19. (ग) साँतवे आसमान पर होना

20. (ख) आपा खोना

21. (ख) बगले झाँकना

22. (क) तू-तू, मैं-मैं – लड़ाई-झगड़ा

23. (क) हथियार उठा

24. (ख) खून जलाना-थक जाना

25. (ख) मित्रों के सामने माँ के द्वारा पुत्र को डाँटा जाना

26. (ग) हिम्मत टूटना

27. (ख) छक्के छुड़ा दिए

28. (ग) 1-(iii), 2-(iv), 3-(ii), 4-(i)

29. (घ) रात-दिन एक करना

30. (क) अंत करना

31. (घ) दो से चार बनाने के गणित

32. (ख) दो से चार बनाना

33. (ग) 1 और 3 दोनों

34. (ग) दिमाग चक्कर खाने लग

35. (क) 1 और 2

अतिलघु/लघु उत्तरीय प्रश्न

1. 'मुहावरा' अरबी भाषा का शब्द है, जिसका अर्थ है—अभ्यास।

2. मुहावरों का प्रयोग करने से भाषा का सौंदर्य, चमत्कार तथा प्रभाव बढ़ जाता है। इसलिए भाषा में मुहावरों का प्रयोग किया जाता है।

3. मुहावरे और लोकोक्ति में निम्नलिखित अंतर हैं

(i) मुहावरा एक वाक्यांश होता है, जबकि लोकोक्ति अपने आप में पूरा वाक्य होता है।

(ii) मुहावरे में काल, वचन एवं पुरुष के अनुरूप परिवर्तन हो जाता है, जबकि लोकोक्ति में किसी भी प्रकार का परिवर्तन नहीं होता है।

4. (i) चोरों के लिए ताले तोड़ना बाएँ हाथ का खेल है।

(ii) रमेश के दोस्त ने प्रधानाचार्य से उसकी नमक-मिर्च मिलाकर शिकायत कर दी।

(iii) छोटी-छोटी बातों पर लाल-पीला होना व्यक्ति की चारित्रिक दुर्बलता होती है।

(iv) आजकल समाज में क्रिकेट खिलाड़ियों की तूती बोलती है।

(v) जब मैंने अपनी पहली कमाई से यह साइकिल खरीदी थी, तो मेरी खुशी का ठिकाना नहीं रहा था।

(vi) तुम दूसरों की तो सुनते नहीं हो, केवल अपना राग अलापते रहते हो।

(vii) राम सब कुछ जानते हुए भी दिल मसोस कर रह गया।

(viii) हमें अपने माता-पिता को पलकों पर बिठाना चाहिए।

(ix) आजकल अभिनव का पड़ोसी उसकी छाती पर मूँग दलता है।

(x) योग्यता को नज़रअंदाज़ कर सभी को एक लाठी से हाँकने की नीति अच्छी नहीं मानी जाती है।

(xi) अपने मित्र की राह में वह द्वार को एकटक निहार रही थी।

(xii) रमेश 12वीं कक्षा उत्तीर्ण करते ही सपनों के महल बनाने लगा।

(xiii) वह भी नहीं आया और मैं कब से उसकी बाट जोह रहा हूँ।

(xiv) सुरेश ने पुलिस अधिकारी की परीक्षा उत्तीर्ण करने के लिए प्राणांतक परिश्रम किया।

(xv) उस भयानक दृश्य को देखकर मेरे तो प्राण ही सूख गए।

(xvi) मैं हर काम कर सकता हूँ , लेकिन पैरवी करके तुम्हारी नौकरी लगाना मेरे बूते से बाहर है।

(xvii) सुबह से शाम हो गई, परंतु मंजिल नहीं मिली। यही होता है बेराह चलना।

(xviii) राधा की माताजी ने मंत्री से पुत्री के विवाह के लिए सहायता राशि लेने हेतु हाथ फैलाए।

5. (i) बाज़ी लगा देते
(ii) पेट काट
(iii) गिरगिट की तरह रंग बदल
(iv) कलेजा निकाल कर रख
(v) पापड़ बेलने (vi) दो से चार बनाने
(vii) ढर्रे पर आने (viii) कान भर रहे
(ix) सातवें आसमान (x) उल्लू सीधा करने में
(xi) टेढ़ी उँगली से घी निकालना
(xii) जले पर नमक छिड़क

6. (i) आड़े हाथों लिया (ii) सिर पर कफ़न बाँधकर
(iii) दाँतों पसीना (iv) खुशी का ठिकाना न रहा
(v) सुध-बुध (vi) टूट पड़ी
(vii) आवाज़ उठाना (viii) तूती बोलने
(ix) घाट-घाट का पानी (x) खटाई में डाल

7. (i) उदासी छा जाना (ii) गाँठ बाँधना
(iii) बहुत लज्जित होना (iv) जानकारी होना
(v) किसी को ज्ञात न होना
(vi) किसी और पर दोष लगाना
(vii) राह देखना
(viii) अत्यधिक डर जाना
(ix) भलाई चाहना
(x) पता न चलना
(xi) बड़े ध्यान से पढ़ना

8. (i) **अत्यधिक सस्ता होना** जल्दबाज़ी में व्यक्ति अपनी संपत्ति *मिट्टी के मोल* बेच देता है।

(ii) **चौकन्ना रहना** हमें अपने कर्त्तव्यों के प्रति *सजग रहना* चाहिए।

(iii) **मृत्यु समीप होना** सोहनलाल अत्यधिक बीमार है लगता है कि अब उनकी मौत सिर पर है।

(iv) **उदासी छा जाना** परीक्षा में असफल होने पर मीनू का चेहरा मुरझा गया।

(v) **जीवित छोड़ देना** बिल्ली का पेट भरा होने पर उसने चूहे की जान बख्श दी।

9. (i) आँखों में धूल झोंककर (ii) सिर-आँखों पर बिठाया
(iii) खून जलाने (iv) ऊँट किस करवट
(v) मुसीबत के पहाड़
(vi) उँगली उठाने
(vii) सीधी उँगली से घी नहीं निकलेगा
(viii) जैसे उल्टी गंगा बहाना
(ix) हथेली पर सरसों उगाने जैसा
(x) हिम्मत से काम
(xi) उल्लू
(xii) मुँह फुला
(xiii) दाँत खट्टे कर

10. (i) अत्यधिक गुस्सा होना (ii) असलियत पता चलना
(iii) बहुत इतराना (iv) घमंड दिखाना

11. (i) (b) वश में रखना (ii) (c) विपत्ति आना
(iii) (a) धोखा देना (iv) (d) हराना
(v) (f) चिंता के कारण सो न पाना
(vi) (i) इतना हँसना कि पेट दुखने लगे
(vii) (j) अपमान करना
(viii) (e) भय के कारण विनम्र हो जाना
(ix) (g) भेद खोलना
(x) (h) चापलूसी करना

स्व-मूल्यांकन

बहुविकल्पीय प्रश्न

1. शिक्षक की अनुपस्थिति में छात्रों ने ....। रिक्त स्थान की पूर्ति सटीक मुहावरे से कीजिए
(क) एक घाट का पानी पीना (ख) औने-पौने करना
(ग) आसमान सिर पर उठाना (घ) आपे से बाहर होना

2. व्यापारी एवं बनिये .... के लिए कार्य करते हैं। मुहावरे से रिक्त स्थान की पूर्ति कीजिए
(क) पौ बारह होने (ख) उड़न छू होने
(ग) उन्नीस बीस होने (घ) काफ़ूर होने

3. जब रामपाल की करतूतों की पोल खुली तो वह ....। उपयुक्त मुहावरे द्वारा रिक्त स्थान की पूर्ति कीजिए
(क) फरिशता हो गया (ख) पानी-पानी हो गया
(ग) मीठी छुरी हो गया (घ) राई का पहाड़ हो गया

4. बचपन से ही दिनेश और अजय का .... है। रिक्त स्थान की पूर्ति सटीक मुहावरे से कीजिए
(क) नमक-मिर्च लगाना (ख) मिट्‌टी का माधो
(ग) मीन-मेख निकालना (घ) चोली-दामन का साथ

5. पेट की आग ही अच्छे-अच्छों की अक्ल .... है। रिक्त स्थान की पूर्ति सटीक मुहावरे से कीजिए
(क) पत्थर पड़ना (ख) ठनक जाना
(ग) चकरा जाना (घ) ठिकाने लगाना

6. मुहावरे और उनके अर्थ के सही मिलान वाला विकल्प चुनिए

मुहावरे	अर्थ
1. जेब भरना	(i) रोब या दबदबा जमाना
2. डूब मरना	(ii) खुशामद करना
3. तलवे चाटना	(iii) बहुत लज्जित होना
4. धाक जमाना	(iv) अनुचित ढंग से धन कमाना

(क) 1-(i), 2-(iv), 3-(iii), 4-(ii)
(ख) 1-(ii), 2-(i), 3-(iv), 4-(iii)
(ग) 1-(iii), 2-(ii), 3-(i), 4-(iv)
(घ) 1-(iv), 2-(iii), 3-(ii), 4-(i)

अतिलघु/लघु उत्तरीय प्रश्न

7. मुहावरे के द्वारा कौन-सा अर्थ प्रकट होता है?

8. मुहावरे तथा लोकोक्ति का संबंध किससे होता है?

9. निम्नलिखित मुहावरों का अर्थ बताइए
(i) उँगली पर नचाना (ii) आग लगने पर कुआँ खोदना
(iii) कंधे-से-कंधा मिलाना (iv) डंके की चोट पर कहना

10. निम्नलिखित मुहावरों का अपने वाक्यों में इस प्रकार प्रयोग कीजिए कि उनका अर्थ स्पष्ट हो जाए
(i) धूप में बाल सफ़ेद होना
(ii) बहती गंगा में हाथ धोना
(iii) लेने के देने पड़ना
(iv) हवाई महल बनाना
(v) सिर से पानी गुज़रना
(vi) सूर्य को दीपक दिखाना
(vii) सिर मुड़ाते ही ओले पड़ना
(viii) रग-रग पहचानना

11. सर्वाधिक उपयुक्त मुहावरे से निम्नलिखित वाक्यों के रिक्त स्थानों की पूर्ति कीजिए
(i) अचानक वर्षा आने से समारोह का मज़ा .... हो गया।
(ii) रानी के एक ही वार ने अंग्रेज़ सिपाही का .... दिया।
(iii) शेर को सामने देखकर तो अच्छे-अच्छों के .... है।
(iv) बिना सोचे-समझे प्रकृति के साथ खिलवाड़ करना वास्तव में .... है।

12. निम्नलिखित मुहावरों को उनके उचित अर्थों से मिलाइए

मुहावरे	अर्थ
(i) बिलबिला उठना	(a) अपने आप पर नियंत्रण न रहना
(ii) चेहरा मुरझाना	(b) दृढ़ निश्चय करना
(iii) गाँठ बाँधना	(c) उदासी छा जाना
(iv) आपा खोना	(d) हिम्मत से काम लेना
(v) धीरज से काम लेना	(e) तड़प जाना
(vi) पीठ दिखाना	(f) सब प्रकार से लाभ-ही-लाभ
(vii) फूँक-फूँककर कदम रखना	(g) बहुत खुश होना
(viii) सूखकर काँटा हो जाना	(h) हारकर भागना
(ix) पाँचों उँगलियाँ घी में होना	(i) बहुत कमजोर हो जाना
(x) दिल फड़कना	(j) सोच-समझकर काम करना।

Allinone
संपूर्ण अध्ययन। संपूर्ण अभ्यास। संपूर्ण मूल्यांकन

खंड 'ग' : पाठ्यपुस्तक व पूरक पाठ्यपुस्तक

अध्याय 1

साखी

कबीर

पाठ की रूपरेखा

कबीर द्वारा रचित 'साखी' पाठ में कबीरदास द्वारा रचित कुछ महत्त्वपूर्ण साखियों को संकलित किया गया है। **साखी** शब्द से अभिप्राय प्रत्यक्ष या साक्षात् ज्ञान से है। कबीर ने प्रस्तुत साखियों में दैनिक जीवन के महत्त्वपूर्ण पहलुओं को अभिव्यक्त किया है।

प्रथम साखी में कबीर ने मधुर वाणी बोलने के महत्त्व को बताया है।
दूसरी साखी में मृग के उदाहरण के माध्यम से मनुष्य की अज्ञानता की ओर संकेत किया गया है।
तीसरी साखी में बताया गया है कि यदि मन में अहंकार का वास है, तो ईश्वर की प्राप्ति संभव नहीं है।
चौथी साखी में कबीर ने संसार को दो भागों में बाँटते हुए बताया है कि एक भाग में विषय-वासना में लिप्त सुखी जीवन व्यतीत करने वाले लोग आते हैं तथा दूसरे भाग में ईश्वर भक्त आते हैं, जो ईश्वर की प्राप्ति के लिए दिन-रात उपासना करते रहते हैं।
पाँचवी साखी में कबीर ने बिछड़ने के दु:ख को सर्प के विष के समान बताया गया है।
छठी साखी में निंदक व्यक्ति के साथ निर्मल (कोमल) बनने की बात कही गई है।
सातवीं साखी में पुस्तक ज्ञान की अपेक्षा प्रेम का महत्त्व व सभी विकारों से युक्त होने को सच्चा ज्ञानी कहा गया है।
आठवीं साखी में जो विकारों से मुक्ति पाना चाहते हैं, उन लोगों को कबीर ने अपने साथ चलने के लिए आमंत्रित किया गया है।

कवि परिचय

हिंदी भक्ति काव्यधारा के संत कवियों में महत्त्वपूर्ण स्थान रखने वाले कबीरदास जी का जन्म 1398 ई. में काशी में हुआ माना जाता है। इनके गुरु का नाम रामानंद था। कबीर पढ़े-लिखे नहीं थे। इनके पदों और साखियों में समाज-सुधारक की निडरता का स्वर सुनाई देता है। कबीरदास जी ने अपने समय में व्याप्त रूढ़ियों और धार्मिक कुरीतियों के विरुद्ध आवाज़ उठाई तथा राम-रहीम की एकता पर बल दिया। एक ओर धर्म के बाह्याडंबरों पर इन्होंने तीखा प्रहार किया, तो दूसरी ओर आत्मा-परमात्मा के विरह-मिलन के महत्त्वपूर्ण गीत गाए। कबीर की वाणी का संग्रह 'बीजक' नाम से प्रसिद्ध है। इसके तीन भाग हैं— साखी, सबद और रमैनी। इनकी भाषा को 'सधुक्कड़ी' या 'पंचमेल खिचड़ी' भाषा कहा जाता है। इन्होंने अपने जीवन के अंतिम कुछ वर्ष मगहर में बिताए और वहीं 1518 ई. में उनका देहांत हो गया।

साखियों का सार

पहली साखी

ऐसी बाँणी बोलिए, मन का आपा खोइ।
अपना तन सीतल करै, औरन कौं सुख होइ।।

शब्दार्थ बाँणी-वाणी, बोली, वचन; आपा-अहंकार; खोइ-खो जाए; तन-शरीर; सीतल-शीतल, ठंडा; औरन कौं-औरों को, दूसरों को।

भावार्थ

प्रस्तुत साखी में संत कबीरदास अहंकार और कड़वे वचनों को त्याग देने की बात कहते हैं कि हमें अपने मन का अहंकार त्यागकर ऐसे मीठे वचन बोलने चाहिए, जिससे मुख से निकले मधुर वचनों से उनका अपना शरीर भी शीतल अर्थात् शांत और प्रसन्न हो जाए और साथ ही सुनने वालों को भी उससे सुख मिले। अत: हमें आपस में मीठे बोल बोलकर मधुर व्यवहार करना चाहिए।

काव्य सौंदर्य

(i) इस साखी में मधुर वाणी के महत्त्व को दर्शाया गया है।
(ii) 'बाँणी बोलिए' में 'ब' वर्ण की आवृत्ति से अनुप्रास अलंकार है।
(iii) सधुक्कड़ी भाषा अर्थात् उपदेश देने वाली साधुओं की खिचड़ी भाषा का प्रयोग हुआ है।

(iv) प्रस्तुत साखी में सरल एवं सहज भाषा का प्रयोग हुआ है और भाषा भावों की अभिव्यक्ति करने में पूर्णत: सक्षम है।

(v) दोहा छंद का प्रयोग हुआ है।

दूसरी साखी

कस्तूरी कुंडलि बसै, मृग ढूँढै बन माँहि।
ऐसैं घटि-घटि राँम हैं, दुनियाँ देखै नाँहिं।।

शब्दार्थ कस्तूरी-एक ऐसा सुगंधित पदार्थ, जो एक विशेष हिरण की नाभि में पाया जाता है; कुंडलि-नाभि; बसै-बसता है, रहता है, निवास करता है; मृग-हिरण; बन-वन, जंगल; माँहि-के भीतर, मध्य में; घटि-घटि-घट-घट में, कण-कण में; नाँहिं–नहीं।

भावार्थ

कबीरदास कहते हैं कि जिस प्रकार कस्तूरी नामक सुगंधित पदार्थ हिरण की अपनी नाभि में ही होता है, वह उसकी सुगंध महसूस करके उसे पाने के लिए वनों में भटकता रहता है, किंतु वह उसे ढूंढ नहीं पाता। ठीक उसी प्रकार ईश्वर (राम) भी सृष्टि के कण-कण में तथा हम सभी प्राणियों के हृदय में निवास करते हैं, किंतु संसार में रहने वाले लोग अज्ञानतावश उसे देख नहीं पाते और परेशान होकर इधर-उधर ढूँढ़ते रहते हैं। इसलिए हमें ईश्वर को बाहर न खोजकर अपने भीतर ही खोजना चाहिए।

काव्य सौंदर्य

(i) बिंब और प्रतीक के प्रयोग द्वारा सामान्य भाषा में गूढ़ रहस्य अर्थात् ईश्वर के निवास को समझाने का प्रयास किया गया है।

(ii) 'कस्तूरी कुंडलि' तथा 'दुनियाँ देखै' में अनुप्रास अलंकार विद्यमान है, जबकि 'घटि-घटि' में पुनरुक्तिप्रकाश अलंकार है।

(iii) सरल एवं सहज रूप में सधुक्कड़ी भाषा का प्रयोग किया गया है।

(iv) हिरण का उदाहरण देकर कण-कण में ईश्वर के बसने के सत्य को बताया गया है।

तीसरी साखी

जब मैं था तब हरि नहीं, अब हरि हैं मैं नाँहि।
सब अँधियारा मिटि गया, जब दीपक देख्या माँहि।

शब्दार्थ मैं-अहम, मनुष्य का अहंकार, भक्तिरहित जीव; हरि-ईश्वर; अँधियारा- अंधेरा/अंधकार (अज्ञान का); मिटि-मिटना, समाप्त होना; दीपक-दीया; देख्या-देखना; माँहि-अंदर।

भावार्थ

कबीरदास कहते हैं कि मेरे अंदर 'मैं' अर्थात् अहंकार भरा हुआ था, उस समय तक मुझे ईश्वर नहीं मिल पा रहे थे। अब जब मुझे ईश्वर के दर्शन हो गए हैं, तो मेरे भीतर का 'मैं' अर्थात् अहंकार समाप्त हो गया है। जैसे ही मैंने उस ज्योतिस्वरूप ज्ञान रूपी दीपक को मन में देखा, तो मेरा सारा अज्ञान रूपी अंधकार समाप्त हो गया, क्योंकि अंधकार (अज्ञान) और प्रकाश (ज्ञान) एक साथ कभी नहीं रह सकते। उसी प्रकार जब तक ज्ञान की प्राप्ति नहीं होती, अज्ञानता बनी रहती है किंतु अब मुझे इस सत्य का दर्शन हो गया है कि अहंकार ही ईश्वर का शत्रु और घोर विरोधी है।

काव्य सौंदर्य

(i) इस साखी में बताया गया है कि ईश्वर के दर्शन होने पर अज्ञान रूपी अँधेरा दूर हो जाता है।

(ii) 'मैं' शब्द अहंभाव के लिए प्रयुक्त हुआ है।

(iii) 'अँधियारा' अज्ञान और 'दीपक' ज्ञान का प्रतीक है।

(iv) 'हरि है' तथा 'दीपक देख्या' में अनुप्रास अलंकार है।

(v) सरल, सहज सधुक्कड़ी भाषा का प्रयोग हुआ है।

चौथी साखी

सुखिया सब संसार है, खायै अरु सोवै।
दुखिया दास कबीर है, जागै अरु रोवै।।

शब्दार्थ सुखिया-सुखी; खायै-खाए; अरु-और; सोवै-सोना; दुखिया-दु:खी; दास-परमात्मा का सेवक, ईश्वर का भक्त; जागै-जागना; रोवै-रोता है।

भावार्थ

कबीर संसार को दो भागों में बाँटते हैं, पहला भाग जिसमें सुखी लोग आते हैं तथा दूसरा जिसमें दु:खी लोग आते हैं। सुखी लोग जो मौज-मस्ती में डूबे रहते हैं वे खाते हैं और सोते हैं। साथ ही अपनी आवश्यकताओं को पूरा करते हुए जीवन बिताते हैं। सांसारिक सुखों को भोगना ही उनका उद्देश्य होता है तथा दूसरी ओर दु:खी लोग आते हैं, जो केवल जागते हैं और रोते हैं अर्थात् वे जीवन की नश्वरता को भली-भाँति पहचान गए हैं। जिसमें जागना उनके सचेत व सजग रहने का प्रतीक है तथा रोना उनका जीवन के प्रति क्रियाशील व प्रयत्नशील रहने की स्थिति (दशा) का प्रतीक है।

काव्य सौंदर्य

(i) प्रस्तुत साखी में बताया गया है कि भौतिक सुख के पीछे भागने वाले लोग संसार की नश्वरता से अनजान रहते हैं।

(ii) सरल एवं सहज रूप में सधुक्कड़ी भाषा का प्रयोग हुआ है।

(iii) 'सुखिया सब संसार' तथा 'दुखिया दास' में अनुप्रास अलंकार है।

(iv) खायै अरु सोवै, जागै अरु रौवे में लयात्मकता है।

(v) कबीर की भाषा लोक व जन-जन की भाषा है।

पाँचवीं साखी

बिरह भुवंगम तन बसै, मंत्र न लागै कोइ।
राम बियोगी ना जिवै, जिवै तो बौरा होइ।।

शब्दार्थ बिरह-बिछड़ना, मिलन न होना, वियोग; भुवंगम-साँप, भुजंग; तन-शरीर; बसै-बसता है, रहता है; मंत्र-उपाय, युक्ति, तरीका; लागै-लगना; बियोगी-प्रेम में व्याकुल रहने वाला; जिवै-जीता; बौरा-पागल।

भावार्थ

कबीरदास कहते हैं कि जिन व्यक्तियों के शरीर में परमात्मा (राम) का विरह (वियोग) रूपी साँप बस जाता है, उनके बचने की कोई आशा, कोई उपाय शेष नहीं रहता। वह राम के वियोग के बिना जीवित नहीं रह

पाता और यदि किसी कारण से वह जीवित रह भी जाता है, तो परमात्मा को पाने के लिए वह पागलों की भाँति ही जीवन व्यतीत करता है। परमात्मा से मिलन ही इसका एकमात्र उपाय है।

काव्य सौंदर्य

(i) सांसारिक मोह-माया त्यागकर तथा ईश्वर से वैराग्य के कारण प्राणी पागल जैसा दिखाई देता है।
(ii) 'बिरह भुवंगम' में रूपक अलंकार विद्यमान है।
(iii) सर्प को विरह का प्रतीक बताया गया है।
(iv) सरल, सहज एवं सधुक्कड़ी भाषा का प्रयोग किया गया है।

छठी साखी

निंदक नेड़ा राखिये, आँगणि कुटी बँधाइ।
बिन साबण पाँणीं बिना, निरमल करै सुभाइ।।

शब्दार्थ निंदक-निंदा करने वाला; नेड़ा-करीब, पास में; राखिये-रखिए; आँगणि-आँगन; कुटी-कुटिया; बँधाइ-बनवाकर; साबण-साबुन; निरमल-पवित्र, साफ़; करै-करेगा; सुभाइ-स्वभाव, चरित्र, मन।

भावार्थ

कबीरदास कहते हैं कि जो व्यक्ति हमारी निंदा करता है, हमें उस व्यक्ति को सदा अपने पास में ही रखना चाहिए। यदि संभव हो तो उसके लिए अपने घर के आँगन में ही एक कुटिया बना देनी चाहिए, जिससे वह हमारे करीब ही रहे। वह हमारे बुरे कार्यों की निंदा करता रहे ताकि हम अपने स्वभाव में अच्छे गुणों का प्रवेश करते रहें तथा अवगुणों को दूर कर सकें। क्योंकि ऐसा व्यक्ति हमारे स्वभाव को बिना साबुन और पानी के अत्यंत स्वच्छ व निर्मल बना देता है तथा हम सभी अपने स्वभाव को दोष रहित बना लेते हैं।

काव्य सौंदर्य

(i) प्रस्तुत साखी में बताया गया है कि निंदक हमारी निंदा करके हमें आत्मसुधार करने का अवसर प्रदान करता है।
(ii) सधुक्कड़ी भाषा का प्रयोग हुआ है।
(iii) 'निंदक नेड़ा' में अनुप्रास अलंकार है।
(iv) भाषा सरल एवं सहज है तथा भावों की अभिव्यक्ति में पूर्णतः सक्षम है।
(v) राजस्थानी व पंजाबी शब्दों का अत्यंत सुंदर प्रयोग किया गया है।

सातवीं साखी

पोथी पढ़ि-पढ़ि जग मुवा, पंडित भया न कोइ।
ऐकै अषिर पीव का, पढ़ै सु पंडित होइ।।

शब्दार्थ पोथी-ग्रंथ, धार्मिक पुस्तक; पढ़ि-पढ़ि-पढ़-पढ़कर; जग-संसार; मुवा-मर गया; पंडित-ज्ञानी व्यक्ति; भया-हुआ, बना; ऐकै-एक ही; अषिर-अक्षर या शब्द; पीव-प्रियतम, परमात्मा; सु-वह।

भावार्थ

कबीरदास कहते हैं कि इस संसार में लोग धार्मिक पुस्तकें व शास्त्र पढ़-पढ़कर इस संसार से चले गए, किंतु कोई भी ज्ञानी नहीं बन सका। इसके विपरीत जो मनुष्य प्रियतम यानी परमात्मा या ब्रह्म के प्रेम से संबंधित एक भी अक्षर पढ़ या जान लेता है, वह सच्चा ज्ञानी अर्थात् पंडित हो जाता है। अर्थात् जिसके मन में सभी के प्रति प्रेम व आदर का भाव जन्म ले लेता है, वह सच्चे अर्थों में ज्ञानी हो जाता है। इसलिए सर्वश्रेष्ठ ज्ञान वह है, जो मनुष्य जाति को प्रेम करना सिखाता है तथा उनकी अहम की भावना का नाश करता है।
भाव यह है कि जिसने परमात्मा को जान लिया, वही सच्चा ज्ञानी हो जाता है।

काव्य सौंदर्य

(i) इस साखी में परमात्मा को जानने वाले को सच्चा ज्ञानी बताया है।
(ii) इस पद में ज्ञानी वर्ग पर व्यंग्य किया गया है।
(iii) 'पोथी पढ़ि-पढ़ि' में अनुप्रास अलंकार विद्यमान है।
(iv) भाषा सरल, सहज एवं सधुक्कड़ी है, जो भावाभिव्यक्ति में पूर्णतः सक्षम है।
(v) पढ़ि-पढ़ि में पुनरुक्ति प्रकाश अंलकार का प्रयोग हुआ है।

आठवीं साखी

हम घर जाल्या आपणाँ, लिया मुराड़ा हाथि।
अब घर जालौं तास का, जे चलै हमारे साथि।।

शब्दार्थ हम-मैंने; जाल्या-जलाया; आपणाँ-अपने; मुराड़ा-जलती हुई लकड़ी; हाथि-हाथ; जालौं-जलाऊँ; तास का-उसका; जे-जो; साथि-साथ।

भावार्थ

कबीरदास कहते हैं कि मैंने विरह और ईश्वर भक्ति से जलती हुई मशाल को हाथ में लेकर अपने घर को जला लिया है अर्थात् मैंने भक्ति में भरकर अपनी सांसारिक विषय—वासनाओं को पूरी तरह से नष्ट कर दिया है। अब जो-जो भक्त मेरे साथ भक्ति के मार्ग पर जाने को तैयार हों, मैं उनका सांसारिक विषय—वासनाओं का घर भी जला डालूँगा और उनके हृदय में ईश्वर के प्रति प्रेम की भावना जगा दूँगा।

काव्य सौंदर्य

(i) प्रस्तुत साखी की शैली प्रतीकात्मक है। 'घर' एवं 'मशाल' क्रमशः सांसारिकता एवं ज्ञान के प्रतीक हैं। इसमें सासांरिक विषय वासनाओं को नष्ट करने की बात कही गई है।
(ii) सधुक्कड़ी भाषा का प्रयोग हुआ है।
(iii) सरल एवं सहज भाषा का प्रयोग हुआ है, जो भावाभिव्यक्ति में पूर्णतः सक्षम है।

NCERT फोल्डर

पाठ्यपुस्तक (स्पर्श भाग-2) के प्रश्नोत्तर

(क) निम्नलिखित प्रश्नों के उत्तर दीजिए

प्र.1 मीठी वाणी बोलने से औरों को सुख और अपने तन को शीतलता कैसे प्राप्त होती है? **CBSE 2011**

उत्तर मीठी वाणी बोलने से औरों को सुख इस प्रकार प्राप्त होता है कि लोग आदर और सम्मान भरे वचनों को सुनकर सुखी होते हैं। इसी प्रकार मीठी वाणी बोलने वाला व्यक्ति बातचीत करते हुए जब अहंकार का त्याग कर देता है, तो उसके तन को भी शीतलता प्राप्त होती है।

प्र.2 दीपक दिखाई देने पर अँधियारा कैसे मिट जाता है? साखी के संदर्भ में स्पष्ट कीजिए। **दक्षता आधारित प्रश्न, CBSE 2011, 10**

उत्तर यहाँ दीपक का अर्थ भक्तिरूपी ज्ञान तथा अंधकार का अर्थ अज्ञानता से है। जिस प्रकार दीपक के प्रकाश से अंधकार समाप्त हो जाता है, उसी प्रकार अहंकार नष्ट होने तथा ईश्वर के प्रेम रूपी प्रकाश को पाने से मन के सारे भ्रम, कलेश, परेशानियाँ, संदेह, प्रश्न आदि समाप्त हो जाते हैं, जिससे मनुष्य का सारा अज्ञान रूपी अंधकार मिट जाता है।

प्र.3 ईश्वर कण-कण में व्याप्त है, पर हम उसे क्यों नहीं देख पाते? **CBSE 2019, 11, 10**

उत्तर ईश्वर कण-कण में व्याप्त है, पर हम उसे इसलिए नहीं देख पाते, क्योंकि हम अज्ञानी, अविश्वासी और अहंकारी हैं। हमारा अज्ञान, अविश्वास एवं अहंकार हमें ईश्वर तक पहुँचने नहीं देता और हम केवल सांसारिक आडंबरों में फँसकर रह जाते हैं और हम उस ईश्वर का दर्शन नहीं कर पाते, जो हर प्राणी के अंदर मौजूद है।

प्र.4 संसार में सुखी व्यक्ति कौन है और दुःखी कौन? यहाँ 'सोना' और 'जागना' किसके प्रतीक हैं? इनका प्रयोग यहाँ क्यों किया गया है? स्पष्ट कीजिए। **दक्षता आधारित प्रश्न, CBSE 2016, 10**

उत्तर संसार में सुखी व्यक्ति वह है, जो ईश्वर के प्रति प्रेम न रखकर तन-मन से सांसारिक सुखों को भोगता है और अपना जीवन सुख-समृद्धि आदि के बीच व्यतीत करता है। संसार में दुःखी व्यक्ति वह है, जो ईश्वर के प्रेम में पड़कर दिन-रात उससे मिलने के लिए जागता और तड़पता रहता है। यहाँ 'सोना' शब्द प्रतीक है—ईश्वर के प्रति उदासीनता का, जबकि 'जागना' शब्द प्रतीक है—ईश्वर के प्रति आस्था रखने और उसे पाने के प्रयास में लगे रहने का। कबीरदास ने ईश्वर के प्रति उदासीन लोगों के भौतिक संसार के सुखों को व्यर्थ बताते हुए उन्हें 'सोया' हुआ बताया है। उनके अनुसार, ईश्वर के प्रति भक्तों की तड़प में ही जीवन और जागरण उपस्थित है।

प्र.5 अपने स्वभाव को निर्मल रखने के लिए कबीर ने क्या उपाय सुझाया है? **CBSE 2012, 11, 10**

उत्तर अपने स्वभाव को निर्मल रखने के लिए कबीर ने उपाय सुझाते हुए बताया है कि हमें निंदा करने वाले मनुष्य को सदा अपने पास रखना चाहिए और उनकी बातों पर ध्यान देना चाहिए। इससे हम अपने स्वभाव और चरित्र को निर्मल बना सकते हैं।

प्र.6 'ऐकै अषिर पीव का, पढ़ै सु पंडित होइ।'—इस पंक्ति द्वारा कवि क्या कहना चाहता है? **CBSE 2012**

उत्तर इस पंक्ति द्वारा कवि ने प्रेम की महत्ता को बताया है। ईश्वर को पाने के लिए एक अक्षर प्रेम का अर्थात् ईश्वर को पढ़ लेना ही पर्याप्त है। बड़े-बड़े पोथे या ग्रंथ पढ़कर कोई पंडित नहीं बन जाता। केवल परमात्मा का नाम स्मरण करने से ही सच्चा ज्ञानी बना जा सकता है।

प्र.7 कबीर की उद्धृत साखियों की भाषा की विशेषता स्पष्ट कीजिए।

उत्तर कबीर की भाषा में सधुक्कड़ी प्रभाव दिखाई देता है। उन्होंने ब्रज, पंजाबी, अवधी, राजस्थानी, फ़ारसी, अरबी आदि भाषाओं के शब्दों का प्रयोग किया है। उन्होंने संस्कृत, तद्भव तथा देशी शब्दों के अद्भुत मेल ('शीतल' का 'सीतल', 'वियोगी' का 'बियोगी' आदि) को प्रस्तुत किया है। उनकी साखियों में मुक्तक शैली का प्रयोग हुआ है, उन्होंने समाज में चेतना जागृत करने के लिए जनसामान्य में बोली जाने वाली भाषा का ही प्रयोग किया। साथ ही, अनुप्रास एवं रूपक अलंकारों का स्वाभाविक प्रयोग किया है। डॉ. हजारी प्रसाद द्विवेदी ने उन्हें 'भाषा का डिक्टेटर' कहा है। उनके अनुसार, कबीर ने अपनी बात को जिस रूप में प्रकट करना चाहा, उसे उसी रूप में भाषा से कहलवा दिया।

(ख) निम्नलिखित का भाव स्पष्ट कीजिए

प्र.1 "बिरह भुवंगम तन बसै, मंत्र न लागै कोइ।"

उत्तर इस पंक्ति का भाव है कि जिस व्यक्ति के हृदय में ईश्वर के प्रति प्रेम रूपी विरह का सर्प बस जाता है, उस पर कोई मंत्र असर नहीं करता है अर्थात् भगवान के विरह में कोई भी जीव सामान्य नहीं रहता है। उस पर किसी बात का कोई असर नहीं होता है। अर्थात् ईश्वर की प्राप्ति ही इसका स्थायी समाधान है।

प्र.2 "कस्तूरी कुंडलि बसै, मृग ढूँढै बन माँहि।"

उत्तर इस पंक्ति में कबीरदास कहते हैं कि कस्तूरी नामक सुगंधित पदार्थ हिरण की अपनी नाभि में ही होता है, किंतु वह उसे पाने के लिए परेशान होकर वन-वन भटकता फिरता है। उसी प्रकार ईश्वर भी सभी प्राणियों के हृदय में निवास करते हैं, किंतु लोग अज्ञानतावश उन्हें इधर-उधर ढूँढते रहते हैं। जबकि ईश्वर हमारे मन में ही हैं।

प्र.3 "जब मैं था तब हरि नहीं, अब हरि हैं मैं नाँहि।"

उत्तर इस पंक्ति द्वारा कबीर का कहना है कि जिस समय मेरे अंदर 'मैं' अर्थात् अहंकार भरा हुआ था, उस समय मुझे ईश्वर नहीं मिल पा रहे थे। अब मुझे ईश्वर के दर्शन हो गए हैं, क्योंकि मेरे भीतर का अहंकार समाप्त हो गया है।

प्र.4 "पोथी पढ़ि-पढ़ि जग मुवा, पंडित भया न कोइ।"

उत्तर कबीरदास कहते हैं कि इस संसार में लोग धार्मिक पुस्तकें पढ़-पढ़कर मर गए, किंतु कोई भी ज्ञानी नहीं बन सका अर्थात् ईश्वर की प्राप्ति नहीं कर पाया। लेकिन जिसने परमात्मा को जान लिया, वही सच्चा ज्ञानी है। सांसारिक और धार्मिक ज्ञान से कोई ज्ञानी नहीं बन सकता।

योग्यता–विस्तार

प्र.1 'साधु में निंदा सहन करने से विनयशीलता आती है' तथा 'व्यक्ति को मीठी व कल्याणकारी वाणी बोलनी चाहिए'–इन विषयों पर कक्षा में परिचर्चा आयोजित कीजिए।

उत्तर छात्र स्वयं करें।

प्र.2 कस्तूरी के विषय में जानकारी प्राप्त कीजिए।

उत्तर छात्र स्वयं करें।

परियोजना कार्य

प्र.1 मीठी वाणी/बोली संबंधी व ईश्वर प्रेम संबंधी दोहों का संकलन कर चार्ट पर लिखकर भित्ति पत्रिका पर लगाइए

उत्तर छात्र स्वयं करें।

प्र.2 कबीर की साखियों को याद कीजिए और कक्षा में अंत्याक्षरी में उनका प्रयोग कीजिए

उत्तर छात्र स्वयं करें।

अभ्यास प्रश्न

बहुविकल्पीय व वर्णनात्मक प्रश्नों सहित

कविता पर आधारित बहुविकल्पीय प्रश्न

निम्नलिखित प्रश्नों के सर्वाधिक उपयुक्त विकल्पों का चयन कीजिए।

1. 'साखी' शब्द से क्या तात्पर्य है? **CBSE Diksha**

(i) माया का ज्ञान
(ii) साक्ष्यों का ज्ञान
(iii) प्रत्यक्ष या साक्षात् ज्ञान
(iv) उपरोक्त सभी

उत्तर (iii) प्रत्यक्ष या साक्षात् ज्ञान

2. कबीर के अनुसार, कौन ज्ञानी नहीं बन पाया?

(i) मोटी पुस्तकें पढ़ने वाला
(ii) दूसरों को ज्ञान देने वाला
(iii) संन्यास ग्रहण करने वाला
(iv) अपनी प्रशंसा करने वाला

उत्तर (i) मोटी पुस्तकें पढ़ने वाला

3. बिरह रूपी सर्प के होने पर क्या स्थिति होती है? **CBSE Diksha**

(i) कोई दवा या मंत्र काम नहीं करता
(ii) मंत्र जपने से सेहत अच्छी होती है
(iii) जब दुःख हो तो मंत्र काम करते हैं
(iv) उपर्युक्त सभी

उत्तर (i) कोई दवा या मंत्र काम नहीं करता

4. अपने स्वभाव को निर्मल रखने के लिए कबीर ने क्या सुझाव दिया है?

(i) निंदक से दूर रखने का
(ii) सज्जन की संगत में रहने का
(iii) निंदक को पास रखने का
(iv) ईश्वर भक्ति में ध्यान लगाने का

उत्तर (iii) निंदक को पास रखने का

5. कबीर की साखियों के अनुसार, सुखी .... हैं? **दक्षता आधारित प्रश्न**

(i) सांसारिक लोग जो सोते और खाते हैं
(ii) आध्यात्मिक लोग जो ईश्वर का नाम लेते हैं
(iii) जो स्वार्थों से ऊपर उठ गए हैं
(iv) जिसने स्वयं को नियंत्रित कर लिया

उत्तर (i) सांसारिक लोग जो सोते और खाते हैं

6. दीपक दिखाई देने से अँधेरा कैसे मिट जाता है?

(i) बादलों से छट जाने पर
(ii) अहंकार रूपी माया के दूर हो जाने पर
(iii) सूर्य के उदय हो जाने पर
(iv) अकारण चिंता न करने पर

उत्तर (ii) अहंकार रूपी माया के दूर हो जाने पर

7. कबीर की साखियों पर किस भाषा का प्रभाव दिखाई देता है? **दक्षता आधारित प्रश्न**

(i) अवधी (ii) राजस्थानी
(iii) भोजपुरी व पंजाबी (iv) ये सभी

उत्तर (iv) ये सभी

8. ईश्वर कण-कण में व्याप्त है, किंतु हम उसे देख नहीं पाते, क्यों?

(i) आँखें बंद होने के कारण
(ii) मन की चंचलता के कारण
(iii) आँखों से स्पष्ट न दिखाई देने के कारण
(iv) मन में छिपे अहंकार के कारण

उत्तर (iv) मन में छिपे अहंकार के कारण

9. कबीर ने राम और कस्तूरी में क्या समानता बताई है?

(i) दोनों वन में रहते हैं (ii) दोनों सुगंधित हैं
(iii) दोनों तरल पदार्थ हैं (iv) दोनों भीतर स्थित हैं

उत्तर (iv) दोनों भीतर स्थित हैं

10. **कुंडलि शब्द का क्या अर्थ है?** **CBSE Diksha**

(i) कंगन (ii) ज्ञान (iii) नाभि (iv) मुख

उत्तर (iii) नाभि

11. **'बिरह भुवंगम तन बसै, मंत्र न लागे कोइ' पंक्ति का भावार्थ क्या है?** **दक्षता आधारित प्रश्न**

(i) मंत्र जपने से स्वास्थ्य अच्छा रहता है
(ii) विरह के समय मंत्र ही काम करते हैं
(iii) जब शरीर में किसी के बिछुड़ने का दु:ख हो तो कोई दवा या मंत्र काम नहीं करता
(iv) विरह व्यक्ति को मंत्रों की ओर ले जाता है

उत्तर (iii) जब शरीर में किसी के बिछुड़ने का दु:ख हो तो कोई दवा या मंत्र काम नहीं करता

12. **मन का आपा खोने से क्या अभिप्राय है?**

(i) मन में अहंकार उपस्थित होना
(ii) मन में प्रभु का लीन होना
(iii) अहंकार का त्याग करना
(iv) स्वयं में खोए रहना

उत्तर (iii) अहंकार का त्याग करना

13. **'जिवै तो बौरा होइ' पंक्ति से क्या आशय है?**

(i) जीवित रहने पर सुखी नहीं रहता
(ii) जीवन नहीं के समान हो जाता है
(iii) जीवित रहता है तो पागल जैसा हो जाता है
(iv) मर जाता है

उत्तर (iii) जीवित रहता है तो पागल जैसा हो जाता है

14. **'सुखिया सब संसार है ······· जागै अरु रोवै' दोहे में 'सोना' और 'जागना' किसके प्रतीक हैं?** **दक्षता आधारित प्रश्न**

(i) सोना-भोग विलास का, जागना-गरीबी का
(ii) सोना-अज्ञान का, जागना-ज्ञान का
(iii) सोना-अवसर को गँवाने का, जागना-अवसर का लाभ उठाने का
(iv) सोना-सुख का, जागना-दु:ख का

उत्तर (ii) सोना-अज्ञान का, जागना-ज्ञान का

15. **'सुखिया सब संसार है, खायै अरु सौवे।
दुखिया दास कबीर है, जागै अरु रौवे।।
उपर्युक्त साखी के अनुसार कबीर ······ को देखकर आँसू बहा रहे हैं।** **CBSE (Additional Set) 2023**

(i) अपनी अज्ञानता (ii) अपने गुरुदेव
(iii) अज्ञानी लोगों (iv) सुखी लोगों

उत्तर (iii) अज्ञानी लोगों

काव्यांश पर आधारित बहुविकल्पीय प्रश्न

निम्नलिखित काव्यांश को ध्यानपूर्वक पढ़कर पूछे गए प्रश्नों के सही विकल्प चुनिए।

1. ऐसी बाँणी बोलिए, मन का आपा खोइ।
अपना तन सीतल करैं, औरन कौ सुख होइ।।

(क) प्रस्तुत साखी में किसके महत्त्व को दर्शाया गया है?

(i) मन का आपा खोने को
(ii) तन शीतल करने को
(iii) मधुर वाणी के महत्त्व को
(iv) कड़वे वचन के महत्त्व को

उत्तर (iii) मधुर वाणी के महत्त्व को

(ख) व्यक्ति पर मीठे वचनों का क्या प्रभाव पड़ता है?

(i) मन शांत और प्रसन्न हो जाता है
(ii) सुनने वालों को सुख का अनुभव होता है
(iii) (i) और (ii) दोनों
(iv) सुनाने वाले को कष्ट का अनुभव होता है

उत्तर (iii) (i) और (ii) दोनों

(ग) 'अपना तन सीतल करैं' पंक्ति का क्या भावार्थ है? **दक्षता आधारित प्रश्न**

(i) अपने ऊपर ठंडा जल डालना
(ii) अपने मन को शांत और प्रसन्नचित्त रखना
(iii) दूसरों के कटु वचन सुनकर शांत बने रहना
(iv) कष्टों में भी मुस्कुराते रहना

उत्तर (ii) अपने मन को शांत और प्रसन्नचित्त रखना

(घ) प्रस्तुत पंक्तियों के माध्यम से कवि ने क्या संदेश दिया है?

(i) अहंकार और कटु वचन त्यागने का
(ii) स्वयं का आत्मज्ञान करने का
(iii) ईश्वर को समझ पाने का
(iv) पुस्तकीय ज्ञान को त्यागने का

उत्तर (i) अहंकार और कटु वचन त्यागने का

(ङ) कथन (A) **मन का अहंकार त्यागकर मीठी वाणी बोलनी चाहिए।**
कारण (R) **मीठी वाणी सुनने वाले और बोलने वाले दोनों के मन को शीतलता देती है।** **दक्षता आधारित प्रश्न**

उपर्युक्त कथन के आधार पर सही निष्कर्ष बताइए

(i) कथन (A) और कारण (R) दोनों गलत हैं।
(ii) कथन (A) और कारण (R) दोनों सही हैं।
(iii) कथन (A) सही है, किंतु कारण (R) गलत है।
(iv) कथन (A) गलत है, किंतु (R) सही है।

उत्तर (ii) कथन (A) और कारण (R) दोनों सही हैं।

2. जब मैं था तब हरि नहीं, अब हरि हैं मैं नाँहि।
सब अँधियारा मिटि गया, जब दीपक देख्या माँहि।। **CBSE SQP Term I 2021**

(क) प्रस्तुत पद्यांश के अनुसार, कवि को ईश्वर किस स्थिति में नहीं मिल पा रहे थे?

(i) जब वह सांसारिक भव बंधनों में पड़ा था
(ii) जब उसमें अहंकार भरा हुआ था
(iii) जब उसे आध्यात्मिक ज्ञान नहीं था
(iv) जब तक उसने ईश्वर का स्मरण नहीं किया था

उत्तर (ii) जब उसमें अहंकार भरा हुआ था

(ख) कवि का अज्ञान रूपी अंधकार किसके माध्यम से दूर हो गया? **दक्षता आधारित प्रश्न**

(i) ईश्वर के दर्शन मात्र से
(ii) ईश्वर के स्मरण मात्र से
(iii) ज्ञानरूपी दीपक के माध्यम से
(iv) गुरु के उपदेश के माध्यम से

उत्तर (iii) ज्ञानरूपी दीपक के माध्यम से

(ग) कवि को ईश्वर के दर्शन होने पर क्या लाभ हुआ?

(i) वह बहुत ज्ञानी हो गया
(ii) उसके भीतर का 'मैं' समाप्त हो गया
(iii) उसको अपनी शक्ति का आभास हो गया
(iv) उसे संसार व्यर्थ लगने लगा

उत्तर (ii) उसके भीतर का 'मैं' समाप्त हो गया

(घ) निम्नलिखित वाक्यों को ध्यानपूर्वक पढ़िए तथा प्रस्तुत साखी के आधार पर सही विकल्प का चयन कीजिए **दक्षता आधारित प्रश्न**

1. व्यक्ति के हृदय में अहंकार और ईश्वर साथ-साथ रह सकते हैं।
2. जब तक व्यक्ति के मन में 'मैं' भरा रहता है तब तक उसे ईश्वर के दर्शन नहीं होते हैं।
3. ईश्वर के दर्शन होते ही अहंकार गायब हो जाता है।
4. ज्योति स्वरूप ज्ञान पुंज रूपी दीपक से अज्ञानता रूपी अंधकार मिट जाता है।

(क) 1, 2 और 4 (ख) 3 और 4
(ग) 1 और 4 (घ) 2, 3 और 4

उत्तर (घ) 2, 3 और 4

(ङ) सब अँधियारा मिट गया, पंक्ति में किसके विषय में कहा गया है?

(i) हरि के विषय में (ii) गुरु के विषय में
(iii) मित्र के विषय में (iv) ये सभी

उत्तर (i) हरि के विषय में

3. निंदक नेड़ा राखिये, आँगणि कुटी बँधाइ।
बिन साबण पाँणीं बिना, निरमल करै सुभाइ।।

(क) निंदा करने वाले व्यक्ति को ·········· रखना चाहिए।

(i) अपने से दूर (ii) सदा अपने पास
(iii) घर के बाहर (iv) परिवार के साथ

उत्तर (ii) सदा अपने पास

(ख) 'निंदक नेड़ा राखिये' पंक्ति में कौन-सा अलंकार है? **दक्षता आधारित प्रश्न**

(i) यमक अलंकार (ii) रूपक अलंकार
(iii) अनुप्रास अलंकार (iv) अतिशयोक्ति अलंकार

उत्तर (iii) अनुप्रास अलंकार

(ग) निंदक को समीप रखने पर व्यक्ति पर क्या प्रभाव पड़ता है?

(i) हमारा स्वभाव निर्मल हो जाता है
(ii) हम निंदा करना सीख जाते हैं
(iii) हम निंदक से घृणा करने लगते हैं
(iv) हम बिना कारण ही चिंतित रहने लगते हैं

उत्तर (i) हमारा स्वभाव निर्मल हो जाता है

(घ) निंदक हमारी निंदा करके हमें कौन-सा अवसर प्रदान करता है?

(i) दूसरों की निंदा करने का
(ii) ईर्ष्या-द्वेष करने का
(iii) आत्मसुधार करने का
(iv) आत्मग्लानि करने का

उत्तर (iii) आत्मसुधार करने का

(ङ) निम्नलिखित वाक्यों को ध्यानपूर्वक पढ़िए तथा प्रस्तुत साखी के आधार पर सही विकल्प का चयन कीजिए **दक्षता आधारित प्रश्न**

1. जो व्यक्ति हमारी प्रशंसा करता है उसे अपने पास रखना चाहिए।
2. निंदा करने वाले व्यक्ति को अपने आँगन में ही जगह दे देनी चाहिए।
3. हमारा निंदक हमारे बुरे कार्यों की निंदा करता है।
4. निंदक हमारी निंदा करके हमें दूसरों की नजरों में गिरा देता है।

(क) 1 और 2 (ख) 1, 3 और 4
(ग) 2 और 3 (घ) 3 और 4

उत्तर (ग) 2 और 3

4. सुखिया सब संसार है, खायै अरू सोवै।
दुखिया दास कबीर है, जागै अरू रोवै।।
बिरह भुवंगम तन बसै, मंत्र न लागै कोइ।
राम बियोगी ना जिवै, जिवै तो बौरा होइ।। **CBSE 2024**

(क) पहले दोहे में 'सोना' और 'जागना' प्रतीकार्थ है

(i) अज्ञानता और ज्ञान का
(ii) निष्क्रियता और सक्रियता का
(iii) अचेतनता और चेतनता का
(iv) निर्जीवता और सजीवता का

उत्तर (i) अज्ञानता और ज्ञान का

(ख) कबीर दुखी है, क्योंकि वे

(i) एकाकी जीवन व्यतीत कर रहे हैं।
(ii) ईश्वर से वियोग के कारण व्यथित हैं।
(iii) सांसारिक सुखों का भोग नहीं कर पा रहे हैं।
(iv) ईश्वरीय सत्य से लोगों को परिचित नहीं करवा पा रहे हैं।

उत्तर (iv) ईश्वरीय सत्य से लोगों को परिचित नहीं करवा पा रहे हैं।

(ग) 'मंत्र न लगना' का आशय है

(i) मंत्रों का निष्फल होना
(ii) पूजा-पाठ का काम न आना
(iii) कोई उपाय काम न आना
(iv) मंत्रोच्चार की विधि न जानना

उत्तर (iii) कोई उपाय काम न आना

(घ) राम वियोगी व्यक्ति की तुलना किससे की गई है?

(i) विक्षिप्त व्यक्ति से
(ii) विरह रूपी व्यक्ति से
(iii) विष युक्त सर्प के तन से
(iv) विरह रूपी सर्प से ग्रसित व्यक्ति से

उत्तर (iv) विरह रूपी सर्प से ग्रसित व्यक्ति से

(ङ) निम्नलिखित कथन तथा कारण को ध्यानपूर्वक पढ़िए। उसके बाद दिए गए विकल्पों में से कोई एक सही विकल्प चुनकर लिखिए

कथन सांसारिक मनुष्य सुखपूर्वक जीवनयापन कर रहे हैं।

कारण वह भौतिक सुखों को ही सच्चा सुख मानते हैं।

(i) कथन तथा कारण दोनों गलत हैं।
(ii) कारण सही है, किंतु कथन गलत है।
(iii) कथन सही है, लेकिन कारण, कथन की गलत व्याख्या करता है।
(iv) कथन तथा कारण दोनों सही हैं तथा कारण, कथन की सही व्याख्या करता है।

उत्तर (iv) कथन तथा कारण दोनों सही हैं तथा कारण, कथन की सही व्याख्या करता है।

5. हम घर जाल्या आपणाँ, लिया मुराड़ा हाथि।
अब घर जालौं तास का, जे चलै हमारे साथि।।

(क) कबीर जी का अपना घर जलाने से क्या तात्पर्य है?

(i) उन्होंने अपना घर जला दिया है, जो कि लकड़ी का बना था
(ii) उन्होंने अपनी सांसारिक विषय-वासनाओं को नष्ट कर दिया है
(iii) उन्होंने अपने ज्ञान को जलाकर नष्ट कर दिया है
(iv) उपर्युक्त में से कोई नहीं

उत्तर (ii) उन्होंने अपनी सांसारिक विषय-वासनाओं को नष्ट कर दिया है

(ख) 'मुराड़ा' से यहाँ क्या तात्पर्य है?

(i) जलती हुई लकड़ी से (ii) पगड़ी बाँधने से
(iii) घर जलाने से (iv) लकड़ी उठाने से

उत्तर (i) जलती हुई लकड़ी से

(ग) कबीर जी अब किसका घर जलाने की बात कर रहे हैं?

(i) अपने पड़ोसियों का
(ii) जो उनकी बात नहीं मानेगा
(iii) जो उनके साथ भक्ति मार्ग पर चलेगा
(iv) अपने गुरु का

उत्तर (iii) जो उनके साथ भक्ति मार्ग पर चलेगा

(घ) प्रस्तुत साखी की शैली कौन-सी है?

(i) गवेषणात्मक (ii) उपदेशात्मक
(iii) अन्वेषणात्मक (iv) प्रतीकात्मक

उत्तर (iv) प्रतीकात्मक

(ङ) निम्नलिखित वाक्यों को ध्यानपूर्वक पढ़िए

दक्षता आधारित प्रश्न

1. ईश्वर की भक्ति की मशाल से विषय वासनाएँ नष्ट हो जाती हैं।
2. कबीरदास ने जलती मशाल से अपना घर सांसारिक जला लिया है।
3. कबीर अपने साथ चलने वालों को विषय-वासनाओं का घर जलाने के लिए प्रेरित करते हैं।
4. सांसारिक विषय वासनाएँ ईश्वर प्राप्ति की राह में बाधक होती हैं।
5. ईश्वरीय प्रेम और विषय वासनाओं में विरोधाभासी संबंध होता है।

पद्यांश से मेल खाते वाक्यों के लिए उचित विकल्प चुनिए

(क) 1, 2 और 4 (ख) 2, 3 और 5
(ग) 1, 3 और 5 (घ) 1, 4 और 5

उत्तर (घ) 1, 4 और 5

विषयवस्तु का ज्ञान, बोध अभिव्यक्ति पर आधारित प्रश्न

1. मनुष्य की वाणी में मिठास कब आती है?

उत्तर मनुष्य की वाणी में मिठास तब आती है, जब उसके अंदर का अहंकार समाप्त हो जाता है और वह सभी मनुष्यों को एक ही ईश्वर की संतान मानकर उनसे एक समान व्यवहार करता है। इसके साथ ही जब मनुष्य कटु वचनों का त्याग कर सभी प्राणियों के साथ शांत एवं प्रसन्नचित्त होकर बात करता है तब उसकी वाणी में मिठास आ जाती है।

2. कबीर ने सच्चा भक्त किसे कहा है? **CBSE 2016**

उत्तर कबीर ने सच्चा भक्त उस व्यक्ति को कहा है, जिसने ईश्वर के प्रेम का अनुभव किया हो और वह ईश्वर को सच्चे हृदय से प्रेम करता हो तथा अपना कर्त्तव्य पूरी निष्ठा के साथ पूर्ण करता हो।

3. कबीर के अनुसार, विरही जीवित क्यों नहीं रहता? **दक्षता आधारित प्रश्न**

उत्तर कबीर के अनुसार, विरही जीवित इसलिए नहीं रहता क्योंकि परमात्मा का विरह रूपी साँप उसके मन में बस जाता है। जिसके परिणामस्वरूप वह परमात्मा से मिलने के लिए दिन-रात तड़पता रहता है। उसे स्वयं अपने बचने की कोई उम्मीद या उपाय नज़र नहीं आता। सांसारिक सुखों की प्राप्ति की भी उसे कोई इच्छा नहीं रहती। अत: परमात्मा के वियोग में विरही का जीवित रहना असंभव है।

4. 'पोथी पढ़ि-पढ़ि' तथा 'घटि-घटि' में कौन-सा अलंकार है?

उत्तर 'पोथी पढ़ि-पढ़ि' में 'प' वर्ण की आवृत्ति होने के कारण अनुप्रास अलंकार तथा 'घटि-घटि' में पुनरुक्तिप्रकाश अलंकार है।

5. कबीर के अनुसार, निंदा क्यों उपयोगी है?

उत्तर कबीर के अनुसार, निंदा इसलिए उपयोगी है, क्योंकि यदि कोई मनुष्य अपनी निंदा को सहन कर उससे सीख ले, तो वह स्वयं में बहुत से सुधार लाकर सदाचारी और निर्मल बन सकता है।

6. 'मन का आपा खोने' का आशय बताइए। **CBSE 2015**

उत्तर 'मन का आपा खोने' का आशय अपने मन से अहंकार भाव को विलीन कर देने से है। कबीर कहते हैं कि मनुष्य को अपने मन का अहंकार त्यागकर, अमृत के समान पवित्र एवं मीठे वचन बोलने चाहिए, जिससे स्वयं के साथ-साथ अन्य प्राणियों के हृदय को भी सुख एवं शान्ति प्रदान की जा सके तथा आलौकिक आनंद का अनुभव किया जा सके। अत: प्रत्येक मनुष्य को मीठे वचन बोलकर सभी प्राणियों के साथ अच्छा व्यवहार करना चाहिए।

7. कबीर की भाषा को किन नामों से जाना जाता है और क्यों? **दक्षता आधारित प्रश्न**

उत्तर कबीर की भाषा को पंचमेल खिचड़ी और सधुक्कड़ी आदि नामों से जाना जाता है। इनके काव्य की भाषा में मुख्य रूप से ब्रज, अवधी एक खड़ी बोली का मिश्र रूप दिखाई पड़ता है, जिसमें कहीं-कहीं

भोजपुरी, पंजाबी एवं राजस्थानी भाषा के तत्त्व भी सरलता से देखे जा सकते हैं। चूँकि कबीर का ज्ञान विस्तृत था तथा उन्होंने बहुत-से स्थानों की यात्रा भी की है, इसलिए उनकी काव्य भाषा में विभिन्न भाषाओं का मिश्रण होना स्वाभाविक है। इन्हें भाषा का डिक्टेटर भी कहते हैं।

8. कबीर के अनुसार, मैं और हरि में क्या विरोध है? **दक्षता आधारित प्रश्न**

उत्तर कबीर के अनुसार, मैं और हरि एक-दूसरे के घोर विरोधी हैं। यहाँ 'मैं' का अर्थ मनुष्य का अहंकार है, जबकि 'हरि' के द्वारा ईश्वर को संबोधित किया गया है। कबीर कहते हैं कि जब तक मनुष्य के मन में 'मैं' अर्थात् अहंकार रहता है, तब तक ईश्वर की प्राप्ति नहीं हो सकती। यह अहंकार दूर होने के बाद ही संभव है। निष्कर्ष यह है कि व्यक्ति का अहंकार उसके हरि मिलन के मार्ग में सबसे बड़ी बाधा है।

9. कबीर निंदक को अपने निकट रखने का परामर्श क्यों देते हैं? **CBSE 2020**

अथवा **कबीर ने निंदक को पास रखने की सलाह क्यों दी? क्या यह सलाह आपको उचित प्रतीत होती है? कारण सहित स्पष्ट कीजिए।** **CBSE SQP 2023**

उत्तर कबीर निंदक को अपने निकट रखने का परामर्श इसलिए देते हैं, क्योंकि निंदक अपने स्वभाववश दूसरों के दोष प्रकट करता रहता है।

इस प्रकार वह हमें स्वयं का निरीक्षण करने और स्वयं में सुधार करने का अवसर देता है। इससे बिना साबुन और पानी के ही हमारा स्वभाव स्वच्छ और निर्मल बन जाता है।

10. पोथी पढ़-पढ़कर भी ज्ञान प्राप्त न होने से कबीर का क्या तात्पर्य है? **CBSE 2016, 15**

उत्तर पोथी पढ़-पढ़कर भी ज्ञान प्राप्त न होने से कबीर का तात्पर्य यह है कि केवल ग्रंथों को पढ़ लेने मात्र से कोई ज्ञानी नहीं हो जाता।

ज्ञानवान होने के लिए 'प्रेम' की परिभाषा को जानना अधिक महत्त्वपूर्ण है, जो व्यक्ति बिना किसी भेदभाव के मनुष्य के अस्तित्व को मानते हुए एक-दूसरे से प्रेम का भाव रखता है, वही सही मायनों में ज्ञानी है।

11. 'साखी' से आप क्या समझते हैं?

उत्तर 'साखी' शब्द का तद्भव रूप है—'साक्षी' जो 'साक्ष्य' शब्द से निर्मित हुआ है और जिसका अर्थ है—प्रत्यक्ष ज्ञान। यही साक्षी शब्द बिगड़ते-बिगड़ते साखी बन गया।

कबीरदास ने जिन बातों को अपने अनुभव से जाना तथा सत्य पाया, उन्हें साखी के रूप में प्रस्तुत किया। ये साखियाँ सत्य की प्रतीक हैं।

12. कबीर की भक्ति-भावना का वर्णन अपने शब्दों में स्पष्ट कीजिए। **CBSE 2012**

उत्तर कबीरदास निराकार भक्ति के उपासक थे, जिन्होंने सगुण भक्ति मूर्ति पूजा का खंडन एवं धर्म के झूठे दिखावे करते हुए, निर्गुण भक्ति के महत्त्व को उजागर किया है। कबीर ने ईश्वर भक्ति के लिए मंदिर, मस्जिद, गुरुद्वारे आदि संस्थानों पर जाना अनुचित माना है तथा ईश्वर को स्वयं में खोजने पर बल दिया है। कबीर कहते हैं

मोको कहाँ ढूँढे रे बन्दे, मैं तो तेरे पास रे
ना मैं देवल, ना मैं मस्जिद, ना काबे कैलास में।।

13. कबीर ने ईश्वर का निवास कहाँ बताया है? **CBSE 2016**

उत्तर कबीर ने ईश्वर का निवास सृष्टि के कण-कण में बताया है। वे किसी विशेष स्थान पर नहीं रहते हैं, बल्कि उनका निवास प्रत्येक प्राणी के हृदय में है। कबीर का मानना है कि ईश्वर कण-कण में निवास करते हैं, किंतु इस संसार में रहने वाले लोग अज्ञानतावश उन्हें देख नहीं पाते और परेशान होकर इधर-उधर ढूँढ़ते रहते हैं।

14. विरह रूपी सर्प कबीर के अनुसार कौन है और 'मंत्र' किसे कहा गया है? **CBSE 2018**

उत्तर कबीर के अनुसार, ईश्वर से मिलन न हो पाने की दशा में साधक के जीवन में विरह व्याप्त हो जाता है।

यह विरह उस सर्प की तरह अपना विष शरीर में छोड़ता है, मानो वह शरीर में ही रहता हो। इस विष का कोई निदान नहीं सूझता। यहाँ 'मंत्र' उपाय को कहा गया है।

15. कबीर ने किस प्रकार के ब्रह्म की आराधना की है?

उत्तर कबीर भक्तिकाल की निर्गुण भक्ति धारा की ज्ञानमार्गी शाखा के प्रतिनिधि संत कवि हैं। वे निराकार ब्रह्म में विश्वास करते हैं। उनका ब्रह्म फूलों की सुगंध से भी पतला, अजन्मा और निर्विकार है।

उनका मत है कि ईश्वर धरती के कण-कण में रचा-बसा है। ईश्वर (राम) जीव के अंदर समाया हुआ है, उसे इधर-उधर खोजने की आवश्यकता नहीं है। उसे हमें अपने भीतर ही खोजना चाहिए।

16. "सुखिया सब संसार है, खावै अरु सोवै ....।" में कबीर ने किस तथ्य पर प्रकाश डाला है? **दक्षता आधारित प्रश्न**

उत्तर कबीर ने प्रस्तुत पंक्तियों में बताया है कि संसार की नश्वरता से अनजान मनुष्य सांसारिक सुख-साधनों के पीछे भागता रहता है और उनमें ही डूबा रहता है। ऐसे लोगों की ब्रह्म के प्रति आसक्ति नहीं है, लेकिन कबीर संसार की नश्वरता को देख चिंतित होकर रोते हैं।

17. अपने अंदर का दीपक दिखाई देने पर कौन-सा अँधियारा कैसे मिट जाता है? कबीर की साखी के संदर्भ में स्पष्ट कीजिए। **CBSE 2015, Delhi Gov. QB 2022**

उत्तर 'दीपक' प्रकाश फैलाने का माध्यम है। इससे अंधकार का नाश होता है। कबीर ने अपनी साखी में 'दीपक' को ज्ञान के प्रतीक के रूप में रखा है। ज्ञान मन के भीतर बस दोषों को नष्ट करता है।

मनुष्य के अवगुण अंधकार के समान ही हैं। ज्ञान की ज्योति से अंधकार का मिटना मनुष्य को एक नई पहचान देता है। ईश्वरीय ज्ञान मनुष्य को आंतरिक अंधकार के कारण नहीं हो पाता। इस अंधकार के समाप्त होते ही मनुष्य का ईश्वर से एकाकार हो जाता है।

अपने अंदर का दीपक दिखाई देने पर अपने-पराए का भेद मिट जाता है। जिस प्रकार दीपक के प्रकाश से अंधकार समाप्त हो जाता है, उसी प्रकार जब मनुष्य का ईश्वर के प्रेम रूपी प्रकाश से साक्षात्कार होता है तो उसके मन के सारे प्रश्न, भ्रम, संदेह समाप्त हो जाते हैं, और अज्ञान रूपी अंधकार मिट जाता है।

18. 'साखी' शब्द को स्पष्ट करते हुए कबीर द्वारा रचित साखियों के केंद्रीय भाव को अपने शब्दों में लिखिए। **दक्षता आधारित प्रश्न**

उत्तर साखी शब्द से अभिप्राय साक्षात् ज्ञान अर्थात् मनुष्य अपने अनुभवों से जो ज्ञान प्राप्त करता है वह सर्वाधिक महत्त्वपूर्ण होता है। जीवन के प्रति उसका दृष्टिकोण जीवन के भोगे हुए यथार्थ पर निर्भर करता है। कबीर अपने दोहों द्वारा भक्ति मार्ग, प्रेममार्ग व नीति मार्ग पर चलने के लिए प्रेरित करते हैं। वे सदैव मनुष्य मात्र को निडर व सबल बनने की सीख देती हैं। भक्ति मार्ग में आने वाले बाह्य आडंबरों, मूर्ति पूजा

आदि का पुरजोर विरोध करते हैं तथा प्रेम के ढाई अक्षर पढ़ने मात्र से व्यक्ति ज्ञानी से भी सर्वश्रेष्ठ बन जाता है। कबीर जी के दोहे सधुक्कड़ी अर्थात् पंचमेल खिचड़ी में लिखे गए, जिनमें सभी भाषाओं का पुट है।

19. कबीरदास की साखियों के मुख्य उद्देश्य स्पष्ट कीजिए। **CBSE 2016, 10**

उत्तर कबीरदास की साखियों के मुख्य उद्देश्य निम्न हैं

(i) मनुष्य को ईश्वर की प्राप्ति के लिए अच्छे कार्य करने हेतु प्रेरित करना एवं सच्चे मार्ग पर चलने पर ज़ोर देना।

(ii) सांसारिक सुखों और सामाजिक ढोंगों को छोड़कर अपने अहंकार को त्यागकर मधुर वचन बोलना।

(iii) मीठे वचन बोलकर ईश्वर भक्ति में लगे रहना।

(iv) अपनी निंदा को सकारात्मक अर्थ में लेते हुए स्वयं के व्यक्तित्व व स्वभाव में सुधार करना।

(v) ईश्वर की प्राप्ति के लिए उन्हें अपने भीतर टटोलना अर्थात् अपनी आत्मा में ईश्वर के अंश का साक्षात्कार करना।

20. कबीर की साखियों से हमें क्या शिक्षा मिलती है?

***अथवा* कबीर की किसी साखी के आधार पर बताइए कि कबीर किन जीवनमूल्यों को मानव के लिए आवश्यक मानते हैं?** **CBSE 2014**

उत्तर महान् संत कवि कबीर की साखियों से हमें नैतिकता एवं ज्ञान की शिक्षा मिलती है। उनकी साखियों में अहंकार से दूर रहने, मीठे वचन बोलने, सच्चे मन से ईश्वर को याद करने, सामाजिक रूढ़ियों को दूर करने आदि संबंधी शिक्षा मिलती हैं। प्रस्तुत साखियाँ मनुष्य को नीति संबंधी शिक्षा भी प्रदान करती हैं। बाहरी ढोंग से दूर रहने, आपसी बैर भाव एवं धार्मिक मतांतरों को भूलने तथा जीवन के वास्तविक लक्ष्य को प्राप्त करने संबंधी प्रेरणा देने के अतिरिक्त ये साखियाँ आत्म-सुधार की प्रेरणा भी देती हैं। पुस्तकीय ज्ञान की अपेक्षा व्यावहारिक ज्ञान उपयोगी है।

वास्तव में, जनमानस में व्याप्त सामाजिक–धार्मिक रूढ़ियों एवं कुरीतियों को दूर करना तथा आध्यात्मिक एवं नैतिक उन्नति करने में सहायता करना ही कबीर का लक्ष्य था, जिसके लिए उन्होंने अपनी साखियों को माध्यम बनाया।

21. कबीर के दोहे के आधार पर कस्तूरी की उपमा को स्पष्ट कीजिए। मनुष्य को ईश्वर प्राप्ति के लिए क्या करना चाहिए? स्पष्ट कीजिए।

***अथवा* कबीर ने कस्तूरी मृग का उदाहरण देकर क्या स्पष्ट करने का प्रयास किया है?** **दक्षता आधारित प्रश्न**

***अथवा* कबीर ने अपने दोहे में 'हिरण' का उदाहरण किस संदर्भ में दिया है? क्या आप भी कबीर के विचार से सहमत हैं? अपना उत्तर स्पष्ट से लिखिए।** **CBSE 2016**

उत्तर कबीर का कहना है कि जिस प्रकार 'कस्तूरी' (कस्तूरी नामक सुगंधित पदार्थ) मृग की नाभि में ही होता है, लेकिन अज्ञानतावश वह इसे पाने के लिए वन में भटकता रहता है, ठीक उसी प्रकार ईश्वर का निवास भी मनुष्य के हृदय में ही है, लेकिन मनुष्य को इसका ज्ञान नहीं होने के कारण वह ईश्वर को अन्यत्र खोजता फिरता है। अपने कथन की सटीक पुष्टि के लिए ही कबीर ने ईश्वर के संदर्भ में कस्तूरी मृग की उपमा दी है। हाँ मैं कबीर के इस विचार से पूर्ण रूप से सहमत हूँ, क्योंकि हम सभी ईश्वर का ही एक अंश हैं। कबीर के अनुसार, ईश्वर कण-कण में व्याप्त है, किंतु हमारी अज्ञानता, अविश्वासी प्रवृत्ति और अहंकारी स्वभाव ईश्वर की प्राप्ति में बाधक बनता है, जिसके परिणामस्वरूप मनुष्य केवल सांसारिक विषय-वासनाओं और आडंबरों में ही फँसा रह जाता है। अत: मनुष्य को ईश्वर प्राप्ति के लिए अज्ञानता, अविश्वास और अहं भाव को त्यागकर ईश्वर के प्रति भक्ति-भाव रखना चाहिए। इस प्रकार ईश्वरीय ज्ञान के बल पर तथा ईश्वर पर अटूट विश्वास रखकर तथा मधुर व्यवहार के द्वारा ही ईश्वर को प्राप्त किया जा सकता है।

22. कबीर ने अपने दोहे में निंदक को समीप रखने की सलाह दी है। क्या आप भी अपने निंदक को पसंद करते हैं? निंदक के प्रति सकारात्मक दृष्टिकोण रखते हुए उससे होने वाले लाभों के बारे में लिखिए। **दक्षता आधारित प्रश्न, CBSE 2016**

उत्तर कबीर ने अपने दोहे में निदंक को समीप रखने की सलाह दी है, क्योंकि यदि कोई मनुष्य अपनी निंदा को सहन करना सीख ले, तो वह स्वयं में बहुत से सुधार लाकर सदाचारी और निर्मल बन सकता है। यही कारण है कि मैं भी अपने निंदक को पसंद करता हूँ। जब मैं कोई कार्य करता हूँ, तो बहुत से निंदक मेरे समीप होते हैं और वे मेरे द्वारा किए गए कार्यों में से कमियों को निकालते हैं।

इन कमियों को मैं गंभीरता से लेते हुए सुधार के प्रयास करता हूँ और उसी कार्य को और अधिक मेहनत के साथ करते हुए पहले वाली गलतियों में सुधार करता हूँ। यदि मेरे समीप निंदक नहीं होगा, तो मेरी कमियों को उजागर करने वाला कोई नहीं होगा। इस कारण मैं एक ही गलती को बारंबार दोहराता रहूँगा। अत: कहा जा सकता है कि हमें निंदक को अपने ही समीप रखकर उसकी निंदा से लाभ उठाना चाहिए।

23. 'ऐकै अषिर पीव का पढ़ै सु पंडित होम' पंक्ति का आप क्या अर्थ समझते हैं? प्रेम का एक अक्षर सभी ग्रंथों से किस प्रकार भारी है, अपने जीवन के एक अनुभव के आधार पर स्पष्ट कीजिए। **दक्षता आधारित प्रश्न, CBSE 2019, 15, 16**

उत्तर इस पंक्ति द्वारा कबीरदास ने प्रेम की महत्ता को प्रकाशित किया है। ईश्वर को पाने के लिए एक अक्षर प्रेम का अर्थात् ईश्वर को पढ़ लेना ही पर्याप्त है। बड़े-बड़े पोथे या ग्रन्थ पढ़कर कोई पंडित नहीं बन जाता। वे कहते हैं प्रेम का एक अक्षर जो पढ़ लेता है, वह पंडित हो जाता है। केवल भगवान का नाम याद करने से ही वह सच्चा ज्ञानी बन सकता है। केवल परमात्मा का नाम स्मरण करने से ही सच्चा ज्ञानी बना जा सकता है।

प्रेम का ज्ञान एक प्रकार का व्यावहारिक ज्ञान होता है, जो हमें मनुष्य से जोड़ने में सहायता प्रदान करता है; परन्तु पोथि पढ़ कर जो ज्ञान प्राप्त होता है, उसमें अहंकार पैदा होने की संभावना बढ़ जाती है।

इस बात का तर्क मैं अपने जीवन में घटित एक घटना के आधार पर स्पष्ट कर रहा हूँ, जो निम्नलिखित है मैं कॉलेज जा रहा था। एक बुजुर्ग व्यक्ति पर मेरी नज़र पड़ी। वह सड़क पार करने का प्रयास कर रहा था, परन्तु बारम्बार उसे असफलता मिल रही थी। उसके बगल में सूट-बूट धारण किया व्यक्ति आया और उसने उन्हें धक्का दिया और आगे निकल गया। सामने से एक रिक्शावाला आया, बुजुर्ग को उठाया और सड़क पार करवाई। इस उदाहरण से स्पष्ट है कि पोथि पढ़कर भी मनुष्य विद्वान या बुद्धिमान नहीं बन सका; जबकि प्रेम के अक्षर पढ़ने वाला रिक्शाचालक एक विद्वान के रूप में हमारे समक्ष प्रस्तुत हुआ है। जैसा कि प्रश्न में दिया है आप सभी छात्र अपने जीवन में हुए इस प्रकार के अनुभवों का उदाहरण यहाँ लिख सकते हैं।

स्व–मूल्यांकन

कविता पर आधारित बहुविकल्पीय प्रश्न

निम्नलिखित काव्यांश को ध्यानपूर्वक पढ़कर पूछे गए प्रश्नों के सही विकल्प चुनिए।

1. कबीर दूसरों का घर क्यों जलाना चाहते हैं?

(i) उनको पीड़ा पहुँचाने हेतु
(ii) अपना स्वार्थ पूरा करने हेतु
(iii) उनको सन्मार्ग पर लाने हेतु
(iv) उनको मोह छोड़कर ईश्वर भक्ति में लगाने हेतु

2. पोथी पढ़ने से व्यक्ति पंडित क्यों नहीं बन सकता? **दक्षता आधारित प्रश्न**

(i) क्योंकि पोथी साधारण व्यक्ति द्वारा लिखी होती है
(ii) क्योंकि पोथी ज्ञान को प्रदान करती है, परंतु हमारे आचरण को नहीं बदल सकती
(iii) क्योंकि पंडित लोगों के मानने से बनते हैं, पोथी पढ़ने से नहीं
(iv) क्योंकि पोथी हमें अच्छा मनुष्य नहीं बनाती

काव्यांश पर आधारित बहुविकल्पीय प्रश्न

निम्नलिखित पद्यांश को ध्यानपूर्वक पढ़कर पूछे गए प्रश्नों के सही विकल्प चुनिए।

1. पोथी पढ़ि पढ़ि जग मुवा, पण्डित भया न कोइ।
ऐकै अषिर पीव का, पढ़ै सु पण्डित होइ।।

(क) कबीर के अनुसार, कौन ज्ञानी नहीं बन पाया?

(i) मोटी-मोटी पुस्तकें पढ़ने वाले व्यक्ति
(ii) गुरु के बिना रहने वाले व्यक्ति
(iii) माता-पिता का अनादर करने वाले व्यक्ति
(iv) हमेशा अलग-अलग रहने वाले व्यक्ति

(ख) कबीर के अनुसार, पण्डित कौन है? **दक्षता आधारित प्रश्न**

(i) जिसने गुरु का सान्निध्य प्राप्त कर लिया
(ii) जिसने प्रभु का एक अक्षर भी पढ़ लिया
(iii) जिसने कठोर तपस्या कर ली
(iv) जिसने स्वयं को पहचान लिया

(ग) 'पीव' किसका प्रतीक है?

(i) जीवन साथी का (ii) दीपक का
(iii) अज्ञान का (iv) परमात्मा का

(घ) प्रस्तुत पद में किस पर व्यंग्य किया गया है?

(i) साहित्यकारों पर
(ii) ज्ञानी वर्ग पर
(iii) धार्मिक आडंबरों पर
(iv) समाज पर

विषयवस्तु का ज्ञान, बोध अभिव्यक्ति पर आधारित प्रश्नोत्तर

निम्नलिखित प्रश्नों के उत्तर दीजिए

(i) कवि ने कैसी वाणी का प्रयोग करने के लिए कहा है तथा क्यो?
(ii) कबीर पंडित किसे मानते हैं? प्रस्तुत दोहे के आधार पर स्पष्ट कीजिए। **दक्षता आधारित प्रश्न**
(iii) कबीर ने ऐसा क्यों कहा कि निंदक के लिए घर के आँगन में कुटिया बनवा देनी चाहिए।
(iv) कबीर किसका घर जलाना चाहते हैं? यहाँ घर जलाने से क्या आशय है?
(v) कबीर ईश्वर की प्राप्ति के लिए किस-किस बात पर बल देते हैं? विस्तारपूर्वक बताइए। **दक्षता आधारित प्रश्न**

अध्याय 2

पद मीरा

पाठ की रूपरेखा प्रस्तुत पद 'मीरा' के आराध्य देव 'श्रीकृष्ण' को संबोधित हैं। **पहले पद** में मीरा ने श्रीकृष्ण को अपना संरक्षक मानकर उनसे प्रार्थना की है कि मेरे कष्टों को भी दूर करके मेरी रक्षा करो। **दूसरे पद** में मीरा, श्रीकृष्ण के समीप सेविका बनकर रहना चाहती हैं, ताकि वह सुबह उठकर प्रभु कृष्ण के दर्शन कर सकें। वह दिन-रात उनका स्मरण करते हुए, उनकी लीलाओं का गुणगान करते हुए भगवान की आराधना (भक्ति) में लीन हो जाना चाहती हैं। **तीसरे पद** में, मीरा ने श्रीकृष्ण के रूप-सौंदर्य का वर्णन किया है। वह श्रीकृष्ण के दर्शन के लिए इतनी बेचैन हैं कि कृष्ण को यमुना नदी के किनारे दर्शन देने के लिए पुकारती हैं। इस प्रकार इन सभी पदों में मीरा अपने आराध्य देव को मनाने का प्रयत्न करती हैं, लाड़ भी लड़ाती हैं और अवसर आने पर उलाहना देने से भी नहीं चूकतीं। वह उनकी क्षमताओं का गुणगान करती हैं, तो उन्हें उनके कर्त्तव्य याद दिलाने में भी देर नहीं लगाती हैं।

कवि परिचय

मीराबाई का जन्म 1503 ई. में जोधपुर के चोकड़ी (कुड़की) गाँव में हुआ। इनका विवाह मेवाड़ के महाराणा सांगा के पुत्र कुँवर भोजराज से 13 वर्ष की आयु में ही हो गया, परंतु दुर्भाग्यवश आठ-दस वर्षों के पश्चात् इनके पति की मृत्यु हो गई। मीरा का मन राज घरानों की चहल-पहल में नहीं रम सका तथा भौतिक जीवन से निराश होकर उन्होंने घर त्याग दिया और मंदिर में जाकर श्रीकृष्ण की भक्ति करते हुए कृष्णमय हो गईं।

मीरा, संत रैदास की शिष्या थीं। इनकी सात-आठ कृतियाँ उपलब्ध हैं। इनकी भक्ति दैन्य और माधुर्य भाव की भक्ति है। साधु संतों की संगति में रहने के कारण इन पर योगियों, संतों और वैष्णव भक्तों का प्रभाव पड़ा। इनके पदों की भाषा में राजस्थानी, ब्रज और गुजराती भाषा का मिश्रण देखा जा सकता है। इसलिए इन्हें हिंदी और गुजराती दोनों भाषाओं की कवयित्री माना जाता है। मध्यकालीन भक्ति आंदोलन में योगदान देने वाले कवियों में मीरा का विशेष स्थान है।

काव्यांशों की व्याख्या

काव्यांश 1

हरि आप हरो जन री भीर।
द्रोपदी री लाज राखी, आप बढ़ायो चीर।
भगत कारण रूप नरहरि, धर्‌यो आप सरीर।
बूढ़तो गजराज राख्यो, काटी कुण्जर पीर।
दासी मीराँ लाल गिरधर, हरो म्हारी भीर।।

शब्दार्थ **हरि**-श्रीकृष्ण; **हरो**-दूर करो; **जन री**-सेवक की (मीरा की); **भीर**-पीड़ा; द्रोपदी री लाज राखी-दुर्योधन द्वारा दुःशासन से द्रौपदी का चीरहरण कराने पर श्रीकृष्ण ने चीर (द्रौपदी की साड़ी) को बढ़ाते-बढ़ाते इतना बढ़ा दिया कि दुःशासन थक गया; **बढ़ायो**-बढ़ाना; **चीर**-वस्त्र; **भगत**-भक्त, सेवक; **धर्‌यो**–धारण किया; **बूढ़तो**-डूबते हुए; **गजराज**-ऐरावत हाथी; **राख्यो**-रक्षा की, बचाया; **काटी कुञ्जर पीर**-हाथी का कष्ट दूर करने के लिए मगरमच्छ को मारा; **लाल गिरधर**-श्रीकृष्ण; **म्हारी**-मेरी; **पीर**-दुःख।

भावार्थ

मीराबाई अपने आराध्य देव (अर्थात् हरि कृष्ण) से प्रार्थना करती हैं कि हे ईश्वर! केवल आप ही हैं जो अपनी इस दासी के कष्टों को दूर कर सकते हैं। आपने ही द्रौपदी की लाज बचाकर उसे अपमानित होने से बचाया था। जिस समय दुःशासन ने भरी सभा में द्रौपदी का चीरहरण करने का प्रयास किया था, तब आपने ही उसके चीर (वस्त्र) को बढ़ाया था। इसी प्रकार अपने प्रिय भक्त प्रह्लाद को बचाने के लिए आपने भगवान नरसिंह का रूप धारण किया था। आपने ही डूबते हुए हाथी को मगरमच्छ के मुँह से बचाकर उसके जीवन की रक्षा की थी और उसकी पीड़ा को दूर किया था। दासी मीरा भी आपसे प्रार्थना करती है कि हे गिरिधर! जिस प्रकार आपने सभी के दुःखों को समाप्त किया, उसी तरह आप मेरी भी पीड़ा को दूर करो और मुझे हर प्रकार के बंधनों से आज़ाद कर दो।

काव्य सौंदर्य

(i) सरल एवं सहज भाषा का प्रयोग हुआ है, जो अत्यधिक प्रभाव उत्पन्न करने वाली है।

(ii) इसमें ब्रजभाषा के शब्दों के साथ-साथ राजस्थानी भाषा के शब्दों का भी प्रयोग हुआ है।

(iii) 'काटी कुण्जर' में अनुप्रास अलंकार है, जबकि पूरे पद में दृष्टांत अलंकार का प्रयोग हुआ है।

(iv) गेयात्मक या गीतात्मक शैली का प्रयोग हुआ है तथा प्रत्येक पंक्ति का अंतिम शब्द (पद) तुकांत है।

(v) पद भक्ति और प्रेम से परिपूर्ण है।

काव्यांश 2

स्याम म्हाने चाकर राखो जी,
गिरधारी लाला म्हाँने चाकर राखो जी।
चाकर रहस्यूँ बाग लगास्यूँ नित उठ दरसण पास्यूँ।
बिन्दरावन री कुंज गली में, गोविंद लीला गास्यूँ।
चाकरी में दरसण पास्यूँ, सुमरण पास्यूँ खरची।
भाव भगती जागीरी पास्यूँ, तीनूं बाताँ सरसी।

शब्दार्थ **स्याम**–श्रीकृष्ण; **म्हाने**–मुझे; **चाकर**–नौकर, दासी, सेवक; **राखो जी**–रख लीजिए; **रहस्यूँ**–रहूँगी; **बाग लगास्यूँ**–बाग लगाऊँगी; **नित**–प्रतिदिन; **दरसण**–दर्शन; **पास्यूँ**–करूँगी, पाऊँगी; **बिन्दरावन री**–वृंदावन की; **कुंज**–बाग; **लीला**–विभिन्न कार्य; **गास्यूँ**–गाऊँगी; **चाकरी**–नौकरी; **सुमरण**–स्मरण; **खरची**–जेब खर्च; **भाव भगती**–भावों से भरी भक्ति; **जागीरी**–संपत्ति, साम्राज्य; **सरसी**–पूर्ण होंगी।

भावार्थ

मीरा, श्रीकृष्ण से प्रार्थना करते हुए कहती हैं कि हे श्याम! तुम मुझे अपनी दासी (सेविका) बनाकर रख लो। मीरा, श्रीकृष्ण से प्रार्थना करती हुई दोबारा कहती हैं हे गिरिधारी लाल! तुम मुझे अपने यहाँ सेविका के रूप में रख लो मैं तुम्हारी सेविका के रूप में रहते हुए तुम्हारे लिए बाग-बगीचे लगाया करूँगी, जिसमें तुम घूम सको। जब तुम रोज़ सुबह यहाँ घूमने आओगे, तो मैं तुम्हारे दर्शन कर लिया करूँगी। मैं वृंदावन गलियों में तुम्हारी लीलाओं के गीत गाया करूँगी। तुम्हारी सेवा करते हुए मुझे तुम्हारे दर्शन करने का अवसर भी मिल जाएगा। तुम्हारे नाम-स्मरण के रूप में मुझे जेब-खर्च भी प्राप्त हो जाया करेगा। इस प्रकार मुझे तुम्हारे दर्शन, स्मरण और भक्ति रूपी जागीर—तीनों आसानी से मिल जाएँगी, जिससे मेरा जीवन सफल हो जाएगा। इस प्रकार मेरी तीनों इच्छा पूरी हो जाएँगी।

काव्य सौंदर्य

(i) मुख्यत: राजस्थानी भाषा के शब्दों का प्रयोग हुआ है, जो भावों की अभिव्यक्ति में पूर्णत: सक्षम हैं।

(ii) मीरा की भक्ति दास-भक्ति है, जिसमें वह कृष्ण के रंग में रंग गई हैं।

(iii) 'भाव भगती' में अनुप्रास अलंकार विद्यमान है।

(iv) संपूर्ण पद में माधुर्य गुण विद्यमान है।

(v) इसमें गेयात्मक शैली का प्रयोग किया गया है।

काव्यांश 3

मोर मुगट पीताम्बर सौहे, गल वैजन्ती माला।
बिन्दरावन में धेनु चरावे, मोहन मुरली वाला।
ऊँचा ऊँचा महल बणावं बिच बिच राखूँ बारी।
साँवरिया रा दरसण पास्यूँ, पहर कुसुम्बी साड़ी।
आधी रात प्रभु दरसण, दीज्यो जमनाजी रे तीरां।
मीराँ रा प्रभु गिरधर नागर, हिवड़ो घणो अधीराँ।

शब्दार्थ **मोर मुगट**-मोर के पंखों से बना हुआ मुकुट; **पीतांबर**-पीले वस्त्र; **सौहे**-सुशोभित हो रहे हैं; **गल**-गले में; **वैजन्ती माला**-वन में उगने वाले एक प्रकार के फूलों की माला; **धेनु**-गाय; **बणावं**-बनाऊँ; **बिच बिच**-बीच-बीच में; **बारी**-फुलवारी, फूलों की छोटी-सी क्यारी; **साँवरिया**-श्रीकृष्ण, जिन्हें उनके साँवले रंग के कारण साँवरिया भी कहा जाता है; **रा**-का; **पहर**-पहनकर; **कुसुम्बी**-लाल रंग वाली; **दीज्यो**-दे दिया; **तीरां**-किनारे; **नागर**-चतुर; **हिवड़ो**-हृदय में; **घणो**-बहुत; **अधीराँ**-व्याकुलता, बेचैनी।

भावार्थ

मीराबाई, श्रीकृष्ण के रूप–सौंदर्य पर अत्यंत मोहित हैं। वह उनके रूप–सौंदर्य का वर्णन करते हुए कहती हैं कि श्रीकृष्ण के माथे पर मोरपंखों से बना हुआ सुंदर मुकुट सुशोभित हो रहा है। उनके शरीर पर पीले वस्त्र शोभा पा रहे हैं। उनके गले में फूलों की वैजन्ती माला बहुत सुंदर लग रही है। मन को मोहित कर लेने वाले और मधुर-मधुर बाँसुरी बजाने वाले श्रीकृष्ण वृंदावन में गाय चराते हैं। वृंदावन में मेरे श्रीकृष्ण का भव्य और ऊँचा महल है। मैं इस महल के बीचों-बीच सुंदर फूलों से सजी फुलवारी बनवाऊँगी। इसके पश्चात् मैं लाल रंग की साड़ी पहनूँगी और अपने साँवले के दर्शन करूँगी।

मीरा, श्रीकृष्ण से निवेदन करती हैं कि हे प्रभु! तुम आधी रात को मुझे यमुना नदी के किनारे अपने दर्शन देने के लिए अवश्य आना, क्योंकि मेरे प्रभु तो श्रीकृष्ण हैं, जिन्होंने गोवर्धन पर्वत को ऊँगली पर उठा लिया था, उन्हें देखने के लिए मेरा हृदय बहुत बेचैन हो रहा है।

काव्य सौंदर्य

(i) इस पद में राजस्थानी, ब्रज और गुजराती भाषा का प्रयोग हुआ है।

(ii) संपूर्ण पद में माधुर्य गुण विद्यमान है।

(iii) इस पद में गेयात्मक शैली का प्रयोग किया गया है।

(iv) 'मोर मुगट' तथा 'मोहन मुरली' में अनुप्रास अलंकार विद्यमान है।

(v) माधुर्य प्रेम-भक्ति का चित्रण हुआ है।

NCERT फोल्डर

पाठ्यपुस्तक (स्पर्श भाग-2) के प्रश्नोत्तर

(क) निम्नलिखित प्रश्नों के उत्तर दीजिए

प्र.1 पहले पद में मीरा ने हरि से अपनी पीड़ा हरने की विनती किस प्रकार की है? **CBSE 2020, 19, 16, 11, 10**

अथवा **मीराबाई ने श्रीकृष्ण से अपनी पीड़ा हरने की प्रार्थना किस प्रकार की है?** **CBSE 2019**

उत्तर पहले पद में मीरा हरि से अपना उद्धार करने तथा अपनी पीड़ा हरने की विनती करते हुए कहती हैं। आपने ही द्रौपदी की लाज बचाकर उसे अपमानित होने से बचाया था। आपने ही अपने प्रिय भक्त प्रहलाद को बचाने के लिए भगवान नरसिंह का रूप धारण किया था और आपने ही तो डूबते हुए हाथी को मगरमच्छ के मुँह से बचाकर उसके जीवन रक्षक की भूमिका निभाई थी। जिस प्रकार आपने द्रौपदी, प्रहलाद और हाथी की रक्षा की है, उसी प्रकार आप मेरे कष्ट भी हर लीजिए, मुझे हर प्रकार के सांसारिक बंधनों से छुटकारा दिला दीजिए।

प्र.2 दूसरे पद में मीराबाई श्याम की चाकरी क्यों करना चाहती हैं? स्पष्ट कीजिए। **CBSE 2018, 10**

अथवा **मीरा कृष्ण की चाकरी क्यों करना चाहती हैं? उनका लक्ष्य सांसारिक सुखों की प्राप्ति क्यों नहीं है? मीरा के पद के आधार पर स्पष्ट कीजिए।** **दक्षता आधारित प्रश्न, CBSE 2014**

उत्तर दूसरे पद में मीराबाई श्याम की चाकरी इसलिए करना चाहती हैं, क्योंकि वह प्रत्येक क्षण श्रीकृष्ण के सान्निध्य में रहकर उनके दर्शन करना चाहती हैं। दर्शन हेतु वह श्रीकृष्ण के लिए बाग-बगीचे लगाना चाहती हैं, जिसमें वे सुबह-शाम विचरण कर सकें और जब वे सुबह-शाम घूमने के लिए बाग में आएँ, तो मीरा उनके दर्शन प्राप्त कर सकें। मीरा श्रीकृष्ण की चाकरी करते हुए उनका नाम-स्मरण करेंगी, जिससे मीरा को नाम-स्मरण के रूप में जेब-खर्च भी अर्जित हो जाएगा। इस प्रकार श्याम की चाकरी करते हुए मीरा के दर्शन, स्मरण एवं भक्ति के रूप में तीनों भावों की पूर्ति हो जाएगी।

मीराबाई का लक्ष्य सांसारिक सुखों की प्राप्ति इसलिए नहीं है, क्योंकि सांसारिक सुख स्थायी नहीं होता है। सांसारिक सुखों के अंतर्गत धन-दौलत, रिश्ते-नाते आदि भौतिक सुखों का समावेश होता है। ये सुख नाशवान होते हैं, जो हमें सांसारिक मोह-माया में जकड़ लेते हैं। इसके विपरीत आध्यात्मिक सुख जीवन के सत्य को उजागर करता है, जिससे आत्मा जीवन-मरण के बंधन से मुक्ति पाकर मोक्ष प्राप्त करती है।

प्र.3 मीराबाई ने श्रीकृष्ण के रूप-सौंदर्य का वर्णन कैसे किया है? **CBSE 2016, 11, 10**

उत्तर मीराबाई ने श्रीकृष्ण के रूप-सौंदर्य का अलौकिक वर्णन करते हुए बताया है कि उनके माथे पर मोर के पंखों से बना सुंदर मुकुट शोभायमान हो रहा है। उनके गले में वनफूलों से बनी हुई माला सुशोभित हो रही है। वे पीले वस्त्र पहनकर मुरली बजाते हुए वृंदावन में गाय चरा रहे हैं।

प्र.4 मीराबाई की भाषा शैली पर प्रकाश डालिए। **दक्षता आधारित प्रश्न**

उत्तर मीरा के काव्य की भाषा मुख्य रूप से साहित्यिक ब्रजभाषा है, किंतु उनकी रचनाओं में राजस्थानी, पंजाबी, गुजराती आदि भाषाओं के शब्दों का भी प्रयोग हुआ है। मीरा की पदावली में बहुमत शब्द का प्रयोग हुआ है। मुहावरों के प्रयोग से भाषा प्राणमयी और सजीव हो उठी है। उन्होंने बिना किसी आडंबर के सहज रूप से अपनी बात कह दी। शांत, भक्ति तथा करुण रसों के सुंदर प्रयोग से उनकी रचनाओं के सौंदर्य में वृद्धि हुई है। उन्होंने पर्यायवाची शब्दों (हरि, गिरधर, मोहन, श्याम, गोविंद, मुरलीवाला आदि) तथा अनुप्रास एवं रूपक अलंकार आदि का उचित प्रयोग किया है।

उन्होंने गेय शैली को अपनाया, जिसके कारण उनकी रचनाएँ लोक गायकों से लेकर शास्त्रीय संगीत के गायकों तक में बहुत लोकप्रिय हैं।

प्र.5 वे श्रीकृष्ण को पाने के लिए क्या-क्या कार्य करने को तैयार हैं? **CBSE 2012, 11, 10**

उत्तर मीराबाई श्रीकृष्ण को पाने के लिए निम्नलिखित कार्य करने को तैयार हैं

(i) वह उनकी चाकर यानी सेवक बनने के लिए तैयार हैं।

(ii) वह श्रीकृष्ण के घूमने के लिए बाग-बगीचे लगाने को तैयार हैं।

(iii) वह वृंदावन की गलियों में घूमकर उनका गुणगान करने को तैयार हैं।

(ख) निम्नलिखित पंक्तियों का काव्य सौंदर्य स्पष्ट कीजिए

प्र.1 "हरि आप हरो जन री भीर।
द्रोपदी री लाज राखी, आप बढ़ायो चीर।
भगत कारण रूप नरहरि, धर्‌यो आप सरीर।"

उत्तर भाव सौंदर्य

मीराबाई श्रीकृष्ण से प्रार्थना करती हैं कि हे ईश्वर! केवल आप ही अपनी इस दासी के कष्टों को दूर कर सकते हैं। आपने ही द्रौपदी की साड़ी को बढ़ाकर उसकी लाज बचाकर उसे अपमानित होने से बचाया था। इसी प्रकार अपने प्रिय भक्त प्रह्लाद को बचाने के लिए आपने भगवान नरसिंह का रूप धारण किया था। इन पंक्तियों में मीरा ने द्रौपदी तथा प्रह्लाद के उदाहरण द्वारा श्रीकृष्ण के भक्त-रक्षक रूप को साकार किया है।

शिल्प सौंदर्य

(i) ब्रज भाषा की मधुरता एवं राजस्थानी भाषा का पुट स्पष्ट रूप से दिखाई देता है।

(ii) प्रस्तुत पंक्तियों में भक्ति रस मौजूद है, जिसमें मीरा का दास्य भाव स्पष्ट रूप से दिखाई देता है।

(iii) प्रस्तुत पंक्तियाँ गेयात्मक हैं।

(iv) भाषा में कोमलता के प्रभाव के कारण कुछ शब्दों (उदाहरण के लिए, 'शरीर' का 'सरीर') में परिवर्तन आ गया है।

(v) दृष्टांत अलंकार का सुंदर प्रयोग किया गया है।

प्र.2 "बूढ़तो गजराज राख्यो, काटी कुञ्जर पीर।
दासी मीराँ लाल गिरधर, हरो म्हारी भीर।।"

उत्तर भाव सौंदर्य

मीराबाई श्रीकृष्ण से प्रार्थना करती हैं कि हे गिरिधर! आपने ही डूबते हुए गजराज (हाथी) को मगरमच्छ के मुँह से बचाकर उसके जीवन की रक्षा की थी और उसकी पीड़ा को दूर किया था। उसी प्रकार आप मेरे (आपकी दासी मीरा के) कष्टों को दूर कर मुझे भी हर प्रकार के सांसारिक बंधन से छुटकारा दिला दीजिए।

शिल्प सौंदर्य

(i) ब्रज भाषा की मधुरता एवं राजस्थानी भाषा का प्रयोग।
(ii) प्रस्तुत पद में भक्ति रस की प्रधानता है।
(iii) मीरा की दास्य भाव की भक्ति को दर्शाया गया है।
(iv) यह गेय पद है।
(v) भाषा में कोमलता और याचना स्पष्ट रूप से दिखाई देती है।
(vi) प्रथम पंक्ति में दृष्टांत अलंकार का प्रयोग किया गया है।
(vii) 'काटी कुण्जर' में अनुप्रास अलंकार है।

प्र.3 "चाकरी में दरसण पास्यूँ, सुमरण पास्यूँ खरची।
भाव भगती जागीरी पास्यूँ , तीनूं बाताँ सरसी।"

उत्तर भाव सौंदर्य

मीरा श्रीकृष्ण से प्रार्थना करते हुए कहती हैं कि हे श्याम! तुम मुझे अपनी दासी (सेविका) बना लो, जिससे आपकी सेवा करते हुए मुझे आपके दर्शन करने का अवसर मिल जाएगा। आपके नाम-स्मरण के रूप में मुझे जेब-खर्च भी प्राप्त हो जाया करेगा। इस प्रकार मुझे आपके दर्शन, स्मरण और भक्ति रूपी जागीर—तीनों आसानी से मिल जाएँगी, जिससे मेरा जीवन सफल हो जाएगा।

शिल्प सौंदर्य

(i) ब्रज भाषा की मधुरता एवं राजस्थानी भाषा का पुट स्पष्ट रूप से दिखाई देता है।
(ii) इन पंक्तियों में भक्ति रस विद्यमान है।
(iii) मीरा की दास्य भाव की भक्ति को दर्शाया गया है।
(iv) प्रस्तुत पंक्तियाँ गेयात्मक हैं।
(v) भाषा में कोमलता और याचना स्पष्ट रूप से दिखाई देती है।
(vi) अनुप्रास (भाव भगती) और रूपक अलंकार ('सुमरण' पर 'खरची' तथा 'भाव भगती' पर 'जागीरी' का आरोप का अत्यंत सुंदर प्रयोग है।

भाषा अध्ययन

प्र.1 उदाहरण के आधार पर पाठ में आए निम्नलिखित शब्दों के प्रचलित रूप लिखिए

उदाहरण-भीर - पीड़ा / काष्टा / दुखः री - की

चीन	....	बूढ़ता	....
धर्‌यो	....	लगास्यूँ	....
कुण्जर	....	घणा	....
बिन्दरावन	....	सरसी	....
रहस्यूँ	....	हिवड़ा	....
राखो	....	कुसुम्बी	....

उत्तर

चीर	—	वस्त्र	बूढ़ता	—	डूबता
धर्‌यो	—	धारण करना	लगास्यूँ	—	लगाया
कुण्जर	—	हाथी	घणा	—	बहुत, घना
बिन्दरावन	—	वृंदावन	सरसी	—	रसीली
रहस्यूँ	—	रहूँ/रहना	हिवड़ा	—	हृद्य
राखो	—	रक्षा करो	कुसुम्बी	—	केसरिया रंग,गेरूआ

योग्यता-विस्तार

प्र.1 मीरा के अन्य पदों को याद करके कक्षा में सुनाइए।

उत्तर छात्र स्वयं करें।

प्र.2 यदि आपको मीरा के पदों के कैसेट मिल सकें, तो अवसर मिलने पर उन्हें सुनिए।

उत्तर छात्र स्वयं करें।

परियोजना कार्य

प्र.1 मीरा के पदों का संकलन करके उन पदों को चार्ट पर लिखकर भित्ति पत्रिका पर लगाइए।

उत्तर छात्र स्वयं करें।

प्र.2 पहले हमारे यहाँ दस अवतार माने जाते थे। विष्णु के अवतार राम और कृष्ण प्रमुख हैं। अन्य अवतारों के बारे में जानकारी प्राप्त करके एक चार्ट बनाइए।

उत्तर छात्र स्वयं करें।

अभ्यास प्रश्न

बहुविकल्पीय व वर्णनात्मक प्रश्नों सहित

कविता पर आधारित बहुविकल्पीय प्रश्न

निम्नलिखित प्रश्नों के सर्वाधिक उपयुक्त विकल्पों का चयन कीजिए।

1. मीरा आधी रात को श्रीकृष्ण को कहाँ पर मिलना चाहती हैं?

(i) अपने घर पर (ii) यमुना के तट पर
(iii) सखी के घर पर (iv) मंदिर के आँगन में

उत्तर (ii) यमुना के तट पर

2. मीराबाई अपने वेतन के रूप में क्या पाना चाहती हैं?

(i) सुंदर वस्त्राभूषण (ii) महलों का सुख
(iii) कृष्ण जी का स्मरण (iv) कृष्ण जी का दर्शन

उत्तर (iv) कृष्ण जी का दर्शन

3. मीरा श्रीकृष्ण के पास रहने का क्या लाभ बताती हैं?

(i) उसे श्रीकृष्ण को याद करने की जरूरत नहीं होगी
(ii) उसे हमेशा दर्शन प्राप्त होंगे
(iii) उसकी भाव भक्ति का साम्राज्य बढ़ता ही जाएगा
(iv) उपर्युक्त सभी

उत्तर (iv) उपर्युक्त सभी

4. मीरा की भाषा कैसी है? CBSE Diksha

(i) अवधी
(ii) मराठी
(iii) राजस्थानी एवं गुजराती का मिश्रण
(iv) ब्रज

उत्तर (iii) राजस्थानी एवं गुजराती का मिश्रण

5. मीरा अपने साँवरिया का दर्शन कैसी साड़ी पहनकर प्राप्त करना चाहती हैं? दक्षता आधारित प्रश्न

(i) रेशमी साड़ी (ii) खद्दर की साड़ी
(iii) केसरिया रंग की साड़ी (iv) हरे रंग की साड़ी

उत्तर (iii) केसरिया रंग की साड़ी

6. पाठ 'पद' के आधार पर 'हिवड़ो घणो अधीराँ' से क्या आशय है? दक्षता आधारित प्रश्न

(i) हृदय बहुत मजबूत है
(ii) हृदय घड़े के समान है
(iii) हृदय मिलन के लिए अधीर है
(iv) हृदय बहुत पीड़ित है

उत्तर (iii) हृदय मिलन के लिए अधीर है

7. मीरा किस भगवान की सेवा करना चाहती हैं? CBSE Diksha

(i) श्रीराम (ii) भगवान शिव
(iii) श्रीकृष्ण (iv) ये सभी

उत्तर (iii) श्रीकृष्ण

8. मीरा के भक्ति भाव का साम्राज्य कैसे बढ़ेगा? दक्षता आधारित प्रश्न

(i) मीरा के कृष्ण के पास रहने से
(ii) मीरा के गली-गली घूमने से
(iii) मीरा के दोहे लिखने से
(iv) मीरा के नृत्य करने से

उत्तर (i) मीरा के कृष्ण के पास रहने से

9. श्रीकृष्ण के गले में कैसे फूलों की माला सुशोभित हो रही है?

(i) गेंद के फूलों की (ii) गुलाब के फूलों की
(iii) वैजंती के फूलों की (iv) चमेली के फूलों की

उत्तर (iii) वैजंती के फूलों की

10. मीराबाई श्रीकृष्ण को पाने के लिए क्या-क्या करने को तैयार हैं?

(i) बाग-बगीचे लगाने को (ii) नाम स्मरण करने को
(iii) दासी बनने को (iv) ये सभी

उत्तर (iv) ये सभी

11. 'तीनूं बाताँ सरसी' से क्या आशय है? दक्षता आधारित प्रश्न

(i) मीरा श्रीकृष्ण से तीन बातें करेंगी
(ii) मीरा श्रीकृष्ण से तीन बार मुलाकात करेंगी
(iii) मीरा श्रीकृष्ण से तीन वचन पूरे करेंगी
(iv) मीरा भक्ति के तीनों रूपों का सुख प्राप्त करेंगी

उत्तर (iv) मीरा भक्ति के तीनों रूपों का सुख प्राप्त करेंगी

12. 'सुमरण पास्यूँ खरची' से क्या तात्पर्य है?

(i) जेब खर्च के लिए बहुत रुपये मिलेंगे
(ii) याद करने से पैसे प्राप्त हो जाएँगे
(iii) जेब खर्च के रूप में प्रभु स्मरण का उपहार पाऊँगी
(iv) स्मरण करने में पैसे खर्च नहीं होंगे

उत्तर (iii) जेब खर्च के रूप में प्रभु स्मरण का उपहार पाऊँगी

13. मीराबाई श्रीकृष्ण से क्या चाहती हैं? दक्षता आधारित प्रश्न

(i) उच्च पद पर आसीन होना
(ii) श्रीकृष्ण के साथ जाना
(iii) अपनी सभी आवश्यकताओं की पूर्ति
(iv) श्रीकृष्ण उन्हें दर्शन दें

उत्तर (iv) श्रीकृष्ण उन्हें दर्शन दें

14. 'काटी कुण्जर पीर' से क्या आशय है?

(i) हाथी को मोक्ष प्रदान करना
(ii) हाथी को पीड़ा से मुक्त कराना
(iii) हाथी का पाँव काटना
(iv) हाथी को पीर के पास ले जाना

उत्तर (ii) हाथी को पीड़ा से मुक्त कराना

15. **चाकरी में दरसण पास्यूँ, सुमरण पास्यूँ खरची।**
भाव भगती जागीरी पास्यूँ, तीनू बाताँ सरसी।।
उपर्युक्त पद में 'खरची' शब्द से क्या अभिप्राय है
(i) कृष्ण की भक्ति के लिए
(ii) कृष्ण के प्रेम के लिए
(iii) कृष्ण स्मरण के लिए
(iv) कृष्ण दर्शन के लिए
उत्तर (iii) कृष्ण स्मरण के लिए

16. **कथन** (A) मीरा कृष्ण दासी बनकर जीवन बिताना चाहती हैं।
कारण (R) मीरा कृष्णमय होना चाहती हैं। **दक्षता आधारित प्रश्न**
कूट
(i) कथन (A) और कारण (R) दोनों सही हैं।
(ii) कथन (A) और कारण (R) दोनों गलत हैं।
(iii) कथन (A) गलत है, किंतु कारण (R) सही है।
(iv) कथन (A) सहीं है, किंतु कारण (R) गलत है।
उत्तर (i) कथन (A) और कारण (R) दोनों सही हैं।

काव्यांश पर आधारित बहुविकल्पीय प्रश्न

निम्नलिखित काव्यांश को ध्यानपूर्वक पढ़कर पूछे गए प्रश्नों के सही विकल्प चुनिए।

1. हरि आप हरो जन री भीर।
द्रौपदी री लाज राखी, आप बढ़ायो चीर।
भगत कारण रूप नरहरि, धर्यो आप सरीर।
बूढ़तो गजराज राख्यो, काटी कुण्जर पीर।
दासी मीराँ लाल गिरधर, हरो म्हारी भीर।।

(क) प्रस्तुत पद्यांश में मीरा ने ········ संबोधित किया है?
(i) भगवान नरसिंह को
(ii) भक्त प्रह्लाद को
(iii) आराध्य देव श्रीकृष्ण को
(iv) श्रीकृष्ण के भक्तों को
उत्तर (iii) आराध्य देव श्रीकृष्ण को

(ख) 'द्रौपदी री लाज राखी, आप बढ़ायो चीर' पंक्ति से क्या आशय है? **दक्षता आधारित प्रश्न**
(i) द्रौपदी के चीर हरण के समय उसकी लाज रखने के लिए आपने (श्रीकृष्ण ने) उसके चीर (साड़ी) को बढ़ाया
(ii) द्रौपदी के वस्त्र को बढ़ाकर आपने उसकी रक्षा की
(iii) हरि का यहाँ साड़ी (चीर) से कोई संबंध नहीं है
(iv) उपर्युक्त में से कोई नहीं
उत्तर (i) द्रौपदी के चीर हरण के समय उसकी लाज रखने के लिए आपने (श्रीकृष्ण ने) उसके चीर (साड़ी) को बढ़ाया

(ग) निम्नलिखित वाक्यों को ध्यानपूर्वक पढ़िए तथा काव्यांश के आधार पर सही विकल्प का चयन कीजिए **दक्षता आधारित प्रश्न**
1. कवयित्री अपने आराध्य से अपने दुःख दूर करने की प्रार्थना करती है।
2. श्रीकृष्ण ने द्रौपदी की पुकार पर उनकी मदद की।
3. भगवान अपने भक्तों की हमेशा एक ही रूप में मदद करते हैं।
4. डूबते हाथी को बचाने के लिए भगवान ने नरहरि बनकर सहायता की।

(क) 1, 2 और 4
(ख) 1, 3 और 4
(ग) 1 और 2
(घ) 2 और 4
उत्तर (क) 1, 2 और 4

(घ) 'भगत कारण रूप नरहरि, धर्यो आप सरीर' पंक्ति के माध्यम से कवयित्री क्या कहना चाहती है? **दक्षता आधारित प्रश्न**
(i) भक्त की रक्षा के लिए आपने (श्रीकृष्ण ने) भगवान नरसिंह का रूप धारण किया
(ii) नरसिंह का रूप भक्त की सेवा के लिए धारण करना पड़ा
(iii) भक्त के लिए आपको नरसिंह बनना पड़ा
(iv) उपर्युक्त में से कोई नहीं
उत्तर (i) भक्त की रक्षा के लिए आपने (श्रीकृष्ण ने) भगवान नरसिंह का रूप धारण किया

(ङ) प्रस्तुत पद किस कवि द्वारा रचित है
(i) मीरा (ii) रविदास
(iii) कबीर (iv) तुलसीदास
उत्तर (i) मीरा

2. स्याम म्हाने चाकर राखो जी,
गिरधारी लाला म्हाँने चाकर राखो जी।
चाकर रहस्यूँ बाग लगास्यूँ नित उठ दरसण पास्यूँ।
बिन्दरावन री कुंज गली में, गोविंद लीला गास्यूँ।
चाकरी में दरसण पास्यूँ, सुमरण पास्यूँ खरची।
भाव भगती जागीरी पास्यूँ, तीनूं बाताँ सरसी।
CBSE SQP Term I 2021

(क) प्रस्तुत पद्यांश में मीरा द्वारा श्रीकृष्ण से क्या प्रार्थना की गई है?
(i) मेरे कष्ट हर लो
(ii) मुझे अपनी दासी बना लो
(iii) मेरे जीवन को सुखों से भर दो
(iv) मेरा संसार में नाम कर दो
उत्तर (ii) मुझे अपनी दासी बना लो

(ख) मीरा श्रीकृष्ण की सेवा किस कारण करना चाहती हैं?
(i) धन लाभ के लिए
(ii) दर्शन करने के लिए
(iii) यशस्वी बनने के लिए
(iv) अपना वर्चस्व स्थापित करने के लिए
उत्तर (ii) दर्शन करने के लिए

(ग) श्रीकृष्ण के नाम स्मरण से कवयित्री को कौन-सा लाभ प्राप्त होगा?
(i) यश प्राप्त करने का (ii) श्रीकृष्ण के दर्शन करने का
(iii) (i) और (ii) दोनों (iv) उपर्युक्त में से कोई नहीं
उत्तर (iii) (i) और (ii) दोनों

(घ) **कथन** (A) दर्शन, स्मरण और भक्ति की जागीरें जीवन को सफल बना देती हैं।

कारण (R) मीरा की श्रीकृष्ण के प्रति भक्ति सखा भक्ति है।

दक्षता आधारित प्रश्न

(i) कथन (A) सही है, किंतु कारण (R) गलत है।
(ii) कथन (A) गलत है, किंतु कारण (R) सही है।
(iii) कथन (A) तथा कारण (R) दोनों सही हैं।
(iv) कथन (A) तथा कारण (R) दोनों गलत हैं।

उत्तर (i) कथन (A) सही है, किंतु कारण (R) गलत है।

(ङ) **पद्यांश के आधार पर बताइए कि मीरा का जीवन किस प्रकार सफल हो जाएगा?**

(i) श्रीकृष्ण के दर्शन करके
(ii) श्रीकृष्ण का स्मरण करके
(iii) श्रीकृष्ण की भक्तिरूपी जागीर प्राप्त करके
(iv) उपर्युक्त सभी

उत्तर (iv) उपर्युक्त सभी

3. मोर मुगट पीतांबर सौहे, गल वैजंती माला।
बिन्दरावन में धेनु चरावे, मोहन मुरली वाला।
ऊँचा ऊँचा महल बणावं बिच बिच राखूँ बारी।
साँवरिया रा दरसण पास्यूँ, पहर कुसुम्बी साड़ी।
आधी रात प्रभु दरसण, दीज्यो जमनाजी रे तीरां।
मीराँ रा प्रभु गिरधर नागर, हिवड़ो घणो अधीराँ।

(क) **मोर मुगट पीतांबर सौहे, गल वैजयंती माला। उपरोक्त पंक्ति के अनुसार श्रीकृष्ण ने .... पहना हुआ है।**

(i) मोतियों का हार
(ii) सोने का हार
(iii) फूलों का हार
(iv) वैजयंती माला का हार

उत्तर (iv) वैजयंती माला का हार।

(ख) **निम्नलिखित वाक्यों को ध्यानपूर्वक पढ़िए तथा काव्यांश के आधार पर सही विकल्प का चयन कीजिए**

दक्षता आधारित प्रश्न

1. श्रीकृष्ण के शरीर पर पीला वस्त्र और सिर पर मोर पंखों का मुकुट है।
2. कवयित्री के गले में वैजयंती माला सुंदर लग रही है।
3. कवयित्री महल के बीच फुलवारी लगाना चाहती है।
4. मीरा पीली साड़ी पहनकर आराध्य के दर्शन करना चाहती है।

(i) 1 और 2 (ii) 2 और 3
(iii) 1 और 3 (iv) 2 और 4

उत्तर (iii) 1 और 3

(ग) **प्रस्तुत पद्यांश में किसका वर्णन किया गया है?**

(i) दासी मीरा का
(ii) श्रीकृष्ण के रूप सौंदर्य का
(iii) मीरा की विरह वेदना का
(iv) मीरा की पीड़ा का

उत्तर (ii) श्रीकृष्ण के रूप सौंदर्य का

(घ) **मीरा श्रीकृष्ण के महल के बीच में क्या बनवाना चाहती हैं?**

(i) स्वयं के लिए घर
(ii) सुंदर फूलों से सजी फुलवारी
(iii) भव्य मंदिर
(iv) गाय के लिए गौशाला

उत्तर (ii) सुंदर फूलों से सजी फुलवारी

(ङ) **पद्यांश के आधार पर बताइए कि मीरा श्रीकृष्ण से क्या निवेदन कर रही हैं?**

(i) उसके दु:ख हरने का
(ii) भक्तों पर कृपा बनाए रखने का
(iii) आधी रात दर्शन देने का
(iv) स्वयं के लिए महल बनवाने का

उत्तर (iii) आधी रात दर्शन देने का

विषयवस्तु का ज्ञान, बोध अभिव्यक्ति पर आधारित प्रश्नोत्तर

1. मीरा ने अपने पदों में प्रभु को क्या-क्या नाम दिए हैं तथा कृष्ण के दर्शन हेतु मीरा की वेशभूषा किस प्रकार की है? **CBSE 2016, 10**

उत्तर मीरा ने अपने पदों में अपने आराध्य देव श्रीकृष्ण को अनेक नामों से संबोधित किया है; जैसे—हरि, गिरधर, स्याम (श्याम), गिरधारी, लाला, गोविंद, मोहन, मुरलीवाला, साँवरिया, नागर इत्यादि। दूसरे पद में कृष्ण के दर्शन हेतु मीरा ने कुसुंबी साड़ी धारण की है। इस प्रकार की वेशभूषा मीरा के वैरागी रूप को दर्शाती है।

2. मीराबाई द्वारा भाव-भक्ति को जागीर कहे जाने का कारण लिखिए।

उत्तर मीराबाई द्वारा अपनी भाव-भक्ति को जागीर कहे जाने का कारण यह है कि उनके लिए श्रीकृष्ण ही उनकी सबसे बड़ी जागीर हैं। कृष्ण के प्रति उनकी आराधना एवं भक्ति-भावना ही उनकी वास्तविक संपत्ति अथवा जागीर है। वह अपनी इस जागीर का जितना अधिक उपयोग करती हैं, वह उतनी ही बढ़ती जाती है तथा उनकी इस जागीर को कोई उनसे छीन भी नहीं सकता। उनका मानना है कि यदि उन्हें श्रीकृष्ण को पाना है, तो भक्ति का मार्ग अपनाना ही होगा।

3. श्रीकृष्ण गायों को चराने कहाँ जाया करते थे? **दक्षता आधारित प्रश्न**

उत्तर श्रीकृष्ण अपनी 1 लाख गायों को चराने वृंदावन के घने जंगलों में जाया करते थे और जंगल के वृक्ष के नीचे बैठकर मधुर बाँसुरी बजाया करते थे।

4. "द्रौपदी री लाज राखी, आप बढ़ायो चीर।" इस कथन का भाव स्पष्ट कीजिए। **CBSE 2020**

उत्तर "द्रौपदी की लाज राखी, आप बढ़ायो चीर" कथन का भाव यह है कि मीराबाई, द्रौपदी के उदाहरण के माध्यम से, श्रीकृष्ण से यह निवेदन करती हैं कि वह (कृष्ण) द्रौपदी की भाँति उसके (मीरा) भी सभी कष्टों का निवारण करें। वह कहती हैं कि जिस समय दु:शासन ने भरी सभा में द्रौपदी का चीरहरण करने का प्रयास किया था, तब आपने ही चीर बढ़ाकर उसके स्वाभिमान की रक्षा की थी। इसी प्रकार आप मेरे सभी कष्टों को दूर कर सांसारिक बंधनों से मुक्ति दिला दीजिए।

5. "हरि अपने भक्तों की रक्षा करते हैं।" मीरा के प्रस्तुत पदों में इस बात को किस प्रकार सिद्ध किया गया है? **दक्षता आधारित प्रश्न**

***अथवा* मीराबाई कौन-कौन-से तर्क देकर श्रीकृष्ण से दर्शन देने की प्रार्थना कर रही हैं?** **CBSE 2019, 10**

***अथवा* "हरि आप हरों ......" पद में मीरा ने किन-किन भक्तों पर की गई कृपा को स्मरण करते हुए हरि से अपनी पीड़ा हरने की विनती की है?** **CBSE 2018, 12, 10**

उत्तर "हरि अपने भक्तों की रक्षा करते हैं।" इस बात को निम्न उदाहरणों से सिद्ध करने का प्रयास किया गया है

(i) जब दु:शासन ने द्रौपदी का चीरहरण करने का प्रयास किया था, तो हरि ने द्रौपदी की मदद की, जिससे दु:शासन अपने उद्देश्य में सफल नहीं हो सका।

(ii) हरि ने अपने भक्त प्रह्लाद की रक्षा करने के लिए नरसिंह का रूप धारण करके हिरण्यकश्यप का वध किया था।

(iii) गजराज के मुख से हरि नाम सुनकर उसे मगरमच्छ के मुँह से बचाकर हरि ने उसकी रक्षा की थी।

मीरा भी उपर्युक्त तर्क देते हुए कहती हैं कि जिस प्रकार प्रभु आपने इन सभी को उबारा है, मैं भी आपकी भक्त हूँ तथा आपकी भक्ति के लिए मैं भी आपकी सेविका बनने को तैयार हूँ। अत: आप मुझे भी अपने दर्शन दें।

6. मीरा ने कृष्ण से स्वयं के दु:ख हरने का आग्रह क्यों किया है?

उत्तर मीरा ने कृष्ण से स्वयं के दु:ख हरने का आग्रह इसलिए किया है, क्योंकि श्रीकृष्ण अपने भक्तों का कल्याण करते हैं और मीरा श्रीकृष्ण की अनन्य भक्त हैं, जो उन पर सब कुछ न्यौछावर करने के लिए तत्पर हैं। मीरा श्रीकृष्ण से अनन्य प्रेम करती हैं और उन्हें अपना सर्वस्व मानती हैं।

7. अपने किन हितों को पूरा करने के लिए मीरा कृष्ण की चाकरी करना चाहती थी? 'पद' कविता के आधार पर लिखिए। **CBSE 2023**

उत्तर मीराबाई अपने आराध्य श्रीकृष्ण की चाकरी इसलिए करना चाहती थी, क्योंकि वह प्रत्येक क्षण श्रीकृष्ण के सान्निध्य में रहना चाहती हैं और उनके दर्शन करना चाहती हैं। इसके अलावा वह श्रीकृष्ण के नाम का स्मरण भी करते रहना चाहती हैं। वह अपने आराध्य श्रीकृष्ण का दर्शन पाने के लिए बाग-बगीचे लगवाना चाहती हैं, जिसमें वे विचरण कर सकें। इस बाग में सुबह-शाम जब श्रीकृष्ण भ्रमण के लिए आए तो मीरा उनके दर्शन प्राप्त कर सकें। मीरा, श्रीकृष्ण की चाकरी करते हुए उनके नाम का बार-बार स्मरण करेंगी। इस तरह उन्हें श्रीकृष्ण के नाम-स्मरण के रूप में जेब खर्च भी मिल जाएगा। इस तरह मीरा श्रीकृष्ण के दर्शन, स्मरण एवं भक्ति पाने के हितों को पूरा करने के लिए चाकरी करना चाहती हैं।

8. कृष्ण की चाकरी करने से मीरा को कौन-कौन-से तीन लाभ मिलेंगे? **दक्षता आधारित प्रश्न**

उत्तर कृष्ण की चाकरी करने से मीरा को तीन लाभ मिलेंगे अर्थात् उनकी तीन इच्छाएँ पूरी होंगी। उनकी पहली इच्छा यह है कि श्रीकृष्ण के लिए बाग लगाकर वह नित्य अपने प्रभु के दर्शन कर पाएँ। उनकी दूसरी इच्छा यह है कि वह वृंदावन की गलियों में कृष्ण की लीलाओं का यशोगान करें, जिससे उन्हें जेब-खर्च भी प्राप्त हो जाएगा। उनकी तीसरी और अंतिम इच्छा यह है कि किसी प्रकार उन्हें श्रीकृष्ण की भक्ति प्राप्त हो जाए। अपनी इन्हीं तीन इच्छाओं (भक्ति, दर्शन तथा स्मरण) को उन्होंने अपने तीन लाभ बताए हैं।

9. मीरा ऊँचे-ऊँचे महलों और बीच-बीच में खिड़कियों की कल्पना क्यों करती हैं? **दक्षता आधारित प्रश्न, CBSE 2015**

***अथवा* दूसरे पद में मीरा ने कृष्ण के दर्शन पाने के लिए किस युक्ति का सहारा लिया?**

उत्तर मीरा ऊँचे-ऊँचे महलों और बीच-बीच में खिड़कियों की कल्पना इसलिए करती हैं, क्योंकि वृंदावन में कृष्ण का भव्य और ऊँचा महल है। वह इस महल के बीचों-बीच सुंदर फूलों से सजी फुलवारी बनाना चाहती हैं, ताकि जब कृष्ण अपनी गायों को चराने के लिए वहाँ आएँ, तो इन फूलों से सजी फुलवारी को देखकर वे खुश हो जाएँ और मीरा खिड़कियों में से उनके इस मोहित करने वाले रूप के दर्शन कर सकें।

10. मीरा यमुना तट पर आधी रात में श्रीकृष्ण दर्शन क्यों करना चाहती हैं? **CBSE 2015**

***अथवा* 'आधी रात प्रभु दरसण, दीज्यों जमनाजी रे तीरां।**
मीरा रा प्रभु गिरधर नागर, हिवड़ो घणों अधीरां।।"
उपरोक्त पंक्तियों में मीरा के मन में किस प्रकार की भावनाएँ है? वह कृष्ण से क्या विनती कर रही है? **CBSE (Additional Set) 2023**

उत्तर मीरा यमुना तट पर आधी रात में श्रीकृष्ण दर्शन इसलिए करना चाहती हैं, क्योंकि उनका मन श्रीकृष्ण के दर्शन करने के लिए व्याकुल हो रहा है। वह अपने आराध्य श्रीकृष्ण को आधी रात में यमुना किनारे दर्शन करने की आकांक्षा से पुकारती हैं, ताकि उनके दर्शन करके वह आनंद का अनुभव कर सकें।

11. मीरा के पदों में कृष्ण लीलाओं एवं महिला के वर्णन का उद्देश्य क्या है? **दक्षता आधारित प्रश्न**

उत्तर मीरा के पदों में कृष्ण लीलाओं एवं महिमा के वर्णन का उद्देश्य यह है कि मीरा अपने परमात्मा श्रीकृष्ण की कृपा, दयालुता एवं भक्त वत्सलता को प्रदर्शित करना चाहती हैं। मीरा बताना चाहती हैं कि किस प्रकार उनके आराध्य श्रीकृष्ण आपने भक्तों की कठिन समय में सहायता करते हैं और उन पर सदैव कृपा दृष्टि बनाए रखते हैं।

12. मीरा के 'पद' काव्य में निहित केंद्रीय भाव स्पष्ट कीजिए। **दक्षता आधारित प्रश्न, CBSE 2013**

उत्तर इन पदों में मीराबाई, श्रीकृष्ण का भक्तों के प्रति प्रेम और अपना श्रीकृष्ण के प्रति भक्ति-भाव का वर्णन करती है। पहले पद में मीरा कृष्ण से कहती हैं कि जिस प्रकार आपने द्रौपदी, प्रह्लाद और ऐरावत के दु:खों को दूर किया है, उसी प्रकार मेरे सारे दु:खों का नाश कर दो। मीरा की भक्ति दास्य भक्ति है। वह श्रीकृष्ण पर अपना सर्वस्व न्यौछावर कर चुकी हैं। पदों में मीरा के हृदय की पीड़ा, समर्पण भाव, विरहानुभूति और अगाध प्रेम की पराकाष्ठा देखने को मिलती है। मीरा कृष्ण के लिए दासी बनना भी स्वीकार करती हैं, ताकि वे श्रीकृष्ण की एक मोहक छवि के दर्शन पा सकें। मीरा के पद हिंदी साहित्य के इतिहास में अमूल्य योगदान रखते हैं।

13. कबीर और मीरा की भक्ति की विशेषताओं का उल्लेख कीजिए। **CBSE SQP 2022**

उत्तर कबीर और मीरा की भक्ति की विशेषताएँ निम्न हैं

कबीर	मीरा
कबीर का ब्रह्म निर्गुण है। वह अजन्मा और अनाथ है।	मीरा सगुण भक्ति की प्रवर्तक है। वे कृष्ण को अपना स्वामी मानती हैं।
कबीर एक ईश्वर में विश्वास रखते थे।	विरह-वेदना में तल्लीनता, तन्मयता एवं भावुकता है।
मूल स्वर भक्ति है। इनकी भक्ति व्यावहारिक जीवन की सहजता व सद्विचारों से जुड़ी है।	मीरा के पदों में शृंगार रस व उपमा, रूपक दृष्टांत की अभिव्यंजना हुई है।
इन्होंने मूर्तिपूजा, तीर्थ, व्रत, रोजा, नमाज, बलि आदि आडंबरों का विरोध किया है।	मीरा ने सामाजिक कुरीतियों, स्त्रियों पर बंधनों का विरोध किया है। वे सामाजिक समता की प्रतिपादक हैं।
भाषा-शैली सरल व प्रभावोत्पादक है।	मीरा के काव्य में ब्रज एवं राजस्थानी भाषा का मिश्रण मिलता है तथा गेय शैली का प्रयोग मिलता है।

14. मीरा की रचनाओं में भक्ति-भावना निहित है-स्पष्ट कीजिए।

उत्तर मीराबाई श्रीकृष्ण की अनन्य भक्त हैं। उन्होंने श्रीकृष्ण की भक्ति करते हुए अपना सारा जीवन बिता दिया। वह उनकी भक्ति में इतनी दीवानी बन गईं कि उन्हें लोक-लाज, कुल-वंश, सामाजिक मर्यादा आदि का भी ध्यान नहीं रहा। मीरा ने अपने आराध्य देव के गुणों का भरपूर बखान किया है। उनकी भक्ति में समर्पण की भावना है। उनके काव्य में अनुभूति की गहराई है। वह श्रीकृष्ण को अपना आराध्य भी मानती हैं तथा प्रियतम भी। वह उनसे प्रिया की भाँति भी मिलना चाहती हैं तथा एक सच्चे भक्त की भाँति भी। वह उनकी सेवा में समर्पित हैं। वह उनके दर्शन की तीव्र अभिलाषा रखती हैं। उनके अनुसार, प्रभु का दर्शन, स्मरण और भक्ति, ये तीनों ही भक्तों की सच्ची जागीर होती हैं। उन्होंने भगवान श्रीकृष्ण को ही अपना सर्वस्व मानकर अपने आपको उनके चरणों में समर्पित कर दिया। उनकी रचनाओं में भक्ति भावना की प्रधानता स्पष्ट रूप से द्रष्टव्य है।

15. मीराबाई के काव्य में विरह की अनुभूति अपनी चरम सीमा पर है-स्पष्ट कीजिए। **दक्षता आधारित प्रश्न, CBSE 2016**

उत्तर मीराबाई का रचना संसार ईश्वरीय प्रेम के दोनों पक्षों-संयोग और वियोग पर आधारित है। यदि प्रेम को किसी कसौटी पर परखा जा सकता है, तो वह है—विरह वेदना की अनुभूति।

मीराबाई के विरह वर्णन में स्पष्ट रूप से प्रेम में तड़पते हुए अपने प्रेमी की प्रतीक्षा करने का सजीव चित्रण है। वह श्रीकृष्ण के दर्शन के लिए तड़पती रहती हैं। वह विरह में इतनी व्याकुल हैं कि अपने प्रेमी से मिलने के लिए कुछ भी करने को तैयार हैं।

वह अर्द्ध-रात्रि के समय श्रीकृष्ण से यमुना नदी के किनारे मिलने की विनती करती हैं। यहाँ तक कि वह उनकी सेविका बनने को भी तैयार हैं। मीरा श्रीकृष्ण के दर्शन के लिए कुसुंबी साड़ी पहनने को तैयार हैं। वे अपनी भाव-भक्ति को अपनी सबसे बड़ी जागीर मानकर कृष्ण-दर्शन की अभिलाषिणी हैं। इस प्रकार यह कहा जा सकता है कि मीरा के काव्य में विरह वेदना की अनुभूति अपनी चरम सीमा पर है।

स्व-मूल्यांकन

कविता पर आधारित बहुविकल्पीय प्रश्न

निम्नलिखित काव्यांश को ध्यानपूर्वक पढ़कर पूछे गए प्रश्नों के सही विकल्प चुनिए।

1. मीराबाई ने 'हरि' शब्द का प्रयोग किसके लिए किया है?

(i) भगवान शिव के लिए
(ii) भगवान विष्णु और उनके विभिन्न अवतारों के लिए
(iii) ब्रह्मा के लिए
(iv) साधारण मनुष्य के लिए

2. मीरा वृंदावन में क्यों जाकर बसी थीं?

(i) कृष्ण के लिए
(ii) रासलीला देखने के लिए
(iii) पारिवारिक संतापों से मुक्ति पाने के लिए
(iv) काव्य रचना करने के लिए

काव्यांश पर आधारित बहुविकल्पीय प्रश्न

निम्नलिखित पद्यांश को ध्यानपूर्वक पढ़कर पूछे गए प्रश्नों के सही विकल्प चुनिए।

1. हरि आप हरो जन री भीर।
द्रोपदी री लाज राखी, आप बढ़ायो चीर।
भगत कारण रूप नरहरि, धरयो आप सरीर।
बूढ़तो गजराज राख्यो, काटी कुण्जर पीर।
दासी मीराँ लाल गिरधर, हरो म्हारी भीर।।

(क) 'चीर' का क्या अर्थ है?

(i) काटना (ii) चीरना
(iii) फाड़ना (iv) वस्त्र

(ख) श्रीकृष्ण ने नरहरि का रूप क्यों धारण किया?

(i) जंगल में विचरण करने के लिए
(ii) अपने शत्रुओं से बदला लेने के लिए
(iii) अपने भक्त की रक्षा करने के लिए
(iv) कंस को मारने के लिए

(ग) मीरा स्वयं को किसकी दासी बताती है?

(i) भक्त प्रह्लाद की (ii) अपने पति भोजराज की
(iii) प्रभु श्रीराम की (iv) गिरधारी लाल की

(घ) निम्नलिखित वाक्यों को ध्यानपूर्वक पढ़िए **दक्षता आधारित प्रश्न**

1. मीरा अपने आराध्य श्रीकृष्ण को हरि कहती हैं।
2. ईश्वर अपने शत्रुओं से बदला लेने के लिए नाना रूप धारण करते हैं।
3. हरि ने गजराज को पीड़ा मुक्त किया।
4. मीरा, श्रीकृष्ण से लोगों का दुख दूर करने की प्रार्थना करती हैं।

पद्यांश से मेल खाते वाक्यों के लिए उचित विकल्प चुनिए।

(क) 2 और 3 (ख) 2 और 4
(ग) 1 और 3 (घ) 1 और 4

(ङ) श्रीकृष्ण ने नरहरि का रूप क्यों धारण किया?

(i) कंस को मारने के लिए
(ii) अपने शत्रुओं से बदला लेने के लिए
(iii) जंगल में विचरण करने के लिए
(iv) अपने भक्तों की रक्षा करने के लिए

उत्तर (iv) अपने भक्तों की रक्षा करने के लिए

विषयवस्तु का ज्ञान, बोध अभिव्यक्ति पर आधारित प्रश्नोत्तर

निम्नलिखित प्रश्नों के उत्तर दीजिए

(i) प्रस्तुत पदों में मीरा स्वयं को किसकी दासी बता रही हैं?
(ii) मीरा को श्रीकृष्ण का नाम स्मरण करके क्या प्राप्त होगा?
(iii) मीराबाई ने भगवान की भक्त वत्सलता को सिद्ध करने के लिए किस-किस का उदाहरण दिया है? **दक्षता आधारित प्रश्न**
(iv) मीरा का मन श्रीकृष्ण पर मोहित क्यों है? स्पष्ट कीजिए।
(v) मीराबाई द्वारा किए गए श्रीकृष्ण के रूप-सौंदर्य का वर्णन कीजिए।
(vi) भगवान की भक्ति का दूसरा अर्थ पूर्ण समर्पण है। मीराबाई द्वारा रचित पदों के आधार पर इस कथन को स्पष्ट कीजिए। **दक्षता आधारित प्रश्न**

अध्याय 3

मनुष्यता
मैथिलीशरण गुप्त

पाठ की रूपरेखा

'मनुष्यता' कविता में कवि 'मैथिलीशरण गुप्त' ने मनुष्य को परोपकार, राष्ट्र-हित और उदारता की भावना को अपने जीवन में अपनाने के लिए प्रेरित किया गया है।

प्रथम काव्यांश में कवि ने मृत्यु की निश्चितता को व्याख्यायित किया है कि जब मृत्यु होनी निश्चित है, तो मृत्यु से डरने की आवश्यकता नहीं है।

दूसरे काव्यांश में कवि ने बताया है कि जो मनुष्य नि:स्वार्थ भाव से जीता है, उसके गुणों का गुणगान युगों-युगों तक किया जाता है।

तीसरे काव्यांश में पौराणिक कथाओं के माध्यम से ऋषियों आदि की उदारता का वर्णन किया है, जिन्होंने भारत की संस्कृति समृद्ध करने में अपना योगदान दिया है। **चौथे काव्यांश** में सहानुभूति को एक विशेष महत्त्वपूर्ण गुण के रूप में बताया गया है। **पाँचवे काव्यांश** में गर्व न करने व गर्व रहित जीवन जीने की महानता को स्पष्ट किया गया है। **छठे काव्यांश** में बुरा काम न करने व दूसरों का सहारा बनने की प्रेरणा दी गई है। **सातवें काव्यांश** में मनुष्य को एक-दूसरे के प्रति विश्वास व मदद करने की प्रेरणा दी गई है। **आठवें काव्यांश** में प्रसन्नतापूर्वक व गैर-भाव रहित रहने की सीख दी गई है।

कवि परिचय

राष्ट्रकवि मैथिलीशरण गुप्त का जन्म 1886 ई. में झाँसी के नज़दीक चिरगाँव में हुआ था। इनकी शिक्षा-दीक्षा घर पर ही हुई। अंग्रेज़ी, संस्कृत, बांग्ला व मराठी भाषा पर इनका समान अधिकार था। गुप्त जी राष्ट्रीयता के साथ-साथ राम भक्त कवि थे। राम का यशोगान इनकी चिरसंचित आकांक्षा रही।

उन्होंने अपनी कविता के माध्यम से भारतीय जीवन को समग्रता में समझने और प्रस्तुत करने का भी यथासंभव प्रयास किया। गुप्त जी की काव्य भाषा विशुद्ध खड़ी बोली है। इनकी भाषा संस्कृत से प्रभावित है। गुप्त जी की प्रमुख कृतियाँ-साकेत, यशोधरा, जयद्रथ वध आदि हैं। इनका देहावसान 78 र्ष की आयु में वर्ष 1964 में दिल का दौरा पड़ने के कारण हुआ।

काव्यांशों का भावार्थ

काव्यांश 1

विचार लो कि मर्त्य हो न मृत्यु से डरो कभी,
मरो, परंतु यों मरो कि याद जो करें सभी।
हुई न यों सुमृत्यु तो वृथा मरे, वृथा जिए,
मरा नहीं वही कि जो जिया न आपके लिए।
वही पशु-प्रवृत्ति है कि आप-आप ही चरे,
वही मनुष्य है कि जो मनुष्य के लिए मरे।

शब्दार्थ मर्त्य–मरणशील, जिसका मरना तय है; सुमृत्यु–गौरवशाली मृत्यु; वृथा–बेकार, व्यर्थ; पशु-प्रवृत्ति–पशु जैसा स्वभाव; चरे–उदर पूर्ति करना, पेट भरना, भोग-करना-खाए-पिए।

भावार्थ

प्रस्तुत पंक्तियों में कवि मनुष्य जीवन के महत्त्व पर प्रकाश डालते हुए कहता है कि मानव जीवन नश्वर है, मनुष्य मरणशील है, जिसका जन्म हुआ है, उसकी मृत्यु भी अवश्य होनी है इसलिए जब मृत्यु निश्चित है, तो फिर उससे भयभीत नहीं होना चाहिए। हमारी मृत्यु ऐसी होनी चाहिए कि मृत्यु के उपरांत भी लोग महान् कार्यों के लिए हमें सदैव स्मरण करें। कोई ऐसा महान् और गौरवशाली काम करते-करते मरो, ताकि तुम्हारी मृत्यु गौरवशाली मृत्यु कहलाए।

हमारी मृत्यु के पश्चात् लोग हमें याद नहीं करते और हमारी याद में आँसू नहीं बहाते, तो हमारा जीवन-मरण दोनों ही व्यर्थ हैं। हमारी मृत्यु भी लोक कल्याण के हित के लिए होनी चाहिए।

जो मनुष्य अपने जीवन में लोकमंगलकारी कार्य में अपना समय नहीं बिताते, उनका जीवन पशु के समान होता है, क्योंकि मात्र पशु ही अपने व्यक्तिगत स्वार्थ की पूर्ति हेतु जीवन जीता है। सच्चा मनुष्य वह है, जो संपूर्ण मनुष्यता के लिए जीता और मरता है। इसलिए वास्तव में, मनुष्य कहलाने का अधिकारी वही है, जिसमें स्वार्थ भाव के स्थान पर परमार्थ भाव है। जो दूसरों की हितपूर्ति के लिए अपना जीवन जीता है।

काव्य सौंदर्य

(i) कवि ने परोपकार के लिए जीने वाले की मृत्यु को 'सुमृत्यु' कहा है।
(ii) संस्कृतनिष्ठ खड़ी बोली का प्रयोग हुआ है।
(iii) 'आप-आप' में पुनरुक्तिप्रकाश अलंकार है।
(iv) संपूर्ण काव्यांश तुकांत शैली के साथ उद्बोधन शैली में लिखा गया है।
(v) सामासिक शब्दावली का प्रयोग किया गया है। (सुमृत्यु और पशु-प्रवृत्ति)
(vi) 'जो-जिया' में अनुप्रास अलंकार है।

काव्यांश 2

उसी उदार की कथा सरस्वती बखानती,
उसी उदार से धरा कृतार्थ भाव मानती।
उसी उदार की सदा सजीव कीर्ति कूजती;
तथा उसी उदार को समस्त सृष्टि पूजती।
अखंड आत्म भाव जो असीम विश्व में भरे,
वही मनुष्य है कि जो मनुष्य के लिए मरे।।

शब्दार्थ उदार–दानी, सहृदय; बखानना–वर्णन करना; धरा–धरती, पृथ्वी; कृतार्थ–धन्य होने का भाव, सौभाग्य; कीर्ति–यश; सृष्टि–ब्रह्मांड, संसार; कूजती–गूँजती; पूजती–सम्मान करना; असीम–अनंत, विशाल; विश्व–संसार; अखंड आत्म भाव–सब में अपना दर्शन करना।

भावार्थ

प्रस्तुत पंक्तियों में कवि उदारता के भाव पर प्रकाश डालते हुए कहता है कि सरस्वती उसी उदार मनुष्य का गुणगान करती है, जो इस अनंत संसार के साथ अखंड आत्मीयता रखता है। पृथ्वी भी ऐसे उदार व्यक्तियों के प्रति कृतज्ञ होती है। संसार भर में उनकी कीर्ति का यशोगान होता है और उदार लोगों को समस्त सृष्टि याद करती है।

सब व्यक्ति उस उदार चेतना का सम्मान करते हैं। कवि का मानना है कि यही वह भाव है, जिससे वैश्विक एकता और अखंडता को एक नई दिशा मिलती है। वही मनुष्य सच्चे अर्थों में मनुष्य कहलाने के अधिकारी होते हैं, जो मनुष्यता की रक्षा के लिए अपने प्राणों का बलिदान देते हैं।

काव्य सौंदर्य

(i) कवि के अनुसार उदार व्यक्तियों का यश ही विश्व में फैलता है।
(ii) संस्कृतनिष्ठ खड़ी बोली का सुंदर प्रयोग है।
(iii) 'सदा सजीव', 'समस्त सृष्टि', 'कीर्ति कूजती', 'अखंड आत्म', 'उसी उदार' आदि में अनुप्रास अलंकार है।
(iv) 'सजीव कीर्ति कूजती' में मानवीकरण अलंकार का प्रयोग किया गया है।
(v) वीर रस का प्रयोग है।

काव्यांश 3

क्षुधार्त रंतिदेव ने दिया करस्थ थाल भी,
तथा दधीचि ने दिया परार्थ अस्थिजाल भी।
उशीनर क्षितीश ने स्वमांस दान भी किया,
सहर्ष वीर कर्ण ने शरीर-चर्म भी दिया।
अनित्य देह के लिए अनादि जीव क्या डरे?
वही मनुष्य है कि जो मनुष्य के लिए मरे।

शब्दार्थ क्षुधार्त–भूख से पीड़ित; रंतिदेव–एक दानवीर राजा; करस्थ–हाथ में; दधीचि–एक प्रसिद्ध ऋषि, जिन्होंने देवताओं के कल्याणार्थ अपनी अस्थियाँ इंद्र को दे दीं, जिनके वज्र से इंद्र ने वृत्रासुर को हराया; अस्थिजाल–कंकाल, हड्डियों का ढाँचा; उशीनर–गांधार का राजा; क्षितीश–नृप; स्वमांस–अपने शरीर का मांस; सहर्ष–प्रसन्नतापूर्वक; कर्ण–कुंती का पुत्र (दान देने के लिए प्रसिद्ध); शरीर-चर्म–कवच कुंडल; अनित्य–नश्वर; अनादि–अमर; जीव–आत्मा।

भावार्थ

प्रस्तुत पंक्तियों में कवि ने महान् प्रेरणा देने वाले दानी व्यक्तियों का उल्लेख करते हुए मनुष्यता शब्द का वास्तविक अर्थ परिभाषित किया है और मानव शरीर को नश्वर बताया है।

कवि के अनुसार, परमदानी राजा रंतिदेव तीव्र भूख से व्याकुल होते हुए भी उन्होने एक भूखे व्यक्ति को देखकर अपने भोजन की थाली उसे दे दी थी। ऋषि दधीचि ने मानवता के हितार्थ देवताओं एवं दानवों के युद्ध में देवताओं की विजय के लिए, योगबल से अपने अस्थि-पंजर को भी दान कर दिया था।

गांधार देश में राजा उशीनर ने एक पक्षी के प्राण बचाने के लिए अपने शरीर का मांस दान कर दिया। कुंती पुत्र दानवीर कर्ण ने अपने वचन की रक्षा के लिए अपने शरीर के अंग कवच और कुंडल भी दान कर दिए। यह संसार नश्वर है और मानव शरीर क्षणभंगुर है, इसलिए भयभीत होने से कोई लाभ नहीं है अर्थात् जब आत्मा अमर है तो फिर मनुष्य को इस नश्वर शरीर के नष्ट होने से भयभीत नहीं होना चाहिए। अतः सच्चा मनुष्य वही है, जो संपूर्ण मानव जाति के लिए जीता है और मरता है।

काव्य सौंदर्य

(i) कवि ने परोपकार की महत्ता को समझाने के लिए पौराणिक प्रसंगों का उल्लेख किया है।
(ii) सरल-सहज खड़ी बोली के साथ संस्कृतनिष्ठ तत्सम शब्दों का भी पर्याप्त प्रयोग किया गया है।
(iii) भाषा भावाभिव्यक्ति में पूरी तरह सक्षम है।
(iv) समस्त काव्यांश में दृष्टांत अलंकार मौजूद है।
(v) वीर रस का प्रयोग किया गया है।

काव्यांश 4

सहानुभूति चाहिए, महाविभूति है यही;
वशीकृता सदैव है बनी हुई स्वयं मही।
विरुद्धवाद बुद्ध का दया-प्रवाह में बहा,
विनीत लोकवर्ग क्या न सामने झुका रहा?
अहा! वही उदार है परोपकार जो करे,
वही मनुष्य है कि जो मनुष्य के लिए मरे।।

शब्दार्थ सहानुभूति–एक-दूसरे के प्रति दुःख के भाव को अनुभव करना; महाविभूति–महान् व्यक्ति की गुणरूपी पूँजी; वशीकृता – सम्मोहित करना; मही–पृथ्वी; विरुद्धवाद–विरोधी बातें; विनीत–झुका हुआ; लोकवर्ग–लोगों के विभिन्न वर्ग।

भावार्थ

राष्ट्र कवि मैथिलीशरण गुप्त इन पंक्तियों में सहानुभूति और परोपकार की भावना एवं करुणा को मनुष्यता का सर्वोत्तम गुण मानते हैं। कवि ने इसी गुण को 'महाविभूति' के नाम से संबोधित किया है। सहानुभूति एक श्रेष्ठ गुण है। दूसरों के दुःख को अपना दुःख मानना और उसी के अनुसार आचरण करना मनुष्य की संचित पूँजी है। पृथ्वी भी ऐसे महान् मनुष्यों की सेवा करती है। सहानुभूति के गुण से सुसज्जित ऐसे मनुष्यों को ही पूजनीय माना जाता है।

कवि महात्मा बुद्ध का उदाहरण देते हुए कहता है कि महात्मा बुद्ध का तत्कालीन समाज उनका घोर विरोधी था, परंतु उनकी दया भावना, सत्य, अहिंसा, प्रेम भावना ने विरोध के स्वर को धूमिल कर दिया। जो व्यक्ति उनके कट्टर विरोधी थे, वे भी उनकी महानता के सामने नतमस्तक हो गए और बौद्ध धर्म अपनाया। कवि के अनुसार, वही मनुष्य 'मनुष्यता के गुणों' का प्रतिनिधि बन सकता है, जो उदार तथा परोपकारी है। दूसरों के हित के लिए अपना त्याग करने वाला मनुष्य ही बुद्ध जैसा महान् व परोपकारी बन सकता है। सच्चा मनुष्य वही है, जो अन्य मनुष्य के काम आता है तथा सबके लिए जीता-मरता है।

काव्य सौंदर्य

(i) उदारता, विनम्रता के सम्मुख सभी नतमस्तक हो जाते हैं।
(ii) सरल, सुबोध एवं सहज भाषा का प्रयोग हुआ है, जो भावाभिव्यक्ति में पूरी तरह सक्षम है।
(iii) खड़ी बोली के साथ-साथ तत्सम शब्दों का भी प्रयोग हुआ है।
(iv) प्रश्न शैली के कारण सौंदर्य में वृद्धि हुई है।
(v) दया-प्रवाह में रूपक अलंकार है।
(vi) वीर रस की अभिव्यक्ति हुई है।
(vii) 'महाविभूति विरुद्धवाद', 'दयाप्रवाह' आदि सामासिक शब्द हैं।

काव्यांश 5

रहो न भूल के कभी मदांध तुच्छ वित्त में,
सनाथ जान आपको करो न गर्व चित्त में।
अनाथ कौन है यहाँ? त्रिलोकनाथ साथ हैं,
दयालु दीनबंधु के बड़े विशाल हाथ हैं।
अतीव भाग्यहीन है अधीर भाव जो करे,
वही मनुष्य है कि जो मनुष्य के लिए मरे।।

शब्दार्थ मदांध–गर्व से अंधा; तुच्छ–महत्त्वहीन, थोड़ा; वित्त–धन, संपत्ति; सनाथ–जिसके साथ ईश्वर हो, सर्वसमर्थ; अनाथ–बेसहारा; त्रिलोकनाथ–तीनों लोकों के स्वामी; दीनबंधु–दीनों के रक्षक; अतीव–अत्यधिक; भाग्यहीन–अभागा; अधीर–धैर्य न होना।

भावार्थ

प्रस्तुत पंक्तियों में कवि ने धन के कारण अहंकारी न होने की प्रेरणा दी है। कवि के अनुसार, धन की प्राप्ति कोई बहुत बड़ी उपलब्धि नहीं है, यह मात्र एक तुच्छ उपलब्धि है। इस पर कभी भूलकर भी घमंड मत करना। धन के बल पर या सांसारिक दृष्टि से स्वयं को सुरक्षित अनुभव करके अपने मन में अभिमान न करना यह न सोचना कि तुम तो सनाथ हो। धन या परिवार-जन तुम्हारे नाथ हैं, जो तुम्हारी रक्षा कर लेंगे। सोच कर देखो, इस संसार में कोई अनाथ नहीं है। सबके ही सिर पर भगवान त्रिलोकीनाथ का साया है वह ईश्वर दीनों का, गरीबों का सहारा है, दयालु है। उसकी शक्ति बहुत अधिक है। वह सबको सुरक्षा और सहारा देता है। अतः जो भी मनुष्य अपने मन में अधीरता रखता है, वह बहुत अभागा है। सच्चा मनुष्य तो वही है, जो दूसरे मनुष्यों के काम आता है। उनके लिए जीता और मरता है।

काव्य सौंदर्य

(i) कवि ने स्पष्ट किया है धन-दौलत देख कभी अहं भावना नहीं आनी चाहिए।
(ii) सरल, सहज एवं भावानुकूल भाषा का प्रयोग हुआ है।
(iii) संस्कृतनिष्ठ खड़ी बोली का प्रयोग।
(iv) 'दयालु दीनबंधु' में अनुप्रास अलंकार मौजूद है।
(v) तुकांत रचना है।
(vi) सामासिक शब्दावली के साथ उद्बोधन शैली का भी प्रयोग किया गया है।

काव्यांश 6

अनंत अंतरिक्ष में अनंत देव हैं खड़े,
समक्ष ही स्वबाहु जो बढ़ा रहे बड़े-बड़े।
परस्परावलंब से उठो तथा बढ़ो सभी,
अभी अमर्त्य अंक में अपंक हो चढ़ो सभी।
रहो न यों कि एक से न काम और का सरे,
वही मनुष्य है कि जो मनुष्य के लिए मरे।।

शब्दार्थ अनंत–जिसका अंत न हो, असीमित; समक्ष–सामने; स्वबाहु–अपनी भुजाएँ; परस्परावलंब–एक-दूसरे की सहायता से; अमर्त्य–अंक, देवताओं की गोद; अपंक–कलंक रहित; काम सरे–काम निकले।

भावार्थ

कवि के अनुसार, इस असीम आकाश में असंख्य देवगण विराजमान हैं। वे अपने हाथ बढ़ाकर उदार हृदय, दयालु तथा परोपकारी मनुष्यों के स्वागतार्थ खड़े हैं। इसलिए तुम परस्पर एक-दूसरे के सहयोग से उन ऊँचाइयों को प्राप्त करो, जहाँ देवता स्वयं तुम्हें अपनी पवित्र गोद में बैठाने के लिए उत्सुक हों। देवताओं की पावन गोद में स्थान पाने के लिए अर्थात् अमरत्व प्राप्त करने के लिए तुम इस मरणशील संसार में निष्कलंक जीवन व्यतीत करते हुए एक-दूसरे के कल्याण के लिए

कार्य करो। इन्हीं गुणों के माध्यम से हम जीवन में उत्कृष्टता को प्राप्त कर सकते हैं। हमारे जीवन का उद्देश्य दूसरों का कल्याण करते हुए स्वयं अपना उद्धार करना होना चाहिए। तुम इस तरह मत जियो कि एक-दूसरे के किसी काम न आ सको। तुम्हारे होने से किसी का कोई काम न बने। सच्चा मनुष्य वही है कि जो अन्य मनुष्यों के काम आए। कवि परस्पर सहायता द्वारा कार्यों की सिद्धि को महत्त्वपूर्ण मानता है।

काव्य सौंदर्य

(i) कवि यहाँ कलंक रहित जीवन जीने की प्रेरणा दे रहा है।
(ii) खड़ी बोली की रचना में प्रसंगानुसार तत्सम शब्दों का प्रयोग किया गया है।
(iii) 'बड़े-बड़े' में पुनरुक्तिप्रकाश अलंकार है।
(iv) 'अनंत अंतरिक्ष' और 'अमर्त्य अंक' में अनुप्रास अलंकार है।
(v) संपूर्ण काव्यांश में तुकांत पद है।
(vi) उद्‌बोधन शैली के साथ ही सामासिक शब्दावली का प्रयोग किया गया है।
(vii) तुकांत शब्द शैली है।

काव्यांश 7

'मनुष्य मात्र बंधु हैं' यही बड़ा विवेक है,
पुराणपुरुष स्वयंभू पिता प्रसिद्ध एक है।
फलानुसार कर्म के अवश्य बाह्य भेद हैं,
परंतु अंतरैक्य में प्रमाणभूत वेद हैं।
अनर्थ है कि बंधु ही न बंधु की व्यथा हरे,
वही मनुष्य है कि जो मनुष्य के लिए मरे।।

शब्दार्थ मात्र–केवल; बंधु–भाई; विवेक–भले-बुरे का ज्ञान; पुराणपुरुष–पुराणों में जिसे पुरुष की संज्ञा दी गई; स्वयंभू–परमात्मा; बाह्य–बाहरी; भेद–अंतर; अंतरैक्य–आत्मा की एकता; प्रमाणभूत–साक्षी; अनर्थ–दुर्भाग्य; व्यथा–पीड़ा, दुःख; हरे–दूर करना।

भावार्थ

प्रस्तुत पंक्तियों में राष्ट्रकवि मैथिलीशरण गुप्त ने बंधुत्व की भावना को मनुष्य की सबसे बड़ी विवेकशीलता माना है। कवि कहता है—मनुष्य के लिए सबसे बड़ा विवेक यही है कि वह संसार के सभी मनुष्यों को अपना भाई-बंधु समझे। पुराणों के अनुसार, सभी मनुष्यों का एक ही पिता है। वह स्वयंभू (परमात्मा) है। यह ठीक है कि विविध कर्मों के फलानुसार सब आपस में भिन्न हैं अर्थात् जिसने जैसे कर्म किए उसे वैसा ही जन्म मिला, परंतु आंतरिक दृष्टि से सभी एक हैं, समान हैं। स्वयं वेद इस आंतरिक एकता के साक्षी हैं। अतः संसार में यह सबसे बड़ा पाप है कि कोई व्यक्ति अपने बंधु का कष्ट न हरे। सच्चा मनुष्य वही है कि जो अन्य मनुष्यों के लिए जीता है और मरता है।

काव्य सौंदर्य

(i) कवि ने इस काव्यांश के माध्यम से मनुष्यों को मिल-जुलकर एक-दूसरे का सहयोग करने का संदेश दिया है।
(ii) सरल, सुबोध एवं सहज भाषा भावों की अभिव्यक्ति में पूरी तरह सक्षम है।
(iii) खड़ी बोली की रचना में प्रसंगानुसार तत्सम शब्दों का भी प्रयोग किया गया है।
(iv) 'मनुष्य मात्र', 'पुराणपुरुष', 'पिता प्रसिद्ध' में अनुप्रास अलंकार है।
(v) संपूर्ण काव्यांश में तुकांत पद का प्रयोग सहज रूप में हुआ है।
(vi) वीर रस की अभिव्यक्ति हुई है।

काव्यांश 8

चलो अभीष्ट मार्ग में सहर्ष खेलते हुए,
विपत्ति, विघ्न जो पड़ें उन्हें ढकेलते हुए।
घटे न हेलमेल हाँ, बढ़े न भिन्नता कभी,
अतर्क एक पंथ में सतर्क पंथ हों सभी।
तभी समर्थ भाव है कि तारता हुआ तरे,
वही मनुष्य है कि जो मनुष्य के लिए मरे।।

शब्दार्थ अभीष्ट–इच्छानुसार/इच्छित; सहर्ष–प्रसन्नतापूर्वक; विपत्ति–कठिनाइयाँ; विघ्न–बाधाएँ; हेलमेल–मेल-जोल; भिन्नता–अलग होने का भाव; अतर्क–तर्क से परे; सतर्क पंथ–सावधान यात्री; समर्थ–शक्तिशाली; तारता–उद्धार करता हुआ।

भावार्थ

प्रस्तुत पंक्तियों के माध्यम से कवि ने संघर्षपूर्ण जीवन व्यतीत करते हुए लक्ष्य पथ की ओर आगे बढ़ते रहने की प्रेरणा दी है। कवि कहता है— हे पाठको! तुम जीवन में जिस मार्ग पर भी चलना चाहते हो, हँसी-खुशी से चलते चलो। रास्ते में जो भी संकट आएँ, बाधाएँ आएँ, उन्हें ढकेलते हुए आगे बढ़ते जाओ, परंतु यह ध्यान रखो कि तुम्हारा आपसी मेलजोल कम न हो, साथ ही मित्रता और एकता का भाव भी कम न हो। आपस की दूरियाँ न आए। मनुष्य-मनुष्य में वर्ग, जाति, रंग, रूप, प्रांत देश आदि के अंतर न बढ़ें, सभी मत-पंथ और संप्रदाय सभी एकता को बढ़ाने में सहयोग दें। मनुष्य के लिए सबसे बड़ी सामर्थ्य यही है कि वह औरों का भी उद्धार करे तथा स्वयं भी तरे। वह जनकल्याण करते-करते तरे। सच्चा मनुष्य वही है जो औरों के काम आए।

काव्य सौंदर्य

(i) कवि ने इस काव्यांश के माध्यम से विश्वबंधुत्व की भावना उजागर की है।
(ii) सरल, सहज भाषा भावाभिव्यक्ति में पूरी तरह समर्थ है।
(iii) खड़ी बोली की रचना में तत्सम शब्दों का आवश्यकतानुसार समुचित प्रयोग हुआ है।
(iv) 'विपत्ति, विघ्न' में अनुप्रास अलंकार है।
(v) संपूर्ण काव्यांश में तुकांत पदों का प्रयोग है।
(vi) उद्‌बोधन शैली के साथ सामासिक शब्दावली का प्रयोग किया गया है।

NCERT फोल्डर

पाठ्यपुस्तक (स्पर्श भाग-2) के प्रश्नोत्तर

(क) निम्नलिखित प्रश्नों के उत्तर दीजिए

प्र.1 कवि ने कैसी मृत्यु को 'सुमृत्यु' कहा है? CBSE 2012, 11

अथवा 'मनुष्यता कविता के आधार पर लिखिए कि किन लोगों को मृत्यु के बाद भी याद रखा जाता है? CBSE Term II 2022

उत्तर 'मनुष्यता' कविता के कवि ने कहा है कि जिस व्यक्ति की मृत्यु के बाद लोग उसे याद करें और उसके कार्यों को अपना आदर्श मानकर उसका अनुसरण करें, उस व्यक्ति की मृत्यु ही 'सुमृत्यु' है। कहने का आशय यह है कि जो लोग परोपकार, सेवा, बलिदान, त्याग आदि का जीवन जीते हैं, उनकी मृत्यु ही 'सुमृत्यु' कहलाती है।

प्र.2 उदार व्यक्ति की पहचान कैसे हो सकती है?

उत्तर उदारता मनुष्य का श्रेष्ठतम गुण है। ऐसे उदार लोगों की दूर-दूर तक चर्चा होती है। उनका यशोगान साहित्य एवं इतिहास में वर्णित होता है। धरती उदार लोगों की ऋणी होती है। ऐसे उदार मनुष्यों की सजीव कीर्ति असीम विश्व की प्रवृत्ति को प्रभावित करती है। उदार मनुष्य को संसार श्रद्धा की दृष्टि से देखता है। ऐसा मनुष्य ही सच्चे अर्थों में मनुष्य होता है, जिसमें प्राणी मात्र के लिए उदारता का भाव होता है।

प्र.3 कवि ने दधीचि, कर्ण आदि महान व्यक्तियों का उदाहरण देकर 'मनुष्यता' के लिए क्या संदेश दिया है? CBSE 2018, 11

अथवा 'मनुष्यता' कविता में कवि ने उदार व्यक्ति की क्या पहचान बताई है? CBSE 2016, 09

अथवा 'मनुष्यता' कविता में कवि ने किन महान व्यक्तियों के उदाहरणों से मनुष्यता के लिए क्या संदेश दिए हैं? किन्हीं तीन का उल्लेख कीजिए। दक्षता आधारित प्रश्न

उत्तर कवि ने परोपकार, दया तथा उदारता जैसे गुणों के संदर्भ में दधीचि, कर्ण इत्यादि महान व्यक्तियों की चर्चा कविता में की है। दधीचि ने देवताओं की रक्षा के लिए अपनी हड्डियों को दान कर दिया, जिससे इंद्र के अस्त्र वज्र का निर्माण हुआ तथा असुरों की पराजय हुई। दधीचि का परोपकार मनुष्यता के इतिहास में आज भी प्रशंसा योग्य है। दानवीर कर्ण ने अपने वचन को पूरा करने के लिए, अपने शरीर पर धारण अपने कवच-कुंडलों का दान कर दिया। राजा शिवि ने पक्षी के प्राणों की रक्षा हेतु अपने शरीर का माँस काटकर दे दिया। रंतिदेव ने भूखे अतिथियों के लिए अपने हिस्से का भोजन उन्हें ग्रहण करने हेतु दे दिया। इस प्रकार कहा जा सकता है कि ये उदाहरण हमें त्याग बलिदान व परोपकार का संदेश देते हैं।

प्र.4 कवि ने किन पंक्तियों में यह व्यक्त किया है कि हमें गर्व-रहित जीवन व्यतीत करना चाहिए? दक्षता आधारित प्रश्न

अथवा मैथिलीशरण गुप्त ने गर्व-रहित जीवन बिताने के लिए क्या तर्क दिए हैं CBSE 2015

उत्तर *"रहो न भूल के कभी मदांध तुच्छ वित्त में,*
सनाथ जान आपको करो न गर्व चित्त में।"

प्रस्तुत पंक्तियों के माध्यम से कवि ने हमें गर्व-रहित जीवन व्यतीत करने की सलाह दी है। हमें कभी भी धन-संपत्ति पर अहंकार कर मनुष्यता की अवहेलना नहीं करनी चाहिए। अपनी मदांधता में स्वयं को शक्तिशाली तथा अन्य लोगों को कमतर और अनाथ समझने की भूल नहीं करनी चाहिए। मनुष्य-मनुष्य को समान समझते हुए, सृष्टि की एकता को समझना ज़रूरी है। कवि का मानना है कि दयालु ईश्वर ही सृष्टिकर्ता है और वह किसी को अनाथ नहीं रहने देता, क्योंकि उसकी विशाल भुजाएँ हमेशा सहायता के लिए उठी रहती हैं तथा ईश्वर सदैव हमारे साथ होता है।

प्र.5 "मनुष्य मात्र बंधु है" से आप क्या समझते हैं? 'मनुष्यता' कविता के आधार पर लिखिए। CBSE 2013, 12, 11

उत्तर 'मनुष्यता' कविता में प्रयुक्त काव्य-पंक्ति 'मनुष्य मात्र बंधु है' से कवि का अभिप्राय यह है कि सभी मानव एक ही परमपिता की संतानें हैं। सभी का एक ही पिता होने के कारण सभी आपस में एक-दूसरे के भाई हैं, बंधु हैं। कवि के कहने का आशय यह है कि सभी मनुष्यों को आपसी भेदभाव भूलकर भाईचारे के साथ रहना चाहिए।

प्र.6 कवि ने सबको एक होकर चलने की प्रेरणा क्यों दी है?

अथवा 'मनुष्यता' कविता में कवि ने सबको एक होकर चलने की प्रेरणा क्यों दी है? CBSE 2017

अथवा 'मनुष्यता' कविता में कवि ने सबको एक साथ होकर चलने की प्रेरणा क्यों दी है? इससे समाज को क्या लाभ हो सकता है? स्पष्ट कीजिए। दक्षता आधारित प्रश्न, CBSE 2019

उत्तर कवि समाज में एकता, बंधुत्व और मेल-जोल की प्रक्रिया को मज़बूत बनाने के लिए सबको एक होकर चलने की प्रेरणा देता है। आपस में भिन्नता नहीं बढ़नी चाहिए। सबके एक होकर चलने से जीवन आसान हो जाता है। बैर-भाव समाप्त हो जाते हैं तथा सबके कार्य सहजता से सिद्ध होते हैं। एकता में बल होता है। एकसाथ चलने से मार्ग की विपत्तियाँ तथा बाधाएँ दूर हो जाती हैं।

प्र.7 व्यक्ति को किस प्रकार का जीवन व्यतीत करना चाहिए? इस कविता के आधार पर लिखिए। CBSE 2011

उत्तर मनुष्य को परोपकारी होना चाहिए। उसे अपने या अपनों के हितों से अधिक दूसरों के हितों के बारे में सोचना चाहिए। केवल अपने बारे में सोचना पशु-प्रवृत्ति है। पशु जब चरागाह में होता है, तो केवल अपने चरने की चिंता करता है। मनुष्यों को एक-दूसरे के बारे में भी सोचना चाहिए, यही मनुष्यता है।

उदारता, सहानुभूति तथा बंधुत्व 'मानवता' (मनुष्यता) के प्रमुख गुण हैं। परोपकारी तथा उदार मनुष्य को दुनिया सदा याद रखती है।

प्र.8 'मनुष्यता' कविता के माध्यम से कवि क्या संदेश देना चाहता है? **CBSE 2012, 08**

अथवा **'मनुष्यता' कविता के द्वारा कवि ने क्या प्रतिपादित करना चाहा है? विस्तार से स्पष्ट कीजिए।** **CBSE 2020**

उत्तर 'मनुष्यता' कविता के माध्यम से राष्ट्रकवि मैथिलीशरण गुप्त मनुष्य मात्र के बंधुत्व को परिभाषित करते हुए, हमें मनुष्यता से भरे गुणों के मार्ग पर चलने की सलाह देते हैं। उनके अनुसार, जीना या मरना उसी मनुष्य का सार्थक है, जो दूसरों के लिए जीता या मरता है। परोपकार, दयालुता तथा उदारता के गुण जीवन को सार्थक बनाने में सक्षम हैं। दूसरों का हित-चिंतन भी अपने और अपनों के हित-चिंतन की तरह ही महत्त्वपूर्ण होना चाहिए। केवल अपने लिए जीना पशु प्रवृत्ति है, जबकि दूसरों के लिए जीना ही 'मनुष्यता' है।

(ख) निम्नलिखित का भाव स्पष्ट कीजिए

प्र.1 "सहानुभूति चाहिए, महाविभूति है यही;
वशीकृता सदैव है बनी हुई स्वयं मही।
विरुद्धवाद बुद्ध का दया-प्रवाह में बहा,
विनीत लोकवर्ग क्या न सामने झुका रहा?"

उत्तर राष्ट्रकवि मैथिलीशरण गुप्त कविता की इन पंक्तियों में 'सहानुभूति' और 'परोपकार' अर्थात् करुणा की भावना को मनुष्यता का महत्त्वपूर्ण गुण मानते हैं। इसे कवि ने 'महाविभूति' की संज्ञा दी है। कवि का मानना है कि सहानुभूति श्रेष्ठ गुण है। दूसरों के दु:ख को अपने दु:ख के रूप में देखने की प्रवृत्ति ही मनुष्य की संचित पूँजी है।

ऐसे ही लोगों की पृथ्वी दासी है अर्थात् पृथ्वी पर ऐसे लोगों को ही पूज्य माना जाता है। कवि बुद्ध की दया-भावना को महत्त्व देते हैं। उनके अनुसार, बुद्ध के दया भाव और अहिंसा के उपदेश ने विरोध के स्वर को धूमिल कर दिया। जो लोग बुद्ध के धुर-विरोधी थे, वे भी उनकी महानता के सामने स्वयं ही झुक गए।

प्र.2 "रहो न भूल के कभी मदांध तुच्छ वित्त में,
सनाथ जान आपको करो न गर्व चित्त में
अनाथ कौन है यहाँ? त्रिलोकनाथ साथ हैं,
दयालु दीनबंधु के बड़े विशाल हाथ हैं।"

उत्तर कवि इन काव्य-पंक्तियों द्वारा हमें धन के उन्माद में अहंकारी होने से रोकना चाहता है। कवि कहता है कि धन के घमंड में व्यक्ति को अंधा नहीं होना चाहिए। इसमें अपने को प्रभावशाली मानकर गर्व नहीं करने की सलाह कवि ने दी है। कवि मानता है कि यहाँ अनाथ कोई नहीं है। तीनों लोकों का संचालक ईश्वर सबकी रक्षा तथा सहायता करता है। दयालु ईश्वर दीनबंधु है। उसके विशाल हाथ हमेशा असहाय की सहायता के लिए उठते हैं।

प्र.3 "चलो अभीष्ट मार्ग में सहर्ष खेलते हुए,
विपत्ति, विघ्न जो पड़े उन्हें ढकेलते हुए।
घटे न हेलमेल हाँ, बढ़े न भिन्नता कभी;
अतर्क एक पंथ में सतर्क पंथ हों सभी।"

उत्तर कवि ने इन पंक्तियों में हमें संघर्ष के साथ अपने लक्ष्य की ओर बढ़ने की प्रेरणा दी है। कवि का कहना है कि विपत्ति तथा विघ्न-बाधाओं को रास्ते से दूर करते हुए हमें अपनी लक्ष्य प्राप्ति की ओर अग्रसर रहना चाहिए। आपसी मेल-जोल भी कम नहीं होना चाहिए और न कोई भिन्नता आनी चाहिए।

बिना किसी आशंका के सावधानीपूर्वक मनुष्य को अपने उद्‌देश्य की प्राप्ति के लिए आगे बढ़ना होगा। इस प्रक्रिया में अन्य लोगों का सहायक बनना भी मनुष्य का महत्त्वपूर्ण विवेक हो सकता है। सबसे बेहतर यह है कि सभी मनुष्य एक-दूसरे को लक्ष्य तक पहुँचाने का माध्यम बन सकें।

योग्यता विस्तार

प्र.1 अपने अध्यापक की सहायता से रंतिदेव, दधीचि, कर्ण आदि पौराणिक पात्रों के विषय में जानकारी प्राप्त कीजिए।

उत्तर अध्यापक की सहायता से छात्रों द्वारा स्वयं किया जाने वाला क्रियाकलाप।

प्र.2 'परोपकार' विषय पर आधारित दो कविताओं और दो दोहों का संकलन कीजिए, उन्हें कक्षा में सुनाइए।

उत्तर पुस्तकों तथा अध्यापक की सहायता से छात्र स्वयं करें।

परियोजना कार्य

प्र.1 अयोध्यासिंह उपाध्याय 'हरिऔध' की कविता 'कर्मवीर' तथा अन्य कविताओं को पढ़िए तथा कक्षा में सुनाइए।

उत्तर पुस्तकों तथा अध्यापकों की सहायता से विद्यार्थियों द्वारा कक्षा में किया जाने वाला क्रियाकलाप।

प्र.2 भवानी प्रसाद मिश्र की 'प्राणी वही प्राणी है' कविता पढ़िए तथा दोनों कविताओं के भावों में व्यक्त हुई समानता को लिखिए।

उत्तर यह प्रश्न परीक्षापयोगी नहीं है तथा विद्यार्थी पुस्तकालय से पुस्तक लेकर अथवा इंटरनेट के माध्यम से 'प्राणी वही प्राणी है' कविता पढ़कर अपने अध्यापक से उसका भावार्थ समझें तथा दोनों कविताओं के भावों में व्यक्त समानताओं को लिखें।

अभ्यास प्रश्न

बहुविकल्पीय व वर्णनात्मक प्रश्नों सहित

कविता पर आधारित बहुविकल्पीय प्रश्न

निम्नलिखित प्रश्नों के सर्वाधिक उपयुक्त विकल्पों का चयन कीजिए।

1. कवि मैथिलीशरण गुप्त जी के अनुसार मनुष्य को किस बात का ज्ञान होना चाहिए?

(i) मनुष्य अमर है (ii) मनुष्य मरणशील है
(iii) मनुष्य पशु-प्रवृत्ति है (iv) मनुष्य उदारशील है

उत्तर (ii) मनुष्य मरणशील है

2. कवि का 'सुमृत्यु' शब्द से क्या तात्पर्य है?

(i) मनुष्य का मरणशील होना
(ii) मनुष्यता के लिए जीना
(iii) मृत्युपर्यंत भी याद किया जाना
(iv) साधारण मुत्यु को प्राप्त करना

उत्तर (iii) मृत्युपर्यंत भी याद किया जाना

3. कवि के अनुसार, किस तरह का जीवन जीना व्यर्थ है? **दक्षता आधारित प्रश्न**

(i) सिर्फ स्वयं के लिए ही जीना
(ii) मनुष्यता के लिए जीना
(iii) व्यर्थ ही जीवन जीना
(iv) उपर्युक्त सभी

उत्तर (i) सिर्फ स्वयं के लिए ही जीना

4. कवि के अनुसार, कौन व्यक्ति पशु-प्रवृत्ति का होता है?

(i) स्वयं के लाभ का कार्य करने वाला
(ii) दूसरों की कोई सहायता न करने वाला
(iii) स्वयं के विषय में ही सोचने वाला
(iv) उपर्युक्त सभी

उत्तर (iv) उपर्युक्त सभी

5. कवि के अनुसार, किस प्रकार के मनुष्य का बखान सरस्वती करती है? **दक्षता आधारित प्रश्न**

(i) पशु-प्रवृत्ति मनुष्य का (ii) उदारशील मनुष्य का
(iii) स्वार्थी मनुष्य का (iii) ये सभी

उत्तर (ii) उदारशील मनुष्य का

6. अपंक का क्या अर्थ है? **CBSE Diksha**

(i) पंकमय (ii) निर्मल
(iii) शुद्ध (iv) श्वेत

उत्तर (ii) निर्मल

7. गुप्त जी की कविता की भाषा कौन-सी है? **CBSE Diksha**

(i) हिंदी (ii) ब्रजभाषा
(iii) विशुद्ध खड़ी बोली (iv) अवधी

उत्तर (iii) विशुद्ध खड़ी बोली

8. उदार व्यक्ति की कथा का बखान सरस्वती किस प्रकार करती है?

(i) उदार व्यक्तियों की उदारशीलता को पुस्तकों तथा इतिहास में स्थान देकर
(ii) उदार व्यक्तियों का आभार मानकर
(iii) उदार व्यक्तियों की पूजा करके
(iv) उपर्युक्त में से कोई नहीं

उत्तर (i) उदार व्यक्तियों की उदारशीलता को पुस्तकों तथा इतिहास में स्थान देकर

9. 'उसी उदार से धरा कृतार्थ भाव मानती' पंक्ति का क्या अर्थ है? **दक्षता आधारित प्रश्न**

(i) उदारशील व्यक्ति का समस्त लोग आभार मानते हैं
(ii) उदार व्यक्ति का सभी विरोध करते हैं
(iii) मनुष्य वही है जो मनुष्य के लिए मरे
(iv) उदार व्यक्ति को सभी मनुष्य पूजते हैं

उत्तर (i) उदारशील व्यक्ति का समस्त लोग आभार मानते हैं

10. .... व्यक्ति की कीर्ति का गुणगान सारे संसार में होता है?

(i) कृतघ्न (ii) स्वार्थी
(iii) उदारशील (iv) इनमें से कोई नहीं

उत्तर (iii) उदारशील

11. वास्तव में मनुष्य कौन है? **CBSE Diksha**

(i) अपनी चिंता करने वाला
(ii) अपनी चिंता न करने वाला
(iii) दूसरों की सहायता करने वाला
(iv) अपनी चिंता किए बिना दूसरों की सहायता करने वाला।

उत्तर (iv) अपनी चिंता किए बिना दूसरों की सहायता करने वाला।

12. समस्त सृष्टि किस प्रकार के व्यक्ति की पूजा करती है? **दक्षता आधारित प्रश्न**

(i) जो व्यक्ति किसी की सहायता नहीं करता
(ii) जो व्यक्ति विश्व में एकता और अखंडता को फैलाता है
(iii) जो व्यक्ति यह जानता है कि वह मरणशील है
(iv) उपर्युक्त में से कोई नहीं

उत्तर (ii) जो व्यक्ति विश्व में एकता और अखंडता को फैलाता है

13. 'मनुष्यता' कविता के अनुसार संसार में मनुष्यों की स्थिति में भिन्नता का कारण है **CBSE 2024**

(i) भौगोलिक परिस्थितियाँ
(ii) आर्थिक परिस्थितियाँ
(iii) मनुष्य द्वारा किए गए उनके कर्म
(iv) मनुष्य द्वारा प्राप्त किया गया ज्ञान

उत्तर (iii) मनुष्य द्वारा किए गए उनके कार्य

14. अपने भोजन के थाल का दान किस राजा ने किया था?

(i) दधीचि (ii) कर्ण (iii) रंति देव (iv) उशीनर

उत्तर (iii) रंति देव

15. देवताओं की रक्षा के लिए दधीचि ने क्या किया था? दक्षता आधारित प्रश्न

(i) अपने भोजन का दान
(ii) अपनी हड्डियों का दान (अस्थिपंजर)
(iii) स्वमांस का दान
(iv) अपने पुत्र का दान

उत्तर (ii) अपनी हड्डियों का दान (अस्थिपंजर)

16. राजा उशीनर की प्रसिद्धि का क्या कारण है?

(i) मनुष्यों की सहायता के लिए (ii) स्वमांस का दान करने के लिए
(iii) सिंह को मारने के लिए (iv) उदारता के कारण

उत्तर (ii) स्वमांस का दान करने के लिए

17. वीर कर्ण किस कारण से प्रसिद्ध हैं?

(i) अपनी मनुष्यता के लिए (ii) अपनी दानवीरता के लिए
(iii) अपने पराक्रम के लिए (iv) इनमें से कोई नहीं

उत्तर (ii) अपनी दानवीरता के लिए

18. वीर कर्ण ने अपनी किस वस्तु का दान किया था?

(i) हड्डियों का (ii) भोजन का
(iii) स्वमांस का (iv) शारीरिक कवच-कुंडलों का

उत्तर (iv) शारीरिक कवच-कुंडलों का

19. कवि ने धन को ········ बताया है।

(i) सुख देने वाला (ii) हाथ का मैल
(iii) तुच्छ (iv) जीवन देने वाला

उत्तर (iii) तुच्छ

20. 'मनुष्यता' कविता का केन्द्रीय भाव है

(i) मनुष्य की पशु-प्रवृत्ति
(ii) मनुष्य का अलंकार
(iii) मनुष्य की भिन्नता को बढ़ाना
(iv) मानव के त्याग और सद्भाव को बढ़ाना

उत्तर (iv) मानव के त्याग और सद्भाव को बढ़ाना

21. विद्यार्थियों को इस कविता से क्या प्रेरणा मिलती है?

(i) परोपकारी बनने की
(ii) देशहित व उदारता का भाव रखने की
(iii) गौरवपूर्ण जीवन जीने की
(iv) उपर्युक्त सभी।

उत्तर (iv) उपर्युक्त सभी।

22. निम्नलिखित वाक्यों को ध्यानपूर्वक पढ़िए तथा काव्यांश के आधार पर सही विकल्प का चयन कीजिए। दक्षता आधारित प्रश्न

1. दूसरों के दुख से दुखी होना सहानुभूति है।
2. परोपकारियों के व्यवहार से पृथ्वी भी वशीभूत हो जाती है।
3. तत्कालीन समाज ने बुद्ध का विरोध किया।
4. दूसरों के हित के लिए त्याग करने वाला बुद्ध जैसा महान बन सकता है।

(i) 1, 2 और 3 (ii) 2 और 4
(iii) 1 और 2 (iv) 1, 3 और 4

उत्तर (iv) 1, 3 और 4

23. कथन (A) उदार व्यक्तियों के प्रति पृथ्वी कृतज्ञ होती है।
कारण (R) क्योंकि उदार व्यक्ति केवल स्वयं के लिए जीते हैं।
उपरोक्त कथन (A) और कारण (R) के आधार पर सही निष्कर्ष चुनिए। दक्षता आधारित प्रश्न

(i) कथन (A) और कारण (R) दोनों सही हैं।
(ii) कथन (A) और कारण (R) दोनों गलत हैं।
(iii) कथन (A) गलत है, किंतु कारण (R) सही है।
(iv) कथन (A) सही है, किंतु कारण (R) गलत है।

उत्तर (iv) कथन (A) सही है, किंतु (R) गलत है।

काव्यांश पर आधारित बहुविकल्पीय प्रश्न

निम्नलिखित पद्यांश को ध्यानपूर्वक पढ़कर पूछे गए प्रश्नों के सही विकल्प चुनिए।

1. विचार लो कि मर्त्य हो न मृत्यु से डरो कभी,
मरो, परंतु यों मरो कि याद जो करें सभी।
हुई न यों सुमृत्यु तो वृथा मरे, वृथा जिए,
मरा नहीं वही कि जो जिया न आपके लिए।
वही पशु-प्रवृत्ति है कि आप आप ही चरे,
वही मनुष्य है कि जो मनुष्य के लिए मरे।।

(क) कवि के अनुसार, मृत्यु की सार्थकता ········ है।

(i) देशहित में (ii) यश-कीर्ति में
(iii) सबके याद करने में (iv) बलिवेदी पर चढ़ने में

उत्तर (iii) सबके याद करने में

(ख) किस प्रकार के मनुष्य का जीवन पशु के समान होता है?

(i) जो अपने जीवन में परोपकार करते हैं
(ii) जो मृत्यु का वरण करते हैं
(iii) जो अपने जीवन को लोक मंगलकारी कार्य में नहीं लगाते हैं
(iv) जो मृत्यु आने तक दु:खी रहते हैं

उत्तर (iii) जो अपने जीवन को लोक मंगलकारी कार्य में नहीं लगाते हैं

(ग) कवि के अनुसार, वास्तव में मनुष्य कहलाने का अधिकारी कौन होता है? दक्षता आधारित प्रश्न

(i) जो स्वयं के जीवन को सुखमयी बनाता है
(ii) जो दूसरों की हितपूर्ति के लिए अपना जीवन जीता है
(iii) जो मृत्यु से भयभीत नहीं रहता है
(iv) जो हमारी याद में आँसू बहाता है

उत्तर (ii) जो दूसरों की हितपूर्ति के लिए अपना जीवन जीता है

(घ) काव्यांश में सुमृत्यु किसे कहा गया है? दक्षता आधारित प्रश्न

(i) अपने कर्त्तव्यों का पालन करते हुए मिली मृत्यु को
(ii) परोपकार के लिए जीने वाले की मृत्यु को
(iii) स्वार्थ पूर्ति के लिए जीने वाले की मृत्यु को
(iv) स्वर्ग की चाह करने वाले की मृत्यु को

उत्तर (ii) परोपकार के लिए जीने वाले की मृत्यु को

(ङ) निम्नलिखित वाक्यों को ध्यानपूर्वक पढ़िए तथा काव्यांश के आधार पर सही विकल्प का चयन कीजिए **दक्षता आधारित प्रश्न**

1. मरणशील मनुष्य की मृत्यु निश्चित है।
2. अच्छे काम करने वालों को मृत्यु के बाद भी याद किया जाता है।
3. अपने लिए जीने मरने वालों की मृत्यु गौरवशाली होती है।
4. सच्चे मनुष्य दूसरों की भलाई के लिए जीते-मरते हैं।

(i) 1 और 2 (ii) 2, 3 और 4
(iii) 1, 3 और 4 (iv) 1, 2 और 4

उत्तर (iv) 1, 2 और 4

2. उसी उदार की कथा सरस्वती बखानती,
उसी उदार धरा से कृतार्थ भाव मानती।
उसी उदार की सदा सजीव कीर्ति कूजती;
तथा उसी उदार को समस्त सृष्टि पूजती।
अखंड आत्म भाव जो असीम विश्व से भरे,
वही मनुष्य है कि जो मनुष्य के लिए मरे।।

CBSE (Additional Set) 2023

(क) 'उसी उदार' शब्दों दोहराव द्वारा कवि ······· के बारे में बता रहे हैं।

(i) अभिमान (ii) आत्मज्ञान
(iii) परोपकार (iv) स्वाभिमान

उत्तर (iii) परोपकार

(ख) काव्यांश में रेखांकित शब्द के अनुसार, धरती की भावनाओं का सही कारण पहचानिए

(i) प्राकृतिक संपदा से परिपूर्ण होने के कारण भाव-विभोर हो रही है।
(ii) अपने कार्य में लोगों के सहयोग के कारण प्रसन्न हो रही है।
(iii) महान मनुष्यों के सदगुणों को देखकर संतुष्ट हो रही है।
(iv) अपने उद्देश्य की पूर्ति के लिए निवेदन कर रही है।

उत्तर (iii) महान मनुष्यों के सदगुणों को देखकर संतुष्ट हो रही है।

(ग) 'उसी उदार की सदा सजीव कीर्ति कूजती'
कवि के अनुसार ········ का ········ सदैव जीवंत रहता है। **दक्षता आधारित प्रश्न**

(i) मनुष्यता, यश (ii) दानवीर, भाग्य
(iii) उदारता, भंडार (iv) ईमानदारी, प्रचार

उत्तर (i) मनुष्यता, यश

(घ) **कथन** (A) कवि कह रहा है कि उदार व्यक्ति ही विश्व में अखंड आत्मीय भाव भरता है।
कारण (R) उपर्युक्त काव्यांश में लोगों की आपसी दुर्भावनाओं के कारण कवि बहुत दुःखी है।
उपर्युक्त कथन (A) और कारण (R) के आधार पर सही निष्कर्ष चुनिए **दक्षता आधारित प्रश्न**

(i) कथन (A) और कारण (R) दोनों सही हैं।
(ii) कथन (A) और कारण (R) दोनों गलत हैं।
(iii) कथन (A) सही है, किंतु कारण (R) गलत है।
(iv) कथन (A) गलत है, किंतु (R) सही है।

उत्तर (iii) कथन (A) सही है, किंतु कारण (R) गलत है।

(ङ) उपर्युक्त काव्यांश का मुख्य विचार पहचानिए

(i) त्याग तभी करो जब उसकी सराहना मिलने की आशा जीवित हो।
(ii) ऐसे कर्म करो कि जीवन से मुक्ति होने पर लोग याद रखें।
(iii) दानी और परोपकारी बनों, किंतु स्वेच्छाओं का भी मान रखो।
(iv) प्रसिद्धि पाने के लिए स्वजनों के प्रति त्यागी बनो।

उत्तर (ii) ऐसे कर्म करो कि जीवन से मुक्ति होने पर लोग याद रखें।

3. अनंत अंतरिक्ष में अनंत देव हैं खड़े,
समक्ष ही स्वबाहु जो बढ़ा रहे बड़े-बड़े।
परस्परावलंब से उठो तथा बढ़ो सभी,
अभी अमर्त्य-अंक में अपंक हो चढ़ो सभी।
रहो न यों कि एक से न काम और का सरे,
वही मनुष्य है कि जो मनुष्य के लिए मरे।।

(क) 'परस्परावलंब' से क्या अभिप्राय है?

(i) एक-दूसरे का सहयोग लेना
(ii) एक-दूसरे से शत्रुता करना
(iii) एक-दूसरे से छल-कपट करना
(iv) दूसरे से स्वार्थ सिद्ध करना

उत्तर (i) एक-दूसरे का सहयोग लेना

(ख) अंतरिक्ष में खड़े देव अपनी बाहु को क्यों बढ़ा रहे हैं?

(i) समृद्धि के लिए (ii) स्वस्थता के लिए
(iii) मार्गदर्शन के लिए (iv) मदद के लिए

उत्तर (iii) मार्गदर्शन के लिए

(ग) कवि मनुष्य को किस प्रकार रहने की सलाह देता है?

(i) हिंसा की भावना से (ii) प्रतिशोध की भावना से
(iii) सहयोग की भावना से (iv) पराधीनता की भावना से

उत्तर (iii) सहयोग की भावना से

(घ) प्रस्तुत पद्यांश के माध्यम से कवि ने क्या संदेश देना चाहा है? **दक्षता आधारित प्रश्न**

(i) जीवन की सार्थकता स्वार्थ सिद्धि में है
(ii) जीवन की सार्थकता देवों के व्यवहार में है
(iii) जीवन की सार्थकता कुटिल व्यवहार में है
(iv) जीवन की सार्थकता परोपकार में है

उत्तर (iv) जीवन की सार्थकता परोपकार में है

(ङ) **कथन** (A) परोपकारियों का स्वागत देवता करते हैं।
कारण (R) क्योंकि दूसरों के काम आने वाला ही सच्चा मनुष्य होता है।
उपर्युक्त कथन (A) और (R) के आधार पर सही निष्कर्ष चुनिए **दक्षता आधारित प्रश्न**

(i) कथन (A) और कारण (R) दोनों गलत हैं।
(ii) कथन (A) और कारण (R) दोनों सही हैं।
(iii) कथन (A) सही है, किंतु कारण (R) गलत है।
(iv) कथन (A) गलत है, किंतु कारण (R) सही है।

उत्तर (ii) कथन (A) और कारण (R) दोनों सही हैं।

4. चलो अभीष्ट मार्ग में सहर्ष खेलते हुए,
विपत्ति, विघ्न जो पड़ें, उन्हें ढकेलते हुए।
घटे न हेलमेल हाँ, बढ़े न भिन्नता कभी,
अतर्क एक पंथ के सतर्क पंथ हों सभी।
तभी समर्थ भाव है कि तारता हुआ तरे,
वही मनुष्य है कि जो मनुष्य के लिए मरे।। **CBSE 2023**

(क) कवि सभी को एक होकर चलने की प्रेरणा देते हैं। इससे ज्ञात होता है कि कवि ………… के पक्षधर हैं।
दक्षता आधारित प्रश्न

(i) निरन्वय (ii) समन्वय (iii) क्रमान्वय (iv) दूरान्वय

उत्तर (ii) समन्वय

(ख) अभीष्ट मार्ग से तात्पर्य है

(i) स्वर्गगत मार्ग (ii) प्रमाणित मार्ग
(iii) क्रीड़ाक्षेत्रीय मार्ग (iv) मनोवांछित मार्ग

उत्तर (iv) मनोवांछित मार्ग

(ग) समर्थ भाव है, दूसरों को

(i) सफल करते हुए स्वयं सफल होना
(ii) ज्ञान मार्ग बताते हुए सफल बनाना
(iii) शक्ति प्रदर्शन द्वारा सफलता दिलाना
(iv) सफल करते हुए अपना स्वार्थ सिद्ध करना

उत्तर (i) सफल करते हुए स्वयं सफल होना

(घ) 'बढ़े न भिन्नता' का आशय है

(i) मत भिन्नता हो (ii) मतभेद कम हो
(iii) भेदभाव भिन्न हो (iv) मतभेद अधिक हो

उत्तर (ii) मतभेद कम हो

(ङ) निम्नलिखित वाक्यों को ध्यानपूर्वक पढ़िए तथा पद्यांश के आधार पर सही विकल्प का चयन कीजिए
दक्षता आधारित प्रश्न

1. हमें मृत्यु से कभी नहीं डरना चाहिए।
2. बाह्य आडंबरों का विरोध करना चाहिए।
3. मार्ग की विपत्तियों को धकेलते हुए आगे बढ़ना चाहिए।
4. हमें अपने जीवन में सकारात्मक दृष्टिकोण अपनाना चाहिए।

(i) 1 और 2 (ii) 1, 3 और 4
(iii) 2 और 3 (iv) 2 और 4

उत्तर (ii) 1, 3 और 4

5. 'मनुष्य मात्र बंधु है' यही बड़ा विवेक है,
पुराणपुरुष स्वयंभू पिता प्रसिद्ध एक है।
फलानुसार कर्म के अवश्य बाह्य भेद हैं,
परंतु अंतरैक्य में प्रमाणभूत वेद हैं।
अनर्थ है कि बंधु ही न बंधु की व्यथा हरे,
वही मनुष्य है कि जो मनुष्य के लिए मरे।।

(क) प्रस्तुत पद्यांश के माध्यम से कवि ने क्या संदेश दिया है?

(i) जीवन जीने का
(ii) मृत्यु से न घबराने का
(iii) एक-दूसरे का सहयोग करने का
(iv) निर्धन की सहायता करने का

उत्तर (iii) एक-दूसरे का सहयोग करने का

(ख) पद्यांश के अनुसार, सबसे बड़ा अनर्थ क्या है?

(i) माता-पिता की सेवा न करना
(ii) मनुष्य द्वारा दूसरे मनुष्य का दु:ख दूर न किया जाना
(iii) भाई-भाई में सहानुभूति का अभाव
(iv) भाई का भाई से लगाव

उत्तर (ii) मनुष्य द्वारा दूसरे मनुष्य का दु:ख दूर न किया जाना

(ग) 'मनुष्य मात्र बंधु है' यही बड़ा विवेक है, कवि के अनुसार ……. मात्र को ……. समझना चाहिए।
दक्षता आधारित प्रश्न

(i) परमात्मा, मृत्यु (ii) संसार, रहस्य
(iii) मनुष्य, भाई (iv) मनुष्य, ईमानदार

उत्तर (iii) मनुष्य, भाई

(घ) कर्म भिन्नता के कारण मनुष्य में कौन-सा अंतर दिखाई देता है?

(i) मात्र बाहरी अंतर
(ii) मानव का विभिन्न देशों के कारण अंतर
(iii) समानता का भाव
(iv) विभिन्नता की स्थिति

उत्तर (i) मात्र बाहरी अंतर

(ङ) निम्नलिखित वाक्यों को ध्यानपूर्वक पढ़िए तथा पद्यांश के आधार पर सही विकल्प का चयन कीजिए
दक्षता आधारित प्रश्न

1. संसार के सभी मनुष्यों को अपना बंधु मानना मनुष्य का विवेक है।
2. वेदों के अनुसार सभी मनुष्यों का पिता एक है।
3. अपने-अपने कर्मों के अनुसार फल मिलने के कारण सभी भिन्न-भिन्न हैं।
4. दूसरों के लिए काम आने वाला ही सच्चा मनुष्य है।

(i) 1 और 2 (ii) 2, 3 और 4
(iii) 1, 3 और 4 (iv) 3 और 4

उत्तर (ii) 2, 3 और 4

6. रहो न भूल के कभी मदांध तुच्छ वित्त में,
सनाथ जान आपको करो न गर्व चित्त में।
अनाथ कौन है यहाँ? त्रिलोकनाथ साथ हैं,
दयालु दीनबंधु के बड़े विशाल हाथ हैं।
अतीव भाग्यहीन है अधीर भाव जो करें,
वही मनुष्य है कि जो मनुष्य के लिए मरे।।

(क) प्रस्तुत पद्यांश में कवि ने क्या प्रेरणा दी है?

(i) ईश्वर का स्मरण करने की
(ii) धन के उन्माद में अहंकारी न होने की
(iii) संघर्षों से न घबराने की
(iv) अन्याय के विरुद्ध आवाज उठाने की

उत्तर (ii) धन के उन्माद में अहंकारी न होने की

(ख) पद्यांश के अनुसार, हमें किस बात पर गर्व नहीं करना चाहिए?
दक्षता आधारित प्रश्न

(i) हम धनी हैं
(ii) हम सनाथ हैं

(iii) हम अपने आप में पूर्ण हैं
(iv) हम उन्नति के लिए समक्ष हैं

उत्तर (ii) हम सनाथ हैं

(ग) कवि ने अति भाग्यहीन किसे कहा है?

(i) जो डरता रहता है
(ii) जो मदांध है
(iii) जो धैर्य नहीं रखता
(iv) जो उच्चता का भाव रखता है

उत्तर (iii) जो धैर्य नहीं रखता

(घ) पद्यांश के आधार पर बताइए कि यहाँ कोई अनाथ क्यों नहीं है?

(i) क्योंकि समाज सबका ध्यान रखता है
(ii) क्योंकि सबको परिवार का सहारा है
(iii) क्योंकि ईश्वर सबके साथ है
(iv) क्योंकि हमें अपने परिश्रम पर विश्वास है

उत्तर (iii) क्योंकि ईश्वर सबके साथ है

(ङ) निम्नलिखित वाक्यों को ध्यानपूर्वक पढ़िए तथा पद्यांश के आधार पर सही विकल्प का चयन कीजिए **दक्षता आधारित प्रश्न**

1. धन का घमंड नहीं करना चाहिए।
2. धन और परिवार व्यक्ति की रक्षा कर लेते हैं।
3. इस संसार में कोई अनाथ नहीं है।
4. अधीर मन वाला मनुष्य अभागा है।

(i) 1 और 2 (ii) 2, 3 और 4
(iii) 2 और 3 (iv) 1, 3 और 4

उत्तर (iv) 1, 3 और 4

विषयवस्तु का ज्ञान, बोध अभिव्यक्ति पर आधारित प्रश्नोत्तर

1. पृथ्वी स्वयं को धन्य कब मानती है?

उत्तर इस संसार में जो व्यक्ति उदारतापूर्वक मानव सेवा में लगे रहते हैं और दूसरों के सुख के लिए अपना तन-मन-धन सब न्यौछावर कर देते हैं, ऐसे उदार पुरुषों को पाकर धरती भी स्वयं को धन्य मानती है। सम्पूर्ण विश्व उन उदार मनुष्यों का यशोगान करता है। उदारवादी मनुष्य बिना किसी भेद-भाव के सम्पूर्ण पृथ्वीवासियों के साथ परस्पर आत्मीयता एवं सद्भावना को बनाए रखते हैं। ऐसे मनुष्यों के प्रति धरती पूर्णत: कृतज्ञ रहती है।

2. कवि मैथिलीशरण गुप्त के अनुसार, मनुष्य कब अहंकारी हो जाता है और क्यों? **CBSE 2019**

उत्तर कवि मैथिलीशरण गुप्त का मानना है कि मनुष्य धन-संपत्ति आने पर अहंकारी हो जाता है, क्योंकि वह इस तुच्छ धन-संपत्ति की प्राप्ति होने पर स्वयं को बड़ा महत्त्वपूर्ण समझने लगता है। उसे अपनी संपत्ति का अभिमान हो जाता है। वह धनहीन लोगों को तुच्छ एवं व्यर्थ समझने लगता है। धन के बल पर स्वयं को सुरक्षित अनुभव करके वह व्यर्थ घमण्ड करने लगता है तथा धन-सम्पत्ति को ही अपना सर्वस्व मानने लगता है। वह यह भूल जाता है कि सम्पूर्ण विश्व के मनुष्यों की रक्षा करने वाला ईश्वर ही सर्वशक्तिमान है तथा वही सबका नाथ अथवा स्वामी है।

3. 'चलो अभीष्ट मार्ग में सहर्ष खेलते हुए विपत्ति, विघ्न जो पड़ें उन्हें ढकेलते हुए।'
उपर्युक्त पंक्तियों में कवि ने 'अभीष्ट मार्ग' किसे कहा है और क्यों? समझाइए। **दक्षता आधारित प्रश्न**

उत्तर 'मनुष्यता' कविता में अभीष्ट मार्ग ऐसे मार्ग को कहा गया है, जिसके माध्यम से सभी व्यक्तियों की इच्छाओं को पूरा किया जा सके, जिससे समस्त समाज का कल्याण हो, उसका लाभ हो क्योंकि ऐसे मार्ग पर चलते हुए मनुष्य किसी भी संकट एवं बाधाओं को पार करता हुआ, निरन्तर निर्धारित लक्ष्य की ओर बढ़ता रहता है। इस मार्ग पर चलने वाला व्यक्ति मित्रता और एकता का भाव बनाए रखते हुए जनकल्याण के लिए कार्य करता रहता है।

4. मानव जीवन का सबसे बड़ा भय मृत्यु ही है, फिर भी 'मनुष्यता' कविता में कवि ने मृत्यु से भयभीत होने की बात क्यों कही है? **CBSE 2023**

अथवा **कवि ने मनुष्य को मृत्यु से भयभीत न होने की प्रेरणा क्यों दी है? कौन-से व्यक्ति मरकर भी अमर हो जाते हैं?** **दक्षता आधारित प्रश्न**

उत्तर धरती पर जो भी प्राणी जन्म लेता है, उसकी मृत्यु निश्चित है फिर भी प्राणी को मृत्यु का भय सताता रहता है। मानव जीवन का सबसे बड़ा भय ही मृत्यु है फिर भी 'मनुष्यता' कविता में कवि मैथिलीशरण गुप्त ने मनुष्य को मृत्यु से भयभीत न होने की बात इसलिए कहीं है, क्योंकि मानव जीवन क्षण भंगुर है। जब जन्म हुआ है तो मृत्यु भी अवश्य होगी। जब मृत्यु ही अंतिम सत्य है और इस सत्य को कोई झुठला नहीं सकता है अर्थात् उसे मृत्यु का वरण करना ही पड़ेगा, तो मनुष्य को मृत्यु से नहीं घबराना चाहिए। इस संसार में जो व्यक्ति दूसरों के काम आता है, दूसरों के लिए जीता-मरता है, वह मरकर भी अमर हो जाता है। अपने ऐसे ही कार्यों से कर्ण, दधीचि आदि संसार में अमर हुए हैं।

5. मनुष्य को किस प्रकार का सामाजिक जीवन जीना चाहिए?

उत्तर मनुष्य एक सामाजिक प्राणी है। समाज के बिना उसके अस्तित्व की कल्पना करना भी असंभव है। दैनिक जीवन में मनुष्यों में परस्पर आदान-प्रदान, संवाद व सहभागिता हमेशा चलती रहती है। इसलिए मनुष्य जीवन में उदारता, सहयोग, भाईचारा व प्रेम का अत्यंत महत्त्व है। हमें सबका सहयोग करना चाहिए। ज़रूरतमंदों की मदद करनी चाहिए। अपनी समृद्धि व संपन्नता पर घमंड नहीं करना चाहिए। सबके साथ चलने से ही सबका कल्याण होता है। मानव सेवा को ही जीवन का उद्देश्य मानना चाहिए।

6. अनाथ कौन है यहाँ? त्रिलोकनाथ साथ है; दयालु दीनबंधु के बड़े विशाल हाथ हैं। **दक्षता आधारित प्रश्न**
उपर्युक्त पद में शुभ कर्म करने वालों को कैसा प्रतिदान मिलता है?

उत्तर जो व्यक्ति शुभ कर्म करते हैं, उनका अंतरिक्ष में विराजमान देवता भी अभिषेक करने व स्वागत करने को तत्पर रहते हैं। मानव सेवा करने वाले सच्चे व पवित्र मन वाले व्यक्तियों को देवताओं की गोद में स्थान प्राप्त होता है अर्थात् वह अपने सद्कार्यों व निष्काम परोपकार की भावना से ईश्वर तुल्य होकर संसार में लोगों द्वारा पूजे जाते हैं। संपूर्ण विश्व उनका यशोगान करता है और इतिहास में उनकी कीर्ति गाथाएँ लिखी जाती हैं।

7. "विरुद्धवाद बुद्ध का दया-प्रवाह में बहा" -पंक्ति से कवि का क्या आशय है? **दक्षता आधारित प्रश्न**

उत्तर बुद्ध के विरुद्धवाद का अर्थ समाज में व्याप्त गलत नीतियों का विरोध करने से है। बुद्ध ने समाज में व्याप्त गलत धारणाओं का विरोध किया। उसी विरोध के दौरान लोगों ने बुद्ध का समर्थन नहीं किया, परंतु जब बुद्ध की करुणा, दया का भाव सबके समक्ष प्रस्तुत हुआ, तो लोग बुद्ध के सामने नतमस्तक हो गए।

8. 'मनुष्यता' कविता के आधार पर किन्हीं तीन मानवीय गुणों के बारे में लिखिए। **CBSE 2018**

उत्तर राष्ट्रकवि मैथिलीशरण गुप्त ने 'मनुष्यता' कविता के माध्यम से हमें मानवीय गुणों पर चलने की सलाह दी है। कवि के अनुसार, जीना मरना उसी का सार्थक है, जो दूसरों के लिए जीता-मरता है। परोपकार, दयालुता तथा उदारता; ये तीन मानवीय गुण ऐसे हैं, जो मानव जीवन को सार्थक बनाने में सक्षम हैं। केवल अपने लिए जीना पशु-प्रवृत्ति है, जबकि दूसरों के लिए जीना ही सच्चे अर्थों में मनुष्यता है।

9. मनुष्यता कविता का प्रतिपाद अपने शब्दों में लिखिए।
***अथवा* 'मनुष्यता' कविता का मूल भाव अपने शब्दों में समझाइए।** **CBSE 2020**

उत्तर मनुष्यता कविता के माध्यम से राष्ट्रकवि मैथिलीशरण गुप्त मनुष्य मात्र के बंधुत्व को परिभाषित करते हुए, हमें मनुष्यता से आवृत्त गुणों के मार्ग पर चलने की सलाह देते हैं। उनके अनुसार जीना या मरना उसी मनुष्य का सार्थक है, जो दूसरों के लिए जीता या मरता है। परोपकार, दयालुता तथा उदारता के गुण जीवन को सार्थक बनाने में सक्षम हैं। दूसरों का हित-चिंतन भी अपने और अपनों के हित-चिंतन की तरह ही महत्त्वपूर्ण होना चाहिए। केवल अपने लिए जीना पशु प्रवृत्ति है, जबकि दूसरों के लिए जीना ही 'मनुष्यता' है।

10. मनुष्य और पशु में क्या अंतर है? मनुष्य कहलाने का सच्चा अधिकारी कौन है? **दक्षता आधारित प्रश्न**

उत्तर सभी जीवधारी उस परमपिता परमेश्वर की संतान हैं, परंतु मनुष्य और पशु में यही अंतर है कि पशु, मात्र अपने स्वार्थ में जीवन-यापन करते हैं। वह बौद्धिक दृष्टि से भी मनुष्य के समान बुद्धिमान नहीं हैं। मनुष्य आत्मकेंद्रित नहीं होता। उसका जीवन केवल अपने निजी स्वार्थों की पूर्ति पर आधारित नहीं होता, अपितु वह संवेदनशील, भावुक व परमार्थ भाव से अपना जीवन जीता है। लोक कल्याण की भावना से जीवन जीना ही उसके जीवन का मुख्य आधार होता है। मनुष्य कहलाने का सच्चा अधिकारी वही व्यक्ति है, जिसके जीवन का हर पल दूसरों की भलाई के लिए समर्पित हो। जो व्यक्ति सदैव दूसरों का कल्याण करे, वही मनुष्य कहलाने का सच्चा अधिकारी है।

11. पृथ्वी से हमें क्या शिक्षा मिलती है? मानव सेवा के लिए सर्वस्व न्यौछावर करने वाले तीन परोपकारी मनुष्यों के महान् कार्यों का उल्लेख कीजिए। **CBSE 2018**

उत्तर पृथ्वी से हमें सदैव परमार्थ व प्रेमवश दूसरों की सेवा करने की शिक्षा मिलती है। पृथ्वी से सहनशक्ति की भी प्रेरणा मिलती है। यह हमारे सभी अत्याचारों को सहन करती हुई भी हमारा कल्याण व हमारी रक्षा करती है। पौराणिक कथनों के अनुसार, जब वृत्रासुर के आतंक से हाहाकार मचा हुआ था, तब दधीचि ऋषि ने अपनी अस्थियों को इंद्र को दान कर दिया, जिससे वज्र बनाकर इंद्र ने असुरों को युद्ध में पराजित कर अपना खोया हुआ वैभव पुन: प्राप्त किया। संसार की भलाई के लिए अपने प्राणों का समर्पण करना सर्वश्रेष्ठ उदाहरण है। इसी प्रकार, कर्ण ने भी जन्म से ही अपने चर्म में स्थित कुंडल व कवच को दान दे दिया। उनके इस दान के फलस्वरूप ही पांडवों को युद्ध में विजय श्री प्राप्त हुई। महाराज रंतिदेव नामक दानी राजा ने भूख से व्याकुल होने के बाद भी भूख से पीड़ित एक अन्य व्यक्ति की तृप्ति के लिए अपना भोजन उन्हें दे दिया था।

12. 'मनुष्यता' कविता में कवि किन-किन मानवीय गुणों का वर्णन करता है? आप इन गुणों को क्यों आवश्यक समझते हैं, तर्क सहित उत्तर लिखिए। **CBSE 2020**

उत्तर कवि ने मानवीय गुणों में बंधुत्व की भावना को मनुष्य की सबसे बड़ी विवेकशीलता माना है। मनुष्य का कर्त्तव्य है कि वह संसार के सभी मनुष्यों को अपना बंधु समझे और परस्पर सहयोग करते हुए एक-दूसरे के सहायक बने।

हमारे विचार से कवि द्वारा बताए गए उपर्युक्त सभी गुण अत्यंत आवश्यक हैं, क्योंकि इन्हीं गुणों को अपनाकर मनुष्य नि:स्वार्थ व्यवहार करता है। इन गुणों के आधार पर ही नैतिकता का निर्माण होता है। संवेदनशीलता के विकास के लिए मनुष्य के इन गुणों का होना आवश्यक है। इन गुणों के अभाव में मनुष्य असंवेदनशील होकर अनैतिकता के गर्त में गिरता चला जाएगा। अत: वास्तविक अर्थ में मनुष्य बनने के लिए मानवीय गुणों का होना अत्यंत आवश्यक है।

13. कवि के अनुसार, वेदों ने किस सत्य को उजागर किया है और अनर्थ किया है? **दक्षता आधारित प्रश्न**

उत्तर वेदों ने इस सत्य को उजागर किया है कि सबमें ईश्वरीय तत्त्व समान रूप से विद्यमान है। इस संसार का रचयिता परमात्मा है। मनुष्य को अपने कर्मानुसार भिन्न-भिन्न जन्म व जीवन मिलते हैं। रंग-रूप, आकार-प्रकार में भले ही सब एक-दूसरे से अलग दिखाई दें, परंतु सब में उस परमशक्ति का वास है।

यदि मनुष्य आपस में ही एक-दूसरे के कष्टों का निवारण नहीं करेंगे, तो इससे बड़ा अनर्थ कोई और हो ही नहीं सकता। हर व्यक्ति को एक-दूसरे के काम आना चाहिए। धिक्कार है ऐसे मनुष्य को, जो दूसरों की पीड़ा को दूर करने का प्रयास नहीं करते व समर्थवान होने पर भी एक-दूसरे की मदद नहीं करते। यही सबसे बड़ा अनर्थ है।

14. 'सतर्क पंथ' और 'समर्थ भाव' से क्या अभिप्राय है? स्पष्ट कीजिए। **दक्षता आधारित प्रश्न**

उत्तर 'सतर्क पंथ' शब्द का अर्थ 'सावधान यात्री' अर्थात् हमारा जीवन एक यात्रा है और मनुष्य उस जीवन-पथ पर चलने वाला यात्री है। यदि मनुष्य एक सावधान यात्री की तरह आगे बढ़ता है, तो उसे सदैव लक्ष्य व कर्त्तव्यों का बोध रहता है। रास्ते में विघ्न और बाधाएँ उसे पथभ्रष्ट नहीं कर पातीं, तब व्यक्ति 'सतर्क पंथ' शब्द को चरितार्थ करता है। 'समर्थ भाव' से अभिप्राय है—सब व्यक्तियों की यथासंभव सहायता और परोपकार। इसलिए अपनी लक्ष्य प्राप्ति के साथ-साथ मनुष्य की जीवन-शैली ऐसी होनी चाहिए, जिससे उसका भी भला हो और दूसरों का भी कल्याण अवश्य हो, तभी हम समर्थ भाव से अपनी जीवन-यात्रा को पूर्ण कर सकते हैं।

15. मनुष्य अपना जीवन किस प्रकार सार्थक कर सकता है? 'मनुष्यता' कविता के आधार पर बताइए।

अथवा

'मनुष्यता' कविता में जीवन को सार्थक बनाने के लिए किस बात पर जोर दिया गया है? **CBSE Diksha**

उत्तर मनुष्य को मानव योनि में जन्म लेने का सौभाग्य अनेक योनियों में जन्म लेने के बाद ही प्राप्त होता है। इसलिए हमें अपने इस मानव जीवन को सार्थक बनाना चाहिए, जिससे अपनी मृत्यु के उपरांत भी हम अमर हो जाएँ और हमारे महान् कार्यों के कारण सब हमारा स्मरण करें।

हमें सदैव लोक मंगलकारी, सर्वजन हितार्थ और परोपकारी कार्यों को करना चाहिए। मनुष्य को असहायों और बेसहारों का सहायक बनना चाहिए।

निराश्रितों को आश्रय प्रदान करना और पीड़ित की पीड़ा दूर करने के लिए निरंतर प्रयत्नशील रहना चाहिए। परोपकार ही मनुष्य को महान् बनाता है, इसलिए उदारता व परोपकार को अपना ध्येय बनाकर जीवन-पथ पर आगे बढ़ना चाहिए, तभी मानव जीवन सार्थक हो सकता है।

16. कविता के आधार पर 'मनुष्यता' की परिभाषा बताइए। **CBSE 2016, 15**

उत्तर राष्ट्रकवि मैथिलीशरण गुप्त ने बंधुत्व की भावना को सबसे बड़ी विवेकशीलता माना है। 'मनुष्यता' कविता के अनुसार, इस संसार में कोई भी व्यक्ति पराया नहीं है। मनुष्य को मानवतावाद का पक्षधर होना चाहिए। सब मनुष्य भाई-भाई हैं; प्रत्येक मनुष्य के प्रति यही दृष्टिकोण उसकी विवेकशीलता का परिचायक है।

कवि ने सर्वधर्म समभाव की चेतना को उभारते हुए, सृष्टि को ईश्वर की संरचना माना है। मनुष्य को अपने-अपने कर्मानुसार विभिन्न जीवन व जन्म मिलते हैं। बाह्य रूप से इस कर्मफल की विभिन्नता के दर्शन होते हैं, परंतु प्रत्येक प्राणी में उस परमपिता परमेश्वर का अंश विद्यमान है। इसीलिए जीना-मरना उसी का सार्थक है, जो दूसरों के लिए जीता-मरता है। परोपकार, दयालुता, उदारता आदि गुण जीवन को सार्थक बनाने में सक्षम हैं। दूसरों का हित चिंतन अपनों के हित चिंतन की तरह ही महत्त्वपूर्ण है।

केवल अपने लिए जीना पशु-प्रवृत्ति है, जबकि दूसरों के लिए जीना ही 'मनुष्यता' है। निःस्वार्थ भाव से जीवन में दूसरों के काम आना व स्वयं को ऊँचा उठाने के साथ-साथ दूसरों का भी ऊँचा उठाना ही वास्तविक 'मनुष्यता' है।

स्व-मूल्यांकन

कविता पर आधारित बहुविकल्पीय प्रश्न

निम्नलिखित प्रश्नों के सही विकल्प चुनिए।

1. सही अर्थ में मनुष्य वही होता है, जोकि
(i) भयभीत नहीं होता है
(ii) मनुष्य के लिए मरता है
(iii) स्वार्थी होता है
(iv) जीवन-मरण के चक्र को जानता है

2. 'सहानुभूति चाहिए, महाविभूति है यही' पंक्ति में 'महाविभूति' का क्या अर्थ है?
(i) महान् गुणरूपी पूँजी या धन
(ii) महान् कार्य
(iii) धनसंचयन
(iv) उदारता

3. 'मनुष्यता' कविता में कवि क्या भाव रखता है?
(i) उदारता का भाव
(ii) सहानुभूति का भाव
(iii) सर्वजन हिताय, सर्वजन सुखाय कर भाव
(iv) ये सभी

काव्यांश पर आधारित बहुविकल्पीय प्रश्न

निम्नलिखित पद्यांश को ध्यानपूर्वक पढ़कर पूछे गए प्रश्नों के सही विकल्प चुनिए।

1. 'मनुष्य मात्र बंधु है' यही बड़ा विवेक है,
पुराणपुरुष स्वयंभू पिता प्रसिद्ध एक है।
फलानुसार कर्म के अवश्य बाह्य भेद हैं,
परंतु अंतरैक्य में प्रमाणभूत वेद है।
अनर्थ है कि बंधु ही न बंधु की व्यथा हरे,
वही मनुष्य है कि जो मनुष्य के लिए मरे।।

(क) प्रस्तुत पद्यांश के कवि और कविता का क्या नाम है?
(i) सुमित्रानंदन पंत-पर्वत प्रदेश में पावस
(ii) मैथिलीशरण गुप्त-मनुष्यता
(iii) कैफी आज़मी-कर चले हम फ़िदा
(iv) मीरा-पद

(ख) पद्यांश के अनुसार प्रत्येक मनुष्य अपना बंधु कैसे है? **दक्षता आधारित प्रश्न**
(i) एक राष्ट्र में जन्म लेने के कारण
(ii) एक प्रांत में जन्म लेने के कारण
(iii) एक जैसा भोजन खाने के कारण
(iv) एक परमेश्वर की संतान होने के कारण

(ग) श्रेष्ठ मनुष्य वही होता है, जोकि
(i) अन्य मनुष्यों की सहायता करे
(ii) सिर्फ स्वयं का स्वार्थ साधे
(iii) जो मृत्यु से न डरे
(iv) उपर्युक्त में से कोई नहीं

(घ) मनुष्य-मनुष्य में बाहरी अंतर क्यों दिखाई देता है?
(i) विचारों से अलग होने के कारण
(ii) रंग-रूप में अंतर होने के कारण
(iii) कर्म के अनुसार फल भोगने के कारण
(iv) विभिन्न जातियों में जन्म लेने के कारण

(ङ) पद्यांश के माध्यम से कवि ने क्या संदेश दिया है?
(i) ईश्वर के प्रति कृतज्ञता भाव
(ii) आपसी भाई-चारे का भाव
(iii) पर के प्रति अनय का भाव
(iv) पर के प्रति अपनत्व का भाव

2. उसी उदार की कथा सरस्वती बखानती,
उसी उदार से धरा कृतार्थ भाव मानती।
उसी उदार की सदा सजीव कीर्ति कूजती
तथा उसी उदार को समस्त सृष्टि पूजती।
अखंड आत्म भाव जो असीम विश्व में भरे,
वही मनुष्य है कि जो मनुष्य के लिए मरे।

(क) कवि के अनुसार, सरस्वती किसका गुणगान करती है?
(i) विद्वान जनों का
(ii) छात्रों का
(iii) उदार मनुष्य का
(iv) समाज सेवकों का

(ख) पद्यांश के आधार पर बताइए कि कवि ने उदार किसे माना है?
(i) जो दोनों हाथों से दान करता है
(ii) जो किसी पर क्रोध नहीं करता है
(iii) जो बिना किसी स्वार्थ के परोपकार करता है
(iv) जो सारे विश्व में अपनापन भर देता है

(ग) उदार व्यक्ति के प्रति पृथ्वी का क्या भाव रहता है?
(i) कृतघ्नता और निंदा का
(ii) सहनशीलता और क्षमा का
(iii) कृतज्ञता और आभार का
(iv) घृणा और निंदा का

(घ) वैश्विक एकता और अखंडता को नई दिशा किसके माध्यम से मिलती है?
(i) वैषमय के भाव से (ii) उदारता के भाव से
(iii) घृणा के भाव से (iv) परनिंदा के भाव से

(ङ) मनुष्य को क्यों नहीं डरना चाहिए?
(i) देह के नश्वर होने के कारण (ii) देह के अमर होने के कारण
(iii) सुमृत्यु प्राप्त होने के कारण (iv) उपर्युक्त सभी

विषयवस्तु का ज्ञान, बोध अभिव्यक्ति पर आधारित प्रश्नोत्तर

निम्नलिखित प्रश्नों के उत्तर दीजिए
(i) कविता के आधार पर बताइए कि किस प्रकार के लोग मदांध हो जाते हैं तथा क्यों?
(ii) 'मनुष्यता' कविता में कवि ने किसे उदार माना है?
(iii) 'मनुष्यता' कविता के आधार पर लिखिए कि कवि ने सबसे बड़ा विवेक किसे कहा है और क्यों?
(iv) कविता के आधार पर बताइए कि 'पशु प्रवृत्ति' किसे कहा गया है?
(v) उदार व्यक्तियों का गुणगान कौन करता है और क्यों?
(vi) "अनर्थ है कि बंधु ही न बंधु की व्यथा हरे"–पंक्ति का भाव स्पष्ट कीजिए।
(vii) नश्वर वस्तुओं के आकर्षण में आने से मनुष्य कैसे प्रभावित होता है?
(viii) 'मनुष्यता' कविता के शीर्षक की सार्थकता पर तर्कपूर्ण रूप से विचार कीजिए। **दक्षता आधारित प्रश्न**
(ix) "अतर्क एक पंथ के सतर्क पंथ हों सभी।" पंक्ति का क्या तात्पर्य है?
(x) रंतिदेव, दधीचि, उशीनर तथा कर्ण जैसे पात्र किसलिए प्रसिद्ध हो गए? उनके जीवन से हमें क्या प्रेरणा मिलती है? 'मनुष्यता' कविता के आधार पर बताइए। **दक्षता आधारित प्रश्न**

पर्वत प्रदेश में पावस

सुमित्रानंदन पंत

अध्याय 4

पाठ की रूपरेखा प्रस्तुत कविता में पर्वतीय प्रदेश में वर्षा ऋतु का वर्णन किया गया है।

प्रथम काव्यांश में कवि ने पर्वतों का सजीव व चित्रात्मक वर्णन करते हुए बताया है कि वर्षा ऋतु में प्रकृति का प्रत्येक क्षण परिवर्तन हो रहा है। पर्वतों के विशाल आकार और तालाब में नज़र आ रही उनकी परछाई का कवि ने सजीव चित्रण प्रस्तुत किया है।

दूसरे काव्यांश में कवि ने झरनों का सुंदर चित्रण किया है तथा पहाड़ों का मानवीकृत रूप में चित्रण किया है तथा पहाड़ों की चोटी पर खड़े विशाल वृक्षों का वर्णन करते हुए उनके मन की आकांक्षाओं को मूल रूप में अभिव्यक्त किया है।

तीसरे काव्यांश में पर्वतीय प्रदेश के सुंदर दृश्य का पलभर में बदल जाने का सजीव वर्णन किया है।

कवि परिचय

छायावाद के प्रमुख आधार स्तंभ सुमित्रानंदन पंत का जन्म 20 मई, 1900 को उत्तराखंड के अल्मोड़ा ज़िले के कौसानी गाँव में हुआ। इन्होंने बचपन से ही कविता लिखना आरंभ कर दिया था, किंतु स्थायी रूप से उन्होंने साहित्य सृजन वर्ष 1913 में आरंभ किया।
इनकी आरंभिक कविताओं में प्रकृति प्रेम तथा रहस्यवाद की अनुभूति दिखाई देती है। वे मार्क्स, महात्मा गांधी, अरविंद के दर्शन से प्रभावित हुए।

भारत सरकार ने वर्ष 1961 में इन्हें पद्मभूषण सम्मान से सम्मानित किया। 'कला और बूढ़ा चाँद' कविता संग्रह के लिए इन्हें वर्ष 1960 में 'साहित्य अकादमी पुरस्कार', 'चिदंबरा' काव्य संग्रह के लिए वर्ष 1969 में 'ज्ञानपीठ पुरस्कार' सहित अनेक पुरस्कारों से सम्मानित किया गया। इनकी अन्य प्रमुख कृतियों में वीणा, पल्लव, युगवाणी, ग्राम्या, स्वर्ण-किरण और लोकायतन शामिल हैं। 28 दिसंबर, 1977 को इनका देहांत हो गया।

काव्यांशों की व्याख्या

काव्यांश 1

पावस ऋतु थी, पर्वत प्रदेश,
पल-पल परिवर्तित प्रकृति-वेश।
मेखलाकार पर्वत अपार
अपने सहस्र दृग-सुमन फाड़,
अवलोक रहा है बार-बार
नीचे जल में निज महाकार,
जिसके चरणों में पला ताल
दर्पण-सा फैला है विशाल!

शब्दार्थ **पावस**-वर्षा ऋतु; **पर्वत प्रदेश**-पर्वतीय क्षेत्र; पहाड़ी क्षेत्र; **पल-पल**-हर क्षण; **प्रकृति-वेश**- प्रकृति का रूप; **मेखलाकार**-करधनी के आकार की पहाड़ की ढाल, गोल आकार; **अपार**-विशाल, असीम; **सहस्र**-हज़ार; **दृग-सुमन**-पुष्प रूपी आँखें; **फाड़**-खोलकर **अवलोक**-देखना; **निज**-अपना; **महाकार**-विशाल आकार; **ताल**-तालाब; **दर्पण**-आईना, शीशा।

भावार्थ

सुमित्रानंदन पंत एक पर्वतीय क्षेत्र का वर्णन करते हुए कहते हैं कि वर्षा ऋतु का समय था तथा पर्वतीय क्षेत्र में प्रकृति हर पल अपने रूप को परिवर्तित कर रही थी। ठीक सामने करधनी अर्थात् गोलाकार के समान विशाल पर्वत दूर-दूर तक फैले हुए थे। उस पर्वत पर खिले हुए हज़ारों फूल ऐसे लग रहे थे मानो वे पर्वत की आँखें हों और पर्वत अपनी उन असंख्य आँखों से नीचे तालाब के फैले हुए जल में अपने विशालकाय शरीर का प्रतिबिंब देख रहा हो। वास्तव में, उसी पर्वत के पास एक विशाल तालाब भी था, जिसका जल इतना स्वच्छ और पारदर्शी था कि उसमें पर्वत का प्रतिबिंब आईने के समान दिखाई दे रहा था।

काव्य सौंदर्य

(i) इसमें चित्रात्मक शैली के माध्यम से प्राकृतिक सौंदर्य का जीवंत चित्रण किया गया है।

(ii) इसकी भाषा सहज, लेकिन सामासिक है, जिसमें संस्कृत शब्दावली का प्रयोग किया गया है।

(iii) 'पर्वत प्रदेश' तथा 'परिवर्तित प्रकृति' में अनुप्रास अलंकार विद्यमान है।

(iv) 'पल-पल' तथा 'बार-बार' में पुनरुक्तिप्रकाश अलंकार मौजूद है।

(v) 'दृग-सुमन' में रूपक अलंकार तथा 'दर्पण-सा फैला' में उपमा अलंकार है।

(vi) पर्वतों का मानवीकरण किया गया है।

काव्यांश 2

गिरि का गौरव गाकर झर-झर
मद में नस-नस उत्तेजित कर
मोती की लड़ियों-से सुंदर
झरते हैं झाग भरे निर्झर!
गिरिवर के उर से उठ-उठ कर
उच्चाकांक्षाओं से तरुवर
हैं झाँक रहे नीरव नभ पर
अनिमेष, अटल, कुछ चिंतापर।

शब्दार्थ **गिरि**-पहाड़; **गौरव**-महिमा, बड़ाई; **मद**-मस्ती; **नस-नस**-रग-रग; **उत्तेजित**-जोश से भरे हुए; **लड़ी**-श्रृंखला, माला; **झरते**-गिरते; **झाग**-फेन; **निर्झर**-झरना; **उर**-हृदय; **उच्चाकांक्षा**-ऊँचा उठने की कामना; **तरुवर**-बड़े-बड़े पेड़; **नीरव नभ**-शांत आकाश; **अनिमेष**-एकटक देखना; **चिंतापर**-चिंतित, चिंता में मग्न।

भावार्थ

कवि कहता है कि पर्वतों से बहने वाले झरनों की झर-झर की आवाज़ को सुनकर ऐसा लगता है, मानो वे पर्वतों का गुणगान कर रहे हों। उनकी आवाज़ को सुनकर नस-नस में जोश भर जाता है तथा मन उत्साह एवं उमंग से भर जाता है। पर्वतों पर बहने वाले झाग से भरे झरने झरते समय मोतियों की लड़ियों के समान सुंदर लग रहे हैं। पहाड़ों पर उगे हुए विशाल एवं ऊँचे पेड़ों के मन में ऊँची-ऊँची आकांक्षाएँ छिपी हैं। ये शांत आकाश को बिना पलक झपकाए, अटल और कुछ चिंता में डूबे हुए से झाँक रहे हैं। इन्हें देखकर ऐसा लगता है, जैसे वे आकाश के रहस्यों को जानना चाहते हों।

काव्य सौंदर्य

(i) भाषा प्रभावोत्पादक होने के साथ-साथ भावों की अभिव्यक्ति में पूर्णतः सक्षम है।

(ii) संस्कृत शब्दों का प्रयोग स्वच्छंदतापूर्वक किया गया है।

(iii) 'झर-झर', 'नस-नस' तथा 'उठ-उठ' में पुनरुक्तिप्रकाश अलंकार मौजूद है।

(iv) 'झरते झाग', 'नीरव नभ' तथा 'अनिमेष अटल' में अनुप्रास अलंकार विद्यमान है।

(v) 'मोतियों की लड़ियों-से सुंदर' तथा 'उच्चाकांक्षाओं से तरुवर' में उपमा अलंकार मौजूद है।

काव्यांश 3

उड़ गया, अचानक लो, भूधर
फड़का अपार पारद के पर!
रव-शेष रह गए हैं निर्झर!
है टूट पड़ा भू पर अंबर!
धँस गए धरा में सभय शाल!
उठ रहा धुआँ, जल गया ताल!
यों जलद-यान में विचर-विचर
था इंद्र खेलता इंद्रजाल।

शब्दार्थ **भूधर**-पहाड़; **अपार**-जिसका पार न हो, असीमित; **पारद के पर**-पारे के समान धवल एवं चमकीले पंखों वाला बादल; **रव-शेष**-केवल आवाज़ का रह जाना/चारों ओर शांत, निस्तब्ध वातावरण में केवल पानी के गिरने की आवाज़ का रह जाना; **भू**-धरती; **धँस गए**-नीचे दब गए; **सभय**-भय के साथ; **शाल**-एक वृक्ष का नाम जो पहाड़ो पर पाया जाता है; **ताल**-तालाब; **जलद-यान**-बादल रूपी विमान; **विचर-विचर**-घूम कर; **इंद्रजाल**-जादूगरी भरे कारनामें।

भावार्थ

कवि वर्षा ऋतु का वर्णन करते हुए कहता है कि ऐसा लग रहा है जैसे अचानक एक पूरा पर्वत पारे के समान अत्यधिक सफ़ेद और चमकीले पंखों को फड़फड़ाता हुआ ऊपर आकाश में उड़ रहा है। झरनों की तो केवल आवाज़ ही सुनाई दे रही है अर्थात् वही शेष रह गई है। इसके पश्चात् इन बादलों से इतनी तेज़ वर्षा हुई, जैसे आकाश धरती पर टूट पड़ा हो और उसने वर्षा रूपी बाणों से धरती पर आक्रमण कर दिया हो।

शाल के विशाल वृक्ष ऐसे प्रतीत हो रहे हैं, जैसे वे भयभीत होकर धरती में धँस गए हों। तालाब के जल से इस तरह धुआँ उठने लगा है मानो उसमें आग लग गई हो। इस प्रकार वर्षा के देवता इंद्र बादल रूपी विमान में घूम-घूमकर अपने जादुई करतब दिखा रहे हैं, जिसके कारण पर्वतों पर विचित्र और अद्‌भुत दृश्य दिखाई दे रहे हैं।

काव्य सौंदर्य

(i) प्राकृतिक सौंदर्य का सजीव चित्रण करने के लिए चित्रात्मक शैली का प्रयोग किया गया है।

(ii) जीवंत चित्रण के लिए दृश्य बिंब का प्रयोग हुआ है।

(iii) भाषा सहज, लेकिन संस्कृतनिष्ठ है।

(iv) 'अपार पारद के पर' में रूपक अलंकार तथा 'विचर-विचर' में पुनरुक्तिप्रकाश अलंकार निहित है।

NCERT फोल्डर

पाठ्यपुस्तक (स्पर्श भाग-2) के प्रश्नोत्तर

(क) निम्नलिखित प्रश्नों के उत्तर दीजिए

प्र.1 वर्षा ऋतु में प्रकृति के पल-पल बदलते सौंदर्य का वर्णन अपने शब्दों में कीजिए। CBSE SQP 2023

***अथवा* पावस ऋतु में प्रकृति में कौन-कौन-से परिवर्तन आते हैं? कविता के आधार पर स्पष्ट कीजिए।** CBSE 2011, 10

***अथवा* प्रकृति का वेश किस प्रकार बदल रहा है? पंत की कविता के आधार पर लिखिए।** CBSE 2015

***अथवा* वर्षा ऋतु (पावस ऋतु) में पर्वतीय प्राकृतिक सुषमा का वर्णन सुमित्रानंदन पंत की कविता के आधार पर कीजिए।** CBSE 2019

उत्तर पावस ऋतु में प्रकृति में निम्नलिखित परिवर्तन होते हैं

(i) पावस ऋतु में विभिन्न प्रकार के रंग-बिरंगे फूल खिल जाते हैं।

(ii) पावस ऋतु में सभी तालाब स्वच्छ और पारदर्शी पानी से भर जाते हैं और पर्वतों के पास के तालाबों में पर्वतों का प्रतिबिंब दिखाई देने लगता है।

(iii) पावस ऋतु में कई प्रकार के विशाल बादल दिखाई देने लगते हैं।

(iv) पावस ऋतु में शाल के वृक्ष बादलों के बीच धँसे हुए से प्रतीत होते हैं।

प्र.2 'मेखलाकार' शब्द का क्या अर्थ है? कवि ने इस शब्द का प्रयोग यहाँ क्यों किया है? *अथवा* CBSE 2016, 10

कवि पंत ने पर्वत को मेखलाकार क्यों कहा है? CBSE 2014

उत्तर 'मेखलाकार' शब्द का अर्थ है—कमरबंद अथवा करधनी के आकार वाला, गोल-गोल उभार वाला। कवि ने 'मेखलाकार' शब्द का प्रयोग पर्वतों की विशालता तथा फैलाव को दिखाने के लिए किया है।

प्र.3 'सहस्र दृग-सुमन' से क्या तात्पर्य है? कवि ने इस पद का प्रयोग किसके लिए किया होगा? CBSE 2016, 10

***अथवा* 'पर्वत प्रदेश में प्रवास' कविता के आधार पर बताइए कि 'सहस्र दृग-सुमन' का क्या अर्थ है? कवि ने इसका प्रयोग किसके लिए किया है और क्यों?** CBSE Term II 2022

उत्तर 'सहस्र दृग-सुमन' से तात्पर्य है—पर्वतों पर खिले हुए हज़ारों फूल, जिन्हें देखकर ऐसा लगता है मानों ये पहाड़ की आँखें हों। इसके द्वारा कवि ने यह कल्पना की है कि पर्वत अपने विशाल आकार को तालाब रूपी दर्पण में देख रहा है। इसके लिए आँखों की आवश्यकता थी, इसलिए कवि ने 'सुमन' को पहाड़ के नेत्र कहा होगा।

प्र.4 कवि ने तालाब की पारदर्शिता दिखाने के लिए दर्पण का प्रयोग क्यों किया है? पर्वत प्रदेश में पावस के आधार पर लिखिए। CBSE 2016

***अथवा* सुमित्रानंदन पंत ने 'पर्वत प्रदेश में पावस' कविता में तालाब की समानता किससे की है और क्यों?** CBSE 2019

***अथवा* कवि ने तालाब की समानता किसके साथ दिखाई है और क्यों?** CBSE 2011, 10

उत्तर कवि ने तालाब की समानता दर्पण के साथ दिखाई है, क्योंकि जिस प्रकार दर्पण में किसी की भी छवि साफ़ और स्वच्छ दिखाई देती है, उसी प्रकार तालाब का पानी भी इतना स्वच्छ और पारदर्शी था कि उसमें पहाड़ का प्रतिबिंब स्पष्ट दिखाई दे रहा था।

प्र.5 पर्वत के हृदय से उठकर ऊँचे-ऊँचे वृक्ष आकाश की ओर क्यों देख रहे थे और वे किस बात को प्रतिबिंबित करते हैं? दक्षता आधारित प्रश्न

उत्तर पर्वत के हृदय से उठकर ऊँचे-ऊँचे वृक्ष आकाश को निम्नलिखित कारणों से देख रहे थे

(i) वे सोच रहे थे कि वे कब आकाश की ऊँचाइयों को छू पाएँगे।

(ii) वे किस उपाय से इतना ऊँचा उठ सकेंगे।

(iii) उन्होंने अपने मन में ऊँची-ऊँची आशाएँ और आकांक्षाएँ पाली हुई थीं। वे आकाश के रहस्यों को जानना चाहते थे।

ऊँचे-ऊँचे वृक्षों के माध्यम से कवि द्वारा मनुष्य की महत्त्वाकांक्षाओं को प्रतिबिंबित किया गया है।

प्र.6 शाल के वृक्ष भयभीत होकर धरती में क्यों धँस गए?

***अथवा* शाल धरा में क्यों धँस गए? 'पर्वत प्रदेश में पावस' के आधार पर लिखिए।** दक्षता आधारित प्रश्न, CBSE 2015

उत्तर अचानक ही आकाश से बादलों ने धरती पर वर्षा रूपी बाणों से आक्रमण कर दिया था, जिसकी भयानकता ने शाल के वृक्षों को भयभीत कर दिया। इसी कारण वे धरती/धरा में धँस गए।

प्र.7 झरने किसके गौरव का गान कर रहे हैं? बहते हुए झरने की तुलना किससे की गई है? CBSE 2019, 10

उत्तर पर्वतीय प्रदेश में बहते हुए झरने ऊँचे-ऊँचे पर्वतों के गौरव का गान कर रहे हैं। बहते हुए झरनों की तुलना सुंदर और आकर्षक मोतियों की लड़ियों से की गई है। पर्वतों पर झाग से भरे झरने बहते हुए मोतियों की लड़ी के समान सुंदर लग रहे हैं।

(ख) निम्नलिखित का भाव स्पष्ट कीजिए

प्र.1 "है टूट पड़ा भू पर अंबर।" CBSE 2020, 11, 10

उत्तर कवि वर्षा ऋतु का वर्णन करते हुए कहता है कि बादलों से इतनी तेज़ वर्षा हुई जैसे आकाश धरती पर टूट पड़ा हो और उसने वर्षा रूपी बाणों से धरती पर आक्रमण कर दिया हो।

प्र.2 "यों जलद-यान में विचर-विचर
था इंद्र खेलता इंद्रजाल।"

उत्तर कवि वर्षा ऋतु का वर्णन करते हुए कहता है कि वर्षा के देवता इंद्र बादल रूपी विमान में घूमकर अपने जादुई करतब दिखा रहे हैं, जिसके कारण पर्वतों पर क्षण-क्षण में विचित्र और अद्‌भुत दृश्य दिखाई दे रहे हैं।

प्र.3 "गिरिवर के उर से उठ-उठ कर
उच्चाकांक्षाओं से तरुवर
हैं झाँक रहे नीरव नभ पर
अनिमेष, अटल, कुछ चिंतापर।"

उत्तर कवि पहाड़ों के सौंदर्य का वर्णन करते हुए कहता है कि वहाँ उगे हुए विशाल एवं ऊँचे पेड़ों के मन में ऊँची-ऊँची आकांक्षाएँ हैं। वे शांत आकाश को बिना पलक झपकाए, अटल और कुछ चिंता में डूबे हुए से झाँक रहे हैं। उन्हें देखकर ऐसा लगता है, जैसे वे आकाश के रहस्यों को जानना चाहते हों।

कविता का सौंदर्य

प्र.1 इस कविता में मानवीकरण अलंकार का प्रयोग किस प्रकार किया गया है? स्पष्ट कीजिए। **दक्षता आधारित प्रश्न**

उत्तर इस कविता में कवि ने प्रकृति के सब अंगों; जैसे—झरनों, पहाड़ों, बादलों, पेड़ों, तालाबों आदि को मानवीय चेतना से परिपूर्ण माना तथा उनकी तुलना मानव के विभिन्न गुणों से की है। कवि को झरने यशोगान गाने वाले गायक प्रतीत होते हैं। पहाड़ ऐसे प्रतीत हो रहे हैं, जैसे हज़ारों नेत्रों से वे अपना प्रतिबिंब नीचे स्थित तालाब के स्वच्छ जल में देख रहे हों, उनकी चोटी पर बादल पंख फड़-फड़ाकर उड़ रहे हों। पर्वतों पर अचानक तेज़ बारिश के आने से कवि को ऐसा प्रतीत होता है, जैसे आकाश ने धरती पर आक्रमण कर दिया हो। कवि को प्रकृति के क्रिया-कलाप देवराज इंद्र द्वारा रचे गए इंद्रजाल (जादू) जैसे प्रतीत होते हैं।

प्र.2 आपकी दृष्टि में इस कविता का सौंदर्य इनमें से किस पर निर्भर करता है?

(क) अनेक शब्दों की आवृत्ति पर
(ख) शब्दों की चित्रमयी भाषा पर
(ग) कविता की संगीतात्मकता पर

उत्तर कविता का सौंदर्य किसी भी एक कारण पर निर्भर नहीं करता है, अपितु सभी कारण मिलकर इस कविता को सौंदर्य प्रदान कर रहे हैं; जैसे—

(क) **अनेक शब्दों की आवृत्ति पर** कविता में अनेक शब्दों की आवृत्ति हुई है। इस प्रकार की आवृत्ति आलंकारिक भाषा में पुनरुक्तिप्रकाश अलंकार कहलाती है। यह कविता को गति, तीव्रता व उमंग प्रदान करती है।
जैसे—
- गिरि का गौरव गाकर झर-झर
- गिरिवर के उर से उठ-उठ कर

उपर्युक्त पंक्तियों में 'झर-झर' तथा 'उठ-उठ' गतिशील पुनरुक्तियाँ हैं। ये क्रिया शब्द हैं, अत: कविता को गति प्रदान करते हैं।

(ख) **शब्दों की चित्रमयी भाषा पर** शब्दों की चित्रमयी भाषा से कवि ने कविता को सौंदर्य प्रदान किया है; जैसे—
- **मेखलाकार पर्वत अपार** इस पंक्ति में पहाड़ों को करधनी अथवा कमरबंद के आकार का बताया गया है।
- **अपने सहस्र दृग-सुमन फाड़** इस पंक्ति में पहाड़ों पर उगे हुए फूलों व कलियों को ऐसे चित्रित किया गया है कि जैसे वे अपनी आँखें खोलकर वर्षा के दौरान प्रकृति के पल-पल बदलते रूप को आकर्षण एवं प्रेम के साथ निहार रहे हैं।

(ग) **कविता की संगीतात्मकता पर** इस कविता में कवि ने संगीतात्मक भाषा का प्रयोग किया है। कविता में लय, तुक आदि का ध्यान रखा गया है।

प्र.3 कवि ने चित्रात्मक शैली का प्रयोग करते हुए पावस ऋतु का सजीव चित्र अंकित किया है। ऐसे स्थलों को छाँटकर लिखिए।

उत्तर ऐसे स्थल, जिनमें कविता के अंतर्गत चित्रात्मक शैली का प्रयोग किया गया है, निम्न हैं

(क) मेखलाकार पर्वत अपार
अपने सहस्र दृग-सुमन फाड़,
अवलोक रहा है बार-बार
नीचे जल में निज महाकार,
जिसके चरणों में पला ताल
दर्पण-सा फैला है विशाल!

(ख) उड़ गया, अचानक लो, भूधर
फड़का अपार पारद के पर!

योग्यता विस्तार

प्र.1 इस कविता में वर्षा ऋतु में होने वाले प्राकृतिक परिवर्तनों की बात कही गई है। आप अपने यहाँ वर्षा ऋतु में होने वाले प्राकृतिक परिवर्तनों के विषय में जानकारी प्राप्त कीजिए।

उत्तर छात्र अपने माता-पिता की सहायता से प्राकृतिक परिवर्तनों के विषय में जानकारी प्राप्त करें।

परियोजना कार्य

प्र.1 वर्षा ऋतु पर लिखी गई अन्य कवियों की कविताओं का संग्रह कीजिए और कक्षा में सुनाइए।

उत्तर छात्र स्वयं करें।

प्र.2 बारिश, झरने, इंद्रधनुष, बादल, कोयल, पानी, पक्षी, सूरज, हरियाली, फूल, फल आदि या कोई भी प्रकृति विषयक शब्द का प्रयोग करते हुए एक कविता लिखने का प्रयास कीजिए।

उत्तर छात्र स्वयं करें।

अभ्यास प्रश्न

बहुविकल्पीय व वर्णनात्मक प्रश्नों सहित

कविता पर आधारित बहुविकल्पीय प्रश्न

निम्नलिखित प्रश्नों के सर्वाधिक उपयुक्त विकल्पों का चयन कीजिए।

1. **पावस ऋतु किस ऋतु को कहते हैं?**
(i) ग्रीष्म ऋतु (ii) वर्षा ऋतु
(iii) शरद ऋतु (iv) बसंत ऋतु
उत्तर (ii) वर्षा ऋतु

2. **'पर्वत प्रदेश में पावस' में किस शैली का प्रयोग हुआ है?** **CBSE Diksha**
(i) चित्रात्मक शैली (ii) वर्णनात्मक शैली
(iii) विवरणात्मक शैली (iv) व्यंग्यात्मक शैली
उत्तर (i) चित्रात्मक शैली।

3. **कवि ने किस क्षेत्र की वर्षा ऋतु का सजीव चित्रण किया है?**
(i) पर्वतीय क्षेत्र की (ii) मैदानी क्षेत्र की
(iii) तटीय क्षेत्र की (iv) इनमें से कोई नहीं
उत्तर (i) पर्वतीय क्षेत्र की

4. **'पर्वत प्रदेश में पावस' कविता के रचयिता .... हैं।**
(i) महादेवी वर्मा (ii) कैफी आजमी
(iii) अज्ञेय (iv) सुमित्रानंदन पंत
उत्तर (iv) सुमित्रानंदन पंत

5. **पर्वत कैसा है?** **CBSE Diksha**
(i) लम्बाकार (ii) त्रिकोणाकार
(iii) मेखलाकार (iv) गोलाकार
उत्तर (iii) मेखलाकार

6. **इंद्र भगवान क्या कर रहे थे?** **CBSE Diksha**
(i) जलद-यान में शयन (ii) जलद-यान में विचरण
(iii) जलद-यान में वार्ता (iv) इनमें से कोई नहीं
उत्तर (ii) जलद-यान में विचरण

7. **'अवलोक रहा है बार-बार नीचे जल में महाकार' से क्या आशय है?** **दक्षता आधारित प्रश्न**
(i) परमात्मा नीचे जल में बार-बार देख रहा है
(ii) कवि जल को बार-बार निहार रहा है
(iii) पर्वत नीचे फैले जल में अपने विशाल आकार को निहार रहा है
(iv) उपर्युक्त सभी
उत्तर (iii) पर्वत नीचे फैले जल में अपने विशाल आकार को निहार रहा है

8. **उच्च आकांक्षा इनमें से किसके मन में छिपी है?** **दक्षता आधारित प्रश्न**
(i) पहाड़ पर उगे विशाल वृक्षों के मन में
(ii) पर्वतों पर बहने वाले झरनों के मन में
(iii) पर्वतों पर खिले हज़ार फूलों के मन में
(iv) उपर्युक्त सभी
उत्तर (i) पहाड़ पर उगे विशाल वृक्षों के मन में

9. **'मेखलाकार पर्वत अपार' इस पंक्ति का प्रयोग इनमें से किसके लिए हुआ है?** **दक्षता आधारित प्रश्न**
(i) हजारों नेत्रों के संदर्भ में (ii) चरणों के लिए
(iii) पर्वत श्रृंखला के लिए (iv) जल के लिए
उत्तर (iii) पर्वत श्रृंखला के लिए

10. **'सहस्र दृग-सुमन' से क्या तात्पर्य है?**
(i) पहाड़ों पर खिले हजारों फूलों से
(ii) पर्वत शृंखला से
(iii) प्रकृति वेश से
(iv) पावस ऋतु से
उत्तर (i) पहाड़ों पर खिले हज़ारों फूलों से

11. **कवि को पर्वत पर खिले हज़ारों फूल कैसे प्रतीत हो रहे हैं?**
(i) करधनी के समान (ii) हज़ारों नेत्रों के समान
(iii) दर्पण के जैसे (iv) ये सभी
उत्तर (ii) हज़ारों नेत्रों के समान

12. **पर्वत अपने हज़ारों नेत्रों से क्या देख रहा है?**
(i) अपने विशाल रूप को (ii) पावस ऋतु के परिवर्तन को
(iii) अपनी विशाल श्रृंखला को
(iv) अपने सूक्ष्म आकार को
उत्तर (i) अपने विशाल रूप को

13. **निम्नलिखित में से किस पंक्ति में जल की उपमा दर्पण से की गई है?** **दक्षता आधारित प्रश्न**
(i) नीचे जल में निज महाकार (ii) अवलोक रहा है बार-बार
(iii) दर्पण-सा फैला है विशाल (iv) पल-पल परिवर्तित प्रकृति-वेश
उत्तर (iii) दर्पण-सा फैला है विशाल

14. **कवि ने तालाब की समानता दर्पण से की है, क्योंकि** **दक्षता आधारित प्रश्न**
(i) तालाब भी दर्पण की तरह स्वच्छ और निर्मल प्रतीत हो रहा है
(ii) तालाब का आकार दर्पण के जैसा है
(iii) तालाब में भी दर्पण के समान स्वच्छ और निर्मल प्रतिबिंब दिख रहा है
(iv) उपर्युक्त में में से कोई नहीं
उत्तर (iii) तालाब में भी दर्पण के समान स्वच्छ और निर्मल प्रतिबिंब दिख रहा है

15. पर्वतों से बहने वाले झरनों की आवाज़ सुनकर कवि को कैसा प्रतीत होता है?

(i) मानो वे अपनी सुंदरता का वर्णन कर रहे हों
(ii) मानो वे संसार में अधिक शक्तिशाली हों
(iii) मानो उनके समान कोई दूसरा न हो
(iv) मानो वे पर्वतों का गुणगान कर रहे हों

उत्तर (iv) मानो वे पर्वतों का गुणगान कर रहे हों

16. 'गिरि का गौरव गाकर झर-झर' पंक्ति में झरने किसका गुणगान कर रहे हैं? **दक्षता आधारित प्रश्न**

(i) पर्वतों के गौरव का
(ii) तालाब की निर्मलता का
(iii) पावस ऋतु के परिवर्तन का
(iv) पर्वत के विशाल रूप का

उत्तर (i) पर्वतों के गौरव का

17. कवि को झरने के झाग किसके समान प्रतीत हो रहे हैं?

(i) मोतियों की सुंदर लड़ियों के समान
(ii) करधनी के समान
(iii) दर्पण के आकार के समान
(iv) सहस्र नेत्रों के समान

उत्तर (i) मोतियों की सुंदर लड़ियों के समान

18. **कथन** (A) ऊँचाइयों को छूने की चाह रखने वाले वृक्ष शांत आकाश की ओर निहार रहे हैं।

कारण (R) वृक्ष प्रकृति परिवर्तन से प्रसन्न होकर आकाश की ओर देख रहे हैं। **दक्षता आधारित प्रश्न**

(i) कथन (A) सही है और कारण (R) कथन (A) की सही व्याख्या करता है।
(ii) कथन (A) सही है, परन्तु कारण (R) कथन (A) की सही व्याख्या नहीं करता है।
(iii) कथन (A) तथा कारण (R) दोनों सही हैं।
(iv) कथन (A) तथा कारण (R) दोनों गलत हैं।

उत्तर (i) कथन (A) सही है और कारण (R) कथन (A) की सही व्याख्या करता है।

19. वृक्ष आकाश की ओर देखते हुए चिंतामग्न प्रतीत हो रहे हैं, क्योंकि **दक्षता आधारित प्रश्न**

(i) वृक्ष ऊँचाइयों को छूने की चाह रखते हैं
(ii) वृक्ष पावस ऋतु के आने से चिंतित हैं
(iii) वृक्ष आकाश को शांत देखकर चिंतित हैं
(iv) वृक्ष स्थिर होने के कारण चिंतित हैं

उत्तर (i) वृक्ष ऊँचाइयों को छूने की चाह रखते हैं

20. कवि के अनुसार, बादलों के छा जाने से क्या होता है?

(i) सब सुंदर लगता है
(ii) मौसम अच्छा लगता है
(iii) पर्वत अदृश्य हो जाते हैं
(iv) सिर्फ झरने दिखाई नहीं देते हैं

उत्तर (iii) पर्वत अदृश्य हो जाते हैं

काव्यांश पर आधारित बहुविकल्पीय प्रश्न

निम्नलिखित काव्यांशों को ध्यानपूर्वक पढ़कर पूछे गए प्रश्नों के सही विकल्प चुनिए

1. गिरि का गौरव गाकर झर-झर
मद में नस-नस उत्तेजित कर
मोती की लड़ियों-से सुंदर
झरते हैं झाग भरे निर्झर!
गिरिवर के उर से उठ-उठ कर
उच्चाकांक्षाओं से तरुवर
हैं झाँक रहे नीरव नभ पर
अनिमेष, अटल, कुछ चिंतापर।

(क) ऊँचाई से गिरने के कारण झरनों के पानी में क्या पैदा हो जाता है?

(i) स्वच्छ जल (ii) कंकड
(iii) झाग (iv) रेत

उत्तर (iii) झाग

(ख) पर्वत प्रदेश में बहते झरनों की आवाज़ किसका गुणगान करती प्रतीत होती है?

(i) समुद्र का (ii) नदियों का
(iii) पर्वतों का (iv) ईश्वर का

उत्तर (iii) पर्वतों का

(ग) पहाड़ों पर उगे हुए विशाल एवं ऊँचे पेड़ों के मन में ········· छिपा हुआ है। **दक्षता आधारित प्रश्न**

(i) एकांत का भाव
(ii) ऊँची-ऊँची आकांक्षाओं का भाव
(iii) मोतियों की लड़ियों का भाव
(iv) भय और आतंक का भाव

उत्तर (ii) ऊँची-ऊँची आकांक्षाओं का भाव

(घ) वृक्षों द्वारा शांत आकाश को बिना पलक छपकाए देखने पर कवि को क्या लगता है?

(i) जैसे वे आकाश के रहस्यों को जानना चाहते हों
(ii) जैसे वे आकाश को हराना चाहते हों
(iii) जैसे वे आकाश से युद्ध करना चाहते हों
(iv) जैसे वे अपने क्रोध को प्रकट करना चाहते हों

उत्तर (i) जैसे वे आकाश के रहस्यों को जानना चाहते हों

(ङ) **कथन** (A) पर्वतों पर बहने वाले झरने झर-झर करते हुए प्रकृति का गुणगान कर रहे हैं।

कारण (R) क्योंकि प्रकृति अपने रूप को पल-पल परिवर्तित करती रहती है। **दक्षता आधारित प्रश्न**

(i) कथन (A) और कारण (R) दोनों सही हैं।
(ii) कथन (A) गलत है, किंतु कारण (R) सही है।
(iii) कथन (A) सही है, किंतु कारण (R) गलत है।
(iv) कथन (A) और कारण (R) दोनों गलत हैं।

उत्तर (i) कथन (A) और कारण (R) दोनों सही हैं।

2. मेखलाकार पर्वत अपार
अपने सहस्र दृग-सुमन फाड़,
अवलोक रहा है बार-बार
नीचे जल में निज महाकार
जिसके चरणों में पला ताल
दर्पण-सा फैला है विशाल!

(क) मेखलाकार शब्द का क्या अर्थ है?
(i) धरती के समान गोल (ii) चाँद के समान गोल
(iii) करधनी के समान गोल (iv) वृत के समान गोल
उत्तर (iii) करधनी के समान गोल

(ख) मेखलाकार शब्द का प्रयोग कवि ने क्यों किया है?
(i) सुन्दरता दिखाने के लिए
(ii) विशालता दिखाने के लिए
(iii) पर्वत की विशालता और प्रकृति की सुन्दरता दर्शाने के लिए
(iv) सुन्दरता की विशालता दिखाने के लिए
उत्तर (iii) पर्वत की विशालता और प्रकृति की सुन्दरता दर्शाने के लिए

(ग) निम्नलिखित वाक्यों को ध्यानपूर्वक पढ़िए तथा प्रस्तुत काव्यांश के आधार पर सही विकल्प का चयन कीजिए।
दक्षता आधारित प्रश्न
1. पर्वत धरती के मुकुट के समान दूर-दूर तक फैले थे।
2. पर्वत अपनी फूल रूपी आँखों से तालाब में अपना सौंदर्य निहार रहे थे।
3. पर्वत के पास जमीन पर सुंदर फूल खिले थे।
4. तालाब का पानी एकदम स्वच्छ था।

कूट
(i) 1, 2 और 4 (ii) 2, 3 और 4
(iii) 2 और 4 (iv) 1 और 3
उत्तर (iii) 2 और 4

(घ) कवि ने तालाब की समानता किसके साथ दिखाई है?
(i) दर्पण के (ii) सरोवर के
(iii) जल के (iv) अमृत के
उत्तर (i) दर्पण के

(ङ) मेखलाकार शब्द से अभिप्राय है
(i) करधनी आकार की पहाड़ की ढाल से
(ii) सीधी चढ़ाई से
(iii) सपाट स्थान से
(iv) उपर्युक्त सभी
उत्तर (i) करधनी आकार की पहाड़ की ढाल से

3. उड़ गया, अचानक लो, भूधर
फड़का अपार पारद के पर!
रव-शेष रह गए हैं निर्झर!
है टूट पड़ा भू पर अंबर!
धँस गए धरा में सभय शाल!
उठ रहा धुआँ, जल गया ताल!
यों जलद-यान में विचर-विचर
था इंद्र खेलता इंद्रजाल।

(क) किसके कारण पर्वतों पर विचित्र और अद्भुत दृश्य दिखाई दे रहे हैं?
(i) इंद्र के विमान रूपी बादल के कारण
(ii) सफेद हंस के कारण
(iii) गहन अंधकार के कारण
(iv) अग्नि के कारण
उत्तर (i) इंद्र के विमान रूपी बादल के कारण

(ख) पर्वत, झरने, शाल के वृक्ष आदि के दिखाई न देने का क्या कारण है? **दक्षता आधारित प्रश्न**
(i) मूसलाधार वर्षा का होना
(ii) घना अंधकार छा जाना
(iii) चारों ओर धुआँ ही धुआँ होना
(iv) उपर्युक्त सभी
उत्तर (iv) उपर्युक्त सभी

(ग) कवि ने तालाब के जल से उठने वाले धुएँ को किसके समान बताया है?
(i) सफ़ेद हंस के
(ii) अग्नि के
(iii) (i) और (ii) दोनों
(iv) गहन अंधकार के
उत्तर (ii) अग्नि के

(घ) 'रव-शेष रह गए हैं निर्झर' पंक्ति से क्या आशय है?
दक्षता आधारित प्रश्न
(i) अंधकार छा जाने के कारण कुछ नहीं दिखाई देता, केवल झरनों की आवाज़ ही सुनाई देती है
(ii) प्रकृति की सुंदरता का चित्रण झरनों के दृश्य के माध्यम से किया गया है
(iii) झरने बहुत सुंदर दिखाई दे रहे हैं
(iv) अंधकार में झरनों का दृश्य मनोरम दिखाई देता है
उत्तर (i) अंधकार छा जाने के कारण कुछ नहीं दिखाई देता, केवल झरनों की आवाज़ ही सुनाई देती है

(ङ) निम्नलिखित वाक्यों को ध्यानपूर्वक पढ़िए तथा प्रस्तुत काव्यांश के आधार पर सही विकल्प का चयन कीजिए।
दक्षता आधारित प्रश्न
1. वर्षा के समय पर्वत पंखों को फड़फड़ाता हुआ आकाश में उड़ रहा था।
2. बादलों के गरजने की आवाज़ सुनाई दे रही थी।
3. तालाब के जल से धुआँ उठने लगा था।
4. पर्वत प्रदेश में वर्षा का सुंदर दृश्य लंबे समय से बना हुआ था।

कूट
(i) 1, 2 और 4 (ii) 1 और 4
(iii) 1 और 2 (iv) 1 और 3
उत्तर (iv) 1 और 3

विषयवस्तु का ज्ञान, बोध अभिव्यक्ति पर आधारित प्रश्नोत्तर

1. पावस ऋतु किसे कहते हैं? प्रस्तुत कविता में किसे पावस ऋतु कहा गया है? **CBSE 2019**

उत्तर पावस शब्द वर्षा का पर्यायवाची है। प्रस्तुत कविता 'पर्वत प्रदेश में पावस' में वर्षा ऋतु को पावस ऋतु कहा गया है।

2. 'गिरिवर के उर से उठ-उठ कर
उच्चाकांक्षाओं से तरुवर
है झाँक रहे नीरव नभ पर
अनिमेष, अटल, कुछ चिंता पर।

(क) उपर्युक्त पद में कवि ने किसका वर्णन किया है? **CBSE (Additional Set) 2023**

(ख) वर्णन करने के लिए मुख्य रूप से किस अलंकार का प्रयोग किया गया है? एक उदाहरण द्वारा समझाइए।

उत्तर (क) पर्वतों पर लगे ऊँचे-ऊँचे वृक्षों को देखकर कवि को ऐसा लग रहा है मानो वह वृक्ष पर्वतों के हृदय से निकलने वाली ऊँची-ऊँची आकांक्षाएँ हों। ये वृक्ष मानों बिल्कुल स्थिर हैं, अटल हैं। कवि को इनकी स्थिरता में उदासी का भाव दिखता है, क्योंकि ये आकाश की उस ऊँचाई को छूने में असमर्थ हैं।

(ख) वृक्षों का आकाश की ओर देखना में मानवीकरण अलंकार का प्रयोग हुआ है। कवि ने सम्पूर्ण कविता में प्रकृति के अद्‌भुत दृश्यों को, प्रकृति के सौंदर्य को चित्रात्मक शैली व मानवीकरण अलंकार के प्रयोग से सुहावना बना दिया कि मानो ऐसा प्रतीत होता है कि घर में बैठा व्यक्ति प्रकृति की गोद में बैठा हो।

3. झरने पर्वतों का गौरवगान करते हुए कैसे लग रहे हैं?

उत्तर पर्वतों से झरते हुए झाग भरे झरने पर्वतों का गौरवगान करते हुए सुंदर और आकर्षक मोतियों की लड़ियों के समान लग रहे हैं। इनकी झर-झर की आवाज़ को सुनकर नस-नस में जोश भर जाता है, मन उत्साह एवं उमंग से भर जाता है तथा वातावरण संगीतमय हो जाता है। इस प्रकार गिरते हुए झरनों की आवाज से सम्पूर्ण पर्वत प्रदेश मुखर हो उठता है।

4. पावस के दृश्य को कवि इंद्रजाल क्यों मानता है? **CBSE 2018**

उत्तर इंद्रजाल का अर्थ है—जादूगरी। जिस प्रकार जादूगर अपनी जादूगरी से पल-पल में नए-नए करतब दिखाता है, उसी प्रकार पावस ऋतु में पल-पल नित नए-नए दृश्य आँखों को मोहित कर लेते हैं। इन मोहक दृश्यों को देखकर ऐसा प्रतीत होता है मानो वर्षा के देवता इन्द्र बादल रूपी विमान में घूमते हुए जादुई करतब दिखा रहे हों। वर्षा ऋतु के बादलों को देखकर ऐसा लगता है कि उन्होंने नीचे आकर पर्वतों को ढक लिया है, तो कभी ऐसा प्रतीत होता है मानो पर्वत पंख लगाकर आकाश में उड़ गए हों।

5. पावस ऋतु में पर्वत प्रदेश का रूप क्यों परिवर्तित हो जाता है? **CBSE 2015**

उत्तर पावस ऋतु से तात्पर्य वर्षा ऋतु से है। इस ऋतु में पर्वत प्रदेश का रूप परिवर्तित इसलिए हो जाता है, क्योंकि पर्वत प्रदेश की ऊँचाई बहुत ज्यादा होती है और अत्यधिक ऊँचाई के कारण यहाँ मौसम एवं जलवायु का परिवर्तन साधारण-सी क्रिया है। यह परिवर्तन वर्षा ऋतु में तीव्रता के साथ देखा जा सकता है। इन परिवर्तनों के अंतर्गत क्षण भर में बादलों का घिर जाना और क्षण-भर में ही कड़ी धूप निकल आना आदि सम्मिलित हैं।

6. बादलों के अचानक पर्वत पर छा जाने के बाद झरनों का कवि ने किस प्रकार वर्णन किया है? **दक्षता आधारित प्रश्न**

अथवा

पर्वतों के झरनों से संपूर्ण वातावरण कैसा हो गया है?

उत्तर बादलों के अचानक पर्वत पर छा जाने से झरनों का दिखाई देना भी बंद हो गया है, उनकी केवल आवाज़ ही सुनाई दे रही है। पर्वत पर बहते हुए झरने सुंदर मोतियों की लड़ियों के समान लग रहे हैं तथा उनकी आवाज़ नस-नस में जोश भरने वाली महसूस हो रही है। यह एक संगीतमय वातावरण का सृजन कर रहे हैं।

7. बादलों के उठने तथा वर्षा होने का चित्रण अपने शब्दों में लिखिए।

उत्तर बादल अचानक ही इतने भयानक और विशाल आकार में गरजकर ऊपर उठे, जैसे कोई पहाड़ बादल रूपी पंखों को फड़फड़ाते हुए आकाश में उड़ गया हो। कुछ ही देर में वे इस प्रकार बरस पड़े, जैसे उन्होंने धरती पर पूरे वेग से आक्रमण कर दिया हो। यह सब देखकर शाल के पेड़ इतने भयभीत हो गए कि वे धरती में धँस गए और तालाब से धुआँ उठने लगा।

8. बादलों से पर्वत के छिप जाने पर कवि ने क्या कल्पना की है? अपने शब्दों में लिखिए। **दक्षता आधारित प्रश्न**

उत्तर कवि ने बादलों के कारण पर्वत के छिप जाने पर यह कल्पना की है कि अचानक बादल ऐसे उठे, मानो पूरा पहाड़ एक विशाल पक्षी के समान बादलों के पंख फड़-फड़ाकर आकाश में उड़ चला हो। इसका परिणाम यह हुआ कि आकाश में चारों ओर बादल ही बादल छा गए और कुछ भी दिखाई देना बंद हो गया।

9. 'पर्वत प्रदेश में पावस' कविता का प्रतिपाद्य क्या है? **CBSE 2018, 10**

अथवा

'पर्वत प्रदेश में पावस' कविता का प्रतिपाद्य स्पष्ट कीजिए। **CBSE 2019**

अथवा

'पर्वत प्रदेश में पावस' कविता का केंद्रीय भाव लगभग बीस शब्दों में लिखिए। **दक्षता आधारित प्रश्न**

उत्तर प्रस्तुत कविता 'पर्वत प्रदेश में पावस' में प्रकृति प्रेमी कवि सुमित्रानंदन पंत ने वर्षा ऋतु का चित्रण किया है। उन्होंने पर्वतीय प्रदेश का अत्यंत सुंदर वर्णन किया है। चित्रात्मक शैली द्वारा प्रकृति का पल-पल बदलता हुआ रूप आँखों के सामने आ जाता है। कवि ने प्रकृति का अद्‌भुत मानवीकरण किया है। वर्षा ऋतु में प्रकृति के अनोखे सौंदर्य की अभिव्यक्ति कवि ने इस कविता में की है।

10. 'पर्वत प्रदेश में पावस' के आधार पर ''टूट पड़ा भू पर अंबर'' पंक्ति का आशय स्पष्ट कीजिए। **CBSE 2014**

उत्तर पर्वत प्रदेश में पावस के आधार पर ''टूट पड़ा भू पर अंबर''—पंक्ति का आशय यह है कि जब पर्वतीय प्रदेशों में भारी वर्षा होती है। तब ऐसा प्रतीत होता है जैसे आकाश, धरती पर टूट पड़ा हो और उसने वर्षा रूपी बाणों से धरती पर आक्रमण कर दिया हो। शाल के विशाल वृक्ष बादलों के झुंड से ऐसे प्रतीत हो रहे हैं, जैसे वे भयभीत होकर धरती में धँस गए हों।

11. 'पर्वत प्रदेश में पावस' कविता में पर्वत द्वारा अपना प्रतिबिंब तालाब में देखना पर्वत के किन मनोभावों को स्पष्ट करना चाहता है? **CBSE SQP Term II 2021**

उत्तर कवि के अनुसार पर्वत के अंदर भी मानवीय भावनाएँ विद्यमान हैं। तालाब रूपी दर्पण इसका संकेतक है कि पर्वत किस प्रकार का अनुभव कर रहा है। वह तालाब रूपी दर्पण में स्वयं को देखकर अपने भावों को समझने का प्रयास कर रहा है। वह अपने विशाल आकार को देखकर गर्वित हो रहा है। उसके ऊपर खिले असंख्य फूल उसकी आँखें हैं, जो उसकी प्रसन्नता दर्शा रही हैं।

12. 'पर्वत प्रदेश में पावस' कविता के आधार पर पंत की प्रकृति-चेतना पर प्रकाश डालें? **CBSE Diksha**

उत्तर पंत प्रकृति के सच्चे उपासक हैं तथा इन्हें प्रकृति के सुकुमार कवि कहा जाता है। प्रकृति के साथ इनका सहज व अपनत्व का संबंध रहा है। इनके काव्य में प्रकृति के संवेदनात्मक, रहस्यात्मक और प्रतीकात्मक आदि रूपों का चित्रण मिलता है। यह प्रकृति को मानवीय भावनाओं, व्यापारों व चेष्टाओं द्वारा अपनी कविताओं का विषय बनाते हैं। इस कविता में प्रकृति के मानवीकरण रूप का अद्भुत वर्णन किया गया है।

13. 'पर्वत प्रदेश में पावस' कविता की दो भाषागत विशेषताओं को लिखिए। **CBSE 2015**

उत्तर 'पर्वत प्रदेश में पावस' कविता की दो भाषागत विशेषताएँ इस प्रकार हैं

(i) कवि ने शब्दों की चित्रमयी भाषा से कविता को सौंदर्य प्रदान किया है; जैसे—'मेखलाकार पर्वत अपार'।

(ii) इस कविता में कवि ने संगीतात्मक भाषा का प्रयोग किया है। कविता में लय, तुक आदि का भी ध्यान रखा गया है।

14. कविता 'पर्वत प्रदेश में पावस' की सार्थकता पर अपने विचार प्रकट कीजिए। **CBSE 2013**

उत्तर कविता 'पर्वत प्रदेश में पावस' में प्रकृति के परिवर्तन के साथ उसके दो भिन्न-भिन्न रूपों का वर्णन किया गया है। इस कविता में प्रकृति के क्षण-प्रतिक्षण परिवर्तन का मनोहारी चित्र प्रस्तुत किया गया है, तो दूसरी ओर उसके भयावह रूप को भी उद्घाटित किया गया है। इस कविता के माध्यम से कवि ने इसकी सार्थकता को स्पष्ट करते हुए बताया है कि प्रकृति एक ईश्वरीय उपहार है, जिसका संरक्षण मानव जाति का कर्त्तव्य है। यदि हम इसकी देख-रेख करेंगे, तो इसका सौंदर्यमयी रूप हमारे समक्ष प्रस्तुत होगा और यदि हम प्रकृति का दोहन करेंगे, तो हमारा जीवन भी संकटपूर्ण हो जाएगा।

15 'पर्वत प्रदेश में पावस' कविता में वर्णित पर्वतीय प्रदेश की सुंदरता का वर्णन अपने शब्दों में कीजिए। **CBSE 2024**

अथवा **पर्वत प्रदेश में पावस' कविता के आधार पर पर्वत के रूप-स्वरूप का चित्रण कीजिए।** **CBSE 2018**

अथवा **'पर्वत प्रदेश में पावस' कविता के आधार पर पर्वतों द्वारा अपने रूप-सौंदर्य को निहारने की कल्पना और कारण को स्पष्ट कीजिए।** **CBSE 2023**

उत्तर 'पर्वत प्रदेश में पावस' कविता में कवि ने पर्वत के रूप-स्वरूप की सुंदरता का बड़ा ही मनोहारी चित्रण किया है। ऐसे समय में प्रकृति अपना रूप हर पल परिवर्तित कर रही थी। पर्वत का मानवीकरण करते हुए कवि कहता है कि करधनी के सामने विशाल पर्वत दूर-दूर तक फैले हुए हैं। उस पर्वत पर खिले हुए हजारों फूल ऐसे लग रहे हैं जैसे वे पर्वत की आँखें हों और पर्वत अपनी उन असंख्य आँखों से नीचे तालाब के फैले हुए जल में अपने विशालकाय शरीर के प्रतिबिंब को देख रहे हों। झरने ऊँचे-ऊँचे पर्वतों का गौरव गान कर रहे हैं। पर्वतों पर झाग से भरे झरने बहते हुए मोतियों की लड़ी के समान लग रहे हैं।

16. ''पंत प्रकृति चित्रण के सर्वोत्तम कवि हैं।'' स्पष्ट कीजिए।

उत्तर पंत प्रकृति के सुकुमार कवि हैं। उनके काव्य का मुख्य विषय प्रकृति चित्रण ही रहा है। उन्होंने अधिकतर प्रकृति के मधुर एवं कोमल रूप का ही चित्रण किया है। कहीं-कहीं प्रकृति के उग्र और भयानक रूप का वर्णन भी किया गया है। प्रकृति का चित्रण करते समय उन्होंने उपवन, नदी, पर्वत, बादल, समुद्र आदि प्राकृतिक उपकरणों का सहारा लेकर अपनी काव्य रचना की।

उन्होंने विविध अलंकारों की सहायता से प्रकृति के अनेक मनोहर चित्र खींचे हैं। उन्होंने प्रकृति के विभिन्न कार्यों से संदेश ग्रहण किए हैं। प्रकृति उनके लिए कविता का मूल आधार रही है। एक सच्चे कवि की भाँति उनकी कल्पनाओं का क्षेत्र बहुत विस्तृत है। उनकी कल्पनाएँ मौलिक तथा नूतन हैं।

यह उनकी कल्पना तथा भावों की अभिव्यक्ति का कौशल ही है, जो उन्होंने पर्वत को आकाश में उड़ते हुए बताया है, शाल के वृक्षों को भय के कारण ज़मीन में धँसा हुआ कहा है और शीतल जल से भरे हुए तालाब से आग उगलने का चित्रण किया है। इस प्रकार हम कह सकते हैं कि सुमित्रानंदन पंत प्रकृति चित्रण के सर्वोत्तम कवि हैं।

17. आपके पाठ्यक्रम में किस कविता में वर्षा के प्राकृतिक सौंदर्य का वर्णन किया गया है? अपने शब्दों में वर्णन कीजिए। **CBSE SQP 2022**

उत्तर 'पर्वत प्रदेश में पावस' कविता में कवि सुमित्रानंदन पंत जी ने पर्वतीय क्षेत्र में वर्षा ऋतु का सजीव चित्रण किया है। कवि कहता है कि वर्षा ऋतु में प्रकृति का रूप हर पल बदल रहा है। कभी वर्षा है, तो कभी धूप। पर्वत पर उगे हजारों फूल मोह लेते हैं। पर्वतों से गिरते झरनों की आवाज प्रसन्नता का भाव उजागर करती है। पर्वतों पर उगे हुए ऊँचे-ऊँचे पेड़ जैसे आकाश को छूना चाहते हैं। घनी धुंध में पेड़ दिखाई नहीं देते। चारों ओर धुआँ है; जैसे—तालाब में आग लग गई हो। ऐसे मौसम में ऐसा लगता है; जैसे इंद्र भी अपना बादल-रूपी विमान लेकर इधर-उधर जादू का खेल दिखाता घूम रहा है।

18. प्रस्तुत कविता में प्रकृति का मानवीकरण किया गया है। कविता में प्रस्तुत मानवीकरण अलंकार के प्रयोग को स्पष्ट कीजिए।

अथवा **'पर्वत प्रदेश में पावस' कविता में प्रकृति का मानवीकरण किया गया है। कविता में किए गए मानवीकरण अलंकार के प्रयोग को सोदाहरण समझाइए।** **दक्षता आधारित प्रश्न, CBSE 2015**

उत्तर पंत ने प्रकृति का मानवीकरण अत्यंत सुंदर तरीके से किया है। उनके लिए प्रकृति के हर अंग में मानवीय चेतना भरी हुई है। उन्हें झरनों द्वारा पर्वतों का यशोगान करना बहुत अच्छा लगता है। विशाल पर्वत अपनी सुमन रूपी आँखों से अपने विशाल आकार को तालाब में निहार रहे हैं। पेड़ उच्चाकांक्षा से प्रेरित होकर शांत आकाश को छू लेने वाले प्रतीत होते हैं।

हैं झाँक रहे नीरव नभ पर;
अनिमेष, अटल, कुछ चिंतापर।

बादलों का अचानक बरस जाना कवि को आकाश द्वारा वर्षा रूपी बाणों से पृथ्वी पर आक्रमण करना प्रतीत होता है। शाल के वृक्ष उन्हें भयभीत लगते हैं, मानो वर्षा के आक्रमण को देखकर वे डर गए हों।

धँस गए धरा में सभय शाल!
उठ रहा धुआँ, जल गया ताल!

बादलों का उमड़ना और वर्षा करना उन्हें ऐसा प्रतीत हो रहा है, जैसे देवराज इंद्र अपने बादल रूपी यान में बैठकर अपना जादू दिखा रहे हैं।

यों जलद-यान में विचर-विचर;
था इंद्र खेलता इंद्रजाल

अत: कहा जा सकता है कि पंतजी ने प्रकृति के हर अंग; *जैसे* —पर्वत, बादल, झरने, वृक्ष आदि का मानवीय रूप में अत्यंत सजीव चित्रण किया है।

19. वर्षा ऋतु में इंद्र की जादूगरी के दो उदाहरण दीजिए।

उत्तर कवि के अनुसार, वर्षा के देवता इंद्र अपने बादल रूपी विमान में वर्षा ऋतु में घूम-घूमकर अपनी जादूगरी दिखा रहे हैं।

वर्षा ऋतु में इंद्र की जादूगरी के दो उदाहरण निम्नलिखित हैं

(i) आकाश में चारों ओर चमकीले तथा पारे के समान सफ़ेद बादल छा गए हैं। विशाल बादलों के कारण पर्वतों का दिखाई देना बंद हो गया है। झरने भी ओझल हो गए हैं, उनकी केवल आवाज़ ही सुनाई दे रही है। इस समय ऐसा प्रतीत हो रहा है, मानो पूरा पर्वत ही आकाश में उड़ रहा हो।

(ii) बादल घिरने के बाद बहुत तेज़ वर्षा हुई। घनघोर वर्षा के कारण शाल के वृक्ष भयभीत दिखाई दे रहे हैं। ऐसा लग रहा है, मानो भय के कारण वे ज़मीन में धँस गए हों। तालाब के जल से इस प्रकार धुआँ उठता हुआ प्रतीत हो रहा है, जैसे तालाब में आग लग गई हो।

20. पर्वत प्रदेश में वर्षा ऋतु में प्राकृतिक सौंदर्य कई गुना बढ़ जाता है, परंतु पहाड़ों पर रहने वाले लोगों के दैनिक जीवन में कठिनाइयाँ उत्पन्न होती होंगी? इनके विषय में लिखिए। **दक्षता आधारित प्रश्न**

उत्तर पर्वत प्रदेश में वर्षा ऋतु में प्राकृतिक सौंदर्य अत्यंत मनोहारी होता है। यही कारण है कि सबसे अधिक पर्यटन स्थल भी पर्वतीय प्रदेशों में ही पाए जाते हैं। वर्षा ऋतु के समय यहाँ का मौसम अत्यंत ठंडा हो जाता है। यहाँ की जलवायु और मौसम क्षण-क्षण में परिवर्तित होते रहते हैं। एक क्षण में यहाँ घनघोर बादलों का जमावड़ा हो जाता है, तो दूसरे ही क्षण में कड़कड़ाती धूप खिल जाती है। संध्या काल में डूबते सूर्य को देखकर ऐसा प्रतीत होता है जैसे लाल रंग की गोलाकार वस्तु हमारे बहुत समीप हो। बादल हमारे सिर के ऊपर ऐसे मंडराते हैं, जैसे वह हमारे मित्र हों, परंतु पहाड़ों पर रहने वाले लोगों के दैनिक जीवन में अनेकानेक कठिनाइयाँ हैं।

यहाँ संसाधनों का अभाव है। यदि तेज बारिश या तूफ़ान आ जाएँ, तो गाँव-के-गाँव इसमें तबाह हो जाते हैं। वर्षा ऋतु के दौरान पर्वतीय मार्ग से नीचे उतर पाना एक कठिन कार्य है। इस कारण कुछ लोग रोज़मर्रा के लिए आवश्यक सामग्री को भी जुटा नहीं पाते। सड़क मार्ग, संचार व्यवस्था, चिकित्सीय सुविधाओं से भी यहाँ के लोग वंचित हैं। इस प्रकार कहा जा सकता है कि पहाड़ों पर रहने वाले लोगों को अपने दैनिक जीवन में बहुत-सी समस्याओं का सामना करना पड़ता है।

21. पर्वतीय प्रदेश में वर्षा के सौंदर्य का वर्णन 'पर्वत प्रदेश में पावस' के आधार पर अपने शब्दों में कीजिए। **CBSE 2019**

उत्तर पर्वतीय प्रदेश में वर्षा ऋतु के आने से पहले बादलों के कारण पर्वत छिप जाते हैं। अचानक बादल ऐसे उठे, मानो एक पूरा पर्वत विशाल पक्षी के समान अत्यधिक सफ़ेद और चमकीले पंखों को फड़फड़ाता हुआ ऊपर आकाश में उड़ रहा है। इसका परिणाम यह हुआ कि चारों ओर बादल ही बादल छा गए और कुछ भी दिखाई देना बंद हो गया। झरनों की केवल आवाज़ ही सुनाई दे रही है अत: वह ओझल हो गए। इसके पश्चात् इन बादलों से इतनी तेज़ वर्षा हुई, जैसे आकाश धरती पर टूट पड़ा हो और उसने वर्षा रूपी बाणों से धरती पर आक्रमण कर दिया हो।

शाल के विशाल वृक्ष बादलों के झुंड में ऐसे प्रतीत हो रहे हैं, जैसे वे भयभीत होकर धरती में धँस गए हों। तालाब के जल से इस तरह धुँआ उठने लगा है मानों उसमें आग लग गई हो। इस प्रकार वर्षा के देवता इंद्र बादल रूपी विमान में घूम-घूमकर अपने जादुई करतब दिखा रहे हैं, जिसके कारण पर्वतों पर क्षण-क्षण में विचित्र और अद्भुत दृश्य दिखाई दे रहे हैं।

स्व–मूल्यांकन

कविता पर आधारित बहुविकल्पीय प्रश्न

निम्नलिखित काव्यांश को ध्यानपूर्वक पढ़कर पूछे गए प्रश्नों के सही विकल्प चुनिए।

1. अचानक से बादलों के घिर आने से चारों तरफ धुआँ-सा छा गया है। इसका झरने पर क्या प्रभाव पड़ा है? **दक्षता आधारित प्रश्न**

(i) केवल झरना शेष रह गया है
(ii) झरने की आवाज़ सुनाई दे रही है
(iii) झरने कम दिखाई दे रहे हैं
(iv) उपर्युक्त में से कोई नहीं

2. शाल के वृक्ष धरती में क्यों धँस गए?

(i) धरती के भय से
(ii) वर्षा का भयानक रूप देखकर
(iii) बादल देखकर
(iv) विशाल पर्वतों को देखकर

3. 'जलद-यान' का क्या अर्थ है?

(i) बादल एवं वर्षा
(ii) बादल रूपी विमान
(iv) वर्षा से युक्त बादल
(iv) उड़ते हुए बादल

काव्यांश पर आधारित बहुविकल्पीय प्रश्न

निम्नलिखित काव्यांशों को ध्यानपूर्वक पढ़कर पूछे गए प्रश्नों के सही विकल्प चुनिए।

1. गिरि का गौरव गाकर झर-झर
मद में नस-नस उत्तेजित कर
मोती की लड़ियों-से सुंदर
झरते हैं झाग भरे निर्झर!
गिरिवर के उर से उठ-उठ कर
उच्चाकाँक्षाओं से तरुवर
हैं झाँक रहे नीरव नभ पर
अनिमेष, अटल, कुछ चिंतापर।

(क) प्रस्तुत पद्यांश के कवि और कविता का क्या नाम है?

(i) मैथिलीशरण गुप्त–मनुष्यता
(ii) कैफ़ी आज़मी–कर चले हम फ़िदा
(iii) सुमित्रानंदन पंत–पर्वत प्रदेश में पावस
(iv) मीरा–पद

(ख) पर्वतों से बहने वाले झरनों की आवाज़ सुनकर कवि को कैसा लगता है? **दक्षता आधारित प्रश्न**

(i) मानो वे पर्वतों का गुणगान कर रहे हों
(ii) मानो वे अपनी सुदंरता का गुणगान कर रहे हों
(iii) मानो वे संसार में सबसे अधिक शक्तिशाली हों
(iv) मानो उनके समान कोई दूसरा न हों

(ग) पद्यांश के अनुसार झरनों की आवाज का कवि पर क्या प्रभाव पड़ता है?

(i) वे कवि को नीरस बनाते हैं
(ii) वे कवि में नया जोश भरते हैं
(iii) वे कवि का मार्ग अवरुद्ध करते हैं
(iv) वे कवि को निराशा प्रदान करते हैं

(घ) निम्नलिखित वाक्यों को ध्यानपूर्वक पढ़िए तथा पद्यांश के आधार पर सही विकल्प का चयन कीजिए।

1. झर-झर की आवाज़ उत्तेजना भर रही है।
2. पहाड़ पर खिले फूल मोती को लड़ियों से सुंदर लग रहे हैं।
3. पहाड़ पर ऊँचे-ऊँचे पेड़ उगे हैं।
4. ये पेड़ शांत भाव से आकाश की ओर निहार रहे हैं।

पद्यांश से मेल खाते वाक्यों के लिए उचित विकल्प चुनिए

(i) 1 और 2 (ii) 2 और 3
(iii) 1, 3 और 4 (iv) 1, 2 और 3

(ङ) झरनों की करतल ध्वनि का कवि पर क्या प्रभाव हो रहा है?

(i) कवि प्रसन्न हो रहा है
(ii) कवि के मन में उत्साह का संचार हो रहा है
(iii) कवि पर कोई प्रभाव नहीं हो रहा है
(iv) उपर्युक्त में से कोई नहीं

विषयवस्तु का ज्ञान, बोध अभिव्यक्ति पर आधारित प्रश्नोत्तर

निम्नलिखित प्रश्नों के उत्तर दीजिए

(i) प्रस्तुत कविता में किसका वर्णन किया गया है? स्पष्ट कीजिए।
(ii) "उड़ गया, अचानक लो, भूधर" –पंक्ति का आशय स्पष्ट कीजिए। **दक्षता आधारित प्रश्न**
(iii) कवि ने उच्चाकांक्षा पर क्या व्यंग्य किया है?
(iv) कवि ने तालाब की समानता किसके साथ दिखाई है?
(v) 'पर्वत प्रदेश में पावस' कविता का मूल भाव अपने शब्दों में लिखिए। **दक्षता आधारित प्रश्न**

अध्याय 5

तोप

वीरेन डंगवाल

पाठ की रूपरेखा 'तोप' कविता में कवि 'वीरेन डंगवाल' ने एक तोप का वर्णन किया है, जो 1857 ई. के प्रथम स्वतंत्रता संग्राम में प्रयोग में लाई गई थी।

प्रथम काव्यांश में कवि ने तोप के गौरवशाली इतिहास का परिचय देते हुए बताया है कि यह तोप अंग्रेज़ों द्वारा किए गए अत्याचार की प्रतीक है। इस तोप को अब कंपनी बाग में एक विरासत की भाँति सँभालकर रखा गया है। यह तोप आने-जाने वालों को यह बताती है कि उसने बड़े-बड़े वीरों को धूल चटा दी थी।

दूसरे काव्यांश में कवि ने बताया है कि आज उस तोप की स्थिति यह है कि या तो उस पर छोटे बच्चे सवार होकर खेल-खेलते हैं या चिड़ियाँ बैठी आपस में गपशप करती हैं। कई बार ऐसा होता है कि कुछ गौरैयाँ भी उस तोप में घुस जाती हैं। इससे यह बात प्रामाणित होती है कि तोप चाहे कितनी भी बड़ी क्यों न हो, एक-न-एक दिन उसे शांत होना ही पड़ता है। इसी प्रकार अत्याचार करने वाली प्रबल शक्तियों को भी एक दिन पराजय का मुँह देखना पड़ता है।

कवि परिचय

वीरेन डंगवाल का जन्म उत्तराखंड के टिहरी गढ़वाल ज़िले के कीर्तिनगर में 5 अगस्त, 1947 को हुआ था। इन्होंने अपनी आरंभिक शिक्षा नैनीताल में और उच्च शिक्षा इलाहाबाद से प्राप्त की। इनकी कविताओं की प्रमुख विशेषता समाज के साधारण जन तथा हाशिए पर रह रहे लोगों के जीवन के दृश्य हैं। 'इसी दुनिया में' और 'दुष्चक्र में स्रष्टा' इनके कविता संग्रह हैं। इसी दुनिया में संग्रह के लिए इन्हें प्रतिष्ठित श्रीकांत वर्मा पुरस्कार और दुष्चक्र में स्रष्टा के लिए साहित्य अकादमी पुरस्कार के अतिरिक्त अन्य कई पुरस्कारों से सम्मानित किया गया है। इन्होंने अन्य भाषाओं में लिखी गई महत्त्वपूर्ण कवियों की कविताओं का हिंदी में अनुवाद भी किया है। 28 सितंबर, 2015 को एक लंबी बीमारी के चलते इनका निधन हो गया।

काव्यांशों की व्याख्या

काव्यांश 1

कंपनी बाग के मुहाने पर
धर रखी गई है यह 1857 की तोप
इसकी होती है बड़ी सम्हाल, विरासत में मिले
कंपनी बाग की तरह
साल में चमकाई जाती है दो बार।
सुबह-शाम कंपनी बाग में आते हैं बहुत से सैलानी
उन्हें बताती है यह तोप
कि मैं बड़ी जबर
उड़ा दिए थे मैंने
अच्छे-अच्छे सूरमाओं के धज्जे
अपने ज़माने में।

शब्दार्थ **कंपनी बाग**-ईस्ट इंडिया कंपनी द्वारा बनाए गए बाग; **मुहाने**-प्रवेश द्वार पर; धर **रखी**-रखी गई; **सम्हाल**-देखभाल; **विरासत**-पूर्व पीढ़ियों से प्राप्त वस्तुएँ; **सैलानी**-दर्शनीय स्थलों पर आने वाले यात्री, पर्यटक; **जबर**-ज़बरदस्त, शक्तिशाली; **सूरमा**-वीर; **धज्जे**-चिथड़े-चिथड़े करना।

भावार्थ

कवि कहता है कि कंपनी बाग के मुख्य द्वार पर प्रवेश करते ही एक तोप रखी हुई दिखाई देती है। इस तोप को 1857 के स्वतंत्रता संग्राम में प्रयोग किया गया था। इस तोप तथा कंपनी बाग की बहुत देखभाल की जाती है। इसे अपने पुरखों द्वारा मिली धरोहर के रूप में सजाया-सँवारा जाता है। इस तोप को एक वर्ष में दो बार खूब चमकाया जाता है।

इस कंपनी बाग में हर रोज़ सुबह और शाम के समय बहुत से सैलानी घूमने के लिए आते हैं। तब यह तोप उन सभी को बताती है कि 1857 के स्वतंत्रता संग्राम में मैंने ज़बरदस्त कार्य किया था और अच्छे-अच्छे शूरवीरों के चिथड़े-चिथड़े उड़ा दिए थे। इस प्रकार यह तोप अपनी गौरव गाथा बाग में आने-जाने वाले सभी लोगों को बताती है।

काव्य सौंदर्य

(i) भाषा अत्यंत सरल एवं सहज है, लेकिन अत्यंत प्रभावोत्पादक होने के कारण भावाभिव्यक्ति में पूर्णतः सक्षम है।
(ii) इसमें चित्रात्मक शैली का प्रयोग किया गया है, जिससे चित्रण अत्यंत जीवंत हो गया है।
(iii) यह छंदमुक्त शैली में लिखी गई कविता है।
(iv) 'अच्छे-अच्छे' में पुनरुक्तिप्रकाश अलंकार है।
(v) तोप का मानवीकरण किया गया है।

काव्यांश 2

अब तो बहरहाल
छोटे लड़कों की घुड़सवारी से अगर यह फ़ारिग हो
तो उसके ऊपर बैठकर
चिड़ियाँ ही अकसर करती हैं गपशप
कभी-कभी शैतानी में वे इसके भीतर भी घुस जाती हैं
खास कर गौरैयें
वे बताती हैं कि दरअसल कितनी भी बड़ी हो तोप
एक दिन तो होना ही है उसका मुँह बंद।

शब्दार्थ बहरहाल–फिलहाल, इन दिनों, अब; फ़ारिग–खाली, मुक्त, फुरसत-मिलना; अकसर– प्रायः; गपशप–बातें; शैतानी–शरारत; दरअसल–वास्तव में।

भावार्थ

कवि कहता है कि पहले यह तोप कितनी भी विनाशकारी क्यों न रही हो, किंतु आजकल तो यह खिलौने के रूप में काम कर रही है। अब बच्चे इस तोप पर बैठकर घुड़सवारी का आनंद ले रहे हैं। जब इस पर बच्चे सवारी नहीं करते, तो उस समय चिड़ियाँ इस पर बैठकर आपस में गपशप करती हैं। कई बार तो ऐसा भी होता है कि कुछ चिड़ियाँ शरारत करते हुए इस तोप के भीतर भी घुस जाती हैं, विशेष तौर पर गौरैयाँ तो इससे बिलकुल भयभीत नहीं होतीं। इस तोप पर चिड़ियाँ गपशप करती हैं, खासकर गौरेया इस तोप में घुसकर इसमें चक्कर लगाती रहती हैं तथा खेलने वाले बच्चे इस पर सवारी करके मानो यह बताते हैं कि चाहे तोप कितनी भी बड़ी और शक्तिशाली क्यों न हो, एक-न-एक दिन उसका मुँह बंद हो ही जाता है। कवि इस बात को स्पष्ट करना चाहता है कि किसी समस्या का समाधान विनाशकारी तोप या शस्त्रों से संभव नहीं है।

काव्य सौंदर्य

(i) इसकी भाषा अत्यधिक सरल एवं सहज होते हुए भी प्रभावोत्पादक है, जो भावों की अभिव्यक्ति करने में पूर्णतः सक्षम है।
(ii) यथार्थ एवं जीवंत चित्रण करने के लिए चित्रात्मक शैली का प्रयोग किया गया है।
(iii) यह कविता छंदमुक्त शैली में लिखी है, जो नई कविता की एक महत्त्वपूर्ण विशेषता है।
(iv) 'कभी-कभी' में पुनरुक्तिप्रकाश अलंकार है।
(v) सामान्य बोल-चाल की भाषा का प्रयोग किया गया है।

NCERT फोल्डर

पाठ्यपुस्तक (स्पर्श भाग-2) के प्रश्नोत्तर

(क) निम्नलिखित प्रश्नों के उत्तर दीजिए

प्र.1 विरासत में मिली चीज़ों की बड़ी सँभाल क्यों होती है? तोप कविता के आधार पर स्पष्ट करते हुए तोप की विशेषताएँ भी दीजिए। CBSE 2020, 12, 11, 10

अथवा **विरासत में मिली चीज़ों को सँभालकर क्यों रखा जाता है? 'तोप' कविता के आधार पर लिखिए।** CBSE 2014, 10

अथवा **'तोप' कविता के आलोक में विरासत में मिली चीजों के महत्त्व पर अपना दृष्टिकोण लिखिए।** दक्षता आधारित प्रश्न

उत्तर विरासत में मिली चीज़ें हमें अपने पूर्वजों, संस्कारों, अनुभवों और रीति-रिवाज़ों, परंपराओं आदि का स्मरण कराकर यह भी बताती हैं कि हमारे पूर्वजों से कहाँ और कब किस प्रकार की गलतियाँ हुई थीं और उनका क्या परिणाम निकला। साथ ही, इन गलतियों से बचने और इनके समाधान भी बताती हैं।

विरासत में मिली चीज़ों की सँभाल करने के पीछे निम्नलिखित उद्देश्य हो सकते हैं

(i) आने वाली (नई) पीढ़ी अपने पूर्वजों के विषय में जानकारी रखे।
(ii) आने वाली पीढ़ी अपने पूर्वजों के अनुभवों से सीख ले और उनके द्वारा की गई गलतियों को न दोहराए।
(iii) पूर्व में मिली विरासत की परंपराओं को जाने-समझे और उनका पालन भी करे, ताकि ये परंपराएँ अगली पीढ़ी को हस्तांतरित हो सकें।

तोप की विशेषताएँ इस प्रकार हैं

(i) 1857 के स्वतंत्रता संग्राम में इस तोप ने अपने बल पर वीर शूरवीरों को पराजित कर दिया था।
(ii) यह सैलानियों के लिए आकर्षण का केंद्र बनी हुई है।
(iii) यह अंग्रेज़ी शासकों द्वारा भारतीयों पर किए गए अत्याचारों का प्रतीक है।

प्र.2 इस कविता से आपको तोप के विषय में क्या जानकारी मिलती है? **CBSE 2011, 10**

उत्तर इस कविता से यह जानकारी मिलती है कि सन् 1857 के स्वतंत्रता संग्राम के समय ईस्ट इंडिया कंपनी के शासकों द्वारा भारतीय क्रांतिकारियों के संघर्ष को कुचलने के लिए इन तोपों का प्रयोग किया गया था। इसका परिणाम यह हुआ था कि न जाने कितने स्वाधीनता सेनानी इन तोपों द्वारा मार डाले गए थे।

इसके बाद भी भारतीय सेनानियों ने हार नहीं मानी और कुछ वर्षों बाद फिर से स्वाधीनता प्राप्त करने के लिए संघर्ष करना आरंभ कर दिया। इस बार उनके साथ पूरा देश था, जिसका परिणाम हुआ एक लंबा संघर्ष, जिसमें अंततः भारतीयों की विजय हुई और अंग्रेज़ों को यहाँ से वापस लौटना पड़ा।

प्र.3 कंपनी बाग में रखी तोप क्या सीख देती है? **CBSE 2011, 10**

उत्तर कंपनी बाग में रखी तोप निम्नलिखित सीख देती है

(i) तोप, भाले, गोली, बंदूक आदि अस्त्र-शस्त्र चाहे कितने भी विनाशकारी क्यों न हों, किंतु उनसे न्याय के लिए होने वाले संघर्ष को लंबे समय तक रोका नहीं जा सकता।

(ii) यह मनुष्य की एकता और लक्ष्य के प्रति जागरूकता ही है, जो उन्हें अंत में विजय दिलाती है और अन्यायी को पराजय।

(iii) अत्याचारी चाहे कितना भी शक्तिशाली क्यों न हो, एक दिन उसका अंत अवश्य होता है।

(iv) विदेशी और प्रलोभन देने वालों से हमेशा सावधान रहना चाहिए, क्योंकि बाहर से जो दिखाई देता है, वह भीतर से कुछ और होता है, जिसका परिणाम हमेशा छल और नुकसान के रूप में होता है।

प्र.4 कविता में तोप को दो बार चमकाने की बात की गई। ये दो अवसर कौन-से होंगे? **दक्षता आधारित प्रश्न**

अथवा 'तोप' को कब-कब चमकाया जाता है? 'तोप' कविता के आधार पर लिखिए। **CBSE 2019**

उत्तर भारत में 15 अगस्त और 26 जनवरी का बहुत महत्त्व है। ये दोनों हमारे राष्ट्रीय पर्व हैं। पहला अवसर देश को गुलामी से आज़ादी दिलाने तथा दूसरा भारतीय संविधान के लागू होने का प्रतीक है। इसलिए ये दो अवसर (15 अगस्त और 26 जनवरी) हैं, जिन पर इस तोप को चमकाया जाता होगा, क्योंकि इन दो दिनों में भारत के कोने-कोने में स्वतंत्रता की खुशियों की लहर दौड़ने लगती है।

(ख) निम्नलिखित का भाव स्पष्ट कीजिए

प्र.1 "अब तो बहरहाल
छोटे लड़कों की घुड़सवारी से अगर यह फ़ारिग हो
तो उसके ऊपर बैठकर
चिड़ियाँ ही अकसर करती हैं गपशप।"

उत्तर पहले यह तोप कितनी भी विनाशकारी क्यों न रही हो, किंतु आजकल तो यह खिलौने के रूप में काम कर रही है। अब बच्चे इस तोप पर बैठकर घुड़सवारी का आनंद लेते हैं। जब कभी इस पर बच्चे सवारी नहीं करते, तो उस समय चिड़ियाँ इस पर बैठकर आपस में गपशप करती हैं। अब कोई भी इससे भयभीत नहीं होता।

प्र.2 "वे बताती हैं कि दरअसल कितनी भी बड़ी हो तोप
एक दिन तो होना ही है उसका मुँह बंद।" **दक्षता आधारित प्रश्न**

उत्तर इस तोप पर चिड़ियाँ गपशप करके, गौरैयाँ तोप के मुँह में भयहीन घुसकर तथा बच्चे इस पर घुड़सवारी करके मानो यह बताते हैं कि चाहे तोप कितनी भी बड़ी क्यों न हो, एक-न-एक दिन उसका मुँह बंद हो ही जाता है। कवि इस बात को स्पष्ट करना चाहता है कि किसी समस्या का समाधान विनाशकारी तोप के पास तो बिलकुल नहीं है।

प्र.3 "उड़ा दिए थे मैंने अच्छे-अच्छे सूरमाओं के धज्जे।"

उत्तर कंपनी बाग में हर रोज़ सुबह और शाम के समय बहुत से सैलानी घूमने के लिए आते हैं। तब यह तोप उन सभी को बताती है कि सन् 1857 के स्वतंत्रता संग्राम में मैंने अच्छे-अच्छे शूरवीरों के चिथड़े-चिथड़े उड़ा दिए थे। इस प्रकार यह तोप अपनी गौरव गाथा आने-जाने वाले सभी लोगों को बताती है।

भाषा अध्ययन

प्र.1 कवि ने इस कविता में शब्दों का सटीक और बेहतरीन प्रयोग किया है। इसकी एक पंक्ति देखिए 'धर रखी गई है यह सन् 1857 की तोप'। 'धर' शब्द देशज है और कवि ने इसका कई अर्थों में प्रयोग किया है। 'रखना', 'धरोहर' और 'संचय' के रूप में।

उत्तर छात्र क्रियाकलाप। स्वयं करें।

प्र.2 तोप शीर्षक कविता का भाव समझते हुए इसका गद्य में रूपांतरण कीजिए।

उत्तर छात्र अपनी सृजनात्मक क्षमता के अनुसार स्वयं करें।

योग्यता विस्तार

प्र.1 कविता रचना करते समय उपयुक्त शब्दों का चयन और उनका सही स्थान पर प्रयोग अत्यंत महत्त्वपूर्ण है। कविता लिखने का प्रयास कीजिए और इसे समझिए।

उत्तर छात्र स्वयं करें।

प्र.2 तेज़ी से बढ़ती जनसंख्या और घनी आबादी वाली जगहों के आसपास पार्कों का होना क्यों ज़रूरी है? कक्षा में परिचर्चा कीजिए।

उत्तर यह एक छात्र क्रियाकलाप है। अतः छात्र स्वयं करें।

परियोजना कार्य

प्र.1 स्वतंत्रता सेनानियों की गाथा संबंधित पुस्तक को पुस्तकालय से प्राप्त कीजिए और पढ़कर कक्षा में सुनाइए।

उत्तर छात्र स्वयं करें।

अभ्यास प्रश्न

बहुविकल्पीय व वर्णनात्मक प्रश्नों सहित

कविता पर आधारित बहुविकल्पीय प्रश्न

निम्नलिखित प्रश्नों के सर्वाधिक उपयुक्त विकल्पों का चयन कीजिए।

1. कंपनी बाग में रखी तोप किसका प्रतीक है?

(i) निराशा और अंधकार का
(ii) अंग्रेज़ों की शक्ति का
(iii) अंग्रेज़ों द्वारा किए गए अत्याचारों का
(iv) जीवन की वास्तविकता का

उत्तर (iii) अंग्रेज़ों द्वारा किए गए अत्याचारों का

2. किसी जमाने में शक्तिशाली रही तोप आज किस रूप में काम कर रही है?

(i) खिलौने के रूप में　　(ii) विनाशकारी रूप में
(iii) सहज रूप में　　(iv) युद्ध करने के रूप में

उत्तर (i) खिलौने के रूप में

3. तोप को कंपनी बाग के मुहाने पर रखे जाने का क्या कारण हो सकता है?

(i) मुहाने की सुन्दरता बढ़ाना
(ii) देश की शान बढ़ाना
(iii) आने-जाने वाले लोग आसानी से देख सके
(iv) लोगों में डर तथा भय बना रहे

उत्तर (ii) देश की शान बढ़ाना।

4. तोप के अतीत और वर्तमान का वर्णन करने के उपरांत कवि ने एक महत्त्वपूर्ण संदेश दिया है कि **CBSE SQP 2023**

(i) स्थिति सदैव एक जैसी नहीं रहती
(ii) गौरैया जैसे पक्षी भी खेलते हैं
(iii) कंपनी बाग में भी सजावट की गई है
(iv) तोप बड़े-बड़े योद्धाओं के पसीने छुटा देती है

उत्तर (i) स्थिति सदैव एक जैसी नहीं रहती

5. 'कंपनी बाग के मुहाने पर धर रखी गई है यह 1857 की तोप' पंक्ति में 'धर' से क्या अभिप्राय है? **CBSE SQP (Additional Set) 2023**

(i) सँभालना　　(ii) लाना
(iii) धरोहर　　(iv) रखना

उत्तर (iii) धरोहर

6. तोप पर गपशप कौन करते हैं? **CBSE Diksha**

(i) बच्चे　　(ii) पर्यटक
(iii) चिड़ियाँ　　(iv) लोग

उत्तर (iii) चिड़ियाँ

7. तोप ने अपने ज़माने में क्या किया था? **CBSE Diksha**

(i) सूरमाओं से युद्ध किया
(ii) सूरमाओं से बातें की
(iii) सूरमाओं से हाथ मिलाया
(iv) सूरमाओं के छक्के छुड़ाए

उत्तर (iv) सूरमाओं के छक्के छुड़ाए

8. निम्नलिखित कथन (A) तथा कारण (R) को ध्यानपूर्वक पढ़िए। उसके बाद दिए गए विकल्पों में से कोई एक सही विकल्प चुनकर लिखिए। **CBSE 2023, दक्षता आधारित प्रश्न**

कथन (A) तोप अत्याचारी सत्ता का प्रतीक है।
कारण (R) तोप जैसी वस्तुओं को सजाकर रखना चाहिए।

(i) कथन (A) तथा कारण (R) दोनों गलत हैं
(ii) कथन (A) तथा कारण (R) दोनों सही हैं
(iii) कथन (A) सही है, लेकिन कारण (R) गलत है
(iv) कथन (A) गलत है, लेकिन कारण (R) सही है

उत्तर (iii) कथन (A) सही है, लेकिन कारण (R) गलत है

9. निम्नलिखित वाक्यों को ध्यानपूर्वक पढ़िए सही विकल्प का चयन करें। **दक्षता आधारित प्रश्न**

(i) अब तोप पर छोटे बच्चे घुड़सवारी का आनंद लेते हैं।
(ii) नवयुवक उस तोप पर बैठकर गपशप करते हैं।
(iii) कुछ चिड़िया शरारत करती हुई उसमें घुस जाती है।
(iv) बड़ी से बड़ी तोप भी एक दिन शांत हो जाती है।

(क) (i) और (ii)　　(ख) (ii) और (iii)
(ग) (iii) और (iv)　　(घ) (i) और (iii)

उत्तर (घ) (i) और (iii)

10. सन् 1857 में प्रयोग की गई तोप अब किस काम आती है?

(i) शक्ति प्रदर्शन करने के　(ii) युद्ध लड़ने के
(iii) छोटे लड़कों की घुड़सवारी के (iv) सबक लेने के

उत्तर (iii) छोटे लड़कों की घुड़सवारी के

11. कंपनी बाग के मुहाने पर रखी तोप को देखकर हम क्या प्रेरणा ले सकते हैं?

(i) हमें ईस्ट इंडिया जैसी कंपनियों से सावधान रहना है
(ii) हमें अपने देश की रक्षा करनी है
(iii) हमें कोई भी ऐसा कार्य नहीं करना चाहिए, जिससे हमारी आज़ादी खतरे में पड़े
(iv) उपर्युक्त सभी

उत्तर (iv) उपर्युक्त सभी

12. **चिड़िया का तोप में घुसना क्या दर्शाता है?** दक्षता आधारित प्रश्न
(i) शक्ति के बल पर प्राप्त विजय स्थायी नहीं होती।
(ii) समय के साथ-साथ बड़े से बड़ा सूरमा भी तोप की तरह ठंडा हो जाता है।
(iii) (i) और (ii) दोनों
(iv) तोप सभी का स्वागत करती है।
उत्तर (iii) (i) और (ii) दोनों

13. **गौरैया तोप में घुसकर क्या बताना चाहती है?**
(i) कोई कितना भी शक्तिशाली हो उसका अंत होता ही है
(ii) शक्ति के अहंकार में चूर नहीं होना चाहिए
(iii) एक न एक दिन अहंकार चूर होता ही है
(iv) उपर्युक्त सभी
उत्तर (iv) उपर्युक्त सभी

14. **तोप की सँभाल ·············· होती है।**
(i) विरासत में मिले खजाने की तरह
(ii) विरासत में मिले कंपनी बाग की तरह
(iii) बेशकीमती चीज की तरह
(iv) अमूल्यहीन साधन की तरह
उत्तर (ii) विरासत में मिले कंपनी बाग की तरह

15. **चिड़िया द्वारा तोप पर बैठकर गपशप करना क्या दर्शाता है?**
(i) चिड़िया कहीं भी बैठ सकती है
(ii) उन्हें विनाशकारी तोप का भय नहीं है
(iii) उन्हें स्वतंत्रता प्राप्त होने वाली है
(iv) उनकी बातें कहीं भी शुरू हो जाती है
उत्तर (ii) उन्हें विनाशकारी तोप का भय नहीं है

16. **समय के साथ तोप की स्थिति में परिवर्तन हो गया है इस भाव को कौन-सी पंक्ति दर्शा रही है?** दक्षता आधारित प्रश्न
(i) साल में चमकाई जाती है दो बार
(ii) उड़ा दिए थे मैंने अच्छे-अच्छे सूरमाओं के धज्जे
(iii) एक दिन तो होना ही है उसका मुँह बंद
(iv) इसकी होती है बड़ी सँभाल
उत्तर (iii) एक दिन तो होना ही है उसका मुँह बंद

17. **अंग्रेज़ी शासन द्वारा कंपनी बाग किसलिए बनवाए गए थे?**
(i) अपनी शक्ति का प्रदर्शन करने के लिए
(ii) शिक्षा के प्रचार-प्रसार के लिए
(iii) प्राकृतिक सुंदरता बढ़ाने के लिए
(iv) अपने आराम के लिए
उत्तर (iv) अपने आराम के लिए

काव्यांश पर आधारित बहुविकल्पीय प्रश्न

निम्नलिखित काव्यांशों को ध्यानपूर्वक पढ़कर पूछे गए प्रश्नों के सही विकल्प चुनिए।

1. कम्पनी बाग के मुहाने पर
धर रखी गई है यह 1857 की तोप
इसकी होती है बड़ी सम्हाल, विरासत में मिले
कम्पनी बाग की तरह
साल में चमकाई जाती है दो बार।

(क) कविता के अनुसार तोप ·········· रखी गई है।
(i) शहर में
(ii) प्रवेश द्वार पर
(iii) शहर में दूर गाँवों में
(iv) कंपनी बाग के प्रवेश द्वार पर
उत्तर (iv) कंपनी बाग के प्रवेश द्वार पर

(ख) तोप को साल में कितनी बार चमकाया जाता है?
(i) तीन बार (ii) चार बार (iii) दो बार (iv) पाँच बार
उत्तर (iii) दो बार

(ग) यह तोप हमें कहाँ से मिली है?
(i) युद्ध में
(ii) घर में
(iii) विरासत में
(iv) खुदाई में
उत्तर (iii) विरासत में

(घ) निम्नलिखित वाक्यों को ध्यानपूर्वक पढ़िए तथा काव्यांश के आधार पर सही विकल्प का चयन करें। दक्षता आधारित प्रश्न
1. कंपनी बाग के मुख्य द्वार पर तोप रखी गई है।
2. इस तोप की अब कोई देख-रेख नहीं होती है।
3. कंपनी बाग में रखी यह तोप विरासत के समान है।
4. कंपनी बाग को साल में कई बार चमकाया जाता है।
(i) 3 और 4
(ii) 2 और 3
(iii) 1 और 3
(iv) 1 और 4
उत्तर (iv) 1 और 4

(ङ) कंपनी बाग में रखी तोप किन पर हुए जुल्मों की दास्तान कहती है? दक्षता आधारित प्रश्न
(i) सैनिकों पर
(ii) विदेशियों पर
(iii) मजदूरों पर
(iv) भारतीयों पर
उत्तर (iv) भारतीयों पर

2. सुबह-शाम कम्पनी बाग में आते हैं बहुत से सैलानी
उन्हें बताती है यह तोप
कि मैं बड़ी जबर
उड़ा दिए थे मैंने
अच्छे-अच्छे सूरमाओं के धज्जे
अपने जमाने में

(क) तोप अपने बारे में क्या बताती है?
(i) वह बहुत बड़ी है
(ii) वह अब कुछ नहीं कर सकती
(iii) वह अपने समय में बहुत शक्तिशाली थी
(iv) वह कमजोर नहीं है

उत्तर (iii) वह अपने समय में बहुत शक्तिशाली थी

(ख) **कथन (A)** यह तोप अब सभी शहीदों की गौरव गाथा सुनाती है।
कारण (R) तोप उन्हें 1947 की कहानी सुनाती है।
उपरोक्त कथन (A) और कारण (R) के आधार पर सही निष्कर्ष चुनिए **दक्षता आधारित प्रश्न**
(i) कथन (A) सही है, किंतु कारण (R) गलत है।
(ii) कथन (A) और कारण (R) दोनों सही हैं।
(iii) कथन (A) और कारण (R) दोनों गलत हैं।
(iv) कथन (A) गलत है, किंतु कारण (R) सही है।

उत्तर (i) कथन (A) सही है, किंतु कारण (R) गलत है।

(ग) 'सुबह-शाम कंपनी बाग में आते हैं बहुत से सैलानी
उन्हें बताती है यह तोप
कि मैं बड़ी जबर।'
कवि के अनुसार तोप ········ होने के साथ ········ भी है।
(i) बड़ी, खतरनाक (ii) जबर, विनाशकारी
(iii) कंपनी, सैलानी (iv) इनमें से कोई नहीं

उत्तर (ii) जबर, विनाशकारी

(घ) तोप ने अपने समय में क्या-क्या कार्य किए?
(i) भारतीय देशभक्तों का दमन किया
(ii) बातचीत का माध्यम समाप्त कर दिया
(iii) अंग्रेजी सत्ता को उखाड़ फेंका
(iv) शक्तिशालियों को और अधिक शक्ति प्रदान की

उत्तर (i) भारतीय देशभक्तों का दमन किया

(ङ) तोप को जबर कहने का क्या कारण हो सकता है? **दक्षता आधारित प्रश्न**
(i) तोप का आकार बड़ा होना
(ii) तोप से गोलियाँ चलाना
(iii) तोप द्वारा 1857 के संग्राम में बहुत-से वीरों की धज्जियाँ उड़ा देना।
(iv) उपर्युक्त सभी

उत्तर (iii) तोप द्वारा 1857 के संग्राम में बहुत-से वीरों की धज्जियाँ उड़ा देना

विषयवस्तु का ज्ञान, बोध अभिव्यक्ति पर आधारित प्रश्नोत्तर

1. 'तोप' कहाँ सँभालकर रखी गई है तथा क्यों? **CBSE 2010**

उत्तर सन् 1857 के स्वतंत्रता संग्राम में अंग्रेज़ों द्वारा प्रयोग में लाई गई तोप कंपनी बाग के प्रवेश द्वार पर सँभालकर रखी गई है। कंपनी बाग में तोप प्रदर्शन के प्रयोग में लाई जाती है। दूर-दूर से सैलानी इस तोप को देखने के लिए आते हैं, इसलिए कंपनी बाग में तोप रखी गई है।

2. सन् 1857 की तोप से किस घटना का संकेत मिलता है? **CBSE Diksha**

अथवा **सन् 1857 की तोप का क्या आशय है और यह किसकी प्रतीक है?** **CBSE 2015**

उत्तर सन् 1857 की तोप का आशय ब्रिटिश ईस्ट इंडिया कंपनी द्वारा सन् 1857 के विद्रोह में प्रयोग की गई तोप से है, जिसने आज़ादी की कामना करने वाले भारतीय सैनिकों को मौत के घाट उतार दिया था। कंपनी बाग में प्रदर्शन हेतु रखी गई यह तोप अंग्रेज़ों द्वारा किए गए अत्याचारों की प्रतीक है, जिससे अनेक शूरवीरों को निर्मम तथा क्रूर तरीके से मार दिया गया था।

3. 'जबर', 'धज्जे' इत्यादि शब्दों का प्रयोग 'तोप' कविता की भाषा किस विशेषता को दर्शाता है? **दक्षता आधारित प्रश्न, CBSE 2016**

उत्तर 'जबर', 'धज्जे' इत्यादि शब्दों का प्रयोग 'तोप' कविता की भाषा को प्रभावोत्पादक बनाता है। 'जबर' और 'धज्जे' जैसे शब्दों के प्रयोग से कवि ने तोप के भयावह एवं विनाशकारी रूप को उद्घाटित किया है।

4. जब तोप छोटे-छोटे बच्चों की सवारी से फारिग हो जाती है, तब उस पर कौन, क्या करता है? **दक्षता आधारित प्रश्न, CBSE 2019**

अथवा **चिड़ियाँ तोप का क्या लाभ उठाती हैं?** **CBSE 2016**

उत्तर जब तोप छोटे-छोटे बच्चों की सवारी से फारिग हो जाती है, तब चिड़ियाँ तोप को आराम करने का एक साधन समझकर उस पर बैठकर गपशप करती हैं और अधिक उत्साहित होकर कभी-कभी वे इसके भीतर भी घुस जाती हैं।

5. कंपनी बाग के मुहाने पर रखी तोप अपने-आपको जबर क्यों कहती है? **CBSE Diksha**

उत्तर कंपनी बाग के प्रवेश द्वार पर रखी तोप सजावट रूपी सामान की तरह सजी रखी थी, जिसका प्रयोग भारतीय वीर योद्धाओं को मौत के घाट उतारने में किया गया था। तब यह जबर अवस्था में थी, प्रत्येक व्यक्ति इससे भयभीत होता था, परंतु अब वैसा नहीं है, अब यह एकमात्र खिलौना व सजावटी सामान बनकर रह गई है। अपने ऐतिहासिक गौरवशाली इतिहास के कारण ही यह अपने-आप में जबर थी।

6. 'तोप' कविता में गौरैया द्वारा क्या बताया गया है? **CBSE 2016, 10**

उत्तर कविता में गौरैया द्वारा बताया गया है कि आग उगलने वाली तोप से वह भयभीत नहीं होती। वास्तव में, तोप या आक्रमण से किसी समस्या का समाधान नहीं हो सकता।

7. कंपनी बाग में रखी तोप अपना परिचय किस प्रकार देती है? **CBSE 2016, 10**

अथवा तोप अपना परिचय किस रूप में देती है? **CBSE 2015**

अथवा तोप अपना महत्त्व किस रूप में बताती है? 'तोप' कविता के आधार पर स्पष्ट कीजिए। **CBSE 2018**

उत्तर सुबह-शाम कंपनी बाग में बहुत सारे सैलानी घूमने आते हैं। उस समय कंपनी बाग में रखी गई तोप उन्हें अपना परिचय देते हुए बताती है कि अतीत में वह बहुत सामर्थ्यवान तथा शक्तिशाली थी। उसने बड़े-बड़े वीर सैनिकों की धज्जियाँ (चिथड़े-चिथड़े) उड़ा दी थीं। इन सबका स्मरण दिलाने के लिए ही कंपनी बाग में तोप रखी गई है।

8. 'तोप' कविता के आधार पर तोप और चिड़िया की प्रतीकात्मकता स्पष्ट करते हुए लिखिए कि इस कविता के माध्यम से कवि ने क्या संदेश दिया है? **CBSE 2024**

उत्तर 'तोप' कविता के माध्यम से कवि ने 'तोप' और 'चिड़िया' को प्रतीकात्मक रूप में प्रस्तुत किया है। जिस 'तोप' ने भारतीय शूरवीरों को प्रताड़ित करके उन्हें मार गिराया था तथा जिस तोप का सामना करने से अच्छे-अच्छे सूरमा घबराते थे वह तोप आज मात्र सजावट की वस्तु बनकर रह गई है, जिस पर चिड़िया अपना घोंसला बनाती है। भारतीय समाज में अब अंग्रेजों की तोप के प्रति कोई डर नहीं है। इससे कवि यह दर्शाना चाहता है कि आतंक और डरा-धमकाकर मनुष्यता को नहीं जीता जा सकता है। चाहे कोई कितना भी शक्तिशाली क्यों न हो समय के परिवर्तन के साथ उसकी शक्ति नष्ट होती जाती है।

9. 'तोप' कविता हमें क्या संदेश देती है? **CBSE 2011,10**

उत्तर 'तोप' कविता हमें यह संदेश देती है कि अत्याचारी, क्रूर और निर्मम शासक का एक-न-एक दिन अंत अवश्य ही होता है, जैसे इस तोप का हुआ। आज यह तोप बच्चों तथा पक्षियों के मनोरंजन का साधन बनकर रह गई है। कविता यह भी संदेश देती है कि अनाचार, अत्याचार और अन्याय करने वाले चाहे कितने ही शक्तिशाली क्यों न हों, उन्हें एक दिन जनशक्ति के सामने हार माननी ही पड़ती है।

10. "कंपनी बाग के मुहाने पर
धर रखी गई है यह 1857 की तोप
इसकी होती है बड़ी सम्हाल, विरासत में मिले
कंपनी बाग की तरह
साल में चमकाई जाती है दो बार।।"
उपरोक्त पंक्तियों में कवि तोप को विरासत मानकर क्यों सुरक्षित रखने की बात करता है? **दक्षता आधारित प्रश्न**

***अथवा* कंपनी बाग और तोप को विरासत मानकर सुरक्षित रखे जाने का कारण अपने शब्दों में लिखिए।**

उत्तर प्रस्तुत कविता में कंपनी बाग और तोप दोनों को विदेशी शक्ति की विरासत के रूप में दिखाया गया है। पहले इन दोनों को शक्ति का प्रतीक माना जाता था, लेकिन स्वतंत्रता मिलने के पश्चात् इन्हें भारतीय जनता के मनोरंजन के साधन के रूप में सजाया-सँवारा गया। ईस्ट इंडिया कंपनी ने तोप का प्रयोग भारतीय जनता के संघर्ष को कुचलने के लिए किया। इसके द्वारा अनेक स्वतंत्रता सेनानियों को मृत्यु के घाट उतारकर भारतीयों को भयभीत करने का प्रयास किया गया। ये दोनों विरासतें (तोप और कंपनी बाग) हमें विदेशी शक्तियों के प्रति सावधान करती हैं तथा संदेश देती हैं कि हमें विदेशी आकर्षण में नहीं फँसना चाहिए।

11. कवि शरारती बच्चों और पक्षियों का वर्णन करके क्या बताना चाहता है? **दक्षता आधारित प्रश्न**

उत्तर कवि शरारती बच्चों और पक्षियों का वर्णन करके निम्नलिखित बातें बताना चाहता है

(i) बच्चे कंपनी बाग के मुख्य द्वार पर लगाई गई तोप पर घुड़सवारी करते हैं। उस तोप से अपना मनोरंजन करके जैसे यह दर्शाना चाहते हैं कि कभी शक्तिशाली रही तोप भी अब उनके लिए खेलने या मनोरंजन की वस्तु बन गई है।

(ii) जब चिड़ियाँ तोप पर बैठकर आपस में गपशप करती हैं, तो इसका अर्थ यह है कि अब उन्हें इस विनाशकारी तोप से कोई भय नहीं है।

(iii) बच्चे और चिड़ियाँ तोप पर बैठकर इस बात को बताना चाहते हैं कि सामूहिक आंदोलन द्वारा बड़े-से-बड़े क्रूर, निर्मम शासक को भी पराजित किया जा सकता है।

(iv) जनसामान्य ने इस बात को भी सिद्ध कर दिया है कि उसे हथियारों के बल पर लंबे समय तक दबाया नहीं जा सकता।

(v) समय सदा एक समान नहीं रहता। यह आवश्यक नहीं कि जो आज शक्तिशाली है, वह भविष्य में भी शक्तिशाली बना रहे।

12. कविता के आधार पर तोप के अतीत और वर्तमान पर प्रकाश डालिए? **CBSE 2010**

***अथवा* "समय के साथ तोप की स्थिति में बदलाव आ गया।" इस कथन को स्पष्ट कीजिए।**

***अथवा* कविता की पृष्ठभूमि में 'तोप' की अतीत में भूमिका और उसकी वर्तमान स्थिति का वर्णन कीजिए। कवि को क्यों कहना पड़ा?**

"कितनी ही बड़ी हो तोप'
एक दिन तो होना ही है उसका मुख बंद।" **CBSE 2019**

उत्तर एक समय था, जब तोप अत्यंत शक्तिशाली और सामर्थ्यवान थी। यह सन् 1857 के स्वतंत्रता संग्राम की याद दिलाती है। उस समय इसने अनेक वीर योद्धाओं को मार गिराया था, परंतु भारतीयों का क्रूर दमन किए जाने पर 'तोप' जैसी शक्तियाँ भी दृढ़ संकल्पी भारतीयों को नहीं रोक पाई। उन शूरवीरों के प्रयास से 15 अगस्त, 1947 को भारत देश स्वतंत्र हो गया। स्वतंत्रता के पश्चात् वही 'ज़बरदस्त' तोप मात्र शोभा की वस्तु बनकर रह गई। अब उसे कंपनी बाग के प्रवेश द्वार पर रखा गया है। सुबह-शाम बहुत से सैलानी आते हैं और मनोरंजन करते हैं।

अकसर छोटे बच्चे उस पर बैठकर उसकी सवारी करते हैं, चिड़ियाँ उसके ऊपर बैठकर आपस में गपशप करती हैं, गौरैयाँ तो शैतानी में इसके मुँह के भीतर ही घुस जाती हैं, जो यह दर्शाता है कि अब उन्हें कभी भयानक मानी जाने वाली इस तोप से डर नहीं लगता है। एक समय बेशक यह ज़बरदस्त शक्तिशाली रही होगी, परंतु आज उसका मुँह बंद हो गया है। अत: यह स्पष्ट है कि समय के साथ तोप की स्थिति में बदलाव हो गया है और एक समय शक्ति की परिचायक तोप आज मात्र प्रदर्शनी एवं मनोरंजन की वस्तु बन गई है।

13. 'तोप' कविता का प्रतिपाद्य स्पष्ट कीजिए। **CBSE 2012, 11, 10**

उत्तर तोप कविता के अंतर्गत कवि ने 1857 के स्वाधीनता संग्राम का चित्रात्मक वर्णन तथा 1857 में होने वाली विभिन्न प्रकार की घटनाओं का भी वर्णन किया है। कंपनी द्वारा भारत पर कब्जा करना व भारतीय शूरवीरों की प्रताड़ना की कहानी को 'तोप' अर्थात् एक प्रतीक के माध्यम से बताया गया है। तोप का सामना करने में अच्छे-अच्छे सूरमा भी घबराते थे, परंतु आज यह तोप निस्तेज है, यह एकमात्र सजावट की वस्तु बनकर रह गई है। अब छोटे-छोटे पक्षी उस पर बैठकर गपशप करते हैं, बच्चे घुड़सवारी करते हैं, अब कोई भी इससे भयभीत नहीं है और न ही अब यह शक्तिशाली है। यह कविता स्पष्ट शब्दों में व्यक्ति को यह संदेश देती है कि परिस्थितियाँ कभी एक समान नहीं रहती हैं। शक्ति व सामर्थ्य का भी एक-न-एक दिन अंत होता है।

स्व-मूल्यांकन

कविता पर आधारित बहुविकल्पीय प्रश्न

निम्नलिखित काव्यांश को ध्यानपूर्वक पढ़कर पूछे गए प्रश्नों के सही विकल्प चुनिए।

1. 'तोप' कविता में वर्णित तोप का प्रयोग किसने किया था?
(i) झाँसी की रानी ने (ii) मंगल पाण्डे ने
(iii) अंग्रेजों ने 1857 में (iv) देशद्रोहियों ने

2. कविता के अनुसार, विरासत में मिली किस चीज की सँभाल होती है?
(i) पुराने खजाने की (ii) धारदार हथियारों की
(iii) बड़े-बुर्जुगों की (iv) तोप की

3. हर रोज सुबह-शाम बहुत-से सैलानी कहाँ घूमने जाते हैं?
(i) संग्राहलय में (ii) कंपनी बाग में
(iii) पार्क में (iv) चिड़िया घर में

काव्यांश पर आधारित बहुविकल्पीय प्रश्न

निम्नलिखित काव्यांशों को ध्यानपूर्वक पढ़कर पूछे गए प्रश्नों के सही विकल्प चुनिए।

1. अब तो बहरहाल
छोटे लड़कों की घुड़सवारी से अगर यह फ़ारिग हो
तो उसके ऊपर बैठकर
चिड़ियाँ ही अकसर करती हैं गपशप
कभी-कभी शैतानी में वे इसके भीतर भी घुस जाती हैं
खास कर गौरैयें
वे बताती हैं कि दरअसल कितनी भी बड़ी हो तोप
एक दिन तो होना ही है उसका मुँह बन्द।

(क) अब कम्पनी बाग में लड़के आकर क्या करते हैं? दक्षता आधारित प्रश्न
(i) तोप चलाते हैं
(ii) तोप पर बैठकर घुड़सवारी करते हैं
(iii) तस्वीर खींचते हैं
(iv) घूमने आते हैं

(ख) चिड़िया क्या संदेश देती है?
(i) तोप पर बैठकर खूब लाभ उठाओ
(ii) तोप एक-न-एक दिन खराब हो जाएगी
(iii) हर शक्तिशाली का एक-न-एक दिन अंत होता है
(iv) तोप का मुँह बंद होना ही था

(ग) कवि के अनुसार हम समस्याओं का हल कैसे निकाल सकते हैं?
(i) बातचीत से
(ii) युद्ध से
(iii) तोप से
(iv) शांत रहकर

(घ) तोप के भीतर कौन चला जाता है?
(i) छोटे बच्चे (ii) लड़के
(iii) चिड़ियाँ (iv) बिल्ली

(ङ) बच्चे तोप पर बैठकर क्या करते हैं?
(i) फोटों खिंचवाते हैं।
(ii) घुड़सवारी का आनंद लेते हैं।
(iii) रोने लगते हैं।
(iv) गपशप करने लगते हैं।

विषयवस्तु का ज्ञान, बोध अभिव्यक्ति पर आधारित प्रश्नोत्तर

निम्नलिखित प्रश्नों के उत्तर दीजिए।
(i) "इसकी होती है बड़ी सम्हाल" -पंक्ति का आशय स्पष्ट कीजिए।
(ii) कविता में वर्णित तोप का संबंध किससे है?
(iii) तोप का प्रयोग किस प्रकार चिड़ियाँ, गौरैयाँ और बच्चे करते हैं? अपने शब्दों में लिखिए। दक्षता आधारित प्रश्न
(iv) कविता में किन बातों से पता चलता है कि तोप अब शक्तिहीन हो गई है? दक्षता आधारित प्रश्न
(v) प्रस्तुत कविता के माध्यम से कवि क्या कहना चाहता है?

अध्याय 6

कर चले हम फ़िदा

कैफ़ी आज़मी

पाठ की रूपरेखा

'कर चले हम फ़िदा' गीत, युद्ध की पृष्ठभूमि पर बनी फिल्म 'हकीकत' के लिए लिखा गया था।

प्रथम काव्यांश में उन सैनिकों की भावनाओं को शब्द दिए हैं, जो अपनी जान की परवाह किए बिना देश पर कुर्बान होने जा रहे हैं।

दूसरे काव्यांश में युवा वर्ग को देश के प्रति समर्पित रहने के लिए प्रेरित किया गया है।

तीसरे काव्यांश में देश की रक्षा करते हुए देशवासियों को भी देश के बलिदान देने के लिए प्रेरित करते हैं।

चौथे काव्यांश में देश हित के लिए कार्य करने के लिए प्रेरित किया गया है।

कवि परिचय

अतहर हुसैन रिज़वी का जन्म 19 जनवरी, 1919 में उत्तर प्रदेश के आज़मगढ़ ज़िले के मजमां गाँव में हुआ था। आगे चलकर वे कैफ़ी आज़मी के नाम से मशहूर हुए। कैफ़ी आज़मी प्रगतिशील उर्दू कवियों की श्रेणी में सर्वोपरि हैं। कैफ़ी आजमी ने हिंदी फिल्मों के लिए भी सैकड़ों गीत लिखे हैं। कैफ़ी के पाँच काव्य संग्रह—झंकार, आखिर-ए-शब, आवारा सज़दे, सरमाया और फ़िल्मी गीतों का संग्रह-मेरी आवाज़ सुनो प्रकाशित हुए। कैफ़ी को उनके रचनाकर्म के लिए साहित्य अकादमी पुरस्कार के साथ कई और अन्य पुरस्कारों से सम्मानित किया जा चुका है। 10 मई, 2002 को कैफ़ी आज़मी ने यह संसार छोड़ दिया

काव्यांशों की व्याख्या

काव्यांश 1

कर चले हम फ़िदा जानो-तन साथियो
अब तुम्हारे हवाले वतन साथियो
साँस थमती गई, नब्ज़ जमती गई
फिर भी बढ़ते कदम को न रुकने दिया
कट गए सर हमारे तो कुछ गम नहीं
सर हिमालय का हमने न झुकने दिया
मरते-मरते रहा बाँकपन साथियो
अब तुम्हारे हवाले वतन साथियो

शब्दार्थ फ़िदा–न्योछावर; जानो-तन–शरीर और प्राण; हवाले–सौंपना; वतन–देश, राष्ट्र; थमती–रुकती; नब्ज़–नाड़ी, नस; बाँकपन–साहस, जवानी का उत्साह।

भावार्थ

युद्ध भूमि में सैनिक देश की रक्षा करते हुए अपने प्राणों को न्योछावर करते समय अन्य साथियो से कहते हैं कि हम तो देश की रक्षा के लिए अपना शरीर और प्राण न्योछावर करके इस दुनिया से जा रहे हैं। अब यह देश तुम्हारे हवाले है तुम ही इसकी रक्षा करना। हमारी साँसें अब रुकने लगी हैं, ठंड के कारण नाड़ी (नब्ज, कलाई) भी जमने लगी है, फिर भी हमने अपने कदमों को आगे बढ़ने से नहीं रोका है। शत्रु से लड़ते-लड़ते सिर कट जाने पर भी ज़रा दु:ख नहीं है, बल्कि हमें इस बात पर गर्व है कि हमने हिमालय पर्वत के सिर को कभी भी झुकने नहीं दिया, हिमालय अर्थात् देश के मान-सम्मान को ठेस नहीं लगने दी। मरते समय भी हमारे मन में बलिदान और संघर्ष का जोश बना रहा। अंतिम समय तक भी हमने हिम्मत और साहस से शत्रुओं का सामना किया। अब इस देश की रक्षा का भार तुम्हें सौंप रहे हैं अर्थात् देश की बागडोर तुम्हारे हाथ में है, अत: अब तुम इसकी रक्षा करना।

काव्य सौंदर्य

(i) कवि ने देशहित के लिए बलिदान की भावना को महत्त्व देने का वर्णन किया है।
(ii) काव्यांश में उर्दू शब्दावली का प्रयोग कविता के सौंदर्य में वृद्धि कर रहा है। फ़िदा, व़तन, गम आदि उर्दू शब्द हैं।
(iii) भाषा भावानुकूल है तथा भावाभिव्यक्ति में पूरी तरह सक्षम है।
(iv) 'मरते-मरते' में पुनरुक्तिप्रकाश अलंकार है।
(v) वीर रस का प्रतिपादन किया गया है।
(vi) भाषा में गीतात्मकता व लयात्मकता का पुट है।

काव्यांश 2

ज़िंदा रहने के मौसम बहुत हैं मगर
जान देने की रुत रोज़ आती नहीं
हुस्न और इश्क दोनों को रुस्वा करे
वो जवानी जो खूँ में नहाती नहीं
आज धरती बनी है दुलहन साथियो
अब तुम्हारे हवाले वतन साथियो

शब्दार्थ रुत–ऋतु, मौसम; हुस्न–सौंदर्य; इश्क–प्रेम; रुस्वा–बदनाम; खूँ–रक्त, खून।

भावार्थ

युद्ध भूमि में उपस्थित सैनिक अन्य सैनिकों से कहता है कि जीवित रहने के तो हमें अनेक अवसर मिलते हैं, परंतु देश की रक्षा में मर-मिटने के अवसर बार-बार नहीं मिलते। जवानी की अवस्था ही वह अवस्था होती है, जिसमें सौंदर्य, प्रेम और जोश अपने चरम पर होता है। यदि उस जवानी में देश की रक्षा करते हुए खून नहीं बहाया, तो वह जवानी व्यर्थ है अर्थात् युवाओं को देश रक्षा के लिए हमेशा आगे रहना ही चाहिए। आज हमारे लिए हमारी धरती ही दुलहन है और हमें उसी की रक्षा में अपना सर्वस्व न्योछावर करना है। अब यह देश तुम्हारे हवाले है। इसकी रक्षा के लिए बलिदान के मार्ग पर बढ़ते चलो।

काव्य सौंदर्य

(i) कवि ने उपर्युक्त काव्यांश में सफल प्रेम की संज्ञा उसी को दी है जो त्याग और बलिदान के पथ से होकर गुज़रता है।
(ii) काव्यांश में उर्दू शब्दावलियों का मुक्त भाव से प्रयोग किया गया है।
(iii) भाषा प्रभावोत्पादक तथा भावों की अभिव्यक्ति में पूर्णत: सक्षम है।
(iv) 'धरती बनी है दुलहन' में उपमा अलंकार है।
(v) भाषा में संगीतात्मकता व लयात्मकता के गुण हैं।
(vi) वीर रस का प्रयोग किया गया है।

काव्यांश 3

राह कुर्बानियों की न वीरान हो
तुम सजाते ही रहना नए काफ़िले
फ़तह का जश्न इस जश्न के बाद है
ज़िंदगी मौत से मिल रही है गले
बाँध लो अपने सर से कफ़न साथियो
अब तुम्हारे हवाले वतन साथियो

शब्दार्थ राह–रास्ता; कुर्बानी–बलिदान; वीरान–सुनसान; काफ़िला–यात्रियों का समूह; फ़तह–जीत; जश्न–उत्सव के लिए तैयार होना; सर पे कफ़न बाँधना–मृत्यु और बलिदान के लिए तैयार रहना।

भावार्थ

बलिदानी सैनिक अन्य सैनिक साथियो को कहता है—मेरे सैनिक साथियो! हमने देश के लिए जो बलिदान दिए हैं, उसकी राह कभी सूनी नहीं होनी चाहिए। देश के लिए मर-मिटने वाले सैनिकों के नए-नए समूह तैयार होते रहने चाहिए। उन्हें बलिदान के लिए सहर्ष आगे आते रहने चाहिए। एक बार हमने यह संघर्ष और बलिदान का उत्सव मना लिया तो फिर अगला उत्सव विजय का ही होगा।

आशय यह है कि बलिदान के पथ पर हमें विजय अवश्य प्राप्त होगी। देखो, आज ज़िंदगी खुद आगे बढ़कर मौत को गले लगा रही है। आशय यह है कि संघर्षशील नवयुवक उत्साहपूर्वक बलिदान देने को तैयार हैं।

मेरे साथियो! देश के लिए मर-मिटने का अवसर आया है। तुम अपने बलिदान के लिए तैयार हो जाओ। हम तो बलिदान करके दुनिया से जा रहे हैं। अब यह देश तुम्हारे सहारे छोड़कर जा रहे हैं। इसे शत्रुओं से बचाकर रखना।

काव्य सौंदर्य

(i) कवि ने देश की रक्षा हेतु बलिदान के महत्त्व को बताया है।
(ii) सरल एवं सहज भाषा के तहत उर्दू शब्दावलियों का प्रचुर प्रयोग किया गया है।
(iii) भाषा भावों की अभिव्यक्ति करने में पूर्णत: सक्षम है।
(iv) प्रस्तुत काव्यांश में दृष्टांत अलंकार का प्रयोग किया गया है।
(v) वीर रस की अभिव्यक्ति हुई है।
(vi) मुहावरों का मनोहारी चित्रण किया गया है।

काव्यांश 4

खींच दो अपने खूँ से ज़मीं पर लकीर
इस तरफ़ आने पाए न रावन कोई
तोड़ दो हाथ अगर हाथ उठने लगे
छू न पाए सीता का दामन कोई
राम भी तुम, तुम्हीं लक्ष्मण साथियो
अब तुम्हारे हवाले वतन साथियो।

शब्दार्थ खूँ–रक्त, खून; ज़मीं–धरती; लकीर–रेखा; रावन–रावण (शत्रु); हाथ उठना–आक्रमण होना; दामन–आँचल।

भावार्थ

देश के लिए शहीद होने वाले सैनिक मृत्यु को गले लगाने से पहले अन्य सैनिकों को संबोधित करते हुए कहते हैं कि तुम अपने खून से धरती पर एक ऐसी लक्ष्मण रेखा खींच दो कि कोई भी रावण अर्थात् दुश्मन इस लक्ष्मण रेखा को पार करने की हिम्मत न कर सके अर्थात् ऐसा भय दुश्मन के मन में भर दो कि हमारे देश की सीमा में कदम रखने की वह सोच भी न सके।

यदि किसी शत्रु का हाथ भारतमाता की ओर बढ़े, तो उसे तुरंत काट डालो। भारतमाता के सम्मान को किसी भी तरह कोई भी ठेस नहीं लगनी चाहिए। जिस प्रकार सीता की रक्षा हेतु राम और लक्ष्मण ने पापी रावण का सर्वनाश कर दिया था, उसी प्रकार तुम्हें भी राम-लक्ष्मण की भाँति अपने शत्रुओं का नाश कर भारतमाता को सुरक्षित करना है।

तुम ही राम हो, तुम ही लक्ष्मण हो। स्वयं को पहचानो। तुम ही भारत के रक्षक हो, रखवाले हो। अब हम यह देश तुम्हारे हवाले करके दुनिया से जा रहे हैं। इसकी रक्षा करना।

काव्य सौंदर्य

(i) कवि ने देशवासियों को सैनिको के बलिदान से प्रेरणा लेते हुए देश की रक्षा के लिए तत्पर रहने का संदेश दिया है।

(ii) सरल एवं सहज भाषा के अंतर्गत उर्दू शब्दों का समुचित प्रयोग हुआ है।

(iii) भावाभिव्यक्ति में पूर्णत: सक्षम, भाषा अत्यंत प्रभावोत्पादक है।

(iv) प्रस्तुत काव्यांश में दृष्टांत अलंकार का प्रयोग किया गया है।

(v) इसमें वीर रस मौजूद है।

(vi) भाषा में संगीतात्मकता व लयात्मकता है।

NCERT फोल्डर

पाठ्यपुस्तक (स्पर्श भाग-2) के प्रश्नोत्तर

(क) निम्नलिखित प्रश्नों के उत्तर दीजिए

प्र.1 क्या इस गीत की कोई ऐतिहासिक पृष्ठभूमि है? CBSE 2012

अथवा

'कर चले हम फ़िदा।' कविता की ऐतिहासिक पृष्ठभूमि का उल्लेख करते हुए उसका प्रतिपाद्य अपने शब्दों में लिखिए। दक्षता आधारित प्रश्न, CBSE 2017

अथवा

'कर चले हम फ़िदा' गीत की ऐतिहासिक पृष्ठभूमि क्या है? CBSE 2016

उत्तर 'कर चले हम फ़िदा' गीत उर्दू के प्रसिद्ध शायर कैफ़ी आज़मी की रचना है। यह गीत वर्ष 1962 में 'भारत-चीन युद्ध' की ऐतिहासिक पृष्ठभूमि पर बनने वाली फिल्म 'हकीकत' के लिए लिखा गया था। इस गीत के माध्यम से देशवासियों में अपनी मातृभूमि के प्रति बलिदान की भावना तथा आज़ादी की रक्षा के लिए प्राणों की परवाह न करने का भाव, सैनिकों के संबोधन के माध्यम से अभिव्यक्त किया गया है। यह गीत वर्तमान समय में भी देशभक्ति के प्रति उत्साह पैदा करने में महत्त्वपूर्ण भूमिका निभाता है।

प्र.2 'सर हिमालय का हमने न झुकने दिया', इस पंक्ति में हिमालय किस बात का प्रतीक है? CBSE 2012, 11, 09

अथवा **'कर चले हम फ़िदा' गीत एक ऐतिहासिक पृष्ठभूमि पर लिखा गया है। वह ऐतिहासिक पृष्ठभूमि क्या है? क्या इस प्रकार के गीत हमें अपने देश पर मर मिटने की प्रेरणा देते हैं? अपने विचार लिखिए** दक्षता आधारित प्रश्न, CBSE Term II 2022

अथवा **हिमालय किसका प्रतीक है?** CBSE 2011, 10

उत्तर 'हिमालय' पर्वत भारत के उत्तर में खड़ा उसका पहरेदार है, जो देश की अस्मिता तथा ताज का प्रतीक है। भारत-चीन युद्ध के दौरान हिमालय की वादियों एवं चोटियों पर दुश्मनों के कब्जे को रोकने के लिए जवानों ने अपनी कुर्बानियाँ दीं। भारतीय सैनिकों ने अपने बलिदान के द्वारा हिमालय के गौरव को पद-दलित होने से रोका, क्योंकि हिमालय हमारे स्वाभिमान का प्रतीक है। इस पंक्ति में 'हिमालय' भारतीय वीरता की अविचल प्रवृत्तियों का भी प्रतीक बनकर सामने आया है।

प्र.3 इस गीत में धरती को दुलहन क्यों कहा गया है? CBSE 2018

अथवा **'कर चले हम फ़िदा' कविता में धरती को दुलहन क्यों कहा गया है?** CBSE 2015

अथवा **'आज धरती बनी है दुलहन साथियो' इस पंक्ति से कवि धरती के बारे में क्या कहना चाहता है?** CBSE 2016, 10

उत्तर इस गीत में देश के सैनिकों और भारत-भूमि में प्रेमी-प्रेमिका का संबंध दिखाया गया है। धरती को दुलहन इसलिए कहा गया है, क्योंकि जिस प्रकार नववधू की सुरक्षा का दायित्व नवयुवक पर होता है। वह उसकी रक्षा के लिए अपनी जान तक न्योछावर कर देता है। उसी प्रकार आज भारत भूमि-भी अनेक देशभक्तों के रक्त में स्नान कर लाल रंग के वस्त्रों में सजी दुलहन के समान है, जिसकी सुरक्षा का दायित्व देश के प्रत्येक नवयुवक पर है।

प्र.4 गीत में ऐसी क्या खास बात होती है कि वे जीवनभर याद रह जाते हैं? दक्षता आधारित प्रश्न

उत्तर गीत में एक ऐसा ज़ज़्बा अर्थात् जोश एवं मर्म होता है, जो हृदय की गहराइयों को स्पर्श करता है। एक सैनिक के माध्यम से देश के लिए कुर्बान होने की भावना, आज़ादी की रक्षा के लिए अपने प्राणों की परवाह न करने की चेतना का प्रवाह होना वस्तुत: जीवनभर याद रह जाने वाली घटना है। देश के लिए मरने के गर्व का अनुभव दिल को छू जाता है। अपना सिर कटा कर भी देश के मस्तक को ऊँचा रखने का भाव 'देशभक्ति' का चरमोत्कर्ष है।

इस गीत की प्रत्येक पंक्ति एक नया तेवर रखती है। मौत वही सार्थक है, जो देश की खातिर और देशवासियों की रक्षा एवं स्वतंत्रता को बनाए रखने के लिए हो। वास्तव में, 'कर चले हम फ़िदा' गीत अंतर्मन को झकझोर देने की शक्ति रखता है। हृदय में देश के लिए मर-मिटने का उत्साह पैदा करता है। इसी कारण यह विशिष्ट है और इसकी विशिष्टता जीवनभर याद रहती है।

प्र.5 कवि ने 'साथियो' संबोधन का प्रयोग किसके लिए किया है? CBSE 2013, 11

उत्तर कवि ने 'कर चले हम फ़िदा' गीत में सैनिकों के संबोधन को स्थान दिया है। गीत के अंतर्गत सैनिक अपनी वीरता से देश की रक्षा करने में सफल रहे हैं। उसी का वर्णन करते हुए वे भविष्य में देश-रक्षा का भार हमारी युवा शक्ति को सौंप कर विदा ले रहे हैं। सैनिक अपने संबोधन में देश की युवा शक्ति के लिए 'साथियो' शब्द का प्रयोग करते हैं।

प्र.6 कवि ने इस कविता में किस काफ़िले को आगे बढ़ाते रहने की बात कही है? **CBSE 2019, 12**

उत्तर कवि वीर सैनिकों के मनोभावों को व्यक्त करते हुए कहता है कि देश पर मर-मिटने का उत्साह कम नहीं होना चाहिए। आज़ादी पाने के लिए जिस तरह युवाओं ने अपनी जवानी न्योछावर कर दी, उसी तरह आज़ादी के बाद के कई युद्धों में भी सैनिकों ने ऐसा बलिदान किया है। विजय की यह मशाल जलती रहनी चाहिए।

हमारी युवा शक्ति को देश की रक्षा तथा आज़ादी की सुरक्षा के लिए हमेशा तत्पर रहना होगा। 'काफ़िले' शब्द सतत प्रक्रिया को सामने रखने के लिए गीत में आया है। यह देश के लिए दी जाने वाली कुर्बानियों की निरंतरता की ओर इशारा करता है।

प्र.7 इस गीत में 'सर पर कफ़न बाँधना' किस ओर संकेत करता है? **दक्षता आधारित प्रश्न**

उत्तर इस गीत में कवि ने देशवासियों को देश के लिए मर-मिटने की परंपरा की याद दिलाई है। कवि मानता है कि हमें कुर्बानियों के मार्ग को वीरान नहीं होने देना है।

हमें ऐसे 'काफ़िले' सजाते रहने होंगे, जो देश के लिए बलिदान करने को सदैव तत्पर रहें, क्योंकि आज़ादी के बाद आज़ादी की सुरक्षा परम आवश्यक है। इसके लिए हर समय हमें सचेत रहते हुए, देश के अंदर तथा बाहर, दुश्मनों को समाप्त करने के लिए मौत को गले लगाने हेतु सिर पर कफ़न बाँधकर तैयार रहना होगा।

वस्तुत: इस गीत में 'सर पर कफ़न बाँधना' मुहावरे का प्रयोग देश के लिए मर-मिटने हेतु हमेशा तैयार रहने की मानसिकता का प्रतीक है।

प्र.8 इस कविता का प्रतिपाद्य अपने शब्दों में लिखिए। **CBSE 2012, 11**

अथवा **'कर चले हम फिदा ……' कविता का प्रतिपाद्य अपने शब्दों में स्पष्ट कीजिए।** **CBSE 2019**

उत्तर प्रत्येक प्राणी को अपनी ज़िंदगी प्यारी है। असाध्य रोगी भी लंबा जीवन जीना चाहता है। वृद्ध तथा लाचार भी मरने की बात कभी नहीं सोचते। मृत्यु नज़दीक देख अहिंसक भी हिंसक बन जाते हैं।

ऐसे में देश की सीमाओं पर तैनात सैनिकों का जीवन एक आदर्श चेतना को सामने लाने का प्रयास है। 'कर चले हम फ़िदा' गीत में कवि ने सैनिकों के माध्यम से देश के लिए अपने प्राणों को न्योछावर करने वाले लोगों की भावना का वर्णन किया है। देश की रक्षा में अपने प्राणों को न्योछावर करने वाला सैनिक ऐसी ही अपेक्षा आने वाली युवा पीढ़ियों से भी करता है।

उसे देश के लिए 'मर-मिटना' अपने जीवन में सौंदर्य तथा प्यार की प्राप्ति से कहीं अधिक महत्त्वपूर्ण एवं अर्थपूर्ण लगता है। इसी में जीवन की सार्थकता है। देशभक्ति का उत्साह प्रवाहित करना ही 'कर चले हम फ़िदा' गीत का प्रतिपाद्य है।

(ख) निम्नलिखित का भाव स्पष्ट कीजिए

प्र.1 "साँस थमती गई, नब्ज़ जमती गई
फिर भी बढ़ते कदम को न रुकने दिया।" **दक्षता आधारित प्रश्न**

उत्तर सैनिक अपने देशवासियों को संबोधित करते हुए कहता है कि देश के लिए हम स्वयं को न्योछावर कर सभी से विदा ले रहे हैं। अब यह मातृभूमि तुम्हारे हवाले है, जिसकी रक्षा अब तुम्हें ही करनी है। सैनिक कहता है कि हमने अपना कर्त्तव्य निभाया है। साँस रुकने तक तथा धड़कन के बंद होने तक हमने अपने कदम आगे ही बढ़ाए हैं। हमने खुद को मिटाकर भी हिमालय का मस्तक झुकने से बचाया है।

प्र.2 "खींच दो अपने खूँ से ज़मीं पर लकीर
इस तरफ़ आने पाए न रावन कोई।"

उत्तर सैनिक अपने देश की युवा शक्ति का आह्वान करते हुए, पौराणिक कथा के माध्यम से उन्हें देश की रक्षा हेतु बलिदान देने के लिए उत्साहित करता है। वह कहता है कि अपनी सीमाओं पर अपने खून से ऐसी लकीर खींच दो कि किसी 'रावण' को उस 'लक्ष्मण रेखा' को पार करने के लिए कई बार सोचना पड़े। कोई भी विदेशी ताकत यदि इस सीमा का अतिक्रमण करे तो उसे उचित जवाब दो, जिससे फिर कोई भारतमाता के आँचल को मलिन करने का दुस्साहस न कर सके।

प्र.3 "छू न पाए सीता का दामन कोई
राम भी तुम, तुम्हीं लक्ष्मण साथियो।"

उत्तर शायर (कवि) सैनिकों के माध्यम से अपने देशवासियों को संबोधित करता हुआ कहता है कि तुम्हीं राम और लक्ष्मण हो, जिनकी शक्ति के सामने दुनिया के भयानक असुरों के राजा रावण ने घुटने टेक दिए थे। अपनी मातृभूमि को अत्यंत वीर देशवासियों के हवाले करता हुआ सैनिक लगभग निश्चिंत है।

भाषा अध्ययन

प्र.1 इस गीत में कुछ विशिष्ट प्रयोग हुए हैं। गीत के संदर्भ में उनका आशय स्पष्ट करते हुए अपने वाक्यों में प्रयोग कीजिए

(i) कट गए सर
(ii) नब्ज़ जमती गई
(iii) जान देने की रुत
(iv) हाथ उठने लगे

उत्तर (i) **कट गए सर** बलिदान हो गए/मर गए
वाक्य प्रयोग देश को स्वतंत्रता दिलाने में न जाने कितने ही स्वतंत्रता सेनानियों के सर कट गए।

(ii) **नब्ज़ जमती गई** शरीर की नसों में खून जमने लगा
वाक्य प्रयोग भीषण ठंड के कारण हिमालय की बर्फीली चोटियों पर लड़ने वाले सैनिकों की नब्ज़ जमती गई, किंतु फिर भी वे लड़ते रहे।

(iii) **जान देने की रुत** जीवन देने का अवसर, बलिदान देने का अवसर
वाक्य प्रयोग अपनी मातृभूमि पर जान देने की रुत कभी-कभी ही आती है।

(iv) **हाथ उठने लगे** आघात या आक्रमण होना
वाक्य प्रयोग पड़ोसी धर्म निभाना पड़ोसी का कर्त्तव्य है, किंतु जब पड़ोसी का हाथ उठने लगे, तो उस हाथ को काट डालना चाहिए।

प्र.2 ध्यान दीजिए संबोधन में बहुवचन 'शब्द रूप' पर अनुस्वार का प्रयोग नहीं होता; जैसे—भाइयो, बहिनो, देवियो, सज्जनो आदि।

उत्तर छात्र सावधानी रखें।

योग्यता विस्तार

प्र.1 कैफ़ी आज़मी उर्दू भाषा के एक प्रसिद्ध कवि और शायर थे। ये पहले ग़ज़ल लिखते थे। बाद में फ़िल्मों में गीतकार और कहानीकार के रूप में लिखने लगे। निर्माता 'चेतन आनंद' की फ़िल्म 'हकीकत' के लिए इन्होंने यह गीत लिखा था, जिसे बहुत प्रसिद्धि मिली। यदि संभव हो सके तो यह फ़िल्म देखिए।

उत्तर विद्यार्थियों द्वारा स्वयं किया जाने वाला क्रियाकलाप।

प्र.2 'फ़िल्म का समाज पर प्रभाव' विषय पर कक्षा में परिचर्चा आयोजित कीजिए।

उत्तर अध्यापक व विद्यार्थियों द्वारा कक्षा में किया जाने वाला क्रियाकलाप।

प्र.3 कैफ़ी आज़मी की अन्य रचनाओं को पुस्तकालय से प्राप्त कर पढ़िए और कक्षा में सुनाइए। इसके साथ ही उर्दू भाषा के अन्य कवियों की रचनाओं को भी पढ़िए।

उत्तर पुस्तकालय से पुस्तक लेकर विद्यार्थी स्वयं पढ़ें।

प्र.4 एनसीईआरटी द्वारा कैफ़ी आज़मी पर बनाई गई फ़िल्म देखने का प्रयास कीजिए।

उत्तर विद्यार्थियों द्वारा स्वयं किया जाने वाला क्रियाकलाप।

परियोजना कार्य

प्र.1 सैनिक जीवन की चुनौतियों को ध्यान में रखते हुए एक निबंध लिखिए।

उत्तर सैनिक जीवन

सैनिक जीवन वास्तव में, बलिदान, संघर्ष, अनुशासन एवं सदैव सर्वस्व न्योछावर करने के लिए तत्पर रहने वाला जीवन होता है।

समाज के पीड़ितों, शोषितों, वंचितों आदि को सुरक्षा प्रदान करने और व्यापक स्वरूप में देश के सभी वर्गों की रक्षा करने का दायित्व सैनिक उठाते हैं। वे चुनौतियों का सामना करने के लिए हर पल तत्पर रहते हैं। सैनिक का स्वभाव निडर, कर्मठ, अनुशासित एवं त्यागमय होता है।

वे बिना किसी भय या लालच के देश की रक्षा करने के लिए हमेशा अपनी जान देने को तैयार रहते हैं। वे अपने जीवन में मौत का सामना खुशी के साथ करते हैं, क्योंकि उनकी कर्त्तव्य भावना उन्हें ऐसा करने के लिए प्रेरित करती है।

वे अपने कर्त्तव्य के पालन के लिए अपने सभी निजी आनंदों एवं उपभोगों का त्याग करते हैं। उनके अंदर देशभक्ति एवं समाजसेवा की भावना इतनी कूट-कूट कर भरी रहती है कि वे कभी भी भ्रष्ट मार्ग का चयन कर ही नहीं सकते। वास्तव में, देश के सैनिक ही देश के असली नायक हैं और उनका जीवन ही समाज के लिए वास्तविक आदर्श है।

प्र.2 आज़ाद होने के बाद सबसे मुश्किल काम है 'आज़ादी बनाए रखना'। इस विषय पर कक्षा में चर्चा कीजिए।

उत्तर विद्यार्थियों व अध्यापक द्वारा कक्षा में आयोजित किया जाने वाला क्रियाकलाप।

प्र.3 अपने स्कूल के किसी समारोह पर यह गीत या अन्य कोई देशभक्तिपूर्ण गीत गाकर सुनाइए।

उत्तर विद्यार्थियों द्वारा स्वयं किया जाने वाला क्रियाकलाप।

अभ्यास प्रश्न

बहुविकल्पीय व वर्णनात्मक प्रश्नों सहित

कविता पर आधारित बहुविकल्पीय प्रश्न

1. 'कर चले हम फ़िदा' कविता किसे संबोधित करके लिखी गई है? **CBSE SQP (Additional Set) 2023**

(i) देशवासियों को (ii) नौजवानों को
(iii) जनता को (iv) सैनिकों को

उत्तर (ii) नौजवानों को

2. 'कर चले हम फ़िदा' कविता में सिपाहियों का अडिग आत्मविश्वास उनके ……… विचारों का परिणाम है। **CBSE SQP (Additional Set) 2023**

(i) प्रतिक्रियावादी (ii) पलायनवादी
(iii) उदारवादी (iv) राष्ट्रवादी

उत्तर (iv) राष्ट्रवादी

3. 'कर चले हम फ़िदा' गीत के माध्यम से गीतकार देशवासियों को क्या प्रेरणा देना चाह रहा है? **दक्षता आधारित प्रश्न**

(i) सैनिक बनने की
(ii) देशप्रेम का भाव जगाने की
(iii) वीरता दिखाने की
(iv) गीत बनाने की

उत्तर (ii) देशप्रेम का भाव जगाने की

4. 'साँस थमती गई, नब्ज़ जमती गई' से क्या भाव स्पष्ट हो रहा है?

(i) मृत्यु का नज़दीक होना
(ii) बर्फ़ के पास होना
(iii) बहुत ठंड होना
(iv) हैरान हो जाना

उत्तर (i) मृत्यु का नज़दीक होना

5. गीतकार के अनुसार सैनिक देश की रक्षा के लिए क्या करते रहे हैं?

(i) संघर्ष करते रहे हैं
(ii) प्राणों की आहुति देते रहे हैं
(iii) अपने सर कटाते रहे हैं
(iv) उपर्युक्त सभी

उत्तर (iv) उपर्युक्त सभी

6. सैनिक अपने अंतिम संदेश में साथियों से क्या कह रहा है? **दक्षता आधारित प्रश्न**

(i) वह अपने प्राणों को देशहित में न्योछावर कर रहा है और अपना देश अन्य साथियों के हाथों में सौंप रहा है
(ii) वह अपने साथियों से देशभक्ति के गीत गाने को कह रहा है
(iii) वह अपने द्वारा किए गए कार्यों का वर्णन कर रहा है
(iv) उपर्युक्त में से कोई नहीं

उत्तर (i) वह अपने प्राणों को देशहित में न्योछावर कर रहा है और अपना देश अन्य साथियों के हाथों में सौंप रहा है।

7. गीतकार के अनुसार, साँसें थम जाने पर भी सैनिकों ने क्या नहीं किया?

(i) बढ़ते कदमों को नहीं रुकने दिया
(ii) वह वापस लौट गए
(iii) उन्होंने लड़ना बंद कर दिया
(iv) वह हार गए

उत्तर (i) बढ़ते कदमों को नहीं रुकने दिया

8. 'सर हिमालय का हमने न झुकने दिया' पंक्ति का आशय है

(i) देश के आत्मसम्मान और गौरव पर आँच न आने देना।
(ii) हिमालय की ओर से शत्रुओं को देश में प्रवेश न करने देना।
(iii) देश की आन-बान-शान हिमालय की रक्षा करना।
(iv) हिमालय की रक्षा के लिए प्राणों का बलिदान करना।

उत्तर (i) देश के आत्मसम्मान और गौरव पर आँच न आने देना

9. 'सैनिकों में मरने के बाद भी वीरता का भाव बना रहा' यह आशय निम्नलिखित में से किस पंक्ति का है? **दक्षता आधारित प्रश्न**

(i) कर चले हम फिदा, जानो तन साथियों
(ii) फिर भी बढ़ते कदम को न रुकने दिया
(iii) मरते-मरते रहा बाँकपन साथियों
(iv) अब तुम्हारे हवाले वतन साथियों

उत्तर (iii) मरते-मरते रहा बाँकपन साथियों

10. मृत्यु के समय सैनिक की अवस्था कैसी थी? **दक्षता आधारित प्रश्न**

(i) करुणामयी और दुःख से भरी
(ii) वेदनामयी और लाचारी भरी
(iii) देशप्रेम और आत्मबलिदान से भरी
(iv) भयाक्रांत और संकट से भरी

उत्तर (iii) देशप्रेम और आत्मबलिदान से भरी

11. गीतकार के अनुसार, बताइए कि जीवन में ………… समय बार-बार नहीं मिलता है।

(i) बलिदान का (ii) जीवित रहने का
(iii) मृत्यु का (iv) बचपन का

उत्तर (i) बलिदान का

12. 'जान देने की रुत' से क्या भाव स्पष्ट हो रहा है? **दक्षता आधारित प्रश्न**

(i) बलिदान का समय
(ii) मरने के लिए तैयार रहना
(iii) देशभक्ति की प्रेरणा देना
(iv) देश की रक्षा हेतु जान न्यौछावर करने का सुअवसर

उत्तर (iv) देश की रक्षा हेतु जान न्यौछावर करने का सुअवसर।

13. **निम्नलिखित वाक्यों को ध्यानपूर्वक पढ़कर सही विकल्प का चयन कीजिए।** **दक्षता आधारित प्रश्न**

1. मनुष्य को जीवित रहने के अवसर बार-बार मिलते हैं।
2. बचपन में प्रेम और जोश अपने उत्कर्ष पर होता है।
3. प्रेम और सौंदर्य की रक्षा हेतु तैयार रहना चाहिए।
4. सैनिकों को भारतमाता रूपी दुल्हन की रक्षा के लिए तत्पर रहना चाहिए।

(क) 1 और 3 (ख) 2 और 3
(ग) 3 और 4 (घ) 1 और 4

उत्तर (घ) 1 और 4

14. **बलिदान का यह सिलसिला चलते रहना चाहिए, यह किन पंक्तियों से स्पष्ट हो रहा है?**

(i) तुम सजाते ही रहना नये काफिले
(ii) राह कुर्बानियों की न वीरान हो
(iii) अब तुम्हारे हवाले वतन साथियों
(iv) उपर्युक्त सभी

उत्तर (ii) राह कुर्बानियों की न वीरान हो।

15. **'ज़िंदगी मौत से मिल रही है गले' पंक्ति से क्या तात्पर्य है?**

(i) अपनी खुशी को त्यागना (ii) अपनी हार स्वीकार कर लेना
(iii) आत्मबलिदान देना (iv) शत्रु पर विजय मिलना

उत्तर (iii) आत्मबलिदान देना

16. **निम्नलिखित कथन (A) और कारण (R) को ध्यानपूर्वक पढ़कर सही विकल्प का चयन करें।**

कथन (A) मनुष्य को जीवित रहने के अवसर बार-बार मिलते हैं।

कारण (R) परंतु देश के लिए बलिदान देने के अवसर कभी-कभी मिलते हैं। **दक्षता आधारित प्रश्न**

उपर्युक्त कथन (A) और कारण (R) के उचित विकल्प का चयन कीजिए

(i) कथन (A) और कारण (R) दोनों गलत हैं।
(ii) कथन (A) और कारण (R) दोनों सही हैं।
(iii) कथन (A) सही, किन्तु कारण (R) गलत हैं।
(iv) कथन (A) गलत, किन्तु कारण (R) सही है।

उत्तर (ii) कथन (A) और कारण (R) दोनों सही हैं।

काव्यांश पर आधारित बहुविकल्पीय प्रश्न

निम्नलिखित काव्यांशों को ध्यानपूर्वक पढ़कर पूछे गए प्रश्नों के सही विकल्प चुनिए।

1. साँस थमती गई, नब्ज जमती गई
फिर भी बढ़ते कदम को न रूकने दिया
कट गए सर हमारे तो कुछ गम नहीं,
सर हिमालय का हमने न झुकने दिया
मरते-मरते रहा बाकंपन साथियों
अब तुम्हारे हवाले वतन साथियों।
जिंदा रहने के मौसम बहुत हैं मगर
जान देने की रुत रोज़ आती नहीं
हुस्न और इश्क दोनों को रुस्वा करे
वो जवानी जो खूँ में नहाती नहीं,
आज धरती बनी है दुलहन साथियों
अब तुम्हारे हवाले वतन साथियों। **CBSE SQP 2023, CBSE 2023**

(क) 'सर हिमालय का हमने न झुकने दिया' का अर्थ है

(i) हिमालय को सजाना
(ii) हिमालय की सुरक्षा करना
(iii) भारत के गौरव को बनाए रखना
(iv) भारत का गुणगान करना

उत्तर (iii) भारत के गौरव को बनाए रखना

(ख) कवि द्वारा 'साथियों' संबोधन का प्रयोग .... के लिए किया गया है।

(i) कवियों (ii) शहीदों (iii) सैनिकों (iv) देशवासियों

उत्तर (iv) देशवासियों

(ग) 'मरते-मरते रहा बाकंपन साथियों' कवि ने ऐसा कहा है, क्योंकि

(i) सैनिक धरती को दुल्हन की तरह सजा हुआ देखकर प्रसन्न हो गए।
(ii) सैनिकों ने मातृभूमि की रक्षा हेतु जोश और साहस से युद्ध किया।
(iii) देशवासियों को बार-बार पुकारकर सैनिकों ने उनमें देशभक्ति का भाव जगाया।
(iv) सैनिकों ने कभी भी टेढ़ेपन से बातचीत नहीं की, देश रक्षा ही एकमात्र उद्देश्य रहा।

उत्तर (ii) सैनिकों ने मातृभूमि की रक्षा हेतु जोश और साहस से युद्ध किया।

(घ) सैनिकों को अपने खून में रंगी धरती किसके समान प्रतीत होती है?

(क) सैनिकों के (ख) युवा पीढ़ी के
(ग) दुल्हन के (घ) देशवासियों के

उत्तर (ग) दुल्हन के

(ङ) इस काव्यांश का संदेश यह है कि हमें **दक्षता आधारित प्रश्न**

(i) हुस्न और इश्क को रुसवा करना चाहिए
(ii) देश को दूसरों के हवाले कर देना चाहिए
(iii) धरती को दुल्हन की तरह सजाना चाहिए
(iv) देश पर न्यौछावर होने के लिए तैयार रहना चाहिए

उत्तर (iv) देश पर न्यौछावर होने के लिए तैयार रहना चाहिए।

अथवा

(क) 'साँस थमती गई, नब्ज जमती गई' पंक्ति के संदर्भ में सैनिक की विशेषता को दर्शाने वाला सही विकल्प है।

(i) दृढ़ता और कर्त्तव्य परायणता
(ii) साहस और निडरता
(iii) वीरता और निडरता
(iv) उदारता और भावुकता

उत्तर (i) दृढ़ता और कर्त्तव्य परायणता

(ख) 'हिमालय' किसका प्रतीक है?

(i) पर्वतों के राजा का (ii) पर्वत शृंखला का

(iii) बुद्ध के स्थल का (iv) देश के मान का

उत्तर (iv) देश के मान का

(ग) 'कट गए सर हमारे तो कुछ गम नहीं' में 'हमारे' शब्द किसके लिए प्रयुक्त हुआ है।

(i) देश की रक्षा हेतु न्यौछावर होते सैनिकों के लिए

(ii) देश की रक्षा हेतु घायल होते सैनिकों के लिए

(iii) देश की सीमाओं पर पहरा देते सैनिकों के लिए

(iv) देश के पर्वतीय हिस्सो में तैनात सैनिकों के लिए

उत्तर (i) देश की रक्षा हेतु न्यौछावर होते सैनिकों के लिए

(घ) निम्नलिखित कथनों को ध्यानपूर्वक पढ़िए तथा काव्यांश से मेल खाते हुए सही विकल्प चुनकर लिखिए।

दक्षता आधारित प्रश्न

1. सैनिक घायल अवस्था में भी अपने कर्त्तव्य का निर्वाह करने से पीछे नहीं हटते
2. सैनिक युद्ध के लिए जाते समय अपने सभी उत्तरदायित्व किसी ओर को सौंप जाते हैं
3. सैनिक देश और देशवासियों की सुरक्षा के लिए अपने प्राणों की बलि लगा देते हैं
4. सभी सैनिक मानसिक और शारीरिक रूप से मजबूत होने के कारण ही अहंकारी होते हैं

(i) 1 और 2 (ii) 1 और 3

(iii) 1, 2 और 3 (iv) 1, 3 और 4

उत्तर (ii) 1 और 3

(ङ) काव्यांश में देशवासियों से क्या अपेक्षा की गई है?

(i) देश के विकास की

(ii) देश के विस्तार की

(iii) देश की रक्षा की

(iv) देश की सफलता की

उत्तर (iii) देश की रक्षा की

2. खींच दो अपने खूँ से जमीं पर लकीर
इस तरफ आने पाए न रावन कोई
तोड़ दो हाथ अगर हाथ उठने लगे
छू न पाए सीता का दामन कोई
राम भी तुम, तुम्हीं लक्ष्मण साथियों
अब तुम्हारे हवाले वतन साथियों।

(क) निम्नलिखित वाक्यों को ध्यानपूर्वक पढ़कर काव्यांश के आधार पर सही विकल्प का चयन कीजिए।

दक्षता आधारित प्रश्न

(i) मृत्यु को गले लगा रहे सैनिक अपने साथियों को मातृभूमि की रक्षा के लिए प्रेरित करते हैं।

(ii) दुश्मनों को देश में प्रवेश करने से रोक दो।

(iii) भारत माता और सीता में साम्यता नहीं दर्शायी गई है।

(iv) देश के सैनिक राम-लक्ष्मण और आक्रमणकारी रावण के समान हैं।

(क) (i), (iii) और (iv)

(ख) (ii) और (iii)

(ग) (iii) और (iv)

(घ) (i), (ii) और (iv)

उत्तर (घ) (i), (ii) और (iv)

(ख) 'खूँ से जमीं पर लकीर खींचने' का क्या आशय है?

(i) दुश्मन पर हमला करना

(ii) सीमाओं पर रक्तपात करना

(iii) बलिदान देकर भी शत्रु को रोकना

(iv) मातृभूमि की रक्षा के लिए तत्पर रहना

उत्तर (iii) बलिदान देकर भी शत्रु को रोकना

(ग) 'सीता का दामन' किसे कहा गया है?

(i) भारतीय सांस्कृतिक परंपरा को

(ii) देवी-देवताओं की मर्यादा को

(iii) देश के स्वाभिमान को

(iv) मातृभूमि के सम्मान को

उत्तर (iii) देश के स्वाभिमान को

(घ) 'राम भी तुम, तुम्हीं लक्ष्मण साथियों' कथन से कवि का संकेत किस ओर है?

दक्षता आधारित प्रश्न

(i) तुम्हें राम भी बनना है और लक्ष्मण भी

(ii) तुम्हें नारी के सम्मान की रक्षा भी करनी है और मर्यादा की भी

(iii) तुम्हें युद्ध भी करना है और रक्षा भी

(iv) तुम्हें भारतीयता को भी बचाना है और सीमाओं को भी

उत्तर (iv) तुम्हें भारतीयता को भी बचाना है और सीमाओं को भी

(ङ) 'तोड़ दो हाथ अगर हाथ उठने लगें' से क्या अभिप्राय है?

(i) अत्याचार का विरोध करो

(ii) पड़ोसी का हाथ तोड़ दो

(iii) विरोध मत करो

(iv) उपर्युक्त में से कोई नहीं

उत्तर (i) अत्याचार का विरोध करो

3. राह कुर्बानियों की न वीरान हो
तुम सजाते ही रहना नए काफिले
फतह का जश्न इस जश्न के बाद है
ज़िंदगी मौत से मिल रही है गले
बाँध लो अपने सर से कफन साथियों
अब तुम्हारे हवाले वतन साथियों

(क) प्रस्तुत पद्यांश के अनुसार, जिंदगी स्वयं आगे बढ़कर किसे गले लगा रही है?

दक्षता आधारित प्रश्न

(i) कुर्बानियों को (ii) साथियों को

(iii) मौत को (iv) वतन को

उत्तर (iii) मौत को

(ख) कवि ·········· को सजाने की बात कर रहा है।
(i) भारत माता के मस्तक को
(ii) जश्न मनाने वालों को
(iii) देश की कुर्बानियों को
(iv) बलिदानी सैनिकों के जत्थों को

उत्तर (iv) बलिदानी सैनिकों के जत्थों को

(ग) 'राह कुर्बानियों की न वीरान हो'—पंक्ति का क्या आशय है?
(i) सैनिक देश के बारे में सोचते रहें
(ii) बलिदानी सैनिकों की परंपरा बनी रहे
(iii) सैनिक सोच-समझकर आगे बढ़े
(iv) बलिदानी सैनिक आगे बढ़ने की सोच में रहे

उत्तर (ii) बलिदानी सैनिकों की परंपरा बनी रहे

(घ) 'सिर पर कफ़न बाँधने का किस ओर संकेत है?
(i) जीवित रहने की ओर
(ii) सिर बचाने की ओर
(iii) देश पर बलिदान होने की ओर
(iv) सिर पर मुकुट बाँधने की ओर

उत्तर (iii) देश पर बलिदान होने की ओर

(ङ) 'फतह का जश्न इस जश्न के बाद है' इस पंक्ति का भाव है
(i) हार के बाद ही जीत मिलती है
(ii) बलिदान के बाद ही आजादी मिलेगी
(iii) बलिदान के बाद ही जीत का जश्न आएगा
(iv) उपर्युक्त में से कोई नहीं

उत्तर (iii) बलिदान के बाद ही जीत का जश्न आएगा

विषय-वस्तु का ज्ञान, बोध अभिव्यक्ति पर आधारित प्रश्नोत्तर

1. सर कटने का गम किसे नहीं है और क्यों?

उत्तर सर कटने का गम भारतीय सैनिकों को नहीं है, क्योंकि वह अपनी भारत माता की रक्षा एवं सेवा के लिए सदैव तत्पर रहता है। वह अपने कर्त्तव्यों का पालन ईमानदारी के साथ करता है। वह अपने धर्म और कर्त्तव्य पालन करते समय हमें अपने दुख का आभास भी नहीं होने देता है, बल्कि अपने को देश के प्रति समर्पित करके वह गौरान्वित महसूस करता है। इसलिए वह देश की रक्षा के लिए हँसते-हँसते बलिदान देने को तैयार है।

2. कट गए सर हमारे तो कुछ गम नहीं,
सर हिमालय का हमने न झुकने दिया
मरते-मरते रहा बाँकपन साथियों
अब तुम्हारे हवाले वतन साथियों।

(क) उपर्युक्त पद में 'मरते-मरते रहा बाँकपन साथियों' में कौन-सा अलंकार है।

(ख) उपर्युक्त पंक्तियों का आशय स्पष्ट कीजिए।

उत्तर (क) जहाँ एक शब्द की एकसाथ एक से अधिक बार आवृत्ति हो तथा अर्थ की भिन्नता न हो वहाँ पुनरुक्ति प्रकाश अलंकार होता है। प्रस्तुत पंक्ति में 'मरते-मरते' शब्दों में पुनरुक्ति प्रकाश अलंकार है।

(ख) प्रस्तुत पंक्तियों में सैनिक कहता है कि देश की सुरक्षा के लिए भले ही सिर कट गए पर हिमालय का सिर अर्थात् देश का गौरव हमने झुकने नहीं दिया, न ही कम होने दिया। इस प्रकार, अपनी अंतिम साँस तक सैनिक देश की रक्षा के लिए सदैव तत्पर रहता है।

3. प्रस्तुत गीत में किन पौराणिक पात्रों का उल्लेख किया गया है और क्यों?

उत्तर प्रस्तुत गीत में राम, लक्ष्मण, सीता तथा रावण जैसे पौराणिक पात्रों का प्रयोग प्रतीक के रूप में किया गया है, क्योंकि कवि-प्रतीकात्मक पात्रों के उल्लेख के माध्यम से देशवासियों को देश पर सर्वस्व न्योछावर करने की प्रेरणा देना चाहता है। कवि कहना चाहता है कि भारत माता रूपी सीता के पवित्र आंचल की रक्षा देश के प्रत्येक नागरिक को राम-लक्ष्मण की भाँति पूर्ण साहस, धैर्य और वीरता से करनी चाहिए, जिससे कि रावण रूपी शत्रु सीता रूपी धरती माता को हानि न पहुँचा सके।

4. साँस थमते समय तथा नब्ज जमते समय भी भारतीय सैनिक की क्या इच्छा रहती है? **दक्षता आधारित प्रश्न**

उत्तर साँस थमना व नब्ज जमना व्यक्ति के जीवन के अंतिम समय का संकेत देते हैं, परंतु बहादुर सैनिक मृत्यु को सामने देखकर भी घबराता नहीं है, बल्कि अन्य सैनिकों को शत्रु से लड़ने के लिए प्रेरित करता है।

उन्हें धीरज बँधाते हुए कहता है कि जीत का उत्सव मनाने का समय आने वाला है, इसलिए शत्रु का डटकर सामना करो।

5. कविता के आधार पर बताइए कि जान देने की रुत कौन-सी होती है? **दक्षता आधारित प्रश्न**

उत्तर काव्यांश के आधार पर 'रुत' से तात्पर्य 'अवसर' से है। जान देने की रुत वह कहलाती है, जिसमें सैनिक देश की रक्षा करते-करते शत्रु के हाथों अपनी जान गँवा बैठते हैं। यह अवसर केवल देश प्रेमियों को ही मिलता है, जो देश के प्रति अपना सब कुछ न्यौछावर करने के लिए तत्पर रहते हैं।

6. जवानी की सार्थकता से क्या तात्पर्य है? यह किस प्रकार संभव है? **दक्षता आधारित प्रश्न**

उत्तर जवानी की सार्थकता से कवि का तात्पर्य जीवन की उस अवस्था से है, जिसमें जोश, उत्साह, शक्ति, ऊर्जा आदि भरपूर होती है। यदि इन गुणों का उचित लाभ उठाया जाए, तो जवानी को सार्थक बनाया जा सकता है। यदि युवा वर्ग अपने इस साहस, जोश तथा शक्ति का प्रयोग देशहित में करे, तो केवल युवावस्था (जवानी) ही नहीं, उसका पूरा जीवन सार्थक हो जाता है।

7. 'कर चले हम फिदा' कविता और 'कारतूस' एकांकी के भावों की तुलना कीजिए। विश्लेषण करते हुए अपने मत के समर्थन में तर्क प्रस्तुत कीजिए। **CBSE SQP Term II 2021, CBSE Term-2 SQP 2022**

उत्तर 'कर चले हम फिदा' कविता और 'कारतूस' एकांकी में देशभक्ति की भावना समान रूप से विद्यमान है। कविता में जहाँ एक ओर सैनिक के कर्त्तव्य की भावना का वर्णन किया गया है, वहीं दूसरी तरफ एकांकी में वजीर अली के साहसी कारनामों का वर्णन किया गया है, जो उसने देशहित के लिए किए। कविता तथा एकांकी दोनों ही हमें देशभक्ति का संदेश देती हैं तथा देश के प्रति हमारे कर्त्तव्यों से हमें अवगत कराती हैं।

8. 'फ़तह का जश्न इस जश्न के बाद है' कवि ने ऐसा क्यों कहा?

***अथवा* 'फ़तह का जश्न इस जश्न के बाद है' पंक्ति में किन दो अलग-अलग जश्नों का जिक्र किया गया है?** **CBSE 2022, 16**

***अथवा* 'कर चले हम फ़िदा' कविता में किन दो जश्नों की बात की गई है?** **CBSE DIKSHA**

उत्तर 'फ़तह का जश्न इस जश्न के बाद है' कहकर कवि अन्य सैनिकों को बलिदान देने के लिए प्रेरित करना चाहता है। उसका मानना है कि यदि देश रक्षा के कार्यों को अधूरा छोड़ दिया जाएगा, तो शहीदों का बलिदान व्यर्थ हो जाएगा। अत: शहीदों के बाद अन्य सैनिकों को भी बहादुरी से शत्रुओं के साथ तब तक लड़ना होगा, जब तक देश पूरी तरह सुरक्षित न हो जाए। जीत का उत्सव हम तभी मना सकेंगे, जब बलिदान का यह सिलसिला थम जाएगा।

9. कवि ने सैनिकों से खून से लकीर खीचने की बात किस तथ्य को माध्यम बनाकर कही है?

उत्तर कवि ने सैनिकों से खून से लकीर खींचने की बात लक्ष्मण रेखा को माध्यम बनाकर कही है। जिस प्रकार, सीता माता की रक्षा हेतु लक्ष्मण ने कुटिया के चारों ओर ऐसी रेखा खींच दी थी, जिससे कोई भी शत्रु अंदर प्रवेश न कर सके, उसी प्रकार सैनिकों से भी अपने खून से वैसी ही लकीर खींचने को कहा गया है, जो भारतमाता को सुरक्षित कर सके। यहाँ 'लक्ष्मण रेखा' मुहावरेदार अर्थ में प्रयुक्त हुआ है, जिसका अभिप्राय दुश्मन की शक्ति को बाँधना या सीमित करना तथा मातृभूमि को दुश्मनों से मुक्त रखना है।

10. 'छू न पाए सीता का दामन कोई' कथन का क्या आशय है? **CBSE 2012**

उत्तर प्रस्तुत काव्य-पंक्ति का आशय यह है कि हमारी मातृभूमि हमारी सीता माँ है, जिसे कोई रावण रूपी विदेशी आक्रमणकारी छू न पाए तथा उस पर कोई कब्ज़ा या नियंत्रण न कर सके। वे भारत की भूमि पर नापाक (अपवित्र) इरादे से कदम न रख सकें। हमें अपनी सीता रूपी मातृभूमि की 'राम' एवं 'लक्ष्मण' बनकर रक्षा करनी होगी।

11. कवि ने सैनिकों को राम-लक्ष्मण जैसा बनने के लिए क्यों कहा है?

उत्तर कवि ने सैनिकों को राम-लक्ष्मण जैसा बनने के लिए इसलिए कहा है, क्योंकि वह चाहता है कि जिस प्रकार राम और लक्ष्मण ने सीता माता की रक्षा करके अपना क्षत्रिय धर्म निभाया था, उसी प्रकार उन्हें भी शत्रुओं से अपनी भारतमाता की रक्षा करके अपने देशभक्त होने का कर्त्तव्य निभाना है।

12. 'कर चले हम फ़िदा' कविता में कवि ने क्या संदेश दिया है? **CBSE 2016**

***अथवा* 'कर चले हम फ़िदा' कविता का केंद्रीय भाव है।** **Delhi Government SQP 2021**

उत्तर प्रस्तुत कविता के माध्यम से कवि ने यह संदेश दिया है कि देश की रक्षा करना हर नागरिक का कर्त्तव्य है। उसके मान- सम्मान को बनाए रखना हर भारतवासी की जिम्मेदारी है। जिस प्रकार सैनिक देश के मान-सम्मन को बचाने के लिए पीछे नहीं हटते फिर चाहें उन्हें अपनी जान ही क्यों न गँवानी पड़े वे खुशी-खुशी मातृभूमि के लिए अपना सर्वस्व न्यौछावर करने के लिए तत्पर रहते हैं। अत: हमें भी अपनी सामर्थ्य के अनुसार, देशहित में कार्य करके अपनी देशभक्ति तथा देशप्रेम की भावना को प्रकट करना चाहिए।

13. आज़ाद होने के बाद सबसे मुश्किल काम है "आज़ादी बनाए रखना"। आप इसके लिए क्या-क्या करेंगे? **CBSE 2013**

उत्तर भारत के प्रत्येक नागरिक को अपने देश की स्वतंत्रता बनाए रखने के लिए हमेशा सजग एवं सतर्क रहना चाहिए। उसमें वीरता एवं साहस के गुण मौजूद होने चाहिए। हम अपने देश की ओर आँख उठाने वाले दुश्मनों को मुँह तोड़ जवाब देंगे और देश की रक्षा के लिए अपने प्राणों का बलिदान हँसते-हँसते कर देंगे।

14. 'कर चले हम फ़िदा' कविता में सैनिक को बलिदान के समय भी दुख का अनुभव क्यों नहीं होता है? बताइए। **CBSE 2016, 15**

उत्तर किसी भी सैनिक का अपने देश या राष्ट्र के लिए बलिदान देना परम धर्म एवं कर्त्तव्य माना जाता है। इसी धर्म और कर्त्तव्य का पालन करते हुए एक सैनिक राष्ट्र हित में अपना बलिदान देते समय दु:खी नहीं होता; बल्कि गर्व का अनुभव करता है। वह अपनी भारत माता की रक्षा एवं सेवा के लिए सदैव तत्पर रहता है। वह अपने कर्त्तव्यों का पालन ईमानदारी के साथ करता है। इस प्रकार कहा जाना चाहिए कि अपने धर्म और कर्त्तव्य का पालन करते समय हमें दु:खी नहीं होना चाहिए, बल्कि गौरवान्वित महसूस करते हुए अपने कर्त्तव्य का पूर्ण रूप से पालन करना चाहिए; जैसा कि हमारे देश के प्रत्येक सैनिक किया करते हैं।

15. 'कर चले हम फ़िदा' कविता में 'साथियों' संबोधन का प्रयोग किनके लिए किया गया है? **CBSE 2012, 11**

उत्तर 'कर चले हम फ़िदा' कविता में कवि ने 'साथियों' का संबोधन अपने सैनिक साथियों तथा देशवासियों के लिए किया है। यह संबोधन देश के उन सैनिकों की ओर से है, जो देश के लिए स्वयं का बलिदान दे रहे हैं। उन्हें अपने बलिदान पर गर्व है। उन्होंने मरते दम तक देशवासियों का साथ निभाया है। इसलिए वे अपने उन देशवासियों को 'साथियो' के संबोधन से संबोधित कर रहे हैं। साथ ही वे देश के अन्य लोगों को भी अपने समान देश पर मर-मिटने की प्रेरणा दे रहे हैं। वे देश के लिए बलिदान देने वालों के काफ़िले को आगे बढ़ते रहने के लिए प्रेरित कर रहे हैं कि अब यह तुम्हारा कर्त्तव्य है कि तुम तन-मन से अपने देश की रक्षा करो।

16. 'कर चले हम फ़िदा' कविता में कवि ने देशवासियों से क्या अपेक्षाएँ की हैं? क्या हम उन अपेक्षाओं को पूरा कर रहे हैं? तर्क सहित उत्तर दीजिए। **दक्षता आधारित प्रश्न, CBSE 2018**

उत्तर 'कर चले हम फ़िदा' कविता में कवि ने देशवासियों से ये अपेक्षाएँ की हैं कि देश की रक्षा करना केवल सैनिकों का ही दायित्व नहीं है, बल्कि प्रत्येक देशवासी का कर्त्तव्य है। प्रत्येक देशवासी से यह अपेक्षा की जाती है कि वह अपना तन-मन-धन लगाकर अपने देश की सेवा करे, देश के विकास में अपना यथासंभव योगदान करे और आवश्यकता पड़ने पर किसी भी तरह का त्याग एवं बलिदान करने के लिए तैयार रहे।

कवि की उपर्युक्त अपेक्षाओं को अधिकांश संवेदनशील एवं जागरूक नागरिक पूरा करने की कोशिश करते हैं, लेकिन कुछ स्वार्थी एवं असामाजिक तत्त्व अपनी इन ज़िम्मेदारियों से मुँह चुराते हैं। वे अपने हितों को छोड़कर और किसी भी प्रकार की ज़िम्मेदारी को स्वीकार नहीं करते। हमें ऐसे लोगों को समझा-बुझाकर सही मार्ग पर लाने की कोशिश करनी चाहिए, जिससे देश के सभी नागरिकों के दिलों में अपने देश के प्रति देशभक्ति की भावना विद्यमान रहे।

17. आपके द्वारा इस पाठ्यक्रम में पढ़ी गई किस कविता की अंतिम पंक्तियाँ आपको सर्वाधिक प्रभावित करती हैं और क्यों? लगभग 60 शब्दों में व्यक्त कीजिए। **CBSE SQP 2022**

उत्तर इस सत्र की पढ़ी गई कविताओं में से 'कर चले हम फिदा' कविता की अंतिम पंक्तियाँ 'खींच दो अपने खूँ से लकीर, इस तरफ आने पाए न रावन कोई......' मुझे सर्वाधिक प्रभावित करती हैं, क्योंकि इन पंक्तियों से हमें सैनिकों के आत्मबलिदान से प्रेरणा लेकर देश की रक्षा के लिए सदा तैयार रहने की सीख मिलती है। इन पंक्तियों के माध्यम से कवि ने सभी साथी सैनिकों और देशवासियों का आह्वान कर संदेश दिया है कि भारतभूमि सीता की तरह पवित्र है। अगर कोई शत्रु रूपी रावण इसकी तरफ बढ़ेगा तो अपने खून से लक्ष्मण (सैनिक) रेखा खींचकर उसे बचाएँ। यदि किसी शत्रु का हाथ भारत माता की ओर उठे तो उसे तोड़कर रख दें। राम और लक्ष्मण ने जिस प्रकार सीता की रक्षा की थी, ठीक उसी प्रकार आप भी भारत माता की रक्षा करें।

18. युद्ध क्षेत्र में वीर सैनिक अपने जीवन को किस तरह सार्थक मानता है? स्पष्ट कीजिए। **CBSE 2015**

उत्तर अपना जीवन सभी प्राणियों को प्रिय होता है। कोई भी इसे यूँ ही खोना नहीं चाहता। असाध्य रोगी तक लंबे जीवन की कामना करते हैं। इसलिए शांति प्रिय जीव भी अपने प्राणों पर संकट आया जान, उसकी रक्षा हेतु तत्पर हो जाते हैं। दूसरी तरफ़, वीर सैनिक का जीवन इसके ठीक विपरीत होता है। वह अपने जीवन के लिए नहीं, बल्कि देशवासियों की आज़ादी और देश पर आए संकट से मुकाबला करने के लिए अपना सीना तानकर खड़ा हो जाता है। युद्ध क्षेत्र में वीर सैनिक अपने देश की मान-मर्यादा एवं सुरक्षा के लिए अपने प्राणों को न्योछावर करके ही अपने जीवन को सार्थक मानता है। वह किसी भी कीमत पर अपने देश के सम्मान को ठेस नहीं पहुँचने देता।

19. सीमा पर भारतीय सैनिकों के द्वारा सहर्ष स्वीकारी जा रही कठिन परिस्थितियों का उल्लेख कीजिए और प्रतिपादित कीजिए कि 'कर चले हम फ़िदा' गीत सैनिकों के हृदय की आवाज़ है। **दक्षता आधारित प्रश्न**

उत्तर 'कर चले हम फिदा' गीत उर्दू के प्रसिद्ध शायर कैफ़ी आजमी की रचना है। इस गीत के माध्यम से कवि ने यह स्पष्ट करने का प्रयास किया है कि भारतीय सैनिकों का जीवन वास्तव में बलिदान, संघर्ष, अनुशासन एवं सर्वस्व न्योछावर करने की भावना से ओत-प्रोत होता है। वे सीमा पर मिलने वाली विविध कठिन परिस्थितियों का सहर्ष सामना करते हैं।

भारतीय सैनिक अपने जीवन के अंतिम क्षणों तक संघर्ष करते रहते हैं। देश की रक्षा में तत्पर भारतीय सैनिक साँस रुकने एवं धड़कने बंद होने तक अपने कदमों को रुकने नहीं देते। स्वयं का सर्वस्व त्याग करते हुए भी वह हिमालय (देश का गौरव) का मस्तक झुकने नहीं देते। इस प्रकार वह देश की रक्षा के मार्ग में आने वाली सभी कठिन परिस्थितियों को सहर्ष स्वीकार करते हुए देश के गौरव को बनाए रखते हैं।

प्रस्तुत गीत में कवि ने सैनिकों के माध्यम से देश के लिए अपने प्राणों को न्योछावर करने वाले लोगों की भावना को आलोकित किया है। देश की रक्षा में अपने प्राणों का उत्सर्ग करने वाला सैनिक ऐसी ही अपेक्षा आने वाली युवा पीढ़ियों से भी करता है। उसे देश के लिए 'मर-मिटना' अपने जीवन में सौंदर्य तथा प्यार की प्राप्ति से कहीं अधिक महत्त्वपूर्ण एवं अर्थपूर्ण लगता है। इसी में जीवन की सार्थकता है।

20. 'कर चले हम फिदा' कविता से उद्धृत 'तोड़ दो हाथ अगर हाथ उठने लगे' पंक्ति के संदर्भ में लिखिए कि सैनिक देशवासियों से क्या अपेक्षा रखता है? **CBSE 2024**

उत्तर 'कर चले हम फिदा' कविता से उद्धृत 'तोड़ दो हाथ अगर उठने लगे' पंक्ति के संदर्भ में सैनिक देशवासियों से यह अपेक्षा रखता है कि सभी देशवासी उसी की तरह देश की रक्षा हेतु सर्वस्व समर्पण को तत्पर रहने की शपथ लें। कवि चाहता है कि हम बलिदान की राह को सूना न होने दें, जो भी हाथ हमारी भारतमाता की ओर उठे हम उसे काट डालें अर्थात् तोड़ दें। भारतमाता के सम्मान को किसी भी तरह कोई भी ठेस नहीं लगनी चाहिए।

स्व-मूल्यांकन

कविता पर आधारित बहुविकल्पीय प्रश्न

निम्नलिखित काव्यांश को ध्यानपूर्वक पढ़कर पूछे गए प्रश्नों के सही विकल्प चुनिए।

1. सैनिकों ने शत्रुओं को किसकी उपमा दी है?

(i) राम की (ii) लक्ष्मण की
(iii) रावण की (iv) कंस की

2. सैनिकों ने देश की रक्षा किस प्रकार की है?

(i) गीत गाते हुए
(ii) देशभक्ति के लिए प्रेरित करते हुए
(iii) शत्रुओं को हराकर
(iv) शत्रुओं से लड़ते-लड़ते शहीद होकर

3. सैनिक ने देश के नवयुवकों को किस प्रकार प्रेरित करने का प्रयास किया है?

(i) गीत गाकर
(ii) बलिदान देकर
(iv) देश के लिए मर-मिटने के लिए तैयार रहकर
(iv) वीरगाथाएँ सुनाकर

काव्यांश पर आधारित बहुविकल्पीय प्रश्न

निम्नलिखित काव्यांशों को ध्यानपूर्वक पढ़कर पूछे गए प्रश्नों के सही विकल्प चुनिए।

1. राह कुर्बानियों की न वीरान हो
तुम सजाते ही रहना नए काफिले
फतह का जश्न इस जश्न के बाद है
ज़िंदगी मौत से मिल रही है गले
बाँध लो अपने सर से कफ़न साथियों
अब तुम्हारे हवाले वतन साथियों

(क) 'नए क़ाफ़िले' शब्द से क्या तात्पर्य है?

(i) नए रास्ते
(ii) सैनिकों के बलिदान
(iii) सैनिकों के नए समूह
(iv) नई युद्धभूमि

(ख) निम्नलिखित वाक्यों को ध्यानपूर्वक पढ़िए तथा पद्यांश के आधार पर सही विकल्प का चयन कीजिए। **दक्षता आधारित प्रश्न**

1. देश के लिए बलिदान देने वालों की कमी नहीं होनी चाहिए।
2. जीत मिलने के बाद बलिदान की राह खुल जाती है।
3. युद्ध भूमि में ज़िंदगी और मौत का मिलन हो रहा है।
4. बलिदानी सैनिक अपनी विजय का जश्न मना रहे हैं।

(क) 2 और 4 (ख) 1 और 4 (ग) 1 और 3 (घ) 2 और 3

(ग) कवि के अनुसार, संघर्षशील नवयुवक को किसके लिए तैयार रहना चाहिए? **दक्षता आधारित प्रश्न**

(i) उत्साहपूर्वक देश के लिए बलिदान देने के लिए
(ii) अपने जीवन में सफलता प्राप्त करने के लिए
(iii) निराशाओं से हार मानकर बैठने के लिए
(iv) हँसते हुए मौत को गले लगाने के लिए

(घ) पद्यांश के अनुसार, देश के लिए बलिदान देकर कौन जाने की बात कर रहा है?

(i) भारतीय सैनिक (ii) आज का नवयुवक
(iii) कवि स्वयं (iv) दुश्मन देश का सैनिक

(ङ) 'कर चले हम फ़िदा' गीत के माध्यम से सैनिक अपने साथियों को क्या सलाह देता है?

(i) सिर पर कफ़न बाँधने की
(ii) हार मान लेने की
(iii) शत्रु से मुकाबला न करने की
(iv) जश्न मनाने की

विषयवस्तु का ज्ञान, बोध अभिव्यक्ति पर आधारित प्रश्नोत्तर

निम्नलिखित प्रश्नों के उत्तर दीजिए

(i) देश के लिए रावण की भूमिका कौन निभाता है? कविता के आधार पर स्पष्ट कीजिए। **दक्षता आधारित प्रश्न**

(ii) गीतकार ने 'गीत' के माध्यम से किस प्रकार की जवानी को व्यर्थ बताया है? **दक्षता आधारित प्रश्न**

(iii) कविता में नब्ज़ जमने का क्या कारण है?

(iv) हुस्न और इश्क दोनों को कौन रुस्वा करता है और कैसे? गीत के आधार पर स्पष्ट कीजिए।

(v) "राह कुर्बानियों की न वीरान हो"-इस पंक्ति का आशय स्पष्ट कीजिए। **दक्षता आधारित प्रश्न**

(vi) "अब तुम्हारे हवाले वतन साथियो"-से कवि का क्या तात्पर्य है?

(vii) देश की रक्षा हेतु सैनिकों के समक्ष कौन-कौन सी समस्याएँ आती हैं जिनका सामना उन्हें करना पड़ता है? गीत के आधार पर उदाहरण सहित स्पष्ट कीजिए। **दक्षता आधारित प्रश्न**

(viii) "तोड़ दो हाथ अगर हाथ उठने लगे"-पंक्ति का आशय स्पष्ट कीजिए।

अध्याय 7

आत्मत्राण रवींद्रनाथ ठाकुर

पाठ की रूपरेखा 'रवींद्रनाथ ठाकुर' की प्रस्तुत कविता 'आत्मत्राण का बांग्ला से हिंदी में अनुवाद 'आचार्य हजारीप्रसाद द्विवेदी' जी ने किया है।

प्रथम काव्यांश में कवि ईश्वर से अपने दु:ख दर्द, मुसीबतों को झेलने की शक्ति माँग रहा है।

दूसरे काव्यांश में कवि भाग्य के भरोसे न बैठकर अपने पुरुषार्थ से जीवन में आगे बढ़ना चाहता है।

तीसरे काव्यांश में कवि कहता है कि किसी भी परिस्थिति में उसके मन में ईश्वर के प्रति संशय भाव न हो।

कवि परिचय

रवींद्रनाथ ठाकुर का जन्म 7 मई, 1861 में बंगाल के एक संपन्न परिवार में हुआ था। ये नोबेल पुरस्कार पाने वाले प्रथम भारतीय थे। बैरिस्ट्री पढ़ने के लिए विदेश भी गए, परंतु परीक्षा दिए बिना ही वापस लौट आए। रवींद्रनाथ को प्रकृति से गहरा लगाव था। रवींद्रनाथ की रचनाओं में लोक-संस्कृति का स्वर मुख्य रूप से मुखरित होता है। इन्होंने लगभग एक हज़ार कविताएँ और दो हज़ार गीत लिखे हैं। चित्रकला, संगीत और भावनृत्य के प्रति इनका विशेष अनुराग था, जिस कारण 'रवींद्र संगीत कला' नाम की एक अलग धारा का सूत्रपात हो गया। इन्होंने शांति निकेतन नाम की एक शैक्षिक और सांस्कृतिक संस्था की स्थापना की। रवींद्रनाथ ठाकुर की प्रमुख कृतियाँ हैं— नैवेद्य, पूरबी, बलाका, क्षणिका, चित्र और सांध्यगीत, काबुलीवाला और सैकड़ों अन्य कहानियाँ; उपन्यास— गोरा, घरे बाइरे, रवींद्र के निबंध हैं। इनका देहावसान 7 अगस्त, 1941 को हुआ।

काव्यांशों की व्याख्या

काव्यांश 1

विपदाओं से मुझे बचाओ, यह मेरी प्रार्थना नहीं
केवल इतना हो (करुणामय)
कभी न विपदा में पाऊँ भय।
दु:ख-ताप से व्यथित चित्त को न दो सांत्वना नहीं सही
पर इतना होवे (करुणामय)
दु:ख को मैं कर सकूँ सदा जय।

शब्दार्थ **विपदाओं**–मुसीबतों, संकटों; **करुणामय**–दूसरों पर दया करने वाला; **भय**–डर; **दु:ख-ताप**–कष्ट की पीड़ा; **व्यथित**–दु:खी; **चित्त**–हृदय; **सांत्वना**–ढाँढस या तसल्ली देना; **जय**–जीत।

भावार्थ

कवि प्रभु से कहता है—हे प्रभु! मेरी आपसे यह प्रार्थना नहीं है कि आप मुझे मुसीबतों से बचाएँ या मुसीबतों से आप मेरी रक्षा करें। मैं तो केवल इतना चाहता हूँ कि जब कभी भी मुझ पर कोई विपत्ति आए, तो मैं बिना डरे उसका सामना कर सकूँ। हे करुणामय! मैं यह भी नहीं चाहता कि जब कभी विपत्तियों की पीड़ा से मेरा मन दु:खी हो, व्याकुल हो, तो आप मुझे सांत्वना दें। मैं अपने दु:खों को स्वयं सहन कर लूँगा, परंतु हे करुणामय प्रभु! मैं ऐसे कष्टकारी समय में भी केवल इतना चाहता हूँ कि उन दु:खों पर मैं विजय प्राप्त कर सकूँ। आप मुझे इतनी शक्ति दें, जिससे मैं सभी समान-असमान परिस्थितियों में निडर बना रहूँ तथा उन पर विजय प्राप्त करूँ।

काव्य सौंदर्य

(i) भाषा सरल, सहज एवं सुबोध है, जो भावाभिव्यक्ति में पूर्णत: सक्षम है।

(ii) ताप, चित्त आदि तत्सम शब्दों का प्रयोग किया गया है।

(iii) 'सकूँ सदा' में 'स' वर्ण की पुनरावृत्ति होने के कारण, यहाँ अनुप्रास अलंकार है।

काव्यांश 2

कोई कहीं सहायक न मिले
तो अपना बल पौरुष न हिले;
हानि उठानी पड़े जगत् में लाभ अगर वंचना रही
तो भी मन में ना मानूँ क्षय।।
मेरा त्राण करो अनुदिन तुम यह मेरी प्रार्थना नहीं
बस इतना होवे (करुणामय)
तरने की हो शक्ति अनामय।
मेरा भार अगर लघु करके न दो सांत्वना नहीं सही।
केवल इतना रखना अनुनय—
वहन कर सकूँ इसको निर्भय।

शब्दार्थ **बल**—शक्ति; **पौरुष**—वीरता, हिम्मत, पराक्रम; **जगत्**—संसार; **वंचना**—धोखा; **क्षय**—पराजय, नाश; **त्राण**—भय से छुटकारा या मुक्ति; **अनुदिन**—प्रतिदिन; **तरने**—उबरने, पार उतरने; **अनामय**—स्वस्थ, रोग रहित; **भार**—बोझ; **लघु**—छोटा (कम); **सांत्वना**—तसल्ली; **वहन**—सहना; **निर्भय**—निडर।

भावार्थ

कवि प्रभु से निवेदन करता है—हे प्रभु! यदि जब कभी मेरे जीवन में मुसीबत आए और मुसीबत के समय मेरी सहायता करने वाला कोई न हो अर्थात् कोई भी मेरा सहारा न बने। मेरी प्रार्थना है कि मेरा बल, मेरी शक्ति और मेरा पराक्रम (पुरुषार्थ) डगमगाए, नहीं, मुझमें आत्मविश्वास की कमी न आए। यदि कभी संसार में मुझे किसी भी चीज़ की हानि हो, लाभ प्राप्त न हो सके या कभी किसी प्रकार का धोखा हो, तो भी मेरे मन में नुकसान के प्रति पश्चाताप का भाव न आने पाए अर्थात् मैं मन में अपना सर्वनाश न मान बैठूँ। मैं विचलित होकर अपने पराक्रम को कम न होने दूँ।

हे प्रभु! मैं यह प्रार्थना नहीं करता हूँ कि तुम हर दिन मुझे किसी-न-किसी संकट से मुक्ति दिलाते रहो, परंतु हे करुणामय! मुझे रोग रहित रखना, ताकि स्वस्थ रहकर मैं अपनी शक्ति को बनाए रखूँ और उस ताकत के सहारे भव सागर से पार पा सकूँ।

मैं यह भी नहीं चाहता कि मेरे कष्टों के भार को तुम कम करो और मुझे सांत्वना दो। मैं तो केवल इतना चाहता हूँ कि जीवन में आने वाली सभी मुसीबतों का मैं डटकर, निर्भय होकर सामना कर सकूँ अर्थात् आप मुझे निर्भयता का वरदान दो।

काव्य सौंदर्य

(i) सरल एवं सहज भाषा भावों की अभिव्यक्ति करने में पूर्णत: समर्थ है।

(ii) इसमें तत्सम शब्दों का उन्मुक्त रूप से प्रयोग हुआ है।

(iii) 'कोई कहीं मन में' में अनुप्रास अलंकार है।

काव्यांश 3

नत शिर होकर सुख के दिन में
तव मुख पहचानूँ छिन-छिन में।
दु:ख-रात्रि में करे वंचना मेरी जिस दिन निखिल मही
उस दिन ऐसा हो करुणामय,
तुम पर करूँ नहीं कुछ संशय।।

शब्दार्थ **नत शिर**—सिर झुकाकर; **तव**—तुम्हारा; **छिन-छिन**—पल-पल; **दु:ख-रात्रि**—दु:खों से भरी रात; **निखिल**—संपूर्ण; **मही**—धरती; **संशय**—संदेह।

भावार्थ

कवि करुणामय प्रभु से निवेदन करता है—हे प्रभु मेरी कामना है कि जब कभी मेरे जीवन में सुख के दिनों का आगमन हो, तो हर दिन के एक-एक पल में मैं तुम्हारा स्मरण करता रहूँ। एक क्षण के लिए भी तुम्हें भूलू नहीं।

दु:ख से भरी रातों में चाहे संपूर्ण सृष्टि से मुझे धोखा मिल जाए, किंतु तब भी मेरे मन में आपके प्रति कोई संदेह न हो। मैं अपने दु:खों के लिए आपको दोषी न ठहराऊँ। हे प्रभु, हे करुणामय! मुझ पर ऐसी कृपा दृष्टि रखो कि मेरे मन में आपके प्रति आस्था और विश्वास सदैव बना रहे, आपके प्रति कभी मन में संशय भाव न आने पाए।

काव्य सौंदर्य

(i) सरल, सुबोध एवं सहज भाषा के अंतर्गत भावानुकूलता का गुण विद्यमान है।

(ii) इसमें तत्सम शब्दों का आवश्यकतानुसार प्रयोग किया गया है।

(iii) 'छिन-छिन' में पुनरुक्तिप्रकाश अलंकार है।

(iv) प्रस्तुत काव्यांश छंदयुक्त है।

NCERT फोल्डर

पाठ्यपुस्तक (स्पर्श भाग-2) के प्रश्नोत्तर

(क) निम्नलिखित प्रश्नों के उत्तर दीजिए

प्र.1 कवि किससे और क्या प्रार्थना कर रहा है? CBSE 2012, 11

उत्तर कवि ईश्वर से प्रार्थना कर रहा है कि वह उसे विपत्तियों से उबारने का काम न करें, केवल उसकी आंतरिक चेतना में ऐसी क्षमता भरने का प्रयास करें, जिसके कारण वह विपदाओं में घबराए नहीं और बड़ी-बड़ी विपदाओं पर भी विजय प्राप्त कर सके। कवि ईश्वर से किसी प्रकार की सहायता नहीं चाहता। वह केवल इतना चाहता है कि ईश्वर उसे पौरुष दें, जिससे वह अपनी सहायता स्वयं करने में सक्षम हो सके। कवि ईश्वर से इतना ही चाहता है कि वह उसे भयरहित बनाएँ, जिससे वह उसकी सत्ता पर, उसके प्रति अपनी आस्था पर संदेह न कर सके।

प्र.2 "विपदाओं से मुझे बचाओ, यह मेरी प्रार्थना नहीं"—कवि इस पंक्ति के द्वारा क्या कहना चाहता है? दक्षता आधारित प्रश्न

अथवा **'आत्मत्राण' कविता में कवि विपदा में ईश्वर से क्या चाहता है और क्यों?** CBSE 2020

उत्तर कवि ईश्वर को विपदाओं से बचाने के लिए नहीं बुलाता है। यह मानव की शक्ति पर असीम विश्वास के कारण संभव हुआ है। यही 'मानववाद' है। कवि ईश्वर की स्मृति इसलिए नहीं करना चाहता कि विपदा के क्षण से वे उसे उबार लें, बल्कि वह ईश्वर से संघर्ष की क्षमता तथा दु:खों को झेल पाने की शक्ति की कामना करता है। कवि को आत्मविश्वास है कि वह ईश्वर पर निर्भरता की बजाय उनसे प्राप्त शक्ति से किसी भी विपत्ति का सामना करके स्वयं को सार्थक साबित कर सकता है।

प्र.3 कवि सहायक के न मिलने पर क्या प्रार्थना करता है? CBSE 2016, 11

अथवा **'आत्मत्राण' कविता में कोई सहायक न मिलने पर कवि की क्या प्रार्थना है?** CBSE 2017

अथवा **'आत्मत्राण' कविता में किसी सहायक पर निर्भर न रहने की बात कवि क्यों कहता है? स्पष्ट कीजिए।** दक्षता आधारित प्रश्न, CBSE 2020

उत्तर कवि किसी सहायक के न मिलने पर ईश्वर से प्रार्थना करता है कि उसका 'पौरुष' हिलना या डगमगाना नहीं चाहिए। यदि उसका पौरुष कायम रहा, तो उसे किसी की सहायता की आवश्यकता ही नहीं रह जाएगी। कवि ईश्वर से किसी सहायता के बदले अपनी संघर्ष क्षमता में वृद्धि की माँग करता है, जिससे वह जीवन में आने वाली कठिनाइयों का डटकर एवं निर्भयता से सामना कर सके।

प्र.4 अंत में कवि क्या अनुनय करता है? CBSE 2012, 11

उत्तर कवि ईश्वर से अनुनय करता है कि वह उसे भयरहित बनाए, आपदाओं को झेलने तथा उनसे उबरने की क्षमता दे। वह चाहता है कि सुख के दिनों में वह उदार बने रह कर वंचितों के अस्तित्व में स्वयं की पहचान करे। कवि ईश्वर से प्रार्थना करते हुए कहता है कि वह उसे ऐसी क्षमता दें, जिसके कारण दु:खी विश्व उसके सुख को छलना न माने अर्थात् विश्व का सुख-दु:ख, उसका सुख-दु:ख बन जाए। उसके चारों ओर दु:ख घिरने पर संसार के सभी लोग उसका साथ छोड़ दें और उसके विरुद्ध हो जाएँ, तब भी उसकी प्रभु पर आस्था बनी रहे। ऐसा होने पर कवि ईश्वर की सत्ता पर संदेह नहीं कर पाएगा।

प्र.5 'आत्मत्राण' शीर्षक की सार्थकता कविता के संदर्भ में स्पष्ट कीजिए। CBSE 2011

उत्तर 'आत्मत्राण' का अर्थ है—अपने आंतरिक भय से बाहर आना अर्थात् स्वयं अपनी सुरक्षा करना। कवि विपदाओं, दु:खों तथा पीड़ा से मुक्ति के लिए ईश्वर का आह्वान नहीं करता, बल्कि वह अपने आंतरिक भय से छुटकारा पाने की कोशिश करता है। कवि अपने इसी आंतरिक भय के निवारण की प्रार्थना ईश्वर से करता है। कवि का यही भाव शीर्षक 'आत्मत्राण' से झलकता है। कवि ईश्वर से 'त्राण' के बदले 'तैरने' की क्षमता चाहता है। वह अपने अंदर साहस, निर्भयता तथा संघर्षशीलता की कामना करता है। कवि का मानना है कि इन गुणों के माध्यम से वह विपदाओं पर विजय प्राप्त कर सकता है।

प्र.6 अपनी इच्छाओं की पूर्ति के लिए आप प्रार्थना के अतिरिक्त और क्या-क्या प्रयास करते हैं? लिखिए। दक्षता आधारित प्रश्न

उत्तर हम अपनी इच्छाओं की पूर्ति के लिए ईश्वर से प्रार्थना करते हैं। ईश्वर से अच्छे स्वास्थ्य, तरक्की तथा जीवन में यश की कामना करते हैं। हम संघर्षों के समय ईश्वर को स्मृति में लाते हैं, तो इसका कारण उनसे ऐसी क्षमता पाने की आशा होती है, जो हमें संघर्षों में विजय पाने की शक्ति प्रदान करे।

ईश्वर की प्रार्थना के अतिरिक्त हम परिश्रम करते हैं और जीवन में विकास के विभिन्न संसाधन जुटाने की कोशिश करते हैं। हम दूसरों की सहायता से भी अपने आत्मबल में वृद्धि करते हैं। ईश्वर की प्रार्थना के अतिरिक्त अपने समाज एवं शुभचिंतकों की प्रेरणा से हमें बल, साहस, निडरता आदि प्राप्त होते हैं।

प्र.7 क्या कवि की यह प्रार्थना आपको अन्य प्रार्थना गीतों से अलग लगती है? यदि हाँ, तो कैसे? CBSE 2011

अथवा **क्या 'आत्मत्राण' कविता अन्य प्रार्थना गीतों से अलग है?** CBSE 2015

उत्तर कवि की यह प्रार्थना, अन्य प्रार्थना गीतों से प्राय: अलग लगती है। सामान्यत: प्रार्थना गीतों में ईश्वर से दु:ख से मुक्ति की विनती होती है, सहायता की प्रार्थना होती है तथा संकटों से उबारने की व्याकुलता के साथ माँग होती है। ईश्वर को ही सब कुछ माना जाता है, माता-पिता, बंधु-सखा आदि सब कुछ। ऐसे प्रार्थना गीतों में आत्मविश्वास का अभाव होता है। 'आत्मत्राण' कविता में कवि ईश्वर की प्रार्थना किसी विपत्ति से उबरने के लिए नहीं करता, बल्कि विपदाओं

में भयरहित संघर्षों की चेतना की चाह से करता है। कवि ईश्वर से सहायता नहीं चाहता, बल्कि वह 'पौरुष-बल' चाहता है, जिसके माध्यम से हर संकट का सामना वह साहस एवं गंभीरतापूर्वक कर सके। कवि ईश्वर से स्वयं को तारने की माँग नहीं करता, बल्कि तैरने (संकट से बाहर निकलने) की क्षमता प्रदान करने की कामना करता है।

(ख) निम्नलिखित अंशों का भाव स्पष्ट कीजिए

प्र.1 "नत शिर होकर सुख के दिन में
तव मुख पहचानूँ छिन-छिन में।" **दक्षता आधारित प्रश्न**

उत्तर प्रस्तुत काव्य-पंक्ति में कवि रवींद्रनाथ ठाकुर कहना चाहते हैं कि जब कभी मेरे जीवन में सुखों के दिनों का आगमन हो, तो हर दिन के प्रत्येक क्षण में तुम्हारा अर्थात् ईश्वर का, मैं स्मरण करता रहूँ, क्योंकि दु:ख के दिनों में तो ईश्वर को सभी याद करते हैं, परंतु सुख के दिनों में भूल जाते हैं। कवि रवींद्रनाथ जी यह भी प्रार्थना करते हैं कि जब दु:ख के दिन हो, तो मैं आप पर कभी संदेह न करूँ और अपने दु:खों के लिए कभी भी आपको दोषी न ठहराऊँ।

प्र.2 "हानि उठानी पड़े जगत् में लाभ अगर वंचना रही
तो भी मन में ना मानूँ क्षय।" **दक्षता आधारित प्रश्न**

उत्तर कवि मानता है कि यदि उसके लाभ को वंचना (धोखा) समझ कर ईश्वर कम करना चाहे, तो इसमें कोई हानि नहीं है। कवि कहता है कि यदि मुझे हानि-ही-हानि उठानी पड़े, तो भी मैं मन में अपना सर्वनाश न मान बैठूं, मैं निराशा से न भर जाऊँ।

प्र.3 "तरने की हो शक्ति अनामय।
मेरा भार अगर लघु करके न दो सांत्वना नहीं सही।"

उत्तर कवि ईश्वर से अपनी अंतरात्मा को नित्य (प्रतिदिन) शुद्ध करने की प्रार्थना करता है, लेकिन वह यह नहीं चाहता कि ईश्वर उसकी सहायता के लिए आगे आए। वह तो यह चाहता है कि भवसागर को पार करने की अनंत व्याधिरहित शक्ति उसके अंदर संचारित करने का काम ईश्वर करें। कवि ईश्वर से किसी प्रकार की सांत्वना नहीं चाहता और न ही अपने भार को वह लघु (कम) करने की कामना रखता है। ईश्वर एक चेतना का प्रतीक है। कवि आंतरिक क्षमता को विकसित करने में ईश्वर की सहायता चाहता है, क्योंकि आंतरिक शक्ति के ही बल पर वह सारे कार्य सिद्ध कर सकने में सक्षम है।

योग्यता विस्तार

प्र.1 रवींद्रनाथ ठाकुर ने अनेक गीतों की रचना की है। उनके गीत-संग्रह में से दो गीत छाँटिए और कक्षा में कविता-पाठ कीजिए।

उत्तर अध्यापक व छात्रों द्वारा कक्षा में किया जाने वाला क्रियाकलाप।

प्र.2 अन्य कवियों ने भी प्रार्थना गीत लिखे हैं, उन्हें पढ़ने का प्रयास कीजिए; जैसे–

(क) महादेवी वर्मा–क्या पूजा क्या अर्चन रे!

(ख) सूर्यकांत त्रिपाठी निराला–दलित जन पर करो करुणा।

(ग) इतनी शक्ति हमें देना दाता
मन का विश्वास कमज़ोर हो ना
हम चलें नेक रस्ते पे हमसे
भूल कर भी कोई भूल हो ना।

इस प्रार्थना को ढूँढकर पूरा पढ़िए और समझिए कि दोनों प्रार्थनाओं में क्या समानता है? क्या आपको दोनों में कोई अंतर भी प्रतीत होता है? इस पर आपस में चर्चा कीजिए।

उत्तर छात्रों द्वारा अध्यापक की सहायता से कक्षा में किया जाने वाला क्रियाकलाप।

परियोजना कार्य

प्र.1 रवींद्रनाथ ठाकुर को नोबेल पुरस्कार पाने वाले पहले भारतीय होने का गौरव प्राप्त है। उनके विषय में और जानकारी एकत्र कर परियोजना पुस्तिका में लिखिए।

उत्तर अध्यापक की सहायता से छात्र स्वयं करें।

प्र.2 रवींद्रनाथ ठाकुर की 'गीतांजलि' को पुस्तकालय से लेकर पढ़िए।

उत्तर छात्र स्वयं करें।

प्र.3 रवींद्रनाथ ठाकुर ने कलकत्ता (कोलकाता) के निकट एक शिक्षण संस्थान की स्थापना की थी। पुस्तकालय की मदद से उसके विषय में जानकारी एकत्रित कीजिए।

उत्तर अध्यापक की सहायता से छात्र स्वयं करें।

प्र.4 रवींद्रनाथ ठाकुर ने अनेक गीत लिखे, जिन्हें आज भी गाया जाता है और उसे रवींद्र संगीत कहा जाता है। यदि संभव हो तो रवींद्र संगीत संबंधी कैसेट व सी. डी. लेकर सुनिए।

उत्तर छात्र स्वयं करें।

अभ्यास प्रश्न

बहुविकल्पीय व वर्णनात्मक प्रश्नों सहित

कविता पर आधारित बहुविकल्पीय प्रश्न

1. 'आत्मत्राण' कविता में कवि किस पर संदेह नहीं करना चाहता है?

(i) ईश्वर की सत्ता पर
(ii) ईश्वर के प्रति अपनी आस्था पर
(iii) (i) और (ii) दोनों
(iv) समाज के लोगों पर

उत्तर (iii) (i) और (ii) दोनों

2. कवि ईश्वर से किसकी कामना करना चाहता है?

(i) दु:खों को झेल पाने की शक्ति की
(ii) संघर्ष की क्षमता की
(iii) (i) और (ii) दोनों
(iv) यश प्राप्ति की

उत्तर (iii) (i) और (ii) दोनों

3. 'आत्मत्राण' कविता में कवि कठिन परिस्थितियों में भी क्या नहीं करना चाहता?

(i) जीतना
(ii) हारना
(iii) खुशी मनाना
(iv) दु:ख मनाना

उत्तर (ii) हारना

4. कविता के आधार पर बताइए कि अपनी इच्छाओं की पूर्ति के लिए प्रार्थना के अतिरिक्त हम और क्या कर सकते हैं? **दक्षता आधारित प्रश्न**

(i) मेहनत कर सकते हैं
(ii) दूसरों से प्रेरणा ले सकते हैं
(iii) आत्मविश्वास पर भरोसा कर सकते हैं
(iv) उपर्युक्त सभी

उत्तर (iv) उपर्युक्त सभी

5. निम्नलिखित वाक्यों को ध्यानपूर्वक पढ़कर सही विकल्प का चयन कीजिए। **दक्षता आधारित प्रश्न**

(i) कवि अपने कष्टों का भार कम करने की प्रार्थना करता है।
(ii) कवि संकटों का सामना स्वयं करना चाहता है।
(iii) कवि सुख में ईश्वर का स्मरण करना चाहता है।
(iv) दु:ख में भी कवि प्रभु पर संदेह नहीं करना चाहता है।

(क) (i) और (ii)
(ख) (ii) और (iv)
(ग) (ii) और (iii)
(घ) (iii) और (iv)

उत्तर (ख) (ii) और (iv)

6. कवि दु:खों पर विजय किस स्थिति में प्राप्त कर सकता है?

(i) जब लोग उसकी सहायता करे
(ii) जब वह दिन-रात ईश्वर का भजन करे
(iii) जब उसका मार्ग सरल हो
(iv) जब वह प्रसन्नचित्त रहें

उत्तर (iii) जब उसका मार्ग सरल हो

7. कवि सिर झुकाकर .... चाहता है।

(i) अपनी दीनता प्रकट करना
(ii) ईश्वर का आभार व्यक्त करना
(iii) अपनी निराशा प्रकट करना
(iv) उपर्युक्त सभी

उत्तर (ii) ईश्वर का आभार व्यक्त करना

8. कवि के अनुसार जीवन में हानि उठाने की स्थिति में भी क्या बना रहना चाहिए? **दक्षता आधारित प्रश्न**

(i) उसका मनोबल बना रहना चाहिए
(ii) उसके मित्रों का साथ बना रहना चाहिए
(iii) उसकी ईश्वर में आस्था नहीं होनी चाहिए
(iv) उपर्युक्त में से कोई नहीं

उत्तर (i) उसका मनोबल बना रहना चाहिए

9. आत्मत्राण कविता में कवि अपने व्यथित चित्त के लिए ईश्वर से क्या माँगता है? **CBSE 2023**

(i) दुख का सामना करने हेतु सामर्थ्य
(ii) दुख का सामना करने हेतु सांत्वना
(iii) दुख का सामना करने हेतु करूणा
(iv) दुख का सामना करने हेतु वंचना

उत्तर (i) दुख का सामना करने हेतु सामर्थ्य

10. कवि किस पर जीत पाना चाहता है?

(i) मन पर
(ii) दूसरों के हृदय पर
(iii) शत्रुओं पर
(iv) दु:खों पर

उत्तर (i) मन पर

11. कवि किसे वहन नहीं करना चाहता है?

(i) सुखों को
(ii) दु:खों को
(iii) तनाव को
(iv) तानों को

उत्तर (ii) दु:खों को

12. 'तव मुख पहचानूँ छिन-छिन में' का भाव है **CBSE SQP 2022**

(i) प्रभु की सत्ता पर संदेह करना
(ii) प्रत्येक जीव में परमात्मा को देखना
(iii) ईश्वर के दर्शनों की अभिलाषा रखना
(iv) सत्मार्ग पर चलकर जीवन-यापन करना

उत्तर (iv) सत्मार्ग पर चलकर जीवन-यापन करना

13. कवि दु:खों से घिर जाने और लोगों से ठगे जाने पर क्या नहीं करना चाहता है? **दक्षता आधारित प्रश्न**

(i) जीवन में आगे बढ़ना
(ii) ईश्वर पर संदेह करना
(iii) परिवार का साथ छोड़ना
(iv) सुखों की चाह रखना

उत्तर (ii) ईश्वर पर संदेह करना

14. आत्मत्राण का हिंदी अनुवाद किसने किया? **CBSE Diksha**

(i) रवीन्द्रनाथ ठाकुर (ii) रामचंद्र शुक्ल
(iii) प्रेमचंद (iv) हजारी प्रसाद द्विवेदी

उत्तर (iv) हजारी प्रसाद द्विवेदी

15. सुख के दिनों में कवि क्या करना चाहता है? **CBSE Diksha**

(i) ईश्वर को याद करना (ii) धैर्य रखना
(iii) ईश्वर को भुलाना (iv) साहस रखना

उत्तर (i) ईश्वर को याद करना

16. 'विपदाओं से मुझे बचाओ ………. यह प्रार्थना नहीं' कवि इस पंक्ति के द्वारा क्या कहना चाहता है?

(i) कोई विपदा न आए (ii) कोई दुःख न आए
(iii) सहने की शक्ति हो (iv) पराक्रम हो

उत्तर (iii) सहने की शक्ति हो

17. निम्नलिखित कथन (A) तथा कारण (R) को ध्यानपूर्वक पढ़कर दिए गए विकल्प में से कोई एक सही विकल्प चुनकर लिखिए

कथन (A) कवि ईश्वर के सहारे से तैरना चाहता है।

कारण (R) क्योंकि ईश्वर आपकी सभी मुश्किल हल करता है। **दक्षता आधारित प्रश्न**

(i) कथन (A) और कारण (R) दोनों सही हैं।
(ii) कथन (A) और कारण (R) दोनों गलत हैं।
(iii) कथन (A) सही, किंतु कारण (R) गलत है।
(iv) कथन (A) गलत कारण (R) दोनों गलत है।

उत्तर (iii) कथन (A) सही, किंतु कारण (R) गलत है।

18. मेरा भार अगर लघु करके
न दो सांत्वना नहीं सही
उपर्युक्त पंक्ति के अनुसार कवि चाहता है कि ईश्वर उसे ………. और ………. का भार कम करके सांत्वना दें। **दक्षता आधारित प्रश्न**

(i) करुणामय, साहस (ii) जिम्मेदारियों, कर्त्तव्य
(iii) भरोसे, पुरुषार्थ (iv) कोशिश, निराशा

उत्तर (ii) ज़िम्मेदारियों, कर्त्तव्य

काव्यांश पर आधारित बहुविकल्पीय प्रश्न

निम्नलिखित काव्यांशों को ध्यानपूर्वक पढ़कर पूछे गए प्रश्नों के सही विकल्प चुनिए।

1. विपदाओं से मुझे बचाओ, यह मेरी प्रार्थना नहीं
केवल इतना हो (करुणामय)
कभी न विपदा में पाऊँ भय।
दुःख-ताप से व्याधित चित्त को न दो सांत्वना नहीं सही
पर इतना होवे (करुणामय)
दुख को मैं कर सकूँ सदा जय।
कोई कहीं सहायक न मिले
तो अपना बल पौरुष न हिले;
हानि उठानी पड़े जगत् में लाभ अगर वंचना रही
तो भी मन में न मानूँ क्षय।। **CBSE SQP (Additional Set) 2023**

(क) कवि विपदाओं से अपने-आपको बचाने का आग्रह क्यों नहीं करता?

(i) ईश्वर पर भरोसा न होने के कारण
(ii) शत्रु नहीं होने के कारण
(iii) अपने पुरुषार्थ पर भरोसा होने के कारण
(iv) अपने को साहसी मानने के कारण

उत्तर (iii) अपने पुरुषार्थ पर भरोसा होने के कारण

(ख) 'दुःख-ताप से व्यथित चित्त' में 'दुःख-ताप' से क्या अभिप्राय है?

(i) कष्ट-पीड़ा
(ii) मानसिक-शारीरिक दुःख
(iii) भावनात्मक और शारीरिक दुःख
(iv) आंतरिक और बाह्य दुःख

उत्तर (i) कष्ट-पीड़ा

(ग) कवि के अनुसार दुःख पर जय कैसे की जा सकती है?

(i) ईश्वर की कृपा से (ii) अपने आत्मबल से
(iii) ईश्वर की प्रार्थना से (iv) दुःखों का सामना करके

उत्तर (ii) अपने आत्मबल से

(घ) निम्नलिखित कथन (A) तथा कारण (R) को ध्यानपूर्वक पढ़कर दिए गए विकल्प में से कोई एक सही विकल्प चुनकर लिखिए

कथन (A) विपदाओं को दूर करने की प्रार्थना ईश्वर से नहीं करनी चाहिए।

कारण (R) सुख-दुःख जीवन में आते-जाते रहते हैं। **दक्षता आधारित प्रश्न**

(i) कथन (A) गलत है, किंतु कारण (R) सही है।
(ii) कथन (A) और कारण (R) दोनों गलत हैं।
(iii) कथन (A) सही है और कारण (R), कथन (A) की सही व्याख्या है।
(iv) कथन (A) सही है, किंतु कारण (R), कथन (A) की सही व्याख्या नहीं है।

उत्तर (i) कथन (A) गलत है, किंतु कारण (R) सही है।

अथवा

(क) कवि ईश्वर से …… प्रार्थना कर रहा है। **दक्षता आधारित प्रश्न**

(i) मुसीबतों से बचाने की
(ii) कोई मुसीबत न आने की
(iii) सभी संकटों से लड़ने की शक्ति की
(iv) भव-सागर से पार करने की

उत्तर (iii) सभी संकटों से लड़ने की शक्ति की

(ख) कवि क्या नहीं चाहता है?

(i) स्वयं पर विश्वास
(ii) विपत्तियों में उसका मन दुःखी हो
(iii) ईश्वर से कोई सहायता
(iv) जगत के प्रति आशा

उत्तर (ii) विपत्तियों में उसका मन दुःखी हो

(ग) कवि दु:खों पर कैसे विजय पाना चाहता है?

(i) दु:खी होकर (ii) प्रार्थना करके

(iii) हँसते हँसते (iv) स्वयं संघर्ष करके

उत्तर (iv) स्वयं संघर्ष करके

(घ) निम्नलिखित वाक्यों को ध्यानपूर्वक पढ़िए

(i) कवि चाहता है कि ईश्वर उसे मुसीबतों से बचाए रखे।

(ii) कवि विपत्ति से भयभीत नहीं होने की कामना करता है।

(iii) वह दुख से परेशान मन को सांत्वना पाने के प्रभु से प्रार्थना करता है।

(iv) कवि में दुख सहन करने की शक्ति है।

(v) कवि दुख को जीतने की शक्ति ईश्वर से पाना चाहता है।

पद्यांश से मेल खाते वाक्यों के लिए उचित विकल्प चुनिए। **दक्षता आधारित प्रश्न**

(क) (i), (ii) और (iv)

(ख) (ii), (iii) और (v)

(ग) (ii), (iii) और (iv)

(घ) (ii), (iv) और (v)

उत्तर (घ) (ii), (iv) और (v)

(ङ) 'दु:ख को मैं कर सकूँ सदा जय' पंक्ति में कौन-सा अलंकार है?

(i) श्लेष अलंकार (ii) रूपक अलंकार

(iii) अनुप्रास अलंकार (iv) अतिशयोक्ति अलंकार

उत्तर (iii) अनुप्रास अलंकार

विषय-वस्तु का ज्ञान, बोध अभिव्यक्ति पर आधारित प्रश्नोत्तर

1. 'हानि उठानी पड़े जगत् में लाभ वंचना रही
तो भी मन में ना मानूँ क्षय।।
मेरा त्राण करो अनुदिन तुम यह मेरी प्रार्थना नहीं
बस इतना होवे (करुणामय)
तरने की हो शक्ति अनामय।'
उपर्युक्त पंक्तियों में कवि विपरीत परिस्थितियों का सामना किस प्रकार करना चाहता है? वह ईश्वर से किस प्रकार की सहायता चाहता है? **CBSE SQP (Additional Set) 2023**

उत्तर कवि स्पष्ट शब्दों में कहता है कि यदि कभी ऐसा समय आ भी जाए जहाँ मेरे सभी प्रयास असफल हो जाएँ, मुझे हानि उठानी पड़े, लाभ की कोई उम्मीद भी न रहे, तब भी मैं अपने मन में हार न मानूँ। हे ईश्वर तुम मुझे विपरीत परिस्थितियों में प्रबल व मज़बूत बनाए रखना। मेरे मन में जीत की आशा बनी रहे। यही मेरी प्रार्थना है, तुम मुझे निराशा से उबार लेना। सभी प्रकार की विपदाओं से बाहर निकलने की शक्ति को लगातार बनाए रखना, जिससे मैं उनसे तरने में सफल हो जाऊँ।

2. आत्मत्राण कविता में कवि ने ईश्वर के लिए किस शब्द का प्रयोग किया है तथा वह ईश्वर से क्या प्रार्थना करता है? **दक्षता आधारित प्रश्न**

उत्तर आत्मत्राण कविता में कवि ने ईश्वर के लिए 'करुणामय' शब्द का प्रयोग किया है। वह ईश्वर से प्रार्थना करते हुए कहता है कि वे उसे निड़रता से प्रत्येक विपत्ति का सामना करने की शक्ति दें, किसी भी परिस्थिति में उसकी दृढ़ता व संघर्ष करने की क्षमता विचलित न हो, वह पूर्ण आत्मविश्वास से विषम परिस्थितियों का सामना कर उन पर विजय प्राप्त कर सके और प्रत्येक क्षण उसका (ईश्वर) स्मरण करता रहे।

3. प्रस्तुत काव्य में 'पौरुष न हिले' से कवि का क्या आशय है?

उत्तर 'पौरुष न हिले' से कवि का आशय है कि मेरे जीवन में कितनी ही समस्याएँ क्यों न आ जाएँ और उस समय मेरा सहारा भले ही कोई न हो अथवा कोई भी सहायता करने के लिए आगे न आए, परंतु मेरा विश्वास और आत्मबल नहीं हिलना चाहिए, अपितु मेरा आत्मबल दोगुना हो जाए तथा मेरे आत्मविश्वास में कोई कमी न आए, जिससे में पूर्ण पराक्रम के साथ अपनी समस्याओं का समाधान कर सकूँ।

4. कवि सुखों के दिनों के लिए ईश्वर से क्या निवेदन करता है?

उत्तर कवि सुखों के दिनों के लिए ईश्वर से निवेदन करता है कि आप मुझ पर ऐसी कृपा रखिए कि जब मेरे जीवन में सुखों का आगमन हो, तो मैं आपको प्रतिक्षण याद कर सकूँ, मैं आपको कभी विस्मृत न कर पाऊँ। सुख के क्षणों में भी मेरे अन्दर अहं भाव न आने पाए तथा मैं पूर्ण विनम्रता के साथ आपको प्रतिक्षण अपने आस-पास अनुभव कर सकूँ।

5. "विपदाओं से मुझे बचाओ, यह मेरी प्रार्थना नहीं" -इस कथन से कवि का क्या आशय है? 'आत्मत्राण' कविता के आधार पर स्पष्ट कीजिए। **दक्षता आधारित प्रश्न**

उत्तर प्रस्तुत काव्य-पंक्ति से कवि का आशय यह है कि ईश्वर या प्रभु मुझे विपदाओं या मुसीबतों से न बचाएँ, बल्कि वह मुझ पर इतनी कृपा अवश्य करें कि इन विपदाओं का सामना करने का साहस व शक्ति मुझे अवश्य प्रदान करें। अपनी उसी शक्ति एवं साहस के बल पर मैं उन विपदाओं का डटकर मुकाबला कर सकूँ। वस्तुत: कवि विपदाओं से मुक्ति की नहीं, बल्कि उनका सामना करने की शक्ति प्रदान करने की कामना करता है।

6. कवि ने ईश्वर से दु:ख दूर करने की प्रार्थना क्यों नहीं की?

उत्तर कवि ने ईश्वर से दु:ख दूर करने की प्रार्थना इसलिए नहीं की, क्योंकि वह ईश्वर पर पूरी तरह से आश्रित होना नहीं चाहता। कवि स्वयं संघर्ष करना चाहता है। वह अपने जीवन में आई विपत्तियों का सामना स्वयं करना चाहता है। इसलिए वह केवल यह कामना करता है कि प्रभु उसे साहस, शक्ति और निर्भयता प्रदान करें।

7. कवि अपना सहायक न मिलने पर प्रभु से क्या इच्छा व्यक्त करता है?

उत्तर कवि ने सहायक न मिलने पर यह इच्छा व्यक्त की है कि हे प्रभु! मेरा बल और पौरुष न डगमगाए। मैं अपने आत्मविश्वास को बनाए रखूँ। कवि जानता है कि आत्मविश्वासी व्यक्ति बड़ी-से-बड़ी चुनौती का सामना भी सरलता से कर सकता है।

8. 'आत्मत्राण' कविता में चारों ओर से दु:खों से घिरने पर कवि परमेश्वर में विश्वास करते हुए भी अपने आप से क्या अपेक्षा करता है? **दक्षता आधारित प्रश्न, CBSE 2013**

उत्तर 'आत्मत्राण' कविता में कवि चारों तरफ़ से दु:खों से घिरने पर परमेश्वर में विश्वास करते हुए भी अपने आप से यह अपेक्षा करता है कि ऐसी परिस्थितियों में भी उसका धैर्य बना रहे और वह अपने सामने विद्यमान कठिन परिस्थितियों पर नियंत्रण एवं विजय प्राप्त कर सके।

9. **दुःख रात्रि में करे वंचना मेरी**
जिस दिन निखिल मही
उस दिन ऐसा हो करुणामय,
तुम पर करूँ नहीं कुछ संशय

उपर्युक्त पंक्तियों से कवि का क्या आशय है? दक्षता आधारित प्रश्न

उत्तर कवि रवींद्रनाथ ठाकुर ईश्वर को दुःख में ही नहीं, वरन् सुख के दिनों में भी हर पल स्मरण करना चाहते हैं। उनका कहना है कि हे प्रभु! जब कभी संपूर्ण सृष्टि मेरे साथ धोखा करे या दुःख भरी रात्रि में भी कोई मेरा साथ न दे, तब भी आप पर मेरा विश्वास बना रहे। आपके अस्तित्व के विषय में मेरे मन में कोई संदेह न हो।

10. **'आत्मत्राण' कविता हमें किस प्रकार की प्रार्थना की सलाह देती है?** CBSE 2013

उत्तर 'आत्मत्राण' कविता हमें आत्मविश्वास तथा मनोबल सुदृढ़ करने की कामना तथा कर्मठता एवं स्वावलंबन की प्रार्थना करने की सलाह देती है।

कविता का केंद्रीय भाव यह है कि हमें ईश्वर से अपने दुःख को हरने की प्रार्थना नहीं करनी चाहिए, बल्कि उन दुःखों से संघर्ष करने और उस दुःख से उबरने की शक्ति प्रदान करने की प्रार्थना करनी चाहिए।

11. **'आत्मत्राण' कविता के माध्यम से कवि क्या कहना चाहता है?** CBSE 2015, 12

उत्तर 'आत्मत्राण' कविता के माध्यम से कवि यह कहना चाहता है कि भगवान या प्रभु की कृपा पर आश्रित न रहकर हमें अपने पौरुष-बल को सुदृढ़ एवं सशक्त बनाना चाहिए, जिससे हम स्वयं अपनी विषम परिस्थितियों का दृढ़तापूर्वक सामना कर उन पर विजय प्राप्त कर सकें।

12. **'आत्मत्राण' के अतिरिक्त कविता का कोई और शीर्षक सुझाइए।**

उत्तर 'आत्मत्राण' के अतिरिक्त कविता का अन्य शीर्षक 'आत्मविश्वास' हो सकता है, क्योंकि कविता में कवि ने आत्मविश्वास पर सर्वाधिक बल दिया है। उसका मानना है कि यदि मनुष्य में यह गुण विद्यमान हो, तो वह कठिन-से-कठिन मार्ग को भी पार कर लेता है। ऐसे व्यक्ति पर ईश्वर की कृपादृष्टि भी सदैव बनी रहती है।

13. **कवि किन दिनों में प्रभु की याद बनाए रखना चाहता है? 'आत्मत्राण' कविता के आधार पर लिखिए।** दक्षता आधारित प्रश्न

उत्तर कवि सुख के दिनों में प्रभु की याद बनाए रखना चाहता है, क्योंकि दुःख के दिनों में तो ईश्वर को सभी याद करते हैं, परंतु सुख के दिनों में भूल जाते हैं। अतः कवि सुख के दिनों में भी प्रभु को याद करना चाहता है। सुख के दिनों में वह ईश्वर से निवेदन करता है कि आप मुझ पर ऐसी कृपा रखिए कि जब मेरे जीवन में सुखी का आगमन हो तो मैं प्रशिक्षण आपको याद रख सकूँ तथा आपको कभी न भूलूँ।

14. **कवि रवींद्रनाथ ठाकुर ईश्वर से दुःख कम करने की प्रार्थना नहीं करते। वे उनसे क्या माँगते हैं और क्यों?** CBSE 2013

उत्तर कवि रवींद्रनाथ ठाकुर ईश्वर से दुःख कम करने की प्रार्थना नहीं करते, बल्कि वे दुःखों से सफलतापूर्वक संघर्ष करने की शक्ति प्रदान करने की कामना करते हैं। वे विपत्तियों से जूझने की क्षमता प्रदान करने और उन परिस्थितियों में निर्भीक बनाने की प्रार्थना करते हैं।

वास्तव में, कवि अपने दुःखों का भार स्वयं वहन करना चाहता है। वह ईश्वर पर पूरी तरह आश्रित रहना नहीं चाहता, बल्कि आत्मनिर्भर बनकर अपनी नियति को निर्धारित करने की शक्ति प्राप्त करना चाहता है। वह किसी भी स्थिति में ईश्वर पर संशय नहीं करना चाहता। उसका आत्मविश्वास एवं मनोबल अत्यंत उच्च स्तर पर है और वह कर्मठ तथा पौरुषवान बनना चाहता है। यही कारण है कि वह ईश्वर से अपने दुःखों को समाप्त करने का अनुनय नहीं, बल्कि स्वयं में उन दुःखों से लड़ने की क्षमता विकसित करने की प्रार्थना करता है।

15. **'आत्मत्राण' कविता का संदेश 80 से 100 शब्दों में अपने शब्दों में लिखिए।** CBSE SQP 2020

अथवा **'आत्मत्राण' कविता के आधार पर कवि की उन विशेषताओं का वर्णन कीजिए, जो जीवनोपयोगी शिक्षा देती हैं।** CBSE SQP 2020

अथवा **'आत्मत्राण' कविता से आपको क्या प्रेरणा मिलती है?** CBSE 2012

अथवा

'आत्मत्राण' कविता में कवि की प्रार्थना से क्या संदेश मिलता है? अपने शब्दों में लिखिए। CBSE 2019

उत्तर 'आत्मत्राण' कविता से हमें यह प्रेरणा मिलती है कि हम अपने काम एवं दायित्वों को पूरी निष्ठा एवं ईमानदारी के साथ पूर्ण करें। हम अपने कार्यों के लिए भाग्य अथवा ईश्वर पर निर्भर न रहें, बल्कि स्वयं के अंदर ऐसी शक्ति एवं क्षमता विकसित कर लें, जिससे विषम परिस्थितियों एवं कठिनाइयों से जूझने की शक्ति हमारे अंदर मौजूद हो। हमारा आत्मबल एवं पराक्रम डगमगाए नहीं। हम प्रभु यानी ईश्वर पर कभी भी संशय न करें। उनकी क्षमता असीमित है, लेकिन अपने प्रभु से हमें अपने दुःखों को हरने की, समाप्त करने की प्रार्थना नहीं करनी चाहिए। हमें स्वयं की क्षमता पर विश्वास रखना चाहिए और अपने जीवन की विषम परिस्थितियों का स्वयं ही डटकर सामना करना चाहिए।

वास्तव में, हमें अपने ईश्वर या प्रभु से विषम परिस्थितियों में कठिनाइयों से सामना करने की शक्ति प्रदान करने की प्रार्थना करनी चाहिए। हमें ईश्वर की क्षमता पर संशय न करके उनका आशीर्वाद प्राप्त करने तथा शक्ति एवं साहस प्रदान करने की प्रार्थना करनी चाहिए, ताकि हम अपनी मुसीबतों से स्वयं ही संघर्ष कर सकें।

16. **असीम दुःख की स्थिति में कवि ईश्वर से क्या प्रार्थना करता है?** CBSE Diksha

उत्तर असीम दुःख की स्थिति में ही ईश्वर के प्रति हमारे विश्वास की परख होती है। मनुष्य सुख में ईश्वर को भूलकर स्वयं में लीन हो जाता है, परंतु जब उस पर संकट आन पड़ता है तो वह ईश्वर को पुनः स्मरण करता है। दुःख की स्थिति में जब कोई आशा की किरण नजर नहीं आती तब एकमात्र ईश्वर पर हमारा विश्वास रखना ही हमें एक नई उम्मीद की रोशनी की ओर ले जाता है। कवि ईश्वर से यही प्रार्थना कर रहे हैं कि उनके मन में ईश्वर के प्रति किसी प्रकार का कोई संदेह उत्पन्न न हो, विपरीत परिस्थितियों में भी उनका मनोबल न डगमगाए तथा उनका विश्वास ईश्वर पर अटूट ही बना रहे।

स्व-मूल्यांकन

कविता पर आधारित बहुविकल्पीय प्रश्न

निम्नलिखित काव्यांश को ध्यानपूर्वक पढ़कर पूछे गए प्रश्नों के सही विकल्प चुनिए।

1. 'नत शिर होकर सुख के दिन में' पंक्ति का क्या भाव है?
(i) सुख के दिनों में कवि की गर्दन गर्व से उठी रहें।
(ii) सुख के दिनों में कवि के मन में विनय का भाव बना रहें।
(iii) सुख के दिनों में कवि केवल झुका रहें।
(iv) सुख के दिनों में कवि के मन में अहम भाव आ जाए।

2. 'आत्मत्राण' कविता का केंद्रीय स्वर क्या है?
(i) प्रार्थना और अनुनय (ii) स्वाभिमान और आत्मविश्वास
(iii) दया और करुणा (iv) दीनता और याचना

3. कवि ईश्वर से सांत्वना क्यों नहीं चाहता है?
(i) कवि को परमात्मा पर विश्वास नहीं है।
(ii) कवि दया की भीख नहीं माँगना चाहता।
(iii) कवि दुःख को महसूस करना चाहता है।
(iv) कवि के अनुसार सांत्वना से दुःख कम नहीं होते।

काव्यांश पर आधारित बहुविकल्पीय प्रश्न

निम्नलिखित काव्यांशों को ध्यानपूर्वक पढ़कर पूछे गए प्रश्नों के सही विकल्प चुनिए।

1. मेरा भार अगर लघु करके न दो सांत्वना नहीं सही।
केवल इतना रखना अनुनय
वहन कर सकूँ इसको निर्भय।
नत शिर होकर सुख के दिन में
तव मुख पहचानूँ छिन-छिन में।
दुःख-रात्रि में करे वंचना मेरी जिस दिन निखिल मही
उस दिन ऐसा हो करुणामय,
तुम पर करूँ नहीं कुछ संशय।। **दक्षता आधारित प्रश्न**

(क) दुःख के आगमन के समय कवि क्या करना चाहता है?
(i) पल-पल ईश्वर का स्मरण
(ii) दुःखी होकर रोना
(iii) स्वयं को असहाय महसूस करना
(iv) कर्म हीन बने रहना

(ख) कवि ने परमात्मा के किस रूप की आराधना की है?
(i) करुणामयी रूप (ii) रौद्र रूप
(iii) मनमोहक रूप (iv) श्रृंगारिक रूप

(ग) कवि अपने दुःखों के लिए किसे दोषी नहीं ठहराना चाहता है?
(i) स्वयं को (ii) ईश्वर को
(iii) संसार को (iv) मित्र को

(घ) कवि किसे वहन नहीं करना चाहता है?
(i) सुखों को
(ii) तानों को
(iii) रिश्तेदारों को
(iv) दुःखों को

(ङ) कवि ईश्वर से कैसी कृपा दृष्टि रखने को कहता है?
(i) उसके मन में ईश्वर के प्रति आस्था और विश्वास बना रहें।
(ii) उसके दुःख को ईश्वर दूर कर दे।
(iii) उसके जीवन में सुख-ही-सुख हो।
(iv) उसके ऊपर कोई संकट न आए।

विषयवस्तु का ज्ञान, बोध अभिव्यक्ति पर आधारित प्रश्नोत्तर

निम्नलिखित प्रश्नों के उत्तर दीजिए

(i) 'दुःख-रात्रि' पड़ने पर भी कवि क्या कामना करता है? **दक्षता आधारित प्रश्न**

(ii) कवि ने ईश्वर को क्या कहकर संबोधित किया है और क्यों? 'आत्मत्राण' कविता के माध्यम से स्पष्ट कीजिए। **दक्षता आधारित प्रश्न**

(iii) कवि प्रभु से कैसी शक्ति चाहता है? तर्कसहित स्पष्ट कीजिए।

(iv) 'आत्मत्राण' कविता में कवि को ईश्वर के अतिरिक्त और किस पर भरोसा है तथा क्यों?

(v) 'आत्मत्राण' कविता में चारों ओर से दुःखों से घिरने पर कवि परमेश्वर में विश्वास करते हुए भी अपने से क्या अपेक्षा करता है? **दक्षता आधारित प्रश्न**

(vi) 'आत्मत्राण' कविता हमें ईश्वर के प्रति कैसा भाव रखने के लिए प्रेरित करती है?

(vii) कवि परमात्मा से सांत्वना क्यों नहीं चाहता है?

(viii) 'आत्मत्राण' कविता में कवि की आंतरिक भावनाओं की अभिव्यक्ति हुई है? स्पष्ट कीजिए। **दक्षता आधारित प्रश्न**

(ix) 'आत्मत्राण' कविता में कवि ईश्वर को सर्वोच्च सत्ता मानते हुए भी उससे कुछ क्यों नहीं लेना चाहता? स्पष्ट कीजिए। **दक्षता आधारित प्रश्न**

(x) 'आत्मत्राण' कविता के आधार पर कवि के उभरने वाले व्यक्तित्व पर विस्तार से प्रकाश डालिए।

बड़े भाई साहब

प्रेमचंद

अध्याय 1

पाठ की रूपरेखा

प्रस्तुत पाठ में एक बड़े भाई साहब हैं और एक उनका छोटा भाई है, जो उनसे पाँच साल छोटा है। परिवार में बड़ा भाई होने के कारण उनसे बड़ी-बड़ी आदर्शात्मक अपेक्षाएँ की जाती हैं, वह स्वयं भी वही कार्य करते, जो उनके छोटे भाई के लिए आदर्श बन सके। इसलिए वह हर समय पढ़ाई करते रहते हैं और छोटे भाई पर कड़ी निगरानी रखते हैं।

वे समय-समय पर अपने छोटे भाई को पढ़ाई के प्रति गंभीर रूप से सचेत भी करते रहते हैं। इस आदर्श रूप को बनाने के लिए वह अपना बचपन भी खो बैठते हैं। इस पाठ में सार्थक पढ़ाई करने तथा शिक्षा-व्यवस्था पर व्यंग्यात्मक वर्णन किया गया है। साथ ही यह कहानी सीख देती है कि मनुष्य उम्र से नहीं अपने किए गए कार्यों और कर्त्तव्यों से बड़ा होता है।

लेखक परिचय

'प्रेमचंद' का जन्म बनारस के लमही गाँव में 31 जुलाई, 1880 को हुआ। उनका वास्तविक नाम धनपत राय था। उन्होंने उर्दू में 'नवाब राय' तथा हिंदी में 'प्रेमचंद' नाम से लेखन कार्य किया। उर्दू में प्रकाशित उनका पहला कहानी संग्रह 'सोज़ेवतन' था, जिसे अंग्रेज़ सरकार ने ज़ब्त कर लिया था। उन्होंने स्कूल मास्टर, इंस्पेक्टर, मैनेजरी की नौकरी करने के अतिरिक्त 'हंस' और 'माधुरी' जैसी प्रमुख पत्रिकाओं का संपादन कार्य भी किया।

अपने जीवन का कुछ समय उन्होंने फ़िल्म नगरी 'बंबई' में भी बिताया, किंतु वह अधिक समय तक वहाँ नहीं रहे। हालाँकि उनकी कई रचनाओं पर यादगार फ़िल्में भी बनी हैं। प्रेमचंद को उनके रचना-साहित्य के कारण कथा सम्राट और उपन्यास सम्राट भी कहा जाता है। उनकी सभी कहानियाँ 'मानसरोवर' शीर्षक से आठ खंडों में संकलित हैं। उनके प्रमुख उपन्यास—गोदान, गबन, प्रेमाश्रम, सेवासदन, निर्मला, कर्मभूमि, रंगभूमि, कायाकल्प, प्रतिज्ञा और मंगलसूत्र (अपूर्ण) हैं। 8 अक्टूबर, 1936 में उनका देहांत हो गया था।

पाठ का सार

बड़े भाई साहब का व्यक्तित्व

कहानी में लेखक ने अपने बड़े भाई साहब को चौदह वर्ष का बताया है। आयु में पाँच वर्ष का अंतर होने पर भी वे लेखक से कक्षा में केवल तीन दरजे (कक्षा) आगे हैं, क्योंकि वह शिक्षा पाने में किसी प्रकार की जल्दबाजी नहीं करना चाहते। वह तालीम रूपी भवन की बुनियाद खूब मज़बूत डालना चाहते थे, जिस पर आलीशान महल बन सके। वे एक साल का काम दो साल में करते थे। कभी-कभी तीन साल भी लग जाते थे। उनका विश्वास था कि बुनियाद ही पुख्ता न हो, तो मकान पायेदार नहीं बन सकता।

इसके अतिरिक्त, वह लेखक की हर हरकत पर बारीक निगाह रखते थे और कोई भी गलती होने पर वे लेखक को खूब डाँटते थे। बड़े भाई साहब अधिकांश समय अपनी पुस्तकें खोले बैठे रहते थे, किंतु उनका दिमाग कहीं और होता था। कई बार लेखक ने भाई साहब की कॉपियों पर चिड़ियों, कुत्तों, बिल्लियों की तस्वीरें बनी देखी थीं। यही नहीं, वह कुछ विचित्र शब्दों को अपनी कॉपी पर लिखा करते थे, जिनका अर्थ लेखक की समझ में कभी नहीं आता था और छोटा होने के कारण लेखक उनसे उन विचित्र शब्दों का अर्थ भी नहीं पूछ पाता था।

बड़े भाई साहब के निर्देश और नसीहतें

लेखक खेलकूद में बहुत रुचि लेता था और अवसर पाते ही होस्टल से बाहर निकलकर मैदान में अपने दोस्तों के साथ खेलने या गप्पे मारने लगता था। जब वह इन गतिविधियों से निपटकर अपने कमरे में वापस आता था तो भाई साहब उससे प्रश्न पूछने को तैयार मिलते थे—कहाँ थे? यह प्रश्न सुनते ही लेखक काँप जाता था। इसके बाद बड़े भाई साहब के उपदेश चालू हो जाते थे, जिसमें इस बात पर ज़ोर होता था कि अंग्रेज़ी जैसे विषय को पढ़ना और समझना आसान नहीं है, यह जानते हुए भी लेखक अपना समय खेलने-कूदने और गप्पे हाँकने में लगा देता है। वह लेखक को इस बात के लिए लताड़ते (डाँटते) थे कि यदि उसे पढ़ने में रुचि नहीं है, तो वह क्यों यहाँ रहकर दादाजी की मेहनत की कमाई को बेकार कर रहा है?

लेखक द्वारा पढ़ाई के संबंध में योजनाएँ बनाना

बड़े भाई साहब से डाँट खाकर लेखक को बहुत दु:ख होता और वह निराश हो जाता। ऐसे में वह पढ़ाई करने की योजना बनाता। सबसे पहले पढ़ाई का टाइम-टेबिल बनाया जाता और इसमें सुबह से रात तक की हर गतिविधि को (खेलकूद को छोड़कर) समय दिया जाता, लेकिन पहले ही दिन से उसका टाइम-टेबिल से ध्यान हट जाता और खेलकूद शुरू हो जाता। इसका परिणाम यह होता कि लेखक को बड़े भाई साहब की डाँट और नसीहतें सुननी पड़तीं।

वार्षिक परीक्षा और लेखक का परीक्षाफल

वार्षिक परीक्षाएँ होने और परीक्षाफल निकलने पर लेखक को यह देखकर आश्चर्य हुआ कि वह कक्षा में प्रथम आया है, जबकि उसके बड़े भाई साहब फ़ेल हो गए। ऐसे में उसका दिल किया कि वह जाकर बड़े भाई साहब से पूछे कि तुमने इतना पढ़-लिखकर कौन-सा तीर मार लिया? लेकिन लेखक छोटा था, इसलिए वह इन सब बातों को मन में ही सोचकर चुप रहता है और अगले दिन से वे बड़े भाई साहब की डाँट की चिंता किए बिना खेलने जाना आरंभ कर देता है।

बड़े भाई साहब लेखक की इस निडरता को भाँप चुके थे, इसलिए एक दिन उन्होंने लेखक को खरी-खोटी सुनाते हुए कहा कि कक्षा में प्रथम आने से वह घमंडी हो गया है, उन्होंने रावण का उदाहरण देते हुए कहा कि घमंड करना बुरी आदत है, घमंड व्यक्ति का सर्वनाश कर देता है। उन्होंने लेखक को घमंड त्यागकर पढ़ाई पर ध्यान देने के लिए कहा तथा साथ ही लेखक को यह भी बताया कि वह इस बार प्रथम आ गया तो यह कोई बड़ी बात नहीं है। उसे यह बात ध्यान रखनी चाहिए कि जब वह उनकी कक्षा में आएगा तो दाँतों पसीना आ जाएगा, क्योंकि इंगलिस्तान का इतिहास पढ़ना पड़ेगा, जिसमें आठ तो हेनरी हुए हैं, दर्जनों जेम्स और दर्जनों ही विलियम्स और कोड़ियों चार्ल्स। इनके नाम और काम याद करते-करते चक्कर आने लगते हैं। ज्योमेट्री छात्रों का खून चूस लेती है।

शिक्षा के नाम पर छात्रों पर होने वाले अत्याचार

बड़े भाई साहब के अनुसार जो कुछ किताबों में लिखा है, उसे वैसा ही नहीं पढ़ा तो परीक्षा पास नहीं की जा सकती। वह 'समय की पाबंदी' पर चार पन्नों का निबंध लिखने का उदाहरण देकर परीक्षा लेने वालों पर व्यंग्य करते हुए कहते हैं कि यदि समय की पाबंदी पर चार पन्नों का निबंध लिखा जाएगा, तो यह समय की बर्बादी ही होगी। यह छात्रों पर अत्याचार है कि संक्षेप में लिखने को कहकर चार पन्ने लिखवाए जाते हैं। लेखक को इन सब बातों के विषय में विस्तार से बताकर बड़े भाई साहब इस बात पर ज़ोर देते हैं कि बड़ी कक्षा की पढ़ाई आसान नहीं है और भले ही वह फ़ेल हो गए हों, किंतु वह अनुभव में लेखक से बड़े हैं और सदैव बड़े ही रहेंगे।

एक बार फिर बड़े भाई साहब का फेल होना और लेखक का अपने दरज़े में अव्वल आना

अगले वर्ष की परीक्षाएँ हुईं और लेखक फिर अपने दरजे में अव्वल आया। बड़े भाई साहब ने दिन-रात एक करके पढ़ाई की थी, लेकिन वह फिर फ़ेल हो गए। लेखक को अपने भाई के फ़ेल होने पर बहुत दु:ख हुआ और उन पर दया आई। इस बार लेखक और बड़े भाई के बीच केवल एक कक्षा का अंतर रह गया था। एक बार लेखक को यह कुटिल (बुरा) विचार आया कि यदि इस बार भी बड़े भाई साहब फ़ेल और वह पास हो गया तो दोनों एक ही दरजे में पढ़ेंगे और उस समय बड़े भाई उसकी बेइज़्ज़ती नहीं कर पाएँगे।

बड़े भाई साहब के व्यवहार में परिवर्तन

इस बार भी फ़ेल होने से बड़े भाई साहब बहुत दु:खी थे। अब उनके व्यवहार में लेखक के प्रति नरमी आ गई थी। उनको यह भी लगने लगा था कि अब उन्हें लेखक को डाँटने का अधिकार नहीं रहा। इसका फ़ायदा उठाते हुए लेखक ने खेलने में अधिक समय लगाना शुरू कर दिया। अब वह पतंगबाज़ी में दोस्तों के साथ लगा रहता। इसके बाद भी वह इस बात का ध्यान अवश्य रखता था कि कहीं उसके बड़े भाई साहब उसे यह सब करते देख न लें।

लेखक का रंगे हाथों पतंगबाज़ी में पकड़े जाना

एक दिन लेखक एक कटी हुई पतंग लूटने जा रहा था कि बड़े भाई साहब ने उसे रंगे हाथों पकड़ लिया और वहीं डाँटना शुरू कर दिया कि आठवीं कक्षा में आकर भी इन लड़कों के साथ पतंग लूटने में उसे शर्म नहीं आती। कम-से-कम उसे अपनी पोज़ीशन का तो ध्यान रखना चाहिए। किसी ज़माने में इतने पढ़े-लिखे लोग नायब तहसीलदार, डिप्टी, मजिस्ट्रेट या सुपरिंटेंडेंट हो जाते थे और आज भी कई मिडिल पास लोग अख़बारों के संपादक हैं। यह मान लिया कि तुम होशियार हो और यह भी हो सकता है कि तुम कल मेरी कक्षा में आ जाओ या मेरे से भी आगे निकल जाओ। इसका यह अर्थ नहीं है कि मैं तुमसे कुछ नहीं कह सकता और तुम अपनी मनमानी करते रहोगे।

अनुभव का महत्त्व

बड़े भाई साहब ने लेखक को अनुभव का महत्त्व बताते हुए कहा कि हमारे दादा और अम्मा अधिक पढ़े-लिखे नहीं हैं, लेकिन यह उनका हक है कि वह हमें समझाएँ। उन्होंने कई स्थितियों का उदाहरण देकर बताया कि तजुर्बेकार व्यक्ति चाहे पढ़ा-लिखा न हो, फिर भी वह पढ़े-लिखे कम अनुभवी व्यक्ति से अधिक समझदार होता है। उन्होंने अपने दादाजी, अम्माजी और अपने हेडमास्टर का उदाहरण देकर लेखक को समझाया कि पढ़ा-लिखा होना एक बात है और अनुभवी होना एक अलग बात, उन्होंने लेखक को समझाते हुए फिर कहा कि घमंड करना अच्छी बात नहीं है। मैं बड़ा और अनुभवी होने के नाते तुम्हें राह से भटकने नहीं दूँगा और यदि तुमने मेरी बात नहीं मानी तो मैं थप्पड़ भी मार सकता हूँ।

लेखक की सहमति

लेखक बड़े भाई साहब की इस बात से पूरी तरह सहमत है कि बड़ा और अधिक अनुभवी होने के नाते बड़े भाई साहब को उससे अधिक समझ है। उसने बड़े भाई साहब से कहा कि आपको मुझसे यह सब कहने का पूरा अधिकार है। ऐसा सुनते ही बड़े भाई साहब ने लेखक को गले से लगा लिया और बोले कि मैं तुम्हें पतंग उड़ाने को मना नहीं करता। मेरा भी दिल करता है कि मैं पतंग उड़ाऊँ, पर यदि मैं ही ऐसा करने लगा, तो तुम्हें किस प्रकार समझाऊँगा? उसी समय एक कटी हुई पतंग ऊपर से गुज़री और बड़े भाई साहब ने लपककर उस कटी पतंग की डोर को पकड़ लिया और हॉस्टल की ओर दौड़े। लेखक भी अपने बड़े भाई के पीछे दौड़ रहा था।

शब्दार्थ

शब्द	हिंदी अर्थ
दरजे	कक्षा
तालीम	शिक्षा
बुनियाद	नींव
आलीशान	शानदार, भव्य
पुख्ता	मज़बूत, ठोस
तम्बीह	डाँट-डपट
जन्मसिद्ध अधिकार	वह अधिकार जो जन्म लेते ही मिल जाता है
शालीनता	विनम्रता
अध्ययनशील	पढ़ाई में अधिक रुचि रखने वाला
शेर	उर्दू कविता का एक प्रकार, जो हिंदी के छंद की भाँति होता है
सामंजस्य	ताल-मेल
मसलन	उदाहरण के तौर पर
इबारत	लेख
जमात	कक्षा
कंकरियाँ	छोटे-छोटे पत्थर
रुद्र-रूप	क्रोध से भरा कठोर रूप या भाव-भंगिमा
रोष	क्रोध
सत्कार	आदर
हर्फ़	शब्द
घोंघा	मूर्ख
गाढ़ी कमाई	मेहनत करके की गई आय
लताड़	डाँट-डपट
निपुण	कुशल
सूक्ति-बाण	कठोर बातें।
अवहेलना	तिरस्कार, उपेक्षा
अज्ञात	जाने बिना
जानलेवा	प्राण लेने वाला
फ़जीहत	अपमान
सालाना इम्तिहान	वार्षिक परीक्षा
अव्वल	प्रथम
हमदर्दी	सहानुभूति
लज्जास्पद	शर्मनाक
रौब	दबदबा
शरीक	शामिल
हेकड़ी	ऐंठ
भाँप	महसूस
आधिपत्य	प्रभुत्व
महीप	राजा
दास	गुलाम
कांड	घटना
शाहेरूम	रोम का राजा
पनाह	आश्रय

शब्द	हिंदी अर्थ
मुमतहिन	परीक्षक
फ़र्क	अंतर
सिफ़र	शून्य
खुराफ़ात	व्यर्थ की बातें
बटेर	एक प्रकार की चिड़िया।
हिमाकत	बेवकूफी
किफ़ायत	बचत
गिरह	गाँठ
निःस्वाद	बेस्वाद
ज़लील	अपमानित
प्राणांतक	प्राण लेने वाला
मुद्रा	भाव-भंगिमा
कांतिहीन	चेहरे पर चमक न होना
विधि	भाग्य
कुटिल	दुष्टता
उदय	जन्म या पैदा होना
दनादन	लगातार या निरंतर
सहिष्णुता	सहने की भावना
तकदीर	भाग्य
अदब	सम्मान या आदर
बेतहाशा	सुध-बुध खोकर
आकाशगामी	आकाशरूपी मार्ग
विरक्त	उदास
मुठभेड़	कहासुनी
उग्र	विद्रोह
मातहती	अधीन।
अक्ली	बुद्धि
ज़हीन	प्रतिभावान
ज़ेहन	मस्तिष्क
आत्मगौरव	आत्मसम्मान
समकक्ष	एक ही कक्षा में
तजुरबा	अनुभव
जन्मदाता	जन्म देने वाला
मुहताज़	दूसरे पर आश्रित
मरज	बीमारी या तकलीफ़
नेकनामी	सम्मान
कुटुंब	भरा-पूरा परिवार
इंतजाम	व्यवस्था, प्रबंध
बेराह	गलत रास्ता।
युक्ति	विचार या कथन
सजल	जल से भरा
हरगिज़	कभी नहीं
फ़रमा	कहना

NCERT फोल्डर

पाठ्यपुस्तक (स्पर्श भाग-2) के प्रश्नोत्तर

मौखिक

निम्नलिखित प्रश्नों के उत्तर एक-दो पंक्तियों में दीजिए

प्र.1 कथानायक की रुचि किन कार्यों में थी?

उत्तर कथा नायक की रुचि खेलने-कूदने, ऊधम मचाने, घूमने-फिरने, गप्पे मारने, चाहरदीवारी पर चढ़कर नीचे कूदने, फाटक पर सवार होकर उसे मोटर कार बनाने तथा पतंगबाजी आदि में थी।

प्र.2 बड़े भाई साहब छोटे भाई से हर समय पहला सवाल क्या पूछते थे?

उत्तर बड़े भाई साहब छोटे भाई से हर समय पहला सवाल पूछते थे—'कहाँ थे'?

प्र.3 दूसरी बार पास होने पर छोटे भाई के व्यवहार में क्या परिवर्तन आया?

उत्तर दूसरी बार पास होने पर छोटे भाई की स्वच्छंदता और मनमानी बढ़ गई। उसने पढ़ना-लिखना छोड़कर मटरगश्ती, खेलना-कूदना, घूमना-फिरना व पतंगबाज़ी करना शुरू कर दिया। उसे लगने लगा कि वह पढ़े या न पढ़े अच्छे नंबरों से तो पास हो ही जाएगा।

प्र.4 बड़े भाई साहब छोटे भाई से उम्र में कितने बड़े थे और वे कौन-सी कक्षा में पढ़ते थे?

उत्तर बड़े भाई साहब छोटे भाई से उम्र में पाँच वर्ष बड़े थे और वे कक्षा नौ में पढ़ते थे। उन दोनों में केवल तीन कक्षाओं का अंतर था।

प्र.5 बड़े भाई साहब दिमाग को आराम देने के लिए क्या करते थे?

उत्तर बड़े भाई साहब दिमाग को आराम देने के लिए कॉपी या किताब पर व्यर्थ की बातें बार-बार लिखते या पक्षियों, पशुओं आदि के चित्र बनाते थे।

लिखित

(क) निम्नलिखित प्रश्नों के उत्तर (25-30) शब्दों में लिखिए

प्र.1 छोटे भाई ने अपनी पढ़ाई का टाइम-टेबिल बनाते समय क्या-क्या सोचा और फिर उसका पालन क्यों नहीं कर पाया? **CBSE 2010**

उत्तर छोटे भाई ने अपनी पढ़ाई का टाइम-टेबिल बनाते समय सोचा था कि वह आगे से खूब जी लगाकर अपनी पढ़ाई करेगा, बड़े भाई को कभी शिकायत का मौका नहीं देगा और खेलों से दूर रहेगा, लेकिन पहले ही दिन मैदान की सुखद हरियाली, हवा के हल्के - हल्के झोंके, फुटबॉल की उछल-कूद, कबड्डी के दाँव-घात, वॉलीबॉल की तेज़ी और फुर्ती के कारण वह उसका पालन नहीं कर पाया।

प्र.2 एक दिन जब गुल्ली-डंडा खेलने के बाद छोटा भाई बड़े भाई साहब के सामने पहुँचा, तो उनकी क्या प्रतिक्रिया हुई? **CBSE 2010**

उत्तर एक दिन जब गुल्ली-डंडा खेलने के बाद छोटा भाई बड़े भाई साहब के सामने पहुँचा, तो वह बहुत क्रोधित हुए और उन्होंने छोटे भाई को डाँटते हुए उसे घमंडी बताया, उन्होंने उसकी सफलता को तुक्का बताते हुए आने वाली कक्षा की पढ़ाई का भय दिखाया।

प्र.3 बड़े भाई साहब को अपने मन की इच्छाएँ क्यों दबानी पड़ती थीं? **CBSE 2019, 10**

उत्तर बड़े भाई साहब, बड़े भाई होने के नाते अपने छोटे भाई को अच्छे मार्ग पर चलने के लिए प्रेरित करना चाहते थे। यदि वह स्वयं गलत मार्ग पर चलते तो वह छोटे भाई को सही रास्ते पर नहीं ला सकते थे। अपने नैतिक कर्त्तव्य का बोध होने के कारण उन्हें अपने मन की इच्छाएँ दबानी पड़ती थीं।

प्र.4 बड़े भाई साहब छोटे भाई को क्या सलाह देते थे और क्यों? **CBSE 2016,10**

उत्तर बड़े भाई साहब छोटे भाई को सलाह देते थे कि उसे दिन-रात पढ़ना चाहिए और खेलकूद से दूर रहना चाहिए, क्योंकि इससे समय व्यर्थ में नष्ट होता है। यदि मेहनत नहीं करोगे तो उसी दरजे में पड़े रहोगे। ऐसा वह अपने छोटे भाई को सही रास्ते पर लाने के लिए करते थे।

प्र.5 छोटे भाई ने बड़े भाई साहब के नरम व्यवहार का क्या फ़ायदा उठाया? **CBSE 2020**

उत्तर छोटे भाई ने बड़े भाई साहब के नरम व्यवहार का फ़ायदा उठाते हुए पढ़ाई-लिखाई बिलकुल छोड़ दी और अपनी मनमानी करने लगा। वह बड़े भाई से छिपकर दूसरे बच्चों के साथ पतंगबाज़ी करता। उसे विश्वास हो गया था कि वह बिना पढ़ाई किए पास हो जाएगा। हमारे विचार से छोटे भाई का यह व्यवहार अनुचित है, क्योंकि छात्र जीवन में खेलकूद के साथ-साथ पढ़ाई को विशेष महत्त्व देना नितांत आवश्यक है, जबकि छोटा भाई अनुभवहीन और अभिमानी होने के कारण पढ़ाई की अवहेलना कर रहा था।

(ख) निम्नलिखित प्रश्नों के उत्तर (50-60 शब्दों में) लिखिए

प्र.1 बड़े भाई की डाँट-फटकार अगर न मिलती, तो क्या छोटा भाई कक्षा में अव्वल आता? अपने विचार प्रकट कीजिए। **दक्षता आधारित प्रश्न**

अथवा **"बड़े भाईसाहब की डाँट-फटकार यदि न मिलती तो छोटा भाई कक्षा में प्रथम नहीं आता।" उक्त कथन के पक्ष अथवा विपक्ष में अपने विचार उपयुक्त तर्क सहित लिखिए।** **दक्षता आधारित प्रश्न, CBSE 2019**

उत्तर छोटा भाई अनुभवहीन था। यदि बड़े भाई साहब उसे डाँटते-फटकारते नहीं तो वह अपना भला-बुरा नहीं समझ पाता और वह पढ़ाई को उचित समय न देकर अपना समय खेल-कूद में गँवा देता। उसे बड़े भाई की डाँट का भय था। इसी कारण उसे शिक्षा की अहमियत समझ में आई, विषयों की कठिनाइयों का पता लगा, अनुशासित होने के लाभ समझ में आए और वह अव्वल आया।

प्र.2 इस पाठ में लेखक ने समूची शिक्षा के किन तौर-तरीकों पर व्यंग्य किया है? क्या आप उनके विचार से सहमत हैं? CBSE 2016, 11, 10

उत्तर प्रस्तुत पाठ में लेखक ने समूची शिक्षा के जिन तौर-तरीकों पर व्यंग्य किया है, उनमें सर्वाधिक प्रमुख है—रटकर पढ़ाई करना। इसका साक्षात् प्रमाण है बड़े भाई साहब, जो दिन-रात पुस्तक के एक-एक शब्द को रटते रहते हैं और उनका अर्थ जानने की कोशिश नहीं करते। इसके अतिरिक्त खेलकूद को व्यर्थ समझना भी सही नहीं है। मैं इस विचार से सहमत नहीं हूँ। विषय को समझने के स्थान पर केवल रटने पर ही ज़ोर देना व्यर्थ है। किताबी ज्ञान के साथ-साथ व्यावहारिक ज्ञान भी आवश्यक है।

प्र.3 बड़े भाई साहब के अनुसार जीवन की समझ कैसे आती है? CBSE 2018, 10

उत्तर बड़े भाई साहब के अनुसार जीवन की समझ केवल पुस्तकें पढ़कर नहीं, बल्कि दुनिया को देखकर आती है। वही व्यक्ति अधिक समझदार माना जाता है, जिसे दुनिया देखने और समझने का अधिक अनुभव होता है। यही कारण है कि किताबें पढ़कर परीक्षा पास कर लेना बहुत बड़ी बात नहीं है, सबसे बड़ी बात है उस पढ़ी हुई शिक्षा को अपने जीवन में उतारना व लागू करना। जीवन का व्यावहारिक अनुभव ही व्यक्ति को अधिक योग्य बनाता है। उदाहरण के लिए—घरों में बड़े बुजुर्ग कम शिक्षा पाकर भी समस्याओं से अधिक कुशलता से निपटते हैं।

प्र.4 छोटे भाई के मन में बड़े भाई साहब के प्रति श्रद्धा क्यों उत्पन्न हुई? CBSE 2011, 10

उत्तर छोटे भाई को खेलना बहुत पसंद था। जब बहुत खेलने के बाद भी उसने अपनी कक्षा में प्रथम स्थान प्राप्त किया, तो उसे स्वयं पर अभिमान हो गया। अब उसके मन से बड़े भाई का डर भी जाता रहा। एक दिन पतंग उड़ाते समय उसे बड़े भाई ने पकड़ लिया। उन्होंने उसे समझाया और अगली कक्षा की पढ़ाई की कठिनाइयों का अहसास भी दिलाया। उन्होंने बताया कि वह कैसे उसके भविष्य के कारण अपने बचपन का गला घोंट रहे हैं। उनकी बातें सुनकर छोटे भाई की आँखें खुल गईं। उसे समझ में आ गया कि उसके अव्वल आने के पीछे बड़े भाई की ही प्रेरणा रही है। इससे उसके मन में बड़े भाई के प्रति श्रद्धा उत्पन्न हो गई।

प्र.5 बड़े भाई की स्वभावगत विशेषताएँ बताइए। CBSE 2010

उत्तर बड़े भाई साहब अध्ययनशील, परिश्रमी एवं धुन के पक्के हैं। परंतु पढ़ाई उनकी समझ से बाहर थी, फिर भी वह परिश्रम करते रहते थे। वह छोटों के मार्गदर्शक भी हैं, वह अपने छोटे भाई को तरह-तरह से समझाते थे। वे उपदेश देने की कला में भी विशेषज्ञ थे। वे अपने छोटे भाई को उपदेश देते समय अनेक प्रकार के उदाहरण देते थे। वे अनुशासनप्रिय एवं सिद्धांतों में विश्वास करने वाले थे।

प्र.6 बड़े भाई साहब ने ज़िंदगी के अनुभव और किताबी ज्ञान में से किसे और क्यों महत्त्वपूर्ण कहा है? दक्षता आधारित प्रश्न

उत्तर बड़े भाई साहब ने ज़िंदगी के अनुभव को अधिक महत्त्वपूर्ण माना है। उनके अनुसार, अनुभव से ही मनुष्य को जीवन की सही समझ आती है और वह बिगड़े हुए कामों को भी सही कर लेता है। घर के छोटे-बड़े काम से लेकर घर के बाहर के विशेषज्ञतापूर्ण कार्यों में अनुभव ही काम आता है।

उन्होंने अनुभव को महत्त्वपूर्ण बताने के लिए दादाजी, अम्माजी और हेडमास्टर साहब के उदाहरण दिए हैं।

प्र.7 बताइए पाठ के किन अंशों से पता चलता है कि CBSE 2011

(क) छोटा भाई अपने भाई साहब का आदर करता है।

(ख) भाई साहब को ज़िंदगी का अच्छा अनुभव है।

(ग) भाई साहब के भीतर भी एक बच्चा है।

(घ) भाई साहब छोटे भाई का भला चाहते हैं।

उत्तर (क) पतंगबाज़ी के समय बड़े भाई ने समझाया कि वह बड़ा है, उसे गलत राह पर नहीं जाने देगा। वह भले ही फेल हो जाए पर छोटे भाई को फेल नहीं होने देगा। यह सुनकर छोटे भाई के मन में बड़े भाई के लिए आदर भर आया।

(ख) बड़े भाई को ज़िंदगी का बड़ा अनुभव है। वे जानते हैं कि उसके दादा ने अपनी मेहनत की कमाई और कुशलता से परिवार का पालन किया है। वह यह भी जानते हैं कि अपनी इच्छाओं पर काबू करके ही वह छोटे भाई को ठीक रख सकते हैं।

(ग) संयोग से उसी वक्त एक कटी हुई पतंग हमारे ऊपर से गुज़री। उसकी डोर लटक रही थी। लड़कों का एक गोल पीछे-पीछे दौड़ा चला आता था। भाई साहब लंबे थे, उन्होंने ही उछलकर उसकी डोर पकड़ ली और बेतहाशा हॉस्टल की ओर दौड़े। मैं पीछे-पीछे दौड़ रहा था। ये उनके भीतर बच्चा होने का प्रमाण है।

(घ) बड़े भाई साहब छोटे भाई को ज़्यादा खेलने के लिए डाँटते, उसको भला-बुरा समझाते, गलत-सही को समझाते। वह चाहते थे कि उनका छोटा भाई ठीक रहे और अव्वल आए।

(ग) निम्नलिखित के आशय स्पष्ट कीजिए

प्र.1 "इम्तिहान पास कर लेना कोई बड़ी चीज़ नहीं, असल चीज़ है बुद्धि का विकास।" दक्षता आधारित प्रश्न

उत्तर बड़े भाई साहब इम्तिहान पास होने को बहुत महत्त्व नहीं देते थे। वे कहते थे कि किताबें रट के पास तो हो सकते हैं, परंतु जीवन के अनुभवों और बुद्धि के विकास से ही इंसान बुद्धिमान बनता है। इसलिए इम्तिहान पास कर लेने से अधिक महत्त्वपूर्ण बात अनुभव का होना व व्यक्ति का बुद्धिमान होना है।

प्र.2 "फिर भी जैसे—मौत और विपत्ति के बीच भी आदमी मोह और माया के बंधन में जकड़ा रहता है, मैं फटकार और घुड़कियाँ खाकर भी खेलकूद का तिरस्कार न कर सकता था।" दक्षता आधारित प्रश्न

उत्तर लेखक हर समय अपने खेलकूद, सैर-सपाटे में मस्त रहता और बड़े भाई से डाँट खाता रहता था, परंतु फिर भी खेलकूद नहीं छोड़ता था। जैसे संकटों में फँसकर भी मनुष्य अपनी मोह माया नहीं छोड़ता है। उसी प्रकार छोटा भाई खेलकूद को नहीं छोड़ता था।

प्र.3 "बुनियाद ही पुख्ता न हो तो मकान कैसे पायेदार बने?"

उत्तर बड़े भाई साहब का विचार था कि यदि मकान की नींव कमज़ोर हो तो उस पर मंज़िलें खड़ी नहीं हो सकती हैं। यानी अगर पढ़ाई का शुरुआती आधार ठोस नहीं हो, तो मनुष्य आगे चलकर कुछ नहीं कर पाता। पढ़ाई के साथ-साथ उसके लिए अनुभव भी बहुत ज़रूरी है।

प्र.4 "आँखें आसमान की ओर थीं और मन उस आकाशगामी पथिक की ओर, जो मंद गति से झूमता पतन की ओर चला आ रहा था, मानो कोई आत्मा स्वर्ग से निकलकर विरक्त मन से नए संस्कार ग्रहण करने जा रही हो।"

उत्तर लेखक जब पतंग लूट रहा था, तो उसकी आँखें आसमान की ओर थीं और मन पतंग रूपी राहगीर की तरह। उसे पतंग एक दिव्य आत्मा जैसी लग रही थी जो धीरे-धीरे नीचे आ रही थी, वह उसे पाने के लिए दौड़ रहा था।

भाषा अध्ययन

प्र.1 निम्नलिखित शब्दों के दो-दो पर्यायवाची शब्द लिखिए

उत्तर

नसीहत	–	उपदेश, सलाह
रोष	–	गुस्सा, क्रोध
आज़ादी	–	मुक्ति, स्वाधीनता
राजा	–	भूप, नृपति
ताज्जुब	–	अचंभा, आश्चर्य

प्र.2 प्रेमचंद की भाषा बहुत पैनी और मुहावरेदार है। इसलिए इनकी कहानियाँ रोचक और प्रभावपूर्ण होती हैं। इस कहानी में आप देखेंगे कि हर अनुच्छेद में दो-तीन मुहावरों का प्रयोग किया गया है। उदाहरणतः इन वाक्यों को देखिए और ध्यान से पढ़िए

- मेरा जी पढ़ने में बिलकुल न लगता था। एक घंटा भी किताब लेकर बैठना पहाड़ था।
- भाई साहब उपदेश की कला में निपुण थे। ऐसी-ऐसी लगती बातें कहते, ऐसे-ऐसे सूक्ति बाण चलाते कि मेरे जिगर के टुकड़े-टुकड़े हो जाते और हिम्मत टूट जाती।
- वह जानलेवा टाइम-टेबिल, वह आँखफोड़ पुस्तकें, किसी की याद न रहती और भाई साहब को नसीहत और फ़जीहत का अवसर मिल जाता।

निम्नलिखित मुहावरों का वाक्यों में प्रयोग कीजिए

सिर पर नंगी तलवार लटकना, आड़े हाथों लेना, अंधे के हाथ बटेर लगना, लोहे के चने चबाना, दाँतों पसीना आना, ऐरा-गैरा नत्थू खैरा।

उत्तर
- आज का गृह कार्य न करने के कारण सुरेश के सिर पर नंगी तलवार लटकी पड़ी है।
- छात्रों को बदमाशी करते हुए देखकर शिक्षक ने उन्हें आड़े हाथों लिया।
- होनहार छात्र के प्रश्नों के उत्तर देखकर रमेश परीक्षा में अव्वल आया है। यह तो अंधे के हाथ में बटेर लग जाने वाली कहावत को चरितार्थ करता है।
- आई. ए. एस. की परीक्षा पास करना लोहे के चने चबाने के समान है।
- रमेश ने राजीव से कहा, अभी तुम कक्षा 8 में हो, जब कक्षा 11 में आओगे, तब तुम्हें दाँतों पसीना आ जाएगा।
- छोटे-मोटे काम तो ऐरे-गैरे नत्थू खेरे भी कर लिया करते हैं।

प्र.3 निम्नलिखित तत्सम, तद्भव, देशी, आगत शब्दों को दिए गए उदाहरणों के आधार पर छाँटकर लिखिए।

तत्सम	**तद्भव**	**देशज**	**आगत** (अंग्रेज़ी एवं उर्दू/ अरबी-फ़ारसी)
जन्मसिद्ध,	आँख	दाल-भात	पोज़ीशन फ़जीहत
तालीम,	जल्दबाज़ी,	पुख्ता, हाशिया,	चेष्टा, जमात, हर्फ़,
सूक्तिबाग,	जानलेवा,	आँखफोड़,	घुड़कियाँ, आधिपत्य पन्ना,
मेला-तमाशा,	मसलन,	स्पेशल, स्कीम,	फटकार, प्रातः काल,
विद्वान्, निपुण,	भाई साहब,	अवहेलना,	टाइम-टेबिल।

उत्तर

तत्सम शब्द	चेष्टा, सूक्तिबाण, आधिपत्य, प्रातःकाल, विद्वान्, निपुण, अवहेलना।
तद्भव शब्द	आँखफोड़, पन्ना
देशज शब्द	घुड़कियाँ, फटकार
आगत (अंग्रेज़ी एवं उर्दू अरबी-फ़ारसी शब्द)	तालीम, जल्दबाज़ी, पुख्ता, हाशिया, जमात, हर्फ़, जानलेवा, मेला-तमाशा, मसलन, स्पेशल, स्कीम, भाई साहब, टाइम-टेबिल।

प्र.4 क्रियाएँ मुख्यतः दो प्रकार की होती हैं– सकर्मक और अकर्मक।

सकर्मक क्रिया वाक्य में जिस क्रिया के प्रयोग में कर्म की अपेक्षा रहती है, उसे सकर्मक क्रिया कहते हैं; *जैसे–*

शीला ने सेब खाया।

मोहन पानी पी रहा है।

अकर्मक क्रिया वाक्य में जिस क्रिया के प्रयोग में कर्म की अपेक्षा नहीं होती, उसे अकर्मक क्रिया कहते हैं; *जैसे–*

शीला हँसती है।

बच्चा रो रहा है।

नीचे दिए गए वाक्यों में कौन-सी क्रिया है– सकर्मक या अकर्मक? लिखिए

उत्तर

(क) उन्होंने वहीं हाथ पकड़ लिया।	(सकर्मक)
(ख) फिर चोरों-सा जीवन कटने लगा।	(अकर्मक)
(ग) शैतान का हाल भी पढ़ा ही होगा।	(सकर्मक)
(घ) मैं यह लताड़ सुनकर आँसू बहाने लगता।	(सकर्मक)
(ङ) समय की पाबंदी पर एक निबंध लिखिए।	(सकर्मक)
(च) मैं पीछे-पीछे दौड़ रहा था।	(अकर्मक)

प्र.5 'इक्' प्रत्यय लगाकर शब्द बनाइए

विचार, इतिहास, संसार, दिन, नीति, प्रयोग, अधिकार।

उत्तर वैचारिक, ऐतिहासिक, सांसारिक, दैनिक, नैतिक, प्रायोगिक, आधिकारिक।

योग्यता विस्तार

प्र.1 प्रेमचंद की कहानियाँ मानसरोवर शीर्षक से आठ खंडों में संकलित हैं। इनमें से कहानियाँ पढ़िए और कक्षा में सुनाइए। कुछ कहानियों का मंचन भी कीजिए।

उत्तर छात्र स्वयं करें।

प्र.2 'शिक्षा रटंत विद्या नहीं है'–इस विषय पर कक्षा में परिचर्चा आयोजित कीजिए।

उत्तर छात्र स्वयं करें।

प्र.3 क्या पढ़ाई और खेल-कूद साथ-साथ चल सकते हैं? कक्षा में इस पर वाद-विवाद कार्यक्रम आयोजित कीजिए।

उत्तर छात्र स्वयं करें।

प्र.4 क्या परीक्षा पास कर लेना ही योग्यता का आधार है? इस विषय पर कक्षा में चर्चा कीजिए।

उत्तर छात्र स्वयं करें।

परियोजना कार्य

प्र.1 कहानी में ज़िंदगी से प्राप्त अनुभवों को किताबी ज्ञान से ज़्यादा महत्त्वपूर्ण बताया गया है। अपने माता-पिता, बड़े भाई-बहिनों या अन्य बुजुर्ग/ बड़े सदस्यों से उनके जीवन के बारे में बातचीत कीजिए और पता लगाइए कि बेहतर ढंग से ज़िंदगी जीने के लिए क्या काम आया-समझदारी, पुराने अनुभव या किताबी पढ़ाई?

उत्तर छात्र स्वयं अनुभव करके उत्तर दें।

प्र.2 आपकी छोटी बहिन/छोटा भाई छात्रावास में रहती/रहता है। उसकी पढ़ाई-लिखाई के संबंध में उसे एक पत्र लिखिए।

उत्तर छात्र क्रियाकलाप है। छात्र स्वयं करें।

अभ्यास प्रश्न

बहुविकल्पीय व वर्णनात्मक प्रश्नों सहित

पाठ पर आधारित बहुविकल्पीय प्रश्न

1. "मैंने बहुत चेष्टा की कि इस पहेली का कोई अर्थ निकालूँ, लेकिन असफल रहा और उनसे पूछने का साहस न हुआ।"
लेखक को प्रश्न पूछने का साहस क्यों नहीं हुआ?

CBSE SQP (Additional Set) 2023

(i) उसे लगता था कि वह बड़े भाई साहब की रचनाओं को समझने में अक्षम था।
(ii) सरल प्रश्न पूछकर वह बड़े भाई साहब के सामने मूर्ख नहीं बनना चाहता था।
(iii) उसे बड़े भाई साहब के साथ सवाल-जवाब करना नापसंद था।
(iv) वह बड़े भाई साहब का ध्यान भंग नहीं करना चाहता था।

उत्तर (i) उसे लगता था कि वह बड़े भाई साहब की रचनाओं को समझने में अक्षम था।

2. "मेरा जी पढ़ने में बिल्कुल न लगता था। एक घंटा भी किताब लेकर बैठना पहाड़ था।"
लेखक को पढ़ना क्यों पसंद नहीं था? **दक्षता आधारित प्रश्न**

(i) वह खेलने में अधिक रुचि रखता था।
(ii) क्योंकि वह आलसी था
(iii) कनकौए उड़ाना उसका नया शौक बन गया
(iv) उपर्युक्त सभी

उत्तर (ii) उपर्युक्त सभी

3. बड़े भाई साहब कॉपी-किताबों के हाशियों पर चित्र क्यों बनाया करते थे?

(i) पढ़ने से बचने के लिए
(ii) दिमाग को आराम देने के लिए
(iii) चित्रकारी को प्रमुखता देने के लिए
(iv) खेलकूद से लगाव होने के लिए

उत्तर (ii) दिमाग को आराम देने के लिए

4. निम्न में से किस मामले में बड़े भाई साहब जल्दबाजी से काम लेना पसंद नहीं करते थे?

(i) खेलकूद में
(ii) पढ़ाई में
(iii) भोजन करने में
(iv) आराम करने में

उत्तर (ii) पढ़ाई में

5. लेखक को बड़े भाई साहब की बातें अच्छी क्यों नहीं लगती थीं?
दक्षता आधारित प्रश्न

(i) क्योंकि वह अव्वल दर्जे में पास हुआ था
(ii) क्योंकि भाई साहब फेल हो गए थे
(iii) क्योंकि भाई साहब उपदेश देते थे
(iv) क्योंकि भाई साहब स्वयं गलतियाँ करते थे

उत्तर (iii) क्योंकि भाई साहब उपदेश देते थे

6. बड़े भाई साहब ने छोटे भाई पर रौब जमाने के लिए क्या किया?

(i) अपनी पढ़ाई-लिखाई के बारे में बताया
(ii) अपने अनुभवों व आयु का महत्त्व बताया
(iii) अध्यापकों के संघर्ष के बारे में बताया
(iv) अपनी जिम्मेदारियों का अहसास कराया

उत्तर (ii) अपने अनुभवों व आयु का महत्त्व बताया

7. बड़े भाई साहब हर काम को साल में दो या तीन बार क्यों करते थे? **दक्षता आधारित प्रश्न**

(i) क्योंकि वे आलसी थे
(ii) क्योंकि वे चीजों को गहराई से समझते थे
(iii) क्योंकि वे बुनियाद को मज़बूत बनाना पसंद करते थे
(iv) क्योंकि ऐसा करना उन्हें अच्छा लगता था

उत्तर (iii) क्योंकि वे बुनियाद को मज़बूत बनाना पसंद करते थे

8. बड़े भाई साहब अपने छोटे भाई को क्या सलाह देते थे?

(i) कक्षा में सदैव उपस्थित रहे
(ii) कमरे से बाहर न जाए
(iii) खेलकूद में समय न गँवाए
(iv) भोजन अच्छी तरह से खाएँ

उत्तर (iii) खेलकूद में समय न गँवाए

9. बड़े भाई वर्तमान शिक्षा प्रणाली के विरुद्ध क्यों हैं?

(i) खेलकूद पर जोर देती है
(ii) किताबी कीड़ा बनाती है और वास्तविकता से दूर है
(iii) बहुत लाभदायकता नहीं है
(iv) आदर्शवाद पर आधारित है

उत्तर (ii) किताबी कीड़ा बनाती है और वास्तविकता से दूर है

10. निम्नलिखित में से कौन-से वाक्य 'बड़े भाई साहब' कहानी से प्राप्त प्रेरणा को दर्शाते हैं? **CBSE SQP 2022-23**

1. कथनी और करनी का अंतर हमारी स्थिति को हास्यास्पद बना सकता है।
2. पढ़ाई के साथ-साथ खेलकूद भी छात्र जीवन का आवश्यक अंग है।
3. केवल परीक्षा से पहले ध्यान लगाकर पढ़ लेने से प्रथम आ सकते हैं।
4. बड़े भाई साहब ज्ञान की बातें लेखक को आसानी से समझा देते हैं।

कूट

(i) केवल 1 (ii) 1 और 2
(iii) केवल 4 (iv) 2, 3 और 4

उत्तर (ii) 1 और 2

11. बड़े भाई साहब का छोटे भाई पर प्रभाव जमाना क्यों खत्म हो गया? **दक्षता आधारित प्रश्न**

(i) छोटे भाई ने पढ़ना शुरू कर दिया
(ii) छोटा भाई कक्षा में प्रथम आया और बड़ा भाई फेल हो गया
(iii) छोटा भाई अपनी मनमानी करने लगा
(iv) छोटा भाई दूसरे कक्ष में रहने लगा

उत्तर (ii) छोटा भाई कक्षा में प्रथम आया और बड़ा भाई फेल हो गया

12. लेखक की हिम्मत कब टूट जाती थी?

(i) जब भाई साहब खेलने को कहते
(ii) जब भाई साहब पढ़ने को कहते
(iii) जब भाई साहब डाँटते
(iv) उपर्युक्त सभी

उत्तर (iii) जब भाई साहब डाँटते

13. लेखक को कौन-सा काम पहाड़ जैसा लगता था?

(i) खेलना-कूदना
(ii) खाना बनाना
(iii) पढ़ाई करना
(iv) दिन-रात भाई साहब के साथ घूमना

उत्तर (iii) पढ़ाई करना

14. 'अंधे के हाथ बटेर लगना' मुहावरे का आशय स्पष्ट कीजिए। **दक्षता आधारित प्रश्न**

(i) अत्यधिक मिलना
(ii) अत्यधिक यश व गौरव प्राप्त होना
(iii) बिना योग्यता के बहुत कुछ मिल जाना
(iv) उपर्युक्त में में से कोई नहीं

उत्तर (iii) बिना योग्यता के बहुत कुछ मिल जाना

15. बड़े भाई साहब स्वभाव से कैसे थे?

(i) खेलने-कूदने वाले (ii) आरामदायक जीवन जीने वाले
(iii) जल्दबाजी करने वाले (iv) अध्ययनशील

उत्तर (iv) अध्ययनशील

16. लेखक की स्वयं के विषय में क्या धारणा बन गई थी?

(i) वह बिना पढ़े भी प्रथम आएगा
(ii) वह कक्षा में फेल ही होगा
(iii) वह अंग्रेज़ी कभी पढ़ नहीं पाएगा
(iv) वह बड़े भाई साहब की बराबरी कर पाएगा

उत्तर (i) वह बिना पढ़े भी प्रथम आएगा

17. बड़े भाई साहब को अपने मन की इच्छाएँ क्यों दबानी पड़ती थीं? **CBSE Diksha**

(i) उदाहरण प्रस्तुत करने के लिए
(ii) धन का अभाव
(iii) अंधा होने का फायदा
(iv) उपर्युक्त सभी

उत्तर (i) उदाहरण प्रस्तुत करने के लिए

18. निम्नलिखित कथन (A) व कारण (R) को पढ़कर सही विकल्प का चयन करें।

कथन (A) बड़े भाई ने कई बार डाँटने का अवसर पाकर भी धीरज से काम लिया।

कारण (R) छोटा भाई कक्षा में प्रथम आया जबकि बड़ा भाई फेल हो गया। इससे दोनों की कक्षा का अंतर कुछ कम हो गया। **दक्षता आधारित प्रश्न**

(i) कथन (A) तथा कारण (R) दोनों गलत हैं।
(ii) कथन (A) गलत है, लेकिन कारण (R) सही है।

(iii) कथन (A) सही है, किंतु कारण (R) उसकी गलत व्याख्या करता है।

(iv) कथन (A) और कारण (R) दोनों सही हैं तथा कारण (R), कथन (A) की सही व्याख्या करता है।

उत्तर (iv) कथन (A) और कारण (R) दोनों सही हैं तथा कारण (R) कथन (A) की सही व्याख्या करता है।

19. निम्नलिखित में से कौन-से वाक्य दर्शाते हैं कि लेखक को बड़े भाई साहब की बातें अच्छी नहीं लगती थी? **दक्षता आधारित प्रश्न**

1. भाई साहब सूक्तियों और उनके उदाहरणों के माध्यम से उपदेश देते थे।
2. भाई साहब की बात सुनकर लेखक टाइम टेबल बनाने लगता था।
3. खेल-कूद करने के बाद भी लेखक अव्वल दर्जे में पास हो गया था।
4. भाई साहब अक्सर स्वयं भी गलतियाँ किया करते थे।

कूट

(i) केवल 1 (ii) 1 और 2

(iii) केवल 4 (iv) 2, 3 और 4

उत्तर (ii) 1 और 2

20. दूसरी बार पास होने पर लेखक के व्यवहार में क्या परिवर्तन आया? **दक्षता आधारित प्रश्न**

(i) लेखक की स्वच्छंदता बढ़ गई

(ii) लेखक को बड़े भाई पर दया आने लगी

(iii) लेखक दुविधाग्रस्त हो गया

(iv) लेखक का हृदय परिवर्तन हो गया

उत्तर (ii) लेखक को बड़े भाई पर दया आने लगी

21. बड़े भाई साहब के अनुसार जीवन की समझ कैसे आती है?

(i) संघर्ष करने से (ii) अनुभव से

(iii) पढ़ने से (iv) ये सभी

उत्तर (ii) अनुभव से

गद्यांश पर आधारित बहुविकल्पीय प्रश्न

निम्नलिखित गद्यांशों को ध्यानपूर्वक पढ़कर पूछे गए प्रश्नों के सही विकल्प चुनिए

1. वह स्वभाव से ही बड़े अध्ययनशील थे। हरदम किताब खोले बैठे रहते और शायद दिमाग को आराम देने के लिए कभी कॉपी पर, किताब के हाशियों पर चिड़ियों, कुत्तों, बिल्लियों की तस्वीरें बनाया करते थे। कभी-कभी एक ही नाम या शब्द या वाक्य दस-बीस बार लिख डालते। कभी ऐसी शब्द-रचना करते जिसमें न कोई अर्थ होता न सामंजस्य। मसलन एक बार मैंने उनकी कॉपी पर यह इबारत देखी-स्पेशल, अमीना, भाइयों-भाइयों, दरअसल, भाई-भाई। राधेश्याम, श्रीयुत राधेश्याम, एक घंटे तक-इसके बाद एक आदमी का चेहरा बना हुआ था। मैंने बहुत चेष्टा की कि इस पहेली का कोई अर्थ निकालूँ, लेकिन असफल रहा और उनसे पूछने का साहस न हुआ। वह नौवीं जमात में थे, मैं पाँचवीं में। उनकी रचनाओं को समझना मेरे लिए छोटा मुँह बड़ी बात थी।

CBSE SQP (Additional Set) 2023

(क) छोटा भाई बडे भाई की रचनाओं को क्यों समझना चाहता था?

(i) उत्सुकतावश (ii) जिज्ञासावश

(iii) सीखने के लिए (iv) समझने के लिए

उत्तर (i) उत्सुकतावश

(ख) बड़े भाई साहब हरदम किताब खोले क्यों बैठे रहते थे?

(i) अध्ययनशील होने के कारण

(ii) परिश्रमी होने के कारण

(iii) कुछ नहीं समझ आने के कारण

(iv) उदाहरण स्थापित करने के कारण

उत्तर (i) अध्ययनशील होने के कारण

(ग) उनकी शब्द रचना में सामंजस्य क्यों नहीं था?

(i) विचारों में अस्थिरता (ii) शब्द रचना का अभाव

(iii) उद्देश्यहीनता (iv) समय बिताने के लिए

उत्तर (ii) उद्देश्यहीनता

(घ) 'एक बार मैंने उनकी कॉपी पर यह इबारत देखी' इस पंक्ति में इबारत का अर्थ है

(i) शेर (ii) विचार

(iii) तथ्य (iv) लेख

उत्तर (iv) लेख

(ङ) निम्नलिखित कथन (A) तथा कारण (R) को ध्यानपूर्वक पढ़कर दिए गए विकल्प में से सही विकल्प चुनकर लिखिए।

कथन (A) भाई साहब स्वभाव से ही बड़े अध्ययनशील थे।

कारण (R) वे हरदम किताबें पढ़ते रहते थे। **दक्षता आधारित प्रश्न**

(i) कथन (A) गलत है, किंतु कारण (R) सही है।

(ii) कथन (A) और कारण (R) दोनों गलत हैं।

(iii) कथन (A) सही है तथा कारण (R) कथन (A) की सही व्याख्या है।

(iv) कथन (A) और कारण (R) दोनों सही हैं तथा कारण (R) कथन (A) की सही व्याख्या नहीं है।

उत्तर (iii) कथन (A) सही हैं तथा कारण (R) कथन (A) की सही व्याख्या है।

2. अपने हेडमास्टर साहब ही को देखो। एम.ए. हैं कि नहीं और यहाँ के एम.ए. नहीं, ऑक्सफोर्ड के। एक हज़ार रुपये पाते हैं, लेकिन उनके घर का इंतजाम कौन करता है? उनकी बूढ़ी माँ। हेडमास्टर साहब की डिग्री यहाँ बेकार हो गई। पहले स्वयं घर का इंतजाम करते थे। खर्च पूरा न पड़ता था। कर्ज़दार रहते थे। जब से उनकी माता जी ने प्रबंध अपने हाथ में ले लिया है, जैसे घर में लक्ष्मी आ गई है। तो भाईजान, यह गरूर दिल से निकाल डालो कि तुम मेरे समीप आ गए हो और अब स्वतंत्र हो। मेरे देखते तुम बेराह न चलने पाओगे।

(क) हेड मास्टर और उनकी बूढ़ी माँ का उदाहरण किस तथ्य को समझाने के लिए दिया गया है? **दक्षता आधारित प्रश्न**

(i) जीवन की गंभीरता समझाने के लिए

(ii) जीवन की समझ व्यावहारिक अनुभव से आती है, यह समझाने के लिए

(iii) जीवन अत्यंत संघर्षपूर्ण है, यह समझाने के लिए
(iv) पुस्तकीय ज्ञान को महत्त्व समझाने के लिए

उत्तर (ii) जीवन की समझ व्यावहारिक अनुभव से आती है, यह समझाने के लिए

(ख) गद्यांश के अनुसार, हेडमास्टर साहब की डिग्री कहाँ बेकार हो गई?

(i) घर का प्रबंधन न करने पर (ii) माँ का ध्यान न रखने पर
(iii) पैसे सँभालकर न रखने पर (iv) पैसों को दान करने पर

उत्तर (i) घर का प्रबंधन न करने पर

(ग) हेडमास्टर साहब द्वारा घर की स्वयं देख-रेख करने का क्या परिणाम हुआ?

(i) खर्च पूरा-पूरा पड़ता था
(ii) बचत अच्छी खासी होती थी
(iii) वे कर्ज़दार हो गए थे
(iv) उनके घर में समृद्धि थी

उत्तर (iii) वे कर्ज़दार हो गए थे

(घ) 'घर में लक्ष्मी आने से' क्या आशय है?

(i) पैसों की कमी होने से
(ii) पैसे समाप्त न होने से
(iii) पैसों की बचत होने से
(iv) घर में सुख-समृद्धि आने से

उत्तर (iv) घर में सुख-समृद्धि आने से

(ङ) निम्नलिखित कथन (A) तथा कारण (R) को ध्यानपूर्वक पढ़कर दिए गए विकल्प में से सही विकल्प चुनकर लिखिए।

कथन (A) मेरे देखते तुम बेराह न चलने पाओगे।

कारण (R) बड़े भाई चाहते थे कि उनका छोटा भाई बुरी संगत के मार्ग से बचा रहे। इसके लिए वे अपने बड़ा होने का फर्ज़ पूरी तरह निभाने को तैयार थे।

दक्षता आधारित प्रश्न

(i) कथन (A) तथा कारण (R) दोनों गलत हैं।
(ii) कथन (A) गलत है, लेकिन कारण (R) सही है।
(iii) कथन (A) सही है, किंतु कारण (R) उसकी गलत व्याख्या करता है।
(iv) कथन (A) और कारण (R) दोनों सही हैं तथा कारण (R) कथन (A) की सही व्याख्या करता है।

उत्तर (iv) कथन (A) और कारण (R) दोनों सही हैं तथा कारण (R) कथन (A) की सही व्याख्या करता है।

3. **मगर टाइम-टेबिल बना लेना एक बात है, उस पर अमल करना दूसरी बात। पहले ही दिन उसकी अवहेलना शुरू हो जाती। मैदान की वह सुखद हरियाली, हवा के हल्के-हल्के झोंके, फुटबॉल की वह उछल-कूद, कबड्डी के वह दाँव-घात, वॉलीबॉल की वह तेज़ी और फुरती, मुझे अज्ञात और अनिवार्य रूप से खींच ले जाती और वहाँ जाते ही मैं सब कुछ भूल जाता। वह जानलेवा टाइम-टेबिल, वह आँखफोड़ पुस्तकें, किसी की याद न रहती और भाई साहब को नसीहत और फजीहत का अवसर मिल जाता। मैं उनके साए से भागता, उनकी आँखों से दूर रहने की चेष्टा करता, कमरे में इस तरह दबे पाँव आता कि उन्हें खबर न हो। उनकी नज़र मेरी ओर उठी और मेरे प्राण निकले। हमेशा सिर पर एक नंगी तलवार-सी लटकती मालूम होती। फिर भी जैसे मौत और विपत्ति के बीच भी आदमी मोह और माया के बंधन में जकड़ा रहता है, मैं फटकार और घुड़कियाँ खाकर भी खेल-कूद का तिरस्कार न कर सकता था।**

(क) निम्नलिखित में से कौन सा/से वाक्य लेखक की खेल के प्रति गहन रुचि को दर्शाता है/दर्शाते हैं? **दक्षता आधारित प्रश्न**

1. लेखक टाइम टेबल बनाकर पढ़ने के बजाय खेलने चला जाता था।
2. खेलों की उछल-कूद, फुरती, दाँव घात के प्रति वह आकर्षित था।
3. उसके भाईसाहब पढ़ाई न करने पर उसे डाँटा करते थे।
4. लेखक इस तरह दबे पाँव कमरे में आता था कि उसके भाई को पता न चले।

कूट

(i) केवल 1 (ii) 1 और 2
(iii) केवल 4 (iv) 2, 3 और 4

उत्तर (ii) 1 और 2

(ख) टाइम-टेबिल पर अमल नहीं होने का परिणाम क्या था?
दक्षता आधारित प्रश्न

(i) मस्ती और खेलों में अधिक रुचि होना
(ii) बड़े भाई की डाँट का भय समाप्त होना
(iii) पढ़ाई के प्रति अत्यधिक रुचि होना
(iv) स्वयं को मुक्त करना

उत्तर *(i)* मस्ती और खेलों में अधिक रुचि होना

(ग) लेखक बड़े भाई साहब की आँखों से दूर रहने का प्रयास क्यों करता था? **दक्षता आधारित प्रश्न**

(i) पढ़ाई करने और उपदेश सुनने से बचने के लिए
(ii) सदा खेलने और मस्ती करने के लिए
(iii) स्वच्छंद जीवन व्यतीत करने के लिए
(iv) भाई साहब के टाइम-टेबिल का पालन करने के लिए

उत्तर (i) पढ़ाई करने और उपदेश सुनने से बचने के लिए

(घ) बड़े भाई साहब को नसीहत का अवसर कब मिल जाता था?

(i) जब लेखक खेलकर आता था
(ii) जब लेखक पढ़ाई नहीं करता था
(iii) (i) और (ii) दोनों
(iv) जब लेखक भाई साहब का कहना मानता था

उत्तर (iii) (i) और (ii) दोनों

(ङ) 'मौत और विपत्ति के बीच' से क्या अभिप्राय है?

(i) भयानक स्थिति
(ii) ऐसी स्थिति जिसमें बचने का कोई आसार नज़र न आता हो
(iii) ऐसी स्थिति जिसमें व्यक्ति दृढ़ निश्चयी बना रहे
(iv) ऐसी स्थिति जिसमें आत्मग्लानि का अनुभव हो

उत्तर (ii) ऐसी स्थिति जिसमें बचने का कोई आसार नज़र न आता हो

4. मैं यह लताड़ सुनकर आँसू बहाने लगता। जवाब ही क्या था। अपराध तो मैंने किया, लताड़ कौन सहे? भाई साहब उपदेश की कला में निपुण थे। ऐसी-ऐसी लगती बातें कहते, ऐसे-ऐसे सूक्ति-बाण चलाते कि मेरे जिगर के टुकड़े-टुकड़े हो जाते और हिम्मत टूट जाती। इस तरह जान तोड़कर मेहनत करने की शक्ति मैं अपने में न पाता था और उस निराशा में ज़रा देर के लिए मैं सोचने लगता–'क्यों न घर चला जाऊँ। जो काम मेरे बूते के बाहर है, उसमें हाथ डालकर क्यों अपनी जिंदगी खराब करूँ।' मुझे अपना मूर्ख रहना मंजूर था, लेकिन उतनी मेहनत से मुझे तो चक्कर आ जाता था, लेकिन घंटे-दो-घंटे के बाद निराशा के बादल फट जाते और मैं इरादा करता कि आगे से खूब जी लगाकर पढ़ूँगा। चटपट एक टाइम-टेबिल बना डालता। बिना पहले से नक्शा बनाए कोई स्कीम तैयार किए काम कैसे शुरू करूँ। टाइम-टेबल में खेलकूद की मद बिलकुल उड़ जाती। **दक्षता आधारित प्रश्न**

(क) 'मैं यह लताड़ सुनकर आँसू बहाने लगा।' कथन किसका हैं?

(i) भाई साहब का (ii) लेखक के साथी का
(iii) स्वयं लेखक का (iv) इनमें से कोई नहीं

उत्तर (iii) स्वयं लेखक का

(ख) निम्नलिखित कथन (A) तथा कारण (R) को ध्यानपूर्वक पढ़कर दिए गए विकल्प में से सही विकल्प चुनकर लिखिए।

कथन (A) टाइम टेबल में खेलकूद की मद बिलकुल उड़ जाती।

कारण (R) खेलकूद कर देर से घर लौटे छोटे भाई (लेखक) का बड़ा भाई उपदेश और सूक्तियों के माध्यम से ऐसा समझाते हैं कि लेखक ऐसा टाइम टेबल बनाता जिसमें खेलकूद की कोई जगह न होती। **दक्षता आधारित प्रश्न**

(i) कथन (A) तथा कारण (R) दोनों गलत हैं।
(ii) कथन (A) गलत है, लेकिन कारण (R) सही है।
(iii) कथन (A) सही है, किंतु कारण (R) उसकी गलत व्याख्या करता है।
(iv) कथन (A) और कारण (R) दोनों सही हैं तथा कारण (R) कथन (A) की सही व्याख्या करता है।

उत्तर *(iv)* कथन (A) और कारण (R) दोनों सही हैं तथा कारण (R) कथन (A) की सही व्याख्या करता है।

(ग) भाई साहब की डाँट सुनने के बाद निराश हुआ छोटा भाई क्या सोचने लगता था ………। **दक्षता आधारित प्रश्न**

(i) पढ़ाई मन लगाकर करूँगा
(ii) घर वापस चला जाऊँ
(iii) पुनः खेल खेलने चला जाऊँ
(iv) पढ़ाई करना छोड़ दूँ

उत्तर (ii) घर वापस चला जाऊँ

(घ) भाई साहब हर समय छोटे भाई को क्या उपदेश देते थे?

(i) पढ़ाई करने का (ii) समय व्यर्थ न करने का
(iii) खेलकूद न करने का (iv) ये सभी

उत्तर (iv) ये सभी

(ङ) निराशा के बादल हटने पर छोटा भाई क्या निश्चय करता था? **दक्षता आधारित प्रश्न**

(i) अपने बूते से बाहर का काम नहीं करना
(ii) अपना मूर्ख बना रहना मंजूर कर लेना
(iii) आगे से खूब मन लगाकर पढ़ाई करना
(iv) अपने दादा के पास चले जाना

उत्तर (iii) आगे से खूब मन लगाकर पढ़ाई करना

5. भाई साहब ने इसे भाँप लिया-उनकी सहज बुद्धि तीव्र थी और एक दिन जब मैं भोर का सारा समय गुल्ली-डंडे की भेंट करके ठीक भोजन के समय लौटा, तो भाई साहब ने मानो तलवार खींच ली और मुझ पर टूट पड़े-देखता हूँ, इस साल पास हो गए और दरजे में अव्वल आ गए तो तुम्हें दिमाग हो गया है, मगर भाईजान घमंड तो बड़े-बड़े का नहीं रहा तुम्हारी क्या हस्ती है? इतिहास में रावण का हाल तो पढ़ा ही होगा। उसके चरित्र से तुमने कौन-सा उपदेश लिया? या यों ही पढ़ गए? महज इम्तिहान पास कर लेना कोई चीज नहीं, असल चीज है बुद्धि का विकास। जो कुछ पढ़ो, उसका अभिप्राय समझो। रावण भूमंडल का स्वामी था। ऐसे राजाओं को चक्रवर्ती कहते हैं। आजकल अंग्रेज़ों के राज्य का विस्तार बहुत बढ़ा हुआ है, पर इन्हें चक्रवर्ती नहीं कह सकते। संसार में अनेक राष्ट्र अंग्रेज़ों का आधिपत्य स्वीकार नहीं करते, बिलकुल स्वाधीन हैं। रावण चक्रवर्ती राजा था, संसार के सभी महीप उसे कर देते थे। बड़े-बड़े देवता उसकी गुलामी करते थे। आग और पानी के देवता भी उसके दास थे, मगर उसका अंत क्या हुआ? घमंड ने उसका नाम-निशान तक मिटा दिया, कोई उसे एक चुल्लू पानी देने वाला भी न बचा। आदमी और जो कुकर्म चाहे करे, पर अभिमान न करे, इतराए नहीं। अभिमान किया और दीन-दुनिया दोनों से गया।

(क) महज इम्तिहान पास कर लेना कोई चीज़ नहीं, असल चीज़ है बुद्धि का विकास-यह कथन किसका है?

(i) बड़े भाई साहब का (ii) छोटे भाई साहब का
(iii) पिता का (iv) माता जी का

उत्तर (i) बड़े भाई साहब का

(ख) बड़े भाई की सहज बुद्धि ने क्या भाँप लिया था? **दक्षता आधारित प्रश्न**

(i) छोटा भाई गुल्ली-डंडा खेलकर आया है
(ii) छोटा भाई पढ़कर आया है
(iii) छोटे भाई को अपने पास होने और प्रथम आने पर घमंड हो गया है
(iv) छोटा भाई अब बड़े भाई का पहले जितना सम्मान नहीं करता है

उत्तर (iii) छोटे भाई को अपने पास होने और प्रथम आने पर घमंड हो गया है

(ग) छोटे भाई को डाँटते हुए बड़े भाई ने क्या कहा था?

(i) तुम खेलने मत जाया करो
(ii) घमंड तो बड़े-बड़ों का नहीं रहा, तुम्हारी क्या हस्ती है
(iii) रावण के चरित्र से सीख लो
(iv) अंग्रेज़ी आसान विषय नहीं है

उत्तर (ii) घमंड तो बड़े-बड़ों का नहीं रहा, तुम्हारी क्या हस्ती है

(घ) गद्यांश के अनुसार चक्रवर्ती रावण के विनाश का मुख्य कारण क्या था? **दक्षता आधारित प्रश्न**

(i) राज्य का विस्तार करना
(ii) सीता का हरण करना
(iii) देवता द्वारा गुलामी करवाना
(iv) अभिमान करना

उत्तर (iv) अभिमान करना

(ङ) निम्नलिखित में से कौन से वाक्य दर्शाते हैं कि भाई साहब उपदेश देने की कला में निपुण थे? **दक्षता आधारित प्रश्न**

1. भाई साहब की सहज बुद्धि बहुत तीव्र थी।
2. छोटे भाई के पास होने पर कहते थे कि उसे घमंड हो गया है, पर घमंड रावण का भी नहीं चला।
3. इम्तिहान पास होने को महत्त्वपूर्ण नहीं बल्कि बुद्धि का विकास जरुरी बताते थे।
4. आदमी को अभिमान करके न इतराने वाली बाते कहते।

कूट

(i) केवल 1 (ii) 1 और 2
(iii) केवल 4 (iv) 2, 3 और 4

उत्तर (iv) 2, 3 और 4

6. **अब भाई साहब बहुत कुछ नरम पड़ गए थे। कई बार मुझे डाँटने का अवसर पाकर भी उन्होंने धीरज से काम लिया। शायद वह खुद समझने लगे थे कि मुझे डाँटने का अधिकार उन्हें नहीं रहा, या रहा भी, तो बहुत कम। मेरी स्वच्छंदता भी बढ़ी। मैं उनकी सहिष्णुता का अनुचित लाभ उठाने लगा। मुझे कुछ ऐसी धारणा हुई कि मैं पास ही हो जाऊँगा, पढ़ूँ या न पढ़ूँ, मेरी तकदीर बलवान है, इसलिए भाई साहब के डर से जो थोड़ा-बहुत पढ़ लिया करता था, वह भी बंद हुआ। मुझे कनकौए उड़ाने का नया शौक पैदा हो गया था और सारा समय पतंगबाजी की ही भेंट होता था, फिर भी मैं भाई साहब का अदब करता था और उनकी नज़र बचाकर कनकौए उड़ाता था। माँझा देना, कनने बाँधना, पतंग टूर्नामेंट की तैयारियाँ आदि समस्याएँ सब गुप्त रूप से हल की जाती थीं। मैं भाई साहब को यह संदेह न करने देना चाहता था कि उनका सम्मान और लिहाज मेरी नज़रों में कम हो गया है।**

(क) किसका विचार था कि अब डाँटने का अधिकार मुझे नहीं रहा?

(i) छोटे भाई साहब का (ii) मझले भाई साहब का
(iii) (i) और (ii) दोनों (iv) इनमें से कोई नहीं

उत्तर (ii) मझले भाई साहब का

(ख) बड़े भाई साहब के व्यवहार में लेखक को नरमी कब दिखाई देने लगी? **दक्षता आधारित प्रश्न**

(i) जब वे अच्छे अंकों से उत्तीर्ण हो गए
(ii) जब वे परीक्षा में फेल हो गए
(iii) जब छोटे भाई ने उनसे बात करना बंद कर दिया
(iv) जब उन्हें लगा कि वे जरूरत से ज्यादा डाँटते हैं

उत्तर (ii) जब वे परीक्षा में फेल हो गए

(ग) निम्नलिखित कथन (A) तथा कारण (R) को ध्यानपूर्वक पढ़कर दिए गए विकल्पों में से कोई एक सही विकल्प चुनकर लिखिए।

कथन (A) मैं बड़े भाई साहब की सहिष्णुता का अनुचित लाभ उठाने लगा।

कारण (R) लेखक को ऐसा लगने लगा था कि वह पढ़े या न पढ़े, पास हो ही जाएगा। **दक्षता आधारित प्रश्न**

(i) कथन (A) तथा कारण (R) दोनों गलत हैं।
(ii) कथन (A) गलत है, लेकिन कारण (R) सही है।
(iii) कथन (A) सही है, किंतु कारण (R) उसकी गलत व्याख्या करता है।
(iv) कथन (A) और कारण (R) दोनों सही हैं तथा कारण (R) कथन (A) की सही व्याख्या करता है।

उत्तर (iii) कथन (A) सही है, किंतु कारण (R) उसकी गलत व्याख्या करता है।

(घ) लेखक बड़े भाई के डर से क्या किया करता था? **दक्षता आधारित प्रश्न**

(i) और अधिक खेलता था (ii) मित्रों से नहीं मिलता था
(iii) थोड़ा-बहुत पढ़ता था (iv) नवीन योजना बनाता था

उत्तर (iii) थोड़ा-बहुत पढ़ता था

(ङ) लेखक बड़े भाई साहब को किस बात का संदेह नहीं होने देना चाहता है? **दक्षता आधारित प्रश्न**

(i) अनुभव के कारण उनकी बात को जानने का
(ii) उनका सम्मान लेखक की नज़रों में कम हो गया है
(iii) उनकी पढ़ाई की पुस्तकें उसने फाड़ दी हैं
(iv) उनकी शिकायत दादा से कर दी है

उत्तर (ii) उनका सम्मान लेखक की नज़रों में कम हो गया है

विषयवस्तु का ज्ञान, बोध अभिव्यक्ति पर आधारित प्रश्नोत्तर

1. परिवार के अनुभवी जनों के द्वारा दी गई सीख भविष्य निर्माण में सहायक सिद्ध होती है। आपके द्वारा स्पर्श पाठ्यपुस्तक में पढ़े गए पाठ के माध्यम से भी यह ज्ञात होता है। कहानी के पात्रों के माध्यम से कथन को सिद्ध कीजिए। **CBSE SQP 2023**

उत्तर कहानी 'बड़े भाई साहब' में पात्र 'बड़े भाई' अपने अनुभवी जनों द्वारा दी गई सीख से प्रभावित होते हैं। उनके भाई की सलाह के बाद, उनका अभिभावकों और शिक्षकों के प्रति विश्वास बढ़ता है। उन्हें यह समझ में आता है कि समय और परिश्रम से सफलता मिलती है। इस प्रेरणादायक कहानी के माध्यम से हमें यह संदेश मिलता है कि हमारे व्यस्क (बड़े) और गुरु के मार्गदर्शन से हम अपने भविष्य का निर्माण कर सकते हैं।

2. बड़े भाई साहब लेखक को क्यों डाँटते रहते थे? **CBSE Diksha**

उत्तर बड़े भाई साहब लेखक से उम्र में बड़े व अनुभवी थे। वह उनसे उम्र में पाँच साल बड़े थे। डाँटना, उपदेश देना आदि को वह अपना अधिकार समझते थे।

छोटा भाई अभी अनुभवहीन था, वह अपना भला-बुरा नहीं समझ पाता था इसलिए उसे सही राह पर बनाए रखने के लिए वे सदैव लेखक को डाँटते रहते थे। छोटे भाई की भलाई के लिए ही वे उन्हें डाँटते-फटकारते रहते थे।

3. छोटे भाई के चुप हो जाने पर बड़े भाई साहब उसका स्वागत किस तरह के शब्दों में करते थे? **CBSE 2014**

उत्तर बड़े भाई साहब छोटे भाई के चुप होने का यह अर्थ लगाते थे कि उसे अपना अपराध स्वीकार है। इस पर, भाई साहब स्नेह और रोष से मिले-जुले शब्दों में उसका स्वागत करते थे।

4. लेखक को मौन देखकर बड़े भाई का व्यवहार कैसा हो गया था? **CBSE 2016**

उत्तर जब लेखक बड़े भाई के सामने मौन हो जाता था, तो बड़े भाई को यह विश्वास हो जाता था कि उसने अपने अपराध को स्वीकार कर लिया है। ऐसे में वह बड़े होने का कर्त्तव्य निभाकर उसे कभी डाँटते, तो कभी स्नेह से बातें करते।

5. बड़े भाई साहब छोटे भाई से प्रश्न करके क्या उपदेश देते थे? **दक्षता आधारित प्रश्न**

उत्तर बड़े भाई साहब छोटे भाई से यह प्रश्न करते हैं कि तुम कहाँ थे? वह यह प्रश्न इतने क्रोधित होकर पूछते कि लेखक प्रतिक्रिया स्वरूप 'मौन' में होकर अपना अपराध स्वीकार कर लेता। इसके बाद वह छोटे भाई को पढ़ाई एवं भविष्य से संबंधित उपदेश देना आरंभ कर देते थे। उनका मत था कि पढ़ाई-लिखाई आसान कार्य नहीं है, क्योंकि अंग्रेज़ी को तो वह सर्वाधिक कठिन विषय मानते थे। वह लेखक से कहते थे कि यदि वह इसी तरह खेल-कूद में समय व्यतीत करता रहा, तो वह पूरी ज़िंदगी में भी कभी उत्तीर्ण नहीं हो पाएगा।

6. लेखक निराश क्यों हो जाया करता था?

उत्तर जब लेखक के बड़े भाई उसे पढ़ाई न करने और दिनभर खेलने-कूदने पर बुरी तरह से डाँटते-फटकारते थे, तो वह दुःखी एवं निराश हो जाता था। उसका दिल बुरी तरह हताश हो जाता था, जिससे कभी-कभी वह रोने भी लगता था।

7. निराशा के बादल फट जाने पर लेखक क्या किया करता था?

उत्तर निराशा के बादल फट जाने पर लेखक मन में यह विचार करता था कि वह आगे से खूब पढ़ाई करेगा। यह सोचते ही वह झटपट एक टाइम-टेबिल बनाता और उसी के अनुसार पढ़ाई करने की बात सोचता था। टाइम-टेबिल बनाते हुए, वह इतना व्यस्त हो जाता कि खेलकूद करना भी भूल जाता था। इस प्रकार वह प्रात: छ: बजे से लेकर रात्रि के ग्यारह बजे तक का टाइम टेबिल बना लेता, किंतु दूसरे ही दिन उसकी अवहेलना कर खेलकूद में मग्न रहता था।

8. लेखक का लगाव किन चीज़ों में अधिक था? **दक्षता आधारित प्रश्न**

उत्तर लेखक का खेलकूद, सैर-सपाटा, गप्पेबाज़ी आदि में अधिक लगाव था। उसे मैदान की हरियाली, हवा के सुखद झोंके, पतंगबाजी फुटबॉल, कबड्डी, वॉलीबॉल आदि खेल अपनी ओर खींचते थे। अवसर पाते ही वह हॉस्टल से बाहर आकर कंकरियाँ उछालता, कागज़ की तितलियाँ उड़ाता तथा अपने मित्रों के साथ बैठकर गप्पे हाँकने लगता।

9. मैदान का आकर्षण छोटे भाई को कहाँ ले जाता था और क्या-क्या करवाता था? कहानी 'बड़े भाई साहब' के आधार पर लिखिए। **CBSE 2016, 10**

उत्तर मैदान का आकर्षण छोटे भाई को पढ़ाई से दूर खेल की दुनिया में ले जाता तथा उससे फुटबॉल की उछल-कूद, कबड्डी के दाँव-घात, वॉलीबॉल की तेज़ी और फुर्ती अज्ञात और अनिवार्य रूप से खींच ले जाती थी, वहाँ जाकर वह सब कुछ भूल जाता। वह खेलने में इतना अधिक व्यस्त हो जाता है कि टाइम-टेबल, पाठ्य-पुस्तक की अवहेलना कर देता था, जिसके परिणामस्वरूप बड़े भाई साहब को उपदेश देने का अवसर मिल जाता।

10. जब लेखक खेलकर वापस लौटता था तो बड़े भाई को कमरे में पाने पर उसे कैसा अनुभव होता था? **दक्षता आधारित प्रश्न**

उत्तर जब लेखक खेलकर वापस लौटता था तो अपने बड़े भाई को कमरे में पाने पर उसे ऐसा अनुभव होता था, जैसे उसके सिर पर नंगी तलवार लटक रही है। वह उनके साये से भी भागता था। वह उनसे हरदम भयभीत रहता था। वह बड़े भाई साहब की नज़रों से बचने का प्रयत्न करता तथा खेल-कूदकर आने के बाद वह कमरे में इस तरह दबे पाँव आता कि उन्हें खबर न लग जाए।

11. बड़े भाई साहब ने लेखक को पूरी उम्र एक ही कक्षा में पड़े रहने का भय क्यों दिखाया? **CBSE 2015**

उत्तर बड़े भाई साहब ने लेखक को पूरी उम्र एक ही कक्षा में पड़े रहने का भय इसलिए दिखाया, क्योंकि वे अज्ञान और अयोग्यता के कारण स्वयं पढ़ाई से डरे हुए थे। उन्हें लगता था कि इतना पढ़ने के बाद भी जब मैं बार-बार फ़ेल हो जाता हूँ , तो शायद छोटे भाई के लिए पढ़ाई करना तो और भी कठिन हो जाएगा। इसी कारण वह लेखक को चेतावनी देते हैं कि यदि सही तरीके से पढ़ाई नहीं की तो पूरी उम्र एक ही कक्षा में पड़े रहोगे।

12. 'बड़े भाई साहब' कहानी का नायक पतंग टूर्नामेंट की तैयारियाँ गुप्त रूप से करता था, क्यों? उसके द्वारा ऐसा किया जाना क्या आपको उचित लगता है? पक्ष अथवा विपक्ष में तर्कपूर्ण उत्तर दीजिए। **CBSE 2024**

उत्तर 'बड़े भाई साहब' कहानी का नायक पतंग टूर्नामेंट की तैयारियाँ गुप्त रूप से इसलिए करता था, क्योंकि उसे अपने बड़े भाई का डर था, साथ ही अपने बड़े भाई के प्रति मान-सम्मान का भाव भी था। उसके द्वारा ऐसा किया जाना मुझे अनुचित लगता है। मेरे अनुसार, यदि व्यक्ति में किसी भी प्रकार की प्रतिभा अर्थात् रुचि है, तो उसे अवश्य उजागर किया जाना चाहिए। अपनी इच्छा, अपने विचारों को अपने घर के बड़ों के साथ बेझिझक सांझा करनी चाहिए। कभी-कभी हमारे बड़े व सगे-संबंधी हमारे विचारों को न समझ पाएँ या हमारे विचारों से असंतुष्ट हों, लेकिन एक बार अपने मन की बात रखने का साहस अवश्य करना चाहिए।

13. कक्षा में प्रथम आने पर छोटे भाई के स्वभाव में क्या परिवर्तन आ गया था? **CBSE 2011**

उत्तर कक्षा में प्रथम आने पर छोटे भाई के स्वभाव में बहुत अंतर आ गया था। उसे स्वयं पर थोड़ा अभिमान हुआ और आत्मसम्मान भी बढ़ा। उसे लगने लगा था कि बड़े भाई साहब उसे उपदेश देते थे, परंतु स्वयं फ़ेल हो गए, इसलिए अब वह खेलकूद में निर्भीक होकर पहले से भी अधिक समय व्यतीत करने लगा। अब उसे उनकी डाँट का भय

भी नहीं रहा था। उसको यह लगने लगा था कि वह कम मेहनत करके भी पास हो जाएगा। उस पर बड़े भाई का पुराना आतंक अब नहीं रहा।

14. कहानी में बड़े भाई द्वारा घमंड को एक बुराई के रूप में दिखाया गया है। घमंड का विरोध करने के लिए बड़े भाई द्वारा कौन-कौन से उदाहरण दिए गए हैं? **दक्षता आधारित प्रश्न**

उत्तर कहानी में बड़े भाई द्वारा घमंड को एक बुराई के रूप में दिखाया गया है। इसका विरोध करने के लिए उन्होंने रावण और शैतान के उदाहरण दिए हैं। रावण अंग्रेज़ों से भी बड़ा राजा था, किंतु घमंड के कारण उसका अंत हो गया। शैतान को घमंड के कारण नरक भोगना पड़ा। शाहेरूम को भीख माँगनी पड़ी और भीख माँगते-माँगते ही वह मर गया। यदि कोई व्यक्ति अपने किसी गुण पर घमंड करेगा, तो उसका हाल भी इन तीनों जैसा ही होगा।

15. कहानी में लेखक द्वारा किस प्रकार की शालीनता प्रदर्शित की गई है? **CBSE 2016**

उत्तर प्रस्तुत पाठ में छोटे भाई के चरित्र द्वारा बताया गया है कि हमें अपने बड़ों की बातों को ध्यानपूर्वक सुनना चाहिए और उनका सम्मान करना चाहिए। छोटा भाई उम्र में अपने से पाँच साल बड़े भाई का आदर करता है।

वह पढ़ाई में कमज़ोर अपने बड़े भाई का कभी मज़ाक नहीं उड़ाता। वह उनकी डाँट-फटकार पर भी उन्हें कभी जवाब नहीं देता, क्योंकि वह मानता है कि उसके बड़े भाई उसके सच्चे हितैषी हैं। वह बड़े भाई से छिपकर खेलने जाता है और कमरे में दबे पाँव वापस आता है।

16. 'बड़े भाई साहब' पाठ से कैसे पता चलता है कि छोटा भाई अपने भाई साहब का आदर करता है? **दक्षता आधारित प्रश्न**

अथवा **प्रस्तुत पाठ में छोटे भाई द्वारा अपने बड़े भाई का सम्मान किस प्रकार किया गया है?** **दक्षता आधारित प्रश्न**

उत्तर बड़े भाई साहब की डाँट सुनकर छोटा भाई डरकर टाइम-टेबिल बनाता था, परंतु अपने स्वभाव से विवश होकर वह उसका पालन नहीं कर पाता था। जब वार्षिक परीक्षा में बड़े भाई साहब फ़ेल हो गए और वह पास हो गया, तब उसके मन में बड़े भाई साहब के प्रति रोष उत्पन्न हुआ, परंतु उसने शीघ्र ही उन विचारों को यह सोचकर अपने मन से बाहर निकाल दिया कि बड़ा और अधिक अनुभवी होने के कारण बड़े भाई को उससे अधिक समझ है। बड़े भाई साहब को उसे डाँटने और समझाने का पूरा अधिकार है।

17. कहानी के अंत में बड़े भाई उचककर पतंग पकड़ते हैं। उनका ऐसा करना क्या प्रदर्शित करता है?

उत्तर कहानी के अंत में जब बड़े भाई उचककर पतंग पकड़ लेते हैं, तो इससे यह बात प्रदर्शित होती है कि उनके भीतर भी एक ऐसा बच्चा छिपा हुआ है, जो खेलना-कूदना चाहता है, लेकिन परिस्थितियों के कारण उसने अपनी इस इच्छा को अपने भीतर समेट रखा है। यदि वह पुस्तकों से बाहर निकले और खेले-कूदे, तो उनका जीवन भी अपने छोटे भाई की तरह खुशहाल और जीवंत हो सकता है।

18. 'बड़े भाई साहब' पाठ में क्या विचार व्यक्त किए गए हैं? बड़ों और छोटों पर उनका क्या प्रभाव पड़ता है? **दक्षता आधारित प्रश्न**

उत्तर प्रस्तुत पाठ में स्पष्ट किया गया है कि बड़ों के पास जीवन के अनुभव अधिक होते हैं, जो हमें सही मार्ग दिखाते हैं। उनकी शिक्षा या बुद्धि कम होने के बावजूद भी उनके अधिकांश उपदेश एवं सीख छोटों के लिए अत्यंत लाभप्रद होते हैं। प्रस्तुत पाठ बड़ों को इस रूप में प्रभावित करता है कि हमेशा तार्किक एवं व्यावहारिक बातें ही करनी चाहिए, जबकि छोटों पर यह प्रभाव पड़ता है कि योग्यता अधिक होने के बावजूद बड़ों की बातों की उपेक्षा नहीं करनी चाहिए।

19. प्रस्तुत कहानी क्या संदेश देती है? **CBSE 2016, 14**

उत्तर प्रस्तुत कहानी यह संदेश देती है कि हमें पढ़ाई को बोझ के रूप में न लेकर सहज रूप में लेना चाहिए। बोझ के रूप में लेने से परेशानी और बढ़ जाएँगी। हमें पुस्तकों से मिलने वाली शिक्षा को रटने के स्थान पर समझने की कोशिश करनी चाहिए, क्योंकि समझी हुई बातें लंबे समय तक हमारे दिमाग में रहती हैं। हमारे व्यक्तित्व के लिए पढ़ाई जितनी महत्त्वपूर्ण है, उतना ही खेल भी। हमें दोनों के मध्य संतुलन बनाने की आवश्यकता है।

20. बड़े भाई छोटे भाई को अपनी बातों से प्रभावित करने के लिए कौन-कौन-सी युक्तियाँ अपनाते हैं?

अथवा **बड़े भाई साहब ने अपना कर्त्तव्य कैसे निभाया?** **CBSE Diksha**

उत्तर बड़े भाई छोटे भाई को अपनी बातों से प्रभावित करने के लिए निम्नलिखित युक्तियाँ अपनाते हैं

(i) वह छोटे भाई द्वारा पढ़ाई में लापरवाही किए जाने और खेलकूद में अधिक ध्यान दिए जाने पर उपदेश देते हैं।

(ii) परीक्षा में असफल होने पर वह इस बात पर ज़ोर देते हैं कि परीक्षा बुद्धि का विकास करने वाली होनी चाहिए, न कि रटने पर ज़ोर देने वाली।

(iii) वह किताबी ज्ञान की अपेक्षा जीवन में कमाए गए अनुभव को अधिक महत्त्वपूर्ण मानते हैं और इस संबंध में उदाहरण भी देते हैं।

(iv) वह अनुशासन की महिमा का उपदेश देकर छोटे भाई को इस बात के लिए प्रेरित करते हैं कि अनुशासन जीवन के लिए अत्यंत आवश्यक है।

(v) वह इतिहास, अलजबरा और निबंध लेखन की शिक्षा को व्यर्थ बताते हैं।

21. प्रस्तुत कहानी में बड़े भाई ने पुस्तकीय ज्ञान की अपेक्षा अनुभव को अधिक महत्त्वपूर्ण बताने के लिए कौन-कौन से उदाहरण दिए हैं? **CBSE 2016, 15**

उत्तर बड़े भाई ने पुस्तकीय ज्ञान की अपेक्षा अनुभव को अधिक महत्त्वपूर्ण बताने के लिए तीन उदाहरण दिए हैं—दादाजी, अम्मा तथा हेडमास्टर की बूढ़ी माँ का। ये तीनों ही कम पढ़े-लिखे थे। उदाहरण के लिए; वे बताते हैं कि यदि आज मैं बीमार हो जाऊँ, तो तुम्हारे हाथ-पाँव फूल जाएँगे और तुम्हें दादा को तार देने के अतिरिक्त और कुछ नहीं सूझेगा, लेकिन दादाजी ऐसी परिस्थिति में किसी को तार नहीं देंगे और न ही घबराएँगे। वह सबसे पहले स्वयं रोग को पहचानकर उसका उपचार करने की कोशिश करेंगे और यदि सफल न हुए, तो किसी डॉक्टर को बुलाकर उपचार कराएँगे।

जितना हम दो भाइयों पर खर्च हो रहा है, उसके आधे खर्च में दादाजी और अम्मा ने अपनी उम्र का बड़ा भाग इज़्ज़त और नेकनामी से निभाकर नौ सदस्यों के कुटुंब (परिवार) का पालन किया है। हेडमास्टर साहब यहाँ के नहीं ऑक्सफोर्ड के एम.ए. हैं और एक हज़ार रुपये पाते हैं। पहले खुद घर का इंतजाम करते थे, लेकिन खर्च पूरा नहीं पड़ता था। जब से उनकी माताजी ने प्रबंध अपने हाथ में लिया है, तब से जैसे घर में लक्ष्मी आ गई है।

22. बड़ा भाई छोटे भाई पर शासन करने के लिए क्या-क्या उपाय करता है? **CBSE 2016, 11**

उत्तर बड़ा भाई पुस्तक में दी गई शिक्षा की अपेक्षा जीवन के अनुभव को अधिक महत्त्वपूर्ण एवं जीवनोपयोगी मानता है। वह सदाचार को अधिक महत्त्व देते हुए छोटे भाई के व्यवहार को नियंत्रित करने का प्रयास करता है। वह छोटे भाई की खेलकूद संबंधी गतिविधियाँ तथा उसकी स्वच्छंदता को नियंत्रित करने के लिए हमेशा उससे सवाल-जवाब करता रहता है। वह कहाँ था? क्या कर रहा था? आदि सवालों के माध्यम से वह उसे भटकने से रोकने का प्रयास करता है।

जहाँ भी अवसर प्राप्त होता है, वहाँ वह लंबे-लंबे भाषण देने से नहीं चूकता। वह पढ़ाई की कठिनता, खेलकूद से दूरी बनाए रखने की उपयोगिता आदि के संबंध में दृष्टांत यानी उदाहरण देता रहता है। लेखक की मनमानी को उसका घमंड कहकर उसे अनुशासित रहने की सलाह देता है। वह घमंडी या अभिमानी व्यक्ति के नष्ट होने के संबंध में उदाहरण भी प्रस्तुत करता है। इस प्रकार बड़ा भाई अपने छोटे भाई पर शासन करने के लिए, उसे अपने अनुसार अनुशासित बनाए रखने के लिए भिन्न-भिन्न प्रकार के क्रियाकलापों या गतिविधियों को संपन्न करता है।

23. 'बड़े भाई साहब' पाठ के संदर्भ में लिखिए कि तात्कालिक शिक्षा व्यवस्था में बड़े भाई साहब को क्या-क्या कमियाँ दिखाई देती थीं? **CBSE 2023**

अथवा **बड़े भाई साहब के कुछ कथनों से तत्कालीन शिक्षा-व्यवस्था के कुछ विशेष पहलुओं पर प्रकाश पड़ता है। उनका उल्लेख करते हुए लिखिए कि आज की शिक्षण-व्यवस्था में आप किस प्रकार के परिवर्तन पाते हैं?** **दक्षता आधारित प्रश्न**

उत्तर 'बड़े भाई साहब' पाठ में जिस तात्कालिक शिक्षा व्यवस्था का वर्णन किया गया है, उसमें बड़े-भाई साहब को निम्नलिखित कमियाँ दिखाई देती थी

(i) इस शिक्षा व्यवस्था में रटंत शिक्षा प्रणाली को महत्त्व दिया गया है। छात्र पाठ्य-वस्तु समझे या न समझे, उसे रटकर पास करने के लिए बाध्य किया जाता था। इससे छात्रों में विषय के प्रति रुचि समाप्त हो जाती थी।

(ii) इसमें अंग्रेज़ी पठन-पाठन पर बल दिया जाता था। अंग्रेज़ी पढ़ना-लिखना तथा बोलना आवश्यक समझा जाता था।

(iii) इसमें अपने देश के इतिहास को जानने-समझने के अलावा अन्य देशों का इतिहास भी पढ़ना और परीक्षा में लिखना पड़ता था, जो मुश्किल कार्य हुआ करता था।

(iv) इसमें छोटे-छोटे विषयों पर लंबे-चौड़े निबंध लिखवाए जाते थें, जिसे भाई साहब समय की बरबादी मानते थें।

(v) परीक्षा में प्रश्नों के उत्तर बिलकुल ही पुस्तकों में छपे उत्तर जैसे ही लिखने पड़ते थे।

वर्तमान समय की शिक्षा प्रणाली तत्कालीन शिक्षा प्रणाली व्यवस्था से नितांत भिन्न है। वर्तमान समय में शिक्षा को रटंत प्रणाली से मुक्त कर उसे व्यावहारिक और मनोवैज्ञानिक बनाने पर बल दिया जाता है। अंग्रेज़ी शिक्षा को विशिष्ट महत्त्व न देते हुए जीवनोपयोगी सभी विषयों को समान महत्त्व दिया जाता है।

इसके साथ ही देश-विदेश के इतिहास की जानकारी उपलब्ध कराने के साथ-साथ स्वदेश के इतिहास, खोज आदि पर विशेष बल दिया जाता है। विषयों का वर्गीकरण, पाठ्य-वस्तु का आधार बालकों की रुचि एवं आवश्यकता के आधार पर निर्मित किया जाता है।

24. प्रस्तुत कहानी में बड़े भाई के चरित्र द्वारा परिवार के बड़े बेटे की किस गंभीर समस्या पर प्रकाश डाला गया है? **दक्षता आधारित प्रश्न**

उत्तर प्रस्तुत कहानी में बड़े भाई के चरित्र द्वारा परिवार के बड़े बेटे की जिस गंभीर समस्या पर प्रकाश डाला गया है, वह यह है कि बड़ा बेटा हमेशा परिवार के छोटे भाई-बहनों के संरक्षक एवं मार्गदर्शक का काम करता है। उसे अपने छोटे भाई-बहनों के लिए आदर्श बनना होता है ताकि उसे देखकर छोटे भाई-बहन सीख सकें और अपने जीवन को सही ढंग से जी सकें।

बड़े भाई साहब भी युवक हैं। उनका दिल भी अन्य युवकों की तरह खेलकूद, मटरगश्ती आदि करने को ललचाता है, किंतु वे चाहकर भी ऐसा नहीं कर सकते, क्योकि उन्हें ऐसा करते देखकर परिवार के छोटे बच्चे भी ऐसा ही करने लगेंगे। घर के बड़े बच्चे को कई प्रकार के त्याग करने पड़ते हैं, जिससे उसका बचपन समाप्त ही हो जाता है।

25. प्रस्तुत पाठ को पढ़कर बड़े और छोटे किन-किन बातों पर विचार कर सकते हैं? **दक्षता आधारित प्रश्न**

उत्तर प्रस्तुत पाठ में छोटों को बड़ों का आदर करने, अनुशासन का पालन करने, अनुभवी व्यक्तियों का सम्मान करने और उनके अनुभवों से लाभ उठाने की सीख दी गई है।

छोटे इन बातों का लाभ उठाकर अपने जीवन को सफल, सार्थक एवं सुखमय बना सकते हैं। इसी प्रकार बड़े लोग इस बात पर विचार कर सकते हैं कि केवल बड़ा होना ही काफ़ी नहीं है। कहीं हम अयोग्य होते हुए भी अपनी झूठी योग्यता का डंका तो नहीं पीट रहे, कहीं हम छोटों की योग्यता और सफलताओं को उनकी प्रतिभा के रूप में न स्वीकार कर केवल तुक्का तो नहीं मान रहे, कहीं हम अपनी गलतियों को छिपाने के लिए किसी बात को क्रोध में तो नहीं कह रहे ताकि छोटे हमसे डरकर रहें।

26. "जीवन की समझ व्यावहारिक अनुभव से आती है"-बड़े भाई साहब के इस विचार से आप कहाँ तक सहमत हैं? उदाहरण सहित बताइए। **दक्षता आधारित प्रश्न**

उत्तर हम बड़े भाई के इस विचार से पूर्णत: सहमत हैं कि जीवन की समझ व्यावहारिक अनुभव से आती है। पुस्तकीय ज्ञान से जानकारी प्राप्त की जा सकती है, परंतु उस जानकारी का सही प्रयोग व्यावहारिक जीवन में ही सीखा जा सकता है।

अनुभवहीन व्यक्ति की समझ और ज्ञान दोनों अधूरे होते हैं। बड़े भाई साहब के भी यही विचार हैं। उदाहरणस्वरूप हेडमास्टर की बूढ़ी माँ अनपढ़ होते हुए भी घर के प्रबंधन में हेडमास्टर साहब से अधिक कुशल हैं।

लेखक की अम्मा और दादा भी कम पढ़े-लिखे हैं, परंतु फिर भी वे अपने-अपने कार्यक्षेत्र में निपुण हैं। अतः निष्कर्ष यह है कि पुस्तकीय ज्ञान की अपेक्षा व्यावहारिक ज्ञान अधिक महत्त्वपूर्ण है और जीवन की समझ पुस्तकों से नहीं वरन् अनुभव से आती है।

27 'बड़े भाई साहब' कहानी के आधार पर लगभग 100 शब्दों में लिखिए कि लेखक ने समूची शिक्षा प्रणाली के किन पहलुओं पर व्यंग्य किया है? आपके विचारों से इसका क्या समाधान हो सकता है? तर्कपूर्ण उत्तर लिखिए। **दक्षता आधारित प्रश्न, CBSE 2018**

अथवा

'बड़े भाई साहब' पाठ में लेखक ने समूची शिक्षा के किन तौर-तरीकों पर व्यंग्य किया गया है? क्या आप उनके विचारों से सहमत है? उदाहरण सहित स्पष्ट कीजिए। **CBSE 2020**

उत्तर 'बड़े भाई साहब' कहानी में लेखक ने समूची शिक्षा प्रणाली के निम्नलिखित पहलुओं पर व्यंग्य किया है

(i) रटंत शिक्षा प्रणाली पर बल दिया जाता है। बच्चा समझे या न समझे, लेकिन उसे विषय को रटना ही पड़ता है। इस प्रकार विषय के प्रति रुचि समाप्त हो जाती है।

(ii) अंग्रेज़ी पढ़ना, लिखना या बोलना आए या न आए, लेकिन उस पर अत्यधिक बल दिया जाता है।

(iii) अपने देश के इतिहास के अतिरिक्त दूसरे देशों के इतिहास की जानकारी व्यर्थ में करवाना।

(iv) छोटे-छोटे विषयों पर लंबे-चौड़े निबंध लिखवाना जो बच्चों की रुचि के विपरीत होते हैं।

अतः कहा जा सकता है कि ऐसी शिक्षा प्रणाली का कोई लाभ नहीं जो बच्चों के लिए लाभदायक न होकर बोझ की तरह बन जाए। हमारे विचार से इसका यह समाधान हो सकता है कि शिक्षा जीवन के साथ जुड़ी होनी चाहिए। इसमें व्यावहारिक ज्ञान को शामिल किया जाना चाहिए। व्यर्थ की बातों को शिक्षा से हटा देना चाहिए।

28. टाइम-टेबिल के अनुसार न पढ़ पाने की समस्या सामान्यतः किशोर अवस्था में विद्यार्थियों में होती है। लेखक ने इस संदर्भ में जो बातें बताई हैं, उनके आधार पर इस विषय में अपना मत प्रस्तुत कीजिए। **दक्षता आधारित प्रश्न**

उत्तर किशोरावस्था में विद्यार्थियों द्वारा टाइम-टेबिल के अनुसार न पढ़ पाने की समस्या उनके अस्थिर मनोवृत्ति का परिचायक है। इस अवस्था में विद्यार्थियों का चित्त एकाग्र नहीं रह पाता है। वह खेलना भी चाहता है, सिनेमा आदि भी देखना चाहता है। उसको बाहरी दुनिया का आकर्षण अपनी ओर खींचता है। किशोरावस्था में विद्यार्थी को उचित-अनुचित का अंतर समझ नहीं आता। यद्यपि वह टाइम-टेबिल को सुनियोजित कर तो लेता है, परंतु बाहरी आकर्षण के कारण उस पर अमल करना बहुत कठिन हो जाता है।

कुछ इसी प्रकार की समस्याएँ लेखक के जीवन में भी रहीं थीं। वह अपने बड़े भाई साहब के पढ़ाई करने के तौर-तरीकों को अपनाना चाहता था, जिसके लिए उसने टाइम-टेबिल का निर्माण भी किया है; परंतु फुटबॉल की उछल-कूद, कबड्डी के दाँव-घात, वॉलीबाल की वह तेज़ी और फुर्ती लेखक को अज्ञात और अनिवार्य रूप से खींच लेती थी और नियोजित किया गया टाइम-टेबिल भुला दिया जाता था।

29. 'बड़े भाई साहब' नामक कहानी से आपको क्या शिक्षा मिलती है? सोदाहरण स्पष्ट कीजिए। **CBSE 2010**

उत्तर 'बड़े भाई साहब' नामक कहानी हमें जीवन की कई सच्चाइयों से अवगत कराती है। *प्रस्तुत पाठ से हमें निम्नलिखित शिक्षा मिलती है*

(i) बड़े भाई साहब के जीवन से हमें यह शिक्षा मिलती है कि हमें पहले स्वयं के गुण-दोष देखने चाहिए और उसी के अनुसार हमें दूसरों को समझाना चाहिए, अन्यथा हमारे अच्छे उपदेश भी प्रभावहीन हो जाते हैं।

(ii) हमें विषय को गहराई से समझना चाहिए। रटा हुआ ज्ञान किसी काम नहीं आता, वास्तव में, वह ज्ञान है ही नहीं। विद्या सहज और स्वाभाविक रूप से आती है, अनावश्यक रूप से रटने पर नहीं।

(iii) व्यक्तित्व के संपूर्ण विकास के लिए पढ़ाई और खेलकूद दोनों आवश्यक हैं, क्योंकि स्वस्थ शरीर में ही स्वस्थ मन व मस्तिष्क का वास होता है।

(iv) हमें दूसरों के अनुभव से लाभ उठाना चाहिए तथा उनके द्वारा की गई गलतियों से शिक्षा लेते हुए उन्हें दोहराने से बचना चाहिए।

(v) पुस्तकीय ज्ञान के साथ-साथ अनुभव तथा व्यावहारिक ज्ञान का भी अपना विशेष महत्त्व है। हमें बड़ों का आदर करना चाहिए तथा उनके जीवन से सीख लेनी चहिए।

30. 'बड़े भाई साहब' कहानी के अनुसार एक जमाना था कि लोग आठवाँ दरजा पास करके नायक तहसीलदार हो जाते थे, वर्तमान में क्या स्थिति है और इसके क्या कारण हैं? **CBSE 2024**

उत्तर 'बड़े भाई साहब' कहानी के अनुसार, बड़े भाई साहब लेखक को समझाते हैं कि किसी जमाने में लोग आठवाँ दर्जा पास करने के बाद नायब तहसीलदार, डिप्टी मजिस्ट्रेट या सुपरिडेंट हो जाते थे। बड़े भाई साहब यह बताते हैं कि चाहे व्यक्ति कम पढ़ा-लिखा हो, किंतु उसे अनुभव व तजुर्बा अधिक होता है, तो वह पढ़े-लिखे व्यक्ति से अधिक समझदार होता है।

वर्तमान में रटंत शिक्षा प्रणाली पर बल दिया जाता है। बच्चा उसे समझे या न समझे, लेकिन उसे विषय को रटना ही पड़ता है, जिससे विषय के प्रति रुचि समाप्त हो जाती है। आज परीक्षा पास करके ऊँचे ओहदों पर पहुँचा तो जाता है, किंतु उन व्यक्तियों में व्यावहारिक ज्ञान कम होता है। वर्तमान में यह स्थिति रोजगार के अवसर पाने, एक-दूसरे से आगे बढ़ने, जीवन-यापन के तौर-तरीके उच्च होने आदि के कारण होती है, किंतु वास्तव में ज्ञान व विद्या सहज और स्वाभाविक रूप से आती है, अनावश्यक रूप से नहीं।

स्व-मूल्यांकन

पाठ पर आधारित बहुविकल्पीय प्रश्न

1. 'कुटिल भावना' से क्या अभिप्राय है?

(i) मन में कपट और द्वेष रखने का भाव

(ii) दूसरे की प्रशंसा का भाव

(iii) आदर और सम्मान की पृष्ठभूमि

(iv) अकारण दुःखी होने का भाव

2. निम्नलिखित कथन (A) तथा कारण (R) को ध्यानपूर्वक पढ़कर दिए गए विकल्प में से सही विकल्प चुनकर लिखिए

कथन (A) स्कूल छोड़कर घर नहीं भागा, यही ताज्जुब है।

कारण (R) भाईसाहब अपने दर्जे की पढ़ाई की ऐसी भयंकर बातें कहते हैं कि लेखक डर जाता था **दक्षता आधारित प्रश्न**

(i) कथन (A) तथा कारण (R) दोनों गलत हैं।

(ii) कथन (A) गलत है, लेकिन कारण (R) सही है।

(iii) कथन (A) सही है, किंतु कारण (R) उसकी गलत व्याख्या करता है।

(iv) कथन (A) और कारण (R) दोनों सही हैं तथा कारण (R) कथन (A) की सही व्याख्या करता है।

3. छोटे भाई के मन में किस प्रकार की कुटिल भावना जागृत हुई?

(i) बड़े भाई को मारने की

(ii) बड़े भाई के एक साल और फेल हो जाने की

(iii) बड़े भाई की इज्जत न करने की

(iv) बड़े भाई की शिकायत करने की

गद्यांश पर आधारित बहुविकल्पीय प्रश्न

निम्नलिखित गद्यांश को ध्यानपूर्वक पढ़कर पूछे गए प्रश्नों के सही विकल्प चुनिए

1. स्कूल का समय निकट था नहीं, ईश्वर जाने यह उपदेश-माला कब समाप्त होती। भोजन आज मुझे निःस्वाद-सा लग रहा था। जब पास होने पर यह तिरस्कार हो रहा है, तो फेल हो जाने पर तो शायद प्राण ही ले लिए जाएँ। भाई साहब ने अपने दरजे की पढ़ाई का जो भयंकर चित्र खींचा था, उसने मुझे भयभीत कर दिया। स्कूल छोड़कर घर नहीं भागा, यही ताज्जुब है, लेकिन इतने तिरस्कार पर भी पुस्तकों में अरुचि ज्यों-की-त्यों बनी रही। खेल-कूद का कोई अवसर हाथ से न जाने देता। पढ़ता भी, मगर बहुत कम। बस, इतना कि रोज टास्क पूरा हो जाए और दरजे में जलील न होना पड़े। अपने ऊपर जो विश्वास पैदा हुआ था, वह फिर लुप्त हो गया और फिर चोरों का-सा जीवन कटने लगा।

(क) प्रस्तुत गद्यांश में उपदेश-माला किसके संदर्भ में कहा गया है?

(i) अध्यापक के उपदेशों के संदर्भ में

(ii) कक्षा में दिए उपदेशों के संदर्भ में

(iii) बड़े भाई साहब के उपदेशों के संदर्भ में

(iv) उपर्युक्त सभी

(ख) लेखक को भोजन स्वादहीन क्यों लग रहा था?

(i) क्योंकि उसका पेट भरा था

(ii) क्योंकि बड़े भाई ने सुबह-सुबह उपदेश दे दिया था

(iii) क्योंकि भोजन लेखक की पसंद का नहीं था

(iv) क्योंकि वह भोजन पकाना भूल चुका था

(ग) बड़े भाई साहब ने छोटे भाई को किस प्रकार भयभीत कर दिया था?

(i) बड़ों का डर दिखाकर

(ii) पढ़ाई का भयंकर चित्र खींचकर

(iii) जेल जाने का भय दिखाकर

(iv) आगे से भोजन न देने का डर दिखाकर

(घ) बड़े भाई साहब द्वारा अपमानित किए जाने पर भी छोटे भाई की किसमें अरुचि बनी रही?

(i) भोजन करने में (ii) पढ़ाई करने में

(iii) पुस्तकों में (iv) खेल-कूद में

(ङ) निम्नलिखित कथन (A) तथा कारण (R) को ध्यानपूर्वक पढ़कर दिए गए विकल्प में से सही विकल्प चुनकर लिखिए।

कथन (A) भोजन आज मुझे निःस्वाद सा लग रहा था।

कारण (R) क्योंकि लेखक बड़े भाई साहब की तरह ही फेल हो गए थे। **दक्षता आधारित प्रश्न**

(i) कथन (A) सही है, किंतु कारण (R) गलत है।

(ii) कथन (A) गलत है, किंतु कारण (R) सही है।

(iii) कथन (A) तथा कारण (R) दोनों गलत हैं।

(iv) कथन (A) और कारण (R) दोनों सही हैं।

विषयवस्तु का ज्ञान, बोध अभिव्यक्ति पर आधारित प्रश्न

निम्नलिखित प्रश्नों के उत्तर दीजिए

(i) बड़े भाई साहब ने पुस्तकीय ज्ञान की अपेक्षा किस बात को अधिक महत्त्वपूर्ण माना है?

(ii) "वे स्वभाव से बड़े अध्ययनशील थे" पंक्ति में निहित व्यंग्य पर प्रकाश डालिए। **दक्षता आधारित प्रश्न**

(iii) "आपने अपना खून जलाकर कौन-सा तीर मार लिया।" प्रस्तुत पंक्ति किस संदर्भ में व क्यों कही गई है? **दक्षता आधारित प्रश्न**

(iv) अंग्रेज़ी भाषा के बारे में बड़े भाई के क्या विचार थे?

(v) बड़े भाई साहब को ऐसा क्यों लगने लगा था कि अब उन्हें लेखक को डाँटने का अधिकार नहीं रहा?

(vi) प्रस्तुत पाठ में लेखक ने बड़े भाई के चरित्र के माध्यम से शिक्षा संबंधी अपने विचारों को किस प्रकार सामने रखा है? **दक्षता आधारित प्रश्न**

डायरी का एक पन्ना

अध्याय 2

सीताराम सेकसरिया

पाठ की रूपरेखा पद्मश्री से सम्मानित 'सीताराम सेकसरिया' की अनेक कृतियाँ हैं, जिनमें 'एक कार्यकर्ता की डायरी' विशेष उल्लेखनीय है। प्रस्तुत पाठ 'डायरी का एक पन्ना' इसी का अंश है। इस पाठ के अंतर्गत 26 जनवरी, 1931 को नेताजी सुभाषचंद्र बोस, स्वयं लेखक तथा कलकत्ता के हज़ारों लोगों द्वारा देश का दूसरा स्वतंत्रता दिवस उत्साह से मनाने का वर्णन है। यह पाठ क्रांतिकारियों की कुर्बानियों की याद दिलाते हुए समाज की एकता को प्रदर्शित करता है।

लेखक परिचय

'सीताराम सेकसरिया' का जन्म 1892 ई. में राजस्थान के नवलगढ़ में हुआ। उनको विद्यालयी शिक्षा पाने का अवसर नहीं मिला। इसलिए उन्होंने स्वाध्याय से ही पढ़ना-लिखना सीखा। अपने जीवन में व्यापार-व्यवसाय से जुड़े रहकर वह अनेक साहित्यिक, सांस्कृतिक और नारी शिक्षण संस्थाओं के प्रेरक, संस्थापक तथा संचालक भी रहे। स्वतंत्रता आंदोलन में उन्होंने महात्मा गाधी, गुरुदेव रवींद्रनाथ ठाकुर तथा सुभाषचंद्र बोस के साथ बढ़-चढ़कर भाग लिया, उन्होंने सत्याग्रह आंदोलन के समय जेल यात्रा भी की। कुछ साल तक आज़ाद हिंद फौज़ के मंत्री भी रहे। उनके इस महत्त्वपूर्ण योगदान के लिए भारत सरकार ने उन्हें वर्ष 1962 में पद्मश्री सम्मान से सम्मानित किया। उनकी उल्लेखनीय कृतियाँ हैं— स्मृतिकण, मन की बात, बीता युग, नई याद और एक कार्यकर्ता की डायरी (दो भागों में)। वर्ष 1982 में उनका देहांत हो गया था।

पाठ का सार

कलकत्ता में राष्ट्रीय ध्वजारोहण

26 जनवरी, 1931 को संपूर्ण हिंदुस्तान में स्वतंत्रता दिवस मनाने के कारण यह दिन अमर दिन है और आज इस वर्ष भी इसी की पुनरावृत्ति हो रही है। कलकत्ता में इसका विशेष महत्त्व होने के कारण लोगों को बता दिया गया था कि इसका संपूर्ण प्रबंध उन्हें ही करना है। इसे इतने भव्य रूप में मनाया जा रहा था कि केवल प्रचार में ही दो हज़ार रुपये खर्च किए गए थे। बड़ा बाज़ार स्थित सभी मकानों पर राष्ट्रीय ध्वज फहरा रहा था। कई मकान तो ऐसे थे, जिन्हें देखकर लग रहा था जैसे देश को स्वतंत्रता प्राप्त हो गई है। उधर पुलिस ने भी पूरा प्रबंध किया हुआ था। शहर के प्रत्येक मोड़ पर गोरखे और सारजेंट तैनात किए गए थे। ट्रैफ़िक पुलिस को भी घुड़सवार पुलिस के साथ इसी काम पर लगा दिया गया था।

मोनुमेंट पर होने वाला संघर्ष

मुख्य सभा शाम के समय मोनुमेंट के नीचे होनी प्रस्तावित थी। इस स्थान को सुबह से ही पुलिस ने घेर लिया था। इसके बाद भी कई स्थानों पर राष्ट्रीय ध्वज फहराया गया था। श्रद्धानंद पार्क में जब बंगाल प्रांत के विद्यार्थी संघ के मंत्री अविनाश बाबू ने झंडा फहराया, तो उनको पकड़ लिया गया तथा दूसरे लोगों को मारपीट कर वहाँ से हटा दिया गया।

इसी प्रकार तारा सुंदरी पार्क स्थित बड़ा-बाज़ार कांग्रेस कमेटी के युद्ध मंत्री हरिश्चंद्र सिंह झंडा फहराने गए तो उन्हें भीतर नहीं जाने दिया गया और वहाँ काफ़ी मारपीट हुई, जिसमें दो-चार आदमियों के सिर फट गए। उधर गुजराती सेविका संघ की ओर से जुलूस निकाला गया, जिसमें शामिल होने वाली लड़कियों को पुलिस द्वारा गिरफ़्तार कर लिया गया।

जुलूस निकालने में हुआ संघर्ष

ग्यारह बजे मारवाड़ी बालिका विद्यालय की लड़कियों ने अपने विद्यालय में झंडा फहराया। उन्हें उत्सव का महत्त्व समझाया गया। इसी बीच फ़ोटो आदि भी खींचे जा रहे थे। दोपहर 2-3 बजे कई आदमियों को पकड़ लिया गया, जिसमें मुख्य रूप से पूर्णोदास और पुरुषोत्तम राय आदि उल्लेखनीय थे। पूर्णोदास पर सुभाष बाबू के जुलूस का भार था।

स्त्री-समाज जगह-जगह से अपना जुलूस निकालने की कोशिश में लगा हुआ था। एक बजे से ही मैदान में हज़ारों लोगों की भीड़ टोलियों में आने लगी। कानून भंग का काम शुरू होने के बाद से आज तक इस मैदान में ऐसी सभा नहीं हुई थी। पुलिस कमिश्नर का नोटिस निकल चुका था कि सभा नहीं की जा सकती और जो लोग ऐसा करने वाले थे, उन्हें पुलिस इंस्पेक्टरों द्वारा नोटिस दिए जा चुके थे कि

यदि सभा में भाग लिया, तो दोषी माने जाएँगे। इसके बावजूद कौंसिल की ओर से निकले नोटिस में चार बजकर चौबीस मिनट पर झंडा फहराए जाने तथा स्वतंत्रता की प्रतिज्ञा पढ़ी जाने की बात कही गई थी।

सुभाष बाबू का संघर्ष

ठीक चार बजकर दस मिनट पर सुभाष बाबू जुलूस लेकर आए तो उन्हें चौरंगी पर ही रोका गया, पर भीड़ इतनी अधिक थी कि पुलिस उन्हें रोक नहीं पाई। जैसे ही जुलूस मैदान के मोड़ पर पहुँचा, पुलिस ने लाठियाँ चलानी शुरू कर दीं, जिसमें बहुत-से आदमी घायल हुए। सुभाष बाबू ज़ोर-ज़ोर से वंदे मातरम् बोल रहे थे, उन पर भी लाठियाँ पड़ीं। ज्योतिर्मय गांगुली ने सुभाष बाबू से दूसरी ओर आने को कहा, किंतु सुभाष बाबू ने आगे बढ़ने पर ज़ोर दिया। पुलिस की भयानक लाठियों से क्षितिश चटर्जी का सिर फट गया था।

स्त्रियों का संघर्ष एवं सुभाष बाबू की गिरफ़्तारी

स्त्रियों ने मोनुमेंट की सीढ़ियों पर चढ़कर झंडा फहराकर घोषणा पढ़ दी। स्वयंसेवकों का उत्साह लाठियाँ खाकर भी कम नहीं हो रहा था। इसी बीच सुभाष बाबू को पकड़कर लॉकअप में भेज दिया गया। स्त्रियों का जुलूस भी निकला और पुलिस का लाठीचार्ज भी हुआ, जिसमें अनेक लोग घायल हुए। धर्मतल्ले के मोड़ पर जुलूस टूट गया और 50-60 स्त्रियाँ वहीं पर बैठ गईं, जिन्हें पुलिस ने लालबाज़ार जेल भेज दिया। इसके बाद विमल प्रतिभा के नेतृत्व में जुलूस आगे बढ़ा, तो उन्हें भी लालबाज़ार भेज दिया गया। कहा जाता है कि स्त्रियों को इतनी बड़ी तादाद में आज तक गिरफ्तार नहीं किया गया था।

वृजलाल गोयनका का संघर्ष

वृजलाल गोयनका वंदे मातरम् बोलते हुए मोनुमेंट की ओर भागा, किंतु पुलिस सावधान थी और उसने उसे पकड़कर कुछ दूर ले जाकर छोड़ दिया। इसके बाद वह स्त्रियों के जुलूस में घुस गया और वहाँ से दो सौ लोगों का जुलूस लेकर लालबाज़ार गया, जहाँ उसे गिरफ़्तार कर लिया गया। यहीं पर मदालसा को भी पकड़ लिया गया और उससे मालूम हुआ कि उसे थाने में पीटा भी गया।

घायलों की स्थिति

इस संघर्ष में कुल मिलाकर 105 महिलाएँ पकड़ी गई थीं, जिन्हें रात नौ बजे छोड़ दिया गया। कलकत्ता (कोलकाता) में पहली बार इतनी बड़ी संख्या में महिलाओं की गिरफ़्तारी हुई थी। कांग्रेस के कार्यालय से फ़ोन द्वारा सूचना मिली कि वहाँ अनेक घायल पहुँचे हैं। इस पर लेखक जानकीदेवी के साथ वहाँ पहुँचा। डॉक्टर दास गुप्ता घायलों की देख-रेख करने के साथ-साथ उनके फ़ोटो भी उतरवा रहे थे।

वहाँ 103 घायल पहुँचे थे। इसी प्रकार अस्पताल में भी 160 घायल पहुँचे थे। कुछ लोग अपने घर चले गए थे। पकड़े गए लोगों की संख्या का पता नहीं चल पाया। लेखक के अनुसार, यह संघर्ष अपने आप में अत्यंत महत्त्वपूर्ण है, जिसने कोलकाता के इस कलंक को धो दिया कि यहाँ स्वतंत्रता आंदोलन का काम नहीं हो पा रहा था। इससे यह आशा भी बँधी कि यहाँ भी स्वतंत्रता आंदोलन का काम हो सकता है।

शब्दार्थ

शब्द	हिंदी अर्थ
डायरी	दैनिक अनुभवों को एक पुस्तिका में लिखना;
पुनरावृत्ति	फिर से दोहराना
नवीनता	नयापन
गश्त	पुलिस कर्मचारी का पहरे के लिए घूमना
लारियाँ	एक विशेष प्रकार की खुली गाड़ियाँ
सारजेंट	सेना में एक पद
तैनात	नियुक्त
मोनुमेंट	स्मारक
भोर	सुबह
प्रांतीय	प्रांत से संबंधित
युद्ध मंत्री	संघर्ष करने में सलाह देने वाले

शब्द	हिंदी अर्थ
झंडोत्सव	झंडा फहराने का उत्सव
भार	ज़िम्मेदारी या वजन
कानून-भंग	कानून तोड़ना या कानून को न मानना
ओपन	खुला
अमुक	फलाँ
धारा	कानून
कौंसिल	परिषद्
सर्वसाधारण	सामान्य जनता
चैलेंज	चुनौती
चौरंगी	कलकत्ता शहर में एक स्थान का नाम।
वॉलेंटियर	स्वयंसेवक
लॉकअप	जेल

NCERT फोल्डर

पाठ्यपुस्तक (स्पर्श भाग-2) के प्रश्नोत्तर

मौखिक

निम्नलिखित प्रश्नों के उत्तर एक-दो पंक्तियों में दीजिए

प्र.1 कलकत्तावासियों के लिए 26 जनवरी, 1931 का दिन क्यों महत्त्वपूर्ण था? **CBSE 2011, 10**

अथवा **कलकत्तावासियों के लिए 26 जनवरी, 1931 का दिन क्यों महत्त्वपूर्ण था?** **CBSE 2019**

अथवा **'डायरी का एक पन्ना' पाठ के आधार पर लिखिए कि 26 जनवरी, 1931 का दिन विशेष क्यों था?** **CBSE 2020**

उत्तर कलकत्तावासियों के लिए 26 जनवरी, 1931 का दिन इसलिए महत्त्वपूर्ण था, क्योंकि इस दिन यहाँ स्त्री-पुरुषों ने एक साथ अंग्रेज़ी कानून का उल्लंघन करके मोनुमेंट के ऊपर राष्ट्रीय ध्वज फहरा दिया।

प्र.2 सुभाष बाबू के जुलूस का भार किस पर था?

उत्तर सुभाष बाबू के जुलूस का भार पूर्णोदास पर था।

प्र.3 विद्यार्थी संघ के मंत्री अविनाश बाबू के झंडा गाड़ने पर क्या प्रतिक्रिया हुई?

उत्तर विद्यार्थी संघ के मंत्री अविनाश बाबू के झंडा गाड़ने पर यह प्रतिक्रिया हुई कि पुलिस ने उन्हें पकड़ लिया और उनके साथियों को मारपीट करके भगा दिया।

प्र.4 लोग अपने-अपने मकानों व सार्वजनिक स्थलों पर राष्ट्रीय झंडा फहराकर किस बात का संकेत देना चाहते थे?

उत्तर लोग अपने-अपने मकानों व सार्वजनिक स्थलों पर राष्ट्रीय झंडा फहराकर इस बात का संकेत देना चाहते थे कि वे देश को अंग्रेज़ी शासन की अधीनता से मुक्त कराना चाहते हैं।

प्र.5 पुलिस ने बड़े-बड़े पार्कों तथा मैदानों को क्यों घेर लिया था? **CBSE 2019, 10**

उत्तर पुलिस ने बड़े-बड़े पार्कों तथा मैदानों को इसलिए घेर लिया था, ताकि कलकत्ता के लोग पार्कों और मैदानों में एकत्र होकर राष्ट्रीय ध्वज न फहरा सकें और भारत की स्वाधीनता की प्रतिज्ञा न पढ़ सकें।

लिखित

(क) निम्नलिखित प्रश्नों के उत्तर (25-30 शब्दों में) लिखिए

प्र.1 26 जनवरी, 1931 के दिन को अमर बनाने के लिए क्या-क्या तैयारियाँ की गईं? **CBSE 2011, 10**

उत्तर 26 जनवरी, 1931 के दिन को अमर बनाने के लिए कलकत्ता के लोगों को अपने मकानों तथा सार्वजनिक स्थानों पर झंडा फहराने को राज़ी किया गया। सायं चार बजे एक सार्वजनिक सभा का आयोजन किया गया, जिसमें लोगों को हर दिशा से जुलूस निकालना था।

प्र.2 "आज जो बात थी वह निराली थी" किस बात से पता चल रहा था कि आज का दिन अपने आप में निराला है? स्पष्ट कीजिए। **CBSE 2018**

अथवा

'डायरी का पन्ना' पाठ से उद्धृत पंक्ति 'आज जो बात थी वह निराली थी।' का आशय स्पष्ट कीजिए। **CBSE 2024**

उत्तर 26 जनवरी, 1931 के दिन को अपने आप में निराला बताने का कारण यह है कि उस दिन कलकत्ता में हज़ारों की संख्या में स्त्री-पुरुष उत्साहपूर्वक राष्ट्रीय ध्वज को फहराने के लिए घरों से बाहर निकले थे, उन्होंने अंग्रेज़ी सरकार के कानून का उल्लंघन प्रसन्नतापूर्वक किया था। यही नहीं, भारी पुलिस बल की तैनाती के बाद भी लोग निर्भय होकर जुलूस की शक्ल में अपने-अपने घरों से निकले थे।

प्र.3 पुलिस कमिश्नर के नोटिस और कौंसिल के नोटिस में क्या अंतर था? **CBSE 2010**

उत्तर पुलिस कमिश्नर के नोटिस में चेतावनी दी गई थी कि लोग 26 जनवरी को सभा में सम्मिलित न हों, क्योंकि यह सभा कानून का उल्लंघन करके बुलाई गई है।

कौंसिल के नोटिस में यह बताया गया था कि मोनुमेंट के नीचे ठीक चार बजकर चौबीस मिनट पर झंडा फहराया जाएगा तथा स्वतंत्रता की प्रतिज्ञा पढ़ी जाएगी। सर्वसाधारण की उपस्थिति होनी चाहिए।

प्र.4 धर्मतल्ले के मोड़ पर आकर जुलूस क्यों टूट गया? **CBSE 2010**

उत्तर धर्मतल्ले के मोड़ पर आकर जुलूस इसलिए टूट गया, क्योंकि जब सुभाष बाबू को पकड़ लिया गया तो स्त्रियाँ जुलूस बनाकर चलीं, परंतु पुलिस ने लाठी चार्ज से उन्हें रोकना चाहा। जिससे कुछ लोग वहीं बैठ गए, कुछ घायल हो गए और कुछ पुलिस द्वारा गिरफ़्तार कर लिए गए, इसलिए जुलूस टूट गया।

प्र.5 डॉ. दासगुप्ता जुलूस में घायल लोगों की देख-रेख तो कर ही रहे थे, उनके फ़ोटो भी उतरवा रहे थे। उन लोगों के फ़ोटो खींचने की क्या वजह हो सकती थी? स्पष्ट कीजिए। **दक्षता आधारित प्रश्न**

उत्तर डॉ. दासगुप्ता द्वारा जुलूस में घायल लोगों की फ़ोटो उतरवाने की निम्नलिखित वजहें हो सकती हैं

(i) वह अंग्रेज़ी शासन के अत्याचार के प्रमाण जुटा रहे थे।

(ii) दूसरों को इस संघर्ष की जानकारी देकर उन्हें भी बलिदान देने की प्रेरणा देना चाहते थे।

(iii) वह भविष्य के लिए इन चित्रों को संगृहीत करना चाहते थे।

(iv) इससे यह भी पता चल सकता था कि बंगाल में स्वतंत्रता की लड़ाई में बहुत काम हो रहा है।

(ख) निम्नलिखित प्रश्नों के उत्तर (50-60 शब्दों में) लिखिए।

प्र.1 सुभाष बाबू के जुलूस में स्त्री समाज की क्या भूमिका थी? **CBSE 2011, 10**

उत्तर सुभाष बाबू के जुलूस में स्त्री समाज की महत्त्वपूर्ण भूमिका रही थी। भारी पुलिस व्यवस्था के बाद भी जगह-जगह स्त्री जुलूस के लिए टोलियाँ बन गई थीं। मोनुमेंट पर भी स्त्रियों ने निडर होकर झंडा फहराया, अपनी गिरफ़्तारियाँ करवाईं तथा पुलिस ने उन पर लाठियाँ बरसाईं। इसके बाद भी स्त्रियाँ लालबाज़ार तक आगे बढ़ती गईं। इस प्रकार स्त्रियों ने न केवल पुरुष समाज को सहयोग किया, बल्कि उस कार्य को पूरा भी किया, जो संभवत: पुलिस लाठीचार्ज से अधूरा ही रह जाता।

प्र.2 जुलूस के लालबाज़ार आने पर लोगों की क्या दशा हुई? **CBSE 2011, 10**

उत्तर जब जुलूस लालबाज़ार पहुँचा, तो आंदोलनकारी स्त्रियों ने वहीं पर बैठकर डेरा जमा लिया। इससे उनके चारों ओर भारी भीड़ एकत्र हो गई, इसलिए पुलिस ने भीड़ को तितर-बितर करने के लिए एक बार फिर लाठीचार्ज का सहारा लिया। पुलिस ने बहुत से आंदोलनकारियों को गिरफ़्तार किया और लॉकअप में बंद कर दिया। इस अवसर पर वृजलाल गोयनका का उत्साह देखते ही बनता था। फिर से वह स्त्रियों के जुलूस में सम्मिलित हो गया और वहाँ फिर से गिरफ़्तार हो गया। उसे एक बार फिर छोड़ दिया गया। इस बार उसने 200 आंदोलनकारियों के साथ जुलूस निकाला, परिणामस्वरूप उसे गिरफ़्तार कर लिया गया।

प्र.3 "जब से कानून भंग का काम शुरू हुआ है तब से आज तक इतनी बड़ी सभा ऐसे मैदान में नहीं की गई थी और यह सभा क्या कहना चाहिए कि ओपन लड़ाई थी।" यहाँ पर कौन-से और किसके द्वारा लागू किए गए कानून को भंग करने की बात कही गई है? क्या कानून भंग करना उचित था? पाठ के संदर्भ में अपने विचार प्रकट कीजिए। **दक्षता आधारित प्रश्न**

उत्तर उपर्युक्त पंक्तियों में कलकत्ता के आंदोलनकारियों द्वारा मोनुमेंट पर राष्ट्रीय झंडा फहराने और ब्रिटिश सरकार द्वारा लागू किए गए कानून को भंग करने की बात कही गई है। हाँ, यह कानून भंग करना उचित था, क्योंकि यह भारतीयों के हितों के विपरीत था। इससे भारतीयों का आर्थिक, सामाजिक और राजनैतिक सर्वनाश निश्चित था।

उस समय भारतीय राष्ट्रीय कांग्रेस ने बहुत सोच-विचारकर इन अन्यायपूर्ण कानूनों का उल्लंघन करने का निश्चय किया था, ताकि स्वतंत्रता प्राप्ति तक इस लौ को जलाए रखा जा सके।

प्र.4 बहुत से लोग घायल हुए, बहुतों को लॉकअप में रखा गया, बहुत-सी स्त्रियाँ जेल गईं, फिर भी इस दिन को अपूर्व बताया गया है। आपके विचार में यह सब अपूर्व क्यों है? अपने शब्दों में लिखिए। **दक्षता आधारित प्रश्न**

उत्तर 26 जनवरी, 1931 के दिन कोलकाता में भारत की आज़ादी के लिए व्यापक संघर्ष हुआ। कितने ही लोग पुलिस की लाठियों से घायल हुए, कितनों को जेलों में बंद किया गया। फिर भी आंदोलनकारी सभा और जुलूस त्यागकर भागे नहीं। वे अपने लक्ष्य के लिए डटे रहे। उनका लक्ष्य था— भारत को अंग्रेज़ों की दासता से मुक्त कराना। यह कार्य बहुत कठिन था। इसके लिए चाहिए था अपूर्व बलिदान, साहस और त्याग। इस दिन कोलकातावासियों ने यह कठिन कार्य करके दिखाया इसलिए इस दिन को अपूर्व कहा गया।

(ग) निम्नलिखित के आशय स्पष्ट कीजिए

प्र.1 "आज तो जो कुछ हुआ वह अपूर्व हुआ है। बंगाल के नाम या कलकत्ता के नाम पर कलंक था कि यहाँ काम नहीं हो रहा है। वह आज बहुत अंश में धुल गया।" **CBSE 2010**

अथवा **डायरी का पन्ना से उद्धृत 'आज जो कुछ हुआ वह अपूर्व था।' पंक्ति का आशय स्पष्ट कीजिए।** **CBSE 2024**

उत्तर 26 जनवरी, 1931 के दिन कलकत्तावासियों ने स्वतंत्रता पाने के लिए आंदोलन किया, जिसमें बहुत से लोग पुलिस की लाठी खाकर घायल हुए, बहुतों को पुलिस लॉकअप में रखा गया और अनेक स्त्रियाँ जेल भी गईं। उस दिन लोग लाठियाँ खाकर धरती पर गिरते रहे, किंतु अपने लक्ष्य की ओर दृढ़ता से बढ़ते भी रहे। इससे कलकत्ता के नाम पर लगा वह कलंक कुछ हद तक कम हो गया, जिसमें यह कहा जा रहा था कि कलकत्तावासी स्वतंत्रता पाने के लिए कुछ भी कार्य नहीं कर रहे हैं।

प्र.2 "खुला चैलेंज देकर ऐसी सभा पहले नहीं की गई थी।" **CBSE 2011, 10**

उत्तर पुलिस कमिश्नर के नोटिस में चेतावनी दी गई थी कि लोग 26 जनवरी को सभा में सम्मिलित न हों, यह कानून का उल्लंघन करना होगा। इसके बावजूद कौंसिल के नोटिस में यह बताया गया था कि मोनुमेंट के नीचे ठीक चार बजकर चौबीस मिनट पर झंडा फहराया जाएगा तथा स्वतंत्रता की प्रतिज्ञा पढ़ी जाएगी। सर्वसाधारण की उपस्थिति होनी चाहिए। इस प्रकार का खुला चैलेंज देकर ऐसी सभा पहले कभी नहीं की गई थी।

भाषा अध्ययन

प्र.1 रचना की दृष्टि से वाक्य तीन प्रकार के होते हैं

सरल वाक्य सरल वाक्य में कर्ता, कर्म, पूरक, क्रिया और क्रिया विशेषण घटकों या इनमें से कुछ घटकों का योग होता है। स्वतंत्र रूप से प्रयुक्त होने वाला उपवाक्य ही सरल वाक्य है।

उदाहरण– *लोग टोलियाँ बनाकर मैदान में घूमने लगे।*

संयुक्त वाक्य जिस वाक्य में दो या दो से अधिक स्वतंत्र या मुख्य उपवाक्य समानाधिकरण योजक से जुड़े हों, वह संयुक्त वाक्य कहलाता है। योजक शब्द–और, परंतु, इसलिए आदि।

उदाहरण– *मोनुमेंट के नीचे झंडा फहराया जाएगा और स्वतंत्रता की प्रतिज्ञा पढ़ी जाएगी।*

मिश्र वाक्य–वह वाक्य जिसमें एक प्रधान उपवाक्य हो और एक या अधिक आश्रित उपवाक्य हों, मिश्र वाक्य कहलाता है।

उदाहरण– *जब अविनाश बाबू ने झंडा गाड़ा तब पुलिस ने उनको पकड़ लिया।*

I निम्नलिखित वाक्यों को सरल वाक्यों में बदलिए

(क) दो सौ आदमियों का जुलूस लालबाज़ार गया और वहाँ पर गिरफ़्तार हो गया।

(ख) मैदान में हज़ारों आदमियों की भीड़ होने लगी और लोग टोलियाँ बना-बनाकर मैदान में घूमने लगे।

(ग) सुभाष बाबू को पकड़ लिया गया और गाड़ी में बैठाकर लालबाज़ार लॉकअप में भेज दिया गया।

उत्तर (क) दो सौ आदमियों का जुलूस लालबाज़ार जाकर गिरफ़्तार हो गया।

(ख) हज़ारों आदमियों की भीड़ में लोग टोलियाँ बना-बनाकर मैदान में घूमने लगे।

(ग) सुभाष बाबू को गाड़ी में बैठाकर लालबाज़ार लॉकअप में भेज दिया गया।

II 'बड़े भाई साहब' पाठ में से भी दो-दो सरल, संयुक्त और मिश्र वाक्य छाँटकर लिखिए।

उत्तर **सरल वाक्य**

(i) मेरा जी पढ़ने में बिलकुल न लगता था।

(ii) मैं उनकी इस नई युक्ति से नत-मस्तक हो गया।

संयुक्त वाक्य

(i) तुमने तो अभी केवल एक दरजा पास किया है और अभी से तुम्हारा सिर फिर गया।

(ii) भाई साहब फ़ेल हो गए, मैं पास हो गया और दरजे में प्रथम आया।

मिश्र वाक्य

(i) भाई साहब ने अपने दरजे की पढ़ाई का जो भयंकर चित्र खींचा था, उसने मुझे भयभीत कर दिया।

(ii) उन्होंने भी उसी में पढ़ना शुरु किया था, जब मैंने शुरू किया।

प्र.2 निम्नलिखित वाक्य संरचनाओं को ध्यान से पढ़िए और समझिए कि जाना, रहना और चुकना क्रियाओं का प्रयोग किस प्रकार किया गया है?

(क) (i) कई मकान सजाए गए थे।

(ii) कलकत्ता के प्रत्येक भाग में झंडे लगाए गए थे।

(ख) (i) बड़े बाजार में प्रायः मकानों पर राष्ट्रीय झंडा फहरा रहा था।

(ii) कितनी ही लारियाँ शहर में घुमाई जा रही थीं।

(iii) पुलिस भी अपनी पूरी ताकत से शहर में गश्त देकर प्रदर्शन कर रही थी।

(ग) (i) सुभाष बाबू के जुलूस का भार पूर्णोदास पर था, वह प्रबंध कर चुका था।

(ii) पुलिस कमिश्नर का नोटिस निकल चुका था।

उत्तर छात्र स्वयं पढ़कर समझने का प्रयास करें।

प्र.3 नीचे दिए गए शब्दों की संरचना पर ध्यान दीजिए

विद्या + अर्थी = विद्यार्थी

'विद्या' शब्द का अंतिम स्वर 'आ' और दूसरे शब्द 'अर्थी' की प्रथम स्वर ध्वनि 'अ' जब मिलते हैं, तो वे मिलकर दीर्घ स्वर 'आ' में बदल जाते हैं। यह स्वर संधि का ही एक प्रकार है।

संधि शब्द का अर्थ है–जोड़ना। जब दो शब्द पास-पास आते हैं, तो पहले शब्द की अंतिम ध्वनि बाद में आने वाले शब्द की पहली ध्वनि से मिलकर उसे प्रभावित करती है। ध्वनि परिवर्तन की इस प्रक्रिया को संधि कहते हैं। संधि तीन प्रकार की होती है– स्वर संधि, व्यंजन संधि, विसर्ग संधि। जब संधि युक्त पदों को अलग-अलग किया जाता है, तो उसे संधि-विच्छेद कहते हैं;

जैसे–विद्यालय = विद्या + आलय

नीचे दिए गए शब्दों की संधि कीजिए

(i) श्रद्धा	+	आनंद	=	....
(ii) प्रति	+	एक	=	....
(iii) पुरुष	+	उत्तम	=	....
(iv) झंडा	+	उत्सव	=	....
(v) पुनः	+	आवृत्ति	=	....
(vi) ज्योतिः	+	मय	=	....

उत्तर (i) श्रद्धानंद (ii) प्रत्येक (iii) पुरुषोत्तम (iv) झंडोत्सव (v) पुनरावृत्ति (vi) ज्योतिर्मय

योग्यता विस्तार

प्र.1 भौतिक रूप से दबे हुए होने पर भी अंग्रेजों के समय में ही हमारा मन आज़ाद हो चुका था। अतः दिसंबर, 1929 में लाहौर में कांग्रेस का एक बड़ा अधिवेशन हुआ, इसके सभापति जवाहरलाल नेहरू जी थे। इस अधिवेशन में यह प्रस्ताव पास किया गया कि अब हम 'पूर्ण स्वराज्य' से कुछ भी कम स्वीकार नहीं करेंगे। 26 जनवरी, 1930 को देशवासियों ने 'पूर्ण स्वतंत्रता' के लिए हर प्रकार के बलिदान की प्रतिज्ञा की। उसके बाद आज़ादी प्राप्त होने तक प्रतिवर्ष 26 जनवरी को स्वाधीनता दिवस के रूप में मनाया जाता रहा। आज़ादी मिलने के बाद 26 जनवरी गणतंत्र दिवस के रूप में मनाया जाने लगा।

उत्तर छात्र ज्ञान बढ़ाने हेतु अवश्य पढ़ें।

प्र.2 डायरी–यह गद्य की एक विधा है। इसमें दैनिक जीवन में होने वाली घटनाओं, अनुभवों को वर्णित किया जाता है। आप भी अपनी दैनिक जीवन से संबंधित घटनाओं को डायरी में लिखने का अभ्यास करें।

उत्तर छात्र स्वयं करें।

प्र.3 जमना लाल बजाज महात्मा गांधी के पाँचवें पुत्र के रूप में जाने जाते हैं, क्यों? अध्यापक से जानकारी प्राप्त करें।

उत्तर यह छात्र क्रियाकलाप है। अध्यापक की सहायता से छात्र स्वयं करें।

प्र.4 ढाई लाख का जानकी देवी पुरस्कार जमना लाल बजाज फाउंडेशन द्वारा पूरे भारत में सराहनीय कार्य करने वाली महिलाओं को दिया जाता है। यहाँ ऐसी कुछ महिलाओं के नाम दिए जा रहे हैं–

श्रीमती अनुताई लिमये 1993 महाराष्ट्र; सरस्वती गोरा 1996 आंध्र प्रदेश; मीना अग्रवाल 1998 असम; सिस्टर मैथिली 1999 केरल; कुंतला कुमारी आचार्य 2001 उड़ीसा (ओडिशा)।

इनमें से किसी एक के बारे में विस्तृत जानकारी प्राप्त कीजिए।

उत्तर यह छात्र क्रियाकलाप है। छात्र स्वयं करें।

परियोजना कार्य

प्र.1 स्वतंत्रता आंदोलन में निम्नलिखित महिलाओं ने जो योगदान दिया, उसके बारे में संक्षिप्त जानकारी प्राप्त करके लिखिए

(क) सरोजिनी नायडू

(ख) अरुणा आसफ अली

(ग) कस्तूरबा गाँधी

उत्तर सभी छात्र अपने अध्यापकों से स्वतंत्रता आंदोलन में भागीदारी निभाने वाली स्त्रियों के बारे में सूचनाएँ एकत्रित कीजिए तथा पुस्तकालय की सहायता से सरोजिनी नायडू, अरुणा आसफ अली तथा कस्तूरबा गाँधी के बारे में पढ़कर उनके विषय में लिखिए।

प्र.2 इस पाठ के माध्यम से स्वतंत्रता संग्राम में कलकत्ता (कोलकाता) के योगदान का चित्र स्पष्ट होता है। आज़ादी के आंदोलन में आपके क्षेत्र का भी किसी प्रकार का योगदान रहा होगा। पुस्तकालय, अपने परिचितों या फिर किसी दूसरे स्रोत से इस संबंध में जानकारी हासिल कर लिखिए।

उत्तर छात्र स्वयं करें।

प्र.3 "केवल प्रचार में दो हज़ार रुपया खर्च किया गया था।" तत्कालीन समय को मद्देनज़र रखते हुए अनुमान लगाइए कि प्रचार-प्रसार के लिए किन माध्यमों का उपयोग किया गया होगा?

उत्तर कल्पना शक्ति का प्रयोग करते हुए छात्र अनुमान लगाइए।

प्र.4 आपको अपने विद्यालय में लगने वाले पल्स पोलियो केंद्र की सूचना पूरे मोहल्ले को देनी है। आप इस बात का प्रचार बिना पैसे के कैसे कर पाएँगे? उदाहरण के साथ लिखिए।

उत्तर छात्र अपने सृजनात्मक कौशल का प्रयोग करते हुए उत्तर दें।

अभ्यास प्रश्न

बहुविकल्पीय व वर्णनात्मक प्रश्नों सहित

पाठ पर आधारित बहुविकल्पीय प्रश्न

1. "तीन बजे से ही मैदान में हज़ारों आदमियों की भीड़ होने लगी और लोग टोलियाँ बना-बनाकर मैदान में घूमने लगे। आज जो बात थी वह निराली थी।" **CBSE SQP (Additional Set) 2023**

लेखक ने इस घटना को निराला क्यों बताया?

(i) इस मैदान में होने वाली यह सबसे पहली सभा थी।
(ii) कानून के विरुद्ध होने वाली यह पहली बड़ी सभा थी।
(iii) इस सभा में स्त्री समाज भी बड़ी संख्या में भाग ले रहा था।
(iv) इस सभा में सुभाष बाबू मोनुमेंट पर झंडा फहराने वाले थे।

उत्तर (ii) कानून के विरुद्ध होने वाली यह पहली बड़ी सभा थी।

2. निम्नलिखित में से कौन-से वाक्य 'डायरी का एक पन्ना' से मेल खाते हैं? **CBSE SQP 2023**

1. पुरानी सभ्यता के बारे में ज्यादा किस्से-कहानियाँ सुनने को मिलते हैं।
2. एक संगठित समाज कृत संकल्प हो तो वह कुछ भी कर सकता है।
3. यह पाठ हमारे क्रांतिकारियों की याद दिलाता है और देशभक्ति का भाव भरता है।
4. 26 जनवरी, 1930 को गुलाम भारत में पहली बार स्वतंत्रता दिवस मनाया गया था।

(i) केवल 1 (ii) 1 और 2 (iii) केवल 4 (iv) 2, 3 और 4

उत्तर (iv) 2, 3 और 4

3. कौंसिल का नोटिस अंग्रेज सरकार के लिए क्या था?

(i) धमकी (ii) एक निवेदन
(iii) खुली चुनौती (iv) ये सभी

उत्तर (iii) खुली चुनौती

4. 'डायरी का एक पन्ना' पाठ के आधार पर बताइए कि किस दृश्य को देखकर आँख मिच जाती थी? **दक्षता आधारित प्रश्न**

(i) पुलिस के अत्याचार को देखकर
(ii) क्रांतिकारियों को देखकर
(iii) लाल चौक को देखकर
(iv) महिलाओं को देखकर

उत्तर (i) पुलिस के अत्याचार को देखकर

5. मुख्य सभा शाम के समय कहाँ प्रस्तावित होनी थी?

(i) पुलिस चौकी के सामने (ii) मोनुमेंट के नीचे
(iii) सुंदरी पार्क में (iv) विद्यालय में

उत्तर (ii) मोनुमेंट के नीचे

6. जब जुलूस लाल बाज़ार पहुँचा तो लोगों का क्या हाल हुआ?

(i) लोगों पर लाठियाँ बरसी
(ii) लोगों का बुरा हाल हो गया
(iii) जुलूस एक बड़ी भीड़ बन गया
(iv) उपर्युक्त सभी

उत्तर (iv) उपर्युक्त सभी

7. पुलिस द्वारा बड़े-बड़े पार्कों और मैदानों को घेरने का क्या कारण था? **दक्षता आधारित प्रश्न**

(i) लोग आपस में बातचीत न कर सकें
(ii) लोग झंडा न फहरा सकें
(iii) लोग घूम न सकें
(iv) उपर्युक्त सभी

उत्तर (ii) लोग झंडा न फहरा सकें

8. सुभाष बाबू द्वारा जुलूस के समय क्या बोला जा रहा था?

(i) जयसिंह (ii) भारत माता की जय
(iii) वंदे मातरम् (iv) इंकलाब जिंदाबाद

उत्तर (iii) वंदे मातरम्

9. स्त्रियों ने कहाँ खड़े होकर झंडा फहराया? **दक्षता आधारित प्रश्न**

(i) चौराहे पर
(ii) धर्मतल्ले के मोड़ पर
(iii) पार्क के बीच में
(iv) मोनुमेंट की सीढ़ियों पर चढ़कर

उत्तर (iv) मोनुमेंट की सीढ़ियों पर चढ़कर

10. जुलूस में घायल लोगों की फोटो किस कारण ली जा रही थी?

(i) सुभाष बाबू को दिखाने के लिए
(ii) अंग्रेज़ सरकार को दिखाने के लिए
(iii) प्रमाण के लिए ताकि यह देखा जा सके कि किन-किन लोगों ने जुलूस में भाग लिया
(iv) अन्य लोगों को जागरूक करके के लिए

उत्तर (iii) प्रमाण के लिए ताकि यह देखा जा सके कि किन-किन लोगों ने जुलूस में भाग लिया

11. कलंक किसके माथे पर लगा हुआ था? **CBSE Diksha**

(i) देशवासियों के (ii) भारतवासियों के
(iii) कलकत्ता वासियों के (iv) ये सभी

उत्तर (iii) कलकत्ता वासियों के

12. 26 जनवरी, 1931 के दिन का इतिहास में क्या महत्त्व है?

(i) इस दिन भारत का संविधान लागू हुआ था।
(ii) इस दिन भारत छोड़ों आंदोलन की शुरुआत हुई थी।
(iii) इस दिन को भारतवासियों ने दूसरे स्वतंत्रता दिवस के रूप में मनाया था।
(iv) इस दिन भारत की आज़ादी की घोषणा की गई थी।

उत्तर (iii) इस दिन को भारतवासियों ने दूसरे स्वतंत्रता दिवस के रूप में मनाया था।

13. निम्नलिखित कथन (A) तथा कारण (R) को ध्यानपूर्वक पढ़िए। उसके बाद दिए गए विकल्पों में से कोई एक सही विकल्प चुनकर लिखिए।

कथन (A) भारतीय स्वतंत्रता के इतिहास में 26 जनवरी, 1931 विशेष महत्त्व रखती है।

कारण (R) 26 जनवरी, 1931 को देश में प्रथम स्वतंत्रता दिवस मनाया गया था। भारतवासियों ने इस दिन को दूसरे स्वतंत्रता दिवस के रूप में मनाया था। **दक्षता आधारित प्रश्न**

(i) कथन (A) तथा कारण (R) दोनों गलत हैं।
(ii) कथन (A) गलत है, लेकिन कारण (R) सही है।
(iii) कथन (A) सही है, किंतु कारण (R) उसकी गलत व्याख्या करता है।
(iv) कथन (A) और कारण (R) दोनों सही हैं तथा कारण (R), कथन (A) की सही व्याख्या करता है।

उत्तर (iv) कथन (A) और कारण (R) दोनों सही हैं तथा कारण (R), कथन (A) की सही व्याख्या करता है।

14. निम्नलिखित में से कौन-सा वाक्य दर्शाते हैं कि कलकत्ता के नाम पर लगा कलंक बहुत अंश में धुल गया? **दक्षता आधारित प्रश्न**

1. कलकत्तावासियों ने इस दिन शोक प्रदर्शन किया।
2. कलकत्ता में हुए प्रदर्शन में अनेक लोग घायल हुए।
3. महिलाओं ने भी प्रदर्शन में बढ़-चढ़कर हिस्सा लिया।
4. लाठियाँ खाने के बाद भी लोग अपने लक्ष्य की ओर बढ़ रहे थे।

कूट

(i) केवल 1 (ii) 1 और 2
(iii) केवल 4 (iv) 2, 3 और 4

उत्तर (iv) 2, 3 और 4

15. सुभाष बाबू को गिरफ्तार क्यों किया गया था?

(i) झंडा फहराने से रोकने के लिए
(ii) महिलाओं का समर्थन करने के लिए
(iii) अंग्रेजों के विरुद्ध नारेबाजी रोकने के लिए
(iv) सभा में भाग लेने के लिए

उत्तर (i) झंडा फहराने से रोकने के लिए

गद्यांश पर आधारित बहुविकल्पीय प्रश्न

निम्नलिखित गद्यांशों को ध्यानपूर्वक पढ़कर पूछे गए प्रश्नों के सही विकल्प चुनिए।

1 बड़े बाजार के प्रायः मकानों पर राष्ट्रीय झंडा फहरा रहा था और कई मकान तो ऐसे सजाए गए थे कि ऐसा मालूम होता था कि मानो स्वतन्त्रता मिल गई हो। कलकत्ते के प्रत्येक भाग में ही झण्डे लगाए गए थे। जिस रास्ते से मनुष्य जाते थे उसी रास्ते में उत्साह और नवीनता मालूम होती थी। लोगों का कहना था कि ऐसी सजावट पहले नहीं हुई। पुलिस भी अपनी पूरी ताकत से शहर में गश्त देकर प्रदर्शन कर रही थी। मोटर लारियों में गोरखे तथा सारजेंट प्रत्येक मोड़ पर तैनात थे। कितनी ही लारियाँ शहर में घुमाई जा रही थीं। घुड़सवारों का प्रबन्ध था। कहीं भी ट्रैफ़िक पुलिस नहीं थी, सारी पुलिस को इसी काम में लगाया गया था। बड़े-बड़े पार्कों तथा मैदानों को पुलिस ने सवेरे से ही घेर लिया था।

(क) "बड़े बाज़ार के प्रायः मकानों पर राष्ट्रीय झंडा फहरा रहा था और कई मकान तो ऐसे सजाए गए थे कि ऐसा मालूम होता, मानो स्वतंत्रता मिल गई हो।"

लेखक के शब्दों में-बड़े बाज़ारों और मकानों की सुंदरता देखते ही क्यूँ बन रही थी? **दक्षता आधारित प्रश्न**

(i) राष्ट्रीय दिवस का आयोजन था
(ii) 26 जनवरी 1931 को दीवाली थी
(iii) मानो स्वतंत्रता मिल गई हो
(iv) जुलूस के लिए सभी बाज़ारों व मकानों को सजाया गया

उत्तर (iv) जुलूस के लिए सभी बाज़ारों व मकानों को सजाया गया

(ख) ऐसे माहौल को देखकर लोगों में क्या प्रतिक्रिया हुई?

(i) लोगों का उत्साह समाप्त हो गया।
(ii) लोग उत्साह और जोश से भर गए।

(iii) लोग अंग्रेजों के साथ मिलकर उत्सव मनाने लगे।
(iv) लोगों ने कोई प्रतिक्रिया व्यक्त नहीं की।

उत्तर (ii) लोग उत्साह और जोश से भर गए।

(ग) पुलिस अपनी पूरी ताकत से प्रदर्शन क्यों कर रही थी? **दक्षता आधारित प्रश्न**

(i) ताकि आन्दोलन शान्ति से हो सके।
(ii) ताकि जनता को कोई परेशानी न हो।
(iii) ताकि प्रदर्शन को रोका जा सके।
(iv) ताकि जनता में खौफ पैदा किया जा सके।

उत्तर (iii) ताकि प्रदर्शन को रोका जा सके।

(घ) सड़कों पर ट्रैफिक पुलिस क्यों नहीं दिखाई दे रही थी? **दक्षता आधारित प्रश्न**

(i) क्योंकि उस दिन राष्ट्रीय अवकाश था।
(ii) क्योंकि उस दिन हड़ताल थी।
(iii) क्योंकि उस दिन सारी पुलिस को प्रदर्शन रोकने के काम में लगा दिया गया था।
(iv) क्योंकि उस दिन जनता और सरकार की मीटिंग होनी थी।

उत्तर (iii) क्योंकि उस दिन सारी पुलिस को प्रदर्शन रोकने के काम में लगा दिया गया था।

(ङ) निम्नलिखित कथन (A) तथा कारण (R) को ध्यानपूर्वक पढ़कर दिए गए विकल्पों में से कोई एक सही विकल्प चुनकर लिखिए।

कथन (A) **उस दिन कलकत्ते की सड़कों पर ट्रैफिक पुलिस नहीं दिखाई दे रही थी।**

कारण (R) **कलकत्ता के लोग उस पूरे जोश और उत्साह से भरकर प्रदर्शन करने वाले थे। उस प्रदर्शन को रोकने के लिए ट्रैफिक पुलिस के काम में लगा दिया गया था।**

दक्षता आधारित प्रश्न

(i) कथन (A) तथा कारण (R) दोनों गलत हैं।
(ii) कथन (A) गलत है, लेकिन कारण (R) सही है।
(iii) कथन (A) सही है, किंतु कारण (R) उसकी गलत व्याख्या करता है।
(iv) कथन (A) और कारण (R) दोनों सही हैं तथा कारण (R) कथन (A) की सही व्याख्या करता है।

उत्तर (iv) कथन (A) और कारण (R) दोनों सही हैं तथा कारण (R) कथन (A) की सही व्याख्या करता है।

2. मोनुमेंट के नीचे जहाँ शाम को सभा होने वाली थी उस जगह को तो भोर में छह बजे से ही पुलिस ने बड़ी संख्या में घेर लिया था पर तब भी कई जगह तो भोर में ही झंडा फराया गया। श्रद्धानन्द पार्क में बंगाल प्रान्तीय विद्यार्थी संघ के मन्त्री अविनाश बाबू ने झंडा गाड़ा तो पुलिस ने उनको पकड़ लिया तथा अन्य लोगों को मारा या हटा दिया। तारा सुन्दरी पार्क में बड़ा-बाज़ार कांग्रेस कमेटी के युद्ध मन्त्री हरिश्चन्द्र सिंह झंडा फहराने गए, पर वे भीतर न जा सके। वहाँ पर काफी मारपीट हुई और दो-चार आदमियों के सिर फट गए। गुजराती सेविका संघ की ओर से जुलूस निकला जिसमें बहुत-सी लड़कियाँ थीं उनको गिरफ्तार कर लिया।

(क) मोनुमेंट को पुलिस ने भोर में ही क्यों घेर लिया?

(i) ताकि कार्यक्रम का आयोजन उचित ढंग से कर सके।
(ii) ताकि मोनुमेंट के नीचे सभा न हो।
(iii) ताकि मोनुमेंट को अतिरिक्त सुरक्षा प्रदान कर सके।
(iv) ताकि लोगों को शान्तिपूर्ण ढंग से वहाँ व्यवस्थित किया जा सके।

उत्तर (ii) ताकि मोनुमेंट के नीचे सभा न हो।

(ख) अविनाश बाबू कौन थे?

(i) बंगाल के सेना अध्यक्ष
(ii) बंगाल प्रान्तीय विद्यार्थी संघ के मन्त्री
(iii) बाल सेवा समिति के अध्यक्ष
(iv) बालिका महाविद्यालय के अध्यापक

उत्तर (ii) बंगाल प्रान्तीय विद्यार्थी संघ के मन्त्री

(ग) हरिश्चन्द्र सिंह झंडा फहराने भीतर क्यों नहीं जा सके?

(i) वहाँ काफ़ी मारपीट होने के कारण
(ii) अधिक भीड़ होने के कारण
(iii) उनकी बारी न आ पाने के कारण
(iv) वहाँ अधिक पुलिस एकत्रित होने के कारण

उत्तर (i) वहाँ काफ़ी मारपीट होने के कारण

(घ) लड़कियों की गिरफ्तारी में जुलूस कहाँ से निकाला गया?

(i) बंगाल प्रांतीय संघ की ओर से
(ii) महाराष्ट्र प्रांतीय संघ की ओर से
(iii) गुजराती सेनिका संघ की ओर से
(iv) उपर्युक्त सभी

उत्तर (iii) गुजराती सेनिका संघ की ओर से

(ङ) निम्नलिखित में से कौन-से वाक्य कलकत्तावासियों के प्रदर्शन को दर्शाते हैं? **दक्षता आधारित प्रश्न**

1. मानुमेंट के नीचे की जगह को पुलिस ने घेर लिया था।
2. भोर में ही कई स्थानों पर झंडा फहराया जा चुका था।
3. झंडा लगाने के कारण ही अविनाश बाबू को पकड़ लिया गया था।
4. गुजराती सेविका संघ की ओर से निकाले गए जुलूस की लड़कियों को गिरफ्तार कर लिया गया।

कूट

(i) केवल 1 (ii) 1 और 2
(iii) केवल 4 (iv) 1, 2 और 4

उत्तर (iv) 1, 2 और 4

3. सुभाष बाबू के जुलूस का भार पूर्णोदास पर था पर यह प्रबन्ध कर चुका था। स्त्री समाज अपनी तैयारी में लगा था। जगह-जगह से स्त्रियाँ अपना जुलूस निकालने की तथा ठीक स्थान पर पहुँचने की कोशिश कर रही थीं। मोनुमेंट के पास जैसा प्रबंध भोर में था वैसा करीब एक बजे नहीं रहा। इससे लोगों को आशा होने लगी कि शायद पुलिस अपना रंग न दिखलावे पर वह कब रुकने वाली थी। तीन बजे से ही मैदान में हजारों आदमियों की भीड़ होने लगी और लोग टोलियाँ बना-बनाकर मैदान में घूमने लगें। आज जो बात थी वह निराली थी।

(क) पूर्णोदास पर कौन-सा भार था?

(i) जनता को एकजुट करने का

(ii) सुभाष बाबू के जुलूस का

(iii) स्त्री समाज को संगठित करने का

(iv) सरकार को गुमराह करने का

उत्तर (ii) सुभाष बाबू के जुलूस का

(ख) स्त्री समाज ने क्या तैयारी की थी? **दक्षता आधारित प्रश्न**

(i) स्त्रियों द्वारा जुलूस निकालने की

(ii) सभा के स्थान पर पहुँचने की

(iii) पुरुषों से अलग अपना अलग मोर्चा निकालने की

(iv) केवल (i) और (ii)

उत्तर (iv) केवल (i) और (ii)

(ग) 'अपना रंग दिखाना' का क्या अर्थ है?

(i) वास्तविक रूप से अलग होना

(ii) अपने वास्तविक रूप में आना

(iii) चित्रकारी के लिए सुन्दर रंगों का प्रयोग करना

(iv) अपने में ही मस्त रहना

उत्तर (ii) अपने वास्तविक रूप में आना

(घ) निम्नलिखित में से कौन-सा वाक्य 'मोनुमेंट के पास 1 बजे के प्रबंध को दर्शाता है? **दक्षता आधारित प्रश्न**

1. लोगों में उत्साह कम हो जाना।
2. पुलिस और जनता में मतभेद होना।
3. लोगों में निराशा का संचार होना।
4. पुलिस की तैनाती का चौकस होना।

कूट

(i) केवल 2 (ii) 1 और 2

(iii) 1, 2 और 4 (iv) 1, 2, 3 और 4

उत्तर (iv) 1, 2, 3 और 4

(ङ) निम्नलिखित कथन (A) तथा कारण (R) को ध्यानपूर्वक पढ़कर दिए गए विकल्पों में से कोई एक सही विकल्प चुनकर लिखिए।

कथन (A) आज जो बात थी, वह निराली थी।

कारण (R) सुभाष चंद्र बोस के जुलूस और कलकत्ता के लोग मोनुमेंट के पास प्रदर्शन करने वाले थे। इसमें पुलिस भी लोगों को खूब सहयोग कर रही थी। **दक्षता आधारित प्रश्न**

(i) कथन (A) तथा कारण (R) दोनों गलत हैं।

(ii) कथन (A) गलत है, लेकिन कारण (R) सही है।

(iii) कथन (A) सही है, किंतु कारण (R) उसकी गलत व्याख्या करता है।

(iv) कथन (A) और कारण (R) दोनों सही हैं तथा कारण (R) कथन (A) की सही व्याख्या करता है।

उत्तर (iii) कथन (A) सही है, किंतु कारण (R) उसकी गलत व्याख्या करता है।

4. **जब से कानून भंग का काम शुरू हुआ है तब से आज तक इतनी बड़ी सभा ऐसे मैदान में नहीं की गई थी और यह सभा तो कहना चाहिए कि ओपन लड़ाई थी। पुलिस कमिश्नर का नोटिस निकल चुका था कि अमुक-अमुक धारा के अनुसार कोई सभा नहीं हो सकती। जो लोग काम करने वाले थे उन सबको इंस्पेक्टरों के द्वारा नोटिस और सूचना दे दी गई थी कि आप यदि सभा में भाग लेंगे तो दोषी समझे जाएँगे। इधर कौंसिल की तरफ़ से नोटिस निकल गया था कि मोनुमेंट के नीचे ठीक चार बजकर चौबीस मिनट पर झंडा फहराया जाएगा तथा स्वतंत्रता की प्रतिज्ञा पढ़ी जाएगी। सर्वसाधारण की उपस्थिति होनी चाहिए। खुला चैलेंज देकर ऐसी सभा पहले नहीं की गई थी।**

(क) सभा को ओपन लड़ाई क्यों कहा गया है?

(i) पुलिस कमिश्नर के नोटिस के बाद भी सभा आयोजित की गई।

(ii) सभा खुले मैदान में होने वाली थी।

(iii) सभा में मारपीट और हत्या होना तय था।

(iv) पुलिस के विरोध में कोई लड़ाई नहीं की गई।

उत्तर (i) पुलिस कमिश्नर के नोटिस के बाद भी सभा आयोजित की गई।

(ख) इंस्पेक्टरों द्वारा कौन-सी सूचना दे दी गई?

(i) पार्क में सभी की उपस्थिति अनिवार्य है

(ii) सभा में भाग लेने वाले लोग दोषी समझे जाएँगे।

(iii) कानून भंग का कार्य जनता के विरुद्ध है।

(iv) शहर में शांति व्यवस्था बनाए रखें।

उत्तर (ii) सभा में भाग लेने वाले लोग दोषी समझे जाएँगे।

(ग) कौंसिल की तरफ से क्या नोटिस निकल गया था? **दक्षता आधारित प्रश्न**

(i) मोनुमेंट के नीचे ठीक चार बजकर चौबीस मिनट पर झंडा फहराया जाएगा।

(ii) स्वतंत्रता की प्रतिज्ञा पढ़ी जाएगी।

(iii) सर्वसाधारण की उपस्थिति होनी चाहिए।

(iv) उपर्युक्त सभी

उत्तर (iv) उपर्युक्त सभी

(घ) पुलिस कमिश्नर का नोटिस क्या था?

(i) अमुक-अमुक धारा के अनुसार कोई सभा नहीं हो सकती।

(ii) खुला चैलेंज देकर सभा आयोजित की जाएगी।

(iii) सभा में भाग लेने वालों को छूट दी जाएगी।

(iv) कानून का उल्लंघन न किया जाए।

उत्तर (i) अमुक-अमुक धारा के अनुसार कोई सभा नहीं हो सकती।

(ङ) निम्नलिखित में से कौन-सा वाक्य तत्कालीन भारत में ब्रिटिश सरकार को खुला चेलेंज देने को दर्शाते हैं? **दक्षता आधारित प्रश्न**

1. मानुमेंट के नीचे ठीक चार बजकर चौबीस मिनट पर झंडा फहराया जाएगा।
2. सभी जनसाधारण की उपस्थिति यहाँ होनी चाहिए।
3. आज तक इतनी बड़ी सभा ऐसे मैदान में नहीं हुई थी।
4. सभा में भाग लेने वाले दोषी समझे जाएँगे।

कूट

(i) केवल 1 (ii) 1 और 2

(iii) केवल 4 (iv) 2, 3 और 4

उत्तर (ii) 1 और 2

5. ठीक चार बजकर दस मिनट पर सुभाष बाबू जुलूस लेकर आए। उनको चौरंगी पर ही रोका गया, पर भीड़ की अधिकता के कारण पुलिस जुलूस को रोक नहीं सकी। मैदान के मोड़ पर पहुँचते ही पुलिस ने लाठियाँ चलानी शुरू कर दीं, बहुत आदमी घायल हुए, सुभाष बाबू पर भी लाठियाँ पड़ीं। सुभाष बाबू बहुत जोरों से वंदे मातरम् बोल रहे थे। ज्योतिर्मय गांगुली ने सुभाष बाबू से कहा, आप उधर आ जाइए पर सुभाष बाबू ने कहा, आगे बढ़ना है।

(क) पुलिस सुभाष बाबू के जुलूस को क्यों नहीं रोक सकी?
(i) उनके प्रभावशाली व्यक्तित्व के कारण
(ii) भीड़ की अधिकता के कारण
(iii) पुलिस की लापरवाही के कारण
(iv) जुलूस का अध्यक्ष होने के कारण

उत्तर (ii) भीड़ की अधिकता के कारण

(ख) निम्नलिखित कथन (A) तथा कारण (R) को ध्यानपूर्वक पढ़कर दिए गए विकल्पों में से सही विकल्प का चयन करें।
कथन (A) **मैदान के मोड़ पर पहुँचते ही पुलिस ने लाठियाँ चलाना शुरू कर दिया।**
कारण (R) **भीड़ की अधिकता से उत्साहित कुछ कार्यकर्ताओं ने पुलिस पर हमला कर दिया, जिससे अनेक पुलिस वाले घायल हो गए थे।** दक्षता आधारित प्रश्न

(i) कथन (A) तथा कारण (R) दोनों गलत हैं।
(ii) कथन (A) गलत है, लेकिन कारण (R) सही है।
(iii) कथन (A) सही है, किंतु कारण (R) उसकी गलत व्याख्या करता है।
(iv) कथन (A) और कारण (R) दोनों सही हैं तथा कारण (R) कथन (A) की सही व्याख्या करता है।

उत्तर (iii) कथन (A) सही है, किंतु कारण (R) उसकी गलत व्याख्या करता है।

(ग) पुलिस की लाठियाँ पड़ने के बाद भी सुभाष बाबू क्या कर रहे थे?
(i) लोगों से बातचीत कर रहे थे।
(ii) ज़ोरों से वंदे मातरम् बोल रहे थे।
(iii) पुलिस से बहस कर रहे थे।
(iv) अपनी टीम को समझा रहे थे।

उत्तर (ii) ज़ोरों से वंदे मातरम् बोल रहे थे।

(घ) ज्योतिर्मय गांगुली के कहने पर सुभाष बाबू ने क्या प्रतिक्रिया व्यक्त की?
(i) वे दूसरी तरफ़ जाने को तैयार हो गए।
(ii) उन्होंने कहा, आगे बढ़ना है।
(iii) उन्होंने कहा, लोगों को बचाना है।
(iv) वे उनकी बात मान गए।

उत्तर (ii) उन्होंने कहा, आगे बढ़ना है।

(ङ) सुभाष बाबू पर लाठियाँ क्यों पड़ीं?
(i) क्योंकि वे सरकार के आदेश के विरुद्ध जुलूस निकाल रहे थे।
(ii) क्योंकि वे सरकार के साथ मिलकर जनता के विरुद्ध साजिश रच रहे थे।
(iii) क्योंकि वे अत्यंत उग्र होकर विरोध नहीं कर रहे थे।
(iv) क्योंकि वे सरकार के विरोधी नहीं थे।

उत्तर (i) क्योंकि वे सरकार के आदेश के विरुद्ध जुलूस निकाल रहे थे।

विषयवस्तु का ज्ञान, बोध अभिव्यक्ति पर आधारित प्रश्न

1. 26 जनवरी, 1931 के दिन बड़े बाज़ार का माहौल कैसा था? CBSE 2016, 11

उत्तर 26 जनवरी, 1931 के दिन बड़े बाज़ार की साज-सज्जा सबको उत्साहित कर रही थी। कई मकान तो इस प्रकार सजाए गए थे मानो स्वतंत्रता मिल गई हो। कलकत्ता में हर जगह झंडे लगाए गए थे, जिन्हें देखकर लोग उत्साहित हो रहे थे। वस्तुत: लोग जिस रास्ते से भी जाते उसी रास्ते पर नवीनता तथा उत्साह दिखाई पड़ता था।

2. कलकत्ता में घरों पर राष्ट्रीय ध्वज लगाए जाने का कारण बताइए।

उत्तर 26 जनवरी, 1931 का दिन स्वतंत्रता दिवस मनाए जाने की प्रतिज्ञा का दिवस था। यहाँ स्त्री-पुरुष, विद्यार्थी सभी उत्साह से भरे हुए थे, उन्होंने अपने-अपने मकानों को राष्ट्रीय झंडे से सजा रखा था। उन्हें देखकर ऐसा लग रहा था, जैसे भारत को स्वतंत्रता प्राप्त हो चुकी है।

3. 26 जनवरी, 1931 को ट्रैफ़िक पुलिस सड़कों पर क्यों दिखाई नहीं दे रही थी? साथ ही इस दिन तारा सुंदरी पार्क में हुई घटना को स्पष्ट कीजिए।

उत्तर 26 जनवरी, 1931 को ट्रैफ़िक पुलिस सड़कों पर इसलिए दिखाई नहीं दे रही थी, क्योंकि आंदोलनकारियों को रोकने के लिए ट्रैफ़िक पुलिस वालों को पार्कों, मैदानों और गलियों—सड़कों आदि स्थानों पर तैनात कर दिया गया था। इस दिन तारा सुंदरी पार्क में बड़ा बाज़ार कांग्रेस कमेटी के युद्ध मंत्री हरिश्चंद्र सिंह झंडा फहराने गए, पर वे भीतर न जा सके। वहाँ पर काफ़ी मारपीट हुई और दो—चार आदमियों के सिर फट गए तथा गुजराती सेविका संघ की ओर से निकले जुलूस से बहुत सी लड़कियों को गिरफ्तार कर लिया।

4. सुभाष बाबू ने कब और कैसे जुलूस निकाला? यह दिन किस अमर दिन की स्मृति में था? CBSE 2010

उत्तर सुभाष बाबू ने 26 जनवरी, 1931 को कलकत्ता में जुलूस निकाला। यह जुलूस सरकारी कानूनों का उल्लंघन करते हुए सार्वजनिक रूप से निकाला गया। यह दिन 26 जनवरी, 1930 को संपूर्ण भारत में मनाए गए प्रथम स्वतंत्रता दिवस की अमर स्मृति में था।

5. 26 जनवरी, 1931 को ही स्वतंत्रता दिवस मनाए जाने का कारण स्पष्ट कीजिए।

उत्तर कांग्रेस ने अपने लाहौर अधिवेशन में यह तय किया था कि अब पूर्ण स्वतंत्रता से कम कुछ नहीं माँगा जाएगा और इसके लिए एक लंबे एवं स्थायी आंदोलन की शुरुआत की जाएगी। यही कारण है कि 26 जनवरी, 1930 को पूरे देश में भारत को पूर्ण स्वतंत्रता दिलाने के लिए हर प्रकार के त्याग और बलिदान करने की प्रतिज्ञा की गई। उसके बाद हर वर्ष, 26 जनवरी को स्वतंत्रता दिवस के रूप में मनाया जाने लगा।

6. 26 जनवरी, 1931 को कलकत्ता के बड़े बाज़ार में राह चलते लोग किस दृश्य को देखकर उत्साहित हो रहे थे?

उत्तर 26 जनवरी, 1931 को कलकत्ता में राह चलते लोग पूरे शहर में की गई साज-सज्जा को देखकर उत्साहित हो रहे थे। उस दिन बड़े बाज़ार के सभी मकानों पर राष्ट्रीय ध्वज फहराया गया था। कुछ मकानों को तो अत्यंत भव्यता से सजाया गया था। इसके साथ ही सड़कों पर बड़ी संख्या में गोरखे सैनिक, सारजेंट तथा घुड़सवार पुलिस की तैनाती लोगों को बहुत प्रभावित कर रही थी।

7. स्वाधीनता आंदोलन में विद्यार्थियों की भूमिका को स्पष्ट कीजिए।

***अथवा* सुभाष बाबू के साथ कौन-कौन सी स्त्रियाँ सहयोग दे रही थीं?** **CBSE Diksha**

उत्तर स्वाधीनता आंदोलन में विद्यार्थियों ने भी योगदान दिया था। लाखों विद्यार्थी अपनी शिक्षा अधूरी छोड़कर स्वतंत्रता आंदोलन में कूद पड़े थे। कलकत्ता में भी मारवाड़ी बालिका विद्यालय तथा अन्य कई विद्यालयों में राष्ट्रीय झंडा फहराया गया था तथा बालिकाओं को जानकीदेवी, मदालसा आदि आंदोलनकारियों ने संबोधित करते हुए आंदोलन के साथ जुड़ने का आह्वान किया।

8. 'ओपन लड़ाई' किसे कहा गया है? यह अपूर्व क्यों थी? **CBSE 2019**

***अथवा* 'डायरी का पन्ना' पाठ से उद्धृत- 'यह सभा तो कहना चाहिए कि ओपन लड़ाई थी।' पंक्ति का आशय स्पष्ट कीजिए।** **CBSE 2024**

उत्तर अंग्रेज़ी सरकार द्वारा विभिन्न धाराओं के तहत सार्वजनिक सभाओं को ग़ैर-कानूनी ठहरा दिया गया था और पुलिस सरकार के आदेश पालन को तत्पर थी। इन सबके बावजूद कौंसिल द्वारा नोटिस निकाला गया कि मोनुमेंट के नीचे ठीक चार बजकर चौबीस मिनट पर राष्ट्रीय ध्वज फहराया जाएगा तथा स्वतंत्रता की प्रतिज्ञा पढ़ी जाएगी। इसे ही 'ओपन लड़ाई' कहा गया। यह अपूर्व थी, क्योंकि इससे पूर्व कभी इतना बड़ा जुलूस नहीं निकाला गया था।

9. मोनुमेंट के नीचे सभा क्यों की जा रही थी?

उत्तर 26 जनवरी, 1931 का दिन अखिल भारतीय राष्ट्रीय कांग्रेस द्वारा देश को पूर्ण स्वतंत्रता प्रदान करने की माँग की घोषणा का दिन था। कलकत्ता में भी इसी उद्देश्य से मोनुमेंट के नीचे सभा आयोजित की जा रही थी, जिससे भारत को अंग्रेज़ों की दासता से पूर्ण रूप से मुक्त कराने के लिए शहरवासियों में जागृति उत्पन्न की जा सके।

10. 26 जनवरी, 1931 को सुभाष बाबू की भूमिका क्या थी?

उत्तर 26 जनवरी, 1931 को जुलूस निकालने में सुभाष बाबू की बहुत महत्त्वपूर्ण भूमिका थी। वह जुलूस का नेतृत्व कर रहे थे और ठीक चार बजकर दस मिनट पर जुलूस लेकर आ गए थे। पुलिस ने उनको चौरंगी पर रोकने का प्रयास किया, परंतु असफल रही। पुलिस ने उन पर लाठियाँ भी चलाईं, परंतु वह आगे बढ़ने का निश्चय कर चुके थे। वह ज़ोर-ज़ोर से वंदे मातरम् बोलकर सबका उत्साहवर्द्धन कर रहे थे।

11. पुलिस द्वारा कलकत्ता में आंदोलनकारियों पर लाठीचार्ज करने और उन्हें लॉकअप में रखने के बाद भी उनका उत्साह ठंडा क्यों नहीं पड़ रहा था? **दक्षता आधारित प्रश्न**

उत्तर स्वतंत्रता आंदोलन में भाग लेने वाले कलकत्तावासी देश-प्रेम और मरने—मारने की भावना को अपने दिलों में सँजोए हुए थे। पुलिस की लाठी से चोट लगने, जेल जाने या किसी अन्य व्यक्तिगत नुकसान का उन्हें भय नहीं था। उन्हें देश को स्वतंत्र कराने की भावना ने ओत-प्रोत कर दिया था, इसलिए पुलिस द्वारा हर प्रकार का अत्याचार किए जाने के बाद भी उनका उत्साह ठंडा नहीं पड़ रहा था।

12. 26 जनवरी, 1931 के दिन कलकत्ता में मार्गों की क्या स्थिति हो गई थी? बताइए। **CBSE 2015**

उत्तर 26 जनवरी, 1931 के दिन कलकत्ता के सभी मार्गों पर पुलिस पहरा दे रही थी ताकि स्वतंत्रता दिवस पर झंडा न फहराया जा सके। इतना सख्त पहरा होने के बाद भी स्वतंत्रता सेनानियों ने जगह-जगह झंडे फहराए। पुलिस ने सभी क्रांतिकारियों के साथ मारपीट की और उन्हें गिरफ़्तार किया गया, जिसमें 105 स्त्रियाँ भी थीं। प्रत्येक मार्ग में क्रांतिकारियों के जुलूस निकल रहे थे और पुलिस द्वारा उन्हें रोकने के लिए घातक प्रयास किए जा रहे थे।

13. "एक संगठित समाज कृतसंकल्प हो तो ऐसा कुछ भी नहीं जो वह न कर सके।" 'डायरी का एक पन्ना' पाठ के संबंध में कहे गए उक्त कथन की उदाहरण सहित पुष्टि कीजिए। **दक्षता आधारित प्रश्न, CBSE 2020**

उत्तर 'डायरी का एक पन्ना' पाठ क्रांतिकारियों की कुर्बानियों की याद दिलाते हुए इस तथ्य की पुष्टि करता है कि यदि एक संगठित समाज कृतसंकल्प हो तो ऐसा कुछ भी नहीं, जो वह न कर सके। 26 जनवरी, 1931 के दिन कलकत्ता में राष्ट्रीय ध्वज फहराने के लिए हजारों की संख्या में स्त्री-पुरुषों ने बढ़-चढ़कर हिस्सा लिया।

अंग्रेज़ी प्रशासकों ने इसे उनका अपराध मानते हुए उन पर लाठीचार्ज करना शुरू कर दिया, जिसमें अधिक संख्या में लोग घायल हुए, किंतु फिर भी अंग्रेजों के क्रूर अत्याचारों को सहन करते हुए भी कलकत्तावासियों ने संगठित होकर अपूर्व उत्साह, साहस एवं बलिदान का परिचय दिया। साथ ही अपने संकल्प को पूरा करने के लिए राष्ट्रीय ध्वज फहराया।

14. डॉक्टर दासगुप्ता का 26 जनवरी, 1931 के आंदोलन में क्या योगदान था? **दक्षता आधारित प्रश्न**

उत्तर 26 जनवरी, 1931 के आंदोलन में डॉक्टर दासगुप्ता घायलों की देख-रेख का महत्त्वपूर्ण कार्य कर रहे थे। वे इन घायलों का उपचार करने के साथ-साथ उनकी फ़ोटो भी उतरवा रहे थे, ताकि भविष्य में इन चित्रों के माध्यम से लोगों को पुलिस के दमन तथा आंदोलनकारियों के त्याग के विषय में बताया जा सके।

15. कलकत्तावासियों के माथे पर क्या कलंक था और उन्होंने इसे किस प्रकार मिटाया? **CBSE 2019**

***अथवा* बंगाल के नाम पर क्या कलंक था और वह कैसे धुला? 'डायरी का एक पन्ना' नामक पाठ के आधार पर लिखिए।** **CBSE 2016, 14**

उत्तर कलकत्तावासियों के माथे पर यह कलंक था कि वे पूरे उत्साह और जोश के साथ अंग्रेज़ी सरकार के खिलाफ़ संघर्ष नहीं करते, परंतु उन्होंने 26 जनवरी, 1931 के दिन सुभाष बाबू के नेतृत्व में बहुत बड़ा जुलूस निकालकर इसे मिथ्या साबित कर दिया, उन्होंने सरकारी कानून का उल्लंघन करते हुए अपने साहस का परिचय दिया। इस प्रकार उन्होंने अपने ऊपर लगे कलंक को मिटा दिया।

16. 'डायरी का एक पन्ना' पाठ में क्या महत्त्वपूर्ण संदेश दिया गया है? CBSE 2018, 13

उत्तर यह पाठ इस तथ्य को रेखांकित करता है कि देश को स्वतंत्रता आसानी से प्राप्त नहीं हुई। इसके लिए प्रत्येक भारतवासी ने अपना अभिन्न योगदान दिया। जब अंग्रेज़ी शासकों ने भारतीयों के विरुद्ध हिंसा का सहारा लिया। लाखों आंदोलनकारियों ने अपनी जान की परवाह न करते हुए अंग्रेज़ी सरकार के कानूनों का उल्लंघन कर, उनके विरुद्ध अहिंसक आंदोलन किया। इसमें स्त्री-पुरुष का भेद भी मिट गया।

17. सुभाष बाबू ने जुलूस क्यों निकाला? इस जुलूस में क्या हुआ?

उत्तर सुभाष बाबू ने स्वतंत्रता प्राप्ति की माँग मनवाने के लिए जुलूस निकाला। पूरे भारत की तरह वह भी कलकत्ता को इस बात के लिए प्रेरित करना चाहते थे कि देश को अब अधिक समय तक गुलाम बनाकर नहीं रखा जा सकता।

सुभाष बाबू द्वारा निकाले गए जुलूस में कलकत्ता शहर के कोने-कोने से युवक-युवतियाँ, विद्यार्थी, व्यापारी आदि सभी वर्गों के लोगों ने भाग लिया। उस दिन कलकत्ता की सभी सड़कें आंदोलनकारियों से इस कदर भर गईं थीं कि पुलिस को उन्हें रोकने के लिए भयंकर लाठीचार्ज करना पड़ा, जिसमें अनेक आंदोलनकारियों को गंभीर चोटें आईं और सैकड़ों स्त्री-पुरुषों को लॉकअप में बंद होना पड़ा। इन सबके बावजूद लोगों का उत्साह मंद नहीं पड़ा।

18. जुलूस और प्रदर्शन को रोकने के लिए पुलिस का क्या प्रबंध था? 'डायरी का एक पन्ना' पाठ के आधार पर लिखिए। CBSE 2011, 10

उत्तर पुलिस ने जुलूस और प्रदर्शन को रोकने के लिए अनेक प्रबंध किए थे। उस दिन पुलिस को हर मुख्य स्थान पर लगा दिया गया था। पुलिस की कमी न हो, इसके लिए ट्रैफ़िक पुलिस को ट्रैफ़िक से हटाकर लोगों को राष्ट्रीय झंडा फहराने से रोकने तथा जुलूस को रोकने के लिए स्थान-स्थान पर लगाया गया था।

शहर के हर मोड़ पर गोरखे तथा सारजेंट की ड्यूटी लगाई गई थी। दिन-रात पुलिस लारी में घूम-घूमकर कानून व्यवस्था को बनाए रखने में लगी हुई थी। 26 जनवरी, 1931 को सुबह से ही सभी पार्कों और मैदानों को पुलिस ने पूरी तरह घेर लिया था ताकि आंदोलनकारी झंडारोहण न कर सकें। जो लोग इस काम में भाग लेने वाले थे, उन्हें भी नोटिस जारी कर दिया गया था।

19. 'डायरी का एक पन्ना' पाठ के माध्यम से आपने गुलाम भारत के स्वतंत्रता दिवस के आयोजन के विषय में जाना। आज हम आजाद भारत में आजादी का अमृत महोत्सव मना रहे हैं। देश के प्रति अपने कर्त्तव्यों को बताते हुए पाठ से प्राप्त सीख का वर्णन कीजिए। दक्षता आधारित प्रश्न, CBSE SQP 2021

उत्तर 'डायरी का एक पन्ना' नामक पाठ देश की अखंडता, स्वतंत्रता व एकता का मूल्य समझने एवं राष्ट्रभक्ति को जगाने व प्रगाढ़ करने की सीख देता है। देश के विकास हेतु जीवन न्योछावर करने से भी पीछे नहीं हटना चाहिए। गुलाम भारत की स्वतंत्रता के लिए अनेक क्रांतिकारी न जेल जाने से डरे और न लाठियाँ खाने से। हमें अपने स्वतंत्रता आंदोलन के इन वीरों को नहीं भूलना चाहिए। उनके प्रति आदर और श्रद्धा रखनी चाहिए। उनका योगदान हमें सीख देता है कि समस्त देशवासियों के संगठन व एकता के बल पर कोई भी कार्य असाध्य नहीं रहता है।

20. भारतीय स्वतंत्रता आंदोलन के इतिहास में '26 जनवरी' की तिथि के महत्त्व को पाठ से संदर्भ ग्रहण करते हुए स्पष्ट कीजिए। दक्षता आधारित प्रश्न

उत्तर स्वतंत्रता के लिए राष्ट्रपिता महात्मा गाँधी एवं स्वतंत्रता संग्राम के अन्य नायकों द्वारा चलाए गए संघर्ष एवं आंदोलनों की चरम परिणति 15 अगस्त, 1947 को देश की स्वतंत्रता प्राप्ति के रूप में हमें मिली, लेकिन इसकी वास्तविक एवं व्यवस्थित शुरुआत वर्ष 1929 के कांग्रेस के लाहौर अधिवेशन से ही हो गई थी। इसी क्रम में 26 जनवरी, 1930 को पहली बार देशवासियों ने 'पूर्ण स्वतंत्रता' हेतु हर प्रकार के बलिदान की प्रतिज्ञा की। इस तिथि के ऐतिहासिक महत्त्व को उस समय एक अपूर्व गौरव एवं अमिट पहचान प्राप्त हुई, जब 26 जनवरी, 1950 को दुनिया के सबसे बड़े संविधान की छत्र-छाया में स्वतंत्र भारत ने स्वयं को पूर्णतः धर्मनिरपेक्ष गणतंत्र घोषित किया तथा नागरिक अधिकारों एवं कर्तव्यों को सर्वाधिक उदार एवं व्यापक स्वीकृति देकर वास्तविक स्वाधीनता प्राप्त की। आज हमारा देश विश्व का सबसे बड़ा लोकतांत्रिक देश है। प्रस्तुत पाठ में स्वतंत्रता प्राप्ति की प्रतिज्ञा पढ़ने, राष्ट्रीय ध्वज फहराने और ब्रिटिश शासन की दमनात्मक कार्यवाही का अहिंसक ढंग से विरोध करने का मार्मिक वर्णन हुआ है।

21. कलकत्ता में 26 जनवरी, 1931 को हुए आंदोलन में महिलाओं का बढ़-चढ़कर हिस्सा लेना यह स्पष्ट करता है कि स्वाधीनता-संघर्ष में महिलाओं की भूमिका पुरुषों से कम नहीं थी। पाठ के संदर्भ में स्वतंत्रता आंदोलन में महिलाओं की भूमिका को रेखांकित कीजिए। दक्षता आधारित प्रश्न

उत्तर भारत के स्वतंत्रता आंदोलन में प्रत्येक निर्णायक मोड़ पर महिलाओं ने पुरुषों के साथ संघर्ष को गति दी। स्वतंत्रता के प्रथम संग्राम के दौरान 1857 ई. में जहाँ झाँसी की रानी लक्ष्मीबाई तथा लखनऊ की बेगम हज़रत महल ने अग्रणी भूमिका निभाई थी। प्रस्तुत पाठ के अंतर्गत जमना लाल बजाज की पुत्री मदालसा की गिरफ़्तारी और उनकी पत्नी जानकीदेवी तथा गुजराती सेविका संघ, मारवाड़ी विद्यालय की बालिकाओं का जुलूस निकालने एवं सार्वजनिक गिरफ़्तारी देने का उल्लेख हुआ है। लेखक ने यह भी स्पष्ट तौर पर बताया है कि कलकत्ता के इस आंदोलन में 105 स्त्रियों ने अपनी गिरफ़्तारी दी, जो बड़ी संख्या थी। इन सब बातों से स्पष्ट होता है कि स्वतंत्रता संग्राम में महिलाओं की भूमिका किसी भी तरह से पुरुषों से कम नहीं थी।

22. 'देशभक्ति सर्वोपरि धर्म है।' पाठ 'डायरी का एक पन्ना' के आधार पर इस कथन की पुष्टि करें। दक्षता आधारित प्रश्न

उत्तर देश सर्वोपरि है और देशभक्ति से बड़ा कोई धर्म नहीं। पाठ 'डायरी का एक पन्ना' लेखक 'सीताराम सेकसरिया' की देशभक्ति से ओत-प्रोत लिखी रचना है। सीताराम सेकसरिया स्वयं स्वतंत्रता से जुड़े आंदोलनों के क्रांतिकारी व्यक्तियों में से एक रहे हैं। इनका देश के प्रति प्रेम व सम्मान भाव इनकी रचना में साफ झलकता है। किसी भी देश के नागरिक के लिए उसका देश गुलामी व दासता में रहे यह स्वीकार्य नहीं होना। वह हर संभव प्रयास द्वारा देश को स्वतंत्र कराने का प्रयास करेगा। सच्चा देशभक्त अपने देश के लिए अपना सर्वस्व न्योछावर कर देता हैं तथा देश की आन पर मर मिटता है। कलकत्तावासियों का ब्रिटिशों के खिलाफ़ ओपन लड़ाई, स्त्री-पुरुष, नेता-अभिनेता, समाज के सभी वर्गों का एकसाथ मिलकर 26 जनवरी, 1930 को मोनुमेंट के नीचे सभा करना। कलकत्तावासियों की देशभक्ति का सजीव चित्रण है तथा कलकत्तावासियों ने अपने इस धर्म के लिए सभी संभव प्रयास किए। इस पाठ पर यह कथन एकदम सटीक बैठता है कि 'देशभक्ति सर्वोपरि धर्म है।'

स्व-मूल्यांकन

पाठ पर आधारित बहुविकल्पात्मक प्रश्न

1. इस पाठ में 'ओपन लड़ाई' से क्या आशय है?
(i) कानून का पालन करने से
(ii) सभा विरोधी नोटिस की सविनय अवज्ञा करने से
(iii) स्वतंत्रता प्राप्ति पर झंडा फहराने से
(iv) अंग्रेज़ों का विरोध करने से

2. पाठ के अनुसार, डॉ. दास गुप्ता क्या भूमिका निभा रहे थे? **दक्षता आधारित प्रश्न**
(i) वे अंग्रेज़ों को गुप्त सूचना दे रहे थे।
(ii) वे घायलों की देखभाल कर उनके फोटो भी उतरवा रहे थे।
(iii) वे सुभाष बाबू के अंगरक्षक की भूमिका निभा रहे थे।
(iv) वे स्त्रियों के जुलूस का प्रतिनिधित्व कर रहे थे।

3. 'डायरी का एक पन्ना' पाठ हमें क्या संदेश देता है?
(i) देशभक्ति का (ii) मिल-जुलकर कार्य करने का
(iii) आज़ादी के संघर्ष का (iv) उपर्युक्त सभी

गद्यांश पर आधारित बहुविकल्पात्क प्रश्न

निम्नलिखित गद्यांश को ध्यानपूर्वक पढ़कर पूछे गए प्रश्नों के सही विकल्प चुनिए

1. यह सब तो अपने सुनी हुई लिख रहे हैं पर सुभाष बाबू का और अपना विशेष फ़ासला नहीं था। सुभाष बाबू बड़े जोर से वंदे मातरम् बोलते थे, यह अपनी आँख से देखा। पुलिस भयानक रूप से लाठियाँ चला रही थीं। क्षितीश चटर्जी का फटा हुआ सिर देखकर तथा उसका बहता हुआ खून देखकर आँख मिच जाती थी। इधर यह हालत हो रही थी कि उधर स्त्रियाँ मोनुमेंट की सीढ़ियों पर चढ़ झण्डा फहरा रही थीं और घोषणा पढ़ रही थीं। स्त्रियाँ बहुत बड़ी संख्या में पहुँच गई थीं। प्रायः सबके पास झंडा था। जो वालेंटियर गए थे वे अपने स्थान से लाठियाँ पड़ने पर भी हटते नहीं थे।

(क) 'यह अपनी आँख से देखा' पंक्ति में 'यह' शब्द किसके लिए प्रयुक्त हुआ है?
(i) सुभाष बाबू (ii) पुलिस
(iii) लेखक (iv) क्षितिश चटर्जी

(ख) 'आँख मिच जाना' का क्या अर्थ है? **दक्षता आधारित प्रश्न**
(i) आँखे बंद हो जाना
(ii) आँखों में आँसू आ जाना
(iii) आँखों में धूल चले जाना
(iv) आँखों से दूर हो जाना

(ग) क्षितिश चटर्जी की स्थिति इतनी भयानक क्यों हुई?
(i) पुलिस की लाठियाँ पड़ने से
(ii) सभा में अफरा-तफरी मचने से
(iii) लोगों के आपसी झगड़ों से
(iv) जनता के उग्र रूप धारण करने से

(घ) गद्यांश के अनुसार वालेंटियर की क्या विशेषता थी? **दक्षता आधारित प्रश्न**
(i) वे सभा करने के लिए एकजुट होना चाहते थे।
(ii) वे लाठियाँ पड़ने पर भी हटते न थे।
(iii) वे पुलिस से दो-दो हाथ कर रहे थे।
(iv) वे बिना समय गवाएँ आगे बढ़ना चाहते थे।

(ङ) निम्नलिखित कथन (A) तथा कारण (R) को ध्यानपूर्वक पढ़कर दिए गए विकल्पों में से कोई एक सही विकल्प चुनकर लिखिए।
कथन (A) वालेंटियर लाठियाँ पड़ने पर भी अपने स्थान से नहीं हटते थे।
कारण (R) अन्य भारतीयों की तरह वालेंटियर भी प्रदर्शन को सफल बनाने के लिए संघर्षरत थे। उन्हें अपनी जान जाने की परवाह न थी। **दक्षता आधारित प्रश्न**
(i) कथन (A) तथा कारण (R) दोनों गलत हैं।
(ii) कथन (A) गलत है, लेकिन कारण (R) सही है।
(iii) कथन (A) सही है, किंतु कारण (R) उसकी गलत व्याख्या करता है।
(iv) कथन (A) और कारण (R) दोनों सही हैं तथा कारण (R) कथन (A) की सही व्याख्या करता है।

विषयवस्तु का ज्ञान, बोध अभिव्यक्ति पर आधारित प्रश्न

निम्नलिखित प्रश्नों के उत्तर दीजिए
(i) घायलों की देखरेख तथा फ़ोटो उतरवाने का कार्य कौन कर रहा था तथा क्यों?
(ii) 26 जनवरी, 1931 के दिन स्त्रियों की भूमिका स्पष्ट कीजिए।
(iii) बड़ा-बाज़ार में क्या हुआ था? स्पष्ट कीजिए।
(iv) आंदोलन में किन-किन व्यक्तियों ने महत्त्वपूर्ण भूमिका निभाई? संक्षेप में बताइए। **दक्षता आधारित प्रश्न**
(v) पाठ के आधार पर बड़ा बाज़ार में घटित हुए घटनाक्रम का वर्णन कीजिए। **दक्षता आधारित प्रश्न**
(vi) लेखक ने 26 जनवरी के दिन को अमर क्यों कहा है? वर्णन कीजिए।

तताँरा-वामीरो कथा

लीलाधर मंडलोई

पाठ 3

पाठ की रूपरेखा

प्रस्तुत पाठ 'तताँरा-वामीरो कथा' अंडमान निकोबार की प्रसिद्ध लोककथा है। इस द्वीप के दो टुकड़ों की कथा को तताँरा-वामीरो के प्रेम- प्रसंग के माध्यम से प्रस्तुत किया गया है। इस द्वीप समूह में अनेक जनजातियों का निवास था। उनके अपने रीति-रिवाज़, पर्व तथा रूढ़-परंपराएँ थीं। वामीरो के गाँव की एक रूढ़िवादी परंपरा के अनुसार, दूसरे गाँव के साथ विवाह संबंध बनाने की अनुमति नहीं थी। इस परंपरा को तोड़ने के लिए किस तरह तताँरा-वामीरो ने अपने प्राण त्याग दिए। प्रस्तुत पाठ में उनके उसी आत्म बलिदान का वर्णन किया गया है।

लेखक परिचय

'लीलाधर मंडलोई' का जन्म वर्ष 1954 में जन्माष्टमी को छिंदवाड़ा जिले के एक छोटे से गाँव मगुढ़ी' में हुआ। इनकी शिक्षा-दीक्षा भोपाल और रायपुर में हुई। वर्ष 1987 में लंदन की ओर से उच्च शिक्षा के लिए आमंत्रित किए गए। इन्होंने प्रसार भारती दूरदर्शन के महानिदेशक का कार्यभार भी सँभाला।

लीलाधर मंडलोई मुख्य रूप से कवि हैं। इनकी कविताओं में छत्तीसगढ़ के जनजीवन तथा वहाँ की बोली का स्पष्ट रूप देखने को मिलता है। इन्होंने अंडमान निकोबार द्वीपसमूह की जनजातियों पर गद्य रचना की है, जो अपने आप में एक समाजशास्त्रीय अध्ययन भी है। इन्होंने लोककथा, लोकगीत, डायरी, यात्रा-वृत्तांत, मीडिया, रिपोर्ताज़ और आलोचना लेखन भी किया है। इनकी प्रमुख कृतियाँ निम्नलिखित हैं

कविता संग्रह — घर-घर घूमा, रात-बिरात, ये बदमस्ती तो होगी, मनवा बेपरवाह, एक बहुत कोमल तान, काला पानी, देखा-अनदेखा।

लोक कथाएँ — अंडमान निकोबार की लोक कथाएँ, पहाड़ और परी का सपना।

बाल कहानी संग्रह — चाँद पर धब्बा, पेड़ बोलते हैं।

पाठ का सार

लिटिल अंडमान

अंडमान द्वीपसमूह का अंतिम द्वीपसमूह लिटिल अंडमान है। इसी तरह निकोबार द्वीपसमूह के पहले द्वीप का नाम कार-निकोबार है। यह कहा जाता है कि पहले कभी ये दोनों एक हुआ करते थे और उसके विषय में यह कथा प्रचलित है।

तताँरा : एक सुंदर एवं बलिष्ठ युवक

जब लिटिल अंडमान और कार-निकोबार द्वीप आपस में जुड़े हुए थे, उस समय वहाँ एक सुंदर एवं बलिष्ठ युवक रहता था—तताँरा। तताँरा 'पासा' गाँव का रहने वाला था। वह बहुत अच्छे स्वभाव का था और मुसीबत में सबके काम आता था। यही कारण है कि उसे सभी लोग आदर व सम्मान की दृष्टि से देखते थे तथा उसे अपने पारिवारिक और सामाजिक कार्यों में बुलाया करते थे। कहते हैं कि उसके पास लकड़ी की बनी एक तलवार थी, जिसे वह सदैव अपने साथ रखता था। उसे इस तलवार को चलाते हुए किसी ने नहीं देखा था, लेकिन लोगों का मानना था कि उसकी तलवार में अद्‌भुत शक्ति थी।

तताँरा-वामीरो की मुलाकात

एक शाम जब तताँरा समुद्री बालू पर बैठकर सूरज की अंतिम रंग-बिरंगी किरणों को निहार रहा था, तभी उसे पास ही एक मधुर गीत सुनाई दिया। उसे वह गीत इतना मधुर लगा कि वह मदहोश होकर स्वर की दिशा की ओर बढ़ने लगा। तभी उसकी नज़र एक युवती पर पड़ी, जो एक शृंगार गीत गा रही थी। इसी समय एक समुद्री लहर ने उसे भिगो दिया और उसने गीत गाना बंद कर दिया। वह युवती वामीरो थी, जो 'लपाती' गाँव की रहने वाली थी।

तताँरा का वामीरो से अनुरोध

गीत रुकते ही ततांँरा बेचैन हो गया और उसने वामीरो से पूछा कि उसने गीत गाना बंद क्यों कर दिया? इस पर वामीरो ने बेरुखी से उससे पूछा कि वह छिपकर उसका गाना क्यों सुन रहा है? ततांँरा ने

उसकी बात न सुनकर फिर से अपना वही प्रश्न दोहराया। इस प्रकार कई बार वामीरो ने उससे बेरुखी से बात की किंतु तताँरा उससे गीत गाने का अनुरोध करता रहा।

अंत में वामीरो ने उससे पूछा कि क्या वह इस गाँव का नियम नहीं जानता, जो बार-बार गीत गाने के लिए कहे जा रहा है। यह कहकर वह वापस जाने लगी तो तताँरा उससे गिड़गिड़ाते हुए बोला कि वह उसे माफ़ कर दे, क्योंकि वह उसे देखकर विचलित हो गया था। उसने वामीरो से उसका नाम पूछा। वामीरो ने अपना नाम बताया तो तताँरा को ऐसा लगा मानो उसके कानों में किसी ने रस घोल दिया हो। उसने वामीरो से अगले दिन फिर इसी स्थान पर आने को कहा, तो वामीरो अनमने मन से 'नहीं' कहकर अपने गाँव की ओर वापस भागी। इसके बाद तताँरा ने भी उसे अपना नाम बताया और कल मिलने को कहा।

वामीरो की बेचैनी

वामीरो पर तताँरा का प्रभाव जम चुका था। उसकी आँखों के सामने बार-बार तताँरा का चेहरा आ जाता। उसने तताँरा के विषय में बहुत-सी बातें सुनी थीं, किंतु वह उसे उन सब बातों से अलग लगा। उसे तताँरा ऐसा ही युवक लगा, जिसके विषय में उसने अपने जीवनसाथी के रूप में कल्पना की थी, किंतु परेशानी यह थी कि वह उसके गाँव का नहीं था और गाँव का यह नियम था कि किसी बाहरी युवक का विवाह गाँव की युवती से नहीं हो सकता था। इसी कारण वह निराश हो गई और उसे भूलने की कोशिश करने लगी।

तताँरा-वामीरो का पुनर्मिलन

तताँरा और वामीरो दोनों एक-दूसरे से मिलने को बेचैन थे, इसलिए समय काटना कठिन हो गया था। अगले दिन जैसे ही शाम हुई, तताँरा उसी स्थान पर पहुँच गया और वामीरो को ढूँढ़ने लगा, जहाँ वह उसे कल मिली थी। अचानक उसने नारियल के पेड़ों में वामीरो की छाया को देखा, जो छिपते-छिपाते उससे मिलने आई थी। दोनों एक-दूसरे को चुपचाप एकटक देखते रहे।

तताँरा-वामीरो की मुलाकात का भेद खुलना

अब रोज़ ही दोनों उस स्थान पर मिलने लगे। दोनों एक-दूसरे को देखते रहते, एक शब्द भी नहीं कहते। एक दिन लपाती के कुछ युवकों ने दोनों को एक साथ देख लिया और यह बात सारे गाँव में फैल गई। दोनों को उनके गाँववालों ने समझाया कि दोनों अलग- अलग गाँव के हैं। अत: दोनों का संबंध संभव नहीं है, परंतु दोनों पर गाँववालों की बातों का कुछ भी असर नहीं हुआ और वे इसी प्रकार समुद्र के किनारे रोज़ मिलते रहे।

वामीरो के अपमान पर तताँरा की प्रतिक्रिया

कुछ समय बाद पासा गाँव में पशु-पर्व का आयोजन हुआ। इस पर्व में पशुओं का प्रदर्शन और पशुओं एवं युवकों के बीच शक्ति-प्रदर्शन, उत्सव, नृत्य, भोजन आदि का आयोजन होता था, किंतु तताँरा यहाँ भी वामीरो को ही तलाशता रहा। अचानक उसे लगा कि कोई उसे नारियल के झुरमुट से देख रहा है। यह वामीरो थी।

वह तताँरा को देखकर ज़ोर से रो पड़ी और धीरे-धीरे उसके रोने का स्वर ऊँचा होता गया। उसके रोने की आवाज़ सुनकर वामीरो की माँ वहाँ आ गई और उसने तताँरा का बहुत अपमान किया। तताँरा से यह सहन नहीं हुआ। उसने क्रोध में आकर अपनी लकड़ी की तलवार निकाली और उसे पूरी शक्ति के साथ धरती में गाड़ दिया।

इसके बाद वह उसे खींचते-खींचते दूर तक चला गया। तलवार को ज़मीन में गाड़े हुए वह द्वीप के अंतिम छोर तक पहुँच गया।

धरती में दरार

जहाँ तक तताँरा की तलवार धरती में लगी थी, वहीं से धरती के दो भाग हो गए। अब तताँरा एक ओर खड़ा था और वामीरो दूसरी ओर। यह दृश्य देखकर वह चिल्ला पड़ी—तताँरा ...तताँरा ... तताँरा। अब तक धरती में दरार पड़ चुकी थी और तताँरा जिस भाग पर खड़ा था, वह भाग अब धरती में धँसने लगा था।

अचानक उसे होश आया और उसने छलाँग लगाकर दूसरे सिरे को पकड़ने की कोशिश की, किंतु उसकी यह कोशिश सफल नहीं हो सकी और वह समुद्र की ओर फिसलने लगा। इस समय उसके मुँह से एक ही शब्द निकल रहा था—वामीरो। इसी तरह वामीरो भी उसका नाम पुकार रही थी। तताँरा लहूलुहान होकर अचेत हो गया। वह कटे हुए द्वीप के अंतिम भूखंड पर पड़ा हुआ था, जो अभी तक दूसरे भाग से संयोगवश जुड़ा हुआ था।

तताँरा-वामीरो का अंत

तताँरा बहता हुआ कहाँ गया और उसका क्या हुआ, यह कोई नहीं जानता। दूसरी ओर वामीरो तताँरा का वियोग सहन कर पाने में असमर्थ हो चुकी थी। वह रोज़ उसी स्थान पर जाती और तताँरा को ढूँढ़ती। उसने खाना-पीना छोड़ दिया और अपने परिवार से अलग हो गई। लोगों ने उसे ढूँढ़ने की कोशिश की, लेकिन वे असफल रहे।

तताँरा-वामीरो की कथा का प्रभाव

आज दोनों ही नहीं हैं, लेकिन उनकी यह प्रेमकथा घर-घर में सुनाई जाती है। निकोबार के लोगों का मत है कि तताँरा की तलवार से कार-निकोबार के जो टुकड़े हुए, उसका दूसरा हिस्सा लिटिल अंडमान है, जो कार-निकोबार से 96 किमी की दूरी पर है।

तताँरा-वामीरो के बलिदान के पश्चात् निकोबारी दूसरे गाँवों में भी वैवाहिक संबंध करने लगे हैं। वैवाहिक संबंधों में आने वाले इस परिवर्तन को शायद तताँरा-वामीरो के बलिदान ने संभव किया है।

शब्दार्थ

शब्द	हिंदी अर्थ
द्वीपसमूह	समुद्री टापुओं का समूह
शृंखला	क्रम, कड़ी
आदिम	प्रारंभिक
विभक्त	बँटा हुआ
लोककथा	जन-समाज में प्रचलित कथा
पारंपरिक	परंपरा से चली आ रही
दैवीय शक्ति	ईश्वरीय शक्ति
विलक्षण	असाधारण
अथक परिश्रम	बिना थके हुए मेहनत करना
क्षितिज	धरती और आकाश के मिलन का स्थान
बयार	हवा, मंद वायु
विचारमग्न	विचार में डूबा हुआ
प्रबल वेग	तेज़ धक्का
तंद्रा	एकाग्रता
चैतन्य	चेतना, सजग
विकल	बेचैन
अंततः	आखिरकार
एकटक	लगातार
शृंगार-गीत	प्रेम भरा गीत
निःशब्द	चुपचाप, बिना आवाज़ किए हुए

शब्द	हिंदी अर्थ
संचार	उत्पन्न हुआ (भावना का)
असंगत	अनुचित
सम्मोहित	मुग्ध
झुझलाना	चिढ़ना
निश्चयपूर्वक	दृढ़ता के साथ
ढीठता	निर्लज्जता
विचलित	अपने मार्ग से भटकना
चेतना	अनुभूति
आग्रह	ज़िद करना
केंद्रित	किसी पर टिकी या लगी हुई
अन्यमनस्कतापूर्वक	जिसका चित्त कहीं और हो
बाट जोहना	प्रतीक्षा करना
झल्लाहट	खीझ
आँखों में तैरना	आँखों में दिखाई देना
कदाचित्	शायद
निर्निमेष	बिना पलक झपकाए
याचक	प्रार्थना करने वाला
आँचरहित	बिना किसी जोश के
अचंभित	चकित
रोमांचित	पुलकित
प्रतीक्षारत	प्रतीक्षा में लगा हुआ
झुरमुट	झुंड

शब्द	हिंदी अर्थ
ठिठक	चौंकना
सचेत	होश में
निश्चल	स्थिर
मूर्तिवत	मूर्ति की तरह
अनवरत	लगातार
अफ़वाह	उड़ती ख़बर
विह्वल	भावुक
किंकर्तव्यविमूढ़	असमंजस में पड़ना (क्या करूँ, क्या न करूँ)
रुदन	रोना
उफनना	उबलना
निषेध परंपरा	वह परंपरा जिस पर रोक लगी हो
असहायता	कुछ न कर सकने की विवशता
शमन	शांत करना; दबाना
सिहरना	काँपना
चाकता	काटता
लहूलुहान	खून से लथपथ
अचेत	बेहोश होना
विलग	अलग होना/बिछड़ जाना
त्यागमयी	बलिदान

NCERT फोल्डर

पाठ्यपुस्तक (स्पर्श भाग-2) के प्रश्नोत्तर

मौखिक

निम्नलिखित प्रश्नों के उत्तर एक-दो पंक्तियों में दीजिए

प्र.1 तताँरा-वामीरो कहाँ की कथा है?

उत्तर तताँरा-वामीरो उन द्वीपों की कथा है, जो आज लिटिल अंडमान और कार-निकोबार के नाम से जाने जाते हैं।

प्र.2 वामीरो अपना गाना क्यों भूल गई? CBSE 2011, 10

उत्तर वामीरो अपना गाना इसलिए भूल गई, क्योंकि अचानक समुद्र की ऊँची लहर ने उछलकर उसे भिगो दिया और वह हड़बड़ा कर गाना भूल गई थी।

प्र.3 तताँरा ने वामीरो से क्या याचना की? CBSE 2015, 11, 10

उत्तर तताँरा ने वामीरो से अपने मधुर गीत को पूरा करने और अगले दिन भी उसी समुद्री चट्टान पर आने की याचना की।

प्र.4 तताँरा और वामीरो के गाँव की क्या रीति थी?

उत्तर तताँरा और वामीरो के गाँव की रीति यह थी कि वहाँ के निवासी केवल अपने गाँववालों के साथ ही विवाह कर सकते थे।

प्र.5 क्रोध में तताँरा ने क्या किया?

उत्तर क्रोध में तताँरा ने कमर पर लटकी तलवार निकाल कर ज़मीन में गाड़ दी, जिसने धरती को दो टुकड़ों में बाँट दिया।

लिखित

(क) निम्नलिखित प्रश्नों के उत्तर (25-30 शब्दों में) लिखिए

प्र.1 तताँरा की तलवार के बारे में लोगों का क्या मत था? CBSE 2011, 10

उत्तर तताँरा की तलवार के बारे में लोगों का यह मत था कि यह तलवार लकड़ी की बनी होने के बावजूद अद्भुत एवं दैवीय शक्ति से परिपूर्ण है। तताँरा इस तलवार को सदैव अपने साथ रखता था और दूसरों के सामने इसका उपयोग नहीं करता था।

प्र.2 वामीरो ने तताँरा को बेरुखी से क्या जवाब दिया? CBSE 2010

उत्तर वामीरो ने तताँरा को बेरुखी से यह जवाब दिया कि पहले बताओ! तुम कौन हो, इस तरह मुझे घूरने और इस असंगत प्रश्न का क्या कारण है? अपने गाँव के अलावा किसी और गाँव के युवक के प्रश्नों का उत्तर देने को मैं बाध्य नहीं।

प्र.3 तताँरा-वामीरो की त्यागमयी मृत्यु से निकोबार में क्या परिवर्तन आया? CBSE 2019, 11 10

उत्तर जब तताँरा बहता हुआ बहुत दूर पहुँच गया और सबने मान लिया कि उसकी मृत्यु हो गई है। वामीरो ने भी तताँरा के वियोग में अपना परिवार छोड़ दिया था, बाद में उसकी भी मृत्यु हो गई। दोनों की मृत्यु से निकोबार में यह सुखद परिवर्तन आया कि दूसरे गाँवों में भी आपसी वैवाहिक संबंध होने लगे।

प्र.4 निकोबार के लोग तताँरा को क्यों पसंद करते थे? CBSE 2011, 10

उत्तर निकोबार के लोग तताँरा को इसलिए पसंद करते थे, क्योंकि वह सुंदर, शक्तिशाली, नेक, साहसी और परोपकारी था। वह सदैव दूसरों की सहायता के लिए तत्पर रहता था। वह अपने गाँववालों को ही नहीं, अपितु समूचे द्वीपवासियों की सेवा करना अपना परम कर्त्तव्य समझता था।

(ख) निम्नलिखित प्रश्नों के उत्तर (50-60 शब्दों में) लिखिए

प्र.5 अंडमान द्वीप समूह के विभक्त होने के बारे में निकोबारियों का क्या विश्वास है? CBSE Diksha

अथवा **निकोबार द्वीप समूह के विभक्त होने के बारे में निकोबारियों का क्या विश्वास है?** दक्षता आधारित प्रश्न

उत्तर निकोबार द्वीप समूह के विभक्त होने के बारे में निकोबारियों का यह विश्वास है कि बहुत समय पहले लिटिल अंडमान और कार-निकोबार द्वीप समूह आपस में मिले हुए थे। उस समय निकोबार द्वीप में यह परंपरा विद्यमान थी कि एक गाँव का युवक दूसरे गाँव की युवती से विवाह नहीं कर सकता।

तताँरा नामक एक युवक को दूसरे गाँव की युवती वामीरो से प्रेम हो गया तो गाँववालों ने इसका विरोध और तताँरा का अपमान किया, जिससे क्रोधित होकर तताँरा ने अपनी तलवार धरती में गाड़ दी और उसे खींचते-खींचते वह दूर भागता चला गया। इसने धरती के दो भाग कर दिए। एक निकोबार दूसरा अंडमान।

प्र.2 तताँरा खूब परिश्रम करने के बाद कहाँ गया? वहाँ के प्राकृतिक सौंदर्य का वर्णन अपने शब्दों में कीजिए। CBSE 2014, 10

उत्तर दिनभर खूब परिश्रम करने के बाद तताँरा समुद्र के किनारे टहलने के लिए निकल पड़ा। उस समय सूर्य अस्त होने वाला था। समुद्र से ठंडी बयारें आ रही थीं। समुद्री बालू भी ठंडी हो चुकी थी। पक्षियों की चहचहाहटें धीरे-धीरे कम हो रही थीं। सूर्य की अंतिम रंग-बिरंगी किरणें समुद्र के जल में पड़ती हुई बहुत सुंदर लग रही थीं। इस प्रकार समुद्र के आस-पास का वातावरण शांत और रंगीन हो गया था। तताँरा इस प्राकृतिक सौंदर्य में पूरी तरह से डूब गया।

प्र.3 वामीरो से मिलने के बाद तताँरा के जीवन में क्या परिवर्तन आया? दक्षता आधारित प्रश्न, CBSE 2011, 10

उत्तर वामीरो से मिलने के बाद तताँरा के जीवन में यह परिवर्तन आया कि उसके शांत जीवन में बेचैनी भर गई। उस पर वामीरो से मिलने की धुन सवार हो गई। वामीरो के बिना एक-एक पल उसे बहुत भारी लगने लगा। वह शाम होने से पहले ही लपाती गाँव की समुद्री चट्टान पर जाकर बैठ जाता था ताकि यदि वामीरो उससे मिलने आए तो वह उसे दूर से ही दिखाई दे जाए। अब वह कुछ भी नहीं बोलता था और केवल वामीरो की प्रतीक्षा करता रहता था।

प्र.4 **प्राचीन काल में मनोरंजन और शक्ति-प्रदर्शन के लिए किस प्रकार के आयोजन किए जाते थे?** **CBSE 2011, 10**

उत्तर प्राचीन काल में मनोरंजन और शक्ति-प्रदर्शन के लिए पशु-उत्सव के आयोजन किए जाते थे, जिसमें स्वस्थ एवं शक्तिशाली पशुओं का प्रदर्शन किया जाता था। युवकों के शक्ति-प्रदर्शन का भी एक आयोजन होता था, जिसमें उनकी शक्ति को परखने के लिए उन्हें पशुओं से लड़ना होता था। सालभर में होने वाले ऐसे आयोजनों में सभी गाँवों के लोग एकत्र हुआ करते थे, जिसमें नृत्य और भोजन आदि का भी प्रबंध किया जाता था।

प्र.5 **रूढ़ियाँ जब बंधन बन बोझ बनने लगे तब उनका टूट जाना ही अच्छा है। क्यों? स्पष्ट कीजिए।** **CBSE 2011, 10**

अथवा **परंपराएँ या मान्यताएँ जब बंधन लगने लगे, तो उनका टूट जाना ही क्यों अच्छा है? 'तताँरा-वामीरो' ने इसके लिए क्या त्याग किया?** **दक्षता आधारित प्रश्न, CBSE 2019**

उत्तर रूढ़ियाँ जब बंधन बन बोझ बनने लगे, तब उनका टूट जाना ही अच्छा है, क्योंकि रूढ़ि का अर्थ है—बंधन। इनसे लोगों का हित कम और अहित अधिक होता है। रूढ़ियों के कारण लोगों के संपूर्ण विकास, आनंद और इच्छाओं की पूर्ति होने में बाधा उत्पन्न होती है। ऐसी परंपरा या रूढ़ि जिससे लोगों के विकास के स्थान पर उनकी उन्नति में बाधा उत्पन्न हो, उसका टूट जाना ही अच्छा है, क्योंकि कोई भी रूढ़ि या परंपरा मानव के विकास और उसकी उन्नति के लिए बननी चाहिए, न कि उसे कष्ट देने के लिए।

(ग) निम्नलिखित के आशय स्पष्ट कीजिए

प्र.1 **"जब कोई राह न सूझी तो क्रोध का शमन करने के लिए उसने शक्ति भर उसे धरती में घोंप दिया और ताकत से उसे खींचने लगा।"** **दक्षता आधारित प्रश्न**

उत्तर तताँरा-वामीरो को पता लग गया था कि उनका विवाह संभव नहीं, जब पशु-उत्सव के समय वामीरो की माँ ने तताँरा का अपमान किया, तो क्रोध में भरकर उसने अपनी तलवार निकाल ली। विचार करने पर भी जब उसे यह समझ नहीं आया कि वह अपना क्रोध कैसे शांत करे, तब उसने अपनी पूरी ताकत लगाकर तलवार को धरती में गाड़ दिया और उसे अपनी ओर खींचने लगा। इस कारण धरती दो हिस्सों में बँट गई।

प्र.2 **"बस आस की एक किरण थी जो समुद्र की देह पर डूबती किरणों की तरह कभी भी डूब सकती थी।"** **CBSE 2010**

उत्तर जब तताँरा ने वामीरो को पहले दिन समुद्र के किनारे देखा, तो वह उस पर मुग्ध हो गया। उसने वामीरो से अगले दिन भी आने की याचना की। बहुत मुश्किल से उसने वह रात और अगला दिन काटा और शाम होते ही समुद्र के किनारे चला आया। बस उसके मन में वामीरो के आने की आशा की एक किरण थी, जो सूर्य की डूबती किरणों की तरह कभी भी डूब सकती थी।

भाषा अध्ययन

प्र.1 **निम्नलिखित वाक्यों के सामने दिए कोष्ठक में (✓) का चिह्न लगाकर बताए कि वह वाक्य किस प्रकार का है?**

(क) निकोबारी उसे बेहद प्रेम करते थे।
(प्रश्नवाचक, विधानवाचक (✓), निषेधात्मक, विस्मयादिबोधक)

(ख) तुमने एकाएक इतना मधुर गाना अधूरा क्यों छोड़ दिया?
(प्रश्नवाचक (✓), विधानवाचक, निषेधात्मक, विस्मयादिबोधक)

(ग) वामीरो की माँ क्रोध में उफन उठी।
(प्रश्नवाचक, विधानवाचक (✓), निषेधात्मक, विस्मयादिबोधक)

(घ) क्या तुम्हें गाँव का नियम नहीं मालूम?
(प्रश्नवाचक (✓), विधानवाचक, निषेधात्मक, विस्मयादिबोधक)

(ङ) वाह! कितना सुंदर नाम है।
(प्रश्नवाचक, विधानवाचक, विस्मयादिबोधक (✓), निषेधात्मक)

(च) मैं तुम्हारा रास्ता छोड़ दूँगा।
(प्रश्नवाचक, विधानवाचक (✓), निषेधात्मक, विस्मयादिबोधक)

प्र.2 **निम्नलिखित मुहावरों का अपने वाक्यों में प्रयोग कीजिए**

(क) सुध-बुध खोना (ख) बाट जोहना
(ग) खुशी का ठिकाना न रहना (घ) आग बबूला होना
(ङ) आवाज़ उठाना

उत्तर (क) जब से सुरेश का पालतू कुत्ता मर गया है, तब से वह अपनी सुध-बुध खो चुका है।

(ख) छोटा बच्चा बहुत देर से अपनी माँ की बाट जोह रहा है।

(ग) अव्वल दरजा पाने वाले विद्यार्थी का खुशी का ठिकाना न रहा।

(घ) राजेश के अनुशासनहीन व्यवहार को देखकर उसके पिताजी आग बबूला हो गए।

(ङ) यह प्रत्येक व्यक्ति का अधिकार है कि वह अन्याय के विरुद्ध आवाज़ उठाए।

प्र.3 **नीचे दिए गए शब्दों में से मूल शब्द और प्रत्यय अलग करके लिखिए।**

उत्तर

शब्द	मूल शब्द	प्रत्यय
चर्चित	चर्चा	इत
साहसिक	साहस	इक
छटपटाहट	छटपटा	हट
शब्दहीन	शब्द	हीन

प्र.4 **नीचे दिए गए शब्दों में उचित उपसर्ग लगाकर शब्द बनाइए।**

उत्तर

अन्	+	आकर्षक	=	अनाकर्षक
अ	+	ज्ञात	=	अज्ञात
सु	+	कोमल	=	सुकोमल
मद्/बे	+	होश	=	मदहोश/बेहोश
दुर्	+	घटना	=	दुर्घटना

प्र.5 निम्नलिखित वाक्यों को निर्देशानुसार परिवर्तित कीजिए

(क) जीवन में पहली बार मैं इस तरह विचलित हुआ हूँ। *(मिश्र वाक्य)*

(ख) फिर तेज़ कदमों से चलती हुई तताँरा के सामने आकर ठिठक गई। *(संयुक्त वाक्य)*

(ग) वामीरो कुछ सचेत हुई और घर की तरफ़ दौड़ी। *(सरल वाक्य)*

(घ) तताँरा को देखकर वह फूटकर रोने लगी। (संयुक्त वाक्य)

(ङ) रीति के अनुसार दोनों को एक ही गाँव का होना आवश्यक था। *(मिश्र वाक्य)*

उत्तर (क) मेरे जीवन में पहली बार ऐसा हुआ कि मैं इस तरह विचलित हुआ हूँ।

(ख) वह तेज़ कदमों से चलती हुई तताँरा के सामने आई और ठिठक गई।

(ग) वामीरो कुछ सचेत होकर घर की तरफ़ दौड़ी।

(घ) उसने तताँरा को देखा और फूटकर रोने लगी।

(ङ) गाँव की जो रीति थी, उसके अनुसार दोनों का एक ही गाँव का होना आवश्यक था।

प्र.6 नीचे दिए गए वाक्य पढ़िए तथा 'और' शब्द के विभिन्न प्रयोगों पर ध्यान दीजिए

(क) पास में सुंदर और शक्तिशाली युवक रहा करता था। *(दो पदों को जोड़ना)*

(ख) वह कुछ और सोचने लगी। *('अन्य' के अर्थ में)*

(ग) एक आकृति कुछ साफ़ हुई... कुछ और ...कुछ और ...। *(क्रमशः धीरे-धीरे के अर्थ में)*

(घ) अचानक वामीरो कुछ सचेत हुई और घर की तरफ़ दौड़ गई। *(दो उपवाक्यों को जोड़ने के अर्थ में)*

(ङ) वामीरो का दुःख उसे और गहरा कर रहा था। *('अधिकता' के अर्थ में)*

(च) उसने थोड़ा और करीब जाकर पहचानने की चेष्टा की। *('निकटता' के अर्थ)*

उत्तर छात्र क्रियाकलाप।

प्र.7 नीचे दिए गए शब्दों के विलोम शब्द लिखिए।
भय, मधुर, सभ्य, मूक, तरल, उपस्थिति, सुखद।

उत्तर

भय	—	निर्भय	मधुर	—	कटु
सभ्य	—	असभ्य	मूक	—	वाचाल
तरल	—	ठोस	उपस्थिति	—	अनुपस्थिति
सुखद	—	दुःखद			

प्र.8 नीचे दिए गए शब्दों के दो-दो पर्यायवाची शब्द लिखिए।
समुद्र, आँख, दिन, अँधेरा, मुक्त।

उत्तर

समुद्र	—	रत्नाकर, सागर
आँख	—	नयन, नेत्र
दिन	—	दिवस, वार
अँधेरा	—	तम, अंधकार
मुक्त	—	स्वतंत्र, आज़ाद

प्र.9 नीचे दिए गए शब्दों का वाक्यों में प्रयोग कीजिए।
किंकर्त्तव्यविमूढ़, विह्वल, भयाकुल, याचक, आकंठ

उत्तर

किंकर्त्तव्यविमूढ़ — परीक्षा का परिणाम देखकर मैं किंकर्तव्यविमूढ़ हो गया।

विह्वल — आतंकवादी हमले में मारे गए लोगों को देखकर मैं विह्वल हो गया हूँ।

भयाकुल — पिताजी के क्रोध के कारण हम भयाकुल हो उठे थे।

याचक — धनी व्यक्ति को याचक की मदद करनी चाहिए।

आकंठ — नदी का पानी इतना गहरा था कि वह बहुत लंबा होने के बाद भी उसमें आकंठ डूब गया।

प्र.10 "किसी तरह आँचरहित एक ठंडा और ऊबाऊ दिन गुज़रने लगा" वाक्य में दिन के लिए किन-किन विशेषणों का प्रयोग किया गया है? आप दिन के लिए कोई तीन विशेषण और सुझाइए।

उत्तर उपर्युक्त वाक्य में आँचरहित, ठंडा और ऊबाऊ विशेषणों का प्रयोग किया गया है।

"आज का दिन बहुत लंबा, नीरस, और गरम रहा है।"

इस वाक्य में दिन शब्द के लिए 'लंबा, नीरस और गरम' तीन विशेषणों का प्रयोग किया गया है।

प्र.11 इस पाठ में 'देखना' क्रिया के कई रूप आए हैं– 'देखना' के इन विभिन्न शब्द-प्रयोगों में क्या अंतर है? वाक्य-प्रयोग द्वारा स्पष्ट कीजिए।

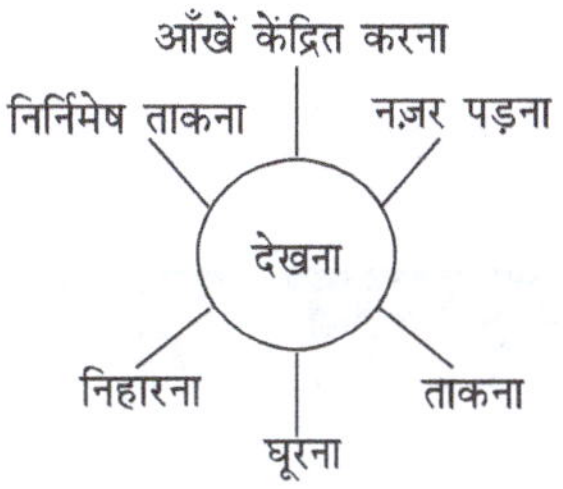

इसी प्रकार 'बोलना' क्रिया के विभिन्न शब्द-प्रयोग बताइए

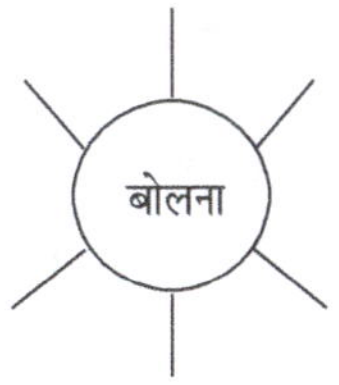

उत्तर प्रस्तुत उदाहरण को आधार बनाते हुए प्रश्न का उत्तर छात्र अपनी सृजनात्मक क्षमता के अनुसार देंगे।

प्र.12 नीचे दिए गए वाक्यों को पढ़िए।

(क) श्याम का बड़ा भाई रमेश कल आया था। *(संज्ञा पदबंध)*

(ख) सुनीता परिश्रमी और होशियार लड़की है। *(विशेषण पदबंध)*

(ग) अरुणिमा धीरे-धीरे चलते हुए वहाँ जा पहुँची। *(क्रिया विशेषण पदबंध)*

(घ) आयुष सुरभि का चुटकुला सुनकर हँसता रहा। *(क्रिया पदबंध)*

ऊपर दिए गए वाक्य (क) में रेखांकित अंश में कई पद हैं, जो एक पद संज्ञा का काम कर रहे हैं। वाक्य (ख) में तीन पद मिलकर विशेषण पद का काम कर रहे हैं। वाक्य (ग) और (घ) में कई पद मिलकर क्रमश: क्रिया विशेषण और क्रिया का काम कर रहे हैं।

ध्वनियों के सार्थक समूह को शब्द कहते हैं और वाक्य में प्रयुक्त शब्द 'पद' कहलाता है; जैसे– "पेड़ों पर पक्षी चहचहा रहे थे।" वाक्य में 'पेड़ों' शब्द पद है, क्योंकि इसमें अनेक व्याकरणिक बिंदु जुड़ जाते हैं। कई पदों के योग से बने वाक्यांश को जो एक ही पद का काम करता है, उसे पदबंध कहते हैं। पदबंध वाक्य का एक अंश होता है। पदबंध मुख्य रूप से चार प्रकार के होते हैं

- संज्ञा पदबंध
- क्रिया पदबंध
- विशेषण पदबंध
- क्रिया विशेषण पदबंध

वाक्यों के रेखांकित पदबंधों का प्रकार बताइए

(क) उसकी कल्पना में वह एक अद्‌भुत साहसी युवक था।

(ख) तताँरा को मानो कुछ होश आया।

(ग) वह भागा-भागा वहाँ पहुँच जाता।

(घ) तताँरा की तलवार एक विलक्षण रहस्य थी।

(ङ) उसकी व्याकुल आँखें वामीरो को ढूँढने में व्यस्त थीं।

उत्तर (क) विशेषण पदबंध (ख) क्रिया पदबंध
(ग) क्रिया विशेषण पदबंध (घ) विशेषण पदबंध
(ङ) संज्ञा पदबंध

योग्यता विस्तार

प्र.1 पुस्तकालय में उपलब्ध विभिन्न प्रदेशों की लोककथाओं का अध्ययन कीजिए।

उत्तर छात्र स्वयं करें।

प्र.2 भारत के नक्शे में अंडमान निकोबार द्वीपसमूह की पहचान कीजिए और उसकी भौगोलिक स्थिति के विषय में जानकारी प्राप्त कीजिए।

उत्तर छात्र स्वयं करें।

प्र.3 अंडमान निकोबार द्वीपसमूह की प्रमुख जनजातियों की विशेषताओं का अध्ययन पुस्तकालय की सहायता से कीजिए।

उत्तर छात्र स्वयं करें।

प्र.4 दिसंबर, 2004 में आए सुनामी का इस द्वीपसमूह पर क्या प्रभाव पड़ा? जानकारी एकत्रित कीजिए।

उत्तर छात्र स्वयं करें।

परियोजना कार्य

प्र.1 अपने घर-परिवार के बुजुर्ग सदस्यों से कुछ लोककथाओं को सुनिए। उन कथाओं को अपने शब्दों में कक्षा में सुनाइए।

उत्तर छात्र स्वयं करें।

अभ्यास प्रश्न

बहुविकल्पीय व वर्णनात्मक प्रश्नों सहित

पाठ पर आधारित बहुविकल्पीय प्रश्न

1. अंडमान निकोबार द्वीप समूह का अंतिम दक्षिणी द्वीप कौन-सा है? **CBSE Diksha**

(i) निकोबार (ii) लिटिल निकोबार
(iii) लिटिल अंडमान (iv) पोर्ट ब्लेयर

उत्तर (iii) लिटिल अंडमान

2. तताँरा के व्यक्तित्व की क्या विशेषता थी?

(i) शक्तिशाली व आकर्षक युवक
(ii) नेक और मददगार युवक
(iii) त्याग की भावना
(iv) उपर्युक्त सभी

उत्तर (iv) उपर्युक्त सभी

3. लोगों का तताँरा की तलवार को लेकर क्या विचार था?

(i) उसकी तलवार किसी काम की नहीं है
(ii) उसकी तलवार में अद्‌भुत दैवीय शक्ति है
(iii) उसकी तलवार में धार नहीं है
(iv) उसकी तलवार ने अनेक लोगों की जान ली है

उत्तर (ii) उसकी तलवार में अद्‌भुत दैवीय शक्ति है

4. आस-पास के लोग तताँरा को क्यों आमंत्रित करते थे?

(i) उसके आत्मीय स्वभाव के कारण
(ii) उसके सुंदर होने के कारण
(iii) उसके शक्तिशाली होने के कारण
(iv) उसके अमीर होने के कारण

उत्तर (i) उसके आत्मीय स्वभाव के कारण

5. तताँरा अपनी सुध-बुध क्यों खो बैठा था? **दक्षता आधारित प्रश्न**

(i) मधुर गीत की धुन सुनने के कारण
(ii) मौसम के अचानक खराब होने के कारण
(iii) गर्मी अत्यधिक होने के कारण
(iv) उपर्युक्त सभी

उत्तर (i) मधुर गीत की धुन सुनने के कारण

6. पाठ 'तताँरा वामीरो' के आधार पर बताइए युवती कैसा गीत गा रही थी?
(i) करुण गीत
(ii) श्रृंगार गीत
(iii) हास्य गीत
(iv) देशभक्ति का गीत
उत्तर (ii) श्रृंगार गीत

7. तताँरा किसको निहार रहा था?
(i) बादलों के समूह को
(ii) सागर की लहरों को
(iii) युवती को
(iv) सूरज की किरणों को
उत्तर (iii) युवती को

8. वामीरो अपना गाना क्यों भूल गई थी?
(i) नींद आ जाने के कारण
(ii) समुद्र में ऊँची उठी लहरों के कारण
(iii) अनजान युवक को सामने खड़ा हुआ देखने के कारण
(iv) गाँव वालों के आ जाने के कारण
उत्तर (iii) अनजान युवक को सामने खड़ा हुआ देखने के कारण

9. वामीरो के गाँव की क्या प्रथा थी?
(i) अपने गाँव के अतिरिक्त दूसरे गाँव के युवक से विवाह पर प्रतिबंध
(ii) वर और वधू एक-दूसरे को जानते हों
(iii) अपने गाँव के अतिरिक्त दूसरे गाँव के युवक के प्रश्नों का उत्तर देना
(iv) विवाह के लिए युवक-युवती आर्थिक रूप से संपन्न हों
उत्तर (i) अपने गाँव के अतिरिक्त दूसरे गाँव के युवक से विवाह पर प्रतिबंध

10. वामीरो से मिलने से पूर्व तताँरा का जीवन कैसा था? **दक्षता आधारित प्रश्न**
(i) शांत और गंभीर
(ii) अत्यंत रोचक
(iii) सहज और सरल
(iv) खुशहाल
उत्तर (i) शांत और गंभीर

11. तताँरा के पासा गाँव में किसका आयोजन हुआ? **CBSE Diksha**
(i) पशु पर्व का
(ii) सांस्कृतिक मेले का
(iii) तलवार बाजों का
(iv) राष्ट्रीय पर्व का
उत्तर (i) पशु पर्व का

12. तताँरा को देखकर वामीरो की हालत कैसी हो गई?
(i) वह उसे देखकर हँसने लगी
(ii) वह वहाँ से चुपचाप चली गई
(iii) वह उसे देखकर रोने लगी
(iv) वह भाग गई
उत्तर (iii) वह उसे देखकर रोने लगी

13. दूसरे गाँव के लोग तताँरा का सम्मान क्यों करते थे?
(i) क्योंकि उसके पास दैवीय शक्ति की तलवार थी
(ii) क्योंकि वह आकर्षक व्यक्तित्व से पूर्ण था
(iii) क्योंकि सब उसके आतंक से डरते थे
(iv) क्योंकि वह मुसीबत के समय उनकी सहायता करता था
उत्तर (iv) क्योंकि वह मुसीबत के समय उनकी सहायता करता था

14. निम्नलिखित कथन (A) तथा कारण (R) को ध्यानपूर्वक पढ़कर दिए गए विकल्पों में से कोई एक सही विकल्प चुनकर लिखिए।
कथन (A) अचानक वामीरो अपना गाना भूल गई।
कारण (R) समुद्र के किनारे का सुरम्य वातावरण और हवा के सुखद झोकों से उसका ध्यान गाने से हट गया और वह अपलक समुद्र को निहारने लगी। **दक्षता आधारित प्रश्न**
(i) कथन (A) तथा कारण कारण (R) दोनों गलत हैं।
(ii) कथन (A) गलत है, लेकिन कारण (R) सही है।
(iii) कथन (A) सही है, किंतु कारण (R) उसकी गलत व्याख्या करता है।
(iv) कथन (A) और कारण (R) दोनों सही हैं तथा कारण (R) कथन (A) की सही व्याख्या करता है।
उत्तर (iii) कथन (A) सही है, किंतु कारण (R) उसकी गलत व्याख्या करता है।

15. निम्नलिखित में से कौन-से वाक्य वामीरो की माँ की स्वाभाविक विशेषता दर्शाते हैं? **दक्षता आधारित प्रश्न**
1. वामीरो की माँ अपमानजनक बातें सुनकर क्रोधित हो जाती थीं।
2. वह दूसरों की मदद करने के लिए तत्पर रहती थी।
3. पशु-पर्व जैसे आयोजनों में उसे जाना पसंद न था।
4. वह गाँव की निषेध परंपरा की प्रबल विरोध थी।

कूट
(i) केवल 1 (ii) 1 और 2
(iii) केवल 4 (iv) 2, 3 और 4
उत्तर (i) केवल 1

गद्यांश पर आधारित बहुविकल्पीय प्रश्न

निम्नलिखित गद्यांशों को ध्यानपूर्वक पढ़कर पूछे गए प्रश्नों के सही विकल्प चुनिए

1. क्रोध में उसने तलवार निकाली और कुछ विचार करता रहा। क्रोध लगातार अग्नि की तरह बढ़ रहा था। लोग सहम उठे। एक सन्नाटा-खींच गया। जब कोई राह न सूझी तो क्रोध का शमन करने के लिए उसमें शक्ति भर उसे धरती में घोंप दिया और ताकत से उसे खींचने लगा। वह पसीने से नहा उठा। सब घबराए हुए थे। वह तलवार को अपनी तरफ खींचते-खींचते दूर तक पहुँच गया। वह हाँफ रहा था। अचानक जहाँ तक लकीर खींच गई थी। वहाँ एक दरार होने लगी। मानो धरती दो टुकड़ों में बँटने लगी हो। एक गड़गड़ाहट-सी गूँजने लगी और लकीर की सीध में धरती फटती ही जा रही थी। द्वीप के अंतिम सिरे तक तताँरा धरती को मानो क्रोध में काटता जा रहा था। सभी भयाकुल हो उठे। लोगों ने ऐसे दृश्य की

कल्पना न की थी, वे सिहर उठे। उधर वामीरो फटती हुई धरती के किनारे चीखती हुई दौड़ रही थी–तताँरा ...... तताँरा ...... तताँरा उसकी करुण चीख मानो गड़गड़ाहट में डूब गई। तताँरा दुर्भाग्यवश दूसरी तरफ़ था। द्वीप के अंतिम सिरे तक धरती को चाकता वह जैसे ही अंतिम छोर पर पहुँचा, द्वीप दो टुकड़ों में विभक्त हो चुका था। एक तरफ़ तताँरा था दूसरी तरफ वामीरो। **CBSE SQP 2023**

(क) लोगों का सहम जाना किस बात का परिचायक है?

(i) भय (ii) करुणा
(iii) क्रोध (iv) प्रसन्नता

उत्तर (i) भय

(ख) तताँरा को कोई राह न सूझने के कारणों पर विचार कीजिए और उचित विकल्प का चयन कीजिए।

1. आत्मसमर्पण का भाव
2. वामीरो से अत्यधिक प्रेम
3. तलवार की दैवीय शक्ति
4. गाँव वालों के प्रति रोष

(i) 1 और 2 (ii) 1, 3, 4
(iii) केवल 3 (iv) 2 और 4

उत्तर (ii) 1,2,4

(ग) निम्नलिखित कथन (A) तथा कारण (R) को ध्यानपूर्वक पढ़कर सही विकल्प का चयन कीजिए।

कथन (A) लोगों ने ऐसे दृश्य की कल्पना न की थी।
कारण (R) ग्रामवासियों ने कदापि न सोचा था कि तताँरा की प्रतिक्रिया इतनी विनाशकारी सिद्ध हो सकती है।

(i) कथन (A) तथा कारण (R) दोनों गलत हैं।
(ii) कथन (A) गलत है, लेकिन कारण (R) सही है।
(iii) कथन (A) सही है, किंतु कारण (R) उसकी गलत व्याख्या करता है।
(iv) कथन (A) और कारण (R) दोनों सही हैं तथा कारण (R) कथन (A) की सही व्याख्या करता है।

उत्तर (iv) कथन (A) और कारण (R) दोनों सही हैं तथा कारण (R) कथन (A) की सही व्याख्या करता है।

(घ) तताँरा और वामीरो अलग कैसे हुए? **दक्षता आधारित प्रश्न**

(i) अपमान के डर से
(ii) गाँव वालों के दबाव से
(iii) पशु मेले की भीड़ के कारण
(iv) भूमि के दो भागों में कटने से

उत्तर (iv) भूमि के दो भागों में कटने से

(ङ) गद्यांश के आधार पर निम्नलिखित में से कौन-सा विचार मेल खाता है?

(i) जो मनुष्य अपने क्रोध को अपने वश में कर लेता है, वह दूसरों के क्रोध से स्वयंमेव बच जाता है—सुकरात
(ii) क्रोध में मनुष्य अपने मन की बात नहीं कहता, वह केवल दूसरों का दिल दुखाना चाहता है—प्रेमचंद
(iii) वह आदमी वास्तव में बुद्धिमान है, जो क्रोध में भी गलत बात मुँह से नहीं निकालता—शेखसादी
(iv) ईर्ष्या, लोभ, क्रोध एवं कठोर वचन-इन चारों से सदा बचते रहना ही वस्तुतः धर्म है—तिरूवल्लुवर

उत्तर (ii) क्रोध में मनुष्य अपने मन की बात नहीं कहता, वह केवल दूसरों का दिल दुखाना चाहता है—प्रेमचंद

2. सदियों पूर्व, जब लिटिल अंडमान और कार-निकोबार आपस में जुड़े हुए थे, तब वहाँ एक सुंदर सा गाँव था। पास में एक सुंदर और शक्तिशाली युवक रहा करता था। उसका नाम था तताँरा। निकोबारी उसे बेहद प्रेम करते थें। तताँरा एक नेक और मद्दगार व्यक्ति था। सदैव दूसरों की सहायता के लिए तत्पर रहता था। अपने परिवार को ही नहीं, अपितु समूचे द्वीपवासियों की सेवा करना अपना परम कर्त्तव्य समझता था। उसका इस त्याग की वजह से वह चर्चित था। सभी उसक आदर करते थे।

मुसीबत के वक्त में उसे स्मरण करते और वह भागा-भागा वहाँ पहुँच जाता। दूसरे गाँवो में भी पर्व-त्योहारों के समय उसे विशेष रूप से आमंत्रित किया जाता। उसका व्यक्तित्व तो आकर्षक था ही, साथ ही आत्मीय स्वभाव की वजह से लोग उसके करीब रहना चाहते थें। पारंपरिक पोशाक के साथ ही वह अपनी कमर में सदैव एक लकड़ी की तलवार बाँधे रहता। लोगों का मत था लकड़ी की तलवार होने के बावजूद भी उस तलवार में अद्‌भुत दैवीय शक्ति थी। तताँरा अपनी तलवार को कभी अलग न होने देता। उसका दूसरों के सामने उपयोग भी न करता, किंतु उसके चर्चित साहसिक कारनामों के कारण लोग-बाग तलवार में अद्‌भुत दैवीय शक्ति का होना मानते थें। तताँरा की तलवार एक विलक्षण रहस्य थी। **CBSE 2023**

(क) उपर्युक्त गधांश के माध्यम से लेखक .... ।

(i) लिटिल अंडमान का वर्णन कर रहा है।
(ii) तताँरा की तलवार की शक्ति का वर्णन किया गया है।
(iii) तताँरा के व्यक्तित्व, स्वभाव व साहसिक कार्यों की चर्चा कर रहा है।
(iv) गाँव के पर्व व त्योहार का महत्त्व बता रहा है।

उत्तर (iii) तताँरा के व्यक्तित्व, स्वभाव व साहसिक कार्यों की चर्चा कर रहा है।

(ख) दूसरे गाँवों के लोग भी पर्व-त्योहारों के समय तताँरा को क्यों आमंत्रित करते थें।

(i) उसके आकर्षक व्यक्तित्व के कारण
(ii) उसके साहसिक कारनामों के कारण
(iii) उसके त्याग और सेवाभाव के कारण
(iv) उसकी विलक्षण तलवार के कारण

उत्तर (iii) उसके त्याग और सेवाभाव के कारण

(ग) तताँरा की तलवार लोगों के बीच एक विलक्षण रहस्य क्यों थी?

(i) क्योंकि तताँरा उसे कभी अपने से अलग नहीं करता था
(ii) क्योंकि तताँरा की तलवार लकड़ी की बनी हुई थी
(iii) क्योंकि तताँरा उसका प्रयोग दूसरों के सामने नहीं करता था
(iv) क्योंकि तताँरा अकेले ही अद्‌भुत, साहसिक कारनामें करता था

उत्तर (iv) क्योंकि तताँरा अकेले ही अद्‌भुत, साहसिक कारनामें करता था

(घ) **पारंपरिक पोशाक से क्या अभिप्राय है?**

(i) गाँव के सभी लोगों द्वारा पहने जाने वाली पोशाक

(ii) गाँव के युवाओं द्वारा पहने जाने वाली पोशाक

(iii) वो पोशाक जो किसी प्रदेश विशेष में सदियों से पहनी जाती हो

(iv) वो पोशाक जो किसी विशेष अवसर पर पहनी जाती हो

उत्तर (iii) वो पोशाक जो किसी प्रदेश विशेष में सदियों से पहनी जाती हो

(ङ) **निम्नलिखित कथन (A) तथा कारण (R) को ध्यानपूर्वक पढ़कर दिए गए विकल्पों में से कोई एक सही विकल्प चुनकर लिखिए**

कथन (A) तताँरा समूचे द्वीपवासियों की सेवा करना अपना परम कर्त्तव्य समझता था।

कारण (R) वह एक सुंदर और शक्तिशाली युवक था।

दक्षता आधारित प्रश्न

(i) कथन (A) तथा कारण (R) दोनों गलत हैं

(ii) कथन (A) गलत है, लेकिन कारण (R) सही है

(iii) कथन (A) सही है, लेकिन कारण (R) उसकी गलत व्याख्या करता है

(iv) कथन (A) तथा कारण (R) दोनों सही हैं तथा कारण (R) कथन (A) की सही व्याख्या करता है

उत्तर (iii) कथन (A) सही है, लेकिन कारण (R) उसकी गलत व्याख्या करता है

3. कुछ समय बाद पासा गाँव में 'पशु-पर्व' का आयोजन हुआ। पशु-पर्व में हृष्ट-पुष्ट पशुओं के प्रदर्शन के अतिरिक्त पशुओं से युवकों की शक्ति परीक्षा प्रतियोगिता भी होती है। वर्ष में एक बार सभी गाँव के लोग हिस्सा लेते हैं। बाद में नृत्य-संगीत और भोजन का भी आयोजन होता है। शाम से सभी लोग पासा में एकत्रित होने लगे। धीरे-धीरे विभिन्न कार्यक्रम शुरू हुए। तताँरा का मन इन कार्यक्रमों में तनिक न था। उसकी व्याकुल आँखें वामीरो को ढूँढ़ने में व्यस्त थीं। नारियल के झुंड के एक पेड़ के पीछे से उसे जैसे कोई झाँकता दिखा। उसने थोड़ा और करीब जाकर पहचानने की चेष्टा की। वह वामीरो थी जो भयवश सामने आने में झिझक रही थी। उसकी आँखें तरल थीं। होंठ काँप रहे थे। तताँरा को देखते ही वह फूटकर रोने लगी। तताँरा विह्वल हुआ। उससे कुछ बोलते ही नहीं बन रहा था। रोने की आवाज़ लगातार ऊँची होती जा रही थी। तताँरा किंकर्त्तव्यविमूढ़ था। वामीरो के रुदन स्वरों को सुनकर उसकी माँ वहाँ पहुँची और दोनों को देखकर आग बबूला हो उठी।

(क) **'होंठ काँप रहे थे' का अर्थ है**

(i) आन्तरिक विलाप

(ii) रोने को उत्सुक

(iii) भय से परिपूर्ण तथा रोने की स्थिति

(iv) उपर्युक्त सभी

उत्तर (iii) भय से परिपूर्ण तथा रोने की स्थिति

(ख) **तताँरा का मन कार्यक्रम में न लगने का क्या कारण था?**

(i) कार्यक्रम में अच्छा प्रदर्शन न होना

(ii) माँ द्वारा डाँटे जाना

(iii) वामीरो को ढूँढ़ना

(iv) गाँव वालों की उपेक्षा करना

उत्तर (iii) वामीरो को ढूँढ़ना

(ग) **गद्यांश के अनुसार, वामीरो झिझक क्यों रही थी?**

(i) पशुओं के प्रदर्शन को देखने में

(ii) भयवश सामने आने में

(iii) कार्यक्रम में जाने से

(iv) भोजन का आनंद न ले पाने से

उत्तर (ii) भयवश सामने आने में

(घ) **वामीरो की माँ आग-बबूला किस कारण हो गई?**

(i) वामीरो-तताँरा को साथ देखकर

(ii) वामीरो द्वारा जोर से रोने पर

(iii) पशु-पर्व का समापन होता देखकर

(iv) तताँरा की किंकर्त्तव्यविमूढ़ स्थिति को देखकर

उत्तर (i) वामीरो-तताँरा को साथ देखकर

(ङ) **निम्नलिखित में से कौन-से वाक्य 'पशु पर्व' का आयोजन संबंधी विशेषताएँ दर्शातें हैं?** **दक्षता आधारित प्रश्न**

1. **'पशुपर्व' साल में दो बार आयोजित किया जाता था।**
2. **इस पर्व में पशुओं के साथ युवकों का शक्ति परीक्षण होता था।**
3. **यह पर्व शाम के समय मनाया जाता था।**
4. **इसमें नृत्य-संगीत और भोजन का आयोजन भी होता था।**

कूट

(i) केवल 1 (ii) 2 और 3

(iii) केवल 4 (iv) 2, 3 और 4

उत्तर (iv) 2, 3 और 4

4. वामीरो के रुदन स्वरों को सुनकर उसकी माँ वहाँ पहुँची और दोनों को देखकर आग बबूला हो उठी। सारे गाँववालों की उपस्थिति में यह दृश्य उसे अपमानजनक लगा। इसी बीच गाँव के कुछ लोग भी वहाँ पहुँच गए। वामीरो की माँ क्रोध में उफन उठी। उसने तताँरा को तरह-तरह से अपमानित किया। गाँव के लोग भी तताँरा के विरोध में आवाज़ें उठाने लगे। यह तताँरा के लिए असहनीय था। वामीरो भी रोए जा रही थी। तताँरा भी गुस्से से भर उठा। उसे जहाँ विवाह की निषेध परंपरा पर क्षोभ था वहीं अपनी असहायता पर खीझ। वामीरो का दुःख उसे और गहरा कर रहा था। उसे मालूम न था कि क्या कदम उठाना चाहिए। अनायास उसका हाथ तलवार की मूठ पर जा टिका। क्रोध में तलवार निकाली और कुछ विचार करता रहा। क्रोध लगातार अग्नि की तरह बढ़ रहा था। लोग सहम उठे, एक सन्नाटा सा खिंच गया। जब कोई राह न सूझी तो क्रोध का शमन करने के लिए उसने शक्ति भर उसे धरती में घोंप दिया और ताकत से उसे खींचने लगा। वह पसीने से नहा उठा। सब घबराए हुए थे। वह तलवार को अपनी तरफ खींचते-खींचते दूर तक पहुँच गया। वह हाँफ रहा था। अचानक जहाँ तक लकीर खिंच गई थी, वहाँ एक दरार होने लगी। मानो धरती दो टुकड़ों में बँटने लगी हो।

CBSE SQP Term I 2021

(क) गाँव के लोग तताँरा के विरोध में आवाज़ें क्यों उठा रहे थे?
(i) वे ततांँरा को अपमानित करना चाहते थे
(ii) वे गाँव की निषेध परंपरा के पक्ष में थे
(iii) गाँव की रीति के विरोध में थे
(iv) ततांँरा को पशु पर्व में शामिल नहीं करना चाहते थे
उत्तर (ii) वे गाँव की निषेध परंपरा के पक्ष में थे

(ख) ततांँरा ने अपने क्रोध का शमन करने के लिए क्या किया?
(i) वामीरो की माँ को बुरा-भला सुनाया
(ii) सब गाँववालों के विरोध में आवाज उठाई
(iii) अपनी तलवार से उपस्थित लोगों पर वार किया
(iv) अपनी तलवार को धरती में गाड़ दिया
उत्तर (iv) अपनी तलवार को धरती में गाड़ दिया

(ग) वामीरो की माँ के गुस्से का कारण क्या था?
(i) गाँववालों का विरोध (ii) पशु पर्व का आयोजन
(iii) वामीरो का रोना (iv) ततांँरा का तलवार खींचना
उत्तर (iii) वामीरो का रोना

(घ) 'लोग सहम उठे, एक सन्नाटा-सा खिंच गया।' लोगों का सहम जाना दर्शाता है कि वे **दक्षता आधारित प्रश्न**
(i) विलक्षण दैवीय तलवार को देखने लग गए थे
(ii) किसी भावी दुष्परिणाम की आशंका से ग्रसित थे
(iii) जानते थे कि द्वीप दो भागों में बँट जाएगा
(iv) ततांँरा-वामीरो के विवाह के लिए सहमत हो गए थे
उत्तर (ii) किसी भावी दुष्परिणाम की आशंका से ग्रसित थे

(ङ) निम्नलिखित कथन (A) तथा कारण (R) को ध्यानपूर्वक पढ़कर दिए गए विकल्पों में से कोई एक सही विकल्प चुनकर लिखिए।
कथन (A) वामीरो की माँ का गुस्सा और भी बढ़ गया।
कारण (R) सारे गाँववालों की उपस्थिति में ततांँरा और वामीरो का एक साथ होना उसे अपमानजनक लगा। वह और गाँव के अन्य लोग गाँव की निषेध परंपरा के पक्षधर थे।
दक्षता आधारित प्रश्न
(i) कथन (A) तथा कारण (R) दोनों गलत हैं।
(ii) कथन (A) गलत है, लेकिन कारण (R) सही है।
(iii) कथन (A) सही है, किंतु कारण (R) उसकी गलत व्याख्या करता है।
(iv) कथन (A) और कारण (R) दोनों सही हैं तथा कारण (R) कथन (A) की सही व्याख्या करता है।
उत्तर (iv) कथन (A) और कारण (R) दोनों सही हैं तथा कारण (R) कथन (A) की सही व्याख्या करता है।

5. वामीरो घर पहुँचकर भीतर ही भीतर कुछ बेचैनी महसूस करने लगी। उसके भीतर ततांँरा से मुक्त होने की एक झूठी छटपटाहट थी। एक झल्लाहट में उसने दरवाज़ा बंद किया और मन को किसी और दिशा में ले जाने का प्रयास किया। बार-बार ततांँरा का याचना भरा चेहरा उसकी आँखों में तैर जाता। उसने ततांँरा के बारे में कई कहानियाँ सुन-रखी थीं। उसकी कल्पना में वह एक अद्‌भुत साहसी युवक था। किंतु वही ततांँरा उसके सम्मुख एक अलग रूप में आया। सुंदर, सभ्य, बलिष्ठ किंतु बेहद शांत और भोला। उसका व्यक्तित्व कदाचित वैसा ही था जैसा कि वह अपने जीवन-साथी के बारे में सोचती रही थी। किंतु एक दूसरे गाँव के युवक के साथ संबंध परंपरा के विरुद्ध था। अतएव उसने उसे भूल जाना ही श्रेयस्कर समझा। **CBSE SQP Term I 2021**

(क) वामीरो के लिए ततांँरा को भूलना क्यों आवश्यक था?
(i) ततांँरा से मिलकर उसका मन बेचैन हो गया था
(ii) ततांँरा ने उसे गीत गाने को विवश किया था
(iii) वह उसके जीवन-साथी की कल्पना पर खरा नहीं था
(iv) दूसरे गाँव के युवक से संबंध रखना परंपरा के विरुद्ध था
उत्तर (iv) दूसरे गाँव के युवक से संबंध रखना परंपरा के विरुद्ध था

(ख) वामीरो घर पहुँचकर कैसा महसूस कर रही थी?
(i) आह्लादित (ii) संयत
(iii) संकुचित (iv) असहज
उत्तर (iv) असहज

(ग) 'ततांँरा से मुक्त होने की झूठी छटपटाहट' का आशय है
(i) सहानुभूति और दिखावे के लिए मुक्त होने का दिखावा करना
(ii) वह सचमुच ही ततांँरा की यादों से मुक्त होना चाहती थी
(iii) उसे ततांँरा के तरीके और बातों पर गुस्सा आ रहा था
(iv) वह ततांँरा के तौर-तरीके से बहुत अधिक प्रभावित थी
उत्तर (iv) वह ततांँरा के तौर-तरीके से बहुत अधिक प्रभावित थी

(घ) निम्नलिखित कथन (A) तथा कारण (R) को ध्यानपूर्वक पढ़कर दिए गए विकल्पों में से कोई एक सही विकल्प चुनकर लिखिए।
कथन (A) वामीरो के भीतर ततांँरा से मुक्त होने की झूठी छटपटाहट थी।
कारण (R) वामीरो गाँव की परंपरा जानती थी, परंतु ततांँरा का व्यक्तित्व वैसा ही था, जैसा वह अपने जीवन साथी के बारे में सोचती थी। **दक्षता आधारित प्रश्न**
(i) कथन (A) तथा कारण (R) दोनों गलत हैं।
(ii) कथन (A) गलत है, लेकिन कारण (R) सही है।
(iii) कथन (A) सही है, किंतु कारण (R) उसकी गलत व्याख्या करता है।
(iv) कथन (A) और कारण (R) दोनों सही हैं तथा कारण (R) कथन (A) की सही व्याख्या करता है।
उत्तर (iv) कथन (A) और कारण (R) दोनों सही हैं तथा कारण (R) कथन (A) की सही व्याख्या करता है।

(ङ) गाँव की क्या परंपरा थी?
(i) अपने गाँव के युवक से संबंध-निषेध की
(ii) दूसरे गाँव के युवक से संबंध-निषेध की
(iii) ततांँरा जैसे युवक के साथ संबंध-निषेध की
(iv) याचक जैसे युवक के साथ संबंध-निषेध की
उत्तर (ii) दूसरे गाँव के युवक से संबंध-निषेध की

6. "तुमने एकाएक इतना मधुर गाना अधूरा क्यों छोड़ दिया?" ततााँरा ने विनम्रतापूर्वक कहा। अपने सामने एक सुंदर युवक को देखकर वह विस्मित हुई। उसके भीतर किसी कोमल भावना का संचार हुआ। किंतु अपने को संयत कर उसने बेरुखी के साथ जवाब दिया। "पहले बताओ! तुम कौन हो, इस तरह मुझे घूरने और इस असंगत प्रश्न का कारण? अपने गाँव के अलावा किसी और गाँव के युवक के प्रश्नों का उत्तर देने को मैं बाध्य नहीं। यह तुम भी जानते हो।"

ततााँरा मानो सुध-बुध खोए हुए था। जवाब देने के स्थान पर उसने पुनः अपना प्रश्न दोहराया। "तुमने गाना क्यों रोक दिया? गाओ, गीत पूरा करो। सचमुच तुमने बहुत सुरीला कंठ पाया है।"

(क) "तुमने एकाएक इतना मधुर गाना अधूरा क्यों छोड़ दिया? यह कथन किसका है?

(i) ततााँरा का (ii) वामीरो का
(iii) (i) और (ii) दोनों (iv) इनमें से कोई नहीं

उत्तर (i) ततााँरा का

(ख) युवती के मन में कोमल भावना का संचार किस कारण हुआ?

(i) शाम के मनमोहक वातावरण को देखकर
(ii) सुंदर और शक्तिशाली ततााँरा को देखकर
(iii) समुद्र तट की लहरों को देखकर
(iv) उपर्युक्त सभी

उत्तर (ii) सुंदर और शक्तिशाली ततााँरा को देखकर

(ग) ततााँरा अपनी सुध-बुध क्यों खोए हुआ था?

(i) गायन के प्रभाव के कारण
(ii) दिनभर की थकान के कारण
(iii) सूरज की किरणों को निहारने के कारण
(iv) लहरों की आवाज़ के कारण

उत्तर (i) गायन के प्रभाव के कारण

(घ) युवती किसके प्रश्नों के उत्तर देने के लिए बाध्य नहीं थी?

(i) अपने गाँव के युवक के
(ii) अपने माता-पिता के
(iii) दूसरे गाँव के युवक के
(iv) उपरोक्त में से कोई नहीं

उत्तर (iii) दूसरे गाँव के युवक के

(ङ) निम्नलिखित में से कौन-सा वाक्य वामीरो की ततााँरा के प्रति उपेक्षा भाव दर्शाते हैं? **दक्षता आधारित प्रश्न**

1. ततााँरा को सामने देखकर वह विस्मित हुई।
2. वामीरो के भीतर किसी कोमल भावना का संचार हुआ।
3. सचमुच, तुम्हारा कंठ बहुत सुरीला है।
4. अपने गाँव के अलावा किसी अन्य गाँव के युवक के प्रश्नों के उत्तर देने को मैं बाध्य नहीं।

कूट

(i) केवल 1
(ii) 2 और 3
(iii) केवल 4
(iv) 2, 3 और 4

उत्तर (iii) केवल 4

विषयवस्तु का ज्ञान, बोध अभिव्यक्ति पर आधारित प्रश्न

1. ततााँरा क्यों प्रसिद्ध था तथा वह अपना परम कर्त्तव्य किसे समझता था? **CBSE 2016, 15**

उत्तर ततााँरा अपने प्रभावशाली व्यक्तित्व के कारण अत्यधिक प्रसिद्ध था। वह सरल स्वभाव का तथा सबकी सहायता करने वाला था। अपनी लकड़ी की तलवार की सहायता से वह अद्भुत शौर्य और साहस का परिचय देता था। ततााँरा केवल अपने गाँव के लोगों की ही नहीं, अपितु समस्त द्वीप समूह के निवासियों की सेवा करना अपना परम कर्त्तव्य समझता था।

2. ततााँरा को दूसरे गाँवों में आमंत्रित क्यों किया जाता था?

उत्तर ततााँरा अच्छे स्वभाव का शक्तिशाली और सुंदर युवक था। आकर्षक व्यक्तित्व, समाज-सेवा और त्याग की भावना तथा आत्मीय स्वभाव से प्रभावित होकर लोग उसके करीब रहना पसंद करते थे। अतः पर्व त्योहार के समय उसे दूसरे गाँवों में भी विशेष रूप से आमंत्रित किया जाता था।

3. ततााँरा समुद्र तट पर घूमने के लिए क्यों आया था?

उत्तर दिनभर परिश्रम करने के कारण ततााँरा थक गया था। अपनी थकान मिटाने और शांति का अनुभव करने के लिए वह समुद्र तट पर घूमने के लिए आया था।

4. मधुर गीत गाने वाली युवती कौन थी? उसे किसने भिगो दिया था?

उत्तर मधुर गीत गाने वाली युवती पास ही के एक गाँव लपाती की रहने वाली वामीरो थी। वह समुद्र तट पर अकेले बैठी हुई गीत गा रही थी। अचानक एक ऊँची उठी लहर ने उसे भिगो दिया।

5. ततााँरा ने गीत गाने वाली युवती से विवशता में क्या आग्रह किया और क्यों? **दक्षता आधारित प्रश्न**

उत्तर ततााँरा ने गीत गाने वाली युवती से आग्रह किया कि वह उसका रास्ता छोड़ देगा, लेकिन एक बार वह उसे अपना नाम बता दे, क्योंकि वामीरो का मधुर स्वर में गाया गीत ततााँरा को बहुत पसंद आ गया था और बाद में जब उसने वामीरो को देखा तो, वह उसे देखते ही उस पर मोहित हो गया और अपनी सुध-बुध खो बैठा था।

6. वामीरो अन्य गाँवों के युवकों को उनकी बात का उत्तर क्यों नहीं देती थी?

उत्तर वामीरो अन्य गाँवों के युवकों को उनकी बात का उत्तर इसलिए नहीं देती थी, क्योंकि उसके समाज में किसी और से बातचीत करना उसके गाँव की परंपराओं के विपरीत था।

7. मना करने के बाद भी वामीरो ततााँरा से मिलने क्यों गई? **CBSE 2012, 10**

उत्तर मना करने के बाद भी वामीरो ततााँरा से मिलने गई, क्योंकि ततााँरा का व्यक्तित्व बार-बार उसे आकर्षित कर रहा था। वह उससे मिलने के लिए बेचैन हो रही थी।

8. गाँव वालों और परिवार वालों के बार-बार मना करने के बाद भी वामीरो ने ततााँरा से मिलना-जुलना क्यों नहीं छोड़ा? **दक्षता आधारित प्रश्न**

उत्तर ततााँरा के सुंदर व्यक्तित्व, सौम्य व्यवहार और साहस आदि गुणों ने वामीरो को उसकी ओर आकर्षित किया। इसी कारण परिवार और गाँव वालों के मना करने पर भी उसने ततााँरा से मिलना-जुलना बंद नहीं किया।

9. **युवती ने तताँरा को बेरुखी के साथ क्या जवाब दिया? उससे तताँरा को कैसा लगा?** **CBSE 2018**

उत्तर युवती ने तताँरा को बेरुखी के साथ जवाब दिया कि पहले बताओ! तुम कौन हो, इस तरह मुझे घूरने और इस असंगत प्रश्न का कारण? अपने गाँव के अतिरिक्त किसी और गाँव के युवक के प्रश्नों का उत्तर देने को मैं बाध्य नहीं। यह सुनकर ततांरा अपनी सुध-बुध खो बैठा। जीवन में वह पहली बार इस तरह विचलित हुआ था, युवती को देखकर ततांरा की चेतना लुप्त हो गई थी।

10. **ततांरा गीत गाने वाली युवती के प्रश्न का उत्तर क्यों नहीं दे पाया?**

उत्तर ततांरा एक दिन शाम के समय समुद्र तट पर बैठा हुआ प्रकृति का आनंद ले रहा था। अचानक उसके कानों में एक मधुर गीत की ध्वनि सुनाई दी। ततांरा उस आवाज़ को सुनने के लिए दूसरी ओर बढ़ा। गाने वाली युवती को देखकर वह अपनी सुध-बुध खो बैठा। इसी कारण ततांरा गीत गाने वाली युवती के प्रश्न का उत्तर नहीं दे पाया।

11. **गाँव तथा परिवार वाले ततांरा और वामीरो के रिश्ते के विरुद्ध क्यों थे?** **CBSE 2010**

उत्तर गाँव तथा परिवार वाले ततांरा और वामीरो के रिश्ते के विरुद्ध थे, क्योंकि उनका रिश्ता उनकी मान्यताओं और रीति-रिवाज़ के विरुद्ध था। उनके गाँव में यह परंपरा प्रचलित थी कि वैवाहिक संबंध स्थापित करने के लिए दोनों का एक ही गाँव को होना आवश्यक है, जबकि ततांरा पासा गाँव का था और वामीरो लपाती गाँव की थी। अत: दोनों का रिश्ता गाँव में प्रचलित रूढ़ि के विरुद्ध था।

12. **वामीरो की माँ ने ततांरा के साथ कैसा व्यवहार किया?** **दक्षता आधारित प्रश्न**

उत्तर वामीरो की माँ ने ततांरा के साथ अपमानजनक व्यवहार किया। उन्होंने जब ततांरा तथा वामीरो को एक साथ देखा तो वह क्रोधित हो उठीं। ततांरा को तरह-तरह से अपमानित किया। वामीरो की माँ के साथ-साथ गाँव के अन्य लोग भी उन दोनों के प्रेम का विरोध करने लगे। ततांरा को जहाँ एक ओर विवाह की निषेध परंपरा पर क्षोभ था वहीं दूसरी ओर उसे अपनी असहायता पर खीझ भी थी। अत: वामीरो की माँ की बातें सुनकर वह स्वयं को अपमानित महसूस करने लगा।

13. **ततांरा से मिलने के बाद वामीरो पर क्या प्रभाव पड़ा?** **CBSE 2010**

उत्तर ततांरा से मिलने के बाद वामीरो को बार-बार ततांरा का ख़्याल आ रहा था। वह मन ही मन बैचेनी का अनुभव कर रही थी। वह बार-बार ततांरा के विचार से मुक्त होने का प्रयास करती, परंतु हर बार असफल हो जाती। वह उसे भूलने का प्रयास कर रही थी, लेकिन ततांरा के आकर्षक व्यक्तित्व के कारण वह उसे भूल पाने में असमर्थ थी।

14. **वामीरो की मनोदशा के बारे में लिखिए।** **CBSE 2011**

उत्तर वामीरो की मनोदशा थोड़ी जटिल है, क्योंकि एक ओर वह दूसरे गाँव के युवक ततांरा से प्रेम करती है, तो दूसरी ओर अपने गाँव की मर्यादा रूपी तलवार उसके हृदय पर खिंची हुई है। यही कारण है कि वह अत्यंत असमंजस की स्थिति में रहती है और किसी अन्य काम में उसका मन नहीं लगता है। वह ऊपर से कठोरता एवं शुष्कता दिखाती है, किंतु भावनात्मक स्तर पर ततांरा के प्रेम में वह पूरी तरह भीग चुकी है।

15. **ततांरा ने अपनी तलवार से धरती के दो टुकड़े क्यों किए?**

अथवा **जब कोई राह न सूझी तो क्रोध का शमन करने के लिए उसने शक्ति भर उसे धरती में धोंप दिया और ताकत से उसे खींचने लगा।** **CBSE Diksha**

उत्तर पशु-पर्व में जब ततांरा को लगा कि उसके अपमान सहने की सीमा समाप्त हो रही है, तो उसे क्रोध आने लगा। उसने अपनी कमर में बँधी तलवार निकाली और उसे धरती में पूरी शक्ति से गाड़ (घोंप) दिया। इसके बाद वह उस तलवार को खींचता हुआ दूर तक चला गया। वह जहाँ तक इस तलवार को लेकर गया था, वहाँ तक धरती में दरार आ गई और धरती के दो टुकड़े हो गए।

16. **कार-निकोबार के दो टुकड़े हो जाने पर वहाँ कौन-सा सुखद परिवर्तन आया?** **दक्षता आधारित प्रश्न**

अथवा **ततांरा-वामीरो के त्याग के बाद उनके समाज में क्या सुखद परिवर्तन आया?** **CBSE 2020**

उत्तर तंतारा-वामीरों की त्यागमयी मृत्यु ने गाँव वालों की विचारधारा में अद्‌भुत सुखद परिवर्तन ला दिया था, जिसके फलस्वरूप उनकी रूढ़िवादी विचारधाराएँ तथा परंपराएँ परिवर्तित हो गई। कार-निकोबार के दो टुकड़े हो जाने के पश्चात् द्वीप पर यह सुखद परिवर्तन आया कि अब निकोबारी दूसरे गाँवों में भी वैवाहिक संबंध स्थापित करने लगे। वैवाहिक संबंधों में आने वाले इस परिवर्तन को शायद ततांरा वामीरों के बलिदान ने ही संभव किया है।

17. **ततांरा और वामीरो की मृत्यु कैसे हुई? पठित पाठ के आधार पर लिखिए।** **CBSE 2019**

उत्तर विवाह की निषेध परंपरा पर क्षोभ व अपनी असमर्थता से खींझकर ततांरा ने क्रोध में अपनी तलवार धरती में घोंप दी और अपनी पूरी ताकत से उसे खींचने लगा। द्वीप दो टुकड़ों में विभक्त हो गया, एक ओर ततांरा था और दूसरी ओर वामीरो। ततांरा समुद्र में धँसने लगा। उसने दूसरा सिरा थामना चाहा, परंतु असफल रहा और वह समुद्र में बह गया। वामीरो-ततांरा को बहते देख पागल हो गई और अपने परिवार से वह विलग (अलग) हो गई। इस तरह ततांरा और वामीरो की एक-दूसरे के वियोग में मृत्यु हो गई।

18. **'ततांरा-वामीरो कथा' के माध्यम से क्या संदेश दिया गया है?** **CBSE 2016**

उत्तर 'ततांरा-वामीरो कथा' एक प्रसिद्ध लोक-गाथा है, जिसमें यह संदेश दिया गया है कि प्रेम को किसी बंधन, सीमा अथवा रीति-रिवाज़ में नहीं बाँधा जा सकता। यदि कोई जाति, धर्म, क्षेत्र, प्रदेश आदि प्रेम की पवित्र भावना पर पहरे लगाएगा और उसे पनपने का अवसर नहीं देगा, तो इसका परिणाम सुखद नहीं होगा। समाज में जातीय, धार्मिक और सामाजिक भेद में और अधिक वृद्धि होगी, जिससे अंतत: मानवता को ही नुकसान पहुँचेगा। अत: हमें सभी प्रकार के भेदभावों को मिटाकर सभी को अपनाना चाहिए।

19. **वामीरो की प्रतीक्षा में बैठे ततांरा की प्रेम की व्याकुलता को स्पष्ट कीजिए।** **CBSE 2019**

उत्तर वामीरो की प्रतीक्षा में बैठे ततांरा के लिए यह पूरे जीवन की अकेली प्रतीक्षा थी। उसके गंभीर एवं शांत जीवन में ऐसा पहली बार हुआ था। वह अचंभित था, साथ ही रोमांचित भी। वामीरो की प्रतीक्षा में उसे एक-एक पल पहाड़ की तरह भारी लग रहा था। उसके भीतर एक आशंका भी व्याप्त थी कि अगर वामीरो न आई तो? वह कुछ निर्णय

नहीं कर पा रहा था, बस प्रतीक्षारत था। मात्र आशा की एक किरण थी, जो समुद्र की देह पर डूबती किरणों की तरह कभी भी डूब सकती थी। वह बार-बार लपाती के रास्ते पर नज़रें दौड़ाता। सहसा नारियल के झुरमुटों में उसे एक आकृति कुछ साफ़ दिखी। कुछ और आकृति के करीब आने पर तताँरा की खुशी का ठिकाना न रहा। वह सचमुच वामीरो थी। वह स्वयं को छुपाते हुए बढ़ रही थी और बीच-बीच में इधर-उधर नज़रें दौड़ाना नहीं भूलती। दोनों आमने-सामने हो गए। दोनों शब्दहीन थे। एकटक निहारते हुए वे काफ़ी देर तक खड़े रहे। अचानक वामीरो कुछ सचेत हुई और घर की तरफ़ दौड़ पड़ी। तताँरा अब भी प्रेमवश वहीं खड़ा था, निश्चल, शब्दहीन।

20. तताँरा और वामीरो की कहानी से यह संदेश मिलता है कि प्रेम सबको जोड़ता है और घृणा दूरी बढ़ाती है। अपने व्यक्तिगत अनुभव के आधार पर इस कथन की व्याख्या कीजिए। **CBSE SQP (Additional Set) 2023**

अथवा **'प्रेम सबको जोड़ता है।' 'तताँरा-वामीरो कथा' पाठ के आधार पर इस कथन की पुष्टि कीजिए।** **CBSE 2020**

उत्तर प्रचलित रुढ़िवादी परंपरा और नायक तताँरा के अन्य गाँव से संबंधित होने के कारण सभी गाँव वाले तताँरा-वामीरो के विवाह के विरुद्ध थे जिसके परिणामस्वरूप तताँरा-वामीरो ने अपने जीवन का अंत कर लिया। उनकी इस त्यागमयी मृत्यु से निकोबार में सुखद परिवर्तन के रूप में प्रचलित रूढ़ि परंपरा का खंडन हुआ जिससे दूसरे गाँवों में भी आपसी वैवाहिक संबंध स्थापित होने लगे।

इस प्रकार प्रस्तुत पाठ में यह स्पष्ट किया गया है कि प्रेम को किसी बंधन, सीमा अथवा रूढ़ियों में बाँधा नहीं जा सकता, अपितु प्रेम ही वह साधन है, जिसके माध्यम से लोगों को आपस में जोड़ा जा सकता है। अत: कहा जा सकता है कि प्रस्तुत पाठ 'प्रेम सबको जोड़ता है' और घृणा दूरी बढ़ाती है कथन की पुष्टि करता है। इसलिए सदैव प्रेमभाव से रहना चाहिए। घृणा व नफरत मनुष्य की नकारात्मक अभिवृत्ति है।

21. तताँरा वामीरों के आधार पर लिखिए कि आप कैसे कह सकते हैं कि तताँरा की तलवार में अद्‌भुत दैवीय शक्ति थी? उदाहरण सहित स्पष्ट कीजिए। **दक्षता आधारित प्रश्न, CBSE 2023**

अथवा **तताँरा की तलवार एक विलक्षण रहस्य क्यों थी? स्पष्ट कीजिए।**

उत्तर तताँरा वामीरो कथा से ज्ञात होता है कि तताँरा अपनी पारंपरिक पोशाक के साथ अपनी कमर में सदैव लकड़ी की एक तलवार बाँधे रखता था। तताँरा अपनी तलवार को कभी अलग न होने देता था। वह दूसरों के सामने उपयोग भी न करता था, परंतु जब पशु-पर्व में वामीरो की माँ ने उसे अपमानित किया तो उसके क्रोध की सीमा न रही। उसने अपनी कमर से तलवार निकाली, उसे धरती में पूरी शक्ति से घोंप दिया और उसे खींचता हुआ दूर तक चला गया। तलवार खींचते हुए वह जहाँ तक गया वहाँ तक धरती में दरार आ गई और धरती दो टुकड़ों में बँट गई। ऐसा काम कोई साधारण तलवार नहीं कर सकती थी। इस तरह से हम कह सकते हैं कि तताँरा की तलवार में अद्‌भुत दैवीय शक्तियाँ थी।

22. कहानी के आधार पर तताँरा का चरित्र-चित्रण कीजिए।

अथवा **पाठ के आधार पर स्पष्ट कीजिए कि तताँरा सच्चे अर्थों में नायक था।** **CBSE Diksha**

उत्तर तताँरा में नायक होने के सभी गुण विद्यमान हैं। वह सुंदर, स्वस्थ, साहसी और परोपकारी है। उसकी शारीरिक विशिष्टताओं और आंतरिक गुणों से हर मिलने-जुलने वाला प्रभावित हो जाता है। जब वामीरो ने उसे पहली बार देखा तो उसे लगा कि उसने अपने जीवनसाथी के रूप में ऐसे ही युवक की कल्पना की थी। तताँरा की कमर में लकड़ी की एक तलवार लटकी रहती थी, जिसके बारे में लोगों का मत था कि उस तलवार में अद्‌भुत दैवीय शक्ति है। वह सरल हृदय का था।

वह केवल अपने गाँव में ही नहीं, अपितु गाँव के बाहर के लोगों की भी उनकी विपत्ति के समय मदद करने पहुँच जाता था। वह स्वभाव से शांत और खुशमिजाज़ था। वह प्रकृति, गीत, संगीत जैसे गुणों को पसंद करता था। इसी कारण जब उसने वामीरो का मधुर गीत सुना, तो वह तुरंत ही उसकी ओर आकर्षित हो गया। वह वामीरो से प्रेम करने लगा और प्रेम की ख़ातिर उसने अपना बलिदान तक दे दिया।

23. 'तताँरा-वामीरो कथा' के आधार पर वामीरो का चरित्र-चित्रण कीजिए। **CBSE 2016, 12**

उत्तर लपाती गाँव की रहने वाली युवती वामीरो बहुत सुंदर एवं भोली-भाली थी। वह देखने में जितनी मोहक थी, उतना ही मोहक उसका स्वर भी था। जब वह गाती थी तो लगता था मानो उसका गीत समुद्र में किल्लोल (हलचल) उत्पन्न कर देगा। उसके गाने से वातावरण में मधुरता व्याप्त हो जाती थी। उसका मधुर संगीत सुनकर ही युवक तताँरा अपनी सुध-बुध खो बैठा था और उससे प्रेम करने लगा था। वामीरो अपने गाँव की परंपराओं का बहुत सम्मान करती थी, किंतु तताँरा से प्रेम हो जाने के बाद परंपराएँ उसके लिए बहुत महत्त्व नहीं रखती थीं।

वह अपने गाँव की परंपरा को भूलकर तताँरा से मिलती रहती थी। प्रेम के सच्चे अर्थ को समझने वाली वामीरो ने अपने प्रेमी तताँरा से बिछुड़ने के बाद खाना-पीना छोड़ दिया और अपने परिवार से अलग हो गई। इस प्रकार एकनिष्ठ प्रेम में समर्पित वामीरो ने प्रेम की खातिर अपने समाज एवं परिवार से अलग होकर अपने प्रेम की खोज में ही अपने अस्तित्व को मिटा डाला।

24. "इस वर्ष आपने पाठ्यक्रम में लोककथा पर आधारित एक कहानी पढ़ी है। यह कहानी समाज की विसंगतियों को दूर करने का संदेश देती है।" कथन का मूल्यांकन करते हुए अपने विचार लिखिए। **CBSE SQP 2022**

उत्तर 'तताँरा-वामीरो कथा' लोककथा पर आधारित एक प्रेम-कहानी है, जो समाज की विसंगतियों को दूर करने का संदेश देती है। हमें पुरानी मान्यताओं तथा रीति-रिवाज़ों में समय के साथ बदलाव करते रहना चाहिए। जो मान्यताएँ व रीति-रिवाज मनुष्य के जीवन को बोझ बना दें, उन्हें समाप्त करना ही मानवता के हित में होता है।

प्रेम को किसी बंधन, जड़ता तथा सीमाओं में बाँधना उचित नहीं है। यदि कोई गाँव, प्रदेश या क्षेत्र प्रेम को पनपने के लिए खुला अवसर नहीं देता है तो इसका परिणाम सुखद नहीं होता। समाज में जातीय, धार्मिक और सामाजिक भेद में और अधिक वृद्धि होगी, जिससे अंतत: मानवता को ही नुकसान पहुँचेगा। अत: प्रेम को स्वीकार न करने जैसी सामाजिक विसंगतियों को त्यागकर हमें उदारता के साथ सभी को अपनाना चाहिए।

25. **जो सामाजिक हित के लिए अपने व्यक्तिगत प्रेम का यहाँ तक कि अपने जीवन का बलिदान देता है, समाज न केवल उसको याद रखता है, बल्कि उसके बलिदान को व्यर्थ नहीं जाने देता। 'तताँरा-वामीरो कथा' कहानी के आधार पर कथन की समीक्षा कीजिए।** **CBSE SQP (Additional Set) 2023**

उत्तर 'तताँरा-वामीरो कथा' यह एक द्विपीय प्रेमकथा है, जिसमें दो प्रेमियों के प्रेम का वर्णन किया गया है, जोकि अलग-अलग समुदाय से संबंध रखने वाले थे। दोनों ही प्रेमी अपनी-अपनी परंपराओं का सम्मान करते थे, परंतु प्रेम होने के पश्चात् उन दोनों के लिए वहीं परंपराएँ अड़चन बन जाती हैं। इसलिए वह सभी रूढ़ि-परंपराओं को तोड़कर अपने प्रेम को अपनाते हैं, परंतु ततॉरा अपने परिवार व गाँव को खतरे से बचाने के लिए अपने प्रेम को त्यागकर तथा अपने प्राणों की आहुति दे देता हैं। उसके गाँव के लोग उसे एक नायक के रूप में याद करते हैं, वहीं वामीरो-ततॉरा से वियोग सहन नहीं कर पाती तथा अपने प्राण त्याग देती है। ततॉरा-वामीरो की प्रेम गाथाएँ अब वहाँ के सभी समुदाय गाते हैं। ततॉरा के बलिदान ने यह भी बताया कि प्रेम की तुलना में सामाजिक हित अत्यधिक महत्त्वपूर्ण होता है।

इस कथा से हमें यह शिक्षा मिलती है कि हमेशा सामाजिक हित को अपने व्यक्तिगत हित से ऊपर रखना चाहिए तथा समाज की सुरक्षा के लिए सदैव तत्पर रहना चाहिए, भले ही इसके लिए अपने व्यक्तिगत प्रेम या जीवन का बलिदान देना पड़े।

स्व-मूल्यांकन

पाठ पर आधारित बहुविकल्पीय प्रश्न

1. ततॉरा-वामीरो की कथा कहाँ सुनाई जाती है? **दक्षता आधारित प्रश्न**
(i) अंडमान-निकोबार के हर घर में
(ii) विश्व के एक भाग में
(iii) केवल अंडमान में
(iv) केवल निकोबार में

2. ततॉरा के चर्चित व साहसिक कार्य का श्रेय गाँव वाले किसे देते थे?
(i) ततॉरा की तीव्र बुद्धि को
(ii) ततॉरा की माता को
(iii) ततॉरा की तलवार को
(iv) ततॉरा के स्वभाव को

3. वामीरो की त्यागमयी मृत्यु से क्या परिवर्तन हुआ?
(i) निकोबार के लोगों में भय समाप्त हो गया
(ii) निकोबार के लोग स्वतंत्र जीवन जीने लगे
(iii) ततॉरा की प्रसिद्धि विश्वभर में हो गई
(iv) निकोबार के लोग दूसरे गाँव में भी वैवाहिक संबंध बनाने लगे

4. 'ततॉरा-वामीरो कथा' समाज की किस समस्या की ओर ध्यान इंगित करती है? **दक्षता आधारित प्रश्न**
(i) बेमेल विवाह (ii) जाति प्रथा
(iii) बाल-विवाह (iv) विवाह के परंपरागत नियम

5. लोगों के ततॉरा की तलवार को लेकर क्या विचार थे?
1. तलवार बहुत बेकार है।
2. तलवार की धार बिजली सी तेज है।
3. तलवार में अद्‌भुद दैवीय शक्ति है।
4. तलवार ऐतिहासिकता का प्रतीक है।

कूट
(i) केवल 1 (ii) 1 और 2
(iii) केवल 3 (iv) 1, 2, 3 और 4

गद्यांश पर आधारित बहुविकल्पीय प्रश्न

निम्नलिखित गद्यांश को पढ़कर प्रश्नों के सर्वाधिक उपयुक्त विकल्पों का चयन कीजिए

1. ततॉरा मानो सम्मोहित था। उसके कानों में युवती की आवाज़ ठीक से पहुँच न सकी। उसने पुनः विनय की, "तुमने गाना क्यों रोक दिया? गाओ न?" युवती झुंझला उठी। वह कुछ और सोचने लगी। अंततः उसने निश्चयपूर्वक एक बार पुनः लगभग विरोध करते हुए कड़े स्वर में कहा- "ढीठता की हद है। मैं जब से परिचय पूछ रही हूँ और तुम बस एक ही राग अलाप रहे हो। गीत गाओ-गीत गाओ, आखिर क्यों? क्या तुम्हें गाँव का नियम नहीं मालूम?" इतना बोलकर वह जाने के लिए तेजी से मुड़ी। ततॉरा को मानो कुछ होश आया। उसे अपनी गलती का अहसास हुआ। वह उसके सामने रास्ता रोककर, मानो गिड़गिड़ाने लगा।

(क) वामीरो के कथनानुसार गाँव का क्या नियम था?
(i) किसी अन्य गाँव के युवक से बात न करना
(ii) किसी का अनादर न करना
(iii) अन्य गाँव के युवक से स्वयं को बचाना
(iv) किसी के समक्ष गीत न गाना

(ख) निम्नलिखित कथन (A) तथा कारण (R) को ध्यानपूर्वक पढ़िए। उसके बाद दिए गए विकल्पों में से कोई एक सही विकल्प चुनकर लिखिए।
कथन (A) ततॉरा का प्रश्न सुनकर वामीरो झुंझला उठी।
कारण (R) वामीरो के गाँव में अन्य गाँव से विवाह की निषिद्ध परंपरा होने के कारण वह अन्य गाँव के युवक (ततॉरा) से बात करने की इच्छुक नहीं थी। **दक्षता आधारित प्रश्न**
(i) कथन (A) तथा कारण (R) दोनों गलत हैं।
(ii) कथन (A) गलत है, लेकिन कारण (R) सही है।
(iii) कथन (A) सही है, किंतु कारण (R) उसकी गलत व्याख्या करता है।
(iv) कथन (A) और कारण (R) दोनों सही हैं तथा कारण (R) कथन (A) की सही व्याख्या करता है।

(ग) वामीरो ने ततॉरा पर क्रोध क्यों किया?
(i) ततॉरा द्वारा उसके प्रश्नों का उत्तर नहीं देने के कारण
(ii) ततॉरा का दूसरे गाँव का होने के कारण
(iii) ततॉरा का शक्ति प्रदर्शन करने के कारण
(iv) गाँव वालों के भय के कारण

(घ) 'ततॉरा मानो सम्मोहित था' पर विचार कीजिए तथा उचित विकल्प का चयन कीजिए। **दक्षता आधारित प्रश्न**
1. युवती की आवाज सुनकर
2. उसे पुनः गाना गाने के लिए कहकर
3. अपने तलवार की दैवीय शक्ति पर

4. अन्य गाँव वासियों से मिलने पर

(i) 1 और 4 (ii) 1 और 2

(iii) 1, 3 और 4 (iv) 2 और 4

(ङ) तताँरा को अपनी गलती का अहसास होने पर उसने क्या किया?

(i) वामीरो से क्षमा माँगी

(ii) वामीरो का रास्ता रोककर, गिड़गिड़ाने लगा

(iii) वामीरो को अपने विषय में बताने लगा

(iv) वामीरो की माँ से मिलने का निवेदन करने लगा

2. किसी तरह रात बीती। दोनों के हृदय व्यथित थे। किसी तरह आँचरहित एक ठंडा और उबाऊ दिन गुजरने लगा। शाम की प्रतीक्षा थी। तताँरा के लिए मानो पूरे जीवन की अकेली प्रतीक्षा थी। उसके गंभीर और शांत जीवन में ऐसा पहली बार हुआ था। वह अचंभित था, साथ ही रोमांचित भी। दिन ढलने के काफी पहले वह लपाती की उस समुद्री चट्टान पर पहुँच गया। वामीरो की प्रतीक्षा में एक-एक पल पहाड़ की तरह भारी था। उसके भीतर एक आशंका भी दौड़ रही थी। अगर वामीरो न आई तो ? वह कुछ निर्णय नहीं कर पा रहा था। सिर्फ प्रतीक्षारत था। बस आस की एक किरण थी जो समुद्र की देह पर डूबती किरणों की तरह कभी भी डूब सकती थी। वह बार-बार लपाती के रास्ते पर नज़रे दौड़ाता। सहसा नारियल के झुरमुटों में उसे एक आकृति कुछ साफ हुई। कुछ और ...कुछ और। उसकी खुशी का ठिकाना न रहा।

(क) ततॉरा के जीवन के संदर्भ में किस उपमान का प्रयोग किया गया है?

(i) गंभीर और शांत (ii) सरल और प्रवाहमय

(iii) उदास और दुःखी (iv) कुण्ग्रस्त और नीरस

(ख) निम्नलिखित कथन-कारण को पढ़कर उचित विकल्प का चयन कीजिए।

कथन (A) ततॉरा लपाती की समुन्द्री चट्टान पर गया था।

कारण (R) पशु-पर्व में सम्मिलित होने के लिए।

दक्षता आधारित प्रश्न

(i) कथन (A) तथा कारण (R) दोनों गलत हैं।

(ii) कथन (A) गलत है, लेकिन कारण (R) सही है।

(iii) कथन (A) सही है, किंतु कारण (R) उसकी गलत व्याख्या करता है।

(iv) कथन (A) और कारण (R) दोनों सही हैं तथा कारण (R) कथन (A) की सही व्याख्या करता है।

(ग) ततॉरा और वामीरो दोनों के हृदय व्यथित होने का क्या कारण था?

(i) गाँव वालों का डर

(ii) सामाजिक परंपरा का डर

(iii) एक-दूसरे से मिलने की उत्कंठा

(iv) वामीरो की माँ का क्रोध

(घ) "उसके भीतर एक आकांक्षा भी दौड़ रही थी"- पंक्ति में 'उसके' शब्द किसके लिए प्रयुक्त हुआ है?

(i) वामीरो के लिए (ii) ततॉरा के लिए

(iii) वामीरो की माँ के लिए (iv) निकोबारी के लिए

(ङ) निम्नलिखित में से कौन-से वाक्य ततॉरा की दुविधाग्रस्त मनोदशा को दर्शाते हैं? **दक्षता आधारित प्रश्न**

1. वह समुद्री चट्टान पर पहुँच गया।
2. ततॉरा के गंभीर और शांत जीवन में ऐसी पहली बार हुआ।
3. ततॉरा की खुशी का ठिकाना न रहा।
4. अगर वामीरो न आई तो?

कूट

(i) केवल 1 (ii) 1 और 2

(iii) केवल 4 (iv) 2, 3 और 4

विषयवस्तु का ज्ञान, बोध अभिव्यक्ति पर आधारित प्रश्न

निम्नलिखित प्रश्नों के उत्तर दीजिए

(i) वामीरो ने ततॉरा को भूलना ही उचित क्यों समझा? तर्क पूर्ण उत्तर दीजिए। **दक्षता आधारित प्रश्न**

(ii) धरती में दरार किसने डाली और क्यों?

(iii) ततॉरा-वामीरो की प्रेम कहानी किस प्रकार आरंभ हुई थी?

(iv) ततॉरा-वामीरो की मुलाकात का भेद कब खुला?

(v) ततॉरा के साथ समुद्र तट पर क्या घटना घटित हुई? स्पष्ट कीजिए।

(vi) ततॉरा-वामीरो की प्रेम कहानी का अंत किस प्रकार हुआ? इससे क्या सकारात्मक परिवर्तन आया?

तीसरी कसम के शिल्पकार शैलेंद्र

प्रह्लाद अग्रवाल

अध्याय 4

पाठ की रूपरेखा

कवि 'शैलेंद्र' फिल्म जगत में गीतकार के रूप में कई दशकों तक छाए रहे। उन्होंने 'फणीश्वरनाथ रेणु' की सर्वोच्च कृति 'तीसरी कसम' उर्फ़ मारे गए गुलफाम को सिनेमा परदे पर उसकी बारीकियों के साथ प्रस्तुत किया, जो हिंदी जगत में अद्वितीय बन गई। इस फ़िल्म में राज कपूर, वहीदा रहमान व संगीतकार के रूप में शंकर-जयकिशन शामिल थे।

राज कपूर ने अपने अभिनय द्वारा समीक्षकों को हैरान कर दिया। हीरामन के चरित्र को उन्होंने अत्यंत मार्मिकता व मासूमियत के साथ प्रस्तुत किया जिस पर राज कपूर हावी नहीं होता। 'तीसरी कसम' अपने समय की वह फ़िल्म है, जिसने अनेक फ़िल्म पुरस्कार प्राप्त किए। शैलेंद्र ने 'तीसरी कसम' में अपनी भावप्रवणता का सर्वश्रेष्ठ तथ्य प्रदान किया, जो दर्शकों को त्रासद स्थिति में भी जीवन जीने की प्रेरणा देता है।

लेखक परिचय

'प्रह्लाद अग्रवाल' का जन्म वर्ष 1947 में मध्य प्रदेश के जबलपुर शहर में हुआ। इन्होंने हिंदी से एम.ए. तक शिक्षा प्राप्त की। इन्हें किशोरावस्था से ही हिंदी फ़िल्मों के इतिहास और फ़िल्मकारों के जीवन और उनके अभिनय के बारे में विस्तार से जानने का तथा उस पर चर्चा करने का शौक रहा।

इन्होंने फ़िल्म क्षेत्र से जुड़े लोगों और फ़िल्मों पर बहुत कुछ लिखा है और आगे भी इसी क्षेत्र में लिखने के लिए कार्यरत हैं। इन दिनों वे सतना के 'शासकीय स्वशासी स्नातकोत्तर महाविद्यालय' में प्राध्यापन कर रहे हैं। इनकी प्रमुख कृतियाँ हैं—सातवाँ दशक, तानाशाह, मैं खुशबू, सुपर स्टार, राज कपूर : आधी हकीकत आधा फ़साना, कवि शैलेंद्र : ज़िंदगी की जीत में यकीन, प्यासा : चिर अतृप्त गुरुदत्त, उत्ताल उमंग : सुभाष घई की फ़िल्मकला, ओ रे माँझी : बिमल राय का सिनेमा और महाबाज़ार के महानायक : इक्कीसवीं सदी का सिनेमा।

पाठ का सार

राज कपूर की सफलता एवं आत्मविश्वास

जब राज कपूर की फ़िल्म 'संगम' को सफलता मिली, तो वह इससे बहुत उत्साहित थे। इस अवसर पर उन्होंने एक साथ चार फ़िल्मों के निर्माण की घोषणा की—'मेरा नाम जोकर', 'अजंता', 'मैं और मेरा दोस्त' तथा 'सत्यम् शिवम् सुंदरम्'। उस समय राज कपूर ने यह सोचा भी नहीं होगा कि उन्हें 'मेरा नाम जोकर' के एक भाग को बनाने में ही छः वर्ष लग जाएँगे। इन छः वर्षों के अंतराल में राज कपूर द्वारा अभिनीत कई फ़िल्में प्रदर्शित हुईं, जिनमें वर्ष 1966 में प्रदर्शित **'तीसरी कसम उर्फ़ मारे गए गुलफ़ाम'** भी शामिल है। इस फ़िल्म का निर्माण प्रसिद्ध कवि शैलेंद्र ने किया था। राज कपूर ने इस फ़िल्म में अपने जीवन का सर्वश्रेष्ठ अभिनय किया था।

'तीसरी कसम' फ़िल्म

यह फ़िल्म मात्र एक फ़िल्म न होकर सैल्यूलाइड पर लिखी एक कविता थी, जो शैलेंद्र के जीवन की पहली और अंतिम फ़िल्म थी। इस फिल्म को 'राष्ट्रपति स्वर्ण पदक' सम्मान प्राप्त हुआ। इसके पश्चात् इसे बंगाल फ़िल्म जर्नलिस्ट एसोसिएशन का सर्वश्रेष्ठ फ़िल्म का पुरस्कार मिला। यही नहीं, इसे मास्को फ़िल्म फेस्टिवल में भी पुरस्कार मिला। इस फ़िल्म की कहानी गहरी संवेदनशीलता को पूरी शिद्दत के साथ प्रस्तुत करने में सक्षम थी। शैलेंद्र ने अपने प्रिय मित्र राज कपूर की भावनाओं को शब्द दिए थे और राज कपूर ने इस फ़िल्म में उत्कृष्ट अभिनय किया था।

'तीसरी कसम' की शुरुआत

कहा जाता है कि जब शैलेंद्र राज कपूर के पास इस फ़िल्म की कहानी लेकर गए थे, तो राज कपूर ने इस प्रस्ताव पर उत्साह दिखाते हुए कहा कि वह इस फ़िल्म में काम करेंगे, लेकिन शैलेंद्र यह सुनकर हैरान रह गए कि राज कपूर ने इस फ़िल्म में अभिनय करने के लिए अपना पूरा पारिश्रमिक अग्रिम (पहले, एडवांस में) ही माँग लिया। अपने मित्र की बात सुनकर शैलेंद्र का चेहरा उतर गया तो राज कपूर ने कहा

कि वह पारिश्रमिक तो लेंगे, लेकिन उन्होंने अपना पारिश्रमिक मात्र 'एक रुपया' बताया। इस प्रकार राज कपूर ने इस फ़िल्म में केवल नाममात्र का पारिश्रमिक लिया और खुशी-खुशी काम करने को तैयार हो गए।

आदर्शवादी और भावुकता से भरे कवि

शैलेंद्र इस बात को जानते थे कि वह फ़िल्म निर्माता बनने के योग्य नहीं हैं। राज कपूर ने उन्हें इस विषय में बता भी दिया था कि फ़िल्म निर्माण में अनेक प्रकार के खतरे हैं। शैलेंद्र पर इन बातों का कोई प्रभाव नहीं पड़ा। उन्हें न धन संपत्ति की अभिलाषा थी और न ही कोई सम्मान चाहिए था। वह तो केवल इस फ़िल्म को बनाकर आत्मसंतुष्टि प्राप्त करना चाहते थे।

'तीसरी कसम' के विषय में यह बता देना उल्लेखनीय होगा कि राज कपूर, वहीदा रहमान, शंकर-जयकिशन आदि प्रसिद्ध कलाकारों के होने के बाद भी इस फ़िल्म को खरीदने के लिए कोई वितरक तक नहीं मिला था, क्योंकि लाभ कमाने वाले वितरक इस फ़िल्म की संवेदना को समझ नहीं सके थे। यही कारण है कि न तो इस फ़िल्म का सही तरीके से प्रचार ही हुआ और न ही सही प्रकार से प्रदर्शन ही हो सका।

शैलेंद्र और फ़िल्मों में साहित्य

शैलेंद्र को एक ऐसे व्यक्ति के रूप में जाना जाता है, जो बीस साल से फ़िल्म इंडस्ट्री में होने और वहाँ के काम के तौर-तरीके जानने के बाद भी अपनी इंसानियत को बचाकर रख सके थे। उनके द्वारा लिखे गए एक गीत की एक पंक्ति में मौजूद—'दसों दिशाओं' शब्द पर संगीतकार-जयकिशन ने आपत्ति प्रकट की कि लोग 'चार दिशाएँ' समझ सकते हैं, 'दस दिशाएँ' नहीं। शैलेंद्र ने जयकिशन की बात नहीं मानी। उनका कहना था कि कलाकार का कर्त्तव्य यह है कि वह दर्शकों की रुचि में सुधार करे।

शैलेंद्र ने अपनी लेखनी में कभी भी झूठे अभिजात्य को नहीं अपनाया। उनके गीत भावनामय होने के साथ-साथ सरल होते थे, जो आसानी से लोगों की जुबान पर चढ़ जाते थे। यही कारण है कि वह 'मेरा जूता है जापानी' जैसा लोकप्रिय और सुरीला गीत लिख पाए, जो वर्षों तक लोगों की जुबान पर चढ़ा रहा।

'तीसरी कसम' और साहित्य का समन्वय

'तीसरी कसम' फ़िल्म उन फ़िल्मों में से एक है, जिन्होंने साहित्य के साथ पूरा न्याय किया। शैलेंद्र ने इस फ़िल्म में गाड़ीवान हीरामन पर राज कपूर को हावी नहीं होने दिया, अपितु राज कपूर ही हीरामन बन गए। यही नहीं, उन्होंने प्रसिद्ध अभिनेत्री वहीदा रहमान को सस्ती छींट की साड़ी में लिपटी हुई हीराबाई बनाकर प्रस्तुत किया, जिसने हीरामन का मनमोह लिया था।

भारतीय फ़िल्मों में 'तीसरी कसम' का महत्त्व

भारतीय फ़िल्मों की सबसे बड़ी कमज़ोरी होती है—उनमें लोक-तत्त्व का अभाव। यह कहा जाता है कि भारतीय फ़िल्में ज़िंदगी से दूर होती हैं और यदि किसी फ़िल्म में जीवन के दु:खद पक्ष का चित्रण किया भी जाता है, तो उन्हें ग्लोरिफ़ाई किया जाता है अर्थात् उसे बढ़ा-चढ़ाकर प्रस्तुत किया जाता है ताकि दर्शकों का भावनात्मक शोषण किया जा सके। 'तीसरी कसम' की सबसे बड़ी और महत्त्वपूर्ण खूबी यह थी कि इसमें दिखाया गया दु:ख स्वाभाविक-सा लगता है, नाटकीय नहीं।

कवि रूप में शैलेंद्र

शैलेंद्र गीतकार नहीं, अपितु कवि थे और उन्होंने जीवन को एक कवि के रूप में ही जिया। यही कारण है कि सिनेमा की चकाचौंध भरी ज़िंदगी में भी वह यश, धन-लिप्सा आदि से कोसों दूर रहे। जो बात उनके जीवन में थी, वही उनके गीतों में भी। उनके गीतों में विद्यमान व्यथा व्यक्ति को पराजित नहीं करती, अपितु आगे बढ़ने का संदेश देती है। उन्होंने 'तीसरी कसम' में अपने एक गीत को इस प्रकार प्रस्तुत किया है

> ''सजनवा बैरी हो गए हमार चिठिया हो तो हर कोई बाँचै भाग न बाँचै कोय...।''

अभिनय और 'तीसरी कसम' के राज कपूर

अभिनय के दृष्टिकोण से 'तीसरी कसम' राज कपूर के जीवन की सबसे बेहतरीन फ़िल्म है। इस फ़िल्म में 'हीरामन' की भूमिका में उन्होंने मासूमियत के चरमोत्कर्ष को छू लिया था। यह भी कहा जाता है कि इस फ़िल्म में उनकी भूमिका 'जागते रहो' से भी अच्छी है। ऐसा लगता है जैसे राज कपूर 'तीसरी कसम' के 'हीरामन' के साथ एकाकार हो गए हैं, जो एक खालिस देहाती गाड़ीवान है और केवल दिल की ज़ुबान समझता है, दिमाग की नहीं। उसके लिए मोहब्बत के अतिरिक्त किसी दूसरी चीज़ का कोई अर्थ नहीं है।

राज कपूर शोमैन के रूप में

उस समय तक राज कपूर एशिया के सबसे बड़े शोमैन के रूप में स्थापित हो चुके थे और उनका अपना व्यक्तित्व एक कहावत बन चुका था, लेकिन 'तीसरी कसम' में वह महिमामय व्यक्तित्व पूरी तरह 'हीरामन' की आत्मा में उतर गया है। वह 'हीराबाई' की फेनू-गिलासी बोली पर रीझता हुआ उसकी भोली सूरत पर न्यौछावर हो जाता है। 'तीसरी कसम' की पटकथा मूल कहानी के लेखक फणीश्वरनाथ 'रेणु' ने स्वयं तैयार की थी। यही कारण है कि कहानी का रेशा-रेशा, उसकी छोटी-से-छोटी बारीकी भी फ़िल्म में पूरी तरह से उतर आई है। फिल्म के गीत के बोल जीवन की सार्थकता का महत्त्व बताते हैं—सजन रे झूठ मत बोलो, खुदा के पास जाना है न हाथी है न घोड़ा है वहाँ पैदल ही जाना है।

शब्दार्थ

शब्द	हिंदी अर्थ
शिल्पकार	रचनाकार, डिज़ाइन बनाने वाला व्यक्ति
अंतराल	के बाद
अभिनीत	अभिनय किया गया
सर्वोत्कृष्ट	सबसे अच्छा
मार्मिक	मन को छू लेने वाली
सैल्यूलाइड	कैमरे की रील में उतारकर चित्र पर प्रस्तुत करना
सार्थकता	उपयुक्तता या अर्थपूर्ण उपलब्धि
कलात्मकता	कला से परिपूर्ण
संवेदनशीलता	भावुकता
शिद्दत	मन की पूरी तीव्रता से
कविहृदय	वह व्यक्ति जिसका हृदय कवियों की भाँति कोमल और कल्पना से भरा हुआ हो
अनन्य	परम
तन्मयता	तल्लीनता
पारिश्रमिक	मेहनताना
अपेक्षा	आशा
याराना मस्ती	दोस्ताना अंदाज़
व्यावसायिक सूझबूझ	व्यवसाय या काम-धाम की समझ
आत्म-संतुष्टि	अपनी तसल्ली
बमुश्किल	कठिनाई से

शब्द	हिंदी अर्थ
वितरक	प्रसारित करने वाले लोग
नामज़द	विख्यात
दो से चार बनाने का गणित	धन को बहुत जल्दी से बढ़ाने की कला
नावाकिफ़	अनजान
इकरार	सहमति
उथलापन	सतही
उपभोक्ता	फ़िल्म के दर्शक, किसी वस्तु को उपभोग करने वाला
परिष्कार	सुधार
अभिजात्य	परिष्कृत
भाव-प्रवण	भावनाओं से भरा हुआ
दुरूह	कठिन
शत-प्रतिशत	पूरी तरह से
उकड़ू	घुटने मोड़कर पैर के तलवों के सहारे बैठ जाना
सूक्ष्मता	बारीकी
स्पंदित	भावना से भरी हुई
लालायित	इच्छुक
टप्पर-गाड़ी	अर्द्धगोलाकार छप्पर युक्त बैलगाड़ी
हुजूम	भीड़
डोलिया	डोली

शब्द	हिंदी अर्थ
नौटंकी	नाटक
बाई	काम करने वाली
सरल-हृदय	जिसका दिल बहुत सीधा, सरल और भोला हो
सपनीले	सपनों में देखे गए
कहकहे	ठहाके
लोक-तत्त्व	लोक-भावना
त्रासद स्थितियाँ	भयानक घटनाएँ
चित्रांकन	चित्र खींचना
ग्लोरिफ़ाई करना	महिमामंडित करना, प्रशंसा करना, बढ़ा-चढ़ा कर कहना
जीवन-सापेक्ष	जीवन से संबंध रखने वाली
धन-लिप्सा	धन की चाह
भावप्रवणता	संवेदनशीलता
बाँचै	पढ़ना
दृष्टिकोण	विचार या नजरिया
समीक्षक	गुण-दोष पर विचार करने वाला
खालिस	पूरी, शुद्ध
भुच्च	निरा, बिलकुल
मुकाम	मंजिल
शोमैन	बहुत बड़ा स्थापित कलाकार
किंवदंती	कहावत

NCERT फोल्डर

पाठ्यपुस्तक (स्पर्श भाग-2) के प्रश्नोत्तर

मौखिक

निम्नलिखित प्रश्नों के उत्तर एक-दो पंक्तियों में दीजिए

प्र.1 'तीसरी कसम' फ़िल्म को कौन-कौन से पुरस्कारों से सम्मानित किया गया है? CBSE 2010

उत्तर 'तीसरी कसम' नामक फ़िल्म को निम्नलिखित पुरस्कारों से सम्मानित किया गया

(i) राष्ट्रपति स्वर्णपदक।
(ii) बंगाल जर्नलिस्ट एसोसिएशन का सर्वश्रेष्ठ फ़िल्म पुरस्कार।
(iii) मास्को फ़िल्म फेस्टिवल पुरस्कार।

प्र.2 शैलेंद्र ने कितनी फ़िल्में बनाईं?

उत्तर शैलेंद्र ने अपने जीवन में केवल एक ही फ़िल्म का निर्माण किया, जिसका नाम था—'तीसरी कसम'। यह उनकी पहली और अंतिम फ़िल्म थी।

प्र.3 राज कपूर द्वारा निर्देशित कुछ फ़िल्मों के नाम बताइए। CBSE 2015

उत्तर राज कपूर द्वारा निर्देशित कुछ फ़िल्मों के नाम हैं—मेरा नाम जोकर, बॉबी, सत्यम् शिवम् सुंदरम् आदि।

प्र.4 'तीसरी कसम' फ़िल्म के नायक व नायिकाओं के नाम बताइए और फ़िल्म में इन्होंने किन पात्रों का अभिनय किया है?
दक्षता आधारित प्रश्न

उत्तर 'तीसरी कसम' फ़िल्म के नायक हिंदी सिनेमा के शोमैन राज कपूर तथा नायिका वहीदा रहमान थी। इस फ़िल्म में राज कपूर ने हीरामन नामक गाड़ीवान का अभिनय किया और वहीदा रहमान ने हीराबाई नामक नौटंकी कलाकार का अभिनय किया है।

प्र.5 फ़िल्म 'तीसरी कसम' का निर्माण किसने किया था?
CBSE 2016, 10

उत्तर फ़िल्म 'तीसरी कसम' का निर्माण प्रसिद्ध गीतकार एवं कवि शैलेंद्र ने किया था।

प्र.6 राज कपूर ने 'मेरा नाम जोकर' के निर्माण के समय किस बात की कल्पना भी नहीं की थी?

उत्तर राज कपूर ने 'मेरा नाम जोकर' के निर्माण के समय इस बात की कल्पना भी नहीं की थी कि इस फ़िल्म के पहले अंश के निर्माण में ही उन्हें छः साल का समय लग जाएगा।

प्र.7 राज कपूर की किस बात पर शैलेंद्र का चेहरा मुरझा गया?
CBSE 2010

उत्तर जब राज कपूर ने शैलेंद्र से मज़ाक में यह कहा कि वह तो इस फ़िल्म का पारिश्रमिक एडवांस में लेंगे, तो यह सुनकर शैलेंद्र का चेहरा मुरझा गया।

प्र.8 फ़िल्म समीक्षक राज कपूर को किस तरह का कलाकार मानते थे?
CBSE 2016, 11

उत्तर फ़िल्म समीक्षक राज कपूर को एक ऐसा कुशल कलाकार मानते थे, जो आँखों से बातें किया करता था।

लिखित

(क) निम्नलिखित प्रश्नों के उत्तर (25-30 शब्दों में) लिखिए

प्र.1 'तीसरी कसम' फ़िल्म को "सैल्यूलाइड पर लिखी कविता" क्यों कहा गया है?
दक्षता आधारित प्रश्न, CBSE 2011, 10

उत्तर 'तीसरी कसम' फ़िल्म को "सैल्यूलाइड पर लिखी कविता" इसलिए कहा गया है, क्योंकि यह एक भावपूर्ण फ़िल्म थी। यह मात्र एक कहानी न होकर फ़िल्मी रील पर लिखी हुई एक कविता थी, जो अत्यंत संवेदनशील और मानवीय गुणों से ओतप्रोत थी।

प्र.2 'तीसरी कसम' फ़िल्म को खरीदार क्यों नहीं मिल रहे थे?
CBSE 2010

उत्तर 'तीसरी कसम' फ़िल्म को खरीदार इसलिए नहीं मिल रहे थे, क्योंकि इस फ़िल्म में ऐसा कुछ नहीं था, जो अन्य सामान्य फ़िल्मों में होता है। यह शुद्ध रूप से एक साहित्यिक रचना पर आधारित फ़िल्म थी, जिसमें करुणा को स्थान दिया गया था। फ़िल्म के वितरक उसके साहित्यिक महत्त्व और गौरव को समझ नहीं सकते थे।

प्र.3 शैलेंद्र के अनुसार कलाकार का कर्त्तव्य क्या है? **CBSE 2011, 10**

उत्तर शैलेंद्र के अनुसार कलाकार का कर्त्तव्य यह है कि वह दर्शकों की रुचि के नाम पर फ़िल्म में भोंडापन (अशिष्टता) और निम्न-स्तरीय सामग्री पेश न करे। यह कलाकार का कर्तव्य है कि वह दर्शकों की रुचि का स्तर ऊँचा करे और उसी के अनुसार फ़िल्म का निर्माण करे।

प्र.4 फ़िल्मों में त्रासद स्थितियों का चित्रांकन ग्लोरिफ़ाई क्यों कर दिया जाता है?
CBSE 2010

उत्तर हिंदी फ़िल्मों में त्रासद स्थितियों का चित्रांकन ग्लोरिफ़ाई इसलिए कर दिया जाता है, ताकि ग्लोरिफ़ाई करने से उपजी नाटकीयता के कारण दर्शक उस फ़िल्म को देखने के लिए सिनेमा हॉल तक आएँ और फ़िल्म के टिकटों की बिक्री बढ़े, जिससे उन्हें फ़ायदा पहुँचे।

प्र.5 "शैलेंद्र ने राज कपूर की भावनाओं को शब्द दिए हैं"—इस कथन से आप क्या समझते हैं? स्पष्ट कीजिए।
CBSE 2011, 10

उत्तर राज कपूर एक संवेदनशील कलाकार एवं फ़िल्म निर्माता थे। वह स्वयं भी एक संवेदनशील और गंभीर विषय पर फ़िल्म बनाना चाहते थे। ऐसे में जब गीतकार शैलेंद्र ने 'तीसरी कसम' फ़िल्म का निर्माण किया तो ऐसा लगा, जैसे उन्होंने राज कपूर की भावनाओं को शब्द दिए हैं।

प्र.6 लेखक ने राज कपूर को एशिया का सबसे बड़ा शोमैन कहा है। शोमैन से आप क्या समझते हैं?
CBSE 2010

उत्तर शोमैन का अर्थ है—एक ऐसा व्यक्ति जो कला, गुण, व्यक्तित्व व आकर्षण में सबसे अलग दिखाई देता हो और अपने इन गुणों के कारण लोकप्रिय भी हो। राज कपूर में ये सब गुण विद्यमान थे, इसी कारण लेखक ने उन्हें एशिया का सबसे बड़ा शोमैन कहा है।

प्र.7 फ़िल्म 'श्री 420' के गीत 'रातें दसों दिशाओं से कहेंगी अपनी कहानियाँ' पर संगीतकार जयकिशन ने आपत्ति क्यों की?
CBSE 2016, 10

उत्तर फ़िल्म 'श्री 420' के गीत 'रातें दसों दिशाओं से कहेंगी अपनी कहानियाँ' पर संगीतकार जयकिशन ने आपत्ति इसलिए की, क्योंकि उन्हें लगता था कि 'दसों दिशाओं' के स्थान पर यदि 'चारों दिशाओं' शब्द प्रयुक्त किए गए तो इसे आम जनता जल्दी समझेगी तथा गीत अधिक लोकप्रिय होगा।

(ख) निम्नलिखित प्रश्नों के उत्तर (50-60 शब्दों में) लिखिए

प्र.1 राज कपूर द्वारा फ़िल्म की असफलता के खतरों से आगाह करने पर भी शैलेंद्र ने यह फ़िल्म क्यों बनाई?
CBSE 2015, 10

उत्तर राज कपूर हिंदी सिनेमा के एक लोकप्रिय व सफल अभिनेता एवं निर्माता-निर्देशक थे। वह जानते थे कि शैलेंद्र को वितरक नहीं मिल पाएँगे और उन्हें आर्थिक नुकसान होगा। इसलिए उन्होंने शैलेंद्र को इसके खतरों से आगाह करते हुए फ़िल्म बनाने से मना किया, परंतु शैलेंद्र इस फ़िल्म को हानि-लाभ से ऊपर उठकर देख रहे थे। वह आदर्शवाद से प्रेरित थे और अपने मन को संतुष्ट करने के लिए इस फ़िल्म को बनाना चाहते थे। इसी कारण उन्होंने यह फ़िल्म बनाई।

प्र.2 'तीसरी कसम' में राज कपूर का महिमामय व्यक्तित्व किस तरह हीरामन की आत्मा में उतर गया है? स्पष्ट कीजिए।
दक्षता आधारित प्रश्न

उत्तर 'तीसरी कसम' फ़िल्म का नायक 'हीरामन' खालिस देहाती गाड़ीवान है, जो मोहब्बत से भरी ज़ुबान को अच्छी तरह से समझता है। वह नौटंकी में काम करने वाली अदाकारा हीराबाई पर रीझ जाता है। राज कपूर ने इस चरित्र को इतनी अच्छी तरह से निभाया कि कहीं पर यह लगा ही नहीं कि यह गाड़ीवान हीरामन नहीं, बल्कि राज कपूर हैं। राज कपूर ने स्वयं को इस चरित्र में इस तरह मिला दिया कि ऐसा लगा जैसे उनका महिमामय व्यक्तित्व हीरामन की आत्मा में उतर गया है।

प्र.3 लेखक ने ऐसा क्यों लिखा है कि 'तीसरी कसम' ने साहित्य-रचना के साथ शत-प्रतिशत न्याय किया है? **CBSE 2011, 10**

उत्तर लेखक 'तीसरी कसम' फ़िल्म से बहुत प्रभावित है। वास्तव में साहित्यिक रचनाओं पर बनने वाली फ़िल्में फ़िल्मी चाल-चलन के अनुरूप बनाई जाती हैं। शैलेंद्र द्वारा निर्मित फ़िल्म 'तीसरी कसम' भी साहित्यिक रचना पर आधारित फ़िल्म थी। शैलेंद्र ने इस बात का ध्यान रखा कि उसके साहित्यिक स्वरूप के साथ छेड़छाड़ न हो। उन्होंने साहित्य की मूल भावना और संवेदना से छेड़छाड़ नहीं की। इसी कारण लेखक ने लिखा है कि 'तीसरी कसम' ने साहित्य-रचना के साथ शत-प्रतिशत न्याय किया है।

प्र.4 शैलेंद्र के गीतों की क्या विशेषताएँ हैं? अपने शब्दों में लिखिए। **CBSE 2010**

उत्तर शैलेंद्र के गीतों की निम्नलिखित विशेषताएँ हैं

(i) शैलेंद्र के अधिकांश गीतों में भावना को प्रधानता दी गई है।

(ii) संवेदनशील और भावनात्मक होते हुए भी इन गीतों के बोल कठिन नहीं होते। अच्छे विचार, मनोरंजक और आम बोलचाल के होने के कारण लोगों के दिल और ज़ुबान पर अच्छी तरह चढ़ जाते हैं।

(iii) शैलेंद्र के गीतों को समाज का हर वर्ग अपने दिल के करीब पाता है।

(iv) शैलेंद्र के गीतों में शब्दों से खेल इस प्रकार होता है कि नया होने के बाद भी वह श्रोताओं और दर्शकों को पसंद आता है। 'चार दिशाओं' के स्थान पर 'दसों दिशाओं' वाला उदाहरण इस बात का प्रत्यक्ष प्रमाण है।

(v) उनके गीत करुण रस प्रधान होते हुए भी श्रोता को परिस्थिति से पराजय मानने को विवश नहीं करते, अपितु उनका डटकर सामना करने को प्रेरित करते हैं।

प्र.5 फ़िल्म निर्माता के रूप में शैलेंद्र की विशेषताओं पर प्रकाश डालिए। **CBSE 2010**

उत्तर फिल्म निर्माता के रूप में शैलेंद्र का महत्त्व विशिष्ट है। वे निर्माता होते हुए भी साहित्यिक बने रहे। वे फ़िल्मी चकाचौंध में रहते हुए भी यश और धन लिप्सा से दूर बने रहे। उन्होंने फ़िल्मों को गहरा साहित्यिक बनाने का प्रयत्न किया। उन्होंने फ़िल्म में सस्तापन लाने के अतिरिक्त दर्शकों को संस्कारित करने का प्रयास किया। उनकी फिल्में कविता जैसी सघन, गहन और प्रभावी थीं, तभी उनकी कला-फिल्म को अनेक पुरस्कार मिले।

प्र.6 शैलेंद्र के निजी जीवन की छाप उनकी फ़िल्म में झलकती है—कैसे? स्पष्ट कीजिए। **CBSE 2018, 10**

उत्तर शैलेंद्र गंभीर, संवेदनशील, उदार स्वभाव, शांत जीवन जीने वाले तथा नाम और दाम से दूर रहने वाले कवि-हृदय व्यक्ति थे। उन्होंने निजी जीवन के विचारों को अपने फ़िल्मी करियर में भी लागू किया। उन्हें साहित्य की गहरी समझ थी। वे उच्च मानवीय मूल्यों का दिल से सम्मान करते थे। यदि वह कोई मसालेदार फ़िल्म बनाते तो बहुत पैसा कमा सकते थे, लेकिन 'तीसरी कसम' फ़िल्म बनाते समय उन्होंने अपने कवि-हृदय और साहित्यिक संस्कारों का ध्यान रखा।

प्र.7 लेखक के इस कथन से कि 'तीसरी कसम' फ़िल्म कोई सच्चा कवि-हृदय ही बना सकता था, आप कहाँ तक सहमत हैं? स्पष्ट कीजिए। **दक्षता आधारित प्रश्न**

उत्तर मैं लेखक के इस कथन से पूरी तरह सहमत हूँ। शैलेंद्र मूल रूप से एक कवि थे, जिनका हृदय कोमल भावों और संवेदनाओं से भरा हुआ था। 'तीसरी कसम' फ़िल्म के निर्माण के समय भी शैलेंद्र ने लाभ-हानि के विचार को त्यागकर अपने कवि-हृदय को ही आगे रखा था। उन्होंने अपनी पहली और अंतिम फ़िल्म की कहानी के लिए फणीश्वरनाथ 'रेणु' जैसे संवेदनशील लेखक की रचना को चुना। उन्होंने रचना के मूलभाव से कोई छेड़छाड़ नहीं की, जिसके कारण वितरक फ़िल्म को खरीदने के लिए तैयार नहीं हुए, क्योंकि वे मसालेदार फ़िल्मों से लाभ कमाना चाहते थे।

(ग) निम्नलिखित के आशय स्पष्ट कीजिए

प्र.1 "......... वह तो एक आदर्शवादी भावुक कवि था, जिसे अपार संपत्ति और यश तक की इतनी कामना नहीं थी कि जितनी आत्मसंतुष्टि के सुख की अभिलाषा थी।" **CBSE 2016, 10**

उत्तर शैलेंद्र की यह विशेषता थी कि वे आदर्शवादी भावुक कवि थे। उन्होंने कोई भी कार्य करते समय आत्म-संतुष्टि को विशेष महत्त्व दिया। उन्हें अपने कार्य के बदले अपार संपत्ति और यश मिले, इसकी इच्छा उन्होंने कभी नहीं की।

प्र.2 "उनका यह दृढ़ मंतव्य था कि दर्शकों की रुचि की आड़ में हमें उथलेपन को उन पर नहीं थोपना चाहिए। कलाकार का यह कर्त्तव्य भी है कि वह उपभोक्ता की रुचियों का परिष्कार करने का प्रयत्न करे।" **दक्षता आधारित प्रश्न**

उत्तर शैलेंद्र अपनी कला के माध्यम से समाज को अच्छे संस्कार देने में विश्वास करते थे। इसी कारण फ़िल्म का निर्माण करते समय संगीतकार जयकिशन द्वारा गीत की पंक्ति बदल देने की बात को उन्होंने नहीं माना। उनका विचार था कि एक कलाकार का यह भी कर्त्तव्य है कि वह दर्शकों की रुचियों में सुधार करने की कोशिश भी करे।

प्र.3 "व्यथा आदमी को पराजित नहीं करती, उसे आगे बढ़ने का संदेश देती है।" आशय स्पष्ट कीजिए।

उत्तर शैलेंद्र द्वारा लिखे गीत दु:ख और करुणा व्यक्ति को जीवन से निराश होने का संदेश नहीं देती, अपितु वह उसे कठिनाइयों से घबराए बिना आगे बढ़ने का संदेश देती है।

प्र.4 "दरअसल इस फिल्म की संवेदना किसी दो से चार बनाने वाले की समझ से परे है।" **CBSE 2019, 10**

उत्तर शैलेंद्र ने 'तीसरी कसम' फ़िल्म का निर्माण करते समय लाभ-हानि के विचार को त्यागकर उसमें संवेदनाओं को प्रमुखता दी, जिसके कारण उनकी फिल्म में मसाले की कमी रही। इसी कारण केवल लाभ कमाने वाले वितरक इस फिल्म की संवेदना को नहीं समझ सके।

प्र.5 "उनके गीत भाव-प्रवण थे–दुरूह नहीं।"

उत्तर शैलेंद्र द्वारा लिखे गीत भावनाओं से भरे हुए थे, लेकिन वे समझने में कठिन नहीं थे। आम जनता उन्हें आसानी से समझ लेती थी और वे उनके होंठों पर चढ़कर गूँजते थे।

भाषा-अध्ययन

प्र.1 पाठ में आए 'से' विभिन्न प्रयोगों से वाक्य की संरचना को समझिए

(क) राजकपूर ने एक अच्छे और सच्चे मित्र की हैसियत से शैलेंद्र को फ़िल्म की असफलता के खतरों से आगाह भी किया।

(ख) रातें दसों दिशाओं से कहेंगी अपनी कहानियाँ।

(ग) फ़िल्म इंडस्ट्री में रहते हुए भी वहाँ के तौर-तरीकों से नावाकिफ़ थे।

(घ) दरअसल इस फ़िल्म की संवेदना किसी दो से चार बनाने के गणित जानने वाले की समझ से परे थी।

(ङ) शैलेंद्र, राज कपूर की इस याराना दोस्ती से परिचित तो थे।

उत्तर छात्रों के ज्ञानवर्द्धन हेतु।

प्र.2 इस पाठ में आए निम्नलिखित वाक्यों की संरचना पर ध्यान दीजिए

(क) 'तीसरी कसम' फ़िल्म नहीं, सैल्यूलाइड पर लिखी कविता थी।

(ख) उन्होंने ऐसी फ़िल्म बनाई थी, जिसे सच्चा कवि-हृदय ही बना सकता था।

(ग) फ़िल्म कब आई, कब चली गई, मालूम ही नहीं पड़ा।

(घ) खालिस देहाती भुच्च गाड़ीवान जो सिर्फ़ दिल की जुबान समझता है, दिमाग की नहीं।

उत्तर छात्रों के ज्ञानवर्द्धन हेतु।

प्र.3 पाठ में आए निम्नलिखित मुहावरों से वाक्य बनाइए
चेहरा मुरझाना, चक्कर खा जाना, दो से चार बनाना, आँखों से बोलना।

उत्तर (क) **चेहरा मुरझाना** मनपसंद खाना न मिलने के कारण राजेश का चेहरा मुरझा गया।

(ख) **चक्कर खा जाना** शहर की ऊँची-ऊँची इमारतें देखकर गाँव का युवक चक्कर खा गया।

(ग) **दो से चार बनाना** रमेश ने जब से नौकरी पाई है, तब से वह दो से चार बनाने का महारथी हो गया है।

(घ) **आँखों से बोलना** प्रत्येक शास्त्रीय नृत्यांगना में आँखों से बोलने की कला होती है। **CBSE 2020**

प्र.4 निम्नलिखित शब्दों के हिंदी पर्याय दीजिए

उत्तर

(क) शिद्दत	कठिनाई	(ख) याराना	दोस्ती
(ग) बमुश्किल	अत्यधिक जटिल	(घ) खालिस	शुद्ध
(ङ) नावाकिफ़	अपरिचित	(च) यकीन	विश्वास
(छ) हावी	प्रभाव	(ज) रेशा	कण

प्र.5 निम्नलिखित का संधि-विच्छेद कीजिए

उत्तर

	शब्द		संधि		विच्छेद
(क)	चित्रांकन	–	चित्र	+	अंकन
(ख)	सर्वोत्कृष्ट	–	सर्व	+	उत्कृष्ट
(ग)	चरमोत्कर्ष	–	चर्म	+	उत्कर्ष
(घ)	रूपांतरण	–	रूप	+	अंतरण
(ङ)	घनानंद	–	घन	+	आनंद

प्र.6 निम्नलिखित का समास विग्रह कीजिए और समास का नाम भी लिखिए

उत्तर

(क)	कला-मर्मज्ञ	कला का मर्मज्ञ	*(संबंध तत्पुरुष)*
(ख)	लोकप्रिय	लोक में प्रिय	*(अधिकरण तत्पुरुष)*
(ग)	राष्ट्रपति	राष्ट्र का पति	*(संबंध तत्पुरुष)*

योग्यता विस्तार

प्र.1 फणीश्वरनाथ रेणु की किस कहानी पर 'तीसरी कसम' फ़िल्म आधारित है, जानकारी प्राप्त कीजिए और मूल रचना पढ़िए।

उत्तर छात्र स्वयं करें।

प्र.2 समाचार पत्रों में फ़िल्मों की समीक्षा दी जाती है। किन्हीं तीन फ़िल्मों की समीक्षा पढ़िए और 'तीसरी कसम' फ़िल्म को देखकर इस फ़िल्म की समीक्षा स्वयं लिखने का प्रयास कीजिए।

उत्तर छात्र स्वयं करें।

परियोजना कार्य

प्र.1 फ़िल्मों के संदर्भ में आपने अकसर यह सुना होगा– "जो बात पहले की फ़िल्मों में थी, वह अब कहाँ" वर्तमान दौर की फ़िल्मों में क्या समानता और अंतर है? कक्षा में चर्चा कीजिए।

उत्तर छात्र स्वयं करें।

प्र.2 'तीसरी कसम' जैसी और भी फ़िल्में हैं, जो किसी भाषा की साहित्यिक रचना पर बनी हैं। ऐसी फ़िल्मों की सूची निम्नांकित प्रपत्र के आधार पर तैयार करें।

क्र.सं.	फ़िल्म का नाम	साहित्यिक रचना	भाषा	रचनाकार
1.	देवदास	देवदास	बांग्ला	शरत्चंद्र
2.	....	....	....	....
3.	....	....	....	....
4.	....	....	....	....

उत्तर छात्र स्वयं करें।

प्र.3 लोकगीत हमें अपनी संस्कृति से जोड़ते हैं। 'तीसरी कसम' फ़िल्म में लोकगीतों का प्रयोग किया गया है। आप भी अपने क्षेत्र के प्रचलित दो-तीन लोकगीतों को एकत्र कर परियोजना कॉपी पर लिखिए।

उत्तर छात्र स्वयं करें।

अभ्यास प्रश्न

बहुविकल्पीय व वर्णनात्मक प्रश्नों सहित

पाठ पर आधारित बहुविकल्पीय प्रश्न

1. किस फिल्म की सफलता पर राजकपूर उत्साहित थे?

(i) अजंता (ii) संगम
(iii) सत्यम् शिवम् सुंदरम् (iv) मेरा नाम जोकर

उत्तर (ii) संगम

2. 'मेरा नाम जोकर' फिल्म के एक भाग को बनाने में ही राजकपूर को कितना समय लग गया?

(i) छः वर्ष का समय (ii) दो वर्ष का समय
(iii) चार वर्ष का समय (iv) पाँच वर्ष का समय

उत्तर (i) छः वर्ष का समय

3. 'तीसरी कसम' फिल्म किस वर्ष प्रदर्शित हुई थी?

(i) वर्ष 1969 (ii) वर्ष 1968
(iii) वर्ष 1967 (iv) वर्ष 1966

उत्तर (iv) वर्ष 1966

4. उत्कृष्ट होते हुए भी तीसरी कसम फिल्म सिनेमाघरों में क्यों नहीं लगी। CBSE 2023

(i) फिल्म की संवेदनाओं का प्रचार न होने के कारण
(ii) अच्छी सीटों के अभाव के कारण
(iii) फिल्म में कमज़ोर अभिनय के कारण
(iv) फिल्म की कमज़ोर पटकथा के कारण

उत्तर (i) फिल्म की संवेदनाओं का प्रचार न होने के कारण

5. 'तीसरी कसम' फिल्म में किसने अपने जीवन का सर्वश्रेष्ठ अभिनय किया था?

(i) शैलेंद्र ने (ii) राजकपूर ने
(iii) फिल्म इंडस्ट्री ने (iv) गाँव की स्त्री ने

उत्तर (ii) राजकपूर ने

6. 'तीसरी कसम' फिल्म के बारे में कौन-सा कथन सही नहीं है? दक्षता आधारित प्रश्न

(i) यह फिल्म शैलेंद्र के जीवन की पहली और अंतिम फिल्म थी।
(ii) इस फिल्म को राष्ट्रपति स्वर्ण पदक प्राप्त हुआ।
(iii) इस फिल्म को बंगाल फिल्म जर्नलिस्ट एसोसिएशन का सर्वश्रेष्ठ फिल्म पुरस्कार मिला।
(iv) इस फिल्म को मास्को फिल्म फेस्टिवल में कोई पुरस्कार नहीं मिला।

उत्तर (iv) इस फिल्म को मास्को फिल्म फेस्टिवल में कोई पुरस्कार नहीं मिला।

7. शैलेंद्र 'तीसरी कसम' फिल्म क्यों बनाना चाहते थे?

(i) धन संपत्ति की अभिलाषा हेतु
(ii) सम्मान की प्राप्ति हेतु
(iii) आत्मसंतुष्टि प्राप्त करने हेतु
(iv) उपर्युक्त सभी

उत्तर (iii) आत्मसंतुष्टि प्राप्त करने हेतु

8. 'तीसरी कसम' फिल्म को खरीदने के लिए कोई वितरक न मिलने का क्या कारण था? दक्षता आधारित प्रश्न

(i) फिल्म नीरस और ऊबाऊ थी।
(ii) फिल्म में कोई बड़ा कलाकार काम नहीं कर रहा था।
(iii) वितरक इस फिल्म की संवेदना को नहीं समझ पाए थे।
(iv) इस फिल्म में कोई गीत नहीं था।

उत्तर (iii) वितरक इस फिल्म की संवेदना को नहीं समझ पाए थे।

9. हीरामन के साथ एकाकार होने का अर्थ है दक्षता आधारित प्रश्न

(i) हीरामन का साक्षात् प्रस्तुत करना
(ii) हीरामन का अच्छा अभिनय न करना
(iii) हीरामन बनने का ढोंग करना
(iv) उपर्युक्त सभी

उत्तर (i) हीरामन का साक्षात् प्रस्तुत करना

10. कथन (A) **राजकपूर अभिनय की दृष्टि से मँझे हुए कलाकार थे।**
कारण (R) **राजकपूर अपनी भावनाओं को अपने हाव-भाव, आँखों और भोलेपन से दर्शाते थे।** दक्षता आधारित प्रश्न

(i) कथन (A) सही किंतु कारण (R) गलत है।
(ii) कथन (A) गलत किंतु कारण (R) सही है।
(iii) कथन (A) और कारण (R) दोनों सही हैं तथा कारण (R) कथन (A) की सही व्याख्या करता है।
(iv) कथन (A) और कारण (R) दोनों सही हैं तथा कारण (R) कथन (A) की सही व्याख्या नहीं करता है।

उत्तर (iii) कथन (A) और कारण (R) दोनों सही हैं तथा कारण (R) कथन (A) की सही व्याख्या करता है।

11. शैलेंद्र के अनुसार, कलाकार का क्या कर्त्तव्य है? दक्षता आधारित प्रश्न

(i) वह दर्शकों के अनुरूप फिल्म का निर्माण करे
(ii) वह दर्शकों की रुचि में सुधार करे
(iii) वह दर्शकों को नजरअंदाज करे
(iv) वह दर्शकों का सम्मान करे

उत्तर (ii) वह दर्शकों की रुचि में सुधार करें

12. 'तीसरी कसम' की सबसे बड़ी और महत्त्वपूर्ण खूबी क्या थी?
(i) इसमें दिखाया गया दुःख स्वाभाविक-सा लगता है।
(ii) इसमें जिंदगी की वास्तविकता का अभाव है।
(iii) इसमें दर्शकों का भावनात्मक शोषण किया गया है।
(iv) इसमें दर्शकों को नाटकीय धरातल प्रदान नहीं किया गया है।

उत्तर (i) इसमें दिखाया गया दुःख स्वाभाविक-सा लगता है।

13. शैलेंद्र के गीतों में विद्यमान व्यथा व्यक्ति को क्या संदेश देती है?
(i) जीवन में आगे बढ़ने का
(ii) परजीवी जीवन जीने का
(iii) निराशा से मग्न रहने का
(iv) परहित का कार्य करने का

उत्तर (i) जीवन में आगे बढ़ने का

14. निम्नलिखित में से कौन-सा वाक्य शैलेंद्र और 'तीसरी कसम' में संबंध दर्शाता है? **दक्षता आधारित प्रश्न**
1. प्रसिद्ध गीतकार शैलेंद्र अधिकाधिक धन कमाने के लिए 'तीसरी कसम' बनाना चाहते थे।
2. 'तीसरी कसम' बनाकर शैलेंद्र सम्मान प्राप्त करना चाहते थे।
3. 'तीसरी कसम' फिल्म बनाकर शैलेंद्र अपनी और राजकपूर की मित्रता परखना चाहते थे।
4. शैलेंद्र 'तीसरी कसम' बनाकर आत्मसंतुष्टि प्राप्त करना चाहते थे।

कूट
(i) केवल 1 (ii) 2 और 3
(iii) केवल 4 (iv) 2, 3 और 4

उत्तर (iii) केवल 4

गद्यांश पर आधारित बहुविकल्पीय प्रश्न

निम्नलिखित गद्यांशों को ध्यानपूर्वक पढ़कर पूछे गए प्रश्नों के सही विकल्प चुनिए

1. राज कपूर ने एक अच्छे और सच्चे मित्र की हैसियत से शैलेंद्र को फिल्म की असफलता के खतरों से आगाह भी किया पर वह तो एक आदर्शवादी भावुक कवि था, जिसे अपार संपत्ति और यश की इतनी कामना नहीं थी जितनी आत्मसंतुष्टि के सुख की अभिलाषा थी। 'तीसरी कसम' कितनी ही महान फिल्म क्यों न रही हो, लेकिन यह एक दुखद सत्य है कि इसे प्रदर्शित करने के लिए बमुश्किल वितरक मिले। बावजूद इसके कि 'तीसरी कसम' में राज कपूर और वहीदा रहमान जैसे नामजद सितारे थे, शंकर-जयकिशन का संगीत था, जिनकी लोकप्रियता उन दिनों सातवें आसमान पर थी और इसके गीत भी फ़िल्म के प्रदर्शन के पूर्व ही बेहद लोकप्रिय हो चुके थे, लेकिन इस फ़िल्म को खरीदने वाला कोई नहीं था। दरअसल इस फ़िल्म की संवेदना किसी दो से चार बनाने का गणित जानने वाले की समझ से परे थी। उसमें रची-बसी करुणा तराजू पर तौली जा सकने वाली चीज़ नहीं थी। इसीलिए बमुश्किल जब 'तीसरी कसम' रिलीज हुई तो इसका कोई प्रचार नहीं हुआ। फिल्म कब आई, कब चली गई, मालूम ही नहीं पड़ा।

(क) आर्थिक खतरों से आगाह किए जाने के बाद भी शैलेंद्र ने 'तीसरी कसम' बनाने का निर्णय क्यों लिया?
(i) आत्मसंतुष्टि के लिए
(ii) मित्र के लिए
(iii) जिज्ञासा शांत करने के लिए
(iv) यश प्राप्ति के लिए

उत्तर (i) आत्मसंतुष्टि के लिए

(ख) 'तीसरी कसम' के लिए दुःखद सत्य किसे कहा गया है?
(i) फ़िल्म में गीतों का अभाव
(ii) प्रदर्शित करने के लिए वितरक न मिलना
(iii) लोकप्रियता की कमी
(iv) जाने-माने फ़िल्मी सितारों का न होना

उत्तर (ii) प्रदर्शित करने के लिए वितरक न मिलना

(ग) 'दो से चार बनाने' का क्या अर्थ है?
(i) अत्यधिक बनावटी होना
(ii) अधिक-से-अधिक लाभ प्राप्त करना
(iii) सामान्य से बहुत अधिक चाहना
(iv) बिना कारण बहस करना

उत्तर (ii) अधिक-से-अधिक लाभ प्राप्त करना

(घ) निम्नलिखित कथन (A) तथा कारण (R) को ध्यानपूर्वक पढ़कर दिए गए विकल्पों में से सही विकल्प चुनकर लिखिए।
कथन (A) 'तीसरी कसम' फिल्म को खरीदने वाला कोई नहीं था।
कारण (R) 'तीसरी कसम' फिल्म में राजकपूर और **वहीदा रहमान** जैसे प्रसिद्ध सितारे तथा शंकर-जयकिशन का मधुर संगीत था। **दक्षता आधारित प्रश्न**
(i) कथन (A) तथा कारण (R) दोनों गलत हैं।
(ii) कथन (A) गलत है, लेकिन कारण (R) सही है।
(iii) कथन (A) सही है, किंतु कारण (R) उसकी गलत व्याख्या करता है।
(iv) कथन (A) और कारण (R) दोनों सही हैं तथा कारण (R) कथन (A) की सही व्याख्या करता है।

उत्तर (iii) कथन (A) सही है, किंतु कारण (R) उसकी गलत व्याख्या करता है।

(ङ) 'तीसरी कसम' फ़िल्म में तराजू पर तौली जा सकने वाली चीज़ क्या नहीं थी?
(i) उसका संगीत
(ii) उसमें रची-बसी करुणा
(iii) उसके नायक-नायिका
(iv) उसके संवाद एवं भाषा-शैली

उत्तर (ii) उसमें रची-बसी करुणा

2. ऐसा नहीं है कि शैलेंद्र बीस सालों तक फ़िल्म इंडस्ट्री में रहते हुए भी वहाँ के तौर-तरीकों से नावाकिफ़ थे, परंतु उनमें उलझकर वे अपनी आदमियत नहीं खो सके थे। 'श्री 420' का एक लोकप्रिय गीत है-'प्यार हुआ, इकरार हुआ है, प्यार से फिर क्यूँ डरता है दिल।' इसके अंतरे की एक पंक्ति-रातें दसों दिशाओं से कहेंगी

अपनी कहानियाँ' पर संगीतकार जयकिशन ने आपत्ति की। उनका ख्याल था कि दर्शक 'चार दिशाएँ' तो समझ सकते हैं-'दस दिशाएँ' नहीं, लेकिन शैलेंद्र परिवर्तन के लिए तैयार नहीं हुए। उनका दृढ़ मंतव्य था कि दर्शकों की रुचि की आड़ में हमें उथलेपन को उन पर नहीं थोपना चाहिए। कलाकार का यह कर्त्तव्य भी है कि वह उपभोक्ता की रुचियों का परिष्कार करने का प्रयत्न करें।

(क) संगीतकार जयकिशन ने शैलेंद्र की किस बात पर आपत्ति की?

(i) गीत के अंतरे की पंक्ति पर
(ii) फ़िल्म बनाने पर
(iii) उचित नायक-नायिका के चुनाव न करने पर
(iv) दर्शकों की रुचि के विरोध पर

उत्तर (i) गीत के अंतरे की पंक्ति पर

(ख) शैलेंद्र किस परिवर्तन के लिए तैयार नहीं हुए?

(i) गीत में दस दिशाएँ के स्थान पर चार दिशाएँ शब्द करने पर
(ii) जयकिशन को फिल्म का गीतकार बनाने पर
(iii) अपने सिद्धांतों को बदलने पर
(iv) समाज या दर्शक के अनुसार चलने पर

उत्तर (i) गीत में दस दिशाएँ के स्थान पर चार दिशाएँ शब्द करने पर

(ग) शैलेंद्र के अनुसार कलाकार का क्या कर्त्तव्य है?

(i) उपभोक्ता पर अपना उथलापन थोपना
(ii) उपभोक्ता की रुचियों का परिष्कार करना
(iii) उपभोक्ता को स्वतंत्र छोड़ देना
(iv) उपभोक्ता से दूरी बनाकर रखना

उत्तर (ii) उपभोक्ता की रुचियों का परिष्कार करना

(घ) संगीतकार जयकिशन ने अपनी बात स्पष्ट करने के लिए क्या कहा? **दक्षता आधारित प्रश्न**

(i) दर्शक को रुचि के अनुसार समझाना चाहिए।
(ii) दर्शक की सोच सीमित होती है।
(iii) दर्शक चार दिशाएँ तो समझ सकते हैं-दस दिशाएँ नहीं।
(iv) दर्शक केवल मनोरंजन के लिए संगीत सुनता है।

उत्तर (iii) दर्शक चार दिशाएँ तो समझ सकते हैं-दस दिशाएँ नहीं।

(ङ) निम्नलिखित में से कौन-से वाक्य है जो शैलेंद्र के उस गंतव्य को दर्शाता है जो अन्य फिल्मकारों से उन्हें अलग करता है? **दक्षता आधारित प्रश्न**

1. शैलेंद्र फिल्म जगत के तौर-तरीके नहीं जानते थे।
2. उन्होंने अपने एक गीत पर संगीतकार शंकर जयकिशन की आपत्ति स्वीकार कर ली।
3. दर्शकों की रुचियों का परिष्कार करने का प्रयत्न नहीं करना चाहिए।
4. दर्शकों की रुचि का बहाना लेकर कलाकारों को उन पर उथलापन नहीं थोपना चाहिए।

कूट

(i) केवल 1 (ii) 1 और 2
(iii) केवल 4 (iv) 2, 3 और 4

उत्तर (iii) केवल 4

3. 'रातें दसों दिशाओं से कहेंगी अपनी कहानियाँ' पर संगीतकार जयकिशन ने आपत्ति की। उनका ख्याल था कि दर्शक 'चार दिशाएँ' तो समझ सकते हैं–'दस दिशाएँ' नहीं, लेकिन शैलेंद्र परिवर्तन के लिए तैयार नहीं हुए। उनका दृढ़ मंतव्य था कि दर्शकों की रुचि की आड़ में हमें उथलेपन को उन पर नहीं थोपना चाहिए। कलाकार का यह कर्त्तव्य भी है कि वह उपभोक्ता की रुचियों का परिष्करण करने का प्रयत्न करे और उनका यकीन गलत नहीं था। यही नहीं, वे बहुत अच्छे गीत भी जो उन्होंने लिखे बेहद लोकप्रिय हुए। शैलेंद्र ने झूठे अभिजात्य को कभी नहीं अपनाया। उनके गीत भाव-प्रवण थे, दुरूह नहीं। 'मेरा जूता है जापानी, यह पतलून इंगलिस्तानी, सर पर लाल टोपी रूसी, फिर भी दिल है हिंदुस्तानी'–यह गीत शैलेंद्र ही लिख सकते थे। शांत नदी का प्रवाह और समुद्र की गहराई लिए हुए यही विशेषता उनकी जिंदगी की थी और यही उन्होंने अपनी फिल्म के द्वारा भी साबित किया था। **CBSE SQP 2022**

(क) गीत 'रातें दसों दिशाओं से कहेंगी अपनी कहानियाँ' पर संगीतकार जयकिशन ने आपत्ति की, क्योंकि उनके अनुसार

(i) दस दिशाओं का गहन ज्ञान दर्शकों को नहीं होगा
(ii) इससे दर्शकों की रुचियों का परिष्कार नहीं होगा
(iii) जागरूक दर्शक ऐसी स्पष्ट बातें पसंद नहीं करते थे
(iv) दर्शकों की रुचि के लिए उन पर उथलापन नहीं थोपना चाहिए

उत्तर (i) दस दिशाओं का गहन ज्ञान दर्शकों को नहीं होगा

(ख) 'उनका यह दृढ़ मंतव्य था कि दर्शकों की रुचि की आड़ में हमें उथलेपन को उन पर नहीं थोपना चाहिए। कलाकार का यह कर्त्तव्य भी है कि वह उपभोक्ता की रुचियों का परिष्कार करने का प्रयत्न करे।'
कथन के माध्यम से ज्ञात होता है कि शैलेंद्र हैं **दक्षता आधारित प्रश्न**

(i) दृढ़निश्चयी, सफल फिल्म निर्माता व कवि
(ii) सफल फिल्म निर्माता, गीतकार व कवि
(iii) समाज-सुधारक, कर्मयोगी गीतकार व कवि
(iv) आदर्शवादी, उच्चकोटि के गीतकार व कवि

उत्तर (iv) आदर्शवादी, उच्चकोटि के गीतकार व कवि

(ग) निम्नलिखित कथन (A) तथा कारण (R) को ध्यानपूर्वक पढ़कर सही विकल्प का चयन कीजिए

कथन (A) उनके गीत भाव-प्रवण थे, दुरूह नहीं।

कारण (R) शैलेंद्र के द्वारा लिखे गीत भावनाओं से ओत-प्रोत थे, उनमें गहराई थी। गीतों की भाषा सहज, सरल थी, क्लिष्ट नहीं थी। **दक्षता आधारित प्रश्न**

(i) कथन (A) तथा कारण (R) दोनों गलत हैं।
(ii) कथन (A) गलत है, लेकिन कारण (R) सही है।
(iii) कथन (A) सही है, लेकिन कारण (R) उसकी गलत व्याख्या करता है।
(iv) कथन (A) तथा कारण (R) दोनों सही हैं तथा कारण (R) कथन (A) की सही व्याख्या करता है।

उत्तर (iii) कथन (A) सही है, लेकिन कारण (R) उसकी गलत व्याख्या करता है।

(घ) 'मेरा जूता है जापानी ………… ' यह गीत शैलेंद्र ही लिख सकते थे। लेखक द्वारा ऐसा कहा जाना दर्शाता है, शैलेंद्र के प्रति उनका

(i) कर्त्तव्यबोध (ii) मैत्रीभाव
(iii) व्यक्तित्व (iv) अवलोकन

उत्तर (iv) अवलोकन

(ङ) गद्यांश के आधार पर शैलेंद्र के निजी जीवन की छाप मिलती है कि वे थे

(i) बेहद गंभीर, उदार, दृढ़ इच्छाशक्ति और संकीर्ण हृदय
(ii) बेहद गंभीर, उदार, कृपण और संकीर्ण हृदय
(iii) बेहद गंभीर, भावुक, कृपण और दृढ़ इच्छाशक्ति
(iv) बेहद गंभीर, उदार, दृढ़ इच्छाशक्ति और भावुक

उत्तर (iv) बेहद गंभीर, उदार, दृढ़ इच्छाशक्ति और भावुक

4. 'तीसरी कसम' यदि एकमात्र नहीं तो चंद उन फिल्मों में से है जिन्होंने साहित्य-रचना के साथ शत-प्रतिशत न्याय किया हो। शैलेंद्र ने राज कपूर जैसे स्टार को 'हीरामन' बना दिया था। हीरामन पर राज कपूर हावी नहीं हो सका और छींट की सस्ती साड़ी में लिपटी 'हीराबाई' ने वहीदा रहमान की प्रसिद्ध ऊँचाइयों को बहुत पीछे छोड़ दिया था। कजरी नदी के किनारे उकडू बैठा हीरामन जब गीत गाते हुए हीराबाई से पूछता है 'मन समझती हैं न आप?' तब हीराबाई जुबान से नहीं, आँखों से बोलती है। दुनिया-भर के शब्द उस भाषा को अभिव्यक्ति नहीं दे सकते। ऐसी ही सूक्ष्मताओं से स्पंदित थी-'तीसरी कसम'। अपनी मस्ती में डूबकर झूमते गाते गाड़ीवान-'चलत मुसाफ़िर मोह लियो रे पिंजड़े वाली मुनिया।' टप्पर-गाड़ी में हीराबाई को जाते हुए देखकर उनके पीछे दौड़ते-गाते बच्चों का हुजूम-'लाली-लाली डोलिया में लाली रे दुलहनिया', एक नौटंकी की बाई में अपनापन खोज लेने वाला सरल हृदय गाड़ीवान! अभावों की जिंदगी जीते लोगों के सपनीले कहकहे।

(क) राज कपूर जैसे स्टार को हीरामन बना देने का क्या परिणाम हुआ?

(i) हीरामन पर राज कपूर हावी हो गया।
(ii) हीरामन पर राज कपूर हावी नहीं हो सका।
(iii) राज कपूर, हीरामन के चरित्र के साथ न्याय नहीं कर पाए।
(iv) राज कपूर और हीरामन दोनों का व्यक्तित्व अलग रहा।

उत्तर (ii) हीरामन पर राज कपूर हावी नहीं हो सका।

(ख) हीरामन की बात का उत्तर हीराबाई कैसे देती हैं?

(i) क्रोध से (ii) आँखों से
(iii) मुख से (iv) दुःख से

उत्तर (ii) आँखों से

(ग) वहीदा रहमान की प्रसिद्ध ऊँचाइयों को किसने पीछे छोड़ दिया?

(i) हीराबाई के चरित्र ने (ii) हीरामन ने
(iii) शैलेंद्र ने (iv) राज कपूर ने

उत्तर (i) हीराबाई के चरित्र ने

(घ) 'तीसरी कसम' फिल्म में किसका वर्णन हुआ है?

(i) सरल हृदय वाले गाड़ीवान का
(ii) अभावों में जीवन जीते लोगों का
(iii) नौटंकी की बाई हीराबाई का
(iv) उपर्युक्त सभी

उत्तर (iv) उपर्युक्त सभी

(ङ) निम्नलिखित कथन (A) तथा कारण (R) को ध्यानपूर्वक पढ़कर दिए गए विकल्पों में से कोई एक सही विकल्प चुनकर लिखिए।

कथन (A) हीरामन पर राजकपूर हावी नहीं हो सका।

कारण (R) राजकपूर अत्यंत प्रसिद्ध, अनुभवी और कुशल कलाकार थे। इस फिल्म गाड़ीवान हीरामन को भूमिका में विशुद्ध देहाती गाड़ीवान लगते थे। **दक्षता आधारित प्रश्न**

(i) कथन (A) तथा कारण (R) दोनों गलत हैं।
(ii) कथन (A) गलत है, लेकिन कारण (R) सही है।
(iii) कथन (A) सही है, किंतु कारण (R) उसकी गलत व्याख्या करता है।
(iv) कथन (A) और कारण (R) दोनों सही हैं तथा कारण (R) कथन (A) की सही व्याख्या करता है।

उत्तर (iv) कथन (A) और कारण (R) दोनों सही हैं तथा कारण (R) कथन (A) की सही व्याख्या करता है।

5. हमारी फ़िल्मों की सबसे बड़ी कमज़ोरी होती है, लोक-तत्त्व का अभाव। वे ज़िंदगी से दूर होती हैं। यदि त्रासद स्थितियों का चित्रांकन होता है तो उन्हें ग्लोरीफाई किया जाता है। दुःख का ऐसा वीभत्स रूप प्रस्तुत होता है जो दर्शकों का भावनात्मक शोषण कर सके। और 'तीसरी कसम' की यह खास बात थी कि वह दुःख को भी सहज स्थिति में, जीवन-सापेक्ष प्रस्तुत करती है।

मैंने शैलेंद्र को गीतकार नहीं, कवि कहा है। वे सिनेमा की चकाचौंध के बीच रहते हुए यश और धन-लिप्सा से कोसों दूर थे। जो बात उनकी जिंदगी में थी वही उनके गीतों में भी। उनके गीतों में सिर्फ करुणा नहीं, जूझने का संकेत भी था और वह प्रक्रिया भी मौजूद थी जिसके तहत अपनी मंजिल तक पहुँचा जाता है। व्यथा आदमी को पराजित नहीं करती, उसे आगे बढ़ने का संदेश देती है।

(क) भारतीय फ़िल्म की सबसे बड़ी कमज़ोरी किसे माना गया है?

(i) लोक-तत्त्व का अभाव
(ii) सुख की अतिशयता
(iii) भावनाओं का अभाव
(iv) धन का अधिक व्यय

उत्तर (i) लोक-तत्त्व का अभाव

(ख) हमारी फ़िल्मों में त्रासद स्थितियों का चित्रांकन ग्लोरीफ़ाई क्यों किया जाता है? **दक्षता आधारित प्रश्न**

(i) दर्शक की रुचि को ध्यान में रखने के लिए
(ii) दर्शकों का भावनात्मक शोषण करने के लिए
(iii) अधिक सजीव प्रस्तुति करने के लिए
(iv) जीवन के आदर्श रूप का वर्णन करने के लिए

उत्तर (ii) दर्शकों का भावनात्मक शोषण करने के लिए

(ग) 'तीसरी कसम' फिल्म की खास बात क्या थी? **दक्षता आधारित प्रश्न**

(i) सुख को सहज स्थिति में प्रस्तुत करना
(ii) दु:ख को सहज स्थिति में प्रस्तुत करना
(iii) सुख-दु:ख दोनों को सहज स्थिति में प्रस्तुत करना
(iv) दर्शक के अनुसार वर्णन करना

उत्तर (ii) दु:ख को सहज स्थिति में प्रस्तुत करना

(घ) शैलेंद्र के गीतों की क्या विशेषता बताई गई है?

(i) करुणा के साथ जूझने का संकेत
(ii) केवल दु:खद स्थितियों का चित्रण
(iii) संगीतात्मक का अभाव
(iv) कलिष्ट भाषा शैली

उत्तर (i) करुणा के साथ जूझने का संकेत

(ङ) निम्नलिखित में से कौन-सा वाक्य 'तीसरी कसम' की विशेषता दर्शाता है? **दक्षता आधारित प्रश्न**

1. 'तीसरी कसम' फिल्म में लोकतत्व का घोर अभाव था।
2. यह फ़िल्म लोक जीवन से कोसों दूर थी।
3. 'तीसरी कसम' में दर्शाकों का भावनात्मक शोषण करने के लिए दु:ख का वीभत्स रूप दर्शाया गया था।
4. 'तीसरी कसम' में दर्शकों का भावनात्मक शोषण नहीं किया गया था।

कूट

(i) केवल 1 (ii) 2 और 4
(iii) केवल 4 (iv) 2, 3 और 4

उत्तर (iii) केवल 4

6. अभिनय के दृष्टिकोण से 'तीसरी कसम' राजकपूर की ज़िंदगी की सबसे हसीन फ़िल्म है। राज कपूर जिन्हें समीक्षक और कला-मर्मज्ञ आँखों से बात करने वाला कलाकार मानते हैं, 'तीसरी कसम' में मासूमियत के चरमोत्कर्ष को छूते हैं। अभिनेता राज कपूर जितनी ताकत के साथ 'तीसरी कसम' में मौजूद हैं, उतना 'जागते रहो' में भी नहीं। 'जागते रहो' में राजकपूर के अभिनय को बहुत सराहा गया था, लेकिन 'तीसरी कसम' वह फिल्म है जिसमें राज कपूर अभिनय नहीं करता। वह हीरामन के साथ एकाकार हो गया हे। खालिस देहाती भुच्च गाड़ीवान जो सिर्फ दिल की जुबान समझता है, दिमाग की नहीं। जिसके लिए मोहब्बत के सिवा किसी दूसरी चीज़ का कोई अर्थ नहीं। बहुत बड़ी बात यह है कि 'तीसरी कसम' राज कपूर के अभिनय-जीवन का वह मुकाम है, जब वह एशिया के सबसे बड़े शोमैन के रूप में स्थापित हो चुके थे। उनका अपना व्यक्तित्व एक किंवदंती बन चुका था। लेकिन 'तीसरी कसम' में वह महिमामय व्यक्तित्व पूरी तरह हीरामन की आत्मा में उतर गया है।

(क) 'तीसरी कसम' राज कपूर की ज़िंदगी की सबसे हसीन फिल्म किस दृष्टि से है? **दक्षता आधारित प्रश्न**

(i) पात्र एवं चरित्र की दृष्टि से
(ii) संवाद की दृष्टि से
(iii) संगीत की दृष्टि से
(iv) अभिनय की दृष्टि से

उत्तर (iv) अभिनय की दृष्टि से

(ख) किस फ़िल्म में राज कपूर के अभिनय को बहुत सराहा गया?

(i) तीसरी कसम (ii) संगम
(iii) जागते रहो (iv) मेरा नाम जोकर

उत्तर (iii) जागते रहो

(ग) हीरामन गाड़ीवान की किस विशेषता की ओर संकेत किया गया है?

(i) वह दिल की जुबान समझता है।
(ii) मोहब्बत के सिवा किसी दूसरी चीज़ का अर्थ नहीं समझता।
(iii) (i) और (ii) दोनों
(iv) केवल गाड़ी चलाना जानता है।

उत्तर (iii) (i) और (ii) दोनों

(घ) 'तीसरी कसम' फिल्म में काम करने से पहले राज कपूर किस रूप में स्थापित हो चुके थे? **दक्षता आधारित प्रश्न**

(i) किंवदंती के रूप में
(ii) एशिया के सबसे बड़े शोमैन के रूप में
(iii) एशिया के सबसे बड़े अमीर व्यक्ति के रूप में
(iv) फिल्म इंडस्ट्री के सितारे के रूप में

उत्तर (ii) एशिया के सबसे बड़े शोमैन के रूप में

(ङ) निम्नलिखित कथन (A) तथा कारण (R) को ध्यानपूर्वक पढ़कर दिए गए विकल्पों में से सही विकल्प चुनकर लिखिए।

कथन (A) राजकपूर को आँखों से बातें करने वाला कलाकार माना जाता है।

कारण (R) 'तीसरी कसम' में अभिनय करते हुए राजकूपर उस मुकाम पर पहुँच चुके थे जब वह एशिया के सबसे बड़े शो मैन के रूप में स्थापित हो चुके थे। **दक्षता आधारित प्रश्न**

(i) कथन (A) तथा कारण (R) दोनों गलत हैं।
(ii) कथन (A) गलत है, लेकिन कारण (R) सही है।
(iii) कथन (A) सही है, किंतु कारण (R) उसकी गलत व्याख्या करता है।
(iv) कथन (A) और कारण (R) दोनों सही हैं तथा कारण (R) कथन (A) की सही व्याख्या करता है।

उत्तर (iii) कथन (A) सही है, किंतु कारण (R) उसकी गलत व्याख्या करता है।

विषयवस्तु का ज्ञान, बोध अभिव्यक्ति पर आधारित प्रश्न

1. राजकपूर ने फ़िल्म की कहानी सुनकर क्या प्रतिक्रिया व्यक्त की? **CBSE 2010, 2016**

उत्तर राज कपूर शैलेंद्र के सच्चे मित्र थे। शैलेंद्र ने राज कपूर से अपनी फ़िल्म में अभिनय करने का प्रस्ताव रखा था, जिसके लिए वे तैयार भी हो गए थे, परंतु एक सच्चे मित्र के कर्त्तव्य का निर्वाह करते हुए उन्होंने शैलेंद्र को पहले ही इस फ़िल्म की असफलता के प्रति सचेत कर दिया था।

2. 'तीसरी कसम' फ़िल्म बनाने का निश्चय करते समय शैलेंद्र का मुरझाया चेहरा राज कपूर की किस बात को सुनकर खिल उठा?

उत्तर 'तीसरी कसम' फ़िल्म बनाने का निश्चय करते समय शैलेंद्र का मुरझाया चेहरा राज कपूर की इस बात को सुनकर खिल उठा कि उन्हें फ़िल्म के अग्रिम पारिश्रमिक के रूप में केवल एक ही रुपया चाहिए।

3. "......... वह तो एक आदर्शवादी भावुक कवि था, जिसे अपार संपत्ति और यश तक की कामना नहीं थी, जितनी आत्मसंतुष्टि के सुख की अभिलाषा थी।" लेखक ने यह बात किसके लिए एवं क्यों कही है? **दक्षता आधारित प्रश्न**

उत्तर प्रस्तुत पंक्ति लेखक ने 'तीसरी कसम' फ़िल्म के शिल्पकार शैलेंद्र के लिए कही है, क्योंकि वह जानते थे कि यह फ़िल्म बाज़ार की दृष्टि से असफल हो सकती है, परंतु फिर भी उन्होंने इस फ़िल्म को बनाने का खतरा मोल लिया। उन्हें न तो धन संपत्ति की अभिलाषा थी और न ही सम्मान की चाह थी, उनके लिए इस फिल्म निर्माण का एकमात्र उद्देश्य आत्मसंतुष्टि प्राप्त करना था।

4. शैलेंद्र द्वारा उनकी फ़िल्म 'तीसरी कसम' में व्यक्त करुणा को स्पष्ट कीजिए। **दक्षता आधारित प्रश्न, CBSE 2016**

उत्तर शैलेंद्र की फ़िल्म 'तीसरी कसम' में व्यक्त करुणा में निराशा नहीं, अपितु परिस्थितियों से जूझने और कभी हार न मानने की प्रेरणा थी, जिसने फ़िल्म को बहुत प्रशंसा दिलाई। इस फिल्म में ऐसे लोगों की जिंदगी को अभिव्यक्त किया गया है, जो बहुत ही गरीब हैं, किंतु फिर भी वे सुनहरें सपनों में मौज-मस्ती से जीते हैं तथा प्रत्येक परिस्थिति में मुस्कुराते हैं। 'अभावों की ज़िंदगी जीते लोगों के सपनीले कहकहे' तीसरी कसम' की अत्यंत कारुणिक पंक्ति है।

5. राजकपूर ने एक साथ चार फ़िल्मों के निर्माण की घोषणा की, इससे क्या पता चलता है? **CBSE 2015**

उत्तर राज कपूर ने एक साथ चार फ़िल्मों के निर्माण की घोषणा की इससे पता चलता है कि 'संगम' फिल्म की अद्भुत सफलता ने राज कपूर में गहन आत्मविश्वास भर दिया और उनमें चार फिल्मों का एकसाथ निर्माण करने का उत्साह व प्रेरणा का प्रतिपादन कर दिया।

6. 'तीसरी कसम' फ़िल्म को लेखक ने कैसी कविता कहा है और क्यों?

उत्तर 'तीसरी कसम' फ़िल्म को लेखक ने सैल्यूलाइड पर लिखी कविता कहा है, क्योंकि यह भावनाप्रधान फ़िल्म थी, जिसमें साहित्यिक और कलात्मक पक्ष का पूरा-पूरा ध्यान रखा गया था। इस फ़िल्म के भाव किसी कविता की तरह गहरे और सूक्ष्म थे। इसलिए लेखक ने इस फ़िल्म को फ़िल्मी रील पर लिखी गई एक कविता कहा।

7. जब शैलेंद्र ने 'तीसरी कसम' फ़िल्म बनाने का निश्चय करते समय अभिनेता के रूप में राज कपूर को लेने की बात कही, तो उन्होंने क्या उत्तर दिया? **दक्षता आधारित प्रश्न, CBSE 2016, 15**

उत्तर जब शैलेंद्र ने 'तीसरी कसम' फ़िल्म बनाने का निश्चय करते समय अभिनेता के रूप में राज कपूर को लेने की बात कही, तो उन्होंने काम करने की हामी भर दी, परंतु उन्होंने एक शर्त भी रख दी कि उन्हें इस फ़िल्म में काम करने का पारिश्रमिक अग्रिम चाहिए और एक साथ ही।

8. 'तीसरी कसम' फ़िल्म के साथ दुःखद सत्य क्या था?

उत्तर 'तीसरी कसम' फ़िल्म को बनाने में शैलेंद्र ने बहुत मेहनत की। अभिनेता राज कपूर और अभिनेत्री वहीदा रहमान ने अपने-अपने चरित्रों में पूरी जान डाल दी। इसके बाद भी जब इस फ़िल्म के वितरण की बात उठी तो किसी भी वितरक ने इस फ़िल्म को खरीदने में रुचि नहीं दिखाई।

9. "एक कलाकार पूरी तरह उपभोक्ता की रुचियों को प्रभावित कर सकता है।" 'तीसरी कसम के शिल्पकार शैलेंद्र' पाठ के आधार पर बताइए। **CBSE 2015, 14, 10**

उत्तर सच्चा कलाकार अपनी कला को चरित्र के अनुसार ढालता है। यदि एक कलाकार ऐसा कर सकने में सफल होता है, तो वह दर्शकों को अपनी ओर खींच सकता है।

उदाहरण के लिए 'तीसरी कसम' फ़िल्म में राज कपूर ने अपनी शोमैन वाली छवि को छोड़कर 'हीरामन गाड़ीवान' के चरित्र में स्वयं को ढाल लिया, जिससे वह इस फ़िल्म में अपने फ़िल्मी करियर का सबसे उत्कृष्ट अभिनय कर सके।

10. लेखक का अभिनय के विषय में क्या मत है?

उत्तर अभिनय के विषय में लेखक का मत है कि सच्चे अभिनेता को अपने निजी व्यक्तित्व को उस समय छोड़ देना चाहिए, जिस समय वह अभिनय करता है। ऐसे में उसे केवल उस पात्र में ढल जाना चाहिए जिसका वह अभिनय कर रहा है, ताकि वह उस चरित्र के साथ पूरा न्याय कर सके।

11. फ़िल्म-निर्माता दर्शकों का किस प्रकार भावनात्मक शोषण करते हैं? **दक्षता आधारित प्रश्न**

उत्तर फ़िल्म-निर्माता मसालेदार फ़िल्मों का निर्माण करते हैं, जिनमें कहानी का कोई सिर-पैर नहीं होता। ऐसी फ़िल्में पूरी तरह मनोरंजन पर आधारित होती हैं। वे अपनी फ़िल्मों में ऐसे-ऐसे लुभावने दृश्य दिखाते हैं कि दर्शक आँखें फाड़े देखते रह जाते हैं। ऐसे में दर्शक कहानी पर ध्यान ही नहीं दे पाते।

12. शैलेंद्र का निजी जीवन कैसा था? स्पष्ट कीजिए। **CBSE 2010**

उत्तर शैलेंद्र जी शांत तथा गंभीर स्वभाव के व्यक्ति थे। वे एक कवि थे और उन्होंने अपना जीवन एक कवि के रूप में ही जिया। उन्हें अपार संपत्ति और यश की कामना नहीं थी। उनके लिए उनकी आत्मसंतुष्टि से बढ़कर कुछ भी नहीं था।

यही कारण है कि सिनेमा जगत में रहते हुए भी वे अपनी इंसानियत नहीं खो सके। उनके गीतों में उनके जीवन का यथार्थ झलकता है।

13. 'तीसरी कसम' ने राज कपूर को किस तरह ऊँचाई प्रदान की? **CBSE 2014**

उत्तर अभिनय की दृष्टि से 'तीसरी कसम' को राज कपूर के जीवन की सबसे श्रेष्ठ फ़िल्म माना जाता है। इस फ़िल्म ने राज कपूर को एक अभिनेता के रूप में पूरी तरह से स्थापित कर दिया था। वह हीरामन के व्यक्तित्व में ढलकर उसके साथ एकाकार हो गए इस फ़िल्म में वे मासूमियत के शिखर पर पहुँचे हुए प्रतीत होते हैं।

14. 'तीसरी कसम' फ़िल्म विशेष किस प्रकार बन गई?

उत्तर 'तीसरी कसम' फ़िल्म हिंदी साहित्य के प्रसिद्ध कहानीकार फणीश्वरनाथ 'रेणु' की प्रसिद्ध रचना पर बनी थी। फ़िल्म की मूल

कथा भी रेणु ने ही लिखी थी। इस फ़िल्म की विशेष बात यह थी कि इसमें दु:ख को महिमामंडित न करके उसे सहज रूप में ही प्रस्तुत किया गया। यही कारण है कि यह फ़िल्म विशेष बन गई।

15. हमारी फिल्मों में त्रासद स्थितियों का चित्रांकन 'ग्लोरीफ़ाई' क्यों कर दिया जाता है? 'तीसरी कसम' के शिल्पकार शैलेंद्र के आधार पर उत्तर दीजिए। **दक्षता आधारित प्रश्न, CBSE 2018**

उत्तर हिंदी फ़िल्मों में त्रासद स्थितियों का चित्रांकन ग्लोरिफाई इसलिए कर दिया जाता है, ताकि ग्लोरिफ़ाई करने से उपजी नाटकीयता के कारण दर्शक उस फ़िल्म को देखने के लिए सिनेमा हॉल तक आएँ और फिल्म के टिकटों की बिक्री बढ़े, जिससे उन्हें लाभ पहुँचे।

16. एक लंबे समय तक फ़िल्म उद्योग में रहने के बाद भी शैलेंद्र फ़िल्मी तौर-तरीकों को अपने जीवन में क्यों नहीं अपना सके?

उत्तर शैलेंद्र मूलरूप से एक कवि और उससे भी पहले एक अच्छे इंसान थे। इसलिए एक लंबे समय तक फ़िल्म उद्योग में रहने के बाद भी वह फ़िल्मी तौर-तरीकों को अपने जीवन में नहीं अपना सके थे। उनके अपने आदर्श, जीवन-मूल्य और परंपराएँ थीं, जिनका वह पूरी तरह पालन करते थे।

वह कहानी, गीत, संगीत आदि के क्षेत्र में भी इंसानियत और मानवीय-संवेदनाओं को बहुत महत्त्व देते थे। उन्होंने अपने जीवन-मूल्यों से कभी भी समझौता नहीं किया।

यहाँ तक कि जब वह अपनी पहली फ़िल्म का निर्माण कर रहे थे, तब भी उन्होंने मानवीय गुणों, मानवीय-संवेदनाओं को नहीं छोड़ा और उन्हें अपनी फ़िल्म में स्थान दिया। कलाकार के लिए उसकी कला ही सबसे अधिक महत्त्वपूर्ण होती है, इस बात को वे अच्छी तरह समझते थे।

17. राज कपूर शैलेंद्र को फ़िल्म-निर्माता के रूप में कैसा मानते थे? उन्होंने एक सच्चा मित्र होने का दायित्व निभाने के लिए क्या किया? **दक्षता आधारित प्रश्न, CBSE SQP 2010**

उत्तर राज कपूर एक प्रतिभाशाली अभिनेता और निर्माता-निर्देशक थे। वे जानते थे कि शैलेंद्र एक कवि का हृदय रखते हैं। वे फ़िल्म-निर्माता के रूप में मसालेदार फ़िल्में नहीं बना सकते, जो बाज़ार में बिकती हैं। सच्चा मित्र होने के कारण उन्होंने न केवल शैलेंद्र की पहली फ़िल्म में काम करने को हामी भर दी, अपितु पारिश्रमिक के रूप में केवल एक रुपया लेकर शैलेंद्र के आर्थिक बोझ को काफ़ी हद तक हल्का करने की भी कोशिश की, क्योंकि वे जानते थे कि इस फ़िल्म को बनाकर शैलेंद्र को कोई आर्थिक लाभ नहीं होने वाला है।

एक निर्माता-निर्देशक होने के बाद भी उन्होंने पहली बार फ़िल्म निर्देशन में उतर रहे शैलेंद्र के अनुसार हीरामन के चरित्र को उसी रूप में निभाया, जैसा शैलेंद्र चाहते थे। वे जानते थे कि फ़िल्म-निर्माता के रूप में शैलेंद्र एक ईमानदार कोशिश कर रहे हैं, जिसे सफल बनाया जाना आवश्यक है।

18. शैलेंद्र की फ़िल्म 'तीसरी कसम' को क्या मिला, आर्थिक लाभ या यश और सम्मान? **दक्षता आधारित प्रश्न**

उत्तर शैलेंद्र ने फ़िल्म बनाते समय प्रसिद्ध साहित्यकार फणीश्वरनाथ 'रेणु' की कहानी 'तीसरी कसम' को चुना। उन्होंने फ़िल्म में राज कपूर, वहीदा रहमान और संगीतकार शंकर-जयकिशन को लिया, लेकिन यह फ़िल्म आर्थिक रूप से शैलेंद्र के लिए सफल नहीं रही। इसकी जगह उन्हें इस फ़िल्म के निर्माण के लिए अनेक पुरस्कार मिले और समीक्षकों की अपार प्रशंसा भी प्राप्त हुई। उनकी इस फ़िल्म को केवल भारत में ही नहीं, अपितु भारत से बाहर भी समीक्षकों ने बहुत पसंद किया और इसके कलापक्ष की बहुत प्रशंसा की। इस प्रकार कह सकते हैं कि शैलेंद्र की फ़िल्म तीसरी कसम को यश और सम्मान मिला।

19. प्रस्तुत पाठ के आधार पर राज कपूर के चरित्र की विशेषताएँ लिखिए। **दक्षता आधारित प्रश्न, CBSE 2015, 13**

उत्तर राज कपूर को सर्वकालीन महान् अभिनेताओं, निर्माता-निर्देशकों में गिना जाता है। राज कपूर के नाम अनेक लोकप्रिय तथा चर्चित हिट फ़िल्में हैं। संगम, मेरा नाम जोकर, सत्यम् शिवम् सुंदरम्, बरसात जैसी फ़िल्मों ने उन्हें देश ही नहीं, विदेशों में भी लोकप्रिय बना दिया। उन्हें भारत का ही नहीं, पूरे एशिया का शोमैन कहा जाता है।

लेखक ने उनके विषय में लिखा है कि वह आँखों से बात करने वाले कलाकार थे। उन्हें कला की सही परख थी। इसलिए यह जानते हुए भी कि फ़िल्म को अधिक आर्थिक लाभ नहीं होगा, उन्होंने फ़िल्म में अभिनय करना स्वीकार कर लिया और फ़िल्म के कला पक्ष को महत्त्वपूर्ण माना।

इस प्रकार कह सकते हैं कि वे सच्ची कला के समर्थक थे। एक अभिनेता और निर्माता-निर्देशक होने के साथ-साथ वह एक अच्छे इंसान भी थे। इसका परिचय उन्होंने तब दिया, जब शैलेंद्र द्वारा निर्मित पहली फ़िल्म 'तीसरी कसम' के लिए उन्होंने न केवल उसमें अभिनय करने की हामी भरी, बल्कि पारिश्रमिक के रूप में केवल एक रुपया लेना स्वीकार किया।

20. आज का हिंदी सिनेमा राज कपूर के दौर वाले हिंदी सिनेमा से किन अर्थों में भिन्न है? **दक्षता आधारित प्रश्न**

उत्तर आज का हिंदी सिनेमा बहुत-सी बातों में राज कपूर के सिनेमा वाले दौर से बदल गया है। नई तकनीकों के विकास ने फ़िल्मों का प्रदर्शन-कौशल एवं व्यवसाय तो बढ़ाया है, लेकिन राज कपूर के ज़माने में बनने वाली फ़िल्मों के प्रमुख गुण, उद्देश्य एवं संदेश को आज की फ़िल्मों में कम जगह मिल रही है।

आज फ़िल्मों के कथ्य में मार्मिकता घटी है, सामान्य जीवन से उनका जुड़ाव कम हो गया है, फ़िल्मों में चमक-दमक बढ़ी है और अनुभूति का स्तर कम हो गया है। यही कारण है कि जहाँ राज कपूर के दौर की फ़िल्में अपने प्रदर्शन के पश्चात् दर्शकों के दिलो-दिमाग पर एक स्थायी प्रभाव छोड़ने में सक्षम थीं, वहीं आज के दौर की फ़िल्में कुछ ही दिनों में दर्शकों की स्मृति से गायब हो जाती हैं। आज के ज़माने में अभिनेता-अभिनेत्री फ़िल्म को सिर्फ़ पैसा कमाने का व्यवसाय मानने लगे हैं, जबकि राज कपूर के समय में यह माध्यम एक कला-साधना के रूप में विकसित हुआ।

21. 'तीसरी कसम' पाठ का प्रतिपाद्य लिखिए। **CBSE 2019, 16**

उत्तर इस पाठ का उद्देश्य प्रसिद्ध गीतकार एवं फ़िल्म निर्माता शैलेंद्र द्वारा बनाई गई 'तीसरी कसम' फ़िल्म की विशेषता बताना है। लेखक ने इसके द्वारा स्पष्ट किया है कि जिन फ़िल्मों का कलापक्ष अधिक मज़बूत होता है, उन्हें समीक्षकों की प्रशंसा और पुरस्कार तो बहुत मिल जाते हैं, किंतु ऐसी फ़िल्में बाज़ार में अधिक सफल नहीं हो

पातीं। इसका कारण यह है कि साहित्यिक अभिरुचि से बनाई गई इन फ़िल्मों में सस्ता मनोरंजन अधिक नहीं होता, जिसके कारण वितरक इन्हें खरीदने में रुचि नहीं दिखाते। इसके बाद भी लेखक का मत यह है कि फ़िल्मों में गहरी कलात्मकता और संवेदनशीलता होनी चाहिए। उनके द्वारा समाज को कोई-न-कोई सकारात्मक संदेश अवश्य जाना चाहिए तथा वे समाज को कुछ संस्कार भी प्रदान करती हों।

22. आशय स्पष्ट कीजिए-'व्यथा आदमी को पराजित नहीं करती उसे आगे बढ़ने का संदेश देती है।' **CBSE SQP 2023**

उत्तर कवि शैलेंद्र के गीतों को ध्यान में रखते हुए लेखक कहता है कि शैलेंद्र ने बताया, दु:ख मनुष्य को आगे बढ़ने की प्रेरणा देता है। जब मुश्किल आती है, तो उससे छुटकारा पाने की बात सोचने लगता है अर्थात् मनुष्य जीवन में हार नहीं मानना चाहता।

व्यथा आदमी को पराजित नहीं करती, बल्कि उसे आगे बढ़ने का संदेश देती है। यह प्रस्तावना सही प्रतीत होती है, क्योंकि व्यथा और कठिनाइयाँ हमारे जीवन का हिस्सा होती हैं और मनुष्य इन व्यथाओं और समस्याओं से गुजरता है।

उनसे सीखता है और समस्याओं से निपटने की नई दिशाओं को खोजता है। व्यक्ति अपनी इच्छा शक्ति और सामर्थ्य से आगे बढ़ता है।

23. 'शैलेंद्र तो फिल्म-निर्माता बनने के लिए सर्वथा अयोग्य थे। लेखक ने ऐसा क्यों कहा है? **CBSE SQP (Additional Set) 2023**

उत्तर शैलेंद्र एक भावुक हृदय वाले गीतकार थे। फिल्म निर्माता बनने के लिए वह सर्वथा अयोग्य थे, क्योंकि जब शैलेंद्र ने संगम फिल्म बनाने का प्रस्ताव राजकपूर के सामने रखा, तभी एक अच्छे मित्र की हैसियत से राजकपूर जी ने उन्हें फिल्म की असफलताओं के बारे में आगाह किया। शैलेंद्र जी में संवेदनशीलता का गुण था, उनमें सच्चा कवि हृदय भी था। वे भावुक व अनुभवी थे, परंतु भावुक फिल्में अधिकांश लोग पंसद नहीं करते थे। इतनी विशेषताएँ होने के पश्चात् भी वह फिल्म-निर्माण के लिए अयोग्य थे।

24. लेखक ने राज कपूर को एशिया का सबसे बड़ा शोमैन कहा है। शोमैन से क्या अभिप्राय है? **CBSE 2010**

उत्तर भारतीय मीडिया में राज कपूर को अकसर भारतीय सिनेमा का महानतम शोमैन कहा जाता है। वह एक अभिनेता, निर्देशक और निर्माता भी थे। शोमैन से तात्पर्य-एक आकर्षक व्यक्तित्व, प्रसिद्ध प्रतिनिधित्व व कला में निपुण व्यक्ति से है। राजकपूर को भारतीय सिनेमा का चार्ली चैपलिन भी कहा जाता है। इनकी सभी फिल्में फिल्मांकन के सभी मानदंडों पर खरी उतरती है। उनका अभिनय इतना जीवंत व कौशलपूर्ण था, मानो पात्रों में जान फूँक दी हो। इनकी फिल्में गीत-संगीत, फिल्मांकन, अभिनय, कहानी आदि की दृष्टि से बेजोड़ थी, इसलिए इन्हें इतनी प्रसिद्धि मिली।

स्व-मूल्यांकन

पाठ पर आधारित बहुविकल्पीय प्रश्न

1. 'तीसरी कसम' फिल्म को क्या कहकर पुकारा गया?
(i) सैल्यू लाइड पर लिखी चिट्‌ठी
(ii) सैल्यू लाइड पर लिखी कहानी
(iii) सैल्यू लाइड पर लिखी कविता
(iv) सैल्यू लाइड पर लिखा नाटक

2. राजकपूर ने अन्य लोगों की फिल्मों में किस प्रकार काम किया?
(i) पैसे लेकर (ii) लापरवाही से
(iii) होशियारी से (iv) बड़ी मेहनत से

3. फिल्म समीक्षक राजकपूर को किस तरह का कलाकार मानते हैं?
(i) बेहतरीन (ii) आँखों से बात करने वाला
(iii) निकृष्ट कोटि का (iv) मूक

4. 'तीसरी कसम' फिल्म में दु:ख को किस रूप में प्रकट किया गया है?
(i) सहज रूप में (ii) विकट रूप में
(iii) असामान्य रूप में (iv) असहज रूप में

5. केवल दिल की जुबान समझने का अर्थ है
(i) भाव-प्रधान होना (ii) बुद्धिहीन होना
(iii) भाव शून्य होना (iv) ये सभी

गद्यांश पर आधारित बहुविकल्पीय प्रश्न

1. 'तीसरी कसम' कितनी ही महान फ़िल्म क्यों न रही हो, लेकिन यह एक दुखद सत्य है कि इसे प्रदर्शित करने के लिए बमुश्किल वितरक मिले। बावजूद इसके कि 'तीसरी कसम' में राज कपूर और वहीदा रहमान जैसे नामजद सितारे थे, शंकर-जयकिशन का संगीत था, जिनकी लोकप्रियता उन दिनों सातवें आसमान पर थी और इसके गीत भी फिल्म के प्रदर्शन के पूर्व ही बेहद लोकप्रिय हो चुके थे, लेकिन इस फिल्म को खरीदने वाला कोई नहीं था। दरअसल इस फिल्म की संवेदना किसी दो से चार बनाने का गणित जानने वाले की समझ से परे थी। उसमें रची-बसी करुणा तराजू पर तौली जा सकने वाली चीज नहीं थी इसीलिए बमुश्किल जब 'तीसरी कसम' रिलीज हुई तो इसका कोई प्रचार नहीं हुआ। फिल्म कब आई, कब चली गई, मालूम ही नहीं पड़ा।

(क) गद्यांश में किस फिल्म की चर्चा की जा रही है?
(i) अजन्ता
(ii) सत्यम शिवम् सुंदरम्
(iii) मेरा नाम जोकर
(iv) तीसरी कसम

(ख) इस फिल्म का कोई प्रचार क्यों नहीं हुआ? **दक्षता आधारित प्रश्न**
(i) इसको वितरक नहीं मिलने के कारण
(ii) इसकी कहानी उबाऊ होने के कारण
(iii) इसकी दुरुह भाषा शैली के कारण
(iv) इसकी नायक-नायिका चर्चित न होने के कारण

(ग) फ़िल्म इंडस्ट्री के किन तौर-तरीकों की बात की गई है?
(i) धन कमाने को एकमात्र लक्ष्य मानना
(ii) छल-प्रपंच और चकाचौंध की जिंदगी जीना
(iii) धन लिप्सा के कारण आदमियत को खोना
(iv) उपर्युक्त सभी

(घ) निम्नलिखित कथन (A) तथा कारण (R) को ध्यानपूर्वक पढ़कर दिए गए विकल्पों में से सही विकल्प चुनकर लिखिए।

कथन (A) 'तीसरी कसम' फिल्म के गीत उसके प्रदर्शन से पहले ही लोकप्रिय हो चुके थे।

कारण (R) 'तीसरी कसम' फिल्म में 'शंकर जयकिशन' न संगीत दिया था, जो उस समय के सुप्रसिद्ध संगीतकार थे।

दक्षता आधारित प्रश्न

(i) कथन (A) तथा कारण (R) दोनों गलत हैं।
(ii) कथन (A) गलत है, लेकिन कारण (R) सही है।
(iii) कथन (A) सही है, किंतु कारण (R) उसकी गलत व्याख्या करता है।
(iv) कथन (A) और कारण (R) दोनों सही हैं तथा कारण (R) कथन (A) की सही व्याख्या करता है।

(ङ) प्रस्तुत गद्यांश के अनुसार, फ़िल्म की संवेदना किससे परे थी?

(i) लाभ कमाने वालों से (ii) फिल्म निर्देशक से
(iii) दर्शक वर्ग से (iv) लाभ की न सोचने वालों से

2. शैलेंद्र ने राज कपूर की भावनाओं को शब्द दिए हैं। राज कपूर ने अपने अनन्य सहयोगी की फ़िल्म में उतनी ही तन्मयता के साथ काम किया, किसी पारिश्रमिक की अपेक्षा किए बगैर। शैलेंद्र ने लिखा था कि वे राजकपूर के पास 'तीसरी कसम' की कहानी सुनाने पहुँचे तो कहानी सुनकर उन्होंने बड़े उत्साहपूर्वक काम करना स्वीकार कर लिया। पर तुरंत गंभीरतापूर्वक बोले-"मेरा पारिश्रमिक एडवांस देना होगा।" शैलेंद्र को ऐसी उम्मीद नहीं थी कि राज कपूर ज़िंदगी-भर की दोस्ती का ये बदला देंगे। शैलेंद्र का मुरझाया हुआ चेहरा देखकर राज कपूर ने मुस्कराते हुए कहा, "निकालो एक रुपया, मेरा पारिश्रमिक। पूरा एडवांस।" शैलेंद्र राज कपूर की इस याराना मस्ती से परिचित तो थे, लेकिन एक निर्माता के रूप में बड़े व्यावसायिक सूझबूझ वाले भी चक्कर खा जाते हैं, फिर शैलेंद्र तो फिल्म-निर्माता बनने के लिए सर्वथा अयोग्य थे।

(क) राज कपूर ने 'तीसरी कसम' की कहानी सुनकर क्या प्रतिक्रिया व्यक्त की?

(i) उत्साहपूर्वक काम करना स्वीकार कर लिया।
(ii) अधिक वेतन की माँग की।
(iii) सभी सुविधाओं का त्याग कर दिया।
(iv) निरुत्साहित होकर कोई प्रतिक्रिया नहीं दी।

(ख) शैलेंद्र को किस बात की उम्मीद नहीं थी?

(i) राज कपूर फिल्म करने से मना कर देंगे।
(ii) राज कपूर पूरा पारिश्रमिक एडवांस माँगेंगे।
(iii) राज कपूर निरुत्साहित बने रहेंगे।
(iv) राज कपूर किसी अन्य से इस फिल्म में काम करने को कहेंगे।

(ग) 'चक्कर खा जाना' से क्या तात्पर्य है?

(i) धोखे में आ जाना
(ii) सिर में दर्द होना
(iii) गलत जगह फँस जाना
(iv) गोलाकार घूमने लगना

(घ) शैलेंद्र फिल्म-निर्माता बनने के लिए सर्वथा अयोग्य क्यों थे?

(i) उनमें धन लिप्सा नहीं थी।
(ii) उनमें कला का अभाव था।
(iii) उनमें फिल्म निर्माण के गुण नहीं थे।
(iv) उनकी फिल्मों में रुचि नहीं थी।

(ङ) निम्नलिखित में से कौन-सा वाक्य राजकपूर की 'याराना मस्ती' को दर्शाता है? **दक्षता आधारित प्रश्न**

1. राजकपूर ने अपने अनन्य मित्र की फिल्म में पूरी लगन से काम किया।
2. राजकपूर ने गंभीरता से अपना पारिश्रमिक एडवांस माँगा।
3. राजकपूर पारिश्रमिक की अपेक्षा किए बिना अभिनय करने को तैयार हो गए।
4. राजकपूर ने मुस्कुराकर एक रुपया अपना पारिश्रमिक अग्रिम तौर पर देने के लिए कहा।

कूट

(i) केवल 1 (ii) 2 और 3
(iii) केवल 4 (iv) 2, 3 और 4

विषयवस्तु का ज्ञान, बोध अभिव्यक्ति पर आधारित प्रश्न

निम्नलिखित प्रश्नों के उत्तर दीजिए

(i) 'शैलेन्द्र के गीत भाव-प्रवण थे, दुरूह नहीं' कथन की समीक्षा कीजिए। **दक्षता आधारित प्रश्न**
(ii) वर्तमान समय में फिल्म निर्माता दर्शकों को लुभाने के लिए किस प्रकार की फिल्मों का निर्माण करते हैं?
(iii) शैलेंद्र गीत, संगीत, कहानी के अतिरिक्त किसे महत्त्व देते थे? प्रस्तुत पाठ के आधार पर स्पष्ट कीजिए। **दक्षता आधारित प्रश्न**
(iv) 'तीसरी कसम' फ़िल्म की असफलता का कारण बताइए।
(v) आज की फ़िल्मों की क्या विशेषता है? 'तीसरी कसम' फ़िल्म उनसे किस प्रकार भिन्न है? **दक्षता आधारित प्रश्न**
(vi) असफलता का खतरा जानते हुए भी शैलेंद्र यह फ़िल्म क्यों बनाना चाहते थे?
(vii) राजकपूर को शोमैन क्यों कहा जाता है स्पष्ट कीजिए?

अब कहाँ दूसरे के दु:ख से दु:खी होने वाले

निदा फ़ाज़ली

अध्याय 5

पाठ की रूपरेखा प्रस्तुत पाठ में लेखक ने मानव के संवेदनहीन होने का संकेत दिया है। और प्रकृति के प्रति उदासीनता के भाव को लेखक ने इंगित किया है। पाठ में विभिन्न प्रसंगों के आधार पर निदा फ़ाज़ली ने यह स्पष्ट किया है कि सभी को इस धरती पर रहने का पूरा अधिकार है। स्वार्थी प्रवृत्ति ने मानव को इतना अधिक लालची बना दिया है कि उसने अन्य जीवधारियों को इस धरती से बेदखल ही कर दिया है। अब वह मानव जाति की भी परवाह नहीं करता। दूसरों के दु:ख-सुख से उसे कोई सरोकार नहीं।

लेखक परिचय

निदा फ़ाज़ली का जन्म 12 अक्टूबर, 1938 को दिल्ली में हुआ था। इनका बचपन ग्वालियर में बीता। साठोत्तरी पीढ़ी के उर्दू कवियों में इनका स्थान महत्त्वपूर्ण है। इन्होंने बोलचाल की भाषा का प्रयोग करते हुए अपनी कविता को सहजता प्रदान की है। इन्होंने अपनी गद्य रचनाओं में शेर-ओ-शायरी का प्रयोग करके गागर में सागर भरने का कार्य किया है।

निदा फ़ाज़ली की पहली कविता की पुस्तक 'लफ़्ज़ों का पुल' नाम से प्रकाशित हुई। शायरी की पुस्तक 'खोया हुआ सा कुछ' के लिए वर्ष 1999 में इन्हें साहित्य अकादमी पुरस्कार से अलंकृत किया गया। इनकी आत्मकथा के दो भागड्ड 'दीवारों के बीच' और 'दीवारों के पार' शीर्षक से प्रकाशित हो चुके हैं। मानवतावादी विचारों से ओतप्रोत तथा मानसिक संकीर्णता से दूर रहने वाले इस लेखक का 8 फरवरी, 2016 को निधन हो गया।

पाठ का सार

बाइबिल के सोलोमन

ईसा से 1025 वर्ष पूर्व एक बादशाह थे बाइबिल के सोलोमन, जिन्हें कुरान में सुलेमान कहा गया है। वे इंसानों के साथ-साथ पशु-पक्षियों की भाषा भी जानते थे। एक बार सुलेमान अपने दल-बल के साथ एक रास्ते से गुज़र रहे थे, तभी कुछ चींटियों ने घोड़ों की टापों की आवाज़ सुनी, तो डर कर एक-दूसरे से बोलीं— "जल्दी से अपने बिल में चलो, फौज़ आ रही है।" सुलेमान ने उनकी बातें सुनीं और कहा—"घबराओ नहीं, मैं किसी के लिए मुसीबत नहीं हूँ" सबके लिए मुहब्बत हूँ।" यह कहकर वह मंज़िल की ओर बढ़ गए।

महाकवि शेख अयाज़

सिंधी भाषा के महाकवि शेख अयाज़ ने अपनी आत्मकथा में लिखा है—"एक दिन उनके पिता कुएँ से नहाकर लौटे और खाना खाने बैठे थे कि तभी उन्हें अपनी बाजू पर एक च्योंटा (चींटा) रेंगता हुआ दिखाई पड़ा। वह भोजन छोड़कर उठ गए।" जब माँ ने बिना भोजन किए उठने का कारण पूछा, तो वे बोले—"मैंने एक घर वाले को बेघर कर दिया है, उसे उसके घर छोड़ने जा रहा हूँ।"

नूह नामक पैगंबर

बाइबिल और दूसरे पावन ग्रंथों में नूह नामक एक पैगंबर का ज़िक्र मिलता है। ऐसा कहा जाता है कि एक बार नूह के सामने एक घायल कुत्ता आ गया था, किंतु नूह ने उसे दुत्कार दिया था। दुत्कार सुनकर कुत्ते ने जवाब दिया—"न मैं अपनी मर्ज़ी से कुत्ता हूँ, न ही तुम अपनी पसंद से इंसान हो। सबको बनाने वाला ईश्वर ही है।" नूह ने जब उसकी बात सुनी तो बहुत दिनों तक रोते रहे। 'महाभारत' में अंत तक युधिष्ठिर का साथ देने वाला भी एक कुत्ता ही था।

दुनिया के अस्तित्व का वर्णन

दुनिया के अस्तित्व में आने का वर्णन विज्ञान और धार्मिक ग्रंथों में अपने-अपने तरीके से मिलता है, परंतु यह सब जानते हैं कि पशु, पक्षी, मानव, नदी, पर्वत, पहाड़, समंदर आदि सभी का इस धरती पर समान अधिकार है।

पहले पूरा संसार एक परिवार के समान था, परंतु अब मानव ने अपनी बुद्धि से बड़ी-बड़ी दीवारें खड़ी कर दी हैं। बढ़ती जनसंख्या ने समंदर को समेट दिया है, पेड़ों को रास्ते से हटा दिया है। फैलते प्रदूषण ने पंछियों को बस्तियों से भगा दिया है तथा वातावरण को सताना शुरू

कर दिया है। प्रकृति के धैर्य की भी एक सीमा है। इसी कारण कभी-कभी प्रकृति भी आपदाओं के रूप में अपना बदला लेती रहती है।

लेखक की माँ द्वारा दी गई सीख व ग्वालियर की घटना

लेखक की माँ सदैव कहती थी कि सूरज ढलने के बाद पेड़ों से पत्ते मत तोड़ो, दीया-बाती के वक्त फूलों को मत तोड़ो। दरिया पर जाओ तो उसे सलाम करो। कबूतरों को मत सताया करो, वे हज़रत मोहम्मद के अज़ीज़ हैं। मुर्गे को परेशान मत करो, वह अज़ान देकर सबको जगाता है। ग्वालियर में लेखक का मकान था, जिसके एक रोशनदान में कबूतर के एक जोड़े ने अपना घोंसला बना रखा था। एक बार बिल्ली ने उसमें रखे अंडों में से एक अंडा तोड़ दिया। यह देखकर माँ दूसरे अंडे को बचाने का प्रयास करने लगी, तभी माँ के हाथ से वह अंडा भी गिरकर टूट गया। इस घटना से माँ बहुत दुःखी हुई और इस गुनाह को खुदा से माफ़ कराने के लिए पूरा दिन रोज़ा रखा।

बदलता माहौल

आज सब कुछ बदल गया है। पहले जहाँ समंदर था, दूर-दूर तक घने जंगल थे, वहाँ अब बस्तियाँ बन गई हैं। इन बस्तियों ने अनगिनत परिंदों के घर छीन लिए हैं। घरों में प्रवेश करने के सभी रास्ते बंद कर दिए हैं। अब न कोई सोलोमन है, न नूह और न ही मेरी माँ, जो इन जीवों के दुःख-दर्द को समझकर उसे अपना दर्द बना सके।

शब्दार्थ

शब्द	हिंदी अर्थ
कुरआन	मुस्लिमों का पवित्र (पावन) ग्रंथ
हाकिम	राजा
दफा	बार
लशकर	सेना/जत्था/विशाल जनसमूह
ज़िक्र	वर्णन
आत्मकथा	अपने बारे में लिखी गई कथा
कौर	टुकड़ा
च्योंटा	एक प्रकार का कीड़ा
पैगंबर	भगवान का दूत
लकब	एक प्रकार की पदवी
दुत्कार	गाली-गलौच/झिड़की
मुद्दत	लंबा समय
प्रतीकात्मक रूप	प्रतीक के रूप में
वजूद	अस्तित्व
बिंदु	स्थान
रचना	निर्माण/बनाना
दीवार खड़ी करना	भेदभाव पैदा करना
दालानों आँगनों	घर के बड़े-खुले स्थान
विनाशलीला	नष्ट करने की कार्रवाई
जलजला	भूकंप
सैलाब	बाढ़
नेचर	प्रकृति

शब्द	हिंदी अर्थ
नमूना	उदाहरण
बिल्डर	भवन-निर्माण
हथियाना	कब्ज़ा करना
उकड़ूँ बैठना	दोनों टाँगें सिकोड़कर उनके बल बैठना
औंधे मुँह	उलटे मुँह
दीया-बत्ती	साँझ को रोशनी दिखाना
बद्दुआ देना	भला-बुरा कहना
दरिया	नदी
अज़ीज़	प्रिय
मज़ार	कब्र
गुंबद	मस्जिद के ऊपर बना गोलनुमा निर्माण
इज़ाज़त	अनुमति
अज़ान देना	मुल्ला द्वारा उच्च स्वर में नमाज़ के समय की सूचना देना
मुआफ	माफ़/क्षमा
रोज़ा	व्रत/उपवास
चरिंदों	जानवर/चरने वाले
डेरा डालना	निवास बनाना
मचान	घास-फूस से बना छप्पर।
आशियाना	निवास
ज़ुबान	भाषा
कुतरे	चोंच मारकर खाना।

NCERT फोल्डर

पाठ्यपुस्तक (स्पर्श भाग-2) के प्रश्नोत्तर

मौखिक

निम्नलिखित प्रश्नों के उत्तर एक-दो पंक्तियों में दीजिए

प्र.1 बड़े-बड़े बिल्डर समुद्र को पीछे क्यों धकेल रहे थे? **CBSE 2019**

उत्तर समुद्रतटीय क्षेत्रों में खासकर बंबई (मुंबई) जैसे महानगर में इमारतों के निर्माण के लिए बड़े-बड़े बिल्डर समुद्र को पीछे धकेल रहे थे।

प्र.2 लेखक का घर किस शहर में था?

उत्तर लेखक का घर पहले ग्वालियर में था और वर्तमान में बंबई (मुंबई) के वर्सोवा में है।

प्र.3 जीवन कैसे घरों में सिमटने लगा है?

उत्तर पहले का जीवन सार्वजनिक था। पूरा समाज एक परिवार के समान था। अब लोग एक-दूसरे से दूर जाने लगे हैं। पहले बड़े-बड़े दालानों-आँगनों में सब मिल-जुलकर रहते थे, अब जीवन बंद डिब्बों जैसे घरों में सिमटने लगा है।

प्र.4 कबूतर परेशानी में इधर-उधर क्यों फड़फड़ा रहे थे?

उत्तर लेखक की माँ ने बिल्ली से बचाने के लिए कबूतर के एक अंडे को सुरक्षित स्थान पर रखने के लिए उठाया, किंतु वह हाथ से फिसलकर टूट गया। एक को बिल्ली ने खा लिया और दूसरा माँ के हाथों गिरकर टूट गया। कबूतर के दोनों अंडे नष्ट हो गए। इस भय से परेशान कबूतर इधर-उधर फड़फड़ाने लगे।

लिखित

निम्नलिखित प्रश्नों के उत्तर (25-30 शब्दों में) लिखिए

प्र.1 अरब में लशकर को नूह के नाम से क्यों याद करते हैं? **CBSE 2016, 11**

उत्तर बाइबिल तथा दूसरे पावन ग्रंथों में 'नूह' नाम के एक पैगंबर का जिक्र मिलता है। उनका असली नाम लशकर था, लेकिन अरब में उनको नूह के पदसूचक नाम से याद किया जाता है। लशकर को 'नूह' के रूप में इसलिए याद किया जाता है कि वह सारी उम्र रोते रहे। रोने का कारण संसार का दु:ख था।

प्र.2 लेखक की माँ किस समय पेड़ों के पत्ते तोड़ने के लिए मना करती थी और क्यों? **CBSE 2011**

अथवा **'अब कहाँ दूसरे के दु:ख से दु:खी होने वाले' पाठ के आधार पर बताइए कि लेखक की माँ के अनुसार पेड़ों से पत्ते कब नहीं तोड़ने चाहिए और क्यों?** **दक्षता आधारित प्रश्न**

उत्तर 'अब कहाँ दूसरे के दु:ख से दु:खी होने वाले' पाठ के अनुसार लेखक की माँ सूर्यास्त के बाद आँगन के पेड़ों के पत्ते तोड़ने के लिए मना करती थी। वह कहती थी कि इस समय पत्ते तोड़ने से पेड़ रोते हैं और दिया-बत्ती के समय फूल तोड़ने से फूल बद्दुआ देते हैं।

प्र.3 प्रकृति में आए असंतुलन का क्या परिणाम हुआ? **CBSE 2012, 11**

उत्तर प्रकृति में आए असंतुलन का परिणाम विनाशलीला के रूप में सामने आया है। प्रकृति की सहनशक्ति की एक सीमा है। फैलते प्रदूषण ने जब प्रकृति को सताना शुरू किया तब अतिवृष्टि, आँधी, भूकंप, बाढ़, तूफ़ान तथा नित्य नवीन बीमारियों के प्रसार ने प्रकृति में असंतुलन पैदा किया।

प्र.4 लेखक की माँ ने पूरे दिन का रोज़ा क्यों रखा? **CBSE 2011**

अथवा **'अब कहाँ दूसरे के दु:ख से दु:खी होने वाले' पाठ के आधार पर बताइए कि लेखक की माँ कैसी महिला थी और अपने गुनाह की माफ़ी के लिए उसने क्या किया?** **दक्षता आधारित प्रश्न**

उत्तर 'अब कहाँ दूसरे के दु:ख से दु:खी होने वाले' पाठ के अनुसार लेखक की माँ एक दयालु महिला थीं। लेखक के मकान के रोशनदान में कबूतर के एक जोड़े ने घोंसला बना लिया था। उस घोंसले में दो अंडे थे।

एक बार बिल्ली ने उचककर एक अंडा तोड़ दिया। लेखक की माँ ने स्टूल पर चढ़कर दूसरे अंडे को बचाने की कोशिश की, लेकिन इस कोशिश में दूसरा अंडा उनके हाथ से गिरकर टूट गया। इस गुनाह को खुदा से माफ़ कराने के लिए उन्होंने पूरे दिन का रोज़ा रखा।

प्र.5 लेखक ने ग्वालियर से बंबई (मुंबई) तक किन बदलावों को महसूस किया? पाठ के आधार पर स्पष्ट कीजिए। **CBSE 2020**

अथवा **"ग्वालियर से मुंबई की दूरी ने संसार को काफ़ी कुछ बदल दिया है।"– कथन में लेखक किस बदलाव का संकेत कर रहा है?** **दक्षता आधारित प्रश्न**

अथवा **लेखक ने ग्वालियर से मुंबई तक प्रकृति और मनुष्य के संबंधों में किन बदलावों को महसूस किया? 'अब कहाँ दूसरे के दु:ख से दु:खी होने वाले' पाठ के आधार पर स्पष्ट कीजिए।** **CBSE 2020**

उत्तर ग्वालियर से बंबई (मुंबई) तक शहरों में अत्यधिक बदलाव आए हैं। जहाँ पहले दूर-दूर तक जंगल थे, पेड़, पशु-पक्षियों का वास था, वहाँ बस्तियाँ बसने लगी हैं। इन बस्तियों ने प्राणियों से उनके घर छीन लिए हैं। समूचे वातावरण में परिवर्तन हुआ है। बढ़ती आबादी ने लोगों की जीवन-शैली को पूरी तरह परिवर्तित किया है। लेखक ग्वालियर से बंबई तक के जीवन के बदलाव को स्पष्ट रूप से सामने लाया है।

प्र.6 'डेरा डालने' से आप क्या समझते हैं? स्पष्ट कीजिए। **CBSE 2011**

उत्तर 'डेरा डालने' का अर्थ है—'अस्थायी घरों का निर्माण'। शहरों के विस्तार ने पशु-पक्षियों के वास्तविक घर को समाप्त कर दिया है। पेड़-पौधों को काटकर बस्तियों का निर्माण हुआ है। पहले जहाँ दूर तक जंगल थे, परिंदे चहचहाते थे, वातावरण में आकर्षण था, वहीं अब परिंदे बेघर हो गए हैं। परिंदों के स्वाभाविक घरों को समाप्त किए जाने के बाद उन्होंने जहाँ-तहाँ अस्थायी पड़ाव डाला है, जिसे लेखक ने चिड़ियों का 'डेरा डालना' माना है।

प्र.7 शेख अयाज़ के पिता अपनी बाजू पर काला च्योंटा रेंगता देख भोजन छोड़कर क्यों उठ खड़े हुए?

अथवा शेख अयाज़ के पिता भोजन छोड़कर क्यों उठ खड़े हुए? 'अब कहाँ दूसरे के दुःख से दुःखी होने वाले' पाठ के आधार पर लिखिए। CBSE 2017

उत्तर शेख अयाज़ के पिता जब कुएँ से नहाकर लौटे, तब उनकी माँ ने भोजन परोस दिया। तभी उन्होंने अपनी बाजू पर काला च्योंटा रेंगते देखा, तो वह भोजन छोड़कर उठ खड़े हुए और उसे वापस उसके घर छोड़ने कुएँ की तरफ़ चल दिए।

(ख) निम्नलिखित प्रश्नों के उत्तर (50-60 शब्दों में) लिखिए

प्र.1 बढ़ती हुई आबादी का पर्यावरण पर क्या प्रभाव पड़ा?

अथवा प्रकृति में आ रहे असंतुलन में बढ़ती आबादी का क्या योगदान है? इसका क्या परिणाम हुआ है? 'अब कहाँ दूसरों के दुःख से दुःखी होने वाले' पाठ के आधार पर उत्तर दीजिए। CBSE 2011

अथवा बढ़ती हुई आबादी का पर्यावरण पर क्या प्रभाव पड़ा है? 'अब कहाँ दूसरों के दुःख से दुःखी होने वाले' पाठ के आधार पर लिखिए। CBSE 2019

अथवा बढ़ती हुई आबादी ने पर्यावरण को कैसे प्रभावित किया है? 'अब कहाँ दूसरे के दुःख से दुःखी होने वाले' पाठ के आधार पर लिखिए। दक्षता आधारित प्रश्न

उत्तर बढ़ती आबादी ने पर्यावरण को अत्यधिक प्रभावित किया है। पहले ज़मीन के बड़े भाग में जंगल थे। पेड़-पौधों, पशु-पक्षियों से धरती हरी-भरी थी। चारों ओर हरियाली तथा परिंदों की चहचहाट थी। जनसंख्या के बढ़ने पर लोगों के लिए स्थान विस्तारित करने हेतु जंगलों को काटा गया। इससे पेड़-पौधों तथा पशु-पक्षियों का पलायन हुआ। प्रकृति का संतुलन बिगड़ने लगा। इसने पर्यावरण को प्रभावित किया। प्रकृति के असंतुलन ने कई समस्याओं को जन्म दिया है। अनावृष्टि, अतिवृष्टि, बाढ़, तूफ़ान, सुनामी जैसी प्राकृतिक आपदाओं को इस असंतुलन ने ही आमंत्रित किया है।

प्र.2 लेखक की पत्नी को खिड़की में जाली क्यों लगवानी पड़ी? CBSE 2012, 11

उत्तर लेखक का घर बंबई (मुंबई) के वर्सोवा इलाके में था। उसके मकान के एक मचान के ऊपर कबूतरों ने घोंसला बना लिया। कबूतरों के बच्चे छोटे-छोटे थे। कबूतर अपने बच्चों को दाना चुगाने के लिए खिड़की के रास्ते से बार-बार घर में आते-जाते रहते थे। कबूतरों की आवाजाही से लेखक के घर के सामान टूटते रहते थे। कबूतर लेखक की लाइब्रेरी में घुसकर किताबों को भी गंदा कर दिया करते थे। लेखक की पत्नी ने खिड़की में जाली लगवाकर कबूतरों की आवाजाही को बंद कर दिया।

प्र.3 समुद्र के गुस्से की क्या वजह थी? उसने अपना गुस्सा कैसे निकाला? CBSE 2011, 09

अथवा 'अब कहाँ दूसरे के दुःख से दुःखी होने वाले' पाठ में समुद्र के क्रोध का क्या कारण बताया गया है? उसने अपना क्रोध कैसे शांत/व्यक्त किया? अपने शब्दों में लिखिए। CBSE 2016, 15, 14, 12

उत्तर 'अब कहाँ दूसरे के दुःख से दुःखी होने वाले' पाठ के अनुसार समुद्र के क्रोध का मुख्य कारण था—उसकी सहनशक्ति का जवाब दे देना। कई वर्षों से बड़े-बड़े बिल्डर स्वार्थवश समुद्र को पीछे धकेल कर उसकी ज़मीन को हथिया रहे थे।

समुद्र पहले तो सिमटता रहा, सहन करता रहा पर जब उससे सहन न हुआ तो उसमें तूफ़ान आया। समुद्र की लहरों ने बड़े-बड़े जहाज़ों को उठाकर पटक दिया और समुद्र तट पर भयानक दृश्य उपस्थित हो गया। लोग सागर की विकरालता और प्रचंडता देखकर भयभीत हो गए।

प्र.4 "मट्टी से मट्टी मिले, खो के सभी निशान।
किसमें कितना कौन है, कैसे हो पहचान।।"
इन पंक्तियों के माध्यम से लेखक क्या कहना चाहता है? स्पष्ट कीजिए। दक्षता आधारित प्रश्न

उत्तर लेखक इन पंक्तियों से संसार की एकात्मकता को प्रकाशित करना चाहता है। वह मानता है कि दुनिया के सभी जीवधारी एक ही ईश्वर की संतान हैं, जो इस धरती पर जन्म लेकर अंततः इसी में मिल जाते हैं। धरती पर 'विषमता' के साथ रहने वाले सभी बड़े-छोटे जीव मिट्टी में ही मिल जाते हैं और मिट्टी में मिलने के बाद किसी के हिस्से या किसी के पृथक् अस्तित्व को पहचान पाना कठिन है।

लेखक ने दूसरों के दुःख से दुःखी होने वाले लोगों को ही 'मनुष्य' माना है। उसका मानना है कि सभी प्राणियों को अपना रूप मानना चाहिए तथा उन्हें एक ही ईश्वर की संतान के रूप में देखना चाहिए।

(ग) निम्नलिखित के आशय स्पष्ट कीजिए

प्र.1 "प्रकृति (नेचर) की सहनशक्ति की एक सीमा होती है। प्रकृति (नेचर) के गुस्से का एक नमूना कुछ साल पहले बंबई में देखने को मिला था।" दक्षता आधारित प्रश्न

उत्तर प्रकृति भी मनुष्य का अत्याचार एक सीमा तक ही सहती है। जब ये अत्याचार सहनशक्ति का अतिक्रमण कर देते हैं, तब वह मनुष्य से बदला लेने पर उतारू हो जाती है, जिसका उदाहरण कुछ साल पहले बंबई में देखने को मिला था। जब समुद्र की लहरों ने जहाज़ों को गेंद की तरह हवा में उछालकर ध्वस्त कर दिया था।

प्र.2 "जो जितना बड़ा होता है, उसे उतना ही कम गुस्सा आता है।"

अथवा "जो जितना बड़ा होता है उसे उतना ही कम गुस्सा आता है।" 'अब कहाँ दूसरे के दुःख से दुःखी होने वाले' पाठ के आधार पर सोदाहरण आशय स्पष्ट कीजिए। दक्षता आधारित प्रश्न

उत्तर लेखक का मानना है कि जो जितना बड़ा होता है, उसका हृदय भी उतना ही विशाल होता है। उसकी विशालता में सहनशीलता तथा सामंजस्य का गुण होता है। उसे क्रोध या गुस्सा कम ही आता है, किंतु जब उसे गुस्सा आता है, तो उसे रोक पाना कठिन हो जाता है। लेखक ने समुद्र की सहनशीलता के बारे में लिखा है कि उसे पाटकर बिल्डरों ने इमारतों का निर्माण किया। समुद्र ने अपने गुस्से का इज़हार करते हुए ऐसी हलचल पैदा की, जिससे कई जहाज़ों तथा तटीय लोगों को भयंकर कठिनाइयों का सामना करना पड़ा।

प्र.3 "इस बस्ती ने न जाने कितने परिंदों-चरिंदों से उनका घर छीन लिया है। इनमें से कुछ शहर छोड़कर चले गए हैं, जो नहीं जा सके हैं उन्होंने यहाँ-वहाँ डेरा डाल लिया है।" **दक्षता आधारित प्रश्न**

उत्तर कंक्रीट की बस्तियों के विस्तार से पेड़ों का कटाव होता गया और पक्षियों के घर छिनते गए। कुछ पक्षियों का तो अस्तित्व ही नष्ट हो गया, तो कुछ इमारतों में रहने के अभ्यस्त हो गए।

कहने का आशय है कि अब न वन, वृक्ष, जंगल रहे जहाँ पक्षियों का बसेरा था। अब मनुष्य ने अपनी सुख-सुविधा के लिए पेड़ों का कटाव किया है, जिस कारण पक्षियों का डेरा अस्थायी हो गया है। अब पक्षी कभी कहीं, तो कभी कहीं अपने घर के लिए भटकते रहते हैं।

प्र.4 शेख अयाज़ के पिता बोले-"नहीं, यह बात नहीं है। मैंने एक घर वाले को बेघर कर दिया है। उस बेघर को कुएँ पर उसके घर छोड़ने जा रहा हूँ।" इन पंक्तियों में छिपी हुई उनकी भावना को स्पष्ट कीजिए। **दक्षता आधारित प्रश्न**

उत्तर शेख अयाज़ के पिता समदर्शी थे, उनके लिए मनुष्यों और जीव-जंतुओं में कोई अंतर न था। उनकी भावनाएँ दोनों के प्रति समान रूप से करुणामय एवं दयालु थीं। शेख अयाज़ के पिता जब कुएँ से नहाकर लौटे, तब उनकी माँ ने भोजन परोस दिया। तभी उन्होंने अपनी बाजू पर काला च्योंटा रेंगते देखा, तब वह भोजन छोड़कर उस च्योंटे को घर छोड़ने कुएँ की तरफ़ चल दिए।

भाषा अध्ययन

प्र.1 उदाहरण के अनुसार निम्नलिखित वाक्यों में कारक चिह्नों को पहचानकर रेखांकित कीजिए और उनके नाम रिक्त स्थानों में लिखिए; जैसे-

(क) माँ ने भोजन परोसा।
कर्ता

(ख) मैं किसी के लिए मुसीबत नहीं हूँ।
....

(ग) मैंने एक घर वाले को बेघर कर दिया।
....

(घ) कबूतर परेशानी में इधर-उधर फड़फड़ा रहे थे।..............

(ङ) दरिया पर जाओ तो उसे सलाम किया करो।...............

उत्तर
(क) माँ ने भोजन परोसा। — कर्ता कारक
(ख) मैं किसी के लिए मुसीबत नहीं हूँ। — संप्रदान कारक
(ग) मैंने एक घर वाले को बेघर कर दिया। — संबंध कारक
(घ) कबूतर परेशानी में इधर-उधर फड़फड़ा रहे थे। — अधिकरण कारक
(ङ) दरिया पर जाओ तो उसे सलाम किया करो। — अधिकरण कारक

प्र.2 नीचे दिए गए शब्दों के बहुवचन रूप लिखिए
चींटी, घोड़ा, आवाज़, बिल, फौज़, रोटी, बिंदु, दीवार, टुकड़ा।

उत्तर

एकवचन	बहुवचन	एकवचन	बहुवचन
चींटी	चींटियाँ	घोड़ा	घोड़ें
आवाज़	आवाज़ें	बिल	बिलों
फौज़	फौज़ें	रोटी	रोटियाँ
बिंदु	बिंदुओं	दीवार	दीवारें
टुकड़ा	टुकड़ें		

प्र.3 ध्यान दीजिए नुक्ता लगाने से शब्द के अर्थ में परिवर्तन हो जाता है। पाठ में 'दफा' शब्द का प्रयोग हुआ है, जिसका अर्थ होता है-बार (गणना संबंधी), कानून संबंधी। यदि इस शब्द में नुक्ता लगा दिया जाए तो शब्द बनेगा 'दफ़ा', जिसका अर्थ होता है-दूर करना, हटाना। यहाँ नीचे कुछ नुक्तायुक्त शब्द दिए जा रहे हैं उन्हें ध्यान से देखिए और अर्थगत अंतर को समझिए।

सजा – सज़ा   नाज – नाज़
जरा – ज़रा   तेज – तेज़

निम्नलिखित वाक्यों में उचित शब्द भरकर वाक्य पूरे कीजिए

(क) आजकल .... बहुत खराब है। (जमाना/ज़माना)
(ख) पूरे कमरे को .... दो। (सजा/सज़ा)
(ग) .... चीनी तो देना। (जरा/ज़रा)
(घ) माँ दही .... भूल गई। (जमाना/ज़माना)
(ङ) दोषी को .... दी गई। (सजा/सज़ा)
(च) महात्मा के चेहरे पर .... था। (तेज/तेज़)

उत्तर
(क) आजकल **ज़माना** बहुत खराब है।
(ख) पूरे कमरे को **सजा** दो।
(ग) **ज़रा** चीनी तो देना।
(घ) माँ दही **जमाना** भूल गई।
(ङ) दोषी को **सज़ा** दी गई।
(च) महात्मा के चेहरे पर **तेज़** था।

योग्यता विस्तार

प्र. पशु-पक्षी एवं वन्य संरक्षण केंद्रों में जाकर पशु-पक्षियों की सेवा-सुश्रूषा के संबंध में जानकारी प्राप्त कीजिए।

उत्तर छात्र स्वयं करें।

परियोजना कार्य

प्र.1 अपने आसपास प्रतिवर्ष एक पौधा लगाइए और उसकी समुचित देखभाल कर पर्यावरण में आए असंतुलन को रोकने में अपना योगदान दीजिए।

उत्तर छात्रों द्वारा स्वयं किया जाने वाला क्रियाकलाप।

प्र.2 किसी ऐसी घटना का वर्णन कीजिए जब अपने मनोरंजन के लिए मानव द्वारा पशु-पक्षियों का उपयोग किया गया हो।

उत्तर छात्र स्वयं करें।

अभ्यास प्रश्न

बहुविकल्पीय व वर्णनात्मक प्रश्नों सहित

पाठ पर आधारित बहुविकल्पीय प्रश्न

1. ग्वालियर से मुंबई के बीच लेखक ने एक बदलाव महसूस किया कि **CBSE SQP 2023**

(i) बस्ती ने जंगल का रूप ले लिया है।
(ii) जंगल ने बस्ती का रूप ले लिया है।
(iii) वर्सीवा नाम का शहर बस गया है।
(iv) पशु-पक्षी जंगलों को छोड़कर चले गए हैं।

उत्तर (ii) जंगल ने बस्ती का रूप ले लिया है।

2. वर्तमान समाज में मौजूद शास्वत मूल्य किसकी देन है? **CBSE 2023**

(i) व्यवहारवादी व्यक्तियों की
(ii) आदर्शवादी व्यक्ति की
(iii) प्रैक्टिकल आइडिपोलिस्टो की
(iv) उपर्युक्त सभी व्यक्तियों की

उत्तर (ii) आदर्शवादी व्यक्ति की

3. सुलेमान की क्या विशेषता बताई गई है?

(i) वह मनुष्यों के दिल की बात समझ लेता था
(ii) वह एक बादशाह था
(iii) वह अनेक भाषाओं का विद्वान था
(iv) वह जीव-जंतुओं की भाषा समझता था

उत्तर(iv) वह जीव-जंतुओं की भाषा समझता था

4. चींटियों को सुलेमान ने क्या कहकर धीरज बँधाया?

(i) मैं तुम्हें कुछ नहीं कहूँगा
(ii) मैं तुम्हारी रक्षा करूँगा
(iii) मैं मुसीबत नहीं मुहब्बत हूँ, रखवाला हूँ
(iv) मैं तुम्हें कुछ खाने को दूँगा

उत्तर (iii) मैं मुसीबत नहीं मुहब्बत हूँ, रखवाला हूँ

5. शेख अयाज किस भाषा में कविता की रचना करते थे?

(i) सिंधी में (ii) हिंदी में (iii) उर्दू में (iv) अंग्रेज़ी में

उत्तर (i) सिंधी में

6. लेखक की माँ सूर्य अस्त होने पर क्या करने को मना करती थी?

(i) दीया-बत्ती करने को (ii) खेलने को
(iii) खाना खाने को (iv) पेड़ों से पत्ते तोड़ने को

उत्तर(iv) पेड़ों से पत्ते तोड़ने को

7. शेख अयाज के पिता ने खाना खाते समय अपने बाजू पर क्या देखा?

(i) छोटा-सा जख्म (ii) एक च्योंटे को रेंगते हुए
(iii) तिलक का निशान (iv) रक्त बहता हुआ

उत्तर (ii) एक च्योंटे को रेंगते हुए

8. लशकर को नूह के नाम से क्यों याद किया जाता है? **दक्षता आधारित प्रश्न**

(i) वे बहुत परोपकारी थे
(ii) वे किसी की सहायता नहीं करते थे
(iii) वे जीवन भर रोते रहे
(iv) वे बहुत धनवान थे

उत्तर (iii) वे जीवन भर रोते रहे

9. लेखक के अनुसार, इस धरती पर किसकी अधिक हिस्सेदारी है?

(i) मानव मात्र की
(ii) पशु जगत की
(iii) पक्षी की
(iv) धरती पर रहने वाले सभी प्राणियों की

उत्तर(iv) धरती पर रहने वाले सभी प्राणियों की

10. मानव जाति ने अपनी बुद्धि से क्या किया है? **दक्षता आधारित प्रश्न**

(i) प्रकृति का पोषण
(ii) प्रकृति और मानव के बीच बड़ी-बड़ी दीवारें खड़ी कर दीं
(iii) जीव-जंतुओं को बढ़ावा दिया
(iv) दुनिया के वजूद को सामने लाया

उत्तर (ii) प्रकृति और मानव के बीच बड़ी-बड़ी दीवारें खड़ी कर दीं

11. अब जीवन कैसे घरों में सिमटने लगा है? **दक्षता आधारित प्रश्न**

(i) हवादार घरों में
(ii) डिब्बानुमा घरों में
(ii) वातानुकूलित घरों में
(iv) विशाल आकार के घरों में

उत्तर (ii) डिब्बानुमा घरों में

12. बड़े-बड़े बिल्डर समंदर को पीछे क्यों धकेल रहे हैं? **दक्षता आधारित प्रश्न**

(i) ताकि वे उसकी ज़मीन हथिया सकें
(ii) ताकि वे वहाँ से कचरा हटा सकें
(iii) ताकि वे प्रकृति के साथ एकाकार कर सकें
(iv) ताकि वे चिंता मुक्त जीवन जी सकें

उत्तर (i) ताकि वे उसकी ज़मीन हथिया सकें

13. प्रकृति मनुष्य को कब दंडित करती है?

(i) जब वह समुद्र को छेड़ता है
(ii) जब वह नई इमारत बनाता है
(iii) जब वह कोई कार्य नहीं करता है
(iv) जब वह प्रकृति से अधिक छेड़छाड़ करता है

उत्तर (iv) जब वह प्रकृति से अधिक छेड़छाड़ करता है

14. लेखक की माँ ने रोजा क्यों रखा?

(i) रमजान के कारण
(ii) झूठ की माफी के कारण
(iii) कबूतर का अंडा टूट जाने के कारण
(iv) बिल्ली द्वारा रास्ता काट जाने के कारण

उत्तर (iii) कबूतर का अंडा टूट जाने के कारण

15. कबूतर परेशानी में इधर-उधर क्यों फड़फड़ा रहे थे?

(i) अत्यधिक भूख लगने के कारण
(ii) बहुत अधिक ठंड के कारण
(iii) दोनों अंडे टूट जाने के कारण
(iv) घोंसला न बनने के कारण

उत्तर (iii) दोनों अंडे टूट जाने के कारण

16. निम्नलिखित कथन (A) तथा कारण (R) को ध्यानपूर्वक पढ़कर दिए गए विकल्पों में से सही विकल्प चुनकर लिखिए।

कथन (A) मनुष्य का जीवन अब डिब्बानुमा कमरो में सिमटने लगा है।

कारण (R) परिवार छोटा होते जाने से मनुष्य की ज़रूरतें घट गई हैं। अब उसे बड़े-बड़े मकान, दालान, आँगन आदि की ज़रूरत नहीं रही। **दक्षता आधारित प्रश्न**

(i) कथन (A) तथा कारण (R) दोनों गलत हैं।
(ii) कथन (A) गलत है, लेकिन कारण (R) सही है।
(iii) कथन (A) सही है, किंतु कारण (R) उसकी गलत व्याख्या करता है।
(iv) कथन (A) और कारण (R) दोनों सही हैं तथा कारण (R) कथन (A) की सही व्याख्या करता है।

उत्तर (iii) कथन (A) सही है, किंतु कारण (R) उसकी गलत व्याख्या करता है।

17. निम्नलिखित में से कौन-सा वाक्य ग्वालियर से मुंबई के मार्ग में बस्तियाँ बसने से प्रकृति एवं वातावरण पर हुए प्रभाव को दर्शाते हैं? **दक्षता आधारित प्रश्न**

1. बस्तियों ने पेड़-पौधे तथा वन्य जीवों के आवास कम कर दिए हैं।
2. बस्तियों के कारण आस-पास प्रदूषण बढ़ गया है।
3. लोगों की जीवन-शैली में बदलाव नहीं आया है।
4. आस-पास दूर-दूर तक हरे जंगल देखे जा सकते हैं।

कूट

(i) केवल 1 (ii) 1 और 2
(iii) केवल 4 (iv) 2, 3 और 4

उत्तर (ii) 1 और 2

18. पाठ के आधार पर सही कथन चुनिए **दक्षता आधारित प्रश्न**

(i) लोग अब संयुक्त परिवारों में रहने लगे हैं।
(ii) मानव सबके विषय में सोचता है।
(iii) मनुष्य ने अपनी बुद्धि से बड़ी-बड़ी दीवारें खड़ी कर दी हैं।
(iv) धरती पर मनुष्य का अधिकार है।

उत्तर (iii) मनुष्य ने अपनी बुद्धि से बड़ी-बड़ी दीवारें खड़ी कर दी हैं।

गद्यांश पर आधारित बहुविकल्पीय प्रश्न

निम्नलिखित गद्यांशों को ध्यानपूर्वक पढ़कर पूछे गए प्रश्नों के सही विकल्प चुनिए

1. कई सालों से बड़े-बड़े बिल्डर समंदर को पीछे धकेल कर उसकी ज़मीन को हथिया रहे थे। बेचारा समंदर लगातार सिमटता जा रहा था पहले उसने अपनी फैली हुई टाँगें समेटीं, थोड़ा सिमटकर बैठ गया। फिर जगह कम पड़ी तो उकड़ूँ बैठ गया। फिर खड़ा हो गया...जब खड़े रहने की जगह कम पड़ी तो गुस्सा आ गया। जो जितना बड़ा होता है। उसे उतना ही कम गुस्सा आता है। परंतु आता है तो रोकना मुश्किल हो जाता है और यही हुआ, उसने एक रात अपनी लहरों पर दौड़ते हुए तीन जहाज़ों को उठाकर बच्चों की गेंद की तरह तीन दिशाओं में फेंक दिया। एक वर्ली के समंदर के किनारे पर आकर गिरा, दूसरा बांद्रा में कार्टर रोड के सामने औंधे मुँह और तीसरा गेट-वे-ऑफ़ इंडिया पर टूट-फूटकर सैलानियों का नज़ारा बना बावजूद कोशिश, वे फिर से चलने-फिरने के काबिल नहीं हो सके।

(क) प्रस्तुत गद्यांश में लेखक ने किस समस्या की ओर इंगित किया है?

(i) बड़े-बड़े बिल्डर के कार्य
(ii) समंदर का गहरा होना
(iii) प्राकृतिक असंतुलन के कारण व दुष्प्रभाव
(iv) चलने-फिरने के काबिल न होना

उत्तर (iii) प्राकृतिक असंतुलन के कारण व दुष्प्रभाव

(ख) लेखक ने धरती को किस-किसकी बताया है?

(i) नदियों समुद्रों की
(ii) मनुष्यों की
(iii) पशु-पक्षियों की
(iv) उपर्युक्त सभी

उत्तर (iv) उपर्युक्त सभी

(ग) पहले की अपेक्षा आज की जीवन-शैली में क्या अंतर दिखाई पड़ता है? **दक्षता आधारित प्रश्न**

(i) अब जीवन छोटे-छोटे डिब्बे जैसे घरों में सिमटने लगा है
(ii) अब जीवन बड़े-बड़े ढालानों-आँगनों में सिमटने लगा है
(iii) अब जीवन की अच्छी रूपरेखा सामने आई है
(iv) अब जीवन विस्तृत होने लगा है

उत्तर (i) अब जीवन छोटे-छोटे डिब्बे जैसे घरों में सिमटने लगा है

(घ) संसार के टुकड़ों में बँटकर एक-दूसरे से दूर होने का क्या कारण है? **दक्षता आधारित प्रश्न**

(i) बढ़ती स्वार्थ भावना
(ii) आपसी प्रेमभाव का अभाव होना
(iii) पारिवारिक सौहार्द की कमी होना
(iv) उपर्युक्त सभी

उत्तर (iv) उपर्युक्त सभी

(ङ) निम्नलिखित कथन (A) तथा कारण (R) को ध्यानपूर्वक पढ़कर दिए गए विकल्पों में से सही विकल्प चुनकर लिखिए।

कथन (A) समुद्र को ऐसा गुस्सा आया कि उसने सब कुछ तहस-नहस करके रख दिया।

कारण (R) समुद्र ने तीन जहाजों को गेंद की तरह उठाकर बाहर फेंक दिया। वे इतना चकनाचूर हो गए कि फिर यात्रा के लायक न बचे। **दक्षता आधारित प्रश्न**

(i) कथन (A) तथा कारण (R) दोनों गलत हैं।
(ii) कथन (A) गलत है, लेकिन कारण (R) सही है।
(iii) कथन (A) सही है, किंतु कारण (R) उसकी गलत व्याख्या करता है।
(iv) कथन (A) और कारण (R) दोनों सही हैं तथा कारण (R) कथन (A) की सही व्याख्या करता है।

उत्तर (iii) कथन (A) सही है, किंतु कारण (R) उसकी गलत व्याख्या करता है।

2. **दुनिया कैसे वजूद में आई? पहले क्या थी? किस बिंदु से इसकी यात्रा शुरू हुई? इन प्रश्नों के उत्तर विज्ञान अपनी तरह से देता है, धार्मिक ग्रंथ अपनी-अपनी तरह से। संसार की रचना भले ही कैसे हुई हो, लेकिन धरती किसी एक की नहीं है। पंछी, मानव, पशु, नदी, पर्वत, समंदर आदि की इसमें बराबर की हिस्सेदारी है। यह और बात है कि इस हिस्सेदारी में मानव जाति ने अपनी बुद्धि से बड़ी-बड़ी दीवारें खड़ी कर दी हैं। पहले पूरा संसार एक परिवार के समान था अब टुकड़ों में बँटकर एक-दूसरे से दूर हो चुका है। पहले बड़े-बड़े दालानों-आँगनों में सब मिल-जुलकर रहते थे, अब छोटे-छोटे डिब्बे जैसे घरों में जीवन सिमटने लगा है। मानव के धरती पर अधिकार जमाने के कारण संसार छोटे-छोटे टुकड़ों में बँट गया है। बढ़ती हुई आबादी ने समदंर को पीछे सरकाना शुरू कर दिया है, पेड़ों को रास्तों से हटाना शुरू कर दिया है, फैलते हुए प्रदूषण ने पंछियों को बस्तियों से भगाना शुरू कर दिया है। बारूदों की विनाशलीलाओं ने वातावरण को सताना शुरू कर दिया है। अब गरमी में ज्यादा गरमी, बेवक्त की बरसातें, ज़लज़ले, सैलाब, तूफ़ान और नित नए रोग, मानव और प्रकृति के इसी असंतुलन के परिणाम हैं।** **CBSE SQP (Additional Set) 2023**

(क) …………अब छोटे-छोटे डिब्बे जैसे घरों में जीवन सिमटने लगा है। इस पंक्ति के माध्यक से लेखक किस ओर संकेत कर रहा है? **दक्षता आधारित प्रश्न**

(i) सामाजिक भेदभाव (ii) शहरी जन-जीवन
(iii) नष्ट होती आबादी (iv) प्रकृति का शोषण

उत्तर (ii) शहरी जन-जीवन

(ख) उपर्युक्त गद्यांश के आधार पर सही कथन चुनिए

(i) मनुष्यों ने सामाजिक रीति-रिवाजों को मान्यता दी है।
(ii) मनुष्यों ने व्यक्तिगत हित को सर्वोपरि समझा है।
(iii) मनुष्यों ने प्रकृति को जीवन का आधार माना है।
(iv) मनुष्यों ने प्रकृति पर विजय हासिल कर ली है।

उत्तर (ii) मनुष्यों ने व्यक्तिगत हित को सर्वोपरि समझा है।

(ग) निम्नलिखित कथन (A) व कारण (R) को ध्यानपूर्वक पढ़कर दिए गए विकल्पों में से सही विकल्प का चयन कीजिए।

कथन (A) मानवीय क्रियाकलापों ने प्राकृतिक आपदाओं की संभावनाओं को बढ़ा दिया है।

कारण (R) दुनिया का अस्तित्व मानव और प्रकृति के सह-संबंधों पर निर्भर है।

उपरोक्त कथन और कारण के आधार पर सही विकल्प का चयन कीजिए **दक्षता आधारित प्रश्न**

(i) कथन (A) और कारण (R) दोनों सही हैं।
(ii) कथन (A) और कारण (R) दोनों गलत हैं।
(iii) कथन (A) सही है, किंतु कारण (R) गलत है।
(iv) कथन (A) गलत है, किंतु कारण (R) सही है।

उत्तर (i) कथन (A) और कारण (R) दोनों सही हैं।

(घ) उपर्युक्त गद्यांश के माध्यम से लेखक …………।

(i) प्रकृति का वैज्ञानिक अध्ययन करना चाहता है।
(ii) सामूहिक जीवन निर्वाह के लिए सलाह दे रहा है।
(iii) पशु-पक्षियों के प्रति आदर का भाव प्रकट कर रहा है।
(iv) प्राकृतिक आपदाओं के प्रति ध्यान आकर्षित कर रहा है।

उत्तर (iv) प्राकृतिक आपदाओं के प्रति ध्यान आकर्षित कर रहा है।

(ङ) '…………मानव जाति ने अपनी बुद्धि से बड़ी-बड़ी दीवारें खड़ी कर दी हैं।'

इस पंक्ति के माध्यम से मनुष्यों की ……… के बारे में पता चलता है। **दक्षता आधारित प्रश्न**

(i) उदार प्रवृत्ति (ii) सांप्रदायिक सोच
(iii) समाज सेवी प्रवृत्ति (iv) संकुचित मानसिकता

उत्तर (iv) संकुचित मानसिकता

3. **बढ़ती हुई आबादियों ने समंदर को पीछे सरकाना शुरू कर दिया है, पेड़ों को रास्तों से हटाना शुरू कर दिया है, फैलते हुए प्रदूषण ने पंछियों को बस्तियों से भगाना शुरू कर दिया है तथा बारूदों की विनाशलीलाओं ने वातावरण को सताना शुरू कर दिया। अब गरमी में ज्यादा गरमी, बेवक्त की बरसातें, जलजले, सैलाब, तूफ़ान और नित नए रोग, मानव और प्रकृति के इसी असंतुलन के परिणाम हैं। नेचर की सहनशक्ति की एक सीमा होती है। नेचर के गुस्से का एक नमूना कुछ साल पहले बंबई (मुंबई) में देखने को मिला था और यह नमूना इतना डरावना था कि बंबई निवासी डरकर अपने-अपने पूजा-स्थल में अपने खुदाओं से प्रार्थना करने लगे थे।**

(क) बढ़ती हुई आबादी का प्रकृति पर क्या प्रभाव पड़ा है?

(i) पेड़ों को काटा जाना
(ii) प्रदूषण के कारण पंछियों की प्रजातियों का नष्ट होना
(iii) समुद्र के किनारे बड़ी-बड़ी इमारतें बनाकर उसके स्वरूप को सीमित करना
(iv) उपर्युक्त सभी

उत्तर (iv) उपर्युक्त सभी

(ख) **मानव और प्रकृति के बीच असंतुलन का क्या परिणाम सामने आया है?**

(i) बिना मौसम बरसात का होना
(ii) नए रोगों का आगमन होना
(iii) प्राकृतिक आपदाओं का आना
(iv) उपर्युक्त सभी

उत्तर (iv) उपर्युक्त सभी

(ग) **गद्यांश के अनुसार, प्रकृति के बढ़ते असंतुलन का मुख्य कारण किसे माना गया है?**

(i) बढ़ती हुई प्रजातियाँ को
(ii) बढ़ती जनसंख्या को
(iii) मौसम चक्र के असंतुलन को
(iv) पशु-पक्षियों के पलायन को

उत्तर (ii) बढ़ती जनसंख्या को

(घ) **नेचर की सहनशक्ति समाप्त होने पर वह किस रूप में सामने आती है?** **दक्षता आधारित प्रश्न**

(i) कोमल रूप में (ii) तटस्थ रूप में
(iii) रौद्र रूप में (iv) शांत रूप में

उत्तर (iii) रौद्र रूप में

(ङ) **निम्नलिखित कथन (A) तथा कारण (R) को ध्यानपूर्वक पढ़कर दिए गए विकल्पों में से सही विकल्प चुनकर लिखिए।**

कथन (A) **अब प्राकृतिक असंतुलन के परिणाम विविध रूपों में सामने आने लगे हैं।**

कारण (R) **मनुष्य ने सागर एवं धरती पर कब्जा करके प्रदूषण बढ़ाया है तथा अपनी ज़रूरतों के लिए पेड़ काटकर प्रदूषण को बढ़ाया है।** **दक्षता आधारित प्रश्न**

(i) कथन (A) तथा कारण (R) दोनों गलत हैं।
(ii) कथन (A) गलत है लेकिन कारण (R) सही है।
(iii) कथन (A) सही है किंतु कारण (R) उसकी गलत व्याख्या करता है।
(iv) कथन (A) और कारण (R) दोनों सही हैं तथा कारण (R) कथन (A) की सही व्याख्या करता है।

उत्तर (iv) कथन (A) और कारण (R) दोनों सही हैं तथा कारण (R) कथन (A) की सही व्याख्या करता है।

4. ग्वालियर में हमारा एक मकान था। उस मकान के दालान में दो रोशनदान थे। उसमें कबूतर के एक जोड़े ने घोंसला बना लिया था। एक बार बिल्ली ने उचककर दो में से एक अंडा तोड़ दिया। मेरी माँ ने देखा तो उसे दुःख हुआ। उसने स्टूल पर चढ़कर दूसरे अंडे को बचाने की कोशिश की। लेकिन इस कोशिश में दूसरा अंडा उसी के हाथ से गिरकर टूट गया। कबूतर परेशानी में इधर-उधर फड़फड़ा रहे थे। उनकी आँखों में दुःख देखकर मेरी माँ की आँखों में आँसू आ गए। इस गुनाह को खुदा सके मुआफ कराने के लिए उसने पूरे दिन रोजा रखा। दिनभर कुछ खाया-पिया नहीं, सिर्फ रोती रही और बार-बार नमाज पढ़-पढ़कर खुदा से इस गलती को मुआफ करने की दुआ माँगती रही। **CBSE SQP Term I 2021**

(क) **लेखक की माँ किस बात से दुःखी थी?**

(i) घर में कबूतरों ने घोंसला बना लिया था
(ii) कबूतर के दोनों अंडे टूट गए थे
(iii) कबूतर अंडों को छोड़कर चले गए थे
(iv) बिल्ली अंडों को खा गई थी

उत्तर (ii) कबूतर के दोनों अंडे टूट गए थे

(ख) **लेखक की माँ खुदा से किस गुनाह को माफ़ कराना चाहती थीं?** **दक्षता आधारित प्रश्न**

(i) पहला अंडा तोड़ने का गुनाह
(ii) बिल्ली को मारने का गुनाह
(iii) दूसरा अंडा टूट जाने का गुनाह
(iv) कबूतर का घोंसला तोड़ने का गुनाह

उत्तर (iii) दूसरा अंडा टूट जाने का गुनाह

(ग) **प्रस्तुत गद्यांश से पता चलता है कि लेखक की माँ अत्यधिक**

(i) संवेदनशील थीं (ii) स्वार्थी थीं
(iii) कमजोर थीं (iv) डरपोक थीं

उत्तर (i) संवेदनशील थीं

(घ) **निम्नलिखित में से कौन-सा वाक्य लेखक की माँ की संवेदनशीलता दर्शाते हैं?** **दक्षता आधारित प्रश्न**

1. लेखक के मकान की दालान में कबूतरों ने घोंसला बनाया।
2. माँ ने स्टूल पर चढ़कर दूसरे अंडे को बचाने की कोशिश की।
3. दूसरा अंडा टूटने से माँ की आँखों में आँसू आ गए।
4. माँ कबूतरों के दुख से दुखी हो गई थी।

कूट

(i) केवल 1 (ii) 2 और 3
(iii) केवल 4 (iv) 2, 3 और 4

उत्तर (iv) 2, 3 और 4

(ङ) **माँ की आँखों में आँसू आ गए थे, क्योंकि** **दक्षता आधारित प्रश्न**

(i) कबूतर का अंडा बिल्ली ने तोड़ दिया था
(ii) कबूतर का अंडा लेखक की माँ से टूट गया था
(iii) लेखक की पत्नी ने कबूतर का अंडा तोड़ दिया था
(iv) कबूतर की आँखों में दुःख देखकर व्यथित हो गई थीं

उत्तर (iv) कबूतर की आँखों में दुःख देखकर व्यथित हो गई थीं

5. कई वर्षों से बड़े-बड़े बिल्डर समंदर को पीछे धकेल कर उसकी जमीन को हथिया रहे थे। बेचारा समंदर लगातार सिमटता जा रहा था। पहले उसने अपनी फैली हुई टाँगें समेटीं, थोड़ा सिमटकर बैठ गया। फिर जगह कम पड़ी तो उकड़ूँ बैठ गया। फिर खड़ा हो गया...जब खड़े रहने की जगह कम पड़ी तो उसे गुस्सा आ गया। जो जितना बड़ा होता है उसे उतना ही कम गुस्सा आता है। परंतु आता है तो रोकना मुश्किल हो जाता है और यही हुआ, उसने एक रात अपनी लहरों पर दौड़ते हुए तीन जहाजों को उठाकर बच्चों की नींद की तरह तीन दिशाओं में फेंक दिया। एक वर्ली के समंदर के किनारे पर आकर गिरा, दूसरा बांद्रा में कार्टर रोड के सामने औंधे मुँह और तीसरा गेट-वे-ऑफ इंडिया पर टूट-फूटकर सैलानियों का नज़ारा बना बावजूद कोशिश, वे फिर से चलने-फिरने के काबिल नहीं हो सके।

(क) समुद्र के सिमटते जाने का क्या कारण है?
(i) पानी की कमी होना
(ii) समुद्र के किनारे बिल्डरों द्वारा नई इमारतों का निर्माण करना
(iii) समुद्र के किनारों को पानी न मिल पाना
(iv) ज़मीन का अतिक्रमण करना

उत्तर (ii) समुद्र के किनारे बिल्डरों द्वारा नई इमारतों का निर्माण करना

(ख) 'पहले उसने अपनी फैली हुई टाँगें समेटी' पंक्ति में 'उसने' शब्द किसके लिए प्रयुक्त हुआ है?
(i) लेखक के लिए (ii) समुद्र के लिए
(ii) बच्चे के लिए (iv) सैलानी के लिए

उत्तर (ii) समुद्र के लिए

(ग) 'जो जितना बड़ा होता है उसे उतना ही कम गुस्सा आता है'—यह पंक्ति किस संदर्भ में कही गई है?
(i) सहनशीलता के (ii) प्रेम के
(iii) अपनत्व के (iv) अभिमान के

उत्तर (i) सहनशीलता के

(घ) समुद्र ने अपने गुस्से को किस प्रकार प्रकट किया?
(i) सुनामी के माध्यम से
(ii) बड़े-बड़े जहाजों को उठाकर पटकने के माध्यम से
(iii) बाढ़ के माध्यम से
(iv) उपर्युक्त सभी

उत्तर (ii) बड़े-बड़े जहाजों को उठाकर पटकने के माध्यम से

(ङ) निम्नलिखित कथन (A) तथा कारण (R) को ध्यानपूर्वक पढ़कर दिए गए विकल्पों में से सही विकल्प चुनकर लिखिए।

कथन (A) मनुष्य द्वारा लगातार किए जा रहे अतिक्रमण से समुद्र को गुस्सा आ गया।

कारण (R) मनुष्य अपनी आवासीय जरूरत पूरी करने के लिए समुद्र पर कब्जा करता जा रहा है। इससे दुखी समुद्र जन-धन की भंयकर क्षति करके अपना गुस्सा प्रकट करता है।

दक्षता आधारित प्रश्न

(i) कथन (A) तथा कारण (R) दोनों गलत हैं।
(ii) कथन (A) गलत है लेकिन कारण (R) सही है।
(iii) कथन (A) सही है किंतु कारण (R) उसकी गलत व्याख्या करता है।
(iv) कथन (A) और कारण (R) दोनों सही हैं तथा कारण (R) कथन (A) की सही व्याख्या करता है।

उत्तर (iv) कथन (A) और कारण (R) दोनों सही हैं तथा कारण (R) कथन (A) की सही व्याख्या करता है।

6. वे दिन में कई-कई बार आते-जाते हैं और क्यों न आएँ-जाएँ आखिर उनका भी घर है। लेकिन उनके आने-जाने से हमें परेशानी भी होती है। वे कभी किसी चीज को गिराकर तोड़ देते हैं। कभी मेरी लाइब्रेरी में घुसकर कबीर या मिर्जा गालिब को सताने लगते हैं। इस रोज-रोज की परेशानी से तंग आकर मेरी पत्नी ने उस जगह जहाँ उनका आशियाना था, एक जाली लगा दी है, उनके बच्चों को दूसरी जगह कर दिया है। उनके आने की खिड़की को भी बंद किया जाने लगा है। खिड़की के बाहर अब दोनों कबूतर रात-भर खामोश और उदास बैठे रहते हैं।

दक्षता आधारित प्रश्न

(क) कबूतरों से परेशान होकर लेखक की पत्नी क्या किया
(i) उनके आने का रास्ता बन्द कर दिया
(ii) खिड़की में जाली लगा दी
(iii) उनके बच्चों को दूसरी जगह रख दिया
(iv) उपर्युक्त सभी

उत्तर (iv) उपर्युक्त सभी

(ख) कबूतर लेखक के घर में दिन में कई बार क्यों आते-जाते रहते थे?

दक्षता आधारित प्रश्न

(i) लेखक से घनिष्ठ प्रेम के कारण
(ii) अपने अंडों के कारण
(iii) लेखक की माता के स्नेह के कारण
(iv) अपने अधिकार के कारण

उत्तर (ii) अपने अंडों के कारण

(ग) लेखक व उनकी पत्नी को कबूतरों का आना-जाना अच्छा क्यों नहीं लगता था?
(i) कबूतर उनका नुकसान करते थे
(ii) कबूतर के प्रति उनमें घृणा भाव था
(iii) वे कबूतर से डरते थे
(iv) उपर्युक्त में से कोई नहीं

उत्तर (i) कबूतर उनका नुकसान करते थे

(घ) कबूतरों के आने से लेखक को क्या नुकसान झेलना पड़ा?
(i) पुस्तकालय की किताबें गंदी हो गईं
(ii) चीजें गिरकर टूट गईं
(iii) (i) और (ii) दोनों
(iv) भोजन खा जाते थे

उत्तर (iii) (i) और (ii) दोनों

(ङ) उपर्युक्त गद्यांश के माध्यम से लेखक .... परेशान है।
(i) कबूतर द्वारा उसकी लाइब्रेरी को गंदा करने से
(ii) पत्नी द्वारा खिड़की पर जाली न लगाने से
(iii) मिर्जा गालिब को कबूतरों द्वारा परेशान करने से
(iv) उपर्युक्त सभी

उत्तर (iv) उपर्युक्त सभी

7. ग्वालियर से बंबई की दूरी ने संसार को काफी कुछ बदल दिया है। वर्सोवा में आज जहाँ मेरा घर है, पहले यहाँ दूर तक जंगल था, पेड़ थे, परिंदे थे और दूसरे जानवर थे। अब वहाँ समुन्द्र के किनारे लंबी-चौड़ी बस्ती बन गई है। इस बस्ती ने न जाने कितने परिंदें-चरिंदों से उनका घर छीन लिया है। इनमें से कुछ शहर छोड़कर चले गए हैं, जो नहीं जा सके हैं उन्होंने यहाँ-वहाँ डेरा डाल लिया है। इनमें से दो कबूतरों ने मेरे फ्लैट के एक मचान में घोंसला बना लिया है। बच्चे अभी छोटे हैं। उनके खिलाने-पिलाने की जिम्मेदारी अभी बड़े कबूतरों की है। वे दिन में कई-कई बार आते-जाते हैं और क्यों न आएँ-जाएँ आखिर उनका भी घर है, लेकिन उनके आने से हमें परेशानी भी होती है। वे कभी किसी

चीज को गिराकर तोड़ देते हैं। कभी मेरी लाइब्रेरी में घुसकर कबीर या मिर्जा गालिब को सताने लगते हैं। इस रोज-रोज की परेशानी से तंग आकर मेरी पत्नी ने उस जगह जहाँ उनका आशियाना था, एक जाली लगा दी है, उनके बच्चों को दूसरी जगह रख दिया है उनके आने की खिड़की को भी बंद किया जाने लगा है। खिड़की के बाहर अब दोनों कबूतर रातभर खामोश और उदास बैठे रहते हैं। **CBSE 2024**

(क) पहले वर्सोवा की क्या स्थिति थी?

(i) दूर तक सुनसान था।

(ii) समुद्र किनारे बस्ती थी।

(iii) आवागमन के साधन नहीं थे

(iv) प्राकृतिक परिवेश था।

उत्तर (iv) प्राकृतिक परिवेश था

(ख) 'इस बस्ती ने न जाने कितने परिंदों- चरिंदों से उनका घर छीन लिया' पंक्ति संकेत करती है

(i) बढ़ते शहरीकरण के दुष्परिणामों की ओर

(ii) बढ़ते शहरीकरण से जीव-जंतुओं के बेघर होने की ओर

(iii) जीव-जंतुओं के प्राकृतिक आशियानों से चले जाने की ओर

(iv) जीव जंतुओं की प्रजातियाँ विलुप्त हो जाने की ओर

उत्तर (ii) बढ़ते शहरीकरण से जीव-जंतुओं के बेघर होने की ओर

(ग) 'जो नहीं जा सके हैं उन्होंने यहाँ-वहाँ डेरा डाल लिया है' पंक्ति में 'डेरा डालना' का आशय है

(i) स्थायी पड़ाव बनाना

(ii) अस्थायी पड़ाव बनाना

(iii) जबरदस्ती घर बनाना

(iv) किसी भी प्रकार से रहना

उत्तर (ii) अस्थायी पड़ाव बनाना

(घ) कबूतर लेखक के घर क्यों आया-जाया करते थे?

(i) उस घर को अपना मानने के कारण

(ii) वहाँ अपना घोंसला होने के कारण

(iii) खिड़की खुली होने के कारण

(iv) अपने बच्चों को खिलाने-पिलाने के लिए

उत्तर (ii) वहाँ अपना घोंसला होने के कारण

(ङ) निम्नलिखित कथन तथा कारण को ध्यानपूर्वक पढ़िए तथा उसके बाद दिए गए विकल्पों में से कोई एक सही विकल्प चुनकर लिखिए **दक्षता आधारित प्रश्न**

कथन खिड़की के बाहर दोनों कबूतर रातभर खामोश और उदास बैठे रहते थे।

कारण उनका आशियाना छिन गया था।

(i) कथन तथा कारण दोनों गलत हैं।

(ii) कारण सही है, किंतु कथन गलत है

(iii) कथन सही है, लेकिन कारण उसकी गलत व्याख्या करता है।

(iv) कथन तथा कारण दोनों सही हैं तथा कारण कथन की सही व्याख्या करता है।

उत्तर (iv) कथन तथा कारण दोनों सही हैं तथा कारण, कथन की सही व्याख्या करता है।

विषयवस्तु पर ज्ञान, बोध अभिव्यक्ति पर आधारित प्रश्न

1. शेख अयाज़ के पिता के प्रसंग द्वारा लेखक की क्या धारणा है?

अथवा **शेख अयाज़ के पिता भोजन छोड़कर क्यों उठ खड़े हुए? इससे उनके व्यक्तित्व की किस विशेषता का पता चलता है?**

CBSE 2017, 2015 CBSE Diksha

उत्तर शेख अयाज़ के पिता के प्रसंग द्वारा लेखक स्पष्टत: कहना चाहता है कि हमें किसी भी पशु-पक्षी को बेघर नहीं करना चाहिए। उनके साथ भी प्रेम भाव से रहना चाहिए। हमें मनुष्यों और जीव जन्तुओं में कोई अन्तर नहीं करना चाहिए तथा दोनों के प्रति समान रूप से करुणा एवं प्रेम का भाव रखना चाहिए।

2. धरती से संबंधित प्रश्नों के उत्तर कौन देता है?

उत्तर धरती से संबंधित प्रश्नों के उत्तर विज्ञान और धार्मिक ग्रंथ देते हैं, लेकिन इनके उत्तर देने की प्रकृति भिन्न-भिन्न प्रकार की है। विज्ञान जहाँ और तर्क के आधार पर धरती से संबंधित प्रश्नों के उत्तर देता है वहीं धार्मिक ग्रंथ के प्रश्नों के उत्तर का आधार धर्म विशेष रहता है।

3. समुद्र कैसे सिमटते जा रहे थे?

उत्तर बढ़ती हुई आबादी के कारण कई वर्षों से बड़े-बड़े बिल्डर समुद्र को पीछे धकेल कर उसकी ज़मीन को हथिया रहे थे। उन पर बड़ी-बड़ी इमारतें खड़ी की जा रही थीं। इस प्रकार समुद्र सिमटते जा रहे थे।

4. "न मैं अपनी मर्ज़ी से कुत्ता हूँ, न तुम अपनी मर्ज़ी से इंसान हो" कथन का आशय स्पष्ट कीजिए। **दक्षता आधारित प्रश्न**

उत्तर प्रस्तुत कथन का आशय यह है कि हर जीव में ईश्वर का निवास है। प्रत्येक जीव को ईश्वर ने ही बनाया है।

किसी को उसने कुत्ता बना दिया और किसी को इंसान। कर्मों एवं आचरण से ही जीवों की असली पहचान बनती है।

5. कैसे कह सकते हैं कि 'अब कहाँ दूसरे के दु:ख से दु:खी होने वाले' पाठ के लेखक की माँ के मन में पशु-पक्षियों के प्रति प्रेम भरा है? **CBSE 2013**

उत्तर 'अब कहाँ दूसरे के दु:ख से दु:खी होने वाले' पाठ के लेखक की माँ के मन में पशु-पक्षियों के प्रति प्रेम भरा था, इसलिए वह कबूतरों को सताने से सभी को मना करती थी। मुर्गे को परेशान करने से रोकती थी। कबूतर का अंडा असावधानी से टूट जाने के कारण अपने गुनाह को माफ़ कराने के लिए पूरा दिन रोज़ा रखती थी। यहाँ तक कि शाम के समय पेड़ों को सताने तथा फूल तोड़ने से भी सभी को मना करती थी।

6. अब कहाँ दूसरों के दु:ख से दु:खी होने वाले पाठ में ऐसे अनेक लोगों का उल्लेख है, जो जीव-जंतुओं के प्रति संवेदनशील थे। आपको उनमें से सबसे अच्छा कौन लगा? कारण सहित बताइए। **CBSE 2023**

उत्तर 'अब कहाँ दूसरों के दुख से दुखी होने वाले' पाठ में अनेक लोगों का उल्लेख है, जो जीव-जंतुओं के प्रति संवेदनशील थे। उनमें से मुझे सबसे अच्छा लगने वाले संवेदनशील सुलेमान लगे।

बाइबिल के सोलोमन नाम से प्रसिद्ध बादशाह, जिन्हें कुरान में सुलेमान भी कहा गया है, इंसानों के साथ-साथ पशु-पक्षियों की भाषा भी जानते थें। एक बार वे अपने दल के साथ कहीं जा रहे थें तभी कुछ चींटियों ने घोड़ों के टापों की आवाज़ सुनी तो वे भयभीत हो गईं और परस्पर कहने लगी, "जल्दी चलों, बिलों में फौज आ रही है।" उनकी बातें सुनते ही सुलेमान ने कहा, "घबराओं नहीं, मैं किसी के लिए मुसीबत नहीं बल्कि सबके लिए मोहब्बत हूँ। ऐसा कहकर वे आगे चले गए। सचमुच वे जीव-जंतुओं के प्रतिदयालु और संवेदनशील थे।

7. लेखक के घर में खिड़की के बाहर दोनों कबूतर उदास क्यों बैठे रहते थे? **CBSE 2013**

उत्तर लेखक के घर में कबूतरों ने एक घोंसला बना रखा था, जिससे परिवार वालों को काफ़ी परेशानी हो रही थी। इसलिए लेखक की पत्नी ने खिड़की पर जाली लगवा दी, जिससे कबूतर अंदर नहीं आ पा रहे थे। इसी कारण दोनों कबूतर खिड़की के बाहर उदास बैठे हुए थे।

8. बादशाह सुलेमान के व्यक्तित्व की विशेषताओं का वर्णन संक्षेप में कीजिए। **दक्षता आधारित प्रश्न**

उत्तर बादशाह सुलेमान के व्यक्तित्व की विशेषताएँ निम्नलिखित हैं

(i) बादशाह सुलेमान मानव जाति के साथ-साथ पशु-पक्षियों के भी राजा थे।

(ii) वह सबकी भाषाओं के ज्ञाता थे।

(iii) वे सभी जीवों से प्रेम करते थे और सभी जीवों की रक्षा के लिए प्रयत्नशील रहते थे।

(iv) वह मानवीय गुणों में अत्यधिक विश्वास करते थे।

9. आप कैसे कह सकते हैं कि सुलेमान सहृदय बादशाह थे?

उत्तर ईसा से 1025 वर्ष पूर्व एक बादशाह थे। बाइबिल के सोलोमन, जिन्हें कुरान में सुलेमान के नाम से जाना जाता है। वे केवल मानव जाति के ही राजा नहीं थे वरन् पशु-पक्षियों के प्रति भी दयालु थे। यह तथ्य इस घटना से स्पष्ट होता है कि एक बार बादशाह सुलेमान अपनी सेना के साथ एक रास्ते से गुज़र रहे थे। रास्ते में कुछ चींटियों ने घोड़ों की टापों की आवाज़ सुनी और डरकर एक-दूसरे से बोलीं— "जल्दी से अपने-अपने बिल में चली जाओ, फौज़ आ रही है।" बादशाह चींटियों की भाषा जानते थे। अत: थोड़ी दूरी पर रुककर बोले—"घबराओ नहीं, सुलेमान को खुदा ने सबका रखवाला बनाया है। मैं किसी के लिए मुसीबत नहीं हूँ, सबके लिए मुहब्बत हूँ।" इस घटना के आधार पर हम कह सकते हैं कि सुलेमान सहृदय बादशाह थे।

10. 'सुलेमान', 'शेख अयाज़ के पिता' तथा 'नूह' के स्वभाव की उन विशेषताओं का उल्लेख कीजिए, जो उन्हें आज के मनुष्यों से अलग करती हैं। **दक्षता आधारित प्रश्न**

उत्तर सुलेमान केवल मानव जाति के ही राजा नहीं थे, बल्कि सारे छोटे-बड़े पशु-पक्षियों के भी राजा थे। वे चींटियों को भी हीन न मानकर उनकी रक्षा की बात सोचते हैं। शेख अयाज़ के पिता एक च्योंटे को वापस उसके घर पहुँचाने के लिए भोजन तक नहीं करते हैं। उनके लिए अपने सुख से अधिक ज़रूरी इस छोटे से जीव को उसके घर पहुँचाना था। वहीं नूह ने जब एक कुत्ते को दुत्कारा था, तो उसने पलटकर जवाब देते हुए कहा कि "न मैं अपनी मर्ज़ी से कुत्ता हूँ और न तुम अपनी मर्ज़ी से इनसान हो।" इस पर नूह दु:खी होकर काफ़ी देर तक रोते रहे। उन्होंने उस कुत्ते की पीड़ा को समझा। ये सभी छोटे-छोटे जीव-जंतुओं से भी प्यार करने वाले लोग थे। आज के समय में प्राणी मात्र से प्रेम करने वाले व्यक्ति अत्यंत सीमित हो गए हैं। सभी की सोच अत्यंत संकीर्ण एवं स्वार्थ भावना से परिपूर्ण हो गई है।

11. प्रकृति में आए असंतुलन के कारण और उसके परिणामों की चर्चा, 'अब कहाँ दूसरे के दु:ख से दु:खी होने वाले' पाठ के आधार पर कीजिए। **CBSE 2014**

अथवा **'अब कहाँ दूसरों के दु:ख से दु:खी होने वाले' कहानी में मनुष्य के बढ़ते स्वार्थ एवं लालच से पर्यावरण एवं पशु-पक्षियों पर पड़ रहे प्रतिकूल प्रभाव को बताया गया है। कथन की विवेचना कीजिए।** **CBSE SQP (Additional Set) 2023**

अथवा **प्रकृति के साथ मानव के दुर्व्यवहार और उनके परिणामों को 'अब कहाँ दूसरों के दु:ख से दु:खी होने वाले' पाठ के आधार पर स्पष्ट कीजिए।** **CBSE 2020**

उत्तर 'अब कहाँ दूसरे के दु:ख से दु:खी होने वाले' पाठ के अनुसार मानव ही प्रकृति में आए असंतुलन के लिए पूरी तरह ज़िम्मेदार है। ईश्वर ने धरती के साथ-साथ अनगिनत ऐसी वस्तुएँ बनाई हैं, जो मानव हित में हैं, लेकिन स्वयं को बुद्धिमान समझने वाला मानव इन सबसे लाभ उठाकर स्वार्थी हो गया। स्वार्थ के वशीभूत होकर उसने नई-नई खोज करनी शुरू कर दीं। नई-नई खोजों की लालसा में उसने प्रकृति का अत्यधिक दोहन करना शुरू कर दिया। दोहन इतना अधिक कि सहनशील प्रकृति भी व्याकुल हो उठी। समय-समय पर उसने अपनी व्याकुलता छोटी-छोटी प्राकृतिक आपदाओं; *जैसे*—तूफ़ानों का आना, असमय वर्षा का होना, बाढ़ आना, अत्यधिक गर्मी व सर्दी का होना आदि माध्यमों से प्रकट भी की, परंतु लालच के वशीभूत मानव, प्रकृति की इन चेतावनियों को अनदेखा करता रहा।

इसका दुष्परिणाम यह हुआ कि आज मनुष्य ऐसी भयंकर प्राकृतिक आपदाओं को झेल रहा है, जिनका समाधान वह बुद्धि के बल पर नहीं कर पा रहा है। वह निरीह और असहाय-सा सब कुछ नष्ट होते हुए देखने को विवश है।

12. लेखक को अपनी माँ द्वारा दी गई कौन-सी सीख सदैव याद आती थी और क्यों? **दक्षता आधारित प्रश्न**

उत्तर लेखक की माँ कहती थी कि "सूरज ढलने पर पेड़ से पत्ते मत तोड़ो, दीया-बाती के वक्त फूलों को मत तोड़ो, दरिया पर जाओ तो उसे सलाम करो, कबूतरों व मुर्गों को मत सताओ।"

आज लेखक की माँ उसके साथ नहीं है, परंतु जब कभी भी वह बच्चों को पेड़ों व फूलों के साथ खिलवाड़ करते देखता है, पशु-पक्षियों को सताते हुए देखता है, नदियों और तालाबों में गंदगी बहाते हुए देखता है, तो माँ द्वारा दी गई सीख को याद करता है और सोचता है कि वे लोग कहाँ गए, जिनमें मनुष्य के प्रति ही नहीं, बल्कि पशु-पक्षियों तथा प्रकृति के प्रति भी प्रेम भाव कूट-कूट कर भरा हुआ था जिन्होंने हरी-भरी, खुशहाल धरती पर प्रेम की गंगा बहा रखी थी।

13. "बुज़ुर्गों द्वारा दी गई सीख बच्चों के भविष्य निर्माण में सहायक होती है।" स्पष्ट कीजिए।

उत्तर प्राचीन कहावत है—"नींव जितनी मज़बूत होगी, इमारत भी उतनी ही मज़बूत होगी" अर्थात् इमारत की मज़बूती नींव की ईंट पर टिकी होती है।

यही कहावत हमारे इस कथन को स्पष्ट करती है कि जिस परिवार में बुज़ुर्गों की उपस्थिति होती है, उनको प्रमुखता दी जाती है, उनका मान-सम्मान किया जाता है, उस घर के लोगों का भविष्य सदैव उज्ज्वल होता है। बुज़ुर्ग व्यक्ति अपनी उपस्थिति केवल शारीरिक रूप से ही नहीं दर्शाते वरन् अपने वर्षों के अनुभवों को सीख के रूप में प्रसादस्वरूप सभी को बाँटते हैं। समय-समय पर चुनौतियों का सामना करने के लिए प्रेरित करते हैं, क्षमता अनुसार हर संभव सहायता करते हैं। वे आधुनिक समय में व्यस्त माता-पिता की स्नेह की कमी को अपने प्यार-दुलार व आशीर्वाद से पूरा करते हैं। आज संवेदनहीन समाज में यदि नैतिक मूल्यों को जीवंत रखना है, तो बच्चों पर बुज़ुर्गों की छत्रछाया अनिवार्य है।

14. "मनुष्य बुद्धि के बल पर केवल उन्नति की राह ही नहीं वरन् मृत्यु की राह पर भी चल पड़ा है।" पाठ के आधार पर सिद्ध कीजिए।

उत्तर यह सत्य है कि मनुष्य ने बुद्धि के बल पर आशा के अनुसार उन्नति की है। ऐसे-ऐसे रहस्यों पर से पर्दा उठाया है, जो चौंकाने वाले हैं, परंतु यह भी असत्य नहीं है कि उन्नति की सीढ़ी चढ़ते-चढ़ते वह यह भूल गया है कि अति हर चीज़ की बुरी होती है। नई-नई खोजों की लालसा में उसने प्रकृति में अत्यधिक हस्तक्षेप करना शुरू कर दिया, जिसके कारण गर्मी में ज़्यादा गर्मी, बेवक्त की बरसातें, जलजले, सैलाब, तूफ़ान आदि आने लगे।

मनुष्य नए-नए और लाइलाज़ रोगों से ग्रसित होने लगा। इसका सबसे भयंकर परिणाम यह हुआ कि सहनशील प्रकृति भी अपना धैर्य खोने लगी, जिसके भयावह परिणाम हम रोज देख रहे हैं। अतः आज आवश्यकता इस बात की है कि प्रकृति के संतुलन को बनाए रखने में सहयोग देकर मनुष्य यह सिद्ध करे कि वास्तव में, वह बुद्धिजीवी प्राणी है।

15. पाठ के आधार पर प्रतिपादित कीजिए कि दूसरों के दुःख से दुःखी होने वाले लोग अब कम मिलते हैं? **CBSE 2016**

अथवा **'अब कहाँ दूसरे के दुःख से दुःखी होने वाले' पाठ की सार्थकता सिद्ध कीजिए।** **दक्षता आधारित प्रश्न**

अथवा **'दूसरों के दुःख से दुःखी होने वाले लोग' पाठ का प्रतिपादय स्पष्ट कीजिए।** **दक्षता आधारित प्रश्न**

उत्तर ईश्वर ने यह धरती सभी के लिए बनाई है, इस पर सभी का समान अधिकार है। पशु-पक्षी, मानव, नदी, पर्वत, समंदर सभी की बराबर की हिस्सेदारी है, परंतु मनुष्य ने बुद्धि के बल पर बड़ी-बड़ी दीवारें खड़ी कर दी हैं। परिवार के समान दिखाई देने वाले संसार को टुकड़ों में बाँट दिया है और विश्व को टुकड़ों में बाँट कर वह स्वयं को विजयी समझ रहा है, जबकि यही उसकी सबसे बड़ी हार है, क्योंकि जुड़े होने पर सभी एक-दूसरे की परवाह करते हैं, परंतु अलग होने पर सभी अपने-अपने लिए सोचते हैं। यह सोच सबसे अधिक दुःखदायी होती है।

ऐसे में कोई किसी के दुःख-दर्द को न तो समझता है, न बाँटना चाहता है। संवेदनहीनता सीमा का अतिक्रमण कर चुकी है। प्रस्तुत पाठ इस तथ्य को स्पष्ट करने में पूर्णरूपेण सक्षम सिद्ध हुआ है। अतः कहा जा सकता है कि आज के युग में ऐसे लोग बहुत कम हैं, जो दूसरों के दुःख से दुःखी होते हैं।

16. 'अब कहाँ दूसरों के दुःख से दुःखी होने वाले' पाठ के आधार पर स्पष्ट कीजिए कि बढ़ती हुई आबादी का पशु-पक्षियों और मनुष्यों के जीवन पर क्या प्रभाव पड़ रहा है? इसका समाधान क्या हो सकता है? उत्तर लगभग 100 शब्दों में दीजिए। **CBSE 2018**

उत्तर बढ़ती हुई आबादी का पशु-पक्षियों और मनुष्यों के जीवन पर अत्यधिक प्रभाव पड़ रहा है। पहले ज़मीन के बड़े भाग में जंगल थे। पेड़-पौधों पशु-पक्षियों से धरती हरी-भरी थी। चारों ओर हरियाली तथा परिंदों की चहचहाहट थी। जनसंख्या के बढ़ने पर लोगों के लिए स्थान विस्तारित करने हेतु जंगलों को काटा गया। इससे पेड़-पौधों तथा पशु-पक्षियों का पलायन हुआ। प्रकृति का संतुलन बिगड़ने लगा। इसने पर्यावरण को प्रभावित किया। प्रकृति में आए असंतुलन का परिणाम विनाशलीला के रूप में सामने आया है। प्रकृति की सहनशक्ति की एक सीमा है। फैलते प्रदूषण ने प्रकृति को सताना शुरू किया तब प्रकृति के असंतुलन ने कई विसंगतियों को जन्म दिया। अनावृष्टि, अतिवृष्टि, बाढ़, तूफान, सुनामी जैसी प्राकृतिक आपदाओं को इस असंतुलन ने ही आमंत्रित किया है। इस प्रकार कह सकते हैं कि बढ़ती हुई आबादी ने प्राकृतिक असंतुलन को बढ़ावा दिया है।

इसका समाधान यह हो सकता है कि हमें बढ़ती हुई आबादी पर रोक लगानी चाहिए, साथ ही प्राकृतिक संतुलन बनाए रखने के लिए हमें वृक्षों को कटने से रोकना चाहिए तथा समय-समय पर नए वृक्ष लगाने चाहिए। प्रकृति के साथ खिलवाड़ नहीं करना चाहिए। आस-पास के वातावरण को साफ व स्वच्छ बनाए रखना चाहिए।

स्व-मूल्यांकन

पाठ पर आधारित बहुविकल्पीय प्रश्न

1. कबीर या मिर्ज़ा को सताने से लेखक का क्या आशय है?

(i) कबीर और मिर्ज़ा पर व्यंग्य करना
(ii) कबीर या मिर्ज़ा द्वारा लिखी पुस्तकों पर बैठकर उन्हें गंदा करना
(iii) कबीर या मिर्ज़ा से बेतुके प्रश्न करना
(iv) कबीर या मिर्ज़ा को तंग करना

2. रोज़-रोज़ की परेशानी से तंग आकर लेखक की पत्नी ने क्या किया? दक्षता आधारित प्रश्न

(i) कबूतरों के आने-जाने के रास्ते को जाली से बंद कर दिया
(ii) कबूतरों के लिए नए पिंजरे का प्रबंध किया
(iii) कबूतरों के लिए दाने-पानी की उचित व्यवस्था की
(iv) कबूतरों को जान से मार दिया

3. पक्षी बस्तियों से .... चले गए।

(i) अपना आश्रय छिन जाने के कारण
(ii) प्रदूषण के कारण
(iii) पेड़ कटने के कारण
(iv) उपर्युक्त सभी

4. लेखक का घर किस शहर में था? CBSE Diksha

(i) लखनऊ
(ii) ग्वालियर
(iii) भोपाल
(iv) पटना

गद्यांश पर आधारित बहुविकल्पात्क प्रश्न

निम्नलिखित गद्यांश को पढ़कर प्रश्नों के सर्वाधिक उपयुक्त विकल्पों का चयन कीजिए

1. ग्वालियर से बंबई की दूरी ने संसार का काफी कुछ बदल दिया है। वर्सोवा में जहाँ आज मेरा घर है, पहले यहाँ दूर तक जंगल था। पेड़ थे, परिंदे थे और दूसरे जानवर थे। अब यहाँ समंदर के किनारे लंबी-चौड़ी बस्ती बन गई है। इस बस्ती ने न जाने कितने परिंदों-चरिंदों से उनका घर छीन लिया है। इनमें से कुछ शहर छोड़कर चले गए हैं। जो नहीं जा सके हैं उन्होंने यहाँ-वहाँ डेरा डाल लिया है। इनमें से दो कबूतरों ने मेरे फ्लैट के एक मचान में घोंसला बना लिया है। दक्षता आधारित प्रश्न

(क) परिंदों-चरिंदों का घर किसने छीन लिया?
(i) ग्वालियर से बंबई की दूरी ने
(ii) कबूतरों ने
(iii) समुद्र किनारे बनी लंबी-चौड़ी बस्ती ने
(iv) जंगल व पेड़ों ने

(ख) ग्वालियर से बंबई की दूरी ने संसार को कैसे बदल दिया है?
(i) बस्तियाँ बसाकर
(ii) पशु-पक्षियों को रहने की जगह देकर
(iii) प्रकृति से संतुलन बनाकर
(iv) जीवन-शैली को सार्थक बनाकर

(ग) निम्नलिखित कथन (A) तथा कारण (R) को ध्यानपूर्वक पढ़कर दिए गए विकल्पों में से सही विकल्प चुनकर लिखिए।
कथन (A) बस्तियाँ बस जाने से अनेक परिदों-चरिंदो क घर छिन गए हैं।
कारण (R) बस्तियाँ बसाने के लिए मनुष्य ने वृक्षों और जंगलों का सफाया किया है। दक्षता आधारित प्रश्न
(i) कथन (A) तथा कारण (R) दोनों गलत हैं।
(ii) कथन (A) गलत है, लेकिन कारण (R) सही है।
(iii) कथन (A) सही है, किंतु कारण (R) उसकी गलत व्याख्या करता है।
(iv) कथन (A) और कारण (R) दोनों सही हैं तथा कारण (R) कथन (A) की सही व्याख्या करता है।

(घ) गद्यांश के अनुसार, 'डेरा डालने' से क्या अभिप्राय है?
(i) अस्थायी घरों का निर्माण
(ii) एक जगह से दूसरी जगह जाना
(iii) प्रकृति की दया पर पलना
(iv) अस्थिर रहना

(ङ) 'वर्सोवा में जहाँ आज मेरा घर है, पहले यहाँ दूर तक जंगल थे।' इस पंक्ति के माध्यम से लेखक .... बताता है।
(i) जनसंख्या वृद्धि
(ii) लोगों द्वारा अत्यधिक बसावट
(iii) जंगलों पर कब्ज़ा करना
(iv) उपर्युक्त सभी

2. संसार की रचना भले ही कैसे हुई हो लेकिन धरती किसी एक की नहीं है। पंछी, मानव, पशु, नदी, पर्वत, समंदर आदि की इसमें बराबर की हिस्सेदारी है। यह और बात है कि इस हिस्सेदारी में मानव जाति ने अपनी बुद्धि से बड़ी-बड़ी दीवारें खड़ी कर दी हैं। पहले पूरा संसार एक परिवार के समान था अब टुकड़ों में बँटकर एक-दूसरे से दूर हो चुका है। पहले बड़े-बड़े दालानों-आँगनों में सब मिल-जुलकर रहते थे, अब छोटे-छोटे डिब्बे जैसे घरों में जीवन सिमटने लगा है। बढ़ती हुई आबादियों ने समंदर को पीछे सरकाना शुरू कर दिया है, पेड़ों को रास्तों से हटाना शुरू कर दिया है, फैलते हुए प्रदूषण ने पंछियों को बस्तियों से भगाना शुरू कर दिया है तथा बारूदों की विनाशलीलाओं ने वातावरण को सताना शुरू कर दिया। अब गरमी में ज्यादा गरमी, बेवक्त की बरसातें, जलजले, सैलाब, तूफान और नित नए रोग, मानव और प्रकृति के इसी असंतुलन के परिणाम हैं। दक्षता आधारित प्रश्न

(क) समुद्र को पीछे सरकाना किसने शुरू कर दिया है?
(i) स्वार्थी मनुष्य ने
(ii) बढ़ती हुई आबादी ने
(iii) स्वयं प्रकृति ने
(iv) स्वयं समुद्र ने

(ख) 'लेकिन धरती किसी एक की नहीं है' -पंक्ति का क्या आशय है?

(i) धरती पर केवल मानव का अधिकार है
(ii) धरती पर केवल पशु-पक्षियों का अधिकार है
(iii) धरती पर केवल नदी-पर्वतों का अधिकार है
(iv) धरती पर सब का समान अधिकार है

(ग) प्रारंभ में पूरा विश्व किसके समान हुआ करता था?

(i) परिवार के समान (ii) पर्वतों के समान
(iii) टुकड़ों के समान (iv) आकाश के समान

(घ) निम्नलिखित में से कौन-सा वाक्य दर्शाता है कि मनुष्य ने अपनी बुद्धि से बँटवारा ही किया है? **दक्षता आधारित प्रश्न**

1. धरती में मनुष्य, पशु-पक्षी, जीव-जंतु सभी की बराबर भागीदारी है।
2. संसार टुकड़ों में बँटकर एक-दूसरे से दूर हो चुका है।
3. आँगन, दालान बड़े-बड़े घर अब डिब्बे जैसे रह गए हैं।
4. 'पारस्परिकता' की भावना कमज़ोर होती जा रही है।

कूट

(i) केवल 1 (ii) 1 और 2
(iii) केवल 4 (iv) 2, 3 और 4

(ङ) नए रोगों का जन्म क्यों होने लगा है?

(i) मानव और प्रकृति में असंतुलन के कारण
(ii) वैज्ञानिक प्रगति के कारण
(iii) संसार के सिमटने के कारण
(iv) मौसम में बदलाव के कारण

विषयवस्तु का ज्ञान, बोध अभिव्यक्ति पर आधारित प्रश्न

निम्नलिखित प्रश्नों के उत्तर दीजिए

(i) शेख अयाज़ ने अपनी आत्मकथा में किस घटना का ज़िक्र किया? **दक्षता आधारित प्रश्न**

(ii) "प्रकृति के धैर्य की भी एक सीमा है"-पंक्ति से लेखक का क्या आशय है? स्पष्ट कीजिए। **दक्षता आधारित प्रश्न**

(iii) कबूतर के दोनों अंडों के साथ क्या हुआ तथा उसके बाद कबूतर की क्या स्थिति हुई?

(iv) ग्वालियर और बंबई की जीवन-शैली में क्या अंतर था?

(v) 'धरती किसी एक की नहीं है' पंक्ति में निहित भाव स्पष्ट कीजिए।

(vi) नूह द्वारा कुत्ते को गंदा प्राणी क्यों माना गया तथा कुत्ते ने नूह से क्या कहा?

(vii) लेखक की माँ किसके दुःख से विचलित होकर रोने लगी?

(viii) शेख अयाज़ के पिता ने ऐसा क्यों कहा कि, "मैंने एक घर वाले को बेघर कर दिया है। उस बेघर को कुएँ पर उसके घर छोड़ने जा रहा हूँ।"

(ix) प्रकृति अपनी सहनशक्ति समाप्त होने पर किस तरह प्रतिक्रिया करती है? पाठ के आधार पर विस्तारपूर्वक स्पष्ट कीजिए। **दक्षता आधारित प्रश्न**

पतझर में टूटी पत्तियाँ

रवींद्र केलेकर

अध्याय 6

पाठ की रूपरेखा 'गागर में सागर' मुहावरे को जीवंत करते इस पाठ में प्रस्तुत प्रसंग महज़ पढ़ने-सुनने के ही नहीं, बल्कि जागरूक और सक्रिय नागरिक बनने की भी प्रेरणा देते हैं।

पहला प्रसंग, 'गिन्नी का सोना' जीवन में अपने लिए सुख-साधन जुटाने वालों से नहीं, बल्कि उन लोगों से परिचित कराता है, जो इस जगत को जीने और रहने योग्य बनाए हुए हैं।

दूसरा प्रसंग, 'झेन की देन' बौद्ध दर्शन में वर्णित ध्यान की उस पद्धति की याद दिलाता है, जिसके कारण जापान के लोग आज भी अपनी व्यस्ततम दिनचर्या के बीच कुछ चैन भरे पल पा जाते हैं।

लेखक परिचय

'रवींद्र केलेकर' का जन्म 7 मार्च, 1925 को कोंकण क्षेत्र में हुआ था। वे छात्र जीवन से ही 'गोवा मुक्ति आंदोलन' में शामिल हो गए थे। रवींद्र केलेकर गांधीवादी विचारधारा से प्रभावित थे। उन्होंने अपने लेखन में सामाजिक जीवन के विविध पक्षों, मान्यताओं और वैयक्तिक विचारों को देश के समक्ष प्रस्तुत किया है। रवींद्र केलेकर कोंकणी और मराठी के शीर्षस्थ लेखकों व पत्रकारों में से एक हैं। गोवा कला अकादमी के साहित्य पुरस्कार के साथ ही अन्य पुरस्कारों से अलंकृत केलेकर की प्रमुख कृतियाँ निम्न हैं

कोंकणी में—सांगली, समिधा, उजवाढाचे सूर, ओथांबे

हिंदी में—पतझर में टूटी पत्तियाँ

मराठी में—कोंकणीचें राजकरण, जापान जसा दिसला।

पाठ का सार

गिन्नी का सोना–प्रसंग 1

शुद्ध आदर्शों का स्वरूप

शुद्ध सोने में ताँबा मिलाने पर गिन्नी का सोना बनता है। यह अधिक चमकीला और मज़बूत होता है। औरतें इसी सोने के गहने बनवाती हैं। शुद्ध आदर्श भी शुद्ध सोने के समान होते हैं। कुछ लोग उसमें व्यावहारिकता का ताँबा मिला देते हैं और उसे चलाकर दिखाते हैं। तब हम लोग उन्हें 'प्रैक्टिकल आइडियलिस्ट' कहकर उनका वर्णन करते हैं, पर यहाँ ध्यान देना आवश्यक है कि वर्णन आदर्शों का नहीं, व्यावहारिकता का होता है। ऐसे में 'प्रैक्टिकल आइडियलिस्टों' के जीवन से आदर्श धीरे-धीरे पीछे हटने लगते हैं और उनकी व्यावहारिक सूझबूझ ही आगे आने लगती है।

गाँधीजी के विलक्षण आदर्श

कुछ लोगों का मानना है कि गाँधीजी व्यावहारिकता को पहचानते थे, इसलिए वे विलक्षण आदर्श चला सके। गाँधीजी कभी आदर्शों को व्यावहारिकता के स्तर पर नहीं उतरने देते थे, बल्कि वे व्यावहारिकता को आदर्शों के स्तर पर चढ़ाते थे। वे सोने में ताँबा नहीं, ताँबे में सोना मिलाकर उसकी कीमत बढ़ाते थे।

व्यवहारवादी व आदर्शवादी लोग

व्यवहारवादी लोग हमेशा जागरूक होते हैं। वे लाभ-हानि का हिसाब लगाकर ही कदम उठाते हैं। वे अपने जीवन में सफल भी होते हैं, परंतु महत्त्व इस बात का अधिक है कि खुद ऊपर चढ़ें और दूसरों को भी लेकर ऊपर चढ़ें। दूसरों को साथ लेकर ऊपर चढ़ने का काम आदर्शवादी लोगों ने ही किया है। ऐसे लोगों ने ही समाज को शाश्वत मूल्य दिए हैं। व्यावहारिक लोगों ने तो समाज को गिराया ही है।

झेन की देन–प्रसंग 2

जापानियों के मानसिक रोग का कारण

लेखक ने अपने मित्र से पूछा कि यहाँ (जापान) के लोगों को कौन-सी बीमारियाँ अधिक होती हैं। उसके मित्र ने जवाब दिया कि जापान के अस्सी फीसदी लोग तनाव के कारण मन से अस्वस्थ है। इसका कारण उनके जीवन की बढ़ती रफ़्तार है। यहाँ कोई चलता नहीं, बल्कि दौड़ता है।

अमेरिका से प्रतिस्पर्द्धा के कारण एक महीने में पूरा होने वाला काम एक दिन में ही पूरा करने की कोशिश की जाने लगी। दिमाग की रफ़्तार वैसे ही हमेशा तेज़ रहती है, उसकी रफ़्तार और तेज़ करने से दिमाग का तनाव बहुत अधिक बढ़ जाता है। इसी कारण जापान में मानसिक रोग बढ़ गए हैं।

लेखक का जापानियों की टी–सेरेमनी में जाना

शाम को लेखक के मित्र उसे 'टी-सेरेमनी' में ले गए। चाय पीने की यह एक विधि है। जापानी में इसे 'चा-नो-यू' कहते हैं। वह एक छः मंज़िला इमारत थी, जिसकी छत पर दफ़्ती की दीवारों वाली और चटाई की ज़मीन वाली एक सुंदर पर्णकुटी थी। बाहर बेढब-सा (भद्दा-सा) एक मिट्टी का बर्तन पानी से भरा था। हाथ-पाँव धोकर व तौलिए से पोंछकर सभी लोग अंदर गए। अंदर बैठे चाजीन ने कमर झुकाकर उन्हें प्रणाम किया और बैठने की जगह दी। अँगीठी सुलगाई, उस पर चायदानी रखी। बगल के कमरे से जाकर कुछ बर्तन लाकर तौलिए से साफ़ किए। चाय तैयार हुई, तो चाजीन ने चाय भरे प्याले उन लोगों के सामने रखे। वहाँ लेखक सहित तीन मित्र थे। इस विधि में शांति मुख्य बात होती है, इसलिए तीन से अधिक व्यक्तियों को एक साथ प्रवेश नहीं दिया जाता था।

टी–सेरेमनी में चाय पीने की प्रक्रिया

टी-सेरेमनी में उपस्थित सभी लोगों के प्याले में दो घूँट से ज़्यादा चाय मौजूद नहीं थी। वे लोग होंठों से प्याला लगाकर एक-एक बूँद चाय पीते रहे। करीब डेढ़ घंटे तक यह सिलसिला चलता रहा। दिमाग की रफ़्तार धीरे-धीरे धीमी पड़ने लगी। लेखक को लगा मानो वर्तमान क्षण अनंतकाल जितना विस्तृत है और वह अनंतकाल में जी रहा है, यहाँ तक कि उसे सन्नाटा भी स्पष्ट सुनाई देने लगा।

झेन परंपरा की देन

अकसर हम लोग या तो गुज़रे हुए दिनों की खट्टी-मीठी यादों में उलझे रहते हैं या भविष्य के रंगीन सपने देखते रहते हैं। यथार्थ में दोनों काल मिथ्या हैं। हमारे सामने जो वर्तमान क्षण है, वही सत्य है, उसी में जीना चाहिए। जीना किसे कहते हैं, उस दिन मालूम हुआ। जापानियों को झेन परंपरा की यह एक बड़ी देन मिली है।

शब्दार्थ

शब्द	हिंदी अर्थ
गिन्नी का सोना	22 कैरेट (सोने में ताँबा मिला हुआ) का सोना, जिससे गहने बनाए जाते हैं
शुद्ध सोना	24 कैरेट का (बिना मिलावट का) सोना
व्यावहारिकता	समय और अवसर देखकर कार्य करने की सूझ
प्रैक्टिकल आइडियलिस्ट	व्यावहारिक आदर्श
बखान	वर्णन करना/बयान करना
सूझ-बूझ	काम करने की समझ
विलक्षण	अद्‌भुत/अनोखा
हवा में उड़ना	थोथी बातें करना
शाश्वत	जो सदैव एक-सा रहे/जो बदला न जा सके
मूल्य	विचार/आदर्श
मानसिक	मस्तिष्क संबंधी/दिमागी
मनोरुग्ण	तनाव के कारण मन से अस्वस्थ
प्रतिस्पर्द्धा	होड़
टी-सेरेमनी	जापान में चाय पीने का विशेष आयोजन

शब्द	हिंदी अर्थ
चा-नो-यू	जापानी में टी-सेरेमनी का नाम
दफ़्ती	लकड़ी की खोखली सरकने वाली दीवार जिस पर चित्रकारी होती है
पर्णकुटी	पत्तों से बनी कुटिया
बेढब-सा	बेडौल-सा
चाजीन	जापानी विधि से चाय पिलाने वाला
गरिमापूर्ण	सलीके से/शान से
भंगिमा	मुद्रा
जयजयवंती	एक राग का नाम
खदबदाना	उबलना
उलझन	असमंजस की स्थिति
अनंतकाल	वह काल जिसका अंत न हो
सन्नाटा	खामोशी/चुप्पी/मौन
मिथ्या	भ्रम
विस्तृत	फैलाव

NCERT फोल्डर

पाठ्यपुस्तक (स्पर्श भाग-2) के प्रश्नोत्तर

मौखिक

निम्नलिखित प्रश्नों के उत्तर एक-दो पंक्तियों में दीजिए

प्र.1 शुद्ध सोना और गिन्नी का सोना अलग क्यों होता है? **CBSE 2011**

उत्तर शुद्ध सोना वैसे तो शुद्ध होता है, किंतु सामान्य तौर पर व्यावहारिक रूप में प्रयुक्त नहीं होता है। गिन्नी के सोने में थोड़ा-सा ताँबा मिलाया जाता है। यह चमकदार तथा शुद्ध सोने की तुलना में मज़बूत होता है।

प्र.2 'प्रैक्टिकल आइडियलिस्ट' किसे कहते हैं? **CBSE 2011**

उत्तर 'प्रैक्टिकल आइडियलिस्ट' अर्थात् 'व्यावहारिक आदर्शवादी' लोग आदर्श तथा व्यावहारिकता को एक-दूसरे से मिलाकर सामंजस्य के साथ आगे बढ़ते हैं। वे व्यावहारिकता की कीमत पहचानते हैं तथा आदर्श को स्थापित करने में उसके योगदान से परिचित रहते हैं।

प्र.3 पाठ के संदर्भ में शुद्ध आदर्श क्या है?

उत्तर शुद्ध आदर्श का अर्थ है—'अपने मूल्य या सिद्धांत पर अडिग रहना।' उससे किसी भी प्रकार का कोई समझौता नहीं करना।

प्र.4 लेखक ने जापानियों के दिमाग में 'स्पीड' का इंजन लगने की बात क्यों कही है? **CBSE 2009**

अथवा **'झेन की देन' के आधार पर लिखिए कि लेखक ने जापानियों के दिमाग में स्पीड का इंजन लगे होने की बात क्यों कही है?** **CBSE 2016, 12**

उत्तर लेखक ने जापानियों के दिमाग में स्पीड का इंजन लगने की बात इसलिए कही है, क्योंकि अमेरिका से होड़ रखने के कारण जापानी निरंतर कार्यशील रहते हैं और उनका दिमाग दौड़ता रहता है।

प्र.5 जापान में चाय पीने की विधि को क्या कहते हैं?

उत्तर जापान में शाम के समय काम से फुरसत मिलने के बाद 'टी-सेरेमनी' में लोग शामिल होते हैं। यह चाय पीने की एक विशेष विधि है। जापानी लोग इसे 'चा-नो-यू' कहते हैं। यह झेन परंपरा की देन है।

प्र.6 जापान में जहाँ चाय पिलाई जाती है, उस स्थान की क्या विशेषता है? **दक्षता आधारित प्रश्न**

उत्तर जापान में जहाँ चाय पिलाई जाती है, वहाँ आने वालों का परंपरागत शैली में स्वागत किया जाता है। वहाँ का वातावरण अत्यंत शांत और गरिमापूर्ण होता है। यह पर्णकुटी जैसा सुसज्जित होता है। प्राकृतिक ढंग से सजे इस स्थान में अधिकतम तीन लोग ही एक साथ चाय पी सकते हैं।

लिखित

(क) निम्नलिखित प्रश्नों के उत्तर (25-30 शब्दों में) लिखिए

प्र.1 शुद्ध आदर्श की तुलना सोने से और व्यावहारिकता की तुलना ताँबे से क्यों की गई है? **CBSE 2017, 11**

अथवा **'गिन्नी का सोना' पाठ में शुद्ध आदर्श की तुलना शुद्ध सोने से क्यों की गई है? स्पष्ट कीजिए।** **CBSE 2019**

उत्तर शुद्ध सोने का उपयोग आभूषण आदि बनाने में नहीं किया जाता है। गहनों के निर्माण के लिए सोने में थोड़ा ताँबा मिलाना पड़ता है। उसी प्रकार, शुद्ध आदर्श किसी काम का नहीं होता। आदर्श को क्रियान्वित करने के लिए व्यावहारिकता की ज़रूरत होती है। आदर्श के साथ थोड़ी व्यावहारिकता से ही 'आदर्श' की स्थापना संभव है।

प्र.2 चाजीन ने कौन-सी क्रियाएँ गरिमापूर्ण ढंग से पूरी कीं? **CBSE 2011**

उत्तर चाजीन ने अतिथियों का स्वागत, अँगीठी सुलगाना, उस पर चायदानी रखना, चाय के बर्तन लाना, उन्हें तौलिए से साफ़ करना आदि क्रियाएँ बहुत ही गरिमापूर्ण ढंग से पूरी कीं।

प्र.3 'टी-सेरेमनी' में एक साथ कितने आदमियों को प्रवेश दिया जाता था और क्यों? **CBSE 2012**

उत्तर टी-सेरेमनी में एक साथ तीन से अधिक आदमियों को प्रवेश नहीं दिया जाता था। वहाँ शांति व परंपरा ही प्रमुख होती है। इसलिए शांति बनाए रखने के लिए यह नियम बनाया गया है।

प्र.4 चाय पीने के बाद लेखक ने स्वयं में क्या परिवर्तन महसूस किया?

उत्तर 'टी-सेरेमनी' में चाय पीने की प्रक्रिया ने लेखक को बहुत प्रभावित किया। इस प्रक्रिया में मुख्य बात शांति थी। वहाँ तीन से अधिक आदमी नहीं हो सकते थे। प्याले में दो घूँट से अधिक चाय नहीं थी, किंतु चाय पीने की प्रक्रिया ने दिमाग की रफ़्तार धीमी कर दी तथा कुछ देर बाद जैसे दिमाग बिलकुल बंद हो गया। लेखक को लगा कि वह अनंतकाल में जी रहा है।

(ख) निम्नलिखित प्रश्नों के उत्तर (50-60 शब्दों में) लिखिए

प्र.1 गांधीजी में नेतृत्व की अद्भुत क्षमता थी। उदाहरण सहित इस बात की पुष्टि कीजिए। **दक्षता आधारित प्रश्न**

उत्तर गांधीजी में नेतृत्व की अद्भुत क्षमता थी। सत्य और अहिंसा के विचार पर पूरे देश को आंदोलित करने के लिए उन्होंने जिस प्रकार अपनी चेतना का प्रयोग किया, वह विलक्षण था। गांधीजी एक 'प्रैक्टिकल आइडियलिस्ट' थे। उन्होंने जीवन में आदर्श के साथ व्यावहारिकता की थोड़ी मात्रा को जायज़ माना। उन्होंने आदर्श को गिरने नहीं दिया, बल्कि व्यावहारिकता को ही आदर्शों के स्तर तक चढ़ाने के लिए अपने विचारों तथा कार्यक्रमों को दिशा दी। गांधीजी ने व्यावहारिकता को आदर्श के स्तर तक पहुँचा कर अपनी नेतृत्व क्षमता को सिद्ध किया।

प्र.2 **आपके विचार से कौन-से ऐसे मूल्य हैं, जो शाश्वत हैं? वर्तमान समय में इन मूल्यों की प्रासंगिकता स्पष्ट कीजिए।** **CBSE 2012, 11**

अथवा **वर्तमान समय में शाश्वत मूल्यों की क्या उपयोगिता है? 'गिन्नी का सोना' पाठ के आधार पर लिखिए।** **CBSE 2019**

अथवा **शाश्वत मूल्य से आप क्या समझते हैं? 'गिन्नी का सोना' पाठ के आधार पर बताइए कि वर्तमान समय में इन मूल्यों की क्या प्रासंगिकता है?** **CBSE 2020**

उत्तर जीवन में ऐसे अनेक मूल्य हैं, जो शाश्वत हैं। सत्य, अहिंसा, प्रेम, त्याग, परोपकार, बंधुत्व इत्यादि समाज के शाश्वत मूल्य हैं। इन मूल्यों ने आदर्श समाज की स्थापना की है।

विभिन्न समयों में अनेक महापुरुषों ने इन मूल्यों के साथ समाज के सामने आदर्श स्थितियों को रखा है। वर्तमान समय में भी ऐसे मूल्यों की प्रासंगिकता बनी हुई है। इन मूल्यों में गिरावट के कारण समाज का नैतिक पतन हुआ है। वर्तमान समाज में इन शाश्वत मूल्यों की आवश्यकता और भी अधिक बढ़ गई है। आदर्श की स्थापना के लिए इन मूल्यों का उत्थान तथा पुनर्स्थापना आवश्यक है।

प्र.3 **अपने जीवन की किसी ऐसी घटना का उल्लेख कीजिए, जब**

(क) शुद्ध आदर्श से आपको हानि-लाभ हुआ हो।

(ख) शुद्ध आदर्श में व्यावहारिकता का पुट देने से लाभ हुआ हो।

उत्तर छात्र स्वयं करें।

प्र.4 **'शुद्ध सोने में ताँबे की मिलावट या ताँबे में सोना', गांधीजी के आदर्श और व्यवहार के संदर्भ में यह बात किस तरह झलकती है? स्पष्ट कीजिए।** **दक्षता आधारित प्रश्न**

अथवा **'गिन्नी का सोना' पाठ के आधार पर गांधीजी के आदर्श और व्यवहार के संबंध में ताँबे और सोने का रूपक स्पष्ट कीजिए।** **CBSE 2011**

अथवा **आदर्शों और व्यवहारिकता के मेल में किन सीमाओं और संभावनाओं का ध्यान रखना आवश्यक है? पाठ के आधार पर बताइए।** **CBSE Diksha**

उत्तर गाँधीजी 'प्रैक्टिकल आइडियलिस्ट' थे यानी व्यावहारिक आदर्शवादी। वे आदर्शों को व्यावहारिकता के स्तर तक उतरने नहीं देते थे। वे शुद्ध सोने में ताँबा नहीं, बल्कि ताँबे में सोना मिलाकर उसकी कीमत बढ़ाते थे, जिससे सोना ही हमेशा आगे रहता। गाँधीजी राजनीति में आदर्श तथा व्यावहारिकता के इस प्रयोग को दोहराते रहते थे। आदर्शवादी मूल्यों की सुरक्षा के लिए ही वे व्यावहारिकता को आदर्श की ऊँचाई तक ले जाते थे, किंतु आदर्शों को नीचे नहीं आने देते थे।

प्र.5 **'गिरगिट' कहानी में आपने समाज में व्याप्त अवसरानुसार अपने व्यवहार को पल-पल में बदल डालने की एक बानगी देखी। इस पाठ के अंश 'गिन्नी का सोना' के संदर्भ में स्पष्ट कीजिए कि 'आदर्शवादिता' और 'व्यावहारिकता' में से जीवन में किसका महत्त्व अधिक है?** **दक्षता आधारित प्रश्न**

उत्तर आदर्शवादिता शुद्ध सोना है। इसे उपयोगी बनाने के लिए व्यावहारिकता के रूप में थोड़ा-सा ताँबा मिलाना ज़रूरी है। केवल आदर्शवादिता के कारण हम मूल्यों एवं सिद्धांतों को समाज में सही ढंग से प्रयोग नहीं कर पाते, जिससे समाज को लाभ नहीं मिल पाता है। आदर्श में व्यावहारिकता का हल्का मिश्रण विलक्षण आदर्श पैदा करता है। व्यावहारिकता को आदर्श के स्तर तक चढ़ाने की ज़रूरत होती है, इससे आदर्शवादिता की कीमत ही बढ़ती है। इस प्रकार आदर्श के साथ थोड़ी मात्रा में व्यावहारिकता को रखना महत्त्वपूर्ण है।

प्र.6 **लेखक के मित्र ने मानसिक रोग के क्या-क्या कारण बताए? आप इन कारणों से कहाँ तक सहमत हैं?** **CBSE 2012**

उत्तर लेखक के मित्र ने मानसिक रोग के अनेक कारण बताए हैं। जापानी लोग अमेरिका से प्रतिस्पर्द्धा करने के कारण दिन-रात काम में जुटे रहते हैं। भौतिक उन्नति की दौड़ ने उनके जीवन की भाग-दौड़ बढ़ा दी है। वह हर समय काम में व्यस्त रहते हैं व हर समय उनके दिमाग की रफ़्तार तेज़ रहती है। अकेले रहने पर भी वे स्वयं से उलझे रहते हैं। मैं इन कारणों से सहमत हूँ, क्योंकि जीवन में निरंतर एकाकीपन और हर समय काम की उधेड़बुन मनुष्य को मानसिक रूप से रुग्ण बना देती है।

प्र.7 **लेखक के अनुसार सत्य केवल वर्तमान है, उसी में जीना चाहिए। लेखक ने ऐसा क्यों कहा होगा? स्पष्ट कीजिए।** **CBSE 2013, 12, 11**

अथवा **"हमें सत्य में जीना चाहिए, सत्य केवल वर्तमान है।" 'पतझर में टूटी पत्तियाँ' के इस कथन को स्पष्ट करते हुए लिखिए कि लेखक ने ऐसा क्यों कहा है?** **CBSE 2015, 14**

उत्तर अकसर हम भविष्य की रंगीन काल्पनिक दुनिया में जीने लगते हैं या फिर बीते दिनों की खट्टी-मीठी स्मृतियों में उलझ जाते हैं। हम या तो भूतकाल में जीते हैं या फिर भविष्य में, दोनों ही मिथ्या हैं। एक बीत चुका है और दूसरा अभी आया ही नहीं है। लेखक मानता है कि हमारे सामने जो वर्तमान है, वही सत्य है। हमें उसी में जीना चाहिए। वर्तमान काल अत्यधिक विस्तृत होता है। वर्तमान में जीने वाले का जीवन सरल तथा आदर्शपूर्ण हो सकता है, क्योंकि भविष्य उसे चिंतित नहीं करता और भूतकाल उसे परेशान नहीं कर सकता। इस तरह जीवन की सारी गुत्थियाँ स्वयं ही सुलझ जाती हैं।

(ग) निम्नलिखित के आशय स्पष्ट कीजिए

प्र.1 **"समाज के पास अगर शाश्वत मूल्यों जैसा कुछ है, तो वह आदर्शवादी लोगों का ही दिया हुआ है।"**

उत्तर व्यवहारवादी या प्रैक्टिकल लोग हमेशा सजग रहते हैं। वे हर काम में हिसाब लगाकर आगे बढ़ते हैं। लाभ-हानि के आधार पर ही कदम उठाते हैं। ऐसे लोग जीवन में सफल होते हैं और उनकी भौतिक उपलब्धियों का स्तर अन्य लोगों से ऊपर उठ जाता है, लेकिन जीवन में ऐसे लोगों को स्थायी महत्त्व नहीं मिलता। महत्त्व उन लोगों को मिलता है, जो अपने साथ दूसरों को भी ऊपर ले जाते हैं। ऐसा काम हमेशा आदर्शवादी लोगों ने ही किया है। वस्तुतः समाज के सभी शाश्वत मूल्य, जिन पर हम गर्व कर सकते हैं, आदर्शवादियों की ही देन है।

प्र.2 **"जब व्यावहारिकता का बखान होने लगता है, तब 'प्रैक्टिकल आइडियलिस्टों' के जीवन से आदर्श धीरे-धीरे पीछे हटने लगते हैं और उनकी व्यावहारिक सूझ-बूझ ही आगे आने लगती है।"** **दक्षता आधारित प्रश्न**

उत्तर जब 'प्रैक्टिकल आइडियलिस्ट' मौके का फ़ायदा नहीं उठा पाते, तो इनके द्वारा आदर्शों का पालन नहीं होता। वे मर्यादा की सीमा को लाँघ जाते हैं तथा सूझ-बूझ और व्यावहारिकता की आड़ लेकर अपने निजी स्वार्थ की पूर्ति के लिए सही-गलत सब काम करते हैं।

प्र.3 "हमारे जीवन की रफ़्तार बढ़ गई है। यहाँ कोई चलता नहीं, बल्कि दौड़ता है। कोई बोलता नहीं, बकता है। हम जब अकेले पड़ते हैं, तब अपने आपसे लगातार बड़बड़ाते रहते हैं।" **दक्षता आधारित प्रश्न**

अथवा **"हमारे जीवन की रफ्तार बढ़ गई हैं। यहाँ कोई चलता नहीं, बल्कि दौड़ता है। कोई बोलता नहीं बकता है। हम जब अकेले पड़ते हैं तब अपने आप से लगातार बड़बडाते रहते हैं"– लेखक के मित्र ने इस स्थिति के क्या कारण बताए हैं और इसके क्या दुष्परिणाम वहाँ दिखाई दे रहें हैं? झेन की देन पाठ के आधार पर लिखिए।**

CBSE Term II 2022

उत्तर आज तकनीकों के बढ़ने से प्रतिस्पर्द्धा भी बढ़ती जा रही है। लोग एक महीने का काम एक दिन में ही कर लेना चाहते हैं। दिमाग की रफ़्तार तो वैसे भी तेज़ होती है। तेज़ रफ़्तार से काम करने के लिए 'स्पीड' का इंजन लगा देने से यह और अधिक तेज़ भागने लगता है। ऐसे में जीवन की रफ़्तार बढ़ जाती है। व्यक्ति चलने की बजाय दौड़ने लगता है। वह एक प्राणी की बजाय मशीन बन जाता है। उसके शारीरिक अंग कल-पुर्जों की तरह काम करने लगते हैं। इन सबका प्रभाव 'तनाव' के रूप में सामने आता है और मनुष्य एक 'मनोरोगी' बन जाता है।

प्र.4 **"सभी क्रियाएँ इतनी गरिमापूर्ण ढंग से कीं कि उसकी हर भंगिमा से लगता था मानो जयजयवंती के सुर गूँज रहे हों।"**

दक्षता आधारित प्रश्न

उत्तर लेखक अपने दो मित्रों के साथ जापान की एक 'टी-सेरेमनी' में शामिल हुआ। यह चाय पीने की एक विधि है, जिसे जापानी 'चा-नो-यू' कहते हैं। 'टी-सेरेमनी' छः मंज़िली इमारत की छत पर एक सुंदर पर्णकुटी में आयोजित होती है। यहाँ चाय पिलाने वाला व्यक्ति 'चाजीन' बैठा रहता है। उसने अभिवादन के साथ लेखक तथा उनके मित्रों को बुलाया। बैठने को जगह दी, अँगीठी सुलगाई तथा उस पर चायदानी रखी। बर्तनों को तौलिए से साफ़ किया। उसकी सभी क्रियाओं में एक गरिमापूर्ण प्रवृत्ति नज़र आती थी।

भाषा अध्ययन

प्र.1 **नीचे दिए गए शब्दों का वाक्य में प्रयोग कीजिए**
व्यावहारिकता, आदर्श, सूझ-बूझ, विलक्षण, शाश्वत

उत्तर (i) **व्यावहारिकता** कोई भी नियम तभी सफल हो सकता है, जब उसमें व्यावहारिकता हो।
(ii) **आदर्श** गांधीजी बहुत से व्यक्तियों के आदर्श हैं।
(iii) **सूझ-बूझ** संकट के समय हमें सूझ-बूझ से काम लेना चाहिए।
(iv) **विलक्षण** प्रसिद्ध वैज्ञानिक सी. वी. रामन् विलक्षण प्रतिभा के धनी थे।
(v) **शाश्वत** ईश्वर एक शाश्वत सत्य है।

प्र.2 **'लाभ-हानि' का विग्रह इस प्रकार होगा—लाभ और हानि**
यहाँ द्वंद्व समास है, जिसमें दोनों पद प्रधान होते हैं। दोनों पदों के बीच योजक शब्द का लोप करने के लिए योजक चिह्न लगाया जाता है। नीचे दिए गए द्वंद्व समास का विग्रह कीजिए

उत्तर

(क)	माता-पिता	=	माता और पिता
(ख)	पाप-पुण्य	=	पाप और पुण्य
(ग)	सुख-दुःख	=	सुख और दुःख
(घ)	रात-दिन	=	रात और दिन
(ङ)	अन्न-जल	=	अन्न और जल
(च)	घर-बाहर	=	घर और बाहर
(छ)	देश-विदेश	=	देश और विदेश

प्र.3 **नीचे दिए गए विशेषण शब्दों से भाववाचक संज्ञा बनाइए**

उत्तर

(क)	सफल	=	सफलता
(ख)	विलक्षण	=	विलक्षणता
(ग)	व्यावहारिक	=	व्यावहारिकता
(घ)	सजग	=	सजगता
(ङ)	आदर्शवादी	=	आदर्शवादिता
(च)	शुद्ध	=	शुद्धता

प्र.4 **नीचे दिए गए वाक्यों में रेखांकित अंश पर ध्यान दीजिए और शब्द के अर्थ को समझिए**
(क) शुद्ध <u>सोना</u> अलग है।
(ख) बहुत रात हो गई अब हमें <u>सोना</u> चाहिए।
ऊपर दिए गए वाक्यों में 'सोना' का क्या अर्थ है? पहले वाक्य में 'सोना' का अर्थ है–धातु 'स्वर्ण'। दूसरे वाक्य में 'सोना' का अर्थ है–'सोना' नामक क्रिया। अलग-अलग संदर्भों में ये शब्द अलग अर्थ देते हैं अथवा एक शब्द के कई अर्थ होते हैं। ऐसे शब्द अनेकार्थी शब्द कहलाते हैं। नीचे दिए गए शब्दों के भिन्न-भिन्न अर्थ स्पष्ट करने के लिए उनका वाक्यों में प्रयोग कीजिए
उत्तर, कर, अंक, नग।

उत्तर

उत्तर
(i) इस प्रश्न का <u>उत्तर</u> मुझे नहीं आता था। *(जवाब)*
(ii) राजनेता <u>उत्तर</u>-दक्षिण का भेदभाव खड़ा करके राजनीति कर रहे हैं। *(दिशा)*

कर
(i) महात्मा जी ने अपने <u>कर</u>-कमलों से इस भवन की आधारशिला रखी। *(हाथ)*
(ii) सिगरेट पर <u>कर</u> बढ़ा दिया गया है। *(टैक्स)*

अंक
(i) माँ ने शिशु को अपने <u>अंक</u> में सुला लिया। *(गोद)*
(ii) सिमरन ने 80% <u>अंक</u> प्राप्त किए। *(नंबर)*

नग
(i) सामने खड़े <u>नग</u> कितने सुंदर हैं? *(पहाड़)*
(ii) इस अँगूठी का <u>नग</u> बहुत सुंदर है। *(चमकीला पत्थर)*

प्र.5 **नीचे दिए गए वाक्यों को संयुक्त वाक्य में बदलकर लिखिए**
(क) अँगीठी सुलगाई।
उस पर चायदानी रखी।
(ख) चाय तैयार हुई।
उसने वह प्यालों में भरी।
(ग) बगल के कमरे में से जाकर कुछ बर्तन ले आया।
तौलिए से बरतन साफ़ किए।

उत्तर (क) अँगीठी सुलगाई और उस पर चायदानी रखी।

(ख) चाय तैयार हुई और उसने उसे प्यालों में भरी।

(ग) वह बगल के कमरे में से कुछ बर्तन लाया और फिर उसने तौलिए से बरतन साफ़ किए।

प्र.6 नीचे दिए गए वाक्यों से मिश्र वाक्य बनाइए

(क) चाय पीने की यह एक विधि है।
जापानी में उसे 'चा-नो-यू' कहते हैं।

(ख) बाहर बेढब-सा एक मिट्टी का बर्तन था।
उसमें पानी भरा हुआ था।

(ग) चाय तैयार हुई। उसने वह प्यालों में भरी।
फिर वे प्याले हमारे सामने रख दिए।

उत्तर (क) जो विधि जापान में चाय पीने की है, 'उसे चा-नो-यू' कहते हैं।

(ख) बाहर जो बेढब-सा एक मिट्टी का बर्तन था, उसमें पानी भरा हुआ था।

(ग) जब चाय तैयार हुई, तब उसने प्यालों में भरकर उन्हें हमारे सामने रख दिए।

योग्यता विस्तार

प्र.1 गाँधीजी के आदर्शों पर आधारित पुस्तकें पढ़िए; जैसे– महात्मा गाँधी द्वारा रचित 'सत्य के प्रयोग' और गिरिराज किशोर द्वारा रचित उपन्यास 'गिरमिटिया'।

उत्तर छात्र स्वयं करें।

प्र.2 पाठ में वर्णित 'टी-सेरेमनी' शब्द चित्र प्रस्तुत कीजिए।

उत्तर अध्यापक की सहायता से छात्र स्वयं करें।

परियोजना कार्य

प्र.1 भारत के नक्शे पर वे स्थान अंकित कीजिए जहाँ चाय की पैदावार होती है। इन स्थानों से संबंधित भौगोलिक स्थितियों और अलग-अलग जगह की चाय की क्या विशेषताएँ हैं, इनका पता लगाइए और परियोजना पुस्तिका में लिखिए।

उत्तर अध्यापक की सहायता से छात्र स्वयं करें।

अभ्यास प्रश्न

बहुविकल्पीय व वर्णनात्मक प्रश्नों सहित

पाठ पर आधारित बहुविकल्पीय प्रश्न

निम्नलिखित प्रश्नों के उत्तर देने के लिए उपयुक्त विकल्प का चयन कीजिए

1. निम्नलिखित कथनों पर विचार कीजिए और उपयुक्त कथन चुनिए **CBSE SQP (Additional Set) 2023**

(i) आदर्श को व्यवहार में प्रयोग करना ही शुद्ध सोने में ताँबा मिलाना है।
(ii) व्यवहार को आदर्श तक ले जाना ही शुद्ध सोने में ताँबा मिलाना है।
(iii) लाभ-हानि का हिसाब लगाए बिना आदर्शों पर चलना ताँबे में सोना मिलाना है।
(iv) व्यवहारवादी लोग ही शुद्ध सोने में ताँबा मिलाते हैं।

उत्तर (ii) व्यवहार को आदर्श तक ले जाना ही शुद्ध सोने में ताँबा मिलाना है।

2. जापान में एक महीने में पूरा होने वाला काम एक दिन में ही करने की कोशिश क्यों की जाने लगी? **दक्षता आधारित प्रश्न**

(i) अमेरिका से प्रतिस्पर्द्धा के कारण
(ii) अधिक कार्यक्षमता होने के कारण
(iii) विकास करने के कारण
(iv) उपर्युक्त सभी

उत्तर (i) अमेरिका से प्रतिस्पर्द्धा के कारण

3. जापानियों के दिमाग में 'स्पीड का इंजन' होने से क्या भाव है?

(i) वे बहुत तेज़ गति से चलते हैं
(ii) उनका दिमाग बहुत तेज़ गति से चलता है
(iii) वे कार्य को शीघ्र खत्म करना चाहते हैं
(iv) वे जीवन में हार नहीं मानते

उत्तर (ii) उनका दिमाग बहुत तेज़ गति से चलता है

4. दिमाग का इंजन कब टूट जाता है?

(i) जब कुछ कार्य करना चाहते हैं
(ii) जब पढ़ने-लिखने का बोझ बढ़ जाता है
(iii) जब दिमाग में तनाव बढ़ जाता है
(iv) जब इंजन स्टार्ट किया जाता है

उत्तर (iii) जब दिमाग में तनाव बढ़ जाता है

5. पर्णकुटी के बाहर मिट्टी का बर्तन क्यों रखा था?

(i) पक्षियों के पानी पीने हेतु
(ii) चाय के बर्तन धोने हेतु
(iii) कुटिया में प्रवेश से पहले हाथ-मुँह धोने हेतु
(iv) चीनी परंपरा का पालन करने हेतु

उत्तर (iii) कुटिया में प्रवेश से पहले हाथ-मुँह धोने हेतु

6. लेखक को चाय के पानी उबलने की आवाज़ स्पष्ट क्यों सुनाई देती है? **दक्षता आधारित प्रश्न**

(i) शांत वातावरण होने के कारण
(ii) चाजीन द्वारा ऐसा करने के कारण
(iii) तनाव कम होने के कारण
(iv) पहाड़ी क्षेत्र होने के कारण

उत्तर (i) शांत वातावरण होने के कारण

7. चाय पीने की विधि में लेखक को कौन-सी बात मुख्य लगी?
(i) चाय परोसने का अनोखा तरीका होना
(ii) साफ-सफाई का विशेष ध्यान रखना
(iii) कम लोगों का ही प्रवेश होना
(iv) शांति की व्यवस्था होना

उत्तर (iv) शांति की व्यवस्था होना

8. टी-सेरेमनी में केवल तीन लोगों को ही प्रवेश क्यों दिया जाता है?
(i) क्योंकि यह एक परंपरा है
(ii) ताकि शांति भंग न हो
(iii) ताकि लोग आपस में बात कर सकें
(iv) क्योंकि स्थान की कमी होती है

उत्तर (ii) ताकि शांति भंग न हो

9. चाय पीने का कार्यक्रम कितने समय तक चलता रहा?
(i) दो घंटों तक (ii) डेढ़ घंटे तक
(iii) अनंतकाल तक (iv) दो मिनट तक

उत्तर (ii) डेढ़ घंटे तक

10. 'उसकी हर भंगिमा से लगता था मानो, जयजयवंती के सुर गूँज रहे हों।' इस पंक्ति में 'उसकी' शब्द किसके लिए प्रयुक्त हुआ है?
दक्षता आधारित प्रश्न
(i) लेखक के मित्र के लिए
(ii) लेखक के लिए
(iii) उस तीसरे व्यक्ति के लिए, जो लेखक और उसके मित्र के साथ कमरे में था
(iv) चाजीन के लिए

उत्तर (iv) चाजीन के लिए

11. लेखक तथा उसके मित्र द्वारा दो घूँट चाय को लंबे समय तक पीने का क्या उद्देश्य हो सकता है?
(i) मित्रों के साथ अधिक समय तक बातचीत का अवसर प्राप्त होना
(ii) चाय के स्वाद का वास्तविक आनंद लेना
(iii) खाली समय का सदुपयोग करना
(iv) मानसिक शांति प्राप्त करना

उत्तर (iv) मानसिक शांति प्राप्त करना

12. लेखक के अनुसार कौन-सा काल सत्य है?
(i) भूतकाल (ii) भविष्यकाल
(iii) वर्तमान काल (iv) इनमें से कोई नहीं

उत्तर (iii) वर्तमान काल

13. 'झेन की देन' पाठ के माध्यम से लेखक ने क्या संदेश दिया है?
(i) अधिक तनाव मनुष्य को पागल बना देता है
(ii) कर्म ही पूजा है
(iii) मनुष्य के लिए प्रगति बहुत आवश्यक है
(iv) चाय तनाव को मुक्त करती है

उत्तर (i) अधिक तनाव मनुष्य को पागल बना देता है

14. निम्नलिखित कथन (A) तथा कारण (R) को ध्यानपूर्वक पढ़कर दिए गए विकल्पों में से सही विकल्प चुनकर लिखिए।
कथन (A) लेखक और उसके मित्र ने दो-तीन घूँट चाय जल्दी से समाप्त कर दी।
कारण (R) उन दोनों का मुख्य उद्देश्य चाय का स्वाद और आनंद लेना नहीं, बल्कि मानसिक शांति प्राप्त करना था।
दक्षता आधारित प्रश्न
(i) कथन (A) तथा कारण (R) दोनों गलत हैं।
(ii) कथन (A) गलत है, लेकिन कारण (R) सही है।
(iii) कथन (A) सही है, किंतु कारण (R) उसकी गलत व्याख्या करता है।
(iv) कथन (A) और कारण (R) दोनों सही हैं तथा कारण (R) कथन (A) की सही व्याख्या करता है।

उत्तर (ii) कथन (A) गलत है, लेकिन कारण (R) सही है।

15. निम्नलिखित में से कौन-सा वाक्य 'टी सेरेमनी' की विशेषता दर्शाता है?
दक्षता आधारित प्रश्न
1. टी-सेरेमनी में एक साथ तीन लोगों को ही प्रवेश दिया जाता है।
2. यहाँ चाय पीने का उद्देश्य मानसिक शांति प्राप्त करना है।
3. यहाँ की चाय बहुत स्वादिष्ट होती है।
4. 'टी सेरेमनी' खुले मैदान में छप्पर के नीचे बनी होती है।

कूट
(i) केवल 1 (ii) 1 और 2
(iii) केवल 4 (iv) 2, 3 और 4

उत्तर (ii) 1 और 2

16. जीवन की रफ्तार बढ़ने का अर्थ है
(i) अधिक समय में कम काम करना
(ii) बहुत तेज़-तेज़ चलना
(iii) कम समय में अधिक काम करना
(iv) तेज़ गति से बोलना

उत्तर (iii) कम समय में अधिक काम करना

17. निम्नलिखित कथन (A) तथा कारण (R) को ध्यानपूर्वक पढ़कर दिए गए विकल्पों में से सही विकल्प चुनकर लिखिए।
कथन (A) जापान के लोगों के दिमाग में स्पीड का इंजन है।
कारण (R) वह अमेरिका से प्रतिस्पर्धा करते हैं।
दक्षता आधारित प्रश्न
(i) कथन (A) तथा कारण (R) दोनों सही हैं।
(ii) कथन (A) सही है, लेकिन कारण (R) गलत है।
(iii) कथन (A) सही है और कारण (R) कथन (A) की गलत व्याख्या करता है।
(iv) कथन (A) सही है और कारण (R) कथन (A) की सही व्याख्या करता है।

उत्तर (i) कथन (A) तथा कारण (R) दोनों सही हैं।

18. निम्नलिखित कथनों पर विचार कीजिए और उपयुक्त कथन चुनिए
(i) जापान के लोग कम समय में अधिक काम करते हैं।
(ii) जीवन की तेज रफ्तार के कारण मानसिक रोग पैदा होते हैं।
(iii) जापान में चाय पिलाने की एक विशेष परंपरा है।
(iv) उपर्युक्त सभी

उत्तर (iv) उपर्युक्त सभी

19. निम्नलिखित में से कौन-सा/से वाक्य 'झेन की देन' से मेल खाता है/खाते हैं?
CBSE SQP (Additional Set) 2023
1. बौद्ध दर्शन में वर्णित ध्यान की पद्धति की याद दिलाता है।

2. उन लोगों की याद दिलाता है, जो जगत को जीने योग्य बनाए हुए हैं।
3. जीना किसे कहते हैं, उस दिन मालूम हुआ।
4. नेचर की सहनशक्ति की एक सीमा होती है।

कूट

(i) केवल 1 (ii) 1 और 2 दोनों
(iii) 1 और 3 दोनों (iv) 3 और 4 दोनों

उत्तर (iii) 1 और 3 दानों

गद्यांश पर आधारित बहुविकल्पीय प्रश्न

निम्नलिखित गद्यांशों को ध्यानपूर्वक पढ़कर पूछे गए प्रश्नों के सही विकल्प चुनिए

1. अकसर हम या तो गुजरे हुए दिनों की खट्टी-मीठी यादों में उलझे रहते हैं या भविष्य के रंगीन सपने देखते रहते हैं। हम या तो भूतकाल में रहते हैं या भविष्यकाल में। असल में दोनों काल मिथ्या हैं। एक चला गया है, दूसरा आया नहीं है। हमारे सामने जो वर्तमान क्षण है, वही सत्य है। उसी में जीना चाहिए। चाय पीते-पीते उस दिन मेरे दिमाग से भूत और भविष्य दोनों काल उड़ गए थे। केवल वर्तमान क्षण सामने था और वह अंतकाल जितना विस्तृत था। जीना किसे कहते हैं, उस दिन मालूम हुआ।

(क) लेखक के अनुसार दोनों काल क्या है?

(i) सत्य (ii) असत्य
(iii) मिथ्या (iv) क्षणभंगुर

उत्तर (iii) मिथ्या

(ख) लेखक के अनुसार, प्रायः हम किन बातों में उलझे रहते हैं?

(i) अतीत की सुखद स्मृतियों में
(ii) अतीत की दु:खद स्मृतियों में
(iii) भविष्य के रंगीन सपने बुनने में
(iv) उपर्युक्त सभी

उत्तर (iv) उपर्युक्त सभी

(ग) निम्नलिखित कथन (A) तथा कारण (R) को ध्यानपूर्वक पढ़कर दिए गए विकल्पों में से सही विकल्प चुनकर लिखिए।

कथन (A) हम या तो भूतकाल में रहते हैं या भविष्य काल में, दोनों काल मिथ्या हैं।

कारण (R) भूतकल चाहे अच्छा रहा हो या बुरा बीत चुका है और भविष्य काल कैसा होगा, यह अनिश्चित है।

दक्षता आधारित प्रश्न

(i) कथन (A) तथा कारण (R) दोनों गलत हैं।
(ii) कथन (A) गलत है, लेकिन कारण (R) सही है।
(iii) कथन (A) सही है, किंतु कारण (R) उसकी गलत व्याख्या करता है।
(iv) कथन (A) और कारण (R) दोनों सही हैं तथा कारण (R) कथन (A) की सही व्याख्या करता है।

उत्तर (iv) कथन (A) और कारण (R) दोनों सही हैं तथा कारण (R) कथन (A) की सही व्याख्या करता है।

(घ) लेखक के अनुसार, हमारे समस्त प्रयास वर्तमान के लिए क्यों होने चाहिए?

(i) क्योंकि वर्तमानकाल ही सत्य है
(ii) क्योंकि भूतकाल से हमें शिक्षा प्राप्त नहीं होती
(iii) क्योंकि भविष्यकाल आधारहीन होता है
(iv) क्योंकि वर्तमानकाल को व्यर्थ गँवाना उचित है

उत्तर (i) क्योंकि वर्तमानकाल ही सत्य है

(ङ) चाय पीने के बाद लेखक ने कैसा अनुभव किया?

(i) भूत और भविष्यकाल अदृश्य हो गए
(ii) उसे जीने की कला आ गई
(iii) वह वर्तमानकाल में जीने लगा
(iv) उपर्युक्त सभी

उत्तर (iv) उपर्युक्त सभी

2. चंद लोग कहते हैं, गाँधीजी 'प्रैक्टिकल आइडियलिस्ट' थे, व्यावहारिकता को पहचानते थे, उसकी कीमत जानते थे इसीलिए वे अपने विलक्षण आदर्श चला सकें। वरना हवा में ही उड़ते रहते। देश उनके पीछे न जाता।
हाँ, पर गाँधीजी कभी आदर्शों को व्यावहारिकता के स्तर पर उतरने नहीं देते थे बल्कि व्यावहारिकता को आदर्शों के स्तर पर चढ़ाते थे। वे सोने में ताँबा नहीं बल्कि ताँबे में सोना मिलाकर उसकी कीमत बढ़ाते थे इसलिए सोना ही हमेशा आगे आता रहता था।

(क) 'उसकी कीमत जानते थे' वाक्य में 'उसकी' शब्द किसके लिए प्रयुक्त हुआ है? **दक्षता आधारित प्रश्न**

(i) लोगों के लिए
(ii) गाँधीजी के लिए
(iii) व्यावहारिकता के लिए
(iv) आदर्शों के लिए

उत्तर (iii) व्यावहारिकता के लिए

(ख) गाँधीजी अपने विलक्षण आदर्श क्यों चला सके?

(i) व्यावहारिकता को पहचानने के कारण
(ii) जनता के विचारों के कारण
(iii) देश की जरूरत के कारण
(iv) आदर्शवादिता के कारण

उत्तर (i) व्यावहारिकता को पहचानने के कारण

(ग) गाँधीजी के पीछे देश क्यों गया?

(i) उनकी नीतियों और सिद्धान्तों में देश को अपना हित दिखाई दिया।
(ii) उनकी आदर्शवादिता देश को पसन्द आई।
(iii) उनका व्यवहार देश के लिए उपयुक्त था।
(iv) उनकी सोच अन्य लोगों से भिन्न थी।

उत्तर (i) उनकी नीतियों और सिद्धान्तों में देश को अपना हित दिखाई दिया।

(घ) ताँबे में सोना मिलाने से अभिप्राय है

(i) व्यावहारिकता को आदर्श के स्तर तक पहुँचाना
(ii) आदर्शों को नीचे आने देना
(iii) व्यावहारिकता को महत्त्व न देकर आदर्श को महत्त्व देना
(iv) आदर्शों को व्यावहारिकता तक ले जाना

उत्तर (i) व्यावहारिकता को आदर्श के स्तर तक पहुँचाना

(ङ) निम्नलिखित में से कौन-सा वाक्य गाँधीजी के विलक्षण आदर्श दर्शाते हैं? **दक्षता आधारित प्रश्न**

1. गाँधी जी व्यावहारिकता का मूल्य नहीं जानते थे।
2. गाँधी जी व्यावहारिकता के आदर्शों के स्तर पर चढ़ाते थे।
3. देशवासियों और देश को उनकी नीतियों और सिद्धांत हितकर लगते थे।
4. गांधी जी देश के पीछे चलते गए।

कूट

(i) केवल 1 (ii) 2 और 3
(iii) केवल 4 (iv) 2, 3 और 4

उत्तर (ii) 2 और 3

3. चाय तैयार हुई। उसने वह प्यालों में भरी। फिर वे प्याले हमारे सामने रख दिए गए। वहाँ हम तीन मित्र ही थे। इस विधि में शांति मुख्य बात होती है। इसलिए वहाँ तीन से अधिक आदमियों को प्रवेश नहीं दिया जाता। प्याले में दो घूँट से अधिक चाय नहीं थी। हम ओठों से प्याला लगाकर एक-एक बूँद चाय पीते रहे। करीब डेढ़ घंटे तक चुसकियों का यह सिलसिला चलता रहा।
पहले दस-पंद्रह मिनट तो मैं उलझन में पड़ा। फिर देखा, दिमाग की रफ़्तार धीरे-धीरे धीमी पड़ती जा रही है। थोड़ी देर में बिल्कुल बंद भी हो गई। मुझे लगा, मानो अनंतकाल में मैं जी रहा हूँ। यहाँ तक कि सन्नाटा भी मुझे सुनाई देने लगा।

(क) चाय पीते समय कितने लोग वहाँ उपस्थित थे?

(i) पाँच (ii) सात
(iii) तीन (iv) दो

उत्तर (iii) तीन

(ख) चाय पीने की विधि में लेखक को मुख्य बात क्या लगी?

(i) कम लोगों का प्रवेश
(ii) साफ-सफाई का विशेष ध्यान
(iii) शांति की व्यवस्था
(iv) चाय परोसने का ढंग

उत्तर (iii) शांति की व्यवस्था

(ग) निम्नलिखित कथन (A) तथा कारण (R) को ध्यानपूर्वक पढ़कर दिए गए विकल्पों में से सही विकल्प चुनकर लिखिए।

कथन (A) चाय पीते-पीते लेखक को सन्नाटा भी सुनाई देने लगा।

कारण (R) चाय पीने की प्रक्रिया बहुत ही धीमी होने के कारण दिमाग की रफ्तार धीमी होती जा रही थी जो बाद में बंद सी हो गई। **दक्षता आधारित प्रश्न**

(i) कथन (A) तथा कारण (R) दोनों गलत हैं।
(ii) कथन (A) गलत है, लेकिन कारण (R) सही है।
(iii) कथन (A) सही है, किंतु कारण (R) उसकी गलत व्याख्या करता है।
(iv) कथन (A) और कारण (R) दोनों सही हैं तथा कारण (R) कथन (A) की सही व्याख्या करता है।

उत्तर (iv) कथन (A) और कारण (R) दोनों सही हैं तथा कारण (R) कथन (A) की सही व्याख्या करता है।

(घ) दो घूँट चाय को लंबे समय तक पीने का उद्देश्य क्या था?

(i) समय व्यतीत करना
(ii) मानसिक शांति प्राप्त करना
(iii) मित्रों के साथ अच्छा समय बिताना
(iv) चाय के स्वाद का आनंद लेना

उत्तर (ii) मानसिक शांति प्राप्त करना

(ङ) लेखक को चाय पीते समय कैसा अनुभव हुआ?

(i) जैसे वह उलझन में पड़ गया हो
(ii) जैसे वह अनंतकाल में जी रहा हो
(iii) जैसे वह भूतकाल में चला गया हो
(iv) जैसे उसे भविष्यकाल दिखाई दे रहा हो

उत्तर (ii) जैसे वह अनंतकाल में जी रहा हो

4. बाहर बेढब-सा एक मिट्टी का बरतन था। उसमें पानी भरा हुआ था। हमने अपने हाथ-पाँव इस पानी से धोए। तौलिए से पोंछे और अंदर गए। अंदर 'चाजीन' बैठा था। हमें देखकर वह खड़ा हुआ। कमर झुकाकर उसने हमें प्रणाम किया। दो...झो...(आइए, तशरीफ लाइए) कहकर स्वागत किया। बैठने की जगह हमें दिखाई। अँगीठी सुलगाई। उस पर चायदानी रखी। बगल के कमरे में जाकर कुछ बरतन ले आया। तौलिए से बरतन साफ किए। सभी क्रियाएँ इतनी गरिमापूर्ण ढंग से की कि उसकी हर भंगिमा से लगता था मानो जयजयवंती के सुर गूँज रहे हों। वहाँ का वातावरण इतना शांत था कि चायदानी के पानी का खदबदाना भी सुनाई दे रहा था।

(क) चाजीन ने कौन-सी क्रिया गरिमापूर्ण ढंग से की?

(i) अतिथियों का स्वागत (ii) अँगीठी सुलगाना
(iii) चाय के बर्तन लाना (iv) उपर्युक्त सभी

उत्तर (iv) उपर्युक्त सभी

(ख) पर्णकुटी के बाहर मिट्टी का बरतन रखने का क्या उद्देश्य था? **दक्षता आधारित प्रश्न**

(i) चाय के बर्तन धोए जाने के लिए
(ii) प्रत्येक व्यक्ति पानी से हाथ-मुँह धोकर कुटिया के अंदर प्रवेश करे
(iii) किसी को भी पानी की कमी न हो
(iv) पानी का महत्त्व बताने के लिए

उत्तर (ii) प्रत्येक व्यक्ति पानी से हाथ-मुँह धोकर कुटिया के अंदर प्रवेश करे

(ग) निम्नलिखित में से कौन-सा वाक्य चायदानी में पानी का खदबदाना भी सुनाई देना दर्शाते हैं? **दक्षता आधारित प्रश्न**

1. हमने हाथ-पाँव धोकर पोछे और अंदर गए।
2. चाजीन ने कमर झुकाकर प्रणाम किया।
3. बगल के कमरे में जाकर वहाँ से कुछ बरतन ले आया।
4. पर्णकुटी के अंदर का वातावरण अत्यंत शांत था।

कूट

(i) केवल 1 (ii) 2 और 3
(iii) केवल 4 (iv) 2, 3 और 4

उत्तर (iii) केवल 4

(घ) "उसकी हर भंगिमा से लगता था मानो जयजयवंती के सुर गूँज रहे हों" पंक्ति में 'उसकी' शब्द किसके लिए प्रयुक्त हुआ है? **दक्षता आधारित प्रश्न**

(i) लेखक के मित्र
(ii) स्वयं लेखक
(iii) चाजीन
(iv) वहाँ उपस्थित अन्य व्यक्ति

उत्तर (iii) चाजीन

(ङ) लेखक को पर्णकुटी का वातावरण कैसा लगा?

(i) शांत (ii) गरिमापूर्ण
(iii) (i) और (ii) दोनों (iv) गंभीर

उत्तर (iii) (i) और (ii) दोनों

5. "हमारे जीवन की रफ़्तार बढ़ गई है। यहाँ कोई चलता नहीं, बल्कि दौड़ता है। कोई बोलता नहीं, बकता है। हम जब अकेले पड़ते हैं, तब अपने आपसे लगातार बड़बड़ाते रहते हैं। ...अमेरिका से हम प्रतिस्पर्द्धा करने लगे। एक महीने में पूरा होने वाला काम एक दिन में ही पूरा करने की कोशिश करने लगे। वैसे भी दिमाग की रफ़्तार हमेशा तेज़ ही रहती है। उसमें 'स्पीड' का इंजन लगाने पर वह हज़ार गुना अधिक रफ़्तार से दौड़ने लगता है। फिर एक क्षण ऐसा आता है जब दिमाग का तनाव बढ़ जाता है और पूरा इंजन टूट जाता है। ...यही कारण है जिससे मानसिक रोग यहाँ बढ़ गए हैं।..."

(क) गद्यांश के अनुसार, मानसिक रोगों के बढ़ने का क्या कारण है?

(i) धैर्य न होना
(ii) तीव्र इच्छाएँ होना
(iii) समय की गति को रोकना
(iv) उपर्युक्त सभी

उत्तर (iv) उपर्युक्त सभी

(ख) जीवन की रफ़्तार बढ़ने से लेखक का क्या आशय है?

(i) कम समय में कम काम करना
(ii) भागदौड़ भरी व्यस्त जीवन-शैली
(iii) प्रतिस्पर्द्धा की समाप्ति
(iv) आवश्यक साधन उपलब्ध न होना

उत्तर (ii) भागदौड़ भरी व्यस्त जीवन-शैली

(ग) दिमाग में स्पीड का इंजन लगाने की बात क्यों कही गई है?

(i) क्योंकि वह प्रत्येक कार्य को जल्दी-जल्दी करना चाहते हैं
(ii) क्योंकि उनका दिमाग अन्य लोगों से भिन्न होता है
(iii) क्योंकि उनके पास ज्ञान का भंडार होता है
(iv) क्योंकि वे समय के महत्त्व को समझते हैं

उत्तर (i) क्योंकि वह प्रत्येक कार्य को जल्दी-जल्दी करना चाहते हैं

(घ) मानसिक रोग क्यों बढ़ने लगे हैं?

(i) जीवन की रफ़्तार बढ़ने के कारण
(ii) प्रतिस्पर्द्धा के कारण
(iii) पूरे महीने का काम एक दिन में करने की कोशिश करने के कारण
(iv) उपर्युक्त सभी

उत्तर (iv) उपर्युक्त सभी

(ङ) निम्नलिखित कथन (A) तथा कारण (R) को ध्यानपूर्वक पढ़कर दिए गए विकल्पों में से सही विकल्प चुनकर लिखिए। **दक्षता आधारित प्रश्न**

कथन (A) जापान में मानसिक रोग बढ़ गए हैं।

कारण (R) जापान में लोग अमेरिका से प्रतिस्पर्धा करते हुए महीनों का काम एक ही दिन में कई गुनी तेज गति से कर लेना चाहते हैं।

(i) कथन (A) तथा कारण (R) दोनों गलत हैं।
(ii) कथन (A) गलत है, लेकिन कारण (R) सही है।
(iii) कथन (A) सही है, किंतु कारण (R) उसकी गलत व्याख्या करता है।
(iv) कथन (A) और कारण (R) दोनों सही हैं तथा कारण (R) कथन (A) की सही व्याख्या करता है।

उत्तर (iv) कथन (A) और कारण (R) दोनों सही हैं तथा कारण (R) कथन (A) की सही व्याख्या करता है।

विषयवस्तु का ज्ञान, बोध अभिव्यक्ति पर आधारित प्रश्न

1. जापान के लोग अकेले में क्या करने लगते हैं और क्यों?

उत्तर जापान के लोग अकेले में बड़बड़ाने लगते हैं, क्योंकि अत्यधिक काम करने के कारण वे मानसिक रूप से बीमार हो जाते हैं। उनमें तनाव इतना अधिक बढ़ जाता है कि वे अकेले में कुछ-न-कुछ बोलते रहते हैं। इसी बढ़ते हुए मानसिक तनाव के कारण वे मानसिक रोगों का भी शिकार हो जाते हैं।

2. 'झेन की देन' पाठ के आधार पर बताइए कि जापान के लोगों में किस प्रकार के रोग बढ़ रहे हैं और क्यों? **CBSE 2020**

उत्तर 'पतझर में टूटी पत्तियाँ' पाठ के दूसरे प्रसंग 'झेन की देन' के अनुसार, जापान में अस्सी प्रतिशत लोग मानसिक रोगों के शिकार हैं। इसका सबसे बड़ा कारण तनाव है। अमेरिका से प्रतिस्पर्द्धा के कारण वे एक महीने का काम एक दिन में करने का प्रयास करते हैं। परिणामस्वरूप मानसिक तनाव बढ़ने लगता है और वे मानसिक रोगों के शिकार हो जाते हैं। मानसिक रोगों में वृद्धि करने वाले ये कारण पूर्णत: सही हैं।

3. लेखक ने जापानियों के दिमाग में 'स्पीड' का इंजन लगने की बात क्यों कही है? **दक्षता आधारित प्रश्न**

अथवा 'झेन की देन' के आधार पर लिखिए कि लेखक ने जापानियों के दिमाग में स्पीड का इंजन लगे होने की बात क्यों कही है? **CBSE 2016, 12**

उत्तर लेखक ने जापानियों के दिमाग में स्पीड का इंजन लगने की बात इसलिए कही है, क्योंकि अमेरिका से प्रतिस्पर्द्धा रखने के कारण जापानी निरंतर कार्यशील रहते हैं और उनका दिमाग दौड़ता रहता है।

4. 'झेन की देन' पाठ के आधार पर बताइए कि मनुष्य एक मनोरोगी कैसे बन जाता है? **दक्षता आधारित प्रश्न**

उत्तर मनुष्य के मनोरोगी बनने का सबसे बड़ा कारण, उसका तेज़ रफ़्तार से कार्य करना है। मनुष्य तेज़ रफ़्तार से कार्य करने के लिए अपने दिमाग में 'स्पीड का इंजन' लगा देते हैं, ताकि उनका दिमाग तेज़ गति से भागने लगे। ऐसे में जीवन की रफ़्तार बढ़ जाती है। वह एक मनुष्य नहीं, अपितु मशीन की भाँति कार्य करने लगता है। उसके शारीरिक अंग कल-पुर्जों की तरह कार्य करने लगते हैं। इसका प्रभाव 'तनाव' के रूप में सामने आता है तथा मनुष्य 'मनोरोगी' बन जाता है।

5. जापान में चाय पीना एक 'सेरेमनी' क्यों है? **CBSE 2019**

उत्तर जापान में चाय पीना एक 'सेरेमनी' इसलिए है, क्योंकि जापानी लोग दिन-रात काम करते हैं तथा वे अपने दिमाग को शांत करने के लिए टी-सेरेमनी का सहारा लेते हैं। इसमें दो घूँट चाय पीने में लगभग डेढ़ घण्टे का समय लग जाता है। जहाँ चाय पिलाई जाती है वहाँ का वातावरण बहुत शांत होता है। इस शांति में वे लोग चाय पीने की प्रक्रिया का आनंद लेते हैं।

6. 'झेन की देन' पाठ के आधार पर स्पष्ट कीजिए कि टी-सेरेमनी कहाँ तथा कैसे आयोजित की जाती है? **दक्षता आधारित प्रश्न**

उत्तर टी-सेरेमनी छः मंजिली इमारत की छत पर एक सुंदर पर्णकुटी में आयोजित होती है। यहाँ चाय पिलाने वाला व्यक्ति 'चाजीन' बैठा रहता है। उसने अभिवादन के साथ लेखक तथा उनके मित्रों को बुलाया। बैठने को जगह दी, अँगीठी सुलगाई तथा उस पर चायदानी रखी। बर्तनों को तौलिए से साफ़ किया। उसकी सभी क्रियाओं में एक गरिमापूर्ण प्रवृत्ति नज़र आती थी।

7. 'झेन की देन' प्रसंग के आधार पर बताइए कि हमारा दिमाग हर वक्त कहाँ उलझा रहता है और क्यों? **CBSE 2013**

उत्तर 'झेन की देन' के अनुसार, हमारा दिमाग हर वक्त भूत या भविष्यकाल की बातों में ही उलझा रहता है, क्योंकि हम अकसर गुज़रे दिनों की खट्टी- मीठी यादों में उलझे रहते हैं या भविष्य के रंगीन सपनों में खोए रहते हैं। यह स्पष्ट करता है कि हमारे व्यक्तित्व में स्थिरता का अभाव है।

8. जापान में अस्सी प्रतिशत लोगों में मनोरुग्णता के कारणों को समझाते हुए लिखिए कि इस संदर्भ में चा-नो-यू की परंपरा को 'एक बड़ी देन' क्यों कहा गया है? **दक्षता आधारित प्रश्न**

उत्तर 'झेन की देन' पाठ के अनुसार, जापान में अस्सी प्रतिशत लोग मानसिक रोगों (मनोरुग्णता) के शिकार हैं। इसका सबसे बड़ा कारण तनाव है। अमेरिका से प्रतिस्पर्द्धा के कारण वे एक महीने का काम एक दिन में करने का प्रयास करते हैं। परिणामस्वरूप मानसिक तनाव बढ़ने लगता है और वे मानसिक रोगों के शिकार हो जाते हैं। मानसिक रोगों में वृद्धि करने वाले ये कारण पूर्णत: सही हैं। तनाव से मुक्ति दिलाने में चा-नो-यू की परंपरा को 'एक बड़ी देन' इसलिए कहा गया है, क्योंकि चाय पीने की इस प्रक्रिया में मुख्य बात शांति है। चाय पीने के लिए बैठने का जो स्थान है वहाँ का वातावरण अत्यंत शांत और गरिमापूर्ण होता है।

वहाँ तीन से अधिक आदमी नहीं होते। प्याले में दो घूँट से अधिक चाय नहीं होती, वे लोग होठों से प्याला लगाकर एक-एक बूँद चाय पीते हैं। करीब डेढ़ घंटे तक यह सिलसिला चलता रहता है। दिमाग की रफ्तार धीरे-धीरे धीमी पड़ने लगती है। लोगों को लगता है मानो वह वर्तमान क्षण अनंतकाल जितना विस्तृत है और वे लोग अनंतकाल में जी रहे हैं। यहाँ तक कि उन्हें सन्नाटा भी स्पष्ट रूप से सुनाई देता है। इस अवस्था में पहुँचने पर वे व्यक्ति तनाव से मुक्ति प्राप्त कर लेते हैं।

9. लेखक के मित्र ने मानसिक रोग के क्या-क्या कारण बताए हैं? आप इन कारणों से कहाँ तक सहमत हैं? **दक्षता आधारित प्रश्न**

उत्तर लेखक के मित्र ने मानसिक रोग के निम्नलिखित कारण बताए हैं

(i) जापान के लोग अमेरिका से प्रतिस्पर्द्धा करने के कारण दिन-रात काम में लगे रहते हैं।

(ii) भौतिक उन्नति की दौड़ ने उनके जीवन की भाग-दौड़ बढ़ा दी है।

(iii) वह हर समय काम में व्यस्त रहते हैं।

(iv) हर समय उनके दिमाग की रफ़्तार तेज़ रहती है।

(v) अकेले रहने पर भी वे स्वयं से उलझे रहते हैं।

उपर्युक्त दिए गए सभी कारणों से मैं सहमत हूँ, क्योंकि जीवन में निरंतर एकाकीपन और हर समय काम की उधेड़बुन मनुष्य को मानसिक रूप से रुग्ण बना देती है।

10. 'टी-सेरेमनी' क्या है? 'झेन की देन' पाठ के आधार पर विस्तार से लिखिए। **CBSE 2019**

उत्तर 'टी-सेरेमनी' जापान में चाय पीने की एक विधि है। जापानी में इसे चा-नो-यू कहते हैं। इस विधि में शांति को प्रमुखता दी जाती है, इसलिए चाय पीने के स्थान पर एकसाथ तीन लोगों से अधिक को प्रवेश नहीं दिया जाता है। एक बहुमंजिला इमारत की छत पर दफ़्ती की दीवारों तथा चटाई की ज़मीन वाली एक सुंदर पर्णकुटी होती है। बाहर मिट्टी के बर्तन में पानी भरा होता है। हाथ-पैर धोकर और तौलिए से पोंछकर अंदर प्रवेश किया जाता है।

चाजीन अँगीठी सुलगाकर चाय तैयार करता है। बर्तन तौलिए से साफ़ करके चाय को प्यालों में डालकर अतिथि के सामने लाता है। प्याले में दो घूँट से ज़्यादा चाय नहीं होती। वहाँ होंठों से प्याला लगाकर बूँद-बूँद करके चाय पी जाती है। करीब डेढ़ घंटे तक यह सिलसिला जारी रहता है।

11. लेखक के अनुसार सत्य केवल वर्तमान है, उसी में जीना चाहिए। आशय स्पष्ट करते हुए बताइए कि लेखक ने ऐसा क्यों कहा होगा? 'झेन की देन' पाठ के आधार पर लिखिए। **CBSE 2019**

***अथवा* 'झेन की देन' पाठ में लेखक ने भूत और भविष्य की चिंता छोड़ वर्तमान पर केंद्रित करने की सलाह दी है। इस विषय पर आपके क्या विचार हैं? तर्क पूर्ण उत्तर दीजिए।** **CBSE 2024**

***अथवा* चाय पीने के बाद लेखक ने स्वयं में क्या परिवर्तन महसूस किए?** **CBSE 2012, 11, NCERT**

उत्तर अकसर हम भविष्य की रंगीन काल्पनिक दुनिया में जीने लगते हैं या फिर बीते दिनों की खट्टी-मीठी स्मृतियों में उलझ जाते हैं। हम या तो भूतकाल में जीते हैं या फिर भविष्य में, दोनों ही मिथ्या हैं। एक बीत चुका है और दूसरा अभी आया ही नहीं है। लेखक मानता है कि हमारे सामने जो वर्तमान है, वही सत्य है। हमें उसी में जीना चाहिए।

वर्तमान काल अत्यधिक विस्तृत होता है। वर्तमान में जीने वाले का जीवन सरल तथा आदर्शपूर्ण हो सकता है, क्योंकि भविष्य उसे चिंतित नहीं करता और भूतकाल उसे परेशान नहीं कर सकता। इस तरह जीवन की सारी गुत्थियाँ स्वयं ही सुलझ जाती हैं।

वस्तुतः इस सत्य का पता लेखक को उस दिन चला, जब टी-सेरेमनी में लेखक ने चाय पीने की प्रक्रिया देखी। टी-सेरेमनी में उपस्थित लोगों ने प्याले में उपस्थित दो घूँट चाय को पीने में डेढ़ घंटे से ज्यादा समय लगा दिया।

लेखक को उस समय वर्तमान बहुत ही विस्तृत लगा। उसे लगा कि वह अनंतकाल में जी रहा है। अतः लेखक को उस समय अनुभव हुआ कि हमें वर्तमान में जीना चाहिए, वही सत्य है।

12. 'झेन की देन' में किस बात को प्रतिपादित किया गया है? उस पर अपने विचार लिखिए। **CBSE 2020**

उत्तर 'झेन की देन' में वर्तमान के महत्त्व को प्रतिपादित किया गया है। मनुष्य के जीवन में मानसिक शांति महत्त्वपूर्ण है। इस शांति को बनाए रखने के लिए आवश्यक है कि मनुष्य अतीत की स्मृतियों तथा भविष्य की सुखद कल्पनाओं में न उलझे। साथ ही अपने सामर्थ्य के अनुसार काम करें और प्रतिस्पर्द्धा के कारण अत्यधिक तनाव न ले। यह तनाव ही मानसिक बीमारियों का कारण बनता है।

प्रतिस्पर्द्धा जहाँ एक ओर मनुष्य को प्रगति करने का अवसर प्रदान करती है, वहीं दूसरी ओर इसका नकारात्मक परिणाम व्यक्ति को मानसिक रोगी बना देता है। इसलिए यह आवश्यक है कि मनुष्य भौतिक उन्नति की दौड़ में इतना अधिक न उलझे कि उसके जीवन की शांति ही भंग हो जाए। यहाँ वर्तमान काल में जीने की प्रेरणा दी गई है, क्योंकि वर्तमान में जीने वाले का जीवन सरल और आदर्शपूर्ण होता है। ऐसा मनुष्य भूत और भविष्य की चिंता से मुक्त रहकर जीवन की सारी परेशानियाँ सुलझा सकता है।

स्व-मूल्यांकन

पाठ पर आधारित बहुविकल्पात्मक प्रश्न

1. व्यवहारवादी लोग किस प्रकार सजग रहते हैं?
(i) केवल आगे बढ़ने की न सोचकर
(ii) हर बात को लाभ-हानि के पैमाने पर तौल कर
(iii) सबको साथ लेकर चलने में
(iv) दूसरों को दबाकर स्वयं आगे बढ़ने से

2. आदर्शवादी लोगों ने समाज के लिए क्या कार्य किया है?
(i) स्वयं को आगे बढ़ाना
(ii) अपने साथ दूसरों की भी उन्नति करना
(iii) केवल दूसरों की उन्नति करना
(iv) स्वयं को समाज से अलग कर लेना

3. व्यवहारवादी लोगों की क्या विशेषता है? **दक्षता आधारित प्रश्न**
(i) वे मात्र निजी स्वार्थ के लिए जीते हैं।
(ii) वे समाज के सभी लोगों के लिए जीते हैं।
(iii) वे हानि के विषय में नहीं सोचते।
(iv) वे लाभ के विषय में नहीं सोचते।

4. समाज को पतन की ओर ले जाने वाले कौन लोग हैं?
(i) आदर्शवादी
(ii) व्यवहारवादी
(iii) समाजवादी
(iv) असमाजवादी

5. समाज को आदर्शवादियों की देन क्या है?
(i) नैतिकता
(ii) कर्त्तव्यनिष्ठा
(iii) शाश्वत मूल्य
(iv) सामाजिक हित

गद्यांश पर आधारित बहुविकल्पात्क प्रश्न

निम्नलिखित गद्यांशों को ध्यानपूर्वक पढ़कर पूछे गए प्रश्नों के सही विकल्प चुनिए

1. अकसर हम या तो गुजरे हुए दिनों की खट्टी-मीठी यादों में उलझे रहते हैं या भविष्य के रंगीन सपने देखते रहते हैं। हम या तो भूतकाल में रहे हैं या भविष्यकाल में। असल में दोनों काल मिथ्या हैं। एक चला गया है, दूसरा आया नहीं है। हमारे सामने जो वर्तमान क्षण है, वही सत्य है। उसी में जीना चाहिए। चाय पीते-पीते उस दिन मेरे दिमाग से भूत और भविष्य दोनों काल उड़ गए थे। केवल वर्तमान क्षण सामने था और वह अनंतकाल जितना विस्तृत था। जीना किसे कहते हैं, उस दिन मालूम हुआ।

(क) लेखक ने भूत और भविष्यकाल को मिथ्या क्यों कहा है? **दक्षता आधारित प्रश्न**
(i) जीवन की कठोरता के कारण
(ii) भूत और भविष्य का पता न होने के कारण
(iii) एक चला गया और दूसरा आया नहीं, इसी कारण
(iv) भूत और भविष्य द्वारा व्यक्ति का मार्गदर्शन करने के कारण

(ख) गद्यांश में लेखक ने सत्य किसे कहा है?
(i) व्यक्ति की भावनाओं को
(ii) अतीत के क्षणों को
(iii) वर्तमान क्षणों को
(iv) व्यक्ति की महत्त्वाकांक्षाओं को

(ग) हमारे समस्त प्रयास वर्तमान के लिए ही क्यों होने चाहिए? **दक्षता आधारित प्रश्न**
(i) क्योंकि वर्तमानकाल ही सत्य है
(ii) क्योंकि भूतकाल की घटनाएँ बुरी होती है
(iii) क्योंकि भविष्यकाल रंगीन सपने दिखाता है
(iv) क्योंकि जीवन संघर्षमय है

(घ) चाय पीने के बाद लेखक को कैसा अनुभव हुआ?
(i) इस चाय से उसे जीवन जीने की कला आ गई
(ii) वर्तमान और भविष्यकाल का भेद समाप्त हो गया
(iii) लेखक को मानसिक शांति का अनुभव हुआ
(iv) उपर्युक्त सभी

(ङ) निम्नलिखित कथन (A) तथा कारण (R) को ध्यानपूर्वक पढ़कर दिए गए विकल्पों में से सही विकल्प चुनकर लिखिए।

कथन (A) टी-सेरेमनी में चाय पीने के बाद जीवन जीने की एक नई कला का ज्ञान हुआ।

कारण (R) लेखक ने जान लिया कि चाय भले ही अत्यंत धीरे-धीरे पीया हो, पर जीवन में प्रगति के लिए कार्य अत्यंत तेजी से करना चाहिए। **दक्षता आधारित प्रश्न**

(i) कथन (A) तथा कारण (R) दोनों गलत हैं।
(ii) कथन (A) गलत है, लेकिन कारण (R) सही है।
(iii) कथन (A) सही है, किंतु कारण (R) उसकी गलत व्याख्या करता है।
(iv) कथन (A) और कारण (R) दोनों सही हैं तथा कारण (R) कथन (A) की सही व्याख्या करता है।

विषयवस्तु का ज्ञान, बोध अभिव्यक्ति पर आधारित प्रश्न

निम्नलिखित प्रश्नों के उत्तर दीजिए

(i) 'गिन्नी का सोना' निबंध का उद्देश्य संक्षेप में लिखिए।

(ii) लेखक ने व्यावहारिकता को समाज के लिए अच्छा नहीं माना है, क्यों?

(iii) 'झेन की देन' निबंध से क्या प्रेरणा मिलती है?

(iv) 'झेन की देन' निबंध के आधार पर बताइए कि "पूरा इंजन टूट जाता है।" पंक्ति का क्या आशय है।

(v) 'झेन की देन' निबंध के आधार पर स्पष्ट कीजिए कि जापानियों को झेन परंपरा की सबसे बड़ी देन क्या मिली है?

(vi) आदर्शवादी लोग समाज में अपनी भागीदारी किस प्रकार निभाते हैं?

(vii) जापानी लोग अकेले होने पर क्या करने लगते हैं और क्यों? 'झेन की देन' निबंध के आधार पर स्पष्ट कीजिए। **दक्षता आधारित प्रश्न**

(viii) 'गिन्नी का सोना' पाठ की विषय-वस्तु का वर्णन करते हुए उसकी प्रासंगिकता पर प्रकाश डालिए। **दक्षता आधारित प्रश्न**

(ix) आपके दृष्टिकोण से समाज में किसकी महत्ता अधिक होनी चाहिए आदर्शवाद की या व्यवहारवाद की? तर्कसहित विस्तार से वर्णन कीजिए। **दक्षता आधारित प्रश्न**

(x) गांधीजी आदर्शवादी थे अथवा व्यवहारवादी तर्कसहित पुष्टि करते हुए बताइए कि गांधीजी ने शुद्ध आदर्शों को क्यों नहीं अपनाया था?

(xi) जापान की दौड़ती-भागती जीवन-शैली वर्तमान भारतीय महानगरीय जीवन-शैली पर पूर्णरूप से प्रभाव डालती है। 'झेन की देन' निबंध के आधार पर स्पष्ट कीजिए। **दक्षता आधारित प्रश्न**

(xii) 'झेन की देन' निबंध में भूतकाल तथा भविष्यकाल का वर्णन क्यों किया गया है? विस्तार से वर्णन कीजिए। **दक्षता आधारित प्रश्न**

अध्याय 7

कारतूस

हबीब तनवीर

पाठ की रूपरेखा प्रस्तुत एकांकी में एक ऐसे जाँबाज़ 'वज़ीर अली' के कारनामों का वर्णन है, जिसका एकमात्र लक्ष्य अंग्रेज़ों को इस देश से बाहर निकालना था। यह दिलेर इतना निडर था कि शेर की माँद में पहुँचकर उससे दो-दो हाथ करने की भाँति कंपनी की बटालियन के खेमे में जा पहुँचा और उनके कर्नल पर ऐसा रोब जमाया कि उसके मुँह से भी वज़ीर अली के लिए प्रशंसा के ऐसे शब्द निकले, जो किसी शत्रु या अपराधी के लिए नहीं बोले जा सकते थे।

लेखक परिचय

हबीब तनवीर का जन्म वर्ष 1923 में छत्तीसगढ़ के रायपुर जिले में हुआ था। वर्ष 1944 में उन्होंने नागपुर से स्नातक की उपाधि प्राप्त की। इसके बाद उन्होंने ब्रिटेन की नाटक अकादमी से नाट्य-लेखन का अध्ययन किया और फिर दिल्ली लौटकर पेशेवर नाट्यमंच की स्थापना की। हबीब तनवीर ने नाटककार, पत्रकार, कवि, नाट्य निर्देशक, अभिनेता आदि कई रूपों में प्रसिद्धि हासिल की। इसके अतिरिक्त इन्होंने लोकनाट्य के क्षेत्र में भी महत्त्वपूर्ण कार्य किए। हबीब तनवीर कई पुरस्कारों, फेलोशिप और पद्मश्री से सम्मानित किए गए। इनके प्रमुख नाटक आगरा बाज़ार, चरनदास चोर, हिरमा की अमर कहानी, देख रहे हैं नैन आदि हैं। इन्होंने नाटकों का आधुनिक रूपांतरण भी किया, जिनमें से प्रमुख मुद्राराक्षस, बसंत ऋतु का सपना, मिट्टी की गाड़ी और शाजापुर की शांति बाई हैं।

पाठ का सार

वज़ीर अली और सआदत अली

अंग्रेज़ी शासन की ओर से कर्नल कालिंज अपने एक लेफ़्टिनेंट को लेकर वज़ीर अली को गिरफ़्तार करने के लिए हफ़्तों से डेरा डाले हुए थे, लेकिन वह हाथ नहीं आ रहा था। वज़ीर अली के दिल में अंग्रेज़ों के प्रति नफ़रत थी। लेफ़्टिनेंट कर्नल से सआदत अली के विषय में पूछता है। तब कर्नल उसे बताते हैं कि सआदत अली आसिफ़उद्दौला का भाई है। साथ ही वह वज़ीर अली का दुश्मन भी है। नवाब आसिफ़उद्दौला के यहाँ कोई लड़का नहीं था। वज़ीर अली के जन्म को सआदत अली ने अपनी मौत माना। अंग्रेज़ों ने सआदत अली को अवध के तख़्त पर बैठा दिया था। वह अंग्रेज़ों का दोस्त और ऐश पसंद आदमी था। उसने अंग्रेज़ों को अपनी आधी जायदाद तथा दस लाख रुपये दे दिए और वह मज़े करने लगा।

अफ़गानिस्तान के बादशाह को हमले का आमंत्रण

लेफ़्टिनेंट, कर्नल को बताता है कि वज़ीर अली ने अफ़गानिस्तान के बादशाह शाहे-जमा को हिंदुस्तान पर हमले के लिए आमंत्रण दे दिया है। कर्नल उसे बताता है कि हमले की दावत सबसे पहले टीपू सुल्तान ने दी और फिर वज़ीर अली और शम्सुद्दौला ने उसे दिल्ली बुलाया तभी लेफ़्टिनेंट, कर्नल से शम्सुद्दौला के विषय में पूछता है। कर्नल उसे बताता है कि शम्सुद्दौला बंगाल के नवाब का रिश्ते का भाई था। तत्कालीन समय में कंपनी के खिलाफ़ सारे बंगाल में एक लहर दौड़ गई थी। यदि यह कामयाब हो जाती, तो लॉर्ड क्लाइव ने बक्सर और प्लासी में जो कुछ पाया था, वह लॉर्ड वेलेजली के हाथों से चला जाता।

वज़ीर अली द्वारा वकील का कत्ल

कर्नल बताता है कि उसकी एक पूरी फौज वज़ीर अली का पीछा कर रही है, जो बरसों से उनकी आँखों में धूल झोंक रहा है। कर्नल, लेफ़्टिनेंट को वज़ीर अली के विषय में और भी बातें बताता है। वह कहता है कि कंपनी ने वज़ीर अली को उसके पद से हटाने के बाद तीन लाख रुपये सालाना वजीफ़ा देकर बनारस भेज दिया था कुछ महीने बाद गवर्नर जनरल ने उसे कलकत्ता बुलाया।

इस पर वज़ीर अली बनारस में रह रहे कंपनी के वकील के पास जाता है और पूछता है कि गवर्नर-जनरल ने उसे कलकत्ता क्यों बुलाया है, परंतु वकील, वज़ीर अली की बात नहीं सुनता और उसे बुरा-भला सुना देता है।

वज़ीर अली अंग्रेज़ों से नफ़रत करता था, उसने उसी समय खंजर निकाला और वकील की हत्या कर दी। उसके पश्चात् वह वहाँ से आज़मगढ़ की तरफ़ भाग गया। वहाँ के शासक ने उसे अपनी हिफ़ाजत में घागरा तक पहुँचा दिया। अब वह अपने लोगों के साथ वहाँ के जंगलों में भटक रहा था।

कर्नल द्वारा वज़ीर अली की योजना लेफ़्टिनेंट को बताना

लेफ़्टिनेंट के पूछने पर कर्नल वज़ीर अली की योजना के विषय में बताता है कि वह किसी भी तरह नेपाल पहुँचना चाहता है। वह अफ़गानी हमले का इंतज़ार कर अपनी ताकत बढ़ाना चाहता है तथा अवध पर कब्ज़ा करना चाहता है। वह अंग्रेज़ों को भी हिंदुस्तान से निकालना चाहता है। लेफ़्टिनेंट कहता है कि नेपाल पहुँचना उसके लिए कोई मुश्किल कार्य नहीं है और हो सकता है वह पहुँच भी गया हो। इस पर कर्नल कहता है कि हमारी फौज़ें और नवाब सआदत अली के सिपाही उसका पीछा कर रहे हैं और हम यह भी जानते हैं कि वह इन्हीं जंगलों में छिपा है।

एक घुड़सवार का कर्नल के पास आना

एक सिपाही आकर कर्नल को बताता है कि दूर से धूल उड़ती दिखाई दे रही है। कर्नल और लेफ़्टिनेंट दूर देखते हैं कि एक घुड़सवार उनकी ओर बढ़ा चला आ रहा है। लगता है वज़ीर अली का ही कोई आदमी उसे गिरफ़्तार करवाना चाह रहा होगा। वह घुड़सवार आता है और एकांत में मिलने की माँग करता है।

कर्नल व घुड़सवार में बातचीत

एकांत होने पर वह कर्नल से पूछता है कि आपने यहाँ इतनी युद्ध सामग्री के साथ डेरा क्यों डाला हुआ है? इस पर कर्नल बताता है यह वज़ीर अली को गिरफ़्तार करने के लिए है। घुड़सवार कहता है कि वज़ीर अली की गिरफ़्तारी बहुत मुश्किल है, वह एक जाँबाज़ सिपाही है। कर्नल यह सुनने के बाद कहता है कि तुम्हें क्या चाहिए?

कर्नल, घुड़सवार और कारतूस

घुड़सवार कारतूस माँगता है और वह इसका कारण वज़ीर अली को गिरफ़्तार करवाना बताता है। कर्नल उसे दस कारतूस देने के बाद घुड़सवार से उसका नाम पूछता है। वह अपना नाम वज़ीर अली बताता है और घोड़े पर बैठकर यह कहकर चला जाता है कि आपने मुझे कारतूस दिए है इसलिए आपकी जान बख्श देता हूँ। कर्नल उसे हक्का-बक्का होकर देखता रह जाता है। तभी लेफ़्टिनेंट, कर्नल के पास आता है और पूछता है कि वह घुड़सवार कौन था, इस पर कर्नल उत्तर देता है कि वह एक जाँबाज़ सिपाही था।

शब्दार्थ

शब्द	हिंदी अर्थ
कारतूस	पीतल और दफ़्ती आदि की एक नली, जिसमें गोली तथा बारूद भरी रहती है
कर्नल	सेना का एक उच्च पद
लेफ़्टिनेंट	कर्नल की अधीनता में काम करने वाला अधिकारी
खेमा	डेरा/अस्थायी पड़ाव
अफ़साने (अफसाना)	कहानियाँ
रोबिनहुड	अपने कारनामों से चकित कराने वाला एक चरित्र
कारनामे (कारनामा)	ऐसा काम जो याद रहे
हुकूमत	शासन
पाक	पवित्र
पैदाइश	जन्म
तख्त	सिंहासन
मसलेहत	रहस्य
ऐश-पसंद	भोग-विलास पसंद करने वाला
लहर	तरंग/भावना
धरे रहना	बेकार होना
आँखों में धूल झोंकना	धोखा देना
हाथ न आना	पकड़ा न जाना
जाँबाज़	जान की बाज़ी लगाने वाला
दमखम	शक्ति और दृढ़ता
जाती तौर से	व्यक्तिगत रूप से
वजीफ़ा	परवरिश के लिए दी जाने वाली राशि

शब्द	हिंदी अर्थ
मुकर्रर	तय करना
तलब करना	याद करना
काम तमाम करना	जान से मार डालना
जानिसार	प्राण देने वाला साथी
हुकमरां	शासक
हिफ़ाजत	सुरक्षा
कारवाँ	झुंड/समूह/दल
स्कीम	योजना
कब्ज़ा करना	हथियाना
गर्द	धूल
मसरूफ़	संलग्न/व्यस्त/लगा हुआ
सरपट	तीव्रता (तेज़ी) से
शुब्हा	संदेह
गुंजाइश	संभावना
राज़ेदिल	राज की बात
दीवार हमगोश दारद	दीवारों के भी कान होते हैं
वक्फ़ा	ठहराव/पड़ाव
मुकाम	पड़ाव
हुक्म	आदेश
लावलश्कर	सेना का बड़ा समूह और युद्ध-सामग्री
मायने	मतलब
जान बख़्श देना	जान छोड़ देना
हक्का-बक्का	हैरान/आश्चर्यचकित होना

NCERT फोल्डर

पाठ्यपुस्तक (स्पर्श भाग-2) के प्रश्नोत्तर

मौखिक

निम्नलिखित प्रश्नों के उत्तर एक-दो पंक्तियों में दीजिए

प्र.1 कर्नल कालिंज का खेमा जंगल में क्यों लगा हुआ था? **CBSE 2020**

उत्तर अवध के अपदस्थ (बरख़ास्त) नवाब वज़ीर अली ने विद्रोह कर दिया था तथा गोरखपुर के निकट जंगलों में वह सक्रिय था। ब्रिटिश कंपनी उसे गिरफ़्तार करना चाहती थी, इसलिए कर्नल कालिंज के नेतृत्व में सैनिकों की एक बटालियन जंगल में खेमा डाले पड़ी थी।

प्र.2 वज़ीर अली से सिपाही क्यों तंग आ चुके थे?

उत्तर वज़ीर अली से सिपाही इसलिए तंग आ गए थे, क्योंकि वे कई हफ़्तों से जंगल में डेरा डाले पड़े थे, परंतु वज़ीर अली फिर भी नहीं पकड़ा गया था। अब सभी सिपाही जंगल की कष्ट भरी ज़िंदगी से तंग आ चुके थे।

प्र.3 कर्नल ने सवार पर नज़र रखने के लिए क्यों कहा? **दक्षता आधारित प्रश्न**

उत्तर कर्नल तथा लेफ़्टिनेंट जब अपने खेमे में रात्रि को बातें कर रहे थे, तो एक सवार तेज़ी से खेमे की ओर आता हुआ दिखाई दिया। उन्हें लगा कि वह वज़ीर अली का कोई दूत या साथी हो सकता है। रात्रि के समय एक सवार के इस तरह तेज़ी से बढ़े आने के कारण कर्नल ने अपने सिपाहियों को सवार पर नज़र रखने को कहा।

प्र.4 सवार ने क्यों कहा कि वज़ीर अली की गिरफ़्तारी बहुत मुश्किल है?

उत्तर सवार स्वयं वज़ीर अली था। उसने कर्नल के सामने आकर अपने साहस का परिचय दिया। उसे अपनी बहादुरी तथा शक्ति पर पूरा भरोसा था। उसे यह भी पता चल गया था कि उसकी गिरफ़्तारी के लिए आए सेना के अधिकारी तथा सिपाही उसे नहीं पहचानते हैं। इस कारण सवार ने वज़ीर अली की गिरफ़्तारी को मुश्किल बताया।

लिखित

(क) निम्नलिखित प्रश्नों के उत्तर (25-30 शब्दों में) लिखिए

प्र.1 वज़ीर अली के अफ़साने सुनकर कर्नल को रॉबिनहुड की याद क्यों आ जाती थी? **CBSE Diksha, CBSE 2019**

अथवा **कर्नल को वज़ीर अली के अफ़साने सुनकर रॉबिनहुड के कारनामे क्यों याद आ गए?** **CBSE 2020**

उत्तर कर्नल ने वज़ीर अली के साहस की गाथाएँ सुन रखी थीं। उसकी बहादुरी और जाँबाज़ी के किस्से मशहूर थे। वह रॉबिनहुड की तरह मज़बूरों का हमदर्द था। अंग्रेज़ी सत्ता को समाप्त कर वह स्वतंत्र अवध रियासत की पुनर्स्थापना करना चाहता था। उसकी दिलेरी तथा दृढ़ता से अंग्रेज़ी फौज़ का कर्नल भी प्रभावित था। उसने कंपनी के वकील को उसके घर जाकर मार डाला था। उसे वज़ीर अली के अफ़साने रॉबिनहुड की तरह लगते थे।

प्र.2 सआदत अली कौन था? उसने वज़ीर अली की पैदाइश को अपनी मौत क्यों समझा? **CBSE 2015, 11**

अथवा **"सआदत अली ने वज़ीर अली की पैदाइश को अपनी मौत के रूप में देखा।" स्पष्ट कीजिए।** **दक्षता आधारित प्रश्न**

उत्तर सआदत अली अवध के नवाब आसिफ़उद्दौला का भाई था। आसिफ़उद्दौला की कोई संतान नहीं थी। अत: सआदत अली मन-ही-मन सोचने लगा था कि बड़े भाई के बाद वही अवध का नवाब बनेगा, परंतु जब उसे वज़ीर अली की पैदाइश का पता चला तो उसके सारे अरमानों पर पानी फिर गया। उसे अपनी नवाबी खतरे में दिखाई देने लगी। यही कारण था कि उसने वज़ीर अली की पैदाइश को अपनी मौत समझा।

प्र.3 सआदत अली को अवध के तख्त पर बिठाने के पीछे कर्नल का क्या मकसद था? **दक्षता आधारित प्रश्न**

अथवा **सआदत अली कौन था? कर्नल उसे अवध के तख्त पर क्यों बैठाना चाहता था?** **CBSE 2018**

अथवा **कर्नल सआदत अली को अवध के तख्त पर क्यों बैठाना चाहता था?** **दक्षता आधारित प्रश्न**

अथवा **सआदत अली को कर्नल अवध के तख्त पर क्यों बैठाना चाहता था? 'कारतूस पाठ' के आधार पर लिखिए।** **CBSE 2018**

उत्तर सआदत अली अवध के नवाब आसिफ़उद्दौला का छोटा भाई था। सआदत अली को अवध के तख्त पर बिठाने के पीछे कर्नल का उद्देश्य अवध की धन संपत्ति पर अधिकार करना था। सआदत अली अंग्रेज़ों का मित्र था। उसने अंग्रेज़ों को अवध की आधी संपत्ति दे दी। दस लाख रुपये नकद दे दिए तथा रंग-रलियाँ मनाने के सारे सामान उपलब्ध करा दिए।

प्र.4 कंपनी के वकील का कत्ल करने के बाद वज़ीर अली ने अपनी हिफ़ाजत कैसे की? **दक्षता आधारित प्रश्न**

उत्तर कंपनी ने वज़ीर अली को अपदस्थ कर सआदत अली को अवध का नवाब बना दिया था। वज़ीर अली को पेंशन दी जाने लगी तथा उसे कलकत्ता (कोलकाता) भेज दिया गया था। वज़ीर अली ने कंपनी के वकील से इस बारे में जानकारी चाही, किंतु उसका अपमान किया गया। गुस्से में वज़ीर अली ने वकील की हत्या कर दी तथा आज़मगढ़ पहुँच गया। आज़मगढ़ के शासक ने अपने लोगों की हिफ़ाजत में वज़ीर अली को घागरा के जंगलों में भेज दिया।

प्र.5 सवार के जाने के बाद कर्नल क्यों हक्का-बक्का रह गया? **CBSE 2012**

उत्तर कर्नल अपने सिपाहियों के साथ वज़ीर अली को गिरफ़्तार करने के लिए जंगल में पड़ाव डाले हुए था। उस पड़ाव में रात्रि को एक सवार आया। उसने कर्नल से एकांत में वार्ता करने की बात की। सवार ने कर्नल को बताया कि उसे वज़ीर अली को गिरफ़्तार करने के लिए कुछ कारतूस चाहिए। कर्नल ने उस सवार को दस कारतूस प्रदान किए। जब कर्नल ने सवार से उसका नाम पूछा, तो सवार ने अपना नाम 'वज़ीर अली' बताया। वज़ीर अली की हिम्मत एवं अपने सामने खड़ी मौत देखकर कर्नल हक्का-बक्का रह गया।

(ख) निम्नलिखित प्रश्नों के उत्तर (50-60 शब्दों में) लिखिए

प्र.1 लेफ़्टिनेंट को ऐसा क्यों लगा कि कंपनी के खिलाफ़ सारे हिंदुस्तान में एक लहर दौड़ गई है? **CBSE 2011**

उत्तर कर्नल तथा लेफ़्टिनेंट हिंदुस्तान में अंग्रेज़ों की स्थिति पर बातें कर रहे थे। दक्षिण भारत में टीपू सुल्तान अंग्रेज़ों को भारत से भगाना चाहता था। बंगाल में शम्सुद्दौला तथा अवध में वज़ीर अली कंपनी की सत्ता के लिए खतरा बन गए थे। कंपनी की पूरी फौज़ इन विद्रोहियों से निपटने में कामयाब नहीं हो पा रही थी। लेफ़्टिनेंट को लग रहा था कि सारे हिंदुस्तान में कंपनी के खिलाफ़ एक लहर दौड़ रही है।

प्र.2 वज़ीर अली ने कंपनी के वकील का कत्ल क्यों किया? **CBSE 2011**

उत्तर वज़ीर अली कंपनी के वकील के पास गया, जो बनारस में रहता था। उसने वकील से शिकायत की कि गवर्नर-जनरल उसे बार-बार कलकत्ता में क्यों तलब करता है? वकील ने वज़ीर अली की शिकायत पर गौर नहीं किया, बल्कि उसे ही भला-बुरा सुना दिया। इससे वज़ीर अली के स्वाभिमान को आघात पहुँचा। साथ ही, वज़ीर अली अंग्रेज़ों एवं उनके किसी भी मददगार या सहायक से घृणा करता था। इस कारण उसने वकील का कत्ल कर दिया।

प्र.3 सवार ने कर्नल से कारतूस कैसे हासिल किए? **दक्षता आधारित प्रश्न**

उत्तर सवार अंग्रेज़ों के खेमे में आया और कर्नल से कहा कि उसे वज़ीर अली को गिरफ़्तार करने के लिए कुछ कारतूस चाहिए। यह सुनकर कर्नल ने उसे कारतूस दे दिए और उसका नाम पूछा, तब वज़ीर ने बताया कि वही वज़ीर अली है।

प्र.4 वज़ीर अली एक जाँबाज़ सिपाही था, कैसे? स्पष्ट कीजिए। **CBSE 2012, 09, 08**

***अथवा* 'कारतूस' पाठ के आधार पर सोदाहरण सिद्ध कीजिए कि वज़ीर अली एक जाँबाज सिपाही था।** **दक्षता आधारित प्रश्न**

उत्तर वज़ीर अली अवध का नवाब था। उसे अपदस्थ (बरख़ास्त) कर अंग्रेज़ों ने अपने समर्थक सआदत अली को अवध का नवाब बना दिया था। वज़ीर अली ने कंपनी के वकील की हत्या के बाद विद्रोह प्रारंभ कर दिया। उसने अपनी शक्ति को बढ़ाने तथा अंग्रेज़ों को भारत से खदेड़ने का कार्यक्रम बनाया। वज़ीर अली साहसी तथा दृढ़ प्रतिज्ञ व्यक्ति था। उसने अंग्रेज़ी खेमे में प्रवेश कर कर्नल पर अपना रोब डालकर उसे अपनी बहादुरी से स्वयं परिचित करा दिया। इससे स्पष्ट होता है कि वज़ीर अली वाकई एक जाँबाज़ सिपाही था।

(ग) निम्नलिखित के आशय स्पष्ट कीजिए

प्र.1 "मुट्ठीभर आदमी और ये दमखम।"

उत्तर वज़ीर अली अवध को अंग्रेज़ी प्रभुत्व से मुक्त कराना चाहता था। अंग्रेज़ों ने वज़ीर अली को अपदस्थ कर सआदत अली को नवाब बना दिया था। इस पर वज़ीर अली ने विद्रोह कर दिया। बनारस में कंपनी के वकील की हत्या करने के बाद वह गोरखपुर के जंगलों में जा छिपा। वहाँ उसके दो-चार विश्वसनीय आदमी भी साथ थे।

इन मुट्ठीभर लोगों की सहायता से वज़ीर अली ने पूरी ब्रिटिश फौज़ को परेशान कर दिया था। उसे पकड़ना इतना मुश्किल था कि कंपनी की फौज़ के सिपाही भी तंग आ गए थे। फौज़ का कर्नल वज़ीर अली के साहस तथा दृढ़ता से अत्यधिक प्रभावित था। उसने वज़ीर अली की बहादुरी को निकट से देखा था। ऐसी स्थिति में वह उसके दमखम की प्रशंसा किए बिना नहीं रह सका। एकांकी 'कारतूस' में प्रस्तुत पंक्ति कर्नल के संवाद का ही हिस्सा है।

प्र.2 "गर्द तो ऐसे उड़ रही है जैसे कि पूरा एक काफ़िला चला आ रहा हो मगर मुझे तो एक ही सवार नज़र आता है।" **दक्षता आधारित प्रश्न**

उत्तर वज़ीर अली एक तूफ़ान की भाँति बहुत ही साहसी एवं शक्तिशाली सिपाही था। जब वह घोड़े पर सवार होकर अकेला चला आ रहा था, तो उसके घोड़े के टापों से उठने वाली धूल इतनी अधिक थी कि ऐसा लग रहा था मानो सैनिकों का एक काफ़िला चला आ रहा हो।

भाषा अध्ययन

प्र.1 निम्नलिखित शब्दों का एक-एक पर्यायवाची लिखिए

खिलाफ़, पाक, उम्मीद, हासिल, कामयाब, वजीफ़ा, नफ़रत, हमला, इंतजार, मुमकिन

उत्तर

खिलाफ़	—	विरुद्ध	पाक	—	पवित्र
उम्मीद	—	आशा	हासिल	—	प्राप्त
कामयाब	—	सफल			
वजीफ़ा	—	वेतन, वृत्ति, परवरिश के लिए दी जाने वाली राशि			
नफ़रत	—	घृणा	हमला	—	आक्रमण
इंतजार	—	प्रतीक्षा	मुमकिन	—	संभव

प्र.2 निम्नलिखित मुहावरों का अपने वाक्यों में प्रयोग कीजिए

आँखों में धूल झोंकना, कूट-कूट कर भरना, काम तमाम कर देना, जान बख्श देना, हक्का-बक्का रह जाना। **दक्षता आधारित प्रश्न**

उत्तर

(i) **आँखों में धूल झोंकना** *(धोखा देना)*
वाक्य प्रयोग चंद्रशेखर आज़ाद वेश बदलकर अंग्रेज़ों की आँखों में धूल झोंका करते थे।

(ii) **कूट-कूट कर भरना** *(अधिक मात्रा में होना)*
वाक्य प्रयोग गाँधीजी में देश-सेवा की भावना कूट-कूट कर भरी थी।

(iii) **काम तमाम कर देना** *(मार डालना)*
वाक्य प्रयोग मुठभेड़ में पुलिस ने डाकुओं का काम तमाम कर दिया।

(iv) **जान बख़्श देना** *(माफ़ कर देना)*
वाक्य प्रयोग आतंकवादियों द्वारा समर्पण करने के कारण सेना ने उनकी जान बख़्श दी।

(v) **हक्का-बक्का रह जाना** *(आश्चर्यचकित होना)*
वाक्य प्रयोग दोषी व्यक्ति के बाइज़्ज़त बरी होने पर सभी लोग हक्के-बक्के रह गए।

प्र.3 कारक वाक्य में संज्ञा या सर्वनाम का क्रिया के साथ संबंध बताता है। निम्नलिखित वाक्यों में कारकों को रेखांकित कर उनके नाम लिखिए **दक्षता आधारित प्रश्न**

(क) जंगल की ज़िंदगी बड़ी खतरनाक होती है।
(ख) कंपनी के खिलाफ़ सारे हिंदुस्तान में एक लहर दौड़ गई।
(ग) वज़ीर को उसके पद से हटा दिया गया।
(घ) फौज़ के लिए कारतूस की आवश्यकता थी।
(ङ) सिपाही घोड़े पर सवार था।

उत्तर (क) जंगल <u>की</u> ज़िंदगी (संबंध कारक)
(ख) कंपनी <u>के</u> खिलाफ़ (संबंध कारक)
सारे हिंदुस्तान <u>में</u> (अधिकरण कारक)
(ग) वज़ीर <u>को</u> उसके (कर्म कारक)
पद <u>से</u> हटा (अपादान कारक)
(घ) फौज़ <u>के लिए</u> (संप्रदान कारक)
कारतूस <u>की</u> (कर्म कारक)
(ङ) घोड़े <u>पर</u> (अधिकरण कारक)

प्र.4 क्रिया का लिंग और वचन सामान्यतः कर्ता और कर्म के लिंग और वचन के अनुसार निर्धारित होते हैं। वाक्य में कर्ता और कर्म के लिंग, वचन और पुरुष के अनुसार जब क्रिया के लिंग, वचन आदि में परिवर्तन होता है तो उसे 'अन्विति' कहते हैं।

क्रिया के लिंग, वचन में परिवर्तन तभी होता है जब कर्ता या कर्म परसर्ग रहित हों; जैसे– **दक्षता आधारित प्रश्न**

<u>सवार</u> कारतूस माँग रहा था। *(कर्ता के कारण)*

सवार ने <u>कारतूस</u> माँगे। *(कर्म के कारण)*

कर्नल <u>ने</u> वज़ीर अली <u>को</u> नहीं पहचाना।
(यहाँ क्रिया, कर्ता और कर्म किसी के भी कारण प्रभावित नहीं हैं)

अतः कर्ता और कर्म के परसर्ग सहित होने पर क्रिया कर्ता और कर्म में से किसी के भी लिंग और वचन से प्रभावित नहीं होती और वह एकवचन पुल्लिंग में ही प्रयुक्त होती है। नीचे दिए गए वाक्यों में 'ने' लगाकर उन्हें दोबारा लिखिए।

(क) घोड़ा पानी पी रहा था।
(ख) बच्चे दशहरे का मेला देखने गए।
(ग) रॉबिनहुड गरीबों की मदद करता था।
(घ) देशभर के लोग उसकी प्रशंसा कर रहे थे।

उत्तर (क) घोड़े ने पानी पीना जारी रखा।
(ख) बच्चों ने दशहरे का मेला देखने के लिए प्रस्थान किया।
(ग) रॉबिनहुड ने गरीबों की मदद की।
(घ) देशभर के लोगों ने उसकी प्रशंसा की।

प्र.5 निम्नलिखित वाक्यों में उचित विराम-चिह्न लगाइए

(क) कर्नल ने कहा सिपाहियों इस पर नज़र रखो ये किस तरफ़ जा रहा है
(ख) सवार ने पूछा आपने इस मकाम पर क्यों खेमा डाला है इतने लावलश्कर की क्या ज़रूरत है
(ग) खेमे के अंदर दो व्यक्ति बैठे बातें कर रहे थे चाँदनी छिटकी हुई थी और बाहर सिपाही पहरा दे रहे थे एक व्यक्ति कह रहा था दुश्मन कभी भी हमला कर सकता है

दक्षता आधारित प्रश्न

उत्तर (क) कर्नल ने कहा, "सिपाहियों! इस पर नज़र रखो, ये किस तरफ़ जा रहा है?"
(ख) सवार ने पूछा, "आपने इस मकाम पर क्यों खेमा डाला है? इतने लावलश्कर की क्या ज़रूरत है?"
(ग) खेमे के अंदर दो व्यक्ति बैठे बातें कर रहे थे। चाँदनी छिटकी हुई थी और बाहर सिपाही पहरा दे रहे थे। एक व्यक्ति कह रहा था, "दुश्मन कभी भी हमला कर सकता है।"

योग्यता विस्तार

प्र.1 पुस्तकालय से रॉबिनहुड के साहसिक कारनामों के बारे में जानकारी हासिल कीजिए।

उत्तर छात्र स्वयं करें।

प्र.2 वृंदावनलाल वर्मा की कहानी 'इब्राहिम गार्दी' पढ़िए और कक्षा में सुनाइए।

उत्तर छात्रों द्वारा कक्षा में किया जाने वाला क्रियाकलाप।

परियोजना कार्य

प्र.1 'कारतूस' एकांकी का मंचन अपने विद्यालय में कीजिए।

उत्तर छात्र स्वयं करें।

प्र.2 'एकांकी' और 'नाटक' में क्या अंतर है? कुछ नाटकों और एकांकियों की सूची तैयार कीजिए।

उत्तर **नाटक** एक बड़ी कृति होती है, इसमें जीवन के एक बड़े भाग की झाँकी होती है। एक नाटक में कम-से-कम पाँच अंक होते हैं।

एकांकी भी एक प्रकार का नाटक होता है, परंतु यह छोटा नाटक होता है। इसमें केवल एक ही अंक होता है। एकांकी में किसी छोटी घटना या समस्या का चित्रण होता है।

नाटकों की सूची	एकांकियों की सूची
भारतदुर्दशा	एक घूँट
नीलदेवी	महाभारत की एक साँझ
आजातशत्रु	दीपदान
चंद्रगुप्त	सूखी डाली
आधे-अधूरे	अंडे के छिलके

अभ्यास प्रश्न

बहुविकल्पीय व वर्णनात्मक प्रश्नों सहित

पाठ पर आधारित बहुविकल्पीय प्रश्न

1. वज़ीर अली को पकड़ने के लिए कर्नल क्या कर रहा था?

(i) अपने क्षेत्र में पोस्टर लगवा रहा था
(ii) एक फ़ौज लिए उसका पीछा कर रहा था
(iii) उसके संबंध में जानकारी एकत्रित कर रहा था
(iv) उसके लिए गुप्त योजना बना रहा था

उत्तर (ii) एक फ़ौज लिए उसका पीछा कर रहा था

2. वज़ीर अली से सिपाही क्यों तंग आ चुके थे? **दक्षता आधारित प्रश्न**

(i) क्योंकि वह दंगा भड़का रहा था
(ii) क्योंकि वह उन्हें चिढ़ा रहा था
(iii) क्योंकि वह उनकी पकड़ में नहीं आ रहा था
(iv) क्योंकि वह बहुत धनी वर्ग से संबंधित था

उत्तर (iii) क्योंकि वह उनकी पकड़ में नहीं आ रहा था

3. पाठ के अनुसार किसके अफसाने सुनकर रॉबिनहुड के किए हुए कारनामे याद आते हैं?

(i) सआदत अली के
(ii) गुलाम अली के
(iii) वज़ीर अली के
(iv) आसिफउद्दौला के

उत्तर (iii) वज़ीर अली के

4. वज़ीर अली का अंग्रेजों के विषय में क्या विचार था?

(i) उसके मन में उनके प्रति प्यार था
(ii) वह अवध को बर्बाद करना चाहता था
(iii) उसके मन में उनके प्रति नफरत भरी हुई थी
(iv) वह अंग्रेजों का सहयोगी था

उत्तर (iii) उसके मन में उनके प्रति नफरत भरी हुई थी

5. वज़ीर अली का उद्देश्य क्या था?

(i) वह नेपाल का राजा बनना चाहता था
(ii) वह अवध को बर्बाद करना चाहता था
(iii) वह अवध को अंग्रेजों से मुक्त कराना चाहता था
(iv) वह विदेशियों के साथ मिलकर आरामदायक जीवन जीना चाहता था

उत्तर (iii) वह अवध को अंग्रेजों से मुक्त कराना चाहता था

6. सआदत अली को तख्त पर क्यों बैठाया गया? **दक्षता आधारित प्रश्न**

(i) जनता की भलाई के कार्य करने हेतु
(ii) ऐशो-आराम का जीवन जीने हेतु
(iii) अंग्रेजी हुकूमत के डर के कारण
(iv) अंग्रेजी हुकूमत को पैसे देने हेतु

उत्तर (iv) अंग्रेजी हुकूमत को पैसे देने हेतु

7. सआदत अली किस प्रकार का आदमी था?

(i) मेहनती
(ii) क्रांतिकारी
(iii) ऐशो-आराम पसंद करने वाला
(iv) अंग्रेज़ो से शत्रुता लेने वाला

उत्तर (iii) ऐशो-आराम पसंद करने वाला

8. एक पूरी फौज किसका पीछा कर रही है?

(i) सआदत अली का (ii) नवाब अली का
(iii) कर्नल कालिंज का (iv) वज़ीर अली का

उत्तर (iv) वज़ीर अली का

9. निम्नलिखित में से कौन-सा वाक्य सआदत अली को तख्त पर बैठाने का उद्देश्य दर्शाता है? **दक्षता आधारित प्रश्न**

1. वजीर अली से भयभीत होकर अवध पर अप्रत्यक्ष शासन चलाना।
2. अंग्रेजी-हुकूमत अवध प्रांत से अधिकाधिक धन वसूल सके।
3. सआदत अली की शासन कुशलता से प्रभावित होना है।
4. सआदत अली और वजीर अली में गहरी मित्रता होना।

कूट

(i) केवल 1 (ii) 1 और 2
(iii) केवल 4 (iv) 2, 3 और 4

उत्तर (ii) 1 और 2

10. निम्नलिखित कथन (A) तथा कारण (R) को ध्यानपूर्वक पढ़कर दिए गए विकल्पों में से सही विकल्प चुनकर लिखिए।

कथन (A) कर्नल कालिंज ने सआदत अली के महल के पास ही खेमा डाला हुआ था।

कारण (R) वह वजीर अली से सआदत अली की एवं उसके द्वारा शासित अवध प्रांत की रक्षा करना चाहता था ताकि वह सआदत अली के प्रति वफादारी दिखा सके। **दक्षता आधारित प्रश्न**

(i) कथन (A) तथा कारण (R) दोनों गलत हैं।
(ii) कथन (A) गलत है, लेकिन कारण (R) सही है।
(iii) कथन (A) सही है, किंतु कारण (R) उसकी गलत व्याख्या करता है।
(iv) कथन (A) और कारण (R) दोनों सही हैं तथा कारण (R) कथन (A) की सही व्याख्या करता है।

उत्तर (i) कथन (A) तथा कारण (R) दोनों गलत हैं।

11. किसके बुलाए जाने पर वज़ीर अली कलकत्ता नहीं जाना चाहता था? **दक्षता आधारित प्रश्न**

(i) सआदत अली (ii) लेफ़्टिनेंट
(iii) नवाब साहब (iv) गवर्नर-जनरल

उत्तर (iii) नवाब साहब

12. **वज़ीर अली ने कंपनी के वकील को क्यों मारा?**
(i) क्योंकि वह सरकार का विरोधी था
(ii) क्योंकि उसने वज़ीर अली को भला-बुरा कहा और उसकी ओर ध्यान नहीं दिया
(iii) क्योंकि उसने वज़ीर अली को टिकट नहीं दी
(iv) क्योंकि वह वज़ीर अली को पकड़ना चाहता था

उत्तर (ii) क्योंकि उसने वज़ीर अली को भला-बुरा कहा और उसकी ओर ध्यान नहीं दिया

13. **सआदत अली ने ………… के साथ गद्दारी की।**
(i) अपने भाई के साथ (ii) अंग्रेजों के साथ
(iii) अपने राजा के साथ (iv) ये सभी।

उत्तर (i) अपने भाई के साथ

14. **कंपनी के खिलाफ़ हिंदुस्तान में लहर दौड़ जाने का अर्थ है**
(i) कंपनी का प्रचार-प्रसार होना
(ii) कंपनी के प्रति नफरत की लहर
(iii) (i) और (ii) दोनों
(iv) भारत पर आक्रमण करने के लिए

उत्तर (ii) कंपनी के प्रति नफरत की लहर

गद्यांश पर आधारित बहुविकल्पीय प्रश्न

निम्नलिखित गद्यांशों को ध्यानपूर्वक पढ़कर पूछे गए प्रश्नों के सही विकल्प चुनिए

1. किस्सा क्या हुआ था उसको उसके पद से हटाने के बाद हमने वज़ीर अली को बनारस पहुँचा दिया और तीन लाख रुपया सालाना वजीफा मुकर्रर कर दिया। कुछ महीने बाद गवर्नर जनरल ने उसे कलकत्ता (कोलकाता) तलब किया। वज़ीर अली कंपनी के वकील के पास गया जो बनारस में रहता था और उससे शिकायत की कि गवर्नर जनरल उसे कलकत्ता में क्यूँ तलब करता है। वकील ने शिकायत की परवाह नहीं की उल्टा उसे बुरा-भला सुना दिया। वज़ीर अली के तो दिल में यूँ भी अंग्रेजों के खिलाफ़ नफरत कूट-कूटकर भरी है, उसने खंजर से वकील का काम तमाम कर दिया।

(क) गद्यांश के आधार पर बताइए कि वज़ीर अली को किसने बनारस पहुँचाने में मुख्य भूमिका निभाई? **दक्षता आधारित प्रश्न**
(i) अंग्रेजों ने
(ii) सआदत अली ने
(iii) आसिफउद्दौला ने
(iv) वकील ने

उत्तर (ii) सआदत अली ने

(ख) वज़ीर अली ने कंपनी के वकील से क्या शिकायत की थी?
(i) गवर्नर जनरल ने उसे कलकत्ता क्यों बुलवाया है
(ii) गवर्नर जनरल ने उसे बनारस क्यों भेजा
(iii) वह कंपनी बाग में क्यों नहीं रह सकता
(iv) वह अंग्रेजों के खिलाफ आवाज़ क्यों नहीं उठा सकता

उत्तर (i) गवर्नर जनरल ने उसे कलकत्ता क्यों बुलवाया है

(ग) किस घटना ने वज़ीर अली के क्रोध को और अधिक भड़का दिया? **दक्षता आधारित प्रश्न**
(i) वकील ने उसकी शिकायत पर ध्यान न देकर उसे भला-बुरा सुनाया
(ii) वकील द्वारा उसका साथ न देने पर
(iii) कंपनी के वकील को बनारस भेजे जाने पर
(iv) वज़ीर अली को पद से हटाए जाने पर

उत्तर (i) वकील ने उसकी शिकायत पर ध्यान न देकर उसे भला-बुरा सुनाया

(घ) वजीर अली ने वकील के साथ क्या किया?
(i) उसे पद से हटा दिया
(ii) वकील की शिकायत की
(iii) खंजर से वकील का काम तमाम कर दिया
(iv) उपर्युक्त सभी

उत्तर (iii) खंजर से वकील का काम तमाम कर दिया

(ङ) निम्नलिखित कथन (A) तथा कारण (R) को ध्यानपूर्वक पढ़कर दिए गए विकल्पों में से सही विकल्प चुनकर लिखिए।

कथन (A) वजीर अली ने अंग्रेज सरकार के वकील का काम तमाम कर दिया।

कारण (R) अंग्रेज सरकार के वकील ने वज़ीर अली के लिए जो सालाना वजीफा तय किया था, वह कम होने की बात वकील नहीं मान रहा था। **दक्षता आधारित प्रश्न**
(i) कथन (A) तथा कारण (R) दोनों गलत हैं।
(ii) कथन (A) गलत है, लेकिन कारण (R) सही है।
(iii) कथन (A) सही है, किंतु कारण (R) उसकी गलत व्याख्या करता है।
(iv) कथन (A) और कारण (R) दोनों सही हैं तथा कारण (R) कथन (A) की सही व्याख्या करता है।

उत्तर (iii) कथन (A) सही है, किंतु कारण (R) उसकी गलत व्याख्या करता है।

2. वज़ीर अली की आज़ादी बहुत खतरनाक है। हमें किसी-न-किसी तरह इस शख्स को गिरफ्तार कर ही लेना चाहिए। पूरी एक फौज लिए उसका पीछा कर रहा हूँ और बरसों से वो हमारी आँखों में धूल झोंक रहा है और इन्हीं जंगलों में फिर रहा है और हाथ नहीं आता। उसके साथ चंद जाँबाज हैं। मुट्ठी भर आदमी मगर ये दमखम है। सुना है वजीर अली जाती तौर से भी बहुत बहादुर आदमी है। बहादुर न होता तो यूँ कंपनी के वकील का कत्ल कर देता? ये कत्ल का क्या किस्सा हुआ था कर्नल?

(क) "हमें किसी-न-किसी तरह इस शख्स को गिरफ्तार कर लेना चाहिए" वाक्य में 'हमें' शब्द किसके लिए प्रयोग हुआ है?
(i) वज़ीर अली (ii) वकील
(iii) कर्नल (iv) सिपाही

उत्तर (iii) कर्नल

(ख) जंगलों में कौन फिर रहा है? **दक्षता आधारित प्रश्न**
(i) लेफ्टिनेंट (ii) सआदत अली
(iii) गवर्नर जनरल (iv) वज़ीर अली

उत्तर (iv) वज़ीर अली

(ग) निम्नलिखित में से कौन-सा वाक्य वजीर अली के प्रति कर्नल के मन में उत्पन्न भय दर्शा रहे थे? **दक्षता आधारित प्रश्न**

1. वजीर अली बहुत ही बहादुर और खतरनाक आदमी है।
2. वह इतना साहसी है कि कंपनी के वकील की हत्या कर चुका है।
3. उसके साथ बहुत थोड़े से आदमी हैं।
4. वह जंगल में छिपा हुआ है।

कूट

(i) केवल 1 (ii) 1 और 2
(iii) केवल 4 (iv) 2, 3 और 4

उत्तर (ii) 1 और 2

(घ) कंपनी के वकील की हत्या क्यों की गई?

(i) क्योंकि वह अंग्रेजों का सहायक या मददगार था।
(ii) क्योंकि वह अपने पद का दुरुपयोग कर रहा था
(iii) क्योंकि वह देशद्रोही था।
(iv) क्योंकि वह वज़ीर अली का सहयोगी था।

उत्तर (i) क्योंकि वह अंग्रेजों का सहायक या मददगार था।

(ङ) वज़ीर अली को पकड़ने के लिए कर्नल क्या कर रहा था?

(i) शहर में पोस्टर लगवा रहा था।
(ii) एक फौज लिए उसका पीछा कर रहा था।
(iii) उसके संबंध में जानकारी एकत्रित कर रहा था।
(iv) उसके लिए गुप्त योजना बना रहा था।

उत्तर (ii) एक फौज लिए उसका पीछा कर रहा था।

3. उसके अफसाने सुन के रॉबिनहुड के कारनामे याद आ जाते हैं। अंग्रेज़ों के खिलाफ उसके दिल में किस कदर नफ़रत है। कोई पाँच महीने हुकूमत की होगी। मगर इन पाँच महीने में वो अवध के दरबार को अंग्रेजी असर से बिलकुल पाक कर देने में तकरीबन कामयाब हो गया था।

(क) 'पाक कर देना' से क्या अभिप्राय है

(i) दूर कर देना
(ii) पवित्र कर देना
(iii) अच्छी तरह पका देना
(iv) प्रतिष्ठित कर देना

उत्तर (ii) पवित्र कर देना

(ख) निम्नलिखित कथन (A) तथा कारण (R) को ध्यानपूर्वक पढ़कर दिए गए विकल्पों में से सही विकल्प चुनकर लिखिए। **दक्षता आधारित प्रश्न**

कथन (A) वजीर अली के साहसिक कारनामें सुनकर रॉबिनहुड की याद आ जाती है।

कारण (R) रॉबिनहुड भी जंगल में छिपा रहता था और कई अंग्रेज़ सैनिकों की हत्या कर चुका था।

(i) कथन (A) तथा कारण (R) दोनों गलत हैं।
(ii) कथन (A) गलत है, लेकिन कारण (R) सही है।
(iii) कथन (A) सही है, किंतु कारण (R) उसकी गलत व्याख्या करता है।
(iv) कथन (A) और कारण (R) दोनों सही हैं तथा कारण (R) कथन (A) की सही व्याख्या करता है।

उत्तर (iii) कथन (A) सही है, किंतु कारण (R) उसकी गलत व्याख्या करता है।

(ग) "उसके कारनामे सुन के रॉबिनहुड के कारनामे याद आ जाते हैं" पंक्ति में 'उसके' शब्द किसके लिए प्रयुक्त हुआ है? **दक्षता आधारित प्रश्न**

(i) अंग्रेज़ी सिपाही के लिए
(ii) आसिफद्दौला के लिए
(iii) वज़ीर अली के लिए
(iv) कर्नल के लिए

उत्तर (iii) वज़ीर अली के लिए

(घ) अंग्रेज़ी शासन की ओर से हफ्तों से डेरा किस कारण डाला गया था?

(i) अंग्रेज़ो के प्रति डर पैदा करने के लिए
(ii) वज़ीर अली को गिरफ्तार करने के लिए
(iii) अपनी शक्ति का प्रदर्शन करने के लिए
(iv) मेरठ में युद्ध करने के लिए

उत्तर (ii) वज़ीर अली को गिरफ़्तार करने के लिए

(ङ) कर्नल कालिंज ने अपना खेमा कहाँ लगाया था? **दक्षता आधारित प्रश्न**

(i) अवध में
(ii) नेपाल में
(iii) मेरठ में
(iv) जंगल में

उत्तर (i) अवध में

विषयवस्तु का ज्ञान, बोध अभिव्यक्ति पर आधारित प्रश्न

1. पाठ्यक्रम में पढ़ी एकांकी द्वारा सिद्ध कीजिए कि मुट्ठी भर आदमी भी बड़ी फौज पर काबू पा सकते हैं। **CBSE SQP 2023**

अथवा 'मुट्ठी भर आदमी और यह दमखम', कथन का आशय स्पष्ट कीजिए **CBSE 2011, 12**

उत्तर यह एकांकी दृढ़ता और साहस का प्रतीक है कि किस प्रकार व्यक्ति अपनी इच्छाशक्ति और सामर्थ्य से अपने लक्ष्य को प्राप्त कर पाने में सक्षम है। एकांकी में वाज़िद अली को एक शूरवीर और जाँबाज योद्धा के रूप में दर्शाया गया है, जो दुश्मनों के खेमें में जाने से भी नहीं हिचकता। उसकी सही नीतियाँ और निरंतर परिश्रम उसे विजयी बनाते हैं।

वज़ीर अली मुट्ठी भर व्यक्तियों के सहारे कंपनी की फौज को चकमा देने में सफल हो जाता है तथा अंग्रेज़ों को खुली चुनौती देकर यह दिखाया कि मुट्ठीभर आदमी भी बड़ी फौज पर काबू पा लेते हैं।

2. कर्नल कालिंज का खेमा जंगल में क्यों लगा हुआ था? **CBSE 2020**

उत्तर कर्नल कालिंज का खेमा जंग में इसलिए लगा हुआ था, क्योंकि अवध के अपदस्थ नवाब वज़ीर अली ने विद्रोह कर दिया था तथा गोरखपुर के निकट जंगलों में वह सक्रिय था। ब्रिटिश कंपनी उसे गिरफ़्तार करना चाहती थी। उन्हें जानकारी मिली थी कि वज़ीर अली जंगल में छिपा है।

3. कर्नल को वज़ीर अली के अफ़साने सुनकर रॉबिनहुड के कारनामे क्यों याद आ गए? CBSE 2020, 2019

उत्तर कर्नल ने वज़ीर अली के साहस की गाथाएँ सुन रखी थीं। उसकी बहादुरी और जाँबाजी के किस्से मशहूर थे। वह रॉबिनहुड की तरह मज़बूरों का हमदर्द था। अंग्रेज़ी सत्ता को समाप्त कर वह स्वतंत्र अवध रियासत की पुनर्स्थापना करना चाहता था।

उसकी दिलेरी तथा दृढ़ता से अंग्रेज़ी फौज का कर्नल भी प्रभावित था। वज़ीर अली ने कंपनी के वकील को उसके घर जाकर मार डाला था। अत: कर्नल को वज़ीर अली के अफ़साने सुनकर रॉबिनहुड के कारनामे याद आ गए थे।

4. कर्नल ने वज़ीर अली के बारे में क्या-क्या सुन रखा था? 'कारतूस' पाठ के आधार पर लिखिए। CBSE 2020

उत्तर कर्नल ने वज़ीर अली के बारे में सुन रखा था कि अंग्रेजों के खिलाफ उसके दिल में नफरत कूट-कूट कर भरी है। वह एक जाँबाज सिपाही है। कंपनी के वकील की हत्या करके वह आजमगढ़ भाग गया और वहाँ से घागरा पहुँचकर वहीं जंगलों में भटक रहा है। वह नेपाल जाकर अफगानी हमले की प्रतीक्षा कर रहा है, जिससे अवध पर कब्जा कर सके।

5. वज़ीर अली किस पद पर था? उसे कंपनी ने उस पद से क्यों हटाया? दक्षता आधारित प्रश्न

उत्तर वज़ीर अली को अवध के नवाब का पद मिला था। उसे कंपनी ने जबरन पद से हटा दिया, क्योंकि कंपनी उसे अपने लिए खतरा मानती थी तथा अपना शत्रु समझती थी। वह अपने किसी चाटुकार व्यक्ति को उस पद पर बैठाना चाहती थी, जिससे कंपनी को लाभ हो सके।

6. वजीर अली के जीवन का लक्ष्य अंग्रेज़ों को इस देश से बाहर करना था। 'कारतूस' पाठ के आधार पर कथन की सत्यता सिद्ध कीजिए।

उत्तर 'कारतूस' पाठ का उद्देश्य जाँबाज़ वज़ीर अली की वीरता एवं साहस को सबके सामने लाना है। वज़ीर अली की वीरता का उद्देश्य है—अंग्रेज़ों से भारत की भूमि को मुक्त कराना। वस्तुत: जाँबाज़ वज़ीर अली समय के साथ-साथ इस तथ्य से परिचित हो गया कि ब्रिटिश शासन किसी भी दृष्टि से भारत एवं भारतवासियों के लिए श्रेयस्कर नहीं है, लाभप्रद नहीं है। यह धारणा स्पष्ट होते ही उसने अंग्रेज़ों को भारत की भूमि से बाहर खदेड़ने की ठान ली। उसके जीवन का लक्ष्य ही अंग्रेज़ों को देश से बाहर करने का बन गया।

7. "सआदत अली जैसे लोग अपने ऐश-ओ-आराम को बनाए रखने के लिए कुछ भी कर सकते हैं।" 'कारतूस' एकांकी के आधार पर स्पष्ट कीजिए। दक्षता आधारित प्रश्न

उत्तर 'कारतूस' एकांकी के आधार पर सआदत अली अंग्रेज़ों का मित्र और एक बेहद ऐश-ओ-आराम पसंद आदमी है। सआदत अली जैसे लोग अपने ऐश-ओ-आराम को बनाए रखने के लिए कुछ भी कर सकते हैं, जैसा सआदत अली ने किया। अपनी जायदाद का आधा भाग और दस लाख रुपये अंग्रेज़ों को दे दिए, जबकि वे देश के विरुद्ध षड्यंत्र रच रहे थे। ऐसे लोगों के कारण देश की संपदा का उपयोग देश के विरुद्ध होता है। इसी प्रकार सआदत अली जैसे लोग हमेशा देश का अहित ही करते हैं।

8. शाहे-जमा कौन था? उसे वज़ीर अली ने भारत आने के लिए क्यों आमंत्रित किया? CBSE Diksha

अथवा **अफ़गानिस्तान के बादशाह को हिंदुस्तान पर हमला करने के लिए वज़ीर अली ने क्यों बुलाया?**

उत्तर अफ़गानिस्तान के बादशाह को हिंदुस्तान पर हमला करने के लिए वज़ीर अली ने इसलिए बुलाया, क्योंकि वज़ीर अली की इच्छा थी कि वह शाहे-ज़मा की मदद से पहले अवध के शासन पर कब्ज़ा करे, उसके पश्चात् अंग्रेज़ों को हिंदुस्तान से बाहर भगाने की कोशिश करे।

9. कर्नल ने खतरनाक आदमी किसे और क्यों कहा? दक्षता आधारित प्रश्न

उत्तर कर्नल ने शम्सुद्दौला को खतरनाक आदमी कहा, क्योंकि वह अंग्रेज़ों का दुश्मन था और उन्हें हिंदुस्तान से बाहर फेंकना चाहता था। उसने अंग्रेज़ों को हिंदुस्तान से बाहर निकालने के लिए अफ़गानिस्तान के बादशाह शाहे-ज़मा को हिंदुस्तान पर हमला करने का आमंत्रण दिया, ताकि वे दोनों मिलकर हिंदुस्तान को अंग्रेज़ों के शासन से मुक्त करा सकें।

10. 'कारतूस' नाटिका में कर्नल ने वज़ीर अली की प्रशंसा में क्या कहा और क्यों? CBSE 2020

उत्तर 'कारतूस' नाटिका में कर्नल ने वज़ीर अली की प्रंशसा में कहा कि वह एक जाँबाज सिपाही है। कर्नल वज़ीर अली को जाँबाज या बहादुर सिपाही इसलिए मानता था, क्योंकि वह लंबे समय से उनके हाथ नहीं आ रहा था। एक अकेले व्यक्ति ने ब्रिटिश शासन की एक पूरी फौज को परेशान कर रखा था।

11. वज़ीर अली किस बात पर गवर्नर से चिढ़ गया और उसका गुस्सा किस पर किस तरह फूटा? 'कारतूस' नाटिका के आधार पर लिखिए। CBSE 2020

उत्तर वज़ीर अली को उसके पद से हटाने के बाद बनारस भेज दिया गया। कुछ महीने बाद ही गवर्नर-जनरल ने उसे कलकत्ता बुलाया। गवर्नर की इसी बात पर वज़ीर अली चिढ़ गया। उसने बनारस में रह रहे वकील के पास जाकर उससे पूछा कि गवर्नर-जनरल ने उसे कलकत्ता क्यों बुलाया है? परंतु वकील उसकी बात को अनसुना कर देता है और उसे भला-बुरा कहता है। वज़ीर अली अंग्रेजों और उनके मददगारों से नफरत करता है। उसने गवर्नर का गुस्सा वकील पर निकाला और खंजर (चाकू) से वकील की हत्या कर दी।

12. 'कारतूस' एकांकी से हमें क्या शिक्षा मिलती है?

उत्तर 'कारतूस' एकांकी से हमें अन्याय के विरुद्ध आवाज़ उठाने की शिक्षा मिलती है। वज़ीर अली का चरित्र हिम्मत और बहादुरी से लड़ने की प्रेरणा देता है। जिस प्रकार, वज़ीर अली अपने दुश्मन सआदत अली तथा अंग्रेज़ों से बदला लेने की अकेले ही हिम्मत जुटा रहा था, उसी प्रकार हमें भी साहसपूर्वक अत्याचारी का सामना करना चाहिए।

13. वज़ीर अली कौन था? उसकी चारित्रिक विशेषताओं का उल्लेख कर बताइए कि उसने कर्नल से कारतूस कैसे प्राप्त कर लिए? CBSE 2020

अथवा **कर्नल के खेमे में आकर वज़ीर अली उसे दस कारतूस देता है। इस घटना के आधार पर वज़ीर अली की चारित्रिक विशेषताओं के बारे में सोदाहरण लिखिए** CBSE SQP (Additional Set) 2023

अथवा **वज़ीर अली कौन था?** CBSE Diksha

उत्तर वज़ीर अली अवध के नवाब आसिफ़उद्दौला का पुत्र था। उसकी चारित्रिक विशेषताएँ निम्नलिखित हैं

जाँबाज सिपाही वज़ीर अली एक जाँबाज सिपाही था इसका अनुमान उसके अद्भुत कार्यों से लग जाता है। उसने कर्नल और लेफ़्टिनेंट के फौजी खेमे में पहुँचकर अपनी जाँबाजी का परिचय दिया।

आत्मविश्वासी वज़ीर अली आत्मविश्वासी था। उसका आत्मविश्वास ही उसे कर्नल के खेमे में अकेले जाने की हिम्मत देता है और कारतूस लेकर अपना नाम बताकर लौटने में सहायक सिद्ध होता है।

वीर योद्धा वज़ीर अली एक वीर योद्धा है। उसकी वीरता को प्रदर्शित करना ही कहानी का उद्देश्य भी है। उसने अपनी वीरता से अंग्रेजों के मन में भय पैदा कर दिया था।

निर्भीक तथा साहसी वज़ीर अली में निर्भीकता, निडरता तथा साहस के गुण भी विद्यमान हैं। उसकी निर्भीकता का परिचायक वह क्षण है, जब वह बिना डरे कर्नल के खेमे में पहुँचकर कारतूस ले लेता है।

सच्चा देशभक्त वज़ीर अली एक सच्चा देशभक्त है। अंग्रेज़ी सत्ता को समाप्त कर वह स्वतंत्र अवध रियासत की पुनर्स्थापना करना चाहता था। वह इस तथ्य से परिचित हो गया था कि अंग्रेज़ी (ब्रिटिश) सरकार किसी भी दृष्टि से भारत तथा भारतवासियों के लिए श्रेयस्कर या लाभप्रद नहीं है। अत: उसने अपने जीवन का लक्ष्य अंग्रेज़ी को देश से बाहर करने का बना लिया तथा अवध को ब्रिटिश प्रभाव से मुक्त कर लिया।

14. "वज़ीर अली की आजादी बहुत खतरनाक है" लेफ़्टिनेंट ने ये किन कारणों से कहा? किन लोगों के लिए वज़ीर अली की आज़ादी सुकून देने वाली थी और क्यों? **CBSE 2020**

उत्तर "वज़ीर अली की आज़ादी बहुत खतरनाक है" लेफ़्टिनेंट ने यह निम्नलिखित कारणों से कहा

- वज़ीर अली अंग्रेज़ों से अत्यधिक नफ़रत करता था।
- उसने अंग्रेज़ों को बाहर निकालने के लिए अनेक प्रकार की योजनाएँ बनाईं; जैसे—अफगानिस्तान के बादशाह शाहे-जमा को हिंदुस्तान पर हमला करने की दावत देना।
- वज़ीर अली के प्रयासों से अंग्रेज़ी शासन की समाप्ति का भय होना। बहुत प्रयासों के बाद भी उसे न पकड़ पाना।
- वज़ीर अली की आज़ादी ऐसे सभी देशभक्तों के लिए सुकून देने वाली थी, जो देश को अंग्रेज़ी-शासन से मुक्त कराना चाहते थे, क्योंकि उन्हें वज़ीर अली में उम्मीद दिखाई देती थी कि वह उन्हें अंग्रेज़ी शासन से अवश्य मुक्त कराएगा।

15. "वज़ीर अली एक जाँबाज सिपाही था।" इस कथन की उदाहरण सहित पुष्टि कीजिए और लिखिए कि कोई भी उसके व्यक्तित्व से क्यों प्रभावित हो जाता था? **दक्षता आधारित प्रश्न**

अथवा **'कारतूस' पाठ के आधार पर सोदाहरण सिद्ध कीजिए कि वज़ीर अली एक जाँबाज सिपाही था।** **CBSE 2019**

उत्तर वज़ीर अली अवध का नवाब था। उसे अपदस्थ कर अंग्रेज़ों ने अपने समर्थक सआदत अली को अवध का नवाब बना दिया था। वज़ीर अली ने कंपनी के वकील की हत्या करने के बाद विद्रोह प्रारंभ कर दिया। उसने अपनी शक्ति को बढ़ाने तथा अंग्रेज़ों को भारत से खदेड़ने का कार्यक्रम बनाया।

वज़ीर अली साहसी तथा दृढ़ प्रतिज्ञ व्यक्ति था। अपनी जान की बाजी लगाते हुए वह अकेले ही निडरता के साथ अंग्रेज़ों के खेमे में घुस गया। साथ ही वज़ीर अली की गिरफ्तारी के नाम पर कर्नल से दस कारतूस ले लिए। उसने कर्नल पर अपना रौब जमाकर उसे अपनी बहादुरी से स्वयं परिचित करा दिया।

इससे स्पष्ट होता है कि वज़ीर अली वास्तव में एक जाँबाज सिपाही था। कोई भी व्यक्ति वज़ीर अली के व्यक्तित्व से प्रभावित इसलिए हो जाता था, क्योंकि वज़ीर अली में जाँबाजी, देशभक्ति तथा कुशल नेतृत्व के गुण थे। उसका व्यक्तित्व इतना प्रभावशाली था कि कोई भी उससे प्रभावित हुए बिना नहीं रह पाता था।

16. 'कारतूस' पाठ के आधार पर स्पष्ट कीजिए कि जाँबाज़ वज़ीर अली के जीवन का लक्ष्य अंग्रेज़ों को इस देश से बाहर करना था। **दक्षता आधारित प्रश्न**

उत्तर 'कारतूस' पाठ का उद्देश्य जाँबाज़ वज़ीर अली की वीरता एवं साहस को सबके सामने लाना है। वज़ीर अली की वीरता का उद्देश्य अंग्रेज़ों से भारत की भूमि को मुक्त कराना था। वस्तुत: जाँबाज़ वज़ीर अली समय के साथ-साथ इस तथ्य से परिचित हो गया कि ब्रिटिश शासन किसी भी दृष्टि से भारत एवं भारतवासियों के लिए श्रेयस्कर या लाभप्रद नहीं है। यह धारणा स्पष्ट होते ही उसने अंग्रेज़ों को भारत की भूमि से बाहर खदेड़ने की ठान ली।

उसके जीवन का लक्ष्य ही अंग्रेज़ों को देश से बाहर करने का बन गया। उसने अपनी पाँच महीने की हुकूमत में ही अवध के दरबार को ब्रिटिश प्रभाव से लगभग मुक्त कर लिया था। वह अफ़गानिस्तान के बादशाह को हिंदुस्तान के ब्रिटिश शासकों पर आक्रमण करने का निमंत्रण देता है। वह अंग्रेज़ी हुकूमत के खिलाफ़ लगातार संघर्ष करता है।

उसने कंपनी के वकील का भी कत्ल कर दिया। उसकी योजना यही थी कि वह अपनी शक्ति बढ़ाकर अंग्रेज़ों को भारत से निकाल बाहर करे। इसके लिए वह अलग-अलग राजाओं से मिलकर प्रयास कर रहा था। उसने अपनी वीरता या जाँबाज़ी से अंग्रेज़ों के मन में एक खौफ़ पैदा कर दिया था।

17. "आत्मविश्वास सफलता प्राप्ति का मूल मंत्र है।" 'कारतूस' पाठ के आधार पर बताइए। **दक्षता आधारित प्रश्न**

उत्तर आत्मविश्वास वह गुण है, जो बड़ी-से-बड़ी चुनौती का भी सामना करने में हमारी सबसे अधिक मदद करता है। आत्मविश्वास के बल पर ही हम सामने वाले के मनोबल को कम कर सकते हैं। यह गुण हमें कभी भी निराशा के भँवर में नहीं फँसने देता। कभी-कभी यह बड़े-बड़े चक्रव्यूह से निकलने में भी सहायता करता है। वज़ीर अली अपने आत्मविश्वास के बल पर ही अंग्रेजों की आँखों में धूल झोंक देता था। वह अपने आत्मविश्वास के बल पर ही कर्नल के खेमे में अकेले जाने की हिम्मत करता है और कारतूस लेकर अपना नाम बताकर लौट भी आता है। अपने इस आत्मविश्वास के कारण ही वज़ीर अली कर्नल द्वारा सम्मान पाने का पात्र बनता है। जब लेफ़्टिनेंट कर्नल के पास आकर उससे पूछता है कि वह घुड़सवार कौन था, तो कर्नल वज़ीर अली को एक जाँबाज़ सिपाही बताता है। अत: जीवन में सफलता प्राप्ति के लिए आत्मविश्वास को बनाए रखना अत्यधिक आवश्यक है।

18. 'कारतूस' शीर्षक की सार्थकता स्पष्ट करते हुए कोई नया शीर्षक सुझाइए तथा उस शीर्षक का आधार स्पष्ट कीजिए।

उत्तर 'कारतूस' एकांकी का शीर्षक इसकी मुख्य घटना या फिर एकांकी के मर्म पर आधारित है। एकांकी को लिखने का उद्देश्य ही जाँबाज़ सिपाही वज़ीर अली की वीरता को प्रदर्शित करना है।

उसकी वीरता का सर्वश्रेष्ठ प्रदर्शन तभी हो सकता था, जब या तो युद्ध की पृष्ठभूमि तैयार की जाती और उसमें वज़ीर अली की वीरता का प्रदर्शन होता या फिर वज़ीर अली को कायरों की तरह नहीं, बल्कि वीर सिपाही की तरह ब्रिटिश सेना का प्रत्युत्तर देने की तैयारी करता हुआ दिखाया जाता।

यहाँ पर दूसरी स्थिति को ही शामिल किया गया है। इसमें उसकी निडरता या निर्भीकता तथा साहस दिखाते हुए अंग्रेज़ों से लोहा लेने की तैयारी में संलग्न वज़ीर अली कर्नल के सामने आता है और चला जाता है।

वज़ीर अली के सामने आने का बहाना है—कारतूस। अत: यह शीर्षक बिलकुल सार्थक है, जिससे वज़ीर अली की चारित्रिक विशेषताएँ स्पष्ट होती हैं। एकांकी के लिए एक अन्य शीर्षक 'जाँबाज़ सिपाही—वज़ीर अली' भी उपयुक्त हो सकता था, क्योंकि एकांकी का उद्देश्य ही वज़ीर अली की जाँबाज़ी एवं साहस को उजागर करना है।'

स्व–मूल्यांकन

पाठ पर आधारित बहुविकल्पात्मक प्रश्न

1. वज़ीर अली अपने सहयोगियों के साथ कहाँ भाग गया?
(i) गोरखपुर की ओर (ii) आजमगढ़ की ओर
(iii) आरा की ओर (iv) बंगाल की ओर

2. वज़ीर अली की योजना कहाँ पहुँचने की थी?
(i) नेपाल (ii) भूटान
(iii) बर्मा (iv) मॉरिशस

3. **कथन** (A) वज़ीर अली बहुत ही बहादुर और खतरनाक आदमी है।
कारण (R) उसके साथ मुट्ठी भर आदमी और ये दमखम है। **दक्षता आधारित प्रश्न**
(i) कथन (A) और कारण (R) दोनों सही हैं।
(ii) कथन (A) गलत है, किंतु कारण (R) सही है।
(iii) कथन (A) सही है, किंतु कारण (R) गलत है।
(iv) कथन (A) और कारण (R) दोनों गलत हैं।

गद्यांश पर आधारित बहुविकल्पात्मक प्रश्न

निम्नलिखित गद्यांशों को ध्यानपूर्वक पढ़कर पूछे गए प्रश्नों के सही विकल्प चुनिए **दक्षता आधारित प्रश्न**

1. किस्सा क्या हुआ था उसको उसके पद से हटाने के बाद हमने वज़ीर अली को बनारस पहुँचा दिया और तीन लाख रुपया सालाना वजीफ़ा मुकर्रर कर दिया। कुछ महीने बाद गवर्नर जनरल ने उसे कलकत्ता (कोलकाता) तलब किया। वज़ीर अली कंपनी के वकील के पास गया जो बनारस में रहता था और उससे शिकायत की कि गवर्नर जनरल उसे कलकत्ता में क्यूँ तलब करता है। वकील ने शिकायत की परवाह नहीं की उलटा उसे बुरा-भला सुना दिया। वज़ीर अली के तो दिल में यूँ भी अंग्रेज़ों के खिलाफ़ नफरत कूट-कूटकर भरी है उसने खंजर से वकील का काम तमाम कर दिया। **दक्षता आधारित प्रश्न**

(क) वजीर अली के मन में अंग्रेज़ों के प्रति क्या भाव थे?
(i) घृणा के भाव (ii) प्रेम के भाव
(iii) नफ़रत के भाव (iv) मेल-जोल के भाव

(ख) वज़ीर अली द्वारा वकील की हत्या किए जाने का क्या कारण था? **दक्षता आधारित प्रश्न**
(i) सआदत अली से नफरत करना
(ii) अंग्रेज़ों का कट्टर विरोधी होना
(iii) वकील द्वारा भला-बुरा सुनाया जाना
(iv) अपनी शक्ति का प्रदर्शन करना

(ग) निम्नलिखित में से कौन-सा वाक्य दर्शाते हैं कि वज़ीर अली सच्चा देशभक्त था? **दक्षता आधारित प्रश्न**
1. पद से हटने के बाद भी वज़ीर अली बनारस में ही रह रहा था।
2. उसे अंग्रेज़ गवर्नर जनरल द्वारा बुलाया जाना अच्छा नहीं लगता था।
3. पद से हटाए जाने के बाद भी वजीर अली अवध को स्वतंत्र कराने हेतु संघर्षशील था।
4. उसके मन में विदेशी शासक के प्रति बहुत अधिक नफरत थी।

(i) केवल 1 (ii) 1 और 2
(iii) केवल 4 (iv) 2, 3 और 4

(घ) पद से हटाए जाने के बदले में वज़ीर अली को क्या दिया गया?
(i) एक महल और दो रानियाँ
(ii) तीन लाख रुपये सालाना
(iii) सरकारी पद पर नौकरी
(iv) उपर्युक्त सभी

(ङ) "उसे उसके पद से हटाने के बाद हमने वज़ीर अली को बनारस पहुँचा दिया"–इस पंक्ति में 'हमने' शब्द का प्रयोग किसके लिए हुआ है?
(i) अंग्रेज़ों के लिए (ii) वकील के लिए
(iii) वज़ीर अली के लिए (iv) सआदत अली के लिए

विषयवस्तु का ज्ञान, बोध अभिव्यक्ति पर आधारित प्रश्न

निम्नलिखित प्रश्नों के उत्तर दीजिए

(i) सआदत अली तथा वज़ीर अली के संबंधों की चर्चा कीजिए।
(ii) सआदत अली की चारित्रिक विशेषताएँ संक्षेप में लिखिए। **दक्षता आधारित प्रश्न**
(iii) वज़ीर अली किस बात पर गवर्नर-जनरल से नाराज़ हो गया था?

अध्याय 1

हरिहर काका

मिथिलेश्वर

पाठ की रूपरेखा

ग्रामीण जीवन को आधार बनाकर लिखी गई प्रस्तुत कहानी 'हरिहर काका' में पारिवारिक संबंधों में व्याप्त मनुष्य की स्वार्थी प्रवृत्ति, लालच व लोभ को उजागर किया गया है। मानवीय संवेदनाओं पर चोट करती हुई इस कहानी में इस तथ्य को रेखांकित किया गया है कि ज़मीन-जायदाद के कारण कई बार व्यक्ति अपनों के बीच भी पराया हो जाता है। साथ ही यह कहानी बदलते पारिवारिक मूल्यों को भी अभिव्यक्त करती है। कथाकार ने हरिहर काका के द्वारा वृद्ध व्यक्ति की स्थिति को व्यक्त किया है कि किस प्रकार एक वृद्ध व्यक्ति परिवार का प्यार और अपनापन पाने की चाह रखता है, जो उसे नहीं मिल पाता, क्योंकि परिवार के सभी सदस्य स्वार्थ के वशीभूत हो गए हैं। कोई भी बिना स्वार्थ के उसकी (वृद्ध) सेवा नहीं करना चाहता। वहीं दूसरी ओर धर्म के नाम पर ठगने वाले धर्माचारियों की स्वार्थलिप्सा को अभिव्यक्त करते हुए, धर्म की आड़ में पल रही हिंसावृत्ति को भी उजागर किया गया है। यह कहानी आज के ग्रामीण जीवन के ही नहीं, बल्कि शहरी जीवन के यथार्थ को भी बखूबी अभिव्यक्त करती है।

लेखक परिचय

प्रसिद्ध कथाकार मिथिलेश्वर का जन्म बिहार के भोजपुर ज़िले के वैसाडीह गाँव में 31 दिसंबर, 1950 को हुआ। इन्होंने हिंदी में एम.ए. की और पी. एच. डी. तक शिक्षा प्राप्त की। इन्होंने अपनी रचनाओं में ग्रामीण जन-जीवन के चित्रण को प्रस्तुत किया है। इनकी कहानियों में आज़ादी के बाद ग्रामीण जीवन में हुए परिवर्तनों के माध्यम से व्यक्त किया गया है कि बदलाव के नाम पर कुछ नया नहीं हुआ, केवल शोषण करने के तरीकों में बदलाव हुआ है। इनकी प्रमुख कृतियाँ इस प्रकार हैं

कहानियाँ बाबूजी, मेघना का निर्णय, हरिहर काका।

कहानी संग्रह चल खुसरो घर आपने।

उपन्यास झुनिया, युद्धस्थल, प्रेम न बाड़ी उपजे, और अंत नहीं।

'बंद रास्तों के बीच' (1979) में इन्हें 'सोवियत लैंड नेहरू पुरस्कार' के साथ अन्य कई पुरस्कारों से सम्मानित किया गया है।

पाठ का सार

हरिहर काका का परिचय

हरिहर काका उसी गाँव में रहते हैं, जिसमें लेखक रहता है। हरिहर काका के चार भाई हैं। हरिहर काका को छोड़कर सभी का परिवार है। हरिहर काका के दो विवाह हुए, किंतु उनकी दोनों पत्नियाँ लंबे समय तक उनका साथ नहीं दे सकीं और उनकी मृत्यु हो गई। हरिहर काका नि:संतान रह गए। अब वे अपने भाइयों के साथ रहते हैं। उनके परिवार में साठ बीघे खेती योग्य ज़मीन है। यदि इसे विभाजित किया जाए, तो हरिहर काका के हिस्से में पंद्रह बीघे ज़मीन आती है। उनकी कोई संतान न होने के कारण उनके भाइयों की दृष्टि उनकी ज़मीन पर है।

लेखक और हरिहर काका के बीच संबंध

हरिहर काका और लेखक पड़ोसी थे। लेखक का हरिहर काका से बहुत घनिष्ठ संबंध था। हरिहर काका ने लेखक को बहुत आत्मीयता के साथ प्यार दिया, विशेष रूप से तब, जब लेखक बहुत छोटा था। इसका एक कारण यह भी है कि हरिहर काका की अपनी कोई संतान नहीं थी और वह अपना सारा प्यार लेखक पर न्योछावर कर देते थे। यही नहीं, वह अपने मन की अधिकांश बातें लेखक के साथ बाँटा करते थे।

हरिहर काका के स्वभाव में परिवर्तन

कुछ समय से हरिहर काका ने अपनी परेशानियाँ एवं अपनी निजी बातें लेखक को भी बताना कम कर दिया था। इससे लेखक की चिंता बढ़ गई। वह कोई ऐसा कार्य करना चाहता था, जिससे हरिहर काका पहले की तरह ही उससे अपनी सभी निजी बातों को साझा करें। लेखक को यह बात पता चली कि हरिहर काका के परिवार तथा धार्मिक समुदाय ने उन्हें बहुत दु:ख दिए थे, जिससे वे परेशान रहने लगे थे और इस परेशानी का अंत उनके मौन के रूप में हुआ। अब वह किसी से कोई बात नहीं करते, चुपचाप बैठे रहते थे।

ठाकुरबारी का गाँव में महत्त्व

गाँव में ठाकुरबारी लोगों के बीच बहुत लोकप्रिय है। यह एक पूजा-स्थल है। इसकी स्थापना के विषय में ठीक-ठीक जानकारी किसी को नहीं है। हाँ, इतना अवश्य पता है कि एक संत आकर यहाँ रहने लगे थे। लोगों ने मिलकर चंदा आदि एकत्र किया और यहाँ एक मंदिर का निर्माण करवाया। ठाकुरबारी का गाँव वालों के लिए इतना महत्त्व है कि जब भी कोई ग्रामीण नया कार्य आरंभ करने की बात सोचता तो वह ठाकुरबारी में आकर मनौती मनाता है, क्योंकि ठाकुरबारी पर सबको अटूट विश्वास था।

ठाकुरबारी का संचालन एक धार्मिक समिति द्वारा किया जाता है। इनके पास बहुत ज़मीन-जायदाद होती है। यहाँ अधिकांश समय ईश्वर का भजन-कीर्तन चलता रहता है। जब कभी गाँव में कोई बड़ी आपदा आती है, तो ठाकुरबारी के द्वार सभी के लिए खोल दिए जाते हैं।

लेखक और ठाकुरबारी

लेखक की राय ठाकुरबारी के विषय में बहुत अच्छी नहीं है। उसके विचार में यहाँ रहने वाले साधु-संत कुछ करते-धरते नहीं हैं। हाँ, ठाकुर जी को भोग लगाने के नाम पर अच्छा-अच्छा भोजन करते हैं। इसके अतिरिक्त, वे लोगों को अपनी बातों से मूर्ख बनाते हैं, जिनमें लोग फँस ही जाते हैं।

मुसीबतों का आरंभ

शुरू-शुरू में तो हरिहर काका का जीवन शांतिपूर्वक चलता रहा, किंतु कुछ सालों के पश्चात्, उनके परिवार के सदस्य उनसे दूरी बनाने लगे। उनके मान-सम्मान में भी कमी आने लगी। घर में बचा हुआ भोजन उन्हें खाने को दिया जाता था। यदि वे बीमार हो जाते, तो उनकी सेवा करने के लिए कोई नहीं आता। यहाँ तक कि उस समय उन्हें पानी पीने के भी लाले पड़ जाते थे। बीमारी में वह स्वयं ही उठकर अपनी ज़रूरतों को पूरा किया करते थे। ऐसे में उन्हें अपनी दोनों पत्नियों की बहुत याद आती थी।

परिवार से मोहभंग का कारण

अचानक उनके जीवन में एक ऐसी घटना घटी, जिसने उनके परिवार के प्रति मोह को समाप्त कर दिया। एक बार उनके भतीजे का एक मित्र शहर से गाँव में आया। उसकी खूब खातिर की गई। उसके लिए स्वादिष्ट भोजन बनाया गया, किंतु हरिहर काका को सूखा भोजन ही दिया गया। हरिहर काका इस घटना से इतने दु:खी हुए कि उन्होंने भोजन की थाली को पटक दिया और घर छोड़कर निकल गए। अब उन्हें परिवार से कोई मोह नहीं था।

हरिहर काका और ठाकुरबारी का संबंध

अन्य ग्रामीणों की तरह हरिहर काका भी समय मिलने पर ठाकुरबारी जाया करते थे। ठाकुरबारी के महंत इस बात को जानते थे कि हरिहर काका की अपनी कोई संतान नहीं है। जब महंत को हरिहर काका के गुस्से के विषय में पता चला, तो वे हरिहर काका को ठाकुरबारी में ले आए। महंत ने उन्हें समझाया कि उन्हें मोह-माया के फेर में न पड़कर अपने हिस्से की ज़मीन ठाकुरबारी के नाम लिख देनी चाहिए। इससे उन्हें परलोक की प्राप्ति होगी और यह भौतिक जगत भी सही रहेगा।

इस बीच हरिहर काका की खूब खातिरदारी की जाती रही। उन्हें तरह-तरह के स्वादिष्ट व्यंजन परोसे गए। उनका पूरा मान-सम्मान किया गया। महंत ने उन्हें समझाया कि यदि वे अपनी जायदाद को ठाकुरबारी के नाम करेंगे, तो इससे लोगों के बीच उनका मान-सम्मान बढ़ जाएगा।

हरिहर काका की घर वापसी

हरिहर काका जब घर छोड़कर गए थे, तो उनके भाइयों को इस बात का पता नहीं चला था। जब वे लोग खलिहान से लौटे, तो उन्हें सारी बातें पता चलीं। उन्हें यह भी पता चला कि ठाकुरबारी में हरिहर काका को प्रलोभन दिए गए हैं। उन्हें लगा कि यदि हरिहर काका ठाकुरबारी के महंतों की बातों में आ गए, तो उनके हाथ से अपने भाई की जायदाद चली जाएगी। भाइयों ने अपनी-अपनी पत्नियों को इस बात के लिए बहुत बुरा-भला कहा कि उनके कारण उनके बड़े भाई घर छोड़कर चले गए हैं। इसके बाद वे लोग ठाकुरबारी गए और अपने भाई से वापस चलने की विनती की।

परिवार के सदस्यों द्वारा क्षमा याचना

बड़ी मुश्किल से हरिहर काका घर जाने को राज़ी हुए। घर पहुँचते ही घर के सभी सदस्यों ने अपने व्यवहार के लिए उनसे क्षमा माँगी और उनकी खूब सेवा की, जिससे हरिहर काका घर न छोड़ें। इतनी खातिरदारी देखकर हरिहर काका को भी लगा कि अपने तो आखिर अपने ही होते हैं। उनका दिल घर के सदस्यों के लिए पसीज़ गया।

गाँव में तरह-तरह की चर्चाओं को बल

हरिहर काका द्वारा घर छोड़कर एक रात के लिए ठाकुरबारी में रहने और उनके भाइयों द्वारा अनुनय-विनय करने पर वापस घर जाने वाली बातें गाँव में फैल चुकी थीं। इस बीच लोगों ने तरह-तरह की बातें भी शुरू कर दी थीं; जैसे—हरिहर काका को अपनी सारी जायदाद ठाकुरबारी के नाम लिख देनी चाहिए। इससे उनका नाम अमर हो जाएगा। कुछ लोगों की राय इससे भिन्न थी। वे सोचते थे कि हरिहर काका को अपने हिस्से की जायदाद अपने भाइयों के ही नाम कर देनी चाहिए।

मन की उलझन और हरिहर काका की लेखक से मंत्रणा

एक दिन हरिहर काका ने अपने मन की उलझन लेखक को बताई। लेखक को लगा कि हरिहर काका उलझन के कारण सही निर्णय नहीं कर पा रहे हैं। बहुत सोच-विचार के बाद फ़ैसला हुआ कि हरिहर काका को अपने जीवित रहते हुए किसी को भी अपनी जायदाद का स्वामी नहीं बनाना चाहिए, क्योंकि पूर्व में जिन्होंने भी ऐसा किया था, उनका जीवन नर्क के समान हो गया था।

हरिहर काका का अपहरण

इसी बीच एक दिन ठाकुरबारी के महंत ने हरिहर काका का अपहरण कर लिया, जिससे उनके हिस्से की जायदाद को ठाकुरबारी के नाम लिखवाया जा सके। महंत और उनके आदमियों ने काका के अँगूठे के निशान ले लिए ताकि उनकी सारी जायदाद ठाकुरबारी की हो जाए। हरिहर काका अब तक महंत का बहुत सम्मान करते थे, किंतु उसकी इस हरकत को देखकर हरिहर काका को महंत से घृणा हो गई।

इस बीच हरिहर काका के भाइयों ने पुलिस का प्रबंध किया और महंत की कैद से अपने भाई को छुड़वा लिया। अब हरिहर काका के सोचने का दृष्टिकोण पूरी तरह से बदल चुका था। उन्हें लगने लगा कि न तो ठाकुरबारी के महंत और न ही उनके सगे भाई, कोई भी उनका सम्मान नहीं करता है, वे तो केवल उनसे उनकी जायदाद हड़पना चाहते हैं। अब उन्होंने दृढ़ निश्चय कर लिया कि वे अपनी ज़मीन किसी के भी नाम नहीं करेंगे।

ज़मीन-जायदाद और अपनों का व्यवहार

हरिहर काका के भाइयों को भी हरिहर काका के बदले हुए व्यवहार का अनुमान हो गया था। वे समझ चुके थे कि अब हरिहर काका अपनी जायदाद उनके नाम नहीं लिखेंगे। एक दिन उनके भाइयों ने भी वही तरीका अपनाया, जो ठाकुरबारी के महंत ने उनकी जायदाद अपने नाम करने के लिए अपनाया था। भाइयों ने हरिहर काका के साथ मारपीट की और ज़मीन को अपने नाम लिखवाने की कोशिश की। काका ज़ोर से चीखे, तो लोगों ने उनकी चीख सुनकर उन्हें आज़ाद कराया। अब हरिहर काका का अपने भाइयों से पूरी तरह मोहभंग हो चुका था। उन्हें पुलिस सुरक्षा दे दी गई और वे अपने परिवार से अलग होकर रहने लगे। अब पूरे गाँव में हरिहर काका की ही चर्चा थी। कोई उनकी ज़मीन को उनके भाइयों को देने संबंधी विचार प्रकट करता, तो कोई उस ज़मीन को ठाकुरबारी को दान में दे देने पर ज़ोर देता। इस प्रकार पूरे गाँव में केवल यही चर्चा चलती रहती थी।

विभिन्न घटनाओं का हरिहर काका पर प्रभाव

अब तक हरिहर काका सब कुछ समझ चुके थे। इन घटनाओं का उन पर इतना गहरा नकारात्मक प्रभाव पड़ा था कि वे मौन रहने लगे। वे किसी से कुछ भी नहीं कहते थे, केवल खुली आँखों से आकाश को निहारते रहते थे। अब उन्होंने एक नौकर रख लिया था, जो उनका ख़याल रखता था। पुलिस के जवान भी हरिहर काका के खर्च पर मौज उड़ा रहे थे।

शब्दार्थ

शब्द	अर्थ
यंत्रणाओं	यातनाओं, कष्टों;
आसक्ति	लगाव;
सयाना	समझदार;
मझधार	बीचों-बीच में;
विलीन	लुप्त होना;
विकल्प	दूसरा उपाय
ठाकुरबारी	देवस्थान;
संचालन	चलाना;
नियुक्ति	लगाया गया;
वनी	गेहूँ/धान निकालने की प्रक्रिया;
अगउम	प्रयोग में लाने से पहले देवता के लिए निकाला गया अंश;
घनिष्ठ	गहरा;
प्रवचन	भाषण, उपदेश।
मशगूल	व्यस्त;
धमाचौकड़ी	उछल-कूद करना;
दालान	बैठक
हुमाध	हवन में प्रयुक्त होने वाली सामग्री;
तत्क्षण	उसी पल;
अकारथ	बेकार।
हड़पना	किसी दूसरे की वस्तु अनुचित रूप से लेना;
चिंतामग्न	चिंता में डूबा हुआ
आवभगत	आदर-सत्कार;
वाकिफ़	जानकार, ज्ञाता;
मुस्तैद	तैयार, कमर कसकर तैयार रहना
निष्कर्ष	परिणाम;
टोह	खोज;
विलंब	देर;
बय	वसीयत
अप्रत्याशित	आकस्मिक;
चंपत	गायब;
हरजाना	क्षति-पूर्ति
वय	उम्र;
महरिया	टाल जाना, नज़रअंदाज़ कर देना;
कुँजी	चाबी
कल	युक्ति, बुद्धि
गिद्ध दृष्टि	बुरी नज़र;
सिहरना	काँपना
प्रतिकार	विरोध;
चेत	होश;
तत्परता	जल्दबाज़ी
नेपथ्य	पर्दे के पीछे।
आच्छादित	ढका हुआ।

NCERT फोल्डर

पाठ्यपुस्तक (संचयन भाग-2) के प्रश्नोत्तर

प्र.1 कथावाचक और हरिहर काका के बीच क्या संबंध है और इसके क्या कारण हैं? **दक्षता आधारित प्रश्न**

उत्तर कथावाचक और हरिहर काका के बीच मित्रता का संबंध है। हरिहर काका अपने मन की सभी बातें कथावाचक को बता दिया करते थे। इसके निम्नलिखित कारण हैं

(i) हरिहर काका निःसंतान होने के कारण कथावाचक को बचपन से ही बहुत प्यार करते थे। यही प्यार बड़ा होते-होते दोनों के बीच मित्रता एवं आत्मीयता में परिवर्तित हो गया था।

(ii) कथावाचक का घर हरिहर काका के पड़ोस में था और एक अच्छे पड़ोसी होने के नाते उन्हें कथावाचक पर बहुत विश्वास था।

(iii) कथावाचक हरिहर काका के सुख-दुःख में उनके साथ रहता था। इससे दोनों के मन में परस्पर एक-दूसरे के लिए विश्वास पनप गया था।

प्र.2 हरिहर काका को महंत और अपने भाई एक ही श्रेणी के क्यों लगने लगे? **दक्षता आधारित प्रश्न**

उत्तर हरिहर काका को महंत और अपने भाई एक ही श्रेणी के इसलिए लगने लगे थे, क्योंकि उनके भाई और ठाकुरबारी के महंत दोनों ही उनसे नहीं, बल्कि उनकी ज़मीन-ज़ायदाद से प्यार करते थे। ठाकुरबारी के महंत उनकी ज़मीन को हड़पना चाहते थे और उनके भाई भी उनका आदर-सम्मान इसलिए करते थे ताकि उन्हें अपने भाई की ज़मीन-ज़ायदाद मिल सके। जब ठाकुरबारी के महंत ने हरिहर काका का अपहरण कर लिया तब से हरिहर काका का ठाकुरबारी से विश्वास हट गया, उनका नज़रिया उनके प्रति बदल गया। हरिहर काका महंत का अब तक बहुत सम्मान करते थे, परंतु उनके द्वारा किए गए इस प्रकार के कार्य से उन्हें उनसे घृणा हो गई। हरिहर काका के भाइयों द्वारा भी एक दिन वही तरीका अपनाया गया जो ठाकुरबारी के महंत ने अपनाया। इस प्रकार दोनों के द्वारा किए गए इस प्रकार के कार्यों से हरिहर काका को घृणा हो गई और उन्होंने दोनों को एक ही श्रेणी में रखा।

प्र.3 ठाकुरबारी के प्रति गाँव वालों के मन में अपार श्रद्धा के जो भाव हैं, उससे उनकी किस मनोवृत्ति का पता चलता है? **CBSE 2016, 10**

उत्तर ठाकुरबारी के प्रति गाँव वालों के मन में अपार श्रद्धा के भाव हैं। वे अपने धर्म के प्रति अधिक निष्ठावान हैं। वे ठाकुरजी का आशीर्वाद लेकर ही हर शुभ कार्य को आरंभ करना चाहते हैं। किसी भी नए कार्य को आरंभ करने से पूर्व वे ठाकुरजी की मनौती मनाते हैं और कार्य पूरा होने पर ठाकुरबारी को दान देते हैं। इस प्रकार ठाकुरबारी के प्रति उनकी अटूट श्रद्धा होने का कारण उनकी धार्मिक एवं अंधविश्वासी मनोवृत्ति है। हरिहर काका को भी ठाकुरबारी पर अपार श्रद्धा थी, परंतु उनकी ज़मीन-जायदाद के लिए जब ठाकुरबारी के महंत द्वारा उनका अपहरण किया गया तब हरिहर काका का ठाकुरबारी के प्रति श्रद्धा भाव व भक्ति भाव समाप्त हो गया।

प्र.4 अनपढ़ होते हुए भी हरिहर काका दुनिया की बेहतर समझ रखते हैं। कहानी के आधार पर स्पष्ट कीजिए। **CBSE 2010**

***अथवा* हरिहर काका अनपढ़ थे, लेकिन अपने अनुभव और विवेक से दुनिया को बेहतर समझते थे, उदाहरण सहित स्पष्ट कीजिए।** **CBSE 2020**

***अथवा* अनपढ़ हरिहर काका अत्यधिक ज्ञानी थे। स्पष्ट कीजिए।** **CBSE Diksha**

उत्तर अनपढ़ होते हुए भी हरिहर काका दुनिया की बेहतर समझ रखते हैं। उनको इस बात का ज्ञान है कि जब तक उनके पास ज़मीन-जायदाद है, सभी उनका मान-सम्मान करेंगे। ठाकुरबारी के महंत उन्हें अपने हिस्से की ज़मीन ठाकुरबारी के नाम कर देने का आग्रह कर उन्हें यह समझाते हैं कि ऐसा करने पर उनका गाँव में मान-सम्मान बढ़ जाएगा और उनका परलोक भी सुधर जाएगा। उनके सगे भाई भी उनसे उनकी ज़मीन-जायदाद को अपने नाम करने को कहते हैं और इसके बदले में उनका आदर-सत्कार करते हैं।

हरिहर काका दोनों (महंत और अपने भाइयों) की बातों को ध्यानपूर्वक सुनते हैं और किसी की भी बात को नहीं मानते, क्योंकि इसी गाँव में कई लोगों की ज़मीन-जायदाद अपने नाम करवाने के पश्चात् घरवालों ने उनके जीवन का सत्यानाश कर दिया था। हरिहर काका धोखे में नहीं पड़ना चाहते। इसीलिए वे जीते-जी अपनी ज़मीन-जायदाद किसी के भी नाम नहीं करना चाहते।

प्र.5 हरिहर काका को जबरन उठा ले जाने वाले कौन थे? उन्होंने उनके साथ कैसा बर्ताव किया? **CBSE 2011, 10, 2020**

उत्तर हरिहर काका को जबरन उठा ले जाने वाले ठाकुरबारी के साधु-संत और महंत थे। वे हरिहर काका को ठाकुरबारी ले गए और उनके साथ बहुत बुरा व्यवहार किया। वे उनकी ज़मीन-जायदाद ठाकुरबारी के नाम करवाना चाहते थे। उन्होंने हरिहर काका से ज़बरदस्ती ज़मीन के कागज़ों पर उनके अँगूठे के निशान लगवा लिए। बाद में जब हरिहर काका के भाई पुलिस को लेकर ठाकुरबारी गए तो महंत और उसके साथियों ने काका के हाथ-पाँव बाँधकर उनके मुँह में कपड़ा ठूँस दिया और वहाँ से भाग गए। वे हरिहर काका का मान-सम्मान केवल उनकी ज़मीन-जायदाद हड़पने के लिए करते थे। उन्हें हरिहर काका से नहीं, बल्कि उनकी ज़मीन-जायदाद से लगाव था। इसलिए उन्होंने हरिहर काका का अपहरण करके उनके साथ बुरा व्यवहार किया।

प्र.6 हरिहर काका के मामले में गाँव वालों की क्या राय थी और उसके क्या कारण थे? **CBSE 2011, 10**

उत्तर हरिहर काका के मामले में गाँव वालों की एक राय नहीं थी। गाँव में कुछ लोग ऐसे थे, जो ठाकुरबारी में जाकर सुबह-शाम प्रसाद के बहाने भोजन किया करते थे। वे लोग किसी भी तरह साधु-संतों और महंतों आदि को प्रसन्न रखना चाहते थे। ऐसे लोगों की यह राय थी कि हरिहर काका को अपने हिस्से की ज़मीन-जायदाद ठाकुरबारी के नाम कर देनी चाहिए।

इसी गाँव में कुछ लोग पढ़े-लिखे और प्रगतिशील विचारधारा के थे। वे खेती का काम करते थे और एक किसान के लिए उसकी ज़मीन के महत्त्व को भली-भाँति जानते थे। ऐसे लोग यह सोचते थे कि हरिहर काका को अपने हिस्से की ज़मीन-जायदाद अपने भाइयों के नाम लिख देनी चाहिए।

प्र.7 कहानी के आधार पर स्पष्ट कीजिए कि लेखक ने यह क्यों कहा, "अज्ञान की स्थिति में ही मनुष्य मृत्यु से डरते हैं। ज्ञान होने के बाद तो आदमी आवश्यकता पड़ने पर मृत्यु को वरण करने के लिए तैयार हो जाता है।" **दक्षता आधारित प्रश्न**

उत्तर लेखक द्वारा ऐसा कहने का यह कारण है कि हरिहर काका जैसी स्थिति में जब कोई व्यक्ति फँस जाता है, तो उसे लगता है कि बार-बार की मौत के स्थान पर तो एक बार की मौत ही अच्छी है। हरिहर काका इस बात को भली-भाँति समझ चुके थे कि यदि उन्होंने अपनी ज़मीन अपने भाइयों के नाम लिख दी, तो उनका जीवन नर्क से भी बदतर हो जाएगा। क्योंकि अभी जब ज़मीन-ज़ायदाद उनके नाम पर है, तब भी उनके साथ बुरा व्यवहार किया जाता है। उन्हें अच्छा खाना खाने को नहीं दिया जाता, उनके बीमार पड़ने पर सेवा नहीं की जाती। उन्हें संपूर्ण स्थिति को देखकर ज्ञान हो गया था। यही कारण है कि उन्होंने अपने भाइयों से अपने हिस्से की ज़मीन को उनके नाम लिखने से साफ़ मना कर दिया।

प्र.8 समाज में रिश्तों की क्या अहमियत है? इस विषय पर अपने विचार प्रकट कीजिए। **CBSE 2010**

उत्तर समाज में रिश्ते व्यक्तियों को एक-दूसरे से जोड़ने का कार्य करते हैं। समाज को सुचारु रूप से चलाने के लिए रिश्तों का होना बहुत ज़रूरी है। रिश्तों के कारण ही व्यक्ति का समाज में मान-सम्मान होता है, उसकी समाज में एक भूमिका होती है। मनुष्य अपने-पराए का ज्ञान भी रिश्तों से ही पाता है। सुख और दुःख में इन रिश्तों की अहमियत और अच्छी तरह से पता चलती है। कई बार आपस में मनमुटाव हो जाने पर भी रिश्ते पूरी तरह से टूटते नहीं और समय आते ही फिर पुरानी डोर में बँध जाते हैं।

प्र.9 यदि आपके आसपास हरिहर काका जैसी हालत में कोई हो, तो आप उसकी किस प्रकार मदद करेंगे? **दक्षता आधारित प्रश्न**

उत्तर यदि हमारे आसपास हरिहर काका जैसी हालत में कोई हो, तो हम निम्नलिखित प्रकार से उसकी मदद करेंगे

(i) हम समय निकालकर उसके पास बैठेंगे और उसकी सुख-दुःख की बातें सुनकर तथा उसके साथ हँसी-मज़ाक करके उसके दुःख को दूर करने की कोशिश करेंगे। इससे उसे अकेलेपन से राहत मिलेगी।

(ii) हम उसकी बातों को केवल सुनेंगे और अपनी राय तब तक नहीं देंगे, जब तक उस व्यक्ति का हम पर पूरी तरह विश्वास जम नहीं जाता। हम कोशिश करेंगे कि उसे हर तरह से सकारात्मक मदद दी जाए।

(iii) जब भी हम उसके पास जाएँ, अपने साथ खाने-पीने की कुछ ऐसी वस्तुएँ लेकर जाएँ, जो ऐसे व्यक्ति को सामान्यतः उपलब्ध नहीं होतीं; *जैसे*—फल, मिठाइयाँ, सूखे मेवे आदि।

(iv) यदि कोई व्यक्ति पुस्तक प्रेमी है, तो हम उसकी पसंद की पुस्तकें भेंट कर सकते हैं।

(v) हम किसी त्योहार पर उसके साथ त्योहार मनाने में उसकी मदद कर सकते हैं।

प्र.10 हरिहर काका के गाँव में यदि मीडिया की पहुँच होती, तो उनकी क्या स्थिति होती? अपने शब्दों में लिखिए। **CBSE 2010**

उत्तर मीडिया का समाज में एक विशेष स्थान है। आज मीडिया समाज की हर घटना को लोगों के सामने लाने का काम कर रही है। मीडिया ने कई असहाय, अपंग, वृद्ध, मानसिक रूप से कमज़ोर व्यक्तियों के जीवन पर रिपोर्टिंग करके उनके जीवन की समस्याओं के प्रति समाज का ध्यान आकृष्ट करने का कार्य किया है।

यदि हरिहर काका के गाँव में मीडिया की पहुँच होती, तो उन्हें वे सब परेशानियाँ और दुःख नहीं झेलने पड़ते, जो उन्होंने झेले।

उनकी इस स्थिति का पता चलने पर मीडिया उनकी कहानी को समाज के सामने रखती, जिससे उनकी समस्या का समाधान आसानी से निकल पाता। यदि मीडिया उस गाँव में होती तो न तो ठाकुरबारी के साधु-संत एवं महंत और न ही हरिहर काका के भाई उनका अपमान कर पाते।

अभ्यास प्रश्न

वर्णनात्मक प्रश्नों सहित

विषयवस्तु पर आधारित प्रश्नोत्तर

1. "उनकी इस स्थिति ने मुझे चिंतित कर दिया है। जैसे कोई नाव बीच मँझधार में फँसी हो और उस पर सवार लोग चिल्लाकर भी अपनी रक्षा ना कर सकते हो, क्योंकि उनकी चिल्लाहट दूर तक फैले सागर के बीच उठती गिरती लहरों में विलीन हो जाने के अतिरिक्त कर ही क्या सकती है।" 'हरिहर काका' पाठ से उद्धृत लेखक के इस कथन की संदर्भ सहित विवेचना कीजिए। **CBSE SQP 2023**

अथवा **यंत्रणाओं के बीच जी रहे हरिहर काका की तुलना लेखक ने किससे की है और क्यों?** **CBSE Diksha**

उत्तर प्रस्तुत पंक्तियों के माध्यम से लेखक ने बताया है कि किस प्रकार बीच मँझधार में फँसी नाव पर सवार लोग, अपनी रक्षा करने में कितने असहाय होते हैं और उनके द्वारा लगाई गई मदद की आवाज़ सागर की उठती-गिरती लहरों में कहीं खो जाती है। वह इतनी यंत्रणाओं के बीच फँसे होते हैं कि चाहकर भी उनकी कोई मदद नहीं कर पाता और अंत में यह यंत्रणाएँ उनका जीवन समाप्त कर देती है।

स्पष्टत: यंत्रणाओं के बीच जी रहे हरिहर काका की तुलना लेखक ने मँझदार में फँसी उस नाव से की है, जिस पर बैठे सवार चिल्लाकर भी उपनी जान की रक्षा नहीं कर सकते हैं।

2. "जिसका धन वह रहे उपास, खाने वाले करे विलास"। 'हरिहर काका' पाठ के आधार पर इस पंक्ति का अर्थ समझाते हुए सही व्याख्या कीजिए। **CBSE SQP (Additional Set) 2023**

उत्तर यह पंक्तियाँ हरिहर काका की परिस्थिति पर एकदम सटीक बैठती है। हरिहर काका अपने भाइयों और महंत दोनों से परेशान हैं। दोनों ही उनकी जमीन हड़पना चाहते हैं तथा उन्हें जान से मारना चाहते हैं। हरिहर काका द्वारा कुछ पुलिसवालों को अपनी सुरक्षा के लिए तैनात किया जाता है तथा उसके बदले में वह उन्हें धन देते हैं, जिनका धन वह रहे उपास खाने वाले करे विलास का अर्थ है कि धन देने वालों को फिक्र रहती है पर जो धन लेते हैं वह आराम की जिंदगी जीते हैं। जैसे हरिहर काका पुलिस वालों को अपनी सुरक्षा के लिए धन दे रहे थे। इतना धन होते हुए भी वह अपनी सुरक्षा कर पाने में असमर्थ थे। उन्हें हर समय मृत्यु का भय रहता था।

3. 'हरिहर काका' की जैसी स्थिति समाज में अनेक बुजुर्गों की है। आपके विचार से इन स्थितियों का जिम्मेदार कौन है और कैसे? उचित उदाहरणों से स्पष्ट कीजिए। **CBSE SQP (Additional Set) 2023**

अथवा

'हरिहर काका' कहानी वृद्धों के प्रति संवेदनशील होते समाज की कथा है। इस कथन को कहानी के आधार पर उदाहरण सहित सिद्ध कीजिए। **CBSE Term-II 2022**

उत्तर कथाकार 'मिथिलेश्वर' ने 'हरिहर काका' कहानी के माध्यम से एक वृद्ध ग्रामीण के चरित्र को दर्शाया है। 'हरिहर काका' की दो शादियाँ हुई तथा दोनों ही पत्नियों का देहांत हो गया। हरिहर काका निसंतान थे तथा अपने भाइयों के साथ खुशी-खुशी रहते थे, परंतु दुर्भाग्यवश वह सभी उनकी जमीन हड़पना चाहते थे, जिसके कारण वह उन्हें जान से मारने की धमकी भी देते हैं। हरिहर काका की स्थिति वर्तमान समय में सभी बुजुर्गों जैसी ही लगती है। आज की पीढ़ी उन्हें बोझ समझती है, उनका आदर नहीं करती। आधुनिक पीढ़ी संयुक्त परिवार की तुलना में एकल परिवार में रहना ज्यादा पसंद करती है, जहाँ वह अपने संस्कारों और आदर्शों से वंचित हो रही है।

छोटों का बड़ा के प्रति प्रेम, सम्मान व आदर की भावना अब असंवेदनहीन हो चली है, जिस कारण हमारे समाज के बुजुर्गों के हालात खराब होते जा रहे हैं। परिवार में रिश्तों में लालच रखना आज का बेहद दुखद व कटु सत्य है। यह कहानी हमें सोचने पर मजबूर करती है कि आज की युवा पीढ़ी अपने कर्त्तव्यों व संस्कारों के प्रति मूल्यहीन क्यों होती जा रही है।

4. "हरिहर काका कहानी पारिवारिक जीवन में घर कर चुकी स्वार्थपरता और हिंसा-प्रवृत्ति को बेनकाब करती है।" तर्कसंगत उत्तर दीजिए। **CBSE 2023**

उत्तर 'हरिहर काका' कहानी के नायक हरिहर काका लेखक के गाँव में अपने भाइयों के साथ रहते थें। उनके परिवार में साठ बीघे खेती के योग्य जमीन थी, जिसमें से पंद्रह बीघे हरिहर काका के हिस्से में आती थी। नि:संतान हरिहर काका की पत्नी भी मर चुकी थी। ऐसे में उन्होनें अपने भाइयों के परिवार को ही अपना परिवार समझ लिया था। शुरु-शुरु में तो सब ठीक रहा, पर बाद में परिवार के सदस्य उनसे दूरी बनाने लगे और घर का बचा-कुचा खाना देने लगे। बीमार होने पर उन्हें कोई पानी देने तक नहीं आया। औरतें और घर के लोग उन पर ध्यान नहीं देते थें। उन्हें अपनी ज़रूरतें पूरी करने के लिए खुद उठना पड़ता था। वास्तव में हरिहर काका के परिवार के सदस्यों को केवल उनकी ज़मीन-जायदाद से लगाव था, जो उनके स्वार्थपरता की पराकाष्ठा थी।

हरिहर काका की ज़मीन हथियाने के लिए उनके भाइयों ने उनसे मारपीट की। उन्होंने महंत जैसा ही दुर्व्यवहार किया। परिवार के सदस्यों द्वारा जोर जबरदस्ती करने पर उन्होंने यहाँ तक कह दिया कि वे चाहे मर क्यों न जाएँ, किंतु अपनी ज़मीन उनके नाम नहीं लिखेंगे। इस तरह यह कहानी पारिवारिक जीवन में घर कर चुकी स्वार्थपरता और हिंसा प्रवृत्ति को बेनकाब करती है।

5. हरिहर काका की अपने परिवार के सदस्यों से मोहभंग की शुरुआत किस प्रकार हुई? क्या यह मोहभंग उचित था? **दक्षता आधारित प्रश्न**

उत्तर हरिहर काका की अपने परिवार के सदस्यों से मोहभंग की शुरुआत तब हुई, जब उनके भाइयों की पत्नियों, बहुओं और बच्चों ने उन्हें पूछना तक बंद कर दिया।

एक बार जब वे बीमार हुए, तो कोई उन्हें पानी देने तक के लिए भी नहीं आया। भाइयों के बच्चे घर में धमाचौकड़ी मचाते रहते थे। औरतें उन पर ध्यान नहीं देती थीं। उनके भाई तो खेतों में चले जाते थे, अत: उन्हें अपनी ज़रूरतें पूरी करने के लिए स्वयं ही उठना पड़ता था। ऐसे में उन्हें अपनी दोनों पत्नियों की बहुत याद आती थी।

हरिहर काका के मोहभंग को किसी भी तरह से अनुचित नहीं कहा जा सकता, क्योंकि यदि उनके भाइयों के परिवार के सदस्य उनकी बीमारी में भी देखभाल नहीं कर सकते थे, तो फिर ऐसे परिवार का क्या लाभ! हरिहर काका के परिवार के सदस्यों को केवल उनकी सम्पत्ति अर्थात् ज़मीन जायदाद से ही लगाव था। उनके प्रति कोई लगाव नहीं था। ऐसे में उनका परिवार से मोहभंग हो जाना उचित है।

6. पुजारी द्वारा हरिहर काका के घर की बातें सुनकर ठाकुरबारी के महंत के कान खड़े हो जाने को आप उसकी किस प्रवृत्ति का द्योतक मानते हैं? ऐसी स्थिति में आपकी समझ में उनका क्या कर्तव्य होना चाहिए था? **CBSE 2016, 14**

उत्तर पुजारी द्वारा हरिहर काका के घर की बातें सुनकर ठाकुरबारी के महंत के कान खड़े हो जाते हैं। जब हरिहर काका अपने घरवालों से नाराज़ होकर घर छोड़ देते हैं, तो महंत ठाकुरबारी में उनका खूब स्वागत करता है और अपनी चिकनी-चुपड़ी बातों से उन्हें अपनी ज़मीन ठाकुरबारी के नाम करने के लिए प्रेरित करता है।

बाद में वह काका के अपहरण का षड्यंत्र भी रचता है। इस पूरे घटनाक्रम से पता चलता है कि महंत एक धन-लोलुप और स्वार्थी व्यक्ति है। वह दूसरों को आध्यात्मिकता का संदेश देता है, परंतु स्वयं सभी दुर्गुणों से युक्त है। दुनिया की नज़र में वह साधु-संत है, परंतु वास्तविकता ठीक इसके विपरीत है।

हमारी समझ से इस स्थिति में महंत का यह कर्तव्य होना चाहिए था कि वह हरिहर काका के परिवार को काका के प्रति उनके कर्तव्यों का बोध कराता और काका तथा उनके परिवार के बीच मध्यस्थ की भूमिका निभाता। उसका काम समाज के सभी सदस्यों के दु:ख-सुख में उनकी मदद करना है, न कि उनके दु:खों को बढ़ाना।

7. महंत जी ने हरिहर काका को परिवार के प्रति किस प्रकार भड़काया?

उत्तर महंत जी ने हरिहर काका को एकांत कमरे में बैठाकर खूब प्रेम से समझाते हुए कहा कि यहाँ कोई किसी का नहीं है। सब माया का बंधन है। तुम धार्मिक प्रवृत्ति के व्यक्ति हो इस बंधन में किस प्रकार फँस गए। ईश्वर की भक्ति में मन लगाओ, क्योंकि उसके सिवाय तुम्हारा कोई और नहीं है। पत्नी, बेटा, भाई-बंधु सबके-सब स्वार्थ के साथी हैं।

जिस दिन उन्हें यह लगेगा कि तुमसे उनका स्वार्थ सधने वाला नहीं है, उस दिन वे तुम्हें पूछेंगे तक नहीं। इसीलिए ज्ञानी संत, महात्मा, ईश्वर के सिवाय किसी और से प्रेम नहीं करते। तुम्हारे हिस्से में पंद्रह बीघे ज़मीन है। इसी कारण तुम्हारे भाई के परिवार के लोग तुम्हें पूछते हैं। यदि तुम एक दिन उनसे कह दोगे कि तुमने अपनी ज़ायदाद किसी दूसरे को दे दी है, तो वह तुमसे बोलना बंद कर देंगे। तुम्हारे बीच जो खून का रिश्ता है वह भी खत्म हो जाएगा। तुम्हारे भले के लिए मैं यह बात तुमसे पहले ही कहना चाहता था, परंतु संकोचवश कह नहीं पाया।

8. महंत द्वारा हरिहर काका को समझाए जाने पर उनकी मन:स्थिति कैसी हो गई?

उत्तर जब ठाकुरबारी में महंत ने हरिहर काका को समझाया कि यदि वह अपनी ज़मीन को ठाकुरबारी के नाम लिख देंगे, तो उनका नाम अमर हो जाएगा और समाज में उनका सम्मान बढ़ जाएगा, तब उन्हें लगा कि उन्हें इस पुण्य अवसर को ठुकराना नहीं चाहिए। दूसरे ही क्षण उन्होंने यह सोचा कि उसके भाइयों का परिवार भी तो अपना ही परिवार है। यदि वह अपने भाइयों को अपनी ज़मीन-ज़ायदाद का हिस्सा नहीं देते, तो यह अपने परिवार से विश्वासघात करने जैसा होगा। चाहे कुछ भी हो जाए परिवार के सदस्य ही तो अंतिम समय तक काम आते हैं। यही सब सोचकर हरिहर काका असमंजस की स्थिति में आ गए। उनसे महंत को न कुछ कहते बना और न ही कुछ सोचते बना।

9. हरिहर काका ने ठाकुरबारी जैसी संस्था में ही रहना प्रारंभ कर दिया था, जबकि उनका प्रिय स्थान तो उनका अपना घर था; तो क्यों? उनके परिवार के लोगों के व्यवहार के प्रति अपने विचार व्यक्त करके बताइए कि आप उनमें से एक होते तो क्या करते? **दक्षता आधारित प्रश्न**

उत्तर हरिहर काका की स्वयं की कोई संतान नहीं थी और उनकी पत्नी की भी मृत्यु हो गई थी। ऐसी परिस्थिति में उन्होंने अपने भाइयों के परिवार को ही अपना परिवार समझ लिया था और उनके साथ रहने लगे थे। शुरू-शुरू में तो हरिहर काका का जीवन शांतिपूर्वक चलता रहा, किंतु कुछ सालों के पश्चात् उनके परिवार के सदस्य उनसे दूरी बनाने लगे। उनके मान-सम्मान में कमी आने लगी। घर का बचा हुआ भोजन ही उन्हें दिया जाता था।

एक बार घर में स्वादिष्ट पकवान बनें, किंतु हरिहर काका को सूखा भोजन दिया गया। इस घटना से वे इतने दु:खी हुए कि उन्होंने भोजन की थाली पटक दी और घर छोड़कर चले गए। उनका परिवार से मोहभंग हो गया, इसलिए उन्हें अपने प्रिय स्थान (घर) को छोड़कर ठाकुरबारी जैसी संस्था में रहना पड़ा। उनके परिवार के लोगों का व्यवहार स्वार्थ से भरा था। वे केवल उनकी पंद्रह बीघे ज़मीन को प्राप्त करना चाहते थे। यदि मैं उनमें से एक होता तो समय निकालकर उनके पास बैठता, उनके सुख-दु:ख की बातें सुनता ताकि उन्हें अकेलेपन से मुक्ति मिल पाए।

10. महंत द्वारा हरिहर काका का अपहरण महंत के चरित्र की किस सच्चाई को सामने लाता है? ठाकुरबाड़ी जैसी संस्थाओं से कैसे बचा जा सकता है? **दक्षता आधारित प्रश्न**

अथवा **महंत द्वारा हरिहर काका का अपहरण, उसके चरित्र की किस सच्चाई को सामने लाता है? इससे ठाकुरबाड़ी जैसी संस्थाओं के प्रति आपके मन में कैसी धारणा बनती है? इस विषय में अपने विचार लिखिए।** **CBSE Term II 2022**

उत्तर महंत द्वारा हरिहर काका का अपहरण महंत के चरित्र की इस सच्चाई को सामने लाता है कि महंत स्वार्थी एवं धन लोलुप व्यक्ति है।

महंत ने हरिहर काका की ज़मीन-जायदाद हडपने के लिए पहले उन्हें फुसलाया और जब इससे काम न बना, तो उन्होंने उनका अपहरण कर लिया। उनके इस व्यवहार से यह सच्चाई उजागर होती है कि धर्म के क्षेत्र में दुर्जनों एवं दुराचारी लोगों का प्रवेश हो चुका है और ऐसे ही लोगों के कारण धर्म के क्षेत्र में अनाचार की प्रवृत्तियाँ बढ़ती जा रही हैं। धर्म की मूल संवेदना से कोसों दूर ऐसे दुराचारियों ने धर्म को अपनी विलासिता का आवरण बना रखा है। ये धर्म की आड़ में दुनिया के सारे कुकर्मों को अंजाम देते हैं।

ठाकुरबाड़ी जैसी संस्थाओं से व्यक्ति का मनोवैज्ञानिक दृष्टिकोण ही उसे बचा सकता है, क्योंकि व्यक्ति का विवेक ही उसे सही निर्णय लेने में सहायता करता है और उसे धर्म के ठेकेदारों के स्वार्थों से बचा सकती है।

11. पारिवारिक संबंधों में आई खटास ने हरिहर काका को अपने ही घर में पराया बना दिया। इससे उनके जीवन में आए सकारात्मक एवं नकारात्मक परिवर्तनों को रेखांकित कीजिए।

उत्तर सकारात्मक एवं नकारात्मक परिवर्तन निम्न प्रकार हैं

(i) पारिवारिक संबंधों में आई खटास के कारण हरिहर काका अपने ही घर में अपमानित एवं उपेक्षित हो गए थे, उन्हें ऐसा लगने लगा था जैसे सामर्थ्यवान होते हुए भी उनका अकारण तिरस्कार किया जा रहा है। निश्चित रूप से निजी संबंधों के प्रति घृणा का भाव काका के जीवन में भाइयों के प्रति प्रेम को कम करता है। यह स्थिति सकारात्मक इस अर्थ में कही जा सकती है, क्योंकि इसके कारण ही काका को संबंधों की सच्चाई का ज्ञान हो जाता है।

(ii) कहानी में वर्णित दूसरा प्रसंग हरिहर काका के जीवन को पूरी तरह बदल डालता है, जब उनके भाई उन्हें वापस घर लाकर संपत्ति अपने नाम करवाने के लिए उन पर दबाव डालते हैं तथा उनकी हत्या करने का प्रयास करते हैं। इससे हरिहर काका अकेलेपन के शिकार हो जाते हैं, लेकिन परिवार और समाज का सत्य एकदम नग्न रूप में उनकी आँखों के सामने आ जाता है।

12. "सबके मन में यह बात है कि हरिहर काका कोई अमृत पीकर तो आए हैं नहीं। एक न एक दिन उन्हें मरना ही है।" इससे गाँव वालों की किस मनोवृत्ति का पता चलता है? **दक्षता आधारित प्रश्न**

उत्तर जब हरिहर काका को महंत जी और उनके भाइयों की असलियत खुल जाने के बाद पुलिस का संरक्षण मिल गया, तो भी गाँव वालों के बीच तरह-तरह की अफवाहें फैल रही थीं। गाँव वाले इस बात से आशंकित थे कि हरिहर काका के कारण आने वाले समय में न जाने और कौन-सी मुसीबत इस गाँव में आएगी? गाँव वालों की इस सोच से उनकी इस मनोवृत्ति का पता चलता है कि उन्हें हरिहर काका से कोई लगाव नहीं था, बल्कि वे स्वयं को सुरक्षित रखने के विषय में चिंतित थे। इससे यह भी पता चलता है कि आज के युग में कोई किसी के लिए नहीं सोचता, हर व्यक्ति अपने स्वार्थ के लिए परेशान रहता है। आज समाज में इस प्रकार की मनोवृत्ति ने घर कर लिया है, जिससे अपनापन, लगाव, एक-दूसरे के दु:ख-सुख की चिंता आदि समाप्त होती जा रही है।

13. कल भी उनके यहाँ गया था, लेकिन न तो वह कल ही कुछ कह सके और न आज ही। दोनों दिन उनके पास मैं देर तक बैठा रहा, लेकिन उन्होंने कोई बातचीत नहीं की। जब उनकी तबीयत के बारे में पूछा तब उन्होंने सिर उठाकर एक बार मुझे देखा फिर सिर झुकाया तो दुबारा मेरी ओर नहीं देखा। हालाँकि उनकी एक ही नज़र बहुत कुछ कह गई। जिन यंत्रणाओं के बीच वह घिरे थे और जिस मन:स्थिति में जी रहे थे, उसमें आँखें ही बहुत कुछ कह देती हैं, मुँह खोलने की जरूरत नहीं पड़ती। **CBSE SQP Term II 2022**

उत्तर हरिहर काका की ज़मीन उनके लिए जी का जंजाल बन गई थी, क्योंकि उनके साथ उनके भाइयों तथा ठाकुरबारी के महंत ने बुरा व्यवहार किया। एक दिन ठाकुरबारी के महंत ने हरिहर काका का अपहरण कर लिया, जिससे उनके हिस्से की जायदाद को ठाकुरबारी के नाम लिखवाया जा सके। महंत और उनके आदमियों ने काका के अँगूठे के निशान ले लिए, ताकि उनकी सारी जायदाद ठाकुरबारी की हो जाए। हरिहर काका अब तक महंत का बहुत सम्मान करते थे, किंतु उसकी इस हरकत को देखकर हरिहर काका को महंत से घृणा हो गई। हरिहर काका के भाइयों को भी हरिहर काका के बदले हुए व्यवहार का अनुमान हो गया था। वे समझ चुके थे कि अब हरिहर काका अपनी जायदाद उनके नाम नहीं लिखेंगे। एक दिन उनके भाइयों ने भी वह तरीका अपनाया, जो ठाकुरबारी के महंत ने उनकी जायदाद अपने नाम करने के लिए अपनाया था। भाइयों ने हरिहर काका के साथ मारपीट की और जमीन को अपने नाम लिखवाने की कोशिश की। काका जोर से चीखे, तो लोगों ने उनकी चीख सुनकर उन्हें आज़ाद कराया। अब हरिहर काका का अपने भाइयों से पूरी तरह मोहभंग हो चुका था। इस प्रकार कह सकते हैं कि हरिहर काका के भाइयों तथा ठाकुरबारी के महंत दोनों ने ही उनके साथ क्रूर व्यवहार किया, क्योंकि वे दोनों ही हरिहर काका से नहीं, बल्कि उनकी जमीन-जायदाद से प्यार करते थे। हम उनके इस व्यवहार को बिलकुल भी उचित नहीं मानते, क्योंकि परिवार के भाइयों तथा महंत को हरिहर काका का शोषण न करके उनकी सहायता करनी चाहिए थी, उन्हें प्रेम एवं सम्मान देना चाहिए।

14. आम आदमी की धर्म के प्रति अंधश्रद्धा को धर्म के ठेकेदार किस रूप में भुनाते हैं? 'हरिहर काका' कहानी में काका किस प्रकार इसका शिकार हुए? व्यक्ति का वैज्ञानिक दृष्टिकोण उसे किस प्रकार बचा सकता है? **CBSE 2015**

उत्तर व्यक्ति का वैज्ञानिक दृष्टिकोण उसे निम्न प्रकार से बचा सकता है

(i) आम आदमी की धर्म के प्रति अंधश्रद्धा पर, धर्म के ठेकेदार कहे जाने वाले महंत, पुजारी आदि अपने स्वार्थ को पूरा करते हैं। वे व्यक्ति को धर्म के नाम पर डरा-डराकर अपनी ज़ेब भरते रहते हैं। जब भी वे किसी व्यक्ति को दु:खी, निराश या परेशान देखते हैं, तो तुरंत ही मोह-माया की बातें कर उन्हें अपने जाल में फँसा लेते हैं।

(ii) कहानी में हरिहर काका भी इनका शिकार होते हैं। ठाकुरबारी का महंत जानता है कि हरिहर काका की अपनी कोई संतान नहीं है। इसी बात का फ़ायदा उठाकर वह उन्हें अपनी बातों के जाल में फँसाते हुए उनसे कहता है कि उन्हें मोह-माया के फेर में नहीं पड़ना चाहिए और अपने हिस्से की ज़मीन ठाकुरबारी के नाम कर देनी चाहिए। ऐसा करने से उन्हें परलोक की प्राप्ति होगी और गाँव में मान-सम्मान भी बढ़ेगा।

(iii) जब हरिहर काका ने अपनी ज़मीन ठाकुरबारी के नाम करने से मना कर दिया तो महंत ने ज़ोर-ज़बरदस्ती कर उनका अँगूठा कागज़ पर लगवा लिया। ऐसी स्थिति में व्यक्ति का मनोवैज्ञानिक दृष्टिकोण ही उसे बचा सकता है, क्योंकि व्यक्ति की सोच-समझ ही उसे सही निर्णय लेने में मदद करती है और उसे धर्म के ठेकेदारों के स्वार्थों से बचा सकती है।

15. एक स्थान पर हरिहर काका ने कहा–"मैं मर जाऊँगा, लेकिन जीते-जी एक धुर ज़मीन भी तुम्हें नहीं लिखूँगा। तुम सब ठाकुरबारी के महंत-पुजारी से तनिक भी कम नहीं।" हरिहर काका के ऐसा कहने के पीछे कौन-सा दर्द था? क्या आप हरिहर काका की इस बात से सहमत हैं? **दक्षता आधारित प्रश्न**

उत्तर हरिहर काका को महंत और उसके साथियों द्वारा किए गए अत्याचारों से बहुत दु:ख हुआ। इसके बाद जब वे अपने घर आ गए और घर पर उनके परिवार के सदस्यों ने भी उनसे महंत और उसके साथियों जैसा व्यवहार करना शुरू कर दिया, तो उन्हें बहुत दु:ख हुआ। उन्होंने सोचा कि महंत तो पराया था, लेकिन ये तो मेरे अपने हैं। ये मुझ पर इतना अत्याचार क्यों कर रहे हैं? यही कारण है कि जब परिवार के सदस्यों ने ज़ोर-ज़बरदस्ती द्वारा उनसे ज़मीन अपने नाम लिखने को कहा, तो उन्होंने कह दिया कि चाहे वे मर क्यों न जाएँ, किंतु अपनी ज़मीन उनके नाम नहीं लिखेंगे।

हम हरिहर काका की इस बात से पूरी तरह से सहमत हैं, क्योंकि यदि परिवार के सदस्य भी बाहर के लोगों की तरह व्यवहार करने लगें और ज़ोर-ज़बरदस्ती पर उतर आएँ, तो उनमें और बाहरी व्यक्तियों में क्या अंतर है।

16. हरिहर काका ने लेखक से किस विषय पर चर्चा की? इस चर्चा का क्या परिणाम निकला? **CBSE 2016**

उत्तर हरिहर काका ने लेखक से एकांत में इस बात पर चर्चा की कि उन्हें अपने हिस्से की ज़मीन का क्या करना चाहिए, क्योंकि ठाकुरबारी के महंत और उनके भाई उनसे उनकी ज़मीन को अपने नाम कराने के लिए पीछे पड़े हुए हैं। उन्होंने बताया कि ज़मीन के लालच में एक ओर उनके भाई उनकी ज़ान के पीछे पड़े हुए हैं। वहीं दूसरी ओर ठाकुरबारी के महंत ने परलोक का भय दिखाकर अपनी ज़मीन ठाकुरबारी के नाम करने को कहा। महंत की बात न मानने पर उनका अपहरण कर लिया गया और उनके साथ मारपीट भी की गई।

लेखक और हरिहर काका के बीच हुई चर्चा के उपरांत यह निर्णय हुआ कि जीते-जी अपनी जायदाद का स्वामी किसी और को बनाना बिलकुल भी ठीक नहीं होगा। चाहे वह अपना भाई या मंदिर का महंत ही क्यों न हो? इससे पूर्व जिन्होंने भी ऐसा किया है, उनका जीवन नर्क के समान हो गया।

17. हरिहर काका एकदम मौन क्यों हो गए हैं? इस कहानी से आपको क्या सीख मिली?

उत्तर हरिहर काका के लिए उनके भाइयों का परिवार ही सब कुछ था, क्योंकि वे नि:संतान थे और उनकी पत्नी भी जीवित नहीं थी। वे अपने भाइयों के सहारे ही जीवन व्यतीत कर रहे थे। भाइयों के प्रति प्रेम एवं लगाव का जल्दी ही भ्रम टूटने लगा और उनका मोहभंग होना शुरू हो गया। ज़मीन के लालच में उनके भाइयों ने उनसे मारपीट तक की। इससे पहले मठ के महंत ने भी उनसे बुरा व्यवहार किया था।

इन घटनाओं के कारण हरिहर काका को बहुत सदमा पहुँचा। उन्होंने अपने भाइयों एवं निकट संबंधियों से इसकी उम्मीद नहीं की थी। सदमे के कारण ही हरिहर काका बिलकुल मौन हो गए।

इस कहानी से हमें यही शिक्षा मिलती है कि यह भौतिक दुनिया स्वार्थों से भरी हुई है। यहाँ सभी व्यक्ति स्वार्थी एवं लोलुप प्रवृत्ति के हैं। पारिवारिक संबंध उनके लिए अधिक मायने नहीं रखते हैं। स्वार्थ एवं (लालच) से परिपूर्ण इस संसार में व्यक्ति की कद्र नहीं होती है। हरिहर काका इसके ज्वलंत उदाहरण हैं। हमें ऐसी कुप्रवृत्ति से बचना चाहिए और मानवीय मूल्यों को बढ़ावा देना चाहिए।

18. आप कैसे कह सकते हैं कि हरिहर काका संयुक्त परिवार के मूल्यों के प्रति एक समर्पित व प्रेरक मानव थे? पठित पाठ के आधार पर समझाइए। **CBSE 2015**

उत्तर (i) पाठ के आरंभ में ही स्पष्ट किया गया है कि हरिहर काका के चार भाई हैं। उन्हें छोड़कर अन्य तीनों भाइयों का भरा-पूरा परिवार है। हरिहर काका के पास भी पंद्रह बीघे ज़मीन थी। यदि वे चाहते तो पत्नी की मृत्यु के बाद अलग घर में रह सकते थे, किंतु उन्होंने ऐसा नहीं किया। वे अपने भाइयों के साथ ही रहने लगे, उनके परिवार को अपना परिवार समझने लगे।

(ii) संयुक्त परिवार के महत्त्व को हरिहर काका जानते थे। इसलिए वे अपने भाइयों के संयुक्त परिवार में सबके साथ मिलकर रहना चाहते थे ताकि परिवार का प्यार और अपनापन पा सकें। भाइयों के परिवार के प्रति हरिहर काका में अपनापन का भाव इतना अधिक था कि जब परिवार के सदस्यों ने उनसे अनुचित व्यवहार किया तो वे इससे दु:खी हो गए और घर छोड़कर चले गए। भाइयों द्वारा मना लेने पर, वह वापस घर आ गए।

इस प्रकार ये सब घटनाएँ स्पष्ट करती हैं कि हरिहर काका संयुक्त परिवार के मूल्यों के प्रति एक समर्पित व प्रेरक मानव थे, जो समाज के लिए प्रेरणा देने का कार्य करते हैं।

19. 'हरिहर काका' कहानी समाज के किन पहलुओं की ओर ध्यान आकर्षित करती है? आप अपने आस-पास रह रहे अकेले व्यक्ति की मदद कैसे करेंगे? **CBSE 2024**

उत्तर 'हरिहर काका' कहानी समाज में परिवार के लोगों के बीच मतलब के संबंधों को उजागर करती है। इस कहानी में मतलबी रिश्ते दिखाए गए हैं, जो जमीन-जायदाद पर आधारित हैं। जब तक मतलब है, तब तक रिश्ते अच्छे होते हैं और मतलब निकल जाने पर रिश्ते भी खत्म हो जाते हैं। कहानी में दर्शाया गया है कि रिश्ते केवल पैसों पर ही आधारित हैं, लोग अपने स्वार्थ-पूर्ति के लिए कुछ भी करने को तैयार हैं। साथ ही कहानी में वृद्ध व्यक्तियों के प्रति परिवार द्वारा सम्मान न मिलना व उपेक्षा भाव को दर्शाया गया है, जिससे वे अकेलापन महसूस करते हैं। हम अपने आस-पास रह रहे अकेले व्यक्ति की सहायता उन्हें उचित मान-सम्मान देकर, उनकी देखभाल करके व यथोचित सेवा करके कर सकते हैं। हमें अपने स्वार्थ से ऊपर उठकर यह सुनिश्चित करना चाहिए कि वृद्ध लोगों को किसी प्रकार का कष्ट न होने पाए।

20. वर्तमान समाज में हरिहर काका जैसे वृद्ध व्यक्तियों के लिए युवा पीढ़ी का क्या कर्तव्य है? **दक्षता आधारित प्रश्न**

उत्तर वर्तमान समाज में हरिहर काका जैसे वृद्ध व्यक्तियों के प्रति युवा पीढ़ी का कर्त्तव्य है कि वह मन लगाकर यथासंभव ऐसे व्यक्तियों की सेवा एवं सहायता करे। वृद्ध हमारे वर्तमान समाज में मौजूद हैं, जिन्हें उचित देखभाल एवं प्रेम भरे अपनेपन युक्त व्यवहार की आवश्यकता है। इन वृद्धों को उचित मान-सम्मान देना तथा यथोचित सेवा करना युवा पीढ़ी का प्राथमिक कर्त्तव्य है। अपने स्वार्थ से ऊपर उठकर हमें यह सुनिश्चित करना चाहिए कि वृद्ध लोगों को किसी प्रकार का कष्ट न होने पाए। वृद्ध, समाज के अत्यंत सम्मानित एवं आवश्यक अंग हैं। उन्हें कभी अकेलापन महसूस नहीं होने देना चाहिए। उम्र के अनुसार, उनकी सभी ज़रूरतों को पूरा करना हमारा कर्तव्य है। उन्हें उचित सेवा-सुश्रुषा एवं चिकित्सा संबंधी सुविधाएँ उपलब्ध कराना हमारी ज़िम्मेदारी है।

वास्तव में, वे उस समाज की नींव या आधार रखने वाले ऐसे व्यक्ति हैं, जिस समाज में हम आवश्यक सुविधाओं का लाभ उठा रहे हैं। हमारे समाज को बेहतर बनाने में उन लोगों ने अपना पर्याप्त योगदान दिया है। अत: उन्हें वह मान-सम्मान, प्रेम, अपनापन, अधिकार आदि सब प्राप्त होना चाहिए, यह उनका अधिकार है।

21. "हरिहर काका एक नए शोषित वर्ग के प्रतिनिधि के रूप में दिखाई देते हैं," इस कथन पर अपने तर्क प्रस्तुत करते हुए विचार कीजिए।

उत्तर हमारी सामाजिक व्यवस्था का यह एक कटु यथार्थ है कि बुढ़ापे का सहारा कही जाने वाली संतानों या परिवार के अन्य लोगों की बेमेल विचारधारा से वृद्ध व्यक्ति त्रस्त होते हैं। सामान्यत: उनके पास कोई संपत्ति या अधिकार नहीं होता, लेकिन हरिहर काका की स्थिति इससे भिन्न दिखाई देती है। हरिहर काका के पास ज़मीन-जायदाद है, उनका अधिकार भी वास्तविक तौर पर सीमित नहीं है, परंतु वे इस रूप में भी एक नए शोषित वर्ग के प्रतिनिधि के रूप में दिखाई देते हैं कि उनके सगे भाइयों के परिवार और सामाजिक व्यवस्था ने अपना स्वार्थ साधने के लिए उन्हें शोषण का शिकार एवं खिन्न मनोवृत्ति वाला बना दिया है।

भाई उनकी संपत्ति के लिए जान लेने पर उतर आए हैं, तो पुलिस-प्रशासन सुरक्षा देने के नाम पर उनका शोषण कर रहा है। सामाजिक व्यवस्था में सर्वाधिक पवित्र मानी जाने वाली धार्मिक संस्थाओं का चरित्र भी ठाकुरबारी और महंत की गतिविधियों से स्पष्ट हो जाता है। शोषण करने में वे भी कोई कसर नहीं छोड़ना चाहते हैं। इस तरह संपत्ति एवं अधिकार संपन्न तथा स्वतंत्र होते हुए भी हरिहर काका परिवार, धर्म एवं समाज द्वारा शोषित एक नए वर्ग के प्रतिनिधि के रूप में दिखाई देते हैं।

22. अपने जीते जी ही अपनी धन-संपत्ति को हड़पने के लिए रचे जा रहे षड्यंत्र और दाँव-पेच देखकर हरिहर काका पर क्या बीती होगी, कल्पना के आधार पर लिखिए। **दक्षता आधारित प्रश्न**

उत्तर मेरी कल्पना के आधार पर अपने जीते-जी अपनी धन-संपत्ति को हड़पने के लिए रचे जा रहे षड्यंत्र और दाँव-पेंच देखकर हरिहर काका को गहरा आघात हुआ होगा। उनके हृदय में संगे-संबंधियों, रिश्तेदारों और यहाँ तक कि धर्म के ठेकेदार कहे जाने वाले साधु-महंतों के प्रति आक्रोश एवं अविश्वास की भावना उत्पन्न हो गई होगी। वे सामाजिक रिश्तों की अवहेलना करने लगे होंगे, जिसके परिणामस्वरूप उनकी हृदयगत पीड़ा की अभिव्यक्ति मौन रूप में हुई। पारिवारिक संबंधों एवं धार्मिक माने जाने वाले लोगों की स्वार्थी प्रवृत्ति के कारण उनकी संवेदनाओं पर गहरी चोट लगी होगी, जिससे उन्हें नितांत में रहकर जीवन व्यतीत करना अच्छा लगने लगा। समाज के रिश्तों की क्रूर एवं अमानवीय सच्चाई से सामना होने पर हरिकर काका के मन में तिरस्कार एवं घृणा की भावना उत्पन्न हो गई होगी। यही कारण रहा होगा कि उन्हें पारिवारिक संबंधों से मोहभंग हो गया था।

23. हरिहर काका के साथ उनके भाइयों तथा ठाकुरबाड़ी के महंत ने कैसा व्यवहार किया? क्या आप उसे उचित मानते हैं? कारण सहित स्पष्ट कीजिए। **CBSE 2019**

उत्तर हरिहर काका के साथ उनके भाइयों तथा ठाकुरबाड़ी के महंत ने बुरा व्यवहार किया। एक दिन ठाकुरबाड़ी के महंत ने हरिहर काका का अपहरण कर लिया, जिससे उनके हिस्से की जायदाद को ठाकुरबाड़ी के नाम लिखवाया जा सके। महंत और उनके आदमियों ने काका के अँगूठे के निशान ले लिए, ताकि उनकी सारी जायदाद ठाकुरबाड़ी की हो जाए। हरिहर काका अब तक महंत का बहुत सम्मान करते थे, किंतु उसकी इस हरकत को देखकर हरिहर काका को महंत से घृणा हो गई।

हरिहर काका के भाइयों को भी हरिहर काका के बदले हुए व्यवहार का अनुमान हो गया था। वे समझ चुके थे कि अब हरिहर काका अपनी जायदाद उनके नाम नहीं लिखेंगे। एक दिन उनके भाइयों ने भी वह तरीका अपनाया, जो ठाकुरबाड़ी के महंत ने उनकी जायदाद अपने नाम करने के लिए अपनाया था। भाइयों ने हरिहर काका के साथ मारपीट की और जमीन को अपने नाम लिखवाने की कोशिश की। काका जोर से चीखे, तो लोगों ने उनकी चीख सुनकर उन्हें आजाद कराया। अब हरिहर काका का अपने भाइयों से पूरी तरह मोहभंग हो चुका था।

इस प्रकार कह सकते हैं कि हरिहर काका के भाइयों तथा ठाकुरबाड़ी के महंत दोनों ने ही उनके साथ क्रूर व्यवहार किया, क्योंकि वे दोनों ही हरिहर काका से नहीं, बल्कि उनकी ज़मीन-जायदाद से प्यार करते थे। हम उनके इस व्यवहार को बिलकुल भी उचित नहीं मानते, क्योंकि परिवार के भाइयों तथा महंत को हरिहर काका का शोषण न करके उनकी सहायता करनी चाहिए थी, उन्हें प्रेम एवं सम्मान देना चाहिए।

24. 'हरिहर काका' कहानी के आधार पर बताइए कि एक महंत से समाज की क्या अपेक्षा होती है? उक्त कहानी में महंतों की भूमिका पर टिप्पणी कीजिए। उत्तर लगभग 150 शब्दों में दीजिए। **CBSE 2018**

उत्तर एक महंत से समाज को बहुत अपेक्षाएँ होती हैं। महंत का काम समाज के सभी व्यक्तियों के दु:ख-सुख में उनकी मदद करना होता है न कि उनके दु:खों को बढ़ाना। 'हरिहर काका' कहानी में महंत का यह कर्तव्य होना चाहिए था कि वह हरिहर काका के परिवार को काका के प्रति उनके कर्तव्यों का बोध कराता और काका तथा उनके परिवार के बीच मध्यस्थ की भूमिका निभाता।

'हरिहर काका' कहानी में महंत जी दबंग प्रवृत्ति के व्यक्ति हैं। आध्यात्मिक ज्ञान से भरपूर, किंतु व्यवहार में महास्वार्थी हैं। धर्म के नाम पर लोगों को छलना, ठगना और उल्लू सीधा करना उन्हें अच्छी तरह आता है। जब भी वे किसी व्यक्ति को निराश, दु:खी या परेशान देखते, तुरंत मोह-माया की बातें कर थोड़ी ही देर में उसे अपने जाल में फाँस लेते हैं। यदि कोई व्यक्ति सीधी तरह उनके चंगुल में नहीं आता, तो उन्हें अँगुली टेढ़ी करना भी आता है और ऐसे में वह जोर-जबरदस्ती का सहारा लेने से भी नहीं हिचकते हैं।

महंत एक अपहरणकर्ता के रूप में भी सामने आता है जब जान जाता है कि हरिहर काका अपने परिवार की मोह-माया में फँसकर रह गए हैं, तब वह उनका अपहरण करने की अपनी योजना को कार्य रूप में परिणत करने के लिए जी-जान से जुट जाता है। इस प्रकार, कह सकते हैं कि महंत धर्म के नाम पर लोगों को ठगने वाला महास्वार्थी व्यक्ति है, जो अपने स्वार्थ की पूर्ति के लिए नीच-से-नीच कार्य करने में भी नहीं हिचकता है।

25. कल्पना कीजिए कि एक पत्रकार के रूप में आप हरिहर काका के बारे में अपने समाचार-पत्र को क्या-क्या बताना चाहेंगे और समाज को उसके उत्तरदायित्व का बोध कैसे कराएँगे? **CBSE 2019**

उत्तर एक पत्रकार के रूप में हरिहर काका के बारे में अपने समाचार-पत्र को निम्नलिखित बातें बताना चाहूँगा

- हरिहर काका गाँव के एक वृद्ध व्यक्ति हैं, जो अपने भाइयों के साथ रहते हैं।
- वृद्ध हरिहर काका परिवार का प्यार और अपनापन पाने की चाह में रहते हैं, किंतु वह उन्हें नहीं मिल पाता, क्योंकि परिवार के सदस्य स्वार्थ के वशीभूत हैं।
- दूसरी ओर धर्म के नाम पर ठगने वाले धर्माचारियों की दृष्टि भी हरिहर काका की जमीन-जायदाद पर है। धर्माचारी व्यक्ति अपने स्वार्थ के कारण हरिहर काका का अपहरण कर उनके साथ हिंसा करते हैं।
- हरिहर काका के भाई भी संपत्ति के लालच में उनके साथ मारपीट करते हैं।

इस प्रकार हरिहर काका समाज के उस वृद्ध व्यक्ति का प्रतिनिधित्व करते हैं, जिसे संपत्ति के लालच में परिवार के सदस्य तथा धर्माचारी व्यक्ति अपनी स्वार्थ वृत्ति को पूरा करने के लिए किसी भी हद तक चले जाते हैं।

वृद्ध व्यक्ति हमारे समाज के अत्यंत सम्मानित एवं आवश्यक अंग है। इसलिए समाज का यह उत्तरदायित्व है कि वह वृद्धों को उचित मान-सम्मान दें तथा उनसे प्रेम भरा अपनापन युक्त व्यवहार करें। उम्र के अनुसार उनकी सभी जरूरतों को पूरा करना समाज का कर्त्तव्य है। वास्तव में वे उस समाज की नींव या आधार रखने वाले ऐसे व्यक्ति हैं, जिस समाज में हम आवश्यक सुविधाओं का लाभ उठा रहे हैं। हमारे समाज को बेहतर बनाने में उन लोगों ने अपना पर्याप्त योगदान दिया है। अत: उन्हें उचित सेवा, मान-सम्मान, प्रेम, अपनापन, अधिकार सब प्राप्त होना चाहिए, यह उनका अधिकार है।

26. लोगों के बीच बहस छिड़ जाती है। उत्तराधिकारी के कानून पर जो जितना जानता है, उससे दस गुना अधिक उगल देता है। फिर भी कोई समाधान नहीं निकलता। रहस्य खत्म नहीं होता, आशंकाएँ बनी ही रहती हैं, लेकिन लोग आशंकाओं को नजरअंदाज कर अपनी पक्षधरता शुरू कर देते हैं।
हरिहर काका सभी के लिए चर्चा का केंद्र बने हुए थे। हरिहर काका मामले में गाँववालों की राय तर्कसहित स्पष्ट कीजिए। **CBSE SQP 2022**

उत्तर हरिहर काका की ज़मीन के मामले में गाँव वाले एकमत नहीं थे। वे लोग दो पक्षों में बँट गए थे। कुछ लोग महंत की तरफ़ थे, जो चाहते थे कि काका अपनी ज़मीन धर्म के नाम पर ठाकुरबारी को दे दें, ताकि उन्हें सुख आराम मिले, मृत्यु के बाद मोक्ष, यश मिले। यह सोच उनके धार्मिक प्रवृत्ति और ठाकुरबारी से मिलने वाले स्वादिष्ट प्रसाद के कारण थी, लेकिन दूसरे पक्ष के लोग, जो कि प्रगतिशील विचारों वाले थे उनका मानना था कि काका को वह ज़मीन परिवार वालों को दे देनी चाहिए। उनका कहना था कि इससे उनके परिवार का पेट भरेगा, मंदिर को जमीन देना अन्याय होगा। इस तरह दोनों पक्ष अपने-अपने हिसाब से सोच रहे थे, परंतु हरिहर काका के बारे में कोई नहीं सोच रहा था। इन बातों का एक और कारण यह भी था कि काका विधुर थे और उनके कोई संतान भी नहीं थी।

स्व-मूल्यांकन

निम्नलिखित प्रश्नों के उत्तर दीजिए

1. 'हरिहर काका' पाठ के माध्यम से लेखक ने संबंधों के किस पक्ष पर चोट की है?
2. 'हरिहर काका' नामक कहानी से हमें क्या सीख मिलती है?
3. आप हरिहर काका की दयनीय हालत का ज़िम्मेदार किसे मानते हैं तथा क्यों? **दक्षता आधारित प्रश्न**
4. हरिहर काका द्वारा घर छोड़े जाने के उपरांत ठाकुरबारी में रहने वाले लोगों में तरह-तरह की बातें शुरू हो जाना, लोगों की किस मानसिकता की ओर संकेत करता है? संक्षेप में समझाइए। **दक्षता आधारित प्रश्न**
5. "सभी संबंध स्वार्थ की नींव पर खड़े होते हैं।" प्रस्तुत पाठ के आधार पर इस कथन को स्पष्ट कीजिए।
6. 'हरिहर काका' कहानी बदलते हुए पारिवारिक मूल्यों को किस प्रकार इंगित करती है? विस्तारपूर्वक समझाइए। **दक्षता आधारित प्रश्न**
7. हरिहर काका के निर्णय न लेने की स्थिति में लेखक ने उन्हें क्या सलाह दी?
8. आपके अनुसार, ठाकुरबारी या किसी धार्मिक संस्था का समाज के प्रति क्या दायित्व होना चाहिए? **दक्षता आधारित प्रश्न**
9. कहानी में वर्णित ठाकुरबारी तथा वर्तमान समय के धार्मिक स्थलों में क्या साम्यता है? उदाहरण सहित स्पष्ट कीजिए।
10. 'हरिहर काका' कहानी में लेखक ने किन-किन मुद्दों को उठाने का प्रयास किया है? **दक्षता आधारित प्रश्न**

अध्याय

2

सपनों के-से दिन

गुरदयाल सिंह

पाठ की रूपरेखा

'सपनों के-से दिन' पाठ पंजाबी लेखक 'गुरदयाल सिंह' की आत्मकथा का एक अंश है। इसमें लेखक ने अपने बचपन के उन आनंदमयी दिनों का चित्रण किया है, जब खेलते-खेलते चोट लगती थी, हाथ-पैर छिल जाते थे, तब चोट लगने के बावजूद घर जाकर माता-पिता तथा बहनों की डाँट खानी पड़ती थी। कुछ क्षण बाद फिर से वही खेल मन को गुदगुदाने लगता था। लेखक ने अपने स्कूली जीवन के अनुभवों को वर्णित करते हुए कहा है कि उन दिनों स्कूल का वातावरण बहुत नीरस एवं भय उत्पन्न करने वाला हुआ करता था।

लेखक परिचय

प्रसिद्ध कथाकार 'गुरदयाल सिंह' का जन्म पंजाब के जैतो कस्बे में 10 जनवरी, 1933 को एक साधारण दस्तकार परिवार में हुआ। अपने पैतृक कार्य को करते हुए, इन्होंने अपनी शिक्षा ग्रहण की। गुरदयाल सिंह वर्ष 1954 से 1970 तक स्कूल में अध्यापक रहे और इसी दौरान इनकी पहली कहानी 'पंच' वर्ष 1957 में दरिया नामक पत्रिका में प्रकाशित हुई। इसके उपरांत वे कॉलेज में प्राध्यापक नियुक्त हुए और अंततः यूनिवर्सिटी से प्रोफ़ेसर के पद से सेवानिवृत्त हुए।

गुरदयाल सिंह का रचना संसार ठेठ ग्रामीण और भावबोध का है। पंजाबी भाषा में सराहनीय योगदान के लिए इन्हें 'ज्ञानपीठ पुरस्कार' से सम्मानित किया गया है। इसके अतिरिक्त वे 'साहित्य अकादमी', 'सोवियत लैंड नेहरू पुरस्कार', 'पंजाब की साहित्य अकादमी' सहित कई अन्य पुरस्कारों से सम्मानित हुए हैं। गुरदयाल सिंह ने उपन्यास, कहानी, नाटक, एकांकी इत्यादि साहित्यिक विधाओं में साहित्य सृजन किया। मढ़ी का दीवा, अथ-चाँदनी रात, पाँचवाँ पहर, सब देश पराया, साँझ-सवेरे और (आत्मकथा)क्या जानूँ मैं कौन? इनकी प्रमुख कृतियाँ हैं।

पाठ का सार

बच्चों का खेल-प्रेम

लेखक ने अपनी आत्मकथा के इस अंश में स्पष्ट किया है कि बचपन में सभी बच्चों का एक जैसा हाल होता है। मध्यमवर्गीय परिवार के बच्चे बेतरतीब व मैले कपड़े पहने छोटी-छोटी गलियों में खेलते-कूदते फिरते थे। भागते-दौड़ते समय हाथ-पैर छिलने या चोट लगने पर इन बातों की कोई परवाह नहीं करता, बल्कि परिवार वालों से डाँट ही पड़ती थी, परंतु खेल के प्रति लगाव कम नहीं होता था। लेखक बच्चों के इस खेल-प्रेम को तब समझ पाया, जब उसने बाल-मनोविज्ञान को पढ़ा। सभी बच्चों की आदतें मिलती-जुलती हैं। उन दिनों बच्चे स्कूल जाने में रुचि नहीं लेते थे। अधिकतर बच्चों के पिता व्यापारी थे, जिसे उन्हें लगता था थोड़ा बहुत पढ़ना, हिसाब-किताब सीखना व्यापार को सँभालने के लिए पर्याप्त है। इसी कारण माता-पिता भी पढ़ाई के लिए ज़बरदस्ती नहीं करते थे।

लेखक का बाल्यकाल

लेखक के अधिकांश मित्र राजस्थान या हरियाणा के मूल निवासी थे, जो व्यापार के उद्देश्य से आए अपने परिवार के साथ यहाँ रहते थे। उनकी बोली कम समझ में आती थी, पर खेलने की बातें भली प्रकार समझ लेते थे। बचपन में हरी-भरी घास और रंग-बिरंगे फूलों की सुगंध बहुत अच्छी लगती थी। उन दिनों स्कूल में साल के शुरू में एक-डेढ़ महीने पढ़ाई हुआ करती, फिर छुट्टियाँ शुरू हो जाती थीं।

ग्रीष्मावकाश के दिन

छुट्टियाँ प्रारंभ होते ही लेखक गुरदयाल सिंह जी माँ के साथ ननिहाल चले जाते थे। वहाँ नानी खूब दूध-दही, मक्खन खिलातीं, बहुत प्यार करतीं। जिस साल ननिहाल नहीं जा पाते, तब अपने घर से थोड़ी दूरी पर बने तालाब पर जाया करते थे। कभी पानी में कूदते, कभी रेत के टीले पर चढ़ते, कभी-कभी तालाब में कूदकर अच्छे तैराक की तरह हाथ-पैर हिलाते। इन शरारतों में कब सुबह से शाम हो जाती, पता ही नहीं चलता।

ग्रीष्मावकाश की समाप्ति और गृहकार्य

जैसे-जैसे छुट्टियाँ बीतने लगतीं तो मास्टर जी द्वारा दिया गया गृहकार्य सारी मस्ती में बाधा डाल देता। लेखक ग्रीष्मावकाश में ननिहाल जाता था। वहाँ दूध-मलाई के साथ ढेर सारा प्यार मिलता, साथ ही वहाँ तालाब में डुबकियाँ लगाना, तैराकी बनना, रेत के टीलों पर फिसलना आदि शरारतें करता था। लेखक गृहकार्य पूरा करने के लिए हिसाब-किताब लगाना शुरू कर देता। उनके छात्रों का नेता ओमा शारीरिक गठन व व्यक्तित्व में निराला था उसके जैसा कोई अन्य छात्र न था। ओमा से ही प्रेरित होकर लेखक के मित्र छुट्टियों का काम करने के अतिरिक्त मास्टर जी की पिटाई को अधिक 'सस्ता सौदा' समझते थे। कभी-कभी कुछ समय के लिए लेखक भी ऐसे बच्चों को अपना नेता मान बैठता था।

विद्यालय का वातावरण

लेखक का स्कूल बहुत छोटा था उसमें केवल नौ कमरे थे। दाईं ओर पहला कमरा हेडमास्टर श्री मदनमोहन शर्मा जी का था। स्कूल की प्रार्थना के समय वह बाहर आते और अनुशासन में खड़े छात्रों को देखकर बहुत खुश होते थे। मास्टर प्रीतमचंद, जो खेल अध्यापक थे, स्वभाव से बहुत कठोर थे। सरल तथा विनम्र स्वभाव के हेडमास्टर पाँचवीं और आठवीं कक्षा को अंग्रेज़ी स्वयं पढ़ाते थे।

क्रोध आने पर कभी-कभी गाल पर हल्की-सी चपत लगा देते। फिर भी स्कूल जाने से बच्चे जी चुराते थे। कभी-कभी ऐसी सभी स्थितियों के रहते हुए भी स्कूल उस समय अच्छा लगने लगता, जब खेल अध्यापक स्काउटिंग का अभ्यास कराते। नीली-पीली झंडियाँ हाथों में पकड़वा कर ऊपर-नीचे, दाएँ-बाएँ करवाते और गलती न करने पर जब वह शाबाश कहते, तो ऐसा लगता कि लेखक या उसके मित्रों ने किसी फौज़ के सभी तमगे (मैडल) जीत लिए हों।

लेखक का मध्यमवर्गीय परिवार

हेडमास्टर शर्मा जी का स्वभाव मास्टर प्रीतम चंद के ठीक विपरीत था। वे बच्चों को मारना तो दूर की बात है ऊँची आवाज़ तक में नहीं बोलते थे। गुस्सा दिखाने के लिए मीठी-सी चपत लगा देते या अपलक देखते रहते। हेडमास्टर साहब लेखक को प्रत्येक वर्ष किसी धनी लड़के की पुस्तकें दिलवा देते थे। यद्यपि उन दिनों नई किताबें भी बहुत कम कीमत में आ जाती थीं, परंतु मध्यमवर्गीय परिवार के लिए एक रुपये की भी बहुत कीमत थी। अपने परिवार में लेखक ही पहला लड़का था, जो स्कूल जाने लगा था। लेखक को नई श्रेणी में पहुँचने पर कभी कोई विशेष प्रसन्नता नहीं होती थी। वह सदैव पढ़ाई का बोझ बढ़ने और अध्यापकों द्वारा भयभीत रहता था।

दूसरे विश्वयुद्ध के समय

वह समय दूसरे विश्वयुद्ध का था। नाभा रियासत के राजा को अंग्रेज़ों ने वर्ष 1923 में गिरफ़्तार कर लिया था, जिनका कोडाईकनाल (तमिलनाडु) में देहांत हो गया था। उनका बेटा विलायत में पढ़ रहा था। उन दिनों अंग्रेज़ फौज़ में भर्ती करने के लिए नौटंकी वालों को साथ लेकर गाँवों में आया करते थे। वे नौटंकी में फौज़ियों का सुखी जीवन दिखाकर लोगों को फौज़ में भर्ती होने के लिए आकर्षित करते थे। स्काउटिंग की वर्दी पहनकर परेड करते समय लेखक भी फौज़ी होने का अनुभव करता था।

मास्टर प्रीतमचंद का कठोर व्यक्तित्व

मास्टर प्रीतमचंद का ठिगना कद, गठीला शरीर, दागों भरा चेहरा, बाज़-सी आँखें, चमड़े के चौड़े पंजे वाले बूट सभी लोगों का ध्यान खींचते थे। उनका सज़ा देने का तरीका बर्बर था। वह लेखक को चौथी कक्षा में फ़ारसी पढ़ाने लगे थे। एक बार उन्होंने कार्य न करने पर लड़कों को मुर्गा बना दिया, जब यह दृश्य हेडमास्टर साहब ने देखा तो वे बहुत क्रोधित हुए।

उन्होंने शिक्षा विभाग के डायरेक्टर को शिकायत लिख भेजी और प्रीतमचंद को मुअत्तल कर दिया। एक बार लेखक ने देखा कि प्रीतमचंद भिगोए हुए बादामों का छिलका उतारकर पिंजरे में बंद तोतों को खिला रहे थे और उनसे बातें कर रहे थे। उनका यह व्यवहार स्कूल के कठोरतापूर्ण व्यवहार से सर्वथा भिन्न था। यह सब कुछ आश्चर्यजनक ही लग रहा था।

शब्दार्थ

शब्द	अर्थ
तार-तार होना	बुरी तरह कट-फट जाना;
लथपथ	पूरी तरह सना हुआ;
तरस खाना	दया करना;
गुस्सैल	क्रोधी;
ट्रेनिंग	प्रशिक्षण;
परचूनिये	परचून की दुकान करने वाला;
आढ़तिये	आढ़त का व्यापारी (दलाल);
लंडे	हिसाब-किताब लिखने की प्राचीन पंजाबी लिपि;
बहियाँ	खाता
लोकोक्ति	लोक में कही गई बात
एक खेडण	खेलने के
आँख बचाकर	छिपकर

शब्द	अर्थ
चरना	खा जाना
ननिहाल	नाना का घर
टीला	मिट्टी या रेत का ऊँचा ढेर।
ढाँढस बँधाना	सांत्वना देना
दुम	पूँछ
हाय-हाय करना	रोना आरंभ करना
बालिश्त (बित्ता)	हथेली से की जाने वाली माप।
घुड़की	धमकी भरी डाँट
ठुड्डे	पैर की नोंक से की गई चोट
पिंड़ली	घुटने के पीछे का निचला माँसल भाग
खाल-खींचना	बुरी तरह पिटाई करना
चमड़ी उधेड़ना	बुरी तरह पिटाई करना

शब्द	अर्थ
चपत	धीमे से थप्पड़ मारना
फड़फड़ाना	फड़-फड़ की ध्वनि
दोरंगा	दो रंगों का
गुडविल	सम्मान
सतिगुर	सत गुरु
फटकारना	क्रोधपूर्वक कड़ी बातें कहना
धनाढ्य	धनवान
होल्डर	लकड़ी आदि से बनी अंग्रेज़ी किस्म की कलम
रकम	धनराशि
सेर	सोलह छटाँक की एक तौल
ज़िक्र	चर्चा।
हरफनमौला	हर फन (विद्या) में माहिर
परेड	सैनिकों द्वारा कदम-ताल में चलना
विह्सल	सीटी
अबाउट टर्न	पूरा घूम जाना
बूट	मोटे तले का अंग्रेज़ी जूता
विलायत	विदेश
रियासत	राज्य
जबरन	ज़बरदस्ती
शामियाना	कपड़े का पंडाल
नौटंकी	नाटक करने वाले

शब्द	अर्थ
मसखरा	मज़ाक करने वाले/हँसौड़
रंगरूट	सैनिक
अठे	यहाँ
लीतर	टूटे पुराने खस्ताहाल जूते
खुरियाँ	जूते के नीचे लगने वाली लोहे की एड़ी;
गुर्राना	कर्कश ध्वनि में बोलना।
बर्बरता	असहनीय पीड़ा देना
उत्तेजित होना	क्रोधित होना
पनिश	सजा
फौरन	अतिशीघ्र
मुअत्तल	निलंबित
मंज़ूरी	स्वीकृति
महकमाए	तालीम-शिक्षा विभाग
बहाल	पुनः नियुक्त करना
धक्-धक् करना	भयभीत होना
मुरझाना	उदास होना
चौबारा	ऊपरी मंज़िल पर बना हुआ कमरा
रत्ती भर	ज़रा भी
दहकती	तपती हुई
अलौकिक	जो इस लोक का न हो (दिव्य)

NCERT फोल्डर

पाठ्यपुस्तक (संचयन भाग-2) के प्रश्नोत्तर

प्र.1 "कोई भी भाषा आपसी व्यवहार में बाधा नहीं बनती"—पाठ के किस अंश से यह सिद्ध होता है? **दक्षता आधारित प्रश्न**

अथवा **'सपनों के-से दिन' पाठ के आधार पर उदाहरण देकर लिखिए कि कोई भी भाषा आपसी व्यवहार में बाधा नहीं बनती है।** **CBSE 2014, 12, 11**

उत्तर यह एक वास्तविकता है कि जहाँ दो अलग-अलग संस्कृतियों के व्यक्तियों के दिल आपस में जुड़ते हैं और उनमें आत्मीयता बढ़ती है, तो वहाँ भाषा जैसी बाधा अपना कोई प्रभाव नहीं छोड़ पाती अर्थात् भाषा बाधक नहीं बन पाती। 'सपनों के-से दिन' पाठ में एक जगह लेखक ने लिखा है कि हमारे आधे से अधिक साथियों के घरवाले राजस्थान या हरियाणा से मंडी में व्यापार या दुकानदारी करने आए थे। आर्थिक लाभ की खातिर अन्य जगहों से आए हुए लेखक के अनेक मित्रों के परिवार वाले समय के साथ-साथ वहीं पर बस गए। इन सबकी संस्कृति, भाषा, रहन-सहन, पहनावा, रीति- रिवाज़ आदि सब वहाँ के स्थानीय लोगों की तुलना में अलग थे।

इन परिवारों के बच्चे जिस भाषा का प्रयोग करते, वह लेखक या अन्य स्थानीय लोगों को समझ में नहीं आती थी। उनके कुछ शब्द सुनकर तो लेखक को हँसी भी आती थी। इसके बावजूद लेखक की इनमें से अनेक लड़कों के साथ अच्छी मित्रता हो गई थी। ये साथ-साथ खूब खेलते, खूब मस्ती करते। खेलते समय सभी अलग-अलग भाषा-भाषी लड़के भी एक-दूसरे की बातों को खूब अच्छी तरह समझ लेते थे। उनके बीच भाषा कभी भी दीवार बनकर खड़ी नहीं हुई। वस्तुत: जहाँ सहृदयता होती है, वहाँ बाहरी दीवार टिक नहीं पाती। भाषा या जाति-धर्म की दीवार भी इसी तरह की दीवार होती है। यह कभी मनुष्य के सद्व्यवहार में बाधा नहीं बन सकती है।

प्र.2 पीटी साहब की 'शाबाश' फौज़ के तमगों-सी क्यों लगती थी? स्पष्ट कीजिए। **दक्षता आधारित प्रश्न**

उत्तर स्कूल में स्काउटिंग का अभ्यास करते समय सभी बच्चे नीली-पीली झंडियाँ हाथ में लेकर ऊपर-नीचे, दाएँ-बाएँ लहराते तथा खाकी वर्दी और दोरंगे रूमाल पहनते। स्काउटिंग का अभ्यास करते समय पीटी साहब किसी भी बच्चे की ज़रा-सी चूक भी बर्दाश्त नहीं करते थे। स्कूल के मैदान में पंक्तिबद्ध खड़े लड़कों में से कोई थोड़ा भी टेढ़ा या पंक्ति से हटकर खड़ा नज़र आता, तो वे तुरंत टोकते और सज़ा भी देते थे।

अनुशासनबद्ध पंक्ति में पोशाक सहित खड़े बच्चे जब कोई गलती नहीं करते, तो पीटी साहब खुश हो जाते और बच्चों को शाबाशी देते। अत्यधिक कठोर अनुशासनप्रिय पीटी साहब द्वारा किसी बच्चे को शाबाशी देना बच्चों में अत्यधिक उत्साह का संचार कर देता था। उन्हें लगने लगता था कि उन्होंने कोई बहुत बड़ा काम किया है, अन्यथा पीटी साहब की शाबाशी उन्हें प्राप्त नहीं होती।

कठोर अनुशासन का पालन करने वाले तथा बच्चों की अत्यंत कम प्रशंसा करने वाले पीटी साहब की शाबाशी बच्चों को पदक यानी तमगा (मैडल) जीतने जैसी खुशी देती थी। यह प्रसंग दर्शाता है कि बच्चों में शाबाशी पाने की कितनी व्यग्रता होती है और किसी की शाबाशी उन्हें एक नई उमंग एवं ऊर्जा से पूरी तरह भर देती है।

प्र.3 नई श्रेणी में जाने और नई कॉपियों और पुरानी किताबों से आती विशेष गंध से लेखक का बालमन क्यों उदास हो उठता था? **CBSE 2012**

उत्तर नई श्रेणी में जाने का उत्साह रोचक होता है। बच्चे अगली कक्षा में प्रवेश का इंतज़ार करते रहते हैं, इसका कारण नई किताब-कॉपियों की प्राप्ति भी है। बच्चे नई किताब-कॉपियों से खुश हो जाते हैं। नई किताबों में उन्हें नवीन ताज़गी का अहसास होता है। लेखक के परिवार की आर्थिक स्थिति अच्छी नहीं थी, जिस कारण नई पुस्तकों को खरीदना संभव नहीं था। लेखक को नई श्रेणी में जाने पर नई कॉपियों के साथ पुरानी किताबें ही मिलती थीं, जिस कारण लेखक का बालमन पुरानी किताबों की विशेष गंध से उदास हो जाता।

प्र.4 स्काउट परेड करते समय लेखक अपने को महत्त्वपूर्ण 'आदमी' फ़ौजी जवान क्यों समझने लगता था? **CBSE 2011**

अथवा **'सपनों के-से दिन' पाठ में लेखक को कब लगता कि वह भी एक फ़ौजी है? कारण सहित लिखिए।** **दक्षता आधारित प्रश्न**

उत्तर स्काउट परेड में भाग लेने के लिए लेखक बचपन में अपने दोस्तों के साथ शान से जाता। उनके कपड़े धोबी द्वारा धुले होते। साफ़ वर्दी, पॉलिश किए बूट तथा जुराबों को पहनकर बच्चे स्वयं को फौज़ी जवान ही समझते थे। उनके साथ-साथ लेखक को भी लगता कि वह भी एक फौज़ी है। विद्यालय में पीटी शिक्षक प्रीतमचंद द्वारा परेड कराते हुए लेफ्ट-राइट की आवाज़ तथा सीटी की ध्वनि पर बूटों की एड़ियों को दाएँ-बाएँ मोड़कर ठक-ठक करते अकड़कर चलते समय विद्यार्थी अपने को बिलकुल फ़ौजी जवान के रूप में बहुत महत्त्वपूर्ण व्यक्ति समझते। वर्दी तथा परेड के उत्साह ने उसमें यह भाव जगाया था। यही कारण था कि स्काउट परेड करते समय लेखक स्वयं को फ़ौजी जवान समझने लगता था।

प्र.5 हेडमास्टर शर्मा जी ने पीटी साहब को क्यों मुअत्तल कर दिया? **CBSE 2012, 11**

उत्तर पीटी शिक्षक प्रीतमचंद अत्यधिक कठोर थे। बच्चों पर नियंत्रण रखने के लिए वे निरंकुशतापूर्ण व्यवहार का सहारा लेते थे। शिक्षक प्रीतमचंद चौथी कक्षा में फ़ारसी भी पढ़ाते थे। एक दिन उन्होंने बच्चों को कोई कठिन शब्द-रूप याद करके लाने के लिए कहा। किसी भी बच्चे को वह शब्द-रूप याद नहीं हुआ। इतनी सी बात पर उन्होंने सारे लड़कों को मुर्गा बनने की सज़ा दी। कई बच्चे गिर गए। हेडमास्टर साहब एक संवेदनशील एवं कोमल हृदय के शिक्षक थे। उन्हें बच्चों को इस तरह दंडित किया जाना अनुचित लगा। इसी कारण हेडमास्टर शर्मा जी ने शिक्षा विभाग के निदेशक (डायरेक्टर) को शिकायत लिख भेजी और प्रीतमचंद को मुअत्तल (नौकरी से निकाल देना) कर दिया गया।

प्र.6 लेखक के अनुसार, स्कूल खुशी से भागे जाने की जगह न लगने पर भी कब और क्यों उसे स्कूल जाना अच्छा लगने लगा? **CBSE 2012, 11**

अथवा

'सपनों के-से दिन' पाठ में लेखक को स्कूल जाने का उत्साह नहीं होता था, क्यों? फिर भी ऐसी कौन-सी बात थी जिस कारण उसे स्कूल जाना अच्छा लगने लगा? कारण सहित स्पष्ट कीजिए। **CBSE 2014**

अथवा

लेखक को स्कूल जाने के नाम से उदासी क्यों आती थी? 'सपनों के से दिन' पाठ के आधार पर स्पष्ट कीजिए। आपको स्कूल जाना कैसा लगता है और क्यों? **दक्षता आधारित प्रश्न**

उत्तर लेखक को बचपन में स्कूल कभी भी खुशी से भागे जाने की जगह नहीं लगी। चौथी कक्षा तक लेखक अपने कुछ सहपाठियों की तरह रोते-चीखते ही स्कूल पहुँचता था। उसके मन में स्कूल के प्रति एक प्रकार का भय समाया हुआ था। कई बच्चे तो तालाब में किताब-कॉपियों को फेंक पढ़ाई को ही तिलांजलि दे चुके थे। स्कूल में जीवन नीरस तथा कैदी-सा प्रतीत होता था। स्कूल के प्रति लेखक के मन में निराशा के भाव होते हुए भी धीरे-धीरे स्कूल उसे भाने लगा। यह तब संभव हुआ, जब स्काउटिंग के अभ्यास का मौका लेखक को मिला। नीली-पीली झंडियों को हिलाते हुए परेड करना उसे अच्छा लगता था। धोबी से धुली वर्दी, पॉलिश किए जूते तथा जुराबों को पहनकर फ़ौजी जवान की तरह महत्त्वपूर्ण आदमी बनने की लालसा ने स्कूल के प्रति उसके भाव को बदल दिया। लेखक को परेड में भाग लेना अच्छा लगने लगा और इस कारण स्कूल के प्रति उसका आकर्षण भी बढ़ गया।

प्र.7 लेखक अपने छात्र जीवन में स्कूल से छुट्टियों में मिले काम को पूरा करने के लिए क्या-क्या योजनाएँ बनाया करता था तथा उसे पूरा न कर पाने की स्थिति में किसकी भाँति 'बहादुर' बनने की कल्पना किया करता था? **CBSE 2019, 11**

उत्तर लेखक अपने छात्र जीवन में स्कूल की छुट्टियों का मजा यूँ ही जाने देना नहीं चाहता था, लेकिन छुट्टियों में मिले काम को पूरा करना भी ज़रूरी होता था। यदि छुट्टियों का काम पूरा किए बगैर स्कूल जाता, तो शिक्षकों द्वारा पिटाई होने का भय था। इस कारण उन कामों को पूरा करने की योजना बनाना ज़रूरी हो जाता। लेखक हिसाब लगाता कि गणित के शिक्षक ने दो सौ से कम सवाल हल करने को नहीं दिए होंगे। दस सवाल रोज़ निकालने पर ही बीस दिनों में यह कार्य पूरा हो सकेगा।

ऐसा वह तब सोचना शुरू करता, जब छुट्टियों के समाप्त होने में एक महीना शेष बचता था। अगले दस दिन खेलकूद में बीत जाते, तब पिटाई का भय और बढ़ जाता। पिटाई के भय को दूर करने के लिए दस की बजाय पंद्रह सवाल रोज़ निकालने की योजना बनाता। ऐसी योजना बनाने के बाद छुट्टियाँ कम लगने लगतीं और समय तेज़ी से व्यतीत हो जाता। लेखक के बचपन के कई साथी ऐसे थे, जो सवाल करने के बदले शिक्षक की पिटाई को 'सस्ता सौदा' समझते थे। छुट्टियों के पूरा हो जाने पर काम नहीं हो पाने की स्थिति में लेखक अपने सहपाठी 'ओमा' की तरह बहादुर बनने की कल्पना करता था।

प्र.8 पाठ में वर्णित घटनाओं के आधार पर पीटी सर की चारित्रिक विशेषताओं पर प्रकाश डालिए। **CBSE 2014, 11**

उत्तर पीटी सर की चारित्रिक विशेषताएँ निम्न हैं

शारीरिक विशेषता पीटी सर का नाम प्रीतमचंद था। उनका कद ठिगना और शरीर गठीला था। चेहरे पर दाग थे, पर आँखें बाज की तरह चमकीली थीं। वे स्काउटिंग के शिक्षक थे, इस कारण वे लड़कों के सामने अधिकतर खाकी ड्रेस में होते थे। उनके पैरों में मोटे बूट होते थे, जिनकी ठक-ठक की आवाज़ बच्चों के कोमल हृदय में स्वाभाविक रूप से भय पैदा कर देती थी।

कठोर व्यवहार पीटी सर का बच्चों के प्रति कठोर व्यवहार होता था। वे बच्चों को नियंत्रण में रखने के लिए सख्त सजाएँ देने से भी नहीं हिचकते थे। वे 'चमड़ी उधेड़ने' तथा 'खाल खींचने' जैसे जुमलों का अक्सर प्रयोग करते थे। सज़ा देते वक्त वे क्रूरता की हद तक पहुँच जाते थे। प्रीतमचंद की कठोरता ही उनके निलंबन का कारण बनी।

अनुशासनप्रिय तथा भावुक व्यक्ति प्रीतमचंद एक अनुशासनप्रिय शिक्षक थे। परेड में गलती नहीं करने वाले विद्यार्थी को 'शाबाशी' देना वे कभी नहीं भूलते थे। वे ऊपर से कठोर, किंतु अंदर से भावुक थे। पिंजरे में बंद तोते के प्रति उनका प्यार देखते ही बनता था।

प्र.9 विद्यार्थियों को अनुशासन में रखने के लिए पाठ में अपनाई गई युक्तियों और वर्तमान में स्वीकृत मान्यताओं के संबंध में अपने विचार प्रकट कीजिए। **दक्षता आधारित प्रश्न**

अथवा **आज की शिक्षा-व्यवस्था में विद्यार्थियों को अनुशासित बनाए रखने के लिए क्या तरीके निर्धारित हैं? 'सपनों के-से दिन' पाठ में अपनाई गई विधियाँ आज के संदर्भ में कहाँ तक उचित लगती हैं? जीवन मूल्यों के आलोक में अपने विचार प्रस्तुत कीजिए।** **CBSE 2018, 14**

अथवा **विद्यार्थियों में अनुशासन की भावना विकसित करने के लिए कठोर दंड वाली विधि अधिक उपयुक्त है या वर्तमान समय की मनोवैज्ञानिक विधियाँ? 'सपनों के से दिन' पाठ के आधार पर लिखिए।** **CBSE Term II 2022**

उत्तर 'सपनों के-से दिन' पाठ में लेखक ने अपने बचपन के दिनों के विद्यालय में अनुशासन के लिए अपनाए जाने वाले तरीकों का ब्यौरा दिया है। स्कूल में विद्यार्थियों को अनुशासन में रखने के लिए उन्हें भयभीत किया जाता था। अनुशासन के नाम पर शिक्षक निरंकुशता तथा निर्दयता की हद तक उतर जाते। 'चमड़ी उधेड़ने' तथा 'खाल खींचने' की धमकी से भी बच्चों को डराया जाता था।

पढ़ाई के नाम पर काम का बोझ विद्यार्थियों पर डाला जाता था। पाठ याद कर नहीं आने वाले विद्यार्थियों को कठोर शारीरिक दंड दिया जाता था।

वर्तमान समय में विद्यार्थियों को शारीरिक सज़ा देने पर पाबंदी लगा दी गई है। इसे अमानवीय माना गया है। विद्यार्थियों को अनुशासन में रखने के लिए आर्थिक दंड तथा कुछ दिनों के लिए विद्यालय से निलंबन की कार्रवाई भी की जाती है। पढ़ाई को व्यवस्थित करने का प्रयास हुआ है। विद्यार्थियों में काम के बोझ के बदले 'परियोजना कार्यों' तथा 'प्रायोगिक कक्षा' के माध्यम से पढ़ाई के प्रति रुचि विकसित की जाती है। वस्तुत: विद्यार्थियों को अनुशासन में रखने की पुरानी पद्धति, जो पाठ में शिक्षकों द्वारा अपनाई गई थी, उनके मानसिक तथा व्यक्तित्व के विकास में सहायक नहीं हो सकती। वर्तमान शिक्षा प्रणालियाँ अधिक तार्किक एवं प्रासंगिक हैं।

प्र.10 बचपन की यादें मन को गुदगुदाने वाली होती हैं विशेषकर स्कूली दिनों की। अपने अब तक के स्कूली जीवन की खट्टी-मीठी यादों को लिखिए।

उत्तर छात्र स्वयं लिखें।

प्र.11 प्राय: अभिभावक बच्चों को खेलकूद में ज़्यादा रुचि लेने पर रोकते हैं और समय बर्बाद न करने की नसीहत देते हैं। बताइए

(क) खेल आपके लिए क्यों ज़रूरी हैं?

(ख) आप कौन-से ऐसे नियम-कायदों को अपनाएँगे, जिससे अभिभावकों को आपके खेल पर आपत्ति न हो?

अथवा **'सपनों के-से दिन' पाठ के आधार पर बताइए कि बच्चों का खेलकूद में अधिक रुचि लेना अभिभावकों को अप्रिय क्यों लगता था?**

अथवा **पढ़ाई के साथ खेलों का छात्र जीवन में क्या महत्त्व है और इससे किन जीवन-मूल्यों की प्रेरणा मिली है? स्पष्ट कीजिए।** **CBSE 2014**

उत्तर (क) अभिभावक प्राय: बच्चों को खेलकूद में ज़्यादा रुचि लेने से रोकते हैं। वे अपने बच्चों की सफलता के लिए पढ़ाई को ही महत्त्वपूर्ण मानते हैं। अध्ययनशील बच्चों के बेहतर भविष्य तथा जीवन में अधिक आगे जाने की इच्छा रखने के कारण अभिभावकों में ऐसी भावना पाई जाती है, किंतु जीवन में खेलकूद को नज़रअंदाज़ करना उचित नहीं है।

खेलकूद बच्चों के सर्वांगीण विकास के लिए आवश्यक है। इससे व्यक्तित्व का निर्माण होता है, सहयोग की भावना को नया आयाम मिलता है और हमारे अंदर बेहतर गुणों का समावेश होता है। इससे परस्पर सहयोग, सहनशीलता तथा नेतृत्व के गुणों का विकास संभव होता है। खेलों से विद्यार्थियों में अनुशासन भी विकसित होता है। इन बातों को समझने वाले अभिभावक, बच्चों को समय के अनुसार खेलने को भी अवश्य प्रोत्साहित करते हैं।

(ख) आपके द्वारा खेलते समय इस बात का ध्यान रखा जाना चाहिए कि पढ़ाई व खेल में दिए जाने वाले समय में संतुलन बना रहे। छात्रों को अपनी दिनचर्या को इस प्रकार व्यवस्थित करना चाहिए कि खेल के कारण पढ़ाई में बाधा न पड़े।

प्र.12 'सपनों के से दिन' कहानी के आधार पर पी टी साहब के व्यक्तित्व की दो विशेषताएँ बताते हुए लिखिए कि स्काउट परेड करते समय लेखक स्वयं को महत्त्वपूर्ण आदमी, एक फौजी जवान क्यों समझता था? **CBSE 2019**

उत्तर इस प्रश्न के उत्तर के लिए प्रश्न संख्या 4 व 8 देखें।

अभ्यास प्रश्न

वर्णनात्मक प्रश्नों सहित

विषयवस्तु पर आधारित प्रश्नोत्तर

1. 'सपनों के दिन' में लेखक ने स्कूल के साथ-साथ द्वितीय विश्व युद्ध के बारे में चर्चा क्यों की होगी? उचित तर्कों द्वारा स्पष्ट कीजिए। **CBSE SQP (Additional Set) 2023**

उत्तर लेखक ने द्वितीय विश्व युद्ध (1939-1945) की चर्चा इसलिए की, क्योंकि इस समय युद्ध के लिए फौज में भर्ती चल रही थी। अंग्रेज अफसर चाहते थे कि भारत के ज्यादा से ज्यादा नौजवान उनकी सेना में भर्ती हो जाएँ। लोगों को फौज में भर्ती करने के लिए जब कुछ अफसर गाँव आया करते थे, तो वे अपने साथ कुछ नौटंकी वालों को भी लाया करते थे, जिससे वह नौजवानों को फौज में भर्ती के लिए आकर्षित कर सके। वह फौजी जीवन की शान-शौकत, सुख-सुविधाओं का वर्णन नौटंकी के माध्यम से किया करते थे। इन्हीं सब बातों से खुश होकर कुछ नौजवान फौज में भर्ती होने के लिए तैयार हो जाते। लेखक ने स्कूल के साथ-साथ द्वितीय विश्व युद्ध के बारे में चर्चा करके शिक्षा का महत्त्व व उसकी उपयोगिता को उजागर करने का प्रयास किया है। नौजवान उचित-अनुचित, अच्छे-बुरे के अंतर को समझ सके इन्हीं मूल्यों को दर्शाने का प्रयास लेखक ने किया है।

2. एक विद्यार्थी भी सैनिक की तरह ही होता है। सैनिक से प्रेरित होकर आप अपनी जिम्मेदारियों और चुनौतियों का निर्वाह कैसे करेंगे? **CBSE SQP (Additional Set) 2023**

उत्तर एक विद्यार्थी का जीवन स्कूल में अनुशासन, अपने शिक्षण के प्रति सजगता लिए होता है। वह उचित अनुशासन का पालन करते हुए अपनी दिनचर्या पूर्ण करता है। सैनिक द्वारा भी अनुशासन रखना महत्त्वपूर्ण होता है। इसके साथ बच्चों को शारीरिक, मानसिक, सामाजिक रूप से मजबूत बनना चाहिए, ताकि वह आने वाली प्रत्येक चुनौतीपूर्ण परिस्थितियों का सामना आसानीपूर्वक कर सकें। इसलिए पढ़ाई के साथ-साथ उन्हें खेलकूद का भी हिस्सा बनना चाहिए। ये खेलकूद एक ओर हमारे शारीरिक, मानसिक विकास के लिए आवश्यक है, तो दूसरी ओर सहयोग की भावना, पारस्पारिकता, सामूहिकता, मेल-जोल रखने की भावना, हार-जीत को समान समझना, त्याग, प्रेम-सद्भाव जैसे जीवन-मूल्यों को उभारते हैं तथा उन्हें मजबूत बनाते हैं। इसलिए यह कहना अनुचित नहीं कि एक विद्यार्थी सैनिक की तरह ही होता है तथा उनसे प्रेरणा लेकर अपनी जिम्मेदारियों और चुनौतियों का निर्वाह करता है।

3. शिक्षक की ट्रेनिंग के दौरान बाल-मनोविज्ञान विषय पढ़ने पर लेखक ने कैसा महसूस किया? **दक्षता आधारित प्रश्न**

उत्तर लेखक बाल्यकाल में अपने मित्रों के साथ खेलों का आनंद लिया करता था। मैले, फटे-पुराने बेतरतीब कपड़े पहनकर सभी बच्चे गली में खेलते रहते थे। भागते-दौड़ते हुए जब कभी गिरकर चोट लग जाती, हाथ-पैर छिल जाते, तो घर वालों से सहानुभूति की जगह डाँट खानी पड़ती, तो भी बच्चे खेलना बंद नहीं करते।

जब लेखक ने बड़े होकर शिक्षक की ट्रेनिंग के दौरान बाल-मनोविज्ञान पढ़ा, तब उसे अहसास हुआ कि सभी बच्चों की स्थिति एक जैसी होती है। वे किसी भी कीमत पर खेलने के आनंद से वंचित नहीं होना चाहते। खेल में रुचि लेने के अतिरिक्त अन्य आदतों में भी बच्चे समान स्वभाव के होते हैं। जिस कार्य में बंधन होता है या करने की स्वतंत्रता नहीं होती तथा अभिभावक जिस कार्य को करने में रोक-टोक करते रहते हैं, वह कार्य करना किसी भी बच्चे को पसंद होता है। अभिभावक विशेष तौर पर जिस चीज़ से सावधान रहने के लिए कहते हैं, बच्चे उस चीज़ को एक बार देखने का प्रयास अवश्य करते हैं।

4. प्राचीन और आधुनिक शिक्षा प्रणाली को पाठ के आधार पर स्पष्ट कीजिए। **CBSE 2016**

उत्तर प्रस्तुत पाठ में प्राचीन समय में खेले जाने वाले खेलों तथा उनके तरीकों के साथ-साथ शिक्षा प्रणाली का भी स्पष्ट वर्णन किया गया है।

प्राचीन शिक्षा प्रणाली प्राचीन समय में अभिभावक बच्चों को शिक्षित करना अनिवार्य नहीं समझते थे। यदि कभी कोई उनसे सवाल भी करता कि बच्चों को विद्यालय क्यों नहीं भेजते, तो तुरंत जवाब मिलता कि इसे क्या पढ़-लिखकर तहसीलदार बनना है। कुछ अभिभावक अपने बच्चों को विद्यालय भेजते भी थे, तो उन्हें पूरी तरह से शिक्षक पर छोड़ दिया जाता था। वह उसके साथ कठोरता का व्यवहार कर सकते थे। गलती करने पर सख्ती से दंड दिया जाता था। कक्षा में सभी बच्चों के सामने उसको दंडित किया जाता था। शारीरिक दंड देने पर भी कोई पाबंदी नहीं थी।

आधुनिक शिक्षा प्रणाली आधुनिक काल में शिक्षा सभी के लिए अनिवार्य है, परंतु अब शिक्षा प्रणाली पूरी तरह बदल चुकी है। अब सभी अभिभावक भी बच्चों पर उतना ही ध्यान देते हैं, जितना शिक्षक। विद्यालय में लिखित कार्य के साथ प्रायोगिक कार्यों पर भी ज़ोर दिया जाता है। दंड के स्थान पर धैर्यपूर्वक प्रोत्साहित करने पर ज़ोर दिया जाता है। शारीरिक दंड देना अपराध माना जाता है। ऐसी कोई भी टिप्पणी करने पर पाबंदी है, जो छात्रों में हीनता की भावना को जन्म दे।

5. "लेखक और उसके साथियों के सभी खेल प्रकृति से जुड़े थे" पाठ के आधार पर बताइए। **दक्षता आधारित प्रश्न**

उत्तर बचपन में लेखक अपने मित्रों के साथ सदैव घर के बाहर खेलते थे। वह घर के बाहर गली में या मैदानों में खेलते समय ताज़ी हवा का आनंद लेते थे। घर के बाहर थोड़ी-सी दूरी पर स्थित तालाब में कभी कूदते, कभी नहाते, कभी तैरते। साथ ही कभी रेत के टीले पर चढ़ते, कभी उस पर लेटते। ये सब क्रियाएँ भी प्रकृति की समीपता का अहसास करातीं। लेखक और उसके मित्र जब पैदल चलकर विद्यालय

पहुँचते, तो रास्ते में वृक्षों का साथ मिलता। वे स्कूल की छोटी क्यारियों के रंग-बिरंगे फूलों—गुलाब, गेंदा, मोतियों की दूध-सी सफेद कलियों के साथ खेलने का मज़ा लेते थे। इस प्रकार लेखक व उसके साथियों के सभी खेल प्रकृति से संबद्ध थे।

6. बचपन में लेखक और उसके साथी ग्रीष्मावकाश किस प्रकार व्यतीत करते थे?

उत्तर लेखक बताता है कि पुराने समय में साल के शुरू में केवल एक-डेढ़ महीना पढ़ाई हुआ करती थी, फिर लगभग डेढ़-दो महीने की छुट्टियाँ शुरू होती थीं। छुट्टियाँ होते ही बच्चों में जो खुशी की लहर दौड़ जाती, उसका अनुमान लगाना मुश्किल था। अवकाश शुरू होते ही लेखक अपनी माँ के साथ ननिहाल चला जाता। वहाँ नानी खूब दूध-दही व मक्खन खिलातीं। आवश्यकता से अधिक लाड़-प्यार मिलता। कभी जब ननिहाल नहीं जा पाता, तो अपने घर के पास ही तालाब में घंटों धमा-चौकड़ी मचाता, ऊँचे टीले से तालाब में कूदता, कभी रेत के टीलों पर चढ़ता, फिर तालाब के पानी से शरीर पर लगी रेत को साफ़ करता, यह कार्यक्रम घंटों चलता। लेखक के कुछ मित्र तो तैरना भी अच्छी तरह जानते थे, लेखक भी उनकी तरह हाथ-पैर मारकर तैरने का प्रयास करता। इस प्रयास में कई बार कोई मित्र डूबने की कगार पर पहुँच जाता, तब तैराक मित्रों की सहायता से उसे बाहर निकाला जाता। फिर भी ऐसी शरारतें बाल्यकाल में समाप्त नहीं हो सकीं।

7. बचपन में लेखक और उसके साथी किसे अपना नेता मानते थे और क्यों? पाठ में उसके बारे में क्या बताया गया है? **दक्षता आधारित प्रश्न**

उत्तर बचपन में लेखक और उसके साथी 'ओमा' को अपना नेता मानते थे, क्योंकि जब छुट्टियाँ बिताने के बाद मास्टर जी द्वारा दिया गया कार्य याद आता, तो सभी चिंतित हो जाते। अनेक प्रकार से जल्दी-से-जल्दी कार्य पूरा करने की योजना बनाते, तब ओमा की बातें याद आतीं। वह हमेशा कार्य पूरा करने की बजाय पिटाई को 'सस्ता सौदा' समझता था।

उसे देखकर लेखक और उसके साथियों में भी बहादुरी दिखाने की लहर दौड़ जाती। पाठ में उसके बारे में बताया गया है कि उसकी बातें, गालियाँ, मार-पिटाई का ढंग आदि तो अलग था ही, उसकी शक्ल-सूरत भी अलग थी। हाँडी जितना बड़ा सिर, उसके ठिगने शरीर पर ऐसा लगता था, जैसे बिल्ली के बच्चे के माथे पर तरबूज रखा हो। इतने बड़े सिर में नारियल की-सी आँखों वाला बंदरिया के बच्चे जैसा चेहरा और भी अजीब लगता। वह हाथ-पाँव से नहीं, हमेशा सिर से इतनी ज़ोर से वार करता कि शक्तिशाली बालक भी पीड़ा से चिल्ला उठता। उसके सिर की टक्कर को सभी 'रेल-बंबा' कहते थे।

8. 'सपनों के-से दिन' पाठ में हेडमास्टर शर्मा जी की, बच्चों को मारने-पीटने वाले अध्यापकों के प्रति, क्या धारणा थी? जीवन- मूल्यों के संदर्भ में उसके औचित्य पर अपने विचार लिखिए। **CBSE 2015, 14**

अथवा **'सपनों के से दिन' पाठ में मास्टर प्रीतम चंद पीटी और हेडमास्टर शर्मा जी के दो विपरीत स्वभावों का वर्णन किया गया है। छात्रों पर भी इसका अलग-अलग प्रभाव पड़ता था?**
अपने निकट के किन्हीं दो विपरीत स्वभाव वाले व्यक्तियों का वर्णन कीजिए। आपके ऊपर उनका क्या प्रभाव पड़ता है? समझाकर लिखिए। **CBSE SQP (Additional Set) 2023**

उत्तर विद्यालय के हेडमास्टर मदनमोहन शर्मा जी का स्वभाव अत्यंत कोमल व स्नेह से भरा हुआ था। वे विद्यार्थियों को गलतियाँ होने पर भी कठोर दंड देने के बिलकुल भी पक्षधर नहीं थे। अपने इन्हीं सिद्धांतों की वजह से उन्होंने पीटी के अध्यापक प्रीतमचंद द्वारा चौथी कक्षा के विद्यार्थियों को सज़ा दिए जाने पर उन्हें डाँटते हुए विद्यालय से निलंबित कर दिया था। उनके अनुसार विद्यार्थियों के साथ सज़ा के माध्यम से किया जाने वाला बर्बरतापूर्ण व्यवहार पूर्णतः अनुचित है। हेडमास्टर शर्मा जी का विद्यार्थियों को सज़ा न देने का सिद्धांत शिक्षक-शिक्षार्थी के संबंधों को दृढ़ता प्रदान करने के लिए अति आवश्यक है। साथ ही विद्यार्थी विद्यालय में विद्यार्जन के लिए जाता है, यदि उन्हें वहाँ अध्यापकों द्वारा दंडित किया जाएगा, तो वह शिक्षण अधिगम प्रक्रिया में भी बाधक बनकर सामने आएगा।

जिसके परिणामस्वरूप मास्टर प्रीतमचंद के प्रति विद्यार्थियों के व्यवहार को लिया जा सकता है, जो सदैव उनसे भयभीत रहा करते थे और उनके निलंबित होने के उपरांत भी फ़ारसी की घंटी बजते ही उनके चेहरे डर से मुरझा जाया करते। अतः विद्यार्थियों को पढ़ाने के नाम पर पीटने वाले अध्यापकों के प्रति हेडमास्टर शर्मा जी का व्यवहार पूर्णरूप से उचित एवं सराहनीय है। अपने आस-पास के लोगों में हम अपने माता-पिता के व्यवहार में भी अंतर पाते हैं, जहाँ माँ हमें प्रेम व स्नेह से रखती है, हमारी गलतियों पर भी नहीं डाँटती। वही, पिता जी द्वारा डाँटने भर से ही भय लगने लगता है और हम या तो छिप जाते हैं या भाग खड़े होते हैं।

9. बचपन की यादें मन को गुदगुदाने वाली होती हैं। आप भी अब तक के अपने स्कूली जीवन की घटनाओं में से ऐसी घटना का उल्लेख कीजिए, जो आपके जीवन को नैतिक मूल्यों के प्रति मोड़ने में प्रेरक सिद्ध हुई है। **दक्षता आधारित प्रश्न**

उत्तर वास्तव में, बचपन की अनेक यादें मन को गुदगुदाने वाली होती हैं। इनमें से कई घटनाएँ तो इतनी महत्त्वपूर्ण एवं निर्णायक होती हैं, जो हमारे जीवन को ही एक नई दिशा प्रदान कर देती हैं। मेरे जीवन में घटी एक घटना ने जीवन के प्रति मेरी सोच को ही परिवर्तित कर दिया। जब मैं काफी छोटा था, तो अपनी कक्षा में पढ़ने वाले गरीब बच्चों की बहुत हँसी उड़ाया करता था। उनकी पुरानी पुस्तकों एवं पुस्तिकाओं को लेकर उन्हें खूब चिढ़ाया करता था और इस दौरान मैंने कभी इस गलती को महसूस नहीं किया। इसी बीच एक बार मेरे पिता जी किसी वजह से अपने कार्यालय से निलंबित कर दिए गए। घर की आर्थिक स्थिति डगमगा गई।

पैसे की अत्यधिक कमी होने के कारण अगले वर्ष की कक्षा में जाने पर मुझे भी पुरानी पुस्तकें ही खरीदनी पड़ीं। तब मुझे अहसास हुआ कि किसी की आर्थिक मज़बूरी का मजाक उड़ाना कितना गलत है और मैं यह भारी गलती लगातार कुछ वर्षों तक करता रहा था। मैंने अपनी कक्षा के ऐसे सभी पुराने साथियों से अपनी इस गलती के लिए दिल से क्षमा माँगी। उस दिन से मेरे जीवन में एक बड़ा भारी नैतिक परिवर्तन हुआ और मेरा हृदय गरीब व्यक्तियों के प्रति हमेशा के लिए सहानुभूति से भर गया।

10. लेखक को किसके सहारे अपनी पढ़ाई जारी रखनी पड़ी? आप गरीब बच्चों की पढ़ाई जारी रखने के लिए विद्यालयों को क्या सुझाव देना चाहेंगे? **CBSE 2015**

उत्तर लेखक गुरुदयाल सिंह के माता-पिता की आर्थिक स्थिति अच्छी नहीं थी, इसलिए वे शिक्षा पर अधिक धन खर्च नहीं कर सकते थे। लेखक को हर

वर्ष हेडमास्टर साहब शर्मा जी किसी समृद्ध परिवार के बच्चे की किताबें लाकर दे दिया करते थे। कॉपियों, पेंसिलों, होल्डर या स्याही-दवात पर मुश्किल से एक रुपया, वर्ष भर का खर्च आता था। तब एक रुपये का भी बहुत महत्त्व था। लेखक को हेडमास्टर शर्मा जी का सहारा न मिलता, तो वे भी अपनी पढ़ाई जारी नहीं रख पाते।

गरीब बच्चों की पढ़ाई जारी रखने में विद्यालय अपनी महत्त्वपूर्ण भूमिका निभा सकते हैं। विद्यालय ऐसे बच्चों के लिए पुस्तकों, कॉपियों एवं पुरानी या सस्ती वेशभूषा आदि की व्यवस्था कर सकते हैं (वैसे वर्तमान समय में सरकारी स्कूलों में बालकों के लिए ये सभी व्यवस्थाएँ की जाती हैं, क्योंकि हमारे देश में 6 से 14 वर्ष के बच्चों के लिए अनिवार्य एवं मुफ़्त शिक्षा देने का प्रावधान है)। विद्यालयों की ओर से बच्चों के माता-पिता को जागरूक बनाने के प्रयास भी किए जाने चाहिए, जिससे वे शिक्षा को बोझ न समझकर उसके महत्त्व को पहचानें। गरीब बालकों के लिए विद्यालय की ओर से छात्रवृत्ति आदि की व्यवस्था भी की जानी चाहिए, जिससे बालकों की शिक्षा में कोई बाधा न आए। यदि विद्यालय की ओर से इस प्रकार के सार्थक प्रयास किए जाएँ, तो गरीब बच्चे अवश्य पढ़ सकेंगे।

11. प्रायः देखा जाता है कि अभिभावक बच्चों को खेल-कूद में ज्यादा रुचि लेने से रोकते हैं और खेलकूद को समय बरबादी का कारण बताते हैं। क्या आप इस तर्क को संगत मानते हैं या नहीं? स्पष्ट कीजिए।

अथवा **'सपनों के से दिन' पाठ के आधार पर बताइए कि बच्चों का खेलकूद में अधिक रुचि लेना अभिभावकों को अप्रिय क्यों लगता था? पढ़ाई के साथ खेलों का छात्र जीवन में क्या महत्त्व है और इससे किन जीवन-मूल्यों की प्रेरणा मिलती है?**

CBSE Foreign 2014, CBSE Diksha

उत्तर हमारे समाज में हमेशा से एक धारणा बनी हुई है कि "खेलोगे कूदोगे बनोगे खराब, पढ़ोगे लिखोगे बनोगे नवाब।" हमारे अभिभावकों को अपने बच्चों की इतनी चिंता होती है कि वे खेल कूद को समय बरबादी का कारण मान लेते हैं और बच्चों को दिन-रात किताबों के तले दबे रहने को प्रोत्साहन देते हैं। परंतु मैं इस तर्क से पूर्ण रूप से असहमति प्रकट करता हूँ। खेल-कूद भी शिक्षा प्राप्ति का एक अप्रत्यक्ष रूप है। खेल-कूद से विद्यार्थी का सर्वांगीण विकास होता है। खेल-कूद विद्यार्थी को कठिन परिस्थितियों से बाहर निकलने की तरकीबें सिखाता है। खेलकूद से बच्चों में अनुशासन की वृद्धि होती है।

खेल-कूद के माध्यम से विद्यार्थी मानसिक एवं शारीरिक तौर पर स्वयं को स्वस्थ महसूस करता है। कहा भी जाता है कि स्वस्थ शरीर में ही स्वस्थ मस्तिष्क का निवास संभव है और शरीर को स्वस्थ एवं मजबूती प्रदान करने का एकमात्र साधन है—खेलकूद। इस प्रकार कहा जा सकता है कि प्रत्येक अभिभावक का अपने बच्चों के प्रति यह कर्त्तव्य होना चाहिए कि वे उन्हें पढ़ाई-लिखाई के साथ-साथ खेलने-कूदने के अवसर से वंचित न करें।

12. "वर्तमान में विद्यालयों में बढ़ती हुई अनुशासनहीनता को देखते हुए मास्टर प्रीतमचंद जैसे अध्यापकों की आवश्यकता है।" इस कथन से सहमति या असहमति के संबंध में अपने तर्कसम्मत विचार लिखिए। **CBSE 2023**

उत्तर मास्टर प्रीतमचंद, जिन्हें पीटी सर भी कहा जाता था, का व्यवहार बच्चों के प्रति बहुत कठोर होता था। वे मोटे बूट पहनते थें, जिनकी ठक-ठक की आवाज़ बच्चों के कोमल हृदय में भय पैदा करती थी। वे बच्चों को नियंत्रण में रखने के लिए सख्त सजाएँ देते थें। वे 'चमड़ी उधेड़ने', 'खाल खींचने' जैसे जुमलों का अक्सर प्रयोग किया करते थें। बच्चों को सजा देते समय वे क्रूरता की हद तक पहुँच जाते थें। वे चौथी कक्षा में फारसी पढ़ाते थें। एक दिन बच्चों द्वारा रूप न याद करने पर कक्षा के सारे बच्चों को मुर्गा बनने की सजा दे दी थी। इस तरह का व्यवहार बच्चों के कोमल मन और मस्तिष्क पर बुरा असर डालता है। अतः मैं इस कथन से असहमत हूँ कि वर्तमान में विद्यालयों में बढ़ती अनुशासनहीनता को देखते हुए मास्टर प्रीतमचंद जैसे अध्यापकों की आवश्यकता है।

13. प्रस्तुत पाठ के आधार पर बताइए कि विद्यार्थियों में जीवन मूल्यों के विकास हेतु शिक्षा व्यवस्था में किस प्रकार के सुधार की आवश्यकता है? **दक्षता आधारित प्रश्न**

उत्तर विद्यार्थियों में जीवन मूल्यों के विकास हेतु शिक्षा व्यवस्था को पूर्ण रूप से प्रयोगवादी बनाना चाहिए। इसमें शिक्षा बाल केंद्रित होती है और अनुशासन लचीला होता है। यह प्रयोग विद्यार्थी का 'करके सीखने' (लर्निंग टू डू) के सिद्धांत का प्रतिपादन करता है। इस पद्धति में अनुशासन, बनाए रखने के लिए शारीरिक दंड का प्रयोग नहीं किया जाता; बल्कि विद्यार्थी को ऐसे कार्य दिए जाते हैं जिसे वह रुचिपूर्वक तथा लगन के साथ पूरा करता है। यही कारण है कि वह अनुशासनहीनता उत्पन्न नहीं कर पाता। इस पद्धति में विद्यार्थियों को महान् व्यक्तित्व वाले इंसान से रू-ब-रू कराया जाता है जिससे प्रेरित होकर वह स्वयं के व्यक्तित्व को विकसित करने का प्रयास करता है। इस प्रणाली में बालक या विद्यार्थी शिक्षा का केंद्र बिंदु है। इस प्रणाली में बालक या विद्यार्थी शिक्षा का केन्द्र बिन्दु होता है और शिक्षक उसके मार्गदर्शक के रूप में कार्य करता है। यहाँ विद्यार्थी और शिक्षक के मध्य मित्र जैसा संबंध स्थापित हो जाता है और इसी कारण विद्यार्थी बेझिझक अपनी समस्याओं को शिक्षक के मध्य रखता है और शिक्षक उन समस्याओं का समाधान निकालता है। अतः कहा जाना चाहिए कि परंपरावादी शिक्षा प्रणाली के दोषों से मुक्ति प्रयोगवादी शिक्षा प्रणाली द्वारा संभव है। इस व्यवस्था द्वारा शिक्षा व्यवस्था में सुधार संभव है।

14. लेखक गुरदयाल सिंह अपने छात्र जीवन में छुट्टियों के काम को पूरा करने के लिए योजनाएँ तैयार करते थे। क्या आपकी योजनाएँ लेखक की योजनाओं से मेल खाती हैं? उदाहरण देकर स्पष्ट कीजिए। **CBSE SQP Term II 2022**

अथवा

सपनों के से दिन पाठ के आधार पर बताइए कि स्कूल की छुटिटयों के शुरू और आखिरी दिनों में बच्चों की दृष्टि में क्या अंतर होता था? क्या यही स्थिति आपकी भी होती है? अपने विचार लिखिए?

CBSE SQP 2023

उत्तर लेखक अपने छात्र जीवन में स्कूल की छुट्टियों का मजा यूँ ही जाने देना नहीं चाहता था, लेकिन छुट्टियों में मिले काम को पूरा करना भी ज़रूरी होता था। यदि छुट्टियों का काम पूरा किए बगैर स्कूल जाता, तो शिक्षकों द्वारा पिटाई होने का भय था। इस कारण उन कामों को पूरा करने की योजना बनाना ज़रूरी था। लेखक हिसाब लगाता कि गणित के शिक्षक ने दो सौ से कम सवाल हल करने को नहीं दिए होंगे। दस सवाल रोज़ निकालने पर ही बीस दिनों में यह कार्य पूरा हो सकेगा।

ऐसा वह तब सोचना शुरू करता, जब छुट्टियों के समाप्त होने में एक महीना शेष बचता था। अगले दस दिन खेलकूद में बीत जाते, तब पिटाई का भय और बढ़ जाता। पिटाई के भय को दूर करने के लिए दस की बजाय पंद्रह सवाल रोज़ निकालने की योजना बनाता। ऐसी योजना बनाने के बाद छुट्टियाँ कम लगने लगतीं और समय तेज़ी से व्यतीत हो जाता। लेखक के बचपन के कई साथी ऐसे थे, जो सवाल करने के बदले शिक्षक की पिटाई को 'सस्ता सौदा' समझते थे। छुट्टियों के पूरा हो जाने पर काम नहीं हो पाने की स्थिति में लेखक अपने सहपाठी 'ओमा' की तरह बहादुर बनने की कल्पना करता था। गृहकार्य के प्रति योजनाओं में हमारी और लेखक की योजनाएँ मेल नहीं खातीं। हम अपने गृहकार्य के प्रति सजग रहते हैं और छुट्टियों के प्रत्येक दिन हम गृहकार्य को पूरा करते हैं, जिससे गृहकार्य छुट्टियाँ खत्म होते-होते पूर्ण हो जाता है और उसका अनावश्यक भार भी नहीं पड़ता।

15. 'सपनों के से दिन' पाठ में अंग्रेजों द्वारा गाँव के लोगों को सेना में भर्ती करने के लिए नौटंकी का सहारा लिया गया। वर्तमान समय में प्रचार-प्रसार के साधनों में, तरीकों में क्या अंतर आया है? **CBSE 2024**

उत्तर 'सपनों के से दिन' पाठ में अंग्रेज गाँव के लोगों को सेना में भर्ती के लिए नौटंकी का सहारा लिया करते थे, जिससे वे नौजवानों को फौज में भर्ती के लिए आकर्षित कर सकें। वह फौजी जीवन की शान-शौकत, सुख-सुविधाओं का वर्णन नौटंकी के माध्यम से किया करते थे। वर्तमान समय में प्रचार-प्रसार के साधनों में सर्वप्रमुख साधन विज्ञापन है। आज भ्रामक विज्ञापनों के द्वारा नौजवान अपने लक्ष्य से भ्रमित हो जाते हैं। पूरी जानकारी व सूचना उपलब्ध न होने के कारण तथा लुभावने वादों को देखकर व सुनकर उसके महत्त्व व उपयोगिता को जाने बिना कभी-कभी भ्रमित हो जाते हैं। स्पष्टत: प्रचार-प्रसार का साधन कोई भी हो तथा वह चाहे प्राचीन हो या नवीन सर्वप्रमुख बात यह है कि व्यक्ति को उचित-अनुचित, अच्छे-बुरे के अंतर को समझकर अपना निर्णय लेना चाहिए।

16. 'सपनों के-से दिन' पाठ से पाठक को क्या संदेश मिलता है? अपने विचार प्रस्तुत कीजिए।

उत्तर प्रस्तुत पाठ स्वयं में गागर में सागर की भूमिका निभाता है। इस पाठ के माध्यम से शिक्षा के मूल्यों, जीवन में खेल-कूद का स्थान, अनुशासन तथा बालमन के उत्साह संबंधित चित्र को हमारे सम्मुख रखता है। इस पाठ के माध्यम से रूढ़िगत शिक्षा प्रणाली के दोषों को प्रस्तुत करते हुए वर्तमान शिक्षा प्रणाली को सुधारने का संदेश दिया गया है। छात्रों को पढ़ाई व खेलकूद में संतुलन बनाकर चलना चाहिए, ताकि शिक्षा के प्रति उनकी रुचि कम न हो। इसी के साथ समाज में उपस्थित उन अभिभावकों को, जो स्वयं कम पढ़े-लिखे या अनपढ़ हैं, उनको शिक्षा के महत्त्व को बताने का प्रयास किया गया है।

17. स्काउट परेड करते समय लेखक स्वयं को महत्त्वपूर्ण 'आदमी' फौजी जवान समझने लगता था। कथन के आलोक में अपने विचार प्रकट करते हुए बताइए कि विद्यालय जीवन में प्रशिक्षण व गतिविधियों की क्या उपयोगिता है? **CBSE SQP 2022**

उत्तर स्काउट परेड में लेखक साफ़-सुथरी धुली ड्रेस, बूट व जुराब पहनता था। जब वह कदम मिलाकर परेड करता था, तो स्वयं में एक फौजी जैसी आन-बान-शान को महसूस करता था। विद्यालय जीवन में इस प्रकार की गतिविधियों एवं प्रशिक्षण की आवश्यकता होती है। इससे विद्यार्थियों के जीवन में अनुशासन एवं मेहनत का समावेश करके देश के लिए उपयोगी नागरिक बनाए जा सकते हैं। खेल-कूद, वाद-विवाद, नाटक, सांस्कृतिक कार्यक्रम, प्रतियोगिताएँ आदि विद्यार्थियों को भावी जीवन के लिए तैयार करती हैं। पुस्तकों से बालक को पुस्तकीय ज्ञान प्राप्त होता है, किंतु ये गतिविधियाँ उसे व्यावहारिक ज्ञान देती हैं। बालक में धैर्य, अनुशासन, लग्न-मेहनत, कर्त्तव्यपरायणता, आपसी सामंजस्य आदि गुण विकसित होते हैं।

स्व-मूल्यांकन

निम्नलिखित प्रश्नों के उत्तर दीजिए

1. 'सपनों के-से दिन' पाठ में विद्यार्थियों व अभिभावकों का शिक्षा के प्रति उपेक्षा भाव रखना, वर्तमान संदर्भ में कितना उचित है?
2. पाठ में अध्यापकों के दो भिन्न स्वभावों का वर्णन किया गया है। आपके अनुसार किस अध्यापक का स्वभाव छात्रों के अनुकूल है और क्यों?
3. बच्चों का एक-दूसरे की भाषा न समझ पाने के पश्चात् भी सहजतापूर्वक आपस में खेलना, वर्तमान परिप्रेक्ष्य में मनुष्य को क्या संदेश देता है? **दक्षता आधारित प्रश्न**
4. हेडमास्टर मदनमोहन शर्मा ने मास्टर प्रीतमचंद को विद्यालय से मुअत्तल (निलंबित) क्यों किया? उनके द्वारा लिया गया यह निर्णय आपके दृष्टिकोण से कितना उचित है? 'सपनों के-से दिन' पाठ के आधार पर स्पष्ट कीजिए। **दक्षता आधारित प्रश्न**
5. अध्यापकों द्वारा विद्यार्थियों को सज़ा देना शिक्षण-अधिगम प्रक्रिया को किस प्रकार प्रभावित करता है? 'सपनों के-से दिन' पाठ के आधार पर स्पष्ट कीजिए। **दक्षता आधारित प्रश्न**
6. "मास्टर प्रीतमचंद से हमारा डरना तो स्वाभाविक था, परंतु हम उनसे नफ़रत भी करते थे।" एक अध्यापक के प्रति विद्यार्थियों का यह व्यवहार निर्मित होना शिक्षा-व्यवस्था के लिए उचित है या अनुचित?
7. अध्यापक द्वारा विद्यार्थियों को प्रोत्साहित करना क्यों आवश्यक होता है? 'सपनों के-से दिन' पाठ के आधार पर स्पष्ट कीजिए। **दक्षता आधारित प्रश्न**
8. अध्यापक प्रीतमचंद विद्यार्थियों को उनके बेहतर भविष्य के लिए दंड दिया करते थे, ऐसी स्थिति में हेडमास्टर शर्मा जी द्वारा उन्हें विद्यालय से निलंबित करना अनुचित व्यवहार था। इस कथन के पक्ष या विपक्ष में पाठ 'सपनों के-से दिन' के आधार पर उत्तर दीजिए। **दक्षता आधारित प्रश्न**
9. "विद्यालय बच्चों का सर्वांगीण विकास करने वाला एक संस्थान है।" 'सपनों के-से दिन' पाठ के आधार पर विद्यार्थियों के जीवन में विद्यालय के महत्त्व को रेखांकित कीजिए। **दक्षता आधारित प्रश्न**
10. लेखक ओमा की तरह क्यों बनना चाहता था? आपके दृष्टिकोण में लेखक का ओमा की तरह बनना उचित है या अनुचित, पाठ के आधार पर स्पष्ट कीजिए।

अध्याय 3

टोपी शुक्ला

राही मासूम रज़ा

पाठ की रूपरेखा

'टोपी शुक्ला' राही मासूम रज़ा का प्रसिद्ध उपन्यास है। इस उपन्यास के एक अंश के माध्यम से यह स्पष्ट किया गया है कि किस प्रकार भरे-पूरे परिवार में भी एक व्यक्ति अकेलापन महसूस करता है और अपनेपन की खोज में भटकता है। कथानायक टोपी शुक्ला को अपनों के रूप में अज़ीज़ दोस्त इफ़्फ़न, उसकी दादी तथा नौकरानी सीता मिली। टोपी शुक्ला के पिता एक प्रसिद्ध डॉक्टर हैं। घर में किसी चीज़ का अभाव नहीं है, फिर भी वह अपना अकेलापन दूर करने इफ़्फ़न के घर जाता है, क्योंकि उसके अकेलेपन को समझने वाला उसके अपने घर में कोई नहीं है। इसी के साथ लेखक ने इस औपन्यासिक अंश के माध्यम से सांप्रदायिक, जातिगत, धार्मिक आदि भेदभावों को समाप्त करते हुए मानवीयता के महत्त्व को उजागर किया है।

लेखक परिचय

'राही मासूम रज़ा' का जन्म 1 सितंबर, 1927 को पूर्वी उत्तर प्रदेश के गाजीपुर ज़िले के गंगौली नामक गाँव में हुआ था। उन्होंने प्रारंभिक शिक्षा गाँव में ही अर्जित की। अलीगढ़ विश्वविद्यालय से उर्दू साहित्य में पीएच.डी. करने के पश्चात् उन्होंने उसी विश्वविद्यालय में कुछ वर्षों तक अध्यापन कार्य किया।

इसके बाद वे मुंबई चले गए, जहाँ उन्होंने फ़िल्मों में पटकथा, संवाद तथा गीत लिखे। उन्हें पटकथा और संवाद लेखन में ख्याति दिलाने का श्रेय प्रसिद्ध धारावाहिक 'महाभारत' को था। राही मासूम रज़ा की प्रमुख कृतियाँ इस प्रकार हैं

आधा गाँव, टोपी शुक्ला, हिम्मत जौनपुरी, कटरा बी आर्जू, असंतोष के दिन, नीम का पेड़ आदि हिंदी उपन्यास हैं।

नया साल, मौजे गुल: मौजे सबा, रक्से-मय, अजनबी शहर: अजनबी रास्ते इनका उर्दू कविता संग्रह है।

'छोटे आदमी की बड़ी कहानी' इनकी प्रमुख जीवनी है।

राही मासूम रज़ा का देहावसान 15 मार्च, 1992 को हुआ।

पाठ का सार

इफ़्फ़न और टोपी की मित्रता

इफ़्फ़न टोपी का पहला दोस्त था इस कारण दोनों में घनिष्ठ मित्रता थी। इनकी पहली मुलाकात तब हुई थी जब टोपी चौथी कक्षा का छात्र था। टोपी के जीवन की यह पहली मित्रता थी। टोपी आए-दिन इफ़्फ़न के घर जाता था, किंतु इफ़्फ़न कभी टोपी के घर नहीं गया था। टोपी को इफ़्फ़न की दादी से गहरा लगाव हो गया था। वह उनके पास बैठकर उनसे कहानियाँ सुना करता था।

इफ़्फ़न और उसका परिवार

इफ़्फ़न के पिता सैयद मुरतुज़ा हुसैन भी हिंदुओं का छुआ नहीं खाते थे, परंतु वे मरे तो उन्होंने यह वसीयत नहीं की कि उनकी लाश को करबला ले जाया जाए। इफ़्फ़न की परदादी भी हिंदुओं का छुआ नहीं खाती थीं। वे बड़ी नमाज़ी बीबी थीं, परंतु जब उनके इकलौते बेटे को चेचक निकली तो वे चारपाई के पास एक पैर पर खड़े होकर बोलीं—'माता मोरे बच्चे को माफ करद्यो।' वे 9-10 वर्ष की आयु में ब्याह कर पूरब से लखनऊ आई थीं। जब तक ज़िंदा रहीं, पूरबी बोलती रहीं। वह मौलवी की नहीं, एक ज़मींदार की बेटी थीं। दूध-घी और दही खाने की शौकीन थीं, परंतु लखनऊ में इन चीज़ों का अभाव था। जब वे मरीं, तो उन्हें बनारस के फातमैन में दफ़न किया गया।

टोपी का इफ़्फ़न की दादी से लगाव

टोपी का पूरा नाम बलभद्र नारायण शुक्ला था और इफ़्फ़न का पूरा नाम सैय्यद जरगाम मुरतुजा दोनों ही एक-दूसरे के बिना अधूरे थे। इफ़्फ़न को अपनी दादी से बहुत प्यार था, जब वह पूरबी बोली में कहानियाँ सुनातीं, तो इफ़्फ़न और टोपी खुश हो जाते। टोपी को इफ़्फ़न की दादी अपनी माँ की तरह ही दिखाई देती थीं, जबकि टोपी अपनी दादी से प्यार नहीं करता था।

पूरबी बोली पर हंगामा

भृगु नारायण शुक्ला के घर भी आधुनिकता का वातावरण दिखाई देता था। एक बार परिवार के सभी लोग मेज़-कुर्सी पर बैठकर भोजन कर रहे थे कि अचानक टोपी बोला— "अम्मी! ज़रा बैंगन का भुरता।"

'अम्मी' शब्द सुनकर सभी खाते-खाते रुक गए। तभी टोपी की दादी सुभद्रा देवी बोलीं— "अम्मी शब्द कहाँ से सीखा," टोपी ने जवाब दिया— "ई हम इफ़्फ़न से सीखा है।"

तभी टोपी की माँ रामदुलारी व अन्य सदस्यों का गुस्सा सातवें आसमान पर पहुँच जाता है वे गुस्से में कहती हैं कि 'तैं कउनो मियाँ के लड़का से दोस्ती कर लिहले बाय का रे?" यह सुनते ही सुभद्रा देवी आगबबूला होकर कहने लगीं— "बहू, तुमसे कितनी बार कहूँ कि मेरे सामने यह गँवारों की जुबान न बोला करो।"

टोपी की दादी तो चिढ़कर अंदर चली गईं, परंतु माँ ने टोपी की बहुत पिटाई की। फिर भी टोपी इस बात के लिए तैयार नहीं हुआ कि वह इफ़्फ़न के घर नहीं जाएगा। मुन्नी बाबू और भैरव, टोपी के भाई, यह नज़ारा देखते रहे, परंतु कुछ नहीं बोले। उस दिन टोपी को बहुत अकेलापन लगा।

इफ़्फ़न की दादी का निधन

इफ़्फ़न की दादी टोपी को बहुत प्यारी थीं। टोपी, इफ़्फ़न को बात-बात पर कहता रहता था कि हम दोनों अपनी दादी बदल लेते हैं। टोपी को अपनी दादी से तनिक-सा भी लगाव नहीं था, जब इफ़्फ़न की दादी का निधन हुआ तो उस दिन वे दोनों दोस्त बहुत रोए थे। खासतौर से टोपी को अपना जीवन इफ़्फ़न की दादी के बिना अकेला लगने लगा और वह उनके बिना बेचैन रहने लगता है।

टोपी के जीवन में सन्नाटा

इफ़्फ़न की दादी की मौत की ख़बर से वह बहुत उदास हो गया। शाम को जब वह इफ़्फ़न के घर गया तो वहाँ पहले से ज़्यादा लोग एकत्रित थे, परंतु सन्नाटा उससे भी कहीं अधिक था। एक दादी के न होने से टोपी के लिए घर बिलकुल खाली था। टोपी ने एक बार फिर इफ़्फ़न से कहा कि कितना अच्छा होता, तेरी दादी की जगह मेरी दादी मर गई होती। टोपी को ऐसा लगता था कि उसे उसके घर वाले प्यार नहीं करते। जिस अधूरेपन को भरने के लिए वह इफ़्फ़न की दादी का सहारा लेता था, उनके देहांत के बाद उसका जीवन सन्नाटे से भर गया है।

टोपी के जीवन में 10 अक्टूबर, 1945 के दिन का महत्त्व

टोपी के जीवन में अधूरापन तब और बढ़ गया, जब इफ़्फ़न का परिवार मुरादाबाद चला गया। 10 अक्टूबर, 1945 का दिन टोपी के जीवन में अत्यंत महत्त्वपूर्ण था, क्योंकि उसी दिन उसने प्रण लिया था कि वह अब ऐसे किसी लड़के से दोस्ती नहीं करेगा, जिसके पिता की तबादले वाली नौकरी हो। इफ़्फ़न के पिता जी के तबादले के बाद टोपी ने ऐसी प्रतिज्ञा ली।

टोपी को कुत्ते से कटवाना

इफ़्फन के पिताजी के तबादले के पश्चात् नए कलेक्टर साहब आए और उसी कोठी में रहने लगे। उनके तीन बेटे थे—डब्बू, नीलू और गुड्डू। उनमें से तीनों से ही टोपी की दोस्ती नहीं हो पाई। कोठी के माली और चपरासी टोपी को अच्छी तरह पहचानते थे, इसीलिए टोपी ने एक बार हिम्मत करके कोठी में प्रवेश किया, परंतु किसी बात पर टोपी की उनसे कहा-सुनी हो गई। उन्होंने टोपी के पीछे कुत्ता छोड़ दिया। कुत्ते के काटने पर टोपी को अपने पेट में सात सुइयाँ लगवानी पड़ीं, तब से उसने कोठी की तरफ़ रुख नहीं किया।

टोपी का नौकरानी से लगाव

टोपी के इस अकेलेपन को परिवार के लोग नहीं समझते थे, परंतु घर की नौकरानी सीता बखूबी महसूस करती थी। टोपी अब घर हो या बाहर हमेशा उदास रहने लगा था। वह सभी से दूरी बढ़ाने लगा, परंतु उसे नौकरानी भली लगती थी। वह टोपी का दु:ख समझती थी। टोपी उस बूढ़ी नौकरानी के आँचल की छाँव में अपने सभी दु:ख-दर्द भूलने का प्रयास करता था।

टोपी की पिटाई

सर्दी के दिनों की बात है। मुन्नी बाबू और भैरव के लिए कोट का नया कपड़ा आया और टोपी को मुन्नी बाबू का कोट मिला। देखने में स्थिति अच्छी थी, परंतु था तो पुराना। टोपी ने वह कोट उसी समय नौकरानी केतकी के बेटे को दे दिया। यह देखकर दादी को गुस्सा आया और उन्होंने कहा कि अब तू जाड़ा खा। इस बात पर टोपी अपनी दादी से उलझ गया। दादी ने आसमान सिर पर उठा लिया, जिसका दंड भी टोपी को मिला। माँ ने दादी से बहस करने पर उसकी खूब पिटाई की।

विद्यार्थी व अध्यापकों का व्यवहार और परीक्षा परिणाम

टोपी दो साल लगातार फेल हो गया। पहले साल घर में किसी ने उसे पढ़ने नहीं दिया, जब वह पढ़ने बैठता तो किसी को कोई काम याद आ जाता था छोटा भाई कॉपी के पन्ने फाड़कर हवाई जहाज़ बनाता तथा दूसरी बार टोपी को टाइफाइड हो गया था। पिछली कक्षा वाले बच्चों के साथ बैठना आसान काम नहीं था, उस पर अध्यापकों की बेरुखी। कक्षा में भी कोई अध्यापक उसे नोटिस नहीं करता था। अगर कभी ध्यान देते भी तो तब, जब किसी टिप्पणी के माध्यम से उसे शर्मसार करना होता था। दो साल लगातार पढ़ते-पढ़ते टोपी किताबों से भी ऊबने लगा था। एक बार अब्दुल वहीद ने ऐसी तीखी बात बोल दी कि टोपी ने इस वर्ष पास होने की कसम खा ली और हुआ भी यही। पिता के चुनाव में खड़े होने के कारण टोपी को पढ़ने के लिए पर्याप्त समय तो नहीं मिला, परंतु वह पास हो गया।

शब्दार्थ

शब्द	अर्थ
बेमानी	बिना मतलब/बिना किसी अर्थ के
परंपरा	प्रथा/प्रणाली जो बहुत दिनों से चली आ रही हो।
काफ़िर	ईश्वर का अस्तित्व न मानने वाला
वसीयत	लंबी यात्रा पर जाने से पूर्व या अपनी मृत्यु के बाद अपनी संपत्ति के प्रबंध के विषय में लिखित इच्छा जो दर्ज कर दी गई हो
करबला	इस्लाम का एक पवित्र स्थान।
कस्टोडियन	जिस संपत्ति पर किसी का मालिकाना हक न हो उसका संरक्षण करने वाला विभाग
बीजू पेड़	आम की गुठली से उगाया गया आम का पेड़
बेशुमार	बहुत सारी

शब्द	अर्थ
पोस्टिंग	नौकरी का वर्तमान स्थान
अलबत्ता	बल्कि
अमावट	पके आम के रस को सुखाकर बनाई गई मोटी परत
तिलवा	तिल के लड्डू/तिल के बने व्यंजन
गनगनाना	थरथराना/काँपना
दुर्गति	बुरी हालत
कबाबची	कबाब बनाने वाला
जुगराफ़िया	भूगोल शास्त्र/ज्योग्राफ़ी
जिमनेज़ियम	व्यायामशाला
पुरसा	सांत्वना देना
तबादला	बदली/स्थानांतरण

NCERT फोल्डर

पाठ्यपुस्तक (संचयन भाग–2) के प्रश्नोत्तर

प्र.1 इफ़्फ़न टोपी शुक्ला कहानी का महत्त्वपूर्ण हिस्सा किस तरह से है? CBSE 2012, 11

उत्तर इफ़्फ़न और टोपी सहपाठी होने के साथ-साथ अज़ीज़ दोस्त भी हैं। दोनों का व्यक्तित्व प्राय: पृथक् रूप से विकसित हुआ है। दोनों को अलग-अलग पारिवारिक परंपराएँ मिली हैं। इफ़्फ़न और टोपी के जीवन का विकास भी अलग-अलग हुआ है, पर टोपी की कहानी में इफ़्फ़न एक प्रमुख पात्र है। उसके बिना टोपी की कहानी अधूरी प्रतीत होगी, इसलिए वह इस कहानी का महत्त्वपूर्ण हिस्सा है।

प्र.2 इफ़्फ़न की दादी अपने पीहर क्यों जाना चाहती थीं? CBSE 2011

उत्तर इफ़्फ़न की दादी एक ज़मींदार की बेटी थीं। उनका विवाह लखनऊ शहर के एक मौलवी के साथ हुआ था। यहाँ आकर वह अपनी शानोशौकत से महरूम (अलग) हो गई थीं। गाँव का जीवन उन्हें अधिक अच्छा लगता था। घी पिलाई हुई काली हँडियों में असामियों के घर से आई दही उन्हें पीहर (माँ का घर) की ओर खींचती थी। घर के आँगन में दशहरी आम का पेड़ दादी ने रोपा था, जिसके मीठे फल उन्हें आकर्षित करते थे। दादी को उनका पीहर स्वाभाविकता के आकर्षण के कारण अपनी ओर खींचता हुआ महसूस होता था।

प्र.3 इफ़्फ़न की दादी अपने बेटे की शादी में गाने-बजाने की इच्छा पूरी क्यों नहीं कर पाईं? CBSE 2016, 11

उत्तर इफ़्फ़न की दादी अपने बेटे की शादी में गाना-बजाना चाहती थीं। उन्होंने अपने गाँव में हिंदू परिवारों में शादी-विवाह के अवसर पर गाने-बजाने की परंपरा को देखा था। यह गाना-बजाना धार्मिक महत्त्व से अधिक आंतरिक उल्लास का प्रतीक था। दादी ने भी अपने बेटे की शादी में इस परंपरा को अपनाना चाहा, किंतु पति ने मना कर दिया। मौलवी के घर भला गाना-बजाना कैसे संभव था? दादी की इच्छा पूरी नहीं हुई और वह अपना दिल दुखा कर रह गईं।

प्र.4 'अम्मी' शब्द पर टोपी के घरवालों की क्या प्रतिक्रिया हुई? CBSE 2012, 11, 10

उत्तर एक दिन टोपी अपने परिवार के साथ खाने की मेज़ पर भोजन कर रहा था। टोपी को बैंगन का भुरता कुछ ज़्यादा अच्छा लगा। उस समय उसकी माँ रामदुलारी देवी भोजन परोस रही थीं। टोपी ने कहा—"अम्मी, ज़रा बैंगन का भुरता।" इतना सुनते ही टोपी के परिवार में कोहराम मच गया। उसकी माँ तथा दादी ने माना कि किसी मुसलमान लड़के से टोपी ने दोस्ती कर ली है। इसे परंपराओं की दीवार तोड़ने वाला कदम माना गया और टोपी की खूब पिटाई की गई।

प्र.5 दस अक्टूबर, सन् पैंतालीस का दिन टोपी के जीवन में क्या महत्त्व रखता है? दक्षता आधारित प्रश्न

उत्तर दस अक्टूबर, सन् पैंतालीस का दिन टोपी के जीवन में अत्यंत महत्त्वपूर्ण है, क्योंकि उस दिन उसने प्रतिज्ञा की थी कि अब वह ऐसे किसी लड़के से दोस्ती नहीं करेगा, जिसके पिता की तबादले वाली नौकरी हो।

वास्तव में, टोपी को ऐसा लगता था कि उसे उसके घरवाले प्यार नहीं करते। इसलिए अपने जीवन के इस अधूरेपन को उसने इफ़्फ़न और उसकी दादी से पूरा किया, लेकिन अब तबादला होने के कारण इफ़्फ़न का परिवार मुरादाबाद चला गया।

प्र.6 टोपी ने इफ़्फ़न से दादी बदलने की बात क्यों की? **CBSE 2011, 10**

अथवा **टोपी ने इफ्फन की दादी से अपनी दादी बदलने की बात क्यों कही होगी? इससे बाल मन की किस विशेषता का पता चलता है?** **CBSE 2020**

अथवा **टोपी ने इफ्फन से दादी बदलने की बात क्यों कही? इफ्फन ने दादी न बदलने के क्या कारण बताए? क्या वे कारण सही थे? 'टोपी शुक्ला' पाठ के आधार पर उत्तर दीजिए।** **CBSE Term II 2022**

उत्तर टोपी को इफ़्फ़न की दादी से अत्यधिक प्यार मिला था। टोपी को उनके पास रहना अच्छा लगता था। दादी की भाषा, उनका भोलापन उसे अच्छा लगता। टोपी को अपनी दादी से नफ़रत थी।

उसकी दादी अपने आप को अच्छे रूप में पेश करने के लिए टोपी की भाषा को गँवारों की बोली कहतीं तथा तमाम अवसरों पर टोपी की उपेक्षा करती रहतीं। टोपी ने दादी का असली रूप इफ़्फ़न की दादी में देखा था। इसलिए उसने इफ़्फ़न के सामने दादी बदलने की बात की। यह बच्चों के भोलेपन का सुंदर नमूना है तथा प्रेम की चाहत का स्वाभाविक चित्रण भी।

इससे बालमन की इस विशेषता का पता चलता है कि बच्चों का मन अत्यंत भोला एवं निश्छल होता है। बालमन को केवल हृदय की सच्ची भावनाओं और प्यार के बंधनों से ही बाँधा जा सकता है। वह भाषा, जाति, धर्म एवं आयु के बंधन से परे होता है।

प्र.7 पूरे घर में इफ़्फ़न को अपनी दादी से ही विशेष स्नेह क्यों था? **CBSE 2012**

उत्तर इफ़्फ़न को अपनी दादी से बड़ा प्यार था। उसे अपने पिता, बहन, माता तथा छोटी बहन नुजहत से भी लगाव था, किंतु दादी में तो जैसे उसके प्राण बसते थे। घर के अन्य सदस्य उसे कभी-कभार डाँटते-डपटते या फिर पिटाई भी कर डालते। छोटी बहन भी उसकी कॉपियों के पन्नों से हवाई जहाज बनाने लगती। बस एक दादी थीं, जिन्होंने कभी इफ़्फ़न का दिल नहीं दु:खाया। वह रात को उसे ढेर सारी कहानियाँ सुनाया करती थीं। उसे दादी की ग्रामीण बोली बड़ी अच्छी लगती थी। इफ़्फ़न भी अपनी दादी की तरह बोलना चाहता था, पर उसके अब्बू उसे नहीं बोलने देते थे। इफ़्फ़न अपनी दादी के प्रेम तथा उनकी सादगी से अत्यधिक प्रभावित था। दादी के प्रति उसका स्नेह पारिवारिक परिस्थितियों तथा उसकी भावुकता के कारण विकसित हुआ था।

प्र.8 इफ़्फ़न की दादी के देहांत के बाद टोपी को उसका घर खाली-सा क्यों लगा? **दक्षता आधारित प्रश्न**

उत्तर टोपी इफ़्फ़न की दादी में स्वाभाविक रूप से एक आदर्श दादी की छवि देखता था। अपनेपन की खोज में वह यहाँ तक आया था। उसकी खोज का एक हिस्सा इफ़्फ़न की दादी के रूप में पूरा हुआ। टोपी को इफ़्फ़न की दादी के पास बैठना अच्छा लगता था। टोपी को उनका हर शब्द शक्कर का खिलौना बन, अमावट तथा तिलवा (तिल का व्यंजन) की मिठास के रूप में मिलता था। उनकी भाषा टोपी के दिल में उतर जाती थी।

इफ़्फ़न के पूरे घर में टोपी केवल दादी से घुला-मिला था। वह परिवार के अन्य सदस्यों से बात भी न करता, न उनके पास बैठता। दादी भी उसे अत्यधिक स्नेह देती थीं। वह टोपी का हाल-चाल पूछतीं। टोपी को इफ़्फ़न की दादी अपनी माँ की तरह ही दिख पड़ती थीं। इफ़्फ़न की दादी की मृत्यु के बाद से ही टोपी को इफ़्फ़न का घर बेगाना-सा लगने लगा। अन्य पारिवारिक सदस्यों से अधिक स्नेह नहीं होने के कारण उसे घर खाली-सा लगने लगा।

प्र.9 टोपी और इफ़्फ़न की दादी अलग-अलग मज़हब और जाति के थे पर एक अनजान अटूट रिश्ते से बँधे थे। इस कथन के आलोक में अपने विचार लिखिए। **दक्षता आधारित प्रश्न**

अथवा **मित्रता और आत्मीयता जाति व भाषा के बंधनों से परे होते हैं। टोपी शुक्ला पाठ के आधार पर अपने विचार व्यक्त कीजिए।** **CBSE Diksha**

उत्तर टोपी और इफ़्फ़न की दादी भिन्न-भिन्न धर्मों के होते हुए भी जिस तरह स्नेह की डोर से एक-दूसरे से बंधे थे, वह मानवीय मूल्यों की दृष्टि से प्रत्येक समाज के लिए अनुकरणीय आदर्श बन सकते हैं। टोपी कट्टर हिंदू परिवार से था, जबकि इफ़्फ़न की दादी मुसलमान परिवार से जुड़ी थीं। दोनों के बीच धर्मों की भिन्नता होने के बावजूद टोपी को इफ़्फ़न की दादी से अत्यधिक अपनापन मिला। इस अकेलेपन को दोनों ने आपसी प्रेम एवं सम्मान की भावना को एक-दूसरे के लिए बाँट कर, साझा कर समाप्त किया। दोनों के बीच न तो धर्म की समानता थी, न संस्कृति की और न ही उम्र की। इसके बावजूद दोनों के दिलों में एक-दूसरे के प्रति अपार प्रेम एवं स्नेह की भावना थी। दोनों एक-दूसरे के बिना स्वयं को अकेला महसूस करते थे।

टोपी ने इफ़्फ़न के घर जाने के लिए अपने घर पर मार भी खाई, लेकिन इफ़्फ़न की दादी से मिलना उसने नहीं छोड़ा। आज के समाज में जो लोग धर्म एवं जाति को बहुत महत्त्व देते हैं, वे अनिवार्यत: मानवता के मूल्यों को नहीं समझते, उनके महत्त्व को आँक नहीं पाते। समाज में मानवीयता टोपी एवं इफ़्फ़न की दादी जैसे लोगों की वजह से ही कायम है और इन्हीं से मानव समाज अपना अस्तित्व बनाए हुए है।

प्र.10 टोपी नौवीं कक्षा में दो बार फेल हो गया। बताइए

(क) ज़हीन होने के बावजूद भी कक्षा में दो बार फेल होने के क्या कारण थे?

(ख) एक ही कक्षा में दो-दो बार बैठने से टोपी को किन भावनात्मक चुनौतियों का सामना करना पड़ा? **CBSE 2016, 11**

(ग) टोपी की भावनात्मक परेशानियों को मद्देनज़र रखते हुए शिक्षा व्यवस्था में आवश्यक बदलाव सुझाइए।

उत्तर (क) टोपी काफ़ी तीव्र बुद्धि का बालक था, परंतु उसे कोई पढ़ने ही नहीं देता था। जैसे ही टोपी पढ़ने बैठता, वैसे ही उसका बड़ा भाई मुन्नी बाबू उसे किसी-न-किसी काम से उठा देता। उसकी माँ भी नौकरों से सामान न मँगवाकर उसे सामान लेने बाज़ार भेज देती थीं। भैरव उसकी कॉपियों के पन्ने फाड़-फाड़कर हवाई जहाज़ बनाकर उड़ा डालता। दूसरे वर्ष टोपी को टायफाइड हो गया। इस प्रकार टोपी दो बार फेल हो गया।

(ख) टोपी को अनेक भावनात्मक चुनौतियों का सामना करना पड़ा था। जब वह पहली बार नौवीं कक्षा में फेल हुआ, तब उसके सभी दोस्त दसवीं कक्षा में चले गए। अब उसके साथ उससे छोटी कक्षा आठवीं के विद्यार्थी बैठते थे। उन छोटे बच्चों के साथ उसकी मित्रता न हो सकी। जब उसके साथी उसका मजाक उड़ाते थे, तो वह चुपचाप सहन कर लेता था।

अगले वर्ष जब वह दोबारा फेल हो गया, तो अब सातवीं कक्षा के विद्यार्थी उसके सहपाठी थे। अध्यापक भी उसकी उपेक्षा करते थे। जब वह मेहनत करके उत्तर लिखता, तब भी उससे पूछा नहीं जाता था। अंग्रेज़ी के अध्यापक ने भी, जब उसने प्रश्न का उत्तर देने का प्रयास किया, तो अगले वर्ष उत्तर देने को कहा। यह सुनकर टोपी लज्जित हो गया। बच्चों की मजाक उड़ाती हँसी से वह स्वयं को दीन-हीन एवं मरा हुआ महसूस करने लगा।

(ग) परिवार से प्रताड़ित और उपेक्षित टोपी जब एक कक्षा में दो बार फेल हो गया, तब वह स्वयं को भावनात्मक रूप से असुरक्षित महसूस करने लगा। इस दृष्टिकोण से आज की शिक्षा व्यवस्था में विशेष बदलाव की आवश्यकताएँ हैं। सर्वप्रथम छात्रों के संवेगात्मक लगाव के विकास की ओर ध्यान देना चाहिए। शिक्षण पद्धति का उद्देश्य सिर्फ़ परीक्षा पास करना ही नहीं होना चाहिए। प्रत्येक विद्यालय में मनोवैज्ञानिकों की नियुक्ति होनी चाहिए, जिससे वे छोटी उम्र के बच्चों की समस्याओं का निदान कर सकें। लिखित परीक्षा के आधार पर ही नहीं, बल्कि संपूर्ण व्यक्तित्व के आधार पर विद्यार्थी का आकलन किया जाए। माध्यमिक स्तर तक अनुत्तीर्ण होने की पद्धति नहीं होनी चाहिए। अध्यापकों को सभी विद्यार्थियों के साथ समान व्यवहार करना चाहिए। पढ़ाई में कमज़ोर छात्रों का मज़ाक उड़ाने की अपेक्षा उनका मनोबल बढ़ाना चाहिए।

प्र.11 इफ़्फ़न की दादी के मायके का घर कस्टोडियन में क्यों चला गया?

उत्तर कस्टोडियन एक ऐसा विभाग है जो ऐसी संपत्ति को संरक्षण देता है, जिस संपत्ति पर किसी का कोई मालिकाना हक नहीं होता। इफ़्फ़न की दादी पूरब में किसी जगह की रहने वाली थी। वह विवाह के पश्चात् लखनऊ आ गई थी। विभाजन के समय उनके मायके के लोग अपना घर छोड़कर पाकिस्तान चले गए। उनके जाने के बाद पीछे बचा वह घर लावारिस हो गया। जब इफ़्फ़न की दादी की मृत्यु निकट थी तो उनकी स्मरण शक्ति भी समाप्त-सी हो गई। उन्हें यह भी याद न रहा कि अब उनका घर कहाँ है? उनके सभी घर वाले कराची में रह रहे थे। इसलिए जब उनके घर का कोई वारिस नहीं रहा, तो उनके मायके का घर कस्टोडियन में चला गया।

अभ्यास प्रश्न

वर्णनात्मक प्रश्नों सहित

विषयवस्तु पर आधारित प्रश्नोत्तर

1. टोपी ने मुन्नी बाबू के बारे में कौन-सा रहस्य छिपाकर रखा था और क्यों? विस्तार से समझाइए।

उत्तर मुन्नी बाबू टोपी का बड़ा भाई था। वह कबाब खाता था तथा सिगरेट पीता था। एक दिन जब टोपी की माँ उसकी पिटाई कर रही थीं तो मुन्नी बाबू ने टोपी की झूठी शिकायत की कि वह कबाब खाता है, जबकि टोपी ने कभी कबाब नहीं खाए थे। वास्तविकता यह थी कि टोपी ने मुन्नी बाबू को कबाब खाते देख लिया था और मुन्नी बाबू ने उसे एक इकन्नी रिश्वत दी थी। टोपी ने यह रहस्य छुपाकर रखा था। इफ़्फ़न के सिवा उसने घर में भी किसी को नहीं बताया था, क्योंकि वह चुगलखोर नहीं था। टोपी चाहता तो घर में माँ को और घर के अन्य सदस्यों को मुन्नी बाबू की कबाब खाने वाली बात बता सकता था, पर उसने ऐसा नहीं किया।

2. टोपी सरल स्वभाव का था, फिर भी उसकी दोस्ती नए कलेक्टर के लड़कों से नहीं हो सकी। क्यों? स्पष्ट कीजिए। CBSE 2016

अथवा **ठाकुर हरिनाम सिंह के तीनों लड़कों को एहसास था कि वे कलेक्टर के बेटे हैं। लेखक द्वारा ऐसा कहा जाना ठाकुर हरिनाम सिंह के तीनों बेटों और टोपी के विषय में किस विचारधारा को स्पष्ट करता है। टोपी शुक्ला पाठ के आधार पर लिखिए।** CBSE SQP 2023

अथवा **टोपी ने दोबारा कलेक्टर साहब के बँगले की ओर रुख़ क्यों नहीं किया? 'टोपी शुक्ला' पाठ के आधार पर लिखिए।** दक्षता आधारित प्रश्न

उत्तर टोपी सरल स्वभाव और संकोची प्रवृत्ति का था। वह तुरंत किसी से दोस्ती नहीं कर पाता था। इफ़्फ़न के जाने के बाद वह बहुत अधिक अकेलापन महसूस कर रहा था। घर-परिवार में सब कुछ था, परंतु प्यार की कमी सदैव बनी रहती थी। फेल हो जाने के कारण कक्षा में भी कोई विद्यार्थी उससे सहानुभूति नहीं रखता था।

दूसरी ओर नए कलेक्टर के बच्चे अपने पिता के उच्च पद की अकड़ रखते थे। कोई टोपी को मुँह नहीं लगाता था। फिर भी हिम्मत करके उसने एक दिन कलेक्टर साहब के बंगले में प्रवेश किया। माली और चपरासी टोपी को अच्छी तरह पहचानते थे, इसलिए अंदर जाने से भी नहीं रोका। जब टोपी अंदर पहुँचा, तो तीनों लड़के क्रिकेट खेल रहे थे। उन्होंने जैसे ही टोपी को देखा, तो अंग्रेज़ी भाषा में प्रश्नों की झड़ी लगा दी।

इन सवालों-जवाबों में उनकी कहा-सुनी हो गई। बात इतनी बढ़ गई कि उन लड़कों ने टोपी के पीछे कुत्ता छोड़ दिया। कुत्ते के काटने के कारण टोपी को सात सुइयाँ पेट में लगवानी पड़ीं। इस घटना के बाद कभी उसने पलटकर भी बंगले की ओर नहीं देखा। वास्तव में, सच्ची दोस्ती तभी संभव है, जब दोनों ओर से हाथ बढ़ाया जाए। अत: सरल स्वभाव होने पर भी टोपी नए कलेक्टर के अकड़ू बच्चों से दोस्ती नहीं कर सका।

3. टोपी की पढ़ाई में उसके घर के सदस्य भी कहीं न कहीं किसी न किसी रूप से बाधक थे। आप टोपी को क्या सुझाव देना चाहेंगे, जिससे वह घरेलू परेशानियों से मुक्ति पाकर अपनी पढ़ाई पर ध्यान केंद्रित कर सके? **दक्षता आधारित प्रश्न**

उत्तर ऐसा माना जाता है कि प्रसन्न मन और स्वस्थ दिमाग, सफलता प्राप्ति में सहायक होते हैं, परंतु टोपी के पास ये दोनों ही साधन नहीं थे, इसलिए घर में सभी का व्यवहार उसे अकेलेपन का अहसास कराता था।

जब टोपी पहली बार फेल हुआ, तब मुन्नी बाबू इंटरमीडिएट में प्रथम आए। सब उनकी प्रशंसा करते और टोपी पर व्यंग्य कसते। फेल होने का कारण कोई नहीं समझता, जबकि प्रमुख कारण घर वाले ही थे। जब भी टोपी पढ़ने बैठता, तभी मुन्नी बाबू कोई-न-कोई काम बता देते या माँ कोई ऐसा सामान मँगाने के लिए कह देतीं, जिसे नौकरानी से नहीं मँगाया जा सकता था। टोपी जब सामान लेकर लौटता तो देखता कि भैरव ने कॉपी के पन्नों के हवाई जहाज बना डाले। ये सभी गतिविधियाँ टोपी की पढ़ाई में बाधा उत्पन्न करने का मूल-भूत कारण कही जानी चाहिए। पढ़ाई के लिए घर का माहौल सदैव शांतिप्रिय होना चाहिए, जो टोपी को कभी नहीं मिल सका था। टोपी के घर का वातावरण जिस प्रकार का था, उस वातावरण में पढ़ाई-लिखाई कर पाना अत्यंत जटिल कार्य था। टोपी के माता-पिता भी इस बात से अंजान रह गए थे कि किसी न किसी रूप में टोपी का एक ही कक्षा में दो बार फेल हो जाना घरेलू कारणों का ही परिणाम है।

मैं टोपी को यही सुझाव देना चाहता हूँ कि वह स्कूल छूटने के बाद शाम के समय आस-पड़ोस के किसी पुस्तकालय में जाकर घंटे-दो-घंटे के लिए स्वाध्ययन करे। इससे वह घरेलू परेशानियों से भी दूर हो जाएगा और घर में इधर-उधर के बेकार के कामों में समय देने की बजाय पढ़ाई पर अधिक ध्यान दे सकेगा।

4. टोपी शुक्ला अपनी दादी को नापसंद क्यों करता था? पाठ के आधार पर लिखिए। **CBSE 2023**

उत्तर टोपी शुक्ला अपनी दादी को इसलिए नापसंद करता था, क्योंकि टोपी की दादी उसे प्यार नहीं करती थी। वे घर में उसके बारे में ऐसी बातें कर देती, जिससे कई बार उसकी पिटाई हो चुकी थी। टोपी की दादी खुद को अच्छा साबित करने के लिए टोपी की भाषा को गवाँरों की बोली कहती थी। उन्हें टोपी का इफ्फन से मिलना-जुलना तनिक भी पसंद न था, जबकि इफ्फन टोपी का अत्यंत घनिष्ठ मित्र था। वे टोपी की उपेक्षा करने का कोई भी मौका हाथ से न जाने देती थी। दादी की बातों के कारण वह कई बार अपनी माँ से पिट चुका था। वे टोपी का दुख-दर्द समझने का तनिक भी प्रयास न करती थी। उनके ऐसे व्यवहार के कारण टोपी के मन में उनके प्रति नफरत हो गई थी।

5. टोपी द्वारा 'अम्मी' शब्द के प्रयोग से घर वालों की प्रतिक्रिया उनकी किस मानसिकता का द्योतक है? क्या आप घरवालों की इस प्रतिक्रिया को उचित मानते हैं अथवा अनुचित? तर्क सहित उत्तर दीजिए। **दक्षता आधारित प्रश्न**

अथवा **ऐसी कौन-सी बात हो गई थी, जिसने टोपी को मुसीबत में डाल दिया था?** **CBSE Diksha**

उत्तर टोपी शुक्ला का मित्र इफ़्फ़न था। इन दोनों के मध्य काफ़ी घनिष्ठ संबंध स्थापित हो चुके थे। अक्सर टोपी इफ़्फ़न के घर आया-जाया करता रहता था। टोपी को इफ़्फ़न की दादी से बहुत ज्यादा लगाव हो गया था। इतने घनिष्ट संबंध होने के कारण दोनों मित्र एक-दूसरे से इतने प्रभावित हो गए थे कि भिन्न-भिन्न मजहब के होने के बावजूद भी उनमें आत्मीय संबंध सर्वोपरि हो गया था। एक दिन टोपी अपने घर में सभी घर वालों से साथ बैठकर खाना खा रहा था। अचानक टोपी के मुँह से 'अम्मी' शब्द सुनाई दिया। अम्मी शब्द सुनकर टोपी की दादी और उसकी माँ के चेहरे की हवाइयाँ उड़ चुकीं थी। दोनों ने ही टोपी को खूब खरी-खोटी सुनाई और उसकी माँ ने उसकी जमकर पिटाई भी की। यह 'अम्मी' शब्द फारसी भाषा का है, जो प्रायः मुस्लिम घर-परिवार में प्रयोग किया जाता है। टोपी के घर वाले ऊपरी तौर पर आधुनिक तो थे, परंतु कट्टर हिंदू होने के कारण वे संकुचित मानसिकता का प्रतिनिधित्व करने वाले व्यक्ति भी थे। वे अम्मी शब्द का प्रयोग अपने धर्म, संस्कृति एवं परंपराओं के विरुद्ध मानते थे।

घरवालों की यह प्रतिक्रिया उनकी संकीर्ण सोच (मानसिकता) का द्योतक है। मैं घरवालों की इस प्रतिक्रिया को अनुचित मानता हूँ, क्योंकि किसी भाषा को किसी धर्म के साथ जोड़कर रखना सदैव गलत धारणा का प्रतिपादन करती है। अतः हमें धर्म, जाति, वर्ण आदि से ऊपर उठकर मानवीय रिश्तों को अहमियत देने की आवश्यकता है।

6. कक्षा में अध्यापक कैसी टिप्पणी करके टोपी का अपमान करते थे? क्या यह न्यायसंगत है?

अथवा **अंग्रेजी साहित्य के मास्टर साहब ने कहा, 'तीन बरस से यही किताब पढ़ रहे हो, तुम्हें तो सारे जवाब जबानी याद हो गए होंगे। इन लड़कों को अगले साल हाई स्कूल का इम्तहान देना है। तुमसे पारसाल पूछ लूँगा। कथन पर टिप्पणी कीजिए।** **CBSE SQP (Additional Set) 2023**

उत्तर टोपी कक्षा में लगातार दो वर्ष फेल हो गया। फेल होने में उसका कोई दोष नहीं था। अपने से छोटे बच्चों के साथ कक्षा में बैठना बहुत कठिन काम था, उस पर अध्यापक द्वारा यह कहकर व्यंग्य कसना कि क्या बलभद्र की तरह इसी दर्जे में टिके रहना चाहते हो, तीन बरस से यही किताब पढ़ रहे हो, तुम्हें तो सारे जवाब याद हो गए होंगे, इन लड़कों की अगले साल हाई स्कूल की परीक्षा है, तुमसे उसके बाद पूछ लूँगा आदि टिप्पणियाँ टोपी के लिए बहुत पीड़ादायक थीं और उसके मनोबल को तोड़ने का कार्य करती थीं। शिक्षकों द्वारा बालकों के साथ इस प्रकार का व्यवहार नहीं किया जाना चाहिए, क्योंकि इस प्रकार के व्यवहार से वे कुंठाग्रस्त एवं अवसाद के शिकार हो सकते हैं।

शिक्षक भविष्य निर्माता होता है, यदि कोई निराश हो तो शिक्षक को उसके जीवन में आशा की ज्योति जगानी चाहिए। यदि कोई हार रहा हो, उसे जीतने के लिए प्रेरित करना उनका परम कर्त्तव्य है, साथ ही मानवीय मूल्यों की दृष्टि से भी यही उचित है। शिक्षक द्वारा टोपी के मनोबल का तोड़ना एक अनुचित घटना है। शिक्षक व परिवार को टोपी के साथ अपनेपन का व्यवहार करना चाहिए न कि कटाक्ष करके उसके बाल मन को दुःखी करना चाहिए।

7. 'टोपी शुक्ला' पाठ के माध्यम से लेखक ने मानवीय संबंधों की कौन-सी सच्चाई उजागर की है? **CBSE 2019**

अथवा **घर वालों के मना करने पर भी टोपी का लगाव इफ़्फ़न के घर और उसकी दादी से क्यों था? दोनों के अनजान, अटूट रिश्ते के बारे में मानवीय मूल्यों की दृष्टि से अपने विचार लिखिए।** **CBSE 2020, 16**

उत्तर 'टोपी शुक्ला' पाठ के माध्यम से लेखक ने मानवीय संबंधों के संदर्भ में यह स्पष्ट करने की कोशिश की है कि मानवीय संबंध भाषा, जाति, धर्म एवं

उम्र से परे होते हैं। उन्हें केवल हृदय की सच्ची भावनाओं और प्यार के बंधनों से ही बाँधा जा सकता है। मुस्लिम परिवार के इफ़्फ़न एवं उसकी दादी तथा हिंदू परिवार के टोपी के बीच जो रिश्ता है, वह धर्म की दीवारों को तोड़कर मानवीयता के धरातल पर निर्मित रिश्ता है, जहाँ किसी भी प्रकार के बंधन को आड़े आने की इजाज़त नहीं है।

घर पर खूब मार खाने के बावजूद टोपी इफ़्फ़न के घर जाना नहीं छोड़ता तथा इफ़्फ़न के साथ मित्रता एवं इफ़्फ़न की दादी के प्रति सम्मान एवं स्नेह की उसकी भावना में कोई परिवर्तन नहीं होता। वह इफ़्फ़न की दादी से मिले बिना नहीं रह सकता, क्योंकि उसे महसूस होता है कि इफ़्फ़न की दादी से अधिक प्यार उसे कोई अन्य नहीं करता है।

इफ़्फ़न की दादी भी टोपी के बिना अकेलापन महसूस करतीं और हमेशा उसके आने की प्रतीक्षा करती रहतीं। दोनों के बीच माँ-बेटे के संबंध से भी बढ़कर एक ऐसा मानवीय संबंध कायम हो गया था, जिसके अभाव में दोनों अतृप्त महसूस करते। मानवीय संबंधों की इसी सच्चाई को 'टोपी शुक्ला' पाठ में उजागर करने की कोशिश की गई है। इस संबंध में न कोई स्वार्थ है और न कोई व्यापार, बल्कि सिर्फ़ अपनापन है, आत्मीयता है।

8. सच्चा मित्र जीवन की अनुपम निधि होता है। टोपी शुक्ला और इफ़्फ़न का उदाहरण देते हुए अपने विचार प्रस्तुत कीजिए। **CBSE 2018**

उत्तर वास्तव में, सच्चा मित्र जीवन की अनुपम निधि होता है। वह जीवन के हर अच्छे-बुरे समय में साथ देता है, विशेषकर विपत्ति के समय तो वह हमारा सहयोग एवं समर्थन सच्चे दिल से करता है। टोपी शुक्ला तथा इफ़्फ़न भी सच्चे मित्र हैं। वे दोनों एक-दूसरे को धर्म, जाति, संप्रदाय आदि से ऊपर उठकर प्रेम करते हैं। दोनों के बीच मित्रता इतनी गहरी है कि इफ़्फ़न के चले जाने पर टोपी स्वयं को अत्यंत अकेला महसूस करता है। वह इफ़्फ़न तथा उस की दादी को हृदय से चाहता था, इसीलिए इफ़्फ़न के पिता के तबादले के कारण उसके चले जाने पर वह बहुत अधिक मायूस हो जाता है और कसम खाता है कि अब वह ऐसे किसी लड़के से दोस्ती नहीं करेगा, जिसके पिता जी की तबादले वाली नौकरी होगी। यह भावना गहरी वेदना से ही उपज सकती है। टोपी का हृदय वेदना से पीड़ित है। वह हृदय से दु:खी है। ऐसे संबंध को ही सच्ची मित्रता कहा जा सकता है। इन दोनों की दोस्ती से सच्ची मित्रता की प्रेरणा ली जा सकती है।

9. टोपी ने यह कसम खाते हुए ऐसा क्यों कहा होगा कि वह ऐसे लड़कों से दोस्ती नहीं करेगा, जिनके पिता का तबादला होता रहता है? **दक्षता आधारित प्रश्न**

उत्तर टोपी और इफ़्फ़न घनिष्ठ मित्र थे। दोनों एक-दूसरे के बिना बिलकुल अधूरे थे, क्योंकि दोनों एक-दूसरे की भावनाओं को बिना कहे समझ लेते थे। यह दोस्ती बचपन में विकसित हुई थी। टोपी तो अपने अजीज़ दोस्त इफ़्फ़न के साथ-साथ उसके परिवार वालों का भी आत्मीय था, विशेष रूप से उसकी दादी का जब वह पूरबी बोली बोलतीं, तो उसे अपनी माँ की भाँति ही दिखाई देतीं। जब टोपी को अकेलापन दूर करने वाले अपने अजीज दोस्त इफ़्फ़न के जाने का पता चला, तो वह उदास हो गया। इफ़्फ़न के जाने का कारण उसके पिता का मुरादाबाद तबादला होना था। इफ़्फ़न की दादी की मृत्यु का घाव अभी भरा भी नहीं था कि टोपी को इफ़्फ़न से अलग होने का ज़ख्म भी मिल गया। इसी कारण टोपी ने कसम खाई थी कि अब वह ऐसे लड़के से दोस्ती नहीं करेगा, जिसके पिता का तबादला होता रहता हो।

10. असफलताएँ हमें जीवन में बहुत कुछ सीखने का अवसर देती हैं। अपने जीवन की किसी घटना का उल्लेख करते हुए 'टोपी शुक्ला' पाठ के आधार पर इस कथन की पुष्टि कीजिए। **CBSE 2013**

उत्तर यह पूरी तरह सच है कि असफलताएँ हमें जीवन में बहुत कुछ सीखने का अवसर प्रदान करती हैं। असफल होने के बाद व्यक्ति के अंदर कुछ परिवर्तन आता है। यही कारण है कि असफल होने के बाद व्यक्ति सफलता प्राप्त करने के लिए दोगुना प्रयास करता है। असफलता की पीड़ा उसे सफलता पाने के प्रयास करते रहने को प्रेरित करती है।

मुझे भी याद है, जब मैं सातवीं कक्षा में था, तो अपनी कक्षा में मैं अनुत्तीर्ण हो गया था, जिसके कारण मेरे सभी दोस्तों एवं पड़ोसियों ने मेरा काफ़ी मज़ाक उड़ाया। स्थिति इतनी बदतर लगने लगी थी कि मैंने घर से निकलना भी काफ़ी कम कर दिया। अपने दोस्तों के साथ मैं खेलने भी नहीं जाता था। इसका परिणाम यह हुआ कि मैं अंतर्मुखी बनने लगा। मुझे लोगों के बीच जाना अच्छा नहीं लगता था। एक दिन मेरी माँ ने मुझे बहुत समझाया और जीवन में आगे बढ़ने की प्रेरणा दी। मैंने इतनी मेहनत से पढ़ाई की कि अगले वर्ष की परीक्षा में मैं अपनी कक्षा में प्रथम आया। मैंने अपने परिश्रम से मज़ाक उड़ाने वालों का मुँह बंद कर दिया।

इसका सर्वाधिक लाभप्रद परिणाम यह निकला कि अब कोई भी परीक्षा हो, मेरी तैयारी इतनी ज़बरदस्त रहती है कि हमेशा प्रथम तीन लोगों में मेरा नाम रहता है। वह सिलसिला अभी तक चल रहा है। 'टोपी शुक्ला' कहानी में भी टोपी शुक्ला किसी-न-किसी कारण से बार-बार फेल हो जाता है, लेकिन अंततः वह प्रतिकूल माहौल रहने के बावजूद परिश्रम करके सफल हो जाता है। हम सबको अपनी असफलता से प्रेरणा लेकर सफलता प्राप्त करनी चाहिए और कभी भी जीवन में निराश नहीं होना चाहिए।

11. पढ़ाई में तेज़ होने पर भी कक्षा में दो बार फेल हो जाने पर टोपी के साथ घर पर या विद्यालय में जो व्यवहार हुआ उस पर मानवीय मूल्यों की दृष्टि से टिप्पणी कीजिए। **CBSE 2019**

उत्तर टोपी पढ़ाई में काफ़ी तेज़ था, परंतु उसे पढ़ने के लिए अनुकूल वातावरण नहीं मिल पा रहा था। अनुकूल वातावरण के अभाव में वह एक ही कक्षा में दो-दो बार फेल हो गया था। फ़ेल हो जाने के कारण घर एवं विद्यालय में उसके साथ कोई भी अच्छा व्यवहार नहीं कर रहा था। अध्यापकों की टिप्पणियाँ टोपी के लिए अत्यंत पीड़ादायक थी और उसके मनोबल को तोड़ने का कार्य करती थीं। घर पर भी टोपी के साथ व्यवहार अच्छा नहीं था। इन सभी के आधार पर कहा जाना चाहिए कि विद्यालय और घर में टोपी के प्रति होने वाला दोहरा व्यवहार हमारे सामाजिक ढाँचे को हिलाकर रख देता है। जब कोई व्यक्ति अपने जीवन में असफल होता है, तो हमें उसे आगे बढ़ने के लिए प्रोत्साहित करना चाहिए, परंतु टोपी के साथ ठीक विपरीत व्यवहार हो रहा था, जो मानवीय मूल्यों के विघटन को दर्शाता है।

12. इफ़्फ़न और टोपी शुक्ला की मित्रता भारतीय समाज के लिए किस प्रकार प्रेरक है? जीवन-मूल्यों की दृष्टि से लगभग 150 शब्दों में उत्तर दीजिए। **CBSE 2018**

उत्तर टोपी और इफ़्फ़न बहुत गहरे मित्र थे। टोपी एक हिंदू परिवार से था, जबकि इफ़्फ़न एक मुस्लिम परिवार से था। इसके बावजूद उनकी दोस्ती धर्म और जाति की दीवारों से परे थी। वे एक अटूट बंधन की डोर से बँधे थे। दोनों अपने सुख-दु:ख एक-दूसरे से बाँटते थे। टोपी इफ़्फ़न के घर भी जाता था तथा उसकी दादी से उसे बहुत लगाव था। एक बार घर में माँ को 'अम्मी' बोलने व भाई के शिकायत लगाने पर कि टोपी कबाब खाने लगा है, टोपी की जमकर पिटाई होती है। परंतु फिर भी टोपी यह स्वीकार नहीं करता कि वह इफ़्फ़न के घर जाना व उससे मिलना छोड़ देगा।

यहाँ लेखक ने यह बताने का प्रयास किया है कि बच्चों में आपसी प्रेम का आधार मजहब नहीं था। इफ़्फ़न और टोपी शुक्ला की मित्रता भारतीय समाज के लिए प्रेरक है। वर्तमान समय में टोपी और इफ़्फ़न जैसी मित्रता सांप्रदायिक भावना, तनाव, झगड़ों को समाप्त करने में उपयोगी सिद्ध हो सकती है। समाज व देश में निर्मित मजहब की दीवारों को तोड़ सकती है तथा आपसी प्रेम और भाईचारे को बढ़ावा दे सकती है।

13. टोपी और इफ्फन अलग-अलग धर्म और जाति से संबंध रखते थे पर दोनों एक अटूट रिश्ते से बंधे थे। इस कथन के आलोक में 'टोपी शुक्ला' कहानी पर विचार कीजिए। **CBSE 2018**

उत्तर टोपी और इफ़्फ़न भिन्न-भिन्न धर्मों के होते हुए भी, जिस तरह स्नेह की डोर से एक-दूसरे से बँधे थे, वह मानवीय मूल्यों की दृष्टि से प्रत्येक समाज के लिए अनुकरणीय आदर्श बन सकते हैं। टोपी कट्टर हिंदू परिवार से था, जबकि इफ़्फ़न मुसलमान परिवार से जुड़ा था। दोनों के बीच धर्मों की भिन्नता होने के बावजूद टोपी को इफ्फन से अत्यधिक अपनापन मिला। इस अकेलेपन को दोनों ने आपसी प्रेम एवं सम्मान की भावना को एक-दूसरे के लिए बाँट कर, साझा कर समाप्त किया। दोनों के बीच न तो धर्म की समानता थी, न संस्कृति की। इसके बावजूद दोनों के दिलों में एक-दूसरे के प्रति अपार प्रेम एवं स्नेह की भावना थी। दोनों एक-दूसरे के बिना स्वयं को अकेला महसूस करते थे।

टोपी ने इफ्फन के घर जाने के लिए अपने घर पर मार भी खाई, लेकिन इफ्फन से मिलना उसने नहीं छोड़ा। आज के समाज में जो लोग धर्म एवं जाति को बहुत महत्त्व देते हैं, वे अनिवार्यत: मानवता के मूल्यों को नहीं समझते, उनके महत्त्व को आँक नहीं पाते। समाज में मानवीयता टोपी एवं इफ्फन जैसे लोगों की वजह से ही कायम है और इन्हीं से मानव समाज अपना अस्तित्व बनाए हुए है।

14. वह तो जब डॉक्टर साहब की ज़मानत ज़ब्त हो गई तब घर में जरा सन्नाटा हुआ और टोपी ने देखा कि इम्तहान सिर पर खड़ा है।

वह पढ़ाई में जुट गया। परंतु ऐसे वातावरण में क्या कोई पढ़ सकता था? इसलिए उसका पास ही हो जाना बहुत था।

"वाह !" दादी बोलीं, "भगवान नजरे-बद से बचाए। रफ्तार अच्छी है। तीसरे बरस तीसरे दर्जे में पास तो हो गए।..."

टोपी जहीन होने के बावजूद कक्षा में दो बार फेल हो गया। जीवन में प्रतिकूल परिस्थितियों से हार मान लेना कहाँ तक उचित है? टोपी जैसे बच्चों के विषय में आपकी क्या राय है? **CBSE SQP Term II 2022**

उत्तर टोपी पढ़ाई में काफ़ी तेज़ था, परंतु उसे पढ़ने के लिए अनुकूल वातावरण नहीं मिल पा रहा था। अनुकूल वातावरण के अभाव में वह एक ही कक्षा में दो बार फेल हो गया था। फ़ेल हो जाने के कारण विद्यालय में उसके साथ कोई भी अच्छा व्यवहार नहीं कर रहा था। अध्यापकों की टिप्पणियाँ टोपी के लिए अत्यंत पीड़ादायक थीं और उसके मनोबल को तोड़ने का कार्य करती थीं। घर पर भी टोपी के साथ व्यवहार अच्छा नहीं था। इन सभी के आधार पर कहा जाना चाहिए कि विद्यालय और घर में टोपी के प्रति होने वाला दोहरा व्यवहार हमारे सामाजिक ढाँचे को हिलाकर रख देता है। जब कोई व्यक्ति अपने जीवन में असफल होता है, तो हमें उसे आगे बढ़ने के लिए प्रोत्साहित किया जाना चाहिए, परंतु टोपी के साथ ठीक विपरीत व्यवहार हो रहा था, जो मानवीय मूल्यों के विघटन को दर्शाता है। टोपी शुक्ला ने प्रतिकूल परिस्थितियाँ होने के बावजूद भी हार नहीं मानी और तीसरी बार कक्षा में उत्तीर्ण हो गया। हमें जीवन में आई प्रतिकूल परिस्थितियों से कभी हार नहीं माननी चाहिए और लक्ष्य के प्रति सतत प्रयास करते रहना चाहिए।

15. बालमन किसी स्वार्थ या हिसाब से चलायमान नहीं होता। बचपन प्रेम के रिश्ते के अतिरिक्त किसी और रिश्ते को कुबूल नहीं करता। 'टोपी शुक्ला' पाठ में टोपी अपने परिवार के एक सदस्य को बदलने की बात करता है। उसकी सोच के आधार पर उसकी मनोदशा का वर्णन कीजिए। **CBSE SQP 2022**

उत्तर टोपी की दादी का स्वभाव अच्छा नहीं था। वह हमेशा टोपी को डाँटती रहती थी व कभी भी उससे प्यार से बात नहीं करती थी। टोपी की दादी परंपरावादी कट्टर हिंदू थी। दूसरी ओर, इफ़्फ़न की दादी बहुत नरम स्वभाव की थी, जो बच्चों पर क्रोध नहीं करती थी। वह टोपी से भी बहुत प्यार करती थी। इसी स्नेह के कारण टोपी, इफ़्फ़न से अपनी दादी को बदलने की बात कहता है। इससे टोपी की मनोदशा का बोध होता है कि वह प्रेम का भूखा था। परंपराओं और धर्म-जाति के बंधन से नहीं बँधना चाहता था। अपनेपन की राह में जाति, धर्म और उम्र आड़े नहीं आ सकते हैं।

16. उस पर सितम यह हुआ कि कमजोर लड़कों को मास्टर जी समझाते तो उसकी मिसाल देते।

मास्टर जी की इस प्रतिक्रिया से बालभद्र के मन पर क्या प्रभाव पड़ता होगा? अपने विचार व्यक्त कीजिए। **CBSE SQP (Additional Set) 2023**

उत्तर शिक्षा का उद्देश्य छात्रों के संपूर्ण विकास से जुड़ा है। अन्य छात्रों एवं अध्यापकों का दायित्व उनके विकास में सहायता करना होता है न कि बाधा उत्पन्न करना होना चाहिए। कक्षा में एक शिक्षक को अपने दायित्वों का ज्ञान होना अनिवार्य है। वह अनुर्त्तीर्ण छात्रों को भावात्मक व मानसिक ठेस न पहुँचाकार, उसका सर्वांगीण विकास करके उसकी सफलता का मार्ग प्रशस्त करता है।

बालभद्र के मन पर शिक्षकों के द्वारा किया गया व्यंग्य हानिकारक प्रभाव छोड़ता है व मानसिक रूप से तनाव महसूस करने लगता है तथा उसका मनोबल टूटने लगता है। वह स्वयं को हीन भावना से देखने लगता है, यद्यपि यह उसके लिए सही नहीं। कमज़ोर लड़कों को समझाते समय बार-बार टोपी की मिसाल देना सही नहीं बल्कि, मास्टर जी को स्वयं टोपी से बात कर, उसकी समस्याएँ सुननी चाहिए तथा उनका निदान करना चाहिए, ताकि भविष्य में यह भी उत्तीर्ण होकर अपना सुनहरा भविष्य सँवार सके।

स्व-मूल्यांकन

निम्नलिखित प्रश्नों के उत्तर दीजिए

1. टोपी शुक्ला सरल हृदय, आज्ञाकारी, भावुक तथा सहनशील पात्र के रूप में हमारे समक्ष उभरकर आता है। 'टोपी शुक्ला' पाठ के आधार पर स्पष्ट कीजिए।
2. 'टोपी शुक्ला' पाठ के अंतर्गत दो धर्मों के बीच बनी दीवार को तोड़ा गया है। स्पष्ट कीजिए।
3. नवीं कक्षा में दो बार फ़ेल हो जाने वाले टोपी की भावनात्मक समस्याओं को देखते हुए शिक्षा व्यवस्था में किए जाने वाले आवश्यक परिवर्तनों हेतु सुझाव दीजिए।
4. "असफलता के परिणामस्वरूप मनुष्य में परिवर्तन आता है।" अपने जीवन की किसी घटना का उल्लेख करते हुए प्रस्तुत कथन को 'टोपी शुक्ला' पाठ के आधार पर सिद्ध कीजिए। **दक्षता आधारित प्रश्न**
5. 'टोपी शुक्ला' पाठ के आधार पर स्पष्ट कीजिए कि टोपी के माध्यम से लेखक ने जाति-पाँति के बंधन को स्वीकार न करके किस प्रकार की भावनाओं को प्रतिपादित करने का प्रयास किया है? **दक्षता आधारित प्रश्न**
6. 'टोपी शुक्ला' पाठ के आधार पर बताइए कि टोपी को किन-किन से अपनापन मिला? क्या आज के समय में भी ऐसे अपनेपन की प्राप्ति संभव है? **दक्षता आधारित प्रश्न**
7. 'टोपी शुक्ला' पाठ के आधार पर बताइए कि इफ़्फ़न की दादी मिली-जुली संस्कृति में विश्वास क्यों रखती थी। उदाहरण सहित स्पष्ट कीजिए। **दक्षता आधारित प्रश्न**
8. सांप्रदायिक भेदभाव को दूर करने में टोपी और इफ़्फ़न जैसी मित्रता वर्तमान समय की माँग है। पाठ के आधार पर तर्कपूर्ण उत्तर दीजिए।
9. वर्तमान युग में पद और हैसियत मानवीय संबंधों में कटुता का भाव उजागर कर रहे हैं। 'टोपी शुक्ला' पाठ के आधार पर इस कथन का स्पष्टीकरण कीजिए। **दक्षता आधारित प्रश्न**
10. आपसी प्रेम-भावना को न तो किसी भाषा के और न ही किसी धर्म के बंधन में बाँधा जा सकता है। पाठ के आधार पर स्पष्ट कीजिए।

All in One

संपूर्ण अध्ययन | संपूर्ण अभ्यास | संपूर्ण मूल्यांकन

खंड 'घ' : लेखन

अध्याय

1

अनुच्छेद-लेखन

अनुच्छेद लेखन का अर्थ

अनुच्छेद लेखन को **लघु निबंध** भी कहा जाता है। इसमें सीमित शब्दों का प्रयोग सुगठित एवं समग्र दृष्टिकोण से किया जाता है। अनुच्छेद में शब्द संख्या सीमित होने के कारण लिखते समय थोड़ी सावधानी बरतनी चाहिए।

निबंध और अनुच्छेद लेखन में मुख्य अंतर यह है कि जहाँ निबंध में प्रत्येक बिंदु को अलग-अलग परिच्छेद (पैराग्राफ) में लिखा जाता है, वहीं अनुच्छेद लेखन में एक ही परिच्छेद में दिए गए विषय को सीमित शब्दों में लिखा जाता है। इसके अतिरिक्त, निबंध की तरह भूमिका, मध्य भाग एवं उपसंहार जैसा विभाजन अनुच्छेद में करने की आवश्यकता नहीं होती।

अनुच्छेद लेखन में ध्यान रखने योग्य बातें

- यदि परीक्षा में अनुच्छेद लेखन के लिए **संकेत बिंदु** दिए गए हैं, तो सबसे पहले उन बिंदुओं को समझ लेना चाहिए और उन्हीं बिंदुओं के आधार पर विषय को स्पष्ट करना चाहिए।
- अनुच्छेद लेखन में उदाहरण अथवा दृष्टांत का प्रयोग नहीं करना चाहिए। यदि आवश्यक हो तो उसकी ओर संकेत करना पर्याप्त है।
- अनुच्छेद लेखन के विषय को इस प्रकार लिखना चाहिए कि **संपूर्ण विषय** लगभग 100 शब्दों में पूर्ण रूप से समाप्त हो जाए।
- विषय के विभिन्न पक्षों पर विचार करने के उपरांत **महत्त्वपूर्ण पक्षों** का चुनाव करके उनकी चर्चा करनी चाहिए।
- अनुच्छेद में **भाषा की शुद्धता** के साथ शब्दों के चयन पर भी विशेष ध्यान देना चाहिए।
- जहाँ तक संभव हो, वाक्यों को **छोटा** तथा **सरल** रखना चाहिए।
- विषय की प्रस्तुति **प्रभावपूर्ण, कलात्मक** तथा **संक्षिप्त** होनी चाहिए।
- विषय के सभी प्रमुख **बिंदुओं का समावेश** अवश्य होना चाहिए।
- **मुहावरों** तथा **लोकोक्तियों** का प्रयोग अनुच्छेद को शक्ति प्रदान करता है तथा भावाभिव्यक्ति को प्रभावशाली बना देता है।
- अनुच्छेद के अंत तक **विषय का निष्कर्ष** पूरी तरह स्पष्ट हो जाना चाहिए तथा विषय से संबंधित प्राप्त होने वाले संदेश आदि का भी उल्लेख किया जाना चाहिए।

अनुच्छेद लेखन का प्रारूप

प्रश्न दिए गए संकेत बिंदुओं के आधार पर अनुच्छेद लिखिए।

बाढ़ एक प्राकृतिक आपदा

संकेत बिंदु

- क्या है
- क्यों
- प्रभाव

शीर्षक — बाढ़ एक प्राकृतिक आपदा

भूमिका — बाढ़ एक प्राकृतिक आपदा है, जो अकसर भारी वर्षा का परिणाम होती है।

विषय-वस्तु — बाढ़ में किसी भी क्षेत्र में जल बहाव और उचित जल निकासी व्यवस्था की कमी के कारण अत्यधिक पानी जमा हो जाता है। बाढ़ के कई अन्य प्राकृतिक कारण भी हैं; जैसे-नदियों और समुद्रों में पानी का अतिप्रवाह, बाँधों के टूटने से समतल क्षेत्रों में पानी का अतिप्रवाह, ग्लेशियरों के अचानक पिघलने से तटीय क्षेत्रों में पानी का प्रवाह, तूफान और सुनामी इत्यादि। अन्य प्राकृतिक आपदाओं की तरह बाढ़ भी विनाश का कारण बन जाती है।
आज तक दुनिया भर में कई देशों के नगरों, कस्बों और गाँवों को भयंकर बाढ़ का सामना करना पड़ा है। बाढ़ के कारण कई हजारों-लाखों जीवों का जीवन समाप्त हो गया तथा कई बहुमूल्य संपदाएँ, पेड़-पौधे आदि नष्ट हो गए। बाढ़ से लोगों का जीवन बहुत अव्यवस्थित हो जाता है। जहाँ गंभीर बाढ़ आती है वहाँ जन-धन की हानि तो होती ही है, अपितु सब कुछ पुनर्जीवित होने में महीनों लग जाते हैं। किसी स्थान विशेष पर कई दिनों से जमा हुआ पानी विभिन्न बीमारियों के फैलने का कारण भी बन जाता है।

निष्कर्ष — हालाँकि वर्तमान में सरकार इस मुद्दे को गंभीरता से ले रही है और समस्या को नियंत्रित करने के कठोर कदम उठाए जा रहे हैं। सरकार को बाढ़ की समस्या और प्रभावित क्षेत्रों में क्षति से बचने के लिए अच्छी जल निकासी व्यवस्था का निर्माण करना चाहिए।

नोट

1. **शीर्षक** प्रश्न के अनुसार छोटा व उचित शीर्षक लिखें।
2. **भूमिका** इसके अंतर्गत पाठक की रोचकता व रुचि को बनाए रखने के लिए प्रभाव व आकर्षक पंक्तियाँ लिखी जानी चाहिए। यह टिप्पणी, विश्लेषण, प्रश्न, विवरण आदि से संबंधित हो सकती है।
3. **विषय-वस्तु** इसके अंतर्गत अनुच्छेद का मुख्य भाग आता है। इसमें मुख्य पक्ष; जैसे—कारण, प्रभाव, भेद, गुण-दोष आदि का उल्लेख किया जाना चाहिए। यहाँ 'बाढ़: एक प्राकृतिक आपदा' अनुच्छेद में बाढ़ की स्थिति, उसके कारण, समस्याओं व प्रभावों का उल्लेख किया गया है।
4. **निष्कर्ष** यहाँ लेखक अपना दृष्टिकोण, सुझाव, आलोचना आदि प्रस्तुत करता है। यहाँ बाढ़ जैसी गंभीर समस्या को नियंत्रित करने हेतु उठाए जाने वाले कठोर कदमों का सुझाव दिया गया है।

अभ्यास प्रश्न

(दक्षता आधारित प्रश्नों सहित)

जी-20 शिखर सम्मेलन

CBSE SQP (Additional Set) 2023

संकेत बिंदु

- आवश्यकता
- महत्त्व
- भारत पर प्रभाव

जी-20 शिखर सम्मेलन, एक अंतरसरकारी संगठन है। इसमें यूरोपीय संघ और अन्य 19 देश सम्मिलित हैं। G-20 शिखर सम्मेलन वैश्विक आर्थिक विकास और कल्याण सुनिश्चित करने में महत्त्वपूर्ण भूमिका निभाता है तथा अग्रणी और विकसित अर्थव्यवस्थाओं को जोड़ने वाले एक महत्त्वपूर्ण बहुपक्षीय मंच के रूप में कार्य करता है। इसमें विशेष बजट और सुरक्षा व्यवस्था की जाती है।

जी-20 शिखर सम्मेलन की आवश्यकता विभिन्न राष्ट्रों के बीच सहयोग और समझौते की बढ़ती जरूरत को दर्शाती है। विभिन्न देशों के नेता यहाँ अपने विचार-विनिमय करके आपसी सहमति बना सकते हैं और आपसी समझदारी में विश्व शांति बनाए रख सकते हैं।

जी-20 शिखर सम्मेलन का महत्त्व विश्व स्तर पर व्यापक प्रभाव डालता है। यहाँ होने वाली चर्चाएँ और निर्णय विभिन्न देशों के बीच सहयोग को बढ़ावा देने में सहायक हो सकते हैं, जिससे ग्लोबल समस्याओं के समाधान में मदद मिल सकती है। इससे विश्व अर्थव्यवस्था, वाणिज्यिक व्यापार और राजनीतिक स्थिति पर सकारात्मक प्रभाव पड़ सकता है, जो एक सामंजस्य और सशक्त विश्व की दिशा में कदम बढ़ा सकता है।

जी-20 शिखर सम्मेलन भारत के लिए भी एक अद्भुत अवसर है। अपनी बात रखने, विचार विमर्श करने और आपसी मुद्दों पर अपने प्रतिस्पर्धी देशों को सुनाने का विशेष मंच है। यह देश को विश्व में एक महत्त्वपूर्ण भूमिका देने में मदद कर सकता है और सहमति के माध्यम से विश्व शांति और सहयोग की दिशा में काम कर सकता है।

इससे भारत का सहयोग विभिन्न विषयों में मदद कर सकता है, जैसे—व्यापार, विज्ञान और प्रौद्योगिकी तथा वाणिज्यिक सहयोग। इससे भारत अपनी अधिकारिक स्थिति को बढ़ा सकता है और विश्व नैतिकता और समरसता की दिशा में एक अहम पात्र निभा सकता है।

मेरी अंतरिक्ष यात्रा

CBSE SQP (Additional Set) 2023

संकेत बिंदु

- क्या
- विस्तार
- समापन

अंतरिक्ष पृथ्वी का वह बाहरी आवरण है, जिसका न तो कोई आरंभ है और न ही कोई अंत। अंतरिक्ष के अंतर्गत सूर्य, चंद्रमा, तारा, पृथ्वी तथा अन्य ग्रह इत्यादि सभी सम्मिलित हैं। लोग ग्रहों, उपग्रहों, तारों आदि के बारे में जानकारी एकत्र करने के लिए अंतरिक्ष में यात्रा करते हैं। अंतरिक्ष यात्रा का मुख्य उद्देश्य अंतरिक्ष में छुपे रहस्यों का पता लगाना होता है।

अंतरिक्ष का जिक्र आते ही मैं कल्पना की दुनिया में चली जाती हूँ। अंतरिक्ष यात्रा बचपन से ही मेरे जीवन का सपना है। कभी-कभी मैं सोचती हूँ कि अगर मैं अंतरिक्ष यात्री बन गई, तो मैं अंतरिक्ष में जाऊँगी और हमेशा हवा में तैरती रहूँगी। तारों के बीच एक अलग एहसास को महसूस करूँगी, चाँद-सितारों के बीच मेरी खुशी का ठिकाना नहीं होगा। अंतरिक्ष का वातावरण पृथ्वी से बिल्कुल भिन्न होता है। वहाँ न तो जल है, न पेड़-पौधे हैं और न ऑक्सीजन मिलती है। गुरुत्वाकर्षण के अभाव के कारण वस्तुएँ हवा में तैरती रहती हैं। जब भी मैं अंतरिक्ष यात्री सुनीता विलियम्स, राकेश शर्मा, कल्पना चावला आदि के बारे में पढ़ती हूँ, तो मुझे भी अंतरिक्ष यात्री बनने की इच्छा होती है और उनसे हमेशा प्रेरित होती हूँ।

अंतरिक्ष यात्री बनने का सफर इतना आसान नहीं होता है। अंतरिक्ष यात्री बनने के लिए हमें कड़ी मेहनत और प्रशिक्षण की आवश्यकता होती है। अंतरिक्ष में जाने के लिए हमारा शारीरिक और मानसिक स्वास्थ्य बिल्कुल स्वस्थ होना चाहिए। अंतरिक्ष यात्रा के लिए बहुत साहस और कई वर्षों की मेहनत की आवश्यकता होती है। भले ही अंतरिक्ष यात्री की जान खतरे में हो लेकिन अंतरिक्ष यात्रा सफल होने पर अंतरिक्ष यात्री और उसके देश का नाम रोशन होता है।

प्रकृति संरक्षण से जागा प्रकृति प्रेम

CBSE SQP (Additional Set) 2023

संकेत बिंदु

- प्राकृतिक आपदा में स्वयं सेवकों के साथ कार्य करना
- आपदा के कारण जानने का प्रयास करना
- पौधे रोपने का कार्य प्रारंभ करना

प्रकृति संरक्षण का अर्थ है अपने प्राकृतिक संसाधनों का जिम्मेदारी से उपयोग करना और उन्हें सुरक्षित रखना। इनमें मुख्य रूप से जल, धूप, वातावरण, खनिज, भूमि, पौधे और जानवर शामिल हैं। इनमें से कुछ संसाधनों का अत्यधिक दोहन किया जा रहा है, जिससे वे तेजी से समाप्त हो रहे हैं। प्रकृति संरक्षण में सकारात्मक योगदान देने के लिए हमें प्राकृतिक आपदाओं के प्रति जागरूकता बनाए रखनी चाहिए।

कुछ वर्ष पहले हमारे क्षेत्र में हमें प्राकृतिक आपदा का सामना करना पड़ा। लगातार अतिवृष्टि होने से नदी में जल का स्तर बढ़ गया, जिससे मिट्टी के कटाव के कारण भयंकर बाढ़ की स्थिति उत्पन्न हो गई। बाढ़ आने से जन-जीवन अस्त-व्यस्त हो गया, कई लोगों व जीव-जानवरों को अपनी जान गँवानी पड़ी। इस प्राकृतिक आपदा में आपदा प्रबंधन और स्वयं सेवकों ने बहुत ही मन लगाकर कार्य किया। इस जनसेवा कार्य में मैंने भी भाग लिया। बाढ़ में फँसे हुए लोगों व जीव-जंतुओं को निकालकर उनकी जान बचाई, उन्हें खाने-पीने की वस्तुएँ उपलब्ध कराई गईं तथा उनके लिए समुचित रहने की व्यवस्था की गई। प्राकृतिक आपदाएँ न केवल जन-जीवन को प्रभावित करती है, बल्कि प्रकृति पर भी इसका नकारात्मक प्रभाव पड़ता है।

हमें प्राकृतिक आपदा के कारण को जानने का प्रयास करना चाहिए ताकि हम उस आपदा से बच सकें। यदि समय रहते हमारे क्षेत्र में बाढ़ के आने का कारण पता चल जाता, तो हमारे क्षेत्र को इस भयंकर बाढ़ से बचाया जा सकता था। वर्तमान समय में बहुत अधिक प्राकृतिक आपदाएँ आने लगी हैं, जिसका कारण प्रकृति-संरक्षण के प्रति जागरूकता का अभाव, प्रकृति का अत्यधिक दोहन, अंधाधुंध वन-वृक्षों की कटाई आदि है।

हमें हमारी प्रकृति से प्रेम करना चाहिए। प्रकृति को सुरक्षित रखने के लिए हमें वन्यजनों की रक्षा, जल, वायु और मिट्टी का सही तरीके से उपयोग तथा अधिक-से-अधिक वृक्षारोपण करना चाहिए। वर्तमान समय को देखते हुए वृक्षारोपण का कार्य प्रारंभ करना अत्यंत महत्त्वपूर्ण है। वृक्ष हमारे पर्यावरण को हरित और स्वस्थ बनाए रखने में मदद करते हैं और वृक्षारोपण के माध्यम से हम वायुमंडल को शुद्ध करते हैं। इस प्रकार, प्रकृति प्रेम के माध्यम से हम सजीव और स्वस्थ पर्यावरण का निर्माण करके आने वाली पीढ़ियों को एक सुरक्षित भविष्य दे सकते हैं।

करत करत अभ्यास ते जड़मति होत सुजान **CBSE SQP 2023**

संकेत बिंदु

- सूक्ति का आशय
- जीवन में अभ्यास का महत्त्व
- सफलता का मूल मंत्र

'करत-करत अभ्यास ते जड़मति होत सुजान,

रसरी आवत-जात ते, सिल पर परत निसान।'

यह सूक्ति हमें निरंतर श्रम करने के महत्त्व को बताती है। इस सूक्ति का आशय है कि जिस प्रकार कुएँ के पत्थर पर बारी-बारी से रस्सी खींचने से पत्थर पर निशान पड़ जाते हैं, उसी प्रकार यदि बार-बार अभ्यास किया जाए, तो जड़बुद्धि (मूर्ख) व्यक्ति भी बुद्धिमान बन जाता है।

मानव जीवन में अभ्यास का बहुत अधिक महत्त्व है, अभ्यास अज्ञानी को भी बुद्धिमान बना सकता है। यह असफलता को सफलता में और निराशा को आशा में बदल देता है। जीवन में निरंतर अभ्यास एक साधना का रूप है और जो यह साधना करता है वह साधक अवश्य सुखी होता है। अत: हमें अपने जीवन में कभी हताश नहीं होना चाहिए। एक साधक की भाँति निरंतर अभ्यास की साधना करनी चाहिए।

जीवन के हर क्षेत्र में अभ्यास का महत्त्व है। चाहे वह कला हो, खेल हो, विद्याध्ययन या शिक्षा हो, किसी लक्ष्य तक पहुँचना हो या कोई अन्य क्षेत्र, अभ्यास से ही सफलता मिलती है। यह हमें योग्यता, संघर्षशीलता, और समर्पण की दिशा में आगे बढ़ने का मार्ग दिखाता है। अभ्यास से ही आत्म-निर्भरता और आत्म-विश्वास की प्राप्ति होती है।

सफलता का मूल-मंत्र अभ्यास है और बार-बार अभ्यास आपको मजबूत बनाता है। अभ्यास के द्वारा ही सफलता के लिए किया गया परिश्रम फलित होता है। एक बार किए गए परिश्रम से मनवांछित फल नहीं मिलता है, परंतु बार-बार अभ्यास करने से फल की सिद्धि अवश्य होती है।

अत: उक्त सूक्ति से हमें यह बोध होता है कि जीवन में यदि हमें किसी भी क्षेत्र में पारंगत बनना हैं, तो हमें निरंतर उसमें अभ्यास करना चाहिए। इससे हम अपने लक्ष्यों की प्राप्ति में सफल हो सकते हैं और अपने जीवन को समृद्धि और सफलता की ऊँचाइयों तक पहुँचा सकते हैं।

विद्यार्थी जीवन और चरित्र निर्माण

दक्षता आधारित प्रश्न, CBSE SQP 2022

संकेत बिंदु

- संपूर्ण जीवन की आधारशिला
- चरित्र निर्माण की आवश्यकता
- देश व समाज के लिए उपयोगी

विद्यार्थी जीवन साधना और तपस्या का जीवन होता है। विद्यार्थियों के लिए यह जीवन अपने भावी जीवन को ठोस नींव प्रदान करने का सुनहरा अवसर है। यह चरित्र निर्माण का समय है। विनम्रता, दया, करुणा, श्रद्धा आदि भावों का विकास विद्यार्थी जीवन में ही हो जाता है। विद्यार्थी जब विनम्रता का गुण धारण करता है, तो प्रत्येक कार्य आसान हो जाता है। विद्यार्थी जीवन मानवीय गुणों को अंगीभूत करने का काल है। सुख-दु:ख, लाभ-हानि, सर्दी-गर्मी से परे होकर जब विद्यार्थी नित्य अध्ययन करता है, तो उसका जीवन सफल हो जाता है। वह धैर्य, साहस, ईमानदारी, लग्नशीलता, गुरुभक्ति, स्वाभिमान जैसे गुणों को धारण करता है। वह संयमित, नियमबद्ध व अनुशासित नागरिक बनता है। इस प्रकार के उच्च चारित्रिक गुणों से परिपूर्ण विद्यार्थी ही राष्ट्र व देश के लिए उत्तम नागरिक बनता है तथा देश के विकास में अपना सर्वश्रेष्ठ योगदान दे पाता है। सभ्य समाज के निर्माण में उच्च चारित्रिक गुणों से युक्त व्यक्ति की महत्त्वपूर्ण भूमिका होती है। सामाजिक समस्याओं व कुरीतियों के निराकरण हेतु ऐसा विद्यार्थी निर्मित करना अत्यावश्यक है।

20-20 क्रिकेट का रोमांच **CBSE SQP 2022**

संकेत बिंदु

- मैच कब और कहाँ
- टीमों का संघर्ष
- दर्शकों की प्रतिक्रिया

क्रिकेट दुनिया के लोकप्रिय खेलों में से एक खेल बन चुका है। वैसे तो इसके सभी प्रारूपों के प्रति लोगों की रुचि है, किंतु 20-20 क्रिकेट के प्रति दर्शकों में अत्यधिक रोमांच है। क्रिकेट के इस प्रारूप की शुरुआत वर्ष 2003 में इंग्लैंड में हुई थी। यह मैच 20-20 ओवरों तक सीमित रहता है। 24 सितंबर, 2007 को भारत व पाकिस्तान के बीच 20-20 विश्वकप का मैच हुआ था। इस मैच में भारत के युवा खिलाड़ियों ने महेंद्र सिंह धोनी की कप्तानी में पाकिस्तान को हरा दिया था। जब भारत के खिलाड़ी दक्षिण अफ्रीका पहुँचे तो किसी ने भी जीत की उम्मीद नहीं की थी, लेकिन भारतीय खिलाड़ियों ने यह कारनामा कर दिखाया। भारतीय जीत की उम्मीद लिए हुए अनेक दर्शक वहाँ उपस्थित थे। दर्शकों के जोश व उत्साह से टीम का भी उत्साहवर्धन हुआ। भारतीय बल्लेबाजों ने 157 रनों का स्कोर खड़ा किया और 19.3 ओवर में 152 रन पर पाकिस्तान को ऑलआउट कर दिया। इस मैच के रोमांच में दर्शकों ने दाँतों तले उँगलियाँ दबा लीं। क्रिकेट प्रेमियों की खुशी का ठिकाना नहीं रहा। जब भारतीय टीम मुंबई लौटी तो उसका भव्य स्वागत किया गया। खिलाड़ियों पर सरकार व क्रिकेट बोर्ड ने करोड़ों रुपयों की बौछार कर दी। विजेता खिलाड़ी नए इंडियन आइडल बन गए।

दौड़ती हुई जिंदगी

दक्षता आधारित प्रश्न, CBSE SQP 2022

संकेत बिंदु

- कैसे
- कारण
- आवश्यकताओं में वृद्धि
- क्या करें?

आज हमारी आवश्यकताएँ असीमित हो गई हैं। प्रत्येक व्यक्ति को बड़ा घर, गाड़ी, पैसा, ए.सी. आदि सुविधाओं की लालसा है। ऐसे में अत्यधिक धनार्जन करने के लिए सभी लोग दौड़ रहे हैं। आगे बढ़ने के लिए लगातार अथक प्रयास किए जा रहे हैं। जब हम अपनी वांछित वस्तु प्राप्त कर लेते हैं, तब भी हम रुकते नहीं हैं, अपितु और अधिक लालच के साथ नवीन लालसाएँ उत्पन्न कर लेते हैं। प्रत्येक मनुष्य इसी भाग-दौड़ में लगा है, जो नहीं दौड़ता है, वह इस बदलते युग में पीछे रह जाता है। इस भाग-दौड़ के जीवन में प्रकृति का आनंद, चैन सुकून के पल, प्रेम, सहानुभूति, सौहार्द जैसे कहीं खो गए हैं। अनियंत्रित आवश्यकताएँ और हमारा लालच ही इस समस्या का मुख्य कारण है, जो हमें सुकून से बैठने नहीं देता। जीवन का सुख नहीं लेने देता। प्रत्येक मनुष्य को, जो है, उसमें संतुष्टि नहीं है, बल्कि वह दूसरे की प्रगति से ईर्ष्या करता है।

यदि हमें अपने इस जीवन में सुकून चाहिए, तो हमें अपनी आवश्यकताओं व इच्छाओं को नियंत्रित करना पड़ेगा। प्रकृति व पर्यावरण के साथ कुछ आराम से बैठकर गहन मनन करना होगा कि वास्तव में हमें क्या चाहिए। हमारे पास जो कुछ है, क्या उससे हम संतुष्ट नहीं हो सकते हैं? क्या सब कुछ प्राप्त करना ही सफलता है? वास्तव में किसी अन्य व्यक्ति के मुख पर मुस्कान लाना, दया, करुणा, उदारता ही सही सुख व संतुष्टि प्रदान कर सकता है।

अपनी मातृभाषा

CBSE Term II 2022

संकेत

- मातृभाषा का अर्थ
- मातृभाषा की विशेषताएँ
- मातृभाषा का महत्त्व

मातृभाषा का अर्थ है—वह बोली या भाषा जो बच्चे को जन्म से ही अपनी माँ तथा परिवार के अन्य सदस्यों के मुख से सुनाई देती है। इसी बोली को सबसे पहले बच्चा सुनता है और परिवार के सदस्यों की मदद से बोलना सीखता है। विभिन्न क्षेत्रों में पैदा हुए बच्चों की मातृभाषा अलग-अलग होती है। पंजाब में जन्में बच्चे की मातृभाषा पंजाबी, हरियाणा में जन्म लेने वाले की हरियाणवी तथा तमिलनाडु में जन्मा बच्चा तमिल सबसे पहले सीखता है। यही उसकी मातृभाषा होती है। मातृभाषा किसी भी व्यक्ति की सामाजिक एवं भाषायी पहचान होती है। यह मनुष्य के विकास की आधारशिला होती है। इसके माध्यम से ही बच्चे और मनुष्य भावाभिव्यक्ति करते हैं। यह सामाजिक व्यवहार और सामाजिक अंत:क्रिया का आधार होती है। किसी नए एवं कठिन माने जाने वाले विषय को समझने का सबसे आसान माध्यम मातृभाषा ही है। मातृभाषा हमें राष्ट्रीयता से जोड़ती है और देश प्रेम की भावना उत्प्रेरित करती है। एक कुशल संप्रेषक, अपनी मातृभाषा के प्रति संवेदनशील होता है। मातृभाषा व्यक्ति के संस्कारों की परिचायक होती है। मनुष्य के लिए उसकी अपनी मातृभाषा का विशेष महत्त्व होता है। व्यक्ति अपने हृदय की व्यथा को जितनी सहजता से मातृभाषा में व्यक्त कर सकता है, उतनी अन्य किसी भाषा में नहीं। भारतेंदु हरिश्चंद ने कहा है—"निजभाषा उन्नत है, सब भाषन को मूल। बिन निज भाषा के ज्ञान के मिटे न हिय को शूल।" बच्चा अपनी मातृभाषा में जितनी सरलता और तीव्रता से सीखता है, वैसा संसार की अन्य किसी भाषा के द्वारा नहीं सीख सकता है। इसे ध्यान में रखकर ही शिक्षाविद्‌ों का कहना है कि बच्चों की प्रारंभिक शिक्षा का माध्यम मातृभाषा ही होना चाहिए।

कृत्रिम बौद्धिकता (आर्टिफिशियल इंटेलिजेंस) के बढ़ते कदम

CBSE 2024

संकेत बिंदु

- क्या है कृत्रिम बौद्धिकता
- बढ़ता प्रभाव
- संभावित खतरा

कृत्रिम बौद्धिकता आधुनिक समय में हमारा जीवन काफी हद तक कंप्यूटर पर निर्भर हो गया है। कंप्यूटर के बिना जीवन के बारे में सोचना लगभग असंभव है, इसलिए कंप्यूटर को इंटेलिजेंस बनाना बहुत जरूरी है, ताकि हमारा जीवन सरल हो सके। आर्टिफिशियल इंटेलिजेंस कंप्यूटर का सिद्धांत और विकास है, जो मानव बुद्धि की नकल है।

कृत्रिम बुद्धिमत्ता विभिन्न क्षेत्रों; जैसे—चिकित्सा में रोगी के रोग का पता लगाने में, शिक्षा में छात्रों को नवीन तकनीक द्वारा पढ़ाने, वित्तीय क्षेत्र में डाटा का विश्लेषण करके निवेशकों के लिए निवेश का उचित सुझाव देना, धोखाधड़ी को पहचानना, कृषि जगत में पौधों की देख-रेख, मौसम की स्थिति, तापमान आदि में उपयोगी है।

कृत्रिम बुद्धिमत्ता कंप्यूटर और रोबोटिक्स की दुनिया में क्रांति जैसा है, परंतु इससे संभावित खतरे भी हैं। यदि मशीनें स्वयं निर्णय लेने लगेंगी और उन पर नियंत्रण नहीं किया गया तो यह मानव सभ्यता के लिए खतरा बन सकती हैं। कृत्रिम बुद्धिमत्ता दुनिया का भविष्य बनाने के लिए पूर्ण रूप से तैयार है। यह मानव जाति के इतिहास में एक बड़ी क्रांति लाएगा।

सत्यमेव जयते

दक्षता आधारित प्रश्न, CBSE 2020

संकेत बिंदु

- भाव
- झूठ के पाँव नहीं होते
- सत्य ही परम धर्म

'सत्यमेव जयते' का अर्थ है सत्य की हमेशा जीत होती है। यह भारतवर्ष का राष्ट्रीय आदर्श वाक्य है। यह वाक्य भारत के राष्ट्रीय प्रतीक माने जाने वाले अशोक स्तंभ के नीचे देवनागरी लिपि में लिखा गया है। इसका मुख्य उद्देश्य लोगों को सत्य की राह पर चलने के लिए प्रोत्साहित करना है। इस छोटे-से वाक्य में संपूर्ण मानवता का ज्ञान और मानव का कल्याण का आधार निहित है। वस्तुत: इस वाक्य का मूलभाव यह है कि सत्य की ही जय होती है, असत्य की नहीं। सत्य ही वह मार्ग है, जिस पर चलकर मनुष्य चरम लक्ष्य को प्राप्त कर आत्मसंतुष्टि प्राप्त करता है।

झूठ बोलने वाला व्यक्ति एक बात पर स्थायी नहीं हो सकता। वह भिन्न-भिन्न परिस्थितियों के अनुरूप एवं भिन्न लोगों के सामने अपने कथनों को बदलता रहता है, क्योंकि उसकी बातों में सच्चाई नहीं होती। ऐसे लोगों पर 'झूठ के पाँव नहीं' सूक्ति चरितार्थ होती है। झूठ बोलने वाले व्यक्ति को क्षणिक सफलता तो मिल सकती है, किंतु उनका अंत बहुत बुरा होता है तथा अंतत: पराजय का सामना करना ही पड़ता है।

सत्य ही सबसे बड़ा धर्म है। सत्य से बढ़कर कोई अन्य धर्म नहीं है और न ही झूठ से बड़ा कोई पाप है। इसलिए मनुष्य को सदा सत्य का ही आश्रय लेना चाहिए। सत्यवादी मनुष्य ही समाज में मान-प्रतिष्ठा प्राप्त कर पाता है। संसार की प्रत्येक सफलता को सत्य के बल पर ही प्राप्त किया जा सकता है। अत: प्रत्येक व्यक्ति को अपने जीवन में सत्य के मार्ग पर चलना चाहिए, क्योंकि सत्य को अपनाकर ही जीवन में शांति और संतोष प्राप्त किया जा सकता है।

लड़का-लड़की एकसमान

CBSE 2020

संकेत बिंदु

- ईश्वर की देन
- भेदभाव के कारण
- दृष्टिकोण कैसे बदलें

लड़का व लड़की एक ही सिक्के के दो पहलू हैं। नर-नारी का जीवन एक-दूसरे के बिना अधूरा है। लड़का-लड़की दोनों ही ईश्वर की देन हैं। अत: दोनों में किसी प्रकार का भेदभाव नहीं करना चाहिए। सृष्टि के अस्तित्व के लिए दोनों की महत्ता अनिवार्य है। आज नारी पुरुषों के साथ कंधे-से-कंधा मिलाकर प्रत्येक कार्यक्षेत्र में अपना योगदान दे रही है, परंतु फिर भी नारियों को समानता का अधिकार न देकर उन पर अत्याचार किया जाता है।

प्राचीनकाल से आधुनिक काल तक भारतीय समाज में कई रुढ़ियाँ व्याप्त हैं, जैसे-यह मान लेना कि पुत्र ही वंश को चलाता है, दहेज प्रथा, धार्मिक कर्म-कांडों में पुत्र की भूमिका को महत्त्व देना, लड़कियों को सामाजिक प्रतिष्ठा का प्रश्न बनाना आदि। इन्हीं रुढ़िवादी सोच के कारण लड़का-लड़की में भेद करते हुए, लड़कियों को पर्याप्त स्वतंत्रता न देकर उन्हें घर की चाहरदीवारी में कैद रखा जाता है।

रूढ़िवादी परंपराएँ एवं सोच के कारण लड़कियों की प्रगति में विभिन्न प्रकार की समस्याएँ उत्पन्न हो जाती हैं। यह समस्याएँ लड़की के आकाशरूपी जीवन में धूमकेतु बनकर छा जाती हैं। लड़का व लड़की में भेदभाव शिक्षा के द्वारा ही दूर किया जा सकता है। बेटी को बचाने एवं उसे पढ़ा-लिखाकर योग्य बनाने के लिए जब तक हम संवेदनशील नहीं होंगे, तब तक हम अपने भविष्य को ही नहीं, बल्कि आने वाली पीढ़ियों के भविष्य को भी उज्ज्वल नहीं बना सकते। हमें लड़का-लड़की के भेदभाव को समाप्त करना होगा तभी हमारा देश अधिक प्रगति कर पाएगा। जब तक देश में लिंग-परीक्षण जैसी कुरीति रहेगी, तब तक हमारे जीवन में लड़का-लड़की एकसमान की बात कहना स्वप्न की भाँति ही रहेगा।

ग्लोबल वार्मिंग

दक्षता आधारित प्रश्न, CBSE 2016

संकेत बिंदु

- ग्लोबल वार्मिंग क्या है तथा कैसे होती है?
- दुष्परिणाम
- बचाव तथा उपसंहार

वैश्विक तापमान यानी ग्लोबल वार्मिंग आज विश्व की सबसे बड़ी समस्या बन चुकी है। इससे न केवल मनुष्य, बल्कि पृथ्वी पर रहने वाला प्रत्येक प्राणी त्रस्त है। 'ग्लोबल वार्मिंग' शब्द का अर्थ है 'संपूर्ण पृथ्वी के तापमान में वृद्धि होना।' हमारी पृथ्वी पर वायुमंडल की एक परत है, जो विभिन्न गैसों से मिलकर बनी है, जिसे ओज़ोन परत कहते हैं। ये ओज़ोन परत सूर्य से आने वाली पराबैंगनी तथा अन्य हानिकारक किरणों को पृथ्वी पर आने से रोकती है। मानवीय क्रियाओं द्वारा ओज़ोन परत में छिद्र हो जाने के कारण सूर्य की हानिकारक किरणें पृथ्वी के वातावरण में प्रवेश कर रही हैं।

परिणामस्वरूप पृथ्वी के तापमान में लगातार वृद्धि हो रही है। ग्लोबल वार्मिंग के कारण कई समुद्री तथा पृथ्वी पर रहने वाले जीव-जंतुओं की प्रजातियों के अस्तित्व पर खतरा छाया हुआ है, साथ ही मनुष्यों को भी स्वास्थ्य संबंधी समस्याओं का सामना करना पड़ रहा है। यदि समय रहते ग्लोबल वार्मिंग को रोकने के उपाय नहीं किए, तो हमारी पृथ्वी जीवन के योग्य नहीं रह जाएगी। इसे रोकने के लिए हमें प्रदूषण को कम करना होगा। साथ ही कार्बन-डाइऑक्साइड सहित अन्य गैसों के उत्सर्जन में कमी तथा वृक्षारोपण को बढ़ावा देना होगा, जिससे प्रकृति में पर्यावरण संबंधी संतुलन बना रहे।

विज्ञापन की बढ़ती हुई लोकप्रियता

CBSE 2016, 11

संकेत बिंदु

- विज्ञापन की आवश्यकता
- विज्ञापनों से होने वाले लाभ
- विज्ञापनों से होने वाली हानियाँ

आज के युग को विज्ञापनों का युग कहा जा सकता है। आज सभी जगह विज्ञापन-ही-विज्ञापन नज़र आते हैं। बड़ी-बड़ी कंपनियाँ एवं उत्पादक अपने उत्पाद एवं सेवा से संबंधित लुभावने विज्ञापन देकर उसे लोकप्रिय बनाने का हर संभव प्रयास करते हैं। किसी नए उत्पाद के विषय में जानकारी देने, उसकी विशेषता एवं प्राप्ति स्थान आदि बताने के लिए विज्ञापन की आवश्यकता पड़ती है। विज्ञापनों के द्वारा किसी भी सूचना तथा उत्पाद की जानकारी, पूर्व में प्रचलित किसी उत्पाद में आने वाले बदलाव आदि की जानकारी सामान्य जनता को दी जा सकती है।

विज्ञापन का उद्देश्य जनता को किसी भी उत्पाद एवं सेवा की सही सूचना देना है, लेकिन आज विज्ञापनों में अपने उत्पाद को सर्वोत्तम तथा दूसरों के उत्पादों को निकृष्ट कोटि का बताया जाता है। आजकल के विज्ञापन भ्रामक होते हैं तथा मनुष्य को अनावश्यक खरीदारी करने के लिए प्रेरित करते हैं। अत: विज्ञापनों का यह दायित्व बनता है कि वे ग्राहकों को लुभावने दृश्य दिखाकर गुमराह न करें, बल्कि अपने उत्पाद के सही गुणों से परिचित कराएँ। तभी उचित सामान ग्राहकों तक पहुँचेगा और विज्ञापन अपने लक्ष्य में सफल होगा।

स्वदेशी अपनाओ

दक्षता आधारित प्रश्न, CBSE 2023

संकेत बिंदु

- क्या, आवश्यकता क्यों
- देश की अर्थव्यवस्था पर इसका प्रभाव
- सुझाव

'स्वदेशी' दो शब्दों 'स्व' और देशी से मिलकर बना है, जिसका अर्थ है—अपने देश का या अपने देश में उत्पादित। इस तरह 'स्वदेशी अपनाओ' का अर्थ हुआ अपने देश में बनी हुई वस्तुओं को स्वीकारना, अपनाना और उन्हें अपने उपयोग में शामिल करना। वर्तमान समय में स्वदेशी वस्तुओं को अपनाने की आवश्यकता बढ़ गई है। ये वस्तुएँ हमें अपने देश के निकट ले जाती हैं और इनका उपयोग एक विशेष संतुष्टि प्रदान करता है। हमें अपने देश की उत्पादकता पर गर्वानुभूति होती है। स्वदेशी वस्तुओं का प्रयोग करने से लाखों करोड़ों हाथों को काम मिलता है।

इससे आत्मनिर्भरता में वृद्धि होती है। हाथ के काम मिलने से बेरोजगारी दूर होती है, रचनात्मकता में वृद्धि होती है तथा राष्ट्रीय एकता में वृद्धि होती जाती है, क्योंकि किसी क्षेत्र विशेष में उत्पादित वस्तुएँ अन्य क्षेत्रों में प्रयोग की जाती हैं। अपने देश में बनी वस्तुएँ अपनाने से कच्चे माल की खपत बढ़ती है तथा हमें आयात करने की समस्या से राहत मिलती है, जिससे हमारे देश का धन देश में ही सुरक्षित रहता है। इससे हमारी अर्थव्यवस्था मजबूत होती जाती है। युवा वर्ग, जो महँगे ब्रांड के नाम पर विदेशी वस्तुओं को बिना सोचे समझे अपनाता है, उसे स्वदेशी वस्तुओं का प्रयोग अवश्य करना चाहिए। हम सभी देशवासियों को चाहिए कि विदेशी वस्तुओं का मोह त्यागकर स्वदेशी वस्तुएँ अपनाएँ और देश के विकास में योगदान दें।

शिक्षक-शिक्षार्थी संबंध

CBSE 2020

संकेत बिंदु

- संबंधों की परंपरा
- हमारा कर्त्तव्य
- वर्तमान समय में आया अंतर

भारत में शिक्षक-शिक्षार्थी परंपरा बहुत प्राचीन है। गुरुकुल में रहकर शिक्षक-शिक्षार्थी अध्यापन-अध्ययन का कार्य करते थे। शिक्षक शिक्षार्थियों को एक उचित दिशा प्रदान करता है। शिक्षक एक ऐसा महत्त्वपूर्ण वर्ग है, जो भविष्य का स्वरूप निर्धारित करता है। शिक्षक और शिक्षार्थी (छात्र) के संबंध के विषय में कहा गया है

> ''गुरु कुम्हार सिष कुंभ है, गढ़ि गढ़ि काढ़ै खोट।
> अंतर हाथ सहार दे, बाहर बाढ़ै चोट।।''

शिक्षक शिक्षार्थियों को सामाजिक रीतियों एवं मानवीय मूल्यों से परिचित करवाता है। वह समाज की नींव तैयार करता है। वर्तमान समय में शिक्षक-शिक्षार्थी परंपरा में परिवर्तन हो गया है। आज शिक्षक-शिक्षार्थी संबंध व्यावसायिक होता जा रहा है। वर्तमान में शिक्षक का उद्देश्य मात्र पाठ्य-सामग्री का अध्ययन कराना और उसके बदले अपना पारिश्रमिक प्राप्त करना है, दूसरी ओर शिक्षार्थी वर्ग भी पैसे देकर पर्याप्त ज्ञान प्राप्त करना चाहता है। इस निकृष्ट भावना के कारण शिक्षक-शिक्षार्थी परंपरा समाप्त होकर व्यापार का रूप लेती जा रही है। समाज के सभी सदस्यों का यह कर्त्तव्य है कि वे शिक्षकों के प्रति आदर भाव रखें। शिक्षक का छात्रों के साथ प्रत्यक्ष संबंध होता है। कुछ छात्र तो अपने गुरु के प्रति आदर भाव रखते हैं, परंतु कुछ छात्र अपनी नासमझी के कारण शिक्षकों का अपमान करते हैं। छात्र और शिक्षकों के बीच मधुर संबंधों का होना अत्यंत आवश्यक है, क्योंकि असंतुष्ट शिक्षक कभी भी अपनी सर्वोत्तम क्षमता का प्रदर्शन नहीं कर सकता। शिक्षक ही छात्रों का उचित मागदर्शन करके उनके भविष्य को उज्ज्वल बनाने में सहायता करते हैं।

हमारी मेट्रो

CBSE 2020

संकेत बिंदु

- भारत की प्रगति का नमूना
- लोकप्रियता के कारण
- मेट्रो का विस्तार

परिवहन एवं यातायात के साधनों में मेट्रो अत्याधुनिक एवं नवीनतम साधन है। यह भारत की प्रगति का अनुपम नमूना है।

भारत में मेट्रो रेल की शुरुआत वर्ष 1984 में, कलकत्ता (कोलकाता) में हुई। इसके बाद मेट्रो के कदम 24 दिसंबर, 2002 को दिल्ली में पड़े। दिल्ली की पहली मेट्रो रेल लाइन का उद्घाटन तत्कालीन प्रधानमंत्री श्री अटल बिहारी वाजपेयी ने किया था, जो रिठाला तथा शाहदरा को आपस में जोड़ती थी। आज दिल्ली में मेट्रो नेटवर्क का बहुत विस्तार हो चुका है।

प्रदूषण एवं यातायात की समस्या से राहत पाने के लिए अधिकांश लोगों द्वारा मेट्रो का चयन किया जाता है ताकि आवागमन को सुविधाजनक बनाया जा सके। मेट्रो से प्राप्त होने वाली सुविधाएँ एवं लाभ इसकी लोकप्रियता के प्रमुख कारण हैं।

मेट्रो रेल के आने से यातायात सुगम हो गया है। यह आधुनिक सुविधाओं से युक्त तथा स्वचालित है। इसमें यात्रियों की सुविधा के लिए भूमिगत स्टेशनों पर एयरकंडीशन, यात्रियों को रेल संबंधित सूचना देने के लिए सार्वजनिक उद्घोषणा प्रणाली तथा सीसीटीवी की व्यवस्था, टिकट व्यवस्था के लिए नवीनतम प्रणाली पर आधारित स्मार्ट कार्ड की व्यवस्था की गई है। यह लंबी दूरियों को तय करने में कम-से-कम समय लेती है तथा यात्रियों को बसों की तरह घंटों मेट्रो की प्रतीक्षा नहीं करनी पड़ती।

मेट्रो से मिलने वाले लाभ तथा उसकी बढ़ती लोकप्रियता के कारण दिल्ली मेट्रो का विस्तार अन्य नजदीकी शहरों जैसे—गाजियाबाद, फरीदाबाद, गुरुग्राम और नोएडा तक किया गया। मेट्रो रेल की परिवहन व्यवस्था की सफलता से प्रभावित होकर देश के अन्य शहरों; जैसे—उत्तर प्रदेश, राजस्थान, कर्नाटक, आन्ध्र प्रदेश एवं महाराष्ट्र में भी मेट्रो रेल यातायात प्रारंभ करने की योजनाएँ बनाई जा रही हैं।

जब मुझे मेरा निजी स्मार्ट फोन मिला

CBSE 2024

संकेत बिंदु

- कब और क्यों मिला?
- अवर्णनीय खुशी का अनुभव
- मित्रों और संबंधियों के साथ खुशी बाँटना

हम सभी का जीवन अच्छे व बुरे अनुभवों का मिश्रण है। प्रत्येक व्यक्ति के जीवन में ऐसा कुछ अवश्य होता है, जो उसके लिए अविस्मरणीय होता है। मेरे जीवन का भी एक अविस्मरणीय दिन है, जब मुझे मेरा निजी स्मार्ट फोन मिला। कुछ महीनों के बाद मेरी बोर्ड की परीक्षाएँ आने वाली थीं। मैं पूरी लग्न से अपनी परीक्षा की तैयारी में जुट गया था। एक दिन मेरी कक्षा अध्यापिका ने परीक्षा से संबंधित कुछ जरूरी कागज पीडीएफ के रूप में सभी बच्चों को भेजे थे। मैंने अपने पिताजी का फोन नंबर कक्षा अध्यापिका को दिया था चूँकि मेरे पास एक साधारण-सा फोन था, जो कि स्मार्टफोन नहीं था। मेरी भी इच्छा थी कि मेरे पास भी स्मार्टफोन हो। अगले दिन मेरा जन्मदिन था और शाम को मेरे माता-पिता ने मुझे एक स्मार्टफोन उपहार के रूप में भेंट किया। जैसे ही मैंने उपहार खोला तो मेरी खुशी का ठिकाना न रहा। मैं उस समय अवर्णनीय खुशी का अनुभव कर रहा था। मैंने अपने माता-पिता को धन्यवाद कहा और अपने मित्रों और संबंधियों को अपना नया स्मार्टफोट दिखाकर उसके बारे में बताने लगा। मैं यह उपहार पाकर बहुत खुश हुआ, तब मेरे पिताजी ने कहा कि इसका उपयोग सीमित व अच्छे कार्य में ही करें और अपनी कक्षा अध्यापिका को अपना नंबर दे दें, जिससे वह तुम्हें परीक्षा से संबंधित कार्य भेज सकें।

सोशल मीडिया का मायाजाल और युवा

CBSE 2023

संकेत बिंदु

- सोशल मीडिया क्या है?
- युवाओं पर प्रभाव
- मायाजाल के प्रभाव एवं सुझाव

सोशल मीडिया दो शब्दों सोशल और मीडिया से मिलकर बना है। इसमें सोशल का अर्थ 'समाज' और मीडिया का अर्थ है 'माध्यम' अर्थात् सोशल मीडिया एक ऐसा माध्यम है, जिसके द्वारा इंटरनेट का प्रयोग करके लोगों को आपस में जोड़ा जाता है। इससे लोग आपस में जुड़कर किसी भी प्रकार की जानकारी को साझा कर सकते हैं। देश-दुनिया के बारे में जानना हो या अपनी बात को दुनिया के सामने रखना हो, सोशल मीडिया द्वारा इसे अत्यंत कम समय में आसानी से किया जा सकता है। सोशल मीडिया लोगों में विशेषकर युवाओं में बहुत तेजी से लोकप्रिय हुआ है। आज युवा वर्ग बहुत तेजी से सोशल मीडिया के जाल में फँसता जा रहा है। वह चाहकर भी सोशल मीडिया की लत से स्वयं को मुक्त या नियंत्रित नहीं कर पा रहा है। वह अपना कीमती समय सोशल मीडिया रूपी ज्वाला में भेंट कर रहा है। आजकल बच्चे अपनी पढ़ाई-लिखाई से ध्यान हटाकर सोशल मीडिया पर समय बिताते हैं। इससे उनके उज्ज्वल भविष्य पर खतरा मँडराने लगा है। वास्तव में सोशल मीडिया किसी मायाजाल से कम नहीं है, जो हर आयु वर्ग के लोगों को अपने जाल में फँसाकर शारीरिक और मानसिक बीमारियों का शिकार बना रहा है। सोशल मीडिया का प्रयोग एक सीमा में रहकर करने से यह बहुत लाभदायक है, लेकिन इसका अधिक और अनावश्यक प्रयोग मनुष्य को खतरे की ओर ले जाता है। अत: सोशल मीडिया का प्रयोग सोच समझकर ही करना चाहिए।

ई–कचरा

दक्षता आधारित प्रश्न

संकेत बिंदु

- ई-कचरा से तात्पर्य
- चिंता का कारण
- निपटान के उपाय

ई-कचरा आधुनिक समय की एक गंभीर समस्या है। वर्तमान समय में विज्ञान और प्रौद्योगिकी के क्षेत्र में नित नए-नए उन्नत तकनीक वाले इलेक्ट्रॉनिक यंत्रों का उत्पादन हो रहा है। जैसे ही बाजार में उन्नत तकनीक वाला उत्पाद आता है, वैसे ही पुराने यंत्र बेकार पड़ जाते हैं।

इसी का नतीजा है कि आज कंप्यूटर, लैपटॉप, मोबाइल फोन, टीवी, रेडियो, प्रिंटर, आई-पोड्स आदि के रूप में ई-कचरा बढ़ता जा रहा है। एक अनुमान के अनुसार एक वर्ष में पूरे विश्व में लगभग 50 मिलियन टन ई-कचरा उत्पन्न होता है। यह अत्यंत चिंता का विषय है कि ई-कचरे का निपटारा उतनी तेजी से नहीं हो पा रहा है, जितनी तेजी से यह पैदा हो रहा है। ई-कचरे को डालने या खुले में जलाने से पर्यावरण के लिए गंभीर समस्याएँ उत्पन्न हो गई हैं, क्योंकि इलेक्ट्रॉनिक यंत्रों में आर्सेनिक, कोबाल्ट, मरकरी, बेरियम, लिथियम, कॉपर, क्रोम, लेड आदि हानिकारक अवयव होते हैं। इनसे कैंसर जैसी गंभीर बीमारियों का खतरा कई गुना बढ़ गया है।

देश में ई-कचरे को कम करने हेतु कानून बनाने की आवश्यकता है। यदि सरकार और जनता दोनों जागरूक हो जाए, तो निश्चय ही भविष्य में ई-कचरे की समस्या से छुटकारा पाया जा सकेगा। विकसित देशों को भी ई-कचरे के निपटान में योगदान देना होगा, क्योंकि ई-कचरा उन्हीं देशों में सबसे अधिक होता है। इस समस्या से निपटने के लिए विकसित और विकासशील देशों को मिलकर काम करना होगा।

दैव-दैव आलसी पुकारा

CBSE 2024

संकेत बिंदु

- कथन का अर्थ
- आलस्य सबसे बड़ा शत्रु
- कर्म से ही सफलता

दैव-दैव आलसी पुकारा प्रकृति में मनुष्य को सभी प्राणियों में सवश्रेष्ठ कहा गया है। मनुष्य अपने भाग्य का निर्माता स्वयं है, लेकिन कुछ लोग आलस्य के कारण असफलता प्राप्त होने पर, भाग्य को जिम्मेदार ठहराकर परिश्रम से दूर भागते रहते हैं। भाग्य के भरोसे रहने वाले मनुष्य आलसी, दुर्बल तथा अकर्मण्य होते हैं, इसलिए आलसी मनुष्य के लिए कहा गया है

कायर मन का अधारा,
दैव-दैव आलसी पुकारा।

आलसी मनुष्य दैव अर्थात् भाग्य के भरोसे अपना जीवन छोड़ देते हैं। वे कर्म करने से विमुख होकर आलसी प्रवृत्ति के हो जाते हैं। अपनी असफलता को देखकर अपने दुर्भाग्य को कोसते हैं या फिर किसी दैवी शक्ति को पुकारते हैं। भाग्य को कोसना तथा दैव को दोष देना उनकी आदत बन जाती है।

आलस्य न केवल मानसिक एवं आर्थिक दृष्टि से मनुष्य के विकास को बाधित करता है, बल्कि शारीरिक रूप से भी व्यक्ति को कमजोर कर देता है। आलस्य शरीर का सबसे बड़ा शत्रु होने के साथ-साथ उसके सर्वांगीण विकास में सबसे बड़ा बाधक है। आलस्य व्यक्ति को अपने समय से पीछे ले जाता है और एक सीमा के बाद वह स्वयं को कमजोर महसूस करने लगता है।

अतः जीवन में सफलता प्राप्ति के लिए मनुष्य का कर्म करना अनिवार्य है। कर्म ही जीवन है। कर्म करने वाला व्यक्ति सफलता के शिखर पर चढ़ता हुआ आगे बढ़ता है। जीवन की सार्थकता इसी में है कि व्यक्ति आलस्य को त्यागकर कर्म में प्रवृत्त रहे।

अनुशासन क्यों?

CBSE 2020

संकेत बिंदु

- अर्थ
- आवश्यकता
- प्रभाव

अनुशासन शब्द का अर्थ है—'शासन के पीछे चलना' अर्थात् सामाजिक, राजनीतिक तथा धार्मिक सभी प्रकार के आदेशों और नियमों का पालन करना। 'शासन' शब्द में दंड की भावना छिपी हुई है, क्योंकि नियमों का निर्माण लोककल्याण के लिए होता है। चाहे वे किसी भी प्रकार के नियम हों, उनका शासन करना उन सभी व्यक्तियों के लिए अनिवार्य होता है, जिनके लिए वह नियम बनाए गए हैं।

व्यावहारिक जीवन में अनुशासन का होना नितांत आवश्यक है। अनुशासन के बिना व्यावहारिक जीवन ठीक प्रकार से नहीं चल सकता है। यदि हम घर के नियमों का उल्लंघन करेंगे, बाजार में बाजार के नियमों का उल्लंघन करेंगे, विद्यालय में विद्यालय के नियमों का उल्लंघन करेंगे, तो सभी हमारे व्यवहार से असंतुष्ट हो जाएँगे। हमें अशिष्ट और असभ्य समझ लिया जाएगा। पग-पग पर हमें अपमान सहना पड़ेगा। अतः हमारे व्यवहार से अनुशासन का गहरा संबंध है।

सामाजिक जीवन में अनुशासन का अत्यधिक महत्त्व है। किसी भी समाज की व्यवस्था ठीक तब ही रह सकती है, जब उस समाज के सभी सदस्य अनुशासित तथा नियमित हों। यदि समाज में अनुशासनहीनता आ जाए, तो सारा समाज दूषित हो जाता है। उसके सदस्य स्वेच्छाचारी हो जाते हैं। समाज छिन्न-भिन्न हो सकता है।

'अनुशासन' जीवन के विकास तथा सफलता का कारक है। इसका प्रभाव सकारात्मक होता है। इससे सुखमय भविष्य की ओर बढ़ा जा सकता है। अनुशासित रहते हुए योग्य, चरित्रवान तथा आदर्श नागरिक के रूप में प्रत्येक व्यक्ति देश के विकास में अपनी भूमिका निभा सकता है।

सत्संगति

दक्षता आधारित प्रश्न, CBSE 2020

संकेत बिंदु

- सत्संगति का अर्थ
- सत्संगति का महत्त्व
- कुसंगति से हानि

सत्संगति शब्द 'सत्' और 'संगति' के योग से बना है। 'सत्' का अर्थ है— उत्तम तथा 'संगति' का अर्थ है—संपर्क। इस प्रकार सत्संगति का अर्थ है— उत्तम संपर्क अथवा अच्छी संगति। अतः सत्संगति का तात्पर्य ऐसे सद्पुरुषों के साथ परस्पर सामंजस्य एवं संपर्क से है, जिनके विचार सद्मार्ग अर्थात् अच्छे मार्ग की ओर ले जाएँ। यदि मनुष्य सद्पुरुषों की संगति में रहता है, तो वह कल्याण के मार्ग पर चलता है।

सत्संगति के विषय में प्रसिद्ध लोकोक्ति है-'सठ सुधरहिं सत्संगति पाई' अर्थात् अधम-से-अधम व्यक्ति भी अच्छी संगति में सुधर जाता है। सत्संगति ऐसा पारस है, जिसके संपर्क में आने वाला व्यक्ति महान् या श्रेष्ठ हो जाता है। संगति के प्रभाव को कोई भी मनुष्य नकार नहीं सकता। हम जैसी संगति में रहते हैं, वैसा ही प्रभाव हम पर दिखाई देने लगता है। संगति हमारे व्यवहार, मन और कर्म पर अपना प्रभाव छोड़ती है, इसलिए अच्छी संगति का अच्छा और बुरी संगति का बुरा परिणाम देखने को मिलता है। सत्संगति व्यक्ति को कुमार्ग से हटाकर सद्मार्ग की ओर प्रवृत्त करती है, वह मनुष्य को अवनति से उन्नति की ओर अग्रसर करती है। वह व्यक्ति को परोपकारी बनाकर यश प्रदान करती है।

कुसंगति व्यक्ति को नष्ट कर देती है। कुसंगति में पड़ा व्यक्ति कुपथ के रास्ते अवनति की ओर चला जाता है। बुरी संगति काजल की उस कोठरी के समान होती है, जिसमें जाने वाले सयाने-से-सयाने भी कालिख से नहीं बच पाते। वास्तव में, कुसंगति कलंक है, इससे मनुष्य को सदैव बचना चाहिए और सत्संगति द्वारा अपने जीवन को उन्नत और सफल बनाना चाहिए।

मेरे जीवन का लक्ष्य

CBSE 2015

संकेत बिंदु

- जीवन में लक्ष्य की आवश्यकता
- आपका लक्ष्य क्या है?
- लक्ष्य क्यों हैं?
- बनकर क्या करेंगे?

जीवन में निश्चित सफलता के लिए एक निश्चित लक्ष्य का होना भी अत्यंत आवश्यक है। जिस तरह निश्चित गंतव्य तय किए बिना, चलते रहने का कोई अर्थ नहीं रह जाता, उसी तरह लक्ष्य विहीन जीवन भी निरर्थक होता है।

एक व्यक्ति को अपनी योग्यता एवं रुचि के अनुरूप अपने लक्ष्य का चयन करना चाहिए। जहाँ तक मेरे जीवन के लक्ष्य की बात है, तो मुझे बचपन से ही पढ़ने-लिखने का शौक रहा है, इसलिए मैं एक शिक्षक बनना चाहता हूँ। शिक्षा मनुष्य के व्यक्तित्व का विकास करती है और इस प्रक्रिया में शिक्षक की भूमिका सर्वाधिक महत्त्वपूर्ण होती है।

मैं शिक्षक बनकर समाज हित में ग्रामीण क्षेत्र में नियुक्ति प्राप्त करना चाहूँगा, क्योंकि ग्रामीण क्षेत्रों में अच्छे एवं समर्पित शिक्षकों का अभाव है। एक आदर्श शिक्षक के रूप में मैं धार्मिक कट्टरता, प्राइवेट ट्यूशन, नशाखोरी आदि से बचाने हेतु सभी छात्रों का उचित मार्गदर्शन करूँगा। मैं सही समय पर विद्यालय जाऊँगा और अपना कार्य पूर्ण ईमानदारी से करूँगा। शिक्षण को प्रभावी बनाने के लिए सहायक सामग्रियों का भरपूर प्रयोग करूँगा, साथ ही छात्रों को हमेशा अच्छे कार्य करने के लिए प्रेरित करूँगा। छात्रों पर नियंत्रण रखने के लिए शैक्षणिक मनोविज्ञान का अच्छा ज्ञान प्राप्त करूँगा। मुझे आज के समाज की आवश्यकताओं का ज्ञान है, इसलिए मैं छात्रों को उनके नैतिक कर्त्तव्यों का ज्ञान कराऊँगा। अत: मेरे जीवन का लक्ष्य होगा आदर्श शिक्षक बनकर समाज की सेवा करना तथा देश के विकास में योगदान देना।

शारीरिक शिक्षा और योग

CBSE 2013

संकेत बिंदु

- शारीरिक शिक्षा का अर्थ एवं महत्त्व
- शारीरिक शिक्षा और योग
- प्रभाव और अच्छे परिणाम

शारीरिक शिक्षा का तात्पर्य ऐसी शिक्षा से है, जिसमें शारीरिक गतिविधियों के द्वारा शरीर को स्वस्थ रखने की कला सिखाई जाती है। शारीरिक विकास के साथ-साथ इससे व्यक्ति का मानसिक, सामाजिक एवं भावनात्मक विकास भी होता है। शारीरिक शिक्षा में योग का स्थान बहुत महत्त्वपूर्ण है। इसका उद्देश्य शरीर, मन एवं आत्मा के बीच संतुलन स्थापित करना होता है। यह मन शांत एवं स्थिर रखता है, तनाव को दूर कर सोचने की क्षमता, आत्मविश्वास एवं एकाग्रता को बढ़ाता है। नियमित रूप से योग करने से शरीर स्वस्थ तो रहता ही है, साथ ही यदि कोई रोग है तो इसके द्वारा उसका उपचार भी किया जा सकता है।

कुछ रोगों में तो दवा से अधिक लाभ योग करने से होता है। तमाम शोधों से यह प्रमाणित हो चुका है कि योग संपूर्ण जीवन की चिकित्सा पद्धति है। पश्चिमी देशों में भी योग के प्रति लोगों का आकर्षण बढ़ रहा है और लोग तेजी से इसे अपना रहे हैं। योग की बढ़ती लोकप्रियता एवं महत्त्व का ही प्रमाण है कि संयुक्त राष्ट्र संघ ने भी योग का समर्थन करते हुए 21 जून को योग दिवस घोषित कर दिया है।

वर्तमान परिवेश में योग न केवल हमारे लिए लाभकारी है, बल्कि विश्व के बढ़ते प्रदूषण एवं मानवीय व्यस्तताओं से उपजी समस्याओं के निवारण में इसकी सार्थकता और भी बढ़ गई है। यही कारण है कि धीरे-धीरे ही सही, आज पूरी दुनिया योग की शरण ले रही है।

पुस्तकें पढ़ने की आदत

CBSE 2017

संकेत बिंदु

- पढ़ने की घटती प्रवृत्ति
- कारण और हानि
- पढ़ने की आदत से लाभ

पुस्तकें हमारे जीवन का एक महत्त्वपूर्ण अंश हैं। पुस्तकों के अध्ययन से हम भिन्न-भिन्न प्रकार के ज्ञान अर्जित करने में सक्षम होते हैं। पुस्तकें विद्यालय के विद्यार्थियों से लेकर बुजुर्गों तक सभी के लिए एक उपयोगी साधन हैं। विद्यार्थियों का ज्ञानार्जन पुस्तकों द्वारा संभव होता है, वहीं बुजुर्गों के लिए समय व्यतीत एवं मनोरंजन के साधन रूप में पुस्तकें कार्य करती हैं। वर्तमान दौर में तकनीकों का प्रसार इतना हो चुका है कि आज पुस्तकों का स्थान मोबाइल फोन, लैपटॉप, आईपैड, टैबलेट आदि ने ले लिया है। इनका आकर्षण इतना अधिक हो गया है कि लोगों ने पुस्तकों को पढ़ना बहुत कम कर दिया है। आज पुस्तकें न पढ़ने का कारण विविध प्रकार के इलेक्ट्रॉनिक उपकरण हैं। इन उपकरणों के कारण लोग भले ही कुछ ज्ञान अर्जित कर लेते हैं, परंतु समय का जो दुरुपयोग आज का युवा वर्ग कर रहा है, वह काफी हद तक हानिकारक है। पुस्तक पढ़ने की आदत से हम प्रतिदिन अध्ययनशील रहते हैं। इससे पढ़ने में नियमितता बनी रहती है तथा हम मानसिक रूप से भी स्वस्थ बने रहते हैं। अत: हमें सदैव पुस्तक पढ़ने की आदत बनानी चाहिए।

कंप्यूटर हमारा मित्र

CBSE 2017

संकेत बिंदु

- क्या है
- विद्यार्थियों के लिए उपयोग
- सुझाव

ऑक्सफॉर्ड डिक्शनरी के अनुसार, "कंप्यूटर एक स्वचालित इलेक्ट्रॉनिक मशीन है, जो अनेक प्रकार की तर्कपूर्ण गणनाओं के लिए प्रयोग किया जाता है।" कंप्यूटर बिजली से चलने वाली मशीन है, जिसकी प्रक्रिया तीन चरणों में पूरी होती है—इनपुट, प्रोसेस, आउटपुट।

अर्थात् जब हम कंप्यूटर में कोई डाटा इनपुट करते हैं, तो कंप्यूटर उस डाटा को प्रोसेस करके प्रयोगकर्ता को आउटपुट प्रदान करता है।

आज का युग कंप्यूटर का युग है। कंप्यूटर ने मानव जीवन को सरल बना दिया है। कंप्यूटर बड़े-से-बड़े काम को कुछ मिनटों में पूरा कर देता है। कंप्यूटर प्रत्येक वर्ग के जीवन का एक अनिवार्य अंग है। बच्चे हों या युवा, प्रौढ़ हों या बुजुर्ग कंप्यूटर ने सभी वर्गों में अपनी अनिवार्यता सिद्ध कर दी है। विद्यार्थियों के लिए कंप्यूटर वर्तमान समय में बहु उपयोगी साधन प्रतीत होता है। गणित, अंग्रेजी, विज्ञान, सामान्य ज्ञान आदि विषयों का अध्ययन विद्यार्थियों द्वारा कंप्यूटर के माध्यम से किया जा सकता है। पढ़ाई-लिखाई से लेकर मनोरंजन आदि तक के लिए कंप्यूटर अपनी महत्ता को दर्शाता है। इन सभी के अतिरिक्त विद्यार्थियों द्वारा इसका गलत ढंग से प्रयोग किया जाता है, जिसके कारण वे अपने लक्ष्य से भटक जाते हैं और जीवन को नष्ट कर लेते हैं। अत: प्रत्येक विद्यार्थी को कंप्यूटर का प्रयोग अपने मित्र की भाँति करना चाहिए, जिससे वे अधिकाधिक लाभ अर्जित कर सकें। कंप्यूटर का गलत ढंग से उपयोग करने से विद्यार्थियों को बहुत-सी समस्याओं का सामना करना पड़ सकता है। अत: प्रत्येक विद्यार्थी को कंप्यूटर का प्रयोग अच्छी चीजों को ढूँढने, अध्ययन आदि करने हेतु करना चाहिए।

वन एवं वन्य संपदा

दक्षता आधारित प्रश्न

संकेत बिंदु

- वन एवं वन्य संपदा क्या है?
- इनका महत्त्व
- वन एवं वन संपदा पर खतरा

सामान्यत: एक ऐसा विस्तृत भू-भाग जो पेड़-पौधों से आच्छादित हो, 'वन' कहलाता है। वन मनुष्य के लिए प्रकृति का सबसे बड़ा वरदान है। वनों से हमें अनेक लाभ होते हैं। इनसे हमें प्राणवायु ऑक्सीजन मिलती है, जो हमारे जीवन का आधार है। इसके अतिरिक्त, वनों से हमें फर्नीचर के लिए लकड़ी, फल-फूल, जड़ी-बूटियाँ, औषधियाँ आदि वस्तुएँ प्राप्त होती हैं। वन मृदा अपरदन रोकने व वर्षा करवाने में भी सहायक होते हैं।

वनों का एक लाभ और भी है। इनके कारण ही वन्य-जीवन फलता-फूलता है। वन्य का अर्थ है—वन में उत्पन्न होने वाला। इस प्रकार वन्य-जीवन का तात्पर्य उन जीवों से है जो वन में पैदा होते हैं और वन ही उनका आवास-स्थल बनता है। एक अनुमान के अनुसार, भारत में लगभग 75,000 प्रकार की जीव-प्रजातियाँ पाई जाती हैं, जिनमें से अधिकांश वनों में पाई जाती हैं। इनमें सिंह, चीता, लोमड़ी, गीदड़, लकड़बग्घा, हिरण, जिराफ, नीलगाय, साँप, मगरमच्छ आदि प्रमुख हैं। यदि वन न हों तो इन सभी जीवों का अस्तित्व ही मिट जाएगा, जबकि मनुष्य के साथ इन जीवों का सह-अस्तित्व आवश्यक है क्योंकि इससे प्रकृति में संतुलन बना रहता है। हालाँकि पिछले कुछ समय से वन एवं वन्य संपदा पर खतरा मँडरा रहा है। वनों से ढके हुए क्षेत्रों में कमी हो रही है, जिससे वन्य-जीवन भी विलुप्त होता जा रहा है। राष्ट्रीय वन नीति के अनुसार, देश के 33% भू-भाग पर वन होने चाहिए, परंतु इस नीति पर ठीक से अमल नहीं किया जा रहा है। यह चिंता की बात है कि देश के केवल 19.57 भाग पर ही वन हैं। अत: प्रशासन तंत्र को शीघ्र ही इस विषय का संज्ञान लेना चाहिए और वन एवं वन्य संपदा के संरक्षण हेतु उचित कदम उठाने चाहिए।

मेरे सपनों का भारत

CBSE 2015

संकेत बिंदु

- भारत के बारे में मेरे विचार
- सांप्रदायिकता आदि से मुक्त उन्नत भारत की चाह
- सुखी समृद्ध भारत

भारत देश मुझे अपने प्राणों से भी अधिक प्रिय है। मुझे अपने भारतीय होने पर गर्व का अनुभव होता है। मेरा देश संसार के सभी देशों से निराला है और संसार के सब देशों से प्यारा है। मैं भारत को विश्व के शक्तिशाली देश के रूप में देखना चाहता हूँ। मैं ऐसे भारत का सपना देखता हूँ, जो भ्रष्टाचार, शोषण और हिंसा से मुक्त हो। मेरे सपनों का भारत 'सुशिक्षित भारत' है। उसमें अनपढ़ता, निरक्षरता और बेरोजगारी का कोई स्थान नहीं है। मैं चाहता हूँ कि हमारे देश के नियोजक ऐसी शिक्षा लागू करें, जिसके बाद व्यवसाय या नौकरियाँ सुरक्षित हों। कोई भी व्यक्ति अशिक्षित न हो और कोई भी शिक्षित बेरोजगार न हो। मैं चाहता हूँ कि भारत सांप्रदायिक दंगों-झगड़ों से दूर रहे। सभी में आपसी भाईचारा और प्रेम का संबंध हो। राष्ट्रीय एकता का संचार हो। जो सम्मान भारत का प्राचीन काल में था वही सम्मान मैं पुन: उसे प्राप्त कराना चाहता हूँ।

मैं फिर से रामराज्य की कल्पना करता हूँ, जिसमें सभी लोगों को जीने के समान अवसर प्राप्त हो सकें। भारत एक बार फिर 'सोने की चिड़िया' बन जाए। मेरे सपनों का भारत वह होगा, जो राजनीतिक आध्यात्मिक, सांस्कृतिक, आर्थिक और वैज्ञानिक आदि विभिन्न दृष्टियों से उन्नति के पथ पर अग्रसर होगा। भावी भारत के सपनों की पूर्णता के लिए आवश्यक है कि हमारे देश का प्रत्येक नागरिक देश की प्रत्येक कुरीति को समूल नष्ट करने का दृढ़ संकल्प करे।

परहित सरिस धर्म नहिं भाई अथवा परोपकार

दक्षता आधारित प्रश्न

संकेत बिंदु

- सूक्ति से तात्पर्य
- मानव एवं पशु में अंतर
- परोपकारियों के उदाहरण
- भारतीय संस्कृति में परोपकार का महत्त्व

गोस्वामी तुलसीदास ने कहा है कि

परहित सरिस धर्म नहिं भाई।
परपीड़ा सम नहिं अधमाई।।

अर्थात् परहित (परोपकार) के समान दूसरा कोई धर्म नहीं है और दूसरों को पीड़ा (कष्ट) देने के समान कोई अन्य नीचता या नीच कर्म नहीं है। पुराणों में भी कहा गया है, 'परोपकार: पुण्याय पापाय परपीड़नम्' अर्थात् दूसरों का उपकार करना सबसे बड़ा पुण्य तथा दूसरों को कष्ट पहुँचाना सबसे बड़ा पाप है।

परोपकार की भावना से शून्य मनुष्य पशु तुल्य होता है, जो केवल अपने स्वार्थों की पूर्ति तक ही स्वयं को सीमित रखता है। मनुष्य जीवन बेहतर है, क्योंकि मनुष्य के पास विवेक है। उसमें दूसरों की भावनाओं एवं आवश्यकताओं को समझने तथा उसकी पूर्ति करने की समझ है। इसी कारण मनुष्य सर्वश्रेष्ठ प्राणी है।

इस दुनिया में महात्मा बुद्ध, ईसा मसीह, दधीचि ऋषि, अब्राहम लिंकन, मदर टेरेसा, बाबा आम्टे जैसे अनगिनत महापुरुषों के जीवन का उद्देश्य परोपकार ही था। भारतीय संस्कृति में भी इस तथ्य को रेखांकित किया गया है कि मनुष्य को उस प्रकृति से प्रेरणा लेनी चाहिए, जिसके कण-कण में परोपकार की भावना व्याप्त है। भारतीय संस्कृति में इसी भावना के कारण पूरी पृथ्वी को एक कुटुंब माना गया है तथा विश्व को परोपकार संबंधी संदेश दिया गया है। इसमें सभी जीवों के सुख की कामना की गई है।

गया समय फिर हाथ नहीं आता

CBSE 2016, 14, 12

संकेत बिंदु

- समय ही जीवन है
- समय का सदुपयोग
- समय के दुरुपयोग से हानि

महापुरुषों ने कहा है, "समय बहुत मूल्यवान है। एक बार निकल जाने पर यह कभी वापस नहीं आता।" वास्तव में, समय ही जीवन है। इसकी गति को रोकना असंभव है। संसार में अनेक उदाहरण हैं, जो समय की महत्ता को प्रमाणित करते हैं। जिसने समय के मूल्य को नहीं पहचाना, वह हमेशा पछताया है। इसके महत्त्व को पहचानकर इसका सदुपयोग करने वाले व्यक्तियों ने अपने जीवन में लगातार सफलता प्राप्त की। जो व्यक्ति समय मिलने पर भी अपने जीवन में कुछ नहीं कर पाते, वे जीवन में असफल रहते हैं।

जो विद्यार्थी पूरे वर्ष पढ़ाई नहीं करते, वे अनुत्तीर्ण होने पर पछताते हैं। तब यह उक्ति कि 'अब पछताए होत क्या जब चिड़िया चुग गई खेत' चरितार्थ होती है। विद्यार्थी को समय का मूल्य पहचानते हुए हर पल का सदुपयोग करना चाहिए, क्योंकि जो समय को नष्ट करता है, एक दिन समय उसे नष्ट कर देता है। महान् पुरुषों ने समय का सदुपयोग किया और अपने जीवन में सफल हुए। स्वामी दयानंद, महात्मा गाँधी, जवाहरलाल नेहरू, मदर टेरेसा आदि इसके ज्वलंत प्रमाण हैं। अत: हमें समय की महत्ता को समझते हुए इसका सदुपयोग करना चाहिए।

आज की बचत कल का सुख

CBSE 2015

संकेत बिंदु

- बचत का अर्थ एवं स्वरूप
- दु:खदायक स्थितियों में बचत का महत्त्व
- वर्तमान और भविष्य को सुरक्षित करना

वर्तमान आय का वह हिस्सा, जो तत्काल व्यय (खर्च) नहीं किया गया और भविष्य के लिए सुरक्षित कर लिया गया 'बचत' कहलाता है। पैसा सब कुछ नहीं रहा, परंतु इसकी जरूरत सबको हमेशा रहती है। आज हर तरफ पैसों का बोलबाला है, क्योंकि पैसों के बिना कुछ भी नहीं। आज जिंदगी और परिवार चलाने के लिए पैसे की ही अहम भूमिका होती है। आज के समय में पैसा कमाना जितना मुश्किल है, उससे कहीं अधिक कठिन है पैसे को अपने भविष्य के लिए सुरक्षित बचाकर रखना, क्योंकि अत्यधिक खर्च और बढ़ती महँगाई के अनुपात में कमाई के स्रोतों में कमी होती जा रही है, इसलिए हमारी आज की बचत ही कल हमारे भविष्य को सुखी और समृद्ध बना सकने में अहम भूमिका निभाएगी।

जीवन में अनेक बार ऐसे अवसर आ जाते हैं, जैसे आकस्मिक दुर्घटनाएँ हो जाती हैं, रोग या अन्य शारीरिक पीड़ाएँ घेर लेती हैं, तब हमें पैसों की बहुत आवश्यकता होती है। यदि पहले से बचत न की गई हो तो विपत्ति के समय हमें दूसरों के आगे हाथ फैलाने पड़ सकते हैं।

हमारी आज की छोटी-छोटी बचत या धन निवेश ही हमारे भविष्य में आने वाले तमाम खर्चों का समाधान कर सकती है। आज की थोड़ी-सी समझदारी आने वाले भविष्य को सुखद बना सकती है। बचत करना एक अच्छी आदत है, जो हमारे वर्तमान के साथ-साथ भविष्य के लिए भी लाभदायक सिद्ध होती है। किसी जरूरत या आकस्मिक समस्या के आ जाने पर बचाया गया पैसा ही हमारे काम आता है। संक्षेप में कह सकते हैं कि बचत करके हम अपने भविष्य को सँवार सकते हैं।

स्वास्थ्य की रक्षा

CBSE 2017

संकेत बिंदु

- आवश्यकता
- पोषक भोजन
- लाभकारी सुझाव

वर्तमान समय में प्रत्येक मनुष्य की जीवन-शैली इतनी भागदौड़ से भर गई है कि वे अपने स्वास्थ्य की रक्षा कर पाने में असमर्थ हो चुके हैं। जहाँ पहले के समय में व्यक्ति की औसत आयु 75 वर्ष थी, वह आज घटकर 60 वर्ष हो गई है। स्वास्थ्य की रक्षा बहुत ही आवश्यक है। खराब स्वास्थ्य के साथ व्यक्ति कोई भी कार्य उचित रूप से नहीं कर पाता है। प्रत्येक व्यक्ति को आधारभूत वस्तुओं का संचय करने के लिए स्वस्थ रहने की आवश्यकता है। कहा जाता है स्वस्थ शरीर में ही स्वस्थ मन का वास होता है, इसलिए स्वास्थ्य की रक्षा हमारे लिए आवश्यक है। स्वास्थ्य की रक्षा के लिए पोषक भोजन लेना अति आवश्यक है।

हरी सब्जियाँ, दूध, दही, फल आदि का सेवन हमारे शरीर की प्रतिरोधक क्षमता को बढ़ाते हुए हमारे स्वास्थ्य की रक्षा करता है। आजकल जंक फूड और फास्ट फूड का प्रचलन अपने चरम पर है। इसकी चपेट में लाखों लोग आ चुके हैं और इसी कारण वे अपना स्वास्थ्य खराब कर चुके हैं। आजकल के बच्चों को मोटापा, सुस्ती व

भिन्न-भिन्न प्रकार की बीमारियों ने जकड़ लिया है। हमें जंक फूड एवं फास्ट-फूड से दूरी बनाते हुए पौष्टिक आहार लेने चाहिए, जिससे हम अपने स्वास्थ्य की रक्षा करते हुए, अपने और दूसरों के जीवन को खुशियाँ प्रदान कर सकें।

भारतीय किसान के कष्ट

CBSE 2018

संकेत बिंदु

- अन्नदाता की कठिनाइयाँ
- कठोर दिनचर्या
- सुधार के उपाय

भारत को कृषि प्रधान देश कहा जाता है। इस देश के किसानों की स्थिति अत्यंत दयनीय है। भारतीय कृषि मानसून पर निर्भर है और मानसून की अनिश्चितता के कारण प्राय: अन्नदाता को कई प्रकार की कठिनाइयों का सामना करना पड़ता है। समय पर सिंचाई नहीं होने के कारण भी उन्हें आशानुरूप फसल की प्राप्ति नहीं हो पाती। आवश्यक व उपयोगी वस्तुओं की कीमतों में वृद्धि के कारण कृषकों की स्थिति और भी दयनीय हो गई है तथा उनके सामने दो वक्त की रोटी की समस्या खड़ी हो गई है। किसान एक कठोर दिनचर्या का पालन करता है। वह प्रात: उठता है और अपने हल व बैल लेकर खेतों की ओर चला जाता है। वह घंटों खेत जोतता है, उसके पश्चात् भोजन करता है। खाने के बाद पुन: वह अपने काम में व्यस्त हो जाता है। दिन-रात कठिन परिश्रम करने के बाद भी उसे उचित आहार तथा तन ढकने के लिए समुचित वस्त्र नसीब नहीं होते। सर्दी हो या गर्मी, धूप हो या बरसात उसे दिन-रात खेतों में कठोर परिश्रम करना पड़ता है। किसानों की स्थिति सुधारने के लिए सरकार ने कुछ उपाय किए हैं।

'राष्ट्रीय कृषक आयोग' का गठन किसानों की स्थिति सुधारने हेतु किया गया। राष्ट्रीय कृषक आयोग की संस्तुति पर भारत सरकार ने राष्ट्रीय कृषक नीति 2007 की घोषणा की। इसमें कृषकों के कल्याण एवं कृषि के विकास के लिए कई बातों पर जोर दिया है, साथ ही रोजगार गारंटी योजना, किसान क्रेडिट कार्ड आदि भी महत्त्वपूर्ण कदम साबित हुए हैं। अत: कह सकते हैं कि विभिन्न प्रकार के सरकारी प्रयासों एवं योजनाओं के कारण, आने वाले वर्षों में कृषक समृद्ध होकर भारतीय अर्थव्यवस्था को सही अर्थों में प्रगति की राह पर अग्रसर कर सकेंगे।

स्वच्छता आंदोलन

CBSE 2018

संकेत बिंदु

- क्यों
- बदलाव
- हमारा उत्तरदायित्व

स्वच्छता केवल सौंदर्य या सुरुचि का विषय नहीं, बल्कि हमारे जीवन-मरण की गहराई से जुड़ा गंभीर मुद्दा है। भारत सरकार द्वारा 2 अक्टूबर, 2014 को प्रारंभ किया गया 'स्वच्छ भारत अभियान' वस्तुत: संक्रामक महामारियों के नियंत्रण, पेयजल सुरक्षा, शहरी आबादी एवं उद्योगों के कामकाज से उत्पन्न कचरे के निपटान जैसी विकट चुनौतियों का सामना करने का आह्वान है। स्वास्थ्य के दृष्टिकोण से स्वच्छता आंदोलन आवश्यक है, क्योंकि एक अस्वस्थ व्यक्ति क्षमता रहने के बावजूद चाहकर भी न तो स्वयं और न ही समाज के विकास में उल्लेखनीय योगदान दे सकता है। लोगों को इस अभियान में शामिल होने का आह्वान करके स्वच्छता अभियान एक राष्ट्रीय आंदोलन का रूप ले चुका है। स्वच्छता आंदोलन से देश की सोच तथा व्यवहार में बदलाव आया है साथ ही यह आचरण में बदलाव का मिशन बन चुका है। समाज के प्रत्येक वर्ग के लोगों और संस्थाओं ने स्वच्छता अभियान में अपनी भागीदारी दिखाई है। लोग स्वच्छता 'एप' का इस्तेमाल कर रहे हैं और शिकायतें दर्ज कराकर भारत को स्वच्छ बनाने के मिशन में योगदान दे रहे हैं। इस प्रकार, इस देशव्यापी अभियान के बहाने से ही हमें अच्छी आदतें अपनाने की कोशिश करनी चाहिए, क्योंकि जब तक सफाई हमारी आदत का हिस्सा नहीं बन जाती, तब तक गंदगी पुन: लौटती रहेगी। इसलिए हमारा उत्तरदायित्व बनता है कि देश को स्वच्छ बनाने में हम अपना महत्त्वपूर्ण योगदान दें, अपने घर व आस-पड़ोस को साफ रखें, न गंदगी फैलाएँ न ही किसी अन्य को फैलाने दें। अत: स्वच्छता को अपने जीवन का अभिन्न अंग बनाना अनिवार्य है।

मन के हारे हार है मन के जीते जीत

दक्षता आधारित प्रश्न, CBSE 2018

संकेत बिंदु

- निराशा अभिशाप
- दृष्टिकोण परिवर्तन
- सकारात्मक सोच

''मन के हारे हार है मन के जीते जीत'' सूक्ति का अभिप्राय है कि जिसका मन हार जाता है, वह बहुत अधिक शक्तिशाली होने पर भी पराजित हो जाता है तथा जिसका मन जीत जाता है, वह शक्ति न होते हुए भी जीत जाता है। व्यक्ति के जीवन में निराशा अभिशाप के समान है। असफलताएँ जीवन प्रक्रिया का स्वाभाविक अंग होती हैं। यदि व्यक्ति असफलताओं से निराश होकर प्रयत्न करना छोड़ दे, तो उसे असफलता ही मिलती है। इसलिए व्यक्ति को निराश नहीं होना चाहिए और प्रयत्न करते रहना चाहिए। मन अनंत शक्ति का स्रोत है, उसे हीन भावना से बचाए रखना अत्यंत आवश्यक है। मन की अपरिमित शक्ति को भूले बिना अपनी क्षमताओं में विश्वास रखना ही सफलता की मूल कुंजी है। ऐसा करने से हमारे दृष्टिकोण में परिवर्तन होता है तथा मनुष्य कार्य करने के लिए प्रेरित होता है। प्रत्येक व्यक्ति के जीवन में आशा-निराशा, उतार-चढ़ाव और सुख-दु:ख चक्र की भाँति ऊपर-नीचे होते रहते हैं। व्यक्ति की हार-जीत उसकी मानसिक शक्ति पर निर्भर करती है, जो व्यक्ति परिस्थिति का सामना हँसी-खुशी करता है वह सफलता अवश्य प्राप्त करता है। इसमें सकारात्मक सोच महत्त्वपूर्ण भूमिका निभाती है।

सकारात्मक सोच से व्यक्ति का मनोबल बढ़ता है और वह दोगुने उत्साह से अपने लक्ष्य को प्राप्त करने का प्रयास करता है। निष्कर्ष रूप से हम कह सकते हैं कि जिस कार्य को पूरे दृढ़ संकल्प के साथ करेंगे, वह कार्य अवश्य पूरा होता है। इसलिए मनुष्य को अपने मन को सुदृढ़ बनाकर जीवन में आगे बढ़ना चाहिए।

वृक्षारोपण का महत्त्व

CBSE 2019

संकेत बिंदु

- वृक्षारोपण का अर्थ
- वृक्षारोपण क्यों
- हमारा दायित्व

वृक्षारोपण का सामान्य अर्थ है—वृक्ष लगाना, जिससे प्रकृति का संतुलन बना रहे। वृक्षों का मानव जीवन में बहुत महत्त्व है। यदि वृक्ष नहीं रहेंगे तो हमारा जीवन शून्य होने लगेगा और एक समय ऐसा आएगा कि हम जीवित भी नहीं रह पाएँगे। इससे प्रकृति का संतुलन बिगड़ जाएगा। इस प्रकार, वृक्षारोपण पर्यावरण को संतुलित कर मानव के अस्तित्व की रक्षा करने के लिए आवश्यक है। पर्यावरण सुरक्षा के लिए वैश्विक संगठनों द्वारा किए गए हर प्रयास में वृक्षारोपण पर विशेष बल दिया जाता है।

भारत सरकार भी विभिन्न राज्यों में वृक्षारोपण के लिए विभिन्न प्रकार की योजनाओं पर कार्य कर रही है। इसके अतिरिक्त, विभिन्न प्रकार के गैर-सरकारी संगठन भी वृक्षारोपण का कार्य करते हैं। वृक्षारोपण के कार्यक्रमों को प्रोत्साहन देने के लिए लोगों को वृक्षों से होने वाले लाभों से अवगत कराकर पेड़ लगाने के लिए प्रेरित करना होगा। कुछ संस्थाएँ तो वृक्षों को गोद लेने की परंपरा भी कायम कर रही हैं। शिक्षा के पाठ्यक्रम में वृक्षारोपण को भी पर्याप्त स्थान देना होगा। पेड़ लगाने वाले लोगों को प्रोत्साहित करना होगा। यदि हम चाहते हैं कि प्रदूषण कम हो एवं हम पर्यावरण की सुरक्षा के साथ सामंजस्य रखते हुए संतुलित विकास की ओर अग्रसर हों, तो इसके लिए हमें अनिवार्य रूप से वृक्षारोपण का सहारा लेना होगा।

इंटरनेट की दुनिया

CBSE Term II 2022, CBSE 2019

संकेत बिंदु

- इंटरनेट का तात्पर्य
- सूचना का मुख्य साधन
- लाभ तथा हानि

इंटरनेट का तात्पर्य है—इंटरनेशनल नेटवर्क। यह विश्व का सबसे बड़ा नेटवर्क है, जो दुनिया के कंप्यूटरों को (वेब सर्वर और राउटर के माध्यम से) आपस में जोड़कर रखता है। इंटरनेट सूचना का मुख्य साधन है।

सूचना स्रोत के रूप में तथा उपयोग किए जाने वाले साधनों में यह सबसे अधिक उपयोग तथा पसंद किया जाने वाला साधन है। इस बात में कोई संदेह नहीं कि सूचना क्रांति की देन इंटरनेट न केवल मानव के लिए अति-उपयोगी साबित हुआ है, बल्कि संचार में गति व विविधता के माध्यम से इसने दुनिया को बदलकर रख दिया है। यह सचमुच ही बहुत बड़ी उपलब्धि है। इंटरनेट के आविष्कार से ही सूचनाओं का अतिशीघ्र आदान-प्रदान संभव हो पाया है। आज इंटरनेट के द्वारा यातायात के लिए टिकट, होटल की बुकिंग, किताब का ऑर्डर, मित्रों से ऑनलाइन चैटिंग आदि संभव हो गया है। इसके साथ ही इंटरनेट ने आज शिक्षा को भी नए अवसर प्रदान किए हैं। इंटरनेट के लाभ के साथ-साथ इसकी कई हानियाँ भी हैं। इसके प्रयोग से युवा सोशल नेटवर्किंग साइटों की ओर काफी आकर्षित हो जाते हैं। इसके साथ ही इंटरनेट का दुरुपयोग भी करते हैं। कई बार यह भी देखने में आता है कि लोगों की निजी बातें इंटरनेट पर डाल दी जाती हैं। इस प्रकार, देखा जाए तो जहाँ एक ओर इंटरनेट ज्ञान का सागर है, वहीं दूसरी ओर इसमें 'कूड़े-कचरे' की भी कमी नहीं है। यह स्वयं हम पर निर्भर करता है कि हम इसका उपयोग करते हैं या दुरुपयोग।

आधुनिक जीवन

CBSE 2019

संकेत बिंदु

- आवश्यकताओं में वृद्धि
- अशांति
- क्या करें

आधुनिक जीवन में मनुष्य की आवश्यकताओं में बहुत वृद्धि हो गई है। स्वयं को आधुनिक दिखाने के लिए हमने ऊँचे-ऊँचे भवनों का निर्माण, नए-नए उपकरणों का प्रयोग, आधुनिक फैशन प्रणाली आदि को अपना लिया है। समय के साथ ही मनुष्य की आवश्यकताओं में और भी अधिक वृद्धि होती जा रही है। पहले जहाँ एक ही घर में संयुक्त परिवार आनंद के साथ रहा करते थे, अब उससे भी बड़े घर में चार व्यक्तियों का परिवार (एकल परिवार) अशांति के साथ रह रहा है। आधुनिक होने के साथ-साथ मनुष्य के जीवन में असुविधाओं में भी वृद्धि हुई है।

इसका परिणाम यह हुआ है कि आज व्यक्ति के जीवन में अशांति व्याप्त हो गई है। बहुत अधिक कमाने के बाद भी व्यक्ति की आवश्यकताओं की पूर्ति नहीं हो पाती, जिसके कारण वह चिंतित रहता है। इस तरह उसके जीवन में अशांति बढ़ रही है। उसके पास सुविधाएँ तो बहुत हैं, किंतु समय कम है। बहुत अधिक निपुण होने के बाद भी वह समस्याओं में उलझा रहता है।

आधुनिक मनुष्य ने रहने का तरीका तो सीख लिया है, किंतु उसे उचित रूप में अपने जीवन में लागू करना नहीं आया है। आधुनिक जीवन-शैली इतनी बुरी तरह बिगड़ और बिखर गई है इस बात का शायद हमें अंदाजा भी नहीं कि कितनी भारी कीमत चुकानी पड़ रही है। मनुष्य जीवन प्रकृति की एक अमूल्य धरोहर तथा उपहार है, इसलिए हमें इसे सुसभ्य ढंग से जीने की कला सीखनी चाहिए तथा उसे अपनाना चाहिए।

पहला सुख – निरोगी काया

CBSE 2019

संकेत बिंदु

- आशय
- व्यायाम और स्वास्थ्य
- समाज को लाभ

'पहला सुख—निरोगी काया' सूक्ति का आशय यह है कि शरीर का स्वस्थ रहना ही सबसे बड़ा सुख है, क्योंकि सारे सुख शरीर द्वारा ही भोगे जाते हैं।

यदि व्यक्ति स्वस्थ नहीं रहेगा, तो उसके लिए दुनिया की हर खुशी निरर्थक होगी, इसलिए शरीर को स्वस्थ रखने के लिए व्यायाम अति आवश्यक है। अत: हमें अपने शरीर को स्वस्थ रखने के लिए प्रतिदिन व्यायाम करना चाहिए। व्यायाम करने से शरीर स्वस्थ तथा मन प्रसन्न रहता है। साथ ही रोगों से लड़ने की शक्ति मिलती है।

व्यायाम और स्वास्थ्य का एक-दूसरे से घनिष्ठ संबंध है। व्यक्ति का शरीर एक यंत्र की तरह है, जिस प्रकार यंत्र को सुचारु रूप से चलाने के लिए उसमें तेल, ग्रीस आदि का प्रयोग किया जाता है, उसी प्रकार मनुष्य को अपने शरीर को क्रियाशील एवं अन्य विकारों से दूर रखने के लिए शारीरिक व्यायाम करना चाहिए। स्वस्थ व्यक्ति एक स्वस्थ समाज की स्थापना कर सकता है। आदर्श समाज का निर्माण करने के लिए व्यक्ति का स्वस्थ होना अति आवश्यक है, क्योंकि जब व्यक्ति शारीरिक रूप से स्वस्थ होगा तो वह समाज के विकास की दिशा में अपना महत्त्वपूर्ण योगदान दे पाएगा, इससे समाज को अत्यंत लाभ होगा।

मोबाइल फोन

CBSE 2019

संकेत बिंदु

- लोकप्रियता
- सूचना क्रांति
- लाभ-हानि

वर्तमान युग में मोबाइल फोन घरों में तेजी से लोकप्रिय हो रहे हैं। इनकी लोकप्रियता का एक कारण इंटरनेट और सोशल मीडिया का तेजी से बढ़ रहा चलन है। मोबाइल आज विश्व में सूचना क्रांति का वाहक बन गया है। बिना तारों वाला मोबाइल फोन जगह-जगह लगे ऊँचे टावरों से तरंगों को ग्रहण करते हुए मनुष्य को दुनिया के प्रत्येक कोने से जोड़े रहता है। मोबाइल फोन बात करने, एसएमएस की सुविधा प्रदान करने के साथ-साथ विभिन्न प्रकार के खेल, कैलकुलेटर, फोनबुक की सुविधा, समाचार, चुटकुले, इंटरनेट सेवा आदि भी उपलब्ध कराता है। अनेक मोबाइल फोनों में इंटरनेट की सुविधा भी होती है, जिससे ई-मेल भी किया जा सकता है। मोबाइल फोन सुविधाजनक होने के साथ ही नुकसानदायक भी है।

मोबाइल फोन की सबसे बड़ी हानि यह है कि लोग इसके प्रयोग से सुरक्षा और शिष्टाचार भूल जाते हैं। अकसर लोग गाड़ी चलाते समय भी फोन पर बात करते हैं, जो असुरक्षित ही नहीं, बल्कि कानूनन अपराध भी है। अपराधी एवं असामाजिक तत्त्व मोबाइल का गलत प्रयोग अनेक प्रकार के अवांछित कार्यों में करते हैं। इसके अधिक प्रयोग से कानों व हृदय पर बुरा प्रभाव पड़ता है। अत: इन खतरों से सावधान होना आवश्यक है। आज आवश्यकता यह है कि इसका प्रयोग हम तार्किक व बौद्धिक सीमा में रहकर करें तभी यह एक उपयोगी साधन बनकर हमारे जीवन को विकास के पथ पर ले जा सकता है।

स्व-मूल्यांकन

निम्नलिखित विषयों पर दिए गए संकेत बिंदुओं के आधार पर अनुच्छेद लिखिए

1. युवाशक्ति और राजनीति

संकेत बिंदु
- युवाशक्ति का महत्त्व
- आज की युवा राजनीति
- राजनीति के क्षेत्र में युवाशक्ति की आवश्यकता

2. सूचना प्रौद्योगिकी : वर्तमान और भविष्य

संकेत बिंदु
- प्राचीन काल में सूचना प्रौद्योगिकी
- औद्योगिक विकास में सहायक
- सामाजिक विकास में सहायक

3. भ्रष्टाचार **CBSE 2011**

संकेत बिंदु
- भ्रष्टाचार और सुदृढ़ न्याय व्यवस्था
- तुरंत निरीक्षण एवं तत्क्षण निर्णय पर अमल की नीति
- आय की लगातार जाँच व दोषी को सार्वजनिक दंड

4. समय नियोजन **CBSE 2015**

संकेत बिंदु
- समय नियोजन का अर्थ
- समय नियोजन की जीवन में महत्ता
- समय नियोजन के लाभ

5. उपभोक्ता के अधिकार एवं कर्त्तव्य

संकेत बिंदु
- अधिकारों के साथ-साथ कर्त्तव्य
- जागरूक उपभोक्ता
- जागरूक उपभोक्ता के कर्त्तव्य

6. वर्तमान समय में नारी की स्थिति

संकेत बिंदु
- नारी शक्ति का महत्त्व
- वर्तमान समय में नारियों की समस्याएँ
- कारण एवं समाधान

7. वर्तमान शिक्षा पद्धति की कमियाँ

संकेत बिंदु
- सही शिक्षा और उचित मार्गदर्शन का महत्त्व
- उचित शिक्षा पद्धति की आवश्यकता
- वर्तमान शिक्षा पद्धति के दोष

8. महँगाई की समस्या/बढ़ती महँगाई

संकेत बिंदु
- महँगाई से आशय
- महँगाई का दुष्प्रभाव
- महँगाई को नियंत्रित करने के उपाय

9. 'जहाँ चाह वहाँ राह' **CBSE 2016, 15**

संकेत बिंदु
- इच्छाशक्ति का महत्त्व
- इच्छाएँ और जीवन मूल्य (स्वाभिमान, संतोष, सत्य आदि)
- चाह से राह का निर्माण

10. देश में समाचार-पत्रों की भूमिका

संकेत बिंदु
- समाचार-पत्रों का महत्त्व
- समाचार-पत्रों की पहुँच
- लोकतंत्र में समाचार-पत्रों की भूमिका

11. शहरों में यातायात के विभिन्न साधन

संकेत बिंदु
- यातायात के विभिन्न साधन
- मेट्रो रेल, बस सेवा एवं अन्य
- नागरिकों को होने वाली असुविधाएँ
- पर्यावरण को होने वाले नुकसान

12. सारे जहाँ से अच्छा हिंदोस्ताँ हमारा

संकेत बिंदु
- भारत : सर्वश्रेष्ठ देश
- संस्कृति, सभ्यता और नैतिक मूल्य अत्यंत प्रभावशाली
- भौगोलिक तथा लोकतंत्र की दृष्टि से श्रेष्ठता

13. जनसंख्या वृद्धि की समस्या/बढ़ती जनसंख्या **CBSE 2011**

संकेत बिंदु
- जनसंख्या वृद्धि के कारण : निरक्षरता तथा निर्धनता
- धार्मिक और सामाजिक रीति-रिवाज़ों की भूमिका
- सरकार तथा युवावर्ग द्वारा इससे निपटने पर जोर

14. राष्ट्रभाषा हिंदी **CBSE 2012**

संकेत बिंदु
- संविधान में स्थान
- हिंदी जानने के लाभ
- संपर्क भाषा बनाने हेतु सुझाव

15. राष्ट्र के प्रति विद्यार्थियों का कर्त्तव्य **CBSE 2015**

संकेत बिंदु
- विद्यार्थी का स्वरूप
- विद्यार्थी का कर्त्तव्य
- सुरक्षित राष्ट्र की कामना
- राष्ट्रप्रेमी विद्यार्थी

अध्याय

2

पत्र-लेखन

पत्र-लेखन का अर्थ अपने सगे-संबंधियों, पदाधिकारियों, मित्रों, संपादकों आदि से जोड़ने की कला **पत्र लेखन** कहलाती है। पत्र लेखन एक आवश्यक कौशल है। अपने विचारों एवं भावों की अभिव्यक्ति के लिए पत्र-लेखन का प्रयोग किया जाता है। पत्र लेखन हमारे जीवन का महत्त्वपूर्ण अंग है, जो लोगों को समाज से जोड़कर रखता है।

पत्र के अंग

पत्र को जिस क्रम में लिखा जाता है, वे पत्र के अंग कहलाते हैं। सामान्यत: किसी भी पत्र में निम्नलिखित अंग होते हैं

1. **शीर्षक या प्रारंभ** पत्र में सर्वप्रथम शीर्षक के रूप में पत्र लिखने वाले **प्रेषक** का नाम व पता लिखा जाता है। तत्पश्चात् पत्र लिखने की **तिथि** (दिनांक) का उल्लेख किया जाता है। परीक्षा में पूछे गए औपचारिक एवं अनौपचारिक पत्र में नाम का उल्लेख न होने पर परीक्षा भवन लिखा जाता है। यह सब पत्र के बाईं ओर सबसे ऊपर लिखा जाता है। औपचारिक पत्रों के अंतर्गत **विषय** का उल्लेख सीमित शब्दों में स्पष्ट रूप से किया जाता है। अनौपचारिक पत्रों में इसका उल्लेख नहीं होता।
2. **संबोधन का उल्लेख** पत्र में **संबोधन** का महत्त्वपूर्ण स्थान होता है। औपचारिक पत्र के अंतर्गत 'मान्यवर', 'महोदय' आदि सूचक शब्दों का प्रयोग किया जाता है तथा अनौपचारिक पत्र के अंतर्गत 'पूजनीय', 'स्नेहमयी', 'प्रिय' आदि सूचक शब्दों का प्रयोग किया जाता है।
3. **अभिवादन अथवा शिष्टाचार संबंधी शब्दों का उल्लेख** पत्र में संबोधन के अनुरूप ही **अभिवादन** या शिष्टाचार संबंधी शब्दों का प्रयोग किया जाता है। इसका प्रयोग अनौपचारिक पत्रों में बड़ों के लिए प्रणाम, नमस्कार, सादर चरण-स्पर्श तथा छोटों के लिए आशीर्वाद, शुभाशीष, चिरंजीव रहो आदि शब्द-सूचक का प्रयोग किया जाता है। औपचारिक पत्रों में इसका प्रयोग नहीं किया जाता।
4. **विषय-वस्तु** विषय-वस्तु पत्र लेखन का महत्त्वपूर्ण अंग है। इसे पत्र का मुख्य भाग भी कहते हैं। इस भाग में अपने भावों एवं विचारों को प्रकट किया जाता है।
5. **समाप्ति अथवा अंत** पत्र के अंत में अपने विषय में लिखते हुए पत्र को समाप्त किया जाता है। औपचारिक पत्र में **धन्यवाद** लिखते हुए 'भवदीय', 'प्रार्थी', 'आज्ञाकारी' आदि शब्द-सूचक का प्रयोग किया जाता है तथा अनौपचारिक पत्र में 'प्यारा', 'स्नेहाकांक्षी', 'हितैषी', 'शुभाकांक्षी' इत्यादि शब्दों का प्रयोग किया जाता है। औपचारिक व अनौपचारिक दोनों पत्रों के अंत में यदि परीक्षा में, पूछे गए पत्र में नाम व पते का उल्लेख न किया गया हो, तब वहाँ क. ख. ग. का प्रयोग किया जाता है।

पत्र लिखते समय ध्यान रखने योग्य बातें

- पत्र लिखते समय लिखने वाले तथा पत्र प्राप्त करने वाले का नाम व पता, दिनांक के साथ लिखा जाना चाहिए।
- पत्र का विषय स्पष्ट होना चाहिए। अनावश्यक बातों को पत्र में नहीं लिखना चाहिए।
- पत्र लिखते समय क्रमबद्धता का विशेष ध्यान दिया जाना चाहिए।
- पत्र का आकार संक्षिप्त होना चाहिए तथा विषय के अनुकूल होना चाहिए। कम शब्दों में अधिक बात कहने की कोशिश करनी चाहिए।
- पत्र की भाषा सरल, सामान्य, मधुर एवं आदर सूचक एवं शुद्ध होनी चाहिए।
- पत्र अधूरा नहीं होना चाहिए। पत्र को इस प्रकार समाप्त किया जाना चाहिए कि पत्र का संदेश स्पष्ट हो सके।

पत्र के प्रकार

पत्र के सामान्यत: दो प्रकार होते हैं

1. औपचारिक पत्र (Formal Letters)
2. अनौपचारिक पत्र (Informal Letters)

नोट नवीनतम पाठ्यक्रम में केवल औपचारिक पत्रों को शामिल किया गया है। इसलिए यहाँ केवल औपचारिक पत्र दिए गए हैं।

औपचारिक पत्र

प्रधानाचार्य, पदाधिकारियों, व्यापारियों, ग्राहकों, पुस्तक विक्रेता, संपादक आदि को लिखे गए पत्र **औपचारिक पत्र** कहलाते हैं। औपचारिक पत्र उन लोगों को लिखे जाते हैं, जिनसे हमारा निजी या पारिवारिक संबंध नहीं होता है।

औपचारिक पत्रों को निम्नलिखित वर्ग में विभाजित किया जा सकता है

1. आवेदन पत्र/प्रार्थना-पत्र
2. कार्यालयी पत्र
3. संपादकीय पत्र
4. शिकायती पत्र
5. व्यावसायिक पत्र

औपचारिक पत्र के संबोधन, अभिवादन तथा अभिनिवेदन

पत्र के प्रकार	**पत्र पाने वाले**	**संबोधन**	**अभिवादन**	**अभिनिवेदन**
आवेदन-पत्र/प्रार्थना-पत्र	प्रधानाचार्य, संबंधित अधिकारी	महोदय, महोदया, मान्यवर	—	आपका, कृपाकांक्षी, भवदीय, आज्ञाकारी शिष्य/शिष्या
कार्यालयी पत्र	संबंधित अधिकारी	मान्यवर, महोदय	—	भवदीय, विनीत
संपादकीय पत्र	संपादक	महोदय, महोदया	—	भवदीय/भवदीया, प्रार्थी
शिकायती पत्र	संबंधित अधिकारी	महोदय, महोदया	--	भवदीय, भवदीया, प्रार्थी
व्यावसायिक पत्र	पुस्तक विक्रेता, बैंक प्रबंधक, व्यावसायिक संस्था	श्रीमान, महोदय	—	भवदीय, आपका

औपचारिक पत्र का प्रारूप

आपके नगर के अस्पताल में फैली अव्यवस्था पर अस्पताल प्रबंधक को एक पत्र लिखिए।

प्रेषक का पता { परीक्षा भवन,
दिल्ली।

दिनांक { 16 जनवरी, 20XX

प्राप्तकर्ता का नाम व पता { सेवा में,
अस्पताल प्रबंधन,
नारायणा हरदयाल अस्पताल,
नोएडा।

विषय { **विषय** अस्पताल में फैली अव्यवस्था के बारे में।

संबोधन { महोदय,

विषय-वस्तु { मैं राजेश शर्मा निमोनिया के कारण दो दिन पहले नारायणा हरदयाल अस्पताल में भर्ती हुआ हूँ। इस पत्र के माध्यम से मैं आपको अस्पताल में हो रही अव्यवस्था के बारे में सूचित करना चाहता हूँ कि यहाँ अस्पताल में साफ-सफाई की समुचित व्यवस्था नहीं है। अस्पताल में दिन में दो बार सफाई जरूरी है, लेकिन इस अस्पताल में हर दिन सफाई नहीं होती है और बिस्तर की चादरें भी नहीं बदली जाती हैं। अस्पताल में स्टाफ व नर्सों का व्यवहार मरीजों के प्रति बिल्कुल भी अच्छा नहीं है, ऊपर से आए दिन अस्पताल के कर्मचारी मरीजों के साथ दुर्व्यवहार करते नजर आते हैं।

अत: आपसे मेरा विनम्र निवेदन है कि इस मामले पर तुरंत ध्यान दें तथा इस समस्या पर यथाशीघ्र कारवाई करें, ताकि अस्पताल के सभी रोगियों को उचित देखभाल और सुरक्षा मिल सके।

अभिनिवेदन { सधन्यवाद।

प्रेषक का नाम { भवदीय
क.ख.ग.

अभ्यास प्रश्न

(दक्षता आधारित प्रश्नों सहित)

(i) प्रार्थना-पत्र/आवेदन-पत्र

प्रार्थना-पत्र/आवेदन-पत्र विद्यालय के प्रधानाचार्य, संस्थाओं के प्रधान (प्रमुख) इत्यादि को लिखा जाता है। इसमें शालीन भाषा तथा शिष्ट शैली का प्रयोग किया जाता है। इन पत्रों में अभिवादन का अभाव होता है।

1. आप सौम्य/सौम्या हैं। अपने विद्यालय की अटल प्रयोगशाला के लिए आधुनिक उपकरण मँगवाने के लिए प्रधानाचार्य को पत्र लिखिए, जिससे विद्यार्थी विज्ञान के क्षेत्र में नए-नए प्रयोग कर सकें। **CBSE SQP (Additional Set) 2023**

उत्तर परीक्षा भवन,
दिल्ली।
दिनांक 16 जनवरी, 20XX
सेवा में,
प्रधानाचार्य महोदय,
नीरजा मोदी पब्लिक स्कूल,
इंडिया गेट,
दिल्ली।
विषय अटल प्रयोगशाला के लिए आधुनिक उपकरण मँगवाने हेतु।
महोदय,
सविनय निवेदन यह है कि हमारे विद्यालय की अटल प्रयोगशाला के लिए नए-नए आधुनिक उपकरणों की आवश्यकता है।

विज्ञान और प्रौद्योगिकी के क्षेत्र में तेजी से नए बदलाव आ रहे हैं और इस बदलते समय में, हमारे छात्र-छात्राएँ नए-नए प्रयोग और अनुसंधान करने के लिए उत्सुक हैं। हमारे अटल प्रयोगशाला में इसके लिए पर्याप्त आधुनिक उपकरण नहीं हैं, और अगर आधुनिक उपकरण नहीं होंगे, तो हम इस क्षेत्र में अपनी क्षमता को सही तरह से विकसित करने में असमर्थ रहेंगे।

अत: आपसे विनम्र निवेदन है कि हमारी प्रयोगशाला को और भी बेहतर बनाने के लिए नए-नए उपकरणों को मँगवाने की कृपा करें। जो हमारे विद्यार्थियों को उच्चतम स्तर की शिक्षा प्रदान करने में सहायक होगा और उन्हें विज्ञान में रुचि बढ़ाने का अवसर देगा।

धन्यवाद।
भवदीया
सौम्या
कक्षा-दसवीं 'अ'

2. आप विद्यालय के हिंदी संघ के सचिव रजत चट्टोपाध्याय और श्वेता चट्टोपाध्याय हैं।अपने विद्यालय के प्रधानाचार्य को पत्र लिखिए जिसमें पुस्तकालय में हिंदी की अच्छी पुस्तकें व पत्रिकाएँ मँगवाने के लिए निवेदन किया गया हो। **CBSE SQP 2023**

उत्तर परीक्षा भवन,
दिल्ली।
दिनांक 16 जनवरी, 20XX
सेवा में,
प्रधानाचार्य महोदय,
नीरजा मोदी पब्लिक स्कूल,
इंडिया गेट,
दिल्ली।
विषय पुस्तकालय में हिंदी की अच्छी पुस्तकें व पत्रिकाएँ मँगवाने हेतु।
महोदय,
सविनय निवेदन यह है कि हम आपके विद्यालय के हिंदी संघ के सचिव रजत चट्टोपाध्याय और श्वेता चट्टोपाध्याय हैं।

हमें अपने विद्यालय के पुस्तकालय को देखकर खुशी होती है कि हमारे विद्यालय का पुस्तकालय अत्यंत समृद्ध है। जिसमें प्राय: बच्चों के लिए अच्छी-अच्छी पुस्तकों का संग्रहण हैं, परंतु पुस्तकालय में अधिकांश अंग्रेजी की पुस्तकें हैं तथा हिंदी की पुस्तकें पर्याप्त नहीं हैं। इस कारण हिंदी माध्यम से पढ़ने वाले छात्र अपना ज्ञानवर्धन और मनोरंजन करने से वंचित रह जाते हैं।

हिंदी भाषा का महत्त्व बहुत अधिक है और इसे बढ़ावा देने के लिए हमारे विद्यालय में उच्च गुणवत्ता वाली हिंदी पुस्तकें और पत्रिकाएँ होना अत्यंत महत्त्वपूर्ण है, इसलिए हम चाहते हैं कि विद्यालय में और भी बेहतरीन हिंदी की पुस्तकें और पत्रिकाएँ हों, जिससे हिंदी भाषा के प्रति छात्र-छात्राओं की रुचि और ज्ञान में वृद्धि हो सके।

अत: आपसे प्रार्थना है कि विद्यालय के पुस्तकालय हेतु हिंदी की विभिन्न पत्र-पत्रिकाएँ मँगवाकर कृतार्थ करें, जिससे हम छात्र भी इनसे लाभान्वित हो सकें।

सधन्यवाद।
आपके आज्ञाकारी शिष्य और शिष्या
रजत चट्टोपाध्याय और श्वेता चट्टोपाध्याय
(हिंदी संघ के सचिव)

3. आप विद्यालय की छात्र-परिषद् के सचिव हैं। स्कूल के बाद विद्यार्थियों को नाटक का अभ्यास करवाने के लिए अनुमति माँगते हुए प्रधानाचार्य को लगभग 100 शब्दों में पत्र लिखिए। **CBSE 2020**

उत्तर परीक्षा भवन,
दिल्ली।
दिनांक 14 अप्रैल, 20XX
सेवा में,
प्रधानाचार्य महोदय,
राजकीय बाल विद्यालय,
अशोक विहार,
नई दिल्ली।
विषय विद्यार्थियों को नाटक का अभ्यास करवाने के लिए अनुमति हेतु।
महोदय,
सविनय निवेदन यह है कि मैं आपके विद्यालय के छात्र-परिषद् का सचिव हूँ। सचिव होने के नाते मैं आपका ध्यान आगामी महीने में महिला दिवस के अवसर पर होने वाली नाट्य-प्रतियोगिता की ओर आकर्षित कराना चाहता हूँ। इस प्रतियोगिता में हमारे विद्यालय के कुछ छात्र-छात्राओं ने भी हिस्सा लिया है।

विविध विद्यालयों के साथ होने वाली इस नाट्य-प्रतियोगिता में शानदार प्रदर्शन हेतु हमें पूर्ण अभ्यास की आवश्यकता है। जिसके लिए विद्यालय में रहकर सीमित समय अवधि के भीतर विद्यार्थियों को मंचन हेतु अभ्यास कराया जा रहा है, किंतु उत्कृष्ट प्रदर्शन हेतु इतना समय पर्याप्त नहीं है। अत: आपसे निवेदन है कि विद्यालय के बाद भी विद्यार्थियों को नाटक का अभ्यास करवाने के लिए अनुमति दी जाए, ताकि विद्यार्थी अधिक-से-अधिक अभ्यास कर नाट्य-प्रतियोगिता में अच्छा प्रदर्शन करके पुरस्कार प्राप्त करें और विद्यालय का गौरव बढ़ा सकें।

धन्यवाद।

आपका आज्ञाकारी शिष्य

क. ख. ग.

4. प्रधानाचार्य महोदय को पत्र लिखकर विद्यालय के बाहर खड़े खोमचे वालों की शिकायत कीजिए, ताकि उन्हें हटवाया जा सके। **दक्षता आधारित प्रश्न**

अथवा **विद्यालय के गेट पर मध्यावकाश के समय ठेले और रेहड़ी वालों द्वारा जंक फूड बेचे जाने की शिकायत करते हुए प्रधानाचार्य को पत्र लिखकर उन्हें रोकने का अनुरोध कीजिए।** **CBSE 2017**

उत्तर परीक्षा भवन,
दिल्ली।
दिनांक 21 जुलाई, 20XX
सेवा में,
प्रधानाचार्य महोदय,
प्रतिभा विकास विद्यालय,
कश्मीरी गेट, दिल्ली।

विषय विद्यालय के बाहर खड़े खोमचे वालों को हटवाने हेतु।

महोदय,

सविनय निवेदन यह है कि हमारे विद्यालय के मुख्य द्वार पर शिक्षण काल के दौरान ही अनेक खोमचे वाले बैठकर खाने-पीने का सामान बेचते हैं। इनके द्वारा बेची जाने वाली खाद्य वस्तुएँ अत्यंत निम्न स्तर की होती हैं। इन्हें बनाने के लिए घटिया तेलों व निम्न गुणवत्ता वाली चीजों का प्रयोग किया जाता है तथा खुले में बेचे जा रहे खाद्य पदार्थ व जंक फूड पर मक्खियाँ भिनभिनाती हैं और धूल-मिट्टी रहती है।

स्वास्थ्य की दृष्टि से ये सभी वस्तुएँ हानिकारक हैं। इनको खाने से प्राय: छात्र बीमार भी हो जाते हैं। विद्यालय के पास इन खाने-पीने की चीज़ों की बिक्री हमारे विद्यालय के छात्रों के स्वास्थ्य के साथ खिलवाड़ के समान है।

अत: आपसे विनम्र निवेदन है कि इन खोमचे वालों व जंक फूड बेचने वालों को विद्यालय के मुख्य द्वार से हटवाने की कृपा करें।

धन्यवाद।

आपकी आज्ञाकारी शिष्या

क. ख. ग.

कक्षा-दसवीं 'ब'

(ii) शिकायती पत्र

किसी विशेष कार्य, समस्या अथवा घटना की शिकायत करते हुए, संबंधित अधिकारी को लिखा गया पत्र 'शिकायती पत्र' कहलाता है। इसका स्वरूप आवेदन पत्र की तरह ही होता है। इसकी भाषा शालीन होनी चाहिए।

1. आपकी बस्ती के पार्क में कई अनधिकृत खोमचे वालों ने डेरा डाल दिया है, उन्हें हटाने के लिए नगर-निगम अधिकारी को लगभग 100 शब्दों में पत्र लिखिए। **CBSE 2020**

उत्तर परीक्षा भवन,
दिल्ली।
दिनांक 13 मार्च, 20XX
सेवा में,
नगर निगम अधिकारी,
सिविल लाइंस,
दिल्ली।

विषय अनधिकृत खोमचे वालों को हटाने हेतु।

महोदय,

इस पत्र के माध्यम से मैं आपका ध्यान अपने क्षेत्र में अनधिकृत खोमचे वालों के डेरा जमाए जाने की ओर आकर्षित करना चाहता हूँ। हमारी बस्ती एक घनी आबादी वाली बस्ती है, जहाँ के पार्क में अनधिकृत खोमचे वालों ने डेरा डाल दिया है। खोमचे वालों के कारण पार्क में गंदगी व भीड़ बहुत बढ़ गई है, जिससे सैर करने वाले लोगों को असुविधा का सामना करना पड़ता है। ये खोमचे वाले जिस खाद्य पदार्थ को बेचते हैं, वह सामान खुला रहता है, उस पर मक्खियाँ भिनभिनाती हैं, जिन्हें खाने से बस्ती में रहने वाले लोगों का स्वास्थ्य बिगड़ सकता है।

अत: आपसे विनम्र अनुरोध है कि आप हमारे क्षेत्र की बस्ती के पार्क से अनधिकृत खोमचे वालों को हटाने का कष्ट करें, जिससे बस्ती में रहने वाले लोगों को असुविधा न हो व उनका स्वास्थ्य ठीक रह सके।

सधन्यवाद।

भवदीय

क.ख.ग.

2. आप अर्णव/अग्नी हैं और क. ख. ग. नगर के/की निवासी हैं। आपके क्षेत्र के बाजारों में प्लास्टिक प्रतिबंधित होने के बावजूद भी प्लास्टिक की थैलियों का उपयोग धड़ल्ले से हो रहा है। इस समस्या की ओर ध्यान आकृष्ट करते हुए नगर निगम अधिकारी को लगभग 100 शब्दों में एक पत्र लिखिए। **CBSE 2023**

उत्तर परीक्षा भवन,
नई दिल्ली।
दिनांक 17 मार्च, 20XX
सेवा में,
नगर निगम अधिकारी,
टाउन हॉल,
दिल्ली।

विषय प्लास्टिक थैलियों का धड़ल्ले से हो रहे उपयोग के संबंध में।

मान्यवर,

मैं आपका ध्यान अपने क्षेत्र क.ख.ग. नगर में प्लास्टिक की थैलियों का खुलेआम हो रहे उपयोग की ओर ले जाना चाहता हूँ, जिनकी बिक्री बाजारों में प्रतिबंधित है।

प्लास्टिक की थैलियाँ हमारे स्वास्थ्य के लिए हानिकारक होने के साथ-साथ हमारे पर्यावरण को प्रदूषित करती हैं। मिट्टी में दब जाने पर ये सालों-साल नष्ट नहीं होती हैं। इससे मृदा प्रदूषण होता है। प्लास्टिक की ये थैलियाँ नाली तथा नालों में फँसकर पानी का बहाव अवरुद्ध करती हैं, जिससे जलभराव होता है। इन थैलियों को जलाने पर हमारे स्वास्थ्य के लिए घातक धुआँ निकलता है। इसके अतिरिक्त इनमें रखे खाद्य पदार्थ भी दूषित हो जाते हैं। इनके इतने सारे दुष्प्रभावों के कारण ही सरकार द्वारा इनकी बिक्री प्रतिबंधित की गई है। किंतु इस गंभीरता को न समझते हुए दुकानदार चोरी छिपे इन्हें बेच रहे हैं, जिसका लोग भी अत्यधिक प्रयोग कर रहे हैं।

अत: मेरी आपसे प्रार्थना है कि आप क्षेत्र की दुकानों का आकस्मिक निरीक्षण करके प्लास्टिक की थैलियाँ बेचने वालों के विरुद्ध कठोर कार्यवाही करें और पकड़ी गई थैलियों को नष्ट करने हेतु आवश्यक कदम उठाएँ। हम क्षेत्रवासी आपके आभारी रहेंगे।

सधन्यवाद

भवदीय

अर्णव

क. ख. ग. नगर

3. आपकी कॉलोनी में स्थित पार्क की स्थिति ठीक नहीं है। जगह-जगह गंदगी है, जंगली घास उग आई है। इसकी शिकायत करते हुए नगर निगम अध्यक्ष को लगभग 120 शब्दों में पत्र लिखिए। **दक्षता आधारित प्रश्न, CBSE Term II 2022**

उत्तर परीक्षा भवन,

नई दिल्ली।

दिनांक 01 मार्च, 20XX

सेवा में,

संपादक महोदय,

दैनिक जागरण,

गौतम बुद्ध नगर (उ. प्र.)।

विषय पार्क की बदहाल स्थिति के संबंध में।

महोदय,

मैं अ.ब.स नगर का निवासी हूँ। मैं आपका ध्यान पार्क की बदहाल स्थिति की ओर आकर्षित करना चाहता हूँ।

रोहिणी सेक्टर 23 और सेक्टर 24 के बीच में दिल्ली विकास प्राधिकरण का बड़ा-सा पार्क है। यहाँ सुबह-शाम लोग टहलने आते हैं, युवा व्यायाम करते हैं और वृद्धजन बैठे हुए बातचीत कर अपना समय बिताते हैं। दुर्भाग्य से इस पार्क की साफ-सफाई एवं देख-रेख करने वाले कर्मचारी कर्त्तव्य विमुख हो गए हैं। पहले दस-बारह कर्मचारी इसकी देख-रेख में लगे रहते थे, परंतु अब कभी-कभी यहाँ तीन-चार कर्मचारी ही दिखते हैं। वे भी पार्क की बदहाली पर ध्यान न देकर बातें करते रहते हैं या ताश खेलकर अपना समय काटकर चले जाते हैं। इसका दुष्परिणाम यह हुआ है कि पार्क में हरियाली न के बराबर बची है। जगह-जगह कूड़े, सूखे पत्ते और कूड़ा-करकट फैला होने से गंदगी हो गई है। जगह-जगह जंगली घास उग आई है, जिससे इसे पार्क कहने में भी संकोच होने लगा है। अब तो इस घास की लालच में गाय और भैंसे आकर यहाँ घूमती हैं और गंदगी फैलाकर चली जाती है। अब स्थिति यह है कि वृद्ध और बड़े लोगों ने तो यहाँ आना ही छोड़ दिया है। बस बच्चे किसी किनारे खेलते दिख जाते हैं।

आपसे प्रार्थना है कि आप इसे अपने समाचार-पत्र में स्थान दें, जिससे उद्यान विभाग के अधिकारी इसकी दशा सुधार कर हरा-भरा पार्क बनाने हेतु आवश्यक कदम उठा सकें।

सधन्यवाद,

भवदीय

क. ख. ग.

4. दूरदर्शन निदेशालय को लगभग 100 शब्दों में पत्र लिखकर अनुरोध कीजिए कि किशोरों के लिए देशभक्ति की प्रेरणा देने वाले अधिकाधिक कार्यक्रमों को प्रसारित करने की ओर ध्यान दिया जाए। **CBSE 2020**

उत्तर परीक्षा भवन,

दिल्ली।

दिनांक 25 मार्च, 20XX

सेवा में

मुख्य प्रबंध,

दूरदर्शन निदेशालय,

विधानसभा

दिल्ली।

विषय देशभक्ति की प्रेरणा देने वाले अधिकाधिक कार्यक्रमों को प्रसारित कराने हेतु।

महोदय,

निवेदन है कि मैं दूरदर्शन के कार्यक्रमों का नियमित दर्शक हूँ। किंतु पिछले कुछ महीनों से दूरदर्शन में देशभक्ति के कार्यक्रमों का अभाव देखा जा रहा है। वर्तमान समय में युवाओं में देशभक्ति की भावना कम होती जा रही है। वह अपने स्वार्थों की पूर्ति में लगे रहते हैं तथा देश के प्रति कर्त्तव्यों को समझ नहीं पाते हैं। यदि आप देशभक्ति की प्रेरणा देने वाले अधिकाधिक कार्यक्रमों को प्रसारित करेंगे, तो यह बहुत हितकर सिद्ध हो सकता है।

आपके द्वारा दूरदर्शन पर दिखाए गए कार्यक्रमों से युवा प्रेरित होंगे व देश के प्रति अपने कर्त्तव्यों को समझेंगे। देशभक्ति की भावना से युक्त कार्यक्रम किसी भी व्यक्ति को सीधे प्रभावित करते हैं। ऐसे कार्यक्रम युवाओं में देशभक्ति की भावना का प्रसार करने तथा देश के विषय में सोचने हेतु सहायक होंगे।

अत: आपसे अनुरोध है कि देशभक्ति की प्रेरणा देने वाले अधिकाधिक कार्यक्रमों को दिखाकर वर्तमान समय के युवाओं को प्रेरित करें।

धन्यवाद सहित।

भवदीय

क.ख.ग.

5. अपने क्षेत्र में पेड़-पौधों के अनियंत्रित कटाव को रोकने के लिए जिलाधिकारी को एक पत्र लिखिए। **दक्षता आधारित प्रश्न**

उत्तर परीक्षा भवन,
दिल्ली।
दिनांक 20 जून, 20XX
सेवा में,
जिलाधिकारी, महोदय,
वन एवं पर्यावरण विभाग,
नई दिल्ली।

विषय पेड़-पौधों के अनियंत्रित कटाव को रोकने हेतु।

महोदय,
मैं आज़ादपुर क्षेत्र का निवासी हूँ। अपने क्षेत्र का एक जिम्मेदार नागरिक होने के नाते मैं आपका ध्यान अपने क्षेत्र में हो रहे पेड़-पौधों के अनियंत्रित कटाव की ओर दिलाना चाहता हूँ। दो-तीन वर्षों पूर्व हमारा क्षेत्र बहुत हरा-भरा था, लेकिन आज परिस्थिति बदल चुकी है। हाल ही में यहाँ कई विकास परियोजनाओं का आरंभ हुआ है, जिसके कारण पेड़-पौधों को अंधाधुंध काटा जा रहा है। इससे इस क्षेत्र में प्रदूषण का स्तर लगातार बढ़ता जा रहा है। पेड़-पौधे हमारे लिए कितने महत्त्वपूर्ण हैं, यह जानते हुए भी हरे-भरे पेड़ों को काटा जा रहा है। इसे किसी भी स्थिति में तर्कसंगत नहीं ठहराया जा सकता।
मैं समस्त क्षेत्रवासियों की ओर से आपसे निवेदन करता हूँ कि हमारे क्षेत्र में वृक्षों के अनियंत्रित कटाव को रोकने के लिए शीघ्र ही उचित कदम उठाइए, ताकि क्षेत्रवासियों को राहत मिल सके।
उचित कदम की प्रतीक्षा में।

धन्यवाद।
भवदीय
क.ख.ग.

6. अपने क्षेत्र में एक नया डाकघर स्थापित करने की माँग करते हुए मुख्य डाक-अधिकारी को एक पत्र लिखिए। **CBSE 2016**

उत्तर परीक्षा भवन,
दिल्ली।
दिनांक 22 मई, 20XX
सेवा में,
मुख्य डाक अधिकारी,
डाकघर—सेक्टर 8,
नोएडा।
विषय क्षेत्र में नया डाकघर खोलने के संबंध में।
महोदय,
निवेदन है कि मैं नोएडा के सेक्टर 35 में रहता हूँ। सेक्टर 20 से सेक्टर 65 तक बहुत आबादी बस चुकी है। यहाँ की जनसंख्या पिछले पाँच वर्षों की तुलना में तीन गुनी हो चुकी है, किंतु इस क्षेत्र के लिए समुचित डाकघर की व्यवस्था नहीं है। डाकघर से संबंधित किसी भी कार्य के लिए लोगों को यहाँ से बहुत दूर सेक्टर 14 में जाना पड़ता है, जिसमें बहुत परेशानी होती है। विशेषकर बूढ़ों और महिलाओं को बहुत कष्ट उठाना पड़ता है।
मेरा डाक विभाग से विनम्र अनुरोध है कि क्षेत्र की आवश्यकता और परेशानी को देखते हुए इस क्षेत्र में शीघ्र ही एक डाकघर खुलवाने की कृपा करें, जिससे यहाँ के नागरिकों को होने वाली परेशानियों से छुटकारा मिल सके।
धन्यवाद।
भवदीय
क.ख.ग.

(iii) संपादकीय पत्र

संपादक के नाम पत्र को **'संपादकीय पत्र'** कहा जाता है। ऐसे पत्र एक विशिष्ट शैली में लिखे जाते हैं। इस पत्र में कुछ भाग संपादक को संबोधित होता है, जबकि मुख्य विषय-वस्तु 'जन सामान्य' से संबंधित लिखी जाती है।

1. आप ए-64, कृष्णा नगर, दिल्ली निवासी अजय / अजया हैं। सरकार की 'जन-धन योजना' पर अपने विचार व्यक्त करते हुए किसी प्रतिष्ठित समाचार-पत्र के संपादक को पत्र लिखिए। **CBSE SQP (Additional Set) 2023**

उत्तर परीक्षा भवन,
दिल्ली।
दिनांक 17 जनवरी, 20XX
सेवा में,
संपादक महोदय,
दैनिक भास्कर,
दिल्ली।
विषय सरकार की 'जन-धन योजना' के बारें में विचार साझा करने हेतु।
महोदय,
मैं अजय आपकी लोकप्रिय पत्रिका के माध्यम से सरकार की 'जन-धन योजना' के संबंध में अपने विचार साझा करना चाहता हूँ।
'जन-धन योजना' ने हमारे समाज के कई वर्गों को आर्थिक समृद्धि के लिए एक समाजोपयोगी योजना प्रदान की है। इस योजना के माध्यम से लोगों को बैंकिंग सेवाओं का अधिक उपयोग करने और वित्तीय स्वतंत्रता हासिल करने का अवसर मिल रहा है।
हमारे समाज के बड़े हिस्से में लोगों के पास बैंक खाते नहीं हैं, जो उन्हें सीधे सरकारी योजनाओं और अन्य लाभों का लाभ उठाने से रोकता है। 'जन-धन योजना' ने इस समस्या को हल करने का प्रयास किया है और बैंकिंग प्रणाली को आम लोगों तक पहुँचने में मदद की है। मैं इस योजना को सराहनीय मानता हूँ और इसके प्रभाव को बढ़ाने के लिए और भी उत्सुक हूँ। हालाँकि कुछ लोगों को इसके बारे में जानकारी नहीं है और वे इसके पूर्ण लाभ से वंचित हो रहे हैं।
आपसे प्रार्थना है कि आप अपनी पत्रिका के माध्यम से इस योजना के महत्त्वपूर्ण पहलुओं पर लोगों को जागरूक करें, ताकि अधिक-से-अधिक लोग इसका लाभ उठा सकें।
धन्यवाद।
भवदीय
अजय

2. आप शौर्य शर्मा/शारवी शर्मा हैं। नवभारत टाइम्स के संपादक को पत्र लिखिए, जिसमें सड़क दुर्घटनाओं को रोकने के सुझाव हों। **CBSE SQP 2023**

उत्तर परीक्षा भवन,
दिल्ली।
दिनांक 17 जनवरी, 20XX
सेवा में,
संपादक महोदय,
नवभारत टाइम्स,
दिल्ली।
विषय सड़क दुर्घटनाओं को रोकने के लिए सुझाव हेतु।
महोदय,
मेरा नाम शौर्य शर्मा है। वर्तमान समय में सड़क दुर्घटनाएँ आम बन गई हैं और प्रतिदिन लोगों के जीवन को खतरे में डाल रही हैं। मैं आपके लोकप्रिय पत्र के माध्यम से कुछ महत्त्वपूर्ण सुझाव साँझा करना चाहता हूँ, जो सड़क दुर्घटनाओं को कम करने में मदद कर सकते हैं। ये हैं

- सड़क सुरक्षा के महत्त्व को समझाने के लिए लोगों को शिक्षित करना चाहिए। स्कूलों और कॉलेजों में इस विषय को गंभीरता से समझाया जाना चाहिए।
- यातायात पुलिस या सिपाहियों को सभी व्यस्त चौराहों पर सुबह 8 बजे से दोपहर 12 बजे तक और शाम 5 बजे से 8 बजे तक उपस्थित रहना चाहिए और उन्हें नियम का उल्लंघन करने वालों के विरुद्ध कार्रवाई (चालान काटना) करनी चाहिए।
- वाहन चलाते समय मोबाइल पर बात करने वालों का तुरंत चालान किया जाना चाहिए।
- जो ड्राइवर किसी भी नियम का दो बार से अधिक उल्लंघन करता है, उसका ड्राइविंग लाइसेंस जब्त कर लिया जाना चाहिए।
- वाहनों के लिए विशेष सीमा और पैदल चलने वालों के लिए पथ पर मार्गदर्शन के लिए संकेत बनाए जाना चाहिए।
- सड़कों की सुरक्षा के लिए उचित बनावट बहुत आवश्यक है। समझदारी से डिजाइन की गई सड़कें और सुरक्षित रास्ते स्थापित करने के प्रयास किए जाने चाहिए, जो स्थानीय लोगों को सटीक जानकारी प्रदान करें।
- नवभारत टाइम्स के सहयोग से सड़क सुरक्षा से संबंधित अभियांत्रिकी उपायों को प्रोत्साहित करने के लिए एक विशेष अभियांत्रिकी अभियान शुरू किया जा सकता है।

अत: आपसे निवेदन है कि आप इस महत्त्वपूर्ण विषय पर समाचार पत्र के माध्यम से जागरूकता बढ़ाएँ तथा जनसमुदाय को सुरक्षित रखने के लिए सरकार से उचित कदम उठाने का आग्रह करें।
धन्यवाद।
भवदीय
शौर्य शर्मा

3. आप वेणु राजगोपाल/वेणी राजगोपाल हैं। हिंदुस्तान टाइम्स दिल्ली के संपादक के नाम एक पत्र लिखकर सामाजिक जीवन में बढ़ रही हिंसा पर अपने विचार व्यक्त कीजिए। (शब्द-सीमा लगभग 100 शब्द) **CBSE SQP 2022-23**

उत्तर परीक्षा भवन,
दिल्ली।
दिनांक 15 मार्च, 20XX
सेवा में,
संपादक महोदय,
हिंदुस्तान टाइम्स
दिल्ली।
विषय सामाजिक जीवन में बढ़ती हिंसा की ओर ध्यान आकर्षित कराने हेतु।
महोदय,
समाज में प्रतिदिन हिंसक घटनाओं की संख्या बढ़ रही है, जिसके कारण समस्त नागरिकों को अनेक परेशानियों व संकटों का सामना करना पड़ रहा है। मैं आपके अखबार का नियमित पाठक हूँ। शहर में धार्मिक, सामाजिक व आर्थिक समस्याओं को लेकर लगातार हिंसक घटनाएँ हो रही हैं, जो नागरिक असंतोष की ओर संकेत करती हैं।

मेरा शहर आपसी सौहार्द व प्रेम के लिए संपूर्ण राज्य में जाना जाता है। यहाँ सभी धर्म, संप्रदाय के लोग सहिष्णुता के साथ मिल-जुलकर रहते आए हैं, किंतु कुछ समय से राजनैतिक सत्तालोलुप लोगों के कारण सामाजिक वैमनस्य बढ़ा है। यह हमारी गंगा-जमुना संस्कृति का भाग नहीं है।

अत: आपसे निवेदन है कि पुरानी कहानियों, किस्सों और वृत्तांतों के माध्यम से आपसी प्रेम को पुन: प्रगाढ़ करने का प्रयास करें तथा कानून व्यवस्था को सुदृढ़ करने के लिए प्रशासन को भी सचेत करें।

प्रशासनिक अधिकारियों को इस प्रकार की घटनाओं को बड़ी समस्या बनने से पूर्व सख्त कार्यवाही के निर्देश जारी करने चाहिए। आपसे मेरा विनम्र अनुरोध है कि आप इस समस्या को अपने समाचार-पत्र में उचित स्थान पर प्रकाशित करने की कृपा करें।

सधन्यवाद।
भवदीय
वेणु राजगोपाल

4. आप भुवन गुलेरिया/भावना गुलेरिया हैं और अ, ब, स नगर में रहते/रहती हैं। आपके क्षेत्र के पार्क को लोगों ने सार्वजनिक धरना- प्रदर्शन का केंद्र बना दिया है, जिससे यहाँ के निवासियों को अनेक समस्याओं का सामना करना पड़ रहा है। इस समस्या की ओर संबंधित अधिकारियों का ध्यान आकर्षित करने के लिए जागरूक समाचार-पत्र मुंबई के संपादक को लगभग 100 शब्दों में एक पत्र लिखिए। **CBSE 2023**

उत्तर परीक्षा भवन,
मुंबई।
दिनांक 17 मार्च, 20XX
सेवा में,
संपादक महोदय,
जागरूक समाचार-पत्र,
मुंबई।

विषय पार्क को धरना-प्रदर्शन स्थल बनाकर दुरुपयोग करने के संबंध में।

महोदय,

मैं आपके सम्मानित एवं लोकप्रिय पत्र के माध्यम से सरकार एवं उद्यान विभाग के अधिकारियों का ध्यान अपने क्षेत्र के उस पार्क की ओर आकर्षित कराना चाहता हूँ, जिसका दुरुपयोग कुछ नेताओं तथा स्थानीय लोगों द्वारा धरना-प्रदर्शन का केंद्र बनाकर किया जा रहा है।

हमारे क्षेत्र का यह एकमात्र पार्क है, जहाँ वृद्ध टहलने, बैठने और बातचीत करने के लिए आते हैं।

बच्चों के खेलने का यह अच्छा स्थान है। यहाँ महिलाएँ भी अपना खाली समय बिताने के लिए आती हैं। दुर्भाग्य से पिछले सात-आठ महीनों से नेताओं के साथ-साथ कुछ लोगों ने इसे सार्वजनिक धरना प्रदर्शन का केंद्र बना लिया है। लोग यहाँ एकत्र होकर लाउडस्पीकरों के सहारे नारे लगवाते हैं। इसके अतिरिक्त पार्क को गंदा छोड़कर चले जाते हैं, जिससे प्रदूषण और कूड़ा-करकट बढ़ रहा है और लोगों को परेशानी हो रही है।

आपसे प्रार्थना है कि आप इसे अपने समाचार-पत्र में स्थान दें, ताकि सरकार और उद्यान विभाग के अधिकारी पार्क का दुरुपयोग रोकने हेतु आवश्यक कदम उठाएँ।

सधन्यवाद।

भवदीय

भुवन गुलेरिया

5. सड़कों पर आवारा पशुओं के घूमने से होने वाली समस्याओं पर ध्यान आकर्षित करते हुए किसी हिंदी समाचार-पत्र के संपादक के नाम लगभग 120 शब्दों में पत्र लिखिए। **CBSE Term II 2022**

उत्तर परीक्षा भवन,

नई दिल्ली।

दिनांक 28 फरवरी, 20XX

सेवा में,

संपादक महोदय,

नवभारत टाइम्स,

दिल्ली।

विषय सड़कों पर आवारा घूमने वाले पशुओं के संबंध में।

महोदय,

मैं आपके सम्मानित एवं लोकप्रिय पत्र के माध्यम से सरकार और पशुधन विकास मंत्रालय के अधिकारियों का ध्यान सड़कों पर आवारा घूमने वाले पशुओं से उत्पन्न समस्याओं की ओर ले जाना चाहता हूँ। सड़कों पर आवारा घूमना कोई नई बात नहीं है, पर पिछले कुछ समय से इन आवारा पशुओं की संख्या में अचानक वृद्धि हो गई है। इन पशुओं में दुधारू गायें भी हैं, जिनके मालिक उनके दूध का सुबह-सुबह दोहन कर लेते हैं और उन्हें सड़कों पर घूमने के लिए छोड़ देते हैं। आवारा पशुओं के इस तरह घूमने से सड़क पर आना जाना बाधित होता है। इन पशुओं के अचानक सामने आ जाने से रोज़ एक-दो दुर्घटनाएँ होने लगी हैं। इसके अतिरिक्त ये आवारा पशु कहीं भी मल-मूत्र त्यागकर गंदगी फैलाते हैं। सड़क पर पड़े गोबर पर अनजाने में पैर पड़ने से फिसलकर गिरने का भय सदा बना रहता है। ये जानवर जब झुंड बनाकर सड़क के बीचों-बीच बैठ जाते हैं, तो इन्हें उठाने जाना किसी अनहोनी को बुलावा देने जैसा होता है।

आपसे विनम्र अनुरोध है कि आप इसे अपने समाचार-पत्र में स्थान दें, जिससे सरकार और पशुधन विकास मंत्रालय के अधिकारियों और कर्मचारियों का ध्यान इस समस्या की ओर आकृष्ट हो और वे इससे मुक्ति दिलाने हेतु आवश्यक कदम उठाने की कृपा करें।

सधन्यवाद।

भवदीय

क. ख. ग.

6. किसी समाचार-पत्र के संपादक को पत्र लिखिए, जिसमें दिल्ली में बढ़ती हुई अपराधवृत्ति की ओर अधिकारियों का ध्यान आकृष्ट कराया गया हो। **दक्षता आधारित प्रश्न**

उत्तर परीक्षा भवन,

दिल्ली।

दिनांक 23 फरवरी, 20XX

सेवा में,

श्रीमान संपादक महोदय,

दैनिक हिंदुस्तान,

नई दिल्ली।

विषय दिल्ली में बढ़ती हुई अपराधवृत्ति से संबंधित।

महोदय,

मैं आपके प्रतिष्ठित समाचार-पत्र के माध्यम से दिल्ली सरकार के अधिकारियों का ध्यान दिल्ली में बढ़ती हुई अपराधवृत्ति की ओर आकृष्ट कराना चाहता हूँ। आशा है कि आप मेरे पत्र को अपने लोकप्रिय समाचार-पत्र में प्रकाशित करेंगे।

अत्यंत खेद के साथ मुझे लिखना पड़ रहा है कि दिल्ली में आजकल गुंडागर्दी, बलात्कार, हत्याएँ, लूटपाट, अपहरण जैसी आपराधिक घटनाएँ लगातार बढ़ रही हैं। देश की राजधानी दिल्ली 'अमन चैन की राजधानी' न रहकर असामाजिक तत्त्वों व अपराधियों द्वारा निर्मित 'भय व आतंक के वातावरण की राजधानी' बनकर रह गई है। दिन-दहाड़े दुकानदारों से लूट, घरों में चोरी, छोटे बच्चों का अपहरण, लड़कियों से छेड़छाड़ व बलात्कार तो जैसे आम बात हो गई है। सुबह-सुबह समाचार-पत्र देखने से ऐसा लगता है, जैसे दिल्ली में पुलिस का नहीं, बल्कि अपराधियों का नियंत्रण है।

अतः केंद्र सरकार तथा पुलिस के अधिकारियों से मेरा अनुरोध है कि वे इस संबंध में कठोरतम कार्यवाही करें, जिससे अपराधियों के मन में कानून के प्रति भय उत्पन्न हो और वे अपराध करने से पहले दस बार सोचें। अपराधियों पर नियंत्रण रखा जाना अत्यंत आवश्यक है।

सधन्यवाद।

भवदीय

क.ख.ग.

7. किसी प्रतिष्ठित समाचार-पत्र के संपादक को पत्र लिखकर स्वास्थ्य विभाग के लापरवाह रवैये के कारण खाद्य पदार्थों में मिलावट की समस्या गंभीर होने की ओर उनका ध्यान आकर्षित करें। **दक्षता आधारित प्रश्न**

उत्तर परीक्षा भवन,
उत्तर प्रदेश।

दिनांक 29 मार्च, 20XX

सेवा में,
श्रीमान संपादक महोदय,
दैनिक जागरण,
सहारनपुर,
उत्तर प्रदेश।

विषय स्वास्थ्य विभाग के लापरवाह रवैये हेतु।

महोदय,

मैं इस पत्र द्वारा आपका ध्यान स्वास्थ्य विभाग के लापरवाह रवैये की ओर दिलाना चाहता हूँ। हमारे क्षेत्र में तैनात स्वास्थ्य कर्मचारी अपने कर्त्तव्य से विमुख हो गए हैं। वे कई-कई दिनों तक इधर नहीं आते। यदि थोड़ी देर के लिए आ भी जाते हैं, तो अपना कार्य नहीं करते, बल्कि इसके स्थान पर किसी हलवाई या चाट-पकौड़ी वाले की दुकान पर बैठकर नाश्ता आदि करके वापस चले जाते हैं। इसका परिणाम यह हो रहा है कि दूध की डेयरी, मिष्ठान्न भंडारों, किराने की दुकानों आदि में दुकानदार जी भरकर मिलावटी चीज़ों की बिक्री कर रहे हैं और जनता को विवशतापूर्वक इन्हीं चीज़ों को खरीदना पड़ रहा है। इन मिलावटी तथा कम गुणवत्ता वाले खाद्य पदार्थों को खाकर सभी बीमार हो रहे हैं।

हमने स्वास्थ्य विभाग के अधिकारियों को कई बार अपनी समस्याओं से अवगत भी कराया है, किंतु उन पर कोई प्रभाव नहीं पड़ता। इनकी लापरवाही किसी की जान भी ले सकती है।

महोदय, आपसे विनम्र निवेदन है कि आप स्वयं अपने स्तर से इस विषय की जाँच कराने की कृपा करें, ताकि हमारी समस्याओं का निवारण किया जा सके।

धन्यवाद।
प्रार्थी
क.ख.ग.

8. नगरों में कल-कारखानों से प्रदूषण में हो रही वृद्धि को रोकने हेतु किसी दैनिक पत्र के संपादक को पत्र लिखिए। **CBSE 2011**

उत्तर परीक्षा भवन,
मेरठ।

दिनांक 17 जुलाई, 20XX

सेवा में,
संपादक महोदय,
दैनिक जागरण,
दिल्ली रोड,
मेरठ।

विषय शहर में बढ़ते प्रदूषण के सदंर्भ में।

मान्यवर,

मैं आपके प्रतिष्ठित समाचार-पत्र के माध्यम से जनता, अधिकारियों तथा सरकार का ध्यान शहरों में कल-कारखानों के कारण होने वाले प्रदूषण की ओर आकर्षित करना चाहता हूँ। आशा है कि आप मेरे पत्र को अपने प्रतिष्ठित समाचार-पत्र में प्रकाशित करेंगे।

आज के आधुनिक युग में उद्योग-धंधों का तेज़ी से प्रसार हो रहा है। इनकी चिमनियों से निकलने वाले धुएँ से वायुमंडल में प्रदूषण की मात्रा बहुत बढ़ गई है। इसके अतिरिक्त औद्योगिक केंद्रों में मशीनों से निकलने वाले कचरे से भी वायुमंडल में प्रदूषण बढ़ रहा है। प्रदूषण चाहे कैसा भी हो, स्वास्थ्य के लिए अत्यंत हानिकारक होता है। वायुमंडल में शुद्ध वायु की कमी विभिन्न रोगों को जन्म देती है। अपने शहरों के चारों ओर स्थित अनेक उद्योग-धंधों की चिमनियों से निकलने वाला धुआँ तथा कोयले की राख आस-पास के निवासियों के स्वास्थ्य पर विपरीत प्रभाव डाल रही है।

मेरा मुख्यमंत्री, ज़िलाधीशों तथा प्रदूषण विभाग के अधिकारियों से विनम्र अनुरोध है कि वे इस ओर ध्यान दें तथा इस संबंध में आवश्यक एवं कठोर कदम उठाएँ, जिससे समस्या का उचित समाधान हो सके।

सधन्यवाद।
भवदीय
क.ख.ग.

9. मेट्रो में यात्रा करते हुए अपना कीमती सामान वाला बैग आप भूल गए। तुरंत शिकायत करने के बाद अगले दिन आपको अपना बैग वापस मिल गया। प्रबंधन की प्रशंसा करते हुए किसी पत्र के संपादक को पत्र लिखिए। **CBSE 2019**

उत्तर परीक्षा भवन,
दिल्ली।

दिनांक 5 अप्रैल, 20XX

सेवा में,
संपादक महोदय,
अमर उजाला,
दिल्ली।

विषय मेट्रो प्रबंधन की प्रशंसा हेतु पत्र।

महोदय,

मैं आपके लोकप्रिय समाचार-पत्र के माध्यम से मेट्रो प्रबंधन की प्रशंसा करना चाहता हूँ। पिछले सप्ताह मैं मेट्रो में यात्रा कर रहा था। यात्रा करते हुए मैं अपना कीमती सामान वाला बैग मेट्रो में ही भूल गया था। इस कारण मैं बहुत चिंतित हो गया कि न जाने अब मुझे बैग वापस मिलेगा या नहीं। मैंने इसके संबंध में मेट्रो विभाग में शिकायत कर दी थी।

शिकायत पर कार्यवाही करते हुए मेट्रो प्रबंधन ने मुझे बैग वापस कर दिया। उनके द्वारा इतनी शीघ्र गति से कार्यवाही की गई, जिससे मैं बहुत प्रभावित हुआ। अतः इस पत्र के द्वारा मैं मेट्रो प्रबंधन को हृदय से धन्यवाद देना चाहता हूँ। साथ ही उनके द्वारा किए गए कार्य की प्रशंसा करता हूँ। आशा करता हूँ कि आगे भी यह प्रबंधन अपनी जिम्मेदारियों को निभाता रहेगा।

धन्यवाद।
भवदीय
क.ख.ग

10. चौराहों पर भीख माँगते बच्चों को देखकर आपको कैसा लगता है? इस समस्या के समाधान के लिए अपने विचार एक पत्र द्वारा किसी समाचार-पत्र के संपादक को लिखिए। **CBSE 2019**

उत्तर परीक्षा भवन,
दिल्ली।

दिनांक 5 अप्रैल, 20XX

सेवा में,
संपादक महोदय,
दैनिक जागरण,
दिल्ली।

विषय भीख माँगने की समस्या के समाधान हेतु पत्र।

महोदय,

मैं आपके दैनिक लोकप्रिय समाचार-पत्र के माध्यम से समाज तथा सरकार का ध्यान भीख माँगने की समस्या की ओर ले जाना चाहता हूँ।

कल जब मैं सुबह के समय अपने विद्यालय जा रहा था, तो मैंने देखा की एक छ:-सात वर्ष का बच्चा सड़क के चौराहे पर भीख माँग रहा था। उसे देखकर मुझे बहुत दया आई, साथ ही दु:ख भी हुआ कि जिस आयु में उसे विद्यालय जाना चाहिए उस आयु में वह भीख माँग रहा है। हर रोज न जाने कितने ऐसे बच्चे चौराहों पर भीख माँगते होंगे। 'बचपन बचाओ' आंदोलन चलने के बावजूद भी बच्चों को स्कूल नहीं भेजा जा रहा तथा उनका बचपन छीना जा रहा है। भीख माँगना भारत में एक गंभीर समस्या है, जिसका समाधान प्राथमिक आधार पर किए जाने की आवश्यकता है।

भिक्षावृत्ति के विरुद्ध कठोर कानून बनाने चाहिए। इसके संबंध में राज्य के अधिकारियों तथा एनजीओ की भागीदारी इस सामाजिक बुराई को जड़ से उखाड़ने में पूरी सहायक होगी।

मैं आशा करता हूँ कि आप अपने प्रतिष्ठित समाचार-पत्र में मेरे इस पत्र को अवश्य स्थान देंगे।

धन्यवाद।

भवदीय
क.ख.ग.

(iv) व्यावसायिक पत्र

व्यावसायिक संबंधों को सुनिश्चित करने के लिए जो पत्र लिखे जाते हैं, उन्हें **'व्यावसायिक पत्र'** कहा जाता है। ऐसे पत्रों की भाषा स्पष्ट तथा आकर्षक होनी चाहिए, जिससे बातें पूर्णत: स्पष्टता के साथ संप्रेषित हो सकें। व्यावसायिक पत्रों में सामान मँगवाने, उसकी जानकारी, शिकायतें तथा शिकायतों के निवारण जैसे विषय होते हैं।

1. किसी प्रकाशक से पुस्तकें मँगवाने के लिए एक व्यावसायिक पत्र लिखिए। **CBSE 2015**

उत्तर परीक्षा भवन,
दिल्ली।

दिनांक 20 अगस्त, 20XX

सेवा में,
प्रकाशक महोदय,
अग्रदूत प्रकाशन हाउस,
रेलवे रोड,
नई दिल्ली।

विषय पुस्तकें मँगवाने हेतु।

महोदय,

मैं सर्वोदय विद्यालय, दिल्ली का कक्षा दसवीं का विद्यार्थी हूँ। मुझे निम्नलिखित पुस्तकों की आवश्यकता है। अत: अपसे विनम्र अनुरोध है कि ये पुस्तकें शीघ्र ही वी.पी.पी. द्वारा भेजने का कष्ट करें। कृपया पुस्तकों का उचित शुल्क लगाकर ही बिल संलग्न करें।

पुस्तकों की सूची इस प्रकार है

1. गोदान	2 प्रति
2. पाठ्य पुस्तक स्पर्श भाग-1	2 प्रति
3. पूरक पुस्तक संचयन भाग-1	3 प्रति

ध्यान रहे कि कोई भी पुस्तक कटी-फटी न हो तथा जिल्द अच्छे से चढ़ी हो। मैं आश्वासन देता हूँ कि वी. पी. पी. प्राप्त होते ही तुरंत उचित भुगतान कर दूँगा।

सधन्यवाद।

भवदीय
क.ख.ग.

2. आप अपने विद्यालय के रसायन विज्ञान के अध्यापक हैं। रसायन विज्ञान की प्रयोगशाला के लिए आवश्यक उपकरण मँगवाने हेतु उपकरण विक्रेता को लगभग 100 शब्दों में पत्र लिखिए।

उत्तर परीक्षा भवन,
दिल्ली।

दिनांक 15 मई, 20XX

सेवा में,
उपकरण विक्रेता महोदय,
लैब कैफे,
अ.ब.स. नगर,
दिल्ली।

विषय रसायन विज्ञान की प्रयोगशाला के लिए आवश्यक उपकरण मँगवाने हेतु।

महोदय,

मैं अ.ब.स. विद्यालय में रसायन विज्ञान का अध्यापक हूँ। हमारे विद्यालय की रसायन विज्ञान प्रयोगशाला में कुछ नवीनतम व आवश्यक उपकरणों की कमी है। मैं इस प्रयोगशाला को अत्याधुनिक बनाना चाहता हूँ, जिससे छात्रों की विषय के प्रति रुचि बढ़े तथा उन्हें कुशल प्रशिक्षण प्राप्त हो सके। रसायन विज्ञान एक ऐसा विषय है, जो बिना प्रयोग के समझ नहीं आता।

अत: आपसे मेरी विनम्र प्रार्थना है कि हमारे विद्यालय की रसायन विज्ञान की प्रयोगशाला के लिए आवश्यक उपकरण भेजने की कृपा करें। मैं कुछ उपकरणों की सूची भी भेज रहा हूँ, जो निम्न प्रकार हैं

बीकर	- 4
फ्लास्क शोषक स्तंभ	- 4
धावन बोतल	- 4
काँच की नली	- 4
तापमापी	- 2
कीप	- 4

पंप - 4

ध्यान रहे कि कोई भी उपकरण टूटा-फूटा न हो तथा साफ व अच्छी स्थिति में हो। कृप्या इन उपकरणों पर उचित शुल्क लगाकर वी.पी.पी. द्वारा शीघ्र ही भेजने का कष्ट करें। मैं आश्वासन देता हूँ कि वी.पी.पी. प्राप्त होते ही तुरंत भुगतान कर दूँगा।

सधन्यवाद।

भवदीय

क.ख.ग.

अ.ब.स. विद्यालय

3. आप निजी कंप्यूटर प्रशिक्षण संस्था खोलना चाहते हैं। इस कार्य को आरंभ करने में अत्यधिक धनराशि की आवश्यकता होगी। इस संदर्भ में अपने जनपद के केनरा बैंक के प्रबंधक महोदय को ऋण प्रदान करने हेतु एक आवेदन-पत्र लिखिए।

उत्तर परीक्षा भवन,

मोदीनगर, गाजियाबाद (उत्तर प्रदेश)।

दिनांक 20 अक्टूबर, 20XX

सेवा में,

श्रीमान प्रबंधक महोदय,

केनरा बैंक,

मोदीनगर, उत्तर प्रदेश।

विषय कंप्यूटर प्रशिक्षण संस्था खोलने के लिए ऋण प्राप्ति हेतु।

मान्यवर,

मैं आपको विनम्र रूप से सूचित करना चाहता हूँ कि मैं पिछले कुछ वर्षों से एक विद्यालय में कंप्यूटर शिक्षक के रूप में कार्यरत हूँ। मैंने उत्तर प्रदेश तकनीकी विश्वविद्यालय से एम.सी.ए. किया हुआ है। कंप्यूटर प्रशिक्षण के क्षेत्र में अत्यधिक रुचि होने के कारण मैंने इस क्षेत्र को अपने व्यवसाय के रूप में चुना है।

मैं अपने मोहल्ले में एक कंप्यूटर प्रशिक्षण संस्था खोलना चाहता हूँ, जिससे अधिक-से-अधिक लोग कंप्यूटर का ज्ञान अर्जित कर सकें। मुझे इस व्यवसाय को प्रारंभ करने के लिए बहुत-से डिवाइस की आवश्यकता पड़ेगी, जिसके लिए मेरे पास धन का अभाव है।

आज ही अखबार में मैंने आपके बैंक द्वारा प्रकाशित किया गया विज्ञापन देखा है, जिसमें कम-से-कम दर पर ऋण देने की बात कही गई है।

अत: इस आवेदन के साथ मैं अपने संपूर्ण संबद्ध दस्तावेजों की प्रतिलिपियाँ भेज रहा हूँ। मेरा आपसे विनम्र निवेदन है कि मुझे विज्ञापन के अनुसार आसान किस्तों पर ऋण प्रदान करने का कष्ट करें।

आपकी अति कृपा होगी।

सधन्यवाद।

भवदीय

क.ख.ग.

(v) कार्यालयी पत्र

विभिन्न सरकारी कार्यालयों में पत्र के माध्यम से कार्य संपादित होते हैं। ऐसे पत्रों को 'कार्यालयी पत्र' कहा जाता है। इन पत्रों में शालीनता तथा शिष्ट भाषा का प्रयोग किया जाता है।

1. अत्यधिक वर्षा होने के कारण आपके गाँव के पास की नदी में मिट्टी का कटाव हो रहा है। इससे संभावित खतरे की सूचना देते हुए आपदा प्रबंधन विभाग को पत्र लिखिए।

CBSE SQP (Additional Set) 2023

उत्तर परीक्षा भवन,

दिल्ली।

दिनांक 16 जनवरी, 20XX

सेवा में,

आपदा प्रबंधन अधिकारी,

आपदा प्रबंधन विभाग,

दिल्ली।

विषय अत्यधिक वर्षा से उत्पन्न संभावित खतरे की सूचना हेतु।

मान्यवर,

मैं दिल्ली के अ.ब.स गाँव का निवासी हूँ। इस पत्र के माध्यम से मैं आपको सूचित करना चाहता हूँ कि हमारे गाँव के पास की नदी में अत्यधिक वर्षा के कारण लगातार मिट्टी का कटाव हो रहा है।

इस वर्षा से हो रहा मिट्टी का कटाव हमारे क्षेत्र के लिए एक संभावित खतरा पैदा कर रहा है। यदि वर्षा नहीं रुकी और मिट्टी का कटाव होता रहा तो यह हमारे खेतों को बर्बाद कर देगा, बल्कि इससे सड़कों, पुलों और कई स्थानों पर भी समस्याएँ उत्पन्न हो सकती हैं। नदी के जल का स्तर बढ़ने पर बाढ़ की परिस्थिति उत्पन्न हो सकती है।

अत: आपसे विनम्र निवेदन है कि हमारे गाँव के इस संकट को ध्यान में रखते हुए यथाशीघ्र आवश्यक कदम उठाएँ। हमें उम्मीद है कि आप हमारे संकट का शीघ्र समाधान करेंगे और हमारे गाँव को सुरक्षित रखने के लिए आवश्यक सुविधाएँ प्रदान करेंगे।

सधन्यवाद।

भवदीय

क. ख. ग.

2. अपने राज्य के परिवहन सचिव को एक पत्र लिखिए, जिसमें आपकी बस्ती तक नया बस मार्ग आरंभ कराने का अनुरोध हो।

उत्तर परीक्षा भवन,

दिल्ली।

दिनांक 15 सितंबर, 20XX

सेवा में,

परिवहन सचिव महोदय,

दिल्ली सरकार,

दिल्ली।

विषय अपनी कॉलोनी तक नए बस मार्ग हेतु।

मान्यवर,

मैं उत्तर-पश्चिम दिल्ली के विकासपुरी, डी-ब्लॉक का निवासी हूँ। हमारे क्षेत्र में बड़ी जनसंख्या निवास करती है, जिसमें अधिकांश लोग दिल्ली के विभिन्न भागों में कार्यरत हैं। हमारी कॉलोनी से कोई बस नहीं चलती। इसके कारण लोगों को प्रत्येक दिन अत्यधिक कठिनाई का सामना करना पड़ता है तथा लगभग 2 किमी पैदल चलकर ए-ब्लॉक बस स्टैंड तक आना पड़ता है। इसमें समय की बर्बादी के साथ शारीरिक-मानसिक परेशानी भी होती है।

अत: आपसे अनुरोध है कि विकासपुरी डी-ब्लॉक तक एक नया बस मार्ग (बस रूट) आरंभ करने की कृपा करें। इसके लिए हम सब आपके आभारी रहेंगे। मुझे विश्वास है कि आप इसे गंभीरता से लेते हुए संबंधित अधिकारी को इसके लिए उचित निर्देश देंगे।

धन्यवाद।

भवदीय

क.ख.ग.

3. अपने मोहल्ले में वर्षा के कारण उत्पन्न जल-भराव की समस्या की ओर ध्यान आकृष्ट करने के लिए नगर निगम के अधिकारी को पत्र लिखिए। **दक्षता आधारित प्रश्न**

उत्तर परीक्षा भवन,
इलाहाबाद।

दिनांक 19 नवंबर 20XX

सेवा में,
कार्यकारी अधिकारी,
दिल्ली नगर निगम,
दिल्ली।

विषय जल-भराव की समस्या संबंधी।

मान्यवर,

मैं दिल्ली नगर निगम के अधीन आने वाले क्षेत्र अ.ब.स. का निवासी हूँ। हमारे क्षेत्र में जल-भराव की अत्यंत गंभीर समस्या है और यह समस्या बरसात के दिनों में विकराल रूप धारण कर लेती है। जगह-जगह पर अत्यधिक पानी जमा हो जाता है।

अभी पिछले कुछ दिनों से लगातार होने वाली वर्षा के कारण सड़कों एवं गलियों में पानी का इतना अधिक भराव हो गया है कि मोहल्ले के निवासियों को आवागमन में बहुत अधिक परेशानी हो रही है। पानी के निकास की उचित व्यवस्था न होने के कारण वह सड़ने लगा है, जिससे गंभीर बीमारियों के फैलने की आशंका उत्पन्न हो गई।

अत: आपसे अनुरोध है कि इस समस्या के समाधान के लिए शीघ्र उचित कार्यवाही की जाए, जिससे क्षेत्र के निवासियों को जलभराव की समस्या से राहत दिलाने के साथ-साथ संभावित गंभीर बीमारियों से भी बचाया जा सके। आशा है, आप इस दिशा में शीघ्र ही उचित कदम उठाएँगे।

सधन्यवाद।

भवदीय

क.ख.ग.

4. अपने क्षेत्र में सार्वजनिक पुस्तकालय खुलवाने की आवश्यकता समझाते हुए दिल्ली के शिक्षा-मंत्री के नाम एक पत्र लिखिए। **CBSE 2019**

उत्तर परीक्षा भवन,
दिल्ली।

दिनांक 4 अप्रैल, 20XX

सेवा में,
माननीय शिक्षा मंत्री,
दिल्ली सरकार,
दिल्ली।

विषय क्षेत्र में नया सार्वजनिक पुस्तकालय खुलवाने हेतु।

महोदय,

निवेदन है कि मैं दिल्ली के रोहिणी सेक्टर-35 में रहता हूँ। सेक्टर-12 से सेक्टर-35 तक बहुत आबादी बस चुकी है। यहाँ की जनसंख्या पिछले पाँच सालों की तुलना में तीन गुना हो चुकी है, किंतु इस क्षेत्र में सार्वजनिक पुस्तकालय की व्यवस्था नहीं है। पुस्तकालय से संबंधित किसी भी काम के लिए लोगों को यहाँ से बहुत दूर सेक्टर-14 में जाना पड़ता है, जिसमें बहुत परेशानी होती है। विशेषकर बूढ़ों और महिलाओं को बहुत कष्ट उठाना पड़ता है। केवल विद्यार्थी ही इसका लाभ ले पाते हैं।

मेरा शिक्षा मंत्री महोदय से विनम्र अनुरोध है कि इस क्षेत्र की आवश्यकता और परेशानी को देखते हुए इस क्षेत्र में शीघ्र ही एक सार्वजनिक पुस्तकालय खुलवाने की व्यवस्था करें, जिससे यहाँ के नागरिकों को होने वाली पठन-पाठन की परेशानियों से छुटकारा मिल सके।

उचित कदम की आशा में।

धन्यवाद।

भवदीय

क. ख. ग.

(vi) विविध

1. अस्पताल कर्मचारियों के सद्व्यवहार की प्रशंसा करते हुए मुख्य चिकित्सा अधिकारी को लगभग 100 शब्दों में पत्र लिखिए। **CBSE 2020**

उत्तर परीक्षा भवन,
दिल्ली।

दिनांक 23 फरवरी, 20XX

सेवा में,
मुख्य चिकित्सा अधिकारी,
जिला चिकित्सालय,
दिल्ली - 110008

विषय अस्पताल कर्मचारियों के सद्व्यवहार की प्रशंसा के संबंध में।

महोदय,

सविनय निवेदन यह है कि मैं त्रिलोकपुरी का निवासी हूँ। मैं पिछले सप्ताह बुधवार को अपनी माताजी को लेकर आपके अस्पताल पहुँचा। अस्पताल में अत्यधिक भीड़ होने के कारण मेरी माताजी को बैठने का स्थान भी प्राप्त नहीं हो पा रहा था। पैर में तकलीफ होने के कारण वह अधिक देर तक खड़े रहने में असमर्थ थी। जब मैंने अस्पताल कर्मचारियों से व्हील चेयर की माँग की तो उन्होंने दुर्व्यवहार करते हुए चेयर लाने से मना कर दिया, तभी वहाँ अन्य सफाई कर्मचारी राजीव शुक्ला आए और मेरी माताजी को बैठने का स्थान उपलब्ध कराया और चलने-फिरने की समस्या से बचाने के लिए व्हील चेयर भी लेकर आए। उन्होंने माँ के साथ प्रेमपूर्वक व्यवहार किया और साथ ही सभी महत्त्वपूर्ण निर्देशों की भी सूचना दी, ताकि हमें किसी प्रकार की समस्या का सामना न करना पड़े। उनके इस व्यवहार से हमें अत्यंत संतुष्टि हुई। उनके माधुर्यपूर्ण एवं सहयोगी व्यवहार से प्रसन्न होकर मैं आपसे निवेदन करता हूँ कि इस सद्व्यवहार के लिए उन्हें पुरस्कृत किया जाए, ताकि अन्य कर्मचारी को भी सद्व्यवहार करने हेतु प्रोत्साहित किया जा सके।

धन्यवाद।

भवदीय

क. ख. ग

2. **अपने बैंक के प्रबंधक को पत्र लिखकर अपने आधार कार्ड को बैंक खाते से जोड़ने का अनुरोध कीजिए।** **CBSE 2018**

उत्तर परीक्षा भवन,
दिल्ली।
दिनांक 16 मार्च, 20XX

सेवा में,
बैंक प्रबंधक,
भारतीय स्टेट बैंक,
दरियागंज,
दिल्ली।

विषय आधार कार्ड को बैंक खाते से जोड़ने हेतु।

महोदय,
सविनय निवेदन यह है कि मैं आपके बैंक में खाता धारक हूँ। मेरा बचत खाता संख्या 464241XX है। मैं अपना खाता आधार कार्ड से जोड़ना चाहता हूँ। मेरा आधार कार्ड नंबर 54127431XXX है। अत: आपसे निवेदन है कि आप मेरे आधार कार्ड को बैंक खाते से जोड़ने का कष्ट करें। आपकी अति कृपा होगी।

धन्यवाद।

भवदीय
क.ख.ग.

3. **प्रधानाचार्य, क ख ग उच्चतर माध्यमिक विद्यालय की ओर से जिला के मुख्य चिकित्साधिकारी को लगभग 100 शब्दों में एक पत्र लिखिए, जिसमें विद्यालय के छात्रों के स्वास्थ्य परीक्षण का निवेदन किया गया हो।** **CBSE 2024**

उत्तर परीक्षा भवन,
दिल्ली।
दिनांक 25 अप्रैल, 20XX
सेवा में,
मुख्य चिकित्साधिकारी
जिला बुराड़ी,
उत्तरी दिल्ली।

विषय विद्यालय के छात्रों के स्वास्थ्य परीक्षण के लिए।

महोदय,
सविनय निवेदन यह है कि मैं क.ख.ग. उच्चतर माध्यमिक विद्यालय का प्रधानाचार्य हूँ। मैं आपसे यह निवेदन करना चाहता हूँ कि आप हमारे विद्यालय के छात्रों के स्वास्थ्य परीक्षण हेतु अपने अधिकारियों को भेजें। कोरोना महामारी के चलते बहुत समय बाद विद्यालय खोले गए हैं। ऐसे में छात्रों का स्वास्थ्य परीक्षण कराना बहुत जरूरी है। हमारे विद्यालय में दो हजार छात्र हैं। अत: मेरी आपसे विनम्र प्रार्थना है कि उचित व्यवस्था करते हुए छात्रों के स्वास्थ्य परीक्षण के लिए जल्द ही अपने अधिकारियों को विद्यालय में परीक्षण के लिए भेजें।
धन्यवाद।
भवदीय
प्रधानाचार्य
क.ख.ग. उच्चतर माध्यमिक विद्यालय
दिल्ली।

4. **आपके विद्यालय में खेल की उपयुक्त सामग्री है तथा समय-समय पर सभी स्तरों पर मैच का आयोजन भी किया जाता है। विद्यालय के खेल कप्तान होने के नाते प्रधानाचार्य के प्रति आभार व्यक्त करते हुए पत्र लिखिए।** **CBSE SQP 2022**

उत्तर परीक्षा भवन,
दिल्ली।
दिनांक 24 अगस्त, 20XX

सेवा में,
प्रधानाचार्य महोदय,
राजकीय वरिष्ठ माध्यमिक विद्यालय,
अजमेर,
राजस्थान।

विषय उपयुक्त खेल सामग्री व प्रबंधन के लिए धन्यवाद पत्र।

महोदय,
मैं बहुत प्रसन्नता के साथ आपको सूचित कर रहा हूँ कि हमारे विद्यालय ने राज्य स्तरीय वॉलीबॉल प्रतियोगिता में द्वितीय स्थान प्राप्त किया है। मैं वॉलीबॉल टीम का कैप्टन हूँ। यह सफलता हमारे विद्यालय में उपलब्ध उच्चकोटि की खेल सामग्री व समय-समय पर खेल आयोजनों के कारण ही प्राप्त हुई है। इसके लिए मैं अपनी टीम और अन्य विद्यार्थियों की ओर से आपका आभार प्रकट करता हूँ। आपने हमारे विद्यालय में सभी प्रकार की खेल सामग्री की व्यवस्था की है, ताकि प्रत्येक विद्यार्थी अपनी रुचि के अनुसार खेल चुन सके। इसी के साथ-साथ आपके प्रयासों से हमें अच्छे कोच मिले हैं तथा विभिन्न स्तर पर अलग-अलग खेलों में प्रतिभागिता के लिए आप विद्यार्थियों को प्रेरित भी करते हैं। हमारे विद्यालय की क्रिकेट, कबड्डी, खो-खो, फुटबॉल और टेबिल-टेनिस टीम भी कई स्तरों पर पुरस्कार जीत चुकी है। आप सभी विद्यार्थियों के लिए पढ़ाई के साथ-साथ खेल-कूद प्रतियोगिताओं का भी आयोजन करवाते हैं। हमारा विद्यालय अवश्य ही एक दिन आपके इन्हीं प्रयासों से देशभर में पहचाना जाएगा।
मैं सभी विद्यार्थियों की ओर से आपका हृदय से आभार प्रकट करता हूँ तथा आशा करता हूँ कि आप आगे भी इसी प्रकार विद्यार्थियों के उज्ज्वल भविष्य के लिए प्रयास करते रहेंगे। धन्यवाद।
आपका आज्ञाकारी शिष्य,
क. ख. ग.

5. **आपको विद्यालय में खेलने का अवसर नहीं मिलता। कह दिया जाता है कि छात्र संख्या अधिक होने से सबके लिए व्यवस्था नहीं हो सकती। प्रधानाचार्य को पत्र लिखकर इस समस्या पर चर्चा कीजिए और एक उपाय भी सुझाइए।** **CBSE 2019**

उत्तर परीक्षा भवन,
दिल्ली।
दिनांक 5 अप्रैल, 20XX
सेवा में,
प्रधानाचार्य महोदय,
राजकीय प्रतिभा विकास विद्यालय,
सिविल लाइंस,
दिल्ली।

विषय खेलने का अवसर न मिलने हेतु पत्र।

महोदय,

सविनय निवेदन यह है कि मैं आपके विद्यालय, का दसवीं 'ब' का छात्र हूँ। हमारी कक्षा के छात्र हर सप्ताह दो बार खेल के मैदान में जाते हैं, लेकिन हमें खेलने का अवसर नहीं मिल पाता। हर बार यह कह दिया जाता है कि छात्रों की संख्या अधिक होने के कारण सबके लिए व्यवस्था नहीं हो सकती। इससे छात्रों को निराश होकर वापस आना पड़ता है। आपको तो पता ही है कि खेलना हमारे लिए कितना महत्त्वपूर्ण है।

अत: आपसे निवेदन है कि सभी छात्रों के खेलने के लिए मैदान तथा सामग्री की उचित व्यवस्था करें, ताकि हमें खेलने का पर्याप्त अवसर मिल सके। हमें आशा है कि आप हमारी इस समस्या पर अवश्य ध्यान देंगे। उचित कदम की प्रतीक्षा में।

धन्यवाद।

भवदीय

क.ख.ग.

कक्षा-दसवीं 'ब'

स्व-मूल्यांकन

1. अपनी कक्षा को आदर्श रूप देने के लिए अपने सुझाव देते हुए प्रधानाचार्य को एक प्रार्थना-पत्र लिखिए।
2. आपकी कक्षा में अंग्रेजी विषय की पढ़ाई समय पर पूरी न होने के कारण अतिरिक्त कक्षा लगवाने हेतु प्रधानाचार्य को प्रार्थना-पत्र लिखिए।
3. आपके क्षेत्र में पीने के पानी को लेकर असुविधा उत्पन्न हो रही है। इसके लिए दिल्ली जल बोर्ड को पेयजल आपूर्ति के लिए एक प्रार्थना-पत्र लिखिए।
4. जल आपूर्ति बाधित होने की समस्या पर जल आपूर्ति अधिकारी को एक पत्र लिखिए, जिसमें जल आपूर्ति को सुचारु करने का अनुरोध किया गया हो।
5. नगर की सघन आबादी में कल-कारखानों और यातायात के कारण होने वाले ध्वनि-प्रदूषण के विरुद्ध नगर-योजना अधिकारी को पत्र लिखिए।
6. अपने क्षेत्र के ब्लॉक-प्रमुख द्वारा की जा रही खाद की कालाबाज़ारी की शिकायत करते हुए जिलाधिकारी को पत्र लिखिए।
7. समाज में नशीले पदार्थों के सेवन की बढ़ती प्रवृत्ति पर चिंता व्यक्त करते हुए किसी प्रतिष्ठित समाचार पत्र के संपादक को पत्र लिखिए।
8. आपके क्षेत्र में बुजुर्गों के साथ होने वाली अनदेखी का उल्लेख करते हुए किसी प्रतिष्ठित समाचार पत्र के संपादक को पत्र लिखिए।
9. आपके क्षेत्र में बढ़ रही अवैध निर्माण की समस्या की ओर प्रशासन का ध्यान आकर्षित करते हुए किसी लोकप्रिय समाचार-पत्र के संपादक को पत्र लिखिए।
10. आपने हिंदी बुक सेंटर, नई दिल्ली से कुछ पुस्तकें मँगवाई थीं, जो फटी हुई पाई गई हैं। इसकी शिकायत करते हुए पुस्तकें वापस करने की सूचना दें।
11. आपने अरुण पब्लिकेशन को हिंदी पुस्तक की चार प्रतियाँ भिजवाई थीं। इस ऑर्डर की प्राप्ति के पश्चात् भुगतान संबंधित पत्र लिखिए।
12. आपके विद्यालय में बच्चों के लिए कुछ खेल सामग्री की आवश्यकता है। इस आवश्यकता की प्राप्ति के लिए शर्मा स्पोर्ट्स को एक पत्र लिखिए।
13. अपने क्षेत्र में पार्कों की स्थिति में सुधार करने हेतु नगर निगम के निर्देशक को पत्र लिखिए।
14. आप अपनी बहन के विवाह के लिए राजस्थान परिवहन निगम की बस किराये पर लेना चाहते हैं। इसके लिए निगम के निदेशक को पत्र लिखिए।
15. पेट्रोल के मूल्यों में हो रही वृद्धि के बावजूद कारों की संख्या बढ़ती ही जा रही है। इस स्थिति का कारण स्पष्ट करते हुए राज्य के परिवहन मंत्री को एक पत्र लिखिए।

अध्याय

3

सूचना-लेखन

सूचना-लेखन का अर्थ

प्रायः सूचना मौखिक या लिखित रूप में दी जाती है। आधुनिक युग में मौखिक सूचना आकाशवाणी, रेडियो, टेलीविजन आदि के माध्यम से दी जाती है। जब सूचना लिखित रूप में देने के लिए तैयार की जाती है, तो उसे **सूचना लेखन** कहते हैं।

सूचना, संचार का एक माध्यम है। सूचना-लेखन के माध्यम से विद्यार्थियों की व्याकरणिक दृष्टि से शुद्ध हिंदी लेखन कौशल के साथ-साथ संक्षिप्त रूप में उनके विचारों की स्पष्ट अभिव्यक्ति संबंधी क्षमता का भी आकलन किया जाता है।

सूचना लेखन का अपना एक विशेष महत्त्व है। जब एक ही जानकारी को बहुत सारे व्यक्तियों को व्यक्तिगत स्तर पर अलग-अलग देना संभव नहीं होता, तब इसके लिए सूचना लेखन की सहायता ली जाती है। इसके माध्यम से किसी व्यक्ति अथवा संगठन की ओर से किसी जानकारी, चेतावनी आदि की सार्वजनिक रूप से घोषणा की जाती है। साधारणतः लिखित सूचना समाचार-पत्रों या पत्रिकाओं में प्रकाशित की जाती है या विद्यालय, कॉलेज, कार्यालय आदि संस्थाओं द्वारा सूचना बोर्ड पर प्रदर्शित की जाती है। यह अत्यंत संक्षिप्त और औपचारिक होती है।

सूचना लेखन के उद्देश्य

सूचना लेखन के मुख्य उद्देश्य निम्नलिखित हैं

1. सार्वजनिक रूप से सभी लोगों को एकसाथ सूचना अर्थात् जानकारी देना।
2. किसी महत्त्वपूर्ण घटना या कार्यक्रम के विषय में पूर्व जानकारी उपलब्ध कराना।
3. सूचना का उद्देश्य किसी विषय के बारे में अखबारों, पत्र-पत्रिकाओं आदि के माध्यम से सभी लोगों को सूचित करना होता है।

सूचना लेखन के प्रकार

1. बैठक की जानकारी देने से संबंधित सूचना लेखन।
2. किसी कार्यक्रम (प्रतियोगिता, यात्रा, भ्रमण, वार्षिक कार्यक्रम, समारोह आदि) के आयोजन से संबंधित सूचना लेखन।
3. सामान गुम हो जाने या पाए जाने की जानकारी देने से संबंधित सूचना लेखन।
4. नाम, पता, आवास, कंपनी, बैंक खाता आदि बदलने की सूचना देने से संबंधित सूचना लेखन।
5. अपील करने या चेतावनी देने से संबंधित सूचना लेखन।

सूचना लेखन के लिए ध्यान देने योग्य बातें

- सूचना लेखन के **आरंभ** में सूचना जारी करने वाली संस्था अथवा संगठन के नाम का उल्लेख अवश्य होना चाहिए।
- इसके बाद अगली पंक्ति में **सूचना** शब्द लिखना चाहिए।
- 'सूचना' शब्द लिखने के बाद अगली पंक्ति में बाईं ओर **दिनांक** लिखनी चाहिए।
- इसके पश्चात् **सूचना का विषय** लिखना चाहिए, जो संक्षिप्त तथा स्पष्ट हो।
- सूचना लेखन में सभी **आवश्यक जानकारी** सम्मिलित की जानी चाहिए, जिससे इसका उद्देश्य पूर्ण हो।
- सूचना लेखन में अनावश्यक बातों का समावेश नहीं करना चाहिए, इससे सूचना लेखन की महत्ता कम हो जाती है।
- सूचना लेखन से **क्या, क्यों, कब, कहाँ, कौन** आदि प्रश्नों के उत्तर प्राप्त होने चाहिए। इसका अर्थ यह है कि सूचना लेखन में विषय से संबंधित पूर्ण जानकारी का समावेश होना अनिवार्य है।
- सूचना लेखन के अंत में नीचे बाईं ओर **सूचना देने वाले व्यक्ति के नाम** तथा **पद** का उल्लेख अवश्य करना चाहिए। आवश्यकता पड़ने पर हस्ताक्षर भी करने चाहिए।
- सूचना लेखन की **भाषा** सरल, स्पष्ट, प्रभावी तथा औपचारिक होनी चाहिए।
- सूचना लेखन के समय **शब्द-सीमा** का विशेष ध्यान रखना चाहिए।

सूचना-लेखन का प्रारूप

प्रश्न संस्कृति क्लब की ओर से 'एक भारत श्रेष्ठ भारत' कार्यक्रम को बढ़ावा देने के लिए सांस्कृतिक कार्यक्रम का आयोजन किया जा रहा है। इसकी जानकारी देते हुए तथा सहभागिता के लिए प्रेरित करते हुए अध्यक्ष की ओर से सूचना लिखिए।

संस्था का नाम — संस्कृति क्लब, बीलवा

सूचना शब्द का उल्लेख — **सूचना**

तिथि — **दिनांक** 23 जनवरी, 20XX

सूचना का शीर्षक — **एक भारत श्रेष्ठ भारत**

सूचना की मुख्य विषय-वस्तु — सभी को यह सूचित किया जाता है कि दिनांक 31 जनवरी, 20XX को हमारे संस्कृति क्लब ने 'एक भारत श्रेष्ठ भारत' कार्यक्रम का आयोजन किया है। इस कार्यक्रम में हम भारत की विविध संस्कृतियों की झाँकी प्रस्तुत करेंगे। यह कार्यक्रम हमारी सांस्कृतिक धरोहर को समृद्ध करने का एक सुनहरा अवसर है। हमें आप सभी के सहयोग और सहभागिता की आवश्यकता व अपेक्षा है। सहभागियों को प्रोत्साहन-पत्र भी दिए जाएँगे। आप सभी हर्षोल्लास से इस कार्यक्रम में भाग लें। आप सभी का स्वागत है।

हस्ताक्षर लेखक का नाम व पद —
धन्यवाद।
जितेश शर्मा
(अध्यक्ष)
संस्कृति क्लब, बीलवा
हस्ताक्षर

अभ्यास प्रश्न
(दक्षता आधारित प्रश्नों सहित)

1. डेंगू बुखार को फैलने से बचाने हेतु कीटनाशकों तथा मच्छरदानी के उपयोग का महत्त्व बताने के लिए सूचना लिखिए।
CBSE SQP (Additional Set) 2023

ग्रामीण स्वास्थ्य कार्यालय, वाटिका

सूचना

दिनांक 17 जनवरी, 20XX

डेंगू बुखार से बचाव के उपाय

सभी ग्रामवासियों को यह सूचित किया जाता है कि डेंगू बुखार मच्छरों से फैलता है, जो कि अधिक दिनों से खुले में जमा हुए स्वच्छ जल में उत्पन्न होता है। इसके फैलने से बचाव के लिए आस-पास सफाई रखें, पानी को इकट्ठा न होने दें, अपने आस-पास समय-समय पर कीटनाशक दवाइयों का छिड़काव करें और मच्छरदानी का उपयोग करें। डेंगू बुखार के फैलने से बचाव के लिए कीटनाशकों और मच्छरदानी का उपयोग करना अति महत्त्वपूर्ण है, जिससे डेंगू जैसी बीमारी से बचा जा सकता है।

धन्यवाद।
डॉ. महेश अग्रवाल
(अध्यक्ष)
ग्रामीण स्वास्थ्य कार्यालय, वाटिका

2. आपके क्षेत्र में विभिन्न आयु वर्ग के बच्चों के लिए 'सांस्कृतिक मेले' का आयोजन किया जा रहा है। जनकल्याण संगठन का अध्यक्ष होने के नाते सभी क्षेत्रवासियों को इसकी जानकारी देते हुए एक सूचना लिखिए। **CBSE SQP (Additional Set) 2023**

जनकल्याण संगठन, जयपुर

सूचना

दिनांक 20 जनवरी, 20XX

सांस्कृतिक मेले का आयोजन

सभी क्षेत्रवासियों को यह सूचित किया जाता है कि हमारे क्षेत्र में दिनांक 24 जनवरी, 20XX को विभिन्न आयु वर्गों के बच्चों के लिए 'सांस्कृतिक मेले' का आयोजन किया जा रहा है। जनकल्याण संगठन के अध्यक्ष के नेतृत्व में इस सांस्कृतिक मेले का आयोजन हम सभी के सामूहिक उत्थान के लिए किया जा रहा है। कृपया इस मेले में अपनी भागीदारी सुनिश्चित करें जिससे हम सभी को इस सांस्कृतिक समागम में एकसाथ आनंद लेने का सुनहरा अवसर मिल सके।

राकेश शर्मा
(अध्यक्ष)
जनकल्याण संगठन, जयपुर

3. आपके विद्यालय में शिक्षक दिवस का आयोजन होने वाला है। इस दिन कक्षा 10 के छात्रों को शिक्षक की भूमिका निभाते हुए कक्षा 5 और 6 के छात्रों को पढ़ाना है। विस्तृत जानकारी देते हुए सूचना लिखिए। **CBSE SQP (Additional Set) 2023**

माहेश्वरी पब्लिक स्कूल, जयपुर

सूचना

दिनांक 1 सितंबर, 20XX

शिक्षक दिवस का आयोजन

सभी विद्यार्थियों और अभिभावकों को सूचित किया जाता है कि माहेश्वरी पब्लिक स्कूल, जयपुर में शिक्षक दिवस का आयोजन दिनांक 5 सितम्बर, 20XX को होने वाला है। इस अवसर पर कक्षा 10 के छात्र शिक्षक की महत्त्वपूर्ण भूमिका निभाएँगे और कक्षा पाँचवीं और कक्षा छठी के छात्रों को उनके मार्गदर्शन में पढ़ाई करवाएँगे। यह एक शिक्षाप्रद और उत्साहजनक कार्यक्रम होगा। सभी अभिभावक और छात्र इसमें भाग लें। आप सभी का स्वागत है।

कुलदीप शाह
(प्रधानाचार्य)

4. आप अपने स्कूल के विद्यार्थी परिषद् के खेल सचिव हैं। विद्यालय में होने वाले 'खेल दिवस' पर आयोजित होने वाली विभिन्न प्रतियोगिताओं के विषय में सभी विद्यार्थियों को जानकारी देने हेतु एक सूचना तैयार कीजिए। **CBSE SQP 2023**

राजकीय वरिष्ठ माध्यमिक विद्यालय दौसा, राजस्थान

सूचना

दिनांक 5 नवंबर, 20XX

खेल दिवस के अवसर पर प्रतियोगिताओं का आयोजन

सभी छात्रों को सूचित किया जाता है कि हमारा विद्यालय खेल दिवस के अवसर पर विभिन्न खेल प्रतियोगिताओं का आयोजन करने जा रहा है। शहर के महापौर कार्यक्रम के मुख्य अतिथि होंगे। इसमें क्रिकेट, हॉकी, फुटबॉल, बैडमिंटन आदि खेल खेले जाएँगे। जो विद्यार्थी इस प्रतियोगिता में भाग लेना चाहते हैं, वे अपनी कक्षा अध्यापिका को दिनांक 10 नवंबर, 20XX तक अपना नाम लिखवा दें। इसके बाद मिले आवेदनों पर विचार नहीं किया जाएगा।

राहुल शर्मा

(खेल सचिव)

5. आप रजत चट्टोपाध्याय/रजनी रस्तोगी, मोहल्ला सुधार समिति के सचिव हैं। स्वच्छता अभियान के अंतर्गत 'स्वच्छता पखवाड़ा' कार्यक्रमों में भाग लेने के इच्छुक लोगों के लिए एक सूचना तैयार कीजिए। **CBSE SQP 2022**

राधा-गोविंद हाउसिंग सोसायटी गोविंदगढ़, सीकर, राजस्थान

सूचना

दिनांक 22 मार्च, 20XX

स्वच्छता पखवाड़ा कार्यक्रम

कॉलोनी के सभी निवासियों को यह सूचित किया जाता है कि अगले रविवार 27 मार्च, 20XX को स्वच्छता अभियान के अंतर्गत एक 'स्वच्छता पखवाड़ा कार्यक्रम' का आयोजन किया जा रहा है। जो भी कॉलोनीवासी इस कार्यक्रम में स्वयंसेवी बनकर स्वेच्छा से सम्मिलित होना चाहता है, वह रविवार 27 मार्च, 20XX को कॉलोनी के सभागार में सुबह 7 बजे तक पहुँच जाए। इस शहर की स्वच्छता के लिए हम सभी अपनी जिम्मेदारी निभाएँगे। आपके अधिक-से-अधिक सहयोग की अपेक्षा है।

रजत चट्टोपाध्याय
(मोहल्ला सुधार समिति)

6. आपके विद्यालय में ग्रीष्मावकाश के दौरान 'व्यक्तित्व विकास (पर्सनैलिटी डेवलपमेंट) शिविर' का आयोजन किया जा रहा है। छात्र कल्याण संगठन के सचिव होने के नाते कक्षा नवीं से बारहवीं तक के सभी छात्रों तक इस शिविर की जानकारी प्रदान करने हेतु लगभग 60 शब्दों में एक सूचना-पत्र तैयार कीजिए। **CBSE 2024**

प्रतिभा विकास विद्यालय, दिल्ली

सूचना

दिनांक 1 मई, 20XX

व्यक्तित्व विकास शिविर का आयोजन

हमारा प्रतिभा विकास विद्यालय इस वर्ष के ग्रीष्मावकाश के दौरान 'व्यक्तित्व विकास (पर्सनैलिटी डेवलपमेंट) शिविर' का आयोजन कर रहा है। यह शिविर कक्षा नवीं से बाहरवीं तक के छात्रों के लिए आयोजित किया जा रहा है। इस शिविर में कार्य के प्रति जोश व उत्साह रखना, भावनाओं पर नियंत्रण, आत्मविश्वास, तनाव रहित स्वस्थ जीवन आदि महत्त्वपूर्ण बातों पर प्रकाश डाला जाएगा। यह शिविर 15 मई से 14 जून तक प्रातः 9 बजे से 11 बजे तक चलेगा। इच्छुक विद्यार्थी 5 मई, 20XX तक अपना पंजीकरण कराएँ।

अंकुर मेहरा (सचिव)

छात्र कल्याण संगठन

7. आप अपने विद्यालय में साहित्यिक क्लब के सचिव आदित्य/अदिति हैं। विद्यालय की पत्रिका कृति के अगले अंक के लिए स्वरचित लेख, कविता, निबंध आदि विद्यार्थियों द्वारा देने हेतु लगभग 60 शब्दों में सूचना तैयार कीजिए। **CBSE Term II 2022**

सर्वोदय कन्याविद्यालय, नंदनगरी, दिल्ली

सूचना

दिनांक 10 जनवरी, 20XX

विद्यालय की पत्रिका हेतु स्वरचित रचनाओं के संबंध में

सभी छात्रों को सूचित किया जाता है कि विगत वर्षों की भाँति ही हमारे विद्यालय द्वारा विद्यालय की पत्रिका 'कृति' के अगले अंक का प्रकाशन इस वर्ष भी होना है। इस पत्रिका के लिए छात्र स्वरचित लेख, कविता, कहानी, निबंध आदि लिखकर दे सकते हैं। नकल की गई रचनाओं को पत्रिका में शामिल नहीं किया जाएगा। छात्र इन्हें 20 जनवरी, 20XX तक अपने कक्षाध्यापक के पास अवश्य जमा करा दें।

आदित्य
(सचिव)
साहित्यिक क्लब

8. साइकिल से विद्यालय आने वाले विद्यार्थियों को अपनी साइकिल विद्यालय में एक निश्चित स्थान पर ही खड़ी करनी है। प्रधानाचार्य की ओर से इस आशय की सूचना लगभग 60 शब्दों में लिखिए। **CBSE Term II 2022**

प्रतिभा विकास विद्यालय, तिलक नगर, दिल्ली

सूचना

दिनांक 10 अप्रैल, 20XX

साइकिलें निश्चित स्थान पर खड़ी करने के संबंध में

साइकिल से विद्यालय आने वाले सभी विद्यार्थियों को सूचित किया जाता है कि विद्यालय में पीछे की ओर नया साइकिल स्टैंड बनाया गया है। कल से सभी विद्यार्थी अपनी-अपनी साइकिल उसी निश्चित स्थान (स्टैंड) पर खड़ी करें। किसी अन्य स्थान पर साइकिल खड़ी करने पर उन्हें विद्यालय परिसर में साइकिल लाने की अनुमति नहीं होगी।

क.ख.ग.
(प्रधानाचार्य)

9. गणतंत्र दिवस के उपलक्ष्य में आपके विद्यालय में देशभक्ति संबंधी कविता-गायन प्रतियोगिता का आयोजन किया जा रहा है। विद्यालय का सांस्कृतिक सचिव होने के नाते कक्षा छठी से बारहवीं तक के विद्यार्थियों को आमंत्रित करने हेतु 60 शब्दों में सूचना तैयार कीजिए। **CBSE Term II 2022**

राजकीय वरिष्ठ माध्यमिक विद्यालय, नांगलोई, दिल्ली

सूचना

दिनांक 16 जनवरी, 20XX

देशभक्ति संबंधी कविता गायन प्रतियोगिता

सभी विद्यार्थियों को सूचित किया जाता है कि गत वर्षों की भाँति इस वर्ष भी 'गणतंत्र दिवस' के उपलक्ष्य में विद्यालय के सभागार में देशभक्ति संबंधी कविता गायन प्रतियोगिता का आयोजन किया जा रहा है। इसमें छठी से बारहवीं तक के विद्यार्थी भाग ले सकते हैं। इस कार्यक्रम में अधिक-से-अधिक विद्यार्थी भाग लें और अपनी प्रतिभा का प्रदर्शन करें।

अ. ब. स.
(सांस्कृतिक सचिव)

10 आप संगीत महिपाल/संगीता महिपाल हैं और राजकीय माध्यमिक विद्यालय के छात्र परिषद् के खेल सचिव हैं। अपने विद्यालय में आयोजित होने वाले 'वार्षिक खेल महोत्सव' के संबंध में विवरण सहित एक सूचना लिखिए। **CBSE 2023**

राजकीय माध्यमिक विद्यालय, दिल्ली

सूचना

दिनांक 20 जनवरी, 20XX

विद्यालय में 'वार्षिक खेल महोत्सव' का आयोजन

सभी विद्यार्थियों, शिक्षकों एवं कर्मचारियों को सूचित किया जाता है कि विद्यालय परिसर के खेल के मैदान में 28 जनवरी, 20XX को प्रात: 9 बजे वार्षिक खेल महोत्सव का आयोजन किया जाएगा। इसमें भाग लेने हेतु इच्छुक छात्र अपना पंजीकरण खेल शिक्षक के पास 24 जनवरी तक अवश्य करा दें। इस अवसर पर छात्रों और शिक्षकों की उपस्थिति अनिवार्य है।

संगीता महिपाल

छात्र खेल परिषद्

11. आप अपनी कॉलोनी की कल्याण परिषद् के अध्यक्ष हैं। अपने क्षेत्र में पार्कों की साफ-सफाई के प्रति जागरूकता लाने हेतु कॉलोनी वासियों के लिए सूचना तैयार कीजिए। **CBSE 2020**

आदर्श कॉलोनी, रमेश नगर, दिल्ली

सूचना

दिनांक 10 मार्च, 20XX

सभी पार्कों की साफ-सफाई के प्रति जागरूकता संबंधी सूचना

कॉलोनी के सभी निवासियों को सूचित किया जाता है कि हमारी कॉलोनी में पार्कों की साफ-सफाई के प्रति जागरूकता लाने हेतु विशिष्ट अभियान का आरंभ किया जा रहा है। यह अभियान 12 मार्च ये प्रारंभ होकर 16 मार्च तक दोपहर 2:30 बजे से शाम 6:00 बजे तक चलेगा। इस अभियान के अंतर्गत साफ-सफाई के महत्त्व को प्रतिपादित करते हुए प्रतिदिन 4-5 पौधों का रोपण किया जाएगा। अत: आप सभी निवासियों से निवेदन है कि इस अभियान में बढ़-चढ़कर भाग लें।

क. ख. ग.

(अध्यक्ष)

कल्याण परिषद्

12. विद्यालय के सचिव की ओर से 'समय-प्रबंधन' विषय पर आयोजित होने वाली कार्यशाला के लिए एक सूचना तैयार कीजिए। **CBSE 2020**

बाल विकास पब्लिक स्कूल, दिल्ली

सूचना

दिनांक 22 फरवरी, 20XX

'समय-प्रबंधन' विषय पर आयोजित होने वाली कार्यशाला हेतु

सभी विद्यार्थियों को सूचित किया जाता है कि बाल विकास पब्लिक स्कूल की ओर से 'समय-प्रबंधन' विषय पर 13 मार्च से 15 मार्च तक कार्यशाला आयोजित की जा रही है। यह कार्यशाला प्रात: 9 बजे से 10 बजे तक चलेगी। इच्छुक विद्यार्थियों को 12 मार्च तक पंजीकरण कराना आवश्यक है। पंजीकरण शुल्क ₹ 10 निर्धारित किया गया है।

क. ख. ग.

(सचिव)

13. विद्यालय के समाज सेवा परिषद् की ओर से कक्षा ग्यारहवीं और बारहवीं के छात्रों के लिए लगभग 60 शब्दों में एक सूचना तैयार कीजिए, जिसमें एक सप्ताह तक प्रौढ़ों की साक्षरता हेतु शिविर में भाग लेने वाले छात्रों से पंजीकरण हेतु नाम देने की जानकारी दी गई हो। **CBSE 2024**

अथवा विद्यालय की समाज सेवा परिषद् के सचिव आशील सिंहल हैं। आप प्रौढ़ों की साक्षरता के लिए एक सप्ताह का शिविर लगाना चाहते हैं। इसके लिए विद्यार्थी रोज शाम को एक गाँव में जाकर चौपाल में प्रौढ़ों को अक्षर ज्ञान कराया करेंगे। इच्छुक विद्यार्थियों का पंजीकरण 10 अगस्त तक होना है। उनके आने जाने की व्यवस्था परिषद् की ओर से की जाएगी। इस हेतु एक सूचना तैयार कीजिए। **CBSE 2015**

प्रतिभा विकास विद्यालय, मेरठ

सूचना

दिनांक 6 अगस्त, 20XX

प्रौढ़ साक्षरता शिविर का आयोजन

कक्षा ग्यारहवीं और बारहवीं के सभी विद्यार्थियों को सूचित किया जाता है कि विद्यालय की 'समाज सेवा परिषद्' समिति की ओर से 'साप्ताहिक प्रौढ़ साक्षरता शिविर' का आयोजन किया जा रहा है। इसमें विद्यार्थियों द्वारा 18 अगस्त, 20XX से 24 अगस्त, 20XX तक शाम 5-7 बजे तक गाँव में जाकर चौपाल में प्रौढ़ों को अक्षर ज्ञान कराया जाएगा। विद्यार्थियों के आने जाने की व्यवस्था परिषद् की ओर से की जाएगी।
इच्छुक विद्यार्थी शीघ्र अपना पंजीकरण कराएँ, जिसकी अंतिम तिथि 10 अगस्त, 20XX है।

आशील सिंहल

(सचिव)

समाज सेवा परिषद्

14. आप शांति विद्या निकेतन, प्रशांत विहार, दिल्ली की छात्रा खुशी मेहरा हैं। विद्यालय में आपका परीक्षा प्रवेश-पत्र गुम हो गया है। इस विषय पर सूचना लिखिए। **CBSE 2016**

शांति विद्या निकेतन, प्रशांत विहार, दिल्ली

सूचना

दिनांक 28 सितंबर, 20XX

परीक्षा प्रवेश-पत्र खोने हेतु

मैं खुशी मेहरा दसवीं 'ब' की छात्रा हूँ। सभी को यह सूचित किया जाता है कि 27 सितंबर, 20XX को विद्यालय के खेल परिसर में मेरा परीक्षा प्रवेश-पत्र गुम हो गया है। उस पर मेरी फोटो के साथ, मेरा अनुक्रमांक नं. 2321087 भी अंकित है। यदि किसी को भी यह मिले तो मुझे लौटाने की कृपा करें अथवा प्रधानाचार्य कक्ष में उसे जमा करवा दें।

धन्यवाद।

खुशी मेहरा

कक्षा-दसवीं 'ब'

15. आपने अपना नाम अभिलाषा से बदलकर प्रांजल कर लिया है। अपने विद्यालय के सभी विद्यार्थियों को इसकी सूचना दीजिए। **CBSE 2016, 14**

केंद्रीय विद्यालय, द्वारका, नई दिल्ली

सूचना

दिनांक 17 सितंबर, 20XX

नाम बदलने की सूचना

सभी विद्यार्थियों को सूचित किया जाता है कि मैं कु. अभिलाषा सुपुत्री श्री विनय कपूर, निवासी-B ब्लॉक, सेक्टर-10 द्वारका, नई दिल्ली की निवासी हूँ। मैंने कुछ प्रशासनिक कारणों से अपना नाम अभिलाषा से बदलकर 'प्रांजल' कर लिया है। अत: अब से भविष्य में मेरा 'प्रांजल' नाम का प्रयोग ही मान्य होगा।

प्रांजल

कक्षा-दसवीं 'अ'

16. आप निवासी कल्याण संघ के सचिव/श्रेष्ठा सहाय हैं। आपके क्षेत्र में नि:शुल्क नेत्र जाँच शिविर का आयोजन होने जा रहा है। शिविर में भाग लेने के लिए लोगों को आमंत्रण देते हुए एक सूचना तैयार कीजिए। **CBSE 2023**

अ.ब.स. सोसायटी, दिल्ली

सूचना

दिनांक 10 मार्च, 20XX

नि:शुल्क नेत्र जाँच शिविर का आयोजन

सोसायटी के समस्त सम्मानित निवासियों को सूचित किया जाता है कि 'नवज्योति सेवा संस्थान'की ओर से सोसायटी के नवनिर्मित सभा कक्ष में 15 मार्च, 20XX को नि:शुल्क नेत्र जाँच शिविर का आयोजन किया जा रहा है। इसमें नेत्रों की जाँच के बाद नि:शुल्क चश्में का वितरण भी किया जाएगा। इच्छुक निवासीगण 13 मार्च, 20XX तक अपना पंजीकरण अवश्य कराएँ।

श्रेष्ठ सहाय

(सचिव)

कल्याण संघ

17. आपकी सोसायटी में गणतंत्र दिवस के अवसर पर सांस्कृतिक कार्यक्रम का आयोजन किया जा रहा है। रेजिडेंट वेलफेयर संगठन के सचिव होने के नाते सोसायटी निवासियों को इसकी जानकारी देने हेतु लगभग 60 शब्दों में एक सूचना पत्र तैयार कीजिए। **CBSE 2024**

अ.ब.स. सोसायटी, दिल्ली

सूचना

दिनांक 12 जनवरी, 20XX

सांस्कृतिक कार्यक्रम का आयोजन

सोसायटी के सभी निवासियों को सूचित किया जाता है कि 26 जनवरी, 20XX को गणतंत्र दिवस के शुभ अवसर पर हमारी सोसायटी में सांस्कृतिक कार्यक्रम का आयोजन किया जा रहा है। सांस्कृतिक कार्यक्रम में नृत्य, गीत-संगीत, कविता, भाषण में भाग लेने के लिए इच्छुक निवासी अपना नाम संगठन के सचिव को 15 जनवरी तक लिखवा दें।

कार्यक्रम के विषय में अभी तक प्राप्त जानकारी निम्न प्रकार है

- तिथि — 26 जनवरी
- समय — प्रात: 10 बजे
- अवधि — लगभग 2 घंटे
- मुख्य अतिथि — निगम पार्षद

रोहित शर्मा (सचिव)

रेजिडेंट वेलफेयर संगठन

18. आप प्रतिभा विकास विद्यालय, द्वारका, नई दिल्ली की छात्रा अपूर्वा चौधरी हैं। 'पर्यावरण बचाओ' संगठन की अध्यक्ष होने के नाते विद्यार्थियों से इस समूह की सदस्यता ग्रहण करने की अपील करते हुए 60 शब्दों में सूचना लिखिए। **CBSE 2015**

प्रतिभा विकास विद्यालय, द्वारका, नई दिल्ली

सूचना

दिनांक 25 सितंबर, 20XX

'पर्यावरण बचाओ' समूह की सदस्यता ग्रहण अभियान

सभी विद्यार्थियों को सूचित किया जाता है कि हमारे विद्यालय में 'पर्यावरण बचाओ' समूह का गठन किया गया है। आप सभी से आग्रह है कि अधिक-से-अधिक संख्या में इस समूह की सदस्यता ग्रहण करके, पर्यावरण के प्रति अपनी जिम्मेदारियों को निभाएँ। सदस्यता ग्रहण करने की अंतिम तिथि 05 अक्टूबर, 20XX है। इस विषय में अधिक जानकारी प्राप्त करने के लिए आप तनवी तोमर (उप-अध्यक्ष) से संपर्क कर सकते हैं।

अपूर्वा चौधरी
(अध्यक्ष)
'पर्यावरण बचाओ' संगठन

19. आप अपने विद्यालय की छात्र संस्था के सचिव हैं तथा विद्यालय में 'चित्रकला प्रतियोगिता' आयोजित करवाना चाहते हैं। इससे संबंधित सूचना 60 शब्दों में लिखिए। **CBSE 2020**

बाल विकास विद्यालय, दिल्ली

सूचना

दिनांक 12 नवंबर, 20XX

चित्रकला प्रतियोगिता के आयोजन हेतु

सभी विद्यार्थियों को सूचित किया जाता है हमारे विद्यालय की ओर से बाल दिवस के अवसर पर चित्रकला प्रतियोगिता आयोजित की जाएगी। यह दिनांक 14 नवंबर, 20XX को प्रात:काल 10:00 बजे से 1:00 बजे तक विद्यालय के प्रांगण में आयोजित होने वाली है। प्रतियोगिता के इच्छुक सभी विद्यार्थी अपना नाम, कक्षा व रोल नं. का ब्योरा चित्रकला अध्यापक के पास लिखवा दें।

क.ख.ग.
(सचिव)
छात्र संस्था

20. विद्यालय में छुट्टी के दिनों में भी प्रात:काल में योग की अभ्यास कक्षाएँ चलने की सूचना देते हुए इच्छुक विद्यार्थियों द्वारा अपना नाम देने हेतु सूचना-पट्ट के लिए एक सूचना लगभग 60 शब्दों में लिखिए। **CBSE 2017**

बाल भारती पब्लिक स्कूल, दिल्ली

सूचना

दिनांक 20 दिसंबर, 20XX

योग कक्षाओं के आयोजन हेतु

सभी विद्यार्थियों को सूचित किया जाता है कि 'बाल भारती पब्लिक स्कूल' की ओर से शीतकालीन अवकाश में दिनांक 25 दिसंबर, 20XX से 31 दिसंबर 20XX तक प्रतिदिन प्रात:काल 8 बजे से 9 बजे तक विद्यालय के प्रांगण में योग की कक्षाओं का आयोजन किया जा रहा है। सभी इच्छुक विद्यार्थी अपने नाम, कक्षा व रोल नं. का ब्योरा योगा कॉर्डिनेटर को लिखवा दें।

अवनी शर्मा
(योग कॉर्डिनेटर)

21. आप हिंदी छात्र परिषद् के सचिव प्रगण्य हैं। आगामी सांस्कृतिक संध्या के बारे में अनुभागीय दीवार पट्टिका के लिए 60 शब्दों में सूचना तैयार कीजिए। **CBSE 2018**

> प्रतिभा विकास विद्यालय, दिल्ली
>
> **सूचना**
>
> **दिनांक** 16 मार्च, 20XX
>
> **आगामी सांस्कृतिक संध्या**
>
> सभी विद्यार्थियों को सूचित किया जाता है कि 25 मार्च, 20XX को हमारे विद्यालय में सांस्कृतिक संध्या का आयोजन किया जाएगा। इसमें सांस्कृतिक गीत-संगीत तथा नृत्य आदि कार्यक्रम होंगे। अत: इसमें भाग लेने के इच्छुक विद्यार्थी 18 मार्च, 20XX तक संगीत शिक्षिका श्रीमती मंजू शर्मा से संपर्क कर सकते हैं।
>
> प्रगण्य
> (सचिव)
> हिंदी छात्र परिषद्

22. विद्यालय की सांस्कृतिक संस्था 'रंगमंच' की सचिव लतिका की ओर से 'स्वर परीक्षा' के लिए इच्छुक विद्यार्थियों को यथासमय उपस्थित रहने की सूचना लगभग 60 शब्दों में लिखिए। समय और स्थान का उल्लेख भी कीजिए। **CBSE 2018**

> सर्वोदय कन्या विद्यालय, दिल्ली
>
> **सूचना**
>
> **दिनांक** 16 मार्च, 20XX
>
> **रंगमंच हेतु स्वर परीक्षा**
>
> सभी विद्यार्थियों को सूचित किया जाता है कि हमारे विद्यालय की सांस्कृतिक संस्था 'रंगमंच' की ओर से नाटक का आयोजन होना है, जिसके लिए विद्यार्थियों की स्वर परीक्षा ली जाएगी। अत: इच्छुक विद्यार्थी 28 मार्च, 20XX को प्रात: 10:00 बजे विद्यालय की नाट्यशाला में उपस्थित रहें।'
>
> लतिका
> (सचिव)

23. आप अपने विद्यालय में सांस्कृतिक सचिव हैं। विद्यालय में होने वाली 'कविता-प्रतियोगिता' में भाग लेने के लिए आमंत्रण हेतु 60 शब्दों में एक सूचना तैयार कीजिए। **CBSE 2019**

> प्रतिभा विकास विद्यालय, पश्चिम विहार, दिल्ली
>
> **सूचना**
>
> **दिनांक** 4 अप्रैल, 20XX
>
> **कविता प्रतियोगिता में भाग लेने हेतु सूचना**
>
> सभी विद्यार्थियों को सूचित किया जाता है कि हमारे विद्यालय में 20 अप्रैल, 20XX को कविता प्रतियोगिता का आयोजन होने जा रहा है। सभी इच्छुक विद्यार्थी अपने नाम, कक्षा व रोल नंबर का ब्यौरा संगीत की अध्यापिका के पास लिखवा दें। प्रतियोगिता में भाग लेने के लिए नाम लिखवाने की अंतिम तिथि 12 अप्रैल, 20XX है।
>
> अभिषेक तिवारी
> (सांस्कृतिक सचिव)

24. विद्यालय में आयोजित होने वाली वाद-विवाद प्रतियोगिता के लिए हिंदी विभाग के संयोजक की ओर से 60 शब्दों में एक सूचना तैयार कीजिए। **CBSE 2019**

बाल भारतीय पब्लिक स्कूल, दिल्ली

सूचना

दिनांक 10 अप्रैल, 20XX

वाद-विवाद प्रतियोगिता का आयोजन

सभी विद्यार्थियों को सूचित किया जाता है कि 'बाल भारती पब्लिक स्कूल दिल्ली' में वाद-विवाद प्रतियोगिता का आयोजन दिनांक 25 अप्रैल, 20XX को प्रात: 10 से बजे से 12 बजे तक होने जा रहा है। प्रतियोगिता में भाग लेने के इच्छुक छात्र अपना तथा अपने विद्यालय का नाम हिंदी विभाग, बाल भारती स्कूल की संयोजक के पास लिखवा दें।

प्रतियोगिता में भाग लेने के लिए नाम लिखवाने की अंतिम तिथि 18 अप्रैल, 20XX है।

अनुपमा द्विवेदी
(संयोजक, हिंदी विभाग)

25. एक सूचना तैयार कीजिए जिसमें सभी विद्यार्थियों से निर्धन बच्चों के लिए 'पुस्तक-कोष' में अपनी पुरानी पाठ्य-पुस्तकों का उदारतापूर्वक योगदान देने हेतु अनुरोध किया गया हो। **CBSE 2019**

केंद्रीय विद्यालय, द्वारका, दिल्ली

सूचना

दिनांक 5 अप्रैल, 20XX

पुरानी पाठ्य-पुस्तकों के योगदान की सूचना

सभी विद्यार्थियों को सूचित किया जाता है कि हमारे विद्यालय में निर्धन बच्चों के लिए एक 'पुस्तक कोष' बनाया गया है, जिसमें आप सभी अपनी इच्छा से अपनी पुरानी पुस्तकों को कोष में 10 अप्रैल, 20XX तक प्रात: 9:00 बजे से 10:00 बजे तक जमा करा सकते हैं। इन पुस्तकों से हम निर्धन बच्चों की जरूरतों को पूरा करने का प्रयास करेंगे।

मंजू श्रीवास्तव
(प्रधानाचार्य)

26. आपको विद्यालय में एक बटुआ मिला है, जिसमें कुछ रुपयों के साथ कुछ जरूरी कार्ड भी हैं। छात्रों से इसके मालिक की पूछताछ और वापस पाने की प्रक्रिया बताते हुए 60 शब्दों में एक सूचना तैयार कीजिए। **CBSE 2019**

राजकीय माध्यमिक विद्यालय, आदर्श नगर, दिल्ली

सूचना

दिनांक 5 अप्रैल, 20XX

बटुआ प्राप्ति की सूचना

सभी विद्यार्थियों को सूचित किया जाता है कि विद्यालय के खेल के मैदान में एक बटुआ मिला है, जिसमें कुछ रुपयों के साथ जरूरी कार्ड भी हैं, जिसका भी यह हो वह अपना नाम, कक्षा तथा बटुए की पहचान, रुपये और कार्ड की संख्या बताकर प्रधानाचार्य के कक्ष से इसे वापस ले सकता है।

अभय चौधरी
(खेल अध्यापक)

स्व-मूल्यांकन

दिए गए विषयों पर सूचना लेखन कीजिए।

1. आप अपने विद्यालय की परीक्षा समिति के अध्यक्ष अंशुल चहल हैं। विद्यार्थियों को परीक्षा संबंधी पूर्व निर्धारित कार्यक्रम में बदलाव की सूचना दीजिए।
2. 'दिशा बोध' स्वयंसेवी संगठन की ओर से आपके विद्यालय में रक्तदान शिविर का आयोजन किया जाएगा। विद्यालय का कैप्टन होने के नाते सभी को सूचना दीजिए।
3. आपके विद्यालय में 'नैनो तकनीक' विषय पर एक सेमीनार का आयोजन किया जाएगा। भौतिक विज्ञान के शिक्षक होने के नाते ग्यारहवीं एवं बारहवीं कक्षा के विद्यार्थियों को इसकी सूचना दीजिए।
4. आप दसवीं कक्षा की छात्रा स्नेहा शुक्ला हैं। आपकी गणित विषय की पुस्तक तथा नोटबुक विद्यालय के बहुउद्देशीय भवन में खो गई है। इसकी सूचना दीजिए।
5. आपके विद्यालय में गाँधी जयंती के अवसर पर 'वृक्षारोपण कार्यक्रम' तथा 'अहिंसा' विषय पर एक वाद-विवाद प्रतियोगिता का आयोजन किया जाएगा। विद्यालय की कैप्टन मंजुल मेहता की ओर से सभी विद्यार्थियों को सूचना देते हुए उपर्युक्त गतिविधियों में भाग लेने के लिए कहें।
6. आपके विद्यालय में छः दिन के लिए विद्यार्थियों के व्यक्तित्व के विकास हेतु एक कार्यशाला का आयोजन किया जाएगा। स्कूल कैप्टन की ओर से सभी को इसकी सूचना दीजिए।
7. विद्यालय के प्रधानाचार्य की ओर से विद्यार्थियों को अनुशासन भंग न करने की चेतावनी देते हुए एक सूचना लिखिए।
8. आप पंचशील संस्थान में मैनेजर के पद पर कार्यरत् अमित शर्मा हैं। व्यक्तिगत कारणों से आपने अपना आवास बदल लिया है। अपने नए आवास का पता देते हुए सूचना लिखिए।
9. आप शिक्षा निदेशालय में सहायक सूचना अधिकारी के पद पर कार्यरत् हैं। एक समारोह के दौरान आपको एक मोबाइल फ़ोन सभागार में मिला है। इससे संबंधित सूचना तैयार करें।
10. आप अभिभावक समिति के अध्यक्ष दिनेश भार्गव हैं और नर्सरी दाखिले के संदर्भ में सोसायटी के सभी अभिभावकों के साथ एक बैठक करना चाहते हैं। इसकी सूचना दीजिए।
11. आप मासिक पत्रिका 'साथी' के संपादक हैं। आपकी पत्रिका का नाम बदलकर 'जीवन-साथी' कर दिया गया है। इस विषय की जानकारी पाठकों को देते हुए सूचना तैयार कीजिए।
12. विद्यालय के सूचना-पट के लिए एक सूचना तैयार कीजिए कि शरदकालीन अवकाश के बाद 20 अक्टूबर को विद्यालय में हिंदी निबंध लेखन प्रतियोगिता होगी। प्रतियोगिता की तैयारी के लिए हिंदी विभागाध्यक्ष डॉ. नीलम से संपर्क कीजिए।
13. 'महिला समिति' की अध्यक्ष अर्चना त्रिवेदी की ओर से महिलाओं की सुरक्षा के संदर्भ में सोसायटी की सभी महिलाओं के साथ एक बैठक की जानी है। इसकी सूचना तैयार कीजिए।
14. आप एवरग्रीन पब्लिक स्कूल, वसुंधरा एनक्लेव, दिल्ली के कैप्टन अमित मिश्रा हैं। आपके विद्यालय में सांस्कृतिक कार्यक्रम का आयोजन किया जा रहा है। सभी विद्यार्थियों को सूचित करते हुए सूचना तैयार कीजिए।
15. आप मूर्ति देवी विद्यालय, गाजियाबाद, दिल्ली की छात्रा दृष्टि चौहान हैं। विद्यालय की कैंटीन में आपको एक घड़ी मिली है। इसकी सूचना तैयार कीजिए।

अध्याय 4

विज्ञापन-लेखन

विज्ञापन का अर्थ सामान्य रूप से विज्ञापन शब्द का अर्थ है 'ज्ञापन कराना' या 'सूचना देना'। विज्ञापन अंग्रेजी शब्द 'एडवरटाइजिंग' का हिंदी पर्याय है। जब किसी वस्तु या सेवा के लिए विज्ञापन शब्द का प्रयोग होता है, तो उसका अर्थ लोगों को उस वस्तु या सेवा की ओर आकृष्ट करना होता है। इसे 'सार्वजनिक सूचना की घोषणा' भी कह सकते हैं, क्योंकि यह ऐसी सूचना होती है, जो जन-साधारण के हितों से जुड़ी होती है। विज्ञापन उन समस्त गतिविधियों का नाम है, जिनका उद्देश्य किसी विचार, वस्तु या सेवा के विषय में जानकारी प्रसारित करना है और इससे विज्ञापनकर्ता का उद्देश्य ग्राहक को अपनी इच्छा के अनुकूल बनाना है। विज्ञापन से ग्राहक के मन में जिज्ञासा उत्पन्न होती है। इससे ग्राहक या उपभोक्ता स्वयं को उस वस्तु अथवा सेवा से जोड़ने लगता है और बाद में उसे अपनाने लगता है।

विज्ञापन का उद्देश्य

विज्ञापन का कोई एक उद्देश्य नहीं होता है, बल्कि इसके अनेक उद्देश्य होते हैं, जिनमें निम्न तीन उद्देश्य सर्वाधिक महत्त्वपूर्ण हैं

1. **तात्कालिक बिक्री** तात्कालिक रूप से अपने उत्पादों की बिक्री करना भी कंपनियों का महत्त्वपूर्ण कार्य होता है।
2. **बिक्री के लिए प्रेरित करना** कंपनियों का कार्य केवल उत्पाद का उत्पादन करना ही नहीं होता, बल्कि उस उत्पाद की बिक्री करना और बिक्री बढ़ाना भी होता है।
3. **उत्पाद से लोगों को परिचित कराना** अपने उत्पाद से परिचित कराने, उसके प्रति उत्सुकता जागृत करने, खरीदने की इच्छा जगाने आदि संबंधी कार्य भी महत्त्वपूर्ण हैं।

विज्ञापन के प्रकार

विज्ञापन प्रायः तीन प्रकार से दिए जाते हैं

(i) **मौखिक विज्ञापन** व्यक्तिगत प्रचार, रेडियो, आकाशवाणी आदि के माध्यम से किए जाते हैं। इसके अंतर्गत उत्पाद के विषय में जानकारी केवल बोलकर ही दी जाती है।

(ii) **लिखित विज्ञापन** प्रायः पत्र-पत्रिकाओं, समाचार-पत्रों में प्रकाशित होते हैं। लिखित विज्ञापन में उत्पाद के विषय में जानकारी लिखकर दी जाती है। लिखित विज्ञापन को डिजाइनों, रंगों, स्लोगनों आदि के प्रयोग से प्रभावी तथा आकर्षक बनाया जाता है।

(iii) **दृश्य-श्रव्य विज्ञापन** के अंतर्गत प्रायः दूरदर्शन द्वारा दिए गए विज्ञापन आते हैं। इन विज्ञापनों में उत्पाद के विषय में जानकारी चलचित्रों के द्वारा अत्यंत आकर्षक ढंग से उपभोक्ताओं तक पहुँचाई जाती है। इस माध्यम की पहुँच सबसे अधिक व्यापक है।

विज्ञापन-लेखन का प्रारूप

आप एक अच्छे चित्रकार हैं। अपने चित्रों की प्रदर्शनी के लिए एक विज्ञापन तैयार कीजिए।

1. उत्पाद का नाम

2. उत्पाद की विशेषताएँ

3. प्राप्ति स्थान या संपर्क हेतु पता और फोन नं.

चित्रों की प्रदर्शनी

मेरे द्वारा बनाए गए चित्रों की एक प्रदर्शनी आयोजित की जा रही है, जिसमें कुछ चित्र बिक्री हेतु उपलब्ध हैं

दिनांक 25 अप्रैल, 20XX से 28 अप्रैल, 20XX तक

स्थान प्रगति मैदान हॉल न. 10

समय प्रातः 10:00 बजे से शाम 5:00 बजे तक

मुख्य आकर्षण

- सुंदर और आकर्षक चित्र
- विभिन्न विषयों पर आधारित
- उच्च क्वालिटी
- उचित मूल्य पर उपलब्ध

सभी चित्रों पर 5% की छूट

संपर्क करें– 01147XXXX

अभ्यास प्रश्न

(दक्षता आधारित प्रश्नों सहित)

1. रंग-बिरंगे पुराने कागजों से सुंदर आकृतियाँ बनाने वाली दुकान 'कागजों की दुनिया' के प्रचार के लिए आकर्षक विज्ञापन तैयार कीजिए।

CBSE SQP (Additional Set) 2023

उत्तर

कागजों की दुनिया

रंगीन कागज, आपकी दुनिया!

खुशखबरी! खुशखबरी!

रंग-बिरंगे कागज से बनाएँ आपकी दुनिया को खास!

"कागजों की दुनिया" आपके लिए लाया है

बिल्कुल कम दाम में

- सुंदर और आकर्षक रंग-बिरंगे कागज
- 100% गुणवत्ता के साथ
- सभी रंगों में उपलब्ध

तो आज आइए, इस कला में डूबे और अपने घर को सजाएँ!

"कागजों की दुनिया"

संपर्क करें– शॉप नं. 21 जवाहर सर्कल, जयपुर। फोन नं. 2357XXXXXX

2. योग को बढ़ावा देते हुए एक आकर्षक विज्ञापन लगभग 40 शब्दों में तैयार कीजिए। **CBSE SQP 2023**

अथवा स्वास्थ्य मंत्रालय द्वारा योग दिवस के अवसर पर प्रचार-प्रसार के लिए एक आकर्षक विज्ञापन 40 शब्दों में तैयार कीजिए। **CBSE SQP 2022**

उत्तर

अंतर्राष्ट्रीय योग दिवस (21 जून)

आओ सब मिलकर योग दिवस मनाएँ

जीवन को बहतरीन बनाए,
प्रतिदिन योगा को अपनाए।

योग करने के लाभ

- मानसिक शांति व निरोगी काया पाएँ
- आलस्य दूर करें
- आध्यात्मिक सुख प्राप्त करें
- ताजगी व स्फूर्ति प्रदान करें
- कार्यक्षमता को बढ़ाएँ

स्वास्थ्य मंत्रालय द्वारा जनहित में जारी

3. वोकल फॉर लोकल (स्थानीय उत्पादों का प्रयोग) के प्रचार-प्रसार के लिए एक आकर्षक विज्ञापन तैयार कीजिए। **CBSE SQP 2022**

उत्तर

वोकल फॉर लोकल

लोकल अपनाए, देश को आत्मनिर्भर बनाएँ।

लोकल से करोगे जो व्यापार
विदेशी मुद्रा का लगेगा भंडार

लोकल से व्यापार क्यों?

VOCAL FOR LOCAL

- अपना देश आत्मनिर्भर बनेगा।
- स्थानीय उत्पादों की माँग बढ़ेगी।
- देश की आर्थिक स्थिति में सुधार होगा।
- मेक इन इंडिया का सपना साकार होगा।
- लघु व ग्रामीण उद्योगों को बढ़ावा मिलेगा।

भारत सरकार द्वारा जनहित में जारी

4. डेंगू- मलेरिया के प्रकोप से बचाव हेतु लोगों में जागरूकता के लिए स्वास्थ्य मंत्रालय की ओर से एक आकर्षक विज्ञापन तैयार कीजिए। **CBSE 2023**

उत्तर

डेंगू- मलेरिया के प्रकोप से बचाव

सुने, जानें व अपनाएँ
उपचार से बेहतर है बचाव
डेंगू-मलेरिया के प्रकोप से बचें।

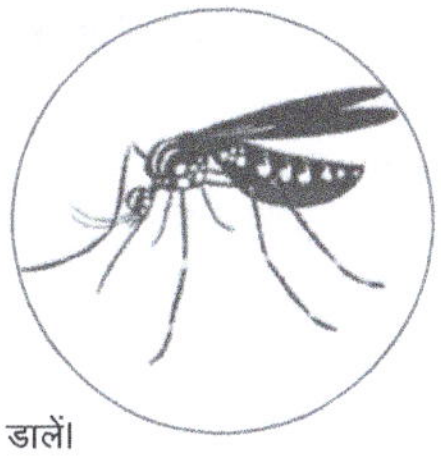

बचाव

- पूरी बाजू की कमीज पहनें।
- कूलर, गमले आदि का पानी बदलते रहें।
- पुराने टायर, गमलों आदि में पानी न जमा होने दें।
- नालियों या पानी रुकने वाली जगहों पर केरोसीन ऑयल डालें।
- अपने घर के अतिरिक्त आस-पास भी सफाई रखें।
- शरीर के अंगों को ढँककर रखें।

स्वास्थ्य मंत्रालय, दिल्ली सरकार

5. अपनी पुरानी रेसिंग साइकिल बेचने के लिए उसकी खूबियाँ बताते हुए 40-50 शब्दों में एक विज्ञापन तैयार कीजिए।

दक्षता आधारित प्रश्न, CBSE Term II 2022

उत्तर

विक्रय हेतु रेसिंग साइकिल

बिकाऊ | नई जैसी पुरानी साइकिल | बिकाऊ

रंग - लाल
ऊँचाई - 20 इंच
कंपनी - एटलस (रेंजर)

स्थिति

- मात्र एक साल पुरानी
- दोनों टायर एवं ट्यूब नए
- आकर्षक डिजाइन
- कैरियर के साथ में
- रंग-नीला

आकर्षक दाम मात्र ₹2000

साइकिल चलाएँ प्रदूषण घटाएँ

बचत बढाएँ स्वास्थ्य बनाएँ

संपर्क करें—क, ख, ग -9871XXXXXX

6. पर्यावरण प्रदूषण को कम करने के लिए नए-नए उपाय खोजे जा रहे हैं। इसी श्रृंखला में इलेक्ट्रिक कार बनने लगी हैं। इसका प्रचार-प्रसार करने के लिए 40 शब्दों में एक विज्ञापन तैयार कीजिए।

दक्षता आधारित प्रश्न, CBSE Term II 2022

उत्तर

इलेक्ट्रिक कार प्रचार हेतु

खुशखबरी | आज ही लाइए | खुशखबरी

- क्या आप पेट्रोल के खर्च से परेशान हैं?
- क्या आप प्रदूषण कम करना चाहते हैं?
- क्या आप शोर नहीं चाहते?

गो ग्रीन इलेक्ट्रिक कार

- एक रुपया प्रति किमी. का खर्च
- चार घंटे में फुल चार्ज
- एक बार की चार्जिंग में 250 किमी तय करें।
- दाम मात्र पाँच लाख

आकर्षक मॉडल
मनभावन रंग
इस महीने खरीदने पर रजिस्ट्रेशन फ्री

धरती बचाएँ गो ग्रीन इलेक्ट्रिकल कार लाएँ

संपर्क करें—शाक्य मोटर्स अ.ब.स. नगर -9871XXXXXX

7. 'रक्तदान शिविर' के प्रचार हेतु एक आकर्षक विज्ञापन तैयार करें।

CBSE SQP (Additional Set) 2023

उत्तर

रक्तदान महादान

रक्तदान शिविर

अपने जीवन को सार्थकता प्रदान करें 'रक्तदान' करें।

- आयु सीमा 20-40 वर्ष
- वजन कम से कम 50 किग्रा
- शारीरिक रूप से पूर्णतः स्वस्थ व्यक्ति ही रक्तदान करें।

दिनांक : 15 जुलाई, 20XX
संपर्क करें : 4/41– न्यू अशोक नगर, दिल्ली।
फोन. नं. 99117100XX

रक्तदान करने वाले व्यक्ति को जूस तथा फल भी दिए जाएँगे।

8. आर्थिक दृष्टि से कमजोर छात्रों को निःशुल्क शिक्षण सुविधा उपलब्ध कराने हेतु क. ख. ग. स्कूल की ओर से एक आकर्षक विज्ञापन लगभग 40 शब्दों में तैयार कीजिए। **CBSE 2024**

उत्तर

9. कोई कंपनी 'लेखनी' नाम का नया पेन बाजार में लाना चाहती है। उसके लिए एक विज्ञापन तैयार कीजिए। **दक्षता आधारित प्रश्न, CBSE 2020**

उत्तर

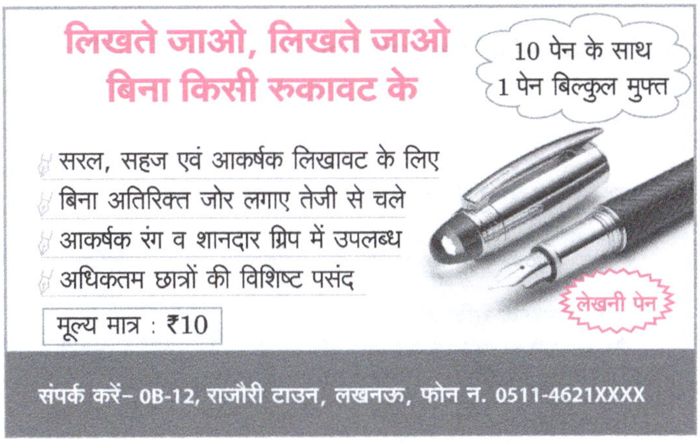

10. सोलर पंखे बनाने वाली संस्था सूर्य-शक्ति के प्रचार-प्रसार के लिए एक आकर्षक विज्ञापन तैयार कीजिए। **CBSE 2023**

उत्तर

11. किसी गारमेंट्स के मालिक की ओर से कपड़ों की सेल का विज्ञापन तैयार कीजिए। **दक्षता आधारित प्रश्न**

उत्तर

12. अपने विद्यालय में होने वाले निःशुल्क स्वास्थ्य शिविर के आयोजन से संबंधित विज्ञापन तैयार कीजिए। **CBSE 2020**

उत्तर

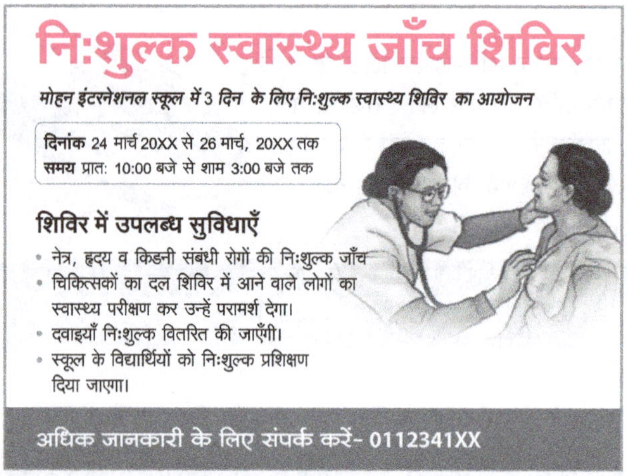

13. एक प्रसिद्ध मोबाइल फोन कंपनी की ओर से विज्ञापन लेखन कीजिए। **दक्षता आधारित प्रश्न**

उत्तर

14. आप अपना कंप्यूटर बेचना चाहते हैं। इससे संबंधित विज्ञापन तैयार कीजिए। **CBSE 2020**

उत्तर

बिकाऊ बिकाऊ बिकाऊ

अगर आपको है पुराने कंप्यूटर की आवश्यकता तो आपके लिए यहाँ उपलब्ध है सस्ता व अच्छी तकनीक वाला कंप्यूटर

ड्रिबल कंप्यूटर

सबसे अच्छी तकनीक वाला कंप्यूटर ₹10,000 में

मुख्य विशेषताएँ

7 जेनरेशन इंटेल कोर, iOS प्रोसेसर, 4 जी.बी. मैमोरी
1 टी.बी. हार्ड ड्राइव, 128 जी.बी. एस. एस. डी.

फ्री डाटा केबल व माउस

इच्छुक व्यक्ति संपर्क करें- फोन नं. 999888XXXX

15. विद्यालय की कार्यानुभव-प्रयोगशाला में बनी मोमबत्तियाँ तथा अन्य उपयोगी वस्तुओं की बिक्री हेतु एक विज्ञापन लिखिए। **CBSE 2017**

उत्तर

जीवन को सदा प्रकाशित करें वातावरण को स्वच्छ व सुगंधित बनाएँ

एवरग्रीन मोमबत्तियाँ और दीए

मूल्य सिर्फ- ₹15

विशेषताएँ

- उच्च कोटि के मोम का प्रयोग
- उच्च कोटि की बत्तियों का प्रयोग
- अधिक समय तक जलने की क्षमता
- आकर्षित करने वाली बनावट

एवर ग्रीन मोमबत्तियाँ एवं दीए खरीदने के लिए संपर्क करें #981080XXXX

राजीव कुमार (कॉर्डिनेटर), विवेक पब्लिक स्कूल, नई दिल्ली

16. विद्यालय के 'रंगायन' द्वारा प्रस्तुत नाटक के बारे में नाम, पात्र, दिन, समय, टिकट-दर आदि की सूचना देते हुए एक विज्ञापन का आलेख लिखिए।

CBSE 2017

उत्तर

रंगायन की प्रस्तुति 'आधे अधूरे'

आप सभी सादर आमंत्रित हैं

बिना टिकट एंट्री की सुविधा नहीं है।

नाटक–आधे–अधूरे

पात्र–रमेश, सन्नी, रूपाली एवं दिव्या

दिनांक– 28 दिसंबर, 20XX,

समय सांय– 6 बजे

टिकट दर – ₹ 250, 300, 500/

अधिक जानकारी के लिए संपर्क करें 981080XXXX

दीपक शर्मा ('रंगायन' कॉर्डिनेटर)

17. किसी दैनिक समाचार-पत्र में प्रकाशित करने के लिए लगभग 40 शब्दों में एक विज्ञापन का प्रारूप तैयार कीजिए, जिसमें आवश्यक दस्तावेज यात्रा के समय मार्ग में खो जाने का उल्लेख हो। **CBSE 2024**

उत्तर

खोया–पाया

सर्वजन को सूचित किया जाता है कि दिनांक 8 अक्टूबर, 20XX को मुझे एक बैग रास्ते में मिला था, जिसमें कुछ सामान और महत्त्वपूर्ण कागजात थे, जिसका ब्यौरा इस प्रकार है – ₹ 2000, एक मोबाइल फोन, पैन कार्ड आदि।

यह बैग जिसका भी हो, वह जानकारी के लिए सम्पर्क करे

मोबाइल नं. 986869XXX

(दिनेश शर्मा)

कृपया अपना आधार कार्ड
अथवा
पहचान–पत्र अवश्य लाएँ।

18. अपने विद्यालय की संस्था 'पहरेदार' की ओर से जल का दुरुपयोग रोकने का आग्रह करते हुए एक विज्ञापन का आलेख तैयार कीजिए। **CBSE 2019**

केंद्रीय विद्यालय की संस्था 'पहरेदार'

जल का दुरुपयोग न होने दें, क्योंकि

"जल ही जीवन है"

"जल है जीवन का अनमोल रतन,
इसे बचाने का तुम करो जतन"

जल का दुरुपयोग रोकने के उपाय

- ब्रश करते समय नल बंद कर दें
- गाड़ी धोते समय बाल्टी का प्रयोग करें
- जहाँ नल लीक हो उसे तुरंत ठीक करवाएँ
- घर में पानी का मीटर लगवाएँ

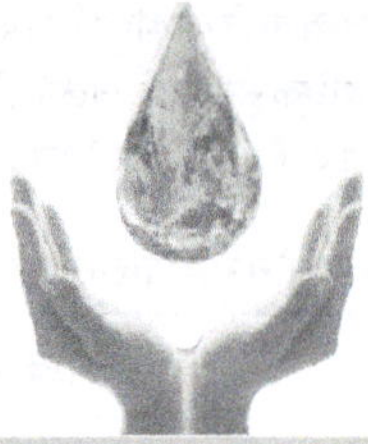

संपर्क करें– फोन नं.–01140XXXX

19. ए.टी.एम. केंद्रों पर सावधानी बरतने संबंधी निर्देश देते हुए पंजाब नेशनल बैंक की ओर से एक विज्ञापन तैयार कीजिए। **CBSE 2020**

पंजाब नैशनल बैंक
punjab national bank

भरोसे का प्रतीक!

ATM संबंधी उपयोगी निर्देश

- ATM कार्ड गोपनीय और सुरक्षित रखें।
- ATM पिन किसी के साथ साझा न करें।
- ATM प्रयोग करते समय अनजान व्यक्ति को अपने समीप खड़ा न होने दें।
- अपना कार्ड किसी अपरिचित व्यक्ति को न दें।

सतर्क रहिए, सुरक्षित रहिए!

20. सूती वस्त्र तैयार करने वाली कंपनी 'क-ख-ग पैरहन' की ओर से दी जा रही छूट का उल्लेख करते हुए एक विज्ञापन का आलेख तैयार कीजिए। **CBSE 2019**

छूट छूट छूट

क.ख.ग. पैरहन कंपनी पेश करती है

सूती वस्त्रों पर शानदार छूट

विशेषताएँ

- सभी वस्त्रों पर 50% छूट
- सुंदर व आकर्षक डिजाइन
- आरामदायक वस्त्र
- सभी वर्ग के लोगों के लिए उपलब्ध

नोट : हमारे यहाँ ऑर्डर देकर भी वस्त्र बनाए जाते हैं।

जल्दी कीजिए छूट सीमित समय के लिए

संपर्क करें– क.ख.ग. पैरहन कंपनी E-411 शक्ति नगर, दिल्ली।

21. दिल्ली पुस्तक मेले में भाग ले रहे 'क.ख.ग. प्रकाशन' की ओर से एक विज्ञापन का आलेख तैयार कीजिए। **CBSE 2019**

क.ख.ग. प्रकाशन

दिल्ली पुस्तक मेला

क. ख. ग. प्रकाशन इस वर्ष दिल्ली पुस्तक मेले में अपना स्टॉल लगा रहा है

सभी पुस्तकों पर 15% की छूट

मुख्य आकर्षक

- सी.बी.एस.ई. बोर्ड की सभी कक्षाओं की पुस्तकें
- बच्चों के लिए शिक्षाप्रद व मनोरंजन पुस्तकें
- उच्च क्वालिटी
- स्टेशनरी का सामान भी उपलब्ध
- आकर्षक विषयों पर आधारित पुस्तकें

दिनांक 5 अप्रैल, 20XX से 28 अप्रैल, 20XX तक
स्थान प्रगति मैदान हॉल नं. 8
समय प्रात: 10:00 बजे से शाम 6:00 बजे तक

संपर्क करें– दुकान नं. 7, दिल्ली पुस्तक मेला। PH-0114772XXXX

स्व-मूल्यांकन

निम्नलिखित विषयों से संबंधित विज्ञापन लेखन कीजिए।

1. एक प्रसिद्ध लैपटॉप बनाने वाली कंपनी की ओर से अपने नए उत्पाद के लिए विज्ञापन लेखन कीजिए।
2. एक जूते बनाने वाली अंतर्राष्ट्रीय कंपनी के लिए विज्ञापन तैयार कीजिए।
3. आपके क्षेत्र में एक नया अस्पताल खुला है। उसके लिए एक आकर्षक विज्ञापन तैयार कीजिए।
4. कश्मीर की पश्मीना शॉलों की बिक्री हेतु एक विज्ञापन तैयार कीजिए।
5. किसी टूर एंड ट्रैवल्स कंपनी की ओर से (कम खर्च में लोगों को) अमरनाथ यात्रा के लिए ले जाया जा रहा है। इस विषय पर विज्ञापन तैयार कीजिए।
6. किसी वेबसाइट (बनाने वाली कंपनी) की ओर से विज्ञापन लेखन कीजिए।
7. एक कोचिंग संस्थान की ओर से विज्ञापन तैयार कीजिए।
8. एक मासिक पत्रिका के लिए विज्ञापन तैयार कीजिए।
9. पर्यावरण में बढ़ते प्रदूषण पर चिंता व्यक्त करते हुए 'पर्यावरण सुरक्षा' के विषय पर विज्ञापन तैयार कीजिए।
10. बिजली के उपकरण तैयार करने वाली कंपनी के लिए विज्ञापन लेखन कीजिए।
11. आपकी माताजी बच्चों के बहुत सुंदर खिलौने बनाती हैं। उन्हें बेचने के लिए एक आकर्षक विज्ञापन तैयार कीजिए।
12. डिब्बा बंद जूस बेचने वाली एक कंपनी की ओर से विज्ञापन तैयार कीजिए।
13. एक होटल में उपलब्ध सुविधाओं का वर्णन करते हुए इसके प्रबंधन विभाग की ओर से विज्ञापन तैयार कीजिए।
14. 'बेटी बचाओ, बेटी पढ़ाओ' विषय पर विज्ञापन तैयार कीजिए।

अध्याय

5

लघु कथा लेखन

लघु कथा का अर्थ

कहानी लिखना एक कला है। कहानीकार अपनी कल्पना और वर्णन शक्ति के अनुरूप कथानक, पात्र व वातावरण को प्रभावशाली बना देता है। लघु-कथा कहानी का संक्षिप्त रूप है। लघु कथा लेखन का मुख्य उद्देश्य छोटे से वक्तव्य में एक संवेदनशील, प्रभावी व संगठित कहानी को प्रस्तुत करना होता है। इसमें एक प्रमुख कथा धारा होती है, जिसे संक्षेप में प्रस्तुत किया जाता है।

लघु कथा लेखन में ध्यान रखने योग्य बातें

- सर्वप्रथम मुहावरे अथवा लोकोक्ति या उक्ति का अर्थ भली-भाँति समझ लेना चाहिए।
- पूरी कथा **मुहावरे** अथवा **लोकोक्ति** पर आधारित होनी चाहिए।
- कथा **मौलिक** होनी चाहिए।
- कथा दिए गए **विषय** से संबंधित होनी चाहिए।
- कथा में **रोचकता** होनी चाहिए।
- कथा में **कठिन शब्दों** का अनावश्यक प्रयोग नहीं करना चाहिए।
- कथा की **भाषा** सरल होनी चाहिए।
- कथा के अंत में दिया गया **शीर्षक** सार्थक होना चाहिए।
- कथा के अंत में उससे मिलने वाली **शिक्षा** अथवा **सीख** का उल्लेख होना चाहिए।

अभ्यास प्रश्न

(दक्षता आधारित प्रश्नों सहित)

1. 'पश्चाताप' विषय पर लघुकथा लगभग 100 शब्दों में लिखिए। **CBSE SQP 2023**

उत्तर **भूमिका** पश्चाताप एक ऐसी अद्वितीय भावना है, जो व्यक्ति को उसकी भूलों और दोषों के प्रति आत्मसमर्पण की ओर प्रेरित करती है, जिससे व्यक्ति अपनी भूलों के लिए खेद करता है और उनसे सीखता है। पश्चाताप आत्मा के पुनर्निर्माण का मार्ग हो सकता है, जो व्यक्ति को अपने कर्मों और निर्णयों का परिणाम स्वीकार करने की क्षमता प्रदान करता है।

कथा एक बार, जिस दिन देव शर्मा नामक ब्राह्मण के घर में पुत्र का जन्म हुआ, उसी दिन उसके घर में रहने वाले नकुली ने भी एक नेवले को जन्म दिया। देव शर्मा की पत्नी बहुत दयालु महिला थी। उसने नन्हें नेवले को अपने बेटे की तरह पाला। वह नेवला सदैव उसके पुत्र के साथ खेलता था, उनमें बहुत प्रेम था। दोनों के बीच प्रेम देखकर देव शर्मा की पत्नी भी प्रसन्न हुईं। हालाँकि उसे हमेशा यह संदेह रहता था कि नेवला उसके बेटे को काट सकता है।

एक दिन ब्राह्मणी अपने पुत्र को वृक्ष की छाया के नीचे सुलाकर जलाशय में पानी भरने जा रही थी, जाते हुए उसने ब्राह्मण को पुत्र की देख-रेख करने के लिए कहा। ब्राह्मण सोए हुए बच्चे के पास नेवले को बैठा हुआ देखकर भिक्षा के लिए चला गया।

तभी वहाँ एक काला नाग बिल से बाहर आया। नेवले ने उसे देखा और उस पर टूट पड़ा और उसे क्षत-विक्षत कर दिया। नेवले का शरीर खून से सन गया था। ब्राह्मणी को आते देख नेवला ब्राह्मणी के पास गया। खून से सना हुआ शरीर देखकर ब्राह्मणी डर गई कि कहीं इसने उसके पुत्र की हत्या तो नहीं कर दी। यह विचार आते ही उसने क्रोध से सिर पर रखा घड़ा नेवले पर फेंक दिया, जिससे छोटा-सा नेवला घड़े की चोट खाकर मर गया। ब्राह्मणी भागी हुई अपने पुत्र के पास आई तो देखा उसका पुत्र शांति से सो रहा है और उसके पास ही काले साँप का शरीर क्षत-विक्षत होकर पडा है। यह घटना देखते ही उसे सब कुछ समझ आ गया और विलाप करते हुए पश्चाताप से उसकी छाती फटने लगी।

सीख इस कथा से हमें यह सीख मिलती है कि हमें कभी भी पूरी तरह से बिना कुछ देखें व जाने, किसी भी निर्णय पर नहीं पहुँचना चाहिए।

2. **अरे मित्र! 'तुमने तो सिद्ध कर दिया कि तुम ही मेरे सच्चे मित्र हो।' इस पंक्ति से आरंभ करते हुए कोई लघु कथा लिखिए।**

अथवा **'सच्चा मित्र' विषय पर लगभग 100 शब्दों में एक लघुकथा लिखिए।** **CBSE 2024**

उत्तर **भूमिका** अरे मित्र! 'तुमने तो सिद्ध कर दिया कि तुम ही मेरे सच्चे मित्र हो।' यही कथन था उस दिन मनोज का जब सुरेंद्र ने उसे कुछ अज्ञात हमलावरों से बचाया था।

कथा मनोज और सुरेंद्र दोनों बहुत अच्छे मित्र थे। दोनों की आयु में भी अधिक अंतर न था। दोनों बचपन से एकसाथ रहे थे, एकसाथ खेलते थे, स्कूल जाते थे तथा एकसाथ ही दोनों ने कॉलेज में प्रवेश लिया। उनकी मित्रता के चर्चे पूरे गली-मोहल्ले में हुआ करते थे। किसी एक को ढूँढना हो, तो दूसरा अपने आप मिल जाता था।

घटना उस रात की थी जब मनोज के कॉलेज में पार्टी थी और उसे घर आने में देरी हो गई। बस स्टैंड से घर की दूरी ज्यादा तो नहीं थी, लेकिन रास्ते में रोशनी न होने के कारण पूरे रास्ते में अँधेरा और सन्नाटा था।

मनोज जब घर की ओर लौट रहा था, तो दोनों ओर खड़ी ऊँची-ऊँची झाड़ियों से उसे किसी के गुजरने की आवाज आई। वह डर तो रहा था, लेकिन फिर भी वहाँ उस आवाज के बारे में जानने के लिए रुक गया। उसने झाड़ियों की ओर कान लगाकर सुनने की कोशिश की, पर उसे कुछ सुनाई नहीं दिया और वह उस आवाज को भ्रम मानकर आगे बढ़ गया।

वह थोड़ी दूर ही आगे बढ़ा था कि उसे वह आवाज फिर से सुनाई दी, लेकिन इस बार वह जैसे ही पीछे मुड़ा कुछ लोगों ने उस पर हमला कर दिया और उससे उसका मोबाइल व पैसे छीनने लगे। मनोज उनसे लड़ता रहा और जोर-जोर से मदद के लिए पुकारने लगा। वहाँ से सुरेंद्र के घर की दूरी ज्यादा न होने के कारण सुरेंद्र बाहर से आने वाले शोर को सुनकर घर से बाहर निकला और टॉर्च लेकर उसी रास्ते की ओर चल दिया, जहाँ से आवाज आ रही थी। थोड़ी दूर ही चलने पर उसने मनोज को पहचान लिया और जोर-जोर से आवाज लगाते हुए गली के अन्य लोगों को बुलाकर मनोज की मदद के लिए पहुँच गया। जैसे ही मनोज पर हमला करने वाले बदमाशों ने लोगों को आते देखा वे मनोज को छोड़कर भाग गए। सुरेंद्र ने जख्मी हालत में रास्ते पर पड़े मनोज को उठाया और उसे घर लेकर आ गया। ऐसी मुसीबत की घड़ी में अपनी मदद के लिए पहुँचे सुरेंद्र का धन्यवाद करते हुए ही उस दिन मनोज ने कहा था अरे मित्र! 'तुमने तो सिद्ध कर दिया कि तुम ही मेरे सच्चे मित्र हो।'

सीख इस कथा से हमें यह सीख मिलती है कि एक सच्चा मित्र ही मुसीबत में पड़े मित्र के काम आता है तथा उसकी सहायता करता है। वास्तव में, सच्चा मित्र वही है, जो संकट में पड़े मित्र की सहायता करे।

3. **नीचे लिखी उक्ति को आधार बनाकर एक कथा लिखिए।**

''मजहब नहीं सिखाता, आपस में बैर रखना।''

उत्तर **उक्ति का अर्थ** ''मजहब नहीं सिखाता, आपस में बैर रखना'' इस उक्ति का अर्थ यह है कि कोई भी धर्म आपस में भेदभाव करने का पाठ नहीं पढ़ाता।

मानव की उस असीम शक्ति में गहरी आस्था रही है और यह शाश्वत सत्य है कि सभी मानव एक ही ईश्वर की संतानें हैं। विभिन्न धर्मों से संबंधित होने के कारण सबकी धर्म संबंधी मान्यताएँ अलग-अलग हैं, परंतु सबका ध्येय एक ही है, उस परमपिता की प्राप्ति और साथ ही श्रेष्ठ कार्यों द्वारा अमन-चैन की प्राप्ति।

कथा तीन मित्र थे—राम, असलम और गुरमीत। वे सब एक-दूसरे के घर सभी त्योहारों, उत्सव और विवाह समारोह में सपरिवार सम्मिलित होते थे। उनकी इस एकता से कुछ राजनेता खिन्न थे। वे अपने स्वार्थवश इनमें द्वेष भावना उत्पन्न करने का प्रयास करते और तीनों को उनके धर्म और दंगों से संबंधित बातें बताकर भड़काने की कोशिश करते। वे तीनों थोड़ा विचलित होने लगे। उनका मिलना-जुलना लगभग समाप्त हो गया, पर वे द्वेष भावना का शिकार नहीं हुए।

वे एक-दूसरे के धर्म का सम्मान करते थे, क्योंकि वे अच्छी तरह जानते थे कि धर्म कभी बाँटता नहीं, बल्कि जोड़ता है। धर्म तो मानवीय पथ पर चलने की प्रेरणा देता है। तभी ईद के दिन, राम और गुरमीत सपरिवार असलम के घर पहुँचते हैं और सबको ईद की मुबारकबाद देते हैं। कुछ दिन पश्चात् दीपावली के अवसर पर असलम भी सपरिवार गुरमीत और राम के घर मुबारकबाद देने आता है। तीनों परिवार खुशी-खुशी समय व्यतीत करते हैं तथा मिठाई व पकवानों का आनंद लेते हैं। उपर्युक्त घटना ने इस उक्ति को सिद्ध कर दिया कि

''मजहब नही सिखाता, आपस में बैर रखना।''

सीख प्रस्तुत कथा से हमें यह सीख मिलती है कि धर्म के आधार पर भेदभाव करना अनुचित है। अतः हमें सभी धर्मों का आदर करना चाहिए और मिलजुलकर रहना चाहिए।

4. ''जैसा करोगे वैसा भरोगे'' विषय पर लघुकथा लगभग 100 शब्दों में लिखिए। **CBSE SQP 2022**

उत्तर **उक्ति का अर्थ** ''जैसा करोगे वैसा भरोगे'' यह उक्ति मात्र एक कहावत या अंधविश्वास नहीं है, बल्कि यह तार्किक सत्य है कि हम जैसा करते हैं वैसा ही हमें मिलता है। जीवन में अक्सर छोटी-बड़ी ऐसी घटनाएँ होती रहती हैं। इसे निम्न कथा के माध्यम से समझा जा सकता है।

कथा एक समय की बात है। एक गाँव में कमल और विमल नाम के दो भाई रहते थे। कमल, विमल से आयु में दो वर्ष बड़ा था, किंतु उसके स्वभाव में गुस्सा, ईर्ष्या व लालच जैसी प्रवृत्ति थी। वहीं विमल अपने बड़े भाई से बहुत प्रेम करता था तथा सरल हृदय का व्यक्ति था। माता-पिता के देहांत के पश्चात कमल ने संपूर्ण संपत्ति अपने नाम करवा ली और विमल को कुछ भी नहीं दिया। विमल अपने मन को समझाकर बड़े भाई का आशीर्वाद लेकर शहर की ओर चला गया और कमल आराम से सारी संपत्ति का आनंद लेने लगा।

शहर जाकर विमल ने बहुत मेहनत की और एक अच्छी कंपनी में उसे नौकरी मिल गई। उसकी मेहनत, लग्न और सादगी से उस कंपनी का मालिक बहुत प्रभावित हुआ और विमल को अपनी कंपनी का मैनेजर बना दिया। विमल निरंतर उन्नति करता रहा।

उधर गाँव में अचानक भयंकर वर्षा हुई और कमल की सारी खेती नष्ट हो गई, जानवर मर गए और घर डूब गया। वह कंगाल हो गया। संकट के समय में उसे अपने भाई की याद आई, किंतु उसके पास जाकर सहायता माँगने का उसमें साहस नहीं था। जब विमल को यह सब ज्ञात हुआ, तो उसने स्वयं जाकर अपने भाई की सहायता की। कमल को अपनी गलतियों का एहसास हुआ और उसने जाना कि यदि हम किसी का बुरा करते हैं, तो हमारे साथ भी बुरा ही होता है। उसने विमल से क्षमा माँगी।

सीख प्रस्तुत कहानी से हमें यह सीख मिलती है कि हमें किसी के साथ भी अन्याय व गलत व्यवहार कभी नहीं करना चाहिए, क्योंकि जो हम करते हैं वही लौटकर हमारे पास आता है। इसलिए कहते हैं ''जैसा करोगे वैसा भरोगे।''

5. **''विपत्ति से सीख'' विषय पर लघुकथा 100 शब्दों में लिखिए।** **CBSE Term II 2022**

उत्तर **उक्ति का अर्थ** ''विपत्ति से सीख'' का अर्थ है— जब हम पर कोई मुसीबत आती है, तब उस मुसीबत से मिली सीख का हमारे ऊपर गहरा प्रभाव पड़ता है।

कथा श्यामू दस-बारह वर्षीय लड़का था। वह बहुत गरीब था। उसके पिता की मृत्यु चार-पाँच साल पहले हो गई थी। वह अपनी माँ के साथ गाँव के एक किनारे बनी झोंपड़ी में रहता था। घर में घोर गरीबी थी। माँ मजदूरी करके दोनों का पेट पाल रही थी। वह श्यामू को पढ़ाना चाहती थी पर पैसे न थे। श्यामू दोस्तों के साथ खेलता रहता था। उसका मन पढ़ाई में नहीं लगता था। माँ के बहुत समझाने पर भी जब उसका घूमना कम न हुआ तो उसने मुखिया से उसे किसी काम पर रखने के लिए कहा, पर बारह साल के लड़के को कौन काम पर रखता। गाँव के लोग श्यामू की माँ के दु:ख से परिचित थे। एक दिन उन्होंने श्यामू की माँ से कहा कि यदि श्यामू हमारे जानवर चराए तो वे लोग श्यामू को खाना, कपड़ा और कुछ रुपये भी देंगे। रुपये मिलने की बात सुनते ही श्यामू उनके जानवर चराने के लिए तैयार हो गया। उसने सोचा कि जानवर चराते हुए उसे खेलने और घूमने का मौका मिल जाएगा। अगले दिन श्यामू गाय, बकरियाँ, भैंसे चराने के लिए जंगल की ओर चला गया। एक महीने तक उसने लगन से काम किया।

इससे प्रसन्न होकर गाँव के मुखिया ने उसे दो गायें इनाम के रूप में दे दी। एक दिन श्यामू ने सोचा, चलो गाँव वालों को मूर्ख बनाता हूँ। शाम होने वाली थी। यह जानवरों को लेकर घर आने का समय था। उसे शरारत सूझी। वह 'बचाओ, शेर आ गया, बचाओ शेर आ गया' चिल्लाने लगा। उसकी मदद के लिए आठ दस लोग हाथों में लाठी भाले लेकर आ गए। उन्होंने पूछा, 'शेर कहाँ है' यह सुनकर श्यामू हँसने लगा। लोगों को बहुत गुस्सा आया, पर वे बिना कुछ कहे चले गए। श्यामू को ऐसा करने में बहुत मजा आया। उसने अगले दस दिनों में चार बार ऐसा ही किया। लोग मदद करने को आते और लज्जित होकर वापिस लौट जाते।

अभी एक हफ्ता भी न बीता था कि एक दिन सचमुच में शेर आ गया। वह मदद के लिए चिल्लाया पर कोई भी उसकी मदद के लिए नहीं आया, क्योंकि लोगों ने समझा कि श्यामू उन्हें मूर्ख बना रहा है। अचानक शेर ने उसकी एक गाय पर हमला कर दिया और मारकर जंगल में घसीट कर ले गया। इनाम में मिली गाय मारी जाने से श्यामू बहुत दु:खी हुआ। उसने भविष्य में दूसरों को मूर्ख न बनाने की कसम ले ली और उसने इस विपत्ति से बहुत कुछ सीख प्राप्त कर ली थी।

सीख प्रस्तुत कहानी से हमें यह सीख मिलती है कि हमें जान-बूझकर किसी को भी परेशान नहीं करना चाहिए, क्योंकि कई बार हम पर सचमुच में विपत्ति आ जाती है और हम सहायता पाने के लिए विवश हो जाते हैं, परंतु झूठ बोलने के कारण कोई भी हमारी बातों पर विश्वास नहीं करता और सही समय पर सहायता न मिलने पर जान की हानि तक हो सकती है, जब हमें अपनी भूल का अहसास होता है, तब तक बहुत देर हो जाती है।

6. **''ईमानदारी का फल'' विषय पर लगभग 100 शब्दों में लघुकथा लिखिए।** **CBSE Term II 2022**

उत्तर **उक्ति का अर्थ** ईमानदार व्यक्ति के उच्चतम गुणों में से एक प्रमुख गुण है। ईमानदारी व सच्चाई का पालन अपने जीवन में करने से हम उच्च आदर्श मूल्य को अपनाने के लिए प्रेरित होगें।

कथा अजय और अभय दो अत्यंत गरीब लड़के थे। वे रेलवे लाइन के पास बनी झोंपड़ी में रहते थे। वे स्टेशन पर जाते लोगों का सामान उनके घर ले जाते और जो मिलता था उसी से गुजारा करते थे। ऐसा वे कई वर्षों से करते आ रहे थे।

एक बार उन्हें पूरे दिन कोई काम न मिला। शाम को आने वाली आखिरी पैसेंजर गाड़ी ही उनकी एकमात्र आशा बची थी। दिन में उन्होंने कुछ भी न खाया था, बस पानी पीकर भूख शांत करने का प्रयास कर लिया था। रेलगाड़ी आई, कई यात्री उतरे। सब अपने-अपने घर की ओर चल पड़े पर एक बूढ़ा-सा व्यक्ति प्लेटफार्म पर रुका रहा। अजय और अभय भागकर उसके पास पहुँचे। उसके पास बड़े बैग देखकर पूछा, 'कुली चाहिए?' बूढ़े ने उसकी कम उम्र देखकर पूछा, 'ये बैग लेकर चल सकोगे?' मेरा घर यहाँ से एक मील दूर है। दोनों के हाँ कहने पर बूढ़े ने उनसे कहा, 'दो-दो रुपये दूँगा, चलो सामान उठाओ।' वे दोनों सामान उठाकर वृद्ध के साथ चल पड़े।

अब अँधेरा हो आया था। दोनों ने सामान बूढ़े के बरामदे में रखा। बूढ़े ने दरवाजा खोला, सामान रखवाया और अँधेरे में ही उन्हें दो-दो रुपये दे दिए। वे दोनों रुपये लेकर स्टेशन की ओर चले गए और एक छोटे-से ढाबे पर रोटी सब्जी खाई। पैसे देने के लिए जब अजय ने रुपया निकाला तो देखा कि वह तो पाँच का नोट है। अभय ने जल्दी से नोट निकाला। उसे भी पाँच का नोट मिल गया। शायद बूढ़े ने उन्हें अँधेरे में दो की जगह पाँच के नोट दिए थे। अजय ने कहा कि वह अगले दिन बूढ़े को तीन रुपये वापस कर देगा, पर अभय ने कहा, 'यह हमारी गलती नहीं हैं, मैं तो रुपये नहीं लौटाऊँगा।'

अभय अगली सुबह ही तीन रुपये लौटाने बूढ़े के पास गया। बूढ़ा व्यक्ति उसकी ईमानदारी से बहुत प्रभावित हुआ। उसने अजय से उसके बारे में विस्तार से पूछा और अपने यहाँ घरेलू काम करने के लिए नौकरी पर रख लिया। उसने अजय की पढ़ाई की व्यवस्था भी करा दी। अब अजय के दिन अच्छे गुजरने लगे। एक दिन उसकी प्रार्थना पर बूढ़े ने उसके मित्र अभय को कहीं काम पर लगवा दिया। अजय को उसकी ईमानदारी का अच्छा फल मिल चुका था।

सीख प्रस्तुत कहानी हमें सीख देती है कि हमें सदैव ईमानदार बने रहना चाहिए। ईमानदारी हमेशा प्रशंसा का पात्र होती है, जो हमारे नैतिक गुणों में चार चाँद लगा देती है।

7. एक ऐसी मौलिक कथा लिखिए, जिसके अंत में यह वाक्य लिखा गया हो–'अंततः मैं अपनी योजना में सफल हो सका/हो सकी।'

उत्तर **भूमिका** मैं बचपन में अकसर अपने दादाजी से एक बात सुना करता था कि तुम्हारा जीवन तभी सफल है, जब तुम दूसरों के काम आ सको। तब ये बातें मेरी समझ नहीं आती थीं। लेकिन पिछले दिनों मेरे साथ एक ऐसी घटना घटी जिसने मुझे अंदर तक झकझोर दिया और दादाजी की बातें बार-बार स्मरण होकर अपनी सत्यता को सिद्ध करने लगी।

कथा एक दिन मैं रात को टहलने के लिए घर से बाहर निकला था। मन में पहले से ही बहुत-सी बातों को लेकर उधेड़-बुन चल रही थी, तभी अचानक मेरी नजर सड़क की दूसरी ओर बने कूड़ेदान पर पड़ी। मैंने देखा वहाँ सात से आठ वर्ष के कुछ बच्चे कूड़ा उठा रहे थे, पर एकदम से मेरी नजर एक बच्चे पर आकर रुक गई। मैं सड़क पार करके उनके पास गया तो देखा वह बच्चा कूड़ेदान में फेंकी गई खाने से भरी हुई पॉलिथीन ढूँढ रहा था और उनमें से खाना निकालकर खा रहा था। मेरा शरीर उस दृश्य को देखकर निःस्तब्ध रह गया।

पूरे रास्ते मेरे मन में वही दृश्य चलता रहा। मैंने घर पहुँचकर निर्णय किया कि भूख से तड़पते इन बच्चों के लिए अपने स्तर पर कुछ-न-कुछ कार्य अवश्य करूँगा। मैंने अपने कुछ साथियों को इस घटना के विषय में बताया और मिलकर उनकी सहायता करने के लिए कहा। मैंने उन्हें सुझाव दिया कि हम लोग शाम के समय मोहल्ले के ढाबों और रेस्टोरेंट से उनका बचा हुआ खाना सस्ते दामों पर खरीदकर इन बच्चों में बाँट देंगे। सभी ने मेरे निर्णय की प्रशंसा करते हुए अपने स्तर पर सहयोग करने की बात कही। अगले दिन शाम को हमने अपनी योजना के अनुसार कार्य किया और कुछ बच्चों को भोजन कराया। अंततः अपने दोस्तों की सहायता से मैं अपनी योजना में सफल हो सका।

सीख प्रस्तुत कहानी यह सीख देती है कि जब हम दूसरों के काम आते हैं या दूसरों का भला करते हैं, तो हमें प्रसन्नता होती है। साथ ही योजनानुसार किया गया कार्य सर्वथा सफल होता है।

8. ''जहाँ चाह वहाँ राह'' शीर्षक पर लगभग 100 शब्दों में एक लघुकथा लिखिए। **CBSE 2023**

उत्तर **उक्ति का अर्थ** ''जहाँ चाह वहाँ राह'' कहावत के अनुसार, यदि वास्तव में कोई कुछ हासिल करना चाहता है, तो वह इसे प्राप्त करने के तरीके खोजता रहेगा। अनेक कठिनाइयों का सामना करेगा और अंत में अवश्य ही सफलता प्राप्त करेगा।

कथा एकलव्य भील जाति का बालक था। वह अपने माता-पिता के साथ जंगल में रहता था। उसके माता-पिता बहुत गरीब थे। एकलव्य की रुचि धनुर्विद्या सीखने में थी। वह प्रसिद्ध धनुर्धर बनना चाहता था। गुरु द्रोणाचार्य अस्त्र-शस्त्र सिखाने में प्रसिद्ध थे। वे कौरव और पांडवों को धनुर्विद्या सिखाया करते थे। एकलव्य उनके पास गया और धनुर्विद्या सीखने की इच्छा प्रकट करते हुए अपना शिष्य बनाने की प्रार्थना की। द्रोणाचार्य ने भील बालक होने के कारण उसे धनुर्विद्या सिखाने से मना कर दिया।

एकलव्य ने हार नहीं मानी। वह द्रोणाचार्य की मूर्ति बनाकर उसके सम्मुख धनुर्विद्या का सतत् अभ्यास करने लगा। उसकी मेहनत रंग लाई और वह धनुष-बाण चलाने में अत्यंत कुशल हो गया। कुछ समय बाद, जब द्रोणाचार्य उधर आ रहे थे तो उनका कुत्ता कुछ आगे आकर एकलव्य पर भौंकने लगा। एकलव्य ने कुत्ते का मुँह बाणों से भर दिया, परंतु एक भी बूँद खून नहीं निकलने पाया। द्रोणाचार्य एकलव्य का यह कौशल देखकर दंग रह गए, क्योंकि उनका कोई भी शिष्य ऐसा नहीं कर सकता था। सचमुच एकलव्य ने अपनी चाह से राह बना ली थी।

सीख यदि मन में कुछ पाने की चाह हो, तो उसके लिए रास्ते अपने आप ही बन जाते हैं।

9. एक मौलिक कथा लिखिए जिसका आधार निम्नलिखित उक्ति हो–''मन के हारे हार, मन के जीते जीत।'' **दक्षता आधारित प्रश्न**

उत्तर **उक्ति का अर्थ** ''मन के हारे हार, मन के जीते जीत'' प्रस्तुत उक्ति का अर्थ है—यदि हमारे मन में किसी कार्य के प्रति दृढ़ संकल्प है, तो कोई भी कार्य असंभव नहीं है। यदि हमारे मन ने हार मान ली तो हार निश्चित हो जाएगी और यदि हमारे मन में आत्मविश्वास है, जीतने की इच्छा है तो जीत निश्चित होती है। यह उक्ति निम्नलिखित कथा द्वारा स्पष्ट रूप से समझी जा सकती है

कथा एक बार की बात है, दो राजाओं के बीच भयंकर युद्ध हुआ। जैसा कि होता है कि युद्ध में एक की ही विजय होती है और एक की पराजय निश्चित होती है।

इस युद्ध में भी ऐसा ही हुआ। एक राजा इस युद्ध में हार गया। उसे जन-धन की बहुत हानि हुई। उसके सैनिक पराजित राजा को ढूँढ रहे थे। पराजित राजा अपना जीवन बचाने के लिए भागता फिर रहा था। उसने छिपते-छिपाते एक गुफा में शरण ली। वह मन से पूरी तरह पराजित हो चुका था। गुफा में छिपा हुआ भी वह मानो अपनी मृत्यु की प्रतीक्षा कर रहा था। उसे इस बात का पूरा विश्वास था कि शत्रु की तलवार कभी भी उसका काम तमाम कर देगी। वह इन्हीं विचारों

में गुफा हुआ था कि उसकी नजर एक मकड़ी पर पड़ी, जो गुफा के दरवाजे पर जाला बनाने में व्यस्त थी, उसकी कोशिशें बार-बार नाकाम साबित हो रही थीं, लेकिन उसने प्रयास करना नहीं छोड़ा। राजा ने सोचा कि वह बेकार ही प्रयत्न कर रही है। भला आधार के बिना जाला कैसे बन सकता है, लेकिन थोड़ी देर बाद राजा ने देखा कि मकड़ी जाला बनाने में सफल हो गई। थोड़ी ही देर में पूरी गुफा के मुँह पर जाला बनाया जा चुका था। तभी शत्रु सैनिक वहाँ आ पहुँचे, लेकिन गुफा के मुँह पर मकड़ी का जाला बना देख लौट गए। करीब आई हुई मृत्यु तो टल गई, पर राजा एक गहरे विचार में पड़ गया। उसने सोचा कि मैं स्वयं तन-मन से पराजित था। अत: मैंने मकड़ी को भी हारा हुआ मान लिया था, लेकिन वह छोटी-सी मकड़ी हारी हुई नहीं थी। वह बार-बार गिरकर भी न निराश हुई और न ही उसने हार मानी। क्या मैं मनुष्य होकर भी इस मकड़ी से दुर्बल हूँ? उसने अपने मन को मजबूत किया और संकल्प लिया कि वह अपने शत्रुओं को अवश्य पराजित करेगा। वह तुरंत उस गुफा से बाहर आया। अब वह एक हताश-निराश, पराजित राजा नहीं था, वरन् मजबूत इरादे वाला व्यक्ति था, जिसे हर हाल में विजय प्राप्त करनी थी। उसने अपने साथियों को एकत्र किया और अंत में अपने शत्रु को हराकर अपना राज्य पुन: प्राप्त किया। अत: यह सच ही है कि

''मन के हारे हार, मन के जीते जीत''

सीख प्रस्तुत कथा से हमें यह शिक्षा मिलती है कि हमें अपने मन को मजबूत और दृढ़-संकल्प करके कार्य करना चाहिए, तभी हमें सफलता प्राप्त हो सकती है।

10. ''संगठन में शक्ति होती है'' कहावत को आधार बनाकर मौलिक कथा लिखिए। **दक्षता आधारित प्रश्न**

उत्तर **उक्ति का अर्थ** ''संगठन में शक्ति होती है'' अर्थात् साथ मिलकर बड़े से बड़ा कार्य भी आसानी से संभव हो जाता है, इसलिए कहा गया है ''शक्ति ही जीवन है।'' हमें आशावादी, दृढ़ व अनुकूल विचारों को अपनाकर एकसाथ संगठन में रहकर कर्म करना चाहिए। संगठन में शक्ति होती है। अकेला व्यक्ति जो कार्य उचित प्रकार से नहीं कर सकता, संगठित होकर वह वही कार्य सरलतापूर्वक कर लेता है। इसे निम्न कथा द्वारा भली प्रकार समझा जा सकता है

कथा एक बार अँगुलियों का आपस में झगड़ा हो गया। पाँचों खुद को दूसरे से बड़ा सिद्ध करने में लगी थीं। अँगूठा बोला मैं सबसे बड़ा हूँ, उसके पास वाली अँगुली बोली मैं सबसे बड़ी हूँ। इसी प्रकार खुद को एक-दूसरे से बड़ा सिद्ध करने में जब निर्णय नहीं हो पाया, तो वह सब अदालत में गए। न्यायाधीश ने सारी बात सुनी और सबसे कहा कि आप लोग सिद्ध करो कि आप कैसे बड़े हैं। अँगूठे ने कहा, मैं सबसे ज्यादा पढ़ा-लिखा हूँ, क्योंकि लोग मुझे हस्ताक्षर के लिए प्रयोग करते हैं। पास वाली अँगुली बोली मुझे लोग किसी इंसान की पहचान के तौर पर इस्तेमाल करते हैं।

उसके पास वाली अँगुली ने कहा कि आप लोगों ने मुझे नापा नहीं अन्यथा मैं ही सबसे बड़ी हूँ। उसके पास वाली अँगुली बोली मैं सबसे ज्यादा अमीर हूँ, क्योंकि लोग हीरे और जवाहरात की अँगूठी मुझमें ही पहनते हैं। तभी न्यायाधीश ने एक रसगुल्ला मँगवाया और अँगूठे को उठाने के लिए कहा। अँगूठे ने भरपूर जोर लगाया, लेकिन रसगुल्ला नहीं उठा सका तब सारी अँगुलियों ने एक-एक करके कोशिश की, लेकिन सब विफल रहीं।

अंत में न्यायाधीश ने सबको मिलकर रसगुल्ला उठाने को कहा, तो झट से सबने मिलकर रसगुल्ला उठा दिया, तब न्यायाधीश ने कहा कि तुम सब एक-दूसरे के बिना अधूरे हो, अकेले रहकर तुम्हारी शक्ति का कोई अस्तित्व नहीं है, जबकि संगठित रहकर तुम कठिन-से-कठिन कार्य आसानी से कर सकते हो। इसी प्रकार यदि एक लकड़ी को तोड़ा जाए, तो वह आसानी से टूट सकती है, परंतु यदि लकड़ियों को एकत्रित कर उसे मजबूती से बाँध दें, तो उन लकड़ियों के गट्ठे को तोड़ पाना असंभव है।

सीख एकसाथ मिलकर संगठन में रहकर किसी भी कार्य को उचित प्रकार से किया जा सकता है। इसी प्रकार कहा जाता है—''संगठन में शक्ति होती है।''

11. ''लालच बुरी बला है'' उक्ति को आधार बनाकर मौलिक कथा लिखिए। **दक्षता आधारित प्रश्न**

उत्तर **उक्ति का अर्थ** ''लालच बुरी बला है'' अर्थात् मनुष्य लालच के वशीभूत होकर पथ-भ्रष्ट हो जाता है। इस उक्ति को पढ़कर एक कथा स्मरण हो आती है, जो निम्न प्रकार है

कथा एक गाँव में एक सेठ रहता था। उसके बंगले के पास एक गरीब मोची की छोटी-सी दुकान थी। उस मोची की आदत थी कि वह, जब भी जूते सिलता भगवान का भजन करता था, लेकिन सेठ का भजन की तरफ कोई ध्यान नहीं था। एक दिन सेठ व्यापार के सिलसिले में विदेश गया। घर लौटते समय उसकी तबीयत बहुत खराब हो गई, लेकिन पैसे की कमी न होने से देश-विदेश से डॉक्टरों को बुलाया गया, पर कोई भी सेठ की बीमारी का इलाज नहीं कर सका। अब सेठ की तबीयत इतनी अधिक खराब हो गई कि वह चल भी नहीं पाता था। एक दिन बिस्तर पर लेटे हुए उसे मोची के भजन गाने की आवाज सुनाई दी, उसे आज मोची के भजन अच्छे लग रहे थे।

सेठ भजन सुनकर ऐसा मंत्र मुग्ध हो गया कि उसे लगा जैसे उसे साक्षात् परमात्मा के दर्शन हो गए। मोची का भजन सेठ को उसकी बीमारी से दूर ले जा रहा था। भगवान के भजन में लीन होकर वह अपनी बीमारी भूल गया और उसे आनंद की प्राप्ति हुई तथा उसके स्वास्थ्य में भी सुधार आने लगा। एक दिन सेठ ने मोची को बुलाकर ₹ 1000 का इनाम देते हुए कहा कि मेरी बीमारी का इलाज बड़े-से-बड़े डॉक्टर नहीं कर पाए, पर तुम्हारे भजन ने यह काम कर दिया मैं तुम्हें रहने के लिए एक घर भी दूँगा। मोची इनाम पाकर बहुत खुश हुआ, वह रात दिन पैसों के और घर के बारे में सोचता रहा। अगले दिन वह काम पर भी नहीं गया। लालच के कारण धीरे-धीरे उसकी दुकानदारी चौपट होने लगी, उधर सेठ की बीमारी फिर से बढ़ती जा रही थी। मोची को जब लालच का एहसास हुआ, तो वह सेठ को पैसे वापस करने के लिए सेठ के बंगले में आया। उसने सेठ से निवेदन किया कि आप यह पैसे वापस रख लीजिए, मुझे आपका घर भी नहीं चाहिए, क्योंकि इसके कारण मेरा धंधा चौपट हो गया है, मैं भजन भूल गया हूँ। इस धन ने मेरा परमात्मा से नाता तुड़वा दिया। मोची पैसे वापस करके पुन: अपने काम में जुट गया।

वस्तुत: पैसों और घर के लालच ने मोची को पथ-भ्रष्ट कर दिया था। वह अपने काम को यहाँ तक कि परमात्मा को भी भूलकर पैसों और घर के लालच में ही डूब गया था। अंत में मोची जान गया था कि "लालच बुरी बला है।"

सीख इस कथा से हमें यह सीख मिलती है कि हमें लालच नहीं करना चाहिए, क्योंकि लालच बुरी बला है।

12. "सावधानी हटी और दुर्घटना घटी" कहावत के आधार पर मौलिक कथा लिखिए।

उत्तर **उक्ति का अर्थ** "सावधानी हटी और दुर्घटना घटी" उक्ति का अर्थ है कि जब सावधानी नहीं बरती जाती, तब दुर्घटनाएँ घट जाती हैं। मनुष्य आज अपने जीवन में इतना अधिक व्यस्त हो गया है कि वह जल्द-से-जल्द अपने कार्य पूर्ण कर लेना चाहता है। सड़कों पर ट्रैफिक (परिवहन) इतना अधिक हो गया है कि कभी-कभी 15 मिनट की दूरी के लिए 45 मिनट या उससे भी अधिक समय लग जाता है। घंटों जाम में फँसकर व्यक्ति तीव्र गति से वाहनों को चलाते हैं, जिससे दुर्घटनाओं की संभावना बढ़ जाती है, क्योंकि मनुष्य कम-से-कम समय में अधिक-से-अधिक कार्य कर लेना चाहता है।

कथा एक दिन ऐसी ही दुर्घटना सड़क के चौराहे पर हुई, जिसमें तेज रफ्तार से चली आ रही कार की साइकिल से टक्कर हो गई। कार चालक कार चलाते समय फोन पर बात कर रहा था कि थोड़ी सी सावधानी हटने के कारण यह दुर्घटना हो गई। टक्कर होने से साइकिल सवार व्यक्ति सड़क के दूसरी ओर जा गिरा। साइकिल पूरी तरह क्षतिग्रस्त हो गई। कार चालक को भी बुरी तरह चोट आई। यह दुर्घटना तीव्र गति से वाहन चलाने, वाहन चलाते समय फोन पर बात करने व ट्रैफिक नियम का पालन न करने से हुई। घटनास्थल पर उपस्थित लोगों ने दोनों व्यक्तियों को पास के ही अस्पताल में पहुँचाया। घटनास्थल पर पुलिस कुछ देर पश्चात् आई। पुलिस ने उन व्यक्तियों का पूरा ब्यौरा लिखा साथ ही कुछ चश्मदीद गवाहों से पूछताछ कर रिपोर्ट तैयार की। अस्पताल में पीड़ित व्यक्तियों का इलाज करवाया गया। इस दुर्घटना ने सभी को एक सीख दी, जैसे ही सावधानी हटती है वैसे ही दुर्घटना घटित हो जाती है।

सीख हमें निजी वाहनों का प्रयोग कम-से-कम करना चाहिए। सड़क पर चलते समय मोबाइल आदि का प्रयोग नहीं करना चाहिए। सबसे महत्त्वपूर्ण बात यह है कि दुर्घटना होने पर हमें घायल व्यक्ति की सहायता करनी चाहिए, उसे जल्द-से-जल्द अस्पताल ले जाना चाहिए, ताकि उसकी जान बचाई जा सके। यह प्रत्येक नागरिक का कर्त्तव्य और दायित्व होना चाहिए। अत: सड़क पर वाहनों को चलाते समय हमें हमेशा निम्न उक्ति का स्मरण रखना चाहिए– "सावधनी हटी और दुर्घटना घटी" अथवा

"दुर्घटना से देर भली।"

13. "करत-करत अभ्यास ते जड़मति होत सुजान" प्रस्तुत कथन को आधार बनाकर एक कथा लिखिए।

उत्तर **उक्ति का अर्थ** "करत-करत अभ्यास ते जड़मति होत सुजान" उक्ति का अर्थ है कि निरंतर अभ्यास करने से मूर्ख-से-मूर्ख व्यक्ति भी सफलता पाता है। कालिदास निरंतर अभ्यास के द्वारा ही उच्चस्तरीय विद्वान् बन पाए, वहीं अर्जुन महान् धनुर्धर बने, तो केवल अपने परिश्रम और अभ्यास के बल पर। प्राचीनकाल से ही ऋषि-मुनियों द्वारा हम परिश्रम व अभ्यास के महत्त्व को देख व समझ सकते हैं। आज के आधुनिक युग में भी परिश्रम और अभ्यास की महत्ता उतनी ही अधिक है।

कथा एक बालक था। वह पढ़-लिख नहीं सकता था। उसके सहपाठी उसका मजाक उड़ाते थे। वह बहुत दु:खी रहता था। परेशान होकर वह किसी ज्योतिषि के पास गया। ज्योतिषि ने कहा—"तुम पढ़ नहीं पाओगे। तुम्हारे हाथ में विद्या की रेखा नहीं है।" एक दिन रास्ते में जाते हुए उसे एक कुआँ दिखाई दिया, जिस पर रस्सी के निशान थे। उसने सोचा यदि कठोर पत्थर पर निरंतर रस्सी की रगड़ के निशान पड़ सकते हैं, तो मैं भी निरंतर अभ्यास करके पढ़कर विद्वान् बन सकता हूँ। फिर उसने पढ़ाई का अभ्यास किया और अंतत: एक बड़ा विद्वान् बन गया।

निरंतर अभ्यास व्यक्ति की कार्यकुशलता को निखारता है। अभ्यास के दौरान कभी-कभी नकारात्मक भाव भी उत्पन्न होते हैं, परंतु उसे स्वयं पर हावी नहीं होने देना चाहिए, क्योंकि वह विकास के पथ में बाधा उत्पन्न करते हैं। अभ्यास के द्वारा बालक ने अपनी बाधाओं का डटकर सामना किया तथा विषम परिस्थितियों पर नियंत्रण पा लिया। अभ्यास ही व्यक्ति को कर्त्तव्य के पथ पर ले जाता है एवं सफलता प्राप्त करने में सहायता करता है। कोई भी व्यक्ति सर्वगुण संपन्न नहीं होता, न ही ज्ञान का भंडार लेकर पैदा होता है।

सीख हमें निरंतर अभ्यास के द्वारा अपने ज्ञान को बढ़ाने का प्रयास करना चाहिए। अपनी योग्यता पर विश्वास तो होना चाहिए, किंतु अतिविश्वासी नहीं होना चाहिए, इसलिए कहा गया है

"करत-करत अभ्यास ते जड़मति होत सुजान
रसरी आवत जात ते सिल पर परत निसान।"

14. "अभिमान विनाश का कारण है" इस उक्ति को आधार बनाकर कथा लिखिए।

उत्तर **उक्ति का अर्थ** "अभिमान विनाश का कारण है" इस उक्ति का अर्थ है कि घमंड और अहंकार व्यक्ति को विनाश की ओर ले जाता है। अभिमान विनाश का कारण होता है, यह बिलकुल सटीक कथन है। महाभारत, रामायण आदि धार्मिक ग्रंथों में इस तथ्य को उजागर किया गया है। रावण ज्ञानी, बलशाली और शक्तिशाली होते हुए भी अपने अभिमान, अहंकार के कारण अजेय रहा। रावण का अहं, उसके पतन का कारण बना। ऐसी ही एक कथा अभिमानी व्यक्ति के घमंड को चूर करती है।

कथा एक नगर में दो अत्यंत धनवान व्यक्ति रहते थे। एक व्यक्ति का स्वभाव विनम्र था, वहीं दूसरा व्यक्ति धनी होने के कारण अभिमानी था। अभिमानी व्यक्ति किसी की सहायता नहीं करता था, उसे अपने बड़प्पन पर घमंड था, वहीं दूसरी ओर विनम्र धनी व्यक्ति विनम्रतापूर्वक सबकी सहायता करने के लिए हमेशा तत्पर रहता था। एक दिन अचानक रात को अभिमानी व्यक्ति की साँप के काटने से तबीयत बिगड़ने लगी। उस समय उसके पास घर का कोई सदस्य नहीं था। वह दर्द से कराह रहा था, साँप का विष उसके शरीर में फैलता जा रहा था, तभी एक गरीब किसान ने वहाँ से गुजरते हुए घर से आ रही आवाज सुनी, पास जाकर उसने उस अभिमानी व्यक्ति की बिगड़ती हुई हालत को देखा। उसने तुरंत साँप का विष निकाला और

विनम्र धनी व्यक्ति को सूचित किया। वह उसी समय उस व्यक्ति को अस्पताल ले गया तथा उसकी जान बचा ली तभी अभिमानी व्यक्ति को अपने अभिमान पर पश्चाताप हुआ उसने सबसे माफी माँगी और सबको धन्यवाद दिया।

सीख वस्तुत: यह कथा हमें संदेश देती है कि जो लोग घमंड और अहंकार में रहते हैं, उनका सर्वथा सर्वनाश होता है और जो व्यक्ति शक्तिशाली, बलशाली होने पर घमंड न करके सबकी सहायता करते हैं, वे सर्वथा विजयी होते हैं।

15. एक मौलिक कथा लिखिए, जिसका आधार निम्नलिखित उक्ति हो

"जाको राखे साइयाँ, मार सके न कोय।
बाल न बाँका कर सके, जो जग बैरी होय।।"

उत्तर **उक्ति का अर्थ** प्रस्तुत उक्ति का अर्थ है कि भगवान जिसके रक्षक हैं, उसका कोई कुछ नहीं बिगाड़ सकता अर्थात् जिस पर ईश्वर की कृपा दृष्टि होती है, उसका कोई बाल भी बाँका नहीं कर सकता। इस उक्ति को निम्न कथा के माध्यम से भली-भाँति समझा जा सकता है

कथा पिछले वर्ष मैं सपरिवार केदारनाथ की यात्रा पर गया था। हम बस में सवार थे। बस में लगभग 25 यात्री थे। मेरे सामने वाली सीट पर एक दंपति अपने 6 माह के बेटे के साथ बैठे थे। मेरे पीछे सीट पर दो अस्त-व्यस्त वेशभूषा वाले युवक बैठे थे। उनके क्रियाकलापों से मुझे उन पर कुछ शक हुआ। बस दुर्गम पहाड़ियों से गुजर रही थी। कभी-कभी भय से शरीर में कंपन-सा होता था।

अचानक रात 4 बजे के आस-पास मुझे कुछ हिलने का आभास हुआ। मैंने देखा, पीछे वाली सीट पर बैठा एक युवक महिला के गहने चुरा रहा था। मेरे शोर मचाने पर उन युवकों की पिटाई की गई और बस से उतार दिया गया।

बस अपने गंतव्य स्थल की ओर चल पड़ी। तभी 6 बजे बस अचानक चलते-चलते रुक गई, क्योंकि सड़क पर पत्थर पड़ा था। हम कुछ समझ पाते इससे पहले ही 4-5 युवकों ने बस पर धावा बोल दिया, उनमें वे 2 युवक भी शामिल थे। इस हाथापाई में ड्राइवर ने बस चला दी ताकि 2 किमी दूर स्थित पुलिस चौकी तक पहुँच सके पर युवकों ने ड्राइवर को मारा और लूटपाट करने लगे। इसी घटनाक्रम में बस का नियंत्रण बिगड़ गया और बस खाई में फँस गई। उनमें वे 2 युवक और दंपति का बालक बस से नीचे गिर गए। दोनों युवक गहराई में गिरने पर प्राण गँवा बैठे, परंतु बालक एक झाड़ी में फँस गया और उसकी जान बचा ली गई।

तभी किसी के द्वारा सूचना देने के कारण, वहाँ पुलिस पहुँच गई और बाकी लुटेरों को गिरफ्तार करके ले गई। मुझे और ड्राइवर को थोड़े उपचार के बाद अस्पताल से जाने दिया गया। ड्राइवर और हम सभी यात्री पुन: केदारनाथ की ओर रवाना हो गए। सब यात्री उस बच्चे में साक्षात् परमात्मा का अनुभव कर रोमांचित थे। दंपति के चेहरे पर भय प्रतीत हो रहा था, परंतु दंपति की सच्ची भक्ति भावना ने उनके बच्चे की जिंदगी बचा ली और उन दुष्कर्मी युवकों को अपने कर्मों की सजा भोगनी पड़ी। उस बालक को सुरक्षित देखकर मुझे पूर्ण विश्वास हो गया कि

"जाको राखे साइयाँ, मार सके न कोय।
बाल न बाँका कर सके, जो जग बैरी होय।।"

इस घटना के उपरांत परमपिता के प्रति मेरी श्रद्धा और विश्वास में और वृद्धि हो गई।

सीख प्रस्तुत कथा से हमें यह सीख मिलती है कि हमें भगवान पर विश्वास रखना चाहिए। यदि भगवान हमसे प्रसन्न हैं, तो कोई भी हमारा कुछ नहीं बिगाड़ सकता।

16. एक मौलिक कथा लिखिए, जिसका आधार निम्नलिखित उक्ति हो

"परिश्रम ही सफलता का सोपान है।"

उत्तर **उक्ति का अर्थ** "परिश्रम ही सफलता का सोपान है" इस उक्ति का अर्थ है कि मेहनत करने से ही सफलता मिलती है। वर्तमान युग कर्म प्रधान है। प्रत्येक इंसान अपने कर्म और मेहनत के बल पर ही अपना भविष्य निर्मित करता है। कुछ लोग जन्मजात प्रतिभाशाली होते हैं, परंतु वे निरंतर कठिन मेहनत के बल पर ही कामयाबी पाते हैं, जो परिश्रम से जी चुराते हैं, वे अपने जीवन को नष्ट कर लेते हैं।

इस विषय को और बेहतर समझने के लिए एक कथा प्रस्तुत है

कथा मेरे मित्र के बड़े भाई ने वर्ष 1993 में एलएलबी की परीक्षा पास की, परंतु घर की आर्थिक स्थिति ठीक न होने के कारण उन्होंने आगे की पढ़ाई छोड़कर नौकरी करनी आरंभ कर दी और साथ-साथ प्रतियोगी परीक्षाओं की तैयारी भी करने लगे।

वर्ष 2005 तक नियमित अध्ययन और मेहनत के बावजूद उन्हें कामयाबी नहीं मिली, परंतु उन्होंने हार नहीं मानी। एक वकील के अधीन कार्य करते हुए, उन्होंने एलएलएम की परीक्षा दी और प्रथम श्रेणी से उत्तीर्ण हुए। उसके बाद पुन: एक अध्यापक के परामर्श से परीक्षाओं की तैयारी आरंभ की। उन्हें सफलता मिली और उन्होंने क्लर्क की नौकरी प्राप्त की। अब थोड़ा आर्थिक स्थिति में सुधार हो गया था, परंतु मन में अभी भी 'जज' बनने की इच्छाशक्ति कम नहीं हुई थी। उन्होंने पुन: स्वयं को अध्ययन करने के लिए तैयार किया। दिन में कार्यालय से आने के बाद वे रात 10 से 2 बजे तक प्रतिदिन मेहनत और लगन से परीक्षा की तैयारी करते थे। अपने शुरू के प्रयासों में उन्हें असफलता मिली, वह मायूस तो हुए, परंतु स्वयं पर उन्हें पूरा विश्वास था। अपने अंतिम प्रयास को लक्षित करते हुए उन्होंने 3 महीने के लिए कार्यालय से अवकाश लेकर दिन-रात अथक परिश्रम किया और परीक्षा दी।

2 महीने पश्चात् रिजल्ट आया और इस बार उनकी मेहनत और विश्वास का फल उन्हें मिला। उन्होंने प्रथम रैंक के साथ जज की परीक्षा पास की और परमात्मा की कृपा से उनको हमारे शहर में ही पद सँभालने का अवसर मिला। नियमित अभ्यास, कठोर परिश्रम और आत्मविश्वास से उन्हें लक्ष्य की प्राप्ति हुई।

सीख इस कथा से हमें यह सीख मिलती है कि परिश्रम कभी निष्फल नहीं होता। मेहनत करने से ही सफलता पाई जा सकती है। ठीक ही कहा गया है, "परिश्रम ही सफलता का सोपान है।"

17. **एक कथा लिखिए, जिसका आधार निम्नलिखित उक्ति हो**

"वही मनुष्य है जो मनुष्य के लिए मरे।"

उत्तर **उक्ति का अर्थ** "वही मनुष्य है कि जो मनुष्य के लिए मरे" अर्थात् जो मनुष्य दूसरे मनुष्य के संकट को देखकर अपने प्राणों की परवाह किए बिना उसकी हर प्रकार से सहायता करे, वही सच्चे अर्थों में मनुष्य कहलाने के योग्य है। वह मनुष्य देवता के समान है और वही श्रेष्ठ मानव है। ऐसी ही एक घटना कुछ दिन पहले घटी, जिसने मेरे मन-मस्तिष्क को बहुत अधिक प्रभावित किया है।

कथा पिछले महीने मैं अपने परिवार के साथ मनाली घूमने गया था। बस में हमारे साथ तीस छात्रों का एक समूह भी था, जो अपने दो अध्यापकों के साथ पिकनिक मनाने आया था। हमने दो दिन एकसाथ गुजारे और विभिन्न दर्शनीय स्थलों के दर्शन किए। तीसरे दिन हम सब एकसाथ व्यास नदी के समीप भ्रमण के लिए गए।

मेरे पिताजी ने नदी के बीच जाने से मना कर दिया, परंतु उस समूह के 15 छात्र नदी के बीच जाकर फोटोग्राफी करने लगे। कुछ समय उपरांत अचानक तीव्र गति से नदी का जल स्तर बढ़ गया। सभी छात्र चिल्लाने लगे। चारों ओर हाहाकार मच गया। छात्र खुद को बचाने के लिए विशाल पत्थर को पकड़े थे। कोई भी छात्रों को बाहर निकालने की हिम्मत न दिखा सका। तभी अचानक दो युवा फरिश्ते बनकर आए और नदी में कूद गए, उन्होंने कठिन संघर्ष करके उन छात्रों को रस्सी द्वारा बाहर निकाला। अब अंतिम छात्र को निकालना शेष था। बचाव करने वाला एक युवा बेहद थक चुका था, किंतु उसने हिम्मत नहीं हारी और उस छात्र को किनारे तक पहुँचा दिया, लेकिन काल के चक्र से वह स्वयं को न बचा सका। अंतिम लहर की तेज गति से वह लहरों में समा गया। अगले दिन उसका शव गोताखोरों को प्राप्त हुआ। वह युवा अपने प्राणों की परवाह किए बिना 15 छात्रों की जान बचा गया।

इस पूरे दृश्य ने सबकी आँखों को नम कर दिया और यह न भूलने वाली घटना हमारे मन-मस्तिष्क में कैद हो गई। उस युवा के त्याग ने हमें नमन करने को मजबूर कर दिया और उसके इस साहसिक कार्य पर यह कहावत चरितार्थ होती है कि

"वही मनुष्य है जो मनुष्य के लिए मरे।"

सीख इस कथा से हमें यह शिक्षा मिलती है कि हमें जीवन में परोपकार को अपनाना चाहिए तथा दूसरों की सहायता करनी चाहिए, क्योंकि वास्तव में वही मनुष्य है, जो दूसरों की संकट में सहायता करे।

18. **एक मौलिक कथा लिखिए, जिसका आधार निम्नलिखित उक्ति हो**

"दूर के ढोल सुहावने"

उत्तर **उक्ति का अर्थ** "दूर के ढोल सुहावने" इस उक्ति का अर्थ है कि दूर से सब आकर्षक और लुभावना लगता है, लेकिन पास जाने पर ही वास्तविकता का पता चलता है। यह एक कटु सत्य है कि मानव का वास्तविक परिचय उसके व्यवहार व आचरण से ही पता चलता है, अन्यथा दूर से तो सब आकर्षक ही प्रतीत होते हैं। उपर्युक्त उक्ति इसी का पर्याय है, जिसकी पुष्टि हेतु कथा प्रस्तुत है

कथा मेरी माताजी के दूर के रिश्ते के भाई थे। माताजी उनका खूब सम्मान एवं प्रशंसा करती थीं। दस वर्षों के अंतराल के बावजूद वह उनसे पुराने स्नेह की उम्मीद रखती थीं। वह उनके बारे में सदैव यही कहती थीं कि वे अत्यंत नेक व मिलनसार हैं। माताजी जब भी उनसे फोन पर बात करतीं, तब वे उनके घर दिल्ली आने का मौखिक निमंत्रण देते रहते थे। इसी स्नेह को हकीकत मानकर माताजी उनका गुणगान करती रहती थीं। एक दिन उन्होंने उनसे मिलने का निश्चय कर लिया, इसकी सूचना उनको दे दी गई।

मैं माताजी सहित बस द्वारा दिल्ली की ओर रवाना हुआ। माताजी बेहद खुश और भावुक थीं। उन्होंने अत्यंत स्नेह से अपने हाथों से बने कुछ पकवान और एक स्वेटर साथ रख लिया। दिल्ली पहुँचने पर उन्हें सूचना दे दी गई थी, परंतु उन्होंने व्यस्तता दिखाते हुए थोड़ा इंतजार करने को कहा। इस घटना से माताजी थोड़ी विचलित हुईं, परंतु मेरे समझाने पर शांत हो गईं। एक घंटे पश्चात उनका ड्राइवर अकेले आया, जबकि वे घर पर मौजूद थे।

हम उनके घर पहुँचे, ड्राइवर ने हमें बैठक में बैठाया। कुछ समय पश्चात उनके आने पर माताजी अत्यंत भावुक हो गईं और हालचाल पूछा, परंतु उनके व्यवहार से ऐसा प्रतीत हुआ कि वे हमसे मिलकर ज्यादा प्रसन्न नहीं हुए, तब माताजी ने उन्हें सस्नेह पकवान तथा स्वेटर भेंट किए, परंतु उन्होंने कोई बहाना बनाते हुए वह भेंट ड्राइवर को दे दी।

इस घटनाक्रम से माताजी का हृदय व्यथित हो चुका था। मैंने तब माँ को सँभाला और यथार्थ को समझाने की कोशिश की। अब वहाँ ठहरना माताजी को कष्टप्रद हो रहा था। हमने किसी तरह रात गुजारी और अगले दिन प्रात:काल ही अपने घर के लिए प्रस्थान कर गए। घर पहुँचने पर मैंने माताजी को सांत्वना दी, तब माता जी शांत हुईं। मुझे उस समय माताजी पर स्नेह और हँसी आ रही थी। मैंने उन्हें स्पष्टत: समझाया कि देखा आज यह उक्ति चरितार्थ हो गई है कि

"दूर के ढोल सुहावने होते हैं।"

सीख इस कथा से हमें यह सीख मिलती है कि दूर से अच्छी और लुभावनी लगने वाली प्रत्येक वस्तु और व्यक्ति अच्छा नहीं होता। अत: जो हमारे पास है, उसका महत्त्व समझना चाहिए।

19. **एक मौलिक कथा लिखिए, जिसका आधार निम्नलिखित उक्ति हो**

"खोदा पहाड़, निकली चुहिया।"

उत्तर **उक्ति का अर्थ** "खोदा पहाड़, निकली चुहिया" उक्ति का अर्थ है—अत्यंत मेहनत के बावजूद परिणाम शून्य अथवा उम्मीद से कम प्राप्त होता है। इस उक्ति से संबंधित एक कथा प्रस्तुत है

कथा पिछले वर्ष मेरे मित्र राहुल की क्रिकेट अकादमी में यह घोषणा की गई कि अगले माह उनकी टीम दूसरे शहर में प्रतियोगिता खेलने हेतु जाएगी और उसके लिए टीम का चयन दस दिन बाद किया जाएगा। शुल्क भी लिया जाएगा। राहुल ने दिन-रात परिश्रम किया।

प्रात: 4 से 8 बजे अभ्यास के उपरांत विद्यालय जाना और सायंकाल में पुन: कठिन अभ्यास करना। इन दिनों क्रिकेट पर ही उसका पूरा ध्यान रहा। दस दिन बाद टीम चयनित की गई, जिसमें राहुल का चयन भी हो गया। सब खिलाड़ी रोमांचित थे। सबने नई पोशाक, नया सामान खरीद लिया और प्रतियोगिता शुल्क भी अदा कर दिया। अब उनकी टीम बस द्वारा रवाना हुई और शहर से लगभग 300 किमी की दूरी पर राजस्थान के एक छोटे से गाँव के विद्यालय में ले जाई गई।

सब खिलाड़ी वहाँ के वातावरण से चौंक गए। विद्यालय जर्जर अवस्था में था और मैदान भी अस्त-व्यस्त था। अगले दिन प्रात: जब

मैच आरंभ हुआ, तो विपक्षी टीम के खिलाड़ियों को देखकर सब हैरान रह गए। वे अप्रशिक्षित थे और अस्त-व्यस्त पोशाक में गाँव के ही निवासी थे, जिन्हें बल्ला पकड़ने तक का ज्ञान न था। यह ग्रामीण स्तर का मैच था। सब खिलाड़ी अपमानित व असहज महसूस कर रहे थे, क्योंकि टीम जो सोचकर प्रतियोगिता खेलने आई थी, यहाँ ऐसा कोई माहौल नहीं था। वे सब संपूर्ण प्रशिक्षण के साथ, प्रशिक्षित टीम से खेलने आए थे। व्यथित हृदय के साथ उन्होंने मैच खेला और वापस दिल्ली आ गए।

सीख इस प्रकार उस समय उनकी अवस्था देखकर यह उक्ति सार्थक प्रतीत हो रही थी, "खोदा पहाड़, निकली चुहिया।" सभी अभिभावक इस घटनाक्रम को जानकर अत्यंत नाराज हुए। राहुल ने तो उस अकादमी से नाता ही तोड़ लिया।

20. एक मौलिक कथा लिखिए, जिसका आधार निम्नलिखित उक्ति हो

"आगे कुआँ पीछे खाई।"

उत्तर **उक्ति का अर्थ** "आगे कुआँ पीछे खाई" अर्थात् दोनों ओर विपत्ति का होना। उपरोक्त उक्ति को बेहतर समझने के लिए एक कथा प्रस्तुत है

कथा मेरे गाँव का एक निवासी गगनदीप किसी कार्यवश रेलगाड़ी द्वारा भोपाल जा रहा था। वह अत्यंत बहादुर था और अनेक बार अपनी वीरता के लिए प्रशस्ति-पत्र प्राप्त कर चुका था।

उनकी गाड़ी दिल्ली से रवाना हुई। रात के लगभग 10 बजे जब गाड़ी चंबल के भयावह क्षेत्र से गुजर रही थी, अचानक विशाल नदी के ऊपर जाकर रुक गई। यात्री इस सुनसान माहौल में थोड़ा भयभीत थे। अचानक ही 4-5 डाकुओं ने हमला कर दिया और लूटपाट करने लगे।

गगन द्वारा विरोध करने पर डाकुओं ने उसे बंदूक से घायल कर दिया। तब भी गगन ने हौंसला दिखाते हुए, जान बचाने के उद्देश्य से अपने साथ एक यात्री को चुपचाप गाड़ी से नीचे उतार लिया। वे दोनों गाड़ी के नीचे पटरी पर थे, परंतु परेशानी यही थी कि दोनों तैरना नहीं जानते थे। तब दोनों ने पटरी-पटरी निकलने की योजना बनाई।

सहसा ही रेलगाड़ी धीमी गति से चल पड़ी। अब उन दोनों को साक्षात् मृत्यु का आभास होने लगा था। दोनों पटरी से लटक गए। अब वे न तो नदी में कूद सकते थे और न ही गाड़ी में चढ़ सकते थे। उनकी अवस्था देखकर यह कहावत साक्षात् प्रतीत हो रही थी कि "आगे कुआँ पीछे खाई।"

तभी शायद किसी के सूचना देने पर क्षेत्रीय पुलिस ने आकर डाकुओं को मार भगाया और उन दोनों को भी सकुशल बचा लिया। तत्पश्चात् सभी यात्री गंतव्य स्थल की ओर रवाना हो गए।

सीख प्रस्तुत कथा से हमें यह सीख मिलती है कि जब व्यक्ति दो ऐसी समस्याओं के बीच में होता है, जहाँ से बचने के लिए उसे कोई स्पष्ट रास्ता दिखाई नहीं देता है, किंतु फिर भी वह अपनी बुद्धिमता से कोई न कोई रास्ता ढूँढ़ लेता है।

21. "आ बैल मुझे मार" इस उक्ति के आधार पर एक मौलिक कथा लिखिए। **दक्षता आधारित प्रश्न**

उत्तर **उक्ति का अर्थ** "आ बैल मुझे मार" का अर्थ है—जानबूझकर मुसीबत में पड़ना या मुसीबत को अपने पास बुलाना। कभी-कभी व्यक्ति भावनाओं में बहकर खुद को संकट में भी डाल लेते हैं। ऐसी अवस्था में उपयुक्त उक्ति सत्य प्रतीत होती है कि "आ बैल मुझे मार।" इसी संदर्भ में एक कथा प्रस्तुत है

कथा हमारे गाँव में अशोक नाम का एक युवक था, जो अत्यंत साहसी और बहादुर था, परंतु साथ ही चंचल व अधीर था, इसी कारण खुद को संकटग्रस्त कर लेता था। एक बार की घटना है, हमारे गाँव पर डाकुओं ने हमला कर दिया। उन्होंने पूरे गाँव में लूट-पाट की, कई घरों से गहने लूट लिए। सब गाँव वाले भय के कारण अपने-अपने घरों में छिपे हुए थे। अशोक ने तब हौंसला दिखाया और इस घटना की सूचना पुलिस को दे दी।

पुलिस बिना समय गँवाए, गाँव में पहुँच गई और डाकुओं को चारों ओर से घेर लिया। पुलिस ने यह घोषणा भी कर दी कि सभी गाँव वाले अपने-अपने घरों में छिपे रहें और डाकुओं को चेतावनी दी कि वे आत्मसमर्पण कर दें। डाकुओं का हौंसला पस्त हो चुका था और वे समर्पण की योजना बना रहे थे। सहसा अशोक अपना संयम खो बैठा और उसने डाकुओं पर हमला कर दिया।

तभी सब डाकुओं ने अशोक को अपने नियंत्रण में कर लिया और उसे मारने की धमकी देते हुए भागने का प्रयास करने लगे। डाकू अशोक को साथ ले गए और दूर सुनसान जगह पर जख्मी हालत में फेंककर फरार हो गए। पुलिस ने अशोक का इलाज करवाया।

कुछ स्वस्थ होने पर पुलिस ने व्यंग्यात्मक शब्दों में से अशोक को कहा कि अपनी अधीरता के कारण आपने अपने प्राण संकट में डाल लिए और डाकू भी भागने में कामयाब हो गए। यदि अशोक स्वयं को संयमित रखता तो पुलिस अपने अभियान में सफल होती और अशोक के प्राणों को भी खतरा नहीं होता। अब यह उक्ति इस घटना और अशोक पर सत्य प्रतीत हो रही थी कि "आ बैल मुझे मार।"

सीख इस कथा से हमें यह शिक्षा मिलती है कि बिना सोच-विचारे कार्य करके मुसीबत में नहीं पड़ना चाहिए।

22. एक मौलिक कथा लिखिए, जिसका आधार निम्नलिखित उक्ति हो

"जैसी करनी वैसी भरनी।" **दक्षता आधारित प्रश्न**

उत्तर **उक्ति का अर्थ** 'जैसी करनी वैसी भरनी' उक्ति का अर्थ है कि मनुष्य जैसा कर्म करता है, वैसा ही फल उसे भोगना पड़ता है।

यह सर्वविदित है कि मानव अपने कर्मों के आधार पर ही फल भोगता है। सत्कर्मी तथा परिश्रमी मानव सदैव श्रेष्ठ लक्ष्यों को प्राप्त करता है तथा बुरे कर्म करने वाला मानव सदैव कर्मानुरूप व्यर्थ भटकता रहता है। इसी विषय से संबंधित एक कथा प्रस्तुत है।

कथा दो भाई थे। दोनों कुशाग्र बुद्धि के थे, परंतु दोनों के आचरण, व्यवहार और जीवन-शैली में बहुत अंतर था। उसमें राम धैर्यवान व परिश्रमी था, परंतु राज अधीर, चंचल एवं आलसी था। उनके पिताजी

ने उन्हें वार्षिक परीक्षा में श्रेष्ठ अंकों से उत्तीर्ण होने का लक्ष्य दिया, ताकि दोनों का देश के प्रतिष्ठित कॉलेज में दाखिला हो सके।

राम ने पूरी मेहनत और योजना के साथ पूरे समय परीक्षा की तैयारी की और परीक्षा में प्रथम स्थान के साथ पास हुआ। तदुपरांत उसने श्रेष्ठ कॉलेज में भी दाखिला पाया और परिश्रम से प्रशासनिक सेवा (आईएएस) में शानदार भविष्य बनाया। इसके विपरीत राज ने अपना समय व्यर्थ के कार्यों व मित्र मंडली में व्यतीत किया, जिससे वह विद्यालय की परीक्षा तक उत्तीर्ण न कर सका।

इस प्रकार राज ने स्वयं के भविष्य पर प्रश्नचिह्न लगा दिया और राम कामयाबी की बुलंदियों को प्राप्त कर गया। दोनों ने अपने कर्मों के अनुसार ही फल पाया, इसलिए इस घटना से यह कहावत सही सिद्ध हो गई कि

"जैसी करनी वैसी भरनी।"

सीख प्रस्तुत कथा से हमें यह सीख मिलती है कि हमें अपने कर्मों के अनुरूप ही फल की प्राप्ति होती है। मनुष्य जैसा कर्म करता है, उसे वैसा ही फल भोगना पड़ता है।

स्व-मूल्यांकन

1. अपने जीवन के किसी मार्मिक अंश को आधार बनाते हुए, उसे कथा के रूप में लिखिए।

2. "पुस्तक मेरी सच्ची मित्र है" विषय पर एक स्वरचित कथा लिखिए।

3. अपनी कल्पनाशक्ति के आधार पर 'ग्रामीण जीवन' विषय पर एक कथा लिखिए।

4. 'हमारे जीवन में विद्यालय का महत्त्व' पंक्ति को आधार बनाते हुए कथा लेखन कीजिए।

5. 'बस्ते का बोझ, जीवन का बोझ' विषय पर कथा लेखन कीजिए।

6. 'श्रेष्ठतम धर्म परोपकार' विषय आधारित कथा लेखन कीजिए।

7. "दूध का जला छाछ भी फूँक-फूँककर पीता है" प्रस्तुत पंक्ति से आरंभ करते हुए एक कथा लिखिए।

8. "सत्य को कभी-भी छिपाया नहीं जा सकता" कथन को आधार बनाकर कथा लिखिए।

9. "पराधीन सपनेहुँ सुख नाहीं" पंक्ति को आधार बनाकर एक मौलिक कथा लिखिए।

10. एक मौलिक कथा लिखिए जिसका आधार "जब आवै संतोष धन सब धन धूरि समान" हो।

11. "साँच को आँच नहीं" पंक्ति को आधार बनाकर एक मौलिक कथा लिखिए।

12. "चार दिन की चाँदनी फिर अँधेरी रात" उक्ति को आधार बनाकर एक मौलिक कथा लिखिए।

13. "उल्टा चोर कोतवाल को डाँटे" पंक्ति को आधार बनाकर एक मौलिक कथा लिखिए।

14. "एक गंदी मछली सारे तालाब को गंदा कर देती है" पंक्ति को आधार बनाकर एक मौलिक कथा लिखिए।

15. "अब पछताए होत क्या, जब चिड़ियाँ चुग गई खेत" पंक्ति को आधार बनाकर एक मौलिक कथा लिखिए।

अध्याय

6 ई-मेल (ई-पत्र) लेखन

ई-मेल (ई-पत्र) लेखन का अर्थ

आज कंप्यूटर के दौर में ई-मेल के द्वारा ऑनलाइन-पत्र भेजे जाते हैं। ऑनलाइन भेजे जाने वाले पत्र पलक झपकते ही अपने गंतव्य तक पहुँच जाते हैं। इस प्रकार, पत्र को इंटरनेट की सहायता से ई-मेल के द्वारा 'प्रेषिती' (प्राप्तकर्ता) तक पहुँचाना **ऑनलाइन पत्र** या **ई-पत्र** कहलाता है।

ई-मेल दो शब्दों के मेल से बना है 'ई + मेल', 'ई' से अभिप्राय है—इलेक्ट्रॉनिक जबकि मेल का हिंदी पर्याय है—डाक। इस प्रकार कहा जा सकता है कि इंटरनेट के माध्यम से विद्युत के वेग समान भेजी जाने वाली डाक, **इलेक्ट्रॉनिक मेल** अथवा **ई-मेल** कहलाती है।

ऑनलाइन-पत्र भेजने के लिए प्रेषक व प्रेषिती दोनों के पास अपनी वैध 'ई-मेल' आइडी होनी अनिवार्य है। ई-मेल के माध्यम से न केवल संदेशों का, बल्कि डिजिटल दस्तावेजों, वीडियो आदि को अटैच (संलग्न) करके किसी दूसरे ई-मेल पते पर भेजा एवं प्राप्त किया जाता है। वर्तमान समय में सैकड़ों वेबसाइट हैं, जो ई-मेल आइडी बनाने की सुविधा उपलब्ध कराती हैं; जैसे—जी-मेल, याहू, रेडिफ मेल, हॉट मेल आदि।

ई-मेल पते के घटक

ई-मेल पते के तीन घटक होते हैं—यूजर नेम (उपयोगकर्ता का नाम), प्रतीक (@) एवं डोमेन नेम (जी-मेल, याहू, हॉट मेल आदि)। उदाहरण के लिए snehagupta@gmail.com में snehagupta यूजर नेम है, @ अपने आप में प्रतीक है, जबकि gmail.com डोमेन नेम है।

ई-मेल के मुख्य भाग

ई-मेल को क्रम के अनुसार, प्रस्तुत किया जाता है अथवा लिखा जाता है, वे ई-मेल के भाग कहलाते हैं। सामान्यत: ई-मेल के भाग निम्नलिखित होते हैं—

1. **आरंभ** ई-मेल के प्रारंभ में ई-मेल भेजने वाले का ई-मेल पता 'from' के अंतर्गत लिखा जाता है; जैसे- from : Riyagupta/@gmail.com. उसके बाद संदेश प्राप्तकर्ता अथवा प्रेषिती का पता लिखा जाता है। 'To' के अंतर्गत जिस व्यक्ति को ई-मेल भेजा जा रहा है उसका ई-मेल पता लिखा जाता है;
जैसे—To : nehasharma@gmail.com

कभी-कभी ई-मेल भेजते समय दो या दो से अधिक व्यक्तियों को ई-मेल भेजना होता है ऐसे में तीन स्थितियाँ उत्पन्न होती हैं, जो निम्न हैं

(i) To, इसके अंतर्गत उन व्यक्तियों की ई-मेल आईडी को Type किया जाता है, जिनको Direct Mail किया जाता है अर्थात् उनको Mail में किया गया सभी Text और Attachement पूर्ण रूप से प्राप्त होता है।

(ii) CC का अर्थ है—कार्बन कॉपी (Carbon Copy)। इसके अंतर्गत यदि एक व्यक्ति को ई-मेल भेजना है और यदि आप चाहते हैं कि अन्य दो लोगों को यह पता रहे कि क्या भेजा है तब अन्य दो लोगों का ई-मेल पता CC में डाल सकते हैं, जिससे सबका ई-मेल भी एक-दूसरे को दिख जाएगा।

(iii) BCC का अर्थ है—ब्लाइंड कार्बन कॉपी (Blind Carbon Copy)। BCC करने से ई-मेल जिस-जिस को किया गया है, वह किसी को भी ज्ञात नहीं होता है, गुप्त रहता है।

2. **विषय** ई-मेल के दूसरे भाग विषय अथवा सब्जेक्ट के अंतर्गत जिस संदेश को लिखा जा रहा है, उसे संक्षेप में इसके अंतर्गत बताया जाता है; जैसे—होली की शुभकामनाएँ।

3. **संदेश** इसके अंतर्गत मूल विषय का विस्तारपूर्वक वर्णन किया जाता है। मूल विषय ध्यानपूर्वक इसके अंतर्गत लिखा जाता है तथा अनुच्छेदों (पैराग्राफ) के मध्य थोड़ी जगह भी छोड़ी जाती है।

4. **अटैचमेंट** संदेश प्रेषित करते समय यदि किसी दस्तावेज को संदेश अथवा पत्र आदि के साथ संलगित करना होता है, तो अटैचमेंट के द्वारा उसे संदेश अथवा पत्र के साथ भेजा जाता है। ध्यान रहे अटैचमेंट का प्रयोग तभी किया जा सकता है, जब वह दस्तावेज कंप्यूटर में सुरक्षित (सेव) हो।

5. **अंत** ई-मेल में अंत में जब संदेश लिखा जा चुका हो तथा आवश्यकता पड़ने पर अटैचमेंट लगाई जा चुकी हो तत्पश्चात् संबंधित व्यक्ति को संदेश प्रेषित करने के लिए सेंड (Send) के विकल्प का प्रयोग किया जाता है। सेंड के एक क्लिक करने से प्रस्तुत ई-मेल संबंधित व्यक्ति/व्यक्तियों तक पहुँच जाएगी, जिसका ई-मेल लिखा गया है।

ई-मेल के प्रकार

ई-मेल का प्रयोग वैयक्तिक अथवा निजी प्रयोग हेतु किया जाता है तथा व्यापार एवं कार्यालय के प्रयोग हेतु अपनी शिकायत, समस्या, उत्पाद खरीदने आदि के लिए भी किया जाता है। इस प्रकार ई-मेल के दो प्रकार होते हैं

1. औपचारिक ई-मेल (Formal E-mail)
2. अनौपचारिक ई-मेल (Informal E-mail)

1. औपचारिक ई-मेल

औपचारिक ई-मेल उन लोगों को भेजे जाते हैं, जिनसे हमारा कोई निजी या पारिवारिक संबंध नहीं होता। किसी संस्था, अधिकारी, व्यापारियों आदि से संपर्क स्थापित करने के लिए भेजे जाने वाले ऑनलाइन संदेश एवं पत्रों को **औपचारिक ई-मेल** कहा जाता है।

औपचारिक ई-मेल करते समय ध्यान रखने योग्य बातें

- ई-मेल भेजने के प्रारंभ में जिसे संदेश प्रेषित करना होता है, उसका सही व वैध ई-मेल पता लिखा जाना चाहिए।
- औपचारिक ई-मेल भेजते समय ई-मेल प्राप्तकर्ता के लिए श्रीमान, मान्यवर, महोदय आदि आदर सूचक शब्दों का प्रयोग किया जाता है।
- औपचारिक ई-मेल करते समय विषय-वस्तु को कम शब्दों में लिखने का प्रयास करना चाहिए।
- अनुच्छेद के बीच में उचित स्थान दिया जाना चाहिए।
- ई-पत्र लिखते समय आवश्यकता पड़ने पर महत्त्वपूर्ण बातों के लिए बुलेट्स आदि का प्रयोग किया जा सकता है।
- ई-मेल द्वारा भेजे गए औपचारिक पत्र में आदर सहित आदि लिखकर पत्र का अंत या समापन करना चाहिए।
- ई-मेल भेजने से पूर्व अंत में ध्यानपूर्वक पुनः ई-मेल को पढ़ लेना चाहिए।

ई-मेल का जवाब (प्रत्युत्तर) देने हेतु प्रयोग किए जाने वाले वाक्यांश

सगे- संबंधियों, मित्रों, पारिवारिक सदस्यों, अधिकारियों, व्यापारियों आदि के द्वारा जब ई-मेल द्वारा संदेश अथवा पत्र भेजा जाता है एवं प्राप्त किया जाता है, तब संबंधित व्यक्ति द्वारा प्राप्त हुए ई-मेल के प्रत्युत्तर में कुछ-न-कुछ वाक्य कहे जाते हैं, जिससे ई-मेल भेजने वाले को यह सुनिश्चित हो जाता है कि उसके द्वारा भेजा गया ई-मेल उस व्यक्ति को प्राप्त हो गया है। ई-मेल का उत्तर देने हेतु प्रयुक्त किए जाने वाले कुछ वाक्यांश के उदाहरण निम्नलिखित हैं

- आपके ई-मेल के लिए धन्यवाद।
- मुझे आपका ई-मेल प्राप्त हो गया है, धन्यवाद।
- मुझे खेद है कि मैं कल वापस तुमसे नहीं मिला।
- हाँ, मैं मंगलवार प्रात: 10 बजे बैठक में उपस्थित रहूँगा।
- मैं तुमसे अवश्य मिलने आऊँगा।
- स्पष्टीकरण के लिए आपका धन्यवाद।
- आपके ई-मेल में उल्लेख किए बिंदुओं का मैं पालन करूँगा।

ई-मेल का प्रारूप

विद्यालय में कला और शिल्प (आर्ट एंड क्राफ्ट) की कक्षाओं में छात्रों द्वारा बनाई गई वस्तुओं की प्रदर्शनी करने के लिए अनुमति हेतु लगभग 100 शब्दों में प्रधानाचार्या को ई-मेल लिखिए।

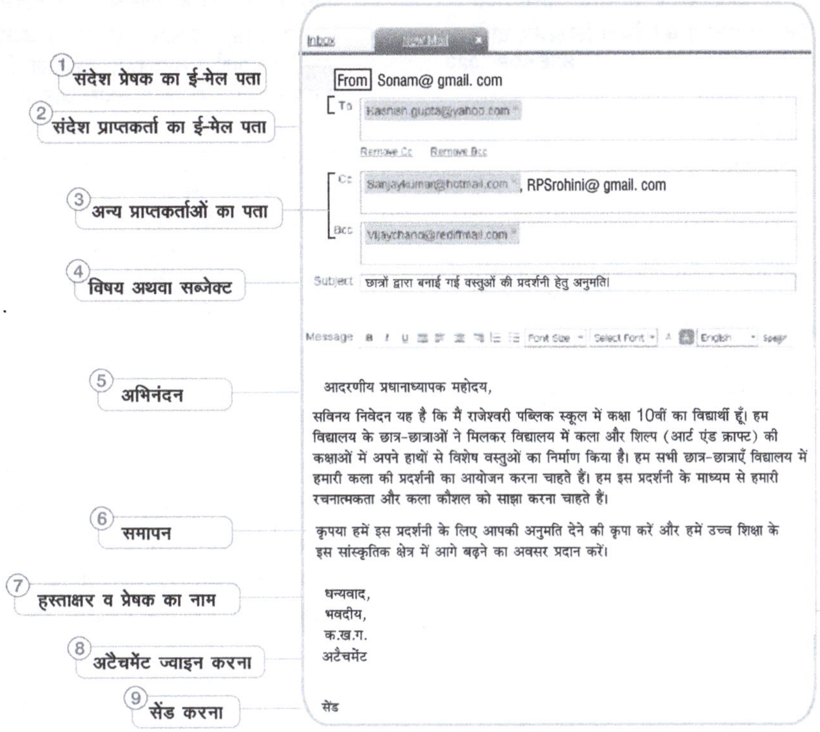

अभ्यास प्रश्न
(दक्षता आधारित प्रश्नों सहित)

1. आपके बैंक खाते में गलती से 5000 रुपये की राशि अधिक आ गई है। इसकी जानकारी बैंक अधिकारी को ईमेल लिखकर दीजिए। **CBSE SQP 2023**

उत्तर From : pqr@gmail.com
To : kyc@GPV.com
CC : abc@bob.com
BCC : —

विषय बैंक खाते में अधिशेष राशि की सुधार के लिए अनुरोध।

महोदय मैं जयपुर जिले के मानसरोवर कॉलोनी का निवासी हूँ। मेरा नाम महेश है। मैं आपको अपने बैंक खाते से संबंधित एक विसंगति के बारे में सूचित करने के लिए लिख रहा हूँ।

अपने लेन-देन की समीक्षा करते समय, मैंने देखा कि मेरे खाते में 5000 रुपये की अतिरिक्त राशि जमा की गई है और मेरा मानना है कि यह एक त्रुटि है। मैं यहाँ अपने बैंक का विवरण साँझा कर रहा हूँ।

लेन-देन का विवरण-

खाता धारक का नाम : महेश गुप्ता

खाता संख्या : XXXXXXXXXX45

लेन-देन की तारीख : 23 जनवरी, 20XX

अतिरिक्त राशि : ₹ 5000

मैं आपसे निवेदन करता हूँ कि इस मामले की जाँच करें और मेरे खाते में आवश्यक सुधार करें।

यदि मेरी ओर से किसी और जानकारी की आवश्यकता हो या इस गलती के सुधार के लिए कोई औपचारिक प्रक्रिया हो, तो कृपया मुझे बताएँ।

मैं इस समस्या का यथाशीघ्र समाधान की आशा करता हूँ।

धन्यवाद।

भवदीय

महेश शर्मा

2. आप रोहन/रम्या हैं। आवारा पशुओं के कारण होने वाली समस्याओं की जानकारी देते हुए नगर निगम अधिकारी को ई-मेल लिखिए। **CBSE SQP 2023**

उत्तर from : Rohan@gmail.com
To : xyz@gmail.com
CC : abc@bob.com
BCC : —

विषय आवारा पशुओं के कारण होने वाली समस्या हेतु।

महोदय,

मैं जयपुर जिले के झोटवाड़ा कॉलोनी का निवासी हूँ। मेरा नाम रोहन है। मैं आपको हमारे नगर में आवारा पशुओं के कारण हो रही समस्या से अवगत कराना चाहता हूँ।

हमारे नगर में आवारा पशुओं की बढ़ती संख्या ने अनेक समस्याएँ उत्पन्न कर दी हैं। आवारा पशुओं के सड़कों पर घूमने से यातायात में असुविधा हो रही है, जिससे गंभीर हादसों का खतरा बढ़ रहा है।

आवारा पशुओं के कारण हर समय बच्चों और बुर्जुर्गों के लिए असुरक्षित माहौल बना रहता है। हाल ही में कुछ दिन पहले नगर में एक स्कूल से आ रहे 7 वर्षीय बालक को आवारा पशुओं ने घायल कर दिया, जिससे नगर में भय का माहौल बना हुआ है। यह स्थिति नागरिकों के लिए स्वास्थ्य और सुरक्षा की समस्या बन चुकी है। मैं आपसे आवारा पशुओं के लिए सुरक्षित क्षेत्र निर्दिष्ट करने का अनुरोध करता हूँ, जिससे वे शहर की सुरक्षा को खतरे में न डालें।

अतः आपसे अनुरोध है कि आप इस समस्या पर ध्यान दें और आवश्यक कदम उठाने का प्रयास करें। नगर निगम के सहयोग से हम सभी एक सुरक्षित और स्वस्थ नगर का निर्माण कर सकते हैं।

धन्यवाद।

भवदीय

रोहन वर्मा

3. आप श्वेता कपूर/शैलेश कपूर हैं। आप वर्तमान परिप्रेक्ष्य में हिंदी की उपयोगिता जानते हैं, इसीलिए ग्यारहवीं कक्षा में विज्ञान विषय के साथ भी हिंदी अतिरिक्त विषय के रूप में पढ़ना चाहते हैं। अपने प्रधानाचार्य को विद्यालय के ई-मेल पते पर ई-मेल लिखकर अनुमति प्राप्त कीजिए। (शब्द-सीमा लगभग 100 शब्द) **CBSE SQP 2022**

उत्तर from : shweta Kapor@gmail.com
To : kyc@GPV.com
CC : abc@bob.com
BCC : —

विषय विज्ञान के साथ अतिरिक्त विषय में हिंदी पढ़ने हेतु।

आदरणीय प्रधानाध्यापक महोदय,

मैं जानती हूँ कि विज्ञान विषय की पढ़ाई अन्य विषयों से अधिक कठिन होती है, किंतु मैं फिर भी हिंदी को अतिरिक्त विषय के रूप में पढ़ना चाहती हूँ, क्योंकि मैं वर्तमान परिप्रेक्ष्य में हिंदी की उपयोगिता जानता हूँ।

यह हमारी राष्ट्रभाषा है। दैनिक जीवन में हम इसी भाषा का प्रयोग करते हैं। यह सर्वसाधारण की भाषा है। जिस देश के वासी अपनी भाषा को नहीं जानते, वह पिछड़ जाते हैं। मुझे मेरे देश की भाषा अत्यधिक प्रिय है।

अतः आपसे निवेदन है कि मुझे ग्यारहवीं कक्षा में विज्ञान विषय के साथ अतिरिक्त विषय के रूप में हिंदी पढ़ने की अनुमति दें। मैं आपको विश्वास दिलाती हूँ कि मैं खूब मेहनत करूँगी और विज्ञान विषय की पढ़ाई पर हिंदी विषय की पढ़ाई का असर नहीं पड़ने दूँगी।

मुझे आशा है कि आप मेरा अनुग्रह स्वीकार करेंगे।

धन्यवाद।

आपकी आज्ञाकारी शिष्या

श्वेता कपूर

4. **बड़ी बहन के विवाह में सपरिवार सम्मिलित होने के लिए अपने मित्र को लगभग 100 शब्दों में ई-मेल द्वारा निमंत्रण पत्र भेजिए।** **CBSE 2024**

उत्तर From : abc@gmail.com
To : xyz@gmail.com
CC :
BCC :

विषय बड़ी बहन के विवाह में सपरिवार सम्मिलित होने के निमंत्रण हेतु।

प्रिय मित्र,

तुम्हें यह जानकर खुशी होगी कि मेरी बड़ी बहन की शादी 4 अक्टूबर, 20XX को तय हुई है। मैंने अपने स्कूल के सभी मित्रों को इस अवसर पर बुलाया है और इस अवसर पर तुम्हें भी सपरिवार सम्मिलित होना है, ताकि हम सभी को दोस्तों से मिलने का मौका मिल सके। विवाह का निमंत्रण-पत्र मैं यहाँ अटैच कर रहा हूँ। मुझे तुम्हारा इंतजार रहेगा। अंकल-आंटी को साथ में लेकर आना। बाकी बातें मिलने पर होंगी।

प्रतीक्षा में,

तुम्हारा अभिन्न मित्र,

क.ख.ग.

अटैचमेंट विवाह निमंत्रण कार्ड

5. **ए. टी. एम. कार्ड न मिलने की शिकायत संबंधी ई-पत्र लिखिए।**

उत्तर from : pqr@gmail.com
To : debitcard@bobcards.com
CC : abc@bob.com
BCC : —

विषय ए.टी.एम. कार्ड न मिलने की शिकायत करने हेतु।

महोदय,

मेरा खाता नं. 45XXXXXX है। मैंने एक माह पहले ए.टी.एम. कार्ड के लिए आवेदन किया था, किंतु यह मुझे अभी तक नहीं मिल सका है। कृपया बताइए कि इस देरी की क्या वजह है।

आपसे निवेदन है कि आप मेरा ए.टी.एम. कार्ड शीघ्र से शीघ्र मेरे पते पर भेजने का कष्ट करें।

धन्यवाद।

भवदीय

क.ख.ग.

6. **आप धनुष सांगवान/धनुषी सांगवान हैं। आपने ऑनलाइन लैपटॉप खरीदे हैं, परंतु खरीदने के एक महीने के भीतर ही उसमें खराबी आ गई है। इस बात की जानकारी देते हुए उस उत्पाद (लैपटॉप) को बदलने का आग्रह करते हुए कंपनी के ई-मेल पते पर ई-मेल लिखिए।** **CBSE 2023**

उत्तर from : pqr@gmail.com
To : Moderncommunication@gmail.com
CC : abc@bob.com
BCC : —

विषय खराब लैपटॉप बदलने के संबंध में।

महोदय,

मैंने उक्त पते से ऑनलाइन लैपटॉप खरीदा था, जिसका बिल क्रमांक 315/10 फरवरी, 20XX है। मैंने इसकी कीमत 40,000 रु. का भुगतान ऑनलाइन कर दिया था। यह लैपटॉप ऑन करने के कुछ ही देर बाद गर्म हो जाता है। इसमें बार-बार हैक होने की समस्या आ रही है। इसके लिए मैं दो बार ई-मेल भी भेज चुका हूँ, परंतु कोई जवाब नहीं आया। इससे मुझे कठिनाई का सामना करना पड़ रहा है। कृपया इस लैपटॉप को बदलकर नया लैपटॉप भेजने का कष्ट करें।

धन्यवाद।

भवदीय

धनुष सांगवान

7. **अपनी कंपनी के निदेशक को ई-पत्र लिखिए, जिसमें ज़रूरी काम निकल आने पर अवकाश लेने हेतु प्रार्थना की गई हो।** **दक्षता आधारित प्रश्न**

उत्तर from : pqr@gmail.com
To : ShriRam@gmail.com
CC : abc@bob.com
BCC : —

विषय आवश्यक कार्य हेतु अवकाश लेने के संबंध में।

महोदय,

सादर निवेदन यह है कि आज शाम को कुछ मेहमान हमारे घर आ रहे हैं। मेहमानों ने मेरे साथ कल दिल्ली घूमने की इच्छा जताई है। चूँकि वे लोग पहली बार घर आ रहे हैं, इसलिए मैं उन्हें इंकार नहीं कर सकता। अत: आपसे निवेदन है कि आप मुझे कल अर्थात् 11 अप्रैल, 20XX का अवकाश प्रदान करने की कृपा करें।

धन्यवाद।

भवदीय

राजेंद्र शर्मा

8. **आयकर अधिकारी को ई-पत्र लिखिए, जिसमें आयकर से माफ़ी एवं पूर्ण मुक्ति के लिए प्रार्थना की गई हो।** **दक्षता आधारित प्रश्न**

उत्तर from : pqr@gmail.com
To : IncomYhoo.com
CC : abc@bob.com
BCC : —

विषय आयकर से पूर्ण मुक्ति हेतु।

महोदय,

मुझे दिनांक 29 मार्च, 20XX को आपकी ओर से एक पत्र प्राप्त हुआ, जिसमें वर्ष 20XX-XX के लिए ₹ 5,005 आयकर अदा करने को कहा गया है। उक्त अवधि में मेरी आय आयकर सीमा से निम्न है, लगता है किसी त्रुटिवश मेरी आय पर आयकर का निर्धारण कर दिया गया है।

आपसे प्रार्थना है कि मेरे खातों की जाँच कर मुझे आयकर से पूर्ण मुक्ति हेतु निर्देश जारी करें।

धन्यवाद।

भवदीय

क.ख.ग.

9. शिपिंग कंपनी से सामान के संबंध में पूछताछ करते हुए ई-पत्र लिखिए। **CBSE SQP 2022**

उत्तर from : pqr@gmail.com
To : M.IndiaShiping@gmail.com
CC : abc@bob.com
BCC : —

विषय शिपिंग कंपनी से सामान के संबंध में पूछताछ हेतु।

महोदय,

हमें तुर्की स्थित अपने ग्राहक को पीतल के गुलदस्ते भेजने हैं। कृपया आप तुर्की के लिए माल को लेकर जाने वाले अपने अगले जहाज़ का नाम और कार्गो प्राप्त करने की अंतिम तारीख की सूचना भेजें।

गुलदस्ते गत्ते के 16 डिब्बों (कार्टन) में पैक किए जाएँगे, जिनका माप 3 × 2 × 1 फीट 1/2 होगा और प्रत्येक डिब्बे का वज़न लगभग 12.50 किग्रा होगा।

अपने भाड़े का भी उल्लेख करते हुए पत्र का उत्तर शीघ्र दें।

धन्यवाद।

भवदीय

हस्ताक्षर....

(राजकुमार)

10. भारत संचार निगम लिमिटेड को अपने खराब टेलीफोन की मरम्मत के लिए एक ई-पत्र लिखिए। **CBSE SQP 2022**

उत्तर from : pqr@gmail.com
To : BharatSanchar@gmail.com
CC : abc@bob.com
BCC : —

विषय खराब टेलीफोन की मरम्मत हेतु।

महोदय,

मेरा टेलीफोन नं. 12125467 पिछले एक सप्ताह से खराब पड़ा है। एक सप्ताह में चार बार इसकी शिकायत दर्ज करवाई गई है, किंतु भारत संचार निगम लि. (बी. एस. एन. एल.) का कोई कर्मचारी अभी तक इसे ठीक करने के लिए नहीं आया है। फोन खराब होने के कारण मुझे कठिनाइयों का सामना करना पड़ रहा है।

अत: आपसे निवेदन है कि मेरे उक्त नंबर के टेलीफोन को शीघ्रातिशीघ्र ठीक करने हेतु अपने कर्मचारियों को त्वरित आदेश दें।

धन्यवाद।

भवदीय

हस्ताक्षर....

रवि कुमार

स्व-मूल्यांकन

1. विद्युत विभाग को एक ई-मेल लिखिए, जिसमें आपके विद्युत के बिल में अत्यधिक चार्ज लगाने की शिकायत की गई है।

2. आप एक अध्यापक हैं। अपनी कक्षा के सभी विद्यार्थियों के परिजनों को आगामी 15 जनवरी को आयोजित एक कार्यक्रम में आमंत्रित करने हेतु एक ई-मेल लिखिए।

3. जिलाधिकारी को एक ई-मेल द्वारा अपने क्षेत्र की खाद्य वितरण सामग्री के वितरक के विरुद्ध शिकायत कीजिए।

4. बेसिक शिक्षा अधिकारी (बी.एस.ए) को एक ई-मेल लिखिए, जिसमें आपकी दसवीं की मार्कशीट में आपके नाम का मिस्प्रिंट की शिकायत की गई हो।

5. शिपिंग कंपनी से सामान के संबंध में पूछताछ करते हुए ई-पत्र लिखिए।

6. भारत संचार निगम लिमिटेड को अपने खराब टेलीफोन की मरम्मत के लिए एक ई-पत्र लिखिए।

7. आयकर अधिकारी को ई-पत्र लिखिए, जिसमें आयकर से माफ़ी एवं पूर्ण मुक्ति के लिए प्रार्थना की गई हो।

8. अपनी कंपनी के एच.आर. (मानव संसाधन मैनेजर) को ई-पत्र लिखिए, जिसमें ज़रूरी काम निकल आने पर अवकाश लेने हेतु प्रार्थना की गई हो।

9. अपने क्षेत्र के जिलाधिकारी को ध्वनि प्रदूषण की समस्या से अवगत कराते हुए ई-पत्र लिखिए।

10. एस.बी.आई. मुख्य कार्यालय में ए. टी. एम. कार्ड न मिलने की शिकायत संबंधी ई-पत्र लिखिए।

प्री-मिड टर्म टेस्ट

अपठित, व्याकरण, पाठ्यपुस्तक (पद्य भाग तथा गद्य भाग) एवं लेखन खंड के प्रश्नों सहित

{टेस्ट 1}

1 निम्नलिखित गद्यांश को पढ़कर उन पर आधारित बहुविकल्पीय प्रश्नों के उत्तर दीजिए। (½ × 4 = 2)

कई लोग असाधारण अवसर की बाट जोहा करते हैं। साधारण अवसर उनकी दृष्टि में उपयोगी नहीं रहते, परंतु वास्तव में कोई अवसर छोटा-बड़ा नहीं है। छोटे-से-छोटे अवसर का उपयोग करने से, अपनी बुद्धि को उसी में भिड़ा देने से, वही छोटा अवसर बड़ा हो जाता है। सर्वोत्तम मनुष्य वे नहीं हैं, जो अवसरों की बाट देखते रहते हैं, बल्कि वे हैं, जो अवसर को अपना दास बना लेते हैं। हमारे सामने हमेशा ही अवसर उपस्थित होते रहते हैं। यदि हममें इच्छाशक्ति है, काम करने की ताकत है, तब हम स्वयं ही उनसे लाभ उठा सकते हैं। अवसर न मिलने की शिकायत कमज़ोर मनुष्य ही करते हैं।

जीवन अवसरों की एक धारा है। स्कूल, कॉलेज का प्रत्येक पाठ, परीक्षा का समय, कठिनाई का प्रत्येक पल, सदुपदेश का प्रत्येक क्षण एक अवसर है। इन अवसरों से हम नम्र हो सकते हैं, ईमानदार हो सकते हैं, मित्र बना सकते हैं, उत्तरदायित्वों का मूल्य समझ सकते हैं और इस प्रकार उच्च मनुष्यता प्राप्त कर सकते हैं। ऐसे अनेक लोग हैं, जो अवसर को पकड़कर करोड़पति हो गए, परंतु अवसरों का क्षेत्र यहाँ समाप्त नहीं हो जाता। अवसर का उपयोग करके हम इंजीनियर, डॉक्टर, कला-विशारद (कला में निपुण), कवि और विद्वान् भी बन सकते हैं। यद्यपि अवसरों के उपयोग से धन कमाना अच्छा काम है, परंतु धन से भी कहीं अधिक श्रेष्ठ कार्य समाज में महान् एवं आदर्श व्यक्ति बनना है। धन ही जीवन के प्रयत्नों का अंत नहीं है, जीवन-लक्ष्य की चरम सीमा नहीं है। अवसरों के सदुपयोग से हम सर्वदृष्टि से महत्त्वपूर्ण एवं सफल इंसान बन सकते हैं।

प्रश्न

I. छोटा अवसर भी कब बड़ा और असाधारण हो जाता है? (1)
(क) जब हममें उससे लाभ उठाने की क्षमता हो
(ख) जब हम बड़े अवसर की प्रतीक्षा में उसकी उपेक्षा नहीं करते
(ग) जब आलस्य के कारण उसके उपयोग से वंचित नहीं होते
(घ) जब हम पूरी लगन से उसका भरपूर उपयोग करते हैं

II. अवसर का लाभ कैसे उठाया जा सकता है? (1)
(क) अवसर की राह देखने से
(ख) अनेक अवसरों में उपयोगी अवसर की पहचान से
(ग) कार्य करने की उत्कट लालसा एवं शक्ति के भरपूर उपयोग से
(घ) कठिनाइयों को सहन करने से

III. जीवन को 'अवसरों की एक धारा' क्यों कहा गया है? (1)
(क) धारा जीवन को विनाश की ओर बहा सकती है
(ख) जीवन की ज़िम्मेदारियों का बोध करा सकती है
(ग) जीवन में प्रत्येक क्षण अवसर प्राप्त होते रहते हैं
(घ) धारा जीवन में अच्छे मित्र दे सकती है

IV. प्रस्तुत गद्यांश का शीर्षक क्या हो सकता है? (1)
(क) अवसर और मनुष्य
(ख) जीवन—अवसरों की एक धारा
(ग) जीवन में अवसरों का महत्त्व
(घ) अवसर और इच्छाशक्ति

2. निम्नलिखित वाक्यों के संज्ञा पदबंध रेखांकित कीजिए। (½ × 4 = 2)
(क) ईमानदार लोग सच्चे भी होते हैं।
(ख) दिल्ली में स्थित लालकिला अत्यंत सुंदर इमारत है।
(ग) नंद नंदन कृष्ण ने पूतना को मारा।
(घ) कुछ लोग घर में एकत्र हो रहे हैं।

3. निम्नलिखित लघु उत्तरीय प्रश्नों के उत्तर दीजिए।

'डायरी का एक पन्ना' पाठ में क्या महत्त्वपूर्ण संदेश दिया गया है? (1)

अथवा

'बड़े भाई साहब पाठ' में क्या विचार व्यक्त किए गए हैं? बड़ों और छोटों पर उनका क्या प्रभाव पड़ता है? (1)

4. निम्नलिखित विषय पर संकेत बिंदुओं के आधार पर अनुच्छेद लिखिए। (2)

युवाशक्ति और देश का भविष्य

संकेत बिंदु
- युवाशक्ति : वास्तविक शक्ति
- आज की युवा राजनीति
- युवाशक्ति को उचित दिशा देने के उपाय

अथवा

मोबाइल फोन

संकेत बिंदु

- मोबाइल फोन : दुनिया से जुड़े रहने का साधन
- मोबाइल फोन से मिलने वाली सुविधाएँ
- असुविधाजनक कैसे?

5. नगर में कल-कारखानों और वाहनों से होने वाले वायु-प्रदूषण के संबंध में पर्यावरण विभाग को पत्र लिखिए। (1)

अथवा

आप सुरेश, आनंद पर्वत, दिल्ली के निवासी हैं। आप अपने विद्यालय में राष्ट्रीय नाट्य विद्यालय की ओर से एक कार्यशाला आयोजित करना चाहते हैं। इसके लिए राष्ट्रीय नाट्य विद्यालय के निदेशक को पत्र लिखिए। (1)

6. निम्नलिखित विषय पर सूचना लेखन कीजिए।

विद्यालय के प्रधानाचार्य की ओर से विद्यालय के समय में की जाने वाली परिवर्तन संबंधी सूचना दीजिए। (1)

अथवा

आपके विद्यालय के प्रांगण में एक नाट्य मंडली नाटक प्रस्तुत करने जा रही है। आप अंकिता द्विवेदी, सांस्कृतिक कार्यक्रमों की प्रभारी होने के नाते एक सूचना लिखिए। (1)

7. निम्नलिखित विषय पर कथा लेखन कीजिए।

एक मौलिक कथा लिखिए, जिसका आधार निम्नलिखित उक्ति हो

"दूर के ढोल सुहावने" (1)

अथवा

एक मौलिक कथा लिखिए, जिसका आधार निम्नलिखित उक्ति हो

"खोदा पहाड़, निकली चुहिया।" (1)

{टेस्ट 2}

1. निम्नलिखित गद्यांश को पढ़कर उन पर आधारित अतिलघु उत्तरीय प्रश्नों के उत्तर दीजिए। (½ × 4 = 2)

'तेते पाँव पसारिए जेती लाँबी सौर' वाली कहावत बड़ी सार्थक है। भविष्य को सुखमय बनाने के लिए यह आवश्यक है कि आय का एक अंश नियमित रूप से बचाया जाए, जिससे आगे आने वाली आवश्यकताओं की पूर्ति सरलता से हो सके। इस तरह सीमित खर्च करने वाला व्यक्ति मितव्ययी कहलाता है। अनावश्यक व्यय करके जो व्यक्ति धन का दुरुपयोग करता है वह फिजूलखर्च माना जाता है। वास्तव में मितव्ययिता ही बचत और संचय की कुंजी है।

मनुष्य के जीवन में जो आदतें बचपन में पड़ जाती हैं वे किसी न किसी रूप में जीवन भर बनी रहती हैं। इसलिए बचपन में ही मितव्ययिता और बचत की आदतों का विकास आवश्यक है। कुछ बालक जेब खर्च के लिए मिले धन से भी बचत करते हैं। पैसा बचाकर अपनी-अपनी गुल्लक जल्दी-जल्दी भरने की उनमें होड़ लगी रहती है। कहा भी गया है कि एक-एक बूँद से सागर भरता है और एक-एक पैसा एकत्र करने से धन संचय होता है।

देश के आर्थिक, सामाजिक और औद्योगिक विकास के लिए शासन को धन चाहिए। धन प्राप्त करने के साधनों में जनता पर लगाए गए कर, सरकारी उद्योगों का उत्पादन, निर्यात आदि मुख्य हैं। एक अन्य महत्त्वपूर्ण साधन बैंकों तथा डाकघरों में संचित वह धनराशि है, जिसे नागरिक राष्ट्रीय बचत योजनाओं के अंतर्गत जमा करते हैं। राष्ट्रीय विकास के कार्यक्रमों में शासन इस संचित धनराशि का उपयोग सरलता से करता है। शासन की ओर से नगरों और गाँवों में बैंकों और डाकघरों की शाखाएँ खोली गई हैं। इनमें बालक-बालिकाओं और बड़ी उम्र के लोगों को बचत का धन जमा करने की सुविधा दी जाती है। इस दिशा में डाकघरों की सेवाएँ विशेष रूप से उल्लेखनीय हैं।

प्रश्न

I. गद्यांश के अनुसार मितव्ययी कौन कहलाता है?

II. शासन की ओर से डाकघर सेवाएँ कहाँ उपलब्ध कराई गई है?

III. 'औद्योगिक' शब्द का वर्ण-विच्छेद कीजिए।

IV. गद्यांश का उचित शीर्षक बताइए।

2. निम्नलिखित वाक्यों को मिश्र वाक्यों में बदलिए। (½ × 4 = 2)

(क) शरीर से कमज़ोर व्यक्ति के लिए यह प्रतियोगिता नहीं है।

(ख) चाय तैयार हुई और उसने प्यालों में भर दी।

(ग) श्रम से सफलता मिलती है।

(घ) वे लोग आज सुबह की ट्रेन से आए और शाम को चले गए।

3. निम्नलिखित लघु उत्तरीय प्रश्नों के उत्तर दीजिए।

शैलेंद्र की फिल्म 'तीसरी कसम' को क्या मिला, आर्थिक लाभ या यश और सम्मान? (1)

अथवा

'गिन्नी का सोना' निबंध का उद्देश्य संक्षेप में लिखिए। (1)

4. *निम्नलिखित निबंधात्मक प्रश्नों के उत्तर दीजिए।*

मीरा की भक्ति किस प्रकार की है? मीरा के पदों के आधार पर लिखिए। (1)

अथवा

कबीर की साखियों से हमें क्या शिक्षा मिलती है? (1)

5. निम्नलिखित विषय पर संकेत बिंदुओं के आधार पर अनुच्छेद लिखिए। (1)

ई-कचरा

संकेत बिंदु

- ई-कचरा से तात्पर्य
- चिंता का कारण
- निपटान के उपाय

अथवा

बेरोज़गारी और आज का युवा वर्ग

संकेत बिंदु

- समस्या का स्वरूप
- बेरोज़गारी के कारण
- बेरोज़गारी दूर करने के उपाय

6. वृक्षों को काटकर बनाए जा रहे शॉपिंग मॉल्स का विरोध करते हुए अपने शहर के प्रतिष्ठित समाचार-पत्र के संपादक को पत्र लिखिए। (1)

अथवा

अपने क्षेत्र में बढ़ते अपराधों की रोकथाम हेतु थानाध्यक्ष को पत्र लिखिए। (1)

7. निम्नलिखित विषय पर सूचना लेखन कीजिए।

आप अपने विद्यालय के कैप्टन सतीश वर्मन हैं। किसी सांस्कृतिक कार्यक्रम के आयोजन संबंधी सूचना सभी विद्यार्थियों को दीजिए। (1)

अथवा

आप राम वर्मा जनकल्याण सामाजिक संस्था के सचिव हैं। भूकंप पीड़ित लोगों के लिए दान एकत्रित करने हेतु एक सूचना लिखिए। (1)

8. निम्नलिखित विषय से संबंधित विज्ञापन तैयार कीजिए।

आपके कार्यालय में कंप्यूटर ऑपरेटर की आवश्यकता है, इसके लिए विज्ञापन तैयार कीजिए। (1)

अथवा

स्वास्थ्य सेवा प्रदान करने वाली कंपनी की ओर से एक विज्ञापन तैयार कीजिए। (1)

{टेस्ट 3}

1. निम्नलिखित गद्यांश को ध्यानपूर्वक पढ़कर उन पर आधारित प्रश्नों के उत्तर दीजिए। $(\frac{1}{2} \times 4 = 2)$

संपूर्ण विश्व आज जिस बड़ी समस्या से जूझ रहा है, वह है– जलवायु परिवर्तन।

जलवायु परिवर्तन आज एक ऐसी विश्वस्तरीय समस्या का रूप ले चुका है, जिसके समाधान के लिए आज संपूर्ण विश्व-समाज को संयुक्त रूप से अंतर्राष्ट्रीय स्तर पर सतत प्रयास करने की आवश्यकता है। दरअसल सामान्य मौसमी अभिवृत्तियों में किसी खास स्थान पर होने वाले विशिष्ट परिवर्तन को ही जलवायु परिवर्तन कहते हैं।

तापमान में वृद्धि, हिमनदों का पिघलना तथा समुद्र जल स्तर में लगातार वृद्धि ऐसे सूचक हैं, जिनसे जलवायु परिवर्तन की परिघटना का पता चलता है। पृथ्वी पर आने वाली सौर ऊर्जा की बड़ी मात्रा अवरक्त किरणों के रूप में पृथ्वी के वातावरण से बाहर चली जाती है। इस ऊर्जा की कुछ मात्रा ग्रीनहाउस गैसों में मीथेन, कार्बन डाइ-ऑक्साइड, नाइट्रस ऑक्साइड इत्यादि शामिल हैं।

वातावरण में ग्रीनहाउस गैसों का होना अच्छा है, किंतु जब इनकी मात्रा बढ़ जाती है, तो तापमान में वृद्धि होने लगती है। इससे जो समस्या सामने आई है, उसे 'ग्लोबल वार्मिंग' अर्थात् वैश्विक तापवृद्धि की संज्ञा दी गई है।

प्रश्न

I. संपूर्ण विश्व-समाज को संयुक्त रूप से अंतर्राष्ट्रीय स्तर पर सतत प्रयास करने की आवश्यकता क्यों है?

II. जलवायु परिवर्तन से क्या है?

III. 'परिघटना' प्रयुक्त उपसर्ग है।

IV. गद्यांश का उचित शीर्षक बताइए।

2. I. निम्नलिखित समस्तपदों का विग्रह कीजिए। (1)

(क) आरामकुर्सी

(ख) जाति-भ्रष्ट

(ग) हस्तलिखित

(घ) दशानन

II. निम्नलिखित समास विग्रहों से सामासिक पद बनाइए। (1)

(क) समुंद्रपर्यंत

(ख) कुल के निकट

(ग) कपियों में है ईश जो

(घ) मृगों का इंद्र

3. निम्नलिखित लघुउत्तरीय प्रश्नों के उत्तर दीजिए।

क्या 'आत्मत्राण' कविता अन्य प्रार्थना गीतों से अलग है। (1)

अथवा

मीरा का मन श्रीकृष्ण पर मोहित क्यों है? (1)

4. निम्नलिखित निबंधात्मक प्रश्नों के उत्तर दीजिए।

जुलूस और प्रदर्शन को रोकने के लिए पुलिस का क्या प्रबंध था? 'डायरी का एक पन्ना' पाठ के आधार पर लिखिए। (1)

अथवा

'ततँरा-वामीरो कथा' के आधार पर वामीरो का चरित्र- चित्रण कीजिए। (1)

5. निम्नलिखित विषय पर संकेत बिंदुओं के आधार पर अनुच्छेद लिखिए। (1)

प्राकृतिक आपदाएँ

संकेत बिंदु

- प्राकृतिक आपदा से तात्पर्य
- प्राकृतिक आपदाओं के कारण एवं उनसे होने वाली हानि
- बचाव के उपाय

अथवा

किश्तों पर उत्पाद (सामान) लेने की होड़

संकेत बिंदु

- आधुनिक जीवन
- परस्पर होड़
- किश्तों का आकर्षण
- दुष्प्रभाव

6. अपने विद्यालय के प्रधानाचार्य को एक प्रार्थना-पत्र लिखिए, जिसमें विद्यालय के पुस्तकालय में हिंदी की पत्रिकाएँ उपलब्ध कराने की माँग की गई हो। (1)

अथवा

बैंक की चेक-बुक खो जाने की सूचना देते हुए बैंक अधिकारी को पत्र लिखिए। (1)

7. निम्नलिखित विषय पर सूचना/कथा लेखन कीजिए।

परीक्षा में नकल करते हुए पकड़े जाने पर जिन छात्रों पर जुर्माना लगा है, उनके नाम देते हुए सूचना पट के लिए एक सूचना लिखिए। (1)

अथवा

एक मौलिक कथा लिखिए, जिसका आधार निम्नलिखित उक्ति हो

"आगे कुआँ पीछे खाई।" (1)

8. निम्नलिखित विषय से संबंधित विज्ञापन तैयार कीजिए।

नेत्रदान के महत्त्व को रेखांकित करते हुए, उसके लिए विज्ञापन तैयार कीजिए। (1)

अथवा

नगर में होने वाले दशहरे मेले के अवसर पर स्वयंसेवी युवकों की आवश्यकता संबंधी एक विज्ञापन तैयार कीजिए। (1)

पीरियोडिक टेस्ट

मिड टर्म टेस्ट

अपठित, व्याकरण, पाठ्यपुस्तक (पद्य भाग तथा गद्य भाग) एवं लेखन खंड के प्रश्नों सहित

{टेस्ट 1}

1. निम्नलिखित गद्यांश को पढ़कर इस पर आधारित प्रश्नों के उत्तर दीजिए। (½ × 4 = 2)

विश्वासपात्र मित्र जीवन की एक औषधि है। हमें अपने मित्रों से यह आशा रखनी चाहिए कि वे उत्तम संकल्पों से हमें दृढ़ करेंगे, दोषों और त्रुटियों से हमें बचाएँगे, हमारे सत्य, पवित्रता और मर्यादा के प्रेम को पुष्ट करेंगे, जब हम कुमार्ग पर पैर रखेंगे, तब वे हमें सचेत करेंगे, जब हम हतोत्साहित होंगे, तब हमें उत्साहित करेंगे। सच्ची मित्रता से उत्तम वैद्य की-सी निपुणता और परख होती है। अच्छी-से-अच्छी माता का-सा धैर्य और कोमलता होती है। ऐसी ही मित्रता करने का प्रयत्न प्रत्येक व्यक्ति को करना चाहिए।

मित्र भाई के समान होना चाहिए, जिसे हम अपना प्रीति पात्र बना सकें। हमारे और हमारे मित्र के बीच सच्ची सहानुभूति होनी चाहिए। ऐसी सहानुभूति जिससे एक के हानि-लाभ को दूसरा अपना हानि-लाभ समझे। मित्रता के लिए यह आवश्यक नहीं कि दो मित्र एक ही प्रकार का कार्य करते हों या एक ही रुचि के हों। प्रकृति और आचरण की समानता भी आवश्यक या वांछनीय नहीं है। दो भिन्न प्रकृति के मनुष्यों में बराबर प्रीति और मित्रता रही है। राम धीर और शांत प्रकृति के थे, लक्ष्मण उग्र और कठोर स्वभाव के थे, पर दोनों भाइयों में अत्यंत प्रगाढ़ स्नेह था। उन दोनों की मित्रता खूब निभी। यह कोई बात नहीं है कि एक ही स्वभाव और रुचि के लोगों में ही मित्रता हो सकती है। समाज में विभिन्नता देखकर लोग एक-दूसरे की ओर आकर्षित होते हैं। जो गुण हम में नहीं हैं, हम चाहते हैं कि कोई ऐसा मित्र मिले जिसमें वे गुण हों। चिंताशील मनुष्य प्रफुल्लित चित्त का साथ ढूँढता है, निर्बल बली का, धीर उत्साही का। उच्च आकांक्षा वाला चंद्रगुप्त युक्ति और उपाय के लिए चाणक्य का मुँह ताकता था। नीति-विशारद अकबर मन बहलाने के लिए बीरबल की ओर देखता था।

प्रश्न

I. गद्यांश के अनुसार मित्र कैसा होना चाहिए?
II. गद्यांश से क्या शिक्षा मिलती है?
III. धीर उत्साही का विलोम शब्द लिखिए।
IV. गद्यांश के लिए उचित शीर्षक बताइए।

2. निम्नलिखित वाक्यों को शुद्ध कीजिए। (½ × 4 = 2)

(क) एक गरम कप चाय पीलो।
(ख) उससे हमारा बात हो गया है।
(ग) यहाँ केवल मात्र दो पुस्तकें रखी हैं।
(घ) वह तुमसे भली-भाँति सुपरिचित है।

3. निम्नलिखित बहुविकल्पीय प्रश्नों के सही विकल्प चुनिए।

(क) 'नत सिर होकर ··············· छिन्-छिन्' इन पंक्तियों में कवि क्या चाहता है? (1)
(i) वह ईश्वर को कभी न भूले
(ii) उसके पास धन-संपदा बनी रहे
(iii) समाज में उसका मान-सम्मान बढ़े
(iv) उसके जीवन में कोई कमी न रहे।

(ख) 'मनुष्यता' कविता के अनुसार मनुष्यता क्या है? (1)
(i) मनुष्य होना
(ii) दूसरों के लिए जीना
(iii) स्वयं के लिए जीना
(iv) किसी की चिंता न करना

4. निम्नलिखित लघुउत्तरीय प्रश्नों के उत्तर दीजिए।

'मनुष्यता' कविता में 'अभीष्ट मार्ग' किसे कहा गया है और क्यों? (1)

अथवा

'पर्वत प्रदेश में पावस' कविता का प्रतिपाद्य क्या है? (1)

5. निम्नलिखित विषय पर संकेत बिंदुओं के आधार पर अनुच्छेद लिखिए। (1)

आलस्य : मनुष्य का सबसे बड़ा शत्रु

संकेत बिंदु

- आलस्य : सबसे बड़ा शत्रु
- आलस्य के दुष्परिणाम
- आलस्य का त्याग : सफलता

अथवा

संगति का महत्त्व

संकेत बिंदु

- सत्संगति का अर्थ
- मानव की सफलता में सहायक
- सत्संगति से ही मानव का कल्याण

6. अपने प्रधानाचार्य को आवेदन-पत्र लिखिए, जिसमें उच्चतर माध्यमिक स्तर पर हिंदी विषय पढ़ाने के लिए निवेदन किया गया हो। (1)

अथवा

अपने क्षेत्र में डाक वितरण की व्यवस्था ठीक न होने की स्थिति में डाकपाल महोदय को एक शिकायती पत्र लिखकर उनका ध्यान इस समस्या की ओर आकृष्ट कराइए। (1)

7. निम्नलिखित विषय पर सूचना लेखन कीजिए।

आप जिंदल पब्लिक स्कूल, भगवानपुरा, वाराणसी के प्रधानाचार्य डॉ. अमित श्रीवास्तव हैं। स्कूल की वित्तीय स्थिति की समीक्षा हेतु बैठक आयोजित करने से संबंधित सूचना स्कूल के सभी शिक्षकों एवं छात्र-प्रभारी को दीजिए। (1)

अथवा

विद्यालय में वृक्षारोपण समारोह के आयोजन के लिए आपको संयोजक बनाया गया है। पूरे विद्यालय की सहभागिता के लिए एक सूचना तैयार कीजिए। (1)

8. निम्नलिखित विषय पर लघु कथा लेखन कीजिए।

"आ बैल मुझे मार" इस उक्ति के आधार पर एक मौलिक कथा लिखिए। (1)

अथवा

एक मौलिक कथा लिखिए, जिसका आधार निम्नलिखित उक्ति हो

"जैसी करनी वैसी भरनी।" (1)

{टेस्ट 2}

1. निम्नलिखित गद्यांश को पढ़कर इस पर आधारित बहुविकल्पीय प्रश्नों के उत्तर दीजिए। (½ × 4 = 2)

समाज दहेज की कुप्रथा से पीड़ित है और इससे छुटकारा पाना चाहता है। कानून भी बनते हैं, सामाजिक दबाव भी है, फिर भी यह प्रथा फलती-फूलती जा रही है, समाप्त नहीं हो पा रही है—क्यों? आखिर क्या उपाय है इस अभिशाप से मुक्त होने का? कोई इसका उपाय अंतर्जातीय विवाह को बढ़ावा देने को बताता है, तो कोई प्रेम विवाह की चर्चा करता है और कोई दंडात्मक कठोर कानून बनाने को। ये सभी बातें एक सीमा तक ही ठीक हैं।

क्या गारंटी है कि अंतर्जातीय तथा प्रेम-विवाह के लिए तैयार होने वालों के दहेज लोभी माँ-बाप उस स्थिति में भी दहेज संबंधी सौदेबाजी नहीं करेंगे? या फिर समाज भी उन्हें स्वीकार कर ही लेगा? कानून उन्हीं का साथ देगा, न कि धन-बल से कानून की धज्जियाँ उड़ाने में समर्थ लोगों का? हमारे विचार में पुरानी पीढ़ी के दकियानूसी लोग किसी भी बात से डरने या पसीजने वाले नहीं और फिर ऐसे विवाह के लिए सामाजिक वातावरण भी सुलभ होना संभव नहीं।

युवक-युवतियाँ दोनों ऐसे परिवारों में विवाह करने से स्पष्ट और आंतरिक दृढ़ता से इनकार कर दें, जहाँ किसी भी रूप में दहेज दिया-लिया जाता हो। युवतियों से भी बढ़कर देश के जागरूक नवयुवकों पर अधिक दायित्व जाता है। जिस दिन युवक अपने माता-पिता से स्पष्ट कह देंगे कि वह दहेज लेकर कतई विवाह नहीं करेंगे, उसी दिन से समस्त दहेजलोभियों की अक्ल ठिकाने लग जाएगी और फिर इस कुप्रथा का अंत हो जाएगा।

प्रश्न

I. समाज किससे छुटकारा पाना चाहता है?
(क) अंतर्जातीय विवाह से
(ख) कठोर कानून से
(ग) दहेज जैसी कुप्रथा से
(घ) उपरोक्त में से कोई नहीं

II. दहेज प्रथा के विकराल रूप का क्या कारण है?
(क) अन्तर्जातीय विवाह का होना
(ख) प्रेम विवाह का कम होना
(ग) लोगों का दृष्टिकोण नहीं बदलन
(घ) उपरोक्त में से कोई नहीं

III. दहेज प्रथा का अंत किस प्रकार संभव है?
(क) युवाओं द्वारा दहेज के खिलाफ विद्रोह करना
(ख) अंतर्जातीय विवाह को प्रोत्साहित करना
(ग) युवाओं द्वारा दहेज लिया जाना
(घ) उपरोक्त में से कोई नहीं

IV. उपरोक्त गद्यांश के लिए उपयुक्त शीर्षक क्या हो सकता है?
(क) युवकों का विद्रोह
(ख) दहेजप्रथा—एक अभिशाप
(ग) प्रेम विवाह
(घ) दहेज प्रथा के लिए कानून की आवश्यकता

2. निम्नलिखित वाक्यों के रिक्त स्थानों की पूर्ति उचित मुहावरों द्वारा कीजिए। (½ × 4 = 2)

(क) सफलता पाने के लिए ·········· पड़ते हैं।
(ख) वज़ीर अली कर्नल की ·········· भाग गया।
(ग) माँ अपने बच्चे को मुसीबत में देखकर ·········· देती है।
(घ) वह मेरा धन नहीं दे रहा है, लगता है ·········· ।

3. निम्नलिखित प्रश्नों के उत्तर दीजिए।

'हरिहर काका' पाठ के माध्यम से लेखक ने संबंधों के किस पक्ष पर चोट की है? (1)

अथवा

'सपनों के-से दिन' पाठ में विद्यार्थियों व अभिभावकों का शिक्षा के प्रति उपेक्षा भाव रखना वर्तमान संदर्भ में कितना उचित है? (1)

4. निम्नलिखित विषयों पर संकेत बिंदुओं के आधार पर अनुच्छेद लिखिए। (2)

करत-करत अभ्यास ते जड़मति होत सुजान

संकेत बिंदु

- सूक्ति का अर्थ
- निरंतर अभ्यास की महिमा
- जीवन में अभ्यास की उपयोगिता एवं महत्ता

अथवा

भारतीय संस्कृति

संकेत बिंदु

- संस्कृति क्या है?
- इसकी विशेषताएँ
- इसका महत्त्व

5. आप विकास, बिजनौर के निवासी हैं। आप सैमसंग कंपनी के उत्पादों के बारे में जानकारी प्राप्त करना चाहते हैं, इसलिए कंपनी के शाखा प्रबंधक को पत्र लिखिए। (1)

अथवा

अपने क्षेत्र में विद्यमान पेयजल की समस्या के समाधान के लिए संबंधित स्वास्थ्य अधिकारी को पत्र लिखिए। (1)

6. निम्नलिखित विषय पर सूचना/लघु कथा लेखन कीजिए।

आप केंद्रीय विद्यालय, मुनिरका, नई दिल्ली के छात्र विवेक उपाध्याय हैं। आपको खेल के मैदान में एक कलाई-घड़ी गिरी हुई मिली थी। इस संबंध में एक सूचना लिखिए। (1)

अथवा

अपने जीवन के किसी मार्मिक अंश को आधार बनाते हुए, उसे कथा के रूप में लिखिए। (1)

7. निम्नलिखित विषय से संबंधित विज्ञापन तैयार कीजिए।

आपके कार्यालय में कंप्यूटर ऑपरेटर की आवश्यकता है, इसके लिए विज्ञापन तैयार कीजिए। (1)

अथवा

स्वास्थ्य सेवा प्रदान करने वाली कंपनी की ओर से एक विज्ञापन तैयार कीजिए। (1)

{टेस्ट 3}

1. निम्नलिखित गद्यांश को ध्यानपूर्वक पढ़कर इस पर आधारित प्रश्नों के उत्तर दीजिए। $(\frac{1}{2} \times 4 = 2)$

किसी भी कार्य की सफलता के लिए ध्येय के प्रति उत्कट लगन, कार्य में अटूट श्रद्धा एवं अपनी शक्तियों में पर्याप्त विश्वास आवश्यक है। विश्वास, एकाग्रता, लगन, संतुलन, श्रद्धा आदि सब साहस के ऊपर निर्भर हैं, क्योंकि मनुष्य का सबसे प्रथम गुण साहस है। साहस अन्य सब गुणों का प्रतिनिधित्व करता है। यदि तन सशक्त हो, मन सशक्त हो, वाणी सशक्त हो तो उनके द्वारा प्राप्त कार्य-शक्ति के आगे भाग्य स्वयं नत-मस्तक हो जाता है।

साहसी की प्रतिभा के सामने शोक, भय भाग जाते हैं। साहसी को संसार भी रास्ता देता है। मनुष्य में सब गुण हों, वह विद्वान् हो, धनवान हो, शक्तिशाली हो, पर यदि उसमें साहस न हो तो वह अपने सद्गुणों का, अपनी योग्यताओं व अपनी शक्तियों का उपयोग नहीं कर सकता। साहस मनुष्य के व्यक्तित्व का नायक है। साहस व्यक्ति को निर्भय बनाता है और जहाँ निर्भयता होती है वहाँ सफलता निश्चित है।

निर्भयता से ही आत्मविश्वास जाग्रत होता है। आत्मविश्वास के अभाव में हम उस प्रत्येक कार्य को करते हुए डरेंगे जो हमने पहले नहीं किया और जो बिलकुल नया है। जिनके संकल्प अधूरे होते हैं, जो संशय-ग्रस्त होते हैं, वे कोई बड़ा काम नहीं कर पाते और कुछ करते भी हैं तो उसमें असफल हो जाते हैं।

प्रश्न

I. मनुष्य का सबसे प्रथम गुण क्या है?

II. साहसी व्यक्तियों के समक्ष नतमस्तक हो जाता है?

III. 'धनवान' शब्द में कौन-सा प्रत्यय है?

IV. उपरोक्त गद्यांश का उपयुक्त शीर्षक इनमें से क्या है?

2. निम्नलिखित प्रश्नों के उत्तर दीजिए। $(\frac{1}{2} \times 4 = 2)$

(क) अर्थ के आधार पर शब्दों के कितने भेद होते हैं?

(ख) स्रोत या उत्पत्ति के आधार पर शब्द के कितने प्रकार होते हैं? उनका नामोल्लेख कीजिए।

(ग) योगरूढ़ शब्द को समझाएँ।

(घ) व्याकरणिक प्रकार्य के आधार पर शब्द के कितने भेद हैं? उन्हें स्पष्ट कीजिए।

3. निम्नलिखित लघुउत्तरीय प्रश्नों के उत्तर दीजिए।

कबीर के अनुसार, विरही जीवित क्यों नहीं रहता? (1)

अथवा

कृष्ण की चाकरी करने से मीरा को कौन-कौन से तीन लाभ मिलेंगे? (1)

4. निम्नलिखित लघुउत्तरीय प्रश्नों के उत्तर दीजिए।

'आत्मकथ्य' कविता में कवि जयशंकर प्रसाद ने अपनी कथा न कहने के क्या कारण बताए? (1)

अथवा

मनुष्यता कविता के माध्यम से कवि क्या संदेश देना चाहता है? (1)

5. निम्नलिखित विषयों पर संकेत बिंदुओं के आधार पर अनुच्छेद लिखिए। (1)

स्टिंग ऑपरेशन

संकेत बिंदु

- स्टिंग ऑपरेशन का अर्थ
- इसका उद्देश्य
- स्टिंग ऑपरेशन : उचित अथवा अनुचित

अथवा

दूरदर्शन और विज्ञापन

संकेत बिंदु

- विज्ञापन की आवश्यकता
- विज्ञापन से लाभ
- विज्ञापन से हानियाँ

6. आप सीताराम बाज़ार, दिल्ली-6 के 'युवा उत्थान मंडल' के सचिव हैं। आजकल दूरदर्शन के कुछ चैनलों पर अंधविश्वास बढ़ाने वाले कार्यक्रम प्रसारित हो रहे हैं, इस संबंध में सूचना एवं प्रसारण मंत्रालय को पत्र लिखिए। (1)

अथवा

पानीपत के शिक्षा निकेतन की आप दसवीं कक्षा की विभा हैं। आप देख रही हैं कि आजकल चर्चित हस्तियों के पहनावे और खान-पान संबंधी आदतों की नकल युवा पीढ़ी द्वारा हो रही है। इस पर चिंता व्यक्त करते हुए किसी लोकप्रिय दैनिक समाचार-पत्र के संपादक को पत्र लिखिए। (1)

7 आप पी. चंद्रशेखरन हैं। आप ने अपने नाम को परिवर्तित कराकर पी. चंद्रशेखर किया है, इस संबंध में सूचित करने के लिए सूचना लिखिए। (1)

अथवा

आप अपने विद्यालय के छात्र प्रमुख हैं। आपके विद्यालय में विद्यालय के वार्षिकोत्सव पर रंगारंग कार्यक्रम का आयोजन किया जाना है। छात्रों को इसकी सूचना देने के लिए सूचना लिखिए। (1)

8 "पुस्तक मेरी सच्ची मित्र है" विषय पर एक स्वरचित कथा लिखिए। (1)

अथवा

अपने क्षेत्र में बढ़ते डेगूँ के बढ़ते प्रकोप से जिला के जिलाधिकारी को ई-मेल के माध्यम से अवगत कराईए (1)

पोस्ट-मिड टर्म टेस्ट

अपठित, व्याकरण, पाठ्यपुस्तक (पद्य भाग तथा गद्य भाग) एवं लेखन खंड के प्रश्नों सहित

{टेस्ट 1}

1. निम्नलिखित गद्यांश को ध्यानपूर्वक पढ़कर उन पर आधारित पूछे गए प्रश्नों के उत्तर दीजिए। (½ × 4 = 2)

उन दिनों मैं अपने छात्रों को आनुवंशिकी पढ़ाया करता था उस समय मैं माँसपेशियों की कमज़ोरियों पर भी कुछ प्रयोग कर रहा था। इन प्रयोगों से ही 'एपिजेनेटिक्स' की विधा निकल कर आई थी। मैं मूल कोशिकाओं के प्रतिरूप तैयार करता था। ये मूल कोशिका की एकदम ठीक नकल होते थे।

इन प्रतिरूपी कोशिकाओं को मैं एक-एक कर के अलग करता और इन्हें अलग-अलग वातावरण में रखता, अलग-अलग बर्तनों में। इस संस्कार में रखी कोशिकाएँ हर 10-12 घंटे में विभाजित होती हैं, एक से दो हो जाती हैं। फिर अगले 10-12 घंटे में दो से चार, और फिर चार से आठ। इसी तरह दो हफ़्ते में हज़ारों कोशिकाएँ तैयार होतीं। फिर मैंने तीन भिन्न वातावरण से कोशिकाओं की भिन्न बस्तियाँ तैयार कीं।

इन 'बस्तियों' का रासायनिक वातावरण एकदम अलग-अलग था। ठीक कुछ वैसे ही जैसे हर व्यक्ति के शरीर का वातावरण अलग होता है और एक ही शरीर के भीतर भी कई तरह के वातावरण होते हैं। अलग-अलग वातावरण में भी रखी गई इन कोशिकाओं का 'डी.एन.ए' तो एकदम समान था। उनका पर्यावरण, उनका वातावरण भिन्न था। जल्दी ही इस प्रयोग के नतीजे सामने आने लगे।

एक बर्तन में उन्हीं कोशिकाओं ने हड्डी का रूप ले लिया था, एक में माँसपेशी का और तीसरे बर्तन में कोशिकाओं ने वसा या चर्बी का रूप ले लिया। यह प्रयोग इस सवाल का जवाब ढूँढने के लिए था कि कोशिकाओं की किस्मत कैसे तय होती है। सारी कोशिकाएँ एक ही मूल से निकली थीं। तो नए सिरे से यह सिद्ध हुआ कि कोशिकाओं की आनुवंशिकी नियति तय नहीं करती है। जवाब था, परिवेश/पर्यावरण/वातावरण।

प्रश्न

I. लेखक ने आनुवंशिकी के प्रयोग के लिए सर्वप्रथम क्या किया?

II. संस्कार में रखी कोशिकाएँ हर 10-12 घंटे में विभाजित होकर कितनी हो जाती हैं?

III. लेखक ने किस प्रश्न का उत्तर समझने के लिए यह प्रयोग किया था?

IV. प्रयोग से क्या नतीजा निकला?

2. निम्नलिखित प्रश्नों के उत्तर दीजिए। (½ × 4 = 2)

(क) कर्मधारय समास का उदाहरण दीजिए।

(ख) 'नीली है जो गाय' में समास का कौन-सा भेद है?

(ग) 'शक्तिविहीन' में कौन-सा समास है?

(घ) 'जन्मांध' में निहित समास का भेद बताइए।

3. निम्नलिखित लघुउत्तरीय प्रश्नों के उत्तर दीजिए।

शेख अयाज़ ने अपनी आत्मकथा में किस घटना का ज़िक्र किया? (1)

अथवा

सआदत अली तथा वज़ीर अली के संबंधों की चर्चा कीजिए। (1)

4. निम्नलिखित विषय पर संकेत बिंदुओं के आधार पर अनुच्छेद लिखिए। (2)

परिवार के बदलते समीकरण

संकेत बिंदु

- संयुक्त परिवारों की उपयोगिता
- एकल परिवार का प्रचलन
- तुलनात्मक विश्लेषण

अथवा

जहाँ सुमति तहँ संपति नाना

संकेत बिंदु

- कथन का तात्पर्य
- कुमति से हानियाँ
- सुमति से विकास और लाभ

5. आप मेरठ में विद्यालय के प्रधानाचार्य हैं, विद्यालय के पुस्तकालय के लिए नवीनतम पुस्तकें मँगवानी हैं। पुस्तकों की सूची भेजते हुए प्रभात प्रकाशन से उनके मूल्य संबंधी जानकारी प्राप्त करने के लिए पत्र लिखिए। (1)

अथवा

एटीएम गुम हो जाने की शिकायत करते हुए पंजाब नेशनल बैंक, सहारनपुर के प्रबंधक को एक पत्र लिखिए। (1)

6. आपका नाम अमरनाथ गर्ग है। जल-संरक्षण संबंधी एक गैर-सरकारी संगठन के सक्रिय सदस्य होने के नाते अधिक-से-अधिक लोगों से इस मुहिम में जुड़ने की अपील करते हुए एक सूचना लिखिए। (1)

अथवा

आपके विद्यालय में 'बिजली बचाओ' विषय पर एक गोष्ठी का आयोजन किया जाएगा। भौतिक विज्ञान के प्रभारी-शिक्षक होने के नाते 9वीं से 12वीं कक्षा तक के विद्यार्थियों को इसकी सूचना दीजिए। (1)

7. 'हमारे जीवन में विद्यालय का महत्त्व' पंक्ति को आधार बनाते हुए कथा लेखन कीजिए। (1)

अथवा

अपने क्षेत्र के राजस्व विभाग के अधिकारी को ई-मेल के माध्यम से जिले का व्ययवार लेखा का सार मानने का अनुरोध कीजिए। (1)

{टेस्ट 2}

1 निम्नलिखित गद्यांश को पढ़कर इस पर आधारित प्रश्नों के उत्तर दीजिए। (½ × 4 = 2)

आज का विद्यार्थी भविष्य की सोच में कुछ अधिक लग गया है। भविष्य कैसा होगा, वह भविष्य में क्या बनेगा? इस प्रश्न को सुलझाने में या स्वप्न लेने में वह बहुत समय नष्ट कर देता है। भविष्य के बारे में सोचिए ज़रूर, लेकिन भविष्य को वर्तमान पर हावी मत होने दीजिए, क्योंकि वर्तमान ही भविष्य की नींव बन सकता है। अत: नींव को मज़बूत बनाने के लिए आवश्यक है कि भान (ज्ञान) तो भविष्य का भी हो, लेकिन ध्यान वर्तमान पर रहे। अत: आपकी सफलता का मूलमंत्र यही हो सकता है कि आप एक स्वप्न लें, सोचें कि आपको क्या बनना है और क्या करना है और स्वप्न के अनुसार कार्य करना प्रारंभ कर दें। वर्तमान रूपी नींव को मज़बूत करें और यदि वर्तमान रूपी नींव बन गई, तो भविष्य रूपी इमारत भी अवश्य बन जाएगी। जितनी मेहनत हो सके, उतनी मेहनत करें और निराशा को जीवन में स्थान न दें। यह सोचते हुए समय खराब न करें कि हे भगवान! मेरा क्या होगा, मैं सफल भी हो पाऊँगा या नहीं? ऐसा करने में आपका समय नष्ट होगा और जो समय नष्ट करता है, समय उसे नष्ट कर देता है। वर्तमान में, समय का सदुपयोग भविष्य के निर्माण में सदा सहायक होता है।

भविष्य के बारे में अधिक सोच या अधिक चर्चा करने से चिंताएँ घेर लेती हैं। ये चिंताएँ वर्तमान के कर्म में बाधा उत्पन्न करती हैं। मन में लगन कम होती है और लक्ष्य दूर होता चला जाता है। नि:संदेह भविष्य के लिए योजनाएँ बनानी चाहिए, किंतु वर्तमान को विस्मृत नहीं करना चाहिए। भविष्य की नींव बनाने में वर्तमान का परिश्रम भविष्य की योजनाओं से अधिक महत्त्वपूर्ण है।

प्रश्न

I. वर्तमान में विद्यार्थी की अधिक सोच का क्या कारण है?
(क) भविष्य कैसा होगा
(ख) वर्तमान ऐसा क्यों है
(ग) भूतकाल में क्या किया
(घ) उपरोक्त सभी

II. भविष्य रूपी इमारत किस प्रकार मजबूत होगी?
(क) वर्तमान की नींव से (ख) भूतकाल की यादों से
(ग) अनुभवों के प्रयोग से (घ) इनमें से कोई नहीं

III. वर्तमान के कर्म में बाधाएँ उत्पन्न कौन करता है?
(क) भविष्य की चिंता (ख) भूतकाल की यादें
(ग) क और ख दोनों (घ) वर्तमान के कार्य

IV. सफलात का मूल मन्त्र है
(क) मेहनत के साथ-साथ उत्साही होना
(ख) मेहनत के साथ-साथ निराश होना
(ग) मेहनत के बाद फल के लिए खाली बैठना
(घ) सब कुछ किस्मत पर छोड़ना

2 I. 'अंधे के हाथ बटेर लगना' का अर्थ है (1)
(क) अच्छा भाग्य
(ख) अच्छी वस्तु प्राप्त होना
(ग) भाग्यवश अच्छी वस्तु प्राप्त होना
(घ) अंधे व्यक्ति को नोट प्राप्त होना

II. 'आटे-दाल का भाव मालूम होना' मुहावरे का अर्थ है (1)
(क) किसी को सबक सीखाना
(ख) कठिनाइयों का ज्ञान होना
(ग) चीजों के भाव पता चलना
(घ) खरीदारों के गुणों का ज्ञान होना

3 निम्नलिखित लघुउत्तरीय प्रश्नों के उत्तर दीजिए।

'आत्मत्राण' कविता में कवि को ईश्वर के अतिरिक्त और किस पर भरोसा है तथा क्यों? (1)

अथवा

'अब तुम्हारे हवाले वतन साथियो' से कवि का क्या तात्पर्य है? (1)

4 निम्नलिखित निबंधात्मक प्रश्नों के उत्तर दीजिए।

'मनुष्यता' कविता में कवि किसे उदार माना है? (1)

अथवा

'कर चले हम फ़िदा' गीत के माध्यम से हमें क्या प्रेरणा मिलती है? (1)

पीरियोडिक टेस्ट

5. निम्नलिखित विषय पर संकेत बिंदुओं के आधार पर अनुच्छेद लिखिए। (1)

पृथ्वी का रक्षा कवच : ओज़ोन

संकेत बिंदु

- ओज़ोन से तात्पर्य
- ओज़ोन को नष्ट करने वाले तत्त्व
- ओज़ोन को बचाने के प्रयास

अथवा

विद्यार्थी और अनुशासन

संकेत बिंदु

- अनुशासन का अर्थ
- अनुशासन की ज़रूरत
- विद्यार्थी और अनुशासन
- जीवन में अनुशासन की भूमिका

6 आपको विद्यालय जाने के लिए जाने-आने की सीधी बस-सेवा उपलब्ध नहीं है। अपने क्षेत्र के परिवहन अधिकारी को एक नई बस-सेवा चालू करने के लिए प्रार्थना-पत्र लिखिए। (1)

अथवा

अधिशासी अभियंता, मेरठ विकास प्राधिकरण, मेरठ को पत्र लिखकर शिकायत कीजिए कि आपके मकानों के सामने स्थित पार्क की स्थिति बहुत दयनीय है। उनसे पार्क का जीर्णोद्धार करने के लिए अनुरोध कीजिए। (1)

7. निम्नलिखित विषय पर सूचना/कथा लेखन कीजिए।

विद्यालय परिसर के बाहर अनधिकृत व्यक्तियों के द्वारा स्वास्थ्य की दृष्टि से हानिकारक वस्तुएँ बेची जाती हैं और विद्यार्थी उस ओर आकृष्ट होकर उन वस्तुओं को खरीदते हैं। विद्यालय के छात्र प्रमुख के रूप में इन चीज़ों से दूर रहने की सलाह देते हुए सूचना लिखिए। (1)

अथवा

'श्रेष्ठतम धर्म परोपकार' विषय आधारित कथा लेखन कीजिए। (1)

8. निम्नलिखित विषय से संबंधित विज्ञापन तैयार कीजिए।

अपने पुराने मकान को बेचने संबंधी विज्ञापन का आलेख तैयार कीजिए। (1)

अथवा

मोबाइल फ़ोन कंपनी के उत्पाद का विज्ञापन तैयार कीजिए। (1)

{टेस्ट 3}

1. निम्नलिखित गद्यांश को पढ़कर इस पर आधारित प्रश्नों के उत्तर दीजिए। (½ × 4 = 2)

किसी भी कार्य की सफलता के लिए ध्येय के प्रति उत्कट लगन, कार्य में अटूट श्रद्धा एवं अपनी शक्तियों में पर्याप्त विश्वास आवश्यक है। विश्वास, एकाग्रता, लगन, संतुलन, श्रद्धा आदि सब साहस के ऊपर निर्भर हैं, क्योंकि मनुष्य का सबसे प्रथम गुण साहस है। साहस अन्य सब गुणों का प्रतिनिधित्व करता है। यदि तन सशक्त हो, मन सशक्त हो, वाणी सशक्त हो तो उनके द्वारा प्राप्त कार्य-शक्ति के आगे भाग्य स्वयं नत-मस्तक हो जाता है।

साहसी की प्रतिभा के सामने शोक, भय भाग जाते हैं। साहसी को संसार भी रास्ता देता है। मनुष्य में सब गुण हों, वह विद्वान् हो, धनवान हो, शक्तिशाली हो, पर यदि उसमें साहस न हो तो वह अपने सद्‌गुणों का, अपनी योग्यताओं व अपनी शक्तियों का उपयोग नहीं कर सकता। साहस मनुष्य के व्यक्तित्व का नायक है। साहस व्यक्ति को निर्भय बनाता है और जहाँ निर्भयता होती है वहाँ सफलता निश्चित है।

निर्भयता से ही आत्मविश्वास जाग्रत होता है। आत्मविश्वास के अभाव में हम उस प्रत्येक कार्य को करते हुए डरेंगे जो हमने पहले नहीं किया और जो बिलकुल नया है। जिनके संकल्प अधूरे होते हैं, जो संशय-ग्रस्त होते हैं, वे कोई बड़ा काम नहीं कर पाते और कुछ करते भी हैं तो उसमें असफल हो जाते हैं।

प्रश्न

I. मनुष्य का सबसे प्रथम गुण क्या है?

II. साहसी व्यक्तियों के समक्ष नतमस्तक हो जाता है?

III. 'धनवान' शब्द में कौन-सा प्रत्यय है?

IV. उपरोक्त गद्यांश का उपयुक्त शीर्षक इनमें से क्या है?

2. निम्नलिखित वाक्यों को संयुक्त वाक्यों में बदलिए। (½ × 4 = 2)

(क) मैंने एक बहुत बीमार व्यक्ति को देखा।

(ख) गरजते बादलों में बिजली कौंध रही है।

(ग) मधुमक्खियाँ दूर-दूर घूमकर मधु संचित करती हैं।

(घ) यह वही दुकान है। मैं यहीं से सब्जी खरीदता हूँ।

3. निम्नलिखित प्रश्नों के उत्तर दीजिए।

'सपनों के-से दिन' पाठ में विद्यार्थियों व अभिभावकों का शिक्षा के प्रति उपेक्षा भाव रखना वर्तमान संदर्भ में कितना उचित है? (1)

अथवा

'टोपी शुक्ला' पाठ के आधार पर बताइए कि टोपी को किन-किन से अपनापन मिला? (1)

4. निम्नलिखित विषय पर दिए गए संकेत बिंदुओं के आधार पर अनुच्छेद लिखिए। (2)

शिक्षक-शिक्षार्थी संबंध

संकेत बिंदु

- प्राचीन भारत में गुरु-शिष्य संबंध
- वर्तमान युग में आया अंतर
- हमारा कर्तव्य

अथवा

महँगाई के बढ़ते कदम

संकेत बिंदु

- कारण
- प्रभाव
- दूर करने के उपाय

5. आपने क.ख.ग. कंपनी का फ्रिज खरीदा था, फ्रिज में खराबी आने पर कंपनी से किसी नज़दीकी सर्विस सेंटर का पता पूछने के लिए पत्र लिखिए। (1)

अथवा

कार्यालय में महिला कर्मचारियों के साथ किए जा रहे भेदभावपूर्ण व्यवहार के बारे में किसी प्रतिष्ठित दैनिक समाचार-पत्र के संपादक को रागिनी की ओर से पत्र लिखिए। (1)

6. आप किसी संस्थान में प्रबंधक के पद पर कार्यरत अतुल वर्मा हैं। आपने अपना आवास परिवर्तित कर लिया है। नए आवास का पता देते हुए सभी को सूचना दीजिए। (1)

अथवा

आप अपने विद्यालय के कैप्टन सतीश वर्मन हैं। किसी सांस्कृतिक कार्यक्रम के आयोजन संबंधी सूचना सभी विद्यार्थियों को दीजिए। (1)

7. "दूध का जला छाछ भी फूँक-फूँककर पीता है" प्रस्तुत पंक्ति से आरंभ करते हुए एक कथा लिखिए। (1)

अथवा

जल विभाग के मुख्य अभियन्ता को ई-मेल के माध्यम से जल-आपूर्ति की समस्या से अवगत कराइए। (1)

प्रतिदर्श प्रश्न–पत्र 1 (व्याख्या सहित)

CBSE कक्षा 10 की बोर्ड परीक्षा के लिए नमूना प्रश्न-पत्र

हिंदी 'ब'

समय : 3 घंटे | पूर्णांक : 80

1. इस प्रश्न-पत्र में चार खंड दिए गए हैं–'क', 'ख', 'ग' और 'घ'।
2. खंड 'क' में बहुविकल्पीय, अतिलघु व लघु उत्तरीय प्रश्न दिए गए हैं।
3. खंड 'ख' में अतिलघु/लघु उत्तरीय प्रश्न दिए गए हैं।
4. खंड 'ग' में बहुविकल्पीय व वर्णनात्मक प्रश्न दिए गए हैं।
5. खंड 'घ' में वर्णनात्मक प्रश्न दिए गए हैं।
6. यथासंभव सभी प्रश्नों के उत्तर क्रमानुसार लिखिए।

खंड (क) : अपठित बोध (14 अंक)

1. निम्नलिखित गद्यांश को ध्यानपूर्वक पढ़कर उस पर आधारित प्रश्नों के उत्तर दीजिए।

कभी-कभी सहज से तेज गति में परिवर्तित होते क्रोध को समय रहते नियंत्रित नहीं किया गया तो उसके परिणाम अत्यंत घातक और पश्चाताप् के भाव जगाने वाले हो सकते हैं। कैलिफोर्निया स्टेट यूनिवर्सिटी के मनोविश्लेषक टॉम जी. स्टीवेन्स ने अपनी किताब 'ओवरकम एंगर एंड एग्रेसन' में स्पष्ट किया है कि क्रोध-नियंत्रण का एक प्रमुख तरीका यह है कि स्थिति को अपने नहीं, दूसरे के नजारिए से देखें। दूसरों को उन स्थितियों पर प्रकाश डालने के लिए प्रेरित करें, क्षमा करना सीखें, बीते को बिसारने की आदत विकसित करें और किसी को चोट पहुँचाने के बजाय प्रशंसा से उसका मूल्यांकन करें। याद रखें क्रोध-नियंत्रण से आप स्वयं को शक्तिशाली बनाते हैं। इससे आपकी खुशहाली और स्मृतियों का विस्तार होता है। यूनिवर्सिटी ऑफ सिनसिनाटी के वैज्ञानिकों ने अपनी किताब 50 साइंस ऑफ मेंटल इलनेस में इन कमजोरियों पर प्रकाश डालते हुए गुस्से को काबू में रखने के कारगर सूत्र दिए हैं। क्रोध-नियंत्रण से हम अपना ही नहीं, दूसरों के उजड़ते संसार को फिर से आबाद कर सकते हैं, क्योंकि शांत मन सृजन में समर्थ होता है। हमारे सृजनात्मक होने से ही मानवता का हित हो सकता है, तो जब भी क्रोध आए, इन उपायों को आजमाएँ जीवन में बिखरी हुई चीजों को सँवारने की ओर कदम खुद बढ़ चलेंगे।

(क) क्रोध-नियंत्रण से होने वाले लाभों के संबंध में अनुपयुक्त कथन है (1)

(i) इससे व्यक्ति स्वयं को शक्तिशाली बनाता है
(ii) इससे व्यक्ति के जीवन में खुशहाली आती है
(iii) इससे व्यक्ति की विस्मृतियों का विस्तार होता है
(iv) इससे व्यक्ति की रचनात्मकता में वृद्धि होती है

(ख) मनोविश्लेषक स्टीवेंस के अनुसार, क्रोध पर काबू पाने का सर्वोपयुक्त उपाय है (1)

(i) परिस्थितियों पर दूसरों के नियंत्रण को स्वीकार करना।
(ii) परिस्थितियों पर पूरी तरह नियंत्रण स्थापित करना।
(iii) परिस्थितियों को अपने नजरिए से और अच्छे से समझना।
(iv) परिस्थितियों को दूसरे के नजरिए से जानने का प्रयास करना।

(ग) कथन (A) क्रोध नवसृजन का सहायक है।
कारण (R) क्रोध अवस्था में क्षमाशीलता न्यून हो जाती है। (1)

(i) कथन (A) तथा कारण (R) दोनों गलत हैं
(ii) कथन (A) सही है, लेकिन कारण (R) गलत है
(iii) कथन (A) सही है तथा कारण (R) उसकी सही व्याख्या करता है
(iv) कथन (A) सही है, लेकिन कारण (R) उसकी सही व्याख्या नहीं करता है

(घ) क्रोध का परिणाम कब अत्यंत घातक बन जाता है? (2)

(ङ) क्रोध आने पर हमें क्या करना चाहिए? (2)

उत्तर

(क) (iii) **इससे व्यक्ति की विस्मृतियों का विस्तार होता है।** क्रोध में व्यक्ति अपने भूतकाल के अनुभवों को चेतन में लाने में असमर्थ हो जाता है, जिसके कारण विस्मृतियों में विस्तार हो जाता है।

(ख) (iv) **परिस्थितियों को दूसरे के नजरिए से जानने का प्रयास करना** गद्यांश के अनुसार, मनोविश्लेषक स्टीवेंस इसे क्रोध को नियंत्रित करने का सर्वोत्तम उपाय मानते हैं कि स्थिति को अपने नजरिए से नहीं बल्कि दूसरे के नजरिए से भी देखना चाहिए।

(ग) (i) **कथन (A) तथा कारण (R) दोनों गलत हैं,** क्योंकि गद्यांश के अनुसार शांत मन नवसृजन में समर्थ होता है तथा क्रोध आने पर क्षमाशीलता न्यून नहीं होती।

(घ) यदि समय रहते क्रोध को नियंत्रित नहीं किया गया, तो क्रोध का परिणाम अत्यंत घातक बन जाता है।

(ङ) क्रोध आने पर संयमित रहने का प्रयास करना चाहिए। क्रोध एक शक्तिशाली भावना है, लेकिन यह अधिकतर समस्याओं का कारण बनता है। इसलिए हमें अपने क्रोध पर काबू रखने की कोशिश करनी चाहिए।

2. निम्नलिखित गद्यांश को ध्यानपूर्वक पढ़िए। उस पर आधारित प्रश्नों के उत्तर दीजिए।

पाठक आमतौर पर रूढ़िवादी होते हैं, वे सामान्यत: साहित्य में अपनी मर्यादाओं की स्वीकृति या एक स्वप्न-जगत में पलायन चाहते हैं। साहित्य एक झटके में उन्हें अपने आस-पास के उस जीवन के प्रति सचेत करता है, जिससे उन्होंने आँखें मूँद रखी थीं। शुतुरमुर्ग़ अफ़्रीका के रेगिस्तानों में नहीं मिलते, वे हर जगह बहुतायत में उपलब्ध हैं। प्रौद्योगिकी के इस दौर का नतीजा जीवन के हर गोशे में नक़द फ़सल के लिए बढ़ता हुआ पागलपन है और हमारे राजनीतिज्ञ, सत्ता के दलाल, व्यापारी, नौकरशाह- सभी लोगों को इस भगदड़ में नहीं पहुँचने, जैसा दूसरे करते हैं वैसा करने, चूहादौड़ में शामिल होने और कुछ-न-कुछ हासिल कर लेने को जिए जा रहे हैं।

हम थककर साँस लेना और अपने चारों ओर निहारना, हवा के पेड़ में से गुज़रते वक़्त पत्तियों की मनहर लय-गतियों को और फूलों के जादुई रंगों को, फूली सरसों के चमकदार पीलेपन को, लिखे मैदानों की घनी हरीतिमा को मर्मर ध्वनि के सौंदर्य, हिमाच्छादित शिखरों की भव्यता, समुद्र तट पर पछाड़ खाकर बिखरती हुई लहरों के घोष को देखना-सुनना भूल गए हैं।

कुछ लोग सोचते हैं कि पश्चिम का आधुनिकतावाद और भारत तथा अधिकांश तीसरी दुनिया के नव-औपनिवेशिक चिंतन के साथ अपनी जड़ों से अलगाव, व्यक्तिवादी अजनबियत में हमारा अनिवार्य बे-लगाम धँसाव, अचेतन के बिंब, बौद्धिकता से विद्रोह, यह घोषणा कि दिमाग अपनी रस्सी के अंतिम सिरे पर है, यथार्थवाद का विध्वंस, काम का ऐन्द्रिक सुख मात्र रह जाना और मानवीय भावनाओं का व्यावसायीकरण तथा निम्नस्तरीय- करण इस अंधी घाटी में आ फँसने की वजह है। लेकिन वे भूल जाते हैं कि आधुनिकीकरण इतिहास की एक सच्चाई है, जो नई समस्याओं को जन्म देने और विज्ञान को अधिक जटिल बनाने के बावजूद, एक तरह से, मानव जाति की नियति है।

मेरा सुझाव है कि विवेकहीन आधुनिकता के बावजूद आधुनिकता की दिशा में धैर्यपूर्वक सुयोजित प्रयास होने चाहिए। एक आलोचक किसी नाली में भी झाँक सकता है, पर वह नाली-निरीक्षक नहीं होता। लेखक का कार्य दुनिया को बदलना नहीं, समझना है, साहित्य क्रांति नहीं करता; वह मनुष्यों का दिमाग बदलता है और उन्हें क्रांति की आवश्यकता के प्रति जागरूक बनाता है।

(क) आधुनिकता की दिशा में सुयोजित प्रयास क्यों होने चाहिए? (1)

(i) इससे जीवन सुगम हो जाएगा तथा मानव प्रकृति का आनंद ले सकेगा

(ii) इससे नई समस्याओं को जन्म लेने से पहले ही रोका जा सकेगा

(iii) आधुनिक होने की प्रक्रिया सदा से मानव सभ्यता का अंग रही है

(iv) इससे विज्ञान सरल होकर अधिक मानव कल्याणी हो सकेगा

(ख) 'नक़द फ़सल के लिए बढ़ता हुआ पागलपन' से क्या तात्पर्य है? (1)

(i) लोग तुरंत व अधिक-से-अधिक लाभ कमाना चाहते हैं।

(ii) लोग प्रकृति को समय नहीं देना चाहते हैं।

(iii) लोग थके हुए हैं पर विश्राम नहीं करना चाहते।

(iv) लोग भौतिकवादी तथा अमीर लोगों की नकल करना चाहते हैं।

(ग) लेखक के अनुसार साहित्य क्या कार्य करने के लिए प्रेरित करता है? (1)

(i) लोगों को यथार्थ से अवगत कराकर बदलाव लाने के लिए

(ii) लोगों को जीवन की समस्याओं को भुलाकर आगे बढ़ते जाने के लिए

(iii) लोगों को यथार्थवाद का विध्वंस करने के लिए

(iv) लोगों को भावनाओं व ऐन्द्रिक सुख से ऊपर उठकर कार्य करने के लिए

(घ) गद्यांश में लेखक ने 'शुतुरमुर्ग' की संज्ञा किसे दी है और ऐसे लोग कैसे होते हैं? (2)

(ङ) "साहित्य हमें आस-पास के उस जीवन के प्रति सचेत करता है, जिसे हम अनदेखा करते हैं।" समझाइए। (2)

उत्तर

(क) (iii) **आधुनिक होने की प्रक्रिया सदा से मानव सभ्यता का अंग रही है** गद्यांश के अनुसार, आधुनिकता की दिशा में सुयोजित प्रयास इसलिए होने चाहिए, क्योंकि आधुनिकता होने की प्रक्रिया सदा से ही मानव सभ्यता का अंग रही है।

(ख) (i) **लोग तुरंत व अधिक-से-अधिक लाभ कमाना चाहते हैं** 'नकद फसल के लिए बढ़ता हुआ पागलपन' से तात्पर्य यह है कि लोग तुरंत व अधिक-से-अधिक लाभ कमाना चाहते हैं।

(ग) (i) **लोगों को यथार्थ से अवगत कराकर बदलाव लाने के लिए** लेखक के अनुसार, साहित्य लोगों को यथार्थ से अवगत कराकर बदलाव लाने के लिए कार्य करने हेतु प्रेरित करता है ताकि मनुष्य जागरूक बन सके।

(घ) गद्यांश में लेखक ने 'शुतुरमुर्ग' की संज्ञा उन पाठकों को दी है, जो सपनों की दुनिया में रहना चाहते हैं तथा ऐसे लोग रूढ़िवादी होते हैं।

(ङ) साहित्य में जीवन के विभिन्न पहलुओं के अतिरिक्त प्रकृति के अंग व सौंदर्य का मनोहारी चित्रण होता है जिसे पढ़कर मनुष्य स्वयं को प्रकृति के निकट महसूस करता है और आनंदित होता है। अत: साहित्य हमें दिन-प्रतिदिन की भागदौड़ से दूर ले जाकर हमें आस-पास से जोड़ता है, जिसे हम अनदेखा करते हैं।

खंड (ख) : व्यावहारिक व्याकरण (16 अंक)

3. निम्नलिखित पाँच प्रश्नों में से किन्हीं चार प्रश्नों के उत्तर दीजिए। (1× 4 = 4)

(क) लाल रंग की पुस्तक मेज पर रखी है। रेखांकित में कौन-सा पदबंध है? (1)

(ख) नीम की घनी छाँव में व्यक्ति आनंद का अनुभव करता है। वाक्य में कौन-सा विशेषण पद है? (1)

(ग) तेज चलने वाली गाड़ियाँ प्रायः देर से पहुँचती हैं। इस वाक्य में रेखांकित अंश कौन-सा पदबंध है? (1)

(घ) शब्द किसे कहते हैं?

(ङ) क्रिया पदबंध क्या होता है? (1)

उत्तर

(क) लाल रंग की पुस्तक मेज पर रखी है। इस वाक्य का रेखांकित पद संज्ञा पदबंध है।

(ख) 'नीम की घनी छाँव में व्यक्ति आनंद का अनुभव करता है।' इस वाक्य में 'नीम की घनी छाँव' विशेषण पदबंध है।

(ग) 'तेज चलने वाली गाड़ियाँ प्राय: देर से पहुँचती हैं।' इस वाक्य में रेखांकित अंश विशेषण पदबंध है।

(घ) वर्णों के स्वतंत्र एवं सार्थक मेल को 'शब्द' कहते हैं।

(ङ) वह पदबंध, जो अनेक क्रियापदों से मिलकर बनता है, क्रिया पदबंध कहलाता है। क्रिया पदबन्ध में मुख्य क्रिया पहले आती है। उसके बाद अन्य क्रियाएँ मिलकर एक समग्र इकाई बनाती हैं।

4. निम्नलिखित पाँच प्रश्नों में से किन्हीं चार प्रश्नों के उत्तर दीजिए। (1× 4 = 4)

(क) 'सायंकाल हुआ और पक्षी अपने-अपने घोंसलों में लौट गए।' वाक्य रचना की दृष्टि से कौन-सा है? (1)

(ख) 'स्वावलंबी व्यक्ति सदा सुखी रहते हैं।' इस वाक्य का मिश्र वाक्य क्या बनेगा? (1)

(ग) 'जैसे ही विपत्ति आई वैसे ही अपनों ने साथ छोड़ दिया।' इस वाक्य का सरल वाक्य क्या होगा? (1)

(घ) संयुक्त वाक्य होते हैं? (1)

(ङ) जो व्यधिकरण योजकों से जुड़े रहते हैं, उन्हें क्या कहते हैं? (1)

उत्तर

(क) 'सायंकाल हुआ और पक्षी अपने-अपने घोंसलों में लौट गए।' यह वाक्य रचना की दृष्टि से 'संयुक्त वाक्य' है।

(ख) 'स्वावलंबी मनुष्य सदा सुखी रहते हैं।' इस वाक्य का मिश्र वाक्य है—'जो स्वावलंबी होते हैं, वे सदा सुखी रहते हैं।'

(ग) 'जैसे ही विपत्ति आई वैसे ही अपनों ने साथ छोड़ दिया।' इस वाक्य का सरल वाक्य है—विपत्ति आने पर अपनों ने साथ छोड़ दिया।'

(घ) जिन वाक्यों में दो या दो से अधिक स्वतंत्र उपवाक्य किसी समुच्चयबोधक अव्यय से जुड़े होते हैं, वे संयुक्त वाक्य होते हैं।

(ङ) जो व्यधिकरण योजकों; जैसे— जैसा-तैसा, जो, वह, जब, तब आदि से जुड़े रहते हैं, उन्हें मिश्र वाक्य कहते हैं; जैसे—

- जब नई कक्षा में दाखिला होगा तब हम पढ़ेंगे।
- जो छात्र परिश्रम करते हैं, वे ही सफल होते हैं।

5. निम्नलिखित पाँच प्रश्नों में से किन्हीं चार प्रश्नों के उत्तर दीजिए। (1× 4 = 4)

(क) 'नीलकमल' शब्द में कौन-सा समास है? (1)

(ख) 'तीन आँखें हैं, जिसकी अर्थात् शिव' का समस्त पद बताइए। (1)

(ग) 'शरणागत' शब्द के सही समास विग्रह का चयन कीजिए। (1)

(घ) कर्मधारय और बहुव्रीहि समास में अंतर बताइए। (1)

(ङ) अपादान तत्पुरुष समास किसे कहते हैं? (1)

उत्तर

(क) 'नीलकमल' शब्द में कर्मधारय समास है।

(ख) 'तीन आँखें हैं, जिसकी अर्थात् शिव' का समस्त पद 'त्रिलोचन' है।

(ग) 'शरणागत' शब्द का सही समास विग्रह है—शरण में आया हुआ। इसमें सप्तमी तत्पुरुष समास है।

(घ) **कर्मधारय** समास में दूसरा पद प्रधान (विशेष्य) होता है तथा पहला पद विशेष्य के विशेषण का कार्य करता है।
बहुव्रीहि समास में दोनों पद मिलकर किसी तीसरे पद की ओर संकेत करते हैं; जैसे—

लंबोदर	लंबे पेट वाला	(कर्मधारय)
	लंबा पेट जिसका (गणेश)	(बहुव्रीहि)
पीतांबर	पीत है जो अंबर	(कर्मधारय)
	पीत है अंबर जिसका (कृष्ण)	(बहुव्रीहि)

(ङ) अपादान तत्पुरुष के अंतर्गत समस्तपद में अपादान कारक की विभक्ति **से** का लोप होता है एवं पूर्वपद का उत्तरपद से संबंध स्थापित नहीं किया जाता है; जैसे—

समस्त पद	विग्रह
ऋणमुक्त	ऋण से मुक्त
रोगमुक्त	रोग से मुक्त

6. निम्नलिखित पाँच प्रश्नों में से किन्हीं चार प्रश्नों के उत्तर दीजिए। (1× 4 = 4)

(क) राकेश अपने माँ-बाप के लिए ········ के समान है। मुहावरे से रिक्त स्थान की पूर्ति कीजिए। (1)

(ख) सारा दिन काम करते-करते आज ········ लग रहा है। उपयुक्त मुहावरे से रिक्त स्थान की पूर्ति कीजिए। (1)

(ग) बिना धन के कोई व्यापार करना ········ है। रिक्त स्थान की पूर्ति उचित मुहावरे से कीजिए। (1)

(घ) मुहावरा किसे कहते हैं? (1)

(ङ) मुहावरे की विशेषताएँ बताइए। (1)

उत्तर

(क) राकेश अपने माँ-बाप के लिए अंधे की लाठी के समान है।

(ख) सारा दिन काम करते-करते आज अंग-अंग ढीला लग रहा है।

(ग) बिना धन के व्यापार करना आकाश में उड़ना है।

(घ) वाक्य का ऐसा अंश, जो साधारण अर्थ का ज्ञान न कराकर किसी विशेष अर्थ की प्रतीति कराता है, मुहावरा कहलाता है; जैसे—अक्ल पर पत्थर पड़ना, बुद्धि भ्रष्ट होना।

(ङ) मुहावरे की विशेषताएँ निम्नलिखित हैं

(i) मुहावरा वाक्य का अंश होता है।

(ii) मुहावरा अपने रूढ़ अर्थ के लिए प्रसिद्ध होता है।

(iii) मुहावरों में वाक्य के अनुसार परिवर्तन होता है।

(iv) मुहावरा किसी वाक्य का अंश बनकर आता है।

(v) मुहावरे का प्रयोग वाक्य के अंत में, आरंभ में और बीच में कहीं भी किया जा सकता है।

खंड (ग) : पाठ्यपुस्तक व पूरक पाठ्यपुस्तक (28 अंक)

7. निम्नलिखित गद्यांश को पढ़कर प्रश्नों के सर्वाधिक उपयुक्त विकल्पों का चयन कीजिए। (1× 5 = 5)

कुछ समय बाद पासा गाँव में 'पशु-पर्व' का आयोजन हुआ। पशु-पर्व में हृष्ट-पुष्ट पशुओं के प्रदर्शन के अतिरिक्त पशुओं से युवकों की शक्ति परीक्षा प्रतियोगिता भी होती है। वर्ष में एक बार सभी गाँव के लोग हिस्सा लेते हैं। बाद में नृत्य-संगीत और भोजन का भी आयोजन होता है। शाम से सभी लोग पासा में एकत्रित होने लगे। धीरे-धीरे विभिन्न कार्यक्रम शुरू हुए। तताँरा का मन इन कार्यक्रमों में तनिक न था। उसकी व्याकुल आँखें वामीरो को ढूँढ़ने में व्यस्त थीं। नारियल के झुंड के एक पेड़ के पीछे से उसे जैसे कोई झाँकता दिखा। उसने थोड़ा और करीब जाकर पहचानने की चेष्टा की। वह वामीरो थी जो भयवश सामने आने में झिझक रही थी। उसकी आँखें तरल थीं। होंठ काँप रहे थे। तताँरा को देखते ही वह फूटकर रोने लगी। तताँरा विह्वल हुआ। उससे कुछ बोलते ही नहीं बन रहा था। रोने की आवाज लगातार ऊँची होती जा रही थी। तताँरा किंकर्त्तव्यविमूढ़ था। वामीरो के रुदन स्वरों को सुनकर उसकी माँ वहाँ पहुँची और दोनों को देखकर आग बबूला हो उठी।

(क) पशु पर्व में कैसे पशुओं का प्रदर्शन किया जाता था? (1)

(i) विकार ग्रस्त (ii) हृष्ट-पुष्ट

(iii) केवल जंगली (iv) केवल पालतू

(ख) 'होंठ काँप रहे थे' का अर्थ है (1)

(i) आन्तरिक विलाप (ii) रोने को उत्सुक

(iii) भय से परिपूर्ण तथा रोने की स्थिति

(iv) उपर्युक्त सभी

(ग) तताँरा का मन कार्यक्रम में न लगने का क्या कारण था? (1)

(i) कार्यक्रम में अच्छा प्रदर्शन न होना

(ii) माँ द्वारा डाँटे जाना

(iii) वामीरो को ढूँढना

(iv) गाँव वालों की उपेक्षा करना

(घ) गद्यांश के अनुसार, वामीरो झिझक क्यों रही थी? (1)

(i) पशुओं के प्रदर्शन को देखने में

(ii) भयवश सामने आने में

(iii) कार्यक्रम में जाने से

(iv) भोजन का आनंद न ले पाने से

(ङ) निम्नलिखित में कथन (A) और कारण (R) को ध्यानपूर्वक पढ़कर उचित विकल्प का चयन कीजिए

कथन (A) **तताँरा का मन कार्यक्रम में नहीं लगा।**

कारण (R) **तताँरा वामीरो से प्रेम करने लगा था।**

(i) कथन (A) गलत है, किंतु कारण (R) सही है।

(ii) कथन (A) और कारण (R) दोनों गलत हैं।

(iii) कथन (A) सही है और कारण (R) कथन (A) की सही व्याख्या है।

(iv) कथन (A) सही है, किंतु कारण (R) कथन (A) की सही व्याख्या नहीं है।

उत्तर

(क) (ii) **हृष्ट-पुष्ट** गद्यांश में स्पष्ट किया गया है कि पशु पर्व में हृष्ट-पुष्ट पशुओं का प्रदर्शन किया जाता था।

(ख) (iii) **भय से परिपूर्ण तथा रोने की स्थिति** 'होंठ काँप रहे थे' का अर्थ है—भय से परिपूर्ण तथा रोने की स्थिति। वामीरो तताँरा को देखकर बहुत व्याकुल हो गई और जोर-जोर से रोने लगी तथा धीरे-धीरे उसके रोने की आवाज बढ़ती गई, क्योंकि उसके मन में दुःख तथा भय व्याप्त था।

(ग) (iii) **वामीरो को ढूँढना** तताँरा वामीरो से प्रेम करने लगा था, इसलिए उसकी आखें वामीरो को कार्यक्रम में ढूँढ़ रही थीं। इसी कारण से उसका मन भी कार्यक्रम में नहीं लग रहा था।

(घ) (ii) **भयवश सामने आने में** तताँरा वामीरो के साथ देखे जाने के कारण भयवश वामीरो के सामने आने में झिझक रही थी।

(ङ) (iii) **कथन** (A) **सही है और कारण** (R) **कथन** (A) **की सही व्याख्या है।** तताँरा का मन कार्यक्रम में नहीं लग रहा था। उसकी आँखें व्याकुल थीं और वामीरों को ढूँढ़ने में व्यस्त थी, क्योंकि ततांँरा वामीरों से प्रेम करने लगा था।

8. निम्नलिखित प्रश्नों में से किन्हीं तीन प्रश्नों के उत्तर लगभग 25-30 शब्दों में लिखिए। $(2 \times 3 = 6)$

(क) बड़े भाई छोटे भाई को अपनी बातों से प्रभावित करने के लिए कौन-कौन-सी युक्तियाँ अपनाते हैं? (2)

(ख) वामीरो की प्रतीक्षा में बैठे ततँरा की प्रेम की व्याकुलता को स्पष्ट कीजिए। (2)

(ग) 'तीसरी कसम' पाठ का उद्‌देश्य अपने शब्दों में लिखिए। (2)

(घ) 26 जनवरी, 1931 के दिन बड़े बाजार का माहौल कैसा था? (2)

उत्तर

(क) बड़े भाई छोटे भाई को अपनी बातों से प्रभावित करने के लिए निम्नलिखित युक्तियाँ अपनाते हैं

(i) वह छोटे भाई द्वारा पढ़ाई में लापरवाही किए जाने और खेलकूद में अधिक ध्यान दिए जाने पर उपदेश देते हैं।

(ii) परीक्षा में असफल होने पर वह इस बात पर ज़ोर देते हैं कि परीक्षा बुद्धि का विकास करने वाली होनी चाहिए, न कि रटने पर ज़ोर देने वाली।

(iii) वह किताबी ज्ञान की अपेक्षा जीवन में कमाए गए अनुभव को अधिक महत्त्वपूर्ण मानते हैं और इस संबंध में उदाहरण भी देते हैं।

(ख) वामीरो की प्रतीक्षा में बैठे ततँरा के लिए यह पूरे जीवन की अकेली प्रतीक्षा थी। उसके गंभीर एवं शांत जीवन में ऐसा पहली बार हुआ था। वह अचंभित था, साथ ही रोमांचित भी। वामीरो की प्रतीक्षा में उसे एक-एक पल पहाड़ की तरह भारी लग रहा था। उसके भीतर एक आशंका भी व्याप्त थी कि अगर वामीरो न आई तो? वह कुछ निर्णय नहीं कर पा रहा था, बस प्रतीक्षारत था। मात्र आशा की एक किरण थी, जो समुद्र की देह पर डूबती किरणों की तरह कभी भी डूब सकती थी। वह बार-बार लपाती के रास्ते पर नज़रें दौड़ाता।

(ग) इस पाठ का उद्‌देश्य प्रसिद्ध गीतकार एवं फ़िल्म निर्माता शैलेंद्र द्वारा बनाई गई 'तीसरी कसम' फ़िल्म की विशेषता बताना है। लेखक ने इसके द्वारा स्पष्ट किया है कि जिन फ़िल्मों का कलापक्ष अधिक मज़बूत होता है, उन्हें समीक्षकों की प्रशंसा और पुरस्कार तो बहुत मिल जाते हैं, किंतु ऐसी फ़िल्में बाज़ार में अधिक सफल नहीं हो पातीं। इसका कारण यह है कि साहित्यिक अभिरुचि से बनाई गई इन फ़िल्मों में सस्ता मनोरंजन अधिक नहीं होता, जिसके कारण वितरक इन्हें खरीदने में रुचि नहीं दिखाते।

(घ) 26 जनवरी, 1931 के दिन बड़े बाज़ार की साज-सज्जा सबको उत्साहित कर रही थी। कई मकान तो इस प्रकार सजाए गए थे मानो स्वतंत्रता मिल गई हो। कलकत्ता में हर जगह झंडे लगाए गए थे, जिन्हें देखकर लोग उत्साहित हो रहे थे। वस्तुतः लोग जिस रास्ते से भी जाते उसी रास्ते पर नवीनता तथा उत्साह दिखाई पड़ता था।

9. निम्नलिखित पद्यांश को पढ़कर प्रश्नों के सर्वाधिक उपयुक्त विकल्पों का चयन कीजिए। $(1 \times 5 = 5)$

विचार लो कि मर्त्य हो न मृत्यु से डरो कभी,
मरो, परंतु यों मरो कि याद जो करें सभी।
हुई न यों सुमृत्यु तो वृथा मरे, वृथा जिए,
मरा नहीं वही कि जो जिया न आपके लिए।
वही पशु-प्रवृत्ति है कि आप आप ही चरे,
वही मनुष्य है कि जो मनुष्य के लिए मरे।।

(क) कवि के अनुसार, मृत्यु की सार्थकता किसमें है? (1)

(i) देशहित में
(ii) यश-कीर्ति में
(iii) सबके याद करने में
(iv) बलिवेदी पर चढ़ने में

(ख) किस प्रकार के मनुष्य का जीवन पशु के समान होता है? (1)

(i) जो अपने जीवन में परोपकार करते हैं
(ii) जो मृत्यु का वरण करते हैं
(iii) जो अपने जीवन को लोक मंगलकारी कार्य में नहीं लगाते हैं
(iv) जो मृत्यु आने तक दुःखी रहते हैं

(ग) कवि के अनुसार, वास्तव में मनुष्य कहलाने का अधिकारी कौन होता है? (1)

(i) जो स्वयं के जीवन को सुखमयी बनाता है
(ii) जो दूसरों की हितपूर्ति के लिए अपना जीवन जीता है
(iii) जो मृत्यु से भयभीत नहीं रहता है
(iv) जो हमारी याद में आँसू बहाता है

(घ) कविता में ………… सुमृत्यु कहा गया है। (1)

(i) परोपकार के लिए जीने वाले की मृत्यु को
(ii) स्वार्थ के लिए जीने वाले की मृत्यु को
(iii) अपने कर्त्तव्यों का पालन करते हुए मिली मृत्यु को
(iv) उपर्युक्त सभी

(ङ) 'मरा वही कि जो जिया न आपके लिए' पंक्ति का आशय स्पष्ट कीजिए। (1)

(i) जो अपने लिए जीता है, वह कभी नहीं मरता
(ii) जो पशुओं के लिए जीता है, वह कभी नहीं मरता
(iii) जिसकी इच्छाएँ पूरी नहीं होती, वह कभी नहीं मरता
(iv) जो अपना जीवन परोपकार में लगा देता है वह कभी नहीं मरता

उत्तर

(क) (iii) **सबके याद करने में** कवि के अनुसार, मृत्यु की सार्थकता सबके द्वारा याद करने में है। जब मृत्यु के बाद व्यक्ति को याद किया जाता है तब उसकी मृत्यु सार्थकता पाती है।

(ख) (iii) **जो अपने जीवन को लोक मंगलकारी कार्य में नहीं लगाते हैं** कवि ने स्पष्ट किया है कि जो मनुष्य अपने जीवन को लोक मंगलकारी कार्य में नहीं लगाते, उन मनुष्यों का जीवन पशु के समान होता है, क्योंकि मात्र पशु ही अपने व्यक्तिगत स्वार्थ की पूर्ति के लिए जीवन जीता है।

(ग) (ii) **जो दूसरों की हितपूर्ति के लिए अपना जीवन जीता है** कवि के अनुसार, वास्तव में वही व्यक्ति मनुष्य कहलाने का अधिकारी है, जो दूसरों की हितपूर्ति के लिए अपना जीवन जीता है, जिसमें स्वार्थभाव के स्थान पर परमार्थ भाव होता है।

(घ) (i) **परोपकार के लिए जीने वाले की मृत्यु को** प्रस्तुत पद्यांश में कवि ने परोपकार के लिए जीने वाले की मृत्यु को समृत्यु कहा है, मनुष्य वही है, जो अपने स्वार्थ के लिए नहीं जिया, बल्कि दूसरों के लिए परोपकार के लिए मरे।

(ङ) (iv) **जो अपना जीवन परोपकार में लगा देता है वह कभी नहीं मरता** पद्यांश के अनुसार दी गई पंक्ति का आशय है कि वह व्यक्ति कभी नहीं मरता जो परोपकार के कार्यों में अपना जीवन समर्पित करता है उसका शरीर मिट जाता है परन्तु कार्य हमेश लोगों को प्रकाश मार्ग दिखाते हैं। अत: दी गई पंक्ति का आशय है कि वह व्यक्ति कभी नहीं मरता जो अपना जीवन परोपकार के कार्यों में लगाता है।

10. निम्नलिखित में से किन्हीं तीन प्रश्नों के उत्तर 25-30 **शब्दों में लिखिए।** $(2 \times 3 = 6)$

(क) **अपने किन हितों को पूरा करने के लिए मीरा कृष्ण की चाकरी करना चाहती थी? 'पद' के आधार पर लिखिए।** (2)

(ख) **पर्वतीय प्रदेश में वर्षा के सौंदर्य का वर्णन 'पर्वत प्रदेश में पावस' के आधार पर अपने शब्दों में कीजिए।** (2)

(ग) **अपने अंदर का दीपक दिखाई देने पर कौन-सा अंधियारा कैसे मिट जाता है? कबीर की साखी के संदर्भ में स्पष्ट कीजिए।** (2)

(घ) **कवि सुखों के दिनों के लिए ईश्वर से क्या निवेदन करता है? 'आत्मत्राण' कविता के आधार पर बताइए।** (2)

उत्तर

(क) मीराबाई अपने आराध्य श्रीकृष्ण की चाकरी इसलिए करना चाहती थी, क्योकि वह प्रत्येक क्षण श्रीकृष्ण के सानिध्य में रहना चाहती हैं और उनके दर्शन करना चाहती हैं। इसके अतिरिक्त वह श्रीकृष्ण के नाम का स्मरण भी करते रहना चाहती हैं। वह अपने आराध्य श्रीकृष्ण के दर्शन पाने के लिए बाग-बगीचे लगवाना चाहती हैं, जिसमें वे विचरण कर सकें। इस बाग में सुबह-शाम जब श्रीकृष्ण भ्रमण के लिए आए तो मीरा उनके दर्शन प्राप्त कर सकें। मीरा, श्रीकृष्ण की चाकरी करते हुए उनके नाम का बार-बार स्मरण करेंगी। इस तरह मीरा श्रीकृष्ण के दर्शन, स्मरण एवं भक्ति पाने के हितों को पूरा करने के लिए उनकी चाकरी करना चाहती हैं।

(ख) पर्वतीय प्रदेश में वर्षा ऋतु के आने से पहले बादलों के कारण पर्वत छिप जाते हैं। अचानक बादल ऐसे उठे, मानो एक पूरा पर्वत विशाल पक्षी के समान अत्यधिक सफ़ेद और चमकीले पंखों को फड़फड़ाता हुआ ऊपर आकाश में उड़ रहा है। इसका परिणाम यह हुआ कि चारों ओर बादल ही बादल छा गए और कुछ भी दिखाई देना बंद हो गया। झरनों की केवल आवाज़ ही सुनाई दे रही है अत: वह ओझल हो गए। इसके पश्चात् इन बादलों से इतनी तेज़ वर्षा हुई, जैसे आकाश धरती पर टूट पड़ा हो और उसने वर्षा रूपी बाणों से धरती पर आक्रमण कर दिया हो।

(ग) 'दीपक' प्रकाश फैलाने का माध्यम है। इससे अंधकार का नाश होता है। कबीर ने अपनी साखी में 'दीपक' को ज्ञान के प्रतीक के रूप में रखा है। ज्ञान आंतरिक दुष्प्रवृत्तियों को नष्ट करता है।

अपने अंदर का दीपक दिखाई देने पर अपने-पराए का भेद मिट जाता है। जिस प्रकार दीपक के प्रकाश से अंधकार समाप्त हो जाता है, उसी प्रकार जब मनुष्य का ईश्वर के प्रेम रूपी प्रकाश से साक्षात्कार होता है तो उसके मन के सारे प्रश्न, भ्रम, संदेह समाप्त हो जाते हैं, और अज्ञान रूपी अंधकार मिट जाता है।

(घ) कवि सुखों के दिनों के लिए ईश्वर से निवेदन करता है कि आप मुझ पर ऐसी कृपा रखिए कि जब मेरे जीवन में सुखों का आगमन हो, तो मैं आपको प्रतिक्षण याद कर सकूँ, मैं आपको कभी विस्मृत न कर पाऊँ। सुख के क्षणों में भी मेरे अन्दर अहं भाव न आने पाए तथा मैं पूर्ण विनम्रता के साथ आपको प्रतिक्षण अपने आस-पास अनुभव कर सकूँ।

11. निम्नलिखित में से किन्हीं दो प्रश्नों के उत्तर लगभग 50-60 **शब्दों में लिखिए।** $(3 \times 2 = 6)$

(क) **'सपनों के-से दिन' पाठ में लेखक ने अपने बचपन के दिनों के विद्यालय में अनुशासन के लिए अपनाए जाने वाले किन तरीकों का वर्णन किया है तथा वर्तमान समय में अपनाए जाने वाले तरीके किस प्रकार भिन्न हैं? पाठ के आधार पर स्पष्ट कीजिए।** (3)

(ख) **हमारी सामाजिक व्यवस्था का कटु यथार्थ क्या है तथा 'हरिहर काका' की स्थिति इससे किस प्रकार भिन्न है? स्पष्ट कीजिए।** (3)

(ग) **"टोपी और इफ़्फ़न दोनों एक-दूसरे को धर्म, जाति, संप्रदाय आदि से ऊपर उठकर प्रेम करते हैं।" 'टोपी शुक्ला' पाठ के आधार पर इस कथन को स्पष्ट कीजिए।** (3)

उत्तर

(क) 'सपनों के-से दिन' पाठ में विद्यार्थियों को अनुशासन में रखने के लिए उन्हें भयभीत किया जाता था। पाठ याद न करके आने वाले बच्चों को कठोर शारीरिक यातनाएँ दी जाती थीं। वर्तमान में विद्यार्थियों को अनुशासन में रखने के लिए आर्थिक दंड तथा कुछ दिनों के लिए विद्यालय से निलंबन की कार्यवाई भी की जाती है। विद्यार्थियों पर काम के बोझ के बदले परियोजना कार्यों तथा प्रायोगिक कक्षा के माध्यम से पढ़ाई के प्रति रुचि विकसित की जाती है।

(ख) हमारी सामाजिक व्यवस्था का यह एक कटु यथार्थ है कि बुढ़ापे का सहारा कही जाने वाली संतानों या परिवार के अन्य लोगों की बेमेल विचारधारा से वृद्ध व्यक्ति त्रस्त होते हैं। सामान्यत: उनके पास कोई संपत्ति या अधिकार नहीं होता, लेकिन हरिहर काका की स्थिति इससे भिन्न दिखाई देती है। हरिहर काका के पास ज़मीन-जायदाद है, परंतु वे इस रूप में भी एक नए शोषित वर्ग के प्रतिनिधि के रूप में दिखाई देते हैं।

(ग) टोपी शुक्ला तथा इफ़्फ़न सच्चे मित्र हैं। वे दोनों एक-दूसरे को धर्म, जाति, संप्रदाय आदि से ऊपर उठकर प्रेम करते हैं। दोनों के बीच मित्रता इतनी गहरी है कि इफ़्फ़न के चले जाने पर टोपी स्वयं को अत्यंत अकेला महसूस करता है। वह इफ़्फ़न तथा उसकी दादी को हृदय से चाहता था, इसलिए इफ़्फ़न के पिता के तबादले के कारण उसके चले जाने पर वह बहुत अधिक मायूस हो जाता है और कसम खाता है कि अब वह ऐसे किसी लड़के से दोस्ती नहीं करेगा, जिसके पिता जी की तबादले वाली नौकरी होगी। यह भावना गहरी वेदना से ही उपज सकती है। टोपी का हृदय वेदना से पीड़ित है। वह हृदय से दुःखी है। ऐसे संबंध को ही सच्ची मित्रता कहा जा सकता है। इन दोनों की दोस्ती से सच्ची मित्रता की प्रेरणा ली जा सकती है।

खंड (घ) : रचनात्मक लेखन (22 अंक)

12. निम्नलिखित में से किसी एक विषय पर दिए गए संकेत बिंदुओं के आधार पर लगभग 120 शब्दों में अनुच्छेद लिखिए। (5)

1. **इंटरनेट : विज्ञान का चमत्कार**

संकेत बिंदु
- **विज्ञान की अद्भुत उपलब्धि**
- **इंटरनेट के लाभ**
- **इंटरनेट से हानि**
- **उपसंहार**

उत्तर

आधुनिक युग वैज्ञानिक आविष्कारों का युग है। विज्ञान के महत्त्वपूर्ण आविष्कारों में से एक है—इंटरनेट। इस बात में कोई संदेह नहीं कि सूचना क्रांति की देन इंटरनेट न केवल मानव के लिए अति-उपयोगी सिद्ध हुआ है, बल्कि संचार में गति व विविधता के माध्यम से इसने दुनिया को बदलकर रख दिया है। यह सचमुच ही बहुत बड़ी उपलब्धि है। इंटरनेट के आविष्कार से ही सूचनाओं का अतिशीघ्र आदान-प्रदान संभव हो पाया है। आज इंटरनेट के द्वारा यातायात के लिए टिकट, होटल की बुकिंग, पुस्तकों का ऑर्डर, मित्रों से ऑनलाइन चैटिंग आदि संभव हो गया है। इसके साथ ही इंटरनेट ने आज शिक्षा को भी नए अवसर प्रदान किए हैं। इंटरनेट के लाभ के साथ-साथ इसकी विभिन्न हानियाँ भी हैं। इसके प्रयोग से युवा सोशल नेटवर्किंग साइटों की ओर काफी आकर्षित हो जाते हैं। इसके साथ ही युवा इंटरनेट का दुरुपयोग अश्लील साइटों को देखने में भी करते हैं। कई बार यह भी देखने में आता है कि लोगों की निजी बातें इंटरनेट पर डाल दी जाती हैं।

इस प्रकार, देखा जाए तो जहाँ एक ओर इंटरनेट ज्ञान का सागर है, वहीं दूसरी ओर इसमें 'दोषों' की भी कमी नहीं है। यह स्वयं हम पर निर्भर करता है कि हम इसका उपयोग करते हैं या दुरुपयोग।

2. **वन संपदा**

संकेत बिंदु
- **वनों की आवश्यकता**
- **वनों के प्रत्यक्ष लाभ**
- **वनों के अप्रत्यक्ष लाभ**
- **वन संरक्षण: हमारा कर्त्तव्य**

उत्तर

मनुष्य का वनों से बहुत पुराना संबंध है। मनुष्य का प्रारंभिक आवास वन ही थे। वन हमारी अनेक आवश्यकताओं की पूर्ति करते हैं। वन किसी भी राष्ट्र की उन्नति में सहायक होते हैं। भूतपूर्व प्रधानमंत्री स्वर्गीय पंडित जवाहरलाल नेहरू ने कहा था, "एक उगता हुआ वृक्ष राष्ट्र की प्रगति का जीवित प्रतीक है।" वनों से हमें बहुत-से प्रत्यक्ष लाभ होते हैं। वनों से हमें लकड़ी प्राप्त होती है, जो मुख्यतः ईंधन के रूप में जलाने एवं फर्नीचर बनाने के काम आती है। वनों पर आधारित मुख्य कुटीर उद्योग टोकरियाँ व बेंत बनाना, रस्सी बनाना, बीड़ी बाँधना, गोंद एकत्र करना आदि हैं तथा वनों से दुर्लभ जड़ी-बूटियाँ भी मिलती हैं, जो अनेक रोगों के उपचार में सहायक होती हैं। वनों से हमें अनेक अप्रत्यक्ष लाभ भी मिलते हैं।' सर्वप्रथम वन पर्यावरण के संतुलन को बनाए रखने में सबसे अधिक महत्त्वपूर्ण भूमिका निभाते हैं। वे पर्यावरण से कार्बन डाइ-ऑक्साइड ग्रहण करते हैं और जीवों के लिए जीवनवर्द्धक प्राणवायु (ऑक्सीजन) छोड़ते हैं। वनों के प्रत्यक्ष व अप्रत्यक्ष लाभों को देखते हुए उनका संरक्षण करना हमारा कर्त्तव्य है। अतः हमें अति आवश्यक कार्यों के लिए ही वनों का उपभोग करना चाहिए।

3. **"जो तोको काँटा बुवै ताहि बोई तू फूल।
तोहे फूल तो फूल है, बाको है तिरसूल।।"**

संकेत बिंदु
- **दोहे का अर्थ**
- **इस मत का विरोध**
- **विरोध का आधार**
- **हिंसा से क्षमा अधिक प्रभावकारी**

उत्तर

"जो तोको काँटा बुवै ताहि बोई तू फूल। तोहे फूल तो फूल है, बाको है तिरसूल।।" इस दोहे के द्वारा यह बताया गया है कि बुरे कर्म का विरोध बुरे कर्म से नहीं किया जाना चाहिए, बल्कि बुरे का प्रतिकार भी अच्छाई से ही करना चाहिए। कुछ लोग इस मत का विरोध करते हुए कहते हैं कि यदि कोई हमारी एक आँख फोड़े तो हमें उसकी दोनों आँखें फोड़ देनी चाहिए, जिससे भविष्य में वह इस प्रकार का बुरा कार्य दुबारा न कर सके। कुछ असहिष्णु व्यक्ति सुभाषचंद्र बोस, बालगंगाधर तिलक और भगत सिंह जैसे अनेक क्रांतिकारियों का उदाहरण देकर यह बताने का प्रयास करते हैं कि "भगवान रामचंद्र ने भी जब तक समुद्र को धनुष की प्रत्यंचा पर बाण चढ़ाकर नहीं डराया था, तब तक समुद्र भी रास्ता देने के लिए तैयार नहीं हुआ था।" यदि हिंसा का उत्तर प्रतिहिंसा ही है, तो प्रेम का तो अस्तित्व ही समाप्त हो जाएगा और संसार में केवल प्रतिशोध रह जाएगा। 'हिंसा' से 'क्षमा' अधिक प्रभावकारी होती है। हिंसा का उत्तर हिंसा से ही देने वाले यह भूल जाते हैं कि अहिंसा और प्रेम के आधार पर ही एक कमज़ोर शरीर के गांधी ने ब्रिटिश सरकार को पराजित कर, उन्हें भारत छोड़ने के लिए विवश कर दिया था। महात्मा बुद्ध, गुरुनानक आदि अनेक संत इसके प्रमाण हैं कि भलाई और क्षमा में बड़े-से-बड़े शत्रु को भी झुकाने की शक्ति है। इस प्रकार, कह सकते हैं कि बुरे कर्म का विरोध बुरे कर्म से न करके अच्छाई से करना चाहिए।

13. **अधिशासी अभियंता, गाज़ियाबाद विकास प्राधिकरण, गाज़ियाबाद को लगभग 100 शब्दों में एक पत्र लिखकर शिकायत कीजिए कि आपके एवं अन्य लोगों के मकानों के सामने स्थित पार्क की स्थिति बहुत दयनीय है।** (5)

अथवा **आप नालंदा शहर की यात्रा करना चाहते हैं। उस स्थान की जानकारी प्राप्त करने के लिए पर्यटन विभाग के अधिकारी को लगभग 100 शब्दों में पत्र लिखकर पूछताछ कीजिए।**

उत्तर

परीक्षा भवन,
गाज़ियाबाद।

दिनांक 23 मार्च, 20XX

सेवा में
अधिशासी अभियंता,
गाज़ियाबाद विकास प्राधिकरण,
गाज़ियाबाद।

विषय न्यू कवि नगर के पार्क संख्या 2 (सेक्टर 3) की सफाई व्यवस्था के संबंध में।

महोदय,

निवेदन यह है कि न्यू कवि नगर के पार्क संख्या 2 (सेक्टर 3) की साफ़-सफ़ाई को लेकर स्थिति बहुत दयनीय बनी हुई है। यहाँ घास एवं झाड़ियाँ बहुत ऊँची हो चुकी हैं। इसके अतिरिक्त, आस-पास की कॉलोनियों के निवासी रात में आकर इस पार्क में कूड़ा डाल देते हैं। यही कारण है कि यहाँ कीट-पतंगों तथा जंगली जानवरों के रहने का खतरा बना हुआ है। पार्क के आस-पास बने घरों में रहने वाले छोटे-छोटे बच्चों के खेलने के लिए जगह के रूप में यही एकमात्र पार्क है। यदि ये बच्चे इस पार्क में खेलने जाएँ, तो साँप-कीड़ों आदि द्वारा उन्हें काटने का भय रहता है।

आपसे विनम्र निवेदन है कि पार्क के उचित रख-रखाव का कार्य शीघ्र आरंभ करवाने की कृपा करें, ताकि यहाँ बढ़ने वाली गंदगी से छुटकारा पाया जा सके। इसके लिए हम सभी आपके आभारी रहेंगे।

धन्यवाद।

भवदीय
क.ख.ग.
सचिव, रेज़ीडेंट वेलफेयर सोसायटी
न्यू कवि नगर, गाज़ियाबाद

अथवा

परीक्षा भवन,
गाज़ियाबाद।

दिनांक 09, जुलाई, 20XX

सेवा में,
पर्यटन अधिकारी,
पर्यटन विभाग, नालंदा,
बिहार।

विषय नालंदा के प्रमुख स्थलों की जानकारी हेतु पत्र।

आदरणीय महोदय,

मैं और मेरा मित्र सपरिवार नालंदा शहर आने के इच्छुक हैं। हम सब वहाँ के ऐतिहासिक व प्रमुख स्थलों के साथ-साथ विश्व प्रसिद्ध विश्वविद्यालय के भ्रमण के लिए अत्यंत उत्सुक हैं। हम अगले माह की 10 अगस्त को नालंदा पहुँच जाएँगे तथा 15 अगस्त की रात को रेल द्वारा वापसी का कार्यक्रम निश्चित है।

अत: आपसे विनम्र निवेदन है कि हमें नालंदा के सभी प्रमुख स्थलों की जानकारी प्रदान करें तथा साथ ही उपर्युक्त कार्यक्रम के अनुसार ठहरने के लिए उचित स्थान व आवागमन के लिए वाहन आदि की व्यवस्था के विषय में भी अवगत कराएँ। मैं इस सहयोग व स्नेह के लिए आपका हार्दिक आभारी रहूँगा।

सधन्यवाद।

भवदीय
क.ख.ग.

14. विद्यालय के प्रधानाचार्य की ओर से विद्यार्थियों को अनुशासन भंग न करने की चेतावनी देते हुए 60 शब्दों में सूचना लिखिए। (4)

अथवा

विद्यालय के प्रधानाचार्य की ओर से विद्यार्थियों को फुटबॉल टीम में सम्मिलित होने के लिए 60 शब्दों में सूचना लिखिए।

उत्तर

डी. ए. वी पब्लिक स्कूल, मथुरा रोड, नई दिल्ली

सूचना

दिनांक 08 अप्रैल, 20XX

विद्यालय में अनुशासन भंग न करने की चेतावनी

विद्यालय के सभी विद्यार्थियों को अनुशासन भंग करने संबंधी मामलों में हो रही वृद्धि को देखते हुए चेतावनी दी जाती है कि वे अपने व्यवहार को अनुशासित एवं संयमित रखें, विद्यालय की अध्यापिका ने भी आप लोगों के खिलाफ शिकायत दर्ज़ की है। उनके अनुसार पढ़ाते समय कक्षा में सभी बच्चे जोर-जोर से बातें करते हैं। बिना अनुमति के कक्षा से निकल जाते हैं। विद्यालय के गार्डन में बच्चे बिना खेल के पीरियड में खेलते रहते हैं। फूल तोड़ देते हैं अब से किसी भी प्रकार की अनुशासनहीनता में संलग्न पाए जाने पर विद्यार्थी सख्त कार्यवाही के पात्र होंगे।

साधना द्विवेदी
(प्रधानाध्यापिका)

अथवा

डी. के. पब्लिक स्कूल, माल रोड, नई दिल्ली

सूचना

दिनांक 08 अप्रैल, 20XX

फुटबॉल टीम में सम्मिलित होने के लिए

विद्यालय के सभी विद्यार्थियों को सूचित किया जाता है कि दिनांक 20 नवम्बर, 20XX को विद्यालय की फुटबॉल टीम में सम्मिलित होने वाले खिलाड़ियों का चयन किया जाएगा। जिन्हें फुटबॉल खेलना पसंद है वे सभी खिलाड़ी अपने खेल के शिक्षक से मिले विद्यालय के खेल के मैदान में एक फुटबॉल प्रतियोगिता का आयोजन किया जाएगा। उनमें से चयनित खिलाड़ियों को अंतर विद्यालयी फुटबॉल प्रतियोगिता के लिए भेजा जाएगा। इच्छुक खिलाड़ी आगामी बुधवार तक प्रधानाचार्य कार्यालय में संपर्क करें।

अशोक त्रिपाठी
(प्रधानाध्यापक)

15. योग दिवस पर लगभग 40 शब्दों में विज्ञापन लिखिए। (3)

अथवा

किसी फुटवियर्स कंपनी का 40 शब्दों में विज्ञापन लिखिए।

उत्तर

योग

अंतर्राष्ट्रीय योग दिवस 21 जून

योग के लाभ

- ✓ एकाग्रता व ध्यान में सुधार
- ✓ शारीरिक व मानसिक रूप से स्वस्थ
- ✓ जीवन को खुशहाल और स्वस्थ बनाए
- ✓ बीमारियों को दूर भगाए
- ✓ आलस्य को दूर भगाए, स्फूर्ति बढ़ाने में सहायक
- ✓ मोटापा व वजन कम करने में सहायक

दुनिया को खुशहाल बनाएँ, चलो सभी योग अपनाएँ

आओ मिलकर योग करें

योग विश्व का नारा है, भविष्य अब हमारा है

स्वास्थ्य मंत्रालय द्वारा जनहित में जारी

अथवा

राघव फुटवियर्स

पेश करते हैं हर उम्र के अनुसार फुटवियर्स

विशेष छूट

₹ 3000 से अधिक खरीद पर 5% की छूट

विशेष आकर्षण

- ✓ बड़े, बच्चे, बूढ़े सभी के लिए आरामदायक फुटवियर्स
- ✓ सभी कंपनिया के फुटवियर्स उपलब्ध
- ✓ आरामदायक और सस्ते फुटवियर्स
- ✓ आकर्षक रंगों व विभिन्न डिजाइनों में उपलब्ध
- ✓ शादी व पार्टी वियर फुटवियर भी उपलब्ध
- ✓ डॉक्टर सोल के चप्पल व सैंडिल उपलब्ध
- ✓ हस्तनिर्मित जूतियाँ उपलब्ध

जल्दी करें ऑफर सीमित है।

पता– दुकान नं. 15, पहला तल, मकबरा चौक, दिल्ली। फोन नं. 011–9833486XXX

16. 'अभिमान विनाश का कारण है' इस उक्ति को आधार बनाकर लगभग 100 शब्दों में एक लघु कथा लिखिए। (5)

अथवा

रेल में यात्रा करते समय आपका सामान चोरी हो गया था। खोए हुए सामान की जानकारी देते हुए सुरक्षा आयुक्त, मंडल कार्यालय नई दिल्ली को ई-मेल लगभग 80 शब्दों में लिखिए।

उत्तर

उक्ति का अर्थ 'अभिमान विनाश का कारण है' इस उक्ति का अर्थ है कि घमंड अथवा अहंकार व्यक्ति को विनाश की ओर ले जाता है। अभिमान विनाश का कारण होता है, यह बिलकुल सटीक कथन है। महाभारत, रामायण आदि धार्मिक ग्रंथों में इस तथ्य को उजागर किया गया है। रावण ज्ञानी और शक्तिशाली होते हुए भी अपने अभिमान, अहंकार के कारण अजेय रहा। रावण का अहं उसके पतन का कारण बना। ऐसी ही एक कथा यहाँ प्रस्तुत है।

कथा एक नगर में दो अत्यंत धनवान व्यक्ति रहते थे। दोनों में अच्छी मित्रता थी। पहले व्यक्ति का स्वभाव विनम्र था, वह विनम्रतापूर्वक सबकी सहायता करने के लिए हमेशा तत्पर रहता था। वहीं दूसरा व्यक्ति धनी होने के कारण अभिमानी था। अभिमानी व्यक्ति किसी की सहायता नहीं करता था, उसे अपने धन का घमंड था। एक बार दोनों कहीं से आ रहे थे कि अचानक अभिमानी व्यक्ति को साँप के काटने से तबीयत बिगड़ने लगी। वह दर्द से कराह रहा था। साँप का ज़हर उसके शरीर में फैलता जा रहा था, तभी वहाँ से गुजरते हुए एक गरीब किसान ने उसकी आवाज़ सुनी पास जाकर उस अभिमानी व्यक्ति की बिगड़ती हालत को देखा। किसान विनम्र व्यक्ति से बोला कि वे इसी समय उसके साथ पास ही बनी उसकी झोंपड़ी में चलें, उसके पिताजी शरीर से साँप का विष निकालना जानते हैं। परंतु अभिमानी व्यक्ति ने गरीब किसान के घर जाने से इंकार कर दिया। उसने किसान से उसके पिता को वहीं लाने के लिए कहा। किसान तथा विनम्र व्यक्ति ने उसे बहुत समझाया कि गरीब किसान के पिता के यहाँ आने तक बहुत समय नष्ट हो जाएगा, परंतु वह नहीं माना तथा अंत में अपने प्राणों से हाथ धो बैठा।

सीख वस्तुतः यह कथा हमें संदेश देती है कि जो लोग घमंड और अहंकार में रहते हैं, उनका सर्वथा सर्वनाश होता है।

अथवा

From XYZ@gmail.com

To: suraksha aayukt @gmail.com

Subject: विषय-खोए हुए सामान के संबंध मे।

Insert: Attachments Office docs Photos From Bing Emoticons

Tahoma 10 B I U

सेवा में,
सुरक्षा आयुक्त,
मंडल कार्यालय,
नई दिल्ली।

महोदय,

निवेदन यह है कि कल आगरा से नई दिल्ली आते समय ताज एक्सप्रेस में मेरा सूटकेस चोरी हो गया है। मथुरा स्टेशन के बाद चोरी की यह घटना घटी। उस समय मैं अगले कोच में मित्र से मिलने चला गया था। काले रंग के इस वी.आई. पी. सूटकेस में मेरा पहचान-पत्र, डायरी, पाँच हजार रुपए नकद तथा कुछ अन्य आवश्यक कागज़ात थे। आपसे प्रार्थना है कि इस खोए सूटकेस की सूचना दर्ज कर इसे वापस दिलाने में मेरी मदद करें और सूटकेस मिलते ही नीचे दिए गए पते पर सूचित करने का कष्ट करें।

धन्यवाद।

भवदीय
क. ख. ग.
ए. 7/312
सेक्टर 9. इंदिरापुरम
दिल्ली।
05 मई, 20XX

Send Discard

प्रतिदर्श प्रश्न-पत्र 2 (व्याख्या रहित)

CBSE कक्षा 10 की बोर्ड परीक्षा के लिए नमूना प्रश्न-पत्र

हिंदी 'ब'

समय : 3 घंटे | पूर्णांक : 80

1. इस प्रश्न-पत्र में चार खंड दिए गए हैं—'क', 'ख', 'ग' और 'घ'।
2. खंड 'क' में बहुविकल्पीय, अतिलघु व लघु उत्तरीय प्रश्न दिए गए हैं।
3. खंड 'ख' में अतिलघु/लघु उत्तरीय प्रश्न दिए गए हैं।
4. खंड 'ग' में बहुविकल्पीय व वर्णनात्मक प्रश्न दिए गए हैं।
5. खंड 'घ' में वर्णनात्मक प्रश्न दिए गए हैं।
6. यथासंभव सभी प्रश्नों के उत्तर क्रमानुसार लिखिए।

खंड (क) : अपठित बोध (14 अंक)

1. निम्नलिखित गद्यांश को ध्यानपूर्वक पढ़कर उस पर आधारित प्रश्नों के उत्तर दीजिए।

अच्छा नागरिक बनने के लिए भारत के प्राचीन विचारकों ने कुछ नियमों का प्रावधान किया है। इन नियमों में वाणी और व्यवहार की शुद्धि, कर्त्तव्य और अधिकार का समुचित निर्वाह, शुद्धतम पारस्परिक सद्भाव और सेवा की भावना आदि नियम बहुत महत्त्वपूर्ण माने गए हैं। ये सभी नियम यदि एक व्यक्ति के चारित्रिक गुणों के रूप में भी अनिवार्य माने जाएँ तो उसका अपना जीवन सुखी और आनंदमय हो सकता है। सभी गुणों का विकास एक बालक में यदि उसकी बाल्यावस्था से ही किया जाए तो वह अपने देश का श्रेष्ठ नागरिक बन सकता है। इन गुणों के कारण वह अपने परिवार, आस पड़ोस, विद्यालय में अपने सहपाठियों एवं अध्यापकों के प्रति यथोचित व्यवहार कर सकेगा। वाणी एवं व्यवहार की मधुरता सभी के लिए सुखदायक होती है, समाज में हार्दिक सद्भाव की वृद्धि करती है, किंतु अहंकारहीन व्यक्ति ही स्निग्ध वाणी और शिष्ट व्यवहार का प्रयोग कर सकता है। अहंकारी और दंभी व्यक्ति सदा अशिष्ट वाणी और व्यवहार का अभ्यासी होता है, जिसका परिणाम यह होता है कि ऐसे आदमी के व्यवहार से समाज में शांति और सौहार्द का वातावरण नहीं बनता। जिस प्रकार एक व्यक्ति समाज में रहकर अपने व्यवहार से कर्त्तव्य और अधिकार के प्रति सजग रहता है, उसी तरह देश के प्रति भी उसका व्यवहार कर्त्तव्य और अधिकार की भावना से भावित रहना चाहिए। उसका कर्त्तव्य हो जाता है कि न तो वह स्वयं कोई ऐसा काम करे और न ही दूसरों को करने दे, जिसमें देश के सम्मान, संपत्ति और स्वाभिमान को ठेस लगे। समाज एवं देश में शांति बनाए रखने के लिए धार्मिक सहिष्णुता भी बहुत आवश्यक है। यह वृत्ति तभी आ सकती है जब व्यक्ति संतुलित व्यक्तित्व का हो। वह आंतरिक व बाहरी संघर्ष से परे सामाजिकता की अनुभूति से परिपूर्ण व्यक्तित्व होना चाहिए।

(क) गद्यांश के संदर्भ में अच्छा नागरिक बनने के लिए नियमों का प्रावधान आवश्यक है, क्योंकि यह (1)

(i) स्वतंत्रता को बढ़ावा देता है जिससे वातावरण को शांति से परिपूर्ण करता है

(ii) व्यक्तित्व को निखारकर जीवन को आमोद-प्रमोद से परिपूर्ण करता है

(iii) व्यक्तित्व को निखारकर जीवन को सुख और मंगलकामना से परिपूर्ण करता है

(iv) व्यक्ति को अहंकार, स्निग्ध वाणी और शिष्ट व्यवहार से परिपूर्ण करता है

(ख) वाणी एवं व्यवहार की मधुरता सभी के लिए सुखदायक होती है। इस कथन के लिए उपयुक्त तर्क है (1)

(i) देश के सम्मान, संपत्ति और स्वाभिमान को ठेस पहुँचती है

(ii) देश व समाज में शांति और सौहार्द का वातावरण नहीं बनता

(iii) कर्त्तव्य और अधिकार का समुचित निर्वाह बहुत आवश्यक है

(iv) समाज में हार्दिक सद्भाव की वृद्धि और सुख की प्रतिष्ठा होती है

(ग) निम्नलिखित कथन (A) तथा कारण (R) को ध्यानपूर्वक पढ़कर दिए गए विकल्पों में से सही विकल्प चुनकर लिखिए। (1)

कथन (A) व्यक्ति को स्निग्ध वाणी और शिष्ट व्यवहार का प्रयोग करना चाहिए।

कारण (R) व्यक्ति के ऐसे व्यवहार से समाज में शांति और सौहार्द का वातावरण बनता है।

(i) कथन (A) तथा कारण (R) दोनों गलत हैं।

(ii) कथन (A) गलत है, लेकिन कारण (R) सही है।

(iii) कथन (A) सही है, किंतु कारण (R) उसकी गलत व्याख्या करता है।

(iv) कथन (A) और कारण (R) दोनों सही हैं तथा कारण (R) कथन (A) की सही व्याख्या करता है।

(घ) एक बालक श्रेष्ठ नागरिक कब बन सकता है? (2)

(ङ) धार्मिक सहिष्णुता की स्थापना क्यों आवश्यक है? (2)

2. निम्नलिखित गद्यांश को ध्यानपूर्वक पढ़कर उस पर आधारित प्रश्नों के उत्तर दीजिए।

जिस देश को कभी सोने की चिड़िया कहा जाता था, जहाँ कभी दूध की नदियाँ बहा करती थीं, वहाँ आज असंख्य लोगों को रहने के लिए घर, तन ढकने के लिए वस्त्र और खाने के लिए भोजन भी नहीं मिल पाता। इसका एकमात्र कारण है–जनसंख्या की अत्यधिक वृद्धि। यद्यपि जनसंख्या किसी राज्य का प्रमुख तत्त्व है, उसके बिना किसी राज्य एवं जाति की कल्पना नहीं की जा सकती, किंतु 'अति सर्वत्र वर्जयेत्।' भारतवर्ष में जनसंख्या की अत्यधिक वृद्धि के कुछ विशेष कारण हैं, जिसमें बाल-विवाह, बहु-विवाह, अशिक्षा, रूढ़िवादिता, ग्रामीण-क्षेत्रों में परिवार-नियोजन के नवीनतम साधनों का कम प्रचार व अनभिज्ञता, पुत्र की अनिवार्यता आदि शामिल हैं। जनसंख्या वृद्धि के कारण भारत में सर्वत्र अशिक्षा, गरीबी, बेरोजगारी, निम्न जीवन-स्तर, अस्वस्थता, खाद्यान्न संकट आदि अनेक समस्याएँ निरंतर बढ़ रही हैं। जनसंख्या का यह विस्फोट भारत के लिए अभिशाप बन गया है। प्रसिद्ध अर्थशास्त्री माल्थस का विचार है कि "जनसंख्या की वृद्धि ज्यामितीय गति से होती है, जबकि उत्पादन अंकगणितीय गति से।" प्रथम पंचवर्षीय योजना में परिवार नियोजन कार्यक्रम केवल शहरी अस्पतालों तक ही सीमित रहा। द्वितीय पंचवर्षीय योजना में इन कार्यक्रमों को गाँव तक पहुँचाने की चेष्टा की गई।

(क) आज भारत में बहुत से लोगों को घर, वस्त्र और भोजन की आपूर्ति नहीं हो पाती, क्योंकि

कथन पढ़कर सही विकल्प का चयन कीजिए (1)

1. जनसंख्या वृद्धि अत्यंत तीव्र गति से हो रही है जबकि उत्पादन बहुत ही कम मात्रा में हो रहा है
2. जनसंख्या वृद्धि ज्यामितीय गति से, जबकि उत्पादन अंगणितीय गति से वृद्धि करता है
3. नवीनतम साधन अनुपलब्ध हैं
4. जनसंख्या वृद्धि अंगणितीय गति से तथा उत्पादन ज्यामितीय गति से वृद्धि करता है

कूट

(i) केवल 1 सही है (ii) केवल 3 सही है

(iii) 2 और 4 सही हैं (iv) 1 और 3 सही हैं

(ख) गद्यांश के आधार पर 'अति सर्वत्र वर्जयेत्' का अर्थ .... है। (1)

(i) किसी भी कार्य में अति नहीं होनी चाहिए

(ii) जनसंख्या वृद्धि नहीं होनी चाहिए

(iii) बहु-विवाह पर रोक होनी चाहिए

(iv) उपर्युक्त में से कोई नहीं

(ग) गद्यांश के आधार पर बताइए कि भारत में जनसंख्या वृद्धि के कारण कौन-सी समस्याएँ उत्पन्न हुई हैं? (1)

(i) अशिक्षा (ii) गरीबी

(iii) बेरोजगारी (iv) ये सभी

(घ) प्रथम पंचवर्षीय योजना के दौरान परिवार नियोजन कार्यक्रम की क्या स्थिति थी? (2)

(ङ) जनसंख्या का विस्फोट भारत के लिए अभिशाप क्यों बन गया है? (2)

खंड (ख) : व्यावहारिक व्याकरण (16 अंक)

3. निम्नलिखित पाँच प्रश्नों में से किन्हीं चार प्रश्नों के उत्तर दीजिए। $(1 \times 4 = 4)$

(क) उस घर के कोने में बैठा हुआ आदमी जासूस है— वाक्य में कौन-सा रेखांकित पदबंध है? (1)

(ख) मैंने रंजना की आधी रात तक प्रतीक्षा की—रेखांकित वाक्य में पद बताइए। (1)

(ग) अब दरवाजा खोला जा सकता है— वाक्य में कौन-सा रेखांकित पदबंध है? (1)

(घ) विशेषण पदबंध से क्या अभिप्राय है? (1)

(ङ) पदबंध किसे कहते हैं? (1)

4. निम्नलिखित पाँच प्रश्नों में से किन्हीं चार प्रश्नों के उत्तर दीजिए। $(1 \times 4 = 4)$

(क) लीला गिटार लाकर बजाने लगी, का संयुक्त वाक्य क्या बनेगा? (1)

(ख) 'जब यह लड़का गाँव गया तब बीमार हो गया' रचना की दृष्टि से वाक्य का भेद कौन-सा है? (1)

(ग) 'घर से बाहर चार दिन खाकर मेरा पेट खराब हो गया।' इस वाक्य का मिश्र वाक्य क्या होगा? (1)

(घ) वाक्य के मूल घटक कितने होते हैं? (1)

(ङ) विधेय किसे कहते हैं? (1)

5. निम्नलिखित पाँच प्रश्नों में से किन्हीं चार प्रश्नों के उत्तर दीजिए। (1×4 = 4)

(क) 'मरणासन्न' शब्द में कौन-सा समास है? (1)

(ख) 'चौराहा' शब्द का सही समास विग्रह क्या होगा? (1)

(ग) 'स्वर्गनरक' समस्त पद का विग्रह क्या होगा? (1)

(घ) तत्पुरुष समास किसे कहते हैं? (1)

(ङ) द्विगु और बहुब्रीहि समास के अंतर को स्पष्ट कीजिए। (1)

6. निम्नलिखित पाँच प्रश्नों में से किन्हीं चार प्रश्नों के उत्तर दीजिए। (1×4 = 4)

(क) गाँधीजी में देश-सेवा की भावना ········ थी। रिक्त स्थान की पूर्ति सटीक मुहावरे से कीजिए। (1)

(ख) मुठभेड़ में सेना के जवानों ने आतंकवादियों का ·········· दिया। रिक्त स्थान की पूर्ति सटीक मुहावरे से कीजिए। (1)

(ग) दोषी व्यक्ति के बाइज़्ज़त बरी होने पर सब ·········· गए। उपयुक्त मुहावरे से रिक्त स्थान की पूर्ति कीजिए। (1)

(घ) मुहावरों का प्रयोग भाषा में क्यों किया जाता है? (1)

(ङ) मुहावरे को वाक्य में प्रयोग करने के नियम क्या हैं? (1)

खंड (ग) : पाठ्यपुस्तक व पूरक पाठ्यपुस्तक (28 अंक)

7. निम्नलिखित गद्यांश को पढ़कर प्रश्नों के सर्वाधिक उपयुक्त विकल्पों का चयन कीजिए। (1×5 = 5)

उसके अफसाने सुन के रॉबिनहुड के कारनामे याद आ जाते हैं। अंग्रेजों के खिलाफ उसके दिल में किस कदर नफरत है। कोई पाँच महीने हुकूमत की होगी। मगर इस पाँच महीने में वो अवध के दरबार को अंग्रेजी असर से बिलकुल पाक कर देने में तकरीबन कामयाब हो गया था।

(क) 'पाक कर देना' से क्या अभिप्राय है (1)

(i) दूर कर देना (ii) पवित्र कर देना
(iii) अच्छी तरह पका देना (iv) प्रतिष्ठित कर देना

(ख) प्रस्तुत कथन का वक्ता कौन है? (1)

(i) कर्नल (ii) लेफ्टीनेंट
(iii) वजीर अली (iv) सआदत अली

(ग) उपर्युक्त गद्यांश के माध्यम से लेखक ········ चाहता है। (1)

(i) वजीर अली के बारे में बताना
(ii) अंग्रेजों के अत्याचारों के बारे में बताना
(iii) देश के क्रांतिकारियों के बारे में बताना
(iv) उपर्युक्त सभी

(घ) अंग्रेजी शासन की ओर से हफ्तों से डेरा किस कारण डाला गया था? (1)

(i) अंग्रेजों के प्रति डर पैदा करने के लिए
(ii) वजीर अली को गिरफ्तार करने के लिए
(iii) अपनी शक्ति का प्रदर्शन करने के लिए
(iv) मेरठ में युद्ध करने के लिए

(ङ) कर्नल कालिंज ने अपना खेमा कहाँ लगाया था? (1)

(i) अवध में (ii) नेपाल में (iii) मेरठ में (iv) जंगल में

8. निम्नलिखित प्रश्नों में से किन्हीं तीन प्रश्नों के उत्तर लगभग 25-30 शब्दों में लिखिए। (2×3 = 6)

(क) बुज़ुर्गों द्वारा दी गई सीख भविष्य निर्माण में किस प्रकार सहायक होती है? 'अब कहाँ दूसरों के दुःख से दुःखी होने वाले' पाठ के आधार स्पष्ट कीजिए। (2)

(ख) निकोबार के लोग तताँरा को क्यों पसंद करते थे? 'तताँरा वामीरो कथा' के आधार पर स्पष्ट कीजिए। (2)

(ग) चाय पीने की प्रक्रिया ने लेखक के दिमाग की गति धीमी कैसे कर दी? लेखक ने जापानियों के दिमाग में स्पीड का इंजन लगे होने की बात क्यों कही हैं? आप इससे कहाँ तक सहमत हैं? 'पतझर में टूटी पत्तियाँ' पाठ के आधार पर बताइए। (2)

(घ) लेखक का अभिनय के विषय में क्या मत है? तीसरी कसम के शिल्पकार शैलेंद्र के आधार पर बताइए। (2)

9. निम्नलिखित पद्यांश को पढ़कर प्रश्नों के सर्वाधिक उपयुक्त विकल्पों का चयन कीजिए। (1×5 = 5)

रहो न भूल के कभी मदांध तुच्छ वित्त में,
सनाथ जान आपको करो न गर्व चित्त में।
अनाथ कौन है यहाँ? त्रिलोकनाथ साथ हैं,
दयालु दीनबंधु के बड़े विशाल हाथ हैं।
अतीव भाग्यहीन है अधीर भाव जो करें,
वही मनुष्य है कि जो मनुष्य के लिए मरे।।

(क) प्रस्तुत पद्यांश में कवि ने क्या प्रेरणा दी है? (1)

(i) ईश्वर का स्मरण करने की
(ii) धन के उन्माद में अहंकारी न होने की
(iii) संघर्षों से न घबराने की
(iv) अन्याय के विरुद्ध आवाज उठाने की

(ख) पद्यांश के अनुसार हमें किस बात पर गर्व नहीं करना चाहिए? (1)

(i) हम धनी हैं
(ii) हम सनाथ हैं
(iii) हम अपने आप में पूर्ण हैं
(iv) हम उन्नति के लिए समक्ष हैं

(ग) कवि ने अति भाग्यहीन किसे कहा है? (1)

(i) जो डरता रहता है
(ii) जो मदांध है

(iii) जो धैर्य नहीं रखता
(iv) जो उच्चता का भाव रखता है

(घ) पद्यांश के आधार पर बताइए कि यहाँ कोई अनाथ क्यों नहीं है? (1)

(i) क्योंकि समाज सबका ध्यान रखता है
(ii) क्योंकि सबको परिवार का सहारा है
(iii) क्योंकि ईश्वर सबके साथ है
(iv) क्योंकि हमें अपने परिश्रम पर विश्वास है

(ङ) **कथन** (A) इस संसार में कोई अनाथ नहीं है।
कारण (R) सभी के सिर पर ईश्वर का हाथ है।
उपर्युक्त कथन और कारण के आधार पर सही निष्कर्ष चुनिए। (1)

(i) कथन (A) और कारण (R) दोनों सही हैं।
(ii) कथन (A) और कारण (R) दोनों गलत हैं।
(iii) कथन (A) सही है, किंतु कारण (R) गलत है।
(iv) कथन (A) गलत है, किंतु कारण (R) सही है।

10. निम्नलिखित में से किन्हीं तीन प्रश्नों के उत्तर लगभग 25-30 शब्दों में लिखिए। $(2 \times 3 = 6)$

(क) मनुष्य अपना जीवन किस प्रकार सार्थक कर सकता है? 'मनुष्यता' कविता के आधार पर बताइए। (2)

(ख) "समय के साथ तोप की स्थिति में बदलाव आ गया" इस कथन को 'तोप' कविता के आधार पर स्पष्ट कीजिए तथा तोप अपना परिचय किस रूप में देती है स्पष्ट कीजिए। (2)

(ग) 'कर चले हम फिदा' कविता में सैनिक को बलिदान के समय भी दुःख का अनुभव क्यों नहीं होता है? कारण सहित स्पष्ट कीजिए। (2)

(घ) मीरा की भाषा-शैली पर प्रकाश डालिए। (2)

11. निम्नलिखित प्रश्नों में से किन्हीं दो प्रश्नों के उत्तर लगभग 50-60 शब्दों में लिखिए। $(3 \times 2 = 6)$

(क) 'टोपी शुक्ला' पाठ के आधार पर टोपी और इफ़्फ़न की दादी के आत्मीय संबंधों को स्पष्ट कीजिए एवं यह भी बताइए कि इससे आपको क्या प्रेरणा मिलती है? (3)

(ख) स्कूल जाने के प्रति लेखक के मन में निराशा के भाव थे, परंतु धीरे-धीरे स्कूल के प्रति उसका आकर्षण बढ़ने लगा, ऐसा कब संभव हुआ? 'सपनों के-से दिन' पाठ के आधार पर उत्तर दीजिए। (3)

(ग) आम आदमी की धर्म के प्रति अंधश्रद्धा को धर्म के ठेकेदार किस रूप में भुनाते हैं? 'हरिहर काका' कहानी में काका किस प्रकार शिकार हुए? स्पष्ट कीजिए। (3)

खंड (घ) : रचनात्मक लेखन (22 अंक)

12. निम्नलिखित में से किसी एक विषय पर दिए गए संकेत बिंदुओं के आधार पर लगभग 120 शब्दों में अनुच्छेद लिखिए। (5)

1. **मेरे जीवन का लक्ष्य**

संकेत बिंदु
- जीवन में लक्ष्य की आवश्यकता
- आपका लक्ष्य क्या है?
- लक्ष्य प्राप्ति के लिए प्रयास
- सफल होकर समाज के लिए क्या करोगे?

2. **प्राकृतिक आपदा : भूकंप**

संकेत बिंदु
- भूकंप के कारण
- भूकंप के प्रकोप
- भूकंप के प्रभाव
- भूकंप से बचने के उपाय

3. **समाचार-पत्र और भारत**

संकेत बिंदु
- समाचार-पत्रों का महत्त्व
- समाचार-पत्रों की पहुँच
- समाचार-पत्रों की संयमित भूमिका
- उपसंहार

13. बिजली अधिकारियों का ध्यान बिजली वितरण की अव्यवस्था की ओर आकर्षित करने के लिए प्रमुख दैनिक समाचार-पत्र के संपादक को लगभग 100 शब्दों में एक पत्र लिखिए। (5)

अथवा

मनीऑर्डर खो जाने की शिकायत करते हुए तिलक नगर क्षेत्र, दिल्ली के डाकपाल को लगभग 100 शब्दों में एक पत्र लिखिए।

14. आपकी एक महत्त्वपूर्ण पुस्तक विद्यालय में कहीं खो गई है। उसे लौटाने की अपील करते हुए 60 शब्दों में एक सूचना लिखिए। (4)

अथवा

आप बाल भवन के निदेशक अतुल अग्निहोत्री हैं। ग्रीष्मावकाश में बाल भवन द्वारा आयोजित बाल चित्रकला कार्यशाला के लिए 60 शब्दों में एक सूचना लिखिए।

15. 'साधना स्वयंसेवी संस्था' (NGO) की ओर से एक विज्ञापन 40 शब्दों में लिखिए। (3)

अथवा

'नेत्रदान महादान' विषय को आधार बनाकर 40 शब्दों में विज्ञापन लिखिए।

16. "चार दिन की चाँदनी फिर अँधेरी रात" उक्ति को आधार बनाकर लगभग 100 शब्दों में एक लघु कथा लिखिए। (5)

अथवा

लाइब्रेरियन के पद की नौकरी के लिए कार्यालय प्रमुख को ई-मेल लगभग 80 शब्दों में लिखिए।

प्रतिदर्श प्रश्न-पत्र 3 (व्याख्या रहित)

CBSE कक्षा 10 की बोर्ड परीक्षा के लिए नमूना प्रश्न-पत्र

हिंदी 'ब'

समय : 3 घंटे | पूर्णांक : 80

1. इस प्रश्न-पत्र में चार खंड दिए गए हैं–'क', 'ख', 'ग' और 'घ'।
2. खंड 'क' में बहुविकल्पीय, अतिलघु व लघु उत्तरीय प्रश्न दिए गए हैं।
3. खंड 'ख' में अतिलघु/लघु उत्तरीय प्रश्न दिए गए हैं।
4. खंड 'ग' में बहुविकल्पीय व वर्णनात्मक प्रश्न दिए गए हैं।
5. खंड 'घ' में वर्णनात्मक प्रश्न दिए गए हैं।
6. यथासंभव सभी प्रश्नों के उत्तर क्रमानुसार लिखिए।

खंड (क) : अपठित बोध (14 अंक)

1. निम्नलिखित गद्यांश को ध्यानपूर्वक पढ़कर उस पर आधारित प्रश्नों के उत्तर दीजिए।

साहित्य की शाश्वतता का प्रश्न एक महत्त्वपूर्ण प्रश्न है। क्या साहित्य शाश्वत होता है? यदि हाँ, तो किस मायने में? क्या कोई साहित्य अपने रचनाकाल के सौ वर्ष बीत जाने पर भी उतना ही प्रासंगिक रहता है, जितना वह अपनी रचना के समय था? अपने समय या युग का निर्माता साहित्यकार क्या सौ वर्ष बाद की परिस्थितियों का भी युग-निर्माता हो सकता है। समय बदलता रहता है, परिस्थितियाँ और भावबोध बदलते हैं, साहित्य बदलता है और इसी के समानांतर पाठक की मानसिकता और अभिरुचि भी बदलती है।

अत: कोई भी कविता अपने सामयिक परिवेश के बदल जाने पर ठीक वही उत्तेजना पैदा नहीं कर सकती, जो उसने अपने रचनाकाल के दौरान की होगी। कहने का तात्पर्य यह है कि एक विशेष प्रकार के साहित्य के श्रेष्ठ अस्तित्व मात्र से वह साहित्य हर युग के लिए उतना ही विशेष आकर्षण रखे, यह आवश्यक नहीं है। यही कारण है कि वर्तमान युग में इंगला पिंगला, सुषुम्ना, अनहद नाद आदि पारिभाषिक शब्दावली मन में विशेष भावोत्तेजन नहीं करती।

साहित्य की श्रेष्ठता मात्र ही उसके नित्य आकर्षण का आधार नहीं है। उसकी श्रेष्ठता का युगयुगीन आधार है, वे जीवन मूल्य तथा उनकी अत्यंत कलात्मक अभिव्यक्तियाँ, जो मनुष्य की स्वतंत्रता तथा उच्चतर मानव-विकास के लिए पथ-प्रदर्शक का काम करती हैं। पुराने साहित्य का केवल वही श्री-सौंदर्य हमारे लिए ग्राह्य होगा, जो नवीन जीवन-मूल्यों के विकास में सक्रिय सहयोग दे अथवा स्थिति रक्षा में सहायक हो। कुछ लोग साहित्य की सामाजिक प्रतिबद्धता को अस्वीकार करते हैं। वे मानते हैं कि साहित्यकार निरपेक्ष होता है और उस पर कोई भी दबाव आरोपित नहीं होना चाहिए। किंतु वे भूल जाते हैं कि साहित्य के निर्माण की मूल प्रेरणा मानव-जीवन में ही विद्यमान रहती है।

जीवन के लिए ही उसकी सृष्टि होती है। तुलसीदास जब स्वांत: सुखाय काव्य-रचना करते हैं, तब अभिप्राय यह नहीं रहता कि मानव-समाज के लिए इस रचना का कोई उपयोग नहीं है, बल्कि उनके अंत:करण में संपूर्ण संसार की सुख भावना एवं हित कामना सन्निहित रहती है। जो साहित्यकार अपने संपूर्ण व्यक्तित्व को व्यापक लोक जीवन में सन्निविष्ट कर देता है, उसी के हाथों स्थायी एवं प्रेरणाप्रद साहित्य का सृजन हो सकता है।

(क) साहित्य की श्रेष्ठता का निर्धारण सुनिश्चित करता है कि वह (1)
- (i) व्यक्ति को बहुमुखी प्रतिभा का धनी बनाता है
- (ii) लोक व्यवहार की पराकाष्ठा पर प्रतिक्रिया देता है
- (iii) सांस्कृतिक व ऐतिहासिक विरासत को बाधित करता है
- (iv) पथ-प्रशस्त कर मूल्यों का समावेशन करके कला भाव जगाता है

(ख) नवीन जीवन-मूल्यों के विकास में सक्रिय सहयोग से आशय है (1)
- (i) स्वांत: सुखाय की कामना कर आगे बढ़ना
- (ii) श्री-सौंदर्य को प्राथमिकता देकर आगे बढ़ना
- (iii) नवाचार व मूल्यों को आत्मसात् कर आगे बढ़ना
- (iv) वर्तमान में साहित्य के माध्यम से आगे बढ़ना

(ग) निम्नलिखित कथन (A) तथा कारण (R) को ध्यानपूर्वक पढ़िए। उसके बाद दिए गए विकल्पों में से कोई एक सही विकल्प चुनकर लिखिए। (1)

कथन (A) अपने समय के प्रसिद्ध साहित्यकार सौ वर्ष बाद की परिस्थितियों के भी युग-निर्माता नहीं रह सकते हैं।

कारण (R) समय, परिस्थितियाँ, भावबोध और साहित्य में बदलाव आने के साथ ही पाठकों की अभिरुचि और मानसिकता में बदलाव आ जाता है।

(i) कथन (A) तथा कारण (R) दोनों गलत हैं।
(ii) कथन (A) गलत है, लेकिन कारण (R) सही है।
(iii) कथन (A) सही है, किंतु कारण (R) कथन (A) की गलत व्याख्या करता है।
(iv) कथन (A) तथा कारण (R) दोनों सहीं हैं तथा कारण (R) कथन (A) की सही व्याख्या करता है।

(घ) कवि या लेखक किस उद्देश्य से रचना करता है? (2)

(ङ) क्या साहित्य शाश्वत होता है? स्पष्ट करें। (2)

2. निम्नलिखित गद्यांश को ध्यानपूर्वक पढ़कर उस पर आधारित प्रश्नों के उत्तर दीजिए।

जल मानव की मूल आवश्यकता है। जल के बिना न तो मनुष्य का जीवन संभव है, न ही वह किसी कार्य को संचालित कर सकता है। जल से ही सब कुछ पैदा हुआ है। जन्म से मरण तक मनुष्य के जीवन में सभी कर्मकांडों, यज्ञों आदि में जल का बहुत महत्त्व है। जल दिव्य गुणयुक्त है। इसका ठीक प्रयोग शरीर व मन को स्वस्थ बनाता है, परिणामत: हमारे चेहरे पर एक मुसकुराहट होती है। जल के अभाव में मनुष्य के प्राण कंठ तक आ जाते हैं और सभी काम अधूरे रह जाते हैं। जल के अभाव में सृष्टि की कल्पना भी नहीं की जा सकती। जल को सम्मान का पर्यायवाची भी माना जाता है। मनुष्य के शरीर में 70% जल की मात्रा है। पशु-पक्षियों का जीवन जल से निर्धारित है। पेड़-पौधों की जल की आवश्यकता मौसम पर निर्भर है। पेड़-पौधे जितना जल लेते हैं, वे वातावरण में उसे रिसने की क्रिया द्वारा छोड़ते भी हैं। इससे जलवायु में भी सुधार होता है। इस प्रकार जीवन में जल का बहुत महत्त्व है। जल ही जीवन है या कहिए जीवन ही जल है। जल को पीने व सिंचाई के लिए देना भी एक पुण्य का कार्य माना गया है। जल प्यासे के गले से उतरकर उसे मौत के मुँह से बचा लेता है। इन सभी दृष्टिकोणों से जल की उपयोगिता मनुष्य के लिए बढ़ जाती है।

(क) जल को सृष्टि का जन्मदाता माना गया है, क्योंकि
कथन पढ़कर इनमें से सही विकल्प का चयन कीजिए (1)

1. जल मानव की मूलभूत आवश्यकता है
2. जल के अभाव में जीवन संभव नहीं है
3. जल के बिना मनुष्य किसी भी कार्य को संचालित नहीं कर सकता
4. इससे जलवायु में भी सुधार होता है।

कूट

(i) केवल 1 सही है (ii) 1, 2 और 3 सही हैं
(iii) 3 और 4 सही हैं (iv) 2 और 4 सही हैं

(ख) मनुष्य के लिए जल किस-किस रूप में महत्त्वपूर्ण है? (1)

(i) पीने हेतु
(ii) सिंचाई हेतु
(iii) पेड़-पौधों एवं जलवायु के संतुलन हेतु
(iv) उपर्युक्त सभी

(ग) गद्यांश की विषयवस्तु का आधार क्या है? (1)

(i) वृक्ष
(ii) जल
(iii) (i) और (ii) दोनों
(iv) बादल

(घ) गद्यांश के आधार पर बताइए कि मानव जीवन में जल की क्या उपयोगिता है? (2)

(ङ) जल जीवन कैसे है? स्पष्ट कीजिए। (2)

खंड (ख) : व्यावहारिक व्याकरण (16 अंक)

3. निम्नलिखित पाँच प्रश्नों में से किन्हीं चार प्रश्नों के उत्तर दीजिए। $(1 \times 4 = 4)$

(क) जो लड़की पढ़ रही है, वह बुद्धिमान है- रेखांकित में कौन-सा पदबंध है? (1)

(ख) सरिता सप्ताह के अंत तक आ जाएगी- वाक्य में क्रिया-पदबंध बताइए। (1)

(ग) कमरे में इधर से उधर तक सामान बिखरा पड़ा है- वाक्य में रेखांकित पदबंध कौन-सा है? (1)

(घ) सर्वनाम पदबंध किसे कहते हैं? सोदाहरण समझाइए। (1)

(ङ) क्रिया पदबंध से क्या आशय है? सोदाहरण स्पष्ट कीजिए। (1)

4. निम्नलिखित पाँच प्रश्नों में से किन्हीं चार प्रश्नों के उत्तर दीजिए। $(1 \times 4 = 4)$

(क) 'जो चीजें इस संसार में दिखाई देती हैं, वे सभी नाशवान हैं' रचना की दृष्टि से वाक्य का भेद बताइए। (1)

(ख) 'मुझ अकेले को चार गुंडों ने बहुत पीटा।' इस वाक्य का संयुक्त वाक्य क्या होगा? (1)

(ग) 'शालिनी आते ही मुझसे बात करके सो गई।' इस वाक्य का सरल वाक्य क्या होगा? (1)

(घ) संयुक्त वाक्य और मिश्र वाक्य के अंतर को सोदाहरण समझाइए। (1)

(ङ) क्रियाविशेषण उपवाक्य किसे कहते हैं? सोदाहरण समझाइए। (1)

5. निम्नलिखित पाँच प्रश्नों में से किन्हीं चार प्रश्नों के उत्तर दीजिए। $(1\times 4 = 4)$

(क) 'मृगलोचन' शब्द में कौन-सा समास है? (1)

(ख) 'प्राणप्रिय' में कौन-सा समास है? (1)

(ग) 'जन्मांध' शब्द का सही समास-विग्रह क्या होगा? (1)

(घ) 'सप्ताह' समस्त पद का विग्रह क्या होगा? (1)

(ङ) अधिकरण तत्पुरुष के विषय में सोदाहरण समझाइए। (1)

6. निम्नलिखित पाँच प्रश्नों में से किन्हीं चार प्रश्नों के उत्तर दीजिए। $(1\times 4 = 4)$

(क) छात्रों को बदमाशी करते देख अध्यापक ने उन्हें ………… उपयुक्त मुहावरे से रिक्त स्थान की पूर्ति कीजिए। (1)

(ख) आई.ए.एस. की परीक्षा पास करना ………… के समान है। रिक्त स्थान की पूर्ति सटीक मुहावरे से कीजिए। (1)

(ग) छोटे-मोटे काम तो ………… भी कर लिया करते हैं। रिक्त स्थान की पूर्ति सटीक मुहावरे से कीजिए। (1)

(घ) इस समस्या को हल करने में थोड़ी अक्ल …………। रिक्त स्थान की पूर्ति उपयुक्त मुहावरे से कीजिए। (1)

(ङ) 'ऊँट के मुँह में जीरा' मुहावरे का अर्थ लिखिए और वाक्य प्रयोग कीजिए। (1)

खंड (ग) : पाठ्यपुस्तक व पूरक पाठ्यपुस्तक (28 अंक)

7. निम्नलिखित गद्यांश को पढ़कर प्रश्नों के सर्वाधिक उपयुक्त विकल्पों का चयन कीजिए। $(1\times 5 = 5)$

गाँववालों की उपस्थिति में यह दृश्य उसे अपमानजनक लगा। इस बीच गाँव के कुछ लोग भी वहाँ पहुँच गए। वामीरो की माँ क्रोध में उफन उठी। उसने तताँरा को तरह-तरह से अपमानित किया। गाँव के लोग भी तताँरा के विरोध में आवाजें उठाने लगे। यह तताँरा के लिए असहनीय था। वामीरो अब भी रोए जा रही थी। तताँरा भी गुस्से से भर उठा। उसे जहाँ विवाह की निषेध परंपरा पर क्षोभ था वहीं अपनी असहायता पर खीझ। वामीरो का दुःख उसे और गहरा कर रहा था। उसे मालूम न था कि क्या कदम उठाना चाहिए? अनायास उसका हाथ तलवार की मूठ पर जा टिका।

(क) वामीरों की माँ क्रोध में क्यों उफन उठी? (1)

(i) गाँव वालों को देखकर
(ii) गाँववालों के सामने वामीरो को अन्य गाँव के युवक के साथ देखकर
(iii) तताँरा से पुरानी रंजिश के कारण
(iv) वामीरो का विवाह न हो पाने के कारण

(ख) "गाँववालों की उपस्थिति में यह दृश्य उसे अपमानजनक लगा" पंक्ति में 'उसे' शब्द किसके लिए प्रयुक्त हुआ है? (1)

(i) तताँरा के लिए (ii) वामीरो के लिए
(iii) तताँरा की माँ के लिए (iv) निकोबारी के लिए

(ग) गाँव के लोग तताँरा के विरोध में आवाज क्यों उठाने लगे? (1)

(i) आपसी बहस के कारण
(ii) तताँरा की समृद्धि के कारण
(iii) वामीरो से प्रेम करने के कारण
(iv) तताँरा की बेरुखी के कारण

(घ) तताँरा के क्रोधित होने का क्या कारण था? (1)

(i) विवाह की निषेध परंपरा
(ii) स्वयं की असहायता पर खीझ
(iii) वामीरो का रोना
(iv) उपर्युक्त सभी

(ङ) निम्नलिखित में से कौन-से वाक्य दर्शाते हैं कि न चाहते हुए भी तताँरा का हाथ तलवार पकड़ने को विवश हो गया। सही विकल्प चुनकर लिखिए (1)

1. तताँरा को पता था कि उसे क्या कदम उठाना चाहिए।
2. वामीरो की माँ ने तताँरा को अपमानित किया था।
3. वह वामीरो के दुःख से दुःखी हो रहा था।
4. उसे गाँव की वैवाहिक निषेध परंपरा पर क्रोध आ रहा था।

कूट

(i) केवल कथन 1 सही है।
(ii) 1 और 2 सही हैं।
(iii) 2, 3 और 4 सही हैं।
(iv) 1 और 4 सही हैं।

8. निम्नलिखित प्रश्नों में से किन्हीं तीन प्रश्नों के उत्तर लगभग 25-30 शब्दों में लिखिए। $(2\times 3 = 6)$

(क) किन घटनाओं के माध्यम से कवि ने प्रकृति के प्रति पाठकों के मन में प्रेम-भाव उत्पन्न करने का प्रयास किया है? 'अब कहाँ दूसरे के दुःख से दुःखी होने वाले' पाठ के आधार पर स्पष्ट कीजिए। (2)

(ख) जुलूस और प्रदर्शन को रोकने के लिए पुलिस ने क्या-क्या प्रबंध किए थे? 'डायरी का एक पन्ना' पाठ के आधार पर स्पष्ट कीजिए। (2)

(ग) 'परंपराएँ या मान्यताएँ जब बंधन लगने लगे, तो उनका टूट जाना ही अच्छा होता है?' आप इस कथन से कहाँ तक सहमत हैं? 'तताँरा-वामीरो कथा' के आधार पर उत्तर दीजिए। (2)

(घ) शैलेंद्र के गीतों की क्या विशेषताएँ हैं? अपने शब्दों में लिखिए। (2)

9. निम्नलिखित पद्यांश को पढ़कर प्रश्नों के सर्वाधिक उपयुक्त विकल्पों का चयन कीजिए। $(1\times 5 = 5)$

अनंत अंतरिक्ष में अनंत देव हैं खड़े,
समक्ष ही स्वबाहु जो बढ़ा रहे बड़े-बड़े।
परस्परावलंब से उठो तथा बढ़ो सभी,
अभी अमर्त्य-अंक में अपंक हो चढ़ो सभी।

रहो न यों कि एक से न काम और का सरे,
वही मनुष्य है कि जो मनुष्य के लिए मरे।।

(क) 'परस्परावलंब' से क्या अभिप्राय है? (1)
(i) एक-दूसरे का सहयोग लेना
(ii) एक-दूसरे से शत्रुता करना
(iii) एक-दूसरे से छल-कपट करना
(iv) दूसरे से स्वार्थ सिद्ध करना

(ख) अंतरिक्ष में खड़े देव अपनी बाहु को क्यों बढ़ा रहे हैं? (1)
(i) समृद्धि के लिए
(ii) स्वस्थता के लिए
(iii) मार्गदर्शन के लिए
(iv) मदद के लिए

(ग) कवि मनुष्य को किस प्रकार रहने की सलाह देता है? (1)
(i) हिंसा की भावना से
(ii) प्रतिशोध की भावना से
(iii) सहयोग की भावना से
(iv) पराधीनता की भावना से

(घ) प्रस्तुत पद्यांश के माध्यम से कवि ने क्या संदेश देना चाहा है? (1)
(i) जीवन की सार्थकता स्वार्थ सिद्धि में है
(ii) जीवन की सार्थकता देवों के व्यवहार में है
(iii) जीवन की सार्थकता कुटिल व्यवहार में है
(iv) जीवन की सार्थकता परोपकार में है

(ङ) निम्नलिखित वाक्यों को ध्यानपूर्वक पढ़कर उपर्युक्त पद्यांश से मेल खाते वाक्यों के लिए उचित विकल्प चुनिए (1)
1. इस अनंत आकाश में सर्वशक्तिमान एक देव खड़ा है।
2. परोपकारियों का स्वागत देवता करते हैं।
3. निष्कलंक जीवन जीकर मनुष्य अमरत्व पाता है।
4. कोई एक-दूसरे के काम न आ सके, ऐसा जीवन जीना चाहिए।

कूट
(i) केवल 1 सही है।
(ii) 2 और 3 सही हैं।
(iii) 3 और 4 सही हैं
(iv) 1 और 4 सही हैं।

10. निम्नलिखित में से किन्हीं तीन प्रश्नों के उत्तर लगभग 25-30 शब्दों में लिखिए। $(2 \times 3 = 6)$

(क) कबीर की 'साखी' में कबीर ने संसार को दो भागों में बाँटकर जीवन जीने के उद्देश्य की बात की है। आपके अनुसार किस प्रकार का जीवन सुखी जीवन है। तर्कसहित उत्तर दीजिए। (2)

(ख) 'कर चले हम फ़िदा' कविता में कवि ने देशवासियों से क्या अपेक्षाएँ की हैं? क्या हम उन अपेक्षाओं को पूरा कर रहे हैं? तर्क सहित उत्तर दीजिए। (2)

(ग) कंपनी बाग और तोप को विरासत मानकर सुरक्षित रखे जाने का कारण अपने शब्दों में लिखिए। (2)

(घ) कवि ने कैसी मृत्यु को सुमृत्यु कहा है? 'मनुष्यता' कविता के आधार पर बताइए। (2)

11. निम्नलिखित प्रश्नों में से किन्हीं दो प्रश्नों के उत्तर लगभग 60 शब्दों में लिखिए। $(3 \times 2 = 6)$

(क) "अगली कक्षा में जाने के विचार से बच्चे उत्साहित भी होते थे और उदास भी।" इसमें निहित अर्थ को 'सपनों के-से दिन' पाठ के आधार पर स्पष्ट कीजिए। (3)

(ख) 'हरिहर काका' कहानी समाज के किस कटु सत्य को उजागर करती है तथा इससे पाठकों को क्या शिक्षा मिलती है? अपने विचार व्यक्त कीजिए। (3)

(ग) "टोपी और इफ़्फ़न की दादी अलग-अलग महजब और जाति के थे, पर एक अनजान अटूट रिश्ते से बँधे थे।" इस कथन के आलोक में अपने विचार लिखिए। (3)

खंड (घ) : रचनात्मक लेखन (22 अंक)

12. निम्नलिखित में से किसी एक विषय पर दिए गए संकेत बिंदुओं के आधार पर लगभग 120 शब्दों में अनुच्छेद लिखिए। (5)

1. **गया समय फिर हाथ नहीं आता**

संकेत बिंदु
- समय ही जीवन है
- दुरुपयोग से हानि
- समय का सदुपयोग
- उपसंहार

2. **मेरे सपनों का भारत**

संकेत बिंदु
- भारत की प्राचीनतम संस्कृति
- गौरवशाली अतीत
- धार्मिक, सामाजिक व सांस्कृतिक एकता का भाव
- उपसंहार

3. **शहरों में यातायात समस्या**

संकेत बिंदु
- यातायात के विभिन्न साधन
- थ्री-व्हीलर द्वारा होने वाली असुविधाएँ
- बस सेवा और नागरिकों को होने वाली असुविधाएँ
- यातायात समस्या के निदान हेतु समाधान

13. डेंगू और मलेरिया के बढ़ते प्रकोप को देखते हुए चिकित्सालयों में अपर्याप्त चिकित्सा सुविधाओं की ओर ध्यान आकर्षित करने हेतु राज्य के स्वास्थ्य मंत्री को लगभग 100 शब्दों में पत्र लिखिए। (5)

अथवा

दैनिक समाचार-पत्र के संपादक के नाम मिलावटी दूध की बिक्री के संबंध में लगभग 100 शब्दों में पत्र लिखिए।

14. विद्यालय की वित्तीय योजनाओं को अंतिम रूप देने के लिए विद्यालय की वित्त समिति की एक बैठक आयोजित होनी है। इस संबंध में प्रधानाध्यापक की ओर से 60 शब्दों में एक सूचना लिखिए। (4)

अथवा

आज मेट्रो विशेष रूट पर नहीं चलेगी, इस विषय पर यात्रियों को सूचित करते हुए 60 शब्दों में सूचना लिखिए।

15. एक कोचिंग संस्थान की ओर से 40 शब्दों में विज्ञापन लिखिए। (3)

अथवा

पहाड़ी क्षेत्र में बनाए अपने होटल के लिए 40 शब्दों में विज्ञापन लिखिए।

16. 'आज की बचत कल का सुख' पंक्ति को आधार बनाकर लगभग 100 शब्दों में एक लघु कथा लिखिए। (5)

अथवा

दसवीं कक्षा में दाखिला लेने के लिए डी.ए. वी. पब्लिक स्कूल के प्रधानाचार्य को लगभग 80 शब्दों में ई-मेल लिखिए।

प्रतिदर्श प्रश्न-पत्र 4 (व्याख्या रहित)

CBSE कक्षा 10 की बोर्ड परीक्षा के लिए नमूना प्रश्न-पत्र

हिंदी 'ब'

समय : 3 घंटे	पूर्णांक : 80

1. इस प्रश्न-पत्र में चार खंड दिए गए हैं–'क', 'ख', 'ग' और 'घ'।
2. खंड 'क' में बहुविकल्पीय, अतिलघु व लघु उत्तरीय प्रश्न दिए गए हैं।
3. खंड 'ख' में अतिलघु/लघु उत्तरीय प्रश्न दिए गए हैं।
4. खंड 'ग' में बहुविकल्पीय व वर्णनात्मक प्रश्न दिए गए हैं।
5. खंड 'घ' में वर्णनात्मक प्रश्न दिए गए हैं।
6. यथासंभव सभी प्रश्नों के उत्तर क्रमानुसार लिखिए।

खंड (क) : अपठित बोध (14 अंक)

1. **निम्नलिखित गद्यांश को ध्यानपूर्वक पढ़कर उस पर आधारित प्रश्नों के उत्तर दीजिए।**

शोर से होने वाली बहरेपन की बीमारी एक गंभीर स्वास्थ्यगत समस्या है। तेज आवाज हमारी श्रवण कोशिकाओं पर बहुत दबाव डालती है, जिससे वे स्थायी रूप से चोटिल हो सकती हैं। यदि सुनने की क्षमता एकबार चली गई तो उसे पुनः पाना नामुमकीन है। विश्व स्वास्थ्य संगठन की 'वर्ल्ड हियरिंग रिपोर्ट' के मुताबिक विश्व की 1.5 अरब आबादी बहरेपन के साथ जी रही है। ध्वनि प्रदूषण दरअसल अवांछित विद्युत चुम्बकीय संकेत है, जो इंसान को कई रूपों में नुकसान पहुचाते हैं। इसीलिए शोर-प्रेरित बहरेपन पर फौरन ध्यान देने की जरूरत है। वैश्विक अध्ययन बताते हैं कि निर्माण कार्य, औद्योगिक कामकाज, जहाज बनाने या मरम्मत करने संबंधी काम, अग्निशमन, नागरिक उडड्यन आदि सेवाओं में लगे श्रमिकों में शोर-प्रेरित बहरेपन का खतरा अधिक होता है। आकलन है कि 15 फीसदी नौजवान संगीत कार्यक्रम खेल-आयोजनों और दैनिक कामकाज में होने वाले शोर से बहरेपन का शिकार होते हैं। शोर-प्रेरित बहरेपन की समस्या विकासशील देशों में ज्यादा है, जहाँ तीव्र औद्योगिकरण अनौपचारिक क्षेत्र के विस्तार और सुरक्षात्मक व शोर- नियंत्रणरोधी उपायों की कमी से लोग चौतरफा शोर-शराबे में दिन बिताने को अभिशप्त हैं। हमें यह समझना ही होगा कि श्रवण शक्ति का ह्रास न सिर्फ इंसान को प्रभावित करता है, बल्कि समाज पर भी नकारात्मक असर डालता है।

(क) शोर प्रेरित बहरेपन का खतरा किस क्षेत्र से जुड़े लोगों को कम है। (1)

(i) जहाज निर्माण से जुड़े लोगों को
(ii) स्वास्थ्य समस्याओं से जुड़े लोगों को
(iii) खेल आयोजनों से जुड़े लोगों को
(iv) संगीत कार्यक्रमों से जुड़े लोगों को

(ख) गद्यांश के संदर्भ में अनुपयुक्त कथन है (1)

(i) विकासशील देशों में अनौपचारिक क्षेत्र विस्तार की समस्या है
(ii) विकासशील देशों में शोर-नियंत्रणरोधी उपायों पर अधिक बल नहीं दिया जाता है
(iii) कुछ सेवाओं से जुड़े लोग अन्य की तुलना में बहरेपन के अधिक शिकार हैं
(iv) कुछ खास सेवाओं से जुड़े युवा भी आज बहरेपन का शिकार हो रहे हैं

(ग) वे शोर शराबे वाली जिंदगी जीने को विवश हैं, क्योंकि- (1)

(i) वे उसके अभ्यस्त हो गए हैं।
(ii) उनके पास साधनों की कमी है।
(iii) उनके पास समय का अभाव है।
(iv) शोर नियंत्रणरोधी उपायों की कमी है।

(घ) तीव्र आवाज का हमारे शरीर पर क्या प्रभाव पड़ता है? (2)

(ङ) ध्वनि प्रदूषण से क्या आशय है? (2)

2. निम्नलिखित गद्यांश को ध्यानपूर्वक पढ़कर उस पर आधारित प्रश्नों के उत्तर दीजिए।

पर्यावरण नैतिकता से अभिप्राय है वे विषय, सिद्धांत और दिशा-निर्देश, जो मनुष्य और पर्यावरण के बीच की क्रियाओं और प्रतिक्रियाओं को दर्शाते हैं। मानव-केंद्रित विचारधारा के अनुसार, मनुष्य प्रकृति का स्वामी है और वह इसे मनचाहे रूप में प्रयोग कर सकता है। इसके विपरीत, पृथ्वी और प्रकृति केंद्रित विचारधारा के अनुसार, पृथ्वी हमारी जननी है। अतः हमें पृथ्वी का आदर करना चाहिए। पहले मत के अनुसार, पृथ्वी केवल एक ग्रह है इसलिए हमें वैज्ञानिक तकनीक द्वारा प्रौद्योगिकी का निरंतर विकास करना होगा और पर्यावरण के अपघटन को रोकना होगा ताकि एक स्वच्छ एवं स्वस्थ पर्यावरण और बेहतर भविष्य की नींव रखी जा सके।

साम्राज्यवाद, उपनिवेशवाद, आधिपत्य के लिए संघर्ष, विश्वयुद्ध आदि ने अपने-अपने ढंग से पर्यावरण को संकट में डाला है। आज फिर आधुनिक प्रौद्योगिकी की सहायता से बड़े पैमाने पर औद्योगिक उत्पादन के लिए प्रकृति के शोषण ने संपूर्ण विश्व में पर्यावरणीय संकट पैदा कर दिया है, जो घातक सिद्ध हो सकता है। यह विवादास्पद है कि विकास आधारित प्रौद्योगिकी वरदान है या विनाश का कारण।

(क) मानव-केंद्रित विचारधारा में निहित है कथन पढ़कर सही विकल्प का चयन कीजिए। (1)

1. पृथ्वी पर वैज्ञानिक तकनीक द्वारा प्रौद्योगिकी का निरंतर विकास करना
2. पर्यावरण के अपघटन को रोकना
3. बड़े पैमाने पर औद्योगिक उत्पादन करना
4. मनुष्य द्वारा पृथ्वी का मनचाहे रूप से प्रयोग करना

कूट

(i) केवल 1 सही है
(ii) 1 और 2 सही हैं
(iii) 2 और 3 सही हैं
(iv) 3 और 4 सही हैं

(ख) पर्यावरण नैतिकता से क्या अभिप्राय है? (1)

(i) वे विषय, सिद्धांत और दिशा-निर्देश, जो मनुष्य और पर्यावरण के बीच की केवल क्रियाओं को दर्शाते हैं।
(ii) वे विषय, सिद्धांत और दिशा-निर्देश, जो मनुष्य और पर्यावरण के बीच केवल प्रतिक्रियाओं को दर्शाते हैं।
(iii) वे विषय, सिद्धांत और दिशा-निर्देश, जो मनुष्य और पर्यावरण के बीच की क्रियाओं और प्रतिक्रियाओं को दर्शाते हैं।
(iv) वे विषय सिद्धांत और दिशा-निर्देश, जो मनुष्य और पर्यावरण के बीच तुलना को दर्शाते हैं।

(ग) 'पृथ्वी हमारी जननी है' यह विचारधारा है (1)

(i) मानव केंद्रित
(ii) पृथ्वी और प्रकृति केंद्रित
(iii) प्रौद्योगिकी केंद्रित
(iv) मानव और प्रौद्योगिकी केंद्रित

(घ) मानव केंद्रित विचारधारा के अनुसार प्रकृति का स्वामी कौन और कैसे है? (2)

(ङ) औद्योगिक उत्पादन के लिए किसका शोषण किया जा रहा है और क्यों? (2)

खंड (ख) : व्यावहारिक व्याकरण (16 अंक)

3. निम्नलिखित पाँच प्रश्नों में से किन्हीं चार प्रश्नों के उत्तर दीजिए। (1×4 = 4)

(क) पक्षी आकाश में उड़ रहे हैं–वाक्य में संज्ञा पदबंध बताइए। (1)

(ख) दिल्ली के कुछ डॉक्टर बहुत अच्छे हैं–वाक्य में रेखांकित में कौन-सा पदबंध है? (1)

(ग) हाथ में लगी चोट दर्द कर रही है–रेखांकित में कौन-सा पदबंध है? (1)

(घ) 'नदी बहती चली जा रही है' रेखाकिंत में पदबंध बताइए। (1)

(ङ) संज्ञा पदबंध किसे कहते हैं? (1)

4. निम्नलिखित पाँच प्रश्नों में से किन्हीं चार प्रश्नों के उत्तर दीजिए। (1×4 = 4)

(क) दीपू की गाड़ी खराब हो गई, दीपू को वहीं रुक जाना पड़ा, का संयुक्त वाक्य क्या होगा? (1)

(ख) सरल वाक्य किसे कहते हैं? (1)

(ग) शिक्षक के कक्षा में आते ही विद्यार्थी शांत हो गए, का संयुक्त वाक्य बताइए। (1)

(घ) वाक्य के कितने अंग होते हैं? प्रत्येक के बारे में सोदाहरण समझाइए। (1)

(ङ) सरल और मिश्र वाक्य में अंतर स्पष्ट कीजिए। (1)

5. निम्नलिखित पाँच प्रश्नों में से किन्हीं चार प्रश्नों के उत्तर दीजिए। (1×4 = 4)

(क) 'नेत्रहीन' शब्द में कौन-सा समास है? (1)

(ख) 'लौहे के समान पुरुष' का समस्त पद क्या है? (1)

(ग) 'पूजास्थल' शब्द में विग्रह सहित समास का नाम लिखिए।(1)

(घ) 'तिरंगा' समस्त पद का विग्रह क्या होगा? (1)

(ङ) द्वंद्व समास की परिभाषा उदाहरण सहित लिखिए। (1)

6. निम्नलिखित पाँच प्रश्नों में से किन्हीं चार प्रश्नों के उत्तर दीजिए। (1× 4 = 4)

(क) वर्तमान व्यवस्था के विरोध में मीडिया में ....। उपयुक्त मुहावरे से रिक्त स्थान की पूर्ति कीजिए। (1)

(ख) क्रांतिकारियों ने भारत को आज़ाद कराने के लिए .... लिया था। रिक्त स्थान की पूर्ति सटीक मुहावरे से कीजिए। (1)

(ग) रिश्वत लेते पकड़े जाने पर अधिकारी की शान में .... गया। रिक्त स्थान की पूर्ति सटीक मुहावरे से कीजिए। (1)

(घ) अपनी बात मनवाने के लिए लोग .... रिक्त स्थान की पूर्ति सटीक मुहावरे से कीजिए। (1)

(ङ) माता कैकेयी द्वारा षड्यंत्र कर भाई राम को वनवास देने की बात पता चलते ही भरत अत्यधिक क्रोधित हो उठे। रेखांकित अंश के लिए उपयुक्त मुहावरा क्या होगा? (1)

खंड (ग) : पाठ्यपुस्तक व पूरक पाठ्यपुस्तक (28 अंक)

7. निम्नलिखित गद्यांश को पढ़कर प्रश्नों के सर्वाधिक उपयुक्त विकल्पों का चयन कीजिए। (1× 5 = 5)

चाय तैयार हुई। उसने वह प्यालों में भरी। फिर वे प्याले हमारे सामने रख दिए गए। वहाँ हम तीन मित्र ही थे। इस विधि में शांति मुख्य बात होती है। इसलिए वहाँ तीन से अधिक आदमियों को प्रवेश नहीं दिया जाता। प्याले में दो घूँट से अधिक चाय नहीं थी। हम ओठों से प्याला लगाकर एक-एक बूँद चाय पीते रहे। करीब डेढ़ घंटे तक चुसकियों का यह सिलसिला चलता रहा।

पहले दस-पंद्रह मिनट तो मैं उलझन में पड़ा। फिर देखा, दिमाग की रफ़्तार धीरे-धीरे धीमी पड़ती जा रही है। थोड़ी देर में बिल्कुल बंद भी हो गई। मुझे लगा, मानो अनंतकाल में मैं जी रहा हूँ। यहाँ तक कि सन्नाटा भी मुझे सुनाई देने लगा।

(क) चाय पीते समय किस बात का विशेष ध्यान रखा जाता है? (1)

(i) प्याले को पूरा भरा जाए
(ii) शांति का विशेष ध्यान नहीं होना
(iii) तीन से अधिक आदमियों का प्रवेश न हो
(iv) उपर्युक्त सभी

(ख) चाय पीने की विधि में लेखक को मुख्य बात क्या लगी? (1)

(i) कम लोगों का प्रवेश
(ii) साफ-सफाई का विशेष ध्यान
(iii) शांति की व्यवस्था
(iv) चाय परोसने का ढंग

(ग) चाय पीने का सिलसिला कितनी देर तक चलता रहा? (1)

(i) दो घंटे तक (ii) अनंतकाल तक
(iii) डेढ़ घंटे तक (iv) केवल दो मिनट तक

(घ) दो घूँट चाय को लंबे समय तक पीने का उद्देश्य क्या था? (1)

(i) समय व्यतीत करना
(ii) मानसिक शांति प्राप्त करना
(iii) मित्रों के साथ अच्छा समय बिताना
(iv) चाय के स्वाद का आनंद लेना

(ङ) कथन (A) तथा कारण (R) को ध्यानपूर्वक पढ़कर दिए गए विकल्पों में से सर्वाधिक उपयुक्त विकल्प चुनिए

कथन (A) चाय पीते-पीते लेखक को सन्नाटा भी सुनाई देने लगा।

कारण (R) चाय पीने की प्रक्रिया बहुत धीमी होने के कारण दिमाग की रफ्तार धीमी होती जा रही थी जो बाद में बंद-सी हो गई। (1)

(i) कथन (A) और कारण (R) दोनों गलत हैं।
(ii) कथन (A) सही है, किंतु कारण (R) गलत है।
(iii) कथन (A) सही है और कारण (R) कथन (A) की सही व्याख्या है।
(iv) कथन (A) सही है, किंतु कारण (R) कथन (A) की सही व्याख्या नहीं है।

8. निम्नलिखित प्रश्नों में से किन्हीं तीन के उत्तर लगभग 25-30 शब्दों में लिखिए। (2× 3 = 6)

(क) "बड़े भाई साहब नामक कहानी हमें जीवन की अनेक सच्चाइयों से अवगत कराती है।" इस कथन के आधार पर स्पष्ट कीजिए कि प्रस्तुत कहानी से आपको क्या शिक्षा मिलती है? (2)

(ख) 'कारतूस' पाठ में सिपाही किससे तंग आ गए थे और क्यों? स्पष्ट कीजिए। (2)

(ग) आबादी बढ़ने के कारण पर्यावरण पर क्या प्रभाव पड़ रहा है? आपके अनुसार इसकी रोकथाम के लिए हमें कौन-से कदम उठाने चाहिए 'अब कहाँ दूसरे के दुःख से दुःखी होने वाले' पाठ के आधार पर बताइए। (2)

(घ) जापान में चाय पीना एक सेरेमनी क्यों है? संक्षेप में बताइए। (2)

9. निम्नलिखित पद्यांश को पढ़कर प्रश्नों के सर्वाधिक उपयुक्त विकल्पों का चयन कीजिए। (1× 5 = 5)

गिरि का गौरव गाकर झर-झर
मद में नस-नस उत्तेजित कर
मोती की लड़ियों-से सुंदर
झरते हैं झाग भरे निर्झर!
गिरिवर के उर से उठ-उठ कर
उच्चाकाँक्षाओं से तरुवर
हैं झाँक रहे नीरव नभ पर
अनिमेष, अटल, कुछ चिंतापर।

(क) निम्नलिखित वाक्यों को ध्यानपूर्वक पढ़कर पद्यांश से मेल खाते वाक्यों के लिए उचित विकल्प चुनिए (1)

1. पर्वत पर बहने वाले झरने झर-झर करते हुए प्रकृति का गुणगान कर रहे हैं।
2. झरनों की आवाज मन को उत्साह से भर देती है।
3. वर्षा के समय पर्वत पंखों को फड़फड़ाकर उड़ रहा है।
4. झाग भरे झरने मोतियों की माला के समान सुंदर लग रहे हैं।

(i) 1 और 2 सही हैं।
(ii) 2 और 3 सही हैं।
(iii) 3 और 4 सही हैं।
(iv) 2 और 4 सही हैं।

(ख) पर्वतों से बहने वाले झरनों की आवाज सुनकर कवि को कैसा लगता है? (1)

(i) मानो वे पर्वतों का गुणगान कर रहे हों
(ii) मानो वे अपनी सुदंरता का गुणगान कर रहे हों
(iii) मानो वे संसार में सबसे अधिक शक्तिशाली हों
(iv) मानो उनके समान कोई दूसरा न हो

(ग) पद्यांश के अनुसार झरनों की आवाज का कवि पर क्या प्रभाव पड़ता है? (1)

(i) वे कवि को नीरस बनाते हैं
(ii) वे कवि में नया जोश भरते हैं
(iii) वे कवि का मार्ग अवरुद्ध करते हैं
(iv) वे कवि को निराशा प्रदान करते हैं

(घ) पेड़ शांत आकाश को किस प्रकार निहार रहे हैं? (1)

(i) ऊँचा उठकर
(ii) बिना पलक झपकाए
(iii) प्रसन्न भाव से
(iv) निराशापूर्ण भाव से

(ङ) 'झाँक रहे हैं नीरव नभ पर अनिमेष' पंक्ति में 'नीरव नभ' से क्या अभिप्राय है? (1)

(i) एकांत आकाश
(ii) शांत आकाश
(iii) अपलक
(iv) चिंता में मग्न

10. निम्नलिखित प्रश्नों में से किन्हीं तीन के उत्तर लगभग 25-30 शब्दों में लिखिए। (2 × 3 = 6)

(क) मीरा किन तीन लाभों को प्राप्त करना चाहती है? 'मीरा के पद' पाठ के आधार पर उत्तर दीजिए। (2)

(ख) कवि ने लक्ष्मण रेखा को माध्यम बनाकर कौन-सी बात कही थी? 'कर चले हम फ़िदा' कविता के आधार पर स्पष्ट कीजिए। (2)

(ग) "कबीर एक संत, महात्मा, साधक और श्रेष्ठ कवि होने के साथ-साथ सच्चे समाज-सुधारक भी थे।" 'साखी' के आधार पर स्पष्ट कीजिए। (2)

(घ) 'आत्मत्राण' कविता के माध्यम से कवि क्या कहना चाहता है? (2)

11. निम्नलिखित में से किन्हीं दो प्रश्नों के उत्तर लगभग 60 शब्दों में लिखिए। (3 × 2 = 6)

(क) असफलता के परिणामस्वरूप 'मनुष्य' में परिवर्तन आता है। अपने जीवन की किसी घटना का उल्लेख 'टोपी शुक्ला' पाठ के आधार पर कीजिए। (3)

(ख) 'सपनों के-से दिन' पाठ में लेखक ने किन विचारों को अभिव्यक्त किया है तथा इससे पाठक को क्या संदेश मिलता है? अपने विचार प्रस्तुत कीजिए। (3)

(ग) "हरिहर काका एक नए शोषित वर्ग के प्रतिनिधि के रूप में दिखाई देते हैं," इस कथन पर अपने तर्क प्रस्तुत करते हुए विचार व्यक्त कीजिए। (3)

खंड (घ) : रचनात्मक लेखन (22 अंक)

12. निम्नलिखित में से किसी एक विषय पर दिए गए संकेत बिंदुओं के आधार पर लगभग 120 शब्दों में अनुच्छेद लिखिए। (5)

1. **डॉ. ए. पी. जे. अब्दुल कलाम**

संकेत बिंदु
- भूमिका
- पारिवारिक स्थिति
- उपलब्धियाँ
- उपसंहार

2. **परिश्रम का महत्त्व**

संकेत बिंदु
- परिश्रम से ही सब कुछ संभव
- अथक प्रयास
- परिश्रम ही भाग्य
- उपसंहार

3. **भ्रष्टाचार : एक समस्या**

संकेत बिंदु
- भारत में भ्रष्टाचार की स्थिति
- भ्रष्टाचार और नैतिक पतन
- भ्रष्टाचार के कारण
- भ्रष्टाचार निवारण संबंधी उपाय

13. भारतीय स्टेट बैंक के शाखा प्रबंधक को निजी उच्च शिक्षण संस्थान में इंजीनियरिंग के अध्ययन हेतु शिक्षा ऋण प्राप्ति के लिए एक आवेदन-पत्र लगभग 100 शब्दों में लिखिए। (5)

अथवा

आपने बंगलुरु में रहने वाले अपने मित्र को जन्मदिन का उपहार स्पीड पोस्ट से भेजा, जो उसे नहीं मिला। इस संबंध में अधीक्षक को लगभग 100 शब्दों में पत्र लिखिए।

14. आप वित्त मंत्रालय, भारत सरकार में कार्यरत हैं। एक विभागीय समारोह के पश्चात् आपको वहाँ एक मोबाइल फ़ोन गिरा हुआ मिला। इससे संबंधित सूचना 60 शब्दों में लिखिए। (4)

अथवा

रेजीडेंट्स वेलफेयर एसोसिएशन द्वारा आयोजित योग-शिविर के बारे में एक सार्वजनिक सूचना 60 शब्दों में लिखिए।

15. शूज़ कंपनी के मालिक की ओर से शूज़ की सेल का विज्ञापन 40 शब्दों में लिखिए। (3)

अथवा

बाढ़ पीडितों की मदद हेतु एक निजी संस्था की ओर 40 शब्दों में विज्ञापन लिखिए।

16. एक लघु कथा लगभग 100 शब्दों में लिखिए, जिसका अंतिम वाक्य हो 'मैं अपने जीवन में कई बार विफल रहा हूँ और यही कारण है कि मैं सफल हुआ। (5)

अथवा

किसी बैंक के मैनेजर को शिक्षा प्राप्ति हेतु लोन लेने के लिए लगभग 80 शब्दों में एक ई-मेल लिखिए।

प्रतिदर्श प्रश्न-पत्र 5 (व्याख्या रहित)

CBSE कक्षा 10 की बोर्ड परीक्षा के लिए नमूना प्रश्न-पत्र

हिंदी 'ब'

समय : 3 घंटे | पूर्णांक : 80

1. इस प्रश्न-पत्र में चार खंड दिए गए हैं–'क', 'ख', 'ग' और 'घ'।
2. खंड 'क' में बहुविकल्पीय, अतिलघु व लघु उत्तरीय प्रश्न दिए गए हैं।
3. खंड 'ख' में अतिलघु/लघु उत्तरीय प्रश्न दिए गए हैं।
4. खंड 'ग' में बहुविकल्पीय व वर्णनात्मक प्रश्न दिए गए हैं।
5. खंड 'घ' में वर्णनात्मक प्रश्न दिए गए हैं।
6. यथासंभव सभी प्रश्नों के उत्तर क्रमानुसार लिखिए।

खंड (क) : अपठित बोध (14 अंक)

1. निम्नलिखित गद्यांश को ध्यानपूर्वक पढ़कर उस पर आधारित प्रश्नों के उत्तर दीजिए।

परिश्रम यानी मेहनत अपना जवाब आप ही है। उसका अन्य कोई जवाब न है, न हो सकता है अर्थात् जिस काम के लिए परिश्रम करना आवश्यक हो, हम चाहें कि वह अन्य किसी उपाय से पूरा हो जाए, ऐसा हो पाना कतई संभव नहीं। वह तो लगातार और मन लगाकर परिश्रम करने से ही होगा। इसी कारण कहा जाता है कि 'उद्योगिनं पुरुषसिंहमुपैति लक्ष्मी' अर्थात् उद्योग या परिश्रम करने वाले पुरुष सिंहों का ही लक्ष्मी वरण करती है। सभी प्रकार की धन-संपत्तियाँ और सफलताएँ लगातार परिश्रम से ही प्राप्त होती हैं। परिश्रम ही सफलता की कुंजी है, यह परीक्षण की कसौटी पर कसा गया सत्य है। निरंतर प्रगति और विकास की मंजिलें तय करते हुए हमारा संसार आज जिस स्तर और स्थिति तक पहुँच पाया है, वह सब हाथ पर हाथ रखकर बैठे रहने से नहीं हुए। कई प्रकार के विचार बनाने, अनुसंधान करने, उनके अनुसार लगातार योजनाएँ बनाकर तथा कई तरह के अभावों और कठिनाइयों को सहते हुए निरंतर परिश्रम करते रहने से ही संभव हो पाया है। आज जो लोग सफलता के शिखर पर बैठकर दूसरों पर शासन कर रहे हैं, आदेश दे रहे हैं, ऐसी शक्ति और सत्ता प्राप्त करने के लिए पता नहीं किन-किन रास्तों से चलकर, किस-किस तरह के कष्ट और परिश्रमपूर्ण जीवन जीने के बाद उन्हें इस स्थिति में पहुँच पाने में सफलता मिल पाई है। हाथ-पैर हिलाने पर ही कुछ पाया जा सकता है, उदास या निराश होकर बैठ जाने से नहीं। निरंतर परिश्रम व्यक्ति को चुस्त-दुरुस्त रखकर सजग तो बनाता ही है, निराशाओं से दूर रख आशा-उत्साह भरा जीवन जीना भी सिखाया करता है।

(क) परीक्षण की कसौटी पर कसे जाने से तात्पर्य है (1)
- (i) सत्य सिद्ध होना
- (ii) कथन का प्रामाणिक होना
- (iii) आकलन प्रक्रिया तीव्र होना
- (iv) योग्यता का मूल्यांकन होना

(ख) 'हाथ-पैर हिलाने पर ही कुछ पाया जा सकता है।' पंक्ति के माध्यम से लेखक .... करने की प्रेरणा दे रहे हैं। (1)
- (i) तैराकी
- (ii) परिश्रम
- (iii) परीक्षण
- (iv) हस्तशिल्प

(ग) निम्नलिखित कथन (A) और कारण (R) को ध्यानपूर्वक पढ़कर दिए गए विकल्पों में सर्वाधिक उपयुक्त विकल्प चुनकर लिखिए (1)

कथन (A) परिश्रम ही सफलता की कुंजी है।

कारण (R) सभी प्रकार की धन-संपत्तियाँ और सफलताएँ लगातार परिश्रम से ही प्राप्त होती हैं।
- (i) कथन (A) और कारण (R) दोनों गलत हैं।
- (ii) कथन (A) गलत है, किंतु कारण (R) सही है।
- (iii) कथन (A) सही है, किंतु कारण (R) कथन (A) की सही व्याख्या नहीं है।
- (iv) कथन (A) और कारण (R) दोनों सही हैं तथा कारण (R) कथन (A) की सही व्याख्या है।

(घ) 'उद्योगिनं पुरुषसिंहमुपैति लक्ष्मी' की व्याख्या कीजिए। (2)

(ङ) परिश्रम सफलता की कुंजी कैसे है? (2)

2. निम्नलिखित गद्यांश को ध्यानपूर्वक पढ़कर उस पर आधारित प्रश्नों के उत्तर दीजिए।

मानव सभ्यता पर औद्योगिक क्रांति की धमक अभी थमी भी नहीं कि एक नई तकनीकी क्रांति ने अपने आने की घोषणा कर दी है। 'नैनो-तकनीक' के समर्थक दावा करते हैं कि जब यह अपने पूरे वजूद से आएगी तो धरती का नामोनिशान मिट जाएगा और नैनो रोबोट की स्वनिर्मित फौज पूरी तरह क्षत-विक्षत शव को पलक झपकते ही चुस्त-दुरुस्त इंसान में तबदील कर देगी।

दूसरी ओर नैनो-तकनीक की असीमित शक्ति से आशंकित इसके विरोधी इसे मिस्र के पिरामिडों में सोई ममियों से भी अधिक अभिशप्त समझते हैं। इन दोनों अतिवादी धारणाओं के बीच इतना अवश्य कहा जा सकता है कि हम तकनीकी क्रांति के एक सर्वथा नए मुहाने पर आ पहुँचे हैं, जिसके बाद उद्योग, चिकित्सा, दूरसंचार, परिवहन सहित हमारे जीवन में शामिल तमाम तकनीकी जटिलताएँ अपने पुराने अर्थ खो देंगी। इस अभूतपूर्व तकनीकी बदलाव के सामाजिक-सांस्कृतिक निहितार्थ क्या होंगे, यह देखना सचमुच दिलचस्प होगा। आदमी ने कभी सभ्यता की बुनियाद पत्थर के बेडौल हथियारों से डाली थी, अनगढ़ शिलाओं को छीलकर उन्हें कुल्हाड़ों और भालों की शक्ल में ढाला और इस उपलब्धि ने उत्पादकता की दृष्टि से उसे दूसरे जंतुओं की तुलना में लाभ की स्थिति में ला खड़ा किया। औज़ारों को बेहतर बनाने का यह सिलसिला आगे कई विस्मयकारी मसलों से गुज़रा और औद्योगिक क्रांति ने तो मनुष्य को मानो प्रकृति के नियंत्रक की भूमिका सौंप दी। तकनीकी कौशल की हतप्रभ कर देने वाली इस यात्रा में एक बात ऐसी है, जो पाषाण युग के बेढब हथियारों से लेकर चमत्कारी माइक्रोचिप निर्माण तक एक जैसी बनी रही। हम अपने औजार, कच्चे माल को तराशकर बनाते हैं। यह सर्वविदित तथ्य है कि सारे पदार्थ परमाणुओं से मिलकर बने हैं, लेकिन पदार्थों के गुण इस बात पर निर्भर करते हैं कि उनमें परमाणुओं को किस तरह सजाया गया है।

(क) 'नैनो-तकनीक' तकनीकी जटिलताओं को बिल्कुल समाप्त कर देगी, क्योंकि (1)

1. इससे प्रकृति को कोई हानि नहीं होती है।
2. इसकी शक्तियाँ असीमित हैं।
3. इससे तकनीकी कुशलता में अत्यंत वृद्धि होगी।
4. यह स्वनिर्मित फौज पूरी करती है।

कूट

(i) केवल 1 सही है (ii) 1 और 2 सही हैं

(iii) 2 और 3 सही हैं (iv) 3 और 4 सही हैं

(ख) नैनो-तकनीक के विरोधी द्वारा इसे मिस्र के पिरामिडों में सोई ममियों से भी अधिक अभिशप्त क्यों माना गया? (1)

(i) यह तकनीक संपूर्ण मानव जाति के लिए हानिकारक सिद्ध हो सकती है

(ii) यह तकनीक विकास के नए प्रतिमान स्थापित करेगी

(iii) यह तकनीक कौशल को बढ़ाने के बजाय घटा देगी

(iv) यह तकनीक नए युग में चार चाँद लगा देगी

(ग) आदमी ने सभ्यता की बुनियाद .... डाली थी। (1)

(i) लोहे के हथियारों से

(ii) पत्थर के बेडौल हथियारों से

(iii) शिलाओं को तोड़कर

(iv) उपर्युक्त सभी

(घ) गद्यांश के अनुसार, 'नैनो-तकनीक' क्या है? (2)

(ङ) नैनो तकनीक मनुष्य को विनाश की ओर ले जाएगी, कैसे? (2)

खंड (ख) : व्यावहारिक व्याकरण (16 अंक)

3. निम्नलिखित पाँच प्रश्नों में से किन्हीं चार प्रश्नों के उत्तर दीजिए। (1× 4 = 4)

(क) मैं खेलना चाहता हूँ। वाक्य में रेखांकित पदबंध कौन-सा है? (1)

(ख) सभी रिश्तेदार बोलते हैं कि रवि होशियार है। रेखांकित में कौन-सा पदबंध है? (1)

(ग) शायद राम आज रात को आ जाएगा। रेखांकित में कौन-सा पदबंध है? (1)

(घ) सावित्री देवी का पुत्र दौड़ प्रतियोगिता में प्रथम आया। इस वाक्य में रेखांकित में कौन-सा पदबंध है? (1)

(ङ) तेज चलने वाली गाड़ी हमेशा की तरह जल्दी पहुँची है। इस वाक्य में विशेषण पदबंध क्या होगा? (1)

4. निम्नलिखित पाँच प्रश्नों में से किन्हीं चार प्रश्नों के उत्तर दीजिए। (1× 4 = 4)

(क) 'लोकप्रिय लेखक का सम्मान सभी करते हैं।' इस वाक्य का मिश्र वाक्य क्या होगा? (1)

(ख) 'रात हुई। आसमान में चाँद निकल आया' का संयुक्त वाक्य क्या बनेगा? (1)

(ग) मेरे मित्र का नाम कुशल है और वह बहुत प्रखर है। रचना की दृष्टि से कौन-सा वाक्य है? (1)

(घ) विशेषण उपवाक्य किसे कहते हैं? सोदाहरण समझाइए। (1)

(ङ) उद्देश्य का विस्तार से आप क्या समझते हैं? सोदाहरण समझाइए। (1)

5. निम्नलिखित पाँच भागों में से किन्हीं चार भागों के उत्तर दीजिए। (1×4 = 4)

(क) 'पंचामृत' शब्द में कौन-सा समास है? (1)

(ख) 'स्नेह में मग्न' का समस्त पद क्या होगा? (1)

(ग) 'महाविद्यालय' शब्द का सही समास-विग्रह करके समास का नाम लिखिए। (1)

(घ) 'एकदंत' समस्त पद का विग्रह क्या होगा? (1)

(ङ) समस्त पद किसे कहते हैं? सोदाहरण समझाइए। (1)

6. निम्नलिखित पाँच प्रश्नों में से किन्हीं चार प्रश्नों के उत्तर दीजिए। (1×4 = 4)

(क) परीक्षा में अनुत्तीर्ण होने पर पिताजी उस पर ········ उपयुक्त मुहावरे से रिक्त स्थान की पूर्ति कीजिए। (1)

(ख) निर्बल व्यक्ति शक्तिशाली आदमी की हर कड़वी बात को ········ जाता है। रिक्त स्थान की पूति सटीक मुहावरे से कीजिए। (1)

(ग) आजकल पाकिस्तान ········ की कोशिश कर रहा है, लेकिन भारत बड़े सब्र से काम ले रहा है। रिक्त स्थान की पूर्ति सटीक मुहावरे से कीजिए। (1)

(घ) आलोचक का कार्य किसी भी रचना में ········ रह गया है। उपयुक्त मुहावरे से रिक्त स्थान की पूर्ति कीजिए। (1)

(ङ) रेखांकित अंश के लिए कौन-सा मुहावरा प्रयुक्त करना उचित रहेगा?

'तू भाई है या शत्रु? जब देखो तब मेरे कार्य में <u>बाधा उत्पन्न कर देता है</u>। (1)

खंड (ग) : पाठ्यपुस्तक व पूरक पाठ्यपुस्तक (28 अंक)

7. निम्नलिखित गद्यांश को पढ़कर प्रश्नों के सर्वाधिक उपयुक्त विकल्पों का चयन कीजिए। (1×5 = 5)

मेरे और भाई साहब के बीच में अब केवल एक दरजे का अंतर और रह गया। मेरे मन में एक कुटिल भावना उदय हुई कि कहीं भाई साहब एक साल और फेल और जाएँ, तो मैं उनके बराबर हो जाऊँ, फिर वह किस आधार पर मेरी फजीहत कर सकेंगे, लेकिन मैंने इस विचार को दिल से बलपूर्वक निकाल डाला। आखिर वह मुझे मेरे हित के विचार से ही तो डाँटते हैं। मुझे इस वक्त अप्रिय लगता है अवश्य, मगर यह शायद उनके उपदेशों का सही असर है कि मैं दनादन पास हो जाता हूँ और इतने अच्छे नबंरों से।

(क) 'कुटिल भावना' से क्या अभिप्राय है? (1)

(i) मन में कपट और द्वेष रखने का भाव
(ii) दूसरे की प्रशंसा का भाव
(iii) आदर और सम्मान की पृष्ठभूमि
(iv) अकारण दु:खी होने का भाव

(ख) बड़े भाई और लेखक के बीच कितनी कक्षाओं का अंतर रह गया था? (1)

(i) तीन (ii) पाँच
(iii) दो (iv) एक

(ग) लेखक के बड़े भाई लेखक को क्यों डाँटते थे? (1)

निम्नलिखित कथनों को पढ़कर उचित विकल्प का चयन कीजिए

1. क्योंकि लेखक उनसे छोटा था।
2. लेखक के हित के विचार से ही डाँटते थे।
3. लेखक परीक्षा में असफल हो जाता था।
4. लेखक को डाँटना बड़े भाई का अधिकार था।

(i) केवल 2 सही है। (ii) 3 और 4 सही हैं।
(iii) 1 और 2 सही हैं। (iv) केवल 4 सही है।

(घ) छोटे भाई के मन में आए विचार को बलपूर्वक निकालने का क्या कारण था? (1)

(i) बड़े भाई के प्रति प्रेम
(ii) बड़े भाई के प्रति सम्मान
(iii) बड़े भाई के प्रति आत्मीयता
(iv) उपर्युक्त सभी

(ङ) निम्नलिखित कथन (A) और कारण (R) को ध्यानपूर्वक पढ़कर उचित विकल्प चुनकर लिखिए (1)

कथन (A) मन में एक कुटिल भावना उदय हुई।

कारण (R) मेरे और भाई साहब के बीच में अब केवल एक दर्जे का अंतर और रह गया, अगर भाई साहब एक साल और फेल हो जाएँ, तो मैं उनके बराबर हो जाऊँ।

(i) कथन (A) और कारण (R) दोनों गलत हैं।
(ii) कथन (A) गलत है, लेकिन कारण (R) सही है।
(iii) कथन (A) और कारण (R) दोनों सही हैं तथा कारण (R) कथन (A) की सही व्याख्या है।
(iv) कथन (A) सही है, किंतु कारण (R) कथन (A) की सही व्याख्या नहीं है।

8. निम्नलिखित प्रश्नों में से किन्हीं तीन के उत्तर लगभग 25-30 शब्दों में लिखिए। (2×3 = 6)

(क) कक्षा में प्रथम आने पर छोटे भाई के स्वभाव में क्या-क्या परिवर्तन आया? 'बड़े भाई साहब' पाठ के आधार पर बताइए। (2)

(ख) पूरे संसार को एक परिवार के समान बताया गया है क्यों? 'अब कहाँ दूसरे के दु:ख से दु:खी होने वाले' पाठ के आधार पर बताइए। (2)

(ग) वामीरो को ऐसा क्यों लगा कि तताँरा को भूल जाना ही उचित है? 'तताँरा-वामीरो कथा' के आधार पर उत्तर दीजिए। (2)

(घ) सुभाष बाबू के जुलूस में स्त्री समाज की क्या भूमिका थी? (2)

9. निम्नलिखित पद्यांश को पढ़कर प्रश्नों के सर्वाधिक उपयुक्त विकल्पों का चयन कीजिए। (1× 5 = 5)

स्याम म्हाँने चाकर राखो जी,
गिरधारी लाला म्हाँने चाकर राखो जी।
चाकर रहस्यूँ बाग लगास्यूँ नित उठ दरसण पास्यूँ।
बिंदरावन री कुंज गली में, गोविंद लीला गास्यूँ।
चाकरी में दरसण पास्यूँ, सुमरण पास्यूँ खरची।
भाव भगती जागीरी पास्यूँ, तीनूं बाताँ सरसी।

(क) मीरा श्रीकृष्ण की सेवा क्यों करना चाहती है? (1)
- (i) धन लाभ के लिए
- (ii) दर्शन करने के लिए
- (iii) यशस्वी बनने के लिए
- (iv) अपना वर्चस्व स्थापित करने के लिए

(ख) प्रस्तुत पद्यांश में कवयित्री श्रीकृष्ण से क्या प्रार्थना कर रही है? (1)
- (i) मेरे कष्ट हर लो
- (ii) मुझे अपनी दासी बना लो
- (iii) मेरे जीवन को सुखों से भर दो
- (iv) मेरा संसार में नाम कर दो

(ग) श्रीकृष्ण के नाम स्मरण से कवयित्री को कौन-सा लाभ प्राप्त होगा? (1)
- (i) यश प्राप्त करने का
- (ii) श्रीकृष्ण के दर्शन करने का
- (iii) (i) और (ii) दोनों
- (iv) इनमें से कोई नहीं

(घ) पद्यांश के अनुसार कवयित्री श्रीकृष्ण की सेवा कैसे करना चाहती है? (1)
- (i) चाकर बनकर
- (ii) भक्तिन बनकर
- (iii) सखी बनकर
- (iv) इनमें से कोई नहीं

(ङ) निम्नलिखित वाक्यों को ध्यानपूर्वक पढ़कर पद्यांश से मेल खाते वाक्यों के लिए उचित विकल्प चुनिए (1)
1. कवयित्री बाग लगाकर उसमें घूमना चाहती है।
2. कवयित्री अपने आराध्य की सेविका बनना चाहती है।
3. कवयित्री के गले में वैजयंती माला सुंदर लग रही है।
4. मीरा पीली साड़ी पहनकर आराध्य के दर्शन करना चाहती है।

- (i) केवल 1 सही है।
- (ii) 2 और 3 सही हैं।
- (iii) केवल 2 सही है।
- (iv) 3 और 4 सही हैं।

10. निम्नलिखित प्रश्नों में से किन्हीं तीन के उत्तर लगभग 25-30 शब्दों में लिखिए। (2× 3 = 6)

(क) "मीरा की रचनाओं में पूर्ण समर्पित भक्ति-भावना निहित है"-अपने शब्दों में इस कथन की पुष्टि कीजिए। (2)

(ख) कबीर की साखियों से हमें क्या शिक्षा मिलती है तथा उन्हें हम जीवन में किस प्रकार अपना सकते हैं? 'साखी' पद के आधार पर स्पष्ट कीजिए। (2)

(ग) जो व्यक्ति शुभ कर्म करते हैं, उन्हें महान कार्यों का प्रतिदान किस प्रकार मिलता है? मनुष्यता कविता के आधार पर स्पष्ट कीजिए। (2)

(घ) 'आत्मत्राण' कविता हमें किस प्रकार की प्रार्थना की सलाह देती है? (2)

11. निम्नलिखित प्रश्नों में से किन्हीं दो के उत्तर लगभग 60 शब्दों में लिखिए। (3× 2 = 6)

(क) हरिहर काका को उनके घर के सदस्यों के चंगुल से किस प्रकार बचाया गया और क्या यह सार्थक हुआ? 'हरिहर काका' पाठ के आधार पर उत्तर दीजिए। (3)

(ख) 'सपनों के-से दिन' पाठ के आधार पर स्पष्ट कीजिए कि बच्चों की पढ़ाई को व्यर्थ समझने के पीछे अभिभावकों के क्या तर्क थे? (3)

(ग) टोपी ने दोबारा क्लेक्टर साहब के बँगले की ओर रुख क्यों नहीं किया? 'टोपी शुक्ला' पाठ के आधार पर उत्तर दीजिए। (3)

खंड (घ) : रचनात्मक लेखन (22 अंक)

12. निम्नलिखित में से किसी एक विषय पर दिए गए संकेत बिंदुओं के आधार पर लगभग 120 शब्दों में अनुच्छेद लिखिए। (5)

1. **स्वास्थ्य का महत्त्व**

   संकेत बिंदु
   - स्वास्थ्य का अर्थ
   - स्वस्थ रहने की आवश्यकता
   - अच्छे स्वास्थ्य के लिए क्या आवश्यक है?
   - मिलावटी खाद्य सामग्री का स्वास्थ्य पर प्रभाव

2. **एकता की शक्ति**

   संकेत बिंदु
   - एकता का अर्थ
   - एकता की शक्ति का महत्त्व
   - एकता की शक्ति के उदाहरण
   - एकता के अभाव के दुष्परिणाम

3. **भारत की परंपराएँ**

   संकेत बिंदु
   - भमिका
   - विश्व का आकर्षण
   - विविधता में एकता
   - औजार कल्पनाएँ
   - उपसंहार

13. सांप्रदायिकता की समस्या पर अपने विचार प्रकट करते हुए 'हिंदुस्तान' समाचार-पत्र के संपादक को लगभग 100 शब्दों में एक पत्र लिखिए। (5)

अथवा

अपने घर में चोरी हो जाने की सूचना देते हुए पुलिस थाना अधिकारी को लगभग 100 शब्दों में एक पत्र लिखिए।

14. आपके विद्यालय में गाँधी जयंती के अवसर पर वृक्षारोपण कार्यक्रम का आयोजन किया जाना है। इस संबंध में स्कूल कैप्टन की ओर से विद्यार्थियों को 60 शब्दों में सूचना लिखिए। (4)

अथवा

आपको पार्क में एक बैग मिला है, जिसमें कुछ रुपये तथा जरूरी कागजात हैं। इस संबंध में 60 शब्दों में एक सूचना लिखिए।

15. 'बेटी बचाओ, बेटी पढ़ाओ' विषय पर 40 शब्दों में विज्ञापन लिखिए। (3)

अथवा

क्रिकेट खेल प्रतियोगिता हेतु 40 शब्दों में एक विज्ञापन लिखिए।

16. ''मजहब नहीं सिखाता आपस में बैर रखना'' उक्ति को आधार बनाकर लगभग 100 शब्दों में एक लघु कथा लिखिए। (5)

अथवा

सरस्वती विद्या मंदिर में योग-शिक्षक के पद हेतु आवेदन करने के लिए लगभग 80 शब्दों में एक ई-मेल लिखिए।

All in One

संपूर्ण अध्ययन | संपूर्ण अभ्यास | संपूर्ण मूल्यांकन

बोर्ड प्रश्न–पत्र 2025

बोर्ड प्रश्न–पत्र 2025

CBSE कक्षा 10 की परीक्षा

हिंदी 'ब'

सामान्य निर्देश

- इस प्रश्न–पत्र में कुल 16 प्रश्न हैं। सभी प्रश्न अनिवार्य हैं।
- इस प्रश्न–पत्र में चार खंड हैं– 'क', 'ख', 'ग' और 'घ'।
- खंड 'क' में अपठित गद्यांश से प्रश्न पूछे गए हैं, जिनके उत्तर दिए गए निर्देशों का पालन करते हुए दीजिए।
- खंड 'ख' में व्यावहारिक व्याकरण से प्रश्न पूछे गए हैं, आंतरिक विकल्प भी दिए गए हैं।
- खंड 'ग' पाठ्यपुस्तक पर आधारित है, निर्देशानुसार उत्तर दीजिए।
- खंड 'घ' रचनात्मक लेखन पर आधारित है, आंतरिक विकल्प भी दिए गए हैं।
- यथासंभव सभी खंडों के प्रश्नों के उत्तर क्रमशः लिखिए।

निर्धारित समय : 3 घंटे अधिकतम अंक : **80**

सेट–1 (4/6/1)

खंड (क) : अपठित बोध

1. निम्नलिखित गद्यांश को ध्यानपूर्वक पढ़कर दिए गए प्रश्नों के उत्तर लिखिए (7)

पिता हमेशा रुक्ष नहीं होता, सदैव कठोर व्यवहार से घर को संचालित नहीं करता, क्योंकि वह भीतर से सौम्य प्रकृति का होता है। पिता का प्रेम दिखाई नहीं देता, उसे महसूस किया जा सकता है। बाहर से कठोर दिखाई देने वाला पिता भीतरी स्तर पर अत्यंत भावुक होता है।

जिस घर में पिता बच्चों के साथ बातचीत करता है, हँसता–बोलता है, उनके सभी क्रियाकलापों में सहयोग करता है, उसी घर में बच्चों का मानसिक व शारीरिक विकास उचित रूप से हो पाता है। अच्छी और सुसंस्कृत संतान हर माता–पिता की ख्वाहिश होती है। बच्चों के पालन–पोषण में दोनों समान भूमिका निभाते हैं। आज का युग इस दृष्टि से महत्त्वपूर्ण है, जहाँ माता–पिता दोनों कामकाजी हैं। भागदौड़ भरी जिंदगी में घर के साथ दफ्तर भी सँभालना होता है। ऐसे में केवल माँ के भरोसे घर और बच्चों को छोड़ना सही नहीं है। दोनों के सहयोग से ही घर को सँभाल पाना संभव होता है। पिता का दायित्व आज दफ्तर की सीमा से निकलकर घर तक आ गया है। बच्चों को सुबह उठाकर स्कूल भेजने से लेकर होमवर्क करवाने तक सभी कार्यों में उसकी समान भागीदारी आज अपेक्षित है। आज नई पीढ़ी के युवा घर में इन जिम्मेदारियों को बखूबी निभाते देखे जा सकते हैं। वर्तमान समय में पढ़े–लिखे कामकाजी–एकल परिवार में व्यक्ति का जीवन दबाव में ही दिखता है, चाहे वह पढ़ाई का हो, करियर का हो अथवा कार्यक्षेत्र में हो। परिवार का खुशनुमा और परस्पर सौहार्दपूर्ण वातावरण उस दबाव से बाहर निकलने में सहायक बनता है।

(i) **निम्नलिखित कथन तथा कारण को ध्यानपूर्वक पढ़िए। दिए गए विकल्पों में से सही विकल्प चुनिए और उत्तर लिखिए** (1)

कथन पिता सदैव कठोर व्यवहार से घर को संचालित नहीं करता।

कारण बच्चों की गतिविधियों में पिता की सौम्यतापूर्ण भागीदारी और सहयोग रहता है।

कूट

(a) कथन सही है, लेकिन कारण गलत है।

(b) कथन तथा कारण दोनों गलत हैं।

(c) कथन सही है और कारण उसकी सही व्याख्या है।

(d) कथन और कारण दोनों सही हैं, लेकिन कारण कथन की सही व्याख्या नहीं करता है।

(ii) **अच्छी और सुसंस्कृत संतान के लिए अपेक्षित है** (1)

(a) बच्चों के पालन-पोषण में केवल माता की सहभागिता

(b) बच्चों के पालन-पोषण में केवल पिता की सहभागिता

(c) बच्चों के पालन-पोषण में माता-पिता दोनों की सहभागिता

(d) बच्चों के पालन-पोषण में समाज की सहभागिता

(iii) **आज की युवा पीढ़ी में कौन-सा सकारात्मक परिवर्तन आया है?** (1)

(a) युवा माता-पिता दोनों का कामकाजी होना

(b) बच्चों की परवरिश में माता को पिता का पूर्ण सहयोग मिलना

(c) एकल परिवारों का चलन दिन-प्रतिदिन बढ़ना

(d) एकल परिवारों में बच्चों का जल्दी परिपक्व होना

(iv) **माता-पिता पर अपनी संतान को लेकर कौन-कौन से दबाव हैं? इन दबावों से आप अपने माता-पिता को मुक्ति कैसे दिलवा सकते हैं?** (2)

(v) **पिता की कौन-सी दो विरोधी बातें परिवार को सही दिशा में ले जाती हैं?** (2)

2. निम्नलिखित गद्यांश पर आधारित दिए गए प्रश्नों के उत्तर लिखिए (7)

हर्बल-ऑर्गेनिक (जैविक) आहार ऐसे आहार होते हैं, जो प्राकृतिक रूप से शुद्ध और ताज़ा होते हैं और स्वास्थ्य के लिए लाभकारी हैं। परंपरागत व्यंजन, पेय पदार्थ, फल-सब्जियाँ और मसाले ऋतु के अनुसार हमारे भोजन का महत्त्वपूर्ण हिस्सा रहे हैं। परंपरागत और स्वदेशी भोजन एवं पेय पदार्थ पाश्चात्य फास्टफूड एवं रसायन युक्त कोल्ड ड्रिंक्स के शानदार विकल्प हैं। सरकार, व्यापारियों और दुकानदारों को नया कुछ भी नहीं करना है। बस उन्हें पहले से स्थापित भोजनालयों, दुकानों एवं शैक्षणिक संस्थाओं, कंपनी कार्यालयों की कैंटीनों, मॉल्स तक इनको पहुँचाना है। परंपरागत खाद्य पदार्थों के साथ ऑर्गेनिक खाद्य एवं पेय पदार्थों की बिक्री के लिए विशेष व्यवस्था की जानी चाहिए। ऑर्गेनिक फलों और सब्जियों के ताज़ा जूस, सूप, शेक, दूध, छाछ, लस्सी, शरबत, ठंडाई, हर्बल चाय, जौ, गेहूँ, मक्का या बाजरे की राबड़ी, नींबू की शिकंजी के साथ ऑर्गेनिक फल भी उपभोक्ताओं को उपलब्ध करवाए जा सकते हैं। साधारण ढाबों से लेकर पाँच सितारा होटलों तक शरबत, नारियल पानी, जुवारे का जूस, तरबूज का जूस, सत्तू और छाछ जैसे पेय पदार्थों को उपलब्ध करवाकर इनको उपभोक्ताओं में लोकप्रिय बनाया जा सकता है। पृथक् से हर्बल फूड सेंटर बनाकर वहाँ ऑर्गेनिक हरी सब्जियों, दालों एवं मिलेट्स से निर्मित भोजन भी उपलब्ध करवाया जा सकता है। अंकुरित दालें, अनाज, दही, मक्खन, मक्का की घाट को भी लोकप्रिय बनाया जा सकता है। भारतीय स्वदेशी परंपरागत पेय पदार्थ, व्यंजन एवं मिष्ठान, बाजार से लोकप्रिय होने से स्वदेशीकरण, समृद्ध किसान और आत्मनिर्भर भारत का सपना साकार होगा। इस तरह के सेंटरों की मदद से रोजगार के अवसर तो बढ़ेंगे ही रासायनिक खेती से खराब होते खेतों और मानव स्वास्थ्य को भी बचाया जा सकता है।

(i) **निम्नलिखित कथन तथा कारण को ध्यानपूर्वक पढ़िए। दिए गए विकल्पों में से सही विकल्प चुनिए और उत्तर लिखिए।** (1)

कथन स्वदेशी, परंपरागत और जैविक खाद्य एवं पेय पदार्थों की लोकप्रियता से देश की आर्थिक स्थिति सुदृढ़ होगी।

कारण स्वदेशीकरण किसानों की समृद्धि और देश की आत्मनिर्भरता का आधार है।

कूट

(a) कथन और कारण दोनों गलत हैं।

(b) कथन सही है, लेकिन कारण गलत है।

(c) कथन सही है और कारण उसकी सही व्याख्या है।

(d) कथन गलत है, किंतु कारण सही है।

(ii) **फास्टफूड एवं रसायन युक्त पेय पदार्थों से बचने के लिए** (1)

(a) स्वदेशी भोजन एवं परंपरागत पेय का उपयोग करारा जवाब है

(b) हर्बल-ऑर्गेनिक सामान सहजता से उपलब्ध करवाना होगा

(c) हर्बल-ऑर्गेनिक पेय एवं खाद्य पदार्थ स्वास्थ्य के लिए लाभदायक हैं

(d) पाँच सितारा होटलों में ऑर्गेनिक टैग लगा भोजन खाना बेहतर है

(iii) **परंपरागत भोजन को लोकप्रिय कैसे बनाया जा सकता है?** (1)

1. उपलब्धता बढ़ाकर
2. प्रचार-प्रसार द्वारा
3. बिक्री की विशेष व्यवस्था करके
4. घर-घर मुफ्त ऑर्गेनिक सामान बाँटकर

कूट

(a) 2 और 3 (b) 3 और 4

(c) 1 और 4 (d) 1 और 3

(iv) **आत्मनिर्भर भारत का सपना कैसे पूरा होगा?** (2)

(v) **हर्बल फूड सेंटर कहाँ-कहाँ लाभदायक होंगे?** (2)

खंड (ख) : व्यावहारिक व्याकरण

3. पदबंध पर आधारित निम्नलिखित पाँच प्रश्नों में से किन्हीं चार प्रश्नों के उत्तर दीजिए $(4 \times 1 = 4)$

(i) मैं रंग-बिरंगे कागजों की तितलियाँ उड़ाता। (पदबंध छाँटकर उसका भेद भी लिखिए)

(ii) मैं कह न पाता कि जरा बाहर खेल रहा था। (क्रिया पदबंध छाँटकर लिखिए)

(iii) दादा की गाढ़ी कमाई के रुपये क्यों बर्बाद करते हो? (संज्ञा पदबंध छाँटिए)

(iv) मैदान की सुखद हरियाली खींच ले जाती। (विशेषण पदबंध छाँटिए)

(v) मैं सुबह से शाम तक पतंग उड़ाता रहता। (क्रिया-विशेषण पदबंध छाँटिए)

4. 'रचना के आधार पर वाक्य रूपांतरण' पर आधारित निम्नलिखित पाँच प्रश्नों में से किन्हीं चार प्रश्नों के उत्तर लिखिए (4×1 = 4)

(i) मैं यह लताड़ सुनता और आँसू बहाने लगता। (सरल वाक्य में बदलिए)

(ii) मेरे भाई साहब उपदेश की कला में निपुण थे। (मिश्र वाक्य में रूपांतरित कीजिए)

(iii) अपराध करने पर भी लताड़ कौन सहे? (रचना की दृष्टि से वाक्य-भेद लिखिए)

(iv) ऐसी-ऐसी लगती बातें कहते कि मेरे जिगर के टुकड़े-टुकड़े हो जाते। (रचना की दृष्टि से वाक्य-भेद लिखिए)

(v) कार्तिक मास के आते ही हवा में ठंडक शुरू हो गई। (संयुक्त वाक्य में परिवर्तित कीजिए)

5. 'समास' पर आधारित निम्नलिखित पाँच प्रश्नों में से किन्हीं चार प्रश्नों के उत्तर लिखिए (4×1 = 4)

(i) 'गुल्ली-डंडा' सामासिक पद का विग्रह करके भेद भी लिखिए।

(ii) 'आत्मविश्वास' पद समास के किस भेद का उदाहरण है?

(iii) 'प्रत्येक' पद समास के किस भेद का उदाहरण है और क्यों?

(iv) 'तीन भुजाओं का समाहार' विग्रह का समस्त पद बनाकर भेद लिखिए।

(v) बहुव्रीहि समास का एक उदाहरण लिखिए।

6. मुहावरों पर आधारित निम्नलिखित पाँच प्रश्नों में से किन्हीं चार प्रश्नों के उत्तर दीजिए। (4×1 = 4)

(i) रिक्त स्थान की पूर्ति उचित मुहावरे द्वारा कीजिए।
परीक्षा में प्रथम आने के लिए रात-दिन ········ पड़ती है।

(ii) भाई साहब के सूक्ति-बाणों से मेरी तो ········।

(iii) "आज मैं बीमार हो जाऊँ, तो तुम्हारे हाथ-पाँव फूल जाएँगे।" इस वाक्य से मुहावरा छाँटकर उसका वाक्य में प्रयोग कीजिए।

(iv) 'चोरी-चोरी आना' अर्थ के लिए मुहावरा लिखिए।

(v) 'धूल में मिला देना' मुहावरे का वाक्य में इस प्रकार प्रयोग करें कि अर्थ स्पष्ट हो जाए।

खंड (ग) : पाठ्यपुस्तक पर आधारित

7. निम्नलिखित पठित गद्यांश को पढ़कर दिए गए प्रश्नों के उत्तर सर्वाधिक उचित विकल्प चुनकर लिखिए (5×1 = 5)

ग्वालियर से बंबई की दूरी ने संसार को काफ़ी कुछ बदल दिया है। वर्सोवा में जहाँ आज मेरा घर है, पहले यहाँ दूर तक जंगल था। पेड़ थे, परिंदे थे और दूसरे जानवर थे। अब यहाँ समंदर के किनारे लंबी-चौड़ी बस्ती बन गई है। इस बस्ती ने न जाने कितने परिंदों-चरिंदों से उनका घर छीन लिया है। इनमें से कुछ शहर छोड़कर चले गए हैं। जो नहीं जा सके हैं, उन्होंने यहाँ-वहाँ डेरा डाल लिया है। इनमें से दो कबूतरों ने मेरे फ्लैट के एक मचान में घोंसला बना लिया है। बच्चे अभी छोटे हैं। उनके खिलाने-पिलाने की जिम्मेदारी अभी बड़े कबूतरों की है। वे दिन में कई-कई बार आते-जाते हैं और क्यों न आएँ-जाएँ आखिर उनका भी घर है, लेकिन उनके आने-जाने से हमें परेशानी भी होती है। वे कभी किसी चीज को गिराकर तोड़ देते हैं। कभी मेरी लाइब्रेरी में घुसकर कबीर या मिर्ज़ा गालिब को सताने लगते हैं। इस रोज़-रोज़ की परेशानी से तंग आकर मेरी पत्नी ने उस जगह, जहाँ उनका आशियाना था, एक जाली लगा दी है, उनके बच्चों को दूसरी जगह कर दिया है। उनके आने की खिड़की को भी बंद किया जाने लगा है। खिड़की के बाहर अब दोनों कबूतर रात-भर खामोश और उदास बैठे रहते हैं।

(i) लेखक पहले कहाँ रहता था और अब कहाँ रहने लगा है?

(a) बंबई (मुंबई) — ग्वालियर
(b) वर्सोवा — ग्वालियर
(c) बंबई — वर्सोवा
(d) ग्वालियर — बंबई

(ii) लेखक जब वर्सोवा रहने आया, तो वहाँ स्थिति कैसी थी?

(a) प्राकृतिक वातावरण समृद्ध था
(b) आधुनिक सुविधाओं से भरपूर वातावरण था
(c) हवा-पानी की पर्याप्त सुविधा थी
(d) अड़ोस-पड़ोस बहुत अच्छा था

(iii) कबूतरों की उदासी का कारण था

(a) वे अपने बच्चों को खाना नहीं दे पाते थे
(b) घर में अंदर जाने के रास्ते बंद हो गए थे
(c) बच्चे जाली के पीछे रह गए थे
(d) बच्चे जाली से बाहर आना चाह रहे थे

(iv) निम्नलिखित कथन तथा कारण को ध्यानपूर्वक पढ़िए। दिए गए विकल्पों में से कोई एक सही विकल्प चुनकर लिखिए

कथन लेखक की पत्नी ने कबूतरों के घोंसले का स्थान बदल दिया।

कारण वे घर के अंदर घुसकर टेबल-पुस्तकें आदि गंदी कर देते थे।

कूट

(a) कथन सही है, किंतु कारण गलत है।
(b) कथन तथा कारण दोनों गलत हैं।
(c) कथन गलत है, किंतु कारण सही है।
(d) कथन सही है और कारण उसकी सही व्याख्या है।

(v) गद्यांश के आधार पर बढ़ते शहरीकरण का क्या दुष्परिणाम निकला?

(a) पर्यावरण दूषित हो गया
(b) जीवन फ्लैटों में सिमट गया
(c) जीव-जंतु घर से बेघर हो गए
(d) समुद्र किनारे घनी आबादी बस गई

8. गद्य खंड पर आधारित निम्नलिखित प्रश्नों में से किन्हीं तीन प्रश्नों के उत्तर लगभग 25-30 शब्दों में लिखिए (3×2 = 6)

(i) 'बुनियाद ही पुख्ता न हो, तो मकान कैसे पायेदार बने?' 'बड़े भाई साहब' कहानी के इस कथन के माध्यम से क्या सीख मिलती है?

(ii) धर्मतल्ले पर क्या घटना घटित हुई? 'डायरी का एक पन्ना' पाठ के आधार पर लिखिए।

(iii) 'ततँारा-वामीरो कथा' के आधार पर रूढ़ियों के विषय में अपने विचार स्पष्ट कीजिए।

(iv) 'झेन की देन' प्रसंग से लेखक किस तथ्य को उजागर करना चाहता है?

9. निम्नलिखित पठित काव्यांश को पढ़कर प्रश्नों के सर्वाधिक उपयुक्त विकल्पों को चुनिए (5×1 = 5)

कर चले हम फ़िदा जानो-तन साथियों
अब तुम्हारे हवाले वतन साथियों
साँस थमती गई, नब्ज जमती गई
फिर भी बढ़ते क़दम को न रुकने दिया
कट गए सर हमारे तो कुछ गम नहीं
सर हिमालय का हमने न झुकने दिया
मरते-मरते रहा बाँकपन साथियों
अब तुम्हारे हवाले वतन साथियों....

(i) 'सर हिमालय का हमने न झुकने दिया' पंक्ति में हिमालय किसका प्रतीक है?
(a) भारत माता के मुकुट का
(b) उत्तर में स्थित पर्वत शृंखला का
(c) देश की आन-बान और शान का
(d) देश के प्राकृतिक सौंदर्य का

(ii) 'साँस थमती गई, नब्ज जमती गई' पंक्ति के संदर्भ में सैनिकों की इस स्थिति का कारण है
(a) मार्ग की थकावट और निद्रा
(b) ऊँची-ऊँची पर्वत चोटियाँ
(c) युद्ध में घायल होना
(d) विपरीत प्राकृतिक परिस्थितियाँ

(iii) निम्नलिखित कथन तथा कारण को ध्यानपूर्वक पढ़िए। दिए गए विकल्पों में से कोई एक सही विकल्प चुनकर लिखिए
कथन सामने के खतरों के समक्ष साँसें रुकती थीं फिर भी दुश्मन से मुकाबला करने के लिए कदम बढ़ते ही जाते थे।
कारण देश की स्वतंत्रता-सुरक्षा सैनिक के लिए सर्वोपरि थी।
कूट
(a) कथन सही है और कारण उसकी सही व्याख्या है।
(b) कथन और कारण दोनों गलत हैं।
(c) कथन सही है, किंतु कारण गलत है।
(d) कथन गलत है, किंतु कारण सही है।

(iv) शहीद होने वाले सैनिक को किस बात का गर्व है?
(a) देश को सुरक्षित हाथों में सौंपने का
(b) आखिरी साँस तक देश की रक्षा करने का
(c) देश की सीमा पर बलिदान देने का
(d) शत्रु को देश में न आने देने का

(v) 'कर चले हम फिदा जानो-तन साथियों' पंक्ति के संदर्भ में 'फिदा' शब्द का अर्थ है
(a) भेंट देना (b) मोहित होना
(c) लुटाना (d) बलिदान करना

10. काव्य खंड पर आधारित निम्नलिखित प्रश्नों में से किन्हीं तीन प्रश्नों के उत्तर लगभग 25-30 शब्दों में लिखिए (3×2 = 6)

(i) 'कबीर' की साखियों में कौन-कौन से जीवन-मूल्य उभरते हैं?

(ii) बादलों से पर्वत के छिप जाने पर कवि की कल्पना, 'पर्वत प्रदेश में पावस' कविता के आधार पर स्पष्ट कीजिए।

(iii) 'मनुष्यता' कविता में कवि लोगों से किस प्रकार के व्यवहार की अपेक्षा करता है? किन्हीं दो बिंदुओं का उल्लेख कीजिए।

(iv) 'दरअसल कितनी भी बड़ी हो तोप
एक दिन तो होना ही है उसका मुँह बंद'
'तोप' कविता से उद्धृत इन पंक्तियों का प्रतीकार्थ स्पष्ट कीजिए।

11. 'संचयन' पर आधारित निम्नलिखित प्रश्नों में से किन्हीं दो प्रश्नों के उत्तर लगभग 40-50 शब्दों में लिखिए (2×3 = 6)

(i) 'हरिहर काका' कहानी में ठाकुरबारी के महंत ने हरिहर काका को अपने जाल में फँसाने के लिए क्या प्रयास किया? आजकल बुजुर्गों के साथ साइबर अपराध होते हैं, आप उनसे बचने के लिए उन्हें क्या सुझाव देंगे?

(ii) 'रिश्तों की बुनियाद प्रेम है।' 'टोपी शुक्ला' पाठ से उदाहरण देकर स्पष्ट कीजिए।

(iii) "खेलकूद बच्चों को अनुशासित, सक्रिय और मिलनसार बनाता है।" इस कथन पर अपने विचार 'सपनों के-से दिन' पाठ से उदाहरण देते हुए लिखिए।

खंड (घ) : रचनात्मक लेखन

12. निम्नलिखित में से किसी एक विषय पर दिए गए संकेत-बिंदुओं के आधार पर लगभग 120 शब्दों में एक अनुच्छेद लिखिए (5)

(i) कंप्यूटर युग

संकेत बिंदु
- कंप्यूटर का बढ़ता उपयोग
- कंप्यूटर के विविध क्षेत्र
- कंप्यूटर क्रांति

(ii) जीवन का सच्चा सुख संतोष में...

संकेत बिंदु
- संतोष का महत्त्व
- इच्छा नियंत्रण
- सुखी जीवन का आधार

(iii) किसी खेल का आँखों देखा वर्णन ....

संकेत बिंदु
- खेल का चरमोत्कर्ष
- लोगों में उत्साह
- अंतिम चरण में पासा पलटा

13. निम्नलिखित में से किसी एक विषय पर लगभग 100 शब्दों में पत्र लिखिए (5)

(i) आप दसवीं कक्षा के नीहार/निहारिका हैं। विद्यालय में फुटबॉल प्रशिक्षक (कोच) की व्यवस्था करने के लिए विद्यालय की प्रधानाचार्या को पत्र लिखिए।

अथवा

(ii) आप निकिता/निकेत हैं। पैरा ओलंपिक में प्रथम स्वर्ण पदक पाने वाले पद्मश्री मुरलीकांत पेटकर के बारे में प्रकाशित 'फीचर' की कॉपी मँगाने हेतु दैनिक हिंदी समाचार-पत्र के प्रबंधक को पत्र लिखिए।

14. निम्नलिखित में से किसी एक विषय पर लगभग 60 शब्दों में सूचना लिखिए (4)

(i) आप अपने विद्यालय की विद्यार्थी परिषद् के सचिव विभू / विभा हैं। आपके विद्यालय में साझी कार्यक्रम के अंतर्गत अंतरविद्यालीय 'संगीत प्रस्तुति' का आयोजन किया जा रहा है। सभी स्कूलों को जानकारी देने के लिए सूचना तैयार कीजिए।

अथवा

(ii) आप अ.ब.स. सोसायटी के सचिव विभू/विभा हैं। आपकी मोहल्ला समिति, वृक्षारोपण का आयोजन कर रही है, जिसमें सभी मोहल्लावासियों की भागीदारी अपेक्षित है। अतः इसके लिए सूचना तैयार कीजिए।

15. निम्नलिखित में से किसी एक विषय पर लगभग 40 शब्दों में विज्ञापन लिखिए (3)

(i) आपके विद्यालय के विद्यार्थियों ने 'पड़ोस के बच्चों' के साथ मिलकर कुछ फूलों के गमले तैयार किए हैं, जिन्हें बेचकर बच्चों के लिए पुस्तकें एवं खेल-खिलौनों की व्यवस्था की जाएगी। गमलों की बिक्री के लिए विज्ञापन तैयार कीजिए।

अथवा

(ii) डिजिटली ठगी के बढ़ते अपराधों से जनसाधारण को सावधान रहने हेतु अ.ब.स. संस्थान द्वारा जनहित में जारी एक विज्ञापन तैयार कीजिए।

16. (i) "आसमान में उड़ती पतंगें ....। स्वतंत्रता दिवस का उत्सव भरा वातावरण, बच्चों की खिलखिलाहट, देशभक्ति से सराबोर ...." इन वाक्यों से प्रारंभ हुई लघुकथा को 100 शब्दों में पूरा कीजिए। (5)

अथवा

(ii) बरसात के मौसम में मच्छरों के बढ़ते प्रकोप के कारण अपने क्षेत्र में डेंगू और चिकनगुनिया के बढ़ते मरीजों की संख्या पर चिंता व्यक्त करते हुए स्वास्थ्य अधिकारी को लगभग 80 शब्दों में ई-मेल लिखिए।

सेट-2 (4/6/2)

(यहाँ केवल वे प्रश्न दिए गए हैं, जो सेट 1 से Uncommon हैं)

खंड (ख) : व्यावहारिक व्याकरण

3. पदबंध पर आधारित निम्नलिखित पाँच प्रश्नों में से किन्हीं चार प्रश्नों के उत्तर दीजिए $(4 \times 1 = 4)$

(i) एक ललित निबंध लिखो, जो चार पन्नों से कम न हो। (संज्ञा पदबंध छाँटकर लिखिए)

(ii) वह इतनी-सी बात भी समझ नहीं सकता है। (क्रिया पदबंध छाँटकर लिखिए)

(iii) भाई साहब ने अपने दरजे की पढ़ाई का भयंकर चित्र खींचा था। (रेखांकित पदबंध का भेद लिखिए।)

(iv) ततँारा नीचे की तरफ फिसलने लगा। (क्रिया-विशेषण पदबंध छाँटकर लिखिए)

(v) पशु पर्व में हृष्ट-पुष्ट पशुओं का प्रदर्शन किया जाता है। (रेखांकित पदबंध का भेद लिखिए)

4. 'रचना के आधार पर वाक्य रूपांतरण' पर आधारित निम्नलिखित पाँच प्रश्नों में से किन्हीं चार प्रश्नों के उत्तर दीजिए $(4 \times 1 = 4)$

(i) सफल खिलाड़ी का कोई निशाना खाली नहीं जाता। (मिश्र वाक्य में बदलिए)

(ii) मेरे दरजे में आओगे, तो दाँतों पसीना आ जाएगा। (सरल वाक्य में रूपांतरित कीजिए)

(iii) जैसे ही हेनरी सातवें की जगह आठवाँ लिखा वैसे ही सब नंबर गायब! (रचना की दृष्टि से वाक्य-भेद लिखिए)

(iv) अपनी बात चटपट कहो और अपनी राह लो। (रचना की दृष्टि से वाक्य-भेद लिखिए)

(v) मैं तुमसे हमेशा पाँच साल बड़ा रहूँगा। (संयुक्त वाक्य में बदलिए)

5. 'समास' पर आधारित निम्नलिखित पाँच प्रश्नों में से किन्हीं चार प्रश्नों के उत्तर दीजिए $(4 \times 1 = 4)$

(i) 'बेकाम' सामासिक पद का विग्रह करके भेद भी लिखिए।

(ii) 'नवनिधि' समस्त पद किस समास का उदाहरण है और कैसे?

(iii) द्वंद्व समास का एक उदाहरण दीजिए।

(iv) 'कांति से हीन' विग्रह का समस्त पद बनाकर भेद का नाम भी लिखिए।

(v) ततँारा ध्यान में मग्न होकर वामीरो का गाना सुन रहा था। इस वाक्य में रेखांकित पदों की जगह उपयुक्त समस्त पद लिखिए।

6. मुहावरों पर आधारित निम्नलिखित पाँच प्रश्नों में से किन्हीं चार प्रश्नों के उत्तर दीजिए (4×1 = 4)

(ii) "अंग्रेजी पढ़ना कोई हँसी-खेल नहीं है कि जो चाहे पढ़ ले, नहीं ऐरा-गैरा नत्थू-खैरा सभी अंग्रेजी के विद्वान हो जाते।" इस वाक्य से मुहावरा छाँटकर उसका वाक्य में प्रयोग कीजिए।

(iii) 'पापड़ बेलना' मुहावरे का प्रयोग अपने वाक्य में कीजिए।

(iv) 'बुरी तरह पीड़ा पहुँचाना' अर्थ के लिए मुहावरा लिखिए।

(v) 'दीवार खड़ी करना' मुहावरे का वाक्य में इस प्रकार प्रयोग करें कि अर्थ स्पष्ट हो जाए।

खंड (घ) : रचनात्मक लेखन

12. निम्नलिखित में से किसी एक विषय पर लगभग 100 शब्दों में पत्र लिखिए। (5)

(i) आप दसवीं कक्षा के तन्वी/तनु हैं। अपने प्रधानाचार्य को कैंटीन व्यवस्था में सुधार हेतु सुझाव देते हुए पत्र लिखिए।

अथवा

(ii) आप दसवीं कक्षा के तन्वी/तनु हैं। किसी दैनिक हिंदी समाचार-पत्र के संपादक को अपने विद्यालय में आयोजित पुस्तक मेले की रिपोर्ट प्रकाशन हेतु भेजने के लिए पत्र लिखिए।

16. (i) "वर्षा क्या आई, झड़ी लग गई। इतना पानी कि चारों तरफ......" इस विषय को आगे बढ़ाते हुए लगभग 100 शब्दों में लघुकथा लिखिए। (5)

अथवा

(ii) आप प्रेरक/प्रेरणा हैं। आपके पड़ोस में अनधिकृत दुकानें बनाई जा रही हैं। इसकी शिकायत करते हुए जिलाधिकारी को लगभग 80 शब्दों में ई-मेल लिखिए।

सेट-3 (4/6/3)

(यहाँ केवल वे प्रश्न दिए गए हैं, जो सेट 1 व 2 से Uncommon हैं)

खंड (ख) : व्यावहारिक व्याकरण

3. पदबंध पर आधारित निम्नलिखित पाँच प्रश्नों में से किन्हीं चार प्रश्नों के उत्तर दीजिए (4×1 = 4)

(i) 11 बजे मारवाड़ी बालिका विद्यालय की लड़कियों ने झंडोत्सव मनाया। (संज्ञा पदबंध छाँटिए)

(ii) जगह-जगह फोटो उतर रहे थे। (क्रिया पदबंध छाँटिए)

(iii) नोटिस निकल गया था कि मोनुमेंट के नीचे ठीक चार बजकर चौबीस मिनट पर झंडा फहराया जाएगा। (क्रिया-विशेषण पदबंध छाँटिए)

(iv) <u>कुछ काम करने वाले</u> लोग थे। (रेखांकित पदबंध का भेद लिखिए)

(v) <u>मैदान के मोड़ पर पहुँचते ही</u> पुलिस ने लाठियाँ चलानी शुरू कर दीं। (रेखांकित पदबंध का भेद लिखिए)

4. 'रचना के आधार पर वाक्य रूपांतरण' पर आधारित निम्नलिखित पाँच प्रश्नों में से किन्हीं चार प्रश्नों के उत्तर दीजिए (4×1 = 4)

(i) उत्सव का क्या मतलब है, लड़कियों को समझाया गया। (सरल वाक्य में बदलिए)

(ii) दो-तीन बजे कई आदमियों को पकड़ लिया गया। (रचना की दृष्टि से वाक्य-भेद लिखिए)

(iii) वहाँ रहने वाले तताँरा को निकोबारी बेहद प्रेम करते थे। (संयुक्त वाक्य में बदलिए)

(iv) जब बिहारी सात-आठ साल के ही थे तभी इनके पिता ओरछा चले आए। (रचना की दृष्टि से वाक्य-भेद लिखिए)

(v) सुभाष बाबू का जुलूस ठीक चार बजे मोनुमेंट पहुँच गया। (मिश्र वाक्य में बदलिए)

5. 'समाज' पर आधारित निम्नलिखित पाँच प्रश्नों में से किन्हीं चार प्रश्नों के उत्तर दीजिए (4×1 = 4)

(i) 'शब्दहीन' सामासिक पद का विग्रह कीजिए और भेद भी लिखिए।

(ii) 'अव्ययीभाव' समाज का एक उदाहरण दीजिए।

(iii) 'सप्तसिंधु' किस समाज का उदाहरण है और कैसे?

(iv) 'महान है आत्मा जिसकी' विग्रह का समस्त पद बनाकर भेद का नाम लिखिए।

(v) '<u>विद्या रूपी धन</u> के सामने सभी धन तुच्छ हैं।' निम्नलिखित वाक्य में रेखांकित पदों की जगह उपयुक्त समस्त पद लिखिए।

6. मुहावरों पर आधारित निम्नलिखित पाँच प्रश्नों में से किन्हीं चार प्रश्नों के उत्तर दीजिए (4×1 = 4)

(i) 'मेले में तताँरा वामीरो को एक साथ देखकर वामीरो की माँ आग-बबूला हो उठी।' इस वाक्य में से मुहावरा छाँटकर उसका वाक्य में प्रयोग कीजिए।

(ii) 'खुशी का ठिकाना न रहना' मुहावरे का वाक्य में इस प्रकार प्रयोग कीजिए कि अर्थ स्पष्ट हो जाए।

(iii) 'विरोध करना' अर्थ के लिए उचित मुहावरा लिखिए।

खंड (घ) : रचनात्मक लेखन

12. (i) "आज की पिकनिक, मजा आ गया। सोचा भी न था कि इतना ......" इस पंक्ति से शुरुआत करते हुए लघुकथा को लगभग 100 शब्दों में पूरा कीजिए। (5)

अथवा

(ii) आप दिव्य/दिव्या हैं। अ.ब.स. बैंक में आपका बचत खाता है। आपके ई-मेल और फोन पर खाते से संबंधित सूचनाएँ मिलनी बंद हो गई हैं। सुविधा पुन: प्रारंभ करने के लिए बैंक प्रबंधक को लगभग 80 शब्दों में ई-मेल लिखिए।

15. निम्नलिखित में से किसी एक विषय पर लगभग 100 शब्दों में पत्र लिखिए (5)

(i) आप दसवीं कक्षा के छात्र/छात्रा अनुज/अनुजा हैं। अपनी प्रधानाचार्या को पत्र लिखकर विद्यालय के पुस्तकालय में बाल साहित्य की पुस्तकें मँगवाने का निवेदन कीजिए।

अथवा

(ii) आप अनुज/अनुजा हैं। आपके क्षेत्र में विद्युत की कटौती बहुत अधिक हो रही है और आपकी वार्षिक परीक्षा नजदीक है। विद्युत विभाग के अधिकारी को पत्र लिखकर सुनिश्चित करें कि परीक्षा के दिनों में आपके क्षेत्र में बिजली की आपूर्ति निर्बाधित हो।

व्याख्या सहित उत्तर

सेट-1 (4/6/1)

1. (i) (c) कथन सही है और कारण उसकी सही व्याख्या है।

(ii) (c) बच्चों के पालन-पोषण में माता-पिता दोनों की सहभागिता

(iii) (b) बच्चों की परवरिश में माता को पिता का पूर्ण सहयोग मिलना

(iv) माता-पिता पर अपनी संतान को लेकर पढ़ाई, करियर, भविष्य की सुरक्षा और अच्छे संस्कार देने का दबाव रहता है। उन्हें इस दबाव से मुक्त करने के लिए हमें पढ़ाई और करियर को गंभीरता से लेना चाहिए, अच्छे संस्कार अपनाने चाहिए और आत्मनिर्भर बनने का प्रयास करना चाहिए, जिससे वे निश्चित रह सकें।

(v) पिता की दो विरोधी बातें बाहरी कठोरता और आंतरिक सौम्यता हैं, जो परिवार को सही दिशा में ले जाती हैं। पिता अनुशासन बनाए रखते हैं, लेकिन साथ ही बच्चों की जरूरतों और भावनाओं को भी समझते हैं। उनकी यह संतुलित भूमिका बच्चों के मानसिक और शारीरिक विकास में सहायक होती है।

2. (i) (c) कथन सही है और कारण उसकी सही व्याख्या है।

(ii) (a) स्वदेशी भोजन एवं परंपरागत पेय का उपयोग करारा जवाब है

(iii) (d) 1 और 3

(iv) आत्मनिर्भर भारत का सपना स्वदेशी उत्पादों को बढ़ावा देकर, किसानों की समृद्धि सुनिश्चित करके और जैविक खाद्य पदार्थों की लोकप्रियता को बढ़ाकर पूरा हो सकता है। जब पारंपरिक और हर्बल खाद्य पदार्थों की माँग बढ़ेगी, तो कृषि क्षेत्र को लाभ मिलेगा, जिससे रोजगार के अवसर बढ़ेंगे और देश की आर्थिक स्थिति मजबूत होगी।

(v) हर्बल फूड सेंटर मॉल, शैक्षणिक संस्थानों, कार्यालय, कैंटीनों, रेलवे स्टेशनों, बस अड्डों, पाँच सितारा होटलों और सामान्य ढाबों पर लाभदायक होंगे। इससे न केवल लोगों को स्वास्थ्यवर्धक भोजन मिलेगा, बल्कि जैविक खेती को भी बढ़ावा मिलेगा, जिससे किसानों की आय में वृद्धि होगी और रोजगार के नए अवसर सृजित होंगे।

3. (i) संज्ञा पदबंध – रंग-बिरंगे कागजों की तितलियाँ।

(ii) क्रिया पदबंध – कह न पाता कि ज़रा बाहर खेल रहा था।

(iii) संज्ञा पदबंध – दादा की गाढ़ी कमाई के रुपये।

(iv) विशेषण पदबंध – सुखद हरियाली।

(v) क्रिया-विशेषण पदबंध – सुबह से शाम तक।

4. (i) मैं लताड़ सुनकर आँसू बहाने लगता।

(ii) मेरे भाई साहब थे, जो उपदेश की कला में निपुण थे।

(iii) संयुक्त वाक्य

(iv) मिश्र वाक्य

(v) कार्तिक मास आया और हवा में ठंडक शुरू हो गई।

5. (i) 'गुल्ली-डंडा' सामासिक पद का विग्रह – गुल्ली और डंडा (गुल्ली तथा डंडे का समूह) इसमें द्वंद्व समास है।

(ii) 'आत्मविश्वास' पद तत्पुरुष समास का उदाहरण है। इसका विग्रह आत्मा का विश्वास है।

(iii) 'प्रत्येक' पद समास के अव्ययीभाव समास का उदाहरण है, क्योंकि इसमें 'प्रति' अव्यय शब्द है, जिसका अर्थ है—हर एक।

(iv) 'तीन भुजाओं का समाहार' का समस्त पद त्रिभुज है। इसमें द्विगु समास है।

(v) बहुव्रीहि समास का उदाहरण—चतुरानन (चार आनन हैं जिसके अर्थात् ब्रह्मा)

6. (i) एक करनी

(ii) हिम्मत टूट जाती थी।

(iii) हाथ-पाँव फूल जाना।

वाक्य प्रयोग परीक्षा के दौरान प्रश्न-पत्र देखकर मेरे हाथ-पाँव फूल गए।

(iv) दबे पाँव आना।

(v) **वाक्य प्रयोग** भ्रष्टाचार ने देश की प्रतिष्ठा को धूल में मिला दिया।

7. (i) (d) ग्वालियर–बंबई

(ii) (a) प्राकृतिक वातावरण समृद्ध था।

(iii) (b) घर में अंदर जाने के रास्ते बंद हो गए थे

(iv) (d) कथन सही है और कारण उसकी सही व्याख्या है।

(v) (c) जीव-जंतु घर से बेघर हो गए

8. (i) बड़े भाई साहब का विचार था कि यदि मकान की नींव कमज़ोर हो तो उस पर मंज़िलें खड़ी नहीं हो सकती हैं। यानी अगर पढ़ाई का शुरुआती आधार ठोस नहीं हो, तो मनुष्य आगे चलकर कुछ नहीं कर पाता। पढ़ाई के साथ-साथ उसके लिए अनुभव भी बहुत ज़रूरी है।

(ii) धर्मतल्ले के मोड़ पर आकर जुलूस टूट गया और लगभग 50-60 स्त्रियाँ वहीं मोड़ पर बैठ गईं। पुलिस ने उनको पकड़कर लाल बाज़ार भेज दिया। विमल प्रतिभा के नेतृत्व में कुछ स्त्रियाँ आगे बढ़ीं, लेकिन उन्हें बहू बाज़ार के मोड़ पर रोक दिया गया। वहाँ बड़ी भीड़ एकत्र हो गई, जिस पर पुलिस ने लाठीचार्ज किया। लगभग पौन घंटे बाद पुलिस की लॉरी आई और उन्हें पकड़कर ले गई। इस दौरान वृजलाल गोयनका और मदालसा सहित कई अन्य लोगों को भी गिरफ्तार किया गया।

(iii) 'तताँरा-वामीरो कथा' में लेखक ने रूढ़ियों के कारण हुई त्रासदी को उजागर किया है। यह कथा दर्शाती है कि समाज में व्याप्त रूढ़ियाँ समाज की जड़ बनती हैं तथा प्रेम और स्वतंत्रता के मार्ग में बाधा बनती हैं। तताँरा-वामीरो के बलिदान के बाद निकोबारी समाज में बदलाव आया, जिससे यह स्पष्ट होता है कि परिवर्तन आवश्यक है और कठोर परंपराओं को समय के साथ बदला जाना चाहिए, जो परंपराएँ मनुष्य के जीवन को कठिन बना दें, उन्हें समाप्त करना ही उचित है।

प्रेम को किसी बंधन में बाँधना अनुचित है, क्योंकि इससे समाज में भेदभाव बढ़ता है और मानवता को नुकसान पहुँचता है। अत: हमें रूढ़ियों को त्यागकर उदारता और समानता को अपनाना चाहिए।

(iv) 'झेन की देन' प्रसंग में लेखक उजागर करना चाहता है कि आधुनिक जीवन की तेज़ रफ़्तार और प्रतिस्पर्द्धा के कारण मानसिक तनाव बढ़ता जा रहा है। जापान में अधिकतर लोग इसी कारण मानसिक रोगों से ग्रसित हैं। झेन परंपरा के माध्यम से शांति, ध्यान और वर्तमान में जीने की कला सीखी जा सकती है।

लेखक ने 'टी-सेरेमनी' के अनुभव से यह महसूस किया कि हमें भूत और भविष्य की चिंता छोड़कर वर्तमान में जीना चाहिए, क्योंकि यही वास्तविकता है।

9. (i) (c) देश की आन-बान और शान का

(ii) (c) युद्ध में घायल होना

(iii) (a) कथन सही है और कारण उसकी सही व्याख्या है।

(iv) (b) आखिरी साँस तक देश की रक्षा करने का

(v) (d) बलिदान करना

10. (i) महान् संत कवि कबीर की साखियों से हमें नैतिकता एवं ज्ञान की शिक्षा मिलती है। उनकी साखियों में अहंकार से दूर रहने, मीठे वचन बोलने, सच्चे मन से ईश्वर को याद करने, सामाजिक रूढ़ियों को दूर करने आदि संबंधी शिक्षा मिलती हैं। प्रस्तुत साखियाँ मनुष्य को नीति संबंधी शिक्षा भी प्रदान करती हैं। बाहरी ढोंग से दूर रहने, आपसी बैर भाव एवं धार्मिक मतांतरों को भूलने तथा जीवन के वास्तविक लक्ष्य को प्राप्त करने संबंधी प्रेरणा देने के अतिरिक्त ये साखियाँ आत्म-सुधार की प्रेरणा भी देती हैं। पुस्तकीय ज्ञान की अपेक्षा व्यावहारिक ज्ञान उपयोगी है।

(ii) कवि ने बादलों के कारण पर्वत के छिप जाने पर यह कल्पना की है कि अचानक बादल ऐसे उठे, मानो पूरा पहाड़ एक विशाल पक्षी के समान बादलों के पंख फड़-फड़ाकर आकाश में उड़ चला हो। इसका परिणाम यह हुआ कि आकाश में चारों ओर बादल ही बादल छा गए और कुछ भी दिखाई देना बंद हो गया।

(iii) कवि 'मनुष्यता' कविता में लोगों से निम्न प्रकार के व्यवहार की अपेक्षा करता है

1. **परोपकार एवं बलिदान** कवि का मानना है कि सच्चा मनुष्य वही है, जो अपने स्वार्थ से ऊपर उठकर दूसरों की भलाई के लिए कार्य करे; जैसे—दधीचि, कर्ण और रंतिदेव ने परोपकार के लिए बलिदान दिया।
2. **बंधुत्व एवं सहानुभूति** कवि चाहता है कि लोग एक-दूसरे को भाईचारे और सहानुभूति की दृष्टि से देखें, न कि स्वार्थी बनकर केवल अपने सुख-दुःख की चिंता करें। यही सच्ची मनुष्यता है।

(iv) इन पंक्तियों का प्रतीकार्थ यह है कि कोई भी शक्ति, चाहे वह कितनी भी बड़ी या विनाशकारी क्यों न हो, स्थायी नहीं होती। समय के साथ उसका प्रभाव समाप्त हो जाता है; जैसे— 1857 की तोप अब मात्र एक ऐतिहासिक वस्तु बनकर रह गई है, जिस पर बच्चे खेलते हैं और चिड़ियाँ बेखौफ आकर बैठती हैं। इसका प्रतीकार्थ यह है कि हिंसा और दमन की ताकतें अधिक समय तक टिक नहीं सकतीं। किसी भी समस्या का समाधान केवल हथियारों या युद्ध से संभव नहीं है, बल्कि समय के साथ अहिंसा, न्याय और शांति की ही जीत होती है।

11. (i) 'हरिहर काका' कहानी में ठाकुरबारी के महंत ने हरिहर काका को अपने जाल में फँसाने के लिए कई प्रयास किए। उन्होंने हरिहर काका की भावनाओं को भड़काया, उन्हें परिवार की स्वार्थी प्रवृत्ति का डर दिखाया और धार्मिकता का लालच देकर उन्हें अपने खेत ठाकुरजी के नाम लिखने के लिए प्रेरित किया।

महंत ने उन्हें यह विश्वास दिलाने की कोशिश की कि परिवार का कोई सदस्य उनका सच्चा हितैषी नहीं है और ईश्वर के लिए जमीन दान करने से उन्हें मोक्ष और कीर्ति मिलेगी। उन्होंने हरिहर काका को ठाकुरबारी बुलाकर विशेष सुविधाएँ दीं और उनके मन में धार्मिक आस्था स्थापित करने की आड़ में अपना स्वार्थ साधने का प्रयास किया। बुजुर्गों को साइबर अपराधों से बचने के लिए सतर्क रहना जरूरी है। अनजान कॉल, ई-मेल और मैसेज पर विश्वास न करें और बैंकिंग विवरण या ओटीपी साझा न करें।

संदिग्ध लिंक और वेबसाइटों से बचें, मजबूत पासवर्ड बनाकर समय-समय पर उन्हें बदलें। सोशल मीडिया व ऑनलाइन ट्रांजैक्शन में गोपनीयता बनाए रखें। संदेह होने पर तुरंत परिवार या साइबर हेल्पलाइन से संपर्क करें। जागरूकता ही सुरक्षा है।

(ii) 'टोपी शुक्ला' पाठ यह दर्शाता है कि प्रेम ही रिश्तों की वास्तविक बुनियाद है। टोपी को अपने परिवार में स्नेह नहीं मिलता, लेकिन अपने मित्र इफ़्फ़न, उसकी दादी और घर की नौकरानी सीता से उसे अपनापन महसूस होता है। यह प्रेम जाति, धर्म, उम्र और सामाजिक पद से परे था। इफ़्फ़न की दादी और टोपी के बीच गहरा आत्मीय संबंध था, जिससे वह अपने अकेलेपन को भूल जाता था। इस प्रेममयी रिश्ते के कारण टोपी ने इफ़्फ़न से कहा कि काश तेरी दादी की जगह मेरी दादी मर गई होती। इससे स्पष्ट होता है कि प्रेम ही सच्चे रिश्तों को जोड़ता है।

(iii) खेलकूद बच्चों को अनुशासित, सक्रिय और मिलनसार बनाता है, क्योंकि यह उन्हें शारीरिक और मानसिक रूप से सशक्त बनाता है। 'सपनों के-से दिन' पाठ में लेखक और उनके मित्रों को खेल अध्यापक स्काउटिंग का अभ्यास कराते थे। वे हाथों में नीली-पीली झंडियाँ पकड़कर निर्देशों का पालन करते थे। जब वे बिना गलती किए अभ्यास पूरा करते, तो अध्यापक 'शाबाश' कहते, जिससे उन्हें ऐसा लगता मानो उन्होंने किसी फौज के सभी तमगे जीत लिए हों। तालाब में तैराकी, रेत के टीलों पर फिसलना और अन्य खेलों के माध्यम से वे मिल-जुलकर रहना और सहयोग करना भी सीखते थे। इससे स्पष्ट होता है कि खेलकूद से बच्चे आत्मनिर्भर, अनुशासित और मिलनसार बनते हैं।

12. (i) **कंप्यूटर युग**

आज का युग कंप्यूटर युग के नाम से जाना जाता है। आधुनिक तकनीक के इस दौर में कंप्यूटर का उपयोग लगातार बढ़ता जा रहा है। शिक्षा, चिकित्सा, संचार, व्यापार, मनोरंजन और शोध जैसे विभिन्न क्षेत्रों में कंप्यूटर एक अनिवार्य उपकरण बन गया है। इसकी तेज़ गति, सटीकता और बहुउद्देशीय क्षमता ने कार्य को आसान और प्रभावी बना दिया है।

कंप्यूटर क्रांति ने दुनिया को एक डिजिटल रूप में परिवर्तित कर दिया है। अब बैंकिंग, ऑनलाइन शॉपिंग, डिजिटल भुगतान और कृत्रिम बुद्धिमत्ता (AI) जैसे क्षेत्रों में इसका व्यापक उपयोग हो रहा है। शिक्षा के क्षेत्र में ऑनलाइन कक्षाओं और डिजिटल लाइब्रेरी ने छात्रों के लिए सीखने की प्रक्रिया को सुगम बना दिया है।

हालाँकि कंप्यूटर के अत्यधिक उपयोग से कई समस्याएँ भी उत्पन्न हुई हैं; जैसे—साइबर अपराध, गोपनीयता का हनन और लोगों में शारीरिक निष्क्रियता। इसलिए इसके सही और संतुलित उपयोग की आवश्यकता है। कुल मिलाकर कंप्यूटर आधुनिक जीवन का अभिन्न अंग बन चुका है और आने वाले समय में इसकी भूमिका और भी महत्त्वपूर्ण होगी।

(ii) **जीवन का सच्चा सुख संतोष में**

संतोष ही मनुष्य के जीवन का सच्चा सुख है। जिस व्यक्ति को संतोष प्राप्त होता है, वही वास्तविक रूप से सुखी कहलाता है। संतोष का अर्थ है— इच्छाओं पर नियंत्रण रखना और उपलब्ध संसाधनों में खुशी अनुभव करना। असंतोषी व्यक्ति चाहे कितना भी धन और ऐश्वर्य अर्जित कर ले, वह कभी भी सुखी नहीं रह सकता।

इच्छाएँ अनंत होती हैं और यदि मनुष्य इन्हें नियंत्रित न करे, तो वह जीवनभर परेशान रहता है। जो व्यक्ति अपने पास उपलब्ध संसाधनों में संतुष्ट रहता है, वही मानसिक रूप से शांति प्राप्त करता है। संतोष हमें ईर्ष्या, लोभ और तनाव से बचाता है और हमारे जीवन को आनंदमय बनाता है।

संतोष जीवन का आधार है, क्योंकि इससे व्यक्ति मानसिक और शारीरिक रूप से स्वस्थ रहता है। असंतोष से मन में अशांति और निराशा उत्पन्न होती है, जबकि संतोष से आत्मविश्वास और सकारात्मकता बढ़ती है। अत: हमें अपने जीवन में संतोष का महत्त्व समझना चाहिए और वास्तविक सुख प्राप्त करने के लिए अपनी इच्छाओं को सीमित रखना चाहिए।

(iii) **किसी खेल का आँखों देखा वर्णन**

हाल ही में मैंने एक रोमांचक क्रिकेट मैच देखा, जो हमारे स्कूल और दूसरी टीम के बीच खेला गया था। खेल का मैदान दर्शकों से भरा हुआ था और सभी के चेहरे पर उत्साह साफ दिख रहा था। जैसे-जैसे खेल आगे बढ़ा, वैसे-वैसे रोमांच भी बढ़ता गया।

मैच के अंतिम ओवरों में माहौल और भी तनावपूर्ण हो गया। हमारी टीम को जीतने के लिए 10 रन चाहिए थे और केवल एक विकेट बचा था। गेंदबाज तेज रफ्तार से गेंद फेंक रहा था और बल्लेबाज जीतने की पूरी कोशिश कर रहे थे। पूरे स्टेडियम में हर कोई साँसें थामे खड़ा था। तभी बल्लेबाज ने एक शानदार छक्का लगाया, जिससे टीम की उम्मीदें बढ़ गईं।

अब अंतिम गेंद पर 2 रन बनाने थे। गेंदबाज ने जोरदार गेंद फेंकी, लेकिन बल्लेबाज ने चतुराई से खेलते हुए गेंद को सीमा रेखा के पार भेज दिया। पूरे मैदान में खुशी की लहर दौड़ गई। यह मैच बेहद रोमांचक था और अंतिम क्षणों में पासा पलट जाने से इसकी यादें हमेशा मेरे दिल में रहेंगी।

13. (i) परीक्षा भवन,

दिल्ली।

दिनांक 5 सितंबर, 20XX

सेवा में,

प्रधानाचार्या महोदया,

नीरजा मोदी पब्लिक स्कूल,

इण्डिया गेट, दिल्ली।

विषय विद्यालय में फुटबॉल प्रशिक्षक की व्यवस्था हेतु अनुरोध

महोदया,

सविनय निवेदन है कि हमारे विद्यालय में खेल-कूद की सुविधाएँ उत्तम हैं, किंतु फुटबॉल का समुचित प्रशिक्षण न मिलने के कारण छात्र अपनी प्रतिभा का पूर्ण विकास नहीं कर पा रहे हैं। यदि विद्यालय में एक योग्य फुटबॉल प्रशिक्षक की व्यवस्था की जाए, तो हमारी टीम को सही मार्गदर्शन मिलेगा और हम प्रतियोगिताओं में बेहतर प्रदर्शन कर सकेंगे।

अत: आपसे अनुरोध है कि विद्यालय में एक कुशल फुटबॉल प्रशिक्षक नियुक्त करने की कृपा करें।

धन्यवाद।

आपका/आपकी आज्ञाकारी शिष्य/शिष्या

नीहार/निहारिका

कक्षा-10वीं 'ब'

अथवा

(ii) निवासी बी-43,

आकाश विहार,

दिल्ली।

दिनांक 1 जनवरी, 20XX

सेवा में,

संपादक महोदय,

दैनिक भास्कर,

दिल्ली।

विषय पद्मश्री मुरलीकांत पेटकर पर प्रकाशित 'फीचर' की प्रति भेजने हेतु अनुरोध।

महोदया,

सविनय निवेदन है कि हाल ही में आपके समाचार-पत्र में पैरा ओलंपिक में प्रथम स्वर्ण पदक विजेता पद्मश्री मुरलीकांत पेटकर जी पर एक विशेष फीचर प्रकाशित किया गया था। यह लेख अत्यंत प्रेरणादायक है और इसे पढ़ने की मेरी अत्यधिक इच्छा है।

अत: आपसे विनम्र अनुरोध है कि कृपया उक्त फीचर की एक प्रति मुझे उपलब्ध कराने की कृपा करें। इसके लिए यदि कोई शुल्क देय हो, तो कृपया सूचित करें।

सधन्यवाद।

भवदीय/भवदीया

निकिता/निकेत

14. (i)

नीरजा मोदी विद्यालय, नई दिल्ली

सूचना

दिनांक 1 मार्च, 20XX

अंतरविद्यालीय 'संगीत प्रस्तुति' का आयोजन

सभी विद्यालयों को सूचित किया जाता है कि हमारे विद्यालय में साझी कार्यक्रम के अंतर्गत अंतरविद्यालीय 'संगीत प्रस्तुति' का आयोजन 10 मार्च, 20XX को प्रात: 10:00 बजे विद्यालय के मुख्य सभागार में किया जा रहा है। इस कार्यक्रम का उद्देश्य विद्यार्थियों की संगीत प्रतिभा को एक मंच प्रदान करना है।

इस कार्यक्रम में विभिन्न विद्यालयों के छात्र शास्त्रीय, लोक, पाश्चात्य एवं सूफी संगीत की प्रस्तुतियाँ देंगे। इच्छुक विद्यालयों से अनुरोध है कि वे अपने प्रतिभागियों के नाम 7 मार्च, 20XX तक विद्यार्थी परिषद् कार्यालय में जमा करा दें।

अधिक जानकारी के लिए विद्यार्थी परिषद् कार्यालय से संपर्क करें।

विभू/विभा

(सचिव, विद्यार्थी परिषद्)

अथवा

(ii)

ब्रह्मपुरी मोहल्ला समिति, वाटिका

सूचना

दिनांक 2 फरवरी, 20XX

वृक्षारोपण अभियान का आयोजन

सभी मोहल्लावासियों को सूचित किया जाता है कि हमारे मोहल्ला समिति द्वारा वृक्षारोपण अभियान का आयोजन 15 फरवरी, 20XX को प्रात: 8:00 बजे मोहल्ले के सामुदायिक पार्क में किया जा रहा है।

इस अभियान का उद्देश्य पर्यावरण संरक्षण को बढ़ावा देना तथा हमारे मोहल्ले को हरा-भरा बनाना है। सभी निवासी इस कार्यक्रम में भाग लेकर एक पौधा लगाएँ और प्रकृति संरक्षण में अपना योगदान दें। वृक्षारोपण के लिए आवश्यक सभी सुविधाएँ उपलब्ध कराई जाएँगी।

अधिक जानकारी के लिए सोसायटी कार्यालय से संपर्क करें।

विभू/विभा

(सचिव, ब्रह्मपुरी मोहल्ला समिति, वाटिका)

15. (i)

फूलों के गमलों की बिक्री—एक नेक पहल

- उत्तम गुणवत्ता
- उचित मूल्य
- हर गमले के साथ एक छोटा पौधा नि:शुल्क
- 10% विशेष छूट

स्थान विद्यालय परिसर

दिनांक 10 मार्च, 20XX

समय प्रात: 9 से सायं 6 बजे तक

गमलों की बिक्री से प्राप्त राशि बच्चों के लिए पुस्तकें एवं खेल-खिलौनों की खरीद में उपयोग होगी।

संपर्क 900250XXXX

अथवा

(ii)

सावधान! डिजिटली ठगी से बचें

सावधानी बरतें

- अज्ञात लिंक, कॉल या मैसेज पर अपनी बैंक जानकारी साझा न करें।
- किसी भी संदिग्ध ऐप या वेबसाइट पर अपना ओटीपी या पासवर्ड न डालें।
- सोशल मीडिया पर अनजान लोगों से पैसों के लेन-देन से बचें।
- ऑफ़र और लॉटरी के नाम पर ठगी से सावधान रहें।

अ. ब. स. संस्थान द्वारा जनहित में जारी